# Fremdwörterbuch

40 000 Fremdwörter
Schreibweise, Bedeutung, Anwendung

von Ursula Hermann

**Orbis Verlag**

© Lexikographisches Institut, München
Sonderausgabe 1993 Orbis Verlag für Publizistik GmbH, München
Satz: Georg Appl, Wemding
Druck und Bindung: Mohndruck Graphische Betriebe GmbH, Gütersloh
Alle Rechte vorbehalten · Printed in Germany
ISBN 3-572-00548-5

# Inhalt

# Einführung und Hinweise für den Benutzer

| | |
|---|---|
| **Was dieses Buch will** | Dieses Buch will beim Umgang mit Fremdwörtern helfen. Es versucht, die gebräuchlichen Fremdwörter aus allen Lebens- und Wissensbereichen zu erfassen, soweit sie dem Leser außerhalb spezieller Fachliteratur begegnen, die neu aufkommenden, größtenteils aus dem Angloamerikanischen stammenden Wörter aufzunehmen, da sie vielerlei Schwierigkeiten bieten, durch Schriftwahl und übersichtliche Anordnung das schnelle Auffinden des Gesuchten zu erleichtern, ausreichende grammatische Informationen zu vermitteln und die Aussprache genau anzugeben. |
| **Namen** | Namen von Personen und geographischen Objekten sind nur dann aufgeführt, wenn sich aus ihnen ein allgemeiner Begriff entwickelt hat, z. B. Casanova: Frauenheld, galanter Verführer; Canossa: Demütigung. |
| **Abkürzungen als Stichwort** | Allgemein verbreitete Abkürzungen sind als Stichwort aufgenommen, z. B.: **h. c.** *Abk. für* honoris causa. Die ausgeschriebenen Wörter erscheinen entweder an ihrer eigenen Stelle im Alphabet und werden dort erläutert, z. B.: **honoris causa** ehrenhalber, oder sie werden bei der Abkürzung kurz erklärt, z. B.: **BBC** *Abk. für* British Broadcasting Company (die britische Rundfunkgesellschaft). |
| **Abc-Ordnung** | Die Umlaute ä, ö, ü erscheinen in der alphabetischen Ordnung der Stichwörter wie die einfachen Vokale a, o, u; ae und oe werden jedoch als zwei Buchstaben behandelt. Es erscheint also **Pädagoge** mit dem Wortteil Päda- zwischen Pachulke und Paddel; dagegen steht **praemissis** mit dem Wortteil -aem- zwischen Prädomination und Präfation, und es steht **Œuvre** zwischen Odyssee und Office. |
| **Schreibung** | Die Ph-Schreibung wurde in den Fällen, in denen der Gebrauch noch schwankt, beibehalten – mit Hinweis auf die gleichfalls mögliche F-Schreibung. „Telefon" jedoch mit allen Ableitungen wurde mit f geschrieben, da diese Schreibung sich völlig durchgesetzt hat. Die Schreibung chemischer Bezeichnungen folgt dem neueren internationalen Gebrauch und bevorzugt c (Calcium) statt k und z (Kalzium); bei der eingedeutschten Schreibung ist regelmäßig ein Verweis auf die Schreibung mit c gegeben. Ebenso wird -oxid anstelle der veralteten Form -oxyd verwendet. Sehr schwankend ist der heutige Sprachgebrauch bei zusammengesetzten Substantiven, die aus dem Angloamerikanischen übernommen und noch nicht eingedeutscht worden sind: Art-Work oder Art-work, Art Work, Art work oder Artwork? Hier wurde im allgemeinen zusammen- oder mit Bindestrich geschrieben, der Wortanfang immer groß, der zweite Wortteil nur dann, wenn es sich um ein Substantiv handelt. Beispiel: Jet-Set, Jumbo-Jet; aber Flashback, Fieldworker. |
| **abweichende Schreibungen** | Gibt es von einem Wort mehrere zulässige Schreibungen, so sind beide im Wörterverzeichnis aufgeführt, z. B. **Guasch** *eindeutschende Schreibung für* Gouache. Die Erklärung findet sich beim Stichwort Gouache. |
| **Verweise** | Der Pfeil (→) dient als Verweiszeichen (Aufforderung, das betreffende Wort nachzuschlagen); bei orthographischen Verschiedenheiten: **Laktam** → Lactam (Erklärung bei Lactam); bei Synonymen: **Leukodermie** → Albinismus (Erklärung bei Albinismus). |
| **Betonung** | Der betonte Vokal eines Wortes ist, wenn er lang gesprochen wird, durch einen untergesetzten Strich markiert: **Abakus**; wenn er kurz ist, durch einen Punkt: **Abba**. Die Angabe der Betonung erfolgt beim Stichwort; folgt jedoch eine Ausspracheangabe in phonetischer Schrift, ist die Betonung bei dieser gegeben. |
| **Aussprache** | Wo Zweifel über die richtige Aussprache bestehen können, ist sie in eckigen Klammern hinter dem Stichwort angegeben, und zwar in den Zeichen des |

8

Internationalen Phonetischen Alphabets (vgl. S. 11 f.). Bei langen Reihen von Zusammensetzungen, wie z. B. bei Chemie, Chemiegraph, Chemikalien usw., wurde die Aussprache nur beim ersten Wort gegeben, sie gilt also auch für alle Ableitungen und Zusammensetzungen. Ebenso bei Wörtern auf -tion und ihren Zusammensetzungen: beim Grundwort ist [-tsjon] angegeben: **Funktion** [-tsjon]; bei Zusammensetzungen nur der Betonungsstrich unter dem o: **Funktionsverb**; die Aussprache muß also beim ersten Wort nachgesehen werden.

**Silbentrennung**

Die Silbentrennung wird durch senkrechten Strich angegeben, die Nottrennung (nur in Notfällen zulässige Trennung) durch gebrochenen Strich, z. B. Chilli aslmus.
Die deutschen Wörter sowie die englischen und französischen sind nach deutschen Regeln getrennt, also nach Sprechsilben, z. B. **Boldylbuillding, Fighlting**, Fremdwörter aus dem Griechischen und Lateinischen großenteils nach Sprachsilben, da sich hier noch keine neuen Regeln durchgesetzt haben, also z. B. **Pädlagolge, Inlterleslse**.

**Herkunft**

Die Herkunft ist durch Angabe der Ursprungssprache in eckigen Klammern hinter dem Stichwort bzw. hinter der Aussprachebezeichnung angegeben: Affront [-frɔ̃, frz.]. Gelegentlich wird auch die Vermittlungssprache genannt, durch die ein Wort ins Deutsche eingedrungen ist: [arab.-frz.].

**grammatische Angaben**

Alle Substantive haben nach der Geschlechtsangabe (*m., w., s.*) eine Ziffer, die auf das betreffende Deklinationsschema hinweist (s. S. 13 ff.). Ist ein Wort nicht im Schema unterzubringen, so sind der Gen. Ez. und der Nom. Mz. angegeben, z. B. **Album** *Gen. -s Mz.* -ben (Genitiv: des Albums, Mehrzahl: die Alben) oder **Informatik** *Gen. - nur Ez.*, was bedeutet, daß das Wort nur in der Einzahl vorkommt.

**Warenzeichen**

Das Zeichen Ⓦ gibt an, daß eine Bezeichnung urheber- oder wettbewerbsrechtlich geschützt ist. Aus seinem Fehlen kann jedoch nicht geschlossen werden, daß der betreffende Name nicht geschützt sei.

**Aufbau eines Artikels**

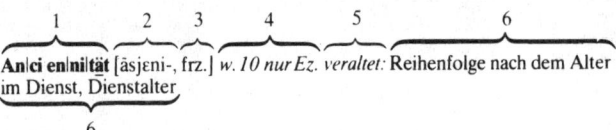

1. Stichwort (halbfett), Silbentrennung durch l, Nottrennung durch ; Betonung durch _ (langes, betontes ä);
2. Aussprache in phonetischen Zeichen, hier eingeschränkt auf den einer solchen Angabe bedürftigen Wortteil;
3. Herkunft (Ursprungssprache);
4. grammatische Angaben: Geschlecht (*w.* = weiblich); Nummer des Deklinationsschemas (*10*); Besonderheiten: *nur Ez.*, das heißt, es kann keine Mehrzahl gebildet werden;
5. Angabe des Gültigkeitsbereichs oder der Sprachschicht, z. B. *veraltet, Med.* = Medizin;
6. Erklärung

```
        1          2          4           2   3             4
     ⌒⌒⌒⌒    ⌒⌒     ⌒⌒⌒⌒     ⌒⌒  ⌒⌒    ⌒⌒⌒⌒⌒
```
**ablserlvielren 1** vom Tisch abräumen (Speisen); **2** *ugs.*: aus dem Amt entfernen

1. Stichwort (halbfett); Silbentrennung durch l; Betonung durch . (kurzes, betontes a);
2. das Stichwort hat zwei Bedeutungen, die durch die halbfetten Ziffern **1**, **2** gekennzeichnet sind;
3. die eine der beiden Bedeutungen gilt nur in einem bestimmten Bereich, nämlich in der Umgangssprache (*ugs.*);
4. Erklärung des Wortes.

## Verzeichnis der verwendeten Abkürzungen

|  | | |
|---|---|---|
| Abk. | Abkürzung | |
| Adv. | Adverb | |
| afrik. | afrikanisch | |
| ahd. | althochdeutsch | |
| Akk. | Akkusativ | |
| alem. | alemannisch | |
| allg. | allgemein | |
| amerik. | amerikanisch | |
| Anat. | Anatomie | |
| aram. | aramäisch | |
| Archit. | Architektur | |
| argent. | argentinisch | |
| Astrol. | Astrologie | |
| Astron. | Astronomie | |
| AT | Altes Testament | |
| austr. | australisch | |
| Bankw. | Bankwesen | |
| Bauw. | Bauwesen | |
| bayr. | bayrisch, bayerisch | |
| bes. | besonders | |
| Bez. | Bezeichnung | |
| Biol. | Biologie | |
| Bot. | Botanik | |
| Buchw. | Buchwesen | |
| bzw. | beziehungsweise | |
| Chem. | Chemie | |
| chin. | chinesisch | |
| Dat. | Dativ | |
| DDR | Deutsche Demokratische Republik | |
| dt. | deutsch | |
| Dtschl. | Deutschland | |
| eigtl. | eigentlich | |
| Elektr. | Elektrotechnik | |
| erg. | ergänze | |
| europ. | europäisch | |
| ev.. evang. | evangelisch | |
| Ez. | Einzahl | |
| Forstw. | Forstwesen | |
| frz. | französisch | |
| Gen. | Genitiv | |
| Geol. | Geologie | |
| Ggs. | Gegensatz | |
| Gramm. | Grammatik | |
| grch. | griechisch | |
| hebr. | hebräisch | |
| hl. | heilig | |
| idg. | indogermanisch | |
| i. e. S. | im engeren Sinn | |
| ital. | italienisch | |
| i. w. S. | im weiteren Sinn | |
| jap. | japanisch | |
| Jh. | Jahrhundert | |
| jmd. | jemand | |
| jmdm. | jemandem | |
| jmdn. | jemanden | |
| jmds. | jemandes | |
| kath. | katholisch | |
| kfm. | kaufmännisch | |
| Kunstw. | Kunstwort | |
| Kurzw. | Kurzwort | |
| landsch. | landschaftlich | |
| Landw. | Landwirtschaft | |
| lat. | lateinisch | |
| Lit. | Literatur | |
| luth. | lutherisch | |
| m. | männlich | |
| MA | Mittelalter | |
| mal. | malaiisch | |
| Math. | Mathematik | |
| Med. | Medizin | |
| Meteor. | Meteorologie | |
| mhd. | mittelhochdeutsch | |
| Mil.. Milit. | Militär | |
| Mio. | Million | |
| mlat. | mittellateinisch | |
| Myth. | Mythologie | |
| Mz. | Mehrzahl | |
| nat.-soz. | nationalsozialistisch | |
| n. Chr. | nach Christus | |
| nddt. | niederdeutsch | |
| ndrl. | niederländisch | |
| neulat. | neulateinisch | |
| Nom. | Nominativ | |
| norw. | norwegisch | |
| NT | Neues Testament | |
| o. ä. | oder änliche(s) | |
| österr. | österreichisch | |
| Österr. | Österreich | |
| Part. Perf. | Partizip Perfekt | |
| Philos. | Philosophie | |
| Phot. | Photographie | |
| Phys. | Physik | |
| port(ug). | portugiesisch | |
| Präp. | Präposition | |
| Pron. | Pronomen | |
| prot. | protestantisch | |
| Psych. | Psychologie | |
| Rechtsw. | Rechtswesen | |
| relig. | religiös | |
| Relig. | Religion | |
| rotw. | rotwelsch | |
| s. | sächlich | |
| sanskr. | sanskritisch | |
| scherzh. | scherzhaft | |
| Schimpfw. | Schimpfwort | |
| schweiz. | schweizerisch | |
| Seew. | Seewesen | |
| skand. | skandinavisch | |
| sog. | sogenannt | |
| Soziol. | Soziologie | |
| Sp. | Sport | |
| Spr. | Sprache | |
| Sprachw. | Sprachwissenschaft | |
| Stud. | Studentensprache | |
| Tech. | Technik | |
| Theol. | Theologie | |
| tschech. | tschechoslowakisch | |
| u. a. | und andere(s) | |
| u. ä. | und ähnliche(s) | |
| übertr. | im übertragenen Sinn | |
| u. dgl. | und dergleichen | |
| ugs. | umgangssprachlich | |
| ung. | ungarisch | |
| urspr. | ursprünglich | |
| usw. | und so weiter | |
| v. Chr. | vor Christus | |
| vgl. | vergleiche | |
| VR | Volksrepublik | |
| vulg. | vulgär | |
| w. | weiblich | |
| Wirtsch. | Wirtschaft | |
| Wiss. | Wissenschaft | |
| z. B. | zum Beispiel | |
| zig. | zigeunerisch | |
| Zool. | Zoologie | |
| Zus. | Zusammensetzung | |

### Griechisches, kyrillisches und hebräisches Alphabet

**griechische Schrift:** 1 altgriechische Majuskeln bzw. neugriechische Großbuchstaben; 2 byzantinische Minuskeln bzw. neugriechische Kleinbuchstaben; 3 Buchstabenname; 4 altgriechischer, 5 neugriechischer Lautwert
**kyrillische Schrift:** der lateinischen Schrift angenäherte 'bürgerliche Schrift' in der modernen russischen Form: 1,2 Druckschrift, 3,4 Kursive; 5 wissenschaftliche Transliteration; 6 Lautwert im Russischen
**hebräische Schrift:** 1 Buchstabenform (Quadratschrift unpunktiert); 2 Buchstabenname; 3 Lautwert für das biblische Hebräisch; 4 wissenschaftl. Transliteration

| 1 | 2 | 3 | 4 | 5 |   | 1 | 2 | 3 | 4 | 5 | 6 |   | 1 | 2 | 3 | 4 |
|---|---|---|---|---|---|---|---|---|---|---|---|---|---|---|---|---|
| A | α | alpha | a | a |  | А | а | *A* | *a* | a | a |  | א | alef | ' | ' |
| B | β | beta | b | v |  | Б | б | *Б* | *б* | b | b |  | ב | beth | b, w | b, ḇ |
| Γ | γ | gamma | g | g,j |  | В | в | *В* | *в* | v | v |  | ג | gimel | g, gh | g, ḡ |
| Δ | δ | delta | d | δ |  | Г | г | *Г* | *г* | g | g |  | ד | daleth | d, dh | d, ḏ |
| E | ε | epsilon | e | ε |  | Д | д | *Д* | *∂,g* | d | d |  | ה | he | h | h |
| Z | ζ | zeta | ds | z |  | Е | е | *E* | *e* | e | jε |  | ו | waw | w | w |
| H | η | eta | e | i |  | Ж | ж | *Ж* | *эic* | ž | ʒ |  | ז | sajin | z | z |
| Θ | ϑ | theta | th | θ |  | З | з | *З* | *з* | z | z |  | ח | cheth | ḥ | ḥ |
| I | ι | jota | i | i,j |  | И | и | *И* | *u* | i | i |  | ט | teth | ṭ | ṭ |
| K | κ | kappa | k | k |  | Й | й | *Й* | *ŭ* | j | j |  | י | jodh | j | j |
| Λ | λ | lambda | l | l |  | К | к | *K* | *к* | k | k |  | כ | kaf | k, ch | k, ḵ |
| M | μ | my | m | m |  | Л | л | *Л* | *л* | l | l |  | ל | lamedh | l | l |
| N | ν | ny | n | n |  | М | м | *M* | *м* | m | m |  | מ | mem | m | m |
| Ξ | ξ | xi | ks | ks |  | Н | н | *H* | *н* | n | n |  | נ | nun | n | n |
| O | o | omikron | o | ɔ |  | О | о | *O* | *o* | o | o |  | ס | ßamech | ß | s |
| Π | π | pi | p | p |  | П | п | *П* | *n* | p | p |  | ע | ajin | ' | ' |
| P | ρ | rho | r | r |  | Р | р | *P* | *p* | r | r |  | פ | pe | p, f | p, p̄ |
| Σ | σ | sigma | s | s,z |  | С | с | *C* | *c* | s | s |  | צ | sadhe | ṣ | ṣ |
| T | τ | tau | t | t |  | Т | т | *T* | *m* | t | t |  | ק | qof | q | q |
| Υ | υ | ypsilon | ü | i,v |  | У | у | *У* | *y* | u | u |  | ר | resch | r | r |
| Φ | φ | phi | ph | f |  | Ф | ф | *Ф* | *ɸ* | f | f |  | שׂ | śin | ś | ś |
| X | χ | chi | kh | x,ç |  | Х | х | *X* | *x* | ch | x |  | שׁ | schin | sch | š |
| Ψ | ψ | psi | ps | ps |  | Ц | ц | *Ц* | *ц* | c | ts |  | ת | taw | t, th | t, ṯ |
| Ω | ω | omega | o | o |  | Ч | ч | *Ч* | *ч* | č | tʃ |  |  |  |  |  |
|  |  |  |  |  |  | Ш | ш | *Ш* | *ш* | š | ʃ |  |  |  |  |  |
|  |  |  |  |  |  | Щ | щ | *Щ* | *щ* | šč | ʃtʃ |  |  |  |  |  |
|  |  |  |  |  |  | Ъ | ъ | *Ъ* | *ъ* | ['hartes' Zeichen] | — |  |  |  |  |  |
|  |  |  |  |  |  | Ы | ы | *Ы* | *ы* | y | y |  |  |  |  |  |
|  |  |  |  |  |  | Ь | ь | *Ь* | *ь* | ['weiches' Zeichen] | — |  |  |  |  |  |
|  |  |  |  |  |  | Э | э | *Э* | *э* | é | ε |  |  |  |  |  |
|  |  |  |  |  |  | Ю | ю | *Ю* | *ю* | ju | ju |  |  |  |  |  |
|  |  |  |  |  |  | Я | я | *Я* | *я* | ja | ja |  |  |  |  |  |

### Römische Ziffern und Zahlen

Es gibt acht verschiedene Zeichen:
I = 1, V = 5, X = 10, L = 50, C = 100, D = 500, M = 1000, A = 5000.

Die Zahlen werden von links nach rechts gelesen und addiert; steht jedoch eine kleinere Zahl vor einer größeren, so muß sie abgezogen werden: II = 2, III = 3, IV = 4, VI = 6, VII = 7, VIII = 8, IX = 9, XI = 11, XIX = 19, XX = 20, XXX = 30, XL = 40, LX = 60, XC = 90, XCIX = 99, CI = 101, CCCXLIX = 349, MCMLXXIII = 1973

11

## Aussprachebezeichnungen

[a] a

[a] Galopp
kurz, unbetont

[a] Gesang
kurz, betont

[a:] Zierat
lang, unbetont

[a̱] Nase
lang, betont

[ʌ] dunkles, kurzes a

[ʌ] Ketchup
kurz, unbetont

[ʌ] Cutter
kurz, betont

[ã] nasales a

[ã] antichambrieren
nasal, unbetont

[ã̱] Chance
nasal, betont

[e] geschlossenes e

[e] jedoch
geschlossen, kurz,
unbetont

[e:] Theorie
geschlossen, lang,
unbetont

[e̱] Leben
geschlossen, lang,
betont

[ɛ] offenes e (= ä)

[ɛ] Eidechse
offen, kurz, unbetont

[ɛ] Pfennig, schändlich
offen, kurz, betont

[ɛ:] Eisbär
offen, lang, unbetont

[ɛ̱] Säge
offen, lang, betont

[æ] sehr offenes ä

[æ] Jazzband
sehr offen, mittellang,
unbetont

[æ] Catcher
sehr offen, mittellang,
betont

[æ̱] Sandwich
sehr offen, lang, betont

[ɛ̃] nasales ä

[ɛ̃] pointiert
nasal, unbetont

[ɛ̱̃] Refrain, Bulletin
nasal, betont

[i] i

[i] Minute
kurz, unbetont

[i̱] Hilfe
kurz, betont

[i:] Mitglied, Augenlid
lang, unbetont

[i̱] Schwierigkeit
lang, betont

[o] geschlossenes o

[o] Krokodil
geschlossen, mittellang,
unbetont

[o:] Trio
geschlossen, lang,
unbetont

[o̱] Mode
geschlossen, lang,
betont

[ɔ] offenes o

[ɔ] Heros
offen, kurz, unbetont

[ɔ̱] Sorge
offen, kurz, betont

[ɔ:] Overall
offen, lang, unbetont

[ɔ̱] Story
offen, lang, betont

[õ] nasales o

[õ] Fondue
nasal, unbetont

[õ̱] Plafond
nasal, betont

[ə] dunkles e oder offenes ö

[ə] Gabe
dunkles e, kurz,
unbetont

[ə:] Callgirl
offenes ö, lang,
unbetont

[ə̱] Jersey
offenes ö, lang,
betont

[ø] geschlossenes ö

[ø] Dejeuner
geschlossen, kurz,
unbetont

[ø:] eintönig
geschlossen, lang,
unbetont

[ø̱] König
geschlossen, lang,
betont

[œ] offenes ö

[œ] Jeunesse dorée
offen, kurz, unbetont

[œ̱] Œuvre
offen, lang, betont

[œ̃] nasales ö

[œ̃] Verdun
nasal, betont

[u] u

[u] Omnibus
kurz, unbetont

[u̱] Puppe
kurz, betont

[u:] Uhu
lang, unbetont

12

[u] Vers*u*ch
lang, betont

[y] ü

[y] parf*ü*mieren
kurz, unbetont

[y] M*ü*cke
kurz, betont

[y:] Haust*ü*r
lang, unbetont

[y] Gem*ü*se
lang, betont

[ai] Verbindung von a und i

[ai] Am*ei*se
unbetont

[ai] Sp*ei*se
betont

[ɔi] Verbindung von offenem
o und i

[ɔi] Ef*eu*
unbetont

[ɔi] Fr*eu*de
betont

[au] Verbindung von a und u

[au] Kabelj*au*
unbetont

[au] L*au*ne
betont

[ɛi] Verbindung von offenem
e und i

[ɛi] Gangw*ay*
unbetont

[ɛi] B*a*by
betont

[b] *B*all

[ç] i*ch*

[x] a*ch*

[d] *D*ach

[ð] engl. mo*th*er

[θ] engl. Commonweal*th*

[f] *F*eld, *V*eilchen

[g] *G*arten

[h] *H*aus

[j] *j*a

[k] *K*ind

[l] *L*icht

[m] *M*ann

[n] *N*est

[ŋ] Fa*n*g

[p] *P*ilz

[r] *R*iese

[z] Ro*s*e

[s] Ro*ß*

[ʒ] *G*enie

[ʃ] *Sch*iff

[t] *T*ag

[v] *V*illa, *W*elt

[w] engl. *W*ales

In einsilbigen Wörtern bezeichnen Punkt (.) und Strich (_) nur die Kürze und Länge der Aussprache, z. B.: F*a*ß und Sp*a*ß, w*e*g und W*e*g, L*i*st und L*i*d, *O*rt und T*o*r, L*u*st und Kn*u*st.

**Deklinationstabellen**

**Starke Deklination des Substantivs**

| | Singular | Plural | Singular | Plural |
|---|---|---|---|---|

### Maskulinum

| 1 | | | | | |
|---|---|---|---|---|---|
| Nominativ | der Weg | die Wege | der Greis | die Greise |
| Genitiv | des Weg(e)s | der Wege | des Greises | der Greise |
| Dativ | dem Weg(e) | den Wegen | dem Greis(e) | den Greisen |
| Akkusativ | den Weg | die Wege | den Greis | die Greise |

| | | | | |
|---|---|---|---|---|
| Nominativ | der Kürbis | die Kürbisse | der Riß | die Risse |
| Genitiv | des Kürbisses | der Kürbisse | des Risses | der Risse |
| Dativ | dem Kürbis (-sse) | den Kürbissen | dem Riß (-sse) | den Rissen |
| Akkusativ | den Kürbis | die Kürbisse | den Riß | die Risse |

### Femininum

| | | | | |
|---|---|---|---|---|
| Nominativ | die Drangsal | die Drangsale | die Kenntnis | die Kenntnisse |
| Genitiv | der Drangsal | der Drangsale | der Kenntnis | der Kenntnisse |
| Dativ | der Drangsal | den Drangsalen | der Kenntnis | den Kenntnissen |
| Akkusativ | die Drangsal | die Drangsale | die Kenntnis | die Kenntnisse |

### Neutrum

| | | | | |
|---|---|---|---|---|
| Nominativ | das Pferd | die Pferde | das Gleis | die Gleise |
| Genitiv | des Pferd(e)s | der Pferde | des Gleises | der Gleise |
| Dativ | dem Pferd(e) | den Pferden | dem Gleis(e) | den Gleisen |
| Akkusativ | das Pferd | die Pferde | das Gleis | die Gleise |

| | | | | |
|---|---|---|---|---|
| Nominativ | das Ereignis | die Ereignisse | das Geschoß | die Geschosse |
| Genitiv | des Ereignisses | der Ereignisse | des Geschosses | der Geschosse |
| Dativ | dem Ereignis(-sse) | den Ereignissen | dem Geschoß(-sse) | den Geschossen |
| Akkusativ | das Ereignis | die Ereignisse | das Geschoß | die Geschosse |

| | | |
|---|---|---|
| Nominativ | das Maß | die Maße |
| Genitiv | des Maßes | der Maße |
| Dativ | dem Maß(e) | den Maßen |
| Akkusativ | das Maß | die Maße |

### Maskulinum

| 2 | | | | |
|---|---|---|---|---|
| Nominativ | der Sohn | die Söhne | der Hals | die Hälse |
| Genitiv | des Sohn(e)s | der Söhne | des Halses | der Hälse |
| Dativ | dem Sohn(e) | den Söhnen | dem Hals(e) | den Hälsen |
| Akkusativ | den Sohn | die Söhne | den Hals | die Hälse |

| | | | | |
|---|---|---|---|---|
| Nominativ | der Fluß | die Flüsse | der Spaß | die Späße |
| Genitiv | des Flusses | der Flüsse | des Spaßes | der Späße |
| Dativ | dem Fluß(-sse) | den Flüssen | dem Spaß(e) | den Späßen |
| Akkusativ | den Fluß | die Flüsse | den Spaß | die Späße |

### Femininum

| | | | | |
|---|---|---|---|---|
| Nominativ | die Maus | die Mäuse | die Nuß | die Nüsse |
| Genitiv | der Maus | der Mäuse | der Nuß | der Nüsse |
| Dativ | der Maus | den Mäusen | der Nuß | den Nüssen |
| Akkusativ | die Maus | die Mäuse | die Nuß | die Nüsse |

|  | Singular | Plural | Singular | Plural |
|---|---|---|---|---|

### Neutrum

| | Singular | Plural |
|---|---|---|
| Nominativ | das Floß | die Flöße |
| Genitiv | des Floßes | der Flöße |
| Dativ | dem Floß(e) | den Flößen |
| Akkusativ | das Floß | die Flöße |

### Maskulinum

| 3 | Singular | Plural |
|---|---|---|
| Nominativ | der Leib | die Leiber |
| Genitiv | des Leib(e)s | der Leiber |
| Dativ | dem Leib(e) | den Leibern |
| Akkusativ | den Leib | die Leiber |

### Neutrum

| | Singular | Plural | Singular | Plural |
|---|---|---|---|---|
| Nominativ | das Rind | die Rinder | das Ei | die Eier |
| Genitiv | des Rind(e)s | der Rinder | des Ei(e)s | der Eier |
| Dativ | dem Rind(e) | den Rindern | dem Ei(e) | den Eiern |
| Akkusativ | das Rind | die Rinder | das Ei | die Eier |

### Maskulinum

| 4 | Singular | Plural | Singular | Plural |
|---|---|---|---|---|
| Nominativ | der Mann | die Männer | der Strauch | die Sträucher |
| Genitiv | des Mann(e)s | der Männer | des Strauch(e)s | der Sträucher |
| Dativ | dem Mann(e) | den Männern | dem Strauch(e) | den Sträuchern |
| Akkusativ | den Mann | die Männer | den Strauch | die Sträucher |

### Neutrum

| | Singular | Plural | Singular | Plural |
|---|---|---|---|---|
| Nominativ | das Blatt | die Blätter | das Gras | die Gräser |
| Genitiv | des Blatt(e)s | der Blätter | des Grases | der Gräser |
| Dativ | dem Blatt(e) | den Blättern | dem Gras(e) | den Gräsern |
| Akkusativ | das Blatt | die Blätter | das Gras | die Gräser |

| | Singular | Plural |
|---|---|---|
| Nominativ | das Faß | die Fässer |
| Genitiv | des Fasses | der Fässer |
| Dativ | dem Faß(-sse) | den Fässern |
| Akkusativ | das Faß | die Fässer |

### Maskulinum

| 5 | Singular | Plural | Singular | Plural |
|---|---|---|---|---|
| Nominativ | der Kater | die Kater | der Sessel | die Sessel |
| Genitiv | des Katers | der Kater | des Sessels | der Sessel |
| Dativ | dem Kater | den Katern | dem Sessel | den Sesseln |
| Akkusativ | den Kater | die Kater | den Sessel | die Sessel |

### Neutrum

| | Singular | Plural | Singular | Plural |
|---|---|---|---|---|
| Nominativ | das Fenster | die Fenster | das Rätsel | die Rätsel |
| Genitiv | des Fensters | der Fenster | des Rätsels | der Rätsel |
| Dativ | dem Fenster | den Fenstern | dem Rätsel | den Rätseln |
| Akkusativ | das Fenster | die Fenster | das Rätsel | die Rätsel |

| | Singular | Plural |
|---|---|---|
| Nominativ | das Gebirge | die Gebirge |
| Genitiv | des Gebirges | der Gebirge |
| Dativ | dem Gebirge | den Gebirgen |
| Akkusativ | das Gebirge | die Gebirge |

### Maskulinum

| 6 | Singular | Plural | Singular | Plural |
|---|---|---|---|---|
| Nominativ | der Vater | die Väter | der Vogel | die Vögel |
| Genitiv | des Vaters | der Väter | des Vogels | der Vögel |
| Dativ | dem Vater | den Vätern | dem Vogel | den Vögeln |
| Akkusativ | den Vater | die Väter | den Vogel | die Vögel |

| Singular | Plural | Singular | Plural |
|----------|--------|----------|--------|

*Femininum*

| Nominativ | die Tochter | die Töchter |
|-----------|-------------|-------------|
| Genitiv | der Tochter | der Töchter |
| Dativ | der Tochter | den Töchtern |
| Akkusativ | die Tochter | die Töchter |

*Neutrum*

| Nominativ | das Kloster | die Klöster |
|-----------|-------------|-------------|
| Genitiv | des Klosters | der Klöster |
| Dativ | dem Kloster | den Klöstern |
| Akkusativ | das Kloster | die Klöster |

*Maskulinum*

**7**

| Nominativ | der Tropfen | die Tropfen |
|-----------|-------------|-------------|
| Genitiv | des Tropfens | der Tropfen |
| Dativ | dem Tropfen | den Tropfen |
| Akkusativ | den Tropfen | die Tropfen |

*Neutrum*

| Nominativ | das Zeichen | die Zeichen |
|-----------|-------------|-------------|
| Genitiv | des Zeichens | der Zeichen |
| Dativ | dem Zeichen | den Zeichen |
| Akkusativ | das Zeichen | die Zeichen |

*Maskulinum*

**8**

| Nominativ | der Graben | die Gräben |
|-----------|------------|------------|
| Genitiv | des Grabens | der Gräben |
| Dativ | dem Graben | den Gräben |
| Akkusativ | den Graben | die Gräben |

*Maskulinum*

**9**

| Nominativ | der Kakadu | die Kakadus | der Trupp | die Trupps |
|-----------|------------|-------------|-----------|------------|
| Genitiv | des Kakadus | der Kakadus | des Trupps | der Trupps |
| Dativ | dem Kakadu | den Kakadus | dem Trupp | den Trupps |
| Akkusativ | den Kakadu | die Kakadus | den Trupp | die Trupps |

*Femininum*

| Nominativ | die Kobra | die Kobras | die Bar | die Bars |
|-----------|-----------|------------|---------|----------|
| Genitiv | der Kobra | der Kobras | der Bar | der Bars |
| Dativ | der Kobra | den Kobras | der Bar | den Bars |
| Akkusativ | die Kobra | die Kobras | die Bar | die Bars |

*Neutrum*

| Nominativ | das Auto | die Autos | das Fräulein | die Fräuleins |
|-----------|----------|-----------|--------------|---------------|
| Genitiv | des Autos | der Autos | des Fräuleins | der Fräuleins |
| Dativ | dem Auto | den Autos | dem Fräulein | den Fräuleins |
| Akkusativ | das Auto | die Autos | das Fräulein | die Fräuleins |

## Schwache Deklination des Substantivs

|  | Singular | Plural | Singular | Plural |
|---|---|---|---|---|

*Maskulinum*

| | | | | |
|---|---|---|---|---|
| **10** Nominativ | der Held | die Helden | | |
| Genitiv | des Helden | der Helden | | |
| Dativ | dem Helden | den Helden | | |
| Akkusativ | den Helden | die Helden | | |

*Femininum*

| | | | | |
|---|---|---|---|---|
| Nominativ | die Frau | die Frauen | die Bahn | die Bahnen |
| Genitiv | der Frau | der Frauen | der Bahn | der Bahnen |
| Dativ | der Frau | den Frauen | der Bahn | den Bahnen |
| Akkusativ | die Frau | die Frauen | die Bahn | die Bahnen |

| | | | | |
|---|---|---|---|---|
| Nominativ | die Freundin | die Freundinnen | | |
| Genitiv | der Freundin | der Freundinnen | | |
| Dativ | der Freundin | den Freundinnen | | |
| Akkusativ | die Freundin | die Freundinnen | | |

*Maskulinum*

| | | | | |
|---|---|---|---|---|
| **11** Nominativ | der Knabe | die Knaben | der Bauer | die Bauern |
| Genitiv | des Knaben | der Knaben | des Bauern | der Bauern |
| Dativ | dem Knaben | den Knaben | dem Bauern | den Bauern |
| Akkusativ | den Knaben | die Knaben | den Bauern | die Bauern |

*Femininum*

| | | | | |
|---|---|---|---|---|
| Nominativ | die Blume | die Blumen | die Harmonie | die Harmonien |
| Genitiv | der Blume | der Blumen | der Hamonie | der Harmonien |
| Dativ | der Blume | den Blumen | der Harmonie | den Harmonien |
| Akkusativ | die Blume | die Blumen | die Harmonie | die Harmonien |

| | | | | |
|---|---|---|---|---|
| Nominativ | die Feder | die Federn | die Wurzel | die Wurzeln |
| Genitiv | der Feder | der Federn | der Wurzel | der Wurzeln |
| Dativ | der Feder | den Federn | der Wurzel | den Wurzeln |
| Akkusativ | die Feder | die Federn | die Wurzel | die Wurzeln |

# Gemischte Deklination des Substantivs

| | Singular | Plural | Singular | Plural |
|---|---|---|---|---|

**Maskulinum**

| | | | | |
|---|---|---|---|---|
| 12 Nominativ | der Strahl | die Strahlen | der Schmerz | die Schmerzen |
| Genitiv | des Strahl(e)s | der Strahlen | des Schmerzes | der Schmerzen |
| Dativ | dem Strahl(e) | den Strahlen | dem Schmerz(e) | den Schmerzen |
| Akkusativ | den Strahl | die Strahlen | den Schmerz | die Schmerzen |

**Neutrum**

| | | | | |
|---|---|---|---|---|
| Nominativ | das Ohr | die Ohren | das Juwel | die Juwelen |
| Genitiv | des Ohr(e)s | der Ohren | des Juwel(e)s | der Juwelen |
| Dativ | dem Ohr(e) | den Ohren | dem Juwel(e) | den Juwelen |
| Akkusativ | das Ohr | die Ohren | das Juwel | die Juwelen |

**Maskulinum**

| | | |
|---|---|---|
| 13 Nominativ | der Doktor | die Doktoren |
| Genitiv | des Doktors | der Doktoren |
| Dativ | dem Doktor | den Doktoren |
| Akkusativ | den Doktor | die Doktoren |

**Maskulinum**

| | | | | |
|---|---|---|---|---|
| 14 Nominativ | der Vetter | die Vettern | der Muskel | die Muskeln |
| Genitiv | des Vetters | der Vettern | des Muskels | der Muskeln |
| Dativ | dem Vetter | den Vettern | dem Muskel | den Muskeln |
| Akkusativ | den Vetter | die Vettern | den Muskel | die Muskeln |

| | | |
|---|---|---|
| Nominativ | der See | die Seen |
| Genitiv | des Sees | der Seen |
| Dativ | dem See | den Seen |
| Akkusativ | den See | die Seen |

**Neutrum**

| | | |
|---|---|---|
| Nominativ | das Auge | die Augen |
| Genitiv | des Auges | der Augen |
| Dativ | dem Auge | den Augen |
| Akkusativ | das Auge | die Augen |

**Maskulinum**

| | | |
|---|---|---|
| 15 Nominativ | der Name | die Namen |
| Genitiv | des Namens | der Namen |
| Dativ | dem Namen | den Namen |
| Akkusativ | den Namen | die Namen |

**Neutrum**

| | | |
|---|---|---|
| 16 Nominativ | das Herz | die Herzen |
| Genitiv | des Herzens | der Herzen |
| Dativ | dem Herzen | den Herzen |
| Akkusativ | das Herz | die Herzen |

## Deklination des substantivierten Adjektivs
### stark

| | Singular | Plural |
|---|---|---|

#### Maskulinum

| **17** Nominativ | ein Angestellter | viele Angestellte |
|---|---|---|
| Genitiv | eines Angestellten | vieler Angestellter |
| Dativ | einem Angestellten | vielen Angestellten |
| Akkusativ | einen Angestellten | viele Angestellte |

#### Femininum

| Nominativ | eine Angestellte | viele Angestellte |
|---|---|---|
| Genitiv | einer Angestellten | vieler Angestellter |
| Dativ | einer Angestellten | vielen Angestellten |
| Akkusativ | eine Angestellte | viele Angestellte |

#### Neutrum

| Nominativ | ein Ganzes | viele Ganze |
|---|---|---|
| Genitiv | eines Ganzen | vieler Ganzer |
| Dativ | einem Ganzen | vielen Ganzen |
| Akkusativ | ein Ganzes | viele Ganze |

### schwach

| | Singular | Plural |
|---|---|---|

#### Maskulinum

| **18** Nominativ | der Angestellte | die Angestellten |
|---|---|---|
| Genitiv | des Angestellten | der Angestellten |
| Dativ | dem Angestellten | den Angestellten |
| Akkusativ | den Angestellten | die Angestellten |

#### Femininum

| Nominativ | die Angestellte | die Angestellten |
|---|---|---|
| Genitiv | der Angestellten | der Angestellten |
| Dativ | der Angestellten | den Angestellten |
| Akkusativ | die Angestellte | die Angestellten |

#### Neutrum

| Nominativ | das Ganze | die Ganzen |
|---|---|---|
| Genitiv | des Ganzen | der Ganzen |
| Dativ | dem Ganzen | den Ganzen |
| Akkusativ | das Ganze | die Ganzen |

# A

**a** *Abk. für* Ar

**à** [frz.] je, zu, zu je; 5 Stück à 2 Mark

**a.** *Abk. für* anno

**A 1** *Phys.: Abk. für* Ampere; **2** *Abk. für* Avance **(5)**

**Å** *Abk. für* Ångström(einheit)

**A.** *Abk. für* Anno

**a. a.** *Abk. für* ad acta

**Aba̱|ka** [indones.] *m. Gen. -s nur Ez.* Manilahanf

**Aba̱|kus** [griech.] *m. Gen. - Mz.* - **1** antikes Rechen-, Spielbrett; **2** Deckplatte über dem Säulenkapitell

**Ab|alie|na̱|ti̱ on** [-lienatsjon, lat.] *w. 10 veraltet:* Veräußerung; **ab|alie|nie|ren** veräußern

**Aban|don** [abādõ, frz.] *m. 9,* **Aban|don|nement** [abādonəmā̱] *s. 9* Abtretung (von Rechten oder Sachen); **aban|don|nie|ren** [abā-] abtreten

**Aba̱|te** [aram.-ital.] *m. Gen. -(n) Mz.* -ten *oder* -ti Titel ital. Weltgeistlicher

**Aba̱|ton** [griech.] *s. Gen. -s Mz.* -ta das Allerheiligste in der griech.-orthodoxen Kirche

**Ab|ba** [aram. „Vater"] *im NT Anrede für* Gott

**Ab|ba|si̱|de** [nach Abbas, dem Onkel Mohammeds] *m. 11* Angehöriger eines Kalifengeschlechts

**Ab|ba̱|te** → Abate

**Ab|bé** [abe, frz.] *m. 9* Titel der niederen frz. Weltgeistlichen

**Ab|be|vil|lien** [abəviljẹ, nach dem frz. Fundort Abbeville] *s. Gen. -(s) nur Ez.* Kulturstufe der älteren Altsteinzeit

**Ab|bre|via̱|ti̱ on** [-tsjon, lat.] *w. 10,* **Ab|bre|via̱|tur** *w. 10* Abkürzung (in Schrift und Druck); **ab|bre|vi|ie|ren** abkürzen

**Ab|de̱|rit** [nach den Einwohnern der altgriech. Stadt Abdera] *m. 10* einfältiger Mensch

**Ab|di|ka̱|ti̱ on** [-tsjon, lat.] *w. 10* Abdankung; **ab|di|zie|ren** abdanken, dem Thron entsagen

**Ab|do̱|men** [lat.] *s. Gen. -s Mz.* - *oder* -mi̱na Bauch, Unterleib; Hinterleib der Gliederfüßer; **ab|do|mi|nal** das Abdomen betreffend, zu ihm gehörend

**Ab|duk|ti̱ on** [-tsjon, lat.] *w. 10* Bewegung von der Körperachse weg, Abspreizen; **Ab|du̱k|tor** *m. 13* Streckmuskel; *Ggs.:* Adduktor; **ab|du|zie|ren** abspreizen

**ab|er|rant** [lat.] abweichend; **Ab|er|ra̱|ti̱ on** [-tsjon] *w. 10* **1** Abweichung; **2** *Astron.:* scheinbare Ortsveränderung eines Sterns; **3** *Optik:* sphärische A.: Bildunschärfe; chromatische A.: Farbabweichung; **ab|er|rie|ren** abweichen

**ab|hor|res|zie̱|ren, ab|hor|rie̱|ren** [lat.] *veraltet:* verabscheuen; *Rechtsw.:* verwerfen

**Abi̱|li̱|ty** [əbj-, engl.] *w. Gen. - Mz.* -ties *Psych.:* Fähigkeit des Menschen, auf Grund seiner Veranlagung (ohne Schulung) eine Tätigkeit auszuüben

**Abio|ge|ne̱|se** [griech.] *w. 11 nur Ez.,* **Abio|ge|ne̱|sis** *w. Gen. - nur Ez.* Urzeugung, Zeugung aus unbelebter Materie; **Abio̱|se** *w. 11 nur Ez.* Leblosigkeit, Lebensunfähigkeit; **abio̱|tisch** leblos; **Abio|tro|phie** *w. 11* vorzeitiges Absterben von Geweben, z. B. Grauwerden des Haars

**Abi̱|tur** [lat.] *s. 1* Reifeprüfung an der höheren Schule; **Abi|tu|ri|ẹnt** *m. 10* jmd., der das Abitur ablegt oder gerade abgelegt hat

**Ab|ju|di|ka̱|ti̱ on** [-tsjon, lat.] *w. 10 Rechtsw.:* Aberkennung; **ab|ju|di|zie̱|ren** aberkennen

**Ab|lak|ta̱|ti̱ on** [tsjon, lat.] *w. 10 nur Ez.* **1** Entwöhnung von der Muttermilch, Abstillen; **2** *Obstbau:* Veredelung; **ab|lak|tie̱|ren** **1** entwöhnen, abstillen; **2** veredeln

**Ab|la̱|ti̱ on** [-tsjon, lat.] *w. 10* Abschmelzen (von Gletschern); Abtragung, Einebnung (der Erdoberfläche) durch Wind; **Ab|la̱|tiv** *m. 1* Beugungsfall in indogerman. Sprachen zur Angabe der Richtung von … her

**ab|norm** [lat.] von der Norm, der Regel abweichend, nicht normal, regelwidrig; **ab|nor|mal** *österr., schweiz.:* abnorm; **Ab|nor|mi|tät** *w. 10* Abweichung von der Norm, Regelwidrigkeit, krankhafte Erscheinung

**ab|oli̱e|ren** [lat.] *veraltet:* abschaffen; begnadigen; **Ab|oli̱|ti̱ on** [-tsjon] *w. 10* Niederschlagung (eines Strafverfahrens); Abschaffung, Aufhebung; **Ab|oli̱|ti̱o|nis̱|mus** *m. Gen. - nur Ez. in den USA* Bewegung für die Abschaffung der Sklaverei, *in England* für die Abschaffung der Prostitution

**Abon|ne|ment** [abonəmā̱, schweiz. auch: -bõn-, frz.] *s. 9, schweiz. auch* [abonəmẹnt] *s. 1* Bezug von Zeitungen u. a. auf bestimmte oder unbestimmte Zeit; Miete eines Platzes im Theater oder Konzert für eine Spielzeit bzw. Saison; **Abon|nẹnt** *m. 10* Inhaber eines Abonnements; **abon|nie̱|ren** ein Abonnement nehmen (für etwas); auf eine Zeitung, einen Theaterplatz abonniert sein: eine Z., einen Th. im Abonnement beziehen

**Ab|ort** [lat.] *m. 1* Fehlgeburt; **ab|or|tie̱|ren 1** einen Abort haben; **2** *Gartenbau:* keine Früchte ansetzen; **ab|or|tiv 1** unreif, unfertig; **2** abtreibend (Mittel); **3** leicht, verkürzt verlaufend (Krankheit); **Ab|or|ti̱|vum** *s. Gen. -s Mz.* -va Mittel zur Abtreibung, Mittel, das eine Krankheit verkürzt oder ihren Aus-

**ab ovo**

20

bruch verhindert

**ab ovo** [lat. „vom Ei an"] von Anfang an, weit ausholend; etwas ab ovo berichten

**ab|qua|li|fi|zie|ren** abwertend beurteilen

**Abra|ka|da|bra** [vielleicht von Abraxas] *s. 9* ein Zauberwort; sinnloses Geschwätz

**Ab|ra|sio** [lat.] *w. Gen. - Mz.-sio|nen Med.:* Ausschabung; **Ab|ra|si on** *w. 10* **1** Abtragung (der Küste durch die Brandung); **2** *Med.:* Ausschabung (der Gebärmutter)

**Abra|xas** [ägypt.] *m. Gen. - nur Ez.* **1** *in der Gnostik:* Name für Gott; **2** Zauberwort auf geschnittenen Steinen

**ab|rea|gie|ren** loswerden, entladen (Ärger, Erregung); sich a.: seinem Ärger Luft machen; **Ab|re|ak|ti on** [-tsjo:n] *w. 10* das Abreagieren

**Abri** [frz.] *m. 9* steinzeitl. Wohnstätte unter einem Felsvorsprung

**Ab|ro|ga|ti on** [-tsjon, lat.] *w. 10* Abschaffung, Aufhebung (eines Gesetzes), Zurücknahme (eines Auftrages); **ab|ro|gie|ren** *veraltet:* abschaffen, aufheben

**ab|rupt** [lat.] ohne Übergang, plötzlich

**Ab|sence** [absãs, frz.] *w. 11* Geistesabwesenheit; kurze Bewußtseinstrübung oder Bewußtlosigkeit bei epilept. Anfall; **ab|sent** [lat.] abwesend; *Ggs.:* präsent; **ab|sen|tie|ren** sich a.: sich entfernen; **Ab|senz** *w. 10* **1** Abwesenheit; *Ggs.:* Präsenz (**1**); **2** *schweiz.* → Absence

**ab|ser|vie|ren** **1** vom Tisch abtragen (Speisen); **2** *ugs.:* aus dem Amt entfernen

**Ab|sinth** [griech.] *m. 1* Wermutbranntwein

**ab|so|lut** [lat.] **1** *adjektiv.:* unabhängig, losgelöst; uneingeschränkt, unbedingt; *Ggs.:* relativ; zu jmdm. absolutes Vertrauen haben; absolutes Gehör: Fähigkeit, einen musikal. Ton nach dem Gehör zu bestimmen; absolute Mehrheit: Mehrheit mit über 50% aller abgegebenen Stimmen; absolute Monarchie: Monarchie, in der der Herrscher die unbeschränkte Gewalt ausübt, Absolutismus; absolute Kunst: ungegenständl. Kunst; absolute Musik: Musik, die nicht auf außermusikal. Vorstellungen beruht; *Ggs.:* Programmusik; absoluter Nullpunkt: tiefste mögliche Temperatur, −273° C; absolute Temperatur: vom absoluten Nullpunkt aus gerechnete Temperatur; absolute Zahl: unabhängig von ihrem Vorzeichen betrachtete Zahl; **2** *adverbial:* durchaus, völlig, überhaupt; ich habe absolut keine Lust; absolut nicht: keineswegs; **Ab|so|lu|ti on** [-tsjon] *w. 10* Freisprechung von Sünden; jmdm. A. erteilen; **Ab|so|lu|tis|mus** *m. Gen. - nur Ez.* Regierungsform, bei der der Monarch die unbeschränkte Gewalt ausübt; **Ab|so|lu|to|ri um** *s. Gen.-s Mz.-ri en, veraltet:* **1** Freispruch; **2** die Bescheinigung darüber; **3** *österr.* → Abitur

**Ab|sol|vent** [lat.] *m. 10* jmd., der eine Schule, einen Lehrgang absolviert hat; **ab|sol|vie|ren**

**1** erfolgreich beenden (z. B. Lehrgang); **2** jmdn. a.: freisprechen

**Ab|sor|bens** [lat.] *s. Gen. - Mz.*-ben|zi en *oder* -ben|tia [-tsja] Stoff, der einen anderen absorbiert; vgl. Absorptiv; **Ab|sor|ber** *m. 5* Anlage zum Absorbieren von Gasen oder Dämpfen; **ab|sor|bie|ren** aufsaugen; **Ab|sorp|ti on** [-tsjon] *w. 10* Aufnahme von Gas oder Dampf in Flüssigkeit oder festen Körper; Energieschwächung von Strahlung beim Durchdringen von Materie; **ab|sorp|tiv** zur Absorption fähig, ein-, aufsaugend; **Absorp|tiv** *s. 1* Stoff, der von einem anderen absorbiert wird; vgl. Absorbens

**ab|sti|nent** [lat.] enthaltsam, auf Alkohol verzichtend; **Ab|sti|nenz** *w. 10 nur Ez.* Enthaltsamkeit; **Ab|sti|nenz|ler** *m. 5* jmd., der enthaltsam lebt, bes. keinen Alkohol trinkt

**ab|stra|hie|ren** [lat.] das Allgemeine im Einzelnen erkennen und von ihm abheben; verallgemeinern, zum Begriff erheben; **ab|strakt** begrifflich, unanschaulich; *Ggs.:* konkret; abstrakte Kunst: Kunst, die ihre Themen nicht in der konkreten Wirklichkeit sucht, ungegenständl. Kunst; **Ab|strak|ti on** [-tsjon] *w. 10* Verallgemeinerung, Begriffsbildung; **Ab|strak|tum** *s. Gen. -s Mz.*-ta **1** allgemeiner, ungegenständl. Begriff; **2** abstraktes Substantiv; *Ggs.:* Konkretum

**ab|strus** [lat.] schwer verständlich, verworren

**ab|surd** unsinnig, unvernünftig; **Ab|sur|di|tät** *w. 10* Unsinnigkeit

**ab|sze|die|ren** [lat.] sich absondern; eitern, einen Abszeß bilden; **Ab|szeß** *m. 1, österr. ugs. s. 1* Eitergeschwulst

**Ab|szis|se** [lat.] *w. 11 Math.:* parallel zur Abszissenachse abgemessener Linienabschnitt; **Ab|szis|sen|ach|se** [-aksə] *w. 11* waagerechte Achse im Koordinatensystem

**Abt** [aram.] *m. 2* Vorsteher eines Mönchsklosters oder Stifts; **Äb|tis|sin** *w. 10* Vorsteherin eines Nonnenklosters oder Stifts

**Abu** *in arab. Eigennamen:* Vater (des oder der ... ); Abu Hassan

**Abu|lie** [griech.] *w. 11* Willensschwäche, Willenlosigkeit, Unentschlossenheit

**ab|un|dant** [lat.] reichlich (vorhanden); **Ab|un|danz** *w. 10 nur Ez.* **1** Überfluß; **2** Bevölkerungsdichte; **3** Häufigkeit einer Tier- oder Pflanzenart in einem Gebiet

**ab ur|be con|di|ta** [lat.] (*Abk.:* a. u. c.) seit Gründung der Stadt (Rom): altröm. Zeitrechnung ab 753 v. Chr.

**ab|usiv** [lat.] mißbräuchlich; **Ab|usus** *m. Gen. - Mz. -* Mißbrauch, übermäßiger Gebrauch

**abys|sal, abys|sisch** [griech.] aus der Tiefe der Erde, des Meeres stammend; zur Tiefsee gehörig; abgrundtief; **Abys|sus** *m. Gen. - nur Ez.* Abgrund; Unergründliches

**Ac** *chem. Zeichen für* Actinium

**a c.** *Abk. für* a conto

a. c. *Abk. für* anni currentis

à c. *Abk. für* à condition

**Acaldelmy-Award** [ǝkǽdǝmi  ǝwɔ̜d]
*m. Gen.* -(s) *Mz.* -s amerik. Filmpreis, Oscar

**a caplpęllla** [ital. „in der Art eines Kapellcho-
res"] ohne Instrumentalbegleitung; ein Lied a
cappella singen

**aclcellelranldo** [atʃɛl-, ital.] (*Abk.:* accel.)
*Mus.:* beschleunigend, schneller werdend;
*Ggs.:* ritardando

**Aclcent ailgu** [aksätɛgy, frz.] *m. Gen.* - - *Mz.*
-s-s [aksätɛgy] (*Zeichen:* ´) im Frz. Zeichen
für die geschlossene Aussprache des e, z. B.
in Café; vgl. Akut; **Aclcent cirlconlflexe** [ak-
säsirkɔ̃flɛks] *m. Gen.* - - *Mz.* -s-s [aksä-
sirkɔ̃flɛks] (*Zeichen:* ^) im Frz. Zeichen für
die Dehnung eines Vokals oder Diphthongs
infolge eines ausgefallenen s, z. B. fenêtre
[fǝnɛtrǝ], lat. fenestra „Fenster", maître
[mɛtrǝ], lat. magister „Meister"; **Aclcent
grave** [aksägrav] *m. Gen.* - - *Mz.* -s-s [aksä-
grav] (*Zeichen:* `) im Frz. Zeichen für die
lange, offene Aussprache des e, z. B. mère
[mɛːr]; vgl. Gravis

**Aclcesisoires** [aksɛswaṛs, frz.] *nur Mz.* modi-
sches Zubehör, z. B. Gürtel, Schmuck

**Aclcomlpalgnalto** [-nja-, ital.] *s. 9, Mz. auch:*
-ti, das vom Orchester begleitete Rezitativ;
**Aclcomlpalgnelment** [-njǝmã, frz.] *s. 9 Mz.,
veraltet:* Begleitung; **aclcomlpalgnielren**
[-nji-] *Mus., veraltet:* begleiten

**Aclcount** [ǝkaunt, engl.] *m. 9* 1 Werbeetat;
2 Auftraggeber einer Werbeagentur

**aclcrelscenldo** [-ʃɛn-, ital.] (*Abk.:* acc.),
*Mus.:* anschwellend, lauter werdend; *Ggs.:*
decrescendo

**Aclcrolchage** [-ʃaʒ(ǝ), frz.] *w. 11* Ausstellung
einer Galerie aus ihren eigenen Kunstbe-
ständen

**Acetlalldelhyd** [lat.] *m. 1 nur Ez.* stechend
riechende organ. Verbindung; **Aceltat** *s. 1*
Salz der Essigsäure; **Aceltọn** *s. 1 nur Ez.* aro-
matisch riechendes Lösungsmittel; **Aceltyllen**
*s. 1 nur Ez.* ungesättigter, gasförmiger Koh-
lenwasserstoff

**Achälne** [axɛ-, griech.] *w. 11* einsamige
Schließfrucht von Korbblütlern

**Achat** [axat, griech.] *m. 1* ein Halbedelstein;
**achalten** aus Achat

**Acheilrolpoielta** [griech. „nicht von Men-
schenhand gemacht"] *Mz., Bez. für* byzanti-
nische Bildnisse von Christus, Maria oder
Heiligen, deren Ursprung man für außerir-
disch hielt

**achelronltisch** [axǝ-, nach Acheron, dem
Fluß der Unterwelt im griech. Sage] unter-
weltlich

**Acheullélen** [aʃøleẽ, nach dem frz. Fundort
St-Acheul] *s. Gen.* -(s) *nur Ez.* Kulturstufe
der älteren Altsteinzeit

**Achillleslferlse** [nach dem Helden der griech.
Sage] *w. 11* verwundbare Stelle, schwacher

Punkt; **Achillleslsehlne** *w. 11* Sehne zwischen
Wadenmuskeln und Fersenbein

**achlalmyldelisch** [griech.] ohne Blütenhülle

**a. Chr. (n.)** *Abk. für* ante Christum (natum):
vor Christi Geburt

**Achrolit** [akro-, griech.] *m. 1* ein Mineral, ein
Turmalin

**Achrolmalsie** [akro-, griech.] *w. 11* bei opti-
schen Geräten: Brechung des Lichts ohne
Zerlegung in Farben; **Achrolmat** *m. 1* Lin-
sensystem, das Licht nicht in Farben zerlegt;
**Achrolmaltin** *s. 1 nur Ez.* der nicht färbbare
Teil der Zellkernsubstanz; **achrolmaltisch**
nicht in Farben zerlegend; **Achrolmaltịslmus**
*m. Gen.* - *Mz.* -men →Achromasie; **Achro-
matloplsie** *w. 11* Farbenblindheit

**Acid** [lat.] *s. 1* Salz der Stickstoffwasserstoff-
säure; **Acildilmeltrie** [lat. + griech.] *w. 11
nur Ez.* Verfahren zum Messen der Konzen-
tration von Säuren; **Acildiltät** *w. 10 nur Ez.*
Säuregrad (einer Flüssigkeit); **Acildolse** *w. 11*
krankhaftes Ansteigen des Säuregrades im
Blut; **Acildum** *s. Gen.* -s *Mz.* -da Säure; **Aci-
dur** *s. 1 nur Ez.* säurebeständiges, siliciumhal-
tiges Gußeisen

**Ạcklja** [finn.] *m. 9* 1 Rentierschlitten; 2 Ret-
tungsschlitten der Bergwacht

**à conldiltion** [akɔ̃disjɔ̃, frz. „auf Bedingung"]
(*Abk.:* à c.) unter Vorbehalt, nicht fest (zu
liefern bzw. geliefert)

**Acolniltin** *s. 1* → Akonitin

**a conlto** [ital.] (*Abk.:* a c.) auf Rechnung
(von); einen Betrag a c. schreiben

**Acquit** [aki, frz.] *s. 9* Empfangsbescheini-
gung, Quittung

**Acre** [ẹikǝ, engl.] *m. 9* engl. und nordamerik.
Flächenmaß, 4047 m²

**Acryllsäulre** [lat.] *w. 11* Äthylencarbonsäure,
Ausgangsstoff vieler Kunstharze und synthet.
Fasern

**Ạclta Apolstollolrum** [lat.] *nur Mz.* die Apo-
stelgeschichte des NT; **Ạclta Sanctolrum**
*nur Mz.* Sammlung von Heiligenlegenden
und -berichten

**Acltịlnilum** [griech.] *s. Gen.* -s *nur Ez.* (*Zei-
chen:* Ac) chem. Element

**Acltion** [ǽkʃǝn, engl.] *w. 9* ereignisreicher
Vorgang, geschäftige Bewegung; **Acltion
Painlting** [-pɛintiŋ] *w. Gen.* - - *nur Ez.* wörtl.:
„Aktionsmalerei", Richtung innerhalb der
amerik. abstrakten Malerei

**a d.** *Abk. für* a dato

**a. D., A. D.** *Abk. für* anno Domini, Anno
Domini

**ad ablsurldum** [lat.] eine Behauptung ad ab-
surdum führen: die unmöglichen Folgen ei-
ner Behauptung zeigen und damit ihre Un-
sinnigkeit beweisen

**ad ạcta** [lat.] (*Abk.:* a. a.) etwas ad acta le-
gen: zu den Akten legen, als erledigt be-
trachten

**adalgio** [adaʤo, ital.] *Mus.:* langsam, ruhig;

Ada|gio [-dʒo] *s.9* langsames Musikstück
Adak|ty|lie [griech.] *w.11* angeborenes Feh-
len der Finger
Adam [nach dem Stammvater der Mensch-
heit im AT] der Mensch schlechthin; den al-
ten A. ausziehen: ein neuer Mensch werden;
Ada|mit *m.10* Angehöriger einer Sekte, die
den paradies. Unschuldszustand des Men-
schen durch Nacktkultur wiederherstellen
wollte
Ad|ap|ta|bi|li|tät [lat.] *w.10 nur Ez.* Anpas-
sungsvermögen; Ad|ap|ta|ti|on [-tsjon]
*w.10 nur Ez.* Anpassung an die Umwelt, (bei
Sinnesorganen) an äußere Reize, z. B. des
Auges an Licht und Dunkelheit; Ad|ap|ter
*m.5* Ergänzungs-, Zusatzgerät; ad|ap|tie|ren
anpassen; eine Wohnung a. *österr.:* neu her-
richten; Ad|ap|ti|on [-tsjon] *w.10* → Adapta-
tion; ad|ap|tiv auf Adaption beruhend, (sich)
anpassend
Ad|äquanz [lat.] *w.10 nur Ez.* Angemessen-
heit; ad|äquat angemessen, entsprechend
a da|to [lat.] (*Abk.:* a d.) vom Tag der Aus-
stellung (des Wechsels) an
ad ca|len|das grae|cas *in der Wendung* etwas
a. c. g. verschieben: bis zu den griech. Kalen-
den, d. h. bis zu einem nie eintretenden Zeit-
punkt (die Kalenden waren in der altröm.
Zeitrechnung die ersten Monatstage, doch
die Griechen hatten keine Kalenden)
Ad|dend [lat.] *m.10* → Summand; Ad|den-
dum *s. Gen.-s Mz.*-da Zusatz, Nachtrag; ad-
die|ren dazu-, zusammenzählen
ad|dio [lat.] adieu, leb wohl
Ad|di|ti|on [-tsjon, lat.] *w.10* Hinzufügung,
Zusammenzählung; *Ggs.:* Subtraktion; ad|di-
tio|nal [-tsjo-] zusätzlich, nachträglich; ad-
di|tiv auf Addition beruhend, hinzufügend;
Ad|di|tiv *s.1* Zusatz, der in geringer Menge
die gewünschte Eigenschaft eines Stoffes
verbessert; ad|di|zie|ren zusprechen, zuer-
kennen, z. B. ein unsigniertes Bild einem be-
stimmten Maler
Ad|duk|ti|on [-tsjon, lat.] *w.10* das Anziehen
eines Gliedes an den Körper; Ad|duk|tor
*m.13* heranziehender Muskel; *Ggs.:*
Abduktor
ade [frz.] adieu, leb wohl; Ade *s.9* ein Ab-
schiedsgruß
Ade|ni|tis [griech.] *w. Gen.- Mz.*-ti|den Drü-
sen-, Lymphknotenentzündung; ade|no|id
drüsenartig, drüsig; Ade|nom *s.1,* Ade|no|ma
*s. Gen.-s Mz.*-mata gutartige Drüsenge-
schwulst; Ade|no|to|mie *w.11* operative Ent-
fernung eines Adenoms im Nasen-Rachen-
Raum
Ad|ept [lat.] *m.10* 1 Eingeweihter, Meister;
2 Schüler, Jünger
Ades|po|ta [griech.] *Mz.* Werke (bes. Kir-
chenlieder) unbekannter Verfasser
à deux mains [adømɛ̃, frz.] mit zwei Händen
(zu spielen, beim Klavierspiel)

ad|hä|rent [lat.] anhaftend, zusammenhän-
gend; Ad|hä|renz *w.10* das Anhaften; ad|hä-
rie|ren anhängen, anhaften; Ad|hä|si|on *w.10*
1 das Haften aneinander (von Stoffen);
2 Verwachsung (von Geweben); ad|hä|siv
(an)haftend, (an)klebend
ad hoc [lat.] 1 zu diesem Zweck; 2 aus dem
Augenblick heraus; eine Redewendung, ein
Wort ad hoc bilden
ad ho|mi|nem [lat.] die Denkart des (ange-
sprochenen) Menschen berücksichtigend
Ad|hor|ta|tiv [lat.] *m.1* Ermahnungsform,
Imperativ der 1. Person Mehrzahl, z. B. ge-
hen wir!
adia|ba|tisch [griech.] ohne Wärmeaustausch
mit der Umgebung (von Gasen, Luft)
Adia|pho|ra [griech.] *s. Mz., Ez.*-ron gleich-
gültige, zwischen Gut und Böse liegende
Dinge
adieu [adjø, frz.] leb wohl; Adieu *s.9* ein
Abschiedsgruß
Ädi|ku|la [lat.] *w. Gen.- Mz.*-lä 1 Einfassung
von Fenstern oder Nischen mit Säulen und
Giebel, 2 Nische (für ein Standbild, einen
Sarkophag)
Ädil [lat.] *m.10 oder 12, im alten Rom:* hoher
Beamter
ad in|fi|ni|tum [lat.] bis ins Unendliche; und
so weiter ad infinitum
adi|pös [lat.] fettreich, verfettet; Adi|po|si|tas
*w. Gen.- nur Ez.* Fettsucht
Ad|jek|tiv [lat.] *s.1* Eigenschaftswort
Ad|ju|di|ka|ti|on [-tsjon, lat.] *w.10* Zuerken-
nung; ad|ju|di|zie|ren zuerkennen
Ad|junkt [lat.] *m.10 veraltet:* Gehilfe; *österr.:*
Beamtentitel, z. B. Forstadjunkt
ad|ju|stie|ren [lat.] anpassen, eichen; *österr.:*
einkleiden, mit Uniform versehen
Ad|ju|tant [lat.] *m.10* einem höheren Offi-
zier zur Hilfe zugeteilter junger Offizier; Ad-
ju|tan|tur *w.10* Amt, Dienststelle eines Ad-
jutanten
Ad|ju|tor [lat.] *m.13* Helfer, Gehilfe
ad l. *Abk. für* ad libitum
Ad|la|tus [lat.] *m. Gen.- Mz.-* oder-ten Hel-
fer, Amtsgehilfe
ad lib. *Abk. für* ad libitum; ad li|bi|tum [lat.]
(*Abk.:* ad l., ad lib.) nach Belieben
ad maio|rem Dei glo|ri|am [lat.] (*Abk.:* A. M.
D. G.) eigentlich omnia ...: (alles) zur größe-
ren Ehre Gottes (Wahlspruch der Jesuiten)
Ad|mi|ni|stra|ti|on [-tsjon, lat.] *w.10* Verwal-
tung, Verwaltungsbehörde; ad|mi|ni|stra|tiv
zur Verwaltung gehörend, auf dem Verwal-
tungswege; Ad|mi|ni|stra|tor *m.13* Verwal-
ter; ad|mi|ni|strie|ren verwalten; administrier-
ter Preis: behördlich festgesetzter oder ge-
nehmigter Preis, z. B. Post-, Bahntarif
ad|mi|ra|bel *veraltet:* bewunderungswürdig
Ad|mi|ral [arab.] *m.1, österr. auch m.2*
1 Seeoffizier im Generalsrang; 2 ein Schmet-
terling; Ad|mi|ra|li|tät *w.10* Gesamtheit der

**Admirale**, oberste Kommando- und Verwaltungsstelle der Kriegsmarine

**Ad|mis|si|on** [lat.] *w.10* Zulassung, Zutritt

**Ad|mo|ni|ti|on** [-tsjon, lat.] *w.10* Ermahnung zur Buße bei der Beichte

**Ad|nex** [lat.] *m.1* 1 Anhang, Anhängsel; 2 Eierstock und Eileiter (der Frau); **Ad|ne-xi|tis** *w. Gen. - Mz.* -ti|den Entzündung des Adnexes (2)

**ad|no|mi|nal** [lat.] zu einem Nomen gehörig oder hinzutretend; adnominales Attribut

**ad no|tam** [lat.] etwas a. n. nehmen: zur Kenntnis nehmen, vormerken

**ad ocu|los** [lat.] vor Augen; etwas a. o. demonstrieren: etwas vor Augen führen, durch Augenschein beweisen

**ado|les|zent** [lat.] heranwachsend, im Jugendalter stehend; **Ado|les|zenz** *w.10 nur Ez.* Jugendalter, die Zeit nach der Pubertät bis zum 20. Lebensjahr

**Ado|nai** [hebr. „mein Herr"] *im AT Name für* Gott

**Ado|nis** [nach der griech. Sagengestalt] *m.1* 1 schöner Jüngling; 2 ein Schmetterling; **ado|nisch** schön wie Adonis; adonischer Vers: antiker Vers aus Daktylus und Trochäus; **Ado|ni|us** *m. Gen. - Mz. -* → adonischer Vers

**ad|op|tie|ren** [lat.] an Kindes Statt annehmen; **Ad|op|ti|on** [-tsjon] *w.10* Annahme an Kindes Statt; **Ad|op|tiv|el|tern** *Mz.* Eltern durch Adoption; **Ad|op|tiv|kind** *s.3* adoptiertes Kind

**ad|ora|bel** [lat.] verehrungswürdig

**Ad|orant** [lat.] *m.10* Anbetender; *in der Kunst:* Gestalt in betender Stellung; **Ad|ora-ti|on** [-tsjon] *w.10* 1 Anbetung; 2 Huldigung (der Kardinäle vor dem neugewählten Papst); **ad|orie|ren** anbeten

**ad pu|bli|can|dum** [lat.] zur Veröffentlichung **Adr.** *Abk. für* Adresse

**ad re|fe|ren|dum** [lat.] zur Berichterstattung

**ad rem** [lat.] zur Sache

**Adre|ma** *w.9* ⓌⒺ *Kurzw. für* Adressiermaschine

**Ad|re|na|lin** [lat.] *s.1 nur Ez.* Hormon des Nebennierenmarks; **Ad|re|no|ste|ron** *s.1 nur Ez.* Hormon der Nebennierenrinde

**Adres|sant** [mlat.] *m.10* Absender; **Adres|sat** *m.10* Empfänger (einer Postsendung); **Adres|se** *w.11* 1 Anschrift; 2 polit. (schriftl.) Kundgebung, offizieller schriftl. Gruß, Glückwunschschreiben; 3 *Datenverarbeitung:* Kennzeichen (meist Zahl), mit dem eine bestimmte Stelle im Speicher angesprochen wird, dient zur Identifizierung von gespeicherten Daten; **adres|sie|ren** mit' der Adresse versehen; einen Brief (an jmdn.) a.

**adrett** [lat.-frz.] hübsch, sauber und ordentlich

**Ad|sor|bat** [lat.] *s.1* → Adsorptiv; **Ad|sor-bens** *s. Gen. - Mz.* -ben|zi|en *oder* -ben|tia

[-tsja], **Ad|sor|ber** *m.5* bei der Adsorption der adsorbierende Stoff; vgl. Adsorptiv; **ad-sor|bie|ren** auf der Oberfläche eines festen Stoffes anlagern, verdichten (Gase und gelöste Stoffe); **Ad|sorp|ti|on** [-tsjon] *w.10* Anlagerung, Verdichtung (eines Gases oder gelösten Stoffes) auf der Oberfläche eines festen Stoffes, an der Oberfläche eines festen Stoffes; **Ad|sorp|tiv** *s.1* bei der Adsorption der adsorbierte Stoff; vgl. Adsorbens

**Ad|strin|gens** [lat.] *s. Gen. - Mz.* -gen|zi|en *oder* -gen|tia [-tsja] zusammenziehendes, blutstillendes Heilmittel; **Ad|strin|genz** *w.10 nur Ez.* zusammenziehende Fähigkeit (eines Stoffes); **ad|strin|gie|ren** *Med.:* zusammenziehen

**Adu|lar** [fälschlich nach den Adula-Alpen in Graubünden] *m.1* ein Feldspat, Halbedelstein

**adult** [lat.] erwachsen, geschlechtsreif

**ad us. prop.** *Abk. für* ad usum proprium; **ad usum** [lat.] zum Gebrauch; **ad usum Del|phi-ni** zum Gebrauch des Dauphins (des frz. Kronprinzen); *übertr.:* zum Gebrauch für den Schüler (früher bei Klassikerausgaben, aus denen anstößige Stellen entfernt worden waren); **ad usum pro|pri|um** (*Abk.:* ad us. prop.) *auf ärztl. Rezepten:* zum eigenen Gebrauch

**ad va|lo|rem** [lat.] dem Wert nach

**Ad|van|tage** [ədvantidʒ, engl.] *m.9* 1 Vorteil; 2 *Tennis:* der erste Fehler nach dem Einstand als Pluspunkt für den Gegner

**Ad|vek|ti|on** [-tsjon, lat.] *w.10 Meteor.:* die waagerechte Heranführung von Luftmassen; *Ggs.:* Konvektion; **ad|vek|tiv** auf Advektion beruhend

**Ad|vent** [lat. „Ankunft"] *m.1* die vier Wochen vor Weihnachten; **Ad|ven|tist** *m.10* Angehöriger einer Sekte, die an die baldige Wiederkunft Christi glaubt; **ad|ven|tiv** an ungewöhnl. Stelle befindlich; **Ad|ven|tiv|knos-pe** *w.11* Knospe an ungewöhnl. Stelle, z. B. am Stamm; **Ad|ven|tiv|kra|ter** *m.5* Nebenkrater

**Ad|verb** [lat.] *s. Gen. -s Mz.* -bi|en Umstandswort, Wort, das ein Adjektiv oder Verb genauer bezeichnet; **ad|ver|bi|al** in der Art eines Adverbs, umstandswörtlich; **Ad|ver|bi-al|be|stim|mung** *w.10,* **Ad|ver|bia|le** *s. Gen. -s Mz.* -li|en Umstandsbestimmung; **ad|ver-bi|ell** → adverbial

**Ad|ver|sa|ria, Ad|ver|sa|ri|en** [lat.] *s. Mz., Ez.* -ri|um, Aufzeichnungen, Notizen; **ad|ver|sa-tiv** entgegenstellend, gegensätzlich

**Ad|ver|ti|sing** [ædvətaiziŋ, engl.] *s.9* Anzeigenwerbung

**Ad|vo|ca|tus Dei** [lat. „Anwalt Gottes"] *m. Gen. - - Mz.* -ti Dei *im kath. Heilig- bzw. Seligsprechungsprozeß:* Geistlicher, der die Betreffenden eintritt; **Ad|vo|ca|tus Dia|bo|li** [„Anwalt des Teufels"] *m. Gen. - - Mz.* -ti - *im kath. Heilig- bzw. Seligsprechungsprozeß:*

Geistlicher, der die Bedenken vorbringt; *übertr.:* jmd., der bewußt eine schlechte Sache vertritt, *auch:* strenger Kritiker; **Ad|vokat** *m. 10 veraltet:* Rechtsanwalt

**Ady|na|mie** [griech.] *w. 11 Med.:* Kraftlosigkeit; **ady|na|misch** kraftlos, schwach

**Ady|ton** [griech. „das Unzugängliche"] *s. Gen. -s Mz. -ta in Tempeln:* Allerheiligstes

**Ae|ri|al** [ae-, griech.] *s. 1 nur Ez.* der Luftraum als Lebensbezirk der Landtiere; **ae|ril** [ae-], **ae|risch** *Geol.:* durch Windwirkung entstanden; **ae|rob** *Biol.:* Sauerstoff zum Leben brauchend; *Ggs.:* anaerob; **Ae|ro|bi|er** *m. 5,* **Ae|ro|bi|ont** *m. 10* Lebewesen, das nur mit Sauerstoff leben kann; *Ggs.:* Anaerobier; **Ae|ro|bus** [griech. + lat.] *m. 1* Hubschrauber im Zubringerdienst; **Ae|ro|dy|na|mik** [griech.] *w. 10 nur Ez.* Lehre von der Bewegung gasförmiger Stoffe; **Ae|ro|gramm** *s. 1* Luftpostleichtbrief; **Ae|ro|kar|to|graph** *m. 10* Gerät zum Entzerren von Luftaufnahmen zur kartograph. Auswertung; **Ae|ro|lith** *m. 10 veraltet:* Meteorstein; **Ae|ro|lo|gie** *w. 11 nur Ez.* Lehre von den höheren Luftschichten; **Ae|ro|me|cha|nik** *w. 10 nur. Ez.* Lehre vom Gleichgewicht und von der Bewegung der Gase; **Ae|ro|me|di|zin** *w. 10 nur Ez.* Gebiet der Medizin, das sich mit den Wirkungen der Luftfahrt auf den Körper befaßt; **Ae|ro|me|ter** *s. 5* Gerät zum Messen von Gewicht und Dichte der Luft; **Ae|ro|naut** *m. 10 veraltet:* Flieger; **Ae|ro|nau|tik** *w. 10 nur Ez. veraltet:* Luftfahrt; **Ae|ro|na|vi|ga|ti|on** [-tsj̯on] *w. 10 nur Ez.* Steuerung und Standortbestimmung von Luftfahrzeugen; **Ae|ro|no|mie** *w. 11 nur Ez.* Lehre von den höchsten Luftschichten; **Ae|ro|phon** *s. 1* Musikinstrument, bei dem der Ton durch Luft erzeugt wird, z. B. Blasinstrument; **Ae|ro|pho|to|gram|me|trie** (-gramm|me-) *w. 11* Luftbildmessung; **Ae|ro|pho|to|gra|phie** *w. 11* Luftaufnahme; **Ae|ro|phyt** *m. 10* auf einer anderen Pflanze lebende, den Boden nicht berührende Pflanze, Luftpflanze; **Ae|ro|plan** *m. 1 veraltet:* Flugzeug; **Ae|ro|sol** *s. 1* 1 Luft- oder Gasmenge, in der feinste flüssige oder gasförmige Teilchen schweben, z. B. Nebel, Rauch; 2 Heilmittel zum Einatmen; **Ae|ro|sta|tik** *w. 10 nur Ez.* Lehre von den Gleichgewichtszuständen der Gase; **Ae|ro|taxe** *w. 11* Mietflugzeug für kurze Strecken; **Ae|ro|tro|pis|mus** *m. Gen. - nur Ez.* Wachstumsbewegung von Pflanzen nach Stellen mit höherem Sauerstoff- oder Kohlendioxidgehalt; **Ae|tit** [ae-, griech.] *m. 1* Adlerstein, Eisenmineral

**a. f.** *Abk. für* anni futuri

**afe|bril** [griech. + lat.] ohne Fieber

**Af|fä|re** [frz.] *w. 11* Angelegenheit, (unangenehmer) Vorfall; *auch:* Liebschaft

**Af|fekt** [lat.] *m. 1* starke Gemütsbewegung, Erregung; **Af|fek|ta|ti|on** [-tsj̯on] *w. 10* Ziere-

rei, Getue; **af|fek|tiert** geziert, unnatürlich; **Af|fek|ti|on** [-tsj̯on] *w. 10* 1 *Med.:* krankhafter Vorgang oder Zustand, Erkrankung; 2 *veraltet:* Zuneigung, Wohlwollen; **af|fek|tio|niert** [-tsjo-] *veraltet:* zugeneigt, wohlgesinnt; **Af|fek|ti|ons|wert** *m. 1* Liebhaberwert; **af|fek|tiv** affekt-, gefühlsbetont; **Af|fek|ti|vi|tät** *w. 10 nur Ez.* Gefühlsleben, Ansprechbarkeit des Gefühls

**af|fet|tuo|so** [ital.] *Mus.:* ausdrucksvoll, leidenschaftlich

**Af|fiche** [afiʃ(ə), frz.] *w. 11* Anschlagzettel, Plakat; **af|fi|chie|ren** [-ʃi-] durch Affiche bekanntmachen, aushängen, anschlagen

**Af|fi|da|vit** [lat.] *s. 9* 1 eidesstattl. Erklärung; 2 Bürgschaft für einen Einwanderer

**Af|fi|li|a|ti|on** [-tsj̯on, lat.] *w. 10* Aufnahme (in eine Gemeinschaft), An-, Eingliederung; **af|fi|li|ie|ren** aufnehmen, an-, eingliedern

**af|fin** [lat.] verwandt; *bes. Math.:* parallelverwandt; **Af|fi|ni|tät** *w. 10 nur Ez.* Wesensverwandtschaft, Schwägerschaft

**Af|fir|ma|ti|on** [-tsj̯on, lat.] *w. 10* Bejahung, Zustimmung; **af|fir|ma|tiv** bejahend, zustimmend; **Af|fir|ma|ti|ve** *w. 11* bejahende Aussage; **af|fir|mie|ren** bejahen, zustimmen

**Af|fix** [auch: af-, lat.] *s. 1* Vor- oder Nachsilbe, Präfix bzw. Suffix; **af|fi|zie|ren** 1 reizen, erregen; 2 *Med.:* krankhaft verändern

**Af|fo|dill** [griech.] *m. 1* ein Liliengewächs

**af|fret|tan|do** [ital.] *Mus.:* schneller werdend

**Af|fri|ka|ta** *w. Gen. - Mz. -tä,* **Af|fri|ka|te** *w. 11* Verschlußlaut mit folgendem Reibelaut, z. B. pf, z (= ts)

**Af|front** [afrɔ̃, frz.] *m. 9* Beleidigung, Kränkung; **af|fron|tie|ren** [-frɔ̃-] *veraltet:* beleidigen

**Afg|ha|ni** *m. 9* afghan. Münze

**AFL** *Abk. für* American Federation of Labor (amerik. Gewerkschaftsverband)

**à fonds per|du** [afɔ̃ pɛrdy, frz. „bei verlorenem Kapital"] ohne Aussicht auf Wiedererstattung oder Gegenleistung

**a fres|co** → al fresco

**Afri|kaa|ner** *m. 5* weißer Bürger Südafrikas niederländischer, niederdeutscher oder hugenottischer Herkunft; **Afri|kaans** *s. Gen. - nur Ez.* Sprache der Afrikaaner; **Afri|kan|der** *m. 5* südafrik. Rind eigener Züchtung; **Afri|ka|ni|stik** *w. 10 nur Ez.* Wissenschaft von den afrik. Sprachen und Kulturen; **Afri|kan|thro|pus** [griech.] *m. Gen. - nur Ez.* nach den Fundorten in Afrika benannter Urmensch der Eiszeit

**Af|ter-Shave-Emul|si|on** [aftərʃeiv-, engl.] *w. 10* Flüssigkeit zur Hautpflege nach der Rasur

**Ag** *chem. Zeichen für* Silber (Argentum)

**AG, A. G., A.-G.** *Abk. für* Aktiengesellschaft

**Aga** [türk.] *m. 9 früher im Osman. Reich:* Offiziers- und Beamtentitel; **Aga Khan** *m.*

*Gen.* --s *Mz.* --e erbliches Oberhaupt der Hodschas

**agam** [griech.] sich ohne Befruchtung fortpflanzend; **Aga|mie** *w.11 nur Ez.* Ehelosigkeit; **aga|misch 1** ehelos; **2** ungeschlechtlich; **Aga|mo|go|nie** *w.11 nur Ez.* ungeschlechtl. Fortpflanzung **Aga|pe** [griech.] *w.11* **1** *in der altchristl. Gemeinde:* gemeinsame Mahlzeit mit Armenspeisung; **2** *nur Ez.* Liebe Gottes **Agar-Agar** [mal.] *m. oder s.9 nur Ez.* Droge aus Rotalgen für Bakterienkulturen, auch zum Andicken von Speisen **Aga|ve** [griech.] *w.11* der Aloe ähnl. trop. und subtrop. Pflanze, Amaryllisgewächs **Agen|da** [lat.] *w. Gen. - Mz.*-den **1** Schreibtafel, Notizbuch, Terminkalender; **2** Zusammenstellung von Gesprächspunkten bei Verhandlungen; **Agen|de** *w.11* Buch für die Gottesdienstordnung **Agens** [lat.] *s. Gen. - Mz.* Agen|zi en **1** tätige Kraft, wirkendes Prinzip; **2** *Med.:* wirkendes Mittel; **3** *nur Ez., Gramm.:* Träger des Geschehens im Satz; *Ggs.:* Patiens; **Agent** *m.10* **1** Vertreter, Vermittler; **2** Spion; **Agen|tie** *w.11* österr.: Geschäftsstelle der Donau-Dampfschiffahrtsgesellschaft; **agen|tie|ren** österr.: Kunden werben; **Agent pro|vo|cateur** [aʒã prɔvokatœr, frz.] *m. Gen. - - Mz.*-s -s [aʒã -tœr] Lockspitzel; **Agen|tur** *w.10* Geschäftsstelle eines Agenten, Vertretung; Geschäftsnebenstelle **Ag|glo|me|rat** [lat.] *s.1* Ablagerung von scharfkantigen, unverfestigten Gesteinsbrokken; Masse von Lavabrocken; *Ggs.:* Konglomerat (2); **Ag|glo|me|ra|ti on** [-tsjon] *w.10* **1** Anhäufung; **2** Ballung von städt. Siedlungen und Industrieanlagen; **ag|glo|me|rie|ren** (sich) anhäufen **Ag|glu|ti|na|ti on** [-tsjon, lat.] *w.10* **1** Zusammenballung, Verklumpung, Verklebung; **2** *Gramm.:* Anhängen eines Affixes an den Wortstamm; **ag|glu|ti|nie|ren** zusammenballen, verkleben, verklumpen; agglutinierende Sprachen: Sprachen, in denen die grammat. Beziehungen durch Anhängen von Suffixen an den Wortstamm wiedergegeben werden, z. B. das Ungarische; **Ag|glu|ti|nin** *s.1* Abwehrstoff im Blutserum; **Ag|glu|ti|no|gen** *s.1* Stoff zur Bildung von Agglutininen **Ag|gra|va|ti on** [-tsjon, lat.] *w.10 nur Ez.* **1** Verschlimmerung, Erschwerung; **2** Übertreibung von Krankheitserscheinungen; **ag|gra|vie|ren 1** verschlimmern, erschweren; **2** übertreiben **Ag|gre|gat** [lat.] *s.1* **1** mehrgliedriges Ganzes; **2** mehrgliedrige mathemat. Größe; **3** Satz aus mehreren gekoppelten Maschinen; **Ag|gre|ga|ti on** [-tsjon] *w.10* Vereinigung mehrerer Moleküle; **Ag|gre|gat|zu|stand** *m.2* Erscheinungsform der Materie; fester, flüssiger, gasförmiger Aggregatzustand

**Ag|gres|si on** [lat.] *w.10* Angriff; **ag|gres|siv** angreifend, angriffslustig; **Ag|gres|si|vi|tät** *w.10* Angriffslust; **Ag|gres|sor** *m.13* Angreifer **Agha** *m.9* → Aga **Ägi|de** [griech.] *w.11 nur Ez.* Schutz, Obhut, Schirmherrschaft; *meist in der Wendung:* unter der Ägide von ... **agie|ren** [lat.] handeln, wirken; a. als ...: die Rolle spielen von ... **agil** [lat.] flink, beweglich, behende; **Agi|li|tät** *w.10 nur Ez.* Flinkheit, Beweglichkeit **Agio** [adʒo, auch: aʒio, ital.] *s.9 nur Ez.* Aufgeld, Betrag, um den der Kurs einer Währung oder eines Wertpapiers über dem Nennwert steht; *Ggs.:* Disagio; **Agio|ta|ge** [aʒiotaʒə, ital.-frz.] *w.11* Börsenspekulation unter Ausnutzung des Agios; **Agio|teur** [aʒiotœr] *m.1* Börsenspekulant, der das Agio ausnutzt; **agio|tie|ren** [aʒio-] Börsenspekulation betreiben **Agi|ta|ti on** [-tsjon, lat.] *w.10* aufreizende polit. Werbung; **agi|ta|to** [adʒi-, ital.] *Mus.:* sehr bewegt; **Agi|ta|tor** [lat.] *m.13* jmd., der für etwas agitiert; **agi|tie|ren** politisch werben; **Agit|prop** [Kurzw. aus: Agitation und Propaganda] *w. Gen. - nur Ez.* seit Lenin Bez. für den mit den Mitteln der Kunst (vor allem Film, Theater) arbeitenden Versuch, in den Massen ein revolutionäres Bewußtsein zu entwickeln und sie zur aktiven Teilnahme an der (marxist.-)kommunist. Bewegung zu gewinnen **Aglo|bu|lie** [lat.] *w.11 nur Ez.* Verringerung der Anzahl der roten Blutkörperchen **Agnat** [lat.] *m.10* männl. Blutsverwandter der männl. Linie; *vgl.* Kognat; **Agna|ti on** [-tsjon] *w.10 nur Ez.* Blutsverwandtschaft väterlicherseits; *vgl.* Kognation **Agno|men** [lat.] *s. Gen.*-s *Mz.* - oder -mi na *im alten Rom:* Beiname **Agno|sie** [griech.] *w.11* **1** *Med.:* Unfähigkeit, das sinnlich Wahrgenommene geistig zu verarbeiten, Seelenblindheit, -taubheit; **2** *Philos.:* Nichtwissen; **Agno|sti|zis|mus** *m.5* Vertreter des Agnostizismus; **agnos|zie|ren 1** anerkennen; **2** österr.: identifizieren (einen Toten) **Agnus Dei** [lat. "Lamm Gottes"] **1** Bezeichnung Christi nach Johannes 1, 29; **2** Gebetshymnus in kath. Gottesdienst; **3** vom Papst geweihtes Wachstäfelchen mit dem Bild des Lamms **Ago|gik** [griech.] *w.11 Mus.:* Lehre von den Tempi als Ausdrucksmittel **Agon** [griech.] *m.1* **1** altgriech. Wettkampf; **2** Hauptteil der attischen Komödie; **Ago|nie** *w.11* Todeskampf; **Ago|nist** *m.10* altgriech. Wettkämpfer **Ago|ra** [griech.] *w. Gen. - nur Ez.* altgriechischer Markt und Versammlungsplatz;

**Ago|ra|pho|bie** w. 11 krankhafte Scheu, freie Plätze zu überqueren, Platzangst

**Agraf|fe** [frz.] w. 11 **1** Brosche, Schmuckspange; **2** Med.: Wundklammer; **3** Baukunst: klammerförmige Verzierung am Rundbogen

**Agra|nu|lo|zy|to|se** [lat. + griech.] w. 11 Schwund der weißen Blutkörperchen

**Agra|pha** [griech.] Mz. nicht im NT überlieferte Aussprüche Christi

**Agra|ri|er** [lat.] m. 5 **1** Grundbesitzer, Landwirt; **2** Interessenvertreter des Großgrundbesitzes; **agra|risch** landwirtschaftlich

**Agree|ment** [əgri:mənt, lat.-engl.] s. 9 Vereinbarung, Übereinkunft; **agre|lie|ren** [lat.-frz.] genehmigen; **Agré|ment** [agremã] s. 9 Zustimmung einer Regierung zum Empfang eines ausländ. Diplomaten

**Agri|kul|tur** [griech. + lat.] w. 10 Landwirtschaft; **Agro|no|mie** [griech.] w. 11 nur Ez. Landwirtschaftswissenschaft; **Agro|tech|nik** w. 10 nur Ez. Technik in der Landwirtschaft; **Agro|sto|lo|gie** w. 11 nur Ez. Gräserkunde

**Agru|men, Agru|mi** [mlat.] Mz. Sammelbez. für Zitrusfrüchte

**Agryp|nie** [griech.] w. 11 nur Ez. Schlaflosigkeit

**Agu|ti** [indian.] m. 9 südamerik. Nagetier, Goldhase

**Ägyp|to|lo|gie** w. 11 nur Ez. Wissenschaft vom ägypt. Altertum

**Ah** Abk. für Amperestunde

**Ahas|ver** [nach der jüd. Sagengestalt des Ewigen Juden] m. Gen.-(s) nur Ez., **Ahas|ve|rus** m. Gen. - nur Ez. ruhelos umherirrender Mensch

**Ai** [auch: ai, südamerik. Indianerspr.] s. Gen.-(s) Mz.-s eine Faultierart

**Aide** [ɛd, frz.] m. 11 **1** Gehilfe, Beistand; **2** Kartenspiel: Spielpartner; **3** schweiz.: Hilfskoch; **Aide-mé|moire** [ɛ:dmemoar] s. Gen.-Mz.-s Niederschrift einer mündl. diplomat. Erklärung

**Ai|gret|te** [ɛgrɛtə, frz.] w. 11 **1** Federbusch; **2** Bündel, Büschel, z. B. Strahlenbüschel beim Feuerwerk

**Ai|guière** [ɛgjɛr(ə), frz.] w. 11 metallenes Tischkännchen

**Ai|ma|ra 1** m. 9 oder Gen. - Mz. - Angehöriger eines Indianervolkes in Bolivien und Peru; **2** s. Gen.-(s) nur Ez. dessen Sprache

**Ai|nu** m. 9 oder Gen. - Mz. - Angehöriger des Ureinwohnervolkes von Japan

**Air** [ɛr, frz.] s. 9 **1** Aussehen, Haltung; sich ein Air geben: vornehm tun; sich ein Air von etwas geben: so tun, als ob; **2** Lied, Arie, liedartiges Instrumentalstück

**Air|bag** [ɛrbæg, engl.] w. 9 mit Luft gefülltes Kissen; Luftsack am Lenkrad von Kraftfahrzeugen, der sich beim plötzl. Bremsen sofort mit Luft füllt und den Stoß abfängt; **Air|bus** [ɛr-] m. 1 Flugzeug im Passagierverkehr auf kurzen Strecken; **Air|con|di|tion** [ɛrkɔndiʃn]

s. 9 Lüftung und Temperaturregelung durch Klimaanlage

**Aire|dale|ter|ri|er** [ɛrdɛil-, engl.] m. 5 eine Hunderasse

**Air|fresh** [ɛrfrɛʃ, engl.] s. 9 Mittel zur Luftverbesserung; **Air mail** [ɛrmɛil] w. Gen. - nur Ez. Luftpost

**à jour** [aʒu:r, frz.] **1** bis zum (heutigen) Tag; à jour sein: auf dem laufenden sein; **2** (österr.: ajour) eingefaßt (Edelstein); durchbrochen (Gewebe); **A|jour|ar|beit** w. 10 Durchbruchsarbeit, -stickerei; **ajou|rie|ren** österr.: in Ajourarbeit herstellen

**Aka|de|mie** [griech.] w. 11 **1** der Forschung dienende Vereinigung von Gelehrten oder Künstlern; **2** Fachhochschule; **3** Forschungsanstalt; **4** österr.: literar. oder musikal. Veranstaltung; **Aka|de|mi|ker** m. 5 jmd., der an einer Universität oder Akademie studiert hat; **aka|de|misch 1** zu einer Akademie gehörend, an einer A.; akademische Freiheit: Bez. für die besonderen Freiheiten im Hochschulbereich; akademisches Viertel: Viertelstunde nach dem für eine Vorlesung angesetzten Zeitpunkt; **2** übertr.: trocken-lehrhaft; **Aka|de|mis|mus** m. Gen. - nur Ez. in Regeln erstarrte Betätigung in einer Kunst oder Wissenschaft

**Akan|thit** [griech.] m. 1 Silberglanz, ein Mineral

**Akan|thus** [griech.] m. Gen. - Mz. - **1** ein Staudengewächs, Bärenklau; **2** Schmuckform an Säulenkapitellen

**Aka|ro|id|harz** [griech.] s. 1 ein gelbes oder rotes Baumharz für Lack und Firnis

**aka|tho|lisch** nichtkatholisch

**Aka|zie** [-tsjə, griech.] w. 11 ein tropischer Laubbaum

**Ake|lei** [mlat.] w. 10 ein Hahnenfußgewächs

**ake|phal** → azephal

**Aki** s. 9 Kurzw. für Aktualitätenkino

**Aki|ne|sie** [griech.] w. 11 nur Ez. **1** Bewegungslosigkeit; **2** Totstellen (von Tieren)

**Ak|kla|ma|ti|on** [-tsjon, lat.] w. 10 **1** Beifall, zustimmender Zuruf; **2** Wahl oder Abstimmung durch Zuruf; **ak|kla|mie|ren** jmdn. a.: jmdm. Beifall spenden, jmdn. durch Zuruf wählen

**Ak|kli|ma|ti|sa|ti|on** [-tsjon, lat.] w. 10 Anpassung an veränderte Klima- oder Umweltverhältnisse; **ak|kli|ma|ti|sie|ren** (sich) anpassen

**Ak|ko|la|de** [frz.] w. 11 **1** zeremonielle Umarmung beim Ritterschlag und bei Ordensverleihungen; **2** geschweifte Klammer ({)

**ak|kom|mo|da|bel** [frz.] anpassungsfähig; zweckmäßig; **Ak|kom|mo|da|ti|on** [-tsjon] w. 10 Anpassungsfähigkeit, bes. des Auges an wechselnde Entfernungen; **ak|kom|mo|die|ren 1** veraltet: anpassen; **2** sich a.: sich mit jmdm. über etwas einigen

**Ak|kom|pa|gna|to** [-nja-] s. Gen.-(s) Mz.-s oder-ti → Accompagnato

**Ak|kord** [lat.-frz.] *m. 1* 1 Übereinstimmung; 2 Leistungs-, Stücklohn; im Akkord arbeiten; 3 *Rechtsw.:* Vereinbarung mit Gläubigern; 4 *Mus.:* Zusammenklang mindestens zweier verschiedener Töne; **Ak|kor|de|on** *s. 9* Handharmonika mit Tastatur; **Ak|kor|deo|nist** *m. 10* Akkordeonspieler; **ak|kor|die|ren** 1 vereinbaren; 2 *veraltet:* einen Vertrag (über etwas) abschließen
**ak|kre|di|tie|ren** [lat.] jmdn. a.: 1 jmdm. Kredit gewähren; 2 jmdn. beglaubigen (diplomatischen Vertreter); **Ak|kre|di|tiv** *s. 1* 1 Zahlungsanweisung (an eine Bank); 2 Beglaubigungsschreiben
**Ak|kres|zenz** [lat.] *w. 10* Wachstum (eines Erbteils); **ak|kres|zie|ren** *veraltet:* anwachsen
**Ak|ku** *m. 9 Kurzw. für* Akkumulator
**Ak|kul|tu|ra|ti|on** [-tsjon, neulat.] *w. 10* kulturelle Angleichung
**Ak|ku|mu|la|ti|on** [-tsjon, lat.] *w. 10* Anhäufung; **Ak|ku|mu|la|tor** *m. 13* 1 Gerät zum Speichern von elektr. Energie; 2 Druckwasserbehälter; **ak|ku|mu|lie|ren** anhäufen
**ak|ku|rat** [lat.] genau, sorgfältig; a. so ist es! *süddt.:* genauso; **Ak|ku|ra|tes|se** *w. 11 nur Ez.* Genauigkeit, Sorgfalt
**Ak|ku|sa|tiv** [lat.] *m. 1* vierter Fall, Wenfall; A. mit Infinitiv, *lat.* accusativus cum infinitivo *(Abk.:* a. c. i.): eine lat. Satzkonstruktion
**Ak|me** [griech.] *w. 11 nur Ez.* Höhepunkt (einer Krankheit)
**Ak|ne** [griech.] *w. 11* eitrige Entzündung von Talgdrüsen
**Ako|luth** [griech.] *m. 12 oder 10* kath. Geistlicher im vierten Grad der niederen Weihen
**Ako|nit** [griech.] *m. 1* 1 Eisenhut, Sturmhut, eine Heilpflanze; 2 → Akonitin; **Ako|ni|tin** *s. 1* aus den Wurzeln des Blauen Eisenhuts gewonnener Giftstoff
**Akon|to** [ital.] *s. Gen.-s Mz.-ten oder* -s *österr.:* Anzahlung; **Akon|to|zah|lung** *w. 10* Teilzahlung, Anzahlung
**Ako|ty|le|do|ne** *w. 11* keimblattlose Pflanze
**ak|qui|rie|ren** [lat.] erwerben, anschaffen; **Ak|qui|si|teur** [-tør] *m. 1* Werber von Kunden, bes. für Anzeigen in einer Zeitung; **Ak|qui|si|ti|on** [-tsjon] *w. 10* 1 Anschaffung, Erwerbung; 2 Kundenwerbung
**Akra|ni|er** [griech.] *m. 5* Angehöriger der Gruppe schädelloser Meerestiere mit → Chorda dorsalis
**Akri|bie** [griech.] *w. 11 nur Ez.* höchste Genauigkeit, äußerste Sorgfalt
**akri|tisch** nicht kritisch, unkritisch, kritiklos
**Akro|bat** [griech.] *m. 10* Artist, der in Varieté und Zirkus turnerische und Gelenkigkeitsübungen vorführt; **Akro|ba|tik** *w. 10 nur Ez.* Kunst des Akrobaten
**Akro|ke|pha|le** *m. 11* → Akrozephale
**Akro|le|in** [griech.] *s. 1 nur Ez.* übelriechende chem. Verbindung zur Herstellung von Lack, Parfüm, Tränengas

**Akro|lith** [griech.] *m. 10* altgriech. Bildwerk, bei dem die unbekleideten Körperteile aus Marmor, die bekleideten aus bemaltem oder vergoldetem Holz bestehen
**Akro|me|ga|lie** [griech.] *w. 11* übermäßiges Wachstum
**Akro|nym** [griech.] *s. 1* aus den Anfangsbuchstaben mehrerer Wörter gebildetes Kurzwort, z. B. Agfa, UNO
**Akro|po|lis** [griech.] *w. Gen. - Mz.* -po|len altgriech. Stadtburg, am berühmtesten die von Athen
**Akro|sti|chon** [-çon, griech.] *s. Gen.*-s *Mz.* -chen *oder* -cha Lied oder Gedicht, bei dem die Anfangsbuchstaben, -silben oder -wörter ein Wort oder einen Satz ergeben
**Akro|te|rie** [griech.] *w. 11,* **Akro|te|ri|on**, **Akro|te|ri|um** *s. Gen.*-s *Mz.* -ri|en Ranken- oder Blattverzierung an Tempelgiebeln
**Akro|ze|pha|le** [griech.] *m. 11* Mensch mit nach oben spitz zulaufendem Kopf; **Akro|ze|pha|lie** *w. 11* spitze Kopfform
**Akt** [lat.] *m. 1* 1 Handlung, Tat, Vorgang; 2 künstler. Darstellung des nackten Körpers; 3 Abschnitt eines Bühnenwerkes, Aufzug; 4 *m. 12* → Akte; **Ak|te** *w. 11* alle schriftl. Unterlagen eines geschäftl. Vorgangs; **Ak|tei** *w. 10* Aktensammlung
**Ak|teur** [-tør, lat.-frz.] *m. 1* 1 Handelnder; 2 Schauspieler
**Akt|fo|to**, Akt|pho|to *s. 9* Photographie eines nackten Menschen
**Ak|tie** [-tsjə, lat.] *w. 11* Urkunde über den Anteil am Grundkapital einer Aktiengesellschaft; **Ak|ti|en|ge|sell|schaft** *w. 10 (Abk.:* AG) Handelsgesellschaft, bei der das Kapital durch Einlagen der Gesellschafter aufgebracht wird
**Ak|ti|nie** [-njə, griech.] *w. 11* ein Meerespolyp, Seerose, Seeanemone; **ak|ti|nisch** durch Strahlung hervorgerufen (Krankheit); **Ak|ti|ni|um** *s. Gen.*-s *nur Ez.* → Actinium; **Ak|ti|no|graph** *m. 10* mit einem Aktinometer verbundenes Schreibgerät; **Ak|ti|no|me|ter** *s. 5* Gerät zum Messen von Lichtstrahlen, bes. der Sonne; **Ak|ti|no|me|trie** *w. 11 nur Ez.* Lichtstrahlenmessung; 2 Sternkatalog mit Angabe der Helligkeiten; **ak|ti|no|morph** strahlenförmig; **Ak|ti|no|my|ko|se** *w. 11* Strahlenpilzkrankheit; **Ak|ti|no|my|zet** *m. 10* Strahlenpilz, ein Fadenbakterium
**Ak|ti|on** [-tsjon, lat.] *w. 10* Handlung, Tat, Unternehmung, Maßnahme; **Ak|tio|när** [-tsjo-] *m. 1* Inhaber einer Aktie; **Ak|tio|nis|mus** *m. Gen. - nur Ez.* Bestreben, das Bewußtsein der Menschen und/oder das gesellschaftl. Zustände durch zielgerichtetes Vorgehen zu verändern; **Ak|tio|nist** *m. 10* Anhänger des Aktionismus; **Ak|ti|ons|art** [-tsjons-] *w. 10* Art und Weise, wie das durch ein Verb ausgedrückte Geschehen vor sich geht, z. B. beginnend („erblühen"), vollen-

dend („verblühen"), wiederholend („kränkeln"); **Ak|ti̲ons|form** w. *10* Form des Geschehens, der Handlung beim Verb, *gemeinsame Bez.* für Aktiv, Passiv; **Ak|ti̲ons|radi̲us** m. *Gen.-Mz.*-di̲en Wirkungs-, Reichweite, Fahr-, Flugbereich

**ak|ti̲v** [lat.] **1** wirksam, handelnd, tätig; aktives Wahlrecht: das Recht, zu wählen; vgl. passives Wahlrecht; **2** *Mil.:* ständig im Dienst stehend; aktiver Offizier; **3** [ak-] *Gramm.:* in der Tatform stehend (Verb); *Ggs.:* passiv; **4** *Chem.:* wirksam, reaktionsfähig; **Ak|ti̲v 1** s. *Gen.*-s *nur Ez.* Tatform des Verbums; *Ggs.:* Passiv; **2** [-ti̲v] s. *1 in kommunist. Ländern:* Arbeitsgruppe, die an einer bestimmten Aufgabe arbeitet und überdurchschnittl. Leistung anstrebt; **Ak|ti̲va** s. *Mz., Ez.:* -vum, Vermögenswerte, Guthaben; *Ggs.:* Passiva; **Ak|ti̲v|ator** m. *13* **1** Stoff, der die Wirksamkeit eines Katalysators beschleunigt, ohne selbst Katalysator zu sein; **2** *Zahnmed.:* Vorrichtung zur Kieferregulierung; **Ak|ti̲v|bür|ger** m. *5 früher, noch schweiz.:* Bürger mit sämtl. polit. Rechten; *Ggs.:* Passivbürger; **ak|ti̲v|ie|ren 1** zu größerer Wirkung bringen; **2** in die Buchführung und Bilanz aufnehmen; **Ak|ti̲v|is|mus** m. *Gen.-nur Ez.* betont zielstrebiges Handeln; **Ak|ti̲v|ist** m. *10* **1** (bes. politisch) zielstrebig handelnder Mensch; **2** *DDR:* Arbeiter oder Angestellter, der für bes. gute Leistungen ausgezeichnet worden ist; **ak|ti̲v|i|stisch** auf Aktivismus beruhend; **Ak|ti̲v|i|tas** w. *Gen.-nur Ez., in student. Verbindungen:* alle, die zur aktiven Beteiligung verpflichtet sind; **Ak|ti̲v|i|tät** w. *10* **1** Tätigkeit, Wirksamkeit; **2** *Mz.:* Handlungen, Unternehmungen; **Ak|ti̲v|koh|le** w. *11* aus Holz, Knochen u. a. gewonnene, als Adsorbens zur Reinigung und Entgiftung verwendete Kohle; **Ak|ti̲v|po|sten** m. *7 Mz.* → Aktiva

**Ak|tri̲|ce** [aktri̲sə, frz.] w. *11 veraltet:* Schauspielerin

**ak|tu̲al|i̲sie|ren** [lat.] aktuell, zeitnah machen; **Ak|tu̲al|i̲s|mus** m. *Gen.-nur Ez.* Auffassung, daß die heute wirksamen Naturkräfte die gleichen sind wie in früheren Erdzeitaltern; **Ak|tu̲al|i̲|tät** w. *10* Zeitnähe, Bedeutung für die Gegenwart; **Ak|tu̲al|i̲|tä|ten|ki̲no** s. *9 (Kurzw.:* Aki) Kino mit ständig laufendem, aktuellem Programm

**Ak|tu̲ar** [lat.] m. *1* **1** *veraltet:* Gerichtsangestellter; **2** *schweiz.:* Schriftführer einer Behörde oder eines Vereins

**ak|tu̲ell** [lat.] zeitnah, für die Gegenwart interessant oder wichtig

**Aku̲|punk|tur** [lat.] w. *10* sehr altes Heilverfahren durch Stiche mit Gold- oder Silbernadeln in bestimmte Hautstellen

**Aku̲|stik** [griech.] w. *10 nur Ez.* **1** Schallwirkung, Schallwiedergabe (eines Raumes); **2** Lehre vom Schall, von den Tönen; **aku̲-**

**stisch** die Akustik betreffend, auf ihr beruhend, mit dem Gehör wahrnehmbar; *Ggs.:* visuell; akustischer Typ: jmd., der sich Gehörtes besser merken kann als Gesehenes

**aku̲t** [lat.] **1** im Augenblick wichtig, brennend, dringend; **2** *Med.:* plötzlich auftretend, rasch und heftig verlaufend (Krankheit); *Ggs.:* chronisch; **Aku̲t** m. *1 (Zeichen:´)* Zeichen für die geschlossene Aussprache eines Vokals, im Ungarischen für die geschlossene Aussprache des e und o sowie für die offene Aussprache des a, in einigen Sprachen, z. B. im Spanischen, für die Betonung; vgl. Accent aigu

**Ak|ze|le|ra|ti̲on** [-tsjon, lat.] w. *10* Beschleunigung; **Ak|ze|le|ra̲tor** m. *13* **1** Beschleuniger; **2** *Wirtschaft:* Koeffizient, der angibt, welche Investitionsausgaben bei Erhöhung der Konsumausgaben oder des Volkseinkommens um eine Einheit eintreten; **ak|ze|le|rie|ren** beschleunigen

**Ak|ze̲nt** [lat.] m. *1* **1** *(Zeichen:´`^)* Zeichen für die Betonung, Länge, geschlossene oder offene Aussprache eines Vokals; vgl. Akut, Gravis, Zirkumflex; **2** Betonung, Nachdruck; **3** Tonfall, Aussprache; **Ak|zen|tu̲a|ti̲on** [-tsjon] w. *10* Betonung; **ak|zen|tu̲ie|ren** betonen; genau und deutlich aussprechen

**Ak|ze̲pt** [lat.] s. *1* **1** durch Unterschrift angenommener Wechsel; **2** Annahmeerklärung auf dem Wechsel; **ak|zep|ta̲|bel** annehmbar; **Ak|zep|tant** m. *10* jmd., der einen Wechsel akzeptiert, Bezogener; **Ak|zep|ta̲ti̲on** [-tsjon] w. *10* Annahme; **ak|zep|tie|ren** annehmen, billigen; **Ak|ze̲p|tor** m. *13* Stoff, der bei einer chem. Reaktion andere Stoffe annimmt, bindet

**Ak|ze̲ß** [lat.] m. *1* **1** Zutritt; **2** Zulassung; **Ak|ze̲s|si̲on** w. *10* **1** Zugang, Erwerb; **2** Beitritt (zu einem bereits abgeschlossenen Staatsvertrag); **Ak|ze̲s|sist** m. *10 österr.:* Anwärter auf den Gerichts- und Verwaltungsdienst; **Ak|ze̲s|so|ri̲e|tät** [-rile-] w. *10 nur Ez.* **1** Zugänglichkeit; **2** *Rechtsw.:* Abhängigkeit des Nebenrechts vom Hauptrecht; **ak|ze̲s|so|risch** hinzutretend, nebensächlich; **Ak|ze̲s|so̲|ri̲|um** s. *Gen.*-s *Mz.*-ri̲en **1** Nebensache, Beiwerk; **2** Nebenanspruch

**Ak|zi̲dens** [lat.] s. *Gen.-Mz.*-den|zi̲en oder -den|tia [-tsja] Zufälliges, Nebensächliches, Hinzutretendes; **Ak|zi̲den|tal|i̲en** s. *Mz., Ez.:* -li̲um, Nebenpunkte (bei Rechtsgeschäften); *Ggs.:* Essentialien; **ak|zi̲den|tell, ak|zi̲den|ti̲ell** [-tsjel] zufällig, unwesentlich, nebensächlich; **Ak|zi̲denz** w. *10* Drucksache, meist von geringem Umfang, z. B. Anzeige, Glückwunsch, Formular

**ak|zi̲|pie|ren** [lat.] annehmen, empfangen; vgl. Akzept

**Ak|zi̲|se** [lat.-frz.] w. *11* indirekte Verbrauchssteuer, Zoll

**Al** *chem. Zeichen für* Aluminium

**Al.** *Abk. für* Alinea

**à la** [frz.] nach Art von ..., so wie ...; Spaghetti à la Bolognese

**à la baisse** [alab̯ɛs, frz.] à la baisse spekulieren: mit dem Fallen der Börsenkurse rechnend spekulieren; vgl. à la hausse

**Alalba̯lster** [griech.] *m.3* dem Marmor ähnl. Gipsart

**à la bonne heure!** [alabɔnœr, frz.] recht so!, bravo!

**à la carte** [alaka̯rt, frz.] à la carte essen: nach der Speisekarte essen

**à la hausse** [alao̯s, frz.] à la hausse spekulieren: mit dem Steigen der Börsenkurse rechnend spekulieren; vgl. à la baisse

**à la jar|di|niè|re** [alaʒardinjɛ̯rə, frz. „nach Art der Gärtnerin"] mit Gemüse garniert (Fleisch)

**à la mode** [alamo̯d, frz.] sich à la mode kleiden: sich nach der Mode kleiden; **Ala|mode-li|te|ra|tur** [alamo̯d-] *w.10 nur Ez.* die dt. höfische Unterhaltungsliteratur des 17./18. Jh., die frz. und ital. Vorbilder nachahmte

**Ala|nin** [Kunstw.] *s.1 nur Ez.* eine Aminosäure

**Alant** [vulgärlat.] *m.1* eine Heilpflanze

**Alarm** [frz. „zur Waffe!"] *m.1* **1** Gefahrensignal, Warnzeichen; **2** *während des 2. Weltkrieges:* Zeit zwischen Warnung und Entwarnung; **alar|mie|ren 1** durch Alarmsignal warnen; **2** zur Hilfe herbeirufen

**à la suite** [alasyi̯t, frz.] im Gefolge von ...

**Alaun** [lat.] *m.1* Kalium-Aluminium-Sulfat, u. a. blutstillendes Mittel

**Al|ba** [lat.] **1** *w. Gen. - Mz.* -ben langes, weißes liturg. Gewand der kath. und anglikan. Geistlichen; **2** *w.9* Tagelied der Troubadoure

**Al|ba|tros** [arab.] *m.1* ein Sturmvogel der südl. Meere

**Al|be** *w.11* → Alba **(1)**

**Al|be|do** [lat.] *w.9 nur Ez.* Verhältnis des auf eine Fläche fallenden Lichts zum zurückgestrahlten Licht; **Al|be|do|me|ter** [lat. + griech.] *s.5* Gerät zum Messen der Albedo

**Al|bi|gen|ser** [nach der frz. Stadt Albi] *m.5* Angehöriger einer frz. Sekte des 12./13. Jh.

**Al|bi|nis|mus** [lat.] *m. Gen. - nur Ez.* fehlende Farbstoffbildung in Haut, Augen und Haaren; **Al|bi|no** *m.9* Mensch oder Tier mit Albinismus; **al|bi|no|tisch** auf Albinismus beruhend, in der Art eines Albinos

**Al|bit** [lat.] *m.1* eine Natronfeldspat

**Al|bum** [lat.] *s. Gen.-s Mz.* -ben Gedenkbuch, Sammelbuch (für Gedichte, Lieder, Bilder u. ä.)

**Al|bu|men** [lat.] *s. Gen.-s nur Ez.* Eiweiß; **Al|bu|min** *s.1 meist Mz.* Gruppe von Eiweißstoffen; **al|bu|mi|no|id** eiweißähnlich; **al|bu|mi|nös** eiweißhaltig; **Al|bu|min|urie** *w.11* Vorkommen von Eiweiß im Urin; **Al|bu|mo-**se *w.11* Zwischenprodukt bei der Eiweißverdauung

**Al|bus** [lat.] *m.1* alte dt. Münze, 6–10 Pfennig, Weißpfennig, *in Westdeutschland:* Silbergroschen

**Al|che|mie, Al|chi|mie** [arab.-griech.] *w.11 nur Ez.* Vorstufe der wissenschaftl. Chemie, Goldmacherei; **Al|chi|mist** *m.10* jmd., der sich mit Alchimie beschäftigt

**Al|de|hyd** [Kurzw. aus: Alcoholus dehydrogenatus] *m.1* Vertreter einer Gruppe chem. Verbindungen, die durch Entzug von Wasserstoff aus Alkoholen gewonnen werden

**Al|der|man** [ɔldərman, engl.] *m. Gen.-s Mz.* -men [-mən] *in angelsächs. Ländern:* Mitglied der gesetzgebenden Körperschaft einer Gemeinde

**Al|di|ne** *w.11* **1** durch mustergültige Qualität gekennzeichneter Druck des venezian. Druckers Aldus Manutius; **2** halbfette Antiquaschrift

**Ale** [ɛil, engl.] *s.9 nur Ez.* engl. helles Bier

**Alea iac|ta est** [lat. „Der Würfel ist gefallen"] die Entscheidung ist getroffen (angebl. Ausspruch Cäsars)

**Alea|to|rik** [lat.] *w.10 nur Ez.* moderne Kompositionsweise, die dem Interpreten weitgehenden Spielraum läßt; **alea|to|risch** vom Zufall abhängig

**alert** [ital.-frz.] munter, flink

**Aleu|ron** [griech.] *s. Gen.-s nur Ez.* ein Eiweißstoff, Kleber

**Alex|an|dri|ner** *m.5* sechsfüßiger, gereimter jambischer Vers; **Alex|an|drit** [nach dem Zaren Alexander II.] *m.1* grünes, bei Lampenlicht rotes Mineral

**Alex|ia|ner** *m.5* Angehöriger einer kath. Brudergenossenschaft, die sich urspr. (seit dem 14. Jh.) der Pflege und Bestattung Pestkranker, später der allg. Krankenpflege widmete, Lollarde

**Alex|in** [griech.] *s.1 meist Mz.* eiweißartiger Schutzstoff im Blutserum gegen Bakteriengifte

**Al|fa|gras** [arab.] *s.4 nur Ez.* → Esparto

**al|fan|zen** [ital.] *veraltet:* Possen treiben, närrisch reden; schwindeln; **Al|fan|ze|rei** *w.10* närrisches Benehmen; Schwindelei

**al fi|ne** [ital.] *Mus.:* bis zum Schluß (zu spielen); vgl. da capo

**al fres|co** [ital.] „auf frischen" Putz (gemalt)

**Al|ge** [lat.] *w.11* eine niedere Wasserpflanze

**Al|ge|bra** [österr.: -ge-, arab.] *w. Gen. - nur Ez.* Buchstabenrechnung, Rechnung mit Gleichungen

**Al|gen|säu|re** *w.11 nur Ez.* → Alginsäure

**Al|ge|sie** [griech.] *w.11* Schmerz, Schmerzempfindlichkeit

**Al|gin|säu|re** *w.11 nur Ez.* aus Algen gewonnene, vielseitig verwendbare Säure

**Al|go|lo|gie** [griech.] *w.11 nur Ez.* Lehre von den Algen

**Al|gon|kin** 1 *m. 9 oder Gen. - Mz.* - Angehöriger einer Gruppe nordamerik. Indianerstämme; **2** *s. Gen.*-(s) *nur Ez.* deren Sprache; **Al|gon|ki|um** *s. Gen.*-s *nur Ez.* Abschnitt der Erdfrühzeit

**Al|go|rith|mus** [pers.] *m. Gen. - Mz.*-men Rechenverfahren

**Al|gra|phie** [lat. + griech.] *w. 11* ein Flachdruckverfahren

**Al|hi|da|de** [arab.] *w. 11* drehbarer Teil an Winkelmeßgeräten

**ali|as** [lat.] anders, sonst, auch, auch … genannt; Franz Müller alias Huber

**Ali|bi** [lat. „anderswo"] *s. 9* Nachweis der Abwesenheit (eines Verdächtigen) vom Tatort des Verbrechens zur Tatzeit

**ali|cy|clisch** [lat.] mit ringförmig angeordneten Kohlenstoffatomen; *Ggs.:* aliphatisch

**Alie|na|ti·on** [alienatsjon, lat.] *w. 10* 1 *veraltet:* Entfremdung; Verkauf, Veräußerung; **2** eine Form der Psychose; **alie|nie|ren** [alile-] **1** entfremden; **2** veräußern

**Ali|gne|ment** [alinjamã, frz.] *s. 9* Abstecken einer Richtlinie beim Straßen- und Streckenbau; **ali|gnie|ren** [alinji-] abmessen, abstecken

**ali|men|tär** [lat.] mit der Ernährung, mit Nahrungsmitteln zusammenhängend; **Ali|men|ta|ti·on** [-tsjon] *w. 10* Gewährung von Alimenten; **Ali|men|te** *s. 1 Mz.* Beiträge zum Lebensunterhalt (für nichteheliche Kinder); **ali|men|tie|ren** jmdn. a.: jmdm. Alimente zahlen

**a li|mi|ne** [-ne:, lat.] von vornherein, ohne die Sache zu prüfen

**Ali|nea** [lat.] *s. 9 (Abk.:* Al.) Absatz, neuer Zeilenanfang; **ali|ne|ie|ren** mit einer neuen Zeile beginnen, absetzen

**ali|pha|tisch** [griech.] mit in offenen Ketten angeordneten Kohlenstoffatomen (in chem. Strukturformeln); *Ggs.:* alicyclisch

**ali|quant** [lat.] nur mit Rest teilbar (Zahl); **ali|quot** ohne Rest teilbar (Zahl); **Ali|quo|te** *w. 11* Zahl, durch die eine andere ohne Rest geteilt werden kann; **Ali|quot|flü|gel** *m. 5* Flügel (Klavier) mit Aliquotsaiten; **Ali|quot|sai|te** *w. 11* Saite, die mit der angeschlagenen (tieferen) Saite mitschwingt, Resonanzsaite; **Ali|quot|ton** *m. 2* mitschwingender Oberton

**Ali|za|rin** [arab.] *s. 1* ein Pflanzenfarbstoff

**Alk** [schwed.] *m. 1* ein Meeresvogel der Arktis

**Al|ka|hest** [arab.] *s. 1 nur Ez. in der Alchimie:* Mittel angeblich zur Lösung aller Stoffe

**Al|kal|de** [arab.-span.] *m. 11* span. Bürgermeister

**Al|ka|li** [arab.] *s. Gen.*-s *Mz.*-li|en chem. Verbindung, die in wäßriger Lösung alkalisch (basisch) reagiert; **Al|ka|li|me|trie** [arab. + griech.] *w. 11* Bestimmung des Alkaligehalts einer Lösung; **al|ka|lin** alkalisch reagierend; alkalihaltig; **Al|ka|li|ni|tät** *w. 10 nur Ez.*

die Eigenschaft (eines Stoffes), alkalisch zu reagieren; **al|ka|lisch** laugenartig; **al|ka|li|sie|ren** alkalisch machen; **Al|ka|li|tät** *w. 10 nur Ez.* → Basizität; **Al|ka|lo|id** *s. 1* organ. Verbindung, Heilmittel

**Al|kan|na** [arab.] *w. Gen. - nur Ez.* Pflanzengattung, deren Wurzeln roten Farbstoff (Henna) liefern

**Al|ka|zar** [-ka$\theta$ar, auch: -$\theta$ar, span.] *m. 1* Burg, Schloß in Spanien

**Al|ko|hol** [arab.] *m. 1, i. w. S.:* organ. chem. Verbindung; *i. e. S.:* Äthylalkohol, Grundlage aller Spirituosen; **Al|ko|hol|lat** *s. 1* 1 Metallverbindung eines Alkohols; **2** → Alkolat; **Al|ko|hol|li|ka** *Mz.* alle alkoholischen Getränke; **Al|ko|ho|li|ker** *m. 5* gewohnheitsmäßiger Trinker; **al|ko|ho|lisch** Alkohol enthaltend; alkoholische Gärung: G., bei der Alkohol entsteht; **al|ko|ho|li|sie|ren** mit Alkohol vermischen; **al|ko|ho|li|siert** *ugs.:* betrunken; **Al|ko|ho|lis|mus** *m. Gen. - nur Ez.* **1** Trunksucht; **2** Alkoholvergiftung; **Al|ko|hol|lo|me|ter** *s. 5* Gerät zum Bestimmen des Alkoholgehalts einer Flüssigkeit; **Al|ko|hol|spie|gel** *s. 5* Menge des im Blut enthaltenen Alkohols; **Al|ko|lat** *s. 1* wenig Alkohol enthaltendes Getränk

**Al|ko|ven** [-vən, auch: -ko-, arab.-span.] *m. 7* kleiner Nebenraum, Bettnische

**Al|kyl** [arab. + griech.] *s. 1* einwertiger Kohlenwasserstoff; **al|ky|lie|ren** mit Alkylgruppen versetzen

**al|ky|o|nisch** [griech.] windstill; friedlich, ruhig; alkyonische Tage

**al|la bre|ve** [ital.] *Mus.:* in straffem Tempo; **Al|la-bre|ve-Takt** *m. 1* Takt, bei dem statt vier Vierteln zwei Halbe gezählt werden

**Al|lah** *im Islam Name für* Gott

**al|la mar|cia** [- mart$\int$a, ital.] *Mus.:* in der Art eines Marsches

**Al|lan|to|is** [-to:is, griech.] *w. Gen. - nur Ez.* embryonaler Harnsack

**al|la pol|lac|ca** [ital.] *Mus.:* in der Art einer Polonäse

**al|la pri|ma** [ital.] *in der Wendung* alla prima malen: nur mit einer Farbschicht, ohne Unter- und Übermalung

**Al|lasch** [nach dem Gut Allasch bei Riga] *m. 1* ein Kümmellikör

**al|la te|de|sca** [ital.] *Mus.:* nach deutscher Art, in der Art eines deutschen Tanzes

**al|la tur|ca** [ital.] *Mus.:* nach türk. Art, in der Art der Janitscharenmusik

**al|la zin|ga|re|se** [ital.] *Mus.:* in der Art von Zigeunermusik

**Al|lee** [frz.] *w. 11* beidseitig von Bäumen gesäumte Straße

**Al|le|gat** [lat.] *s. 1* angeführte Textstelle, Berufung auf ein Schriftwort; **Al|le|ga|ti·on** [-tsjon] *w. 10* Anführung einer Textstelle, Berufung darauf; **al|le|gie|ren** [lat.] anführen (Textstelle, Schriftwort)

Al|le|go|re|se [griech.] *w.11* Ausdeutung eines relig. Textes, wobei vorausgesetzt wird, daß sich ein tieferer Sinn hinter ihm verbirgt; Al|le|go|rie *w.11* bildhafte, gleichnishafte Darstellung eines Begriffs oder Vorgangs; al|le|go|risch in der Art einer Allegorie; al|le|go|ri|sie|ren allegorisch darstellen

al|le|gret|to [lat.-ital.] *Mus.:* weniger schnell als allegro, mäßig schnell; al|le|gro *Mus.:* lebhaft, bewegt

Al|lel [griech.] *s.1* Zustandsform einer Erbanlage, bezogen auf homologe Chromosomen; Al|le|lie *w.11*, Al|le|lo|mor|phis|mus *m. Gen. - nur Ez.* Vorkommen einer Erbeinheit in verschiedenen Zuständen; Al|le|lo|pa|thie *w.11* gegenseitige Beeinflussung von Pflanzen durch Stoffwechselausscheidungen

al|le|lu|ja → halleluja

Al|le|man|de [almãd(ə), frz.] *w.11* 1 Gesellschaftstanz im 16./17. Jh., aus einem dt. Volkstanz entstanden; 2 *Mus.:* ein Satz der Suite

Al|ler|gen [griech.] *s.1 meist Mz.* Stoff, der allergische Erscheinungen hervorruft; Al|ler|gie *w.11* Überempfindlichkeit gegen bestimmte Stoffe; Al|ler|gi|ker *m.5* jmd., der an einer Allergie leidet; al|ler|gisch auf Allergie beruhend, überempfindlich

al|lez! [ale, frz. „geht!"] vorwärts!

Al|li|anz [frz.] *w.10* 1 Bündnis zwischen Staaten; 2 Vereinigung, Interessengemeinschaft

Al|li|ga|ti|on [-tsjon, lat.] *w.10* Mischung (z. B. von Metallen)

Al|li|ga|tor [lat.-span.] *m.13* ein Krokodil

al|li|ie|ren [frz.] sich a.: sich verbünden; Al|li|ier|te(r) *m.18(17)* Verbündeter

Al|li|te|ra|ti|on [-tsjon, lat.] *w.10* Gleichheit des Anfangsbuchstabens mehrerer aufeinanderfolgender Wörter, Stabreim; al|li|te|rie|ren sich im Stabreim reimen

Al|lo|cho|rie [-ko-, griech.] *w.11* Verbreitung von Früchten und Pflanzensamen durch Einwirkung von außen, z. B. durch Wind oder Tiere

al|lo|chro|ma|tisch [griech.] anders gefärbt, als es der Substanz nach zu erwarten wäre; *Ggs.:* idiochromatisch

al|lo|chthon [griech.] *Geol.:* in fremdem Boden oder anderenorts entstanden; *Ggs.:* autochthon

al|lo|gam [griech.] *Bot.:* auf Allogamie beruhend; Al|lo|ga|mie *w.11* Fremdbestäubung

Al|lo|ku|ti|on [-tsjon, lat.] *w.10* feierliche Ansprache des Papstes an die Kardinäle

Al|lo|mor|phie *w.11* → Allotropie

Al|lon|ge [ãlɔ̃ʒ(ə), frz.] *w.11* 1 Verlängerungsstreifen für zusätzl. Angaben (an Wechseln); 2 Blatt (in Büchern), an dem eine Faltkarte o. ä. befestigt ist; Al|lon|ge|pe|rücke (-rük|ke) *w.11* Männerperücke mit langen Locken

all'on|g(h)a|re|se [ital.] *Mus.:* nach ungar. Art

al|lons! [alɔ̃, frz. „gehen wir!"] vorwärts!, los!; Al|lons en|fants de la pa|trie [alɔ̃zãfã də la patri] Vorwärts, Kinder des Vaterlandes! (Anfang der frz. Nationalhymne)

All|onym [griech.] *s.1* Name eines anderen als Deckname

Al|lo|path [griech.] *m.10* nach der Allopathie arbeitender Arzt; *Ggs.:* Homöopath; Al|lo|pa|thie *w.11 nur Ez.* das herkömml. Heilverfahren, gegen eine Krankheit ein ihrer Ursache entgegenwirkendes Mittel anzuwenden; *Ggs.:* Homöopathie

Al|lo|pla|stik [griech.] *w.10* 1 Ersatz von Gewebe durch anorgan. Stoff; 2 das Ersatzstück

Al|lo|tria [griech.] *früher: Mz., heute meist: s.9 nur Ez.* Unfug, Dummheiten

Al|lo|tro|pie [griech.] *w.11* Eigenschaft eines chem. Stoffes, in verschiedenen festen Zustandsformen vorzukommen, z. B. des Kohlenstoffs als Graphit und Diamant, Allomorphie

all'ot|ta|va [ital.] (*Zeichen:* 8<sup>va</sup>) *Mus.:* eine Oktave höher bzw. tiefer (zu spielen)

all right! [ɔ:lrait, engl.] in Ordnung!, gut!, einverstanden!

All|roun|der [ɔ:lraundər, engl.] *m.5 ugs.*, All|round|man [ɔ:lraundmən, engl.] *m. Gen.-s Mz.*-men [-mən] jmd., der auf vielen Gebieten Bescheid weiß und tätig ist; All|round|sport|ler *m.5* Sportler, der viele Sportarten ausübt

All-Star-Band [ɔ:lstarbænd, engl.] *w.9* aus berühmten Musikern bestehende Jazzband

all'un|ghe|re|se [ital.] *Mus.:* nach ungar. Art

all'uni|so|no [ital.] (*Abk.:* all'u.) → unison

Al|lü|re [frz.] *w.11* Gangart (des Pferdes); Al|lü|ren *Mz.* ungewöhnl., übertriebenes Benehmen

Al|lu|si|on [lat.] *w.10* Anspielung (z. B. auf Werke, Personen, Aussprüche auf histor. Ereignisse)

al|lu|vi|al [lat.] aus dem Alluvium stammend; Al|lu|vi|on *w.10* Anschwemmung, angeschwemmtes Land; Al|lu|vi|um *s. Gen.-s nur Ez.* jüngste Abteilung des Quartärs, *neuere Bez.:* Holozän

Al|ty|la|l|ko|hol [lat. + griech. + arab.] *m.1* ein ungesättigter Alkohol

Al|ma ma|ter [lat. „nährende Mutter"] *w. Gen. -- nur Ez. poet. Bez. für* Universität

Al|ma|nach [arab.] *m.1* 1 meist mit Bildern und kleinen Geschichten o. ä. versehener Kalender; 2 jährlich erscheinendes kleines Buch mit Leseproben aus den Werken eines Verlages

Al|man|din [nach dem Fundort Alabanda in Kleinasien] *m.1* ein Mineral, Sonderform des Granats

Al|mo|sen [griech.-mlat.] *s.7* 1 Gabe an Bedürftige; 2 *übertr.:* dürftiges Geschenk, zu

geringes Entgelt; **Al|mo|se|nier** *m. 1 früher:* geistl. Würdenträger, der die Almosen verteilte
**Aloe** [aloe:, hebr.-griech.] *w. 11* eine Heilpflanze
**alo|gisch** nicht logisch
**Alo|pe|zie** [griech.] *w. 11* Haarschwund (über das normale Maß hinaus)
**Al|pac|ca** *s. 9 nur Ez.* → Alpaka (4); **Al|pa|ka** *s. 9* 1 [indian.] südamerik. Lama; **2** *nur Ez.* dessen Wolle; **3** *nur Ez.* eine Gewebeart; **4** [chin.?] *nur Ez.* ® Neusilberlegierung
**al pa|ri** [ital. „zum gleichen" (Wert)] zum Nennwert (bei Aktien)
**Al|pha** *s. 9* (*Zeichen:* A, α) erster Buchstabe des griech. Alphabets; das A. und das Omega: Anfang und Ende; **Al|pha|bet** [nach den griech. Buchstaben alpha und beta] *s. 1* die Buchstaben einer Sprache in geordneter Reihenfolge, Abc; **al|pha|be|tisch** in der Ordnung des Alphabets, abecelich; **al|pha|be|ti|sie|ren** in alphabet. Reihenfolge bringen; **al|pha|nu|me|risch** [griech. + lat.] *EDV:* Dezimalziffern und Buchstaben enthaltend; **Al|pha|strah|len, α-Strah|len** *m. 12 Mz.* aus Alphateilchen bestehende, radioaktive Strahlung; **Al|pha|teil|chen** *s. 7* Heliumkern
**Al|pi|ni** [ital.] *Mz., Ez.*-no, ital. Gebirgsjäger; **Al|pi|nis|mus** *m. Gen. - nur Ez.,* **Al|pi|nis|tik** *w. 10 nur Ez.* sportlich betriebenes Bergsteigen; **Al|pi|num** *s. 9* Steingarten mit Alpenpflanzen
**al s.** *Abk. für* al segno
**al sec|co** [ital.] „auf trockenen" Putz (gemalt); vgl. Seccomalerei
**al se|gno** [alzɛnjo, ital.] (*Abk.:* al s.) *Mus.:* bis zum Zeichen (wiederholen)
**Alt** [ital. alto „hoch"] *m. Gen.-s nur Ez.* **1** Altstimme, tiefe Stimmlage bei Frauen und Knaben; **2** Sänger(in) mit dieser Stimme; **3** Gesamtheit der tiefen Frauen- oder Knabenstimmen im Chor; **4** Stimmlage bei Musikinstrumenten, z. B. Altblockflöte
**Al|tan** [ital.] *m. 1* vom Boden aus gestützter Balkon, Söller; *auch:* (umlaufender) Holzbalkon
**Alt|azi|mut** [lat. + arab.] *s. 1 oder m. 1* Gerät zum Messen von Höhe und Azimut eines Gestirns
**Al|te|ran|ti|um** [-tsjum, lat.] *s. Gen.*-s *Mz.*-tia [-tsja] *Med.:* umstimmendes Mittel
**Al|te|ra|ti|on** [-tsjon, lat.] *w. 10* **1** Erregung; **2** *Med.:* krankhafte Veränderung; **3** *Mus.:* chromat. Veränderung eines Akkordtons
**Al|ter ego** [lat.] *s. Gen. -- nur Ez.* **1** das „andere Ich", Seele; **2** vertrauter Freund; **3** *bei Naturvölkern:* pflanzl. oder tier. Lebewesen, zu dem ein Mensch eine enge, übersinnl. Beziehung hat; **4** *bei Schizophrenie:* der abgespaltene seel. Bereich des eigenen Ichs
**al|te|rie|ren** [lat.] **1** *Mus.:* chromatisch verändern (Akkordton); **2** sich a.: sich aufregen

**Al|ter|nanz** [lat.] *w. 10* **1** → Alternation; **2** *Obstbau:* Wechsel von Jahren mit und ohne Ertrag; **Al|ter|nat** *s. 1 nur Ez., bei Staatsverträgen:* Wechsel in der Aufzählung der Vertragschließenden und der Reihenfolge der Unterschriften; **Al|ter|na|ti|on** [-tsjon] *w. 10* Wechsel zwischen zwei Dingen oder Möglichkeiten; **al|ter|na|tiv** **1** die Wahl zwischen zwei Möglichkeiten bietend, wechselweise; **2** anders als üblich, als die übrigen; a. leben, essen; **Al|ter|na|ti|ve** *w. 11* Wahl zwischen zwei Möglichkeiten; **al|ter|nie|ren** wechseln (von zwei Vorgängen, Zuständen usw.)
**Al|ti|graph** [lat. + griech.] *m. 10 Meteor.:* automat. Höhenschreiber; **Al|ti|me|ter** *s. 5* Höhenmesser
**Al|tist** *m. 10* Sänger, der Alt (**1**) singt; **Al|ti|stin** *w. 10* Sängerin, die Alt (**1**) singt
**Al|to|ku|mu|lus** [lat.] *m. Gen. - Mz.*-li Haufenwolke in mittlerer Höhe; **Al|to|stra|tus** *m. Gen. - Mz.*-ti Schichtwolke in mittlerer Höhe
**Al|tru|is|mus** [lat.] *m. Gen. - nur Ez.* Uneigennützigkeit; *Ggs.:* Egoismus; **Al|tru|ist** *m. 10* uneigennütziger Mensch; *Ggs.:* Egoist
**Alu** *Kurzw. für* Aluminium; **Alu|fo|lie** [-ljə] *w. 11 Kurzw. für* Aluminiumfolie; **Alu|men** *s. 7 nur Ez.* → Alaun; **Alu|mi|nat** [lat.] *s. 1* aluminiumsaures Salz; **alu|mi|nie|ren** mit Aluminium überziehen; **Alu|mi|nit** *m. 1 nur Ez.* ein Mineral; **Alu|mi|ni|um** *s. Gen.*-s *nur Ez.* (*Zeichen:* Al) chem. Element, ein Metall; **Alu|mi|ni|um|fo|lie** [-ljə] *w. 11* fein ausgewalztes Aluminium für Verpackungen u. a.
**Alum|nat** [lat.] *s. 1* **1** zu einer Schule gehöriges Schülerheim; **2** *österr.:* Ausbildungsstätte für Geistliche; **Alum|ne** *m. 11,* **Alum|nus** *m. Gen. - Mz.*-nen Schüler eines Alumnats
**Alu|nit** [lat.] *m. 1 nur Ez.* ein Mineral, Alaunstein
**al|ve|o|lar** [lat.] → dental; **Al|ve|o|lar** *m. 1* → Dental; **al|ve|o|lär** mit kleinen Hohlräumen versehen; **Al|ve|o|le** *w. 11* **1** Zahnfach im Kiefer; **2** Lungenbläschen
**Am** *chem. Zeichen für* Americium
**AM** *Abk. für* Amplitudenmodulation
**a. m.** *Abk. für* ante meridiem, ante mortem
**ama|bi|le** [ital.] *Mus.:* liebenswürdig, lieblich
**amag|ne|tisch** unmagnetisch, nicht magnetisierbar
**Amal|gam** [arab.-griech.] *s. 1* eine Quecksilberlegierung; **Amal|ga|ma|ti|on** [-tsjon] *w. 10* Gewinnung von Gold und Silber aus Erz durch Lösen in Quecksilber; **amal|ga|mie|ren** **1** mit Quecksilber legieren; **2** aus Erzen durch Lösen in Quecksilber gewinnen
**ama|rant** [griech.] dunkelrot; **Ama|rant** *m. 1* **1** eine Zierpflanze; **2** ein afrik. Webervogel; **3** ein Farbholz; **ama|ran|ten** → amarant
**Ama|rel|le** [lat.-ital.] *w. 11* eine Sauerkirschenart

**Amalryl** [griech.] *m. 1* künstlich hergestellter, hellgrüner Saphir; **Amalryllis** *w. Gen. - Mz.* -len eine Zierpflanze

**Amalteur** [-tør, lat.-frz.] *m. 1* jmd., der eine Beschäftigung nur aus Liebhaberei, nicht berufsmäßig betreibt, Nichtfachmann

**Amalti** *w. 9* Geige aus der Werkstatt der ital. Geigenbauerfamilie Amati (16./17. Jh.)

**Amaulrolse** [griech.] *w. 11* Erblindung, „schwarzer Star"

**Amaulse** [frz.] *w. 11 im MA Bez. für* Email und Schmuckstein aus Glas

**Amalzolna** *w. Gen. - Mz.* -nae [-nɛ:] *oder* -nen eine Gattung mittel- und südamerik. Papageien; **Amalzolne** [griech.] *w. 11 1 griech. Myth.:* Angehörige eines kriegerischen Frauenvolkes; *2* Reiterin; *3 Motorsport:* Fahrerin; *4* sportl., knabenhaftes Mädchen

**Amlbaslsalde** [ã-, frz.] *w. 11 veraltet:* Botschaft, Gesandtschaft; **Amlbaslsaldeur** [ãbasadœr] *m. 1 veraltet:* Botschafter, Gesandter

**Amlbe** [ital.] *w. 11* Doppeltreffer im Lotto

**Amlber** *m. 5 oder 14 →* Ambra

**amlbildexlter** [lat.] mit beiden Händen gleich geschickt; **Amlbildexltrie** *w. 11* Geschicklichkeit mit beiden Händen

**Amlbilenlte** [lat.-ital.] *s. Gen. - nur Ez.* 1 *Malerei und bildende Kunst:* Umgebung (einer Gestalt); *2 allg.:* Umwelt, Milieu

**Amlbilguiltät** [lat.] *w. 10 nur Ez.* Zweideutigkeit; Doppelsinn (von Wörtern)

**Amlbiltilon** [-tsjon, lat.] *w. 10* Ehrgeiz, Streben; **amlbiltiolnielren** [-tsjo-] erstreben; ambitioniert sein *österr.:* ehrgeizig sein; **amlbiltilös** [-tsjøs] ehrgeizig

**Amlbiltus** [lat.] *m. Gen. - Mz. -* Tonumfang (einer Stimme, eines Instruments, einer Melodie)

**amlbilvallent** [lat.] doppelwertig; **Amlbilvallenz** *w. 10* Doppelwertigkeit (von Gefühlen, Begriffen usw.); Möglichkeit, auch das Gegenteil einzuschließen, z. B. Haßliebe; zwischen Liebe und Haß schwankende Einstellung gegenüber einem Menschen

**Amlbo** [lat.] *m. 9, Mz. auch* -ben 1 *österr.* → Ambe; *2 in frühchristl. Kirchen:* erhöhter, steinerner Aufbau mit Lesepult; **Amlbon** *m. Gen. -s Mz.* -bolnen → Ambo (2)

**Amlbra** [arab.] *w. 9* für Duftstoffe verwendete Ausscheidung des Pottwals

**Amlbrolsia** [griech.] *w. Gen. - nur Ez.* 1 *griech. Myth.:* Götterspeise, die Unsterblichkeit verleiht; vgl. Nektar (1); *2* eine Pflanzengattung; **amlbrolsisch** himmlisch, göttlich

**amlbullant** [lat.] 1 wandernd, umherziehend; ambulanter Handel: Handel von Tür zu Tür; ambulantes Gewerbe: nicht ortsgebundenes Gewerbe; *2 Med.:* während der Sprechstunde, nicht im Krankenhaus; *Ggs.:* stationär; **Amlbullanz** *w. 10* 1 bewegl. Feldlazarett; *2* kleine Station für ambulante Behandlung im Krankenhaus; *3* fahrbare Einrichtung für

ärztl. Untersuchungen und Behandlungen; *4* Krankenwagen; **amlbullaltolrisch** → ambulant (2); **Amlbullaltolrilum** *s. Gen. -s Mz.* -rilen → Ambulanz (2)

**A. M. D. G.** *Abk. für* ad maiorem Dei gloriam

**Amellie** [griech.] *w. 11* angeborenes Fehlen von Gliedmaßen

**amellliolrielren** [lat.] verbessern (Ackerboden); **Amelliolrilsaltilon** [-tsjon] *w. 10* Verbesserung (des Ackerbodens)

**amen** [hebr. „so sei es"] Gebetsschlußwort, Segens- und Bestätigungsformel; zu allem ja und amen sagen; sein Amen zu etwas geben *ugs.:* sein Einverständnis geben; das ist so sicher wie das Amen in der Kirche

**Amenldelment** [amãdəmã, lat.-frz.] *s. 9* Zusatz-, Änderungsvorschlag zu einem Gesetz oder Gesetzesentwurf, in den USA auch zur Verfassung; **amenldielren** [amã-] etwas a.: zu etwas ein Amendement einreichen

**Amelnorlrhö** *w. 10,* **Amelnorlrhoe** [-rø, griech.] *w. 11* Ausbleiben der Menstruation

**Amenltia** [-tsja, lat.] *w. Gen. - Mz.* -tiae [-tsjɛ:], **Amenz** *w. 10* vorübergehende geistige Verwirrung

**Amelrilcalna** *Mz.* Bücher, Bilder, Dokumente über Amerika

**Amelrilcilum** [nach Amerika] *s. Gen. -s nur Ez.* (*Zeichen:* Am) künstlich hergestelltes chem. Element, Transuran

**Amelrilkalna** *Mz.* → Americana; **amelrilkanilsielren** etwas amerik. machen. Vorbild gestalten; **Amelrilkalnislmus** *m. Gen. - Mz.* -men 1 amerik. Spracheigentümlichkeit in einer anderen Sprache; *2* amerik. Eigenart in Lebensstil, Weltanschauung, Kultur, Wirtschaftsform usw.; **Amelrilkalnilstik** *w. 10 nur Ez.* Wissenschaft von der Kultur und den Sprachen Amerikas

**a meltà** [ital. „zur Hälfte"] *Kaufmannsspr.:* Gewinn und Verlust zu gleichen Teilen

**amelthodisch** nicht methodisch, nicht planvoll

**Amelthyst** [griech.] *m. 1* ein Edelstein

**Ameltrie** [griech.] *w. 11* Abweichung vom Ebenmaß, Ungleichmäßigkeit; **ameltrisch** abweichend, ungleichmäßig

**Ameltrolpie** [griech.] *w. 11* Sehfehler infolge Abweichung von der normalen Brechkraft der Augenlinse

**Ameulblelment** [amœbləmã, frz.] *s. 9 veraltet:* Gesamtheit der Möbel, Mobiliar

**Amlhalrer** *m. 5* Angehöriger des (hamit.) Staatsvolkes in Äthiopien

**Ami** 1 *m. 9 ugs., Kurzw. für* Amerikaner; *2 w. 9 ugs., Kurzw.* für amerikanische Zigarette

**Ami** [frz.] *m. Gen. - Mz.* -s Freund

**Amilant** [griech.] *m. 1* ein Mineral

**Amid** [nach Ammoniak] *s. 1* chem. Verbindung des Ammoniaks von basenähnl. Cha-

rakter; **Amildalse** *w.11* Kohlenstoff-Stick-
stoff-Bindungen spaltendes Ferment
**Amin** [nach Ammoniak] *s.1* Verbindung des
Ammoniaks mit organ. Molekülgruppen
**Amilnolplast** [griech.] *s.1* ein Kunstharz;
**Amilnolsäulre** *w.11* eine organ. Säure
**Amiltolse** [griech.] *w.11* direkte Kernteilung
mittels einfacher Durchschnürung ohne
Chromosomenbildung; *Ggs.:* Mitose
**Amlmolniiak** [-jąk, auch: ąm-, österr.:
amǫn-, griech.] *s.1 nurEz.* ein stechend rie-
chendes Gas aus Wasserstoff und Stickstoff,
wichtiger Ausgangsstoff für Düngemittel
**Amlmolnit** [nach dem ägypt. Gott Ammon]
*m.10* ausgestorbener, als Versteinerung er-
haltener Kopffüßer
**Amlmolnilter** *m.5* Angehöriger eines semit.
Volkes im AT
**Amlmolniium** [griech.] *s.Gen.-s nurEz.* eine
Atomgruppe; **Amlmolniiumlnitrat** *s.1* ein
Sprengstoff und Düngemittel; **Amlmolniiumsullfat** *s.1* ein Düngemittel
**Amlnelsie** [griech.] *w.11* dauernder oder
vorübergehender Gedächtnisschwund
**Amlnelstie** [griech.] *w.11* Begnadigung;
Straferlaß durch Gesetz; **amlnelstielren** be-
gnadigen; **Amlneslty Inlterlnaltiolnal** [æmnisti
-næʃənəl, engl.] *w.Gen.-- nurEz.* internatio-
nale, überparteil. Hilfsorganisation zur Be-
treuung politisch Verfolgter und Gefangener
**Amlnilon** [griech. amnos „Lamm"] *s.9 nur
Ez.* innerste Embryonalhülle bei den höhe-
ren Wirbeltieren, Schafhaut, Eihaut; **Amniolte** *m.11 meist Mz.* Angehöriger einer der
drei obersten Wirbeltierklassen (Säugetiere,
Vögel, Reptilien), deren Embryonen sich in
einem Amnion entwickeln; *Ggs.:* Anamnier
**Amölbe** [griech. „Wechsel"] *w.11* Wechsel-
tierchen, ein Einzeller; **amölbolid** amöben-
artig
**Amoklaulfen** [mal. amuk „Wut"] *s.Gen.
-s nurEz.* infolge Geistesstörung auftreten-
des, blindwütiges Umherlaufen (meist mit ei-
ner Waffe), wobei der Betreffende jeden an-
greift, der ihm begegnet
**Amom** [griech.] *s.1,* **Amolmum** *s.Gen.-s
Mz.* -ma eine Gewürzpflanze
**Amolral** [griech.] *w.Gen.- nurEz.* Fehlen
von Moral; **amolrallisch** sich über jegliche
sittl. Grundsätze hinwegsetzend, jenseits der
Moral; vgl. immoralisch; **Amolrallislmus**
*m.Gen.- nurEz.* Ablehnung von sittl. Grund-
sätzen überhaupt; vgl. Immoralismus; **Amorallität** *w.10 nurEz.* die Sittlichkeit ablehnende Einstellung; vgl. Immoralität
**Amolreltte** [ital.-frz.] *w.11 bildende Kunst:*
Figur eines geflügelten Knaben mit Pfeil und
Bogen
**Amor falti** [lat.] *in der Philos. Friedrich Nietzsches m.Gen.-- nurEz.* freudige Bejahung
des eigenen Schicksals
**amolrolso** [ital.] *Mus.:* zärtlich, innig

**amǫrph** [griech.] form-, gestaltlos; **Amorphie** *w.11 nurEz.* 1 Form-, Gestaltlosigkeit;
2 *Phys.:* Zustand eines Stoffes zwischen fe-
stem und flüssigem Aggregatzustand
**amorltilsalbel** amortisierbar, tilgbar; **Amorltisaltiion** [-tsjǫn, mlat.] *w.10* Tilgung, Ab-
schreibung; **amorltilsielren** eine Schuld a.:
allmählich tilgen; ein Gegenstand amortisiert
sich: seine Anschaffungskosten werden
durch den Ertrag getilgt
**Amoulren** [amu-, frz.] *w.10 Mz.* Liebschaf-
ten, Liebesabenteuer; **amoulrös** [-mu-] Lie-
bes...; amouröse Abenteuer
**Amlpel** [lat.] *w.11* 1 Hängelampe; 2 Ver-
kehrslicht
**Amlpere** [-pęr, nach dem frz. Physiker A. M.
Ampère] *s.Gen.-(s) Mz.- (Zeichen:* A)
Maßeinheit der elektr. Stromstärke; **Amperelmelter** *s.5* Stromstärkemesser; **Amperelselkunlde** *w.11 (Zeichen:* As) die Elek-
trizitätsmenge, die Strom von 1 Ampere in
1 Sekunde transportiert; **Amlperelstunlde**
*w.11 (Zeichen:* Ah) die Elektrizitätsmenge,
die Strom von 1 Ampere in 1 Stunde trans-
portiert
**Amlphilbie** [-biə, griech.] *w.11* Tier, das in
Wasser und auf dem Land leben kann;
**Amlphilbilenlfahrlzeug** *s.1* Land-Wasser-
Kraftfahrzeug; **amlphilbisch** im Wasser und
auf dem Land lebend oder sich bewegen
könnend; **Amlphilbilum** *s.Gen.-s Mz.-biien*
→ Amphibie
**Amlphilbol** [griech.] *m.1* Hornblende, ein
Mineral; **Amlphilbollie** *w.11* Doppeldeutig-
keit; **amlphilbollisch** doppeldeutig; **Amlphibollit** *m.1* → Amphibol
**Amlphilgolnie** [griech.] *w.11* zweigeschlechtl.
Fortpflanzung (durch Ei und Samen); *Ggs.:*
Monogenese
**Amlphilktyolnie** *w.11* kultisch-polit. Ver-
band altgriech. Stämme oder Staaten zum
Schutz eines Heiligtums
**amlphilmikltisch** [griech.] durch Amphimixis
entstanden; **Amlphilmilxis** *w.Gen.- nurEz.*
Vermischung der Erbanlagen bei der Am-
phigonie
**Amlphiolle** [wahrscheinlich aus Ampulle und
Phiole] *w.11* ⓦ Ampulle mit spritzfertigem
Arzneimittel
**Amlphilǫxus** [griech.] *m.Gen.- nurEz.* Lan-
zettfisch
**amlphilpneulstisch** [griech.] durch Lungen
und Kiemen atmend
**Amlphilpolde** [griech.] *m.11* Flohkrebs
**Amlphilprolstyllos** [griech.] *m.Gen.- Mz.*
-styllen altgriech. Tempel mit Säulenvorhalle
an der Vorder- und Rückseite
**Amlphilthealter** [griech.] *s.5* (urspr. antikes)
Theater unter freiem Himmel mit kreis- oder
ellipsenförmigem Grundriß und anstei-
genden Sitzreihen; **amlphilthealtrallisch** in der
Art eines Amphitheaters

**Am|pho|ra, Am|pho|re** [griech.] *w. Gen. - Mz.* -pho|ren **1** altgriech. Gefäß mit engem Hals und zwei senkrechten Henkeln; **2** antikes Flüssigkeitsmaß

**am|pho|ter** [griech.] je nach Umgebung teils sauer, teils basisch reagierend

**Am|pli|fi|ka|ti|on** [-tsjon, lat.] *w. 10* Erweiterung, ausführlichere Darstellung; **am|pli|fi|zie|ren** erweitern

**Am|pli|tu|de** [lat.] *w. 11* größter Ausschlag (eines schwingenden Körpers), Schwingungsweite (einer Welle); Schwankungsbreite (einer Größe); **Am|pli|tu|den|mo|du|la|ti|on** [-tsjo:n] *w. 10 (Abk.:* AM) Beeinflussung der Schwingungsweite einer hochfrequenten Trägerwelle durch die zu übertragende niederfrequente Welle

**Am|pul|le** [lat.] *w. 11* **1** *i. w. S.:* kleines bauchiges Gefäß; **2** *i. e. S.:* zugeschmolzenes Glasröhrchen mit Arzneimittel zum Einspritzen

**Am|pu|ta|ti|on** [-tsjon, lat.] *w. 10* operative Abtrennung eines Körpergliedes; **am|pu|tie|ren** durch Operation abtrennen

**Amu|lett** [lat.] *s. 1* am Körper getragener Gegenstand, dem eine schützende Wirkung zugeschrieben wird

**amü|sant** [frz.] vergnüglich, unterhaltend; **Amü|se|ment** [-mā] *s. 9* Vergnügen, Unterhaltung, heiterer Zeitvertreib; **amü|sie|ren** erheitern, vergnügen

**amu|sisch** ohne Sinn für Kunst

**Amyg|da|lin** [griech.] *s. 1 nur Ez.* blausäurehaltiger Geschmacksstoff in bitteren Mandeln; **amyg|da|lo|id** bittermandelähnlich

**Amyl|al|ko|hol** [griech.] *m. 1* ein giftiger Alkohol; **Amy|la|se** *w. 11 nur Ez.* → Diastase; **amy|lo|id** stärkeähnlich; **Amy|lo|se** *w. 11 nur Ez.* ein Bestandteil der Stärke; **Amy|lum** *s. Gen. -s nur Ez.* pflanzl. Stärke

**Ana|bap|tis|mus** [griech.] *m. Gen. - nur Ez.* Lehre einer christl. Sekte (Wiedertäufer), in der die Erwachsenentaufe üblich ist; **Ana|bap|tist** *m. 10* Wiedertäufer

**Ana|ba|sis** [griech.] *w. Gen. - nur Ez.* das Emporsteigen, bes. Reise oder Feldzug in eine höher gelegene Gegend; **ana|ba|tisch** *Meteor.:* aufsteigend (Wind)

**Ana|bio|se** [griech.] *w. 11 nur Ez.* Überdauern und Wiederaufleben mancher Lebewesen nach längerem Scheintod

**Ana|bo|lie** [griech.] *w. 11* Erwerb neuer Merkmale im Lauf der Entwicklung des Individuums

**Ana|cho|ret** [-xo- oder -ço- oder -ko-, griech.] *m. 10, frühchristl. Bez. für* Einsiedler

**Ana|chro|nis|mus** [-kro-, griech.] *m. Gen. - Mz.*-men **1** falsche zeitl. Einordnung; **2** nicht mehr zeitgemäße Einrichtung; **ana|chro|ni|stisch** in einen Zeitabschnitt nicht hineingehörend

**an|ae|rob** [-aerob, griech.] ohne Sauerstoff

lebend; *Ggs.:* aerob; **An|ae|ro|bi|er** *m. 5,* **An|ae|ro|bi|ont** *m. 10* niederes Lebewesen, das ohne Sauerstoff leben kann; *Ggs.:* Aerobier; **An|ae|ro|bio|se** *w. 11 nur Ez.* Unabhängigkeit der Lebensvorgänge vom Luftsauerstoff

**Ana|ge|ne|se** [griech.] *w. 11 nur Ez. Biol.:* Höherentwicklung im Lauf der Stammesgeschichte

**Ana|gramm** [griech.] *s. 1* Buchstabenversetzrätsel, Umstellen von Buchstaben oder Silben eines Wortes zu einem neuen Wort, z. B. Unart – Natur; **ana|gram|ma|tisch** in der Art eines Anagramms

**Ana|ko|luth** [griech.] *m. 1* Satzbruch, formal falsche Weiterführung eines angefangenen Satzes (als Stilfigur)

**Ana|kon|da** *w. 9* südamerik., nicht giftige Riesenschlange

**Ana|kre|on|tik** *w. 10 nur Ez.* die Dichtweise des altgriech. Dichters Anakreon nachahmende Richtung in der Literatur des 18. Jh.

**An|aku|sis** [griech.] *w. Gen. - nur Ez.* Taubheit

**anal** [lat., zu Anus] zum After gehörig, in der Nähe des Afters gelegen

**Ana|lek|ten** [griech.] *Mz.* Sammlung von Aufsätzen oder Auszügen aus Dichtwerken; **ana|lek|tisch** auswählend

**Ana|lep|ti|kum** [griech.] *s. Gen. -s Mz.*-ka den Kreislauf anregendes Mittel

**Ana|le|ro|tik** [lat. + griech.] *w. 10 nur Ez. Psych.:* **1** frühkindl. Interesse am analen Körperbereich; **2** Fixierung der sexuellen Wünsche auf den Anus

**An|al|gen** *s. 1* → Analgetikum; **An|al|ge|sie** [griech.] *w. 11* Aufhebung der Schmerzempfindlichkeit, Schmerzlosigkeit; **An|al|ge|ti|kum** *s. Gen. -s Mz.*-ka schmerzstillendes Mittel; **An|al|gie** *w. 11* → Analgesie

**an|al|lak|tisch** [griech.] unveränderlich

**ana|log** [griech.] ähnlich, entsprechend; **Ana|lo|gie** *w. 11* Entsprechung, sinngemäße Übertragung oder Anwendung; **Ana|lo|gie|schluß** *m. 2,* **Ana|lo|gis|mus** *m. Gen. - Mz.*-men auf Vergleich oder Ähnlichkeit beruhender Schluß; **Ana|lo|gon** *s. Gen. -s Mz.* -ga ähnl. Fall; **Ana|log|rech|ner** *m. 5* Rechenmaschine, bei der zu verrechnende Größen durch ihnen entsprechende elektr. Größen dargestellt werden (z. B. 1 cm Weg entspricht 1 V Spannungsänderung)

**An|al|pha|bet** [griech.] *m. 10* des Lesens und Schreibens Unkundiger; **An|al|pha|be|tis|mus** *m. Gen. - nur Ez.* Lese- und Schreibunkundigkeit

**Analy|sand** [griech.] *m. 10* jmd., der sich einer psychotherapeut. Analyse unterzieht; **Analy|sa|tor** *m. 13 Phys.:* Vorrichtung zur Zerlegung von Schwingungen in die Einzelwellen; **Analy|se** *w. 11* **1** Zergliederung eines Ganzen in seine Teile und deren Untersu-

chung in ihrem Verhältnis zum Ganzen; **2** *Chem.*: Zergliederung, Untersuchung; **ana|ly|sie|ren** zergliedernd untersuchen; **Ana|ly|sis** *w. Gen. - nur Ez.* zergliederndes Verfahren zur Lösung mathemat. Aufgaben; **Ana|lyst** [engl.: ǽnəlist] *m. 10* Fachmann, der Börsenbewegungen beobachtet und auf ihre Gründe untersucht; **Ana|ly|tik** *w. 10 nur Ez.* Lehre, Kunst der Analyse; **ana|ly|tisch** zergliedernd
**An|ämie** [griech.] *w. 11* Blutarmut; **an|ämisch** blutarm
**Ana|mne|se** [griech.] *w. 11* **1** *griech. Philos.*: Erinnerung der Seele an ihre vorgeburtl. Ideen; **2** *Med.*: Vorgeschichte der Krankheit nach Angaben des Patienten; vgl. Katamnese; **ana|mne|stisch, ana|mne|tisch** die Anamnese (**2**) betreffend, auf ihr beruhend
**An|am|ni|er** [griech.] *m. 5* Wirbeltier, dessen Embryo sich ohne Amnion entwickelt; *Ggs.:* Amniote
**Ana|mor|phot** [griech.] *m. 10* Linse, die bei Breitwand-Filmaufnahmen die Bilder verzerrt und bei der Vorführung wieder entzerrt; **ana|mor|pho|tisch** verzerrt
**Ana|nas** [indian.-port.] *w. 1* **1** eine trop. Frucht; **2** eine Erdbeersorte
**Ana|nym** [griech.] *s. 1* Deckname aus den rückwärts gelesenen (und wenig veränderten) Buchstaben des eigenen Namens
**Ana|päst** [griech.] *m. 1* Versfuß mit zwei Senkungen und einer Hebung
**Ana|pher** [griech.] *w. 11*, **Ana|pho|ra** *w. Gen. - Mz.* -rä Wiederholung des Anfangswortes in aufeinanderfolgenden Sätzen (Stilfigur); vgl. Epiphora (**2**); **ana|pho|risch** in der Art einer Anapher
**An|aphro|di|si|a|kum** [griech.] *s. Gen. -s Mz.* -ka den Geschlechtstrieb dämpfendes Mittel
**Ana|phy|la|xie** [griech.] *w. 11* Überempfindlichkeit gegen artfremdes Eiweiß
**An|ar|chie** [griech.] *w. 11* Zustand der Gesetzlosigkeit, polit. Unordnung; **an|ar|chisch** auf Anarchie beruhend; **An|ar|chis|mus** *m. Gen. - nur Ez.* Lehre, die jede Staatsgewalt und -ordnung ablehnt; **An|ar|chist** *m. 10* Vertreter des Anarchismus; **an|ar|chi|stisch** auf Anarchismus beruhend
**ana|sta|tisch** [griech.] wiederauffrischend, neubildend; anastatischer Druck: veraltetes Nachdruckverfahren ohne Neusatz mit Hilfe von Umdruck auf Stein oder Metall
**An|äs|the|sie** [griech.] *w. 11* **1** Schmerzbetäubung; **2** Fehlen der Schmerzempfindlichkeit; **an|äs|the|sie|ren** schmerzunempfindlich machen; **An|äs|the|sio|lo|gie** *w. 11 nur Ez.* Lehre von der Anästhesie; **An|äs|the|sist** *m. 10* Facharzt für Narkose; **An|äs|the|ti|kum** *s. Gen. -s Mz.* -ka schmerzunempfindlich machendes Mittel; **an|äs|the|ti|sie|ren** → anästhesieren
**An|astig|mat** [griech.] *m. 1 oder s. 1 Phot.:*

Objektiv, das unverzerrte Bilder ermöglicht
**Ana|sto|mo|se** [griech.] *w. 11* **1** Verbindung zwischen Adern, Lymphgefäßen und Nerven; **2** Verbindung zwischen Blattnerven; **3** operative Verbindung von Hohlorganen
**Ana|stro|phe** [-fe:, griech.] *w. Gen. - Mz.* -stro|phen Umkehrung der Wortstellung, z. B. zweifelsohne *statt:* ohne Zweifel
**Ana|them** [griech.] *s. 1*, **An|athe|ma** *s. Gen.* -s *Mz.* -the|ma|ta Kirchenbann, Verfluchung; **ana|the|ma|ti|sie|ren** mit dem Anathem belegen
**ana|tio|nal** nicht national, gleichgültig gegenüber Volk und Nationalität
**Ana|to|mie** [griech.] *w. 11 1 nur Ez.* Wiss. vom Körperbau der Lebewesen; **2** Lehrbuch darüber; **3** Ausbildungsstätte für Anatomen an einer Universität; **ana|to|mie|ren** zerlegen, zergliedern (Leichen); **ana|to|misch** mit Hilfe der Anatomie, den Körperbau betreffend
**Ana|to|zis|mus** [griech.] *m. Gen. - Mz.* -men Verzinsung rückständiger Zinsen
**an|axi|al** [auch: an-] nicht in der Achsenrichtung angeordnet
**ana|zy|klisch** vorwärts und rückwärts gelesen gleichlautend, umkehrbar; anazyklische Wörter vgl. Palindrom
**An|cho|vis** [-ʃo-] *w. Gen. - Mz. - →* Anschovis
**An|ci|en|ni|tät** [äsjɛni-, frz.] *w. 10 nur Ez. veraltet:* Reihenfolge nach dem Alter im Dienst, Dienstalter; **An|ci|en ré|gime** [äsiɛ̃ reʒim] *s. Gen. - - nur Ez.* **1** die absolutistische Regierung in Frankreich vor der Frz. Revolution; **2** *allg.:* die höfische europ. Gesellschaft im 18. Jh.
**an|dan|te** [ital. „gehend"] *Mus.:* ruhig; **an|dan|te con mo|to** *Mus.:* ruhig, (doch) mit Bewegung; **an|dan|ti|no** *Mus.:* etwas schneller als andante
**An|dra|go|gik** [griech.] *w. 10 nur Ez.* Erwachsenenbildung
**An|dro|ga|met** [griech.] *m. 10* männl. Keimzelle; **An|dro|gen** *s. 1* männliches Geschlechtshormon; **an|dro|gyn** zweigeschlechtlich, zwitterig; **An|dro|gy|nie** *w. 11* Vorhandensein männl. Geschlechtsmerkmale bei Frauen; *Ggs.:* Gynandrie (**1**); **An|dro|lo|gie** *w. 11 nur Ez.* Lehre von den Männerkrankheiten; *Ggs.:* Gynäkologie
**An|ek|do|te** [griech.] *w. 11* kurze, witzige, nicht unbedingt verbürgte, aber charakterisierende Geschichte über eine histor. Persönlichkeit; **an|ek|do|tisch** kurz, witzig und treffend
**Ane|mo|ga|mie** [griech.] *w. 11* Bestäubung durch Wind; **Ane|mo|graph** *m. 10* selbstschreibender Windmesser, Windschreiber; **Ane|mo|me|ter** *s. 5* Windmeßgerät
**Ane|mo|ne** [griech.] *w. 11* Windröschen, Buschwindröschen
**An|en|er|gie** *w. 11* → Anergie; **an|en|er|gisch** → anergisch

**An|epi|gra|pha** [griech.] *Mz.* Schriften ohne Titel; **an|epi|gra|phisch** ohne Titel, unbetitelt
**An|er|gie** [griech.] *w. 11* 1 Energielosigkeit; 2 Reizunempfindlichkeit; 3 nicht umwandelbare Energie; **an|er|gisch** 1 energielos; 2 unempfindlich gegen Reize
**An|e|ro|id** [griech.] *s. 1*, **An|e|ro|id|ba|ro|me|ter** *s. 5* ein Luftdruckmesser
**An|ero|sie** [griech.] *w. 11* Fehlen des Geschlechtstriebes
**An|eu|rie** [griech.] *w. 11* Nervenschwäche
**An|eu|rin** [griech.] *s. 1 nur Ez.* Vitamin $B_1$
**An|eu|rys|ma** [griech.] *s. Gen. -s Mz.* -men *oder* -mata sackartige Erweiterung einer Schlagader
**An|gi|na** [griech.] *w. Gen. - Mz.* -nen fieberhafte Mandel-Rachen-Entzündung; **An|gi|na pec|to|ris** *w. Gen. - - nur Ez.* Erkrankung oder Verengung der Herzkranzgefäße mit Angstzuständen; **an|gi|nös** auf Angina beruhend
**An|gio|gramm** [griech.] *s. 1* Röntgenbild der Blutgefäße; **An|gio|lo|gie** *w. 11 nur Ez.* Lehre von den Blutgefäßen
**An|gi|om** [griech.] *s. 1* Gefäßgeschwulst
**An|gio|pa|thie** [griech.] *w. 11* Erkrankung eines Blutgefäßes
**An|gio|sper|men** *s. Mz., Ez.* -ma bedecktsamige Blütenpflanzen; *Ggs.:* Gymnospermen
**An|glaise** [ãglɛz, frz.] *w. 11* „engl. Tanz", alter Gesellschaftstanz
**an|gli|ka|nisch** [lat.] anglikanische Kirche: die englische Staatskirche; **An|gli|ka|nis|mus** *m. Gen. - nur Ez.* Lehre, Ordnung und Kultus der anglikan. Kirche; **an|gli|sie|ren** nach engl. Vorbild gestalten; **An|gli|stik** *w. 10 nur Ez.* Wissenschaft von der engl. Sprache und Literatur; **An|gli|zis|mus** *m. Gen. - Mz.* -men engl. Spracheigentümlichkeit in einer anderen Sprache; **An|glo|ma|ne** [lat. + griech.] *m. 11* jmd., der übertrieben für alles Englische schwärmt; **An|glo|ma|nie** *w. 11 nur Ez.* übertriebene Vorliebe für alles Englische; **an|glo|phil** englandfreundlich; **An|glo|phi|lie** *w. 11 nur Ez.* Vorliebe für alles Englische; **an|glo|phob** allem Englischen abgeneigt; **An|glo|pho|bie** *w. 11 nur Ez.* Abneigung gegen alles Englische
**An|go|stu|ra** *m. 9* aus der Rinde des Angosturabaumes gewonnener Likör
**An|gry young men** [æŋgri jʌŋ mɛn, engl.] *Mz.* „Zornige junge Männer", Vertreter einer literar. Richtung mit sozialkrit. Note im England der 50er Jahre unseres Jahrhunderts
**Ång|ström** [ɔŋ-, auch: aŋ-, nach dem schwed. Physiker A. J. Ångström] *s. Gen. -s Mz.*-, **Ång|ström|ein|heit** *w. 10 (Abk.:* Å, *früher auch:* AE) nicht mehr zulässige Maßeinheit für die Wellenlänge von Licht- und Röntgenstrahlen
**an|gu|lar** [lat.] zu einem Winkel gehörig, Winkel..., eckig

**An|hy|drid** [griech.] *s. 1* Sauerstoffverbindung, die mit Wasser eine Säure oder Base bildet; **An|hy|drit** *m. 1* wasserfreier Gips
**Ani|lin** [arab.] *s. 1 nur Ez.* ein Öl, Ausgangsstoff für Farb- und Kunststoffe sowie Arzneimittel
**Ani|ma** [lat.] *w. 9* 1 *Philos.:* Geist, Seele; 2 *bei Münzen:* aus unedlem Metall bestehender, mit Edelmetall überzogener Kern
**ani|ma|lisch** [lat.] tierisch, den Tieren eigen; **Ani|ma|lis|mus** *m. Gen. - nur Ez.* relig. Verehrung von Tieren; **ani|ma|li|stisch** zum Animalismus gehörend; **Ani|ma|li|tät** *w. 10 nur Ez.* tierische Wesensart
**Ani|ma|teur** [-tør, frz.] *m. 1* = Animator; **ani|ma|to** [ital.] *Mus.:* belebt, beseelt; **Ani|ma|tor** [engl.] *m. 13* 1 Zeichner der Bewegungsabläufe im Zeichentrickfilm; 2 Angestellter in der Touristik, der die Ferienreisenden dazu anregt, ihre Freizeit aktiv zu gestalten; **ani|mie|ren** [frz.] anregen, in Stimmung bringen; **Ani|mier|mäd|chen** *s. 7 in Tanzlokalen:* Mädchen, das die Gäste zum Trinken anregt; **Ani|mis|mus** [lat.] *m. Gen. - nur Ez.* Glaube an die Beseeltheit der Natur; **Ani|mo** *s. 9 nur Ez.* österr.: Lust, Schwung; **Ani|mo|si|tät** *w. 10 nur Ez.* Abneigung, Widerwille; **Ani|mus** *m. Gen. - Mz.* -mi Geist, Seele, Neigung, Gefühl; *ugs. scherzh.:* Ahnung
**Ani|on** [griech.] *s. Gen. -s Mz.* -io|nen negatives Ion, bei der Elektrolyse zur Anode wanderndes Ion; *Ggs.:* Kation
**Anis** [auch: aniːs, griech.] *m. 1* eine Gewürz- und Heilpflanze; **Ani|sett** *m. 1* mit Anis gewürzter Likör
**Ani|so|ga|mie** [griech.] *w. 11* Fortpflanzung niederer Pflanzen mit ungleichen männl. und weibl. Keimzellen
**ani|so|trop** [griech.] 1 bei gleichen Bedingungen verschiedene Wachstumsrichtung aufweisend (von Pflanzenteilen); 2 nach verschiedenen Richtungen verschiedene physikal. Eigenschaften aufweisend (von Kristallen); *Ggs.:* isotrop
**An|ky|lo|se** [griech.] *w. 11* Gelenkversteifung
**An|na|len** [lat.] *Mz.* geschichtl. Jahrbücher; **An|na|list** *m. 10* Verfasser von Annalen
**An|na|ten** [lat.] *Mz.* Abgaben an den päpstl. Stuhl für die Verleihung kirchlicher Pfründen
**an|nek|tie|ren** [lat.] sich (mit Gewalt) aneignen (Staat oder Staatsgebiet)
**An|ne|li|den** [lat.] *Mz.* Ringelwürmer
**An|nex** [lat.] *m. 1* Anhang, Anhängsel, Anbau; **An|ne|xi|on** *w. 10* (gewaltsame) Aneignung (fremden Gebietes); **An|ne|xio|nis|mus** *m. Gen. - nur Ez.* Streben nach Annexion
**an|ni cur|ren|tis** [lat.] *(Abk.:* a. c.) des laufenden Jahres; **an|ni fu|tu|ri** *(Abk.:* a. f.) des kommenden Jahres
**An|ni|hi|la|ti|on** [-tsjon, lat.] *w. 10* 1 *veraltet:* Nichtigkeitserklärung; 2 *Phys.:* Umwandlung

eines Elementarteilchenpaares in Strahlungsenergie; **an|ni|hi|lie|ren 1** für nichtig erklären; **2** in Energie umwandeln

**an|ni prae|te|ri|ti** [lat.] (*Abk.:* a. p.) vorigen Jahres

**An|ni|ver|sar** [lat.] *s. 1,* **An|ni|ver|sa|ri|um** *s. Gen.* -s *Mz.* -ri|en *kath. Kirche:* jährlich abgehaltene Gedächnisfeier

**an|no, An|no** [lat.] (*Abk.:* a., A.) im Jahre; anno *oder:* Anno 1848; anno dazumal *ugs.:* vor langer Zeit, damals, einstmals; Anno Tobak *ugs. scherzh.:* einstmals; **an|no Do|mi|ni, An|no Do|mi|ni** (*Abk.:* a. D., A. D.) im Jahr des Herrn: nach Christi Geburt, z. B. a. D. 1483

**An|non|ce** [-nõsə, frz.] *w. 11* Zeitungsanzeige, Inserat; **An|non|cen|ex|pe|di|ti|on** [-nõsən--tsjo:n] *w. 10* Anzeigenvermittlungsbüro; **an|non|cie|ren** [-nõsi-] durch eine Annonce bekanntgeben

**An|no|ta|ti|on** [-tsjon, lat.] *w. 10* Anmerkung **an|nu|ell** [lat.] **1** *veraltet:* jährlich; **2** *Bot.:* einjährig (Pflanzen); **An|nui|tät** *w. 10* jährl. Zahlung zur Verzinsung und Tilgung einer Schuld

**an|nul|lie|ren** [lat.] für ungültig, nichtig erklären

**An|ode** [griech.] *w. 11* positive Elektrode; *Ggs.:* Kathode

**ano|mal** [griech.] nicht normal, von der Regel abweichend, regelwidrig; **Ano|ma|lie** *w. 11* Regelwidrigkeit

**Ano|mie** [griech.] *w. 11* **1** Gesetz-, Normenlosigkeit; **2** *Soziol.:* Unfähigkeit, sich in der Gesellschaft zu orientieren

**an|onym** [griech.] ohne Angabe des Namens, ungenannt; **An|ony|mi|tät** *w. 10 nur Ez.* Namenlosigkeit, Verschweigen des Namens; **An|ony|mus** *m. Gen.* - *Mz.* -mi Ungenannter; Künstler mit unbekanntem Namen

**An|ophe|les** [griech.] *w. Gen.* - *Mz.* -, **An|ophe|les|mücke** (-mük|ke) *w. 11* trop. Stechmücke, Überträgerin von Malaria

**An|opie** [griech.], **An|op|sie** *w. 11 Med.:* Untätigkeit der Netzhaut eines Auges, z. B. beim Schielen

**Ano|rak** [eskimoisch] *m. 9* Windjacke, meist mit Kapuze

**an|or|ga|nisch** nicht organisch, unbelebt; anorganische Chemie: Lehre von den Elementen und Verbindungen ohne Kohlenstoff-Kohlenstoff-Bindungen

**An|or|gas|mie** [griech.] *w. 11* Ausbleiben des Orgasmus

**anor|mal** [Bildung aus anomal und abnorm] nicht normal

**An|or|thit** [griech.] *m. 1* ein Mineral

**An|osto|se** [griech.] *w. 11* Knochenschwund

**An|oxä|mie, An|oxy|hä|mie** [griech.] *w. 11* Sauerstoffmangel im Blut

**An|scho|ve** [span.-ndrl.] *w. 11,* **An|scho|vis** *w. Gen.* - *Mz.* - kleine gesalzene Sardelle

**Ant|ago|nis|mus** [griech.] *m. Gen.* - *Mz.* -men Widerstreit, (unversöhnlicher) Gegensatz; **Ant|ago|nist** *m. 10* Gegner, Widersacher; **ant|ago|ni|stisch** unversöhnlich

**Ant|ark|tis** [griech.] *w. Gen.* - *nur Ez.* Südpolargebiet; *Ggs.:* Arktis

**an|te Chri|stum (na|tum)** [lat.], *Abk.:* a. Chr. (n.), vor Christi Geburt; *heute meist:* v. Chr.; *Ggs.:* post Christum (natum)

**an|te|da|tie|ren** [lat.] *veraltet:* mit einem früheren Datum versehen

**an|te me|ri|di|em** [lat.] (*Abk.:* a. m.) vormittags; *Ggs.:* post meridiem; **an|te mor|tem** (*Abk.:* a. m.) *Med.:* vor dem Tode

**An|ten** [lat.] *Mz.* die verlängerten Längswände des altgriech. Tempels, die mit zwei Säulen eine Vorhalle bilden

**An|ten|ne** [lat.] *w. 11* **1** Vorrichtung zum Empfangen oder Senden von elektromagnet. Wellen; **2** *meist Mz.* Fühler der Gliedertiere

**An|ten|tem|pel** *m. 5* altgriech. Tempel mit → Anten

**An|te|pän|ul|ti|ma** [lat.] *w. Gen.* - *Mz.* -mä *oder* -men drittletzte Silbe (eines Wortes)

**An|te|pen|di|um** [lat.] *s. Gen.* -s *Mz.* -di|en Verkleidung des Altarunterbaues aus Stoff, Holz oder Metall

**an|te por|tas** [lat. „vor den Toren"] im Kommen, im Anmarsch

**An|te|ze|dens** [lat.] *s. Gen.* - *Mz.* -den|zi|en Voraussetzung, Ursache, Grund, Prämisse; **an|te|ze|dent** durch Antezedenz (2) entstanden; **An|te|ze|denz** *w. 10* **1** → Antezedens; **2** Talbildung an einem Fluß bei gleichzeitiger Erhebung eines Gebirges; **an|te|ze|die|ren** *veraltet:* vorausgehen; **An|te|zes|sor** *m. 13 veraltet:* Amtsvorgänger

**Ant|hel|li|um** [griech.] *s. Gen.* -s *Mz.* -li|en Lichterscheinung am Himmel der Sonne gegenüber, Gegensonne

**Ant|hel|min|thi|kum** [griech.] *s. Gen.* -s *Mz.* -ka Mittel gegen Eingeweidewürmer

**An|them** [ænθəm, engl.] *s. 9* engl. motettenoder kantatenartiges kirchenmusikal. Werk, Hymne

**Ant|he|mi|on** [griech.] *s. Gen.* -s *Mz.* -mi|en *altgriech. Baukunst:* Blumenschmuckfries

**An|the|mis** [griech.] *w. Gen.* - *Mz.* - Hundskamille

**An|the|re** [griech.] *w. 11 Bot.:* Staubbeutel

**Ant|ho|lo|gie** [griech. „Blumenlese"] *w. 11* Sammlung von Gedichten, Sprüchen oder Prosastücken; **Ant|ho|lo|gi|on** *s. Gen.* -s *Mz.* -gia *oder* -gi|en *griech.-orthodoxe Kirche:* liturg. Gebetbuch; **ant|ho|lo|gisch** ausgewählt; **Ant|ho|lo|gi|um** *s. Gen.* -s *Mz.* -gia *oder* -gi|en → Anthologion

**Ant|ho|zo|on** [griech.] *s. Gen.* -s *Mz.* -zo|en Korallentier

**An|thra|cen** [griech.] *s. 1* Bestandteil des Steinkohlenteers, Ausgangsstoff für Farbstoffe; **An|thra|chi|non** [-çi-] *s. 1 nur Ez.*

Abkömmling des Anthracens; **An|thra|cit** [auch: -tsi̱t] *m.1* Steinkohle mit hohem Heizwert; **an|thra|cit|far|ben** schwarzgrau; **An|thra|ko|se** *w.11* Kohlenstaubablagerung in der Lunge; **A̱n|thrax** *m. Gen. - nur Ez.* Milzbrand; **An|thra|zen** *s.1* → Anthracen; **An|thra|zit** *m.1* → Anthracit

**an|thro|po|gen** [griech.] vom Menschen geschaffen oder beeinflußt; **An|thro|po|ge|ne|se, An|thro|po|ge|nie** *w.11* Lehre von der stammesgeschichtl. Entwicklung des Menschen; **An|thro|po|go|ni̱e** *w.11* relig. Lehre von der Entstehung des Menschen; **An|thro|po|gra|phi̱e** *w.11* Beschreibung der menschlichen Rassenmerkmale; **an|thro|po|id** menschenähnlich; **An|thro|po|id** *m.10* Menschenaffe; **An|thro|po|lo|gi̱e** *w.11 nur Ez.* Wissenschaft vom Menschen; **An|thro|po|me|tri̱e** *w.11* Lehre von den Maßverhältnissen des menschl. Körpers; **an|thro|po|morph** menschenähnlich gestaltet; **an|thro|po|mor|phi|sie|ren** vermenschlichen; **An|thro|po|mor|phi̱s|mus** *m. Gen. - nur Ez.* Vermenschlichung; **An|thro|po|pha|gi̱e** *w.11 nur Ez.* Menschenfresserei, Kannibalismus; **An|thro|po|pho|bi̱e** *w.11 nur Ez.* Menschenscheu; **An|thro|po|so|phi̱e** *w.11 nur Ez.* von Rudolf Steiner begründete Lehre vom Menschen in seiner Beziehung zum Übersinnlichen; **An|thro|po|tech|ni̱k** *w.10 nur Ez.* Zweig der Arbeitswissenschaft, der sich mit der menschengerechten Gestaltung von Arbeitsplätzen und -geräten befaßt; **an|thro|po|zen|trisch** den Menschen in den Mittelpunkt stellend; **A̱n|thro|pus** *m. Gen. - nur Ez.* Frühmensch

**an|ti..., An|ti...** [griech.] gegen..., Gegen...

**An|ti|al|ko|ho|li|ker** *m.5* Alkoholgegner
**An|ti|asth|ma|ti|kum** *s. Gen. -s Mz.*-ka Mittel gegen Bronchialasthma
**an|ti|au|to|ri|tär** gegen Autorität gerichtet oder eingestellt
**An|ti|ba|by|pil|le** [-be̱bi-] *w.11* empfängnisverhütendes Arzneimittel
**an|ti|bak|te|ri|ell** gegen Bakterien wirkend
**An|ti|bar|ba|rus** [griech. + lat.] *m. Gen. - Mz.* -ri *veraltet:* Titel von Büchern, die gegen Sprachverwilderung ankämpfen
**An|ti|bi|ont** [griech.] *m.10* Kleinstlebewesen, das Antibiose bewirkt; **An|ti|bio|se** *w.11* Vernichtung von Kleinstlebewesen durch Stoffwechselprodukte anderer Kleinstlebewesen (Bakterien, Pilze); **An|ti|bio|ti|kum** *s. Gen. -s Mz.*-ka Stoff, der Antibiose bewirkt, als Heilmittel verwendet; **an|ti|bio|tisch** Antibiose bewirkend
**an|ti|cham|brie|ren** [-ʃã-, frz.] **1** im Vorzimmer warten; wiederholt bei einer Behörde vorsprechen; **2** *übertr.:* um Gunst betteln, katzbuckeln
**A̱n|ti|christ** [auch: -kri̱st] **1** *m.10* Gegner des Christentums; **2** *m.1 nur Ez.* der Teufel; **an-**

**ti|christ|lich** [auch: -kri̱st-] dem Christentum feindlich gesinnt
**An|ti|di|ar|rhoi|kum** [griech.] *s. Gen. -s Mz.*-ka Mittel gegen Durchfall
**An|ti|dot** [griech.] *s.1,* **An|ti|do|ton** *s. Gen.* -s *Mz.*-ta Gegengift
**An|ti|fa|schis|mus** *m. Gen. - nur Ez.* Gegnerschaft gegen Faschismus und Nationalsozialismus
**An|ti|gen** [griech.] *s.1* artfremder Eiweißstoff, der im Blut die Bildung von → Antikörpern bewirkt, die ihn selbst vernichten
**an|tik** [lat.-frz.] die Antike betreffend, aus ihr stammend; *übertr.:* alt, altertümlich; **An|ti|ka|gli|en** [-ka̱ljən, lat.-ital.] kleine antike Kunstwerke
**An|ti|kal|tho|de** *w.11* Anode einer Röntgenröhre
**An|ti|ke** [lat.-frz.] *w.11 nur Ez.* das griech.-röm. Altertum; **An|ti|ken** *Mz.* antike Kunstwerke; **an|ti|kisch** die Antike nachahmend; **an|ti|ki|sie|ren** nach dem Vorbild der Antike gestalten
**an|ti|kle|ri|kal** kirchenfeindlich; **An|ti|kle|ri|ka|lis|mus** *m. Gen. - nur Ez.* kirchenfeindliche Haltung
**An|ti|kli|max** *w.1 Stilistik:* Übergang vom stärkeren zum schwächeren Ausdruck; *Ggs.:* Klimax **(1)**
**an|ti|kli|nal** [griech.] *Geol.:* sattelförmig; **An|ti|kli|na|le, An|ti|kli|ne** *w.11* Sattel (einer geolog. Falte)
**an|ti|kon|zep|tio|nell** [griech. + lat.] empfängnisverhütend; **An|ti|kon|zep|ti|vum** *s. Gen. -s Mz.*-va empfängnisverhütendes Mittel
**A̱n|ti|kör|per** *m.5* im Blut gebildeter Abwehrstoff gegen Krankheitserreger
**An|ti|kri|tik** [auch: -ti̱k] *w.10* Gegenkritik, Erwiderung auf eine Kritik
**An|ti|lo|pe** [griech.] *w.11* ein Huftier, bes. in Asien und Afrika
**An|ti|ma|te|rie** [-riə] *w.11 nur Ez.* Form der Materie, deren Ladungsaufbau dem der normalen Materie entgegengesetzt (komplementär) ist
**An|ti|mi|li|ta|ris|mus** *m. Gen. - nur Ez.* Einstellung gegen den Militarismus
**An|ti|mon** [griech.] *s.1 nur Ez.* (*Zeichen:* Sb) chem. Element, ein Metall, Ausgangsstoff für Halbleiter
**an|ti|mon|ar|chisch** feindlich gegen die Monarchie eingestellt; **an|ti|mon|ar|chi|stisch** feindlich gegen den Monarchismus eingestellt
**An|ti|mo|nat** *s.1* Salz der Antimonsäure; **An|ti|mon|blü|te** *w.11* ein Mineral; **An|ti|mo|nit** *m.1* **1** Salz der antimonigen Säure; **2** ein Antimonerz, Antimonglanz, Grauspießglanz
**An|ti|mo|ra|lis|mus** *m. Gen. - nur Ez.* feindl. Einstellung gegenüber der herrschenden Moral; vgl. Amoralismus

**An|ti|neur|al|gi|kum** [griech.] *s. Gen.*-s *Mz.*
-ka schmerzstillendes Mittel
**An|ti|neu|tron** *s.13* Antiteilchen zum
Neutron
**An|ti|no|mie** [griech.] *w.11* Widerspruch
zweier an sich gültiger Sätze oder innerhalb
eines Satzes, Widersprüchlichkeit; **an|ti|no-
misch** widersprüchlich; **An|ti|oxyd|ans**
*s. Gen.*- *Mz.*-dan|tia [-tsja] *oder* -dan|zi|en
die Oxydation verderblicher Stoffe (vor al-
lem Lebensmittel) verhindernde chem. Ver-
bindung
**An|ti|pa|pst** *m.10* Gegner des Papsttums
**An|ti|pas|sat** *m.1* Gegenpassat, dem → Pas-
sat entgegengesetzter Wind der Tropen
**An|ti|pa|sto** [ital.] *m. oder s. Gen.*-(s) *Mz.*-sti
Vorspeise
**An|ti|pa|thie** [griech.] *w.11* gefühlsmäßige
Abneigung, Widerwille; *Ggs.:* Sympathie; **an-
ti|pa|thisch** nicht sympathisch
**An|ti|phon** [griech.] *w.10* liturg. Wechselge-
sang; **an|ti|pho|nal** im liturg. Wechselgesang;
**An|ti|pho|nale** *s. Gen.*-s *Mz.*-li|en, **Anti-
pho|nar** *s. Gen.*-s *Mz.*-ri|en Sammlung von
Antiphonen; **An|ti|pho|ne**, **An|ti|pho|nie**
*w.11* → Antiphon
**An|ti|phra|se** [griech.] *w.11* Stilmittel, bei
dem das Gegenteil von dem gesagt wird, was
gemeint ist, z. B. „Das ist ja eine schöne Be-
scherung!"
**An|ti|po|de** [griech. „Gegenfüßler"] *m.11*
1 auf dem entgegengesetzten Punkt der Erde
lebender Mensch; 2 *übertr.:* den entgegenge-
setzten Standpunkt vertretender Mensch
**An|ti|pol** *m.1* Gegenpol
**An|ti|pro|ton** *s.13* Antiteilchen zum Proton,
besitzt negative Ladung
**An|ti|py|re|ti|kum** [griech.] *s. Gen.*-s *Mz.*-ka
fiebersenkendes Mittel
**An|ti|qua** [lat. „die alte" (Schrift)] *w. Gen.*-
*nur Ez.*, Sammelbez. *für* mehrere lat. Druck-
schriften; **An|ti|quar** *m.1* jmd., der mit ge-
brauchten Büchern handelt; *auch:* Antiqui-
tätenhändler; **An|ti|qua|ri|at** *s.1* Altbuchhan-
del, Altbuchhandlung; **an|ti|qua|risch** ge-
braucht, alt (von Büchern, Noten u. dgl.);
**An|ti|qua|ri|um** *s. Gen.*-s *Mz.*-ri|en Samm-
lung von Altertümern; **an|ti|quiert** veraltet;
**An|ti|qui|tät** *w.10* altertüml. Kunstwerk, al-
tertüml., wertvoller Gebrauchsgegenstand
**An|ti|rheu|ma|ti|kum** [griech.] *s. Gen.*-s *Mz.*
-ka Mittel gegen Rheumatismus
**An|ti|se|mit** *m.10* Judenfeind; **An|ti|se|mi|tis-
mus** *m. Gen.*- *nur Ez.* feindliche Einstellung
gegenüber den Juden
**An|ti|sep|sis** [griech.] *w. Gen.*- *nur Ez.*, **Anti-
sep|tik** *w.10 nur Ez.* Abtötung von Krank-
heitskeimen, bes. in Wunden; **An|ti|sep|ti-
kum** *s. Gen.*-s *Mz.*-ka Mittel zur Antisepsis;
**an|ti|sep|tisch** keimtötend
**An|ti|se|rum** [griech. + lat.] *s. Gen.*-s *Mz.*
-ren *oder* -ra Heilserum, Immunserum

**An|ti|spas|mo|di|kum**, **An|ti|spa|sti|kum**
[griech.] *s. Gen.*-s *Mz.*-ka krampflösendes
Mittel; **an|ti|spa|stisch** krampflösend
**An|ti|sta|tik|mit|tel** *s.5* Substanz, die auf
Grund schwacher elektr. Leitfähigkeit die
elektrostat. Aufladung von Gegenständen
verhindert; **an|ti|sta|tisch** sich nicht elektrisch
aufladend
**An|ti|stes** [lat. „Vorsteher"] *m. Gen.*- *Mz.*-ti-
stiltes 1 *kath. Kirche:* Titel für Bischof und
Abt; 2 *schweiz. früher:* Titel des reformier-
ten Oberpfarrers
**An|ti|stro|phe** *w.11 im altgriech. Drama:* die
von der zweiten Hälfte des Chors gesungene,
der Strophe folgende Gegenstrophe
**An|ti|teil|chen** *s.7* Elementarteilchen, dessen
Eigenschaften denen eines anderen bestimm-
ten Teilchens entgegengesetzt (komplemen-
tär) sind, z. B. Proton – Antiproton
**An|ti|the|se** [auch: an-] *w.11* der → These
entgegengestellte Behauptung, Gegenbe-
hauptung; **An|ti|the|tik** *w.10 nur Ez.* Lehre
von den Widersprüchen und ihren Ursachen;
**an|ti|the|tisch** entgegenstellend
**An|ti|to|xin** *s.1* Gegengift, Antikörper
**An|ti|zi|pa|ti|on** [-tsjon, lat.] *w.10* Vorweg-
nahme, Vorgriff; **an|ti|zi|pie|ren** vorweg-
nehmen
**an|ti|zy|klisch** einem Zyklus entgegenwir-
kend; *Ggs.:* prozyklisch
**An|ti|zy|klo|ne** *w.11 Meteor.:* Hochdruckge-
biet
**An|ti|zy|mo|ti|kum** [griech.] *s. Gen.*-s *Mz.*-ka
gärungshemmendes Mittel
**Ant|ono|ma|sie** [griech.] *w.11* 1 Umschrei-
bung eines Eigennamens, z. B. „Dichter-
fürst" für Goethe; 2 Bez. eines Gattungsbe-
griffs durch einen Eigennamen, z. B. „ein
Herkules" für „starker Mann"; **Ant|onym**
*s.1* Wort mit entgegengesetzter Bedeutung,
z. B. „schön" im Unterschied zu „häßlich"
**an|tur|nen** [-tə:nən, engl.] *ugs.* → on-turnen
**An|urie** [griech.] *w.11* Versagen der Urinab-
sonderung
**Anus** [lat.] *m. Gen.*- *Mz.* Ani After
**an|vi|sie|ren** etwas a.: auf etwas zielen; *über-
tr.:* sich als Ziel setzen
**äo|lisch** [nach Äolus, dem griech. Gott der
Winde] durch Windeinwirkung entstanden;
**Äols|har|fe** *w.11* Harfe, deren Saiten durch
Wind zum Schwingen gebracht werden
**Äon** [griech.] *m.12* unendlich langer Zeit-
raum, Weltalter
**Ao|rist** [griech.] *m.1* Form des Verbums, die
eine einmalige, unbestimmte, abgeschlossene
Handlung bezeichnet
**Aor|ta** [griech.] *w. Gen.*- *Mz.*-ten Haupt-
schlagader des Körpers; **Aort|al|gie** *w.11* von
der Aorta ausgehender Schmerz
**a. p.** *Abk. für* anni praeteriti
**Ap|ago|ge** [griech.] *w. Gen.*- *nur Ez.* Schluß,
der aus einer sicheren und einer nicht ganz

sicheren Voraussetzung gezogen wird; **ap|ago|gisch** *nur in der Fügung* apagogischer Beweis: indirekter Beweis, indem man das Gegenteil als unrichtig beweist
**Apa|na|ge** [-ʒə, frz.] *w. 11* Unterhalt nicht regierender Angehöriger eines regierenden Fürsten
**apart** [frz. „beiseite"] eigenartig, ungewöhnlich und reizvoll
**Apart|heid** *w. 10 in der Republik Südafrika:* Rassentrennung
**Apart|ment** [əpa̱rtmənt, engl.] *s. 9* → Appartement
**Apa|thie** [griech.] *w. 11* Teilnahmslosigkeit; **apa|thisch** teilnahmslos
**Apa|tit** [griech.] *m. 1* ein Mineral
**Aper|çu** [-sy, frz.] *s. 9* geistreiche Bemerkung
**ape|ri|odisch** nicht periodisch, unregelmäßig
**Ape|ri|tif** [frz., „öffnend"] *m. 9* ein alkohol., appetitanregendes Getränk; **Ape|ri|ti|vum** [lat.] *s. Gen. -s Mz.*-va **1** mildes Abführmittel; **2** appetitanregendes Mittel
**Aper|tur** [lat.] *w. 10* Öffnungsverhältnis der Blende eines Objektivs, das dessen Lichtstärke angibt
**Apex** [lat. „Spitze, Gipfel"] *m. Gen. - Mz.* Ápi|zes **1** *Astron.:* Zielpunkt der Bewegung eines Gestirns; **2** *Sprachw.:* Zeichen für die Länge eines Vokals, z. B. ˉ; **3** *Metrik:* Zeichen für die Betonung einer Silbe (′)
**Aph|äre|se** [griech.] *w. 11,* **Aph|äre|sis** *w. Gen. - Mz.*-äre|sen Wegfall des Anlauts, z. B. „'s" statt „es"; *Ggs.:* Apokope
**Apha|sie** [griech.] *w. 11* **1** *Philos.:* Urteilsenthaltung; **2** *Med.:* Verlust des Sprechvermögens (bei Gehirnstörung)
**Aphel** [aphe̱l, auch: afe̱l, griech.] *s. 1* Punkt der größten Entfernung eines Planeten von der Sonne, Sonnenferne; *Ggs.:* Perihel
**Aphel|an|dra** [griech.] *w. Gen. - Mz.*-dren eine Zierpflanze
**Aphon|ge|trie|be** [griech.] *s. 5* geräuscharmes Schaltgetriebe; **Apho|nie** *w. 11 Med.:* tonloses Sprechen, Flüsterstimme
**Apho|ris|mus** [griech.] *m. Gen. - Mz.*-men kurz und treffend formulierter Gedanke, Sinnspruch; **Apho|ri|sti|ker** *m. 5* Verfasser von Aphorismen; **apho|ri|stisch** in der Art eines Aphorismus, kurz und treffend
**Aphro|di|si|a|kum** [nach der griech. Liebesgöttin Aphrodite] *s. Gen. -s Mz.*-ka den Geschlechtstrieb anregendes Mittel; **Aphro|di|sie** *w. 11* krankhaft gesteigerter Geschlechtstrieb
**Aph|the** [griech.] *w. 11 meist Mz.* Bläschenausschlag im Mund, Mundfäule; **Aph|then|seu|che** *w. 11* Maul- und Klauenseuche
**Aphyl|len** [griech.] *Mz.* blattlose Pflanzen; **Aphyl|lie** *w. 11* Blattlosigkeit
**Apia|ri|um** [lat.] *s. Gen. -s Mz.*-ri|en Bienenhaus
**api|kal** [lat.] an der Spitze gelegen

**Apla|nat** [griech.] *m. 1* die Aberration korrigierendes Linsensystem
**Apla|sie** [griech.] *w. 11* angeborenes Fehlen oder Fehlleistung eines Organs
**Aplomb** [aplõ̱, frz.] *m. 9 nur Ez.* **1** Sicherheit, Nachdruck im Auftreten; **2** *Ballett:* Abfangen einer Bewegung
**APO** *w. Gen. - nur Ez. Abk. für* außerparlamentar. Opposition
**Apo|chro|mat** [-kro-, griech.] *m. 1* Farbfehler korrigierendes Linsensystem
**Apo|dik|tik** [griech.] *w. 10 nur Ez. Philos.:* Lehre vom Beweis; **apo|dik|tisch** unwiderleglich; keinen Widerspruch duldend
**Apo|ga|mie** [griech.] *w. 11 Bot.:* ungeschlechtl. Fortpflanzung, Apomixis
**Apo|gä|um** [griech.] *s. Gen. -s Mz.*-gäen Punkt der größten Entfernung des Mondes oder anderer Erdsatelliten von der Erde, Erdferne
**Apo|ka|lyp|se** [griech. „Enthüllung"] *w. 11* prophet. Schrift über das (schreckliche) Weltende, bes. die Offenbarung des Johannes im NT; **Apo|ka|lyp|tik** *w. 10* **1** Lehre vom Weltende; **2** Gesamtheit der Schriften über die Apokalypse; **Apo|ka|lyp|ti|ker** *m. 5* Verfasser oder Deuter einer Apokalypse; **apo|ka|lyp|tisch** zur Apokalypse gehörend, in ihr vorkommend
**Apo|ko|pe** [-pe:, griech.] *w. Gen. - Mz.* -ko|pen Wegfall des Auslauts, z. B. „im Tal" statt „im Tale"; *Ggs.:* Aphärese
**apo|kryph** [griech.] zu den Apokryphen gehörend, unecht, später hinzugefügt; **Apo|kryph** *s. 12,* **Apo|kry|phe** *w. 11* nicht anerkannte, später hinzugefügte Schrift, bes. der Bibel, im Unterschied zum Kanon (**5**)
**apo|li|tisch** unpolitisch, politisch uninteressiert
**apol|li|nisch** [nach dem griech. Gott der Dichtkunst, Apollo] maßvoll, ausgeglichen; *Ggs.:* dionysisch; **Apol|lo** *m. 9,* **Apol|lo|fal|ter** *m. 5* ein Schmetterling
**Apo|log** [griech.] *m. 1* lehrhafte Fabel oder Erzählung; **Apo|lo|get** *m. 10* Verfechter, Verteidiger, bes. des Christentums; **Apo|lo|ge|tik** *w. 10* Verteidigung, Rechtfertigung, bes. des christl. Glaubens; **apo|lo|ge|tisch** verteidigend, rechtfertigend; **Apo|lo|gie** *w. 11* Verteidigungs-, Rechtfertigungsrede oder -schrift; **apo|lo|gisch** in der Art eines Apologs, lehrhaft
**Apo|mi|xis** [griech.] *w. Gen. - nur Ez.* → Apogamie
**Apo|phtheg|ma** [griech.] *s. Gen. -s Mz.*-men *oder* -mata witziger, treffender Ausspruch
**Apo|phy|se** [griech.] *w. 11* Knochenfortsatz
**Apo|plek|ti|ker** [griech.] *m. 5* jmd., der zu Apoplexien neigt; **Apo|ple|xie** *w. 11* Schlaganfall
**Apo|rem** [griech.] *s. Gen. -s Mz.*-re|mata *Philos.:* Streitfrage, logische Schwierigkeit;

aporematisch                                        42

apo|re|ma|tisch zweifelhaft; Apo|re|tik w. *10 nur Ez.* Auseinandersetzung mit philosoph. Problemen; Apo|rie w. *11* Ausweglosigkeit, Unmöglichkeit, ein schwieriges Problem zu lösen
Apo|sta|sie [griech.] w. *11* Abfall vom Glauben; Apo|stat m. *10* Abtrünniger
Apo|stel [griech.] m. *5* 1 Jünger Jesu; 2 Vertreter, Vorkämpfer einer Lehre
a po|ste|rio|ri [lat. „vom Späteren"] aus der Erfahrung (gewonnen); nachträglich, später; *Ggs.:* a priori; Apo|ste|rio|ri s. *Gen. - Mz.*- aus der Erfahrung gewonnene Erkenntnis; *Ggs.:* Apriori; apo|ste|rio|risch auf Erfahrung beruhend; *Ggs.:* apriorisch
Apo|stilb [griech.] s. *Gen.* -s *Mz.* - (*Abk.:* asb) Maßeinheit der Leuchtdichte
Apo|sto|lat [griech.] s. *1* 1 Amt eines Apostels; 2 geistl. Auftrag; Apo|sto|li|kum s. *Gen.* -s *nur Ez.* das Apostolische Glaubensbekenntnis; apo|sto|lisch die Apostel betreffend, von ihnen ausgehend; das Apostolische Glaubensbekenntnis: ältestes christl. Glaubensbekenntnis; der Apostolische Stuhl: Sitz und Regierung des Papstes in Rom; die apostolischen Väter: die ältesten christl. Schriftsteller
Apo|stroph [griech.] m. *1* Auslassungszeichen für einen Vokal, z. B. „er hat's" statt „er hat es"; Apo|stro|phe [-fe:] w. *Gen. - Mz.* -strophen 1 Wendung des Redners an eine andere Person als die bisher angeredete; 2 feierliche Anrede, Anrufung; apo|stro|phie|ren feierlich anreden, nachdrücklich bezeichnen
Apo|the|ke [griech.] w. *11* Räume zur Herstellung und zum Verkauf von Arzneimitteln; Apo|the|ker m. *5* jmd., der nach abgeschlossenem Hochschulstudium und Praktikum berechtigt ist, eine Apotheke zu leiten
Apo|theo|se [griech.] w. *11* 1 Vergöttlichung, Verherrlichung; 2 *Theater:* prächtiges Schlußbild
a po|tio|ri [lat.] *veraltet:* der Hauptsache, der Mehrzahl nach
Ap|pa|rat [lat.] m. *1* 1 mehrteiliges Gerät; 2 alle für eine Tätigkeit nötigen Hilfsmittel; 3 Telefon; ap|pa|ra|tiv mit Hilfe eines Apparats; Ap|pa|rat|schik m. *9 abwertend:* führende Persönlichkeit im Staats„apparat" totalitärer östl. Staaten; Ap|pa|ra|tur w. *10* Gesamtheit von mehreren Apparaten
Ap|pa|ri|ti|on [-tsjon, lat.] w. *10* 1 Erscheinung; 2 Sichtbarwerden (von Gestirnen)
Ap|par|te|ment [apartəmã, frz.] s. *9* 1 Zimmerflucht (Wohn-, Schlafzimmer und Bad) im Hotel; 2 komfortable Kleinstwohnung
ap|pas|sio|na|to [ital.] *Mus.:* leidenschaftlich
Ap|peal [əpil, engl.] m. *9 Werbung:* Anreiz, Anziehungskraft
Ap|pell [frz.] m. *1* 1 Aufruf, Mahnruf; 2 Antreten, Aufstellung, Versammeln; 3 Gehorsam (des Jagdhundes); ap|pel|la|bel durch Be-

rufung bei Gericht anfechtbar; Ap|pel|lant [lat.] m. *10* Berufungskläger; Ap|pel|lat m. *10* Berufungsbeklagter; Ap|pel|la|ti|on [-tsjon] w. *10* Berufung; Ap|pel|la|tiv s. *1*, Ap|pel|la|ti|vum s. *Gen.* -s *Mz.* -va Gattungsbegriff, z. B. „Tier"; vgl. Kollektivum; ap|pel|lie|ren an jmdn. oder etwas a.: sich an jmdn. wenden, jmdn. oder etwas anrufen
Ap|pen|dek|to|mie [lat. + griech.] w. *11* operative Entfernung des Appendix; Ap|pen|dix [lat.] m. *Gen. - oder* -es *Mz.* -e *oder* -dizes 1 Anhang; 2 *Med.:* Wurmfortsatz des Blinddarms; Ap|pen|di|zi|tis w. *Gen. - Mz.* -tiden Entzündung des Wurmfortsatzes
Ap|per|zep|ti|on [-tsjon, lat.] w. *10* bewußte Wahrnehmung eines Sinneseindrucks; ap|per|zi|pie|ren bewußt wahrnehmen
Ap|pe|tenz [lat.] w. *Gen. - nur Ez.* instinkthaftes Suchen, Streben; Ap|pe|tenz|ver|hal|ten s. *Gen.* -s *nur Ez.* zielstrebiges Verhalten höherer Tiere, das auf die Auslösung einer Triebhandlung gerichtet ist, z. B. das Suchen nach Nahrung, um fressen zu können
Ap|pe|tit [lat.-frz.] m. *1* Verlangen nach Speise, bes. nach einer bestimmten
ap|pla|nie|ren [lat.-frz.] einebnen
ap|plau|die|ren [lat.] Beifall klatschen; Ap|plaus m. *1 nur Ez.* durch Händeklatschen ausgedrückter Beifall
ap|pli|ka|bel [lat.] anwendbar; Ap|pli|ka|ti|on [-tsjon] w. *10* 1 Verordnung und Anwendung von Heilmitteln; 2 auf ein Kleidungsstück aufgenähte Verzierung; Ap|pli|ka|tur w. *10* Fingersatz (beim Instrumentalspiel); ap|pli|zie|ren 1 verabreichen (Heilmittel); 2 aufnähen
Ap|pog|gia|tur [-dʒa-, ital.] w. *10 Mus.:* langer Vorschlag
Ap|point [apwɛ̃, frz. „auf den Punkt"] m. *9* 1 eine Restschuld vollständig ausgleichender Wechsel; 2 Gelddokument, z. B. Wertpapier
ap|port! [frz.] bring es her! (Befehl an den Hund); Ap|port m. *1* 1 *in Kapitalgesellschaften:* Sach- statt Bargeldeinlage; 2 Herbeibringen des erlegten Wildes durch den Hund; ap|por|tie|ren herbeibringen (nur vom Jagdhund gesagt)
Ap|po|si|ti|on [-tsjon, lat.] w. *10* 1 *Gramm.:* hauptwörtl. Beifügung im gleichen Kasus, z. B. Peter „der Große"; 2 *Bot.:* Dickenwachstum der Zellwände
Ap|prai|sal [əpreizəl, engl.] s. *9* regelmäßige Leistungsbeurteilung der Manager zwecks besserer Qualifizierung
Ap|pre|hen|si|on [lat.] w. *10* Erfassen, Begreifen, Begriffsvermögen; ap|pre|hen|siv reizbar, furchtsam
Ap|pret [frz.] m. *9 oder s. 9* Mittel zum Appretieren; Ap|pre|teur [-tør] m. *1* jmd., der Gewebe appretiert; ap|pre|tie|ren Gewebe a.: sie bearbeiten, um ihre Gebrauchsfähigkeit zu verbessern; Ap|pre|tur w. *10* 1 das Appre-

tieren; **2** Glanz und Festigkeit von Geweben; **3** Abteilung, in der Gewebe appretiert werden

**Ap|pro|ba|tie** w. 11 → Approbation (4); **Ap|pro|ba|ti on** [-tsjon, lat.] w. 10 **1** Genehmigung, Bewilligung; **2** staatl. Zulassung zur Berufsausübung für Ärzte und Apotheker; **3** Bestätigung eines Priesters durch die Kurie; **4** Druckerlaubnis für relig. Schriften durch die Kirchenbehörde; **ap|pro|bie|ren 1** genehmigen; **2** zur Berufsausübung zulassen

**Ap|pro|pria|ti on** [-tsjon, lat.] w. 10 **1** Aneignung; **2** Zueignung

**Ap|pro|xi|ma|ti on** [-tsjon, lat.] w. 10 **1** Annäherung; **2** Math.: Näherungswert; **ap|pro|xi|ma|tiv** annähernd

**Après nous le déluge** [apʀɛnu ledelyȝ, frz.] Nach uns die Sintflut, d. h. was nach uns kommt, kümmert uns nicht (angeblicher Ausspruch der Marquise von Pompadour)

**Après-Ski** [apʀeʃi, frz. -ʃi] s. Gen. - nur Ez. **1** bequeme, modische Kleidung nach dem Schilaufen; **2** geselliges Beisammensein nach dem Schilaufen; **Après-Swim** [apʀeswim, frz. + engl.] s. Gen. - nur Ez. bequeme, modische Strandkleidung (für Damen) nach dem Schwimmen

**April|ko|se** [lat.-ndrl.] w. 11 eine pflaumengroße Steinfrucht

**a pri|ma vi|sta** [ital. „auf den ersten Blick"] vom Blatt; a p. v. spielen, singen

**a prio|ri** [lat. „vom Früheren"] aus dem Denken, aus der Vernunft her, ohne Erfahrungsgrundlage; von vornherein; Ggs.: a posteriori; **Aprio|ri** s. Gen. - Mz. - aus der Vernunft gewonnene Erkenntnis; Ggs.: Aposteriori; **aprio|risch** aus dem Denken gewonnen, begrifflich; Ggs.: aposteriorisch; **Aprio|ris|mus 1** m. Gen. - Mz. -men Erkenntnis a priori; **2** nur Ez. Lehre, die eine von der Erfahrung unabhängige Erkenntnis annimmt **apro|pos** [-po, frz.] übrigens, nebenbei bemerkt, dabei fällt mir ein

**Ap|si|de** [griech.] w. 11 **1** Punkt der kleinsten oder größten Entfernung eines Planeten von dem Gestirn, um das er sich bewegt; **2** → Apsis; **ap|si|di al** zur Apsis gehörig; **Ap|sis** w. Gen.- Mz. -si|den halbrunde oder vieleckige Altarnische im Chor einer Kirche

**Apte|ry|go|ten** [griech.] Mz. flügellose Insekten

**Aqua de|stil|la|ta** [lat.] s. Gen. - - nur Ez. destilliertes (chemisch reines) Wasser

**Aquä|du|kt** [lat.] s. 1 (bes. altröm.) Wasserleitung, meist auf Brücken entlanglaufende Rinnen oder Rohre

**Aqua|ma|ni|le** [lat.] s. 14 im MA: Gefäß zur Handwaschung des Priesters während des Gottesdienstes

**Aqua|ma|rin** [lat. „Meerwasser"] m. 1 meerblauer oder -grüner Edelstein

**Aqua|naut** [lat.] m. 10 Tiefseeforscher

**Aqua|pla|ning** [engl.: ækwəplæniŋ] s. Gen.-s nur Ez. Verlust der Bodenhaftung von Autoreifen bei rascher Fahrt durch aufgestaute Wasserschichten auf der Fahrbahn (hat u. a. Steuerunfähigkeit zur Folge)

**Aqua|rell** [lat.-ital.] s. 1 mit Wasserfarben gemaltes Bild; **aqua|rel|lie|ren** mit Wasserfarben malen; **Aqua|rel|list** m. 10 Maler von Aquarellen

**Aqua|ria|ner** [lat.] m. 5 Aquarienliebhaber; **Aqua|rist** m. 10 Aquarienkundler; **Aqua|ri|stik** w. 10 nur Ez. Aquarienkunde; **Aqua|ri um** s. Gen.-s Mz.-ri en Glasbehälter oder Gebäude (Museum) zur Pflege und Zucht kleiner Wassertiere

**Aqua|tin|ta** [lat.] **1** w. Gen. - nur Ez. ein Kupferstichverfahren, bei dem die Zeichnung aus der Platte herausgeätzt wird; **2** w. Gen. - Mz. -ten in diesem Verfahren hergestelltes Kunstblatt

**aqua|tisch** [lat.] zum Wasser gehörig, im Wasser lebend

**Äqua|tor** [lat.] m. 13 der größte Breitenkreis der Erd- bzw. Himmelskugel; **äqua|to|ri al** zum Äquator gehörig

**Aqua|vit** [lat.] m. 1 ein Kümmelbranntwein

**Äqui|li|bris|mus** [lat.] m. Gen. - nur Ez. philosoph. Lehre, daß Handlungsfreiheit nur dann bestehe, wenn alle Motive zur Tat gleich stark sind; **Äqui|li|brist** m. 10 Gleichgewichtskünstler, z. B. Seiltänzer; **Äqui|li|bri|stik** w. 10 nur Ez. Gleichgewichtskunst; **Äqui|li|bri um** s. Gen.-s nur Ez. Gleichgewicht

**äqui|nok|ti al** [-tsjal, lat.] zum Äquinoktium gehörig, auf ihm beruhend; **Äqui|nok|ti um** [-tsjum] s. Gen.-s Mz.-ti en [-tsjən] Tagundnachtgleiche

**äqui|pol|lent** [lat.] Gleiches bedeutend, aber verschieden ausgedrückt; **Äqui|pol|lenz** w. 10 nur Ez. gleiche Bedeutung bei verschiedener Formulierung

**äqui|va|lent** [lat.] gleichwertig; **Äqui|va|lent** s. 1 Gleichwertiges, gleichwertiger Ersatz; **Äqui|va|lenz** w. 10 nur Ez. Gleichwertigkeit **äqui|vok** [lat.] doppelsinnig, mehrdeutig; **Äqui|vo|ka|ti on** [-tsjon] w. 10 Mehrdeutigkeit, Doppelsinnigkeit

**Ar** [lat.] s. oder m., Gen.-s Mz. - (Abk.: a) Flächenmaß, 100 Quadratmeter

**Ar** chem. Zeichen für Argon

**Ara** [indian.] m. 9 südamerik. Langschwanzpapagei

**Ära** [lat.] w. Gen. - Mz. Ären Zeitalter, Zeitabschnitt, Amtszeit

**Ara|bes|ke** [frz.] w. 11 **1** Pflanzenornament; **2** heiteres Musikstück; **3** Ballett: Körperhaltung mit waagerecht nach hinten gestrecktem Bein; **Ara|bi|stik** w. 10 nur Ez. Wissenschaft von der arab. Sprache und Kultur

**Arach|ni|den, Arach|noi|den** [griech.] Mz.

Spinnentiere; **Arach|no|lo|gie** *w. 11 nur Ez.*
Spinnenkunde
**Ara|go|nit** *m. 1 nur Ez.* ein Mineral
**Ara|lie** [-ljə, wahrscheinlich indian.] *w. 11*
efeuartiger nordamerikanischer und ostasiatischer Strauch, Zimmerpflanze
**Ara|mäer** *m. 5* Angehöriger eines semit.
Volksstammes
**Aräo|me|ter** [griech.] *s. 5* Gerät zum Messen
des spezif. Gewichts von Flüssigkeiten, Senkwaage
**Ärar** [lat.] *s. 1* Staatsschatz, -vermögen
**Ara|ra** *m. 9* → Ara
**ära|risch** zum Ärar gehörig, staatlich
**Arau|ka|ner** *m. 5* Angehöriger eines Indianervolkes in Chile und Argentinien
**Arau|ka|rie** [-riə, nach den Araukanern]
*w. 11* ein Nadelbaum, Zimmertanne
**Araz|zo** [ital., nach der frz. Stadt Arras]
*m. Gen. -s Mz.* -zi gewirkter Wandteppich
**Ar|bi|tra|ge** [-ʒə, lat.-frz.] *w. 11* 1 *Handelsrecht:* Schiedsspruch; 2 *Börse:* Ausnutzung
von Kursschwankungen; **ar|bi|trär** [lat.] nach
Ermessen; **ar|bi|trie|ren** schätzen; **Ar|bi|trium** *s. Gen. -s Mz.* -tria Schiedsspruch
**Ar|bo|re|tum** [lat.] *s. Gen. -s Mz.* -ten Baumgarten mit verschiedenen Hölzern zu Studienzwecken
**Ar|bu|se** [Herkunft unsicher] *w. 11* Wassermelone
**arc** *Abk. für* Arkus
**Ar|chai|kum** [-çai-], **Ar|chä|ikum** [-çɛi-,
griech.] *s. Gen. -s nur Ez.* ältestes Zeitalter der
Erdgeschichte; **ar|cha|isch** aus sehr früher Zeit
(einer Kunst o. ä.) stammend; **ar|chä|isch**
zum Archaikum gehörend, aus ihm stammend; **ar|chai|sie|ren** altertüml. Sprach- oder
Kunstformen nachahmen; **Ar|cha|is|mus**
*m. Gen. - Mz.* -men altertüml. Form, altertüml. Wort, Nachahmung archaischer Kunstformen; **ar|chai|stisch** in der Art eines Archaismus
**Ar|chäo|lo|gie** [-çɛo-, griech.] *w. 11 nur Ez.*
Wissenschaft von den alten Kulturen, bes.
auf Grund von Ausgrabungen, Altertumskunde
**Ar|chäo|pte|ryx** [griech.] *w. oder m. Gen. -
Mz.* -e *oder* -pte|ry|ges versteinerter Urvogel
mit Reptilienmerkmalen
**Ar|chäo|zoi|kum** [griech.] *s. Gen. -s nur Ez.*
Erdfrühzeit mit Beginn des organ. Lebens,
Proterozoikum, Eozoikum, Algonkium
**Ar|che** [-çə, lat.] *w. 11* kastenähnliches
Schiff; die Arche Noah
**Ar|che|go|ni|um** [griech.] *s. Gen. -s Mz.* -ni en
weibl. Fortpflanzungsorgan der Moose und
Farne
**Ar|che|typ** [griech.] *m. 12* 1 Urbild, Urform;
2 Muster, Vorbild; 3 älteste verfügbare Vorlage eines Druckes oder einer Handschrift;
**ar|che|ty|pisch** der Urform entsprechend,
vorbildlich, musterhaft

**Ar|chi|dia|kon** [griech.] *m. 1 oder 10* 1 *kath.
Kirche:* Vorsteher eines Kirchensprengels,
Erzdiakon; 2 *evang. Kirche:* zweiter Geistlicher; **Ar|chi|dia|ko|nat** *s. 1* Amt und Amtsbereich eines Archidiakons
**Ar|chi|man|drit** [griech.] *m. 10 Ostkirche:*
Klostervorsteher, Abt
**Ar|chi|me|di|sches Prin|zip** *s. Gen.* -n-s *nur
Ez.* von dem griech. Mathematiker Archimedes aufgestelltes Gesetz vom Auftrieb eines in eine Flüssigkeit eintauchenden
Körpers
**Ar|chi|pel** [griech.] *m. 1* Inselgruppe
**Ar|chi|tekt** [griech.] *m. 10* Baufachmann,
Baumeister; **Ar|chi|tek|to|nik** *w. 10 nur Ez.*
1 Wissenschaft von der Baukunst; 2 Aufbau,
Bauart eines Bauwerkes; **ar|chi|tek|to|nisch**
die Architektur betreffend, baulich; **Ar|chi|tek|tur** *w. 10* Baukunst, Baustil
**Ar|chi|trav** [griech. + lat.] *m. 1 antike Baukunst:* die Säulen verbindender, den Oberbau tragender Querbalken, Epistyl
**Ar|chiv** [-çif, griech.-lat.] *s. 1* 1 Sammlung
von Urkunden u. ä.; 2 Raum oder Gebäude
dafür; **Ar|chi|va|li|en** *s. Mz., Ez.* -li um, Urkunden; **ar|chi|va|lisch** urkundlich; **Ar|chi|var**
*m. 1* Leiter, Angestellter eines Archivs; **ar|chi|vie|ren** in ein Archiv aufnehmen
**Ar|chi|vol|te** [griech. + lat.] *w. 11* 1 Stirn-,
Innenseite eines Rundbogens; 2 meist figürlich verzierter roman. oder got. Portalbogen
**Ar|chon** [-çon, griech.] *m. Gen. -s Mz.* -chonten, **Ar|chont** [-çont] *m. 10 in altgriech. Städten:* höchster Beamter
**Ar|cus** [lat.] *m. Gen. - Mz.* - 1 *Anat.:* bogenförmiges Gebilde; 2 *Math.* → Arkus
**Are** *w. 11, schweiz. für* Ar
**Are|al** [lat.] *s. 1* Bodenfläche, Siedlungs-,
Verbreitungsgebiet; **Are|al|lin|gui|stik** *w. 10
nur Ez.* → Sprachgeographie
**Are|ka|nuß** [drawid.-port.] *w. 2* Frucht der
Areka- oder Betelpalme
**are|li|gi|ös** nicht religiös
**Are|na** [lat.] *w. Gen. - Mz.* -nen 1 mit Sand
bestreuter Kampfplatz; 2 Sportplatz mit Zuschauertribünen; 3 Zirkusmanege; 4 *österr.:*
Sommerbühne
**Areo|pag** [griech.] *m. 1, im alten Athen:*
höchster Gerichtshof
**Ar|gen|tan** [lat.] *s. 1 nur Ez.* Neusilber
**Ar|gen|tit** [lat.] *m. 1 nur Ez.* Silberglanz, ein
Mineral
**Ar|gen|tum** [lat.] *s. Gen. -s nur Ez.* (*Zeichen:*
Ag) Silber
**Ar|gi|nin** [lat.] *s. 1* eine Aminosäure
**Ar|gon** [auch: -gon, griech.] *s. 1 nur Ez.* (*Zeichen:* Ar) chem. Element, ein Edelgas
**Ar|go|naut** [griech.] *m. 10* ein Tintenfisch
**Ar|got** [-go, frz.] *s. 9* 1 die frz. Gaunersprache; 2 *auch:* Sondersprache eines sozialen
Schicht, Jargon
**Ar|gu|ment** [lat.] *s. 1* Beweisgrund, einleuch-

tende Entgegnung; **Ar|gu|men|ta|ti on**
[-tsjon] *w. 10* Beweisführung; **ar|gu|men|tie-
ren** Argumente vorbringen
**Ar|gus|au|gen** [nach dem hundertäugigen
Riesen der griech. Sage] *w. 11 Mz.* scharfe,
wachsame Augen; etwas mit A. beobachten
**Arhyth|mie** *w. 11* → Arrhythmie
**Ari|ad|ne|fa|den** [nach der griech. Sagenge-
stalt] *m. 8* Leitfaden, rettendes Mittel
**Aria|ner** *m. 5* Anhänger des Arianismus;
**Aria|nis|mus** *m. Gen. - nur Ez.* Lehre des
Arius von Alexandria, daß Gott und Christus
nicht wesensgleich, sondern wesensähnlich
sind; vgl. Athanasianer
**arid** [lat.] trocken, dürr (Boden, Klima); **Ari-
di|tät** *w. 10 nur Ez.* Trockenheit
**Arie** [arıə, lat.-ital.] *w. 11* Sologesangsstück
mit Instrumentalbegleitung
**Ari|er** [griech.] *m. 5* 1 Angehöriger einer
frühgeschichtl. Völkergruppe mit idg. Spra-
chen in Iran und Indien; 2 *im nat.-soz.
Sprachgebrauch Bez. für* Nichtjude weißer
Hautfarbe
**Ari|et|ta** [ital.] *w. Gen. - Mz.*-ten kleine Arie
**ari|os, ario|so** [ital.] arienartig, sanglich, me-
lodiös; **Ario|so** *s. 9, Mz. auch:* -si arienartiges
Sologesangs- oder Instrumentalstück
**Ari|sto|krat** [griech.] *m. 10* 1 Angehöriger
der Aristokratie; 2 *übertr.:* vornehmer
Mensch; **Ari|sto|kra|tie** *w. 11* 1 Adel;
2 Adelsherrschaft; 3 *übertr.:* Oberschicht;
**ari|sto|kra|tisch** zur Aristokratie gehörend;
*übertr.:* vornehm
**Arith|me|tik** [griech.] *w. 10 nur Ez.* Zahlen-
lehre, Rechnen mit Zahlen und Buchstaben;
**arith|me|tisch** zur Arithmetik gehörend, mit
ihrer Hilfe; arithmetisches Mittel: Durch-
schnittswert
**Ar|ka|de** [lat.-frz.] *w. 11* auf zwei Säulen oder
Pfeilern ruhender Bogen
**Ar|ka|num** [lat.] *s. Gen.-s Mz.*-na *Pharma-
zie:* Geheimmittel
**Ar|ke|bu|se** [ndrl. „Hakenbüchse"] *w. 11,
15. Jh.:* schweres, beim Schießen in einen
Haken zu hängendes Gewehr; **Ar|ke|bu|sier**
*m. 1* Soldat mit Arkebuse
**Ar|ko|se** [frz.] *w. 11 nur Ez.* Feldspat und
Glimmer enthaltender Sandstein
**Ar|ko|so|li um** [lat.] *s. Gen.-s Mz.*-li en *in
Katakomben:* Wandgrab unter einer bogen-
förmigen Nische
**Arktis** [griech.] *w. Gen.- nur Ez.* Nordpolar-
gebiet; *Ggs.:* Antarktis
**Ar|ku|bal|li|ste** [lat.] *w. 11* Bogenschleuder,
altröm. und mittelalterl. Belagerungsgerät
**Ar|kus** [lat.] *m. Gen.- Mz.* - *(Abk.:* arc)
Kreisbogen eines Winkels
**Ar|lec|chi|no** [-ki-, ital.] *m. 9, Mz. auch:* -ni,
*in der Commedia dell'arte:* Hanswurst
**Ar|ma|da** *w. 9, Mz. auch:* -den, Kriegsmacht,
*bes.* die Flotte des spanischen Königs Phil-
ipp II.

**Ar|ma|gnac** [-njak, nach der frz. Landschaft]
*m. 9* ein frz. Weinbrand
**Ar|ma|to|len** [neugriech.] *Mz. 18./19. Jh.:*
griech. Freischaren gegen die Türken
**Ar|ma|tur** [lat.] *w. 10* Bedienungsvorrichtung
zu Maschinen und techn. Anlagen
**Ar|mee** [frz.] *w. 11* 1 Gesamtheit der Streit-
kräfte eines Landes; 2 Verband von Land-
streitkräften aus mehreren Armeekorps; **Ar-
mee|korps** [-ko:r] *s. Gen.* - [-ko:rs] *Mz.* -
[-ko:rs] Verband von Landstreitkräften aus
mehreren Divisionen
**ar|mie|ren** [lat.] 1 bewaffnen; 2 mit Armatu-
ren versehen; 3 mit Stahleinlagen verstär-
ken; **Ar|mie|rung** *w. 10* 1 das Armieren;
2 Stahleinlage in Beton
**Ar|mi|nia|nis|mus** *m. Gen. - nur Ez.* Lehre des
Jakob Arminius, Gegners der calvinist. Prä-
destinationslehre
**Ar|mo|ri|al** [frz.] *s. 1* Wappenbuch
**Ar|mü|re** [frz.] *w. 11* 1 kleingemustertes Sei-
den- oder Kunstseidengewebe; 2 Teil des
Webstuhls
**Aro|ma** [griech.] *s. Gen.-s Mz.*-men *oder*
-mata, *auch: s. 9* 1 Duft; 2 künstlich herge-
stellter Geschmacksstoff; **Aro|mat** *m. 10
Chem.:* aromat. Verbindung; **aro|ma|tisch**
duftend; aromat. Verbindung *Chem.:* Ben-
zolverbindung; **aro|ma|ti|sie|ren** mit einem
Aroma versehen
**Ar|peg|gia|tur** [-pɛdʒa-, ital.] *w. 10* Reihe von
Arpeggien; **ar|peg|gie|ren** [-pɛdʒi-] einzeln
nacheinander spielen (Akkordtöne); **Ar|peg-
gio** [-pɛdʒo] *s. 9, Mz. auch:* -peg|gien
[-pɛdʒən] mit seinen einzelnen Tönen ge-
spielter Akkord; **Ar|peg|gio|ne** [-pɛdʒo-]
*w. 11* sechsseitiges, gitarrenähnl., mit dem
Bogen zu streichendes Musikinstrument
**Ar|rak** [arab.] *m. 1 oder m. 9* Reisbranntwein
**Ar|ran|ge|ment** [-arãʒmã, frz.] *s. 9* 1 Anord-
nung, Zusammenstellung, Gestaltung;
2 Übereinkunft; 3 Bearbeitung eines Musik-
stücks für andere Instrumente; **Ar|ran|geur**
[arãʒør] *m. 1* jmd., der ein Musikstück arran-
giert; **ar|ran|gie|ren** [arãʒi-] anordnen, über-
einkommen, bearbeiten; sich a.: sich mit
dem Unvermeidlichen abfinden
**Ar|rest** [lat.] *m. 1* 1 leichte Freiheitsstrafe;
2 Beschlagnahme; 3 Strafstunde, Nachsitzen;
**Ar|re|stant** *m. 10* Häftling; **ar|re|tie|ren**
1 festnehmen; 2 *Tech.:* sperren, feststellen;
**Ar|re|tie|rung** *w. 10* 1 Festnahme; 2 Hemm-
vorrichtung in der Uhr
**Ar|rhyth|mie** [griech.] *w. 11* 1 Störung des
Rhythmus, Mangel an Gleichmaß; 2 *Med.:*
Unregelmäßigkeit des Herzschlags
**ar|ri|vie|ren** [frz.] beruflich vorwärtskommen,
Erfolg haben; arriviert sein: anerkannt sein;
arrivierter Schriftsteller
**ar|ro|gant** [lat.-frz.] dünkelhaft, anmaßend;
**Ar|ro|ganz** *w. 10 nur Ez.* Dünkel
**ar|ron|die|ren** [-rõ-, frz.] abrunden, zusam-

menlegen (Grundbesitz); **Ar|ron|disse|ment** [arɔdismā] *s. 9* **1** Abteilung eines frz. Departements; **2** *in frz. Großstädten:* Stadtbezirk
**Ar|ro|si·on** [lat.] *w.10* allmähliche Zerstörung von Gewebe durch Entzündung oder Geschwür
**Ar|row|root** [ærourut, engl. „Pfeilwurzel"] *s.9* Stärkemehl aus Wurzeln oder Knollen verschiedener trop. Pflanzen
**Ars an|ti|qua** [lat. „alte Kunst"] *w. Gen. -- nur Ez.* die mehrstimmige Musik des 13. Jh. in Nordfrankreich
**Ar|schin** [russ.] *m.12, bei Zahlenangaben Mz. -* früheres russ. Längenmaß (71 cm)
**Ar|sen** [griech. oder arab.] *s.1 nur Ez.* (*Zeichen:* As) chem. Element
**Ar|se|nal** [arab.-ital.] *s.1* Geräte-, Waffenlager, Zeughaus
**Ar|se|nat** *s.1* Salz der Arsensäure; **Ar|se|nid** *s.1* Verbindung von Arsen und einem Metall; **ar|se|nig** Arsenik enthaltend; arsenige Säure: Arsensauerstoffsäure; **Ar|se|nik** *s.1 nur Ez.* Verbindung von Arsen und Sauerstoff; **Ar|se|nit** *s.1* Salz der arsenigen Säure; **Ar|sen|kies** *m.1 nur Ez.* ein Mineral
**Ar|sis** [griech.] *w. Gen. - Mz.* **Ar|sen 1** *antike Metrik:* unbetonter Taktteil; *Ggs.:* Thesis (**1**); **2** *neuere Metrik:* betonter Taktteil, Hebung; **3** *Mus.:* Aufheben des Fußes bzw. der Arme beim Taktschlagen
**Ars no|va** [lat. „neue Kunst"] *w. Gen. -- nur Ez.* die mehrstimmige Musik des 14./15. Jh. in Florenz und Frankreich
**Art.** *Abk. für* Artikel
**Art-Di|rec|tor** [-dairɛktər, engl.] *m.9 Werbung:* künstler. Leiter eines Ateliers oder einer Layoutgruppe
**ar|te|fakt** [lat.] künstlich hervorgerufen (Verletzung); **Ar|te|fakt** *s.1* **1** Kunsterzeugnis, Erzeugnis menschl. Könnens, z. B. vorgeschichtl. Werkzeug; **2** *Med.:* künstlich hervorgerufener Körperschaden, z. B. Verletzung, zwecks Täuschung
**Ar|tel** [-tjɛl, russ.] *s.9* **1** eine Form der sowjet. Kollektivwirtschaft; **2** *im zarist. Rußland:* Arbeiter- oder Handwerkergenossenschaft
**Ar|te|rie** [-riə, griech.] *w.11* vom Herzen wegführendes Blutgefäß, Schlagader; vgl. Vene; **ar|te|ri|ell** zur Arterie gehörig; arterielles Blut: Sauerstoff enthaltendes Blut; **Ar|te|ri|itis** *w. Gen. - Mz.* -ri|ti|den Entzündung der Arterie; **Ar|te|rio|gramm** *s.1* Röntgenaufnahme einer Arterie; **Ar|te|rio|skle|ro|se** *w.11* Arterienverkalkung
**ar|te|sisch** [nach der frz. Grafschaft Artois] artesischer Brunnen: durch Druck höherer Grundwasserschichten zutage tretendes Grundwasser, Springquell
**Ar|thral|gie** [griech.] *w.11* Gelenkschmerz; **Ar|thri|tis** *w. Gen. - Mz.* -ti|den Gelenkentzündung

**Ar|thro|pla|stik** [griech.] *w.10 Med.:* künstl. Gelenk
**Ar|thro|po|de** [griech.] *m.11 meist Mz.* Gliederfüßer
**Ar|thro|se** [griech.] *w.11,* **Ar|thro|sis** *w. Gen. - Mz.* -sen auf Abnutzung beruhendes Gelenkleiden
**ar|ti|fi|zi|ell** [lat.] künstlich, gekünstelt
**Ar|ti|kel** [auch: -ti-, lat.] *m.5* (*Abk.:* Art.) **1** Geschlechtswort; **2** Abschnitt (eines Gesetzes oder Vertrages); **3** kleiner Aufsatz, kleine Abhandlung; **4** Glaubenssatz (einer Religion); **5** Ware
**ar|ti|ku|lar** [lat.] zum Gelenk gehörig; **Ar|ti|ku|la|ten** *Mz.* Gliedertiere; **Ar|ti|ku|la|ti|on** [-tsjon] *w.10* **1** *Anat.:* Gelenkverbindung; **2** *Sprachw.:* Lautbildung, Aussprache; das Artikulieren (von Gedanken, Gefühlen); **3** *Mus.:* sinnvolle Gliederung einer Tonfolge; **ar|ti|ku|lie|ren 1** deutlich aussprechen (Laute); zum Ausdruck bringen, wiedergeben (Gedanken); sich a.: seine Gedanken ausdrücken; **2** *Mus.:* gliedern und betonen (Töne)
**Ar|til|le|rie** [auch: ar-, frz.] *w.11* **1** mit Geschützen ausgerüstete Truppe; **2** die Geschützausrüstung selbst; **Ar|til|le|rist** *m.10* Soldat der Artillerie
**Ar|ti|schocke** (-schok|ke) [arab.] *w.11* in wärmeren Ländern angebaute Gemüsepflanze
**Ar|tist 1** [frz.] *m.10* Varieté- oder Zirkuskünstler; **2** [artist, engl.] *m.9 Werbung:* Gebrauchsgraphiker, Photograph, Typograph usw.; **Ar|ti|stik** *w.10 nur Ez.* Kunst des Artisten; **ar|ti|stisch** die Artistik betreffend, zu ihr gehörend; künstlerisch
**Art nou|veau** [a:r nuvo] *w. Gen. -- nur Ez., frz. u. engl. Bez. für den* Jugendstil
**Ar|to|thek** [lat. + griech.] *w.10* Institution, die Werke der bildenden Kunst ausleiht
**Art-Work** [artwɔ:k, engl.] *s.9 Sammelbez. für* graph., photograph., typograph. Gestaltung einer Anzeige
**As** *s. Gen. - Mz.* As|se, *österr. auch:* Aß *s.1* Spielkarte mit dem höchsten Wert; *übertr.:* Spitzenkönner, der Beste
**As 1** *chem. Zeichen für* Arsen; **2** *Abk. für* Amperesekunde
**ASA** *Abk. für* American Standards Association (US-amerik. Normenausschuß)
**Asa foe|ti|da, Asa fö|ti|da** [lat.] *w. Gen. -- nur Ez.,* **Asant** *m.1 nur Ez., Tierheilkunde:* krampflösendes Mittel
**ASA-Grad** *s.1, nach Zahlenangaben Mz.* Maßeinheit für die Lichtempfindlichkeit photographischer Schichten
**asb** *Abk. für* Apostilb
**As|best** [griech. „unauslöschlich"] *m.1* ein faseriges, hitzebeständiges Mineral; **As|be|sto|se** *w.11* durch Asbeststaub hervorgerufene Lungenkrankheit

**Asch|ke|na|sim** [auch: -s̲im, hebr.] *Mz., Sammelbez. für* die ost- und mitteleurop. Juden; vgl. Sephardim

**As|cor|bin|säu|re** [griech.] *w.11 nur Ez., chem. Bez. für* Vitamin C

**Ase|bie** [griech.] *w.11 nur Ez.* Gottlosigkeit; *Ggs.:* Eusebie

**a sec|co** → al secco

**Asep|sis** [griech.] *w. Gen.- nur Ez. Med.:* Keimfreiheit; **asep|tisch** keimfrei; **Asep|tik** *w.10 nur Ez.* keimfreie Wundbehandlung

**Asia|ti|ka** *Mz.* Bücher, Bilder, Dokumente über Asien

**As|ka|ri** [arab.] *m.9* eingeborener Soldat im ehemaligen Deutsch-Ostafrika

**As|ka|ria|sis** [griech.], **As|ka|ri|dia|sis** *w. Gen.- nur Ez.* Spulwurmkrankheit; **As|ka|ris** *m. Gen.- Mz.* -ri̲den im Verdauungskanal von Mensch und Tier schmarotzender Spulwurm

**As|ke|se** [griech.] *w.11 nur Ez.* streng enthaltsame Lebensweise, Selbstüberwindung; **As|ket** *m.10* jmd., der Askese übt; **As|ke|tik** *w.10 nur Ez.* Lehre von der Askese; **as|ke|tisch** in der Art eines Asketen, enthaltsam

**Äs|ku|lap|stab** [nach dem griech. Gott der Heilkunde] *m.2* von einer Schlange umwundener Stab, Symbol der Ärzte

**aso|ma|tisch** [auch: -ma-, griech.] nicht somatisch, körperlos, unkörperlich

**aso|zi|al** [auch: a̲-] nicht sozial, unfähig zum Leben in der Gemeinschaft

**As|pa|ral|gin** [griech.] *s.1 nur Ez.* Derivat einer Aminosäure; **As|pa|ral|gin|säu|re** *w.11* häufig vorkommende Aminosäure; **As|pa|ra|gus** [auch: -pa̲-] *m. Gen.- nur Ez.* Spargel, Gemüse- und Zierpflanze

**As|pekt** [lat.] *m.1* **1** eine Seite (einer Sache); **2** Betrachtungsweise, Blickwinkel; **3** *bes. in den slaw. Sprachen:* Aktionsart des Verbums, die ausdrückt, ob ein Vorgang vollendet ist oder nicht; **4** bestimmte Stellung der Planeten zueinander

**Asper|gill** [lat.] *s.1* Weihwasserwedel

**Asper|mal|tis|mus** [griech.] *m. Gen.- nur Ez.,* **Asper|mie** [griech.] *w.11 nur Ez.* Fehlen der Samenzellen im Samenerguß

**Asper|si|on** [lat.] *w.10* Besprengung mit Weihwasser

**As|phalt** [griech.] *m.1* Mischung aus Bitumen und Mineralstoffen, Erdharz, Erdpech; **as|phal|tie|ren** mit Asphalt bedecken

**As|pho|de|le** [griech.] *w.11,* **As|pho|dill** *m.1* → Affodill

**as|phyk|tisch** [griech.] auf Asphyxie beruhend; **As|phy|xie** *w.11* Erstickung infolge Lähmung des Atemzentrums

**As|pik** [griech.-frz.] *m.1, österr. auch: s.1* säuerlicher Gallert für Fleisch- oder Fischstücke als Einlage

**As|pi|rant** [lat.] *m.10* **1** Anwärter, Bewerber; **2** *in kommunist. Ländern:* Nachwuchswissenschaftler an einer Hochschule; **As|pi|ran|tur** *w.10 in kommunist. Ländern:* Stelle eines Aspiranten

**As|pi|ra|ta** [lat.] *w. Gen.- Mz.*-tä *oder* -ten behauchter Laut, z. B. griech. ϱ (rho), ϑ (theta)

**As|pi|ra|teur** [-tø̯r, frz.] *m.1* Absaugvorrichtung, die das Getreide vor dem Mahlen reinigt; **As|pi|ra|ti|on** [-tsjon, lat.] **1** *veraltet:* Streben, Bestrebung; **2** behauchte Aussprache (eines Lautes); **3** Ansaugung (von Flüssigkeit); **As|pi|ra|tor** *m.13* Vorrichtung zum Ansaugen von Luft oder Gas; **as|pi|ra|to|risch** mit Hauchlaut (auszusprechen); **as|pi|rie|ren** **1** mit Hauchlaut aussprechen; aspirierte Laute; **2** auf etwas a. *österr.:* sich um etwas bewerben

**As|pi|rin** [Kunstw.] *s.1 nur Ez.* Ⓦ Acetylsalicylsäure, ein fiebersenkendes, schmerzstillendes Mittel

**Aß** *s.1, österr. für* As

**Ass.** *Abk. für* Assessor, Assistent

**as|sai** [ital.] *Mus.:* ziemlich, genug, z. B. allegro assai

**as|sa|nie|ren** [lat.] Felder a.: gesunde Bodenverhältnisse für Felder schaffen; Stadtteile a.: hygien. Verhältnisse für sie schaffen

**As|sas|si|ne** [arab., zu: Haschisch] *m.11* **1** Angehöriger einer mittelalterl. mohammedan. Sekte; **2** *veraltet:* Meuchelmörder

**As|saut** [aso̲, lat.-frz.] *m.9* Fechtkampf

**As|se|ku|rant** [lat.] *m.10 veraltet:* Versicherer; **As|se|ku|ranz** *w.10 veraltet:* Versicherung; Versicherungsgesellschaft; **As|se|ku|rat** *m.10 veraltet:* Versicherter; **as|se|ku|rie|ren** *veraltet:* versichern

**As|sem|blee** [asäble, frz.] *w.11* Versammlung; **As|sem|blée na|tio|nale** [asäble nasjonal] *w. Gen.- - nur Ez.* die frz. Nationalversammlung; **As|sem|bling** [əsẹm-, engl.] *s.9* Zusammenschluß von Industriebetrieben zur Rationalisierung

**as|sen|tie|ren** [lat.] **1** bei-, zustimmen; **2** *österr.:* für tauglich zum Militärdienst erklären

**as|se|rie|ren** [lat.] behaupten, feststellen; **As|ser|ti|on** [-tsjon] *w.10* Behauptung, Feststellung; **as|ser|to|risch** behauptend, feststellend

**As|ser|vat** [lat.] *s.1* amtlich aufbewahrter Gegenstand (z. B. für eine Gerichtsverhandlung); **As|ser|va|ten|kon|to** *s. Gen.-s Mz.* -ten Bankkonto für bestimmte Zwecke; **as|ser|vie|ren** aufbewahren

**As|ses|sor** [lat.] *m.13* (*Abk.:* Ass.) Anwärter auf die höhere Beamtenlaufbahn nach dem zweiten Staatsexamen; **As|ses|so|rin** *w.10* weibl. Assessor

**As|si|bi|la|ti|on** [-tsjon, lat.] *w.10* Verwandlung eines Verschlußlautes in einen Reibelaut, z. B. niederdt. "Tid" in hochdt. "Zeit"; **as|si|bi|lie|ren** in einen Reibelaut verwandeln

**As|si|gna|te** [frz.] *w.11, nach der Frz. Revolu-*

*tion:* Anweisung auf kirchl. und staatl. Güter; Assignaten: Papiergeld; **as|si|gnie|ren** anweisen (Geld)

**As|si|mi|lat** [lat.] *s. 1* durch Assimilation entstandenes Produkt, z. B. Zucker; **As|si|mi|la|ti on** [-tsjon] *w. 10* Angleichung, Verschmelzung, Überführung; **as|si|mi|la|to|risch** durch Assimilation entstanden; **as|si|mi|lie|ren** angleichen, sich einverleiben

**As|si|sen** [frz.] *Mz., in Frankreich und der Schweiz:* 1 Schwurgericht; 2 dessen Sitzungen

**As|si|stent** [lat.] *m. 10* (*Abk.:* Ass.) Helfer, Mitarbeiter (bes. Wissenschaftler); **As|si|stenz** *w. 10* Hilfe, Mitwirkung; **As|si|stenz|arzt** *m. 2* Hilfsarzt; **as|si|stie|ren** jmdm. a.: ihm helfen

**As|so|cié** [asɔsje, frz.] *m. 9 veraltet:* Teilhaber

**As|so|nanz** [lat.] *w. 10* Gleichklang nur der Vokale, nicht aber der Konsonanten beim Reim, z. B. „Segen" und „Leben"

**as|sor|tie|ren** [frz.] mit Waren versehen, vervollständigen (Lager)

**As|so|zia|ti on** [-tsjon, lat.] *w. 10* Vereinigung, Zusammenschluß, Verknüpfung, Verbindung; *Ggs.:* Dissoziation; **as|so|zia|tiv** durch Verknüpfung von Vorstellungen bewirkt, verbindend; *Ggs.:* dissoziativ; **as|so|zi|ie|ren** verbinden, verknüpfen; *Ggs.:* dissoziieren

**As|sumpti on** [-tsjon] *w. 10 nur Ez.* → Assumtion; **As|sump|tio|nist** [lat.] *m. 10* Angehöriger der Kongregation der Augustiner von der Himmelfahrt Mariä; **As|sum|ti on** [-tsjon] *w. 10 nur Ez.* Himmelfahrt Mariä; **As|sun|ta** *w. Gen. - Mz.* -ten, **As|sun|zio|ne** *w. 11* bildl. Darstellung der Himmelfahrt Mariä

**As|sy|rio|lo|gie** *w. 11 nur Ez.* Wissenschaft von den assyrisch-babylon. Sprachen und Kulturen

**Asta|tin** [griech.] *s. 1 nur Ez.* (*Zeichen:* At) künstlich hergestelltes chem. Element

**asta|tisch** 1 *Med.:* unstet, unruhig; 2 *Phys.:* gegen Beeinflussung durch äußere elektr. und magnet. Felder geschützt

**Aster** [griech. „Stern"] *w. 11* Sternblume, eine Zierpflanze; **aste|risch** sternähnlich; **Aste|ris|kus** *m. Gen. - Mz.* -ken *Buchdruck:* Sternchen (*); **Aste|ro|id** *m. 12 oder 10* → Planetoid

**Asthe|nie** [griech.] *w. 11* allgemeine Körperschwäche; **Asthe|ni|ker** *m. 5* schmächtiger, zart gebauter Mensch; **asthe|nisch** schlank, zart, schwach

**Äs|the|sie** [griech.] *w. 11 nur Ez.* Empfindungsvermögen; **Äs|thet** *m. 10* überfeinerter Freund des Schönen; **Äs|the|tik** *w. 10 nur Ez.* Lehre vom Schönen; **Äs|the|ti|ker** *m. 5* Kenner der Ästhetik; **äs|the|tisch** im Sinne der Ästhetik, auf ihr beruhend; schön, geschmackvoll; **äs|the|ti|sie|ren** einseitig nach

den Gesetzen der Ästhetik gestalten oder beurteilen; **Äs|the|ti|zis|mus** *m. Gen. - nur Ez.* einseitig ästhetische Lebenshaltung oder Kunstbetrachtung

**Asth|ma** [griech.] *s. 9 nur Ez.* anfallsweise auftretende Atemnot; **Asth|ma|ti|ker** *m. 5* jmd., der an Asthma leidet; **asth|ma|tisch** an Asthma leidend, kurzatmig

**Asti** *m. Gen.* -(s) *Mz.* - Wein aus der Gegend um die ital. Stadt Asti; Asti spumante: ital. Schaumwein

**astig|ma|tisch** [griech.] *Optik:* Punkte strichförmig verzerrend; **Astig|ma|tis|mus** *m. Gen. - nur Ez.* Abbildungsfehler von Linsen, linear verzerrte Punktwiedergabe; Augenfehler

**Äs|ti|mati on** [-tsjon, lat.] *w. 10 nur Ez.* Hochschätzung, Beachtung, Würdigung; **äs|ti|mie|ren** hochachten, schätzen; beachten, Aufmerksamkeit widmen

**Astra|chan** [-xa:n, nach der südruss. Stadt A.] *m. 9* Fell eines südruss. Lammes

**astral** [griech.] die Gestirne betreffend, von ihnen stammend; **Astral|leib** *m. 3 Okkultismus:* ätherischer, nach dem Tode fortlebender Leib des Menschen, Umhüllung der Seele

**Astra|lon** [Kunstw.] *s. 1 nur Ez.* ⑭ ein durchsichtiger Kunststoff

**Astral|re|li|gi on** *w. 10* relig. Verehrung von Gestirnen

**Astro|bio|lo|gie** [griech.] *w. 11 nur Ez.* Zweig der Astronomie und Biologie, der die Möglichkeiten des Lebens außerhalb der Erde erforscht; **Astro|bo|ta|nik** *w. 10 nur Ez.* Erforschung der Lebensbedingungen für pflanzl. Lebewesen auf anderen Sternen; **Astrograph** *m. 10* 1 Fernrohr mit Einrichtung zum Photographieren des Sternhimmels; 2 Gerät zum Zeichnen von Sternkarten; **Astro|graphie** *w. 11 nur Ez.* Sternbeschreibung; **Astro|la|bi um** *s. Gen.* -s *Mz.* -bi en altes astronom. Instrument; **Astro|lo|gie** *w. 11 nur Ez.* Lehre vom angeblichen Einfluß der Gestirne auf das menschl. Schicksal, Sterndeutung; **Astro|me|ter** *s. 5* Gerät zum Messen der Helligkeit von Sternen; **Astro|me|trie** *w. 11 nur Ez.* Zweig der Astronomie, der sich mit der Bestimmung der Örter der Gestirne beschäftigt; **Astro|naut** *m. 10* Weltraumfahrer; **Astro|nau|tik** *w. 10 nur Ez.* Weltraumfahrt sowie die Wissenschaft davon; **Astro|na|vi|ga|ti on** [-tsjon] *w. 10 nur Ez.* Bestimmung des Kurses eines Raumschiffes durch Anpeilen von Himmelskörpern; **Astro|no|mie** *w. 11 nur Ez.* Wissenschaft von den Gestirnen, Sternkunde; **astro|no|misch** zur Astronomie gehörend, mit ihrer Hilfe; *übertr.:* sehr hoch; astronomische Preise; **Astro|pho|to|gra|phie** *w. 11 nur Ez.* Photographie der Himmelskörper; **Astro|pho|to|me|trie** *w. 11 nur Ez.* Wissenschaft von der wirklichen und scheinbaren Helligkeit der Gestirne; **Astro-**

**phy|sik** *w. 10 nur Ez.* Wissenschaft von der physikal. Beschaffenheit der Himmelskörper

**Ästu|ar, Ästua|ri um** [lat.] *s. Gen.*-s *Mz.*-ri en trichterförmige Flußmündung

**Asyl** [griech.] *s. 1* **1** Zufluchtsort (für Verfolgte), Freistatt; **2** Heim (für Obdachlose)

**Asym|me|trie** [griech.] *w. 11 nur Ez.* Mangel an Symmetrie, Ungleichmäßigkeit; **asym|metrisch** nicht symmetrisch

**Asym|pto|te** [griech.] *w. 11* Gerade, der sich eine Kurve nähert, ohne sie (im Endlichen) zu erreichen

**asyn|chrom** [griech.] asynchromer Druck: Mehrfarbendruck, bei dem für jede Farbe eine Druckplatte verwendet wird

**asyn|chron** [griech.] nicht gleichzeitig; **Asynchron|mo|tor** *m. 12* Elektromotor mit frequenzunabhängiger Drehzahlregelung

**asyn|de|tisch** [griech.] nicht durch Bindewörter verbunden (Sätze, Satzteile); *Ggs.:* syndetisch; **Asyn|de|ton** *s. Gen.*-s *Mz.*-ta Aneinanderreihung von Sätzen oder Satzteilen ohne Bindewörter, z. B. „Ich kam, ich sah, ich siegte" (Cäsar); *Ggs.:* Polysyndeton

**Aszen|dent** [lat.] *m. 10* **1** Verwandter in aufsteigender Linie, Vorfahr; **2** aufgehendes Gestirn; **3** Aufgangspunkt eines Gestirns; *Ggs.:* Deszendent; **Aszen|denz** *w. 10* **1** Verwandtschaft in aufsteigender Linie; **2** Aufgang (eines Gestirns); *Ggs.:* Deszendenz; **aszen|die|ren 1** aufsteigen, aufgehen; *Ggs.:* deszendieren; **2** *veraltet:* befördert werden

**at** *früher Abk. für* Atmosphäre, *heute:* bar

**At** *chem. Zeichen für* Astatin

**atak|tisch** [griech.] auf Ataxie beruhend, ungleichmäßig

**Ata|man** [russ.] *m. 1* Stammes- und militär. Führer der Kosaken

**Ata|ra|xie** [griech.] *w. 11 nur Ez.* unerschütterl. Ruhe, Gleichmut

**Ata|vis|mus** [lat.] *m. Gen.* - *Mz.*-men Wiederauftreten von Eigenschaften oder Anschauungen der Ahnen; **ata|vi|stisch** einem früheren Stadium der Menschheit entsprechend

**Ata|xie** [griech.] *w. 11 Med.:* Störung des geordneten Bewegungsablaufs in Form von schleudernden Bewegungen

**Ate|lier** [-lje, frz.] *s. 9* **1** Werkstatt eines Künstlers, eines Maßschneiders; **2** Raum für photograph. oder Filmaufnahmen

**Atel|la|ne** [nach der altröm. Stadt Atella] *w. 11* altröm. Stegreifkomödie

**a tem|po** [ital.] **1** *Mus.:* wieder im gleichen Tempo (zu spielen); **2** *ugs.:* sofort, schnell

**Äthan** [griech.] *s. 1 nur Ez.* ein gasförmiger gesättigter Kohlenwasserstoff

**Atha|na|sia|ner** *m. 5* Anhänger der Lehre des Kirchenvaters Athanasius, daß Gott und Christus wesensgleich sind; vgl. Arianismus

**Atha|na|sie** [griech.] *w. 11 nur Ez.* Unsterblichkeit; **Atha|na|tis|mus** *m. Gen. - nur Ez.* Lehre von der Unsterblichkeit der Seele

**Ätha|nol** [Kurzw. aus Äthan und Alkohol] *s. 1 nur Ez.* → Äthylalkohol

**Atha|pas|ke** *m. 11* Angehöriger einer Gruppe nordamerik. Indianerstämme

**Athe|is|mus** [griech.] *m. Gen. - nur Ez.* Verneinung der Existenz Gottes; **Athe|ist** *m. 10* jmd., der die Existenz Gottes verneint

**Äther** [griech.] *m. 5 nur Ez.* **1** Himmelsluft, Himmel; **2** *griech. Philos.:* feinster Urstoff, aus dem alles entsteht und der in allem wirkt; **3** *Chem.:* Oxid eines Kohlenwasserstoffs; ein Narkosemittel (Äthyläther); **ätherisch 1** himmlisch; **2** hauchzart; vergeistigt; **3** ätherartig; ätherische Öle: aromatische, vollständig verdunstende pflanzliche Öle; **äthe|ri|sie|ren** mit Äther behandeln

**ather|man** [griech.] undurchlässig für Wärmestrahlen; *Ggs.:* diatherman

**Athe|rom** [griech.] *s. 1* Talgdrüsengeschwulst, Grützbeutel

**Ath|let** [griech.] *m. 10* **1** Wettkämpfer; **2** sehr starker, kräftig gebauter Mann; **Ath|le|tik** *w. 10 nur Ez.* Sammelbegriff für Leichtathletik und Schwerathletik; **Ath|le|ti|ker** *m. 5* muskulöser, starkknochiger Menschentyp; **ath|le|tisch** starkknochig und muskulös

**Äthyl** [griech.] *s. 1 nur Ez.* organische, einwertige Molekülgruppe, von Äthan abgeleitet; **Äthyl|al|ko|hol** *m. 1 nur Ez.* der gewöhnl. Alkohol; **Äthy|len** *s. 1 nur Ez.* ein ungesättigter Kohlenwasserstoff

**Athy|mie** [griech.] *w. 11 nur Ez.* Mutlosigkeit, Schwermut

**Ätio|lo|gie** [griech.] *w. 11 nur Ez.* Lehre von den Ursachen, bes. der Krankheiten

**At|lant** [nach dem die Himmelskugel tragenden Riesen Atlas der griech. Sage] *m. 10 Baukunst:* das Gebälk tragende Männergestalt

**At|las 1** [griech.] *m. 1 oder Gen. - Mz.*-lan|ten Buch mit Landkarten; Buch über ein Wissensgebiet mit Abbildungen; **2** [griech.] *m. Gen. - oder*-las|ses *nur Ez.* Name des obersten Halswirbels; **3** [arab.] *m. 1* ein Seidengewebe

**atm, atm** *Abk. für* Atmosphäre

**At|man** [sanskr.] *m. 1 ind. Philos.:* Atem, Seele, Selbst

**At|mo|me|ter** [griech.] *s. 5* Gerät zum Messen der Wasserverdunstung; **at|mo|phil** überwiegend in der Atmosphäre vorkommend; **At|mo|sphä|re** [griech.] *w. 11* **1** Gashülle eines Planeten, *bes.:* die Lufthülle der Erde; **2** *früher:* Maßeinheit für den Luftdruck, *heute:* Bar; **3** *übertr.:* Stimmung, Umwelt; **Atmo|sphä|ri|li|en** *s. Mz., Ez.*-li um, Gesamtheit der in der atmosphär. Luft enthaltenen Stoffe; **at|mo|sphä|risch** zur Atmosphäre (1) gehörend, die A. (3) betreffend, hinsichtlich der A.

**Atoll** [mal.] *s. 1* ringförmige Koralleninsel

**Atom** [griech.] *s. 1* kleinstes Teilchen eines chem. Elements; **ato|mar 1** das Atom betreffend, auf ihm beruhend; **2** auf Atomwaffen beruhend; **Atom|au|to** *s. 9* mit Atomenergie betriebenes Kraftfahrzeug; **Atom|bom|be** *w. 11* Bombe, bei deren Explosion Atomenergie freigesetzt wird; **Atom|bun|ker** *m. 5* Schutzraum gegen Atomwaffen; **Atom|energie** *w. 11* durch Kernspaltung entstehende Energie; **Atom|ge|wicht** *s. 1* Masse eines Atoms; **ato|mi|sie|ren** in Atome zerkleinern, völlig zerstören; **Ato|mis|mus** *m. Gen. - nur Ez.*, **Ato|mi|stik** *w. 10 nur Ez.* Lehre, daß alle Materie aus kleinsten, unteilbaren Teilchen (Atomen) bestehe; **Atom|kern** *m. 1* innerster Bestandteil eines Atoms, um den die Elektronen kreisen; **Atom|mei|ler** *m. 5* → Reaktor; **Atom|müll** *m. 1 nur Ez.* radioaktiver Abfall; **Atom|phy|sik** *w. 10 nur Ez.* Physik der Elektronenhülle des Atoms; **Atom|re|ak|tor** *m. 13* → Reaktor

**ato|nal** *Mus.:* nicht tonal, nicht auf einen Grundton bezogen, zwölftonig; **Ato|na|list** *m. 10* Vertreter der atonalen Musik; **Ato|na|li|tät** *w. 10 nur Ez.* atonale Kompositionsweise; *Ggs.:* Tonalität

**Ato|nie** [griech.] *w. 11* Erschlaffung, bes. der Muskeln; **ato|nisch** erschlafft

**Ato|non** [griech.] *s. Gen.-s Mz.-na* unbetontes, unvollständiges Wort, das sich an ein vorangehendes anlehnt, z. B. das „es" in „ich bin's"

**Atout** [atu, frz.] *m. 9 oder s. 9 Kartenspiel:* Trumpf

**à tout prix** [atupri, frz.] um jeden Preis

**ato|xisch** nicht toxisch, ungiftig

**Atre|sie** [griech.] *w. 11* angeborenes Fehlen einer Körperöffnung, z. B. des Afters

**Atri|chie, Atri|cho|se** [griech.] *w. 11* Haarlosigkeit, Kahlheit

**Atri|um** [lat.] *s. Gen.-s Mz.-tri|en* **1** Hauptraum des altrömischen Hauses; **2** Innenhof; durch Säulen gebildete Vorhalle; **3** *Anat.:* Vorhof des Herzens; **Atri|um|haus** *s. 4* um einen Innenhof gebautes Einfamilien- oder Mietshaus

**Atro|phie** [griech.] *w. 11* Schwund von Muskeln, Zellgewebe, Organen, z. B. infolge mangelhafter Ernährung; **atro|phie|ren** *Med.:* schwinden, schrumpfen

**Atro|pin** [griech.] *s. 1 nur Ez.* in der Tollkirsche enthaltenes Gift, krampflösendes Mittel

**Atro|zi|tät** [lat.] *w. 10* Grausamkeit

**at|tac|ca** [ital.] *Mus.:* ohne Unterbrechung anschließen

**At|ta|ché** [-ʃe, frz.] *m. 9* **1** Anwärter auf den diplomat. Dienst; **2** Sachverständiger einer Auslandsvertretung, z. B. Kulturattaché; **at|ta|chie|ren** [-ʃi-] jmdn. einem anderen a.: zugesellen, zuteilen

**At|tack** [ətæk, engl.] *m. 9 Jazz:* lautes, heftiges Anspielen, wobei die Tonhöhe in kurzem, raschem Anlauf erreicht wird

**At|tacke** (-tak|ke) [frz.] *w. 11* **1** Angriff, bes.

der Kavallerie; **2** Krankheits-, Schmerzanfall; **at|tackie|ren** (-tak|kie-) angreifen (auch mit Worten)

**At|ten|tat** [auch: at-, lat.-frz.] *s. 1* polit. Mordanschlag; **At|ten|tä|ter** [auch: at-] *m. 5* jmd., der ein Attentat verübt hat

**At|ten|tion!** [atãsjõ, frz.] Achtung!, Vorsicht!

**At|ten|tis|mus** [lat.-frz.] *m. Gen. - nur Ez.* Zurückhaltung der Entscheidung, bis eine von zwei streitenden Parteien erfolgreich ist

**At|test** [lat.] *s. 1* ärztl. Bescheinigung, Zeugnis; **at|te|stie|ren** jmdm. etwas a.: bescheinigen

**At|ti|ka** [griech.] *w. Gen. - Mz.-ken Baukunst:* brüstungsartige Wand über dem Hauptgesims; niedriges Obergeschoß

**At|ti|la** [nach dem Hunnenkönig A.] *w. 9* mit Schnüren besetzte Husarenjacke

**at|tisch** [nach der griech. Landschaft Attika] attisches Salz: feiner Witz, Geist

**At|ti|tü|de** [frz.] *w. 11* **1** ausdrucksvolle Körperhaltung, Pose; **2** Einstellung, Haltung (gegenüber jmdm. oder etwas); **3** *Ballett:* Körperstellung mit nach hinten erhobenem Bein und abgewinkeltem Unterschenkel

**At|ti|zis|mus** *m. Gen. - nur Ez.* Sprachgebrauch der attischen Dichter sowie später dessen Pflege und Nachahmung

**Atto...** [skand.] (*Abk.:* a) *vor Maßeinheiten:* ein Trillionstel ($10^{-18}$), z. B. Attofarad

**At|trak|ti|on** [-tsjon, lat.] *w. 10* **1** Anziehung, Anziehungskraft; **2** Glanznummer (im Zirkus); **3** bes. gut gehende Ware; **at|trak|tiv** anziehend; **At|trak|ti|vi|tät** *w. 10 nur Ez.* Anziehungskraft

**At|trap|pe** [frz. „Falle"] *m. 11* **1** Nachbildung, Schaupackung; **2** *übertr. ugs.:* Person oder Sache ohne Bedeutung, ohne Wirkung oder Einfluß

**at|tri|bu|ie|ren** [lat.] *Gramm.:* **1** als Attribut verwenden; **2** mit einem Attribut versehen; **At|tri|but** *s. 1* **1** Merkmal, Eigenschaft; **2** bestimmter Gegenstand als Kennzeichen einer Person, z. B. der Schlüssel für den hl. Petrus; **3** *Gramm.:* Beifügung; **at|tri|bu|tiv** *Gramm.:* als Attribut (gebraucht)

**At|tri|ti|on** [-tsjon, lat.] *w. 10 nur Ez., kath. Kirche:* die unvollkommene, nur aus Furcht vor Strafe empfundene Reue; *Ggs.:* Kontrition

**atü** *früher Abk. für* Atmosphärenüberdruck; vgl. bar

**aty|pisch** [auch: aty-] nicht typisch, von der Regel abweichend

**Au** *chem. Zeichen für* Gold (Aurum)

**Au|ber|gi|ne** [obɛrʒinə, arab.-frz.] *w. 11* eine Gemüseart, Eierfrucht

**Au|bri|e|tie** [obrietsjə, nach dem frz. Blumenmaler Aubriet] *w. 11* eine mittelmeerische Zierpflanze

**a. u. c.** *Abk. für* ab urbe condita

**Au|dia|tur et al|te|ra pars** [lat.] Auch der andere Teil muß gehört werden (röm. Rechtsgrundsatz); **Au|di|enz** [lat.] *w. 10* feierl. offizieller Empfang (bei hochgestellten Persönlichkeiten)

**Au|di|max** *s. Gen. - Mz. nicht üblich, Kurzw. für* Auditorium maximum

**Au|dio|gramm** [lat. + griech.] *s. 1* graph. Darstellung der mit dem Audiometer festgestellten Werte; **au|dio|lin|gu al** [lat.] vom gesprochenen Wort ausgehend; z. B. audiolinguale Methode (beim fremdsprachl. Unterricht); **Au|dio|me|ter** [lat. + griech.] *s. 5* Gerät zum Messen des menschl. Hörvermögens; **Au|dio|me|trie** *w. 11 nur Ez.* Prüfung des Gehörs mit Meßgeräten

**Au|di on** [lat.] *s. 9 oder Mz.* -dio|nen Bauelement von Verstärkerschaltungen

**Au|dio-Vi|deo-Tech|nik** *w. 10* Technik des Übertragens und Empfangens von Ton und Bild; **au|dio|vi|su|ell** [lat.] das Hören und Sehen betreffend; audiovisueller Unterricht: Unterricht mit Lehrmitteln, die die Fähigkeit sowohl des Hörens als auch des Sehens ausnutzen; **Au|di|phon** [lat. + griech.] *s. 1* Hörapparat für Schwerhörige; **Au|di|teur** [-tør, frz. „Zuhörer"] *m. 1 früher:* Rechtsgelehrter beim Militärgericht; **au|di|tiv** [lat.] das Hören betreffend, auf ihm beruhend; **Au|di|tor** *m. 13* **1** Richter, Beamter der röm. Kurie; **2** *schweiz.:* öffentl. Ankläger beim Militärgericht; **Au|di|to|ri um** *s. Gen. -s Mz.* -ri en **1** Hörsaal einer Universität; **2** Zuhörerschaft; A. maximum: größter Hörsaal einer Universität

**auf|ka|schie|ren** *österr.:* auf Karton kleben

**auf|ok|troy|ie|ren** [-ɔktroa-] *ugs. für* oktroyieren

**Au|gi|as|stall** [nach dem König A. der griech. Sage] *m. 2* verschmutzter Raum; vernachlässigte Arbeit: verrottete, korrupte Verhältnisse

**Au|git** [griech.] *s. 1* ein Mineral

**Aug|ment** [lat.] *s. 1* **1** Zusatz; **2** dem Verbstamm vorangesetzter Wortbildungsteil, bes. im Griech.; **Aug|men|ta|ti on** [-tsjon] *w. 10* Vergrößerung, Vermehrung, Verlängerung; **aug|men|tie|ren** vergrößern, vermehren

**Au|gur** [lat. „Vogelschauer"] *m. 12 oder 10* altröm. Priester und Wahrsager; **Au|gu|renlä|cheln** *s. 7 nur Ez.* wissendes Lächeln unter Eingeweihten (als Zeichen geheimen Einverständnisses)

**Au|gu|sti ner** *m. 5* Angehöriger eines kath. Ordens

**Auk|ti on** [-tsjon, lat.] *w. 10* Versteigerung; **Auk|tio na|tor** [-tsjo-] *m. 13* Versteigerer; **auk|tio|nie|ren** [-tsjo-] versteigern

**Au|la** [griech.] *w. Gen. - Mz.* -len **1** Innenhof des altgriech. Hauses; **2** altröm. Palast; **3** *MA:* Pfalz; **4** Vorhalle der altchristl. Basilika; **5** Versammlungssaal einer Schule oder Hochschule

**au na|tu|rel** [onatyrɛl, frz. „nach der Natur"] ohne künstl. Zusatz (bei Speisen und Getränken)

**au pair** [opɛr, frz.] auf Gegenleistung, ohne Bezahlung; **Au|pair-Mäd|chen** *s. 7* Mädchen, das gegen Unterkunft, Verpflegung und Taschengeld in einer Familie im Ausland arbeitet, um die Landessprache zu erlernen

**au por|teur** [opɔrtœr, frz.] auf den Überbringer lautend (Wertpapier)

**Au|ra** [lat.] *w. Gen. - Mz.* -ren **1** *Okkultismus:* Strahlenkranz, der (angeblich) einen Menschen umgibt; **2** *Med.:* von bestimmten Sinnesempfindungen begleitetes Gefühl vor epilept. u. a. Anfällen; **3** *übertr.:* die Gesamtheit der von einem Menschen ausgehenden Wirkungen

**au|ral** [lat.] zum Ohr gehörig

**Au|ra|min** [lat.] *s. 1 nur Ez.* ein gelber Teerfarbstoff

**Au|rar** *Mz. von* Eyrir

**Au|re|o|le** [lat.] *w. 11* **1** *bildende Kunst:* Heiligenschein um die ganze Gestalt; **2** *Bergbau:* bläul. Lichtschein um Grubenlampen bei Auftreten von Grubengas; **3** *Astron.:* Hof um Sonne und Mond infolge Wolkendunst; **4** *Elektrotechnik:* Lichterscheinung an elektrisch geladenen Körpern bei hoher Spannung

**Au|reo|my|cin** [Kunstw.] *s. 1 nur Ez.* Ⓦ ein Antibiotikum

**Au|ri|gna|ci en** [orinjasjɛ̃ nach der frz. Stadt Aurignac] *s. 9 nur Ez.* Stufe der jüngeren Altsteinzeit; **Au|ri|gnac|ras|se** [orinjak-] *w. 11* Menschenrasse des Aurignacien

**Au|ri|kel** [lat. „Öhrchen"] *w. 11* eine Zierpflanze, Primelart

**au|ri|ku|lar** [lat.] zum Ohr gehörig

**Au|ri|pig|ment** [lat.] *s. 1* ein Arsenmineral

**Au|ri|punk|tur** [lat.] *w. 10* Durchbohrung des Trommelfells des Ohrs

**Au|ro|ra** [nach der röm. Göttin] *w. Gen. - nur Ez.* Morgenröte

**Au|rum** *s. 9 nur Ez.* (*Zeichen:* Au) *lat. Bez. für* Gold

**aus|bal|lan|cie|ren** [-lãsi:-] ins Gleichgewicht bringen

**aus|flip|pen** die Kugel flippt aus: sie rollt zwischen den → Flippern hindurch und scheidet aus; er ist ausgeflippt *übertr.:* 1. er ist im Drogenrausch; 2. er ist aus den gesellschaftl. Normen ausgebrochen; vgl. einflippen

**aus|ge|bufft** erfahren, gerissen, raffiniert

**aus|knocken** (-knokʲken) [-nɔkən] durch Knockout besiegen

**aus|kri|stall|li|sie|ren** Kristalle aus Lösungen heraus bilden

**Aus|kul|ta|ti on** [-tsjon, lat.] *w. 10 Med.:* Abhorchen der Geräusche im Körperinnern mit dem Ohr oder Stethoskop; **aus|kul|ta|torisch** durch Abhorchen; **aus|kul|tie|ren** abhorchen

**aus|ku|rie|ren** bis zur endgültigen Gesundung kurieren

**aus|lo|gie|ren** [-ʒi:-] zum Auszug aus der Wohnung veranlassen

**Au|spi|zi|um** [lat.] *s. Gen.* -s *meist Mz.* -zi|en, *österr. nur Mz.* **1** *im alten Rom:* Weissagung nach dem Vogelflug; **2** Aussicht, Vorzeichen; etwas steht unter günstigen, ungünstigen Auspizien; **3** Obhut, Leitung; etwas unter jmds. Auspizien tun

**aus|po|wern** [zu frz. pauvre „arm"] ausplündern, ausbeuten

**aus|quar|tie|ren** zum Auszug aus einer Unterkunft veranlassen

**aus|ran|gie|ren** [-raŋʒi:-] heraussuchen und wegwerfen oder weggeben

**aus|staf|fie|ren** [frz.] schmücken, herausputzen

**aus|ta|rie|ren** *österr.:* auf der Waage das Leergewicht (eines Behälters) feststellen

**Au|ste|nit** [nach dem engl. Forscher Roberts-Austen] *m.1* ein Mischkristall von Eisen und Kohlenstoff

**Au|ster** [griech.] *w.11* eine eßbare Meeresmuschel

**Au|ste|ri|ty** [ɔ:stɛriti, engl.] *w. Gen. - nur Ez.* staatl. Sparmaßnahmen, Einschränkung

**au|stral** [zu lat. auster „Südwind"] *veraltet:* zur südl. Erdhalbkugel gehörend; **au|stra|lid** zu den Australiden gehörend; **Au|stra|li|de(r)** *m.18(17)* Ureinwohner Australiens; **au|stra|lo|id** den Australiden ähnlich; **Au|stra|loi|de(r)** *m.18(17)* Mensch mit den Australiden ähnl. Rassenmerkmalen

**aut|ark** [griech.] (bes. wirtschaftlich) unabhängig; **Aut|ar|kie** *w.11* **1** Unabhängigkeit, Eigenständigkeit; **2** wirtschaftliche Unabhängigkeit vom Ausland durch Selbstversorgung

**Au|then|tie** *w.11 nur Ez.* → Authentizität; **au|then|ti|fi|zie|ren** [griech. + lat.] als echt bezeugen, beglaubigen; **au|then|tisch** [griech.] verbürgt, echt; **au|then|ti|sie|ren** glaubwürdig machen; **Au|then|ti|zi|tät** *w.10 nur Ez.* Echtheit, Glaubwürdigkeit

**aut|hi|gen** [griech.] am Fundort entstanden (Gestein)

**Au|tis|mus** [griech.] *m. Gen. - nur Ez.* extreme Kontaktunfähigkeit, krankhafte Ichbezogenheit (z. B. bei Schizophrenie); **Au|tist** *m.10* jmd., der an Autismus leidet

**au|to..., Au|to...** [griech.] *in Zus.:* selbst..., Selbst...

**Au|to** *s.9* **1** *Kurzw. für* Automobil, Kraftwagen; **2** *Kurzw. für* Autotypie; **3** [lat.] relig. einaktiges span. und portug. Schauspiel

**Au|to|bio|gra|phie** [griech.] *w.11* Beschreibung des eigenen Lebens; **au|to|bio|graphisch** in der Art einer Autobiographie

**Au|to|bus** [zu: Automobil und Omnibus] *m.1* → Omnibus

**Au|to|car** [griech. + engl.] *m.9, schweiz.:* Autobus für Gesellschaftsreisen, Ausflugsomnibus

**au|to|chthon** [griech.] alteingesessen, bodenständig, am Ort entstanden; *Ggs.:* allochthon

**Au|to|coat** [-kout, engl.] *m.9* kurzer Mantel zum Autofahren; **Au|to-Cross** *s. Gen. - nur Ez.* Geschicklichkeitswettbewerb für Autofahrer im Gelände

**Au|to|da|fé** [-fe, lat.-port.] *s.9* Ketzerverbrennung, öffentl. Verbrennen verbotener Bücher

**Au|to|di|dakt** [griech.] *m.10* jmd., der durch Selbstunterricht Wissen erworben hat

**Au|to|drom** [griech.] *s.1, österr. für* Skooter

**au|to|dy|na|misch** [griech.] selbstwirkend

**Au|to|ero|tik** [griech.] *w.10 nur Ez.* Trieberfüllung am eigenen Körper

**Au|to|ga|mie** [griech.] *w.11* Selbstbefruchtung

**au|to|gen** [griech.] selbsttätig; autogenes Schweißen: Schweißen zweier Werkstücke durch Stichflamme; autogenes Training: allein auszuführende Entspannungsübungen

**Au|to|gi|ro** [-ʒi-, span.: -xi-, griech.-span.] *s.9* Hubschrauber

**Au|to|gramm** [griech.] *s.1* eigenhändig geschriebener Namenszug

**Au|to|graph** [griech.] *m.10* eigenhändig geschriebenes Schriftstück (einer bekannten Persönlichkeit); **au|to|gra|phie|ren** eigenhändig schreiben; **Au|to|gra|vü|re** *w.11* ein Tiefdruckverfahren

**Au|to|hyp|no|se** *w.11* Selbsthypnose

**Au|to|in|fek|ti|on** [-tsjo:n] *w.10* Selbstansteckung

**Au|to|in|to|xi|ka|ti|on** [-tsjo:n] *w.10* Selbstvergiftung (bei Fäulnisprozessen im eigenen Körper)

**Au|to|ke|phal|lie** [griech.] *w.11 nur Ez.* kirchl. Unabhängigkeit, bes. der Ostkirche

**Au|to|ki|no** *s.9* Freilichtkino, in dem man den Film vom Auto aus ansieht, Drive-in-Kino

**Au|to|klav** [griech. + lat.] *m.12* Stahlgefäß zum Erhitzen bei Überdruck

**Au|to|krat** [griech.] *m.10* Alleinherrscher; *übertr.:* selbstherrlicher Mensch; **Au|to|kra|tie** *w.11* Alleinherrschaft

**Au|to|ly|se** [griech.] *w.11* **1** Selbstauflösung, Auflösung abgestorbener pflanzl. oder tier. Lebewesen ohne Beteiligung von Bakterien; **2** *Med.:* Selbstverdauung, Abbau von Körpereiweiß ohne Bakterien

**Au|to|mat** [griech.] *m.10* selbsttätiger Apparat; **Au|to|ma|tie** *w.11* unbewußt ablaufende Handlung (Gehen) oder unwillkürl. Organtätigkeit (Herzschlag); **Au|to|ma|tik** *w.10* Selbststeuerung, selbsttätige Wirkungsweise; **Au|to|ma|ti|on** [-tsjon] *w.10 nur Ez.* vollautomat. Fabrikation; **Au|to|ma|ti|sa|ti|on** [-tsjon] *w.10 nur Ez.* Einführung automat. Arbeitsgänge; **au|to|ma|tisch 1** mit Hilfe einer Automatik, selbsttätig; **2** *übertr.:* unwillkürlich, zwangsläufig; **au|to|ma|ti|sie|ren** einen Betrieb a.: in einem Betrieb automat. Arbeitsgänge einführen; **Au|to|ma|tis|mus** *m. Gen. - Mz.* -men unbewußter Ablauf von Bewegungen oder Handlungen; **Au|to|ma|to|graph** *m. 10* Gerät zum Aufzeichnen unwillkürlicher Bewegungen; **Au|to|ma|to|phon** *s. 1* automat. Musikgerät

**Au|to|mo|bil** [griech. + lat.] *s. 1* (*Kurzw.:* Auto) Kraftfahrzeug; **Au|to|mo|bi|list** *m. 10 schweiz.:* Autofahrer

**au|to|morph** → idiomorph

**au|to|nom** [griech.] unabhängig, selbständig, nach eigenen Gesetzen lebend; *Ggs.:* heteronom; **Au|to|no|mie** *w. 11* Unabhängigkeit; Recht zur Selbstverwaltung; *Ggs.:* Heteronomie; **Au|to|no|mist** *m. 10* Anhänger der bzw. Kämpfer für Autonomie

**aut|onym** [griech.] unter dem wirkl. Namen des Verfassers; **Aut|onym** *s. 1* autonym erschienenes Buch

**Au|to|pi|lot** *m. 10* automat. Steuerungsanlage im Flugzeug

**Au|to|pla|stik** *w. 10 Med.:* Verpflanzung von Gewebe auf demselben Körper

**Aut|op|sie** [griech.] *w. 11* **1** eigener Augenschein, Selbstwahrnehmung; **2** Leichenschau, Leichenöffnung

**Au|tor** [lat.] *m. 13* Verfasser, Urheber (eines Schrift- bzw. Kunstwerkes); **Au|to|ri|sa|ti|on** [-tsjon] *w. 10* Ermächtigung, Vollmacht; **au|to|ri|sie|ren** als einzigen ermächtigen, berechtigen; autorisierte Übersetzung

**au|to|ri|tär** [lat.-frz.] mit uneingeschränkter Autorität (herrschend); autoritäres Regime; **Au|to|ri|tät** *w. 10* **1** *nur Ez.* Ansehen, Geltung; **2** anerkannter Fachmann; **au|to|ri|ta|tiv** maßgebend, entscheidend

**Au|tor|kor|rek|tur** *w. 10* vom Autor selbst durchgeführte Korrektur (eines Schriftsatzes); **Au|tor|schaft** *w. 10* Urheberschaft

**Au|to|sko|pie** [griech.] *w. 11 Med.:* Untersuchung des Kehlkopfs durch Spatel mit eingebauter Lichtquelle ohne Spiegel

**Au|to|stopp** *m. 10* Anhalten von Autos, um mitgenommen zu werden

**Au|to|stra|da** [ital.] *w. 9 in Italien:* Autobahn

**Au|to|sug|ge|sti|on** [-stjo:n] *w. 10 nur Ez.* Selbstbeeinflussung; **au|to|sug|ge|stiv** mittels Autosuggestion

**Au|to|to|mie** [griech.] *w. 11* Selbstverstümmelung (von Tieren) durch Abwerfen eines Körperteils bei Gefahr

**Au|to|to|xin** *s. 1* im eigenen Körper entstandenes Gift

**Au|to|trans|fu|si|on** *w. 10 Med.:* Eigenblutübertragung

**au|to|troph** [griech.] sich selbst ernährend durch Umwandlung anorganischer Nahrung in organische Stoffe (bei Pflanzen); *Ggs.:* heterotroph; **Au|to|tro|phie** *w. 11 nur Ez.* Er-

nährung von anorganischen Stoffen; *Ggs.:* Heterotrophie

**Au|to|ty|pie** [griech.] *w. 11* **1** Druckstock mit durch Raster entstandenen Halbtönen; **2** das davon hergestellte Druckbild

**Au|to|vak|zi|ne** [griech. + lat.] *w. 11* Impfstoff, der aus Bakterien im Körper des Impflings hergestellt wurde

**Au|to|ze|pha|lie** *w. 11 nur Ez.* → Autokephalie

**au|xi|li|ar** [lat.] *veraltet:* zur Hilfe, Hilfs...;
**Au|xi|li|ar|verb** *s. 12 veraltet:* Hilfsverb

**Au|xin** [griech.] *s. 1* das Wachstum der Pflanzen fördernder Stoff

**a v.** *Abk. für* a vista

**Aval** [frz.] *m. 1, auch: s. 1* Wechselbürgschaft; **ava|lie|ren** als Bürge unterschreiben (Wechsel); **Ava|list** *m. 10* Wechselbürge

**Avan|ce** [avãs(ə), frz.] *w. 11* **1** Vorsprung, Vorteil, Gewinn; **2** Entgegenkommen, Ermutigung; jmdm. Avancen machen: in jmdm. Hoffnungen wecken; **3** Vorschuß; **4** Preisunterschied zwischen Kauf und Verkauf; **5** *bei Uhrwerken:* Beschleunigung (*Abk.:* A); **Avan|ce|ment** [avãsəmã] *s. 9 bes. Mil.:* Beförderung; **avan|cie|ren** [avãsi-] aufrücken, befördert werden

**Avan|ta|ge** [avãtaʒ(ə), frz.] *w. 11 veraltet:* Vorteil; Vorgabe

**Avant|gar|de** [avãgard(ə), frz.] *w. 11* Vorhut, Vorkämpfer (für eine Idee, eine Bewegung); **Avant|gar|dis|mus** *m. Gen. - nur Ez.* Eintreten für neue Ideen; **Avant|gar|dist** *m. 10* jmd., der neue Ideen vertritt oder verwirklicht

**avan|ti!** [ital.] vorwärts!, schnell!

**Ave** [ital.] **1** Sei gegrüßt!; **2** *s. 9, Kurzw. für* Avemaria; **Ave Ma|ria** Anfangsworte eines kath. Gebets; **Ave|ma|ria, Ave-Ma|ria** *s. 9 oder Gen. - Mz.* - nach seinen Anfangsworten benanntes kath. Gebet; englischer Gruß

**Ave|ni|da** [span., portug.] *w. Gen. - Mz.*-den *in spanisch und portugiesisch sprechenden Ländern:* Prachtstraße, Allee

**Aven|tu|rin** [ital.] *m. 1* gelber, roter oder brauner, von vielen kleinen Rissen durchzogener Quarz

**Ave|nue** [-ny, frz.] *w. 11* Allee, Prachtstraße

**Ave|rage** [ævəridʒ, engl.] *m. Gen. - nur Ez.*
**1** Mittelwert, Durchschnitt; **2** → Havarie

**Aver|bo** [lat.] *s. 9 oder Mz.*-bi Gesamtheit der Stammformen eines Verbums, aus denen sich andere Formen ableiten lassen, z. B. trinken, trank, getrunken

**Avers** [frz.] *m. 1* Vorderseite (einer Münze oder Medaille); *Ggs.:* Revers (**2**)

**Aver|sal|sum|me** *w. 11* → Aversum

**Aver|si|on** [lat.] *w. 10* Widerwille, Abneigung

**Aver|sio|nal|sum|me** *w. 11* → Aversum; **aver|sio|nie|ren** [lat.] *veraltet:* abfinden; **aver|siv** Aversion hervorrufend; **Aver|sum** *s. Gen. -s Mz.*-sa Abfindungssumme

**aver|tie|ren** [frz.] *veraltet:* benachrichtigen;

**Aver|tis|se|ment** [avɛrtismã] *s. 9 veraltet:* Benachrichtigung

**Avia|ri|um** [lat.] *s. Gen. -s Mz.* -ri|en großes Vogelhaus

**Avia|tik** [lat.] *w. 10 nur Ez. veraltet:* Flugtechnik, Flugwesen

**avi|ru|lent** [griech. + lat.] nicht ansteckend; *Ggs.:* virulent

**Avis** [avi, frz.] *s. Gen. - Mz.* - [avis] Benachrichtigung, Ankündigung; **avi|sie|ren** anmelden, ankündigen; **Avi|so** **1** *s. 9 österr.* → Avis; **2** [span.] *m. 9* kleines, schnelles Kriegsschiff

**a vi|sta** [ital. „bei Sicht"] (*Abk.:* a v.) bei Vorlage fällig (Wechsel); **Avi|sta|wech|sel** *m. 5* Sichtwechsel

**Avit|ami|no|se** *w. 11* durch Vitaminmangel entstandene Krankheit

**Avi|va|ge** [-vaʒə, frz.] *w. 11* Nachbehandlung von Geweben, um ihnen mehr Glanz und Farbe zu geben; **avi|vie|ren** der Avivage unterwerfen

**Avo|ca|do** [aztek.] *w. 9* ölhaltige, birnenförmige Frucht aus Südamerika, Avokadobirne, Advokatenbirne

**Avus** [Kurzw. aus Automobil-Verkehrs- und Uebungsstraße] *w. Gen. - nur Ez.* eine Autorennstrecke in Berlin

**Awa|re** *m. 11* Angehöriger eines tatar. Volkes

**axi|al** [lat.] auf eine Achse bezogen, in der Achsenrichtung, längsachsig, symmetrisch; *Ggs.:* anaxial; **Axi|ali|tät** *w. 10 nur Ez.* Anordnung in Achsenrichtung

**axil|lar** [lat.] **1** *Med.:* zur Achselhöhle gehörig, in ihr gelegen; **2** *Bot.:* in der Blattachsel stehend, achselständig

**Axio|lo|gie** [griech.] *w. 11 Philos.:* Wertlehre; **Axi|om** *s. 1* ohne Beweis einleuchtender, grundlegender Lehrsatz; **Axio|ma|tik** *w. 10 nur Ez.* Lehre von den Axiomen; **axio|ma|tisch** auf Axiomen beruhend, unmittelbar einleuchtend

**Axis|hirsch** *m. 1* eine kleine vorderindische Hirschart

**Ax|min|ster|tep|pich** [æks-, nach der engl. Stadt A.] *m. 1* gewebter Florteppich

**Axo|lotl** [aztek.] *m. 5* mexikanischer Wassermolch

**Axon** [griech.] *s. Gen. -s Mz.* Axo|nen Achsenzylinder, zentraler Teil einer Nervenfaser

**Axo|no|me|trie** [griech.] *w. 11* eine geometr. Parallelprojektion

**Aya|tol|lah** [arab. „Beispiel Gottes"] *m. 9, in der Schi'a:* hoher Würdenträger

**Aye-Aye** [aijai, madagass.] *s. Gen. - Mz.* -s Fingertier, ein Halbaffe

**Aza|lee,** *auch:* **Aza|lie** [-ljə, griech.] *w. 11* eine Zierpflanze

**aze|phal** [griech.] **1** ohne Kopf (geboren); **2** azephaler Vers: Vers, dem am Anfang eine Silbe fehlt; **3** ohne Anfang, am Anfang verstümmelt (Buch); **Aze|pha|lie** *w. 11* Fehlen des Kopfes

**Aze|tat** *s. 1* → Acetat; **Aze|ton** *s. 1 nur Ez.* → Aceton

**Azid** *s. 1* → Acid

**Azil|li|en** [aziliẽ, nach dem frz. Fundort Le Mas-d'Azil] *s. Gen. -(s) nur Ez.* Stufe der Mittelsteinzeit

**Azi|mut** [arab.] *m. 1 oder s. 1, Astron.:* Winkelabstand zwischen dem Fußpunkt des durch ein Gestirn gehenden Vertikalkreises und dem Südpunkt (auf dem Horizont); **azi|mu|tal** den Azimut betreffend

**Azo|farb|stoff** [zu: Azot] *m. 1* ein Teerfarbstoff; **Azo|grup|pe** *w. 11* eine Stickstoffgruppe

**Azo|ikum** [griech.] *s. Gen. -s nur Ez.* ältestes Erdzeitalter ohne organ. Leben

**Azol|la** *w. Gen. - nur Ez.* eine Gattung meist trop. Wasserfarne

**Azoo|sper|mie** [atsolo-, griech.] *w. 11* Fehlen der Samenzellen in der Samenflüssigkeit

**Azot** [azo, griech.] *s. 9 nur Ez., Azote* [azɔt] *m. Gen. - nur Ez.,* ältere frz. Bez. für Stickstoff

**Az|te|ke** *m. 11* Angehöriger eines Indianerstammes in Mexiko

**Azu|le|jos** [asulɛxɔs, span.: aθu-] *Mz.* bunte, bes. blaue, von den Mauren in Spanien eingeführte Fayencefliesen

**Azu|len** [lat.] *s. 1* in verschiedenen ätherischen Ölen enthaltener blauvioletter Kohlenwasserstoff

**Azur** [pers.-frz.] *m. 1 nur Ez.* Himmelsblau, -bläue; **Azu|ree|li|ni|en** [zu: Azur] *w. 11 Mz.* waagerechtes Linienfeld (für Wertangaben auf Formularen); **azu|riert** mit Azureelinien versehen; **Azu|rit** [zu: Azur] *m. 1 nur Ez.* ein Mineral; **azurn** azurblau

**azy|gisch** nicht paarweise vorkommend, unpaarig (Organe)

**azy|klisch** [*auch:* -tsy-] **1** *allg.:* nicht zyklisch; **2** *Bot.:* nicht kreisförmig, spiralig; **3** *Med.:* zeitlich unregelmäßig

# B

**b** *Meteor.:* Zeichen für Bar (1)
**B 1** *Phys.:* Zeichen für Be I; **2** *chem.* Zeichen für Bor; **3** *Abk. für* Boliviano; **4** *Abk. für* Baht
**B.** *Abk. für* Bachelor
**Ba** *chem.* Zeichen für Barium
**Baas** [ndrl.] *m. 1 nddt.:* Herr, Vorgesetzter
**Baath-Par|tei** *w. 10 nur Ez.* arab. nationalist. Partei
**Bab|bitt** [bæbit, nach dem Titelhelden des Romans von Sinclair Lewis] *m. 9* nordamerik. Durchschnittsmensch, geschäftstüchtiger Spießer
**Bab|bitt|me|tall** [bæbit-, nach dem nordamerik. Erfinder I. Babbitt] *s. 1, Sammelbez. für* bestimmte Lagermetalle
**Ba|be|sia** [nach dem rumän. Arzt. V. Babes] *w. Gen. - Mz.*-si:en Erreger mehrerer durch Zecken übertragener Tierkrankheiten
**Ba|bis|mus** [pers.] *m. Gen. - nur Ez.* Lehre einer islam. Sekte
**Ba|bu** [hind.] *m. 9* ind. Titel und Anrede für gebildete Männer, *eigtl.:* Fürst
**Ba|bu|sche** [pers.-frz.] *w. 11 nordostdt.:* Stoffpantoffel, warmer Hausschuh
**Ba|busch|ka** [poln.] *w. 9 slaw. Bez. für* Großmutter
**Ba|by** [bebi, engl.] *s. 9, Mz. auch noch:*-bies Säugling; **Ba|by|look** [bebiluk] *m. 9 nur Ez.* durch kosmet. Behandlung verjüngtes Aussehen; **ba|by|sit|ten** *nur im Infinitiv gebräuchlich:* sich als Babysitter betätigen; **Ba|by|sitter** *m. 5* Beaufsichtiger eines Babys in Abwesenheit der Eltern
**Bac|cha|nal** [baxa-, lat.] *s. 1* Fest zu Ehren des röm. Weingottes Bacchus; *übertr.:* wüstes Trinkgelage; **Bac|chant** [-xant] *m. 10* Diener des Bacchus; **bac|chan|tisch** trunken, ausgelassen
**Ba|che|llor** [bætʃələr, engl.] *m. 9 (Abk.:* B.) Bakkalaureus, niedrigster engl. und US-amerikanischer akadem. Grad
**back** [engl.] *Seew.:* zurück, hinten
**Back** [bæk, engl.] *m. 9 schweiz., Sport:* Verteidiger
**back|bord(s)** *Seew.:* links; **Back|bord** *s. Gen.* -(s) *nur Ez.* linke Schiffsseite (von hinten gesehen); *Ggs.:* Steuerbord
**Back|ground** [bækgraund, engl.] *m. 9* **1** *Film:* Projektion als Hintergrund einer Dekoration; **2** *Jazz:* Klanghintergrund beim Solo; **3** geistige Herkunft
**Back|hand** [bækhænd, engl.] *m. 9 Tennis u. a.:* Rückhand(schlag); *Ggs.:* Forehand
**Ba|con** [beikən, engl.] *m. Gen.*-s *nur Ez.* leicht geräucherter und gesalzener, durch-

wachsener, magerer Speck; **Ba|con|schwein** *s. 1* Schwein mit zartem Fleisch und dünner Speckschicht
**Ba|di|na|ge** [-ʒə, frz.], **Ba|di|ne|rie** *w. 19* schnelles, heiteres Musikstück, Satz der Suite im 18. Jh.
**Bad|min|ton** [bædmintən, nach dem Besitztum des Herzogs von Beaufort in England] *s. 9 nur Ez.* **1** Federballspiel; **2** ein Erfrischungsgetränk
**Bad Trip** [bæd, engl. „schlechter Ausflug"] *m. Gen. - -(s) Mz.* - -s → Horror-Trip
**Ba|fel** [jidd.] *m. 5 nur Ez.* **1** Ausschußware; **2** Gerede, Geschwätz
**Ba|ga|ge** [-ʒə, frz.] *w. 11* **1** *veraltet:* Reisegepäck; **2** *Mil., veraltet:* Troß; **3** *ugs., abwertend:* Gesindel, Pack
**Ba|gas|se** [frz.] *w. 11* Rückstand bei der Rohrzuckergewinnung
**Ba|ga|tel|le** [frz.] *w. 11* **1** kurzes, leichtes Musikstück; **2** Kleinigkeit, Geringfügigkeit; **ba|ga|tel|li|sie|ren** als geringfügig hinstellen
**Bag|ger** [ndrl.] *m. 5* Maschine zum Heben und Wegschaffen von Erdreich, Schutt u. a.; **bag|gern** mit dem Bagger arbeiten, ausheben
**Ba|gno** [banjo, ital. „Bad"] *s. 9, Mz. auch:* -gni, *in Italien und Frankreich:* Kerker
**Ba|guette** [-gɛt, frz.] *w. 11* **1** längl. Schliff von Edelsteinen, bes. Diamanten; **2** langes, dünnes frz. Weißbrot
**Ba|ha|is|mus** *m. Gen. - nur Ez.* aus dem Babismus hervorgegangene islam. Religion
**Baht** *m. Gen. - Mz.* - (*Abk.:* B) Währungseinheit in Thailand, 100 Stangs
**Bai** [ndrl.] *w. 10* Meeresbucht
**Bai|ram** *m. 9* türk. Fest am Ende des Fastenmonats
**Bai|ser** [bɛze, frz.] *s. 9* Gebäck aus Eischnee und Zucker
**Bais|se** [bɛs, frz.] *w. 11* niedriger Stand (von Aktien, Preisen); *Ggs.:* Hausse; **Bais|sier** [bɛsje] *m. 9* jmd., der an der Börse auf Baisse spekuliert; *Ggs.:* Haussier
**Ba|ja|de|re** [portug.] *w. 11* ind. Tempeltänzerin
**Ba|jaz|zo** [ital.] *m. 9* Hanswurst
**Ba|jo|nett** [nach der frz. Stadt Bayonne] *s. 1* Stoß- und Stichwaffe, Seitengewehr; **ba|jo|nett|tie|ren** mit dem Bajonett kämpfen oder aufspießen; **Ba|jo|nett|ver|schluß** *m. 2* leicht lösbare Verbindung von Rohren, Hülsen usw. durch Aufstecken und geringe Drehung des Deckels oder Geräteteils
**Ba|ke|lit** [nach dem belg. Erfinder L. H. Baekeland] *s. 1 nur Ez.* ⓦ ein Kunstharz; **ba|ke|li|tie|ren** mit Bakelit überziehen

**Bak|ka|lau|re|at** [lat.] *s. 1* Würde eines Bakkalaureus; **Bak|ka|lau|re|us** *m. Gen. - Mz.* -rei [-re:i] niedrigster akadem. Grad in England, Frankreich und den USA; vgl. Bachelor
**Bak|ka|rat** [-ra, frz.] *s. 9 nur Ez.* ein Glücksspiel mit Whistkarten
**Bak|ken** [norw.] *m. 7 Schisport:* Sprunghügel
**Bak|schisch** [pers.] *s. 1* Trinkgeld; Bestechungsgeld
**Bak|te|ri|ämie** [griech.] *w. 11* Vorhandensein von Bakterien im Blut ohne septische Krankheitserscheinungen; **Bak|te|rie** [-riə] *w. 11 ugs.* → Bakterium; **bak|te|ri|ell** durch Bakterien hervorgerufen; **Bak|te|rio|lo|gie** *w. 11 nur Ez.* Wissenschaft von den Bakterien; **Bak|te|rio|ly|se** *w. 11* Vernichtung von Bakterien; **Bak|te|rio|pha|ge** *m. 11* bakterienvernichtendes Virus; **Bak|te|rio|se** *w. 11* durch Bakterien hervorgerufene Pflanzenkrankheit; **Bak|te|rio|the|ra|pie** *w. 11* Verfahren, durch Schutzimpfung Immunität gegen eine Krankheit zu erzeugen; **Bak|te|ri|um** *s. Gen.* -s *Mz.* -ri en pflanzl. Einzeller, Fäulnis- und Krankheitserreger; **Bak|te|ri|urie** *w. 11* Vorhandensein von Bakterien im Harn; **bak|te|ri|zid** bakterientötend; **Bak|te|ri|zid** *s. 1* bakterientötendes Mittel
**Ba|la|lai|ka** [russ.] *w. Gen. - Mz.* -ken russ. Zupfinstrument mit drei Saiten und dreieckigem Klangkörper
**Ba|lan|ce** [-lãsə, frz.] *w. 11* Gleichgewicht; **Ba|lan|ce|ment** [balãsəmã] *s. 9 Mus.:* Bebung, Schwingung des Tons; **ba|lan|cie|ren** [-lãsi-] (sich) im Gleichgewicht halten
**Ba|la|ni|tis** [griech.] *w. Gen. - Mz.* -ti den Entzündung der Eichel des Penis, Eicheltripper
**Ba|la|ta** [indian.] *w. Gen. - nur Ez.* dem Naturkautschuk ähnl. Stoff; **Ba|la|tum** *s. Gen.* -s *nur Ez.* ⓦ mit Kautschuklösung getränkter Wollfilz als Fußbodenbelag
**Bal|boa** [nach dem span. Entdecker B.] *m. Gen. - Mz. -* Währungseinheit in Panama
**Bal|da|chin** [-xi:n, nach Baldacco, der ital. Bez. für die Stadt Bagdad] *m. 1* Stoffdach über Bett oder Thron oder steinerner Überbau bei Statuen
**Ba|le|ster** [lat.] *m. 5* Kugelarmbrust
**Bal|ge, Bal|je** [frz.-nddt.] *w. 11* 1 Fahrwasser, Wasserlauf im Wattenmeer; 2 Abzugsgraben; 3 Waschfaß, Eimer
**Bal|ka|no|lo|gie** *w. 11 nur Ez.* Wissenschaft von den Sprachen und Literatuen der Balkanhalbinsel
**Bal|kon** [-kõ, frz.] *m. 9 oder eindeutschend* [-kon] *m. 1* 1 durch Gitter oder halbhohe Mauer abgeschlossener Vorbau eines Hauses; 2 *Theater:* erster Rang
**Bal|la|de** [frz.] *w. 11* episch-lyrisches, dramatisch bewegtes Gedicht; **bal|la|desk** balladenhaft
**Bal|lad-ope|ra, Bal|lad Ope|ra** [bæləd ɔpərə,

engl.] *w. Gen. - - Mz.* - -s *17./18. Jh.:* volkstümliches engl. Singspiel
**Bal|last** [auch: bal-, ndrl.] *m. 1 nur Ez.* 1 wertlose Fracht (bei Schiffen zum Ausgleich des Tiefgangs); 2 *übertr.:* unnützes Beiwerk
**Bal|la|watsch** [ital.] *m. 1 nur Ez. österr.:* Durcheinander; Unsinn
**Bal|lei** [lat.] *w. 10* Verwaltungsbezirk eines Ritterordens
**Bal|le|ri|na, Bal|le|ri|ne** [ital.] *w. Gen. - Mz.* -nen Ballettsolistin
**Bal|lett** [ital.] *s. 1* 1 Bühnentanz; 2 Bühnentanzgruppe; **Bal|let|teu|se** [-tø-, frz.] *w. 11* Balletttänzerin
**Bal|li|ste** [griech.-lat.] *w. 11* antike Wurfmaschine; **Bal|li|stik** *w. 10 nur Ez.* Lehre von der Flugbahn geworfener oder geschossener Körper
**Bal|lon** [-lõ, frz.] *m. 9 oder eindeutschend* [-lon] *m. 1* 1 mit Gas gefüllter Ball; 2 mit Gas gefülltes, kugelförmiges Luftfahrzeug; 3 bauchiger Glasbehälter; **Bal|lo|nett** *s. 1* Luftkammer in Fesselballons und Luftschiffen
**Bal|lot** 1 [-lo, frz.] *s. 9* kleiner Warenballen; 2 [bælət, engl.] *s. 9 in England und den USA:* geheime Abstimmung, vgl. Ballotage; **Bal|lo|ta|de** [frz.] *w. 11 Hohe Schule:* ein Sprung des Pferdes mit angezogenen Vorderbeinen und nach hinten gerichteten Hufen; **Bal|lo|ta|ge** [-ʒə, frz.] *w. 11* geheime Abstimmung mit weißen und schwarzen Kugeln; **bal|lo|tie|ren** mittels Ballotage abstimmen
**Bal|neo|lo|gie** [griech.] *w. 11 nur Ez.* Bäder-, Heilquellenkunde; **Bal|neo|the|ra|pie** *w. 11* Behandlung mit Heilbädern
**Bal pa|ré** [-re, frz.] *m. Gen. - - Mz.* -s -s [bal pare(s)] bes. festl. Ball
**Bal|sa** [span.] *s. 9* 1 floßartiges Boot aus Binsenbündeln oder Balsaholz bei südamerik. Indianern; 2 → Balsaholz; **Bal|sa|baum** *m. 2* trop. Baum aus extrem leichtem Holz; **Bal|sa|holz** *s. 4* Holz des Balsabaums
**Bal|sam** [hebr.-lat.] *m. 1* 1 Gemisch von Harzen und äther. Ölen; 2 *übertr.:* Wohltat, Linderung; **bal|sa|mie|ren** mit Balsam einreiben; **Bal|sa|mi|ne** *w. 11* eine Zierpflanze
**Bal|to|lo|gie** [lat. + griech.] *w. 11 nur Ez.* Wissenschaft von den baltischen Sprachen und Literaturen
**Ba|lu|ster** [griech.-frz.] *m. 5* kleine Säule als Geländerstütze; **Ba|lu|stra|de** *w. 11* Geländer, Brüstung mit Balustern
**Bam|bi|no** [ital.] *m. Gen.* -s *Mz.* -ni *oder* -s kleiner Junge, kleines Kind
**Bam|bus** [mal.] *m. 1* trop. Riesengras
**Ban** 1 [serbokroat. „Herr"] *m. 1* ung. Statthalter; kroat. Würdenträger; 2 [rumän.] *m. Gen.* -s *Mz.* Ba|ni rumän. Währungseinheit, $^{1}/_{100}$ Leu
**ba|nal** [frz.] alltäglich, fad, geistlos; **ba|na|li-**

**sie|ren** ins Banale ziehen, herabsetzen; **Ba-na|li|tät 1** *w.10 nur Ez.* Fadheit, Geistlosig-keit; **2** *w.10* geistlose Bemerkung, fader Witz

**Bal|na|ne** [Kongospr.] *w.11* trop. Frucht; **Ba|na|nen|stecker** (-stek|ker) *m.5 Elektro-technik:* kleiner, schmaler, einpoliger Stecker

**Ba|nat** *s.1* ehemaliger, einem Ban unterste-hender Verwaltungsbezirk

**Ba|nau|se** [griech.] *m.11* Mensch ohne Sinn für Kunst und geistige Dinge

**Band** [bænd, engl.] *w.9* Kapelle für Tanzmu-sik und Jazz

**Ban|da|ge** [-ʒə, frz.] *w.11* Stütz-, Schutz-, Wundverband; **ban|da|gie|ren** [-ʒi-] mit einer Bandage versehen; **Ban|da|gist** [-ʒist] *m.10* Hersteller, Verkäufer von Bandagen und künstl. Gliedmaßen

**Ban|de** [frz.] *w.11* **1** Umrandung des Billard-tisches; **2** Einfassung der Zirkusmanege und Reitbahn

**Ban|de|lier** [frz.] *s.1 veraltet:* Schulterriemen, Wehrgehänge

**Ban|den|spek|trum** *s. Gen. -s Mz.*-tren *Phys.:* von Molekülen erzeugtes Spektrum, das von zahlreichen Linien (Banden) durchsetzt ist

**Ban|de|ril|la** [-rilja, span.] *w.9* mit Fähnchen geschmückter Wurfspieß mit Widerhaken, der beim Stierkampf dem Stier in den Nak-ken gestoßen wird; **Ban|de|ril|le|ro** [-rilje-] *m.9* Stierkämpfer, der den Stier mit Bande-rillas reizt

**Ban|de|rol|le** [frz.] *w.11* mit Preis oder steu-erl. Vermerk versehener Streifen, mit dem die Verpackung einer steuer- oder zollpflich-tigen Ware verschlossen wird; **ban|de|rol|lie-ren** mit Banderole versehen, versteuern

**Ban|dit** [ital.] *m.10* Räuber

**Band|lea|der** [bændli:dər, engl.] *m.5* Leiter eines Jazzorchesters

**Ban|do|la** *w.9* → Bandura

**Ban|do|ne|on, Ban|do|ni|on** [nach dem Erfin-der H. Band] *s.9* Handharmonika mit Knöp-fen auf beiden Seiten

**Ban|du|ra** [griech.] *w.9* ukrainisches Zupf-instrument mit 12 Saiten; **Ban|dur|ria** [griech.-span.] *w.9* span. Zupfinstrument mit 10 Saiten

**Ba|ni** *Mz. von* Ban (2)

**Ban|jo** [auch: bændʒo, engl.] *s.9* 5- bis 9saiti-ges Zupfinstrument der nordamerik. Neger

**Bank** [ital.] *w.10* Unternehmen für Geldver-kehr

**Ban|kett** [frz.] *s.1* **1** Festmahl; **2** Absatz einer Böschung oder des Fundaments unter dem Mauerwerk; **3** schmaler Weg neben der Fahrstraße oder Eisenbahnschienen; **Ban-ket|te** *w.11* → Bankett (**2, 3**); **ban|ket|tie|ren** ein Bankett (1) abhalten, tafeln

**Ban|kier** [-kje-, frz.] *m.9* Inhaber oder Leiter einer Bank

**bank|rott** [ital.] zahlungsunfähig; **Bank|rott**

*m.1* finanzieller Zusammenbruch; **Bank|rot-teur** [-tør] *m.1* jmd., der Bankrott gemacht hat; **bank|rot|tie|ren** Bankrott machen

**Ban|schaft** [zu: Ban] *w.10* früher: Verwal-tungsbezirk in Jugoslawien

**Ban|tam|ge|wicht** [nach dem zum Hahnen-kampf verwendeten Bantamhuhn] *s.1* Ge-wichtsklasse in der Schwerathletik; **Ban|tam-huhn** [nach der javan. Stadt Bantam] *s.4* engl. Zwerghuhn

**Ban|tu 1** *m.9 oder Gen. - Mz. -* Angehöriger einer Gruppe von Negerstämmen, die Ban-tusprachen sprechen; **2** *s. Gen.* -(s) *nur Ez.* eine weitverbreitete afrik. Sprachengruppe

**Ba|nus** *m. Gen. - Mz. -* → Ban (1)

**Bao|bab** [afrik.] *m.9* Affenbrotbaum

**Bap|tis|mus** [griech.] *m. Gen. - nur Ez.* Lehre einer calvinist. Glaubensgemeinschaft, die bewußte Glaubensentscheidung fordert und daher nur die Erwachsenentaufe zuläßt; **Bap|ti|ste|ri|um** *s. Gen. -s Mz. -ri|en* **1** Schwimmbecken im altröm. Bad; **2** Taufkapelle; Taufbecken

**bar** *Zeichen für* Bar (1)

**Bar 1** [griech.] *s. Gen. - Mz. -* (*Zeichen:* bar, *Meteor.:* b) Maßeinheit des Luftdrucks; **2** [engl.] *w.9* Lokal; Theke, Schanktisch

**Ba|racke** (-rak|ke) [frz.] *w.11* ebenerdiges, nicht unterkellertes, zerlegbares Haus aus vorgefertigten Wandplatten

**Ba|rat|te|rie** [lat.-ital.] *w.11* Seerecht: vor-sätzliche Unredlichkeit von Kapitän oder Besatzung; **Ba|ratt|han|del** *m.6 nur Ez.* Tauschhandel; **ba|rat|tie|ren** tauschen (Waren)

**Bar|bar** [griech.] *m.10 urspr.:* Nichtgrieche; *heute:* roher, ungesitteter Mensch; **Bar|ba|rei** *w.10 nur Ez.* Roheit, Unmenschlichkeit; **bar-ba|risch 1** roh, grausam; **2** *ugs.:* sehr hart; barbarische Kälte; **Bar|ba|ris|mus** *m. Gen. -Mz.*-men Verstoß gegen die Sprachregeln

**Bar|be|cue** [barbikju:, engl.] *s.9* **1** Garten-fest, bei dem ganze Tiere am Spieß oder auf dem Rost gebraten werden; **2** Gerät zum Rösten von Fleisch; **3** das auf dem Rost oder am Spieß gebratene Fleisch

**Bar|bier** [frz.] *m.1 veraltet:* Bartscherer, Fri-seur; **bar|bie|ren** rasieren

**Bar|bi|ton** *s.9,* **Bar|bi|tos** *m. oder w. Gen. -Mz.*-toi altgriech. harfenähnliches Saiten-instrument

**Bar|bi|tur|säu|re** *w.11* Grundstoff für Schlaf-mittel

**Bar|chent** [arab.] *m.1* Baumwollflanell

**Bar|ches** [hebr.] *Mz.* weißes Sabbatbrot der Juden

**Bar|da|me** *w.11* Angestellte, die an einer Bar Getränke ausschenkt und den Gästen Ge-sellschaft leistet

**Bar|de** [kelt.] *m.11* kelt. Dichter und Sän-ger; *übertr., oft iron.:* lyrischer Dichter; **2** [arab.-frz.] *w.11* Speckscheibe um gebrate-nes Geflügel; **bar|die|ren** mit einer Barde umwickeln; **Bar|diet** *m. 1* vaterländ. Lied im Ton der Barden; **bar|disch** von den Barden stammend, in der Art eines B.; **Bar|dit** *m. 1*, **Bar|di|tus** *m. Gen. - Mz. - →* Bardiet

**Ba|rett** [lat.-frz.] *s. 1* flache Kopfbedeckung ohne Rand, bes. zur Amtstracht von Richtern, Geistlichen usw.

**Bar|fran|kie|rung** *w. 10* Frankierung mit Stempelmaschine

**ba|risch** [zu: Bar (1)] den Luftdruck betreffend, auf ihm beruhend

**Ba|ri|ton** [griech.-ital.] *m. 1* **1** Männerstimme in der Mittellage; **2** Sänger mit dieser Stimme; **Ba|ri|to|nist** *m. 10* → Bariton (2)

**Ba|ri|um** [griech.] *s. Gen. -s nur Ez.* (*Zeichen:* Ba) chem. Element

**Bark** [griech.-ndrl.] *w. 10* Segelschiff mit drei oder mehr Masten; **Bar|ka|ne** [ital.] *w. 11* zwei- oder dreimastiges Fischerboot im Mittelmeer; **Bar|ka|ro|le** *w. 11* **1** Ruderboot; **2** Lied des Gondoliere, Gondellied (auch als Instrumentalstück); **Bar|kas|se** [ndrl.] *w. 11* **1** größtes Beiboot auf Kriegsschiffen; **2** kleines Dampfboot; **Bar|ke** [griech.-frz.] *w. 11* kleines Boot; *poet.:* Kahn, Boot

**Bar|kee|per** [-ki:-, engl.] *m. 5* **1** Inhaber einer Bar; **2** Kellner hinter der Bar

**Bar|ko|ne** *w. 11* → Barkane

**Bar|mi|xer** [engl.] *m. 5* jmd., der an der Bar Getränke mixt

**ba|rock** [portug.] **1** zum Barock gehörend, aus ihm stammend; **2** überladen; **Ba|rock** *m. Gen. -(s) nur Ez.* **1** schmuckreicher Kunst- und Literaturstil des 17./18. Jh.; **2** das Zeitalter selbst; **ba|rocki|sie|ren** (-rok|ki-) nach dem Vorbild des Barockstils gestalten

**Ba|ro|gramm** [griech.] *s. 1* Aufzeichnung des Barographen; **Ba|ro|graph** *m. 10* selbstaufzeichnender Luftdruckmesser; **Ba|ro|me|ter** *s. 5* Luftdruckmesser; **Ba|ro|me|trie** *w. 11* Luftdruckmessung; **ba|ro|me|trisch** mit Hilfe des Barometers (gemessen); barometrische Höhenformel, Höhenstufe: Höhenunterschied zwischen zwei Orten mit einem Unterschied des Barometerstandes von 1 mm Quecksilbersäule

**Ba|ron** [mlat.] *m. 1* Freiherr; **Ba|ro|nat** [frz.] *s. 1* Würde, Stammsitz eines Barons; **Ba|ro|nes|se** *w. 11* Freiin, Freifräulein; **Ba|ro|net** [bærənət, engl.] *m. 9* (*Abk.:* Bart.) unterster engl. Adelstitel; **Ba|ro|nie** *w. 11* → Baronat; **Ba|ro|nin** *w. 10* Freifrau; **ba|ro|ni|sie|ren** in den Freiherrnstand erheben

**Ba|ro|ther|mo|graph** [griech.] *m. 10* Verbindung von Barograph und Thermograph

**Bar|ras** [jidd.] *m. Gen. - nur Ez. süddt.:* **1** Kommißbrot; **2** Militär

**Bar|ré** [frz.] *s. 9 beim Lauten-, Cellospiel u. a.:* Querlegen eines Fingers über alle Saiten

**Bar|rel** [bærəl] *s. 9* engl. und nordamerik. Hohlmaß, Faß, Tonne

**Bar|ren** [frz.] *m. 7* **1** ein Turngerät; **2** gegos-

senes Formstück aus Metall (Edelmetallbarren früher auch als Zahlungsmittel)

**Bar|rie|re** [frz.] *w. 11* Schranke, Schlagbaum, Sperre

**Bar|ri|ka|de** [frz.] *w. 11* Straßensperre, Hindernis

**Bar|scheck** *m. 9* Scheck, der von der Bank gegen Bargeld eingelöst wird

**Bar|soi** [-sɔi, russ.] *m. 9* russ. Windhund

**Bar|sor|ti|ment** *s. 1* Zwischenbuchhandel, Buchhandelsbetrieb zwischen Verlag und Einzelbuchhandel

**Bart.** *Abk. für* Baronet

**Ba|rut|sche** [lat.-ital.] *w. 11* zweirädrige Kutsche

**Ba|ry|o|nen** [griech.] *s. Mz., Ez.* Ba|ry|on, zusammenfassende *Bez. für* die schwereren Elementarteilchen (Nukleonen und Hyperonen)

**Ba|ry|sphä|re** [griech.] *w. 11 nur Ez.* innerster Teil der Erde, Erdkern

**Ba|ryt** [griech.] *m. 1* Schwerspat, ein Mineral

**Ba|ry|ton** [griech.] *s. 1* gambenähnl. Streichinstrument des 18. Jh.

**Ba|ry|to|non** [griech.] *s. Gen. -s Mz. -na* Wort mit unbetonter letzter Silbe

**Ba|ryt|pa|pier** *s. 1* mit Bariumsulfat bestrichenes Papier mit glatter Oberfläche (für Photographie und Reproduktion)

**Ba|ryt|weiß** *s. Gen. - nur Ez.* weiße Malerfarbe

**Ba|ry|zen|trum** [griech. + lat.] *s. Gen. -s Mz. -tren oder -tra Phys.:* Schwerpunkt

**Bar|zel|let|ta** [ital.] *w. 9, 15./16. Jh.:* Tanzlied

**ba|sal** zur Basis gehörend, auf ihr liegend

**Ba|salt** [lat.] *m. 1* ein Vulkangestein

**Ba|sal|tem|pe|ra|tur** *w. 10* die morgens vor dem Aufstehen gemessene Körpertemperatur

**Ba|sar** [pers.] *m. 1* **1** *in oriental. Ländern:* Markt; **2** *früher:* Warenhaus; **3** Warenverkauf für wohltätige Zwecke

**Basch|ki|re** *m. 11* Angehöriger eines Volksstammes im südl. Ural

**Basch|lik** [türk.] *m. 9* kaukas. Wollkapuze

**Ba|se** [griech.] *w. 11* alkalisch reagierende chem. Verbindung

**Base** [beis, engl.] *s. Gen. - Mz. -s* [beisiz] jede der vier Markierungen des Baseballquadrats; **Base|ball** [beisbɔ:l] *m. 9 nur Ez.* nordamerik., dem Schlagball ähnl. Spiel

**Ba|sic-Eng|lish** [beisikiŋgliʃ] *s. Gen. - nur Ez.* Grundenglisch, vereinfachtes Englisch mit 850 Grundwörtern und einfachen Regeln

**ba|sie|ren** [zu: Basis] auf etwas b.: auf etwas beruhen, etwas zur Grundlage haben

**Ba|si|lia|ner** [nach Basilius dem Großen] *m. 5* Angehöriger eines griechisch-orthodoxen Mönchsordens

**Ba|si|lie** [-ljə, griech.] *w. 11*, **Ba|si|li|en|kraut** [-ljən-] *s. 4* eine Gewürzpflanze

**Ba|si|li|ka** [griech., nach dem Amtsgebäude

des Archon Basileus in Athen] *w. Gen. - Mz.* -ken 1 altröm. Markt- und Gerichtshalle; 2 altchristl. Kirchenform mit Mittelschiff, zwei niedrigeren Seitenschiffen und (seit dem 4. Jh.) Querschiff; ba|si|li|kal in der Art einer Basilika (2)

**Ba|si|li|kum** *s. Gen. -s nur Ez.* → Basilie

**Ba|si|lisk** [griech.] *m. 10* 1 *in oriental. Sagen:* schlangenhaftes Ungeheuer; 2 mittel- und südamerik. Echse

**Ba|sis** [griech.] *w. Gen. - Mz.* -sen 1 Grundlage, Ausgangspunkt, Wurzel; 2 militär. Stützpunkt; 3 Grundzahl (einer Potenz oder eines Logarithmus); 4 Grundlinie (einer geometr. Figur), Grundfläche (eines Körpers); 5 *Marxismus:* die wirtschaftl. Struktur (einer Gesellschaftsordnung); **Ba|sis|grup|pe** *w. 11* Arbeitsgruppe linksorientierter Studenten, die versucht, die Basis der Gesellschaft (Arbeiterschaft usw.) zu informieren und für bestimmte Probleme zu interessieren

ba|sisch *Chem.:* wie eine Base (reagierend) **Ba|sis|frak|tur** *w. 10* Bruch der Schädelbasis **Ba|si|zi|tät** *w. 10 nur Ez. Chem.:* 1 Basengehalt einer Lösung, Alkalität; 2 Maßbegriff für die Neutralisationsfähigkeit einer Säure

**Bas|ke** *m. 11* Angehöriger eines Volkes in den Pyrenäen

**Bas|ker|ville** [-vil, nach dem engl. Buchdrukker] *w. Gen. - nur Ez.* eine Druckschrift

**Bas|ket|ball** [engl.] *m. 2 nur Ez.* dem Korbball ähnl. Spiel

**Bas|kü|le** [frz.] *w. 11* Hebelverschluß für Fenster und Türen

**Bas|re|li|ef** [barəljɛf, auch: -ljɛf, frz.] *s. 9 oder s. 1* flach herausgearbeitetes Relief, Flachrelief; *Ggs.:* Hautrelief

**Baß** [ital.] *m. 2* 1 Kontrabaß, Baßgeige; 2 tiefe Tonlage der Männerstimme; 3 Sänger mit dieser Stimme; 4 Gesamtheit der tiefen Männerstimmen im Chor; 5 tiefste Tonlage bei Musikinstrumenten, z. B. Baßflöte

**Bas|sa** *m. 9, veraltet für* Pascha

**Baß|ba|ri|ton** *m. 1* 1 Stimmlage zwischen Baß und Bariton; 2 Sänger mit dieser Stimme; **Baß|buf|fo** *m. 9* Baßsänger für komische Rollen

**Bas|se|lisse** [baslis, frz.] *w. 11* Webart mit waagerechter Kette; *Ggs.:* Hautelisse

**Bas|set** [engl. bæsət, frz. basɛ] *m. 9* kurzbeiniger Jagdhund mit Hängeohren

**Bas|sett** [lat.-ital.] *m. 1, veraltet für* Violoncello; **Bas|sett|horn** *s. 4* Altklarinette

**Bas|sin** [-sɛ̃, frz.] *s. 9* künstlich angelegtes Becken für Flüssigkeiten

**Bas|so** [ital.] *m. Gen. - Mz.* -si Baß; B. continuo *(Abk.:* b. c., B. c.): Generalbaß; im 17./18. Jh. Baßstimme zur Unterstützung oder Begleitung bei Instrumentalstücken; Basso ostinato: ständig wiederkehrendes Motiv im Baß

ba|sta! [ital. „es genügt"] genug, Punktum, Schluß!

**Ba|stard** [frz.] *m. 1* 1 Mischling; 2 nichteheliches Kind *(auch abwertend);* **Ba|star|da** *w. Gen. - nur Ez.* Druckschrift, Abart der Gotisch; ba|star|die|ren kreuzen (Rassen, Arten); **Ba|stard|schrift** *w. 10* eine Druckschrift mit Merkmalen der Fraktur und Antiqua

**Ba|ste** [frz.] *w. 11* zweithöchste Trumpfkarte

**Ba|stei** [mlat.] *w. 10* vorspringender Teil einer Festung, Bollwerk, Bastion

**Ba|stille** [bastijə, frz.] *w. 11* 1 befestigtes Schloß in Frankreich; 2 Burg in Paris, die als Staatsgefängnis diente

**Ba|sti|on** [ital.] *w. 10* Bollwerk, Schutzwehr; ba|stio|nie|ren *veraltet:* mit Bastionen versehen

**Ba|sto|na|de** [ital.] *w. 11* früher im Orient übl. Prügelstrafe, Stockhiebe, bes. auf die Fußsohlen

**Ba|suto** *m. 9 oder Gen. - Mz. -* Angehöriger eines Bantustammes

**Bat.** *Abk. für* Bataillon; **Ba|taille** [batajə, frz.] *w. 11 veraltet:* Kampf, Schlacht; **Ba|taillon** [bataljon] *s. 1 (Abk.:* Bat.) Teil eines Regiments

**Ba|ta|te** [indian.-span.] *w. 11* südamerik. Knollenpflanze, Süßkartoffel

**Ba|tho|lith** [griech.] *m. 1 oder 10* magmatischer, in der Tiefe erstarrter Gesteinskörper; **Ba|tho|me|ter** *s. 5* → Bathymeter

**Bath|or|den** [baθ-] *m. 7 nur Ez.* ein engl. Ritterorden

**Ba|thy|al** [griech.] *s. 1 nur Ez.* 1 lichtarmer Bereich eines Meeres zwischen 200 und 800 m Tiefe; 2 Ablagerungen in diesem Bereich; **Ba|thy|gra|phie** *w. 11 nur Ez.* Tiefseeforschung; **Ba|thy|me|ter** *s. 5* Gerät zum Messen der Meerestiefe; **Ba|thy|skaph** *m. 10* Tiefseetauchgerät; **Ba|thy|sphä|re** *w. 11* 1 Tiefsee; 2 Tiefenzone der Erde, aus der Magma aufsteigt; 3 Tiefseetauchkugel

**Ba|tik** [javan.] *w. 10* 1 *nur Ez.* javan. Gewebefärbverfahren durch Abdecken des Musters mit Wachs; 2 ein so gefärbter Stoff; ba|tiken mittels Batik färben

**Ba|tist** [frz.] *m. 1* feines, leinenartiges Gewebe

**Batt.** *Abk. für* Batterie *(Mil.)*

**Bat|te|rie** [frz.] *w. 11* 1 *Mil. (Abk.:* Batt.): kleinste Artillerie-Einheit; 2 *Elektrotechnik:* Zusammenschaltung mehrerer Elemente zu einer Stromquelle; 3 Vorrichtung zum Mischen von kaltem und warmem Wasser im Rohr; 4 *Schach:* eine Figurengruppierung; 5 *frz. Bez. für die* Schlaginstrumente eines großen Orchesters oder einer Jazzband

**Baud** [auch: bo oder bod, nach dem frz. Telegraphisten Baudot] *s. Gen. -(s) Mz. -* Einheit für die Telegraphiergeschwindigkeit

**Bau|mé|grad** [bome-, nach dem frz. Chemiker A. Baumé] *m. 1, nach Zahlenan-*

*gaben Mz.-* (*Abk.:* °Bé) Maßeinheit für das spezif. Gewicht von Flüssigkeiten; **Baumé-spin|del** *w.11* nach Baumégraden geeichtes Instrument
**Bau|ta|stein** [altnord.] *m. l* bronzezeitl. skandinav. Gedenkstein
**Bau|xit** [auch: -ksit, nach dem Fundort Les Baux in Frankreich] *m. l* ein Mineral
**Ba|zar** *m. l* → Basar (**1**)
**ba|zil|lär** [lat.] durch Bazillen hervorgerufen; **Ba|zil|lus** *m. Gen. - Mz.* -len stäbchenförmiger Spaltpilz, oft Krankheitserreger
**Ba|zoo|ka** [-zu-] *w.9* rückstoßfreie, tragbare amerik. Panzernahbekämpfungswaffe
**BBC** [bibisi] *Abk. für* British Broadcasting Corporation (die brit. Rundfunkgesellschaft)
**b. c., B. c.** *Abk. für* Basso continuo
**B. C.** [bisi] *Abk. für* Before Christ: vor Christus
**BCD** [bisidi] *Abk. für* Binary Coded Decimal: binär kodierte Dezimalziffer
**Be** *chem. Zeichen für* Beryllium
**Bé** *Abk. für* Baumégrad
**Beagle** [bigəl, engl.] *m.9* kleine engl. Spürhundrasse
**Beat** [bit, engl.] *m.9 nur Ez., im Jazz:* **1** gleichmäßiger Schlagrhythmus; **2** betonter Taktteil; **3** Musik mit gleichmäßigem Schlagrhythmus; **4** → Beatnik; **Beat|ge|ne|ra-ti:on** [bitdʒɛnəreiʃn] *w. Gen. - nur Ez.* eine Gruppe amerik. Künstler nach dem 2. Weltkrieg, die sich gegen Staat und Gesellschaft auflehnte
**Bea|ti|fi|ka|ti:on** [-tsjon, lat.] *w.10* Seligsprechung; **bea|ti|fi|zie|ren** seligsprechen
**Beatle** [bitl, engl.] *m.9* **1** Mitglied einer engl. Rock-Gruppe; **2** junger Mann mit pilzförmiger Frisur
**Beat|nik** [bitnik] *m.9* Vertreter der Beatgeneration
**Beat|pad** [bitpæd, engl.] *m.9* Stelle, wo man Rauschgift kaufen kann
**Beau** [bo, frz.] *m.9* schöner, eitler Mann
**Beau|fort|ska|la** [bofort-, nach dem engl. Admiral Sir F. Beaufort] *w. Gen. - Mz.* -len urspr. zwölfgradige, heute auf 17 Stufen erweiterte Skala für Windstärken
**Beau|jo|lais** [boʒolɛ, frz.] *m. Gen. - Mz.* - ein aus der frz. Landschaft B. stammender Rotwein
**Beauté** [bote, frz.] *w.9* schöne Frau
**Bé|bé** [-be, frz.] *s.9 schweiz.:* kleines Kind
**Be|bop** [bibɔp, engl.] *m.9* nordamerik. Jazzstil nach 1940
**Bé|cha|mel|so|ße** [-ʃamɛl-, nach dem Marquis de Béchamel] *w.11* Soße aus Mehl, Milch, Butter und Gewürzen
**Bec|que|rel|ef|fekt** [nach dem frz. Physiker A. E. Becquerel] *m. l* durch Belichtung ausgelöste Spannungsänderung an Metallelektroden in einem Elektrolyten
**Be|dui|ne** [arab.] *m.11* arab. Nomade

**Beef|steak** [bifste:k, engl.] *s.9* englisches B.: gebratene Rindslende; deutsches B.: gebratenes Fleischklößchen; **Beef|tea** [bifti:] *m.9* Rindfleischbrühe
**Be|el|ze|bub** [auch: bɛl-, hebr.] *m. Gen.* - oberster Teufel im NT; den Teufel mit B. austreiben: ein Übel mit einem andern vertreiben
**Bef|froi** [bɛfrwa, frz.] *m.9* Hauptturm einer Burg, Bergfried
**Beg** [türk. „Herr"] *m.9* türk. Titel
**Be|gard** [vielleicht nach dem Begründer L. le Bègue] *m.10*, **Be|gar|de** *m.11* Angehöriger einer im Kloster lebenden, aber nicht durch Gelübde gebundenen Männervereinigung; **Be|gi|ne** [vgl. Begard] *w.11* Angehörige einer im Kloster lebenden, aber nicht durch Gelübde gebundenen Frauenvereinigung
**Be|go|nie** [-njə, nach dem Franzosen M. Bégon] *w.11* eine Zierpflanze
**Be|gum** [Hindi] *w.10, Titel für* ind. Fürstin
**Be|ha|vio|ris|mus** [bihɛivjə-, engl.] *m. Gen. - nur Ez.* Richtung der Psychologie, die ausschließlich vom Verhalten von Mensch und Tier ausgeht
**Be|hen|nuß** *w.2* → Bennuß
**Bei** *m.9* → Beg
**beige** [beʒ, frz.] sandfarben, gelbbraun
**Beig|net** [bɛnje, frz.] *m.9* in Pfannkuchenteig getauchte und in schwimmendem Fett gebackene Fruchtscheiben
**Bei|ram** *m.9* → Bairam
**Be|kas|si|ne** [frz.] *w.11* Sumpfschnepfe
**Bel** [nach dem Erfinder des Telefons, A. G. Bell] *s. Gen. -s Mz.* - (*Abk.:* B) Maßeinheit für die Dämpfung von Schwingungen
**Bell|ami** [frz. „schöner Freund"] *m.9* Frauenliebling
**bel ca|nto** *m. Gen. --*, **Bell|can|to** *m.9, beides nur Ez.* → Belkanto
**Bel|lem|nit** [griech.] *m.10* ausgestorbener Kopffüßer; fossiler Rest seines Gehäuses, Donnerkeil, Teufelsfinger
**Bel|es|prit** [bɛlɛspri, frz.] *m.9 veraltet:* Schöngeist
**Bel|eta|ge** [beletaʒə, frz.] *w.11 veraltet:* erstes Stockwerk, Hauptgeschoß
**Bel|li:al** [hebr.] *m. l nur Ez.*, *bibl. Bez. für* Teufel
**Bel|kan|to** [ital. „schöner Gesang"] *m.9 nur Ez.* die Schönheit der Stimme zur Geltung bringender ital. Gesangsstil des 17.–19. Jh.; **bel|kan|tie|ren** in der Art des Belkantos singen
**Bel|la|don|na** [ital. „schöne Frau"] *w. Gen. - Mz.* -nen **1** Tollkirsche, eine Gift- und Heilpflanze; **2** *nur Ez.* daraus gewonnenes Heil- und (früher) Schönheitsmittel
**Bel|le|trist** [frz.] *m.10* Schriftsteller der Belletristik; **Bel|le|tri|stik** *w.10 nur Ez.* schöne Literatur, Unterhaltungsliteratur
**Belle|vue** [bɛlvy, frz. „schöne Aussicht"]

**1** *w. 11* Aussichtspunkt; **2** *s. 9* Name von Schlössern

**Belllizist** [neulat.] *m. 10* Kriegstreiber

**Bellorusse** [russ.] *m. 11* Angehöriger eines ostslaw. Volkes, Weißrusse, Weißruthene

**Bel-Paese** [ital. „schönes Land"] *m. Gen. - Mz. -* ein ital. Weichkäse

**Belludsch** *m. 1* kleiner, dunkelfarbiger Orientteppich

**Belluga** [russ.] *m. 9* **1** Weißwal, ein Gründelzahnwal; **2** Hausen, Stör; **3** der aus dem Rogen von (**2**) hergestellte Kaviar

**Bellutsch** *m. 1* → Beludsch

**Belveldere** [ital. „schöne Aussicht"] *s. 9* **1** Aussichtspunkt; **2** Name von Schlössern

**Ben** *vor hebr. und arab. Namen:* Sohn, Enkel

**beneldeien** [lat.] segnen; gebenedeit seist du, Maria

**Benedictus** [lat.] *s. Gen. - Mz. -* in der kath. *Messe:* Lobgesang, Hymnus; **Benediktiner** *m. 5* **1** Angehöriger eines Mönchsordens; **2** ein Kräuterlikör; **Benediktion** [-tsjon] *w. 10* Segnung; **benedizieren** segnen

**Benefiz** *s. 1* **1** → Benefizvorstellung; **2** → Benefizium; **Benefiziant** *m. 10* **1** *veraltet:* Wohltäter; **2** Nutznießer einer Benefizvorstellung; **Benefiziar, Benefiziat** *m. 1* Inhaber eines Benefiziums; **Benefizium** *s. Gen. -s Mz. -zien im MA:* **1** zur Nutzung überlassenes, vererbbares Land; **2** mit einer Pfründe verbundenes Kirchenamt; **Benefizvorstellung** *w. 10* Theater- oder Musikaufführung zugunsten eines Künstlers oder eines wohltätigen Zweckes

**Bengali** *s. Gen. -(s) nur Ez.* eine neuind. Sprache

**benigne** [lat.] *Med.:* gutartig (von Geschwülsten); *Ggs.:* maligne; **Benignität** *w. 10 nur Ez. Med.:* Gutartigkeit; *Ggs.:* Malignität

**Bennuß** *w. 2* Frucht eines arab. Wüstenbaumes

**Benthal** [griech.] *s. 1* Lebensbereich des Bodens stehender Gewässer; **Benthos** *s. Gen. - nur Ez.* Tier- und Pflanzenwelt eines Benthals

**Bentonit** [nach dem Fundort Fort Benton in Montana/USA] *m. 1 nur Ez.* Ton mit starker Quellfähigkeit

**Benzaldehyd** *m. 1* Bittermandelöl

**Benzin** [arab.] *s. 1* aus Erdöl gewonnene, farblose, flüchtige, feuergefährl. Flüssigkeit, bes. als Treibstoff

**Benzoe** [-tsoe:, arab.] *w. Gen. - nur Ez.,* **Benzoeharz** *s. 1 nur Ez.* wohlriechendes Harz des ostind. und indones. Benzoebaumes; **Benzoesäure** *w. 11 nur Ez.* ein Konservierungsmittel; **Benzol** [Kurzw. aus Benzoe und Alkohol] *s. 1 nur Ez.* ein Kohlenwasserstoff; **Benzyl** *s. 1 nur Ez.* Restgruppe des Moleküls Benzoesäure; **Benzylalkohol** *m. 1*

ein aromat. Alkohol, Ausgangsstoff für Parfüme

**Berber** *m. 5* **1** Angehöriger einer hamit. nordafrikan. Völkergruppe; **2** von Berbern gezüchtete Pferderasse; **3** von Berbern hergestellter Teppich

**Berberitze** [lat.] *w. 11* Sauerdorn, ein Zierstrauch

**Berceuse** [bɛrsøz(ə), frz.] *w. 11* Wiegenlied

**Bergamaska** [nach der ital. Stadt Bergamo] *w. Gen. - Mz. -ken* Tanzlied des 17./18. Jh.

**Bergamotte** [türk.] *w. 11* **1** Pomeranze, eine Zitrusfrucht; **2** eine Birnensorte; **Bergamottöl** *s. 1* aus der Bergamotte (**1**) gewonnenes Öl für Parfüme

**Beriberi** [singhales.] *w. 9 nur Ez.* eine Vitamin-B-Mangelkrankheit, bes. in ostasiat. Ländern, mit Lähmungen, Schwäche und allgemeinen Schmerzempfindungen

**Berkelium** [nach der kaliforn. Stadt Berkeley] *s. Gen. -s nur Ez.* (*Zeichen:* Bk) ein chem. Element

**Berllocke** (-lokke) [frz.] *w. 11* Schmuckanhänger für Uhrketten u. ä.

**Berme** [ndrl.] *w. 11* horizontaler Absatz in einer Böschung

**Bersagliere** [-saljerə, ital.] *m. Gen. -s Mz. -ri* Soldat der ital. Elitetruppe mit breitkrempigem Hut und Federbusch

**Berserker** [altnord.] *m. 5 altnord. Myth.:* wilder, starker Kämpfer

**Beryll** [griech.] *m. 1* ein Edelstein; **Beryllium** *s. Gen. -s nur Ez.* (*Zeichen:* Be) chem. Element

**Besan** [arab.-ital.] *m. 1* Segel am Besanmast; **Besanmast** *m. 12* der hinterste Mast (eines Segelschiffes)

**Bésigue** [bezig, frz.] *s. 9 nur Ez.* ein Kartenspiel

**Bessemerbirne** [nach dem engl. Ingenieur Sir Bessemer] *w. 11* feuerfester Behälter, in dem Roheisen gereinigt und in Stahl verwandelt wird; **bessemern** in der Bessemerbirne herstellen

**Bestelder** [ndrl.] *m. 5 Seew.:* Schiffsbauherr

**bestialisch** [lat.] **1** ungemein roh, grausam; **2** fürchterlich; es stinkt b.; **Bestialität** *w. 10 nur Ez.* Roheit, Grausamkeit; **Bestiarium** *s. Gen. -s Mz. -rien im MA:* Sammlung von Tierbeschreibungen; **Bestie** [-stjə] *w. 11* **1** wildes Tier; **2** roher, grausamer Mensch

**bestreiken** durch → Streik stillegen; einen Betrieb bestreiken

**Bestseller** [engl.] *m. 5* Buch (auch Schallplatte o. ä.) mit großem Verkaufserfolg

**Betastrahlen, β-Strahlen** [griech.] *m. 12 Mz.* aus Elektronen oder Positronen bestehende radioaktive Strahlen; **Betatron** [Kurzw. aus Betastrahlen und Elektron] *s. 1 oder s. 9* Gerät zum Beschleunigen von Elektronen, Elektronenschleuder

**Betel** [mal.] *m. 5* aus der Betelnuß hergestelltes Genußmittel; **Be|tel|nuß** w. 2 Frucht der Betelpalme; **Be|tel|pal|me** w. 11 südostasiat. Baum, Arekapalme

**Be|til|se** [frz.] w. 11 Dummheit

**Be|ton** [-tɔŋ oder -tõ, lat.-frz.] m. 9, eindeutschend [-ton] m. 1 ein Baustoff aus Zement, Wasser, Sand u. a.

**Be|to|nie** [-njə, lat.] w. 11 eine Wiesenblume, Heilpflanze

**be|to|nie|ren** mit Beton ausmauern

**be|tucht** [hebr.] wohlhabend

**Be|va|tron** [engl. Kunstw.] s. 1 oder 9 in Berkeley (Calif.) erbauter Teilchenbeschleuniger

**Bey** m. 9 → Beg

**be|zir|zen** [nach der Zauberin Circe der griech. Sage] ugs.: bezaubern, verliebt machen, verführen

**Be|zo|ar** [pers.-frz.], **Be|zo|ar|stein** m. 1 kleiner Ballen aus Pflanzenresten, Haaren u. a. im Magen von Ziege, Gemse, Lama, früher als Heilmittel benutzt

**bfr** Abk. für belgischer Franc

**Bi** chem. Zeichen für Wismut (Bismutum)

**Bi|ar|chie** [lat. + griech.] w. 11 Doppelherrschaft

**Bi|as** [baiəs, engl. „Vorurteil"] s. Gen. - nur Ez. Marktforschung: Verzerrung von Meinungsumfrage-Ergebnissen durch subjektive Einflüsse oder systemat. Fehler

**Bi|ath|lon** [lat. + griech.] s. 9 Kombination aus Schilanglauf und Schießübungen (als olymp. Disziplin)

**Bi|blia pau|pe|rum** [lat.] w. Gen. - - Mz. -liä- Armenbibel, mittelalterliche Bilderbibel mit kurzen Erläuterungen für das einfache Volk

**Bi|blio|graph** [griech.] m. 10 Hersteller einer Bibliographie; **Bi|blio|gra|phie** w. 11 1 Bücherkunde; 2 Bücherverzeichnis mit genauen Angaben von Titel, Verfasser, Erscheinungsort und -jahr, Seitenzahl usw.; **bi|blio|gra|phie|ren** in eine Bibliographie aufnehmen; auch: (einen Buchtitel) genau feststellen, ermitteln; **Bi|blio|klast** m. 10 jmd., der aus Sammelwut Seiten aus fremden Büchern herausreißt; **Bi|blio|ma|ne** m. 11 übertriebener Büchersammler; **Bi|blio|ma|nie** w. 11 übertriebene leidenschaftl. Sammeln von Büchern; **bi|blio|phil** 1 bücherliebend; 2 schön und kostbar ausgestattet; bibliophile Ausgabe; **Bi|blio|phi|le** m. 11 Liebhaber und Sammler schöner Bücher; **Bi|blio|phi|lie** w. 11 nur Ez. Freude an schönen Büchern; **bi|blio|phob** bücherfeindlich; **Bi|blio|pho|be** m. 11 Bücherfeind; **Bi|blio|pho|bie** w. 11 nur Ez. Abneigung gegen Bücher; **Bi|blio|taph** m. 1 jmd., der seine Bücher verbirgt und nicht verleiht; **Bi|blio|thek** w. 10 1 Büchersammlung, Bücherei; 2 Raum, Gebäude dafür; **Bi|blio|the|kar** m. 1 Angestellter in einer Bibliothek (mit bes. Ausbildung)

**Bi|bli|zis|mus** m. Gen. - nur Ez. Auffassung, daß alle Aussagen der Bibel wörtlich zu verstehen seien und als Verhaltensnorm zu gelten hätten

**Bi|car|bo|nat** [lat.] s. 1 doppeltsaures Salz der Kohlensäure

**Bi|chro|mat** [-kro-, lat. + griech.] s. 1, früher für Dichromat; **Bi|chro|mie** w. 11 nur Ez. Zweifarbigkeit

**Bi|ci|ni|um** [lat.] s. Gen. -s Mz. -ni|en 15./16. Jh.: kurzes, zweistimmiges Musikstück

**Bi|det** [-de, frz.] s. 9 Sitzbadebecken

**Bi|don** [-dõ, frz.] s. 9 Benzinkanister; **Bi|don|ville** [-dõvil] s. 9 Elendsviertel (in nordafrik. und frz. Städten)

**bi|enn** [lat.] zweijährig, zwei Jahre lebensfähig; **Bi|en|na|le** [ital.] w. 11 alle zwei Jahre stattfindende Ausstellung und Vorführung von Werken der bildenden Kunst, der Musik und des Films, bes. in Venedig; **Bi|en|ni|um** [lat.] s. Gen. -s Mz. -ni|en Zeitraum von zwei Jahren

**bi|fi|lar** [lat.] Tech.: zweifädig, zweidrahtig

**Bi|fo|kal|glas** [lat.] s. 4 Brillenglas mit zweifachem Schliff für Fern- und Nahsicht

**Bi|ga** [lat.] w. Gen. - Mz. -gen antiker, zwei Pferden bespannter, zweirädriger Wagen

**Bi|ga|mie** [lat. + griech.] w. 11 nur Ez. Doppelehe; **Bi|ga|mist** m. 10 jmd., der in Bigamie lebt

**Big Band** [-bænd, engl.] w. Gen. - - Mz. --s großes Jazzorchester

**Big Bu|si|ness** [-biznis, engl.] s. Gen. - - nur Ez. Wirtschaftsform mit der Tendenz zum Großbetrieb und zu Unternehmenszusammenschlüssen

**Bi|gno|nie** [-njə, nach dem frz. Abbé Bignon] w. 11 eine Zierpflanze

**bi|gott** [frz.] frömmelnd, blindgläubig; **Bi|got|te|rie** w. 11 nur Ez. Frömmelei

**Bi|jou** [-ʒu, frz.] s. 9 oder m. 9 Kleinod, Schmuckstück; **Bi|jou|te|rie** w. 11 1 (meist unechte) Schmuckwaren; 2 Schmuckgeschäft

**Bi|kar|bo|nat** s. 1 → Bicarbonat

**Bi|ki|ni** [nach dem Atoll Bikini in den Marshallinseln] m. 9 sehr knapper, zweiteiliger Badeanzug

**bi|kon|kav** [auch: bi-, lat.] beiderseits hohl geschliffen (Linse)

**bi|kon|vex** [auch: bi-, lat.] beiderseits gewölbt geschliffen (Linse)

**Bi|la|bi|al** [auch: bi-, lat.] m. 1 mit beiden Lippen gebildeter Laut, m, b, p

**Bi|lanz** [ital.] w. 10 1 Gegenüberstellung von Vermögenswerten und Verpflichtungen zu einem bestimmten Zeitpunkt; 2 übertr.: Gegenüberstellung, abschließender Überblick; **bi|lan|zie|ren** eine Bilanz aufstellen (über etwas)

**bi|la|te|ral** [lat.] zweiseitig; bilaterale Verträge; **Bi|la|te|ra|lis|mus** m. Gen. - nur Ez. Zweiseitigkeit der Verträge zwischen zwei Staaten

**bi|lin|gu|isch** [lat.] zweisprachig

**Bi|li|ru|bin** [lat.] *s. 1 nur Ez.* rötlichbrauner Gallenfarbstoff; **Bi|lis** *w. Gen. - nur Ez.* Galle; **Bi|li|ver|din** *s. 1 nur Ez.* grüner Gallenfarbstoff

**Bill** [engl.] *w. 9* **1** *im engl. Parlament:* Gesetzesentwurf; **2** *engl.-amerik. Rechtsw. allg.:* Urkunde

**Bil|lard** [-lj-, frz.] *s. 1, österr.* [biljar oder bijar] Kugelstoßspiel auf einem tuchbespannten Tisch; **bil|lar|die|ren** Billard regelwidrig spielen

**Bill|ber|gia** [nach dem schwed. Botaniker G. J. Billberg] *w. Gen. - Mz. -gi|en,* **Bill|ber|gie** [-gjə] *w. 11* eine Zimmerpflanze, z. B. Spanischer Hafer

**Bil|let|doux** [bijɛdu, frz. „süßes Briefchen"] *s. 9 veraltet:* Liebesbriefchen; **Bil|le|teur** [bijetœr] *m. 1 oder m. 9 österr.:* Platzanweiser (im Theater); **Bil|lett** [-ljɛt] *s. 9 oder s. 1* **1** *veraltet:* Briefchen, Zettel mit einer Mitteilung; **2** *veraltend:* Eintrittskarte, Theater-, Fahrkarte

**Bil|li|ar|de** [-ljar-, frz.] *w. 11* tausend Billionen; vgl. Quadrillion

**Bil|li|on** [-ljon, frz.] *w. 10, in Dtschl., Frkr. und Engl.:* eine Million Millionen; *in den USA, der UdSSR:* tausend Millionen

**Bil|lon** [biljõ, frz.] *s. 9 oder m. 9* **1** Legierung aus Kupfer, Zinn und Zink; **2** Münze daraus

**Bi|lux|lam|pe** [lat.] *w. 11* Glühlampe mit zwei getrennt schaltbaren Leuchtkörpern, z. B. in Autoscheinwerfern

**bi|ma|nu|ell** [lat.] zweihändig

**bi|ma|xil|lär** [lat.] Ober- und Unterkiefer betreffend

**Bi|me|tall** *s. 1* zwei aufeinandergeschweißte oder -gewalzte Metallstreifen mit verschiedenem Ausdehnungskoeffizienten (für Thermometer, elektr. Kontakte); **Bi|me|tal|lis|mus** *m. Gen. - nur Ez.* auf zwei Metallen (meist: Gold und Silber) beruhende Währung; *Ggs.:* Monometallismus

**bi|när,** bilnar, bi|na|risch [lat.] aus zwei Einheiten bestehend (Ziffer, Stoff); **Bi|när|code** [-ko:d] *m. 9 Kybernetik:* aus nur zwei Elementen bestehender Code; **bi|na|ry di|git** [bainəri didʒit, engl.] → bit

**bin|au|ral** [lat.] mit beiden Ohren; binaurales Hören

**Bin|okel** [lat.] **1** *s. 5* Brille, Fernrohr, Mikroskop für beide Augen; **2** *m. 5 oder s. 5 schweiz., veraltet:* Kartenspiel; *auch:* die Kombination von Karobube und Pikdame dabei; **bin|oku|lar** für beide Augen zugleich eingerichtet; b. sehen: mit beiden Augen gleichzeitig sehen

**Bi|nom** [lat.] *s. 1* **1** aus zwei Gliedern bestehender mathemat. Ausdruck; **2** *Bot.:* zweigliedriger Pflanzenname

**bio..., Bio...** [griech.] *in Zus.:* leben(s)..., Leben(s)...

**Bio|che|mie** *w. 11 nur Ez.* Wiss. von den chem. Vorgängen in Lebewesen; **Bio-Ele-ment** *s. 1* Spurenelement

**bio|gen** [griech.] von Lebewesen stammend; **Bio|ge|ne|se, Bio|ge|nie** *w. 11 nur Ez.* Entstehung, Entwicklungsgeschichte des Lebens

**Bio|geo|gra|phie** [griech.] *w. 11 nur Ez.* Wissenschaft von der Verteilung der Tiere und Pflanzen auf der Erde

**Bio|gramm** [griech.] *s. 1 Verhaltensforschung:* Aufzeichnung des Lebensvorgänge innerhalb einer zusammengehörigen Gruppe

**Bio|graph** [griech.] *m. 10* Verfasser einer Biographie; **Bio|gra|phie** *w. 11* Lebensbeschreibung

**Bio|in|di|ka|tor** *m. 13* Lebewesen (Tier oder Pflanze), das durch sein Vorhandensein oder Fehlen bestimmte Umweltverhältnisse anzeigt

**Bio|kli|ma|to|lo|gie** [griech.] *w. 11 nur Ez.* Wissenschaft von der Wirkung des Klimas auf das Leben

**Bio|ky|ber|ne|tik** *w. Gen. - nur Ez.* Wissenschaft von den Steuerungsvorgängen in Lebewesen

**Bio|lith** [griech.] *m. 10 oder 12* Ablagerungsgestein tierischer oder pflanzlicher Herkunft

**Bio|lo|gie** [griech.] *w. 11 nur Ez.* Wissenschaft von den Lebewesen; **bio|lo|gisch 1** zur Biologie gehörig, auf ihr beruhend; **2** *übertr.:* dem natürlichen Wachstum entsprechend, nicht chemisch beeinflußt; biologisches Gemüse: natürlich gedüngtes, nicht gespritztes Gemüse; **Bio|lo|gis|mus** *m. Gen. - nur Ez.* einseitige Anwendung biolog. Betrachtungsweisen auf andere Wissensgebiete

**Bio|lu|mi|nes|zenz** [griech. + lat.] *w. 10 nur Ez.* Leuchtvermögen bestimmter Pflanzen und Tiere

**Bio|ly|se** [griech.] *w. 11* Zersetzung von organ. Substanz durch Lebewesen

**Bio|man|tie** [griech.] *w. 11 nur Ez.,* **Bio|man|tik** *w. 10 nur Ez.* Wahrsagen aus Handlinien, Puls u. ä.

**Bio|me|cha|nik** *w. 10 nur Ez.* Lehre von den mechan. Vorgängen in Lebewesen

**Bio|me|trie** [griech.] *w. 11 nur Ez.,* **Bio|me-trik** *w. 10 nur Ez.* **1** Lehre von den Maß- und Zahlenverhältnissen bei Lebewesen; **2** biolog. Statistik, Biostatistik

**bio|morph** [griech.] von natürl. Lebenskräften geformt; vgl. soziomorph, technomorph; **Bio|mor|pho|se** *w. 11* die durch natürl. Vorgänge hervorgerufene Umwandlung der Lebewesen

**Bio|mo|tor** *m. 13* Gerät zur künstl. Beatmung

**Bio|nik** [Kurzw. aus Biologie + Technik] *w. 10 nur Ez.* Wissenschaft, die die Funktionsweise von Organen zur Lösung techn. Probleme heranzieht

**Bio|no|mie** [griech.] *w. 11 nur Ez.* Wissenschaft von den Gesetzen des Lebens

**Bio|phy|sik** [auch: -sik] *w. 10 nur Ez.* **1** Wissenschaft von den physikal. Vorgängen in Lebewesen; **2** in der Medizin angewendete physikal. Verfahren

**Bi|op|sie** [griech.] *w.11* Untersuchung von Gewebe u. ä., das dem lebenden Organismus entnommen wurde

**Bio|rheu|se** [griech.], Bior|rheu|se *w.11 nur Ez.* der Vorgang des Alterns

**Bio|rhyth|mik** *w.10 nur Ez.*, **Bio|rhyth|mus** *m. Gen. - nur Ez.* rhythm. Ablauf von Lebensvorgängen

**Bi|os** [griech.] *m. Gen. - nur Ez.* die belebte Welt

**Bio|sa|tel|lit** *m.10* mit Tieren oder Pflanzen besetzter Satellit zur Erforschung ihres Verhaltens im Zustand der Schwerelosigkeit

**Bio|se** [griech.] *w.11* einfacher Zucker mit zwei Sauerstoffatomen im Molekül

**Bio|sen|sor** [griech. + lat.] *m.13* Vorrichtung zum Übertragen von Meßwerten vom lebenden Körper

**Bio|skop** [griech.] *s.1* kinematographisches Gerät

**Bio|sphä|re** *w.11 nur Ez.* der von Lebewesen bewohnte oder bewohnbare Teil der Erdoberfläche

**Bio|sta|ti|stik** *w.10* → Biometrik (**2**)

**Bio|tech|nik** *w.10 nur Ez.* die Erkenntnis technischer Grundsätze und Abläufe in biolog. Vorgängen und ihre Nutzbarmachung in der Technik (z. B. Aerodynamik des Vogelfluges); **Bio|tech|no|lo|gie** *w.11 nur Ez.* Wissenschaft von der Biotechnik

**Bio|tin** *s.1 nur Ez.* Vitamin H

**bio|tisch** [zu: Bios] zu Lebewesen gehörend, von ihnen stammend

**Bio|tit** [nach dem frz. Physiker J. B. Biot] *m.1* schwarzer Glimmer

**Bio|to|nus** [griech.] *m. Gen.- nur Ez.* natürliche, angeborene Lebenskraft, Spannkraft

**Bio|top** [griech.] *m.1 oder s.1* einheitlicher Lebensraum mit bestimmten Pflanzen- und Tierarten

**bio|trop** [griech.] auf Lebewesen bestimmend einwirkend; biotrope Faktoren: z. B. Luftdruck, Temperatur; **Bio|tro|pie** *w.11* Witterungsempfindlichkeit des Organismus

**Bio|typ** *m.12*, **Bio|ty|pus** *m. Gen. - Mz.* -pen Gesamtheit aller reinerbigen Exemplare einer Population

**bio|zen|trisch** das Leben, seine Erhaltung und Höherentwicklung in den Mittelpunkt stellend

**Bio|zö|no|se** [griech.] *w.11* Lebensgemeinschaft von Pflanzen und Tieren in einem Biotop

**Bi|pe|de** [lat.] *m.11* Zweifüßer, zweifüßiges Tier

**bi|po|lar** zweipolig; **Bi|po|la|ri|tät** *w.10* Zweipoligkeit

**Bi|qua|drat** *s.1* Quadrat des Quadrats, vierte Potenz

**Bi|quet** [bikε, frz.] *m.9* Schnellwaage für Gold- und Silbermünzen; **bi|que|tie|ren** [-ke-] auf dem Biquet abwiegen

**Bi|re|me** [lat.] *w.11* antikes Kriegsschiff mit zwei Ruderreihen übereinander

**Bi|rut|sche** *w.11* → Barutsche

**Bi|sam** [hebr.] *m.1* **1** Fell der Bisamratte; **2** *veraltet für* Moschus

**Bi|sek|trix** [lat.] *w. Gen. - Mz.* -tri|zes Winkelhalbierende zwischen den Achsen eines Kristalls

**Bi|se|xu|a|li|tät** *w.10 nur Ez.* **1** *Biol.:* Zweigeschlechtigkeit; **2** *Med.:* auf beide Geschlechter gerichtete Sexualität; **bi|se|xu|ell** mit beiden Geschlechtern verkehrend

**Bis|kot|te** [ital.] *w.11* *österr.:* Biskuitplätzchen

**Bis|kuit** [-kvit, auch: -kvit, bis-, lat.- frz.] *s.9 oder s.1* leichtes, feines Gebäck ohne Fett; **Bis|kuit|por|zel|lan** *s.1* zweimal gebranntes, unglasiertes Porzellan

**Bis|mu|tit** *m.1* ein Mineral; **Bis|mu|tum** *s. Gen. -s nur Ez.* (*Zeichen:* Bi) Wismut

**Bi|son** [german.-lat.] *m.9* nordamerik. Wildrind

**Bi|ster** [frz.] *m.5* aus Ruß gewonnene, braune Wasserfarbe

**Bi|stou|ri** [-stu-, frz.] *m.9 oder s.9* Operationsmesser mit bewegl. Klinge

**Bi|stro(t)** [-stro, frz.] **1** *s.9* kleine frz. Gaststätte, Kneipe; **2** *m.9* frz. Schankwirt

**bi|syl|la|bisch** [lat.] zweisilbig

**bit** *in der Datenverarbeitung Abk. für* binary digit: Stelle im Zweiersystem, Element eines nur aus zwei Zeichen bestehenden Codes

**Bi|tu|men** [lat.] *s.7* Erdharz, Erdpech; **bi|tu|mi|nie|ren** mit Bitumen bestreichen; **bi|tu|mi|nös** Bitumen enthaltend

**bi|va|lent** [lat.] *Chem.:* zweiwertig; **Bi|va|lenz** *w.10* Zweiwertigkeit

**Bi|wa** [jap.] *w.9* viersaitige jap. Laute

**Bi|wak** [frz.] *s.1 oder 9* Nachtlager im Freien, Feldlager; **bi|wa|kie|ren** ein Biwak aufschlagen, im B. übernachten

**bi|zarr** [frz., ital.] **1** seltsam, ungewöhnlich (Form); **2** launenhaft, wunderlich (Person); **Bi|zar|re|rie** *w.11* Seltsamkeit, Wunderlichkeit

**Bi|zeps** [lat.] *m.1* zweiköpfiger Beugemuskel (z. B. am Oberarm und Oberschenkel)

**Bi|zi|nie** [-njə, lat.] *w.11* → Bicinium

**bi|zy|klisch** einen Kohlenstoffdoppelring enthaltend (chem. Verbindung)

**Bk** *chem. Zeichen für* Berkelium

**Black|band** [blækbænd, engl.] *s.9 nur Ez.* geringwertiges Eisenerz

**Black|out** [blækaut, engl.] *s.9* **1** plötzl. Dunkelwerden der Bühne beim Szenenschluß; **2** kurze, meist witzige Szene mit einem solchen Schluß; **3** Ausfall der Funkverbindung mit einem Raumschiff bei dessen Eintritt in die Atmosphäre; **4** vorübergehender Verlust der Sehfähigkeit unter Einwirkung extremer Beschleunigung; 5 Aussetzen der Wahrnehmungsfähigkeit oder des Bewußtseins

**Black Po|wer** [blæk pauər, engl.] *w. Gen.- - nur Ez.* Freiheitsbewegung der US-amerik. Neger

**bla|ma|bel** [frz.] beschämend; **Bla|ma|ge** [-ʒə] *w. 11* peinl. Beschämung; **bla|mie|ren** bloßstellen, beschämen

**blan|chie|ren** [blãʃi-, frz. „weiß machen"] abbrühen (Geflügel, Mandeln)

**bland** [lat.] 1 mild, reizlos (Diät); 2 ruhig verlaufend (Krankheit)

**Blan|kett** [ital.] *s. 1* nicht völlig ausgefülltes, aber unterschriebenes Formular (*bes.:* Wechsel); **blan|kie|ren** verkaufen, ohne es selbst schon gekauft zu haben

**blan|ko** [ital.] unausgefüllt, aber unterschrieben; **Blan|ko|scheck** *m. 9* nicht ausgefüllter, aber unterschriebener Scheck; **Blan|ko|ver|kauf** *m. 2* Leerverkauf, spekulativer Verkauf einer Sache, die man noch nicht besitzt; **Blan|ko|voll|macht** *w. 10* unbeschränkte Vollmacht

**Blank|vers** [engl.] *m. 1* fünffüßiger Jambus ohne Reim

**bla|siert** [frz.] eingebildet und eitel, hochnäsig

**Bla|son** [-sɔ̃, frz.] *m. 9* Wappen, Wappenschild; **bla|so|nie|ren** ein Wappenschild b.: ausmalen oder erklären

**Blas|phe|mie** [griech.] *w. 11* Gotteslästerung, Beschimpfung von etwas Heiligem; **blas|phemisch, blas|phe|mi|stisch** gotteslästerlich, Heiliges verhöhnend

**Bla|sto|derm** [griech.] *s. 1 nur Ez.* Zellwandung der Blastula; **Bla|sto|ge|ne|se** *w. 11* ungeschlechtl. Vermehrung durch Sprossung oder Knospung; **Bla|stom** *s. 1* nichtentzündl. Geschwulst; **Bla|sto|my|zet** *m. 10* Sproßpilz; **Bla|sto|po|rus** [griech.-lat.] *m. Gen. - nur Ez.* Öffnung des Urdarms, Urmund; **Bla|stu|la** *w. Gen. - nur Ez.* Blasenkeim, frühe Entwicklungsstufe des Embryos

**Bla|zer** [blɛizər, engl.] *m. 5* leichte, sportl. Herren- oder Damenjacke mit aufgesetzten Taschen

**Blen|nor|rhö** [griech.] *w. 10,* **Blen|nor|rhoe** [-rø] *w. 11 veraltet:* eitrige Schleimabsonderung, *bes.:* eitrige Bindehautentzündung

**bles|sie|ren** [frz.] *veraltet:* verletzen; **Bles|sur** *w. 10 veraltet:* Verletzung

**bleu** [blø, frz.] *meist nicht flektiert:* grünlichblau

**Bliz|zard** [blizərd, engl.] *m. 9* Schneesturm (in Nordamerika)

**Blou|son** [bluzɔ̃, frz.] *m. 9 oder s. 9* über dem Rock getragene, über der Hüfte eng anliegende Bluse

**Blow-up** [blou ʌp, engl.] *s. Gen.- - nur Ez.* 1 Aufbauschen, Vergrößern; 2 Vergrößerung (eines Photos u. a.)

**Blue Jeans** [blu dʒinz, engl.] *Mz.* blaue Drillichhose

**Blues** [bluz, engl.] *m. Gen. - Mz.* - 1 schwermütiges Tanzlied der nordamerik. Neger; 2 langsamer Gesellschaftstanz

**Bluff** [blʌf, auch noch: bløf, auch schon: bluf, engl.] *m. 9* dreiste Täuschung, Irreführung; **bluf|fen** [blʌf-, auch noch: bløf-, auch schon: bluf-] dreist täuschen, verblüffen

**blü|me|rant** [frz.] *ugs.:* schwindelig, flau, schwach; mir ist, wird ganz b. (zumute)

**b. m.** *Abk. für* brevi manu

**Bö** [ndrl.] *w. 10* Windstoß

**Boa** [lat.] *w. 9* 1 Riesenschlange; 2 langer, schmaler Pelz oder Schal zum Umhängen

**Boar|ding|house** [bɔrdiŋhaus, engl.] *s. Gen. - Mz. -s* [-hausiz] Pension, Fremdenheim

**Bob** *m. 9 Kurzw. für* Bobsleigh

**bob|ben** beim Bobfahren den Oberkörper ruckweise nach vorn bewegen, um die Fahrt zu beschleunigen

**Bob|by** [nach dem Engländer Robert (Bobby) Peel] *m. Gen. -s Mz. -bies* engl. Polizist

**Bo|bi|ne** [frz.] *w. 11* 1 Garnspule; 2 endloser Papierstreifen; 3 Trommel für Förderbänder

**Bo|bi|net** [auch: bo-, engl.] *m. 9* engl. Tüll

**Bob|sleigh** [-slɛi, engl.] (*Kurzw.:* Bob) *m. 9* lenkbarer Rennschlitten

**Boc|cia** [bɔtʃa] *s. Gen. - nur Ez.* ital. Kugelspiel

**Boche** [bɔʃ, frz. „Schwein"] *m. 9, bes. im 1. Weltkrieg:* Schimpfname der Franzosen für den Deutschen

**Bo|de|ga** *w. 9* span. Weinschenke

**Bo|dhi|satt|wa** [sanskr.] *m. 9* buddhist. Heiliger

**Bo|do|ni** [nach dem ital. Buchdrucker und Schriftschöpfer G. Bodoni] *w. Gen. - nur Ez.* eine Antiqua-Druckschrift

**Bo|dy|buil|ding** [-bil-, engl.] *s. Gen. - s nur Ez.* Muskeltraining zur Ausbildung guter Körperformen

**Böe** *w. 11* → Bö

**Bo|fel** *m. 5* → Bafel

**Bog|head|koh|le** [-hɛd-, nach dem schott. Ort Boghead] *w. 11 nur Ez.* sehr fetthaltige Steinkohle

**Bo|go|mi|le, Bo|gu|mi|le** [slaw. „Gottesfreund" oder nach dem Gründer Bogomil] *m. 11* Angehöriger einer mittelalterl. Sekte in Osteuropa und Kleinasien

**Bo|heme** [boɛm, frz.] *w. 11 nur Ez.* unbürgerl., ungebundenes Künstlerleben oder -milieu; **Bo|he|mi|en** [boɛmjɛ̃] *m. 9* jmd., der in der Art der Boheme lebt

**Boi|ler** [bɔi-, engl.] *m. 5* Gerät zum Warmwasserbereiten und -speichern

**Bo|jar** [russ.] *m. 10, im alten Rußland:* Angehöriger des Hochadels, *in Bulgarien und Rumänien:* adliger Großgrundbesitzer

**Bo|je** [ndrl.] *w. 11* verankertes Seezeichen

**Bok|mål** [-mɔːl, norw.] *s. Gen. -s nur Ez.* vom

Dän. beeinflußte norw. Schriftsprache, im Unterschied zum Landsmål

**Bol** *m. 1* → Bolus

**Bolla** [span.] *w. 9* südamerik. Wurfwaffe

**Bollelro** [span.] *m. 9* **1** span. Tanz; **2** kurzes, offenes Jäckchen

**Bolleltus** [griech.] *m. Gen.- Mz.* -ti ein Pilz

**Bollid** [griech.] *m. 1 oder 10* Meteor in Form einer Feuerkugel

**Bollivar** *m. Gen.-s Mz.*- Währungseinheit in Venezuela, 100 Centimos; **Bollivialno** *m. 9 Mz. auch:* - (*Abk.:* B) Währungseinheit in Bolivien, 100 Centavos

**Bolllanldist** [nach dem Jesuiten J. Bolland] *m. 10* Mitglied der Arbeitsgemeinschaft zur Herausgabe von Heiligenlegenden

**Bollolmelter** [griech.] *s. 5* Gerät zum Messen der Energie elektromagnet. Strahlung

**Bollschelwik** [russ.] *m. 10, Mz. auch* -ki Angehöriger der Kommunist. Partei der UdSSR; **bollschelwilsielren** nach dem Vorbild des Bolschewismus gestalten; **Bollschelwislmus** *m. Gen.- nur Ez.* Lehre und Taktik des von Lenin weiterentwickelten Marxismus

**Bollus** [griech.] *m. Gen. - nur Ez.* **1** kalkhaltiger Ton; **2** Bissen, große Pille; **Bollusltod** *m. 1 nur Ez.* Tod durch Ersticken an einem zu großen Bissen oder Fremdkörper

**Bomlbalge** [-ʒə, frz.] *w. 11* Biegung, Wölbung, gewölbte Form

**Bomlbarlde** [frz.] *w. 11* **1** altes Steinschleudergeschütz; **2** tiefes Orgelregister; **3** *auch:* Holzblasinstrument, Pommer; **Bomlbarldement** [-mã] *s. 9* Bombardierung; **bomlbardielren 1** mit Bomben angreifen; **2** *scherzh.:* bewerfen; jmdn. mit Steinen, Vorwürfen b.; **Bomlbarldon** [-dõ] *s. 9* Blechblasinstrument, Vorläufer der Baßtuba

**Bomlbast** [pers.-engl.] *m. 1 nur Ez.* Schreib-, Redeschwulst, Prunk, Überladenheit; **bombalstisch** allzu prunkvoll, überladen; schwülstig, hochtrabend

**bomlbielren** [frz.] biegen, wölben (Glas, Blech)

**Bon** [bõ, frz.] *m. 9* Kassenzettel, Gutschein

**bolna filde** [lat.] im guten Glauben, auf Treu und Glauben

**Bolnalparltislmus** *m. Gen. - nur Ez.* polit. Richtung in Frankreich, die die Wiedereinsetzung eines Angehörigen des Hauses Bonaparte erstrebte

**Bonlbon** [bõbõ, frz. bõbõ] *s. 9, auch: m. 9*, kleine Süßigkeit, kleines Zuckerwerk; **Bonbonlnielre** [bõbõnjɛrə] *w. 11* Pralinen-Geschenkpackung

**Bond** [engl.] *m. 9* engl. und amerik. festverzinsl. Schuldverschreibung

**bonlgen** eine Bestellung, einen Kauf b.: einen Bon über eine Bestellung, einen Kauf an der Registrierkasse tippen, bonieren

**Bonlgo 1** [afrik. Eingeborenenspr.] *m. 9* eine afrik. Antilope; **2** [span.] *s. 9* kubanische,

paarweise mit den Fingern zu schlagende Trommel

**Bonlholmie** [bɔnɔmi, frz.] *w. 11 nur Ez.* Gutmütigkeit, Biederkeit; **Bonlhomme** [bɔnɔm] *m. 9* gutmütiger, einfältiger Mensch

**bolnielren** → bongen

**Bolnilfilkaltilon** [-tsjon, lat.] *w. 10* Vergütung; **bolnilfilzielren** ein Guthaben b.: einen höheren Zinssatz als üblich dafür gewähren

**Bolniltät** [lat.] *w. 10* **1** Güte, Wert; **2** kaufmänn. Ruf; **3** Zahlungsfähigkeit; **bolniltielren** schätzen, dem Wert nach einstufen (Grundstück, Waren)

**Bolniлto** [span.] *m. 9* (wirtschaftlich wichtiger) Speisefisch trop. Meere, Thunfisch

**Bonlmot** [bõmo, frz.] *s. 9* witzige, geistreiche Bemerkung

**Bonlne** [frz.] *w. 11 veraltet:* Kindermädchen

**Bolnus** [lat.] *m. 1 oder Gen. - Mz.* - **1** Gutschrift, einmalige Sondervergütung; **2** verbessernder Zuschlag auf Zeugnisnoten u. ä.; *Ggs.:* Malus (2)

**Bonlvilvant** [bõvivã, frz.] *m. 9* Lebemann; *im Theater:* Salonheld

**Bonlze** [jap.] *m. 11* **1** lamaist. Mönch; **2** *übertr.:* engstirniger Parteifunktionär; **Bonlzokraltie** *w. 11* Bonzenherrschaft

**Boom** [bum, engl.] *m. 9* wirtschaftl. Aufschwung, Hochkonjunktur, Hausse

**Boolster** [bu-, engl.] *m. 5* Zusatzgerät zur Kraftverstärkung bei Antriebsaggregaten (Raketen) oder Steuervorrichtungen

**Bootlleg** [but-, engl.] *m. 9* Tonträger mit unautorisierter Aufnahme; **Bootlleglger** [but-, engl.] *m. 5, amerik. Bez.* für Alkoholschmuggler, illegaler Schnapsbrenner; **Bootlleglging** [but-] *s. Gen.-s, engl.* unberechtigte Aufnehmen von Rundfunksendungen, Konzerten u. a. auf Tonträger sowie deren Vervielfältigung und Vertrieb, Raubmitschnitt, Raubpressung

**Bop** *m. 9 Kurzform für* Bebop

**Bor** [zu: Borax] *s. 1 nur Ez.* (*Zeichen:* B) chem. Element, Nichtmetall

**Bolra** [slaw.?] *w. 9* kalter Wind an der nördl. Adria

**Bolrat** *s. 1* Salz der Borsäure

**Bolrax** [pers.-mlat.] *s. 1 nur Ez.* Natriumsalz der Borsäure; **Bolralzit** *s. 1 nur Ez.* ein borhaltiges Mineral

**Borldeaux** [-do, nach der frz. Stadt B.] *m. Gen. - Mz.* - [-dos] ein frz. Wein; **Bordellaliser Brühe** [-lɛ-] *w. 11* Kupferkalkbrühe, Mittel gegen Obst-, bes. Rebenkrankheiten

**Borldell** [frz.] *s. 1* Haus zur Ausübung der Prostitution, Freudenhaus

**Borldelreau** [-ro, frz.] *m. 9 oder s. 9* Liste, Verzeichnis (von Wechseln oder Wertpapieren)

**borldielren** [frz.] mit einer Borte versehen, einfassen

**Borldun** [frz.] *m. 1* **1** ständig mitklingender

67  **Boxkalf**

Baßton, z. B. bei Dudelsack und Drehleier; 2 tiefes Orgelregister; 3 → Bordunsaite; **Bor|dun|sai|te** w. 11 mitschwingende, neben dem Griffbrett liegende Saite
**Bor|dü|re** [frz.] w. 11 farbiger Rand, Einfassung (von Geweben)
**bo|re|al** nördlich, kalt-gemäßigt; **Bo|re|as** [nach dem griech. Gott des Nordwindes] m. Gen. - nur Ez. Nordwind am Ägäischen Meer
**Bor|gis** [zu frz. bourgeois „bürgerlich"] w. Gen. - nur Ez. ein Schriftgrad (9 Punkt)
**Bo|rid** s. 1 Verbindung aus Bor und einem Metall
**bor|niert** [frz.] geistig beschränkt, engstirnig, stur
**Bor|ra|go** m. 9 nur Ez., **Bor|retsch** [arab.-frz.] m. 1 nur Ez. ein Küchenkraut, Salatgewürz
**Borschtsch** m. Gen. - nur Ez. russ. Kohlsuppe mit Fleisch
**Bör|se** [griech.-lat.] w. 11 1 Geldbeutel, Portemonnaie; 2 regelmäßiger Markt zum Handel von Wertpapieren und bestimmten Gütern; 3 Gebäude, in dem Börsengeschäfte getätigt werden; 4 Einnahmen eines Berufsboxers aus einem Wettkampf; **Bör|sen|job|ber** [-dʒɔbər] m. 5 Börsenspekulant; **Bör|sia|ner** m. 5 Börsenmitglied, -besucher
**Bos|kett** [frz.] s. 1 Lustwäldchen
**Boß** [ndrl.-engl.] m. 1 Arbeitgeber, Chef, Partei-, Gewerkschaftsführer
**bos|sel|lie|ren, bos|sie|ren** [frz.] roh behauen (Stein); formen (Wachs, Ton)
**Bos|ton** [bɔstən, nach der Stadt B. in den USA] 1 s. 9 nur Ez. ein Kartenspiel mit Whistkarten; 2 m. 9 langsamer amerik. Walzer
**Bo|ta|nik** [griech.] w. 10 nur Ez. Pflanzenkunde; **bo|ta|ni|sie|ren** Pflanzen sammeln
**Bo|tel** [aus Boot und Hotel] s. 9 als Hotel umgebautes, verankertes Schiff
**Bot|te|ga** w. 9, ital. Mz. -ghe ital. Weinschenke
**Bot|te|lier** [ndrl.-frz.] m. 1 Verwalter der Verpflegungsvorräte auf Kriegsschiffen
**Bottle-Par|ty** [bɔtl-, engl.] w. 9 Party, zu der die Gäste die Getränke selbst mitbringen
**Bo|tu|lis|mus** [lat.] m. Gen. - nur Ez. Lebensmittel-, bes. Wurst- oder Konservenvergiftung
**Bou|clé** [bukle, frz.] 1 s. 9 frotteeartiger Zwirn; 2 m. 9 Gewebe; Teppich daraus
**Bou|doir** [budoar, frz.] s. 9 kleines, elegantes Damenzimmer
**Bou|gain|vil|lea** [bugɛ̃-, nach dem frz. Geographen L. A. de Bougainville] w. 9, Mz. auch: -vil|len ein trop. Kletterstrauch
**Bou|gie** [buʒi, frz.] w. 9 Stäbchen zum Dehnen krankhaft verengter Körpergänge, bes. der Harnröhre; **bou|gie|ren** [buʒi-] mit der Bougie dehnen
**Bouil|la|baisse** [bujabɛs, frz.] w. Gen. - Mz. -s

[-bɛs] kräftig gewürzte provenzalische Fischsuppe
**Bouil|lon** [buljɔ̃, österr.: bujɔ̃, frz.] w. 9 Fleischbrühe
**Boule** [bul, frz.] s. 9 oder w. 9 ein frz. Kugelspiel
**Bou|let|te** [bu-] w. 11 → Bulette
**Bou|le|vard** [bulavar, frz.] m. 9 Ring-, Prachtstraße; **Bou|le|vard|pres|se** w. 11 nur Ez. billige, vorwiegend auf der Straße verkaufte Sensationszeitungen; **Bou|le|vard|thea|ter** s. 5 kleines Theater im Vergnügungsviertel großer Städte für leichte Unterhaltung
**Boulle|ar|beit** [bul-, nach dem frz. Tischler A. Ch. Boulle] w. 10 Intarsien mit Schildpatt, Elfenbein, Messing, Kupfer, Zinn
**Bou|quet** [bukɛ-, frz.] s. 9 veraltete Schreibung von Bukett
**Bou|qui|nist** [buki-, frz.] m. 10 Händler mit gebrauchten Büchern, bes. in Paris
**Bour|bo|ne** [bur-] m. 11 Angehöriger eines frz. Herrschergeschlechts
**bour|geois** [burʒwa, bei flektierten Formen: burʒwas, frz.] zur Bourgeoisie gehörend, bürgerlich; **Bour|geois** m. Gen. - Mz. - abwertend: wohlhabender, selbstzufriedener Bürger; **Bour|geoi|sie** w. 11 wohlhabendes Bürgertum
**Bour|rée** [bure, frz.] w. 9 1 altfrz., bäuerl. Tanz; 2 Teil der Suite
**Bour|ret|te** [burɛt(ə), frz.] w. 11 1 Abfallseide; 2 Gewebe daraus
**Bou|teille** [butɛj(ə), frz.] w. 11 Flasche
**Bou|tique** [butik, frz.] w. 11 kleiner Laden für Modeartikel
**Bou|ton** [butɔ̃, frz.] m. 9 Schmuckknopf fürs Ohr, bes. in Form einer Knospe
**Bou|zou|ki** [buzu-, griech.] w. 9 → Busuki
**Bow|den|zug** [bau-, nach dem engl. Erfinder Bowden] m. 2 in Rohren u. ä. geführtes Drahtkabel zum Übertragen von Zugkräften
**Bo|wie|mes|ser** [nach dem amerik. Erfinder J. Bowie] s. 5 langes Jagdmesser
**Bow|le** [bola, engl.] w. 11 1 Getränk aus Wein, Sekt, Früchten und Zucker; 2 Glasgefäß dafür
**Bow|ler** [bou-, engl.] m. 5 runder, steifer Hut, Melone
**Bow|ling** [bou-, engl.] s. 9 1 amerik. Art des Kegelspiels; 2 engl. Rasen-Kugelspiel
**Box** [engl.] w. 10 1 Abteil im Pferdestall oder in der Autogarage; 2 Unterstellraum; 3 Behälter; 4 einfache Kamera in Kastenform
**bo|xen** [engl.] mit der Faust schlagen; mit den Fäusten nach bestimmten Regeln kämpfen; **Bo|xer** m. 5 1 Faustkämpfer; 2 eine Hunderasse; **Bo|xer|mo|tor** m. 12 Art des Verbrennungsmotors mit einander gegenüberliegenden Zylindern
**Bo|xin** [engl.] s. 1 nur Ez. Kunstleder
**Box|kalf** [engl.: -ka:f] s. 9 chromgegerbtes Kalbsleder mit viereckiger Musterung

**Boy** [bɔi, engl.] *m. 9* Lauf-, Botenjunge; jugendl. Diener in Hotels

**Boy|kott** [nach dem geächteten ir. Gutsverwalter Boycott] *m. 1* Verrufserklärung, Waren-, Liefersperre; **boy|kot|tie|ren** mit Boykott belegen

**Boy-Scout** [bɔiskaut, engl.] *m. 9* engl. Pfadfinder

**Br** *chem.* Zeichen *für* Brom

**Bra|ban|çonne** [-bäsɔn, nach der belg. Provinz Brabant] *w. Gen. - nur Ez.* belg. Nationalhymne

**bra|chi|al** [lat.] zum Oberarm gehörig; **Bra-chi|al|ge|walt** *w. 10 nur Ez.* rohe Körperkraft

**bra|chy|ke|phal** [griech.] kurz-, rundköpfig; **Bra|chy|ke|pha|lie** *w. 11* kurze, runde Kopfform; **Bra|chy|lo|gie** *w. 11 nur Ez.* gedrängte Kürze, Knappheit des Ausdrucks, Breviloquenz

**Bra|chy|ze|pha|lie** *w. 11* → Brachykephalie

**Brah|ma|is|mus** → Brahmanismus; **Brah|man** [sanskr.] *s. Gen. -s nur Ez., ind. Relig.:* Urgrund alles Seins, beherrschendes Weltprinzip; **Brah|ma|ne** *m. 11* Angehöriger der ind. Priesterkaste; **Brah|ma|nis|mus** *m. Gen. - nur Ez.* ind. Religion; **Brah|mi|ne** *m. 11 selten für* Brahmane

**Braille|schrift** [braja-, nach ihrem frz. Erfinder, L. Braille] *w. 10 nur Ez.* Blindenschrift

**Brain|stor|ming** [brein-, engl. „Gehirnstürmen"] *s. Gen. -s nur Ez.* eine Konferenzmethode, bei der in begrenzter Zeit spontan alle Vorschläge zu einem bestimmten Problem abgegeben werden, Ideenfindung, Ideenkonferenz

**Brain-Trust** [breintrʌst, engl.] *m. 9* Beratungsausschuß aus hochqualifizierten Fachleuten

**Brai|se** [brɛzə, frz.] *w. 11* Würzbrühe; **brai|sen** [brɛ-] in einer Braise dämpfen (Fleisch)

**Brak|te|at** [lat.] *m. 10* mittelalterl., einseitig geprägte Münze

**Bram** [ndrl.] *w. 10 Seew.:* zweitoberste Verlängerung des Mastes

**Bra|mar|bas** [span.] *m. 1* Prahlhans, Aufschneider; **bra|mar|ba|sie|ren** aufschneiden, großtun

**Bram|sten|ge** *w. 11* → Bram

**Bran|che** [bräʃə, frz.] *w. 11* Geschäfts-, Wirtschaftszweig

**Bran|chi|at** [-çi-, griech.] *m. 10* durch Kiemen atmendes Wassertier; **Bran|chi|en** [-çi-] *w. 11 Mz.* Kiemen; **Bran|chio|sau|ri|er** [-çio-] *m. 5* ausgestorbenes kleines Amphibium des Erdaltertums

**Bran|dy** [brændi, engl.] *m. 9, engl. Bez. für* Branntwein

**Branle, Bransle** [brāl, frz.] *m. Gen. - nur Ez.* alter frz. Volkstanz

**Bra|sil 1** *m. 1 oder 9* Kaffee-, Tabaksorte; **2** *w. Gen. - Mz. -* Zigarre aus Brasiltabak; **Bra|sil|holz** *s. 4 nur Ez.* ein Farbholz; **Bra|si-**

**lin** *s. 1 nur Ez.* aus Brasilholz gewonnener Farbstoff; **Bra|sil|nuß** *w. 2* → Paranuß

**Bras|se** [frz.-ndrl.] *w. 11* Tau zum Drehen der Segel; **Bras|se|lett** [frz.] *s. 1* **1** Armband; **2** *Mz. Gaunerspr.:* Handschellen; **bras|sen** die Segel b.: mit der Brasse nach dem Wind drehen; **Bras|sen** *m. 7* → Brasse

**Brat|sche** [ital.] *w. 11* Altgeige, Viola; **Brat-schist** *m. 10* Bratschenspieler

**bra|vis|si|mo!** [ital.] ausgezeichnet!; **bra|vo!** sehr gut!; **Bra|vo 1** *s. 9* Beifallsruf; **2** *m. 9, ital. Bez. für* gedungener Mörder

**Bra|vour** [-vur, frz.] *w. Gen. - nur Ez.* **1** Meisterschaft, sehr großes techn. Können; **2** Kühnheit, Schneid; **Bra|vour|arie** [bravura:riə] *w. 11* Arie, die großes techn. Können erfordert; **bra|vou|rös** [-vu-] **1** großes techn. Können erfordernd; **2** technisch hervorragend (gespielt)

**break!** [breik, engl.] trennt euch! (Kommando des Ringrichters beim Boxen); **Break** [breik] **1** *m. 9* lange, offene Kutsche für Gesellschaftsfahrten; **2** *m. 9* Kombiwagen; **3** *s. 9 Jazz:* Zwischensolo mit entgegengesetztem Rhythmus; **4** *s. 9 Sport:* unerwarteter Durchbruch

**Brec|cie** [brɛtʃə, ital.] *w. 11* aus Gesteinstrümmern verkittetes Sedimentgestein

**Bre|douil|le** [bredu|jə, frz.] *w. 11 nur Ez.* Bedrängnis, Verlegenheit

**Bree|ches** [britʃəz, engl.] *nur Mz.* oben weite, unten enge Sporthose, bes. Reithose

**Brek|zie** [-tsjə, frz.] *w. 11* → Breccie

**Bre|to|ne** *m. 11* Einwohner der Bretagne

**Bre|ve** [lat. „kurz"] *s. 9 oder s. 14* kurzes päpstl. Schreiben; **Bre|vet** [brevе, frz.] *s. 9 früher:* Gnadenbrief des frz. Königs; *heute:* Verleihungs-, Schutzurkunde für Diplome, Patente usw.; **bre|ve|tie|ren** etwas b.: ein Brevet über etwas ausstellen

**Bre|vi|ar** [lat.] *s. 1*, **Bre|via|ri|um** *s. Gen. -s Mz. -ri|en* kurze Übersicht, Auszug; **Bre|vier** *s. 1* **1** Gebetbuch der kath. Geistlichen; **2** kleine Stellensammlung aus den Werken eines Dichters; **Bre|vil|lo|quenz** *w. 10 nur Ez.* → Brachylogie

**bre|vi ma|nu** [lat.] (*Abk.:* b. m. *oder* br. m.) *veraltet:* kurzerhand; das hätte er b. m. erledigen können

**Bridge** [bridʒ, engl.?] *s. Gen. - nur Ez.* ein Kartenspiel mit frz. Karten

**Brie** [nach der frz. Landschaft B.] *m. Gen. -(s) nur Ez.* ein frz. Weichkäse

**Bri|ga|de** [frz.] *w. 11* **1** *Mil.:* größere Truppeneinheit; **2** *DDR:* Arbeitskollektiv im Betrieb; **Bri|ga|dier** [-dje] *m. 9* Führer, Leiter einer Brigade

**Bri|gant** [ital.] *m. 10* Straßenräuber; **Bri|gan-ti|ne** *w. 11* zweimastiges Segelschiff mit nur einem Gaffelsegel am hinteren Mast

**Brigg** [engl.] *w. 9* Segelschiff mit zwei vollgetakelten Masten

**Brilghellla** [ital.] *m. 9 oder Mz.*-ghęllli, listiger, intriganter Diener in der Commedia dell'arte

**Brilkett** [frz.] *s. 9* in Form gepreßte Kohle; **brilketltielren** zu Briketts formen

**Brilkolle** [frz.] *w. 11 Billard:* Rückprall des Balles von der Bande; **brilkollielren** durch Brikole treffen

**brilllant** [briljant, frz.] glänzend, ausgezeichnet; **Brilllant 1** *m. 10* geschliffener Diamant; 2 *w. Gen. - nur Ez.* ein Schriftgrad; **Brilllanltine** [-lj-] *w. 11 nur Ez.*, *österr. auch:* Brilllantin [-lj-] *s. Gen. -s nur Ez.* Haarpomade; **Brilllanz** [-lj-] *w. 10 nur Ez.* 1 Glanz, Feinheit; 2 meisterhafte Geschicklichkeit; **brilllielren** [-lj-] glänzen, sich durch sehr gute Leistung hervortun

**Brimlbolrilum** [lat.] *s. Gen. -s nur Ez.* unnützer Aufwand, Getue, Umschweife

**Brimlsen** [tschech.] *m. 7 österr.:* ein Schafskäse

**Brilnelllhärlte** [nach dem schwed. Ingenieur A. Brinell] *w. 11 nur Ez.* (*Abk.:* HB) Maß für die Härte eines Werkstoffes

**brio** → con brio

**Brilloche** [briɔʃ, frz.] *w. 9* ein feines Hefegebäck

**briolso** → con brio

**brilsant** [frz.] 1 sprengend, hochexplosiv; 2 sensationell; **Brilsanz** *w. 10 nur Ez.* 1 Sprengkraft; 2 höchste Aktualität

**Brilse** [engl.] *w. 11* leichter Wind

**Briselsollleil** [briːzɔlɛj, frz.] *m. 9* aus einzeln beweglichen Lamellen bestehendes Sonnenrollo außen am Fenster

**Brilsollett** [frz.] *s. 1*, **Brilsolletlte** *w. 11* gebratenes Fleischklößchen

**Briltanlnialmeltall** [nach dem lat. Namen für die Brit. Inseln] *s. 1* eine Zinnlegierung; **Brilte** *m. 11* Einwohner der Brit. Inseln

**br. m.** *Abk. für* brevi manu

**Broldelrie** [frz.] *w. 11 veraltet:* Stickerei; **broldielren** *veraltet:* besticken, einfassen

**Brolkat** [ital.] *m. 1* schwerer Seidenstoff mit eingewebten Gold- oder Silberfäden; **Brokaltęll** *m. 1*, **Brolkaltellle** *w. 11* schwerer Halbseidenstoff mit erhabenem Muster

**Broklkolli** [ital.] *Mz.* Spargelkohl, eine ital. Kohlsorte

**Brom** [griech.] *s. 1 nur Ez.* (*Zeichen:* Br) chem. Element; **Brolmat** *s. 1* Salz der Bromsäure; **Brolmaltollolgie** *w. 11 nur Ez.* Lehre von der Zubereitung der Nahrungs- und Genußmittel; **Brolmid** *s. 1* Salz der Bromwasserstoffsäure; **Brolmislmus** *m. Gen. - nur Ez.* Bromvergiftung; **Brolmit** *m. 1 nur Ez.* 1 Salz der Bromwasserstoffsäure; **2** ein Mineral

**bronlchilal** [-çi-, griech.] zu den Bronchien gehörend, von ihnen ausgehend; **Bronlchilalasthlma** *s. Gen. -s nur Ez.* anfallsweise auftretende Atemnot infolge Verengung der Bronchiolen; **Bronlchilallkaltarrh** *m. 1* Schleim-

hautentzündung der Bronchien; **Bronlchie** [-çiə] *w. 11 meist Mz.* Ast der Luftröhre; **Bronlchiollen** *Mz.* feine Verzweigungen der Bronchien; **Bronlchiltis** *w. Gen. - Mz.*-tilden → Bronchialkatarrh; **Bronlcholpneulmolnie** [-ço-] *w. 11* eine Form der Lungenentzündung; **Bronlcholskop** *s. 1* Gerät zur Untersuchung der Bronchien; **Bronlcholskolpie** *w. 11* Untersuchung der Bronchien mit dem Bronchoskop; **Bronlchus** [-çus] *m. Gen. - Mz.* -chen Hauptast der Luftröhre

**Bronltolsaulrus** [griech.] *m. Gen. - Mz.* -riel riesiger Saurier der Kreidezeit in Nordamerika

**Bronlze** [brɔ̃sə, frz.] *w. 11* 1 *nur Ez.* eine Kupferlegierung; 2 künstlerisch gestalteter Gegenstand daraus; 3 *nur Ez.* braungelber Farbton; **Bronlzelkranklheit** [brɔ̃sə-] *w. 10 nur Ez.* Erkrankung der Nebennieren mit Braunfärbung der Haut; **bronlzielren** [brɔ̃si-] mit Bronze überziehen; **Bronlzit** *m. 1 nur Ez.* ein Mineral

**Brolsche** [frz.] *w. 11* Schmucknadel **broIschielren** [frz.] heften oder leimen (Druckbogen); **Brolschur** *w. 10* 1 das Broschieren; 2 Erzeugnis des Broschierens; **Broschülre** *w. 11* dünnes broschiertes Buch in leichtem Kartonumschlag

**Brownling** [brau-, nach dem amerik. Erfinder John B.] *m. 9* Selbstladepistole

**BRT** *Abk. für* Bruttoregistertonne

**Brulcelllolse** [nach dem engl. Arzt D. Bruce)] *w. 11* auf Menschen übertragbare Infektionskrankheit bei Haustieren, z. B. Maltafieber

**Bruiltislmus** [frz. bruit „Lärm"] *m. Gen. - nur Ez.* Richtung der Musik, in der Geräusche als Gestaltungsmaterial verwendet werden

**Brunch** [brʌntʃ, aus engl. breakfast + lunch] *s. Gen. -(s) Mz. -s oder* -e zeitlich zusammengelegtes spätes Frühstück und Mittagessen

**brülnett** [frz.] braunhaarig

**brülnielren** [frz.] mit einer Oxidschutzschicht überziehen (Metall)

**brüsk** [frz.] schroff, kurz; **brüslkielren** schroff, abweisend behandeln

**brultal** [lat.] roh, gewalttätig; **brultallilsielren** jmdn. b.: ihn brutal machen, brutale Triebe in ihm wecken; **Brultalliltät** *w. 10 nur Ez.* Roheit, Gewalttätigkeit

**brutlto** [ital.] (*Abk.:* btto.) 1 mit Verpackung; 2 ohne Abzug von Kosten; *Ggs.:* netto; **Brutltoleinlkomlmen** *s. 7* Einkommen vor Abzug von Steuern und Versicherungsbeiträgen; **Brutltolrelgislterltonlne** *w. 11* (*Abk.:* BRT) Maßeinheit für den Rauminhalt von Schiffen; **Brutltolsolzilallproldukt** *s. 1* (*Abk.:* BSP) Summe aller in einem Jahr in einer Volkswirtschaft erzeugten Güter und Dienstleistungen

**Bruyèrelholz** [bryjɛr-, frz.] *s. 4 nur Ez.* rötliches Wurzelholz der Baumheide (für Tabakspfeifen)

**Bryo|lo|gie** [griech.] *w. 11 nur Ez.* Mooskunde; **Bryo|nie** [-njə] *w. 11* eine Kletterpflanze; **Bryo|phy|ten** *Mz.* Moospflanzen, Moose; **Bryo|zo|en** *Mz.* Moostierchen

**btto.** *Abk. für* brutto

**Bul|bo** [griech.] *m. Gen. -s Mz.* -bo|nen entzündl. Lymphknotenschwellung in der Leistenbeuge; **Bu|bo|nen|pest** *w. Gen. - nur Ez.* Beulenpest

**Bu|cha|ra** [nach der Hauptstadt der Usbek. SSR] *m. 9* überwiegend roter, handgeknüpfter Teppich mit achteckigen Mustern

**Buch|tel** [tschech.] *w. 11* süßer Hefekloß

**Bu|cin|to|ro** [-tʃin-] *m. Gen. -(s) Mz.* -ri *ital. Form von* Buzentaur (**2**)

**Buck|skin** [engl.] *m. 9* **1** Schaf- oder Hirschleder; **2** ein Streichgarngewebe

**Bud|dhis|mus** [nach dem Stifter Buddha „der Erleuchtete"] *m. Gen. - nur Ez.* ind. Religion

**Bud|get** [bydʒe, frz.] *s. 9* (bes. staatl.) Haushaltplan, Etat; **bud|ge|tär** [bydʒe-] das Budget betreffend; **bud|ge|tie|ren** ein Budget aufstellen

**Bul|di|ke** *w. 11* → Butike

**Bu|en Re|ti|ro** [span. „gute Zuflucht"] *s. Gen. - -s Mz. - -s* Ort der Ruhe und Entspannung

**Bü|fett** [frz.] *s. 9* Anrichte; Schanktisch; Geschirrschrank; *österr. auch:* Gaststätte (Bahnhofsbüffet); kaltes Büfett: Auswahl kalter Gerichte; **Bü|fet|tier** [-tje] *m. 9* jmd., der hinter dem Büfett Speisen und Getränke ausgibt; **Buf|fet, Büf|fet** [byfe], *s. 9 österr.* → Büfett

**Buf|fo** [ital.] *m. 9, Mz. auch:* -fi Sänger komischer Rollen; **buf|fo|nesk** in der Art eines Buffos oder der Buffooper; **Buf|fo|oper** *w. 11* komische Oper

**Bug|gy** [bʌgi, engl.] **1** zweirädriger, einspänniger Wagen für Trabrennen; **2** offenes kleines Auto (Selbstbau); **3** Kindersportwagen

**bug|sie|ren** [lat.-ndrl.] **1** ins Schlepptau nehmen (Schiff); **2** mit einiger Mühe oder Geschicklichkeit an einen bestimmten Ort bringen; **Bug|sie|rer** *m. 5*, **Bug|sier|damp|fer** *m. 5* Schleppdampfer

**Bu|hurt** [altfrz.] *m. 1* mittelalterl. Reiterkampfspiel

**Bu|ka|ni|er** [frz.] *m. 5* karib. Seeräuber im 17. Jh.

**Bu|kett** [frz.] *s. 1* **1** Blumenstrauß; **2** Duft, Aroma (des Weins)

**Bu|ki|nist** *m. 10, eingedeutschte Form von* Bouquinist

**Bu|ko|lik** [griech.] *w. 10 nur Ez.* Hirten-, Schäferdichtung

**bull|bös** [lat.] knollig, zwiebelförmig

**Bul|bus** [lat.] *m. Gen. - Mz.* -bi **1** Zwiebel, Knolle; **2** rundl. Organ, z. B. Augapfel; **3** Anschwellung

**Bu|let|te** [frz.] *w. 11* gebratenes Fleischklößchen

**Bulk** [engl.] *m. 1 schweiz.:* Fahrzeug mit Ladeeinrichtung; **Bulk|car|ri|er** [bʌlkkæriər] *m. 5* Frachtschiff für Massengut, bes. Schüttgut; **Bulk|la|dung** *w. 10 Seew.:* Schüttgut

**Bul|la|ri|um** *s. Gen. -s Mz.* -ri|en Sammlung päpstlicher → Bullen

**Bull|au|ge** [engl.] *s. 14* kleines, rundes Fenster (am Schiff)

**Bull|dog** [engl.] *m. 9* Ⓦ Zugmaschine

**Bull|dog|ge** [engl.] *w. 11* eine schwere, mittelgroße Hunderasse

**Bull|do|zer** [-do:zər, engl.] *m. 5* schwere Planierraupe

**Bul|le** [lat.] *w. 11* Urkunde mit Metallsiegel, bes.: päpstl. Erlaß

**Bul|le|tin** [byltɛ̃, frz.] *s. 9* amtl. Tagesbericht; öffentl. Bekanntmachung

**Bull|finch** [bulfintʃ, engl.] *m. 9* Hindernis bei Pferderennen

**Bul|li|on** [buljən, engl.] *s. 9* Barren aus Gold oder Silber

**bul|lös** [lat.] *Med.:* blasig

**Bull|ter|ri|er** [engl.] *m. 5* eine engl. Hunderasse

**Bul|ly** [engl.] *s. 9 Hockey und Eishockey:* auf bestimmte Weise geführter erster Schlag, um den Ball ins Spiel zu bringen, Abschlag

**Bum|boot** [engl.] *s. 1* kleines Händlerschiff zur Versorgung größerer Schiffe

**Bu|me|rang** [austral.] *m. 1* gekrümmtes Wurfholz, das, wenn es sein Ziel verfehlt, zum Werfer zurückkehrt

**Bu|na** [Kunstw. aus Butadien und Natrium] *m. oder s. Gen. -s nur Ez.* Ⓦ synthet. Kautschuk

**Bun|ga|low** [-lo:, engl.] *m. 9* kleines Wohnhaus ohne Oberstock, meist mit flachem Dach

**Bun|ker** [engl.] *m. 5* **1** Behälter für Massengüter (Kohle); **2** betonierter Schutzraum; **bun|kern** in einen Bunker füllen und dort speichern

**Buph|thal|mie** [griech.] *w. 11*, **Buph|thal|mus** *m. Gen. - nur Ez.* Augapfelvergrößerung

**Bur** *m. 10* → Bure

**Bu|ran** [russ.] *m. 1* Sand- bzw. Schneesturm aus nordöstl. Richtung in Mittelasien

**Bu|rat|ti|no** [ital.] *m. 9, Mz. auch:* -ni *ital. Bez. für* Marionette

**Bur|do** [lat.] *m. Gen. -s Mz.* -do|nen aus einer Pfropfung hervorgegangener Bastard

**Bu|re** [ndrl. „Bauer"] *m. 11* Südafrikaner niederländ. Herkunft

**Bü|ret|te** [frz.] *w. 11* Glasröhrchen zum Abmessen von Flüssigkeiten

**Bur|ja|te, Bur|jä|te** *w. 11* Angehöriger eines mongol. Volksstammes

**Bur|lak** [russ.] *m. 10, im alten Rußland:* Schiffszieher an der Wolga

**bur|lesk** [ital.] possenhaft, derb-komisch; **Bur|les|ke** *w. 11* **1** Posse, Schwank; **2** *Mus.:* heiteres Instrumentalstück

**Bur̲nus** [arab.] *m.1* Kapuzenmantel der Beduinen
**Bü̲ro̲** [frz.] *s.9* **1** Raum oder Räume für Schreibarbeiten oder Abwicklung von Geschäften; **2** kleine Firma; **3** alle Angestellten eines Büros (2); **Bü̲ro|kra̲t** [frz. + griech.] *m.10* pedantisch nach Vorschriften arbeitender Mensch; **Bü̲ro|kra̲|tie̲** *w.11* **1** Beamtenschaft; **2** kleinl. Beamtenherrschaft; **bü̲ro|kra̲|tisch 1** in der Art einer Bürokratie; **2** kleinlich, allzu genau; **bü̲ro|kra̲|ti|sie̲|ren** einer genauen Ordnung unterwerfen; **Bü̲ro|kra̲|tis|mus** *m. Gen. - nur Ez.* kleinl. Auslegung von Vorschriften, Kleinigkeitskrämerei; **Bü̲ro|kra̲|ti̲|us** [-tsjus] *m. Gen. - nur Ez. scherzh.:* „Heiliger" des Bürokratismus, personifizierte Kleinlichkeit von Behörden **bur|schi̲|ko̲s** burschenhaft ungezwungen
**Bu̲r|se** [griech.-lat.] *w.11* **1** *im MA:* Studentenheim, dessen Bewohner aus einer gemeinsamen Kasse lebten; **2** *heute auch:* Studentenkantine, Mensa
**Bur|si̲|tis** [griech.] *w. Gen. - Mz.* -ti|den Schleimbeutelentzündung
**Bus** [Kurzw.] *m.1* Autobus, Omnibus
**Bü̲|se** [ndrl.] *w.11* Fischerboot zum Heringsfang
**Bu̲|shel** [bʊʃəl, engl.] *m. Gen. -s Mz.* - englisch-amerikanisches Trockenhohlmaß, 36 bzw. 35 l
**Bu̲|si|neß** [bɪznɪs, engl.], **Bu̲|si|ness** *s. Gen. - nur Ez.* Geschäft, Geschäftsleben
**Bu̲s|sard** [frz.] *m.1* ein Raubvogel
**Bus|so̲|le** [ital.] *w.11* Meßgerät mit Magnetnadel zur Bestimmung des erdmagnetischen Feldes
**Bu̲|su̲|ki** *w.9* griech. lautenähnl. Zupfinstrument

**Bu̲|tal|di|e̲n** [zu: Butan] *s.1 nur Ez.* ungesättigter gasförmiger Kohlenwasserstoff, Ausgangsstoff für synthet. Kautschuk; **Bu̲|ta̲n** [lat.] *s.1 nur Ez.* gesättigter gasförmiger Kohlenwasserstoff; **Bu̲|ta̲|no̲l** *s.1 nur Ez.* → Butylalkohol; **Bu̲|te̲n** *s.1 nur Ez.* → Butylen
**Bu̲|ti̲|ke** [frz.] *w.11* **1** kleiner Laden; vgl. Boutique; **2** Kneipe; **Bu̲|ti̲|ker** *m.5* Besitzer einer Butike
**But|ler** [bʌtlər, engl.] *m.5* Leiter des Hauspersonals
**But|ter|fly|stil** [bʌtərflai-, engl.] *m.1 nur Ez. Schwimmen:* Schmetterlingsstil, schnellster Schwimmstil
**Bu̲|tyl** [lat. + griech.] *s.1 nur Ez.* Kohlenwasserstoffrest mit 4 Kohlenstoffatomen; **Bu̲|tyl|al|ko|hol** *m.1 nur Ez.* aliphat. Alkohol mit 4 Kohlenstoffatomen; **Bu̲|ty̲|le̲n** *s.1 nur Ez.* ungesättigter gasförmiger Kohlenwasserstoff, Ausgangsstoff für Buna, Nylon u. a.; **Bu̲|ty|ra̲t** [lat.] *s.1* Salz der Buttersäure; **Bu̲|ty|ro̲|me̲|ter** [lat. + griech.] *s.5* Gerät zum Messen des Fettgehalts der Milch
**Bu̲|zen|tau̲r** [lat. od. griech.] *m.10* **1** *griech. Myth.:* Stiermensch, **2** Prunkschiff des Dogen von Venedig
**bye-bye!** [baibai, engl.] auf Wiedersehen!
**By̲s|sus** [griech.] *m. Gen. - nur Ez.* **1** *im Altertum:* feines Gewebe (z. B. für Mumienbinden); **2** ℗ feines Baumwollgewebe; **3** Haftfäden von Muscheln
**By̲zan|ti̲|ner** *m.5* **1** Einwohner von Byzanz; **2** *veraltet:* Schmeichler, Kriecher; **By̲zan|ti̲|nis|mus** *m. Gen. - nur Ez.* **1** byzantin. Staatsform; **2** *veraltet:* Kriecherei; **By̲zan|ti̲|ni̲s|tik** *w.10 nur Ez.* Wissenschaft von der Kultur des Byzantin. Reiches

# C

Unter C nicht aufgeführte Stichwörter schlage man unter K bzw. Z nach

**c** *Abk. für* Cent, Centime

**C 1** *chem. Zeichen für* Carboneum (Kohlenstoff); **2** *Abk. für* Celsius, Coulomb, *früher für* Curie; **3** *röm. Zahlzeichen für* 100 (centum)

**Ca** *chem. Zeichen für* Calcium

**ca.** *Abk. für* circa (→ zirka)

**Ca.** *Abk. für* Karzinom

**c. a.** *Abk. für* coll'arco

**Ca|bal|le|ro** [kavaljero, span.] *m. 9, span. Bez. für* Ritter, Edelmann

**Ca|bo|chon** [-ʃɔ̃, frz.] *m. 9* nach oben kuppelförmig gewölbt geschliffener Edelstein

**Ca|che|nez** [kaʃ(ə)ne, frz.] *s. Gen.* - [-nes] *Mz.* - [-nes] seidenes Halstuch

**Ca|chet** [kaʃɛ, frz.] *s. 9 veraltet:* **1** Siegel, Petschaft; **2** Gepräge, Eigentümlichkeit

**Ca|chou** [kaʃu, mal.-frz.] *s. 9* Lakritzensaft, ein Hustenmittel

**Cad|die** [kædi, lat.-engl.] *m. 9* **1** Junge, der den Golfspielern die Schläger trägt; **2** kleiner, zweirädriger Wagen für Golfschläger

**Cad|mi|um** [griech.] *s. Gen.* -s *nur Ez.* (*Zeichen:* Cd) chem. Element, ein Metall

**Ca|fé** [frz.] *s. 9* Kaffeehaus, Konditorei; **Ca|fe|te|ria** [ital.] *w. Gen.* - *Mz.* -ri|en Kaffeewirtschaft, auch Selbstbedienungsrestaurant; **Ca|fe|tier** [-tje, frz.] *m. 9* Kaffeehausbesitzer; **Ca|fe|tie|re** [-tje-] *w. 11* **1** Kaffeehausbesitzerin; **2** *auch:* Kaffeekanne

**Ça ira** [sa ira, frz. „Es wird gehen"] Anfang des frz. Revolutionsliedes von 1789

**Cais|son** [kɛsɔ̃, frz.] *m. 9* unten offener Senkkasten für Unterwasserarbeiten

**cal** *Abk. für* Kalorie

**Cal|la|mus** [griech.] *m. Gen.* - *Mz.* -mi **1** *Altertum:* Schreibrohr; **2** hohler Teil der Vogelfeder; **3** Palmengattung

**cal|lan|do** [ital.] *Mus.:* an Tempo und Lautstärke abnehmend

**Cal|ce|o|la|ria** *w. Gen.* - *Mz.* -ri|en *lat. Schreibung für* Kalzeolarie

**Cal|cit** [lat.] *m. 1* ein Mineral, Kalkspat; **Cal|ci|um** *s. Gen.* -s *nur Ez.* (*Zeichen:* Ca) chem. Element, ein Metall; **Cal|ci|um|car|bo|nat** *s. 1 nur Ez.* kohlensaurer Kalk; **Cal|ci|um|hydr|oxid** *s. 1 nur Ez.* gelöschter Kalk; **Cal|ci|um|oxid** *s. 1 nur Ez.* gebrannter Kalk, Ätzkalk; **Cal|ci|um|sul|fat** *s. 1 nur Ez.* schwefelsaurer Kalk

**Cal|lem|bour** [kaläbur, frz.] *m. 9* einfaches, etwas albernes oder gekünsteltes Wortspiel, Kalauer

**Cal|li|for|ni|um** *s. Gen.* -s *nur Ez.* (*Zeichen:* Cf) chem. Element

**Call|girl** [kɔlgəːl, engl.] *s. 9* Prostituierte, die auf telefon. Anruf hin kommt oder jmdn. empfängt

**Ca|lu|met** [frz.: kalymɛ] *s. 9* Tabakspfeife (Friedenspfeife) der nordamerik. Indianer

**Cal|va|dos** [nach dem frz. Departement C.] *m. Gen.* - *Mz.* - ein Apfelbranntwein

**Cal|vi|nis|mus** *m. Gen.* - *nur Ez.* Lehre des Schweizer Reformators Calvin

**Ca|mem|bert** [kamäbɛːr, nach dem frz. Ort] *m. 9* ein Weichkäse

**Ca|me|ra ob|scu|ra** [lat.] *w. Gen.* - - *Mz.* -rae [-rɛː] -rae [-rɛː] Kamera mit Loch statt der Linse, Lochkamera, Vorläuferin des Photoapparates

**Ca|mion** [-mjɔ̃, frz.] *m. 9 schweiz.:* Lastkraftwagen; **Ca|mion|na|ge** [-ʒə] *w. 11* Spedition

**Ca|mou|fla|ge** [kamuflaʒə, frz.] *w. 11 veraltet:* Irreführung, Täuschung, Tarnung

**Camp** [kæmp, engl.] *s. 9* Feld-, Zeltlager, Wohnstätte aus Zelten oder wenigen einfachen Häusern; *auch:* Gefangenenlager

**Cam|pa|nile** [ital.] *m. Gen.* -(s) *Mz.* - freistehender Glockenturm ital. Kirchen

**Cam|pa|ri** [ital.] *m. 9* ⓦ ein bittersüßer, meist als Aperitif getrunkener Wein

**Cam|pe|che|holz** [kampɛtʃə-] *s. 4 nur Ez.* → Kampescheholz

**cam|pen** [kæm-, engl.] zelten; auf dem Campingplatz übernachten; **Cam|per** [kæm-] *m. 5* **1** jmd., der im Zelt oder im Wohnwagen übernachtet; **2** motorisierter Wohnwagen, Wohnauto, Wohnmobil

**Cam|pher** *m. 5, fachsprachl.* Schreibung von Kampfer

**cam|pie|ren** *schweiz. für* campen; **Cam|ping** [kæm-] *s. Gen.* -s *nur Ez.* Leben auf Campingplätzen; **Cam|pmee|ting** [kæmpmiːtiŋ] *s. 9* Gottesdienst im Freien oder im Zelt

**Cam|po|san|to** [ital.] *m. 9, Mz. auch* -ti Friedhof

**Cam|pus** [engl.: kæmpəs] *m. Gen.* - *nur Ez.*, *in Großbritannien und den USA:* Gelände einer Hochschule oder eines Colleges

**Ca|naille** [kanaljə] *w. 11* → Kanaille

**Ca|nas|ta** [span.] *s. Gen.* -s *nur Ez.* ein Kartenspiel

**Can|can** [kãkã, frz.] *m. 9* Bühnentanz mit Hochwerfen der Beine

**Can|cer** [kantsər, lat.] *m. 5 Med.:* Krebsgeschwulst

**cand.** *Abk. für* candidatus, vgl. Kandidat
**Can|de|la** [lat.] *w. Gen. - Mz. - (Abk.:* cd)
Maßeinheit für die Lichtstärke
**can|di|da|tus re|ve|ren|di mi|ni|ste|rii** [lat.]
(*Abk.:* cand. rev. min. *oder* c. r. m.) Kandidat des (lutherischen) Predigtamtes
**cand. med.** *Abk. für* candidatus medicinae:
Kandidat der Medizin (Student in den klinischen Semestern); **cand. phil.** *Abk. für* candidatus philosophiae: Kandidat der Philosophie
**Can|na|bis** [griech.] *m. Gen. - nur Ez.* 1 Hanf;
2 → Haschisch
**Can|nel|koh|le** [kɛnəl-] *w. 11 nur Ez.* → Kännelkohle
**Ca|ñon** [kanjɔn, auch: kanjɔn, span.; engl.:
kænjɔn] *m. 9* enges, steiles Flußtal, bes. in Nordamerika, Schlucht
**Ca|no|ni|cus** *m. Gen. - Mz.* -ci [-tsi:] *lat. Form von* Kanoniker
**Ca|nos|sa** [nach der Reise Heinrichs IV. zu Papst Gregor VII. nach Canossa] *s. Gen.* -(s) *nur Ez. übertr.:* demütigender Bittgang
**Cant** [kænt, engl.] *m. 9* 1 Gaunersprache;
2 Heuchelei, Scheinheiligkeit
**can|ta|bi|le** [-le:, ital.] *Mus.:* gesanglich, beseelt
**Can|to** [ital.] *m. 9, Mz. auch* -ti Gesang; **Cantus fir|mus** *m. Gen. - - Mz.* - -mi [-tu:s] Hauptmelodie eines polyphonen Chor- oder Instrumentalsatzes
**Ca|pa** [span.] *w. 9* Mantel des Stierkämpfers
**Cape** [kep, engl.] *s. 9* ärmelloser Umhang
**Ca|pric|cio** [kapritʃo, ital.] *s. 9* heiteres, launiges Musikstück; **ca|pric|cio|so** [-tʃo-] *Mus.:*
launig, scherzhaft; **Ca|price** [kapris, frz.]
*w. 11* → Kaprice
**Ca|prio|le** [frz.] *w. 11 Hohe Schule:* Sprung aus der Levade mit parallel nach hinten ausschlagenden Hinterbeinen, während sich der Körper in der Waagerechten befindet
**Cap|sien** [kapsjɛ, nach dem Fundort Capsa, heute Gafsa, in Tunesien] *s. Gen.* -(s) *nur Ez.*
Kultur der Alt- und Mittelsteinzeit
**Cap|tain** [kæptn] *m. 9, engl. Bez. für* Hauptmann
**Cap|ta|tio be|ne|vo|len|tiae** [-tsjo -tsjɛ:, lat.]
*w. Gen. - - nur Ez.* Werben um die Gunst des Zuhörers oder Lesers, *eigtl.:* Einfangen des Wohlwollens
**Ca|pu|chon** [kapyʃɔ̃, frz.] *m. 9* 1 Kapuze der Mönchskutte; **2** Damenmantel mit Kapuze
**Cap|puc|ci|no** [-tʃi-, ital.] *m. Gen.* -(s) *Mz.* -s *oder* -ni Tasse Kaffee mit Schlagsahne und etwas Kakaopulver obenauf
**Ca|put mor|tu|um** [lat. „toter Kopf"] *s. Gen. - - nur Ez.* Eisen(III)-Oxid, Englischrot, als Malerfarbe und Poliermittel verwendet
**Car** [engl.] *m. 9 schweiz.:* Auto für Gesellschaftsfahrten; **Car al|pin** [-pɛ̃, frz.]
*m. Gen. - - Mz.* -s -s [karzalpɛ̃] *schweiz.:* Auto für Gesellschaftsfahrten in die Berge

**Ca|ra|bi|nie|re** [-njɛ-] *m. Gen.* -(s) *Mz.* -ri
italien. Polizist
**Ca|ram|ba!** [span.] Verdammt!
**Ca|ra|van** [auch: -van, engl.] *m. 9* kombinierter Personen- und Lastwagen; Reisewohnwagen
**Carb|amid** [Kurzw. aus Carbid und Amid]
*s. 1 nur Ez.* Harnstoff; **Car|bid** [lat.] *s. 1* Verbindung des Kohlenstoffs vor allem mit Metallen; **car|bo|cy|clisch** Kohlenstoffringe enthaltend; **Car|bo|nat** *s. 1* Salz der Kohlensäure; **Car|bo|ne|um** *s. Gen.* -s *nur Ez.* (*Zeichen:*
C) Kohlenstoff
**care of** [kɛːr ɔv, engl.] (*Abk.:* c/o) *in Anschriften:* wohnhaft bei ...
**Ca|rio|ca** [indian.-port.] *w. 9* ein lateinamerik. Tanz
**Ca|ri|tas** [lat.] *w. Gen. - nur Ez., kurz für*
Deutscher Caritasverband (der kath. Kirche), Verband zur Wohlfahrtspflege; vgl.
Karitas
**Car|ma|gnole** [-njɔl, auch: -njɔlə, frz.] *w. 11*
1 *nur Ez.* Lied und Tanz während der Frz.
Revolution; 2 kurzes Jäckchen der Jakobiner
**Car|net de pas|sages** [karnɛ də passaʒ(ə),
frz.] *s. Gen. - - - Mz.* -s - - [-nɛ] Zollpassierschein für Kraftfahrzeuge
**Car|pe di|em** [lat. „pflücke (= nütze) den Tag"] Spruch aus einer Ode von Horaz
**Car|te blanche** [kart blãʃ, frz. „weiße Karte"]
*w. Gen. - - Mz.* -s -s [kart blãʃ] unbeschränkte Vollmacht
**Car|toon** [-tuːn] *m. oder n. 9, engl. Bez. für*
Karikatur
**Ca|sa|no|va** [nach dem ital. Abenteurer und Schriftsteller C.] *m. 9* Frauenheld, galanter Verführer
**Cä|sar** Ehrenname der röm. Kaiser; **Cä|sa|ren|herr|schaft** *w. 10* Alleinherrschaft, diktator. Herrschaft; **Cä|sa|ren|wahn** *m. 1 nur Ez.*
Größenwahn; **cä|sa|risch** kaiserlich, selbstherrlich; **Cä|sa|ris|mus** *m. Gen. - nur Ez.* Cäsarenherrschaft; **Cä|sa|ro|pa|pis|mus** *m. Gen. -*
*nur Ez.* Herrschaftsform, bei der ein weltl.
Herrscher zugleich kirchl. Oberhaupt ist
**Cash** [kæʃ] *engl. Bez. für* Barzahlung; **Cash and Car|ry** [kæʃ ənd kæri] *s. Gen. - - - nur Ez.*
(*Kurzform:* C und C) Vertriebsform im Handel mit Selbstbedienung und Barzahlung;
**Cash-and-Car|ry-Klau|sel** *w. 11 Überseehandel:* Vertragsklausel, nach der der Käufer die Ware selbst abholen und sofort bar bezahlen muß
**Ca|shew** [kæʃu, indian.-engl.] *w. Gen. - Mz.*
-(s) Frucht des gleichnamigen trop. Nierenbaumes
**Cash-flow** [kæʃflou, engl.] *m. 9* Summe aus Reingewinn und Abschreibungen eines Unternehmens; **Cash|ge|schäft** [kæʃ-, engl.] *s. 1*
Barzahlungsgeschäft
**Cä|si|um** [tsæ-, lat.] *s. Gen.* -s *nur Ez.* (*Zeichen:* Cs) chem. Element, ein Metall

**Cas|sa** w. Gen. - nur Ez., ital. Bez. für Kasse, Bargeld; per cassa: in bar

**Cas|sio|pei|um** [lat.] s. Gen.-s nur Ez. (Zeichen: Cp) veraltete Bez. für Lutetium

**Cast** [engl.] s. 9 nur Ez., amerik. Filmwesen: alle Mitwirkenden bei einem Film

**Ca|sti|ze** [span.] m. 11 Mischling aus Weißen und Mestizen

**Ca|stris|mus** m. Gen. - nur Ez. das politische System des kubanischen Politikers Fidel Castro

**Ca|sus** m. Gen. - Mz. - [ka̱su:s] lat. Schreibung von Kasus; Casus belli: Grund zum Krieg, zum Krieg führendes Ereignis; Casus foederis: Ereignis, das die einem anderen Staat gegenüber eingegangene Verpflichtung eines Staates auslöst; Casus obliquus: abhängiger Fall, jeder Beugungsfall außer dem Nominativ und Vokativ; Casus rectus: unabhängiger Fall, Nominativ, Vokativ

**Catch-as-catch-can** [kætʃ əz kætʃ kæn, engl. „pack, wie du packen kannst"] s. Gen. - nur Ez. Art des Freistilkampfes; **Cat|cher** [kætʃər] m. 5 Freistilringkämpfer; **Cat|cher|pro|mo|ter** [kætʃərprəmoutər] m. 5 Veranstalter eines Freistilringkampfs

**Catch|up** [kætʃʌp, engl.] m. 9 oder s. 9 → Ketchup

**Ca|the|dra** [griech.-lat.] w. Gen. - Mz.-drae [-drɛ:] Lehrstuhl; Ehrensitz, bes. des Bischofs; Cathedra Petri: der Päpstliche Stuhl; vgl. ex cathedra

**Cau|sa** [lat.] w. Gen. - Mz.-sae [-sɛ:] 1 Grund, Ursache; 2 Rechtsfall; **Cause cé|lè|bre** [koz seläbrə, frz.] w. Gen. -- Mz.-s-s [koz seläbrə] aufsehenerregender Vorfall, berüchtigte Angelegenheit

**Cau|se|rie** [kozəri, frz.] w. 11 Plauderei, leichte, heitere Unterhaltung; **Cau|seur** [kozør] m. 1 Plauderer; auch: Schwätzer; **Cau|seuse** [kozøz] w. 11 1 Plauderin; Schwätzerin; 2 veraltet: kleines Sofa

**Ca|ve ca|nem** [lat.] „Hüte dich vor dem Hund" (Warnungsschild an altrömischen Haustüren)

**Ca|yenne|pfef|fer** [-jɛn-] m. 5 nur Ez. sehr scharfes Gewürz

**CC** Abk. für Corps consulaire

**Cb** 1 chem. Zeichen für Columbium; 2 Abk. für Kumulonimbus

**cbm** früher Abk. für Kubikmeter

**ccm** früher: Abk. für Kubikzentimeter

**cd** Abk. für Candela

**Cd** chem. Zeichen für Cadmium

**CD** Abk. für Corps diplomatique

**c. d.** Abk. für colla destra

**cdm** früher: Abk. für Kubikdezimeter

**Ce** chem. Zeichen für Cer

**Ce|dil|le** [sədij(ə), span.] w. 11 Häkchen unter dem c (ç), Zeichen zur Aussprache des c wie s vor a, o, u, z. B. Curaçao [kyrasao]

**Cel|le|sta** [tʃɛ-, ital.] w. Gen. - Mz.-s oder

-sten Glockenspiel mit hohlen Stahlstäben, mit Tasten gespielt

**Cel|la** [tsɛla, lat.] w. Gen. - Mz.-lae [-lɛ:] 1 Kultraum im antiken Tempel mit dem Götterbild; 2 Mönchszelle; 3 Anat.: Zelle

**Cel|list** [tʃɛl-, ital.] m. 10 Cellospieler; **Cel|lo** [tʃɛlo] s. Gen.-s Mz.-li Kurzw. für Violoncello

**Cel|lo|phan** s. 1 nur Ez. Ⓦ ein Kunststoff, durchsichtige Folie

**Cel|si|us** [nach dem schwed. Astronomen C.] (Zeichen: C) Einheit beim in 100 Grade eingeteilten Thermometer; 5 Grad Celsius, 5° C

**Cem|ba|list** [tʃɛm-, lat.] m. 10 Cembalospieler; **Cem|ba|lo** [tʃɛm-] s. Gen.-s Mz.-li altes Tasteninstrument, bei dem die Saiten angerissen werden

**Cent** [sɛnt, zu lat. centum „hundert"] m. Gen.-(s) Mz.-(s) (Abk.: c oder ct, Mz. Abk.: cts) kleine Münze in den USA, Niederlanden, Kanada, China; **Cen|ta|vo** [sɛn-, span. θɛn-] m. Gen.-(s) Mz.-(s) kleine Münze in Mittel- und Südamerika

**Cen|ter** [sɛn-, amerik. ] s. 5 Zentrum, z. B. Mode-C., Einkaufs-C. (Bez. für Läden, Vergnügungsstätten u. ä.)

**Cen|te|si|mo** [tʃɛn-] m. Gen.-(s) Mz.-(s) frühere ital. Münze; **Cen|té|si|mo** [sɛn-] m. Gen.-(s) Mz.-(s) kleine Münze in Chile, Uruguay und Panama; **Cen|ti|me** [sätim] m. Gen.-(s) Mz.-(s) (Abk.: ct, Mz. Abk.: cts) kleine Münze in Frankreich, Belgien, Luxemburg und der Schweiz; **Cén|ti|mo** [-sɛn-, span. θɛn-] m. Gen.-(s) Mz.-(s) kleine Münze in Spanien, Venezuela, Paraguay, Costa Rica

**Cen|to** [tsɛn-, lat.] s. Gen.-s Mz.-s oder -tonen literar. Form (z. B. Hörspiel), die nur aus Zitaten (aus Dichtwerken, Briefen, Tagebüchern u. ä.) zusammengesetzt ist

**Cent|weight** [sɛntweit, engl.] s. Gen.-(s) Mz.-(s) engl. und nordamerik. Gewichtsmaß, Zentner, Hundredweight

**Cer** [lat.] s. Gen.-s nur Ez. (Zeichen: Ce) chem. Element, ein Metall

**Cer|cle** [sɛrkl, frz.] m. 9 1 kleiner Kreis, geschlossene Gesellschaft; 2 Empfang bei Hofe; C. halten: Gäste beim Hofempfang ins Gespräch ziehen; **Cer|cle|sitz** [sɛrkl-] m. 1 österr.: Theater- und Konzertplatz in den vorderen Reihen

**Ce|rea|li|en** [lat.] nur Mz. altröm. Fest zu Ehren der Ceres, Göttin des Feldes und des Wachstums; vgl. Zerealien

**ce|rise** [səriz, frz.] unflektierbar kirschrot

**Ce|ri|um** s. Gen.-s nur Ez. → Cer

**Cer|ve|lat** [servəla] w. 9 oder m. 9 schweiz.: eine Art Teewurst; vgl. Zervelatwurst

**C'est la guerre** [sɛ: la gɛr, frz.] Das ist (= so ist) der Krieg

**C'est la vie** [sɛ: la vi, frz.] Das ist (= so ist) das Leben

**C'est le ton qui fait la mu**|**sique** [sɛ: lɔ tõ ki fɛ: la myzik, frz.] Der Ton macht die Musik: es kommt auf den Ton an, in dem etwas gesagt wird

**ce**|**te**|**ris pa**|**ri**|**bus** [lat. „(wenn) das übrige gleich (ist)"] unter sonst gleichen Bedingungen

**Ce**|**te**|**rum cen**|**seo** [lat. „im übrigen meine ich"; *eigtl.:* ceterum censeo Carthaginem esse delendam: „im übrigen meine ich, daß Karthago zerstört werden muß"; Schlußsatz jeder Rede Catos im röm. Senat] *s. Gen.-- nur Ez.* immer wieder vorgebrachte, feste Überzeugung

**cf** *Abk. für* cost and freight, im Seehandel Klausel, daß Verlade- und Frachtkosten im Preis eingeschlossen sind

**Cf** *chem. Zeichen für* Californium

**cf., cfr.** *Abk. für* confer

**CFTC** *Abk. für* Confédération Française des Travailleurs Chrétiens (Spitzenverband der frz. christl. Gewerkschaften)

**cg** *Abk. für* Zentigramm

**CGS-Sy**|**stem** *s. 1* auf den Einheiten Zentimeter, Gramm, Sekunde beruhendes Maßsystem; vgl. MKS-System

**CGT** *Abk. für* Confédération Générale du Travail (Spitzenverband der frz. sozialist. Gewerkschaften)

**CH** *Abk. für* Confoederatio Helvetica

**Cha-Cha-Cha** [tʃa-] *m. 9* ein moderner, aus Kuba stammender Gesellschaftstanz

**Cha**|**conne** [ʃakɔn, span.-frz.] *w. 9 oder 11* **1** span. Reigentanz; **2** Satz der Suite

**Cha**|**cun à son goût** [ʃakœna sõ gu, frz.] Jeder nach seinem Geschmack

**Cha**|**grin** [ʃagrɛ̃, türk.-frz.] *s. 9 nur Ez.* ein Seidengewebe; **cha**|**gri**|**nie**|**ren** [ʃa-] mit einer künstl. Narbung versehen (Leder); **Cha**|**grin**|**le**|**der** [ʃagrɛ̃-] *s. 5* Leder aus Esels- oder Pferdehaut mit künstlicher Narbung

**Chaine** [ʃɛn, frz.] *w. 11* **1** Tanztour beim Kontertanz; **2** Kettfaden

**Chair**|**man** [tʃɛrmən] *m. Gen.- Mz.*-men [-mən] *engl. Bez. für* Vorsitzender, z. B. eines Ausschusses im Parlament

**Chai**|**se** [ʃɛzə, frz.] *w. 11* **1** Kutsche mit Halbverdeck; **2** *veraltet:* Sessel; **3** *ugs. veraltet kurz für* Chaiselongue; **Chai**|**se**|**longue** [ʃɛ:zɔlõg] *w. Gen.- Mz.*-n [-gən] *oder* -s Sofa ohne Rückenlehne, Liege

**Chal**|**dä**|**er** [kal-] *m. 5* Angehöriger eines semit.-aramäischen Volksstammes

**Chal**|**let** [ʃalɛ, frz.] *s. 9* **1** Sennhütte; **2** kleines Landhaus

**Chal**|**ko**|**che**|**mi**|**gra**|**phie** [çal-, griech.] *w. 11 nur Ez.* Metallgravierung; **Chal**|**ko**|**ge**|**ne** *s. 1, Mz.* Sammelbez. *für* die Elemente (Sauerstoff, Schwefel, Selen, Tellur), die mit Metallen meist Erze bilden, Erzbildner; **Chal**|**ko**|**gra**|**phie** *w. 11 nur Ez. veraltet:* Kupferstechkunst

**Chal**|**ko**|**lith** [çal-, griech.] *m. Gen.-s oder* -en *nur Ez.* ein Mineral; **Chal**|**ko**|**li**|**thi**|**kum** *s. Gen.-s nur Ez.* Kupfersteinzeit, Ende der Jungsteinzeit

**Chal**|**ze**|**don** [çal-, nach der Landschaft Chalzedonien in Kleinasien] *m. 1 nur Ez.* ein Mineral

**Cha**|**mä**|**le**|**on** [ka-, griech.] *s. 9* **1** Baumeidechse mit bei Gefahr veränderl. Hautfarbe; **2** *übertr.:* oft seine Überzeugung wechselnder Mensch

**Cham**|**bre** **gar**|**nie** [ʃãbrə garni, frz.] *s. Gen.- - Mz.*-s-s *veraltet:* möbliertes Zimmer zum Vermieten; **Cham**|**bre** **sé**|**pa**|**rée** [ʃãbrə separe] *s. Gen.- - Mz.*-s-s [ʃãbrə separe] kleiner abgetrennter Raum im Restaurant

**cha**|**mois** [ʃamwa, frz.] gemsfarben, gelbbräunlich; **Cha**|**mois** *s. Gen.- nur Ez.*, **Cha**|**mois**|**le**|**der** *s. 5* Gems-, Ziegen-, Schafleder

**Cham**|**pa**|**gner** [ʃãpanjər, auch: ʃam-, frz.] *m. 5* frz. Schaumwein

**Cham**|**pi**|**gnon** [ʃãpinjõ, frz.] *m. 9* ein Speisepilz

**Cham**|**pi**|**on** [tʃæmpjən, engl.] *m. 9* **1** Meister in einer Sportart; **2** *österr.:* Aufsatz auf dem Rauchfang; **Cham**|**pio**|**nat** [ʃam-] *s. 1* Meisterschaft in einer Sportart

**Cham**|**ple**|**vé** [ʃãləve, frz.] *s. Gen.-s nur Ez.* Grubenschmelz, Art der Emailmalerei, bei der die flüssige Emailmasse in ausgestochene Vertiefungen des Metalls gegossen wird

**Cham**|**sin** [kam-] *m. 1* → Kamsin

**Chan** [xan, pers.] *m. 1* **1** Herberge im Vorderen Orient; **2** → Khan

**Chan**|**ce** [ʃãsə, frz.] *w. 11* günstige Gelegenheit

**Change** [tʃɛindʒ, engl.] *m. Gen.- nur Ez. oder* [ʃãʒ, frz.] *w. Gen.- nur Ez.* Geldwechsel

**chan**|**geant** [ʃãʒã, frz.] *unflektierbar* schillernd, im Farbton wechselnd (Stoff); **Changeant** *m. 9* schillernder Stoff; **chan**|**gie**|**ren** [ʃãʒi-] **1** schillern, im Farbton wechseln; **2** *Reitsport:* den Galopp wechseln; **3** *Jägerspr.:* die Fährte wechseln (Hund)

**Chan**|**son** [ʃãsõ, frz.] *s. 9* **1** *in der altfrz. Dichtung:* sangliches Gedicht; **2** *heute:* Kabarettlied; **Chan**|**so**|**net**|**te, Chan**|**son**|**net**|**te** [ʃã-] *w. 11* **1** kleines, komisches oder frivoles Lied; **2** Chansonsängerin; **Chan**|**son**|**nier** [ʃãsɔnje] *m. 9* **1** Sammelbez. *für* Troubadour und Trouvère; **2** Sammlung französischer weltlicher Lieder des 13.–16. Jh.; **3** Chansonsänger; **Chan**|**son**|**nie**|**re** [ʃãsõnjɛrə] *w. 11* Chansonsängerin

**Chan**|**te** [xan-] *m. 11* Angehöriger eines westsibir. Volkes, Ostjake

**Cha**|**nuk**|**ka** [xa-, hebr.] *w. Gen.- nur Ez.* jüd. Fest im Dezember zur Tempelweihe

**Cha**|**os** [ka-, griech.] *s. Gen.- nur Ez.* **1** die ungeformte Masse der Welt vor der Schöpfung; **2** Durcheinander, Wirrwarr; **Chao**|**te**

*m.11, meist Mz.* radikaler Anarchist; **chaotisch** wirr, ungeordnet
**Cha|peau** [ʃapo, frz.] *m.9, im Dt. nur scherzh.:* Hut; **Cha|peau claque** [ʃapo klạk] *m. Gen. Mz.*-x -s [ʃapo klạk] zusammenklappbarer Zylinderhut
**Cha|rak|ter** [ka-, griech.] *m. Gen.*-s *Mz.*-te|re Gepräge, Eigenart; *auch:* feste Haltung, Standhaftigkeit; **cha|rak|te|ri|sie|ren** kennzeichnen, treffend schildern; **Cha|rak|te|ristik** *w.10* 1 treffende Schilderung, Kennzeichnung; 2 *Math.:* Kennziffer eines Logarithmus; **Cha|rak|te|ri|sti|kum** *s. Gen.*-s *Mz.* -ka Kennzeichen, hervorstechende Eigenschaft; **cha|rak|te|ri|stisch** kennzeichnend; **Cha|rak|te|ro|lo|gie** *w.11 nur Ez.* Wissenschaft vom Wesen und von der Entwicklung des Charakters, Persönlichkeitsforschung
**Char|cu|te|rie** [ʃarkytəri, frz.] *w.11 veraltet, noch schweiz.:* Fleischerei
**Char|don|net|sei|de** [ʃardǫne-, nach dem frz. Chemiker Chardonnet] *w.11 nur Ez.* eine Kunstseide
**Char|ge** [ʃarʒə, frz.] *w.11* 1 Würde, Rang; 2 *Mil.:* Dienstgrad; 3 *Technik:* Beschickung eines metallurg. Ofens; 4 kleine, aber sehr ausgeprägte Bühnenrolle; **Char|gen|spie|ler** [ʃarʒən-] *m.5* Darsteller einer Charge (4); **char|gie|ren** [ʃarʒi-] 1 *Technik:* beschicken, laden (Hochofen); 2 *Stud.:* in Amtstracht oder Farben erscheinen; 3 *Theater:* eine Rolle überdeutlich gestalten; **Char|gier|te(r)** [ʃarʒir-] *m.18(17)* Vorstandsmitglied einer Studentenverbindung
**Cha|ris|ma** [ça-, griech.] *s. Gen.*-s Mz. -risma|ta *oder* -ris|men 1 göttl. Gnadengeschenk; 2 Berufung (eines Propheten oder kirchl. Würdenträgers); Ausstrahlung (einer Persönlichkeit)
**cha|ri|ta|tiv** [ka-] → karitativ
**Cha|ri|ten** [ça-, griech.], **Cha|ri|tin|nen** *nur Mz.* griech. *Myth.:* Göttinnen der Anmut und Schönheit
**Cha|ri|va|ri** [ʃa-, frz.] *s.9* 1 Durcheinander, Katzenmusik; 2 *süddt.:* ein Trachtenschmuck; 3 *in Frankreich:* Polterabend
**Charles|ton** [tʃarlstən, nach der Stadt Ch. in den USA] *m. Gen.*-(s) *Mz.*-s schneller Foxtrott aus den zwanziger Jahren
**Charm** [tʃarm, engl. „Zauber"] *m. Gen.* -s *nur Ez.* bei 1976 entdeckten Elementarteilchen (Hadronen) beobachtete Eigenschaft beim Entstehen und Zerfall; **charmant** [ʃar-, frz.] gewinnend, liebenswürdig; **Charme** [ʃarm] *m. Gen.*-s *nur Ez.* Reiz, Liebreiz, gewinnendes Wesen; **Char|meur** [ʃarmœr] *m.1 oder m.9* betont liebenswürdiger Mensch; **Char|meuse** [ʃarmœz] *w. Gen. - nur Ez.* eine kunstseidene Wirkware
**Char|ta** [kạr-, griech.] *w.9* Verfassungsurkunde, Staatsgrundgesetz; **Char|te** [ʃạrtə, frz.] *w.11 Staats- und Völkerrecht:* wichtige

Urkunde; **Char|ter** [tʃartər, engl.] *m.9* 1 Urkunde, Freibrief; 2 *Seerecht:* Frachtvertrag; **Char|te|rer** [tʃar-] *m.5* Mieter eines Schiffes oder Flugzeugs; **Char|ter|ma|schine** [tʃar-] *w.11* für private Zwecke gemietetes Flugzeug; **char|tern** [tʃar-] mieten (Schiff oder Flugzeug); **Char|tis|mus** [tʃar-] *m. Gen. - nur Ez.* engl. Arbeiterbewegung im 19. Jh.
**Char|treuse** [ʃartrøz, nach dem frz. Kloster Grande Chartreuse] *m. Gen. - nur Ez.* Ⓦ ein frz. Kräuterlikör
**Char|tu|la|ri|um** [kar-, griech.-lat.] *s. Gen.* -s *Mz.*-ria Sammlung von Urkundenabschriften in Buchform
**Cha|ryb|dis** [ça-] *w. Gen. - nur Ez.* vgl. Scylla
**Chase** [tʃeiz, engl.] *s. oder w. Gen. - nur Ez. Jazz:* ständiger Wechsel zwischen improvisierenden Solisten
**chas|mo|gam** [ças-, griech.] offenblütig; **Chas|mo|ga|mie** *w.11* Fremdbestäubung bei offener Blüte
**Chas|se|pot|ge|wehr** [ʃasǫpo-, nach dem frz. Erfinder A.-A. Chassepot] *s.1* Hinterladegewehr
**Chas|si|dim** [xas-, hebr.] *Mz.* Anhänger des Chassidismus; **Chas|si|dis|mus** *m. Gen. - nur Ez.* im 18. Jh. begründete jüd. relig. Bewegung in Osteuropa
**Chas|sis** [ʃasi, frz.] *s. Gen. -* [ʃasis] *Mz. -* [ʃasis] Gestell für Aufbauten, Fahrgestell (des Autos), Montagerahmen (des Rundfunkempfängers u. a.)
**Châ|teau** [ʃato, frz.] *s.9 veraltet:* Landhaus, Schloß
**Chau|deau** [ʃodo, frz.] *m.9* Weinschaumsoße
**Chauf|feur** [ʃofør, frz.] *m.1* jmd., der berufsmäßig andere mit dem Kraftwagen befördert; **chauf|fie|ren** [ʃof-] einen Kraftwagen lenken
**Chaus|see** [ʃos-, frz.] *w.11* Landstraße; **chaus|sie|ren** mit einer festen Decke versehen
**Chau|vi|nis|mus** [ʃo-, frz.] *m. Gen. - nur Ez.* übersteigerte Vaterlandsliebe
**Check** *m.9* 1 [tʃɛk, engl.] *Eishockey:* Behinderung des Spielverlaufs; 2 [ʃɛk] *schweiz.:* Scheck; **checken** [tʃɛklkən] [tʃɛk-] prüfen, vergleichen; **Check|li|ste** *w.11* Kontrolliste mit allen wichtigen Punkten eines Arbeitsbereichs; **Check|point** [tʃɛkpɔint] *m.9* Kontrollpunkt an Grenzübergängen
**chee|rio!** [tʃi:rio, engl.] *ugs.* 1 auf Wiedersehen!; 2 prost!, zum Wohl!
**Chef** [ʃɛf, frz.] *m.9* 1 Vorgesetzter, Leiter; 2 Geschäftsinhaber; 3 Haupt..., Ober..., z. B. Cheflektor; **Chef|feu|se** [ʃeføzə] *w.11 ugs. scherzh.:* Frau des Chefs; **Chef|fin** [ʃɛ-] *w.10* weibl. Chef (1 und 2)
**Chei|ro|no|mie** [çai-, griech.] *w.11 nur Ez., im Altertum und MA:* Dirigierweise durch Handbewegungen, die die Tonhöhe angeben

**Chel|lé|en** [ʃɛlɛ̃, nach dem frz. Ort Chelles] *s. Gen.* -(s) *nur Ez.* Stufe der Altsteinzeit, *heute →* Abbevillien

**Che|mie** [çe-, süddt., österr.: ke-, griech.] *w. 11 nur Ez.* Wissenschaft von den Eigenschaften und der Umwandlung der Stoffe; anorganische Chemie: Wissenschaft von den nicht kohlenstoffhaltigen Stoffen; organische Chemie: Wissenschaft von den kohlenstoffhaltigen Stoffen; **Che|mi|gra|phie** *w. 11* Verfahren zur Herstellung von Druckplatten auf photomechan. Wege; **Che|mi|kal** *s. Gen.* -s *meist Mz.* -li en, **Che|mi|ka|lie** [-ljə] *w. 11 meist Mz.* auf chem. Wege hergestellter Stoff; **Che|mi|ker** [çe-, süddt., österr.: ke-] *m. 5* Wissenschaftler auf dem Gebiet der Chemie

**Che|mi|nee** [ʃəmine, frz.] *s. 9 schweiz.:* offener Kamin im Wohnraum

**che|misch** [çe-, süddt., österr.: ke-] die Chemie betreffend, auf ihr beruhend, zu ihr gehörig; auf Stoffumwandlung beruhend; chemisches Element: durch chem. Verfahren nicht weiter zerlegbarer Bestandteil der Materie

**Che|mise** [ʃəmiz, frz.] *w. 11 um 1800:* hemdartiges Kleid, Überwurf; **Che|mi|sett** [ʃəmizɛt] *s. 1 oder 9,* **Che|mi|set|te** [ʃəmizɛt(ə] *w. 11* gestärkte Hemdbrust zum Vorbinden; *auch:* weißer Einsatz am vorderen Oberteil des Damenkleides

**Che|mis|mus** [çe-, süddt., österr.: ke-, griech.] *m. Gen. - nur Ez.* Gesamtheit der chemischen Vorgänge bei Stoffumwandlungen, besonders im Tier- und Pflanzenkörper

**Che|mo|na|stie** [çe-, süddt., österr.: ke-, griech.] *w. 11* durch chem. Reiz ausgelöste, ungerichtete Bewegung von Pflanzen; vgl. Chemotropismus; **Che|mo|plast** *m. 1 meist Mz.* härtbares Kunstharz; **Che|mo|re|si|stenz** *w. 10 nur Ez.* Widerstandsfähigkeit von Krankheitserregern gegen Chemotherapeutika, von denen sie vorher vernichtet worden waren; **Che|mo|re|zep|tor** *m. 13 meist Mz.* auf chem. Reize (z. B. Geruchsreize) ansprechende Nervenzelle; **Che|mo|syn|the|se** *w. 11* auf chem. Wege (ohne Sonnenlicht) verlaufende Umwandlungsvorgänge in Pflanzen; **che|mo|tak|tisch** auf Chemotaxis beruhend; **Che|mo|ta|xis** *w. Gen. - Mz.* -xen durch Einfluß von Chemikalien ausgelöste Bewegungen von Pflanzen und Tieren; **Che|mo|tech|nik** *w. 10* Zweig der Technik, der auf der Anwendung chem. Verfahren beruht; **Che|mo|the|ra|peu|ti|kum** *s. Gen.* -s *Mz.* -ka aus chem. Stoffen hergestelltes Arzneimittel, das Krankheitserreger vernichtet oder im Wachstum hemmt, ohne dem Körper zu schaden; **Che|mo|the|ra|pie** *w. 11* Behandlung mit Chemotherapeutika; **Che|mo|tro|pis|mus** *m. Gen. - nur Ez.* durch chem. Reiz aus-

gelöste, gerichtete Bewegung von Pflanzen; vgl. Chemonastie

**Che|nil|le** [ʃəniljə, frz.] *w. 11* Garn mit abstehenden Fasern, Raupengarn

**Cher|chez la femme** [ʃɛrʃe la fam, frz. „sucht die Frau"] Dahinter steckt bestimmt eine Frau

**Cher|ry Bran|dy** [tʃɛri brændi, engl.] *m. Gen. --s Mz. --s* Kirschlikör

**Che|rub** [çe-, hebr.] *m. Gen.* -s *Mz.* -ru|bim *oder* -ru|bi|nen Engel, Paradieswächter; **che|ru|bi|nisch** engelgleich

**Che|ster** [tʃe-, nach der engl. Stadt] *m. 5* ein fetter Hartkäse

**che|va|le|resk** [ʃə-, frz.] ritterlich; **Che|va|lier** [ʃəvalje] *m. 9* 1 Ritter, Edelmann; 2 frz. Adelstitel

**Che|vau|le|ger** [ʃvoleʒe, frz.] *m. 9* veraltet: Angehöriger der leichten Kavallerie

**Che|vi|ot** [tʃɛ-, ʃɛ- oder ʃe-, nach den in den Cheviotbergen an der engl.-schott. Grenze gezüchteten Schafen] *m. 9* ein Kammgarngewebe aus Schafwolle

**Che|vreau** [ʃəvro, frz.] *s. Gen.* -*Mz.* -s Ziegenleder

**Che|vrette** [ʃəvrɛt, frz.] *w. 11* mit Chromsalzen gegerbtes Schafleder

**Che|vron** [ʃəvrɔ̃, frz.] *m. 9* 1 *Wappenkunde:* pfeilspitzenartige Verbindung zweier Schrägbalken; 2 frz. Dienstgradabzeichen in dieser Form; 3 Gewebe mit Fischgrätenmuster

**Chi|an|ti** [kjan-, nach der ital. Landschaft] *m. 9* ein ital. Rotwein

**Chi|as|mus** [çi-, nach dem griech. Buchstaben Chi] *m. Gen. - Mz.* -men Stilfigur, kreuzweise Gegenüberstellung von gleichen oder gegensätzlichen Begriffen

**chic** [ʃik] *unflektierbar, frz. Schreibung von* schick

**Chi|co|rée** [ʃikore:, frz.] *w. oder m. 9 nur Ez.* Trieb der Zichorie, als Gemüse und Salat

**Chief** [tʃif] *m. 9, engl. Bez. für* Oberhaupt, Anführer

**Chif|fon** [ʃifɔ̃, frz.] *m. 9, österr.:* [-fon] *m. 1* leichtes seidenes oder kunstseidenes, schleierartiges Gewebe; **Chif|fon|nier** [ʃifonje] *m. 9 veraltet:* Schreibsekretär; **Chif|fon|nie|re** [ʃifonjɛrə] *w. 11 veraltet:* 1 Nähtisch; 2 *schweiz.:* Kleiderschrank

**Chif|fre** [ʃifrə, auch: ʃifər, frz.] *w. 11* 1 Ziffer, Zahl; 2 Geheimzeichen; 3 Kennwort (bes. in Zeitungsanzeigen); **Chif|freur** [ʃifrør] *m. 1* jmd., der Texte in Chiffren (2) umsetzt oder sie entschlüsselt; **chif|frie|ren** in Geheimschrift abfassen

**Chi|gnon** [ʃinjɔ̃, frz.] *m. 9* Haarknoten im Nacken

**Chi|le|sal|pe|ter** [çi-] *m. 5 nur Ez.* Natronsalpeter

**Chil|li** [tʃi-, indian.] *m. 9* 1 eine Art Paprika, aus der Cayennepfeffer gewonnen wird; 2 mit Cayennepfeffer gewürzte Soße

**Chi|lia|de** [çi-, griech.] *w. 11* Zahl, Reihe, Sammlung von Tausend; Jahrtausend; **Chi|li-as|mus** [çi-] *m. Gen. - nur Ez.* Lehre von der Erwartung des Tausendjährigen Reiches (nach Christi Wiederkunft)

**Chi|mä|ra** [çi-] *w. Gen. - Mz.*-ren **1** *griech. Myth.:* Ungeheuer, Löwe, Ziege und Schlange in einem; **2** *Biol.* → Chimäre; **Chi-mä|re** [çi-] *w. 11* Pfropfbastard

**Chin|chil|la** [tʃintʃila, span. tʃintʃilja] **1** *w. 9 oder s. 9* südamerik. Hasenmaus; **2** *m. 9* Pelz dieses Tieres

**Chi|né** [ʃine, frz.] *m. 9* ein Kunstseidengewebe; **chi|niert** [ʃi-] geflammt (Gewebe)

**Chi|nin** [çi-, südd., österr.: ki-, indian.] *s. 1 nur Ez.* Alkaloid der Chinarinde, ein Fiebermittel

**Chi|no** [tʃi-, span.] *m. 9* Mischling aus einem negriden und einem indian. Elternteil

**Chi|noi|se|rie** [ʃinwazə-, frz.] *w. 11* kunstgewerbl. Gegenstand in chines. Stil

**Chi|nook** [tʃinuk] **1** *m. 9 oder Gen. - Mz.*- Angehöriger eines nordamerik. Indianerstammes; **2** *m. 9 nur Ez.* föhnartiger Wind an der Ostseite der Rocky Mountains

**Chintz** [tʃints, Hindi] *m. 1* durch Wachsüberzug glänzend gemachtes, meist gemustertes Baumwollgewebe; **chint|zen** [tʃin-] mit Wachs überziehen

**Chip** [tʃip, engl.] *m. 9* **1** Spielmarke; **2** *Mz.* dünne, knuspriggebackene, gewürzte Kartoffelscheibchen; **3** Träger einer elektron. Miniaturschaltung

**Chip|pen|dale** [tʃipəndeil, nach dem engl. Kunsttischler Th. Chippendale] *s. Gen. -(s) nur Ez.* ein Möbelstil des 18. Jh.

**Chir|agra** [çir-, griech.] *s. Gen.-s nur Ez.* Gicht in den Handgelenken

**Chi|ro|gno|mie** [çi-, griech.] *w. 11 nur Ez.* → Chirologie; **Chi|ro|graph** *s. 12 oder 10*, **Chi|ro|gra|phum** [çi-] *s. Gen.-s Mz.* -pha *oder* -graphen **1** *Antike:* Handschreiben; **2** *MA:* eigenhändig geschriebene Urkunde; **Chi|ro|lo|gie** *w. 11 nur Ez.* Lehre von der Charakterdeutung aus Form und Linien der Hände; **Chi|ro|man|tie** *w. 11 nur Ez.* Handlesekunst, Charakter- und Zukunftsdeutung aus Form und Linien der Hände; **Chi|ro|no|mie** *w. 11 nur Ez.* → Cheironomie; **Chi|ro|prak|tik** *w. 10 nur Ez.* Methode zur Behandlung von Wirbelverrenkungen und Bandscheibenschäden mit den Händen; **Chi|ro|spas|mus** *m. Gen. - Mz.*-men Schreibkrampf

**Chir|urg** [çir-, süddt., österr.: kir-, griech.] *m. 10* Facharzt der Chirurgie; **Chir|ur|gie** *w. 11 nur Ez.* **1** Zweig der Medizin, Heilbehandlung durch operativen Eingriff; **2** *ugs.:* chirurg. Klinik

**Chi|tin** [çi-, griech.] *s. 1 nur Ez.* der Zellulose verwandte, stickstoffhaltige Substanz im Panzer von Gliederfüßern sowie in den Zell-

wänden von Bakterien und Pilzen; **chi|ti|nös** aus Chitin

**Chi|ton** [çi-, griech.] *m. 1* altgriech. Gewand

**Chla|mys** [xla-, auch: xlamys, griech.] *w. Gen. - Mz.* - altgriech. kurzer Überwurfmantel für Reiter und Krieger

**Chlor** [klor, griech.] *s. 1 nur Ez. (Zeichen: Cl)* chem. Element; **Chlo|ral** *s. 1 nur Ez.* stechend riechende, ätzende Chlorverbindung; **Chlo-ral|hy|drat** *s. 1 nur Ez.* ein Schlafmittel; **Chlo-ra|lis|mus** *m. Gen. - Mz.*-men Chlorvergiftung; **Chlor|amin** *s. 1 nur Ez.* ein Bleich- und Desinfektionsmittel; **Chlo|rat** *s. 1* Salz der Chlorsäure; **Chlo|rel|la** *w. Gen. - Mz.*-len eine Grünalge; **chlo|ren** [klo-] mit Chlor versetzen und dadurch keimfrei machen; **Chlo-rid** *s. 1* eine Chlorverbindung, Salz der Chlorwasserstoffsäure (Salzsäure); **chlo|rie-ren** → chloren; **chlo|rig** [klo-] Chlor enthaltend; **Chlo|rit** *s. 1* **1** Salz der chlorigen Säure; **2** ein Mineral; **Chlor|kalk** [klor-] *m. 1 nur Ez.* ein Bleich- und Desinfektionsmittel; **Chlor-na|tri|um** [klor-] *s. Gen.-s nur Ez.* → Natriumchlorid; **Chlo|ro|form** *s. Gen.-s nur Ez. früher:* Narkosemittel; **chlo|ro|for|mie|ren** mit Chloroform betäuben; **Chlo|rom** *s. 1* bösartige Geschwulst an Knochen und Drüsen; **Chlo|ro|phyll** *s. 1 nur Ez.* die Assimilation bewirkender, grüner Farbstoff von Pflanzenzellen, Blattgrün; **Chlo|ro|phy|zee** *w. 11* eine Grünalge; **Chlo|ro|se** *w. 11* **1** *Bot.:* Bleichwerden grüner Pflanzenteile bei mangelnder Bildung von Blattgrün; **2** *Med.:* Bleichsucht

**Choc** [ʃɔk] *m. 9, frz. Schreibung von* Schock

**Choke** [tʃouk, engl.] *m. 9* Vorrichtung zum Erzeugen eines stärker benzinhaltigen Gemisches für den leichteren Start von Verbrennungsmotoren

**Chol|an|gi|tis** [kol-, griech.] *w. Gen. -Mz.*-ti-den Entzündung der Gallenblase und Gallengänge; **Cho|le|lith** *m. 10* Gallenstein

**Cho|le|ra** [ko-, griech.] *w. Gen. - nur Ez.* eine schwere Infektionskrankheit mit heftigem Brechdurchfall

**Cho|le|ri|ker** [ko-, griech.] *m. 5* reizbarer, leicht aufbrausender Mensch; **cho|le|risch** leicht aufbrausend

**Cho|le|ste|rin** [ko-, griech.] *s. 1 nur Ez.* ein Fett, Hauptbestandteil der Gallensteine; **Cho|le|zy|sti|tis** *w. Gen. - Mz.*-ti|den Gallenblasenentzündung

**Cho|li|am|bus** [çoljam-, griech.] *m. Gen. - Mz.* -ben jamb. Vers mit einem Trochäus statt des letzten Jambus, Hinkjambus

**Chon|drit** [çon-, griech.] *m. 10* aus kleinen Kristallkörnern (Chondren) aufgebauter Meteorstein; **Chon|dri|tis** *w. Gen. - Mz.*-ti|den Knorpelentzündung; **Chon|dro|bla|stom, Chon|drom** *s. 1* gutartige Geschwulst aus Knorpelgewebe

**Chor** [kor, griech.] *m. 2* **1** *urspr.:* Kulttanz,

Kultgesang; *dann:* deren Ausführende, Bestandteil der altgriech. Tragödie; **2** *selten auch: s.2,* erhöht, den Geistlichen vorbehaltener Raum am Ende des Kirchenschiffs mit dem Hochaltar; **3** größere Sängergruppe; **4** Musikstück für diese; **5** gemeinsamer Gesang; **6** *16./17. Jh.:* Gruppe gleicher Instrumente sowie ihr Spiel, z. B. Posaunenchor; **Cho|ral** [ko-] *m.2* Kirchengesang; Kirchenlied; **Cho|ral|no|ta|ti|on** [-tsjo:n] *w.10 MA:* nur die Tonhöhe angebende Notenschrift des 12. Jh.; vgl. Mensuralnotation, Modalnotation

**Chor|da** [kɔr-, griech.] *w. Gen. - Mz.*-den strangartiges Gebilde, Sehne; Chorda dorsalis: Rückensaite, Vorstufe der Wirbelsäule beim Embryo der Wirbeltiere; **Chor|da|ten** *Mz.* alle Tiere, die eine Chorda dorsalis besitzen; **Chor|di|tis** *w. Gen. - Mz.* -ti|den Stimmbänderentzündung

**Cho|rea** [ko-, griech.] *w. Gen. - nur Ez.* Veitstanz

**Cho|re|en** [ko-] *Mz. von* Choreus

**Cho|reg** [ko-, griech.] *m.10,* **Cho|re|ge** *m.11, im altgriech. Theater:* Chorführer; **Cho|reo|graph** [ko-, griech.] *m.10* Künstler, der die Tänze für Ballettaufführungen entwirft; **Cho|reo|gra|phie** *w.11* Tanzschrift, Regieentwurf für Ballettänze; **Cho|reo|ma|nie** *w.11 nur Ez.* Tanzwut, krankhafte Sucht zu tanzen

**Cho|re|us** [ko-] *m. Gen. - Mz.*-re|en → Trochäus

**Cho|reut** [ko-, griech.] *m.10, im altgriech. Theater:* Chortänzer; **Cho|reu|tik** *w. Gen. - nur Ez.* Tanzkunst

**Chor|frau** [kor-] *w.10* Angehörige einer relig. weibl. Gemeinschaft, auch des weibl. Zweigs eines Mönchsordens; **Chor|hemd** *s.12* langes, hemdartiges Kleidungsstück der kath. Priester und Chorknaben, Chorrock; **Chor|herr** *m.10* Mitglied eines Domkapitels oder Stifts; **Chor|iam|bus** *m. Gen.- Mz.*-ben aus einem Choreus und einem Jambus bestehender Versfuß in einem jamb. Vers

**Cho|ri|on** [ko-, griech.] *s. Gen.-s nur Ez.* **1** äußerste Hülle des Embryos, Zottenhaut; **2** harte Hülle von Insekteneiern

**cho|risch** [ko-] durch einen Chor ausgeführt oder auszuführen; **Cho|rist** [ko-] *m.10* Chorsänger; **Chör|lein** [kør-] *s.7* kleiner Erker an mittelalterl. Wohnhäusern, urspr. als Kapelle

**Cho|ro|gra|phie** [ko-, griech.] *w.11 nur Ez.* **1** Länder-, Landschaftsbeschreibung; **2** *veraltet für* Chorologie; **Cho|ro|lo|gie** *w.11 nur Ez.* **1** Lehre von der Verteilung und Anordnung von Gegenständen im Raum; **2** Lehre von der Verbreitung von Tieren und Pflanzen auf der Erde

**Cho|ro|ma|nie** [ko-] *w.11 nur Ez.* → Choreomanie

**Chor|re|gent** [kor-] *m.10 süddt. veraltet:* Lei-

ter eines kath. Kirchenchors; **Chor|rock** *m.2* → Chorhemd

**Cho|rus** [ko-, griech.] *m. Gen. - nur Ez.* **1** *veraltet:* Sängerchor; **2** *Jazz:* mehrfach wiederholtes Thema

**Cho|se** [ʃo-, frz.] *w.11 frz.* Schreibung von Schose

**Chow-Chow** [tʃautʃau, chin.-engl.] *m.9* eine spitzähnliche, aus China stammende Hunderasse

**Chre|sto|ma|tie** [kre-, griech.] *w.11* Auswahl von Prosastücken für den Unterricht

**Chri|sam** [kri-, griech.] *s. oder m. Gen.-s nur Ez.,* **Chris|ma** [kriṣ-] *s. Gen.-s nur Ez., kath. Kirche:* geweihtes Salböl; **Chris|ma|ri|um, Chris|ma|to|ri|um** *s. Gen.-s Mz.*-ri|en Behälter für geweihtes Salböl

**Christ** [krist, griech.] *m.10* **1** Angehöriger des Christentums, Getaufter; **2** *nur Ez. volkstüml. für* Christus; **chri|stia|ni|sie|ren** [kri-] zum Christentum bekehren; **Chri|sti|an Science** [kristjən saiəns, engl. „christl. Wissenschaft"] *w. Gen. - - nur Ez.* christl. Lehre und Gemeinschaft zur Erlösung von Krankheit, Sünde und Tod durch engste Verbindung mit Gott; **Chri|sto|gramm** [kri-] *s.1* → Christusmonogramm; **Chri|sto|la|trie** *w.11 nur Ez.* Verehrung, Anbetung Christi; **Chri|sto|lo|gie** *w.11 nur Ez.* Lehre von Person und Natur Christi; **Chri|sto|pha|nie** *w.11 nur Ez.* Erscheinung des auferstandenen Christus; **chri|sto|zen|trisch** Christus als Mittelpunkt habend; **Chri|stus** [kri-, „der Gesalbte"] *m. Gen.*-sti *nur Ez.* Ehrenname Jesu; Jesus Christus; nach Christo, nach Christus (*Abk.:* n. Chr.): nach Christi Geburt; vor Christo, vor Christus (*Abk.:* v. Chr.): vor Christi Geburt; **Chri|stus|mo|no|gramm** *s.1* die ineinandergeschriebenen griech. Buchstaben X (Chi = Ch) und P (Rho = R): ☧

**Chrom** [krom, griech. „Farbe"] *s.1 nur Ez.* (*Zeichen:* Cr) chem. Element; **Chro|mat** *s.1* Salz der Chromsäure; **Chro|ma|tik** [griech. „Färbung"] *w.10 nur Ez.* **1** *Mus.:* Erhöhung oder Erniedrigung der Stufen einer Tonleiter um einen halben Ton durch Versetzungszeichen; *Ggs.:* Diatonik; durch Halbtonfolgen gekennzeichnete Musik; **2** *Phys.:* Farbenlehre; **Chro|ma|tin** *s.1 nur Ez.* bei basischer Färbung leicht färbbarer Bestandteil des Zellkerns; **chro|ma|tisch 1** *Mus.:* in Halbtonschritten fortschreitend; *Ggs.:* diatonisch; **2** *Optik:* auf Farbenzerlegung beruhend; chromatische Aberration, chromatische Abweichung: Abbildungsfehler von Linsen durch Farbzerstreuung; **chro|ma|ti|sie|ren** mit einer Chromatschicht überziehen; **Chro|ma|to|gra|phie** *w.11 nur Ez.* Verfahren zur Trennung von ähnlichen und schwer trennbaren chem. Stoffen auf Grund von unterschiedlicher Wandlungsgeschwindigkeit in einem Lösungsmittel und unterschiedlicher Färbung;

**Chro|ma|to|me|ter** *s. 5* Gerät zum Messen der Farbstärke; **Chro|ma|to|phor** *s. 1* bei manchen Tieren mit Farbstoff gefüllte Zelle, Grundlage für eine Farbänderung der Haut; **Chro|ma|tron** [kro-] *s. Gen.*-s *Mz.*-tro|ne Bildröhre für das Farbfernsehen; **Chrom|bei|ze** *w. 11* Chromverbindung zum Nachfärben von Textilien; **chro|mie|ren** nach dem Färben mit Chrombeize nachbehandeln; **Chrom|le|der** [krom-] *s. 5* mit Chromsalzen gegerbtes, widerstandsfähiges Leder; **chro|mo|gen** Farbstoff bildend; **Chro|mo|lith** *m. 1 oder 10* unglasiertes, farbiges Steinzeug mit eingelegten Verzierungen; **Chro|mo|li|tho|gra|phie** *w. 11* **1** *nur Ez.* Mehrfarben-Steindruck; **2** in diesem Verfahren hergestelltes Erzeugnis; **Chro|mo|skop** *s. 1* Gerät zum Projizieren farbiger Bilder; **Chro|mo|som** *s. 12* hauptsächlich aus Chromatin bestehendes, bei der Teilung entstehendes Teilstück des Zellkerns, Träger der Erbanlagen, Kernschleife, Idiosom; **Chro|mo|sphä|re** *w. 11 nur Ez.* Gasschicht der Sonnenatmosphäre

**Chro|nik** [kro-, griech.] *w. 10* Aufzeichnung geschichtl. Vorgänge in der Reihenfolge ihres Geschehens; **chro|ni|ka|lisch** in der Art einer Chronik; **Chro|nique scan|da|leuse** [kronik skädalœz, frz.] *w. Gen.* - - *nur Ez.* (meist übertriebene) Skandalgeschichte; **chro|nisch** [kro-] langsam verlaufend; *Ggs.:* akut; **Chro|nist** *m. 10* Verfasser einer Chronik; **Chro|no|bio|lo|gie** *w. 11 nur Ez.* Wiss. von den regelmäßigen Abläufen im lebenden Organismus (z. B. Atmung, Stoffwechsel, Schlafrhythmus) in bestimmten Zeiträumen; **Chro|no|graph** *m. 10* Gerät zum Aufzeichnen der Zeitdauer eines Vorgangs; **Chro|no|gra|phie** *w. 11* Geschichtsschreibung in der Reihenfolge der Ereignisse; **Chro|no|lo|gie** *w. 11* **1** Lehre von der Zeitrechnung; **2** zeitl. Ablauf; **chro|no|lo|gisch** nach dem zeitl. Ablauf, zeitlich geordnet; **Chro|no|me|ter** *s. 5 veraltet:* sehr genau gehende (mechan.) Uhr; **Chro|no|me|trie** *w. 11* Zeitmessung; **Chro|no|skop** *s. 1* Gerät zum Messen sehr kleiner Zeitabschnitte

**Chrys|an|the|me** [krys-, griech.] *w. 11*, **Chrys|an|the|mum** *s. Gen.*-s *Mz.*-the|men Zierpflanze mit großen, strahlenförmig angeordneten Blütenblättern, Wucherblume

**chrys|ele|phan|tin** [krys-, griech.] in Gold-Elfenbein-Technik gearbeitet

**Chry|so|be|ryll** [kry-, griech.] *m. 12* ein grünes durchscheinendes Mineral; **Chry|so|i|din** *s. 1 nur Ez.* ein Farbstoff zum Färben von Leder, Kokosfasern u. a.; **Chry|so|lith** *m. 12 oder 10* ein Mineral; **Chry|so|pras** *m. 1* ein Halbedelstein; **Chry|so|til** *m. 1* ein faseriges Mineral

**chtho|nisch** [çto-, griech.] der Erde angehörend, unterirdisch, unter der Erde lebend; chthonische Götter

**Chut|ney** [tʃʌtni, Hindi-engl.] *s. Gen.*-s *nur Ez.* Würzpaste aus Früchten, bes. Mango

**Chuz|pe** [xųs-, jidd.] *w. Gen.* - *nur Ez.* Dreistigkeit, Unverschämtheit

**chy|lös** [çy-, griech.] aus Chylus bestehend, milchig, trüb; **Chy|lus** [çy-] *m. Gen.* - *nur Ez.* fettreiche Darmlymphe

**Chy|mo|sin** [çy-, griech.] *s. 1 nur Ez.* Ferment im Magen von Kalb und Schaf, bringt Milch zum Gerinnen, Lab; **Chy|mus** [çy-] *m. Gen.* - *nur Ez.* Speisebrei im Magen

**Ci** *Abk. für* Curie

**CIA** [si:ai̯ɛi] *Abk. für* Central Intelligence Agency (US-amerik. Geheimdienst)

**Cia|co|na** [tʃa-] *w. 9 oder Gen.* - *Mz.*-ne *ital. Bez. für* Chaconne

**ciao** [tʃao̯] *ital. Schreibung von* tschau

**CIC 1** [si:aisi] *Abk. für* Counter Intelligence Corps (US-amerik. militär. Abwehrdienst); **2** *Abk. für* Codex Iuris Canonici

**Ci|ce|ro** [tsitsero, nach dem röm. Staatsmann und Schriftsteller] *w. Gen.* - *nur Ez., schweiz.: m. Gen.* - *nur Ez.* ein Schriftgrad; **Ci|ce|ro|ne** [tʃitʃe-, ital.] *m. 9 oder Gen.* - *Mz.* -ni Fremden-, Kunstführer in Italien; **ci|ce|ro|nia|nisch,** ci|ce|ro|nisch in der Art des röm. Schriftstellers Cicero, stilistisch mustergültig

**Ci|cis|beo** [tʃitʃis-, ital.] *m. Gen.*-(s) *Mz.*-s Liebhaber, Hausfreund

**Ci|dre** [sidrə] *m. Gen.*-(s) *nur Ez., frz. Schreibung von* → Zider

**Cie.** *Abk. für* Compagnie, *veraltet, heute:* Co.

**cif** [tsif] *Abk. für* cost, insurance, freight, *im Überseehandel:* Klausel, nach der Kosten für Verladung, Versicherung und Fracht im Kaufpreis enthalten sind

**CIL** *Abk. für* Corpus Inscriptionem Latinarum

**Cin|cho|na** [sintʃo-, nach der Gemahlin des Grafen Cinchón, des Vizekönigs von Peru, im 17. Jh.] *w. Gen.* - *Mz.*-nen Chinarindenbaum; **Cin|cho|nin** *s. 1 nur Ez.* bei der Herstellung von Chinin gewonnenes Alkaloid der Chinarinde, ein Fiebermittel

**Ci|ne|ast** [si-, griech.-frz.] *m. 10* Filmfachmann, Filmschaffender; *auch:* Filmfan

**Ci|ne|ma|scope** [sinemaskop, engl.] *s. Gen.*-(s) *nur Ez.* ⓦ Breitwand- und Raumtonverfahren beim Film; **Ci|ne|ma|thek** [frz. + griech.] *w. 10* → Filmothek; **Ci|ne|ra|ma** *s. Gen.*-(s) *nur Ez.* ein Breitwand- und Raumtonverfahren beim Film

**Cin|que|cen|tist** [tʃinkvətʃen-, ital.] *m. 10* Künstler des Cinquecentos; **Cin|que|cen|to** [tʃinkvətʃen-, ital. „fünfhundert" (nach 1000)] *s. Gen.*-(s) *nur Ez.* die künstler. Stilepoche des 16. Jh. in Italien

**CIO** [si:ai̯ou̯] *Abk. für* Congress of Industrial Organizations (US-amerik. Gewerkschaftsverband)

**Ci|pol|lin** [tʃi-, ital.] *m. 1* mit Streifen durchsetzter Marmor, Zwiebelmarmor

**cir|ca** *(Abk.:* ca.) → zirka
**Cir|ce** [tsɪrtse:, nach der sagenhaften griech. Zauberin] verführerische Frau; *vgl.* bezirzen
**Cir|cuit-Trai|ning** [sɔkit trɛ-, engl.] *s.9 nur Ez.* allgemeines Konditionstraining an verschiedenen, im Kreis aufgestellten Geräten
**Cir|cu|lus vi|tio|sus** [tsir- -tsio-, lat. „fehlerhafter Kreislauf"] *m. Gen. - - Mz.*-li-si **1** Zirkelschluß, Zirkelbeweis, Schlußfolgerung, bei der das zu Beweisende im Beweisgrund enthalten ist; **2** Kreislauf ohne positives Ergebnis, wenn das Beheben eines Fehlers zu einem weiteren Fehler führt
**ci|tis|si|me** [tsitisime:, lat.] sehr eilig (als Aktenvermerk); **ci|to** [tsi-] eilig (als Aktenvermerk)
**Ci|toy|en** [sitwajɛ̃, frz.] *m. 9, frz. Bez. für* Staatsbürger
**Ci|ty** [siti, engl.] *w. 9* Geschäftsviertel einer Großstadt, Innenstadt, Stadtzentrum
**Ci|vet** [sivɛ, frz.] *s. 9* Wildfleischragout
**Ci|vi|tas Dei** [tsi-, lat.] *w. Gen. - - nur Ez.* der (jenseitige) Gottesstaat (vom Kirchenvater Augustinus geprägter Begriff)
**ckm** *früher: Abk. für* Kubikkilometer
**cl** *Abk. für* Zentiliter
**Cl** *chem. Zeichen für* Chlor
**c. l.** *Abk. für* citato loco: am angeführten Ort (bei Zitaten), *heute meist:* a. a. O.
**Claim** [klɛim, engl. „Anspruch"] *s.9* Anrecht, Anteil (bes. an einer Goldmine)
**Clai|ret** [klɛrɛ, frz.] *s.9* → Klarett
**Clair-ob|scur** [klɛːrɔbskyr, frz. „Helldunkel"] *s. Gen.-s nur Ez.* Malstil, bei dem durch den Kontrast von Hell und Dunkel bes. Wirkung erreicht wird
**Clai|ron** [klɛrɔ̃, frz.] *s.9* **1** Signalhorn; **2** hohe Trompete, Bachtrompete
**Clan** [klan, engl. klæn] *m. 1, engl. m. 9* **1** alter schott. und irischer Sippenverband; **2** *Völkerkunde:* Untergruppe eines Stammes
**Claque** [klak, frz.] *w. 9* Gruppe von Claqueuren; **Cla|queur** [-kør] *m.1* bezahlter Beifallklatscher
**Cla|ri|no** *s.9, Mz. auch* -ni **1** *ital. Bez. für* Clairon; **2** ein Orgelregister
**Cla|ve|cin** [-vəsɛ̃] *s.9, frz. Bez. für* Clavicembalo; **Cla|ve|ci|ni|sten** [-si-] *Mz.* frz. Komponisten für Clavecin im 17./18. Jh.; **Cla|vi|cem|ba|lo** [-tʃɛm-, ital.] *s. Gen.-s Mz.*-li → Cembalo
**Cla|vi|cu|la** [lat.] *w. Gen. - Mz.*-lae [-lɛ:] Schlüsselbein; **Cla|vis** *w. Gen. - Mz. - oder* -ses **1** Notenschlüssel; **2** Taste (an Klavier und Orgel); **3** *veraltet:* Wörterbuch zur Erläuterung klassischer Schriften, bes. der Bibel
**clean** [klin, engl. „sauber"] infolge Behandlung nicht mehr rauschgiftsüchtig
**Clea|ring** [kli-, engl. „klären"] *s. 9* Verrechnungsverfahren
**Clerk** [klak, engl.] *m.9* Gerichtsschreiber;

Buchhalter, kaufmänn. Angestellter (bes. in Großbritannien und den USA)
**cle|ver** [engl.] geschickt, geschäftstüchtig, wendig; **Cle|ver|neß** *w. Gen. - nur Ez.* Schlauheit, Geschick, Geschäftstüchtigkeit
**Cli|an|thus** [griech.] *m. Gen. - nur Ez.* austral. Zierstrauch
**Cliff-dwel|ler** [engl.] *m.9* vorgeschichtl. Höhlenbewohner im Colorado-Cañon (USA)
**Clinch** [klintʃ, engl.] *m. Gen.-es nur Ez. Boxen:* Umklammerung des Gegners
**Clip|per** [engl.] *m.5* amerik. Langstreckenflugzeug
**Cli|que** [kliko, klikə, frz.] *w. 11* **1** Gruppe miteinander befreundeter Personen; **2** durch gemeinsame egoist. Interessen verbundene Gruppe, Sippschaft, Klüngel
**Cli|via** [nach einer engl. Herzogin, Lady Clive] *w. Gen. - Mz.*-vi|en eine Zimmerpflanze
**Clo|chard** [klɔʃar, frz.] *m. 9, frz. Bez. für* Vagabund (in Großstädten)
**Cloi|son|né** [klwazone, frz.] *s. Gen.-s nur Ez.* Zellenschmelz, Art der Emailmalerei, bei der das flüssige Email in kleine, durch aufgelötete Metallstege gebildete Zellen gegossen wird
**Clo|qué** [klɔke, frz.] *m. 9* Kreppgewebe mit blasig erhabenem Muster
**Closed-Cir|cuit-Te|le|vi|si|on** [klouzd sɔkju:t tɛləviʒn, engl.] *s. Gen. - nur Ez.* Kabelfernsehen
**Cloth** [klɔθ, engl.] *m. oder s. Gen. - nur Ez.* glänzendes Atlasgewebe, Futterstoff
**Clou** [klu, frz.] *m.9* **1** Glanz-, Höhepunkt; **2** Zugstück, Schlager
**Clown** [klaun, engl.] *m. 9* Spaßmacher, dummer August im Zirkus; *urspr.* lustige Person des engl. Theaters; **Clow|ne|rie** [klau-] *w.11* Spaßmacherei, Spaß; **clow|nesk** in der Art eines Clowns
**Clu|ny|a|zen|ser** [klyni-, nach dem frz. Kloster Cluny] *m. 5* Angehöriger einer kath. kirchlichen Bewegung zur Reform des Klosterwesens
**cm** *Abk. für* Zentimeter; **cm²** *Abk. für* Quadratzentimeter; **cm³** *Abk. für* Kubikzentimeter
**Cm** *chem. Zeichen für* Curium
**cmm** *früher: Abk. für* Kubikmillimeter
**cm/s,** *früher:* **cm/sec,** *Abk. für* Zentimeter in der Sekunde
**c/o** *Abk. für* care of
**Co** *chem. Zeichen für* Kobalt (lat. Cobaltum)
**Co.** *Abk. für* Kompagnie, *vgl.* Kompanie
**Coach** [koutʃ, engl.] *m.9* Trainer und Betreuer eines Sportlers; **coa|chen** [koutʃən] als Trainer betreuen
**Cobb|ler** [engl.] *m.9* Getränk aus Wein, Sekt, Kognak oder Whisky (und Selters) mit Fruchtsaft und Eiswürfeln
**Co|ca-Co|la** *s. oder w. Gen. - Mz. -* Ⓦ Aus-

züge der Kolanuß und des Kokastrauchs ent-
haltendes Erfrischungsgetränk
**Colche|nil|le** [kɔʃəniljə, span.] *w.11* → Ko-
schenille
**Colchon** [kɔʃɔ̃, frz.] *m.9 Schwimpfw.:*
Schwein, unanständiger Mensch; **Colchon-
ne|rie** [kɔʃɔnə-] *w.11* Schweinerei, Unan-
ständigkeit
**Cocker|spa|ni|el** (Cok|ker-) [engl.] *m.9* an-
geblich aus Spanien stammender, kleiner eng-
lischer Hühnerhund, der bes. zur Schnepfen-
jagd (cocking) verwendet wurde
**Cock|ney** [-ni] *s. Gen.-(s) nur Ez.* in London
(bes. Ostlondon) gesprochene Mundart;
**2** *m.9* Londoner, der Cockney spricht
**Cock|pit** [engl.] *s.9* **1** Pilotenkabine im Flug-
zeug; **2** vertiefter Sitzraum in Jacht und Mo-
torboot, Plicht; **3** Fahrersitz im Rennwagen
**Cock|tail** [-tɛil, engl.] *m.9* alkoholisches
Mischgetränk; **Cock|tail|par|ty** *w.9* zwang-
lose gesellige Zusammenkunft am frühen
Abend
**cod., Cod.** *Abk. für* Codex, Kodex
**Code** [kod] *m.9* → Kode; **Code ci|vil** [kod
sivil, frz.] *m. Gen.-- nur Ez.* das frz. bürgerl.
Gesetzbuch; **Code Na|po|lé|on** [kod napoleɔ̃]
*m. Gen.-- nur Ez.,* im 1. und 2. frz. Kaiser-
reich Bez. für den (auf Veranlassung Napole-
ons I. geschaffenen) Code civil
**Co|dex** [lat.] *m. Gen.- Mz.*-dices [-tseːs]
→ Kodex; **Co|dex ar|gen|te|us** [„Silberbibel"]
*m. Gen.-- nur Ez.* got., auf purpurfarbenem
Pergament mit silbernen und goldenen
Buchstaben geschriebenes Evangeliar;
**Co|dex au|re|us** [„Goldbibel"] *m. Gen.--
Mz.*Co|di|ces au|rei [-rei] reich illuminiertes
Evangeliar des MA mit goldverziertem Ein-
band; **Co|dex Iu|ris Ca|no|ni|ci** *m. Gen.---
nur Ez. (Abk.:* CIC) Gesetzbuch der kath.
Kirche von 1918
**Coe|no|bit** [tsø-] *m.10* → Zönobit
**Cœur** [kœr, frz.] *s.9 oder Gen.- Mz.-,* im frz.
Kartenspiel: Herz
**Co|gi|to, er|go sum** [lat.] Ich denke, also bin
ich (Grundsatz des frz. Philosophen René
Descartes)
**Coif|feur** [kwafœr, schweiz.: kwa-, frz.] *m.1*
Friseur; **Coif|feu|se** [kwaføːzə] *w.11* Friseuse;
**Coif|fure** [kwafyr] *w.11, Mz.*[-rən] veraltet:
kunstvolle Frisur
**Co|ir** [Tamil] *w.10 oder s.12* Kokosfaser
**col.** *Buchw.: Abk. für* columna (Spalte,
Seite)
**Cold Cream** [kould krim, engl.]
*w. Gen.-- Mz.*--s durch rasche Verdunstung
ihres Feuchtigkeitsgehalts kühlende Haut-
creme
**col|la de|stra** [ital.] *(Abk.:* c. d.) *Mus.:* mit
der rechten Hand (zu spielen)
**Col|la|ge** [-ʒə, frz.] *w.11* aus Papierstücken
oder anderem Material geklebtes Bild
**coll'ar|co** [ital.] *(Abk.:* c. a.) *Mus.:* (nach vor-
angegangenem Pizzicato wieder) mit dem
Bogen (zu spielen)
**col|la si|ni|stra** [ital.] *(Abk.:* c. s.) *Mus.:* mit
der linken Hand (zu spielen)
**Col|lec|ta|nea** *Mz.* → Kollektaneen
**Col|lege** [kɔlidʒ] *s. Gen.-(s) Mz.*-s [-dʒiz]
**1** in England: Wohnheim für Studenten und
Lehrer, meist der Universität angegliedert;
**2** in den USA: höhere Lehranstalt, die zur
Hochschulreife führt; **Col|lège** [kɔlɛʒ, frz.]
*s. Gen.-s Mz.*-s, in Frankreich, Belgien und
der frz. Schweiz: höhere Schule; **Col|le|gi|um
Ger|ma|ni|cum** [lat.] *s. Gen.-- nur Ez.* dt.
Priesterseminar in Rom; **Col|le|gi|um mu|si-
cum** *s. Gen.-- Mz.*-gia -ca Vereinigung von
Musikliebhabern, bes. Studenten; **Col|le-
gi|um pu|bli|cum** *s. Gen.-- Mz.*-gia -ca öf-
fentl. Vorlesung an einer Universität
**Col|li|co** [Kunstwort] *s.9* zusammenlegbare
Transportkiste der Dt. Bundesbahn
**Col|lie** [engl.] *m.9* schott. Schäferhund
**Col|lón** [span.] *m. Gen.-(s) Mz.*-(s) Wäh-
rungseinheit in Costa Rica und El Salvador
**Co|lo|nel** [engl. kənəl, frz. kɔlonɛl] *m.9, engl.
und frz. Bez. für* Oberst
**Co|lo|nia|kü|bel** *m.5* in Wien: Mülltonne
**Colt** [nach dem amerik. Ingenieur C.] *m.9*
ein Revolver
**Co|lum|bi|um** *s. Gen.-s nur Ez. (Zeichen:* Cb)
älterе Bez. für Niob
**Com|bo** [aus engl. „combination"] *w.9*
kleine Gruppe von Jazz-Solisten
**Come|back** [kʌmbæk, engl. „Rückkehr"] *s.9*
Wiederauftreten eines bekannten Künstlers,
Sportlers oder Politikers nach längerer Pause
**COMECON** *Abk. für* Council for Mutual
Economic Aid: Rat für gegenseitige Wirt-
schaftshilfe (Wirtschaftsorganisation der Ost-
blockstaaten)
**Co|mes** [lat.] *m. Gen.- Mz.-* oder-mi|tes **1** im
alten Rom: hoher Amtstitel; **2** *MA:* Graf;
**3** *Mus.:* erstes in der zweiten Stimme auftre-
tendes Thema der Fuge; vgl. Dux
**Co|mic** [kɔmik, engl.] *m.9 meist Mz. Kurzw.
für* Comic strip; **Co|mic strip** *m. Gen.*--s
*meist Mz.*--s gezeichnete Bildergeschichte
komischen oder abenteuerl. Inhalts
**comme ci, comme ça** [kɔm si, kɔm sa, frz.]
soso, lala
**Com|me|dia dell'ar|te** [ital.] *w. Gen.-- nur
Ez.* die ital. Stegreifkomödie des 16.–18. Jh.
**comme il faut** [kɔmilfo, frz.] wie es sich ge-
hört, musterhaft
**Com|mis** [-mi] *m. Gen.- Mz.*-[-mi] → Kom-
mis; **Com|mis voya|geur** [kɔmi vwajaʒœr,
frz.] *m. Gen.-- Mz.*--s [-ʒœr] veraltet: Ge-
schäftsreisender
**com|mo|do,** co|mo|do [ital.] *Mus.:* ruhig, be-
haglich
**Com|mon|sense** [kɔmənsɛns, engl.] *m. Gen.-
nur Ez.* gesunder Menschenverstand
**Com|mon|wealth** [kɔmənwɛlθ, engl.] *s. Gen.-*

83

*nur Ez.* Staatenbund, Völkergemeinschaft; C. of Nations [- ɔv nɛiʃnz]: Gesamtheit der (heute meist unabhängigen) Staaten, die die brit. Krone anerkennen

**Com|pa|gnie** [kɔmpani] *w. 11, veraltete Schreibung von* Kompanie; **Com|pa|gnon** [-panjõ] *m. 9 veraltete Schreibung von* Kompagnon

**Com|pi|ler** [-pai-, engl.] *m. 5 EDV:* Programm, das die Programmiersprache des einzugebenden Programms in die von dem Computer lesbare Maschinensprache überträgt

**Com|po|ser** [engl. -pou-] *m. 5* elektr. Schreibmaschine mit Randausgleich und auswechselbaren Schrifttypen

**Com|pound|ma|schi|ne** [kɔmpaund-, engl.] *w. 11* aus zwei miteinander verbundenen Einheiten bestehende Dampfmaschine, Verbunddampfmaschine

**Comp|toir** [kõtwar, frz.] *s. 9, veraltete Form von* Kontor

**Com|pur|ver|schluß** [Kunstw.] *m. 2* Verschluß von photograph. Objektiven, bei dem sich Lamellen von der Mitte aus öffnen

**Com|pu|ter** [kɔmpjuː-, engl.] *m. 5* programmgesteuerter elektron. Rechenautomat; **com|pu|te|ri|sie|ren 1** für einen Computer lesbar machen; **2** (zu bearbeitendes Material) einem Computer eingeben

**Comte** [kõt, frz.] *m. 9* Graf, frz. Adelstitel; **Com|tesse** [kõtɛs] *w. 11* → Komteß

**con af|fet|to** [ital.] *Mus.:* mit Ausdruck, bewegt

**con ani|ma** [ital.] *Mus.:* beseelt, mit Empfindung

**con|axi|al** → koaxial

**con brio** [ital.] *Mus.:* mit Schwung, lebhaft

**Con|cen|tus** [-tsɛn-, lat.] *m. Gen. - Mz. -* vom Chor oder Vorsänger gesungener Teil des Gregorian. Gesangs

**Con|cer|ti|no** [-tʃer-, ital.] *s. 9, Mz. auch:* -ni kleines Konzert; **Con|cer|to** [-tʃɛr-] *s. Gen. - Mz.* -ti Konzert; **Con|cer|to gros|so** *s. Gen. - - Mz.* -ti-si *Barockmusik:* Konzert für Soloinstrumente und Orchester

**Con|cierge** [kõsjɛrʒ] *m. oder w. Gen. - Mz.* -s [-sjɛrʒ] *frz. Bez. für* **1** Gefängniswärter(in); **2** Pförtner(in), Hausmeister(in)

**Con|cours hip|pique** [kõkur ipik, frz.] *m. Gen. - - Mz.* --s [-pik] Reit- und Fahrturnier

**Con|di|tio si|ne qua non** [-tsjo-, lat. „Bedingung ohne die nicht"] *w. Gen. - - - -* *nur Ez.* unerläßl. Bedingung

**con|fer!** [lat.] *(Abk.:* cf. cfr., conf.) vergleiche!

**Con|fé|rence** [kõferãs, frz.] *w. 11* geistreichunterhaltsame Ansage in Kabarett und Rundfunk; **Con|fé|ren|cier** [kõferãsje] *m. 9* unterhaltender Ansager

**Con|fes|sio** [lat.] *w. Gen. - Mz.* -sio|nes

**1** Glaubens-, Sündenbekenntnis; **2** *Reformationszeit:* Bekenntnisschrift; **Con|fes|sor** *m. Gen.* -s *Mz.* -so|res Bekenner (Ehrenname der verfolgten Christen während der röm. Kaiserzeit); **Con|fi|te|or** [„ich bekenne"] *s. Gen. - nur Ez.* Sündenbekenntnis im christl. Gottesdienst

**Con|foe|de|ra|tio Hel|ve|ti|ca** [-tsjo] *w. Gen. - - nur Ez. (Abk.:* CH) Schweizerische Eidgenossenschaft

**con fuo|co** [-fuɔkɔ, ital.] *Mus.:* mit Feuer

**Con|ga** [span.] *w. 9* **1** kuban. Volkstanz; **2** kuban. Handtrommel

**con mo|to** [ital.] *Mus.:* bewegt

**Con|nais|seur** [kɔnɛsør, frz.] *m. 9* **1** Kenner; **2** Feinschmecker

**Con|nec|tion** [kɔnɛkʃn, engl.] *w. 9* Beziehung, Verbindung (bes. zum Drogenhandel)

**con pas|sio|ne** [ital.] *Mus.:* leidenschaftlich, ausdrucksvoll

**Con|se|cu|tio tem|po|rum** [-tsjo, lat.] *w. Gen. - - nur Ez. Gramm.:* Zeitenfolge im zusammengesetzten Satz

**Con|sen|sus** [lat.] *m. Gen. - Mz. -* [-sus] Übereinstimmung

**Con|si|li|um ab|eun|di** [lat.] *s. Gen. - - nur Ez.* Androhung des Verweises von der höheren Schule

**con sor|di|no** [ital.] *Mus.:* mit dem Dämpfer

**con spi|ri|to** [ital.] *Mus.:* geistvoll, spritzig

**Con|sta|ble** [kɔnstəbəl, engl.] *m. 9* → Konstabler

**Con|sti|tu|ante** [kõstityãt, frz.] *w. Gen. - nur Ez.* verfassunggebende Versammlung (urspr. der Frz. Revolution)

**Con|tai|ner** [-tɛi-, engl.] *m. 5* Großbehälter zum Gütertransport

**Conte** [kõt, frz.] *w. 9* kurze Erzählung

**Con|te** [ital.] *m. Gen.- Mz.* -ti Graf, ital. Adelstitel

**Con|te|nance** [kõtənãs] *w. 11 nur Ez.* = Kontenance

**Con|ter|gan** [Kunstw.] *s. Gen.* -s *nur Ez.* Ⓦ ein (aus dem Handel gezogenes) Schlafmittel; **Con|ter|gan|kind** *s. 3* durch Contergan vor der Geburt körperlich geschädigtes Kind

**Con|tes|sa** [ital.] *w. Gen. - Mz.* -sen Gräfin, ital. Adelstitel; **Con|tes|si|na** *w. 9* Komtesse, ital. Adelstitel

**Con|ti|nuo** *m. 9 Kurzw. für* Basso continuo

**Con|to de Reis** [kɔntu ðə rais] *m. Gen. - - - Mz. - - -* portug. (1000 Escudos) und brasilian. (1000 Cruzeiros) Währungseinheit

**con|tra** → kontra; **Con|tra|dic|tio in ad|jec|to** [-tsjo-, lat.] *w. Gen. - - - nur Ez.* Widerspruch im beigefügten Eigenschaftswort, z. B.: die größere Hälfte

**Con|trat so|ci|al** [kõtra sɔsjal, frz.] *m. Gen. - - nur Ez.* Gesellschaftsvertrag

**con|tre cœur** [kõtrə kœr, frz. „gegen das Herz"] das geht mir c. c.: das widerstrebt mir; **Con|tre|coup** [kõtrəku, frz.] *m. 9* Gegen-, Rückstoß; **Con|tre|danse** [kõtrədãs] *m. Gen. - Mz.* -s[-dãs] → Kontertanz

**Con|trol|ler** [kɔntroulər, engl.] *m. 5* **1** amtl. Prüfer; **2** Leiter des Rechnungswesens; **3** elektr. Regler (an Motoren); **4** *Sport:* Kontrollposten

**Con|vey|er** [-vɛi-, engl.] *m. 5* auf Schienen laufendes Becherwerk zum Materialtransport

**cool** [kul, engl.] **1** kühl, distanziert, ohne Erregung; **2** glückselig im Drogenrausch; **Cool Jazz** [kul dʒæs] *m. Gen. - - nur Ez.* Richtung im modernen Jazz mit „kühler" (undynamischer) Intonationstechnik

**Co|py|right** [kɔpirait, engl.] *s. 9* (*Zeichen:* ©) Urheberrecht

**co|ram pu|bli|co** [lat.] in der Öffentlichkeit, vor allen; etwas c. p. erklären

**Cór|do|ba** [nach dem span. Forscher C.] *m. Gen.* -(s) *Mz.* -(s) Währungseinheit in Nicaragua, 100 Centavos

**Cor|don bleu** [kɔrdõ blø, frz.] *s. Gen. - - Mz.* -s-s [-dõ blø] zwei Kalbsschnitzel mit Käse und Schinken dazwischen

**Co|ri|um** [lat.] *s. Gen.* -s *nur Ez.* Lederhaut (zwischen Oberhaut und Unterhautzellgewebe)

**Cor|ned beef** [kɔrnd bif, engl.] *s. Gen. - - nur Ez.* gepökeltes Rindfleisch in Büchsen

**Cor|ner** [engl.] *m. 5 oder m. 9* **1** *Boxen:* Ringecke; **2** *Fußball, veraltet, noch österr.:* Eckball; **3** → Korner

**Corn-flakes** [kɔrnfleiks, engl.] *Mz.* Maisflocken

**Cor|ni|chon** [-ʃõ, frz.] *s. 9* kleine Pfeffergurke

**Corps** [kɔr, frz.] *s. Gen. -* [kɔrs] *Mz.* -[kɔrs] → Korps; **Corps con|su|laire** [kɔːr kõsylɛr] *s. Gen. - - Mz.* -s [-lɛr] (*Abk.:* CC) alle Angehörigen der ausländ. Konsulate in einem Land; **Corps de bal|let** [kɔːr də balɛ, frz.] *s. Gen. - - Mz. - - -* Ballettgruppe; **Corps di|plo|ma|tique** [kɔːr -tik] *s. Gen. - - Mz.* -s [-tik] (*Abk.:* CD) Diplomatisches Korps

**Cor|pus** *s. Gen. - Mz.* -pola → Korpus; **Cor|pus de|lic|ti** [lat.] *s. Gen. - - Mz.* -pola - Gegenstand (z. B. Werkzeug) eines Verbrechens, Beweisstück; **Cor|pus In|scrip|tio|num La|ti|na|rum** *s. Gen. - - - nur Ez.* (*Abk.:* CIL) Sammlung aller latein. Inschriften; **Cor|pus iu|ris** *s. Gen. - - nur Ez.* Gesetzbuch, Gesetzessammlung; **Cor|pus Iu|ris Ca|no|ni|ci** *s. Gen. - - - nur Ez.* kath. Gesetzessammlung, 1918 durch den → Codex Iuris Canonici ersetzt; **Cor|pus Iu|ris Ci|vi|lis** *s. Gen. - - - nur Ez.* im 6. Jh. von Kaiser Justinian geschaffenes Gesetzbuch

**Cor|ren|te** *w. 11, ital.* Form von Courante

**Cor|ri|da de to|ros** *w. Gen. - - - Mz.* -s - - *span. Bez. für* Stierkampf

**cor|ri|ger la for|tune** [kɔriʒe la fɔrtyn, frz. „das Glück verbessern"] falschspielen, betrügen

**Cor|tes** [span.] *Mz.* span. (früher auch port.) Parlament

**cos** *Abk. für* Kosinus; **cosec** *Abk. für* Kosekans

**Cos|mea** [griech.] *w. Gen. - Mz.* -me|en eine Gartenblume

**cot, cotg,** ctg *Abk. für* Kotangens

**Cot|tage** [kɔtidʒ, engl.] *s. Gen. - Mz.* -s [-tidʒiz] **1** kleines engl. Landhaus; **2** *österr.:* Villenviertel

**Cot|ton** [kɔtn] *s. Gen.* -s *nur Ez., engl. Bez. für* Baumwolle, Kattun; **Cot|ton|öl** [kɔtn-] *s. 1* Baumwollsamenöl; **Cot|ton|stuhl** [kɔtn-] *m. 2,* Cot|ton|ma|schi|ne *w. 11* Strumpf-Wirkmaschine

**Couch** [kautʃ, engl.] *w. 9* gepolsterte Liegestatt

**Coué|is|mus** [kue-, nach dem frz. Heilkundigen É. Coué] *m. Gen. - nur Ez.* Heilmethode durch Autosuggestion

**Coul|leur** [kulør, frz.] *w. 10 oder 9* **1** *Kartenspiel:* Trumpf; **2** Farbe einer Studentenverbindung; **3** Auffassung (von etwas), innere Einstellung

**Coul|loir** [kulwar, frz.] *m. 9* **1** Flur, Verbindungs-, Wandelgang; **2** *Alpinistik:* Schlucht, Rinne; **3** *Reitsport:* ovaler Sprunggarten für Pferde

**Coul|lomb** [kulõ, nach dem frz. Physiker C. A. de Coulomb] *s. Gen.* -s *Mz. -* (*Abk.:* C) Maßeinheit für die Elektrizitätsmenge (1 C = 1 Amperesekunde)

**Count** [kaunt, engl.] *m. 9 in England:* Titel des nichtengl. Grafen

**Count|down** [kauntdaun, engl. „herunterzählen"] *m. 9 oder s. 9* **1** lautes Rückwärtszählen bis Null als Einleitung eines Startkommandos; **2** die dafür aufgewendete Zeitspanne; **3** die für einen Raketenstart nötigen Vorbereitungen und Kontrollen

**Coun|tess** [kauntis, engl.] *w. Gen. - Mz.* -tesses[-tisiz] *oder* -tes|sen Gräfin, Frau eines Counts oder Earls; **Coun|ty** [kaunti] *w. 9 in England und den USA:* Grafschaft

**Coup** [ku, frz.] *m. 9* **1** Schlag, Hieb; **2** Kunstgriff, Kniff; **3** kühnes Unternehmen

**Cou|pé** [kupe, frz.] *s. 9* **1** *veraltet:* Abteil; **2** sportlicher, meist zweitüriger Personenkraftwagen mit nach hinten abgeflachtem Dach

**Cou|plet** [kuple, frz.] *s. 9* witziges, satir. Kehrreimlied im Kabarett

**Cou|pon** [kupõ] *m. 9* → Kupon

**Cour** [kur, frz. „Hof"] *w. Gen. - nur Ez., nur noch in der Wendung* einer Dame die Cour machen, *auch:* schneiden: ihr den Hof machen

**Cou|ra|ge** [kuraʒə, frz.] *w. 11 nur Ez.* Mut, Schneid; **cou|ra|giert** [kuraʒirt] mutig, beherzt

**Cou|rante** [kurãt, frz.] *w. 11* **1** altfrz. Tanz; **2** schneller Satz der Suite

**Cour|bet|te** [kur-, frz.] *w. 11 Hohe Schule:* Aufrichten auf die Hinterbeine und einige Schritte oder kleine Sprünge nach vorn

**Cour|ma|cher, Cour|schnei|der** [kur-] *m. 5* jmd., der einer Dame die Cour macht, Liebhaber, Schmeichler

**Cour|ta|ge** [kurtạʒə, frz.] *w. 11, Börse:* Maklergebühr

**Cour|toi|sie** [kurtwazị, frz.] *w. 11 nur Ez.* ritterliches, höfliches Benehmen

**Cou|sin** [kuzẹ̄, frz.] *m. 9* Vetter; **Cou|si|ne** [ku-], *heute meist:* Ku|si|ne *w. 11* Base

**Cou|ture** [kutỵr, frz.] *w. 11 nur Ez.* Schneiderkunst; vgl. Haute Couture

**Cou|va|de** [ku-, frz.] *w. 11* Männerkindbett, Sitte bei manchen Naturvölkern, daß der Mann die Rolle der Wöchnerin übernimmt, um böse Geister abzuwehren; **Cou|veu|se** [kuvø̄zə] *w. 11* Brutschrank für Frühgeburten

**Co|ver** [kʌvər, engl.] *s. 9* 1 Titelblatt (einer Zeitschrift); 2 Hülle, Tasche (einer Schallplatte)

**Co|ver|coat** [kʌvərkout, engl.] *m. 9* 1 imprägnierter Wollstoff; 2 Herrenmantel aus diesem Stoff

**Co|ver|girl** [kʌvərgɔ:l, engl.] *s. 9* auf der Titelseite (cover) einer Illustrierten abgebildetes Mädchen

**Cow|boy** [kaubɔi, engl.] *m. 9* nordamerik. berittener Rinderhirt

**Cow|per** [kaupər, nach dem engl. Ingenieur E. A. Cowper] *m. 5,* auch: **Cow|per|ap|pa|rat** *m. 1* Winderhitzer für Hochöfen

**Cp** chem. Zeichen für Cassiopeium

**CQD** *Abk. für* Come quick, danger: Kommt schnell, Gefahr (Seenotzeichen)

**Cr** chem. Zeichen für Chrom

**cr.** *Abk. für* currentis

**Crack** [kræk, engl.] *m. 9* 1 Spitzensportler; 2 sehr gutes Rennpferd; **cracken** (crak|ken) [kræk-] → kracken; **Cracker** (Crak|ker) *m. 9* 1 sprödes, salziges Kleingebäck; 2 Knallkörper oder -bonbon

**Cra|ni|um** [lat.] *s. Gen.-s Mz.*-nia Schädel (des Menschen)

**Cra|quelé** [krakəlẹ̄, frz.] *m. 9 oder s. 9* feine, absichtlich hervorgebrachte Risse in der Glasur von Geschirr

**craw|len** [krau-, engl.] → kraulen

**Créa|tion** [kreasjọ̄] *w. 9* → Kreation; **crea|tive** [kriẹitiv, engl.] schöpferisch; **Crea|tive Di|rec|tor** [-dairẹktər] *m. Gen.*--s *Mz.*--s Werbung: Leiter einer Gruppe, die werbl. Ideen gestaltet und in die Praxis umsetzt

**Creek** [krik, engl.] *m. 9* nur während der Regenzeit wasserführender Fluß

**Creme** [krẹm oder krẹ̄m, griech.-frz.] *w. 9* 1 schaumige Süßspeise; 2 Salbe zur Hautpflege; 3 *nur Ez.* das Erlesenste; die Creme der Gesellschaft: die Oberschicht; **cre|men** mit Creme einreiben

**Crêpe** [krẹp, frz.] 1 *w. 9* → Krepp; 2 *w. 9* Pfannkuchen; **Crêpe de Chine** [krẹp də ʃin] *m. Gen.*--- *Mz.*-s--- [krẹp] Seiden- oder Kunstseidenkrepp in Taftbindung; **Crêpe Geor|gette** [krẹp ʒɔrʒẹt] *m. Gen.*-- *Mz.*-s- [krẹp] durchsichtiger Seiden- oder Kunstseidenkrepp; **Crêpe Sa|tin** [krẹp satẽ] *m. Gen.*-- *Mz.*-s- [krẹp] Krepp in Atlasbindung mit einer glänzenden und einer matten Seite; **Crêpe Su|zette** [krẹp syzẹt] *w. Gen.*-- *Mz.*-s- [krẹp] sehr dünner, mit Weinbrand oder Likör flambierter Eierkuchen

**cresc.** *Abk. für* crescendo; **cre|scen|do** [krẹʃẹn-, ital.] (*Abk.* cresc., *Zeichen:* <) *Mus.:* anschwellend, lauter werdend; *Ggs.:* decrescendo

**Cre|tonne** [kretɔ̣n, frz.] *m. 9* Baumwollstoff in Leinenbindung

**Crew** [kru, engl.] *w. 9* 1 Schiffs-, Flugzeugbesatzung; 2 Kadettenjahrgang der Kriegsmarine; 3 *allg.:* Gruppe, Team

**c. r. m.** *Abk. für* candidatus reverendi ministerii

**Croi|sé** [krwazẹ̄, frz.] *s. 9* 1 Gewebe in Köperbindung; 2 Tanzschritt mit kreuzweisem Übersetzen des einen Fußes über den andern; **croi|siert** [krwa-] geköpert

**Cro|ma|gnon|ras|se** [kromanjọ̄-, nach dem Fundort Cro-Magnon in Südwestfrankreich] *w. 11 nur Ez.* Menschenrasse der jüngeren Altsteinzeit

**Crom|ar|gan** *s. 1 nur Ez.* Ⓦ rostfreier Chrom-Nickel-Stahl

**Cro|quet** [krɔkẹ] *s. 9 nur Ez.* → Krocket

**Cro|quet|te** [krɔkẹt(ə)] *w. 11* → Krokette

**Cro|quis** [krɔki] *s. Gen.* - *Mz.*-[-kis] → Kroki

**Cross-Coun|try, Croß-Coun|try** [krɔskʌntri, engl.] *s. Gen.* - *Mz.*-s 1 Querfeldeinrennen zu Pferde, Jagdrennen; 2 Geländelauf

**Croup** [krup] *m. Gen.*-s *nur Ez.* → Krupp (2)

**Crou|pa|de** [kru-] *w. 11* → Kruppade

**Crou|pier** [krupjẹ, frz.] *m. 9* Bankhalter beim Glücksspiel, der auch das Spiel überwacht

**Crou|pon** [krupọ̄, frz.] *m. 9* Rückenstück der gegerbten Rindshaut; **crou|po|nie|ren** [kru-] aus der gegerbten Haut herausschneiden

**crt.** *Abk. für* courant, vgl. kurant

**Crux** [lat.] *w. Gen.* - *nur Ez.* Last, Kummer, „Kreuz“

**Cru|zei|ro** [-zẹiru oder -zẹro] *m. Gen.*-(s) *Mz.*-(s) brasilian. Währungseinheit, 100 Centavos

**Cs** chem. Zeichen für Cäsium

**c. s.** *Abk. für* colla sinistra

**Csár|dás** [tʃardaʃ] *m. Gen.* - *Mz.* - ung. Nationaltanz

**Csi|kós** [tʃikoʃ] *m. Gen.* - *Mz.* - ungar. Pferdehirt

**ct** *Abk. für* Cent, Centime

**ct.** *schweiz. Abk. für* Centime(s)

**c. t.** *Abk. für* cum tempore

**ctg.** *Abk. für* Kotangens

**cts** *Abk. für* Cents, Centimes

**Cu 1** *chem. Zeichen für* Cuprum (Kupfer);
**2** *Abk. für* Kumulus

**Cu|bi|cu|lum** [lat.] *s. Gen.*-s *Mz.*-la **1** Schlafraum im altröm. Haus; **2** Grabkammer in einer Katakombe

**Cui bo|no?** [lat.] Wem zunutze?, Wer hat davon einen Vorteil?

**Cu|ius re|gio, eius re|li|gio** [lat.] Wessen das Land, dessen die Religion (Grundsatz des Augsburger Religionsfriedens, nach dem der Herrscher die Konfession seiner Untertanen bestimmen konnte)

**Cul de Pa|ris** [ky də pari, frz. „Pariser Hinterer"] *m. Gen.* - - - *Mz.* -s - -[ky] *im 18. Jh.:* hinten unter dem Kleid getragenes Gestell oder Polster

**Cum|ber|land|sau|ce** [kʌmbərləndzosə] *w. 11* pikante kalte Soße aus Johannisbeergelee, Senf, Rotwein u. a.

**cum gra|no sa|lis** [lat. „mit einem Körnchen Salz" (zu verstehen)] mit einer gewissen Einschränkung, nicht ganz wörtlich

**cum lau|de** [lat.] mit Lob (drittbeste Note der Doktorprüfung)

**cum tem|po|re** [lat. „mit Zeit"] (*Abk.:* c. t.) mit dem akadem. Viertel, eine Viertelstunde nach der angegebenen Zeit; *Ggs.:* sine tempore

**C und C** *Kurzform für* Cash and Carry

**Cun|ni|lin|gus** [lat.] *m. Gen.* - *nur Ez.* Reizung des weibl. Geschlechtsteiles mit Lippen und Zunge

**Cup** [kʌp, engl.] *m. 9* **1** Pokal (Ehrenpreis bei sportl. Wettkämpfen, bes. bei Fußball und Tennis); **2** Körbchen (des Büstenhalters)

**Cu|prum** [lat.] *s. Gen.*-s *nur Ez.* (*Zeichen:* Cu) chem. Element, Kupfer

**Cu|ra|çao** [kyrasao, nach der Insel im Karib. Meer] *m. 9* ein Likör

**Cu|ra po|ste|ri|or** [lat.] *w. Gen.* - - *Mz.*-rae [-rɛ:]-rio|res spätere, zukünftige Sorge

**Cu|ré** [kyre, frz.] *m. 9 in Frankreich:* kath. Geistlicher

**Cu|rie** [kyri, nach dem frz. Physiker-Ehepaar P. und M. Curie] *s. Gen.* - *Mz.* - (*Abk.:* Ci) Maßeinheit für radioaktive Strahlung

**Cu|ri|um** [lat.] *s. Gen.*-s *nur Ez.* (*Zeichen:* Cm) chem. Element, Transuran

**Cur|ling** [kə-, engl.] *s. 9 nur Ez.* schott. Eisschießen

**cur|ren|tis** [lat.] (*Abk.:* cr.) des laufenden (Monats, Jahres); am 10. cr. (*besser:* am 10. d. M.): am 10. dieses Monats

**Cur|ri|cu|lum** [lat.] *s. Gen.*-s *Mz.*-la *umfassende Bez. für* Lehrplan, umfaßt Inhalte und Ziele des Unterrichts, Methoden sowie die vermittelten Qualifikationen; **Cur|ri|cu|lum vi|tae** [-tɛ:] *s. Gen.* - - *Mz.*-la - Lebenslauf

**Cur|ry** [kəri, engl. kʌri, Hindi] *m. 9, auch: s. 9 nur z.* ein scharfes ind. Gewürz

**Cu|stard** [kʌstərd, engl.] *m. Gen.* - *Mz.*-s eine engl. Milchsüßspeise

**Cut** [kʌt, engl.] *m. 9* **1** [meist: kət] *Kurzw. für* Cutaway; **2** Film- oder Tonschnitt; **Cut|away** [kʌtəwɛi, engl. „wegschneiden"] *m. 9* Herrenschoßrock mit abgerundeten Ecken; **cut|ten** [kʌtən] fertigstellen (Film oder Tonband); **Cut|ter** [kʌtər] *m. 9* **1** *Film, Funk:* Schnittmeister, der den Filmstreifen bzw. das Tonband zerschneidet und nach künstler. Gesichtspunkten zusammensetzt; **2** Fleischschneidemaschine

**Cu|vée** [kyve, frz.] *s. 9* Verschnitt von Weinen zur Herstellung von Schaumwein

**cwt.** *Abk. für* Centweight

**Cy|an** [tsy-, griech.] *s. 1 nur Ez.* giftige Kohlenstoff-Stickstoff-Verbindung; **Cy|an|ka|li** *s. Gen.*-s *nur Ez.* → Zyankali

**cy|clisch** in Ringstrukturen angeordnet (chem. Verbindung)

**Cy|clo|he|xan** *s. 1* ringförmiger gesättigter Kohlenwasserstoff mit sechs Kohlenstoffatomen, Naphthen

**Cy|ste|in** [tsy-, griech.] *s. 1 nur Ez.* eine schwefelhaltige Aminosäure; **Cy|stin** *s. 1 nur Ez.* eine vom Cystein abgeleitete Aminosäure

# D

**d 1** *Math.: Abk. für* Differential; **2** *vor Maß-einheiten: Abk. für* Dezi..., z. B. dm; **3** *Abk. für* Denar, Penny, Pence; **4** [von lat. dies „Tag"] *Phys., Astron.* Zeichen für die Zeiteinheit Tag
**D 1** *röm. Zahlzeichen für* 500; **2** *chem. Zeichen für* Deuterium; **3** *Abk. für* Dinar
**D.** *Abk. für* Doktor der evang. Theologie (ehrenhalber)
**⸓** *Zeichen für* deleatur
**da** *Abk. für* Deziar
**da ca|po** [ital. „vom Kopf (an)"] (*Abk.: d. c.*) *Mus.:* noch einmal von Anfang an (spielen, singen); da capo al fine: noch einmal vom Anfang bis zum Ende (oder bis zum Zeichen „fine")
**Da-ca|po-Arie** [- ariə] *w. 11* zu wiederholende Arie
**d'ac|cord** [dakɔr, frz.] *veraltet:* einig, der gleichen Meinung; mit jmdm. d'accord gehen
**Da|da|is|mus** *m. Gen. - nur Ez.* aus dem Expressionismus hervorgegangene literarischkünstler. Strömung um 1920
**Da|guer|reo|ty|pie** [dagɛro-, nach dem frz. Erfinder, L. J. M. Daguerre] *w. 11* **1** *nur Ez.* Frühform der Photographie; **2** danach hergestelltes Lichtbild
**Dah|lie** [-ljə, nach dem schwed. Botaniker A. Dahl] *w. 11* eine Zierpflanze
**Dail Ei|reann** [dail ærən] *m. Gen. - nur Ez.* das Abgeordnetenhaus der Republik Irland
**Dai|mio, Dai|myo** *m. 9* altjap. Territorialfürst
**Da|jak** *m. 9 oder Gen. - Mz. -* altindonesisches Volk auf der Insel Borneo
**Da|ka|po** [ital.] *s. 9* Wiederholung; vgl. da capo
**Da|ko|ta 1** *m. 9 oder Gen. - Mz. -* Angehöriger eines nordamerik. Indianerstammes; **2** *s. Gen. -(s) nur Ez.* dessen Sprache
**Dak|ty|lio|man|tie** [griech.] *w. 11* Wahrsagerei mit Hilfe eines Pendels; **Dak|ty|li|tis** *w. Gen. - Mz. -ti|den* Fingerentzündung; **Dak|ty|lo** *w. 9* Kurzw. für Daktylographin; **Dak|ty|lo|gramm** *s. 1* Fingerabdruck; **Dak|ty|lo|gra|phie** *w. 10 schweiz.:* Maschinenschreiben; **dak|ty|lo|gra|phie|ren** *schweiz.:* mit der Maschine schreiben; **Dak|ty|lo|gra|phin** *w. 10 schweiz.:* Maschinenschreiberin; **Dak|ty|lo|lo|gie** *w. 11* Gebärdensprache der Taubstummen; **Dak|ty|lo|sko|pie** *w. 11* Fingerabdruckverfahren; **Dak|ty|lus** *m. Gen. - Mz. -ty|len* Versfuß aus einer langen, betonten und zwei kurzen, unbetonten Silben
**Dal|lai-La|ma** [tibet.] *m. 9, Gen. auch: -, bis 1959:* geistl. und weltl. Oberhaupt Tibets
**Dal|ma|tik, Dal|ma|ti|ka** *w. Gen. - Mz. -ken* **1** altröm., über der Tunika getragenes Gewand; **2** *kath. Kirche:* liturg. Gewand; **Dal|ma|ti|ner** *m. 5* **1** Wein aus Dalmatien; **2** eine Jagdhundrasse
**dal se|gno** [ -njo, ital.] (*Abk.: d. s.*) *Mus.:* vom Zeichen an (zu wiederholen)
**dam** *Abk. für* Dekameter
**Dal|mast** [nach der syr. Stadt Damaskus] *m. 1* Seidengewebe mit gleichfarbigem eingewebtem Muster
**Dal|mas|ze|ner|klin|ge** *w. 11* elastische, durch Verschweißen mehrerer Stahlplatten hergestellte und mit einem flammigen Muster versehene Säbelklinge aus Damaskus; **da|mas|zie|ren** nach Art der Damaszenerklingen verschweißen und bearbeiten
**Dam|mar** [mal.] *s. 9 nur Ez.*, **Dam|mar|harz** *s. 1 nur Ez.* Harz von südostasiat. Zweiflügelfruchtgewächsen
**dam|na|tur** [lat. „es wird verworfen"] *früher:* Formel der Zensur, durch die der Druck eines Buches verboten wurde; **Dam|no** [ital.] *m. 9 oder s. 9*, **Dam|num** [lat.] *s. Gen. -s Mz. -na Bankwesen:* Einbuße, Verlust; Unterschiedsbetrag zwischen Nennbetrag und Auszahlungssumme eines Darlehens
**Da|mo|kles|schwert** [nach dem Günstling des Dionysos d. Ä. von Syrakus] *s. 3 übertr.:* ständig drohende Gefahr
**Dä|mon** [griech.] *m. 13* (meist böser) Geist; innere Stimme, gefährl. Macht; **dä|mo|nisch 1** von einem Dämon bewirkt; **2** teuflisch, unheimlich; **Dä|mo|nis|mus** *m. Gen. - nur Ez.* Glaube an Dämonen; **Dä|mo|ni|um** *s. Gen. -s Mz. -ni|en* warnende innere Stimme; **Dä|mo|no|lo|gie** *w. 11 nur Ez.* Lehre von den Dämonen
**Da|na|er|ge|schenk** [nach dem → Trojan. Pferd] *s. 1* unheilbringendes Geschenk
**Da|na|iden** *Mz. griech. Myth.:* die 50 Töchter des Danaos; **Da|na|iden|ar|beit** *w. 10* ermüdende, vergebl. Arbeit
**Dan|dy** [dændi, engl.] *m. 9* Geck, übertrieben modisch gekleideter (und frisierter) Mann
**Da|ne|brog** [dän. „dän. Tuch"] *m. Gen. -s nur Ez.* die dän. Flagge; **Da|ne|werk** *s. 1 nur Ez.* alte dän. Grenzbefestigung zwischen Schlei und Treene südl. der Stadt Schleswig
**Danse ma|ca|bre** [dãs makabrə, frz.] *m. Gen. - - Mz. -s-s* [dãs makabrə] Totentanz
**Daph|ne** [griech.] *w. 11* Seidelbast, ein Zierstrauch; **Daph|nia, Daph|nie** [-niə] *w. Gen. - Mz. -ni|en* Wasserfloh
**Dar|ling** [engl.] *m. 9* Liebling
**Dar|wi|nis|mus** *m. Gen. - nur Ez.* die Abstam-

mungs- und Entwicklungslehre des engl. Naturforschers Ch. Darwin

**Dash** [dæʃ, engl.] *m.9* Spritzer, kleine Menge (beim Mixen von Cocktails)

**Da|sy|me|ter** [griech.] *s.5* Gerät zum Messen der Gasdichte, Gaswaage

**dat.** *Abk. für* datum

**Da|ten 1** *Mz. von* Datum; **2** Angaben, Informationen; **Da|ten|bank** *w.10* Informationszentrum mit elektron. Speicherung von Daten (2); **Da|ten|trä|ger** *m.5* Lochkarte, Magnetband o. ä. zum Speichern von Daten (2); **Da|ten|ty|pi|stin** *w.10* weibl. Person, die Daten (2) auf Datenträger überträgt; **da|tie|ren 1** mit einem Datum versehen; einen Brief d.; **2** stammen von; der Brief datiert vom 10. Mai

**Da|tiv** [lat.] *m.1* (*Abk.:* Dat.) 3. Fall, Wemfall

**da|to** [ital.] heute; bis dato; drei Monate dato: binnen drei Monaten; **Da|to|wech|sel** *m.5* Wechsel, der zu einem bestimmten Termin eingelöst werden muß

**Dat|scha, Dat|sche** [russ.] *w. Gen. - Mz.* -schen kleines russ. Sommerhaus auf dem Lande

**da|tum** [lat. „gegeben"] (*Abk.:* dat.) *veraltet:* geschrieben; **Da|tum** *s. Gen. -s Mz.* -ten Zeitpunkt, Zeitangabe; vgl. Daten

**Dau** [arab.] *w.10* arab. Segelschiff

**Dau|phin** [dofɛ̃, frz.] *m.9, 1349–1830:* Titel des frz. Thronfolgers

**Da|vid(s)|stern** *m.1* Stern aus zwei gekreuzten gleichseitigen Dreiecken, Symbol der Juden

**Da|vis-Cup** [dɛiviskʌp] *m.9,* **Da|vis-Po|kal** [dɛivis-, engl., nach dem amerik. Stifter, D. F. Davis] *m.1 seit 1909:* Wanderpreis (für Nationen) im Tennis

**Da|vit** [dɛivit, *auch:* da-, engl.] *m.9* vertikal drehbarer Schiffskran (für Anker, Boote)

**db** *Abk. für* Dezibel

**d. c.** *Abk. für* da capo

**Dd** *Abk. für* doctorandus, → Doktorand

**d. d.** *Abk. für* de dato

**DDT** ⒲ *Abk. für* Dichlordiphenyltrichloräthan (ein Schädlingsbekämpfungsmittel)

**de..., De...** [lat.] *in Zus.:* von ... weg, ent..., herab...

**de|al|len** [di-, engl.] *ugs.:* mit Rauschgift handeln; **Dea|ler** [di-] *m.5* **1** → Jobber (1); **2** Rauschgifthändler

**Dean** [din, engl.] *m.9 in England:* **1** *in der anglikan. Kirche:* Hauptgeistlicher, z. B. an einer Kathedrale; **2** Leiter einer Universitätsfakultät oder eines Colleges

**De|ba|kel** [lat.-frz.] *s.5* Zusammenbruch, Niederlage

**De|bar|da|ge** [-ʒə, frz.] *w.11* Löschen der Schiffsladung (von Holzfracht); **De|bar|deur** [-dør] *m.1* Auslader (von Schiffsfracht); **de|bar|die|ren** ausladen (Schiff)

**de|bar|kie|ren** [frz.] *veraltet:* ausladen, ausschiffen

**De|bat|te** [frz.] *w.11* lebhafte Erörterung, Diskussion; parlamentar. Verhandlung; **de|bat|tie|ren** etwas oder über etwas d.: etwas mündlich erörtern

**De|bau|che** [-boʃ, frz.] *w.11 veraltet:* Ausschweifung; **de|bau|chie|ren** [-boʃi-] *veraltet:* ausschweifend leben

**De|bet** [lat] *s.9* Soll, Schuld; *Buchführung: ältere Bezeichnung für* die zu belastende Seite des Kontos; *Ggs.:* Kredit (3)

**de|bil** [lat.] leicht schwachsinnig; **De|bi|li|tät** *w.10 nur Ez.* leichteste Form des Schwachsinns

**De|bit** [ -bi, frz.] *m.9 nur Ez. veraltet:* Kleinhandelsvertrieb

**de|bi|tie|ren** [lat.] belasten (Konto); **De|bi|tor** *m.13* Schuldner; *Ggs.:* Kreditor

**de|blockie|ren** (-blok|kie-) *Buchw.:* blockierte Buchstaben d.: durch richtige ersetzen

**De|brec|zi|ner, De|bre|zi|ner** [-tsi-, nach der ung. Stadt Debreczin] *Mz.* scharf gewürzte Würstchen

**De|büt** [deby, frz.] *s.9* **1** erstes öffentl. Auftreten; **2** erstes Auftreten bei Hofe; **De|bü|tant** *m.10* jmd., der zum ersten Mal öffentlich auftritt; **de|bü|tie|ren** zum ersten Mal öffentlich auftreten; mit einer Rolle, einem Konzert d.

**De|ca|me|ro|ne** *s. Gen. -(s) nur Ez.* → Dekameron

**De|cha|nat** [-ça-] *s.1* → Dekanat; **De|cha|nei** *w.10* → Dekanei; **De|chant** [-çant, österr.: de-] *m.10* → Dekan; **De|chan|tei** *w.10 österr. für* Dekanei

**De|char|ge** [-ʃarʒ, frz.] *w.11 veraltet:* Entlastung; **de|char|gie|ren** [-ʃarʒi-] *veraltet:* (von einer Amtspflicht) entlasten, entbinden

**De|chet** [-ʃe, frz.] *m.9 meist Mz.* Spinnereiabfälle

**de|chif|frie|ren** [-ʃif-, frz.] entziffern, entschlüsseln (eine Geheimschrift, einen chiffrierten Text)

**De|co|ding** [dikou-, engl.] *s.9* *Kommunikationsforschung:* Entschlüsselung (einer Nachricht); *Ggs.:* Encoding

**De|col|la|ge** [-ʒə, frz.] *w.11* Kunstobjekt, das aus verschiedenen zerstörten Materialien zusammengesetzt ist

**de|cou|ra|gie|ren** [-kuraʒi-, frz.] *veraltet:* entmutigen; *Ggs.:* encouragieren

**decr., decresc.** *Abk. für* decrescendo; **de|cre|scen|do** [-ʃen-, ital.] *Mus.:* abnehmend, leiser werdend; *Ggs.:* crescendo, accrescendo

**de da|to** [lat.] (*Abk.:* d. d.) *veraltet:* vom Tag der Ausstellung (eines Wechsels) an

**De|di|ka|ti|on** [-tsjon, lat.] *w.10* Widmung, Geschenk; **de|di|zie|ren** widmen, schenken

**De|duk|ti|on** [-tsjon, lat.] *w.10* Ableitung des Besonderen aus dem Allgemeinen; *Ggs.:* Induktion (1); **de|duk|tiv** das Besondere aus dem Allgemeinen erschließend; de|du|zie|ren deduktiv vorgehen

**Deep-free|zer** [di̱pfri̱:zər, engl.] *m. 5* Tiefkühltruhe

**de fac|to** [lat.] den Tatsachen nach, tatsächlich; *Ggs.:* de jure

**De|fai|tis|mus** [-fɛ-] *m. Gen. - nur Ez.* → Defätismus

**De|fä|kal|ti on** [-tsjo̱n, lat.] *w. 10 Med.:* Reinigung, Darmentleerung

**De|fä|tis|mus** [frz.] *m. Gen. - nur Ez.* Zustand der Mutlosigkeit, Schwarzseherei

**de|fekt** [lat.] schadhaft, beschädigt; **De|fekt** *m. 1* Schaden, Fehler, Beschädigung; Gebrechen; **De|fek|tar** [lat.] *m. 1* Apotheker, der mit der Herstellung größerer Mengen von vorrätig zu haltenden Arzneien betraut ist; **de|fek|tiv** 1 lücken-, mangelhaft; 2 *Gramm.:* mit fehlenden Beugungsformen; **De|fek|ti|vum** *s. Gen.-s Mz.-va Gramm.:* Wort, dem Beugungsformen fehlen, z. B. Durst (ohne Mz.), Leute (ohne Ez.); **De|fek|tur** *w. 10* 1 Herstellung von Arzneimitteln, die in größeren Mengen vorrätig gehalten werden sollen; 2 Arbeitsraum des Defektars

**de|fen|siv** [lat.] verteidigend, abwehrend; *Ggs.:* offensiv; **De|fen|si|ve** *w. 11* Verteidigung, Abwehr(stellung); *Ggs.:* Offensive; **De|fen|sor** *m. 13* Verteidiger; Sachwalter; D. fidei: Verteidiger des Glaubens (Ehrentitel des engl. Königs)

**de|fe|rie|ren** [lat.] *veraltet:* 1 zuschieben (die Eidesleistung); 2 bewilligen (Gesuch)

**De|fi|bra|tor** [lat.] *m. 13,* **De|fi|breur** [-brør, lat.-frz.] *m. 1* Maschine zum Zerfasern von Holz

**de|fi|bri|nie|ren** [lat.] von Fibrin befreien und dadurch ungerinnbar machen (Blut)

**De|fi|gu|ra|ti on** [-tsjo̱n, lat.] *w. 10* Verunstaltung, Entstellung; **de|fi|gu|rie|ren** verunstalten, entstellen

**Dé|fi|lé** [-le̱] *s. 14 oder 9,* österr., schweiz. für Defilee; **De|fi|lee** [frz.] *s. 14* 1 *Geogr.:* Hohlweg, Engpaß; 2 *Mil.:* Parademarsch, Vorbeimarsch; **de|fi|lie|ren** feierlich vorbeimarschieren

**de|fi|nie|ren** [lat.] erklären, begrifflich bestimmen; **de|fi|nit** bestimmt; definite Größen *Math.:* Größen mit immer gleichem Vorzeichen; **De|fi|ni|ti on** [-tsjo̱n] *w. 10* 1 Begriffsbestimmung; 2 *kath. Kirche:* als unfehlbar geltende Entscheidung des Papstes über eines Konzils in dogmat. Fragen; **de|fi|ni|tiv** endgültig, abschließend, bestimmt; **De|fi|ni|ti|vum** *s. Gen.-s Mz.-va* endgültiger Zustand

**de|fi|zi ent** [lat.] unvollständig, z. B. bei Schriftsystemen: ohne Vokalzeichen; **De|fi|zi ent** *m. 10 veraltet:* Dienstuntauglicher; **De|fi|zit** [auch: -zit] *s. 1* fehlender Befrag, Einbuße, Verlust; **de|fi|zi|tär** ein Defizit ergebend, mit einem Defizit belastet

**De|fla|gra|ti on** [-tsjo̱n, lat.] *w. 10* Abbrennen

von Sprengstoffen ohne Explosion, Verpuffung; vgl. Detonation

**De|fla|ti on** [-tsjo̱n, lat.] *w. 10* 1 Verringerung des Geldumlaufs; *Ggs.:* Inflation; 2 Abtragung von lockerem Gestein durch Wind; **de|fla|tio|när** [-tsjo-], **de|fla|tio|ni|stisch, de|fla|to|risch** eine Deflation (1) bewirkend

**De|flek|tor** [lat.] *m. 13* 1 Rauch-, Luftsaugkappe, Schornsteinaufsatz; 2 Vorrichtung in Kreisbeschleunigern zur Ablenkung von Elektronen

**De|flo|ra|ti on** [-tsjo̱n, lat.] *w. 10* Zerreißung des Jungfernhäutchens, Entjungferung; **de|flo|rie|ren** entjungfern

**de|form** [lat.] entstellt, mißgestaltet; **De|for|ma|ti on** [-tsjo̱n, lat.] *w. 10* Formveränderung, Verformung, Mißbildung; **de|for|mie|ren** verformen, verunstalten, entstellen; **De|for|mi|tät** *w. 10* Mißbildung

**De|frau|dant** [lat.] *m. 10* jmd., der eine Defraudation begangen hat, Betrüger; **De|frau|da|ti on** [-tsjo̱n] *w. 10* Betrug, Unterschlagung, Steuer-, Zollhinterziehung; **de|frau|die|ren** unterschlagen, hinterziehen

**De|fro|ster** [engl.] *m. 5* 1 *am Kraftwagen:* Heizvorrichtung, die das Beschlagen und Vereisen der Windschutzscheibe verhindert; 2 *bei Kühlanlagen:* Vorrichtung zum Abtauen des Gefrierfachs

**De|ga|ge|ment** [-gaʒmã, frz.] *s. 9* Befreiung (von einer Verpflichtung), Zwanglosigkeit; **de|ga|gie|ren** [-ʒi-] befreien; **de|ga|giert** [-ʒirt] frei, zwanglos

**De|ge|ne|ra|ti on** [-tsjo̱n, lat.] *w. 10* Rückbildung, Entartung; *Ggs.:* Regeneration (3); **de|ge|ne|ra|tiv** auf Degeneration beruhend; **de|ge|ne|rie|ren** sich zurückbilden, entarten; *Ggs.:* regenerieren (2)

**De|gout** [-gu, frz.] *m. 9 nur Ez.* Ekel, Widerwille, Abneigung; **de|gou|tant** [-gu-] ekelhaft, widerlich, abstoßend; **de|gou|tie|ren** [-gu-] anekeln, anwidern

**De|gra|da|ti on** [-tsjo̱n, lat.] *w. 10* 1 → Degradierung; 2 *Landw.:* Verschlechterung des Bodens (durch Entzug von Nährstoffen); 3 *Phys.:* Zerstreuung (von Energie); **de|gra|die|ren** 1 *Mil.:* im Rang herabsetzen; 2 aus dem Amt ausstoßen (Geistlichen); 3 verschlechtern (Boden); 4 zerstreuen (Energie); 5 *allg.:* herabsetzen, herabwürdigen; **De|gra|die|rung** *w. 10* 1 *Mil.:* strafweise Herabsetzung im Rang; 2 strafweise Ausstoßung (eines Geistlichen) aus dem Amt

**de|grais|sie|ren** [-grɛs-, frz.] von Fett befreien (Soße, Brühe)

**De|gras** [-gra, frz.] *s. Gen. - nur Ez.* Gerberei: beim Entfetten trandurchtränkten Leders gewonnenes Fett

**De|gres|si on** [lat.] *w. 10* 1 *Kostenrechnung:* Verminderung der Stückkosten bei Vergrößerung der Auflage; 2 *Steuerrecht:* Verminderung des jährl. Abschreibungsbetrages;

de|gres|siv nachlassend, sinkend, sich vermindernd; *Ggs.*: progressiv (1)
De|gu|sta|ti|on [-tsjon, lat.] *w.10 bes. schweiz.*: Kostprobe; **De gu|sti|bus non est dis|pu|tan|dum** Über den Geschmack läßt sich nicht streiten; de|gu|stie|ren *bes. schweiz.*: kosten, probieren (Lebensmittel, Wein)
De|hors [dɔɔr, frz.] *Mz.* gesellschaftl. Anstand, Schicklichkeit, *fast nur in der Wendung:* die D. [dɔɔrs] wahren
De|hy|dra|se [lat. + griech.] *w.11* Ferment, das chem. Verbindungen unter Wasserstoffabspaltung oxydiert; **De|hy|dra|da|ti|on** [-tsjon] *w.10* Wasserentzug, Trocknung (von Lebensmitteln); De|hy|dra|ti|on [-tsjon] *w.10* Abspaltung von Wasserstoff; de|hy|dra|ti|sie|ren Wasser entziehen; de|hy|drie|ren Wasserstoff abspalten; De|hy|dri|te *Mz.* ⓦ Trockenmittel
Dei|fi|ka|ti|on [de:i--tsjon, lat.] *w.10* Vergottung; dei|fi|zie|ren zum Gott, zur Gottheit machen, vergotten
Dei gra|tia [-tsja, lat.] *(Abk.:* D. G.) von Gottes Gnaden (Zusatz zum Titel von Bischöfen und Fürsten)
deik|tisch [griech.] hinweisend, durch Beispiele zeigend, auf Beispiele gegründet
De|is|mus [lat.] *m. Gen. - nur Ez.* religionsphilosoph. Anschauung, die die Existenz Gottes zwar anerkennt, aber den Glauben an sein Einwirken auf die Welt nach der Schöpfung ablehnt; vgl. Theismus
Dé|ja-vu-Er|leb|nis [deʒavy-, frz.] *s.1* Erlebnis, bei dem man das Gefühl hat, es schon einmal durchlebt zu haben
De|jekt [lat.] *s.1 Med.*: Auswurfstoff, bes. Kot; De|jek|ti|on [-tsjon] *w.11* Entleerung (von Kot)
De|jeu|ner [deʒøne, frz.] *s.9 veraltet*: Frühstück; de|jeu|nie|ren [-ʒø-] *veraltet*: frühstücken
de ju|re [lat.] rechtlich, auf rechtl. Grundlage, von Rechts wegen; *Ggs.*: de facto
De|ka [griech.] *s. Gen.-s Mz. -, österr. kurz für* Dekagramm
de|ka..., De|ka... [griech.] *in Zus.*: zehn
De|ka|brist [zu russ. dekabr „Dezember"] *m.10* Teilnehmer am russischen Aufstand vom Dezember 1825
De|ka|de [griech.] *w.11* zehn Stück, Zeitraum von zehn Tagen, Wochen, Monaten, Jahren
de|ka|dent [lat.] durch generationenlange Überfeinerung kraftlos, angekränkelt; De|ka|denz *w.10 nur Ez.* Niedergang, Verfall, Kraftlosigkeit
de|ka|disch [griech.] auf der Zahl 10 beruhend, zehnteilig; dekadisches System: Zahlen-, Rechensystem mit der Grundzahl 10, Dezimalsystem
De|ka|eder [griech.] *m.5 oder s.5* von zehn

regelmäßigen Flächen begrenzter Körper, Zehnflächner; De|ka|gon *s.1* Zehneck; De|ka|gramm *s. Gen. - Mz. - (Abk.:* Dg, *österr.*: dkg) zehn Gramm; De|ka|li|ter *m.5 oder s.5 (Abk.*: Dl, dkl) zehn Liter
De|kal|kier|pa|pier [frz.] *s.1* Papier zum Druck von Abziehbildern
De|ka|log [griech.] *m.1* die Zehn Gebote
De|ka|me|ron [griech. „zehn Tage"] *s. Gen. -s nur Ez.* Zehntagewerk, 100 Novellen von Giovanni Boccaccio, die an zehn Tagen erzählt wurden
De|ka|me|ter [griech.] *m.5 oder s.5 (Abk.* dam, *früher:* Dm, dkm) zehn Meter
De|kan [lat.] *m.1* **1** Leiter einer Hochschulfakultät; **2** *evang. Kirche:* Superintendent; **3** *kath. Kirche;* Vorsteher eines Kirchenbezirks oder eines Domkapitels; De|ka|nat *s.1* Amt, Amtszeit, -sitz, -bezirk eines Dekans; De|ka|nei *w.10* Wohnung eines Dekans (**2** und **3**)
de|kan|tie|ren [frz.] vom Bodensatz abgießen (Flüssigkeit)
de|ka|pie|ren [frz.] durch Beizen von Zunder reinigen (geglühte Metalle)
De|ka|po|de [griech.] *m.11* Zehnfußkrebs
De|kar [griech. + lat.] *s. Gen.-s Mz. -, schweiz.*: Dek|are *w.11* zehn Ar
de|kar|tel|lie|ren, de|kar|tel|li|sie|ren [lat.] entflechten (Kartell)
De|ka|ster [griech.] *m. Gen.-s Mz. - veraltet:* zehn Ster = zehn Kubikmeter
De|ka|teur [-tør, frz.] *m.1* jmd., der Stoffe dekatiert; de|ka|tie|ren mit Wasserdampf behandeln, um Einlaufen nach dem Waschen zu verhindern (Stoffe); De|ka|tur *w.10* Behandlung mit Wasserdampf
De|kla|ma|ti|on [-tsjon, lat.] *w.10* **1** kunstgerechter Vortrag (einer Dichtung u. ä.); **2** *übertr.*: pathetischer, aber inhaltsarmer Vortrag; **3** Einheit von musikal. und textl. Gestaltung; De|kla|ma|tor *m.13* Vortragskünstler; De|kla|ma|to|rik *w.10 nur Ez.* Vortragskunst; de|kla|ma|to|risch in der Art einer Deklamation (**1** und **2**); de|kla|mie|ren künstlerisch vortragen; *auch:* übertrieben sprechen
De|kla|rant [lat.] *m.10* jmd., der eine Deklaration (**2**) abgibt; De|kla|ra|ti|on [-tsjon] *w.10* **1** offizielle Erklärung; **2** Zoll-, Inhalts-, Steuererklärung; de|kla|rie|ren den Inhalt, Wert (von etwas) angeben, erklären
de|klas|sie|ren [lat.] **1** jmdn. d.: jmdn. in eine sozial niedrigere Klasse verstoßen, herabsetzen; **2** *Sport:* einen Gegner d.: ihn überlegener schlagen, als es seine Klassifizierung erwarten ließe
de|kli|na|bel [lat.] deklinierbar, beugbar (Wörter); De|kli|na|ti|on [-tsjon] *w.10* **1** *Gramm.*: Beugung, Abwandlung (der Substantive, Pronomen, Adjektive und Numeralien); **2** Winkelabstand eines Gestirns vom

Himmelsäquator; **3** Abweichung der Magnetnadel von der geographischen Nordrichtung, Mißweisung; De|kli|na|tor *m. 13*, De|kli|na|to|ri|um *s. Gen.*-s *Mz.*-ri|en Gerät zum Bestimmen von Veränderungen der Deklination (der Magnetnadel); de|kli|nie|ren *Gramm.*: beugen, abwandeln (Substantive, Adjektive, Pronomen, Numeralien); De|kli|no|me|ter *s. 5* → Deklinator

De|kokt [lat.] *s. 1* durch Kochen (bes. von Heilkräutern) hergestellte Brühe, Absud De|kol|le|té [lat.-frz.] *s. 9* tiefer Halsausschnitt; de|kol|le|tiert tief ausgeschnitten De|kom|pen|sa|ti|on [-tsjon, lat.] *w. 10* Versagen der Ausgleichsmaßnahme (Kompensation) des Körpers (bes. des Herzens) bei Organschwäche

de|kom|po|nie|ren [lat.] in seine Bestandteile zerlegen, auflösen; De|kom|po|si|ti|on [-tsjon] *w. 10* **1** Zerlegung, Auflösung; **2** *bei Säuglingen:* Organschwund infolge mangelhafter Ernährung; De|kom|po|si|tum *s. Gen.*-s *Mz.*-ta *Gramm.*: Ableitung von einem zusammengesetzten Wort (Kompositum), z. B. Baupolizei – baupolizeilich; *auch:* mehrfach zusammengesetztes Wort, z. B. Schulhausmeister

De|kon|ta|mi|na|ti|on [-tsjon, lat.] *w. 10* **1** Entfernung von Spaltprodukten, die Neutronen absorbieren, aus dem Reaktor; **2** Entgiftung von radioaktiv verseuchten Kleidern, Geräten und Gebieten; de|kon|ta|mi|nie|ren **1** aus dem Reaktor entfernen; **2** entgiften

De|kon|zen|tra|ti|on [-tsjon, lat.] *w. 10* Zerstreuung, Zersplitterung, Verteilung, Auflösung; *Ggs.*: Konzentration (1); de|kon|zen|trie|ren zerstreuen, verteilen, auflösen De|kor [lat.-frz.] *s. 9* Verzierung, Vergoldung, Muster (auf Glas-, Porzellan- und Tonwaren); De|ko|ra|teur [-tör] *m. 1* Fachmann für die Ausstattung von Innenräumen, Schaufenstern usw.; De|ko|ra|ti|on [-tsjon] *w. 11* **1** Ausschmückung, Schmuck; **2** *Theater, Film, Fernsehen:* Ausstattung (Kulissen, Bauten usw.); **3** Auszeichnung (von Personen) mit Orden oder Ehrenzeichen; De|ko|ra|ti|ons|ma|ler [-tsjons-] *m. 5* Maler für Innenräume (im Unterschied zum Kunstmaler); De|ko|ra|ti|ons|stoff *m. 1* Stoff für Möbelbezüge und Gardinen; de|ko|ra|tiv schmückend, wirkungsvoll; de|ko|rie|ren **1** schmücken, verzieren; **2** (mit einem Orden o. ä.) auszeichnen; De|ko|rie|rung *w. 10* → Dekoration (1, 3)

De|kort [frz.] *m. 1*, *auch:* [-kor] *m. 9* Zahlungsnachlaß wegen Mängel; Preisnachlaß im Exportgeschäft; Kassaskonto im Großhandel; de|kor|tie|ren von der Rechnung abziehen; einen Betrag g. De|ko|rum [lat.] *s. Gen.*-s *nur Ez.* Anstand, Schicklichkeit; das D. wahren

De|ko|stoff *m. 1* Kurzw. *für* Dekorationsstoff De|kre|ment [lat.] *s. 1* **1** Verminderung, Abnahme (einer Krankheit, des Fiebers); Verfall; **2** *Math.*: natürlicher Logarithmus des Verhältnisses der Amplituden zweier aufeinanderfolgender Schwingungen

de|kre|pit [frz.] heruntergekommen, hinfällig, altersschwach; De|kre|pi|ta|ti|on [-tsjon] *w. 10* knisterndes Zerfallen, Zerplatzen von Kristallen (beim Erhitzen); de|kre|pi|tie|ren zerfallen, zerplatzen

de|kre|scen|do [-ʃen-] *eindeutschende Schreibung von* decrescendo; De|kres|zenz [lat.] *w. 10 Mus.*: Abnahme, Verminderung De|kret [lat.] *s. 1* behördl. Verordnung, Verfügung, Regierungserlaß; De|kre|ta|le *s. Gen.*- *Mz.*-li|en *oder w. 11, meist Mz.* päpstl. Entscheidung; De|kre|ta|list *m. 10 MA.*: Kirchenrechtslehrer; de|kre|tie|ren verordnen, verfügen; De|kre|tist *m. 10* → Dekretalist

De|ku|bi|tus [lat.] *m. Gen.*- *nur Ez. Med.*: Wundliegen De|ku|ma|ten|land [lat.], De|ku|mat|land *s. 4 nur Ez.* vom Limes begrenztes altröm. Herrschaftsgebiet zwischen Oberrhein und oberer Donau

de|ku|pie|ren [frz.] aussägen; De|ku|pier|sä|ge *w. 11* Laubsäge De|ku|rie [-ria, lat.] *w. 11, im alten Rom:* **1** *Mil.*: Abteilung von zehn Mann; **2** Gruppe von Senatoren u. ä.; De|ku|rio *m. Gen.*-s *oder* -rio|nen *Mz.*-rio|nen, *im alten Rom:* **1** Führer einer Dekurie; **2** Mitglied des Senats

de|kus|siert [lat.] kreuzweise gegenständig (Pflanzenblätter) De|ku|vert [-ver, frz.] *s. 9* **1** *Kaufmannsspr.*: Ausfall einer Einnahme; **2** *Börse*: Mangel an Wertpapieren; de|ku|vrie|ren **1** aufdecken, entlarven; **2** sich zu erkennen geben, sich verraten

del. **1** *Abk. für* deleatur; **2** *Abk. für* delineavit De|lat [lat.] *m. 10* veraltet: jmd., dem ein Eid zugeschoben wird; De|la|ti|on [-tsjon] *w. 10* veraltet: **1** gesetzl. Übertragung (einer Erbschaft); **2** Zuschiebung (eines Eides); **3** verleumder. Anzeige; de|la|to|risch verleumderisch

de|le|a|tur [lat. „es werde getilgt"] (*Zeichen:* ֍, *Abk.:* del.) Anweisung zum Streichen von Schriftsatz; De|le|a|tur *s. Gen.*-s *Mz.* -, De|lea|tur|zei|chen *s. 7* Tilgungszeichen, ֍ De|le|gat [lat.] *m. 10* Bevollmächtigter; Apostolischer D.: Bevollmächtigter des Papstes (ohne diplomat. Rechte) zur Überwachung des kirchl. Lebens; De|le|ga|ti|on [-tsjon] *w. 10* **1** Abordnung, Gruppe von Bevollmächtigten; **2** Übertragung (einer Vollmacht oder Befugnis); De|le|ga|tur *w. 10* Amt oder Amtsbereich eines Apostol.

→ Delegaten; **de|le|gie|ren 1** jmdn. d.: abordnen; **2** jmdm. eine Befugnis, Schuld d.: übertragen

**de|lek|tie|ren** [lat.] sich an etwas d.: sich gütlich tun, *auch:* sich ergötzen

**De|li|be|ra|ti|on** [-tsjon, lat.] *w.10 veraltet:* Beratung, Überlegung; **De|li|be|ra|ti|ons|frist** *w.10 veraltet:* Bedenkzeit; **De|li|be|ra|tiv|stim|me** *w.11, in polit. Körperschaften:* nur beratende Stimme; vgl. Dezisivstimme; **de|li|be|rie|ren** beraten, überlegen

**de|li|kat** [frz.] **1** lecker, köstlich, wohlschmeckend; **2** heikel, behutsam zu behandeln (Angelegenheit); **3** *auch:* zartfühlend; *Ggs.:* indelikat; **De|li|ka|tes|se** *w.11* **1** Leckerbissen; **2** *nur Ez.* Behutsamkeit

**De|likt** [lat.] *s.1* Straftat, Vergehen

**delin.** *Abk. für* delineavit; **de|li|nea|vit** [lat.] (*Abk.:* del., delin.) „hat (es) gezeichnet" (Vermerk unter Bildern nach dem Namen des Künstlers)

**De|lin|quent** [lat.] *m.10* Übel-, Missetäter, Angeklagter

**de|li|rant** [lat.] *in der Wendung:* deliranter Zustand → Delirium; **de|li|rie|ren** *Med.:* irrereden; **De|li|ri|um** *s. Gen.-s Mz.* -ri|en Bewußtseinstrübung (im Fieber oder Rausch) mit Wahnvorstellungen; D. tremens: Säuferwahnsinn

**de|li|zi|ös** [frz.] köstlich, fein, erlesen

**De|kre|de|re** [ital.] *s. Gen.- Mz.* - Haftung (für den Eingang einer Forderung), Bürgschaft, Bürgschaftssumme; **De|kre|de|re|fonds** [-fɔ̃] *m. Gen.* - [-fɔ̃s] *Mz.* - [-fɔ̃s] Rücklage für eventuelle Verluste

**de|lo|gie|ren** [-ʒi-, frz.] *bes. österr.:* zum Ausziehen aus der Wohnung zwingen

**Del|phin** [griech.] *m.1* ein Zahnwal; **Del|phi|na|ri|um** *s. Gen.-s Mz.* -ri|en Wasserbecken für Delphine

**del|phisch** [nach dem Orakel von Delphi] doppelsinnig, rätselhaft

**Del|ta** *s.9* **1** (*Zeichen:* Δ, δ) vierter Buchstabe des griech. Alphabets; **2** mehrarmige Flußmündung in Form eines Dreiecks (nach dem griech. Buchstaben Δ); **Del|ta|flie|ger** *m.5* von einem Motorboot gezogener Wasserskiläufer, der sich mit Hilfe eines dreieckigen Segels bei zunehmender Geschwindigkeit über die Wasseroberfläche erheben kann; **Del|ta|me|tall** *s.1* eine Kupfer-Zink-Legierung; **Del|ta|strah|len, δ-Strah|len** *Mz.* nicht direkt von radioaktiven Substanzen ausgehende, sondern von deren Strahlung sekundär ausgelöste Elektronen; **Del|to|id** *s.1* Viereck aus zwei gleichschenkligen Dreiecken; **Del|to|id|do|de|ka|eder** *m.5* von zwölf Deltoiden begrenzte Kristallform

**De|lu|si|on** [lat.] *w.10* Täuschung; Verspottung; **de|lu|so|risch** auf Delusion beruhend, täuschend

**de Lu|xe** [lyks, frz.] bes. gut ausgestattet, Lu-

xus... (Zusatz bei den Namen von Fabrikaten)

**Dem|ago|ge** [griech. „Volksführer"] *m.11* Volksverführer, polit. Hetzer; **Dem|ago|gie** *w.11* Volksverführung

**De|mant** *m.10 poet. für* Diamant; **De|man|to|id** *m.1* ein Mineral mit diamantähnlichem Glanz

**De|marche** [-marʃ, frz.] *w.11* diplomat. Schritt, mündlicher diplomat. Einspruch

**De|mar|ka|ti|on** [-tsjon, frz.] *w.10* Abgrenzung; **De|mar|ka|ti|ons|li|nie** [-njə] *w.11* vorläufige Grenzlinie; **de|mar|kie|ren** abgrenzen

**de|mas|kie|ren** [frz.] jmdn. d.: jmdm. die Maske abnehmen, jmdn. entlarven; sich d.: sein wahres Gesicht zeigen

**De|men** *Mz. von* Demos

**De|men|ti** [lat.-frz.] *s.9* Widerruf, Leugnung, amtl. Richtigstellung

**De|men|tia** [-tsja] *w. Gen.- Mz.* -tiae [-tsjɛ:] → Demenz; D. praecox: Jugendirresein; D. senilis: Altersschwachsinn

**de|men|tie|ren** [frz.] (amtl.) widerrufen, leugnen, bestreiten

**De|menz** [lat.] *w.10* erworbener Schwachsinn

**De|me|rit** [frz.] *m.10 kath. Kirche:* straffälliger Geistlicher

**De|mi|john** [-dʒɔn, engl.] *m.9* bauchige Korbflasche

**de|mi|li|ta|ri|sie|ren** → entmilitarisieren

**De|mi|monde** [-dəmimɔ̃d, frz.] *w. Gen.- nur Ez.* Halbwelt

**de|mi|nu|tiv** → diminutiv

**de|mi-sec** [dəmisɛk, frz.] *bei Schaumweinen:* halbtrocken

**De|mis|si|on** [lat.] *w.10* Rücktritt (eines Ministers, einer Regierung), Entlassung; **De|mis|sio|när** *m.1 veraltet:* verabschiedeter Beamter; **de|mis|sio|nie|ren** zurücktreten

**De|mi|urg** [griech.] *m.10, bei Plato:* Weltschöpfer, Gott

**De|mo|bi|li|sa|ti|on** [-tsjon, lat.] *w.10* Abrüstung; **de|mo|bi|li|sie|ren** [lat.] vom Kriegs- in den Friedenszustand zurückführen

**De|mo|du|la|ti|on** [-tsjon, lat.] *w.10* Abtrennung der niederfrequenten Schwingung von der hochfrequenten Trägerwelle, Gleichrichtung; **De|mo|du|la|tor** *m.13* die Demodulation bewirkender Teil des Rundfunkempfängers; **de|mo|du|lie|ren** gleichrichten

**De|mo|gra|phie** [griech.] *w.11* Wissenschaft von der Bevölkerung, nach Zahl und Zusammensetzung

**De|moi|sel|le** [dəmwazɛl, frz.] *w.11 veraltet:* Fräulein

**De|mo|krat** [griech.] *m.10* Anhänger der Demokratie; **De|mo|kra|tie** *w.11* Volksherrschaft; **de|mo|kra|tisch** den Grundsätzen der Demokratie entsprechend; **de|mo|kra|ti|sie|ren** nach den Grundsätzen der Demokratie gestalten; **De|mo|kra|tis|mus** *m. Gen.- nur*

*Ez.* übertrieben demokrat. Denken und Handeln

de|mo|lie|ren [frz.] zerstören, zerschlagen, niederreißen

de|mo|ne|ti|sie|ren [lat.] aus dem Umlauf ziehen (Münzen)

De|mon|strant [lat.] *m. 10* Teilnehmer an einer Demonstration (3); De|mon|stra|ti|on [-tsjon] *w. 10* **1** Darlegung, Vorführung; **2** polit. Machtentfaltung (als Warnung, z. B. Flottendemonstration); **3** Massen-, Protestkundgebung; de|mon|stra|tiv **1** anschaulich, darlegend; **2** betont, auffällig; **3** *Gramm.:* hinweisend; De|mon|stra|tiv *s. 1*, De|mon|stra|tiv|pro|no|men *s. 7*, De|mon|stra|ti|vum *s. Gen.* -s *Mz.* -va hinweisendes Fürwort, z. B. dieser; De|mon|stra|tor *m. 13* jmd., der etwas demonstriert, Vorführer; de|mon|strie|ren **1** darlegen, anschaulich vor Augen führen; **2** an einer Demonstration (3) teilnehmen

De|mon|ta|ge [-ʒə, frz.] *w. 11* Abbau, Abbruch (von Industrieanlagen); de|mon|tie|ren abbauen, abbrechen

De|mo|ra|li|sa|ti|on [-tsjon, frz.] *w. 10* Zerstörung der Moral; de|mo|ra|li|sie|ren jmdn. d.: jmds. Moral zerstören, jmdn. seiner Standhaftigkeit berauben

De mor|tu|is nil ni|si be|ne [lat. „über die Toten nichts, wenn nicht gut"] Von den Toten soll man nur Gutes sprechen

De|mos [griech.] *m. Gen.* - *Mz.* -men **1** altgriech. Stadtstaat und seine Bevölkerung; **2** *heute:* kleinster griech. Verwaltungsbezirk

De|mo|sko|pie [griech.] *w. 11* Meinungsumfrage, -forschung; de|mo|sko|pisch die Meinung erforschend

de|mo|tisch [griech.] volkstümlich; demotische Schrift: altägypt. Gebrauchsschrift

den *Abk. für* Denier

De|nar [lat. „je zehn"] *m. 1* (*Abk.:* d) altröm. Silbermünze

De|na|tu|ra|li|sa|ti|on [-tsjon, lat.] *w. 10* Entzug der, Entlassung aus der bisherigen Staatsangehörigkeit, Ausbürgerung; *Ggs.:* Naturalisation (1); de|na|tu|ra|li|sie|ren ausbürgern

de|na|tu|rie|ren [lat.] ungenießbar machen, vergällen (Spiritus)

de|na|zi|fi|zie|ren → entnazifizieren

Den|drit [griech.] *m. 10* **1** verzweigter Protoplasmafortsatz einer Nervenzelle; **2** pflanzenähnl., verästelte Gesteinszeichnung; den|dri|tisch verzweigt, verästelt; Den|dro|chro|no|lo|gie *w. 11 nur Ez.* Methode der Altersbestimmung in Holzfunden; Den|dro|lo|gie *w. 11 nur Ez.* Lehre von den Bäumen und Gehölzen; Den|dro|me|ter *s. 5* Gerät zum Messen der Höhe und Stärke stehender Bäume

Den|gue|fie|ber [dɛŋgə-, span.] *s. 5 nur Ez.* eine trop. Infektionskrankheit

De|nier [dənje, lat.-frz.] *s. Gen.* -(s) *Mz.* - (*Abk.:* den) Maßeinheit für die Feinheit von Seide und Kunstfasern

de|ni|trie|ren eine organ. Verbindung d.: Nitrogruppen aus ihr abspalten

de|no|bi|li|tie|ren [frz.] jmdn. d.: jmdm. den Adelstitel entziehen

De|no|mi|na|ti|on [-tsjon, lat.] *w. 10* **1** Vorschlag, Benennung, Anzeige; Ernennung (zu einem Amt); **2** [dinɔmineiʃn] *amerik. Bez. für relig.* Gemeinschaft, Sekte; **3** Form der Kapitalherabsetzung einer Aktiengesellschaft durch Herabsetzung des Nennbetrags der Aktien; De|no|mi|na|tiv *s. 1*, De|no|mi|na|ti|vum *s. Gen.* -s *Mz.* -va von einem Nomen (meist Substantiv oder Adjektiv) abgeleitetes Wort, z. B. Bürger von Burg, kränklich von krank; de|no|mi|nie|ren ernennen, benennen

Den|si|me|ter [lat.] *s. 5* Gerät zum Messen des spezif. Gewichts; Den|si|tät *w. 10* **1** Dichte; **2** Schwärzegrad (einer photograph. Schicht); Den|si|to|me|ter *s. 5* Gerät zum Messen der Schwärze (Dichte) einer photograph. Schicht; Den|si|to|me|trie *w. 11 nur Ez.* Dichtemessung; Den|so|graph *m. 10*, Den|so|me|ter *s. 5* → Densitometer

den|tal [lat.] die Zähne betreffend, zu ihnen gehörend, von ihnen ausgehend, alveolar; Den|tal *m. 1* an den Zähnen gebildeter Laut, Zahnlaut, Alveolar, z. B. d, t; Den|tal|gie [lat. + griech.] *w. 11* Zahnschmerz; Den|tal|laut *m. 1* → Dental; den|te|lie|ren auszacken, zackig machen, auszacken; Den|tin *s. 1 nur Ez.* Zahnbein; **2** Hartsubstanz der Haifischschuppen; Den|tist *m. 10 früher:* Zahnarzt ohne Hochschulprüfung; Den|ti|ti|on [-tsjon] *w. 10* Zahndurchbruch, Zahnen; Den|to|lo|gie [lat. + griech.] *w. 11 nur Ez.* Zahnheilkunde

De|nu|da|ti|on [-tsjon, lat.] *w. 10* **1** flächenhafte Abtragung der Erdoberfläche durch Wind oder Wasser; **2** *Med.:* Fehlen einer natürl. Hülle, z. B. von Zahnfleisch

De|nu|klea|ri|sie|rung [lat.] *w. 10 nur Ez.* Abrüstung von Atomwaffen

De|nun|zi|ant [lat.] *m. 10* jmd., der einen anderen denunziert; De|nun|zia|ti|on [-tsjon] *w. 10* Anzeige, Anschwärzung aus niedrigen Beweggründen; de|nun|zia|to|risch verleumderisch; de|nun|zie|ren anzeigen, anschwärzen (aus niedrigen Beweggründen)

De|odo|rant [engl.] *s. 1*, *Mz. auch:* -ti|en [-tsjən] geruchstilgendes Mittel, Desodorans; De|odo|rant|spray *s. 9* Deodorant in Form von Spray (1)

Deo gra|ti|as [-a:s, lat.] Gott sei Dank

De|o|spray *s. 9* Kurzw. für Deodorantspray

De|par|te|ment [-partmã, schweiz.: -təmɛnt, lat.-frz.] *s. 9, schweiz.:* s 1 **1** Verwaltungsbezirk (in Frankreich); **2** *schweiz. auch:* Verwaltungsinstanz, Ministerium; **3** Geschäfts-, Fachbereich, Abteilung; De|part|ment *s. 9, engl. Form von* Departement

De|pen|dance [depãdã:s, lat.-frz.] *w. 11* **1** Nebengebäude (bes. eines Hotels); **2** Zweigstelle; **De|pen|denz** *w.10* **1** Abhängigkeit; **2** *auch* → Dependance

**De|per|so|na|li|sa|ti|on** [-tsjon, lat.] *w.10* Herabsetzung oder Verlust des Persönlichkeitsgefühls, Entpersönlichung (bei psych. Störungen)

**De|pe|sche** [frz.] *w.11* Funkspruch, Telegramm; **de|pe|schie|ren** drahten, telegraphieren

**De|phleg|ma|ti|on** [-tsjon, lat. + griech.] *w.10* bei der Destillation Abkühlung eines Dampfgemischs, so daß die niedriger siedenden Flüssigkeiten kondensieren und in den Destillierkolben zurückfließen, Rückflußkühlung; **De|phleg|ma|tor** *m.13* Rückflußkühler; **de|phleg|mie|ren** der Dephlegmation unterziehen

**De|pi|la|ti|on** [-tsjon, lat.] *w.10* **1** Enthaarung; **2** krankhafter Haarausfall; **De|pi|la|to|ri|um** *s. Gen.-s Mz.*-ri en Enthaarungsmittel; **de|pi|lie|ren** enthaaren

**De|place|ment** [deplasmã, frz.] *s.9* **1** Verrükkung, Verschiebung; **2** *Seew.*: Wasserverdrängung (eines Schiffes); **de|pla|cie|ren** [-si-, -tsi-] versetzen, verrücken; **de|pla|ciert** [-sirt, -tsirt] unangebracht, unpassend, fehl am Platze (Bemerkung, Verhalten)

**De|plan|ta|ti|on** [-tsjon, lat.] *w.10* Um-, Verpflanzung; **de|plan|tie|ren** um-, verpflanzen

**De|po|la|ri|sa|ti|on** [-tsjon, lat.] *w.10* Aufhebung der Polarisation in galvan. Elementen; **De|po|la|ri|sa|tor** *m.13* chem. Stoff, der im galvan. Element die Polarisation verhindert; **de|po|la|ri|sie|ren** die Polarisation aufheben (von etwas)

**De|po|nent** [lat.] *m.10* jmd., der etwas deponiert, Hinterleger; **De|po|nie** *w.10* **1** Abladeplatz für Müll; **2** das Abladen von Müll; **de|po|nie|ren** in Verwahrung geben, hinterlegen

**De|po|pu|la|ti|on** [-tsjon, lat.] *w.10 veraltet:* Entvölkerung

**De|port** [frz.] *m.1, auch:* [-por] *m.9* Vergütung dafür, daß eine Lieferung früher als vereinbart erfolgt; *Ggs.:* Report (**2**)

**De|por|ta|ti|on** [-tsjon, lat.] *w.10* Zwangsverschickung, Verbannung; **de|por|tie|ren** zwangsweise verschicken, verbannen

**De|po|si|tar, De|po|si|tär** [lat.] *m.1* jmd., der etwas Hinterlegtes verwahrt; **De|po|si|ten** *Mz.* **1** hinterlegte Wertgegenstände (vgl. Depositum); **2** verzinslich angelegte Gelder; **De|po|si|ti|on** [-tsjon] *w.10* **1** Hinterlegung; **2** Absetzung (bes. von Geistlichen); **De|po|si|to|ri|um** *s. Gen.-s Mz.*-ri en Aufbewahrungs-, Hinterlegungsort, Tresor; **De|po|si|tum** *s. Gen.-s Mz.*-ta *oder* -si ten hinterlegter Gegenstand oder Betrag

**de|pos|se|die|ren** [lat.] *veraltet* **1** enteignen; **2** absetzen, entthronen

**De|pot** [-po, frz.] *s.9* **1** Aufbewahrungsort; **2** Abstellplatz für Straßenbahnen und Omni-

busse; **3** *Med.:* Ablagerung, Ansammlung, Speicher; *Kurzw. für* Depotbehandlung; **4** *schweiz.:* Pfand (für etwas Entliehenes, z. B. Flaschen); **De|pot|be|hand|lung** *w.10* Einspritzung von schwer lösl. Medikamenten, die nur langsam vom Körper absorbiert werden; **De|pot|fund** *m.1* Sammelfund aus vorgeschichtl. Zeit; **De|pot|prä|pa|rat** *s.1* Medikament zur Depotbehandlung; **De|pot|wech|sel** *m.5* als Sicherheit hinterlegter Wechsel; **De|pot|wir|kung** *w.10* langanhaltende Wirkung (von Depotpräparaten)

**De|pra|va|ti|on** [-tsjon, lat.] *w.10* **1** Verschlechterung (eines Krankheitszustandes); **2** Verringerung des Edelmetallgehalts (von Münzen); **de|pra|vie|ren** **1** verringern; **2** sich verschlechtern

**De|pres|si|on** [lat.] *w.10* **1** Niedergeschlagenheit; **2** wirtschaftl. Tiefstand; **3** *Meteor.:* Tiefdruckgebiet; **4** *Geogr.:* unter Meereshöhe liegendes Land; **5** *Astron.:* negative Höhe eines unter dem Horizont stehenden Gestirns; Kimmtiefe; **de|pres|siv** niedergeschlagen, gedrückt (Stimmung)

**de|pri|mie|ren** [lat.] niederdrücken, entmutigen; **de|pri|miert** niedergeschlagen, mutlos, schwermütig

**De|pri|va|ti|on** [-tsjon, lat.] *w.10* **1** Absetzung (eines kath. Geistlichen); **2** *Psych.:* Entbehrung, Entzug (von etwas Notwendigem oder Erwünschtem)

**De pro|fun|dis** [lat. ,,Aus der Tiefe" (rufe ich, Herr, zu dir), Anfangsworte des 130. Psalms] *s. Gen.- - nur Ez.* Klageruf

**De|pu|rans** [lat.] *s. Gen.- Mz.*-ran|tia [-tsja] *oder* -ran|zi en Abführmittel

**De|pu|tant** [lat.] *m.10* jmd., der auf ein Deputat Anspruch hat; **De|pu|tat** *s.1* Naturalien als Teil des Lohns; **De|pu|ta|ti|on** [-tsjon] *w.10* Abordnung; **de|pu|tie|ren** abordnen

**De|ran|ge|ment** [-rãʒ(ə)mã, frz.] *s.9 veraltet:* Verwirrung, Unordnung, Störung; **de|ran|giert** [-rãʒirt] verwirrt, in Unordnung, zerzaust

**Der|by** [engl.: darbi, amerik.: dɔbi, eindeutschend: dɛrbi, nach dem Begründer, Lord Derby] *s.9* Pferderennen

**De|ri|vat** [lat.] *s.1* **1** *Chem.:* abgeleitete Verbindung; **2** abgeleitetes Wort, z. B. ,,Gebäude" von ,,bauen"; **3** Organ, das sich entwicklungsgeschichtlich auf ein früheres zurückführen läßt; **De|ri|va|ti|on** [-tsjon] *w.10* **1** Ableitung; **2** seitl. Abweichung (eines Geschosses) von der Visierlinie; **de|ri|va|tiv** *Sprachw.:* durch Ableitung entstanden; **De|ri|va|tiv** *s.1*, **De|ri|va|ti|vum** *s. Gen.-s, Mz.*-va → Derivat (**2**); **de|ri|vie|ren** ableiten

**Der|ma** [griech.] *s. Gen.-s Mz.*-malta *Med.:* Haut; **der|mal** die Haut betreffend, zu ihr gehörig; **Der|ma|ti|kum** [griech. + lat.] *s. Gen.-s Mz.*-ka Mittel gegen eine Hautkrankheit; **der|ma|tisch** → dermal; **Der|ma|ti-**

**tis** [griech.] *w. Gen. - Mz.* -tilti|den Hautentzündung; **Der|ma|to||lo|gie** *w. 11 nur Ez.* Wissenschaft von den Hautkrankheiten; **Der|ma|tom** *s. 1* Hautgeschwulst; **Der|ma|to|my|ko|se** *w. 11* Pilzflechte; **Der|ma|to|pla|stik** *w. 10* → Dermoplastik; **Der|ma|to|se** *w. 11* Hautkrankheit; **Der|ma|to|zo|en** *s. Mz., Ez.* -zo|on Hautschmarotzer, z. B. Milben; **Der|ma|zo-ono|se** *w. 11* durch Hautschmarotzer verursachte Hautkrankheit; **Der|mo|graph** *m. 10* Fettstift zum Markieren von Stellen auf der Haut; **Der|mo|pla|stik** *w. 10* operativer Ersatz eines erkrankten oder verletzten Hautstücks durch ein gesundes, Hautplastik; **der|mo|trop** die Haut beeinflussend

**Der|nier cri** [dɛrnje kri, frz.] *m. Gen. - - Mz.* -s-s [-nje kri:z] „letzter Schrei", letzte Neuheit der Mode

**De|ro|ga|ti|on** [-tsjon, lat.] *w. 10* 1 Beschränkung; 2 teilweise Aufhebung (eines Gesetzes); **de|ro|ga|tiv, de|ro|ga|to|risch** 1 beschränkend; 2 teilweise aufhebend; **de|ro|gie-ren** beschränken, aufheben

**De|route** [-rut, frz.] *w. 11 veraltet:* 1 *Mil.:* wilde Flucht; 2 *Börse:* Kurs-, Preissturz; **de|rou|tie|ren** [-ru-] vom Wege abbringen, verwirren

**Der|wisch** [pers.] *m. 1* mohammedan. Bettelmönch

**des.** *Abk. für* designatus

**des..., Des...** [lat.] *in Zus.:* ent..., Ent...

**Des|an|ne|xi|on** [lat.] *w. 10* Rückgängigmachen einer Annexion

**des|ar|mie|ren** [lat.] 1 entwaffnen; 2 *Fechten:* den Gegner d.: ihm die Klinge aus der Hand schlagen

**De|sa|ster** [frz.] *s. 5* Unheil, Unglück, Zusammenbruch

**des|avou|ie|ren** [-vu-, frz.] 1 leugnen; 2 im Stich lassen, bloßstellen

**Des|en|gage|ment** [-āgaʒmā, frz.] *s. 9* → Disengagement

**De|sen|si|bi|li|sa|ti|on** [-tsjon, lat.] *w. 10* Herabsetzen oder Aufheben der Empfindlichkeit; **De|sen|si|bi|li|sa|tor** *m. 13* Farbstoff, der Filme desensibilisiert; **de|sen|si|bi|li|sie|ren** 1 weniger empfindlich machen; 2 *Phot.:* lichtunempfindlich machen

**De|ser|teur** [-tør, frz.] *m. 1* fahnenflüchtiger Soldat; **de|ser|tie|ren** fahnenflüchtig werden; **De|ser|ti|on** [-tsjon] *w. 10* Fahnenflucht

**de|si|de|ra|bel** [lat.] wünschenswert; **De|si|de-rat** *s. 1,* **De|si|de|ra|tum** *s. Gen. - Mz.* -ta *Bibliothekswesen:* gewünschtes, fehlendes und daher zur Anschaffung empfohlenes Buch; **De|si|de|ri|um** *s. Gen. -s Mz.* -ri|en 1 Wunsch, Forderung; 2 → Desiderat

**De|sign** [dizain, engl.] *s. 9* 1 Plan, Entwurf; 2 Muster, Modell; 3 Formgebung, künstler. Gestaltung; **De|si|gna|ti|on** [-tsjon, lat.] *w. 10* 1 Bezeichnung, Bestimmung; 2 vorläufige Ernennung; **de|si|gna|tus** (*Abk.:* des.) be-

stimmt, vorgesehen, im voraus ernannt; **De-si|gner** [dizainər, engl.] *m. 5* Fachmann, der Formen für Gebrauchsgüter entwirft und gestaltet; **de|si|gnie|ren** [lat.] 1 bezeichnen, bestimmen; 2 im voraus ernennen, (für ein Amt) vorsehen

**Des|il|lu|si|on** [frz.] *w. 10* Enttäuschung, Ernüchterung; **des|il|lu|sio|nie|ren** der Illusionen berauben, ernüchtern; **Des|il|lu|sio|nis-mus** *m. Gen. - nur Ez.* illusionslose Weltbetrachtung

**Des|in|fek|ti|on** [-tsjon, lat.] *w. 10* Vernichtung von Krankheitserregern mit chem. Mitteln; **Des|in|fek|tor** *m. 13* Fachmann für Desinfektion; **Des|in|fi|zi|ens** *s. Gen. - Mz.* -zi|en-tia [-tsja] *oder* -zi|en|zi|en keimtötendes Mittel; **des|in|fi|zie|ren** von Krankheitserregern befreien

**Des|in|fla|ti|on** [-tsjon, lat.] *w. 10* Bekämpfung einer Inflation durch Deflation

**Des|in|for|ma|ti|on** [-tsjon, lat.] *w. 10* mangelnde oder bewußt falsche Information

**Des|in|te|gra|ti|on** [-tsjon, lat.] *w. 10* Spaltung, Auflösung (eines Ganzen in seine Teile); **Des|in|te|gra|tor** *m. 13* Schlag- und Schleudermaschine; **des|in|te|grie|ren** auflösen; **des|in|te|grie|rend** nicht notwendig

**Des|in|ter|es|se** [lat.] *s. Gen. -s nur Ez.* Mangel an Interesse, Gleichgültigkeit; **des|in|ter|es-siert** nicht interessiert

**de|si|stie|ren** [lat.] *veraltet:* von etwas ablassen, darauf verzichten, etwas zu tun

**Des|ja|ti|ne** *w. 11* → Deßjatine

**De|skrip|ti|on** [-tsjon, lat.] *w. 10* Beschreibung; **de|skrip|tiv** beschreibend

**Des|odo|rans** [neulat.] *s. Gen. - Mz.* -ran|tia [-tsja] *oder* -ran|zi|en geruchtilgendes Mittel, Deodorant; **des|odo|rie|ren, des|odo|ri|sie|ren** von schlechtem Geruch befreien

**de|so|lat** [lat.] 1 vereinsamt; 2 trostlos, traurig

**Des|or|dre** [frz.] *m. 9 veraltet:* Unordnung, Verwirrung

**Des|or|ga|ni|sa|ti|on** [-tsjon, lat.] *w. 10* 1 Auflösung, Zerrüttung; 2 mangelhafte Organisation; **des|or|ga|ni|siert** mangelhaft organisiert

**des|ori|en|tiert** [lat.] nicht oder falsch unterrichtet, nicht orientiert

**Des|oxy|da|ti|on** [-tsjon, lat. + griech.] *w. 10* Entzug von Sauerstoff; **des|oxy|die|ren** von Sauerstoff befreien

**de|spek|tier|lich** [lat.] respektlos, geringschätzig

**De|spe|ra|do** [span. „verzweifelt"] *m. 9* polit. Heißsporn, Umstürzler; anarchist., asozialer Draufgänger; **de|spe|rat** [lat.] verzweifelt, hoffnungslos

**Des|pot** [griech.] *m. 10* Gewaltherrscher, Tyrann; *übertr.:* herrischer Mensch; **Des|po|tie** *w. 11* Gewaltherrschaft; **des|po|tisch** herrisch, rücksichtslos; **des|po|ti|sie|ren** despotisch behandeln, tyrannisch beherrschen; **Des|po|tis-mus** *m. Gen. - nur Ez.* System, Zustand einer Despotie

**Des|sert** [dɛsɛr, frz.] *s. 9* Nachspeise; **Des-sert|wein** *m. 1* süßer, alkoholreicher Wein, Südwein

**Des|sin** [dɛsɛ̃, frz.] *s. 9* 1 Muster, Musterzeichnung; Entwurf; 2 *Billard:* Weg des gestoßenen Balls; **Des|si|na|teur** [-tør] *m. 1* jmd., der Muster entwirft; **des|si|nie|ren** (Muster) entwerfen, zeichnen

**Deß|ja|ti|ne** [russ.] *w. 11* russ. Flächenmaß, 1,0925 ha

**Des|sous** [dəsu, frz.] *s. Gen.- meist Mz.-* [dəsuz] Unterwäsche (für Damen)

**De|stil|lat** [lat.] *s. 1* Produkt der Destillation; **De|stil|la|teur** [-tør] *m. 1* 1 Branntweinbrenner; 2 Branntwein-Schankwirt; **De|stil|la-ti|on** [-tsjon] *w. 10* 1 Verdampfung und Wiederverflüssigung einer Flüssigkeit, um sie von Feststoffen oder anderen Flüssigkeiten zu trennen; 2 Branntweinbrennerei oder -ausschank; **de|stil|la|tiv** mittels Destillation; **De|stil|le** *w. 11 ugs.:* Branntweinschenke; **de-stil|lie|ren** mittels Destillation trennen; destilliertes Wasser: chemisch reines Wasser

**De|sti|na|tar, De|sti|na|tär** [lat.] *m. 1* Empfänger einer Schiffsfracht; **De|sti|na|ti|on** [-tsjon] *w. 10* Bestimmung, Endzweck

**de|sti|tu|ie|ren** [lat.] *veraltet:* seines Amtes entheben, absetzen; **De|sti|tu|ti|on** [-tsjon] *w. 11* Amtsenthebung, Absetzung

**de|stru|ie|ren** [lat.] zerstören; **De|struk|ti|on** [-tsjon] *w. 10* 1 Zerstörung; 2 *Geol.:* Abtragung durch Verwitterung; **de|struk|tiv** zersetzend, zerstörend; *Ggs.:* konstruktiv

**de|sul|to|risch** [lat.] wankelmütig, unbeständig

**de|szen|dent** [lat.] nach unten sinkend (Wasser, Ablagerungen); **De|szen|dent** *m. 10* 1 Nachkomme, Abkömmling; 2 *Astron.:* Untergangspunkt eines Gestirns; Gestirn im Untergang; *Ggs.:* Aszendent; **De|szen|denz** *w. 10* 1 *nur Ez.* Abstammung; 2 Nachkommenschaft; 3 *Astron.:* Untergang (eines Gestirns); *Ggs.:* Aszendenz; **De|szen|denz-theo|rie** *w. 11* Abstammungslehre; **de|szen-die|ren** sinken, absteigen; *Ggs.:* aszendieren

**De|tache|ment** [-taʃmã, frz.] *s. 9, schweiz.:* [-mɛnt] *s. 1 veraltet:* Truppenabteilung mit bes. Aufgaben; **De|ta|cheur** [-ʃør] *m. 1 chem. Reinigung:* Fachmann zum Fleckenentfernen; 2 Müllereimaschine zum Lockern des Mahlgutes; **De|ta|cheu|se** [-ʃø-] *w. 11* weibl. Detacheur (1); **de|ta|chie|ren** [-ʃi-] 1 (mit bes. Aufgaben) abkommandieren; 2 von Flecken reinigen; 3 auflockern (Mahlgut)

**De|tail** [frz.: -taj] *s. 9* Einzelheit, Einzelteil; **De|tail|han|del** *m. Gen.-s nur Ez.* Einzelhandel; **de|tail|lie|ren** [-taji-] im einzelnen erklären, darlegen; detaillierte Beschreibung; **De-tail|list** [-tajist] *m. 10 veraltet:* Einzelhändler

**De|tek|tei** [lat.] *w. 10* Ermittlungs-, Detektivbüro; **De|tek|tiv** *m. 1* jmd., der berufsmäßig in privatem Auftrag Ermittlungen anstellt; **De|tek|tor** *m. 13* 1 Hochfrequenzgleichrichter, Demodulator; 2 Wünschelrute

**Dé|tente** [detãt, frz.] *w. 11 nur Ez.* (polit.) Entspannung

**De|ter|gens** [lat.] *s. Gen. - meist Mz.-gen|tia* [-tsja] *oder* -gen|zi|en 1 hautschonender, die Oberflächenspannung des Wassers herabsetzender Stoff (in Waschmitteln); 2 Mittel zur Wundreinigung

**De|te|rio|ra|ti|on** [-tsjon, lat.] *w. 10* Verschlechterung, Wertminderung; **de|te|rio|rie-ren** verschlechtern, mindern

**De|ter|mi|nan|te** [lat.] *w. 11* 1 spezieller Ausdruck der Algebra zur Lösung von Gleichungen; 2 umstrittener (ungeklärter) physiologischer Entwicklungsfaktor; **De|ter|mi|nal|ti|on** [-tsjon] *w. 10* 1 Begriffsbestimmung durch Einengung; 2 Festlegung der Entwicklungsrichtung eines bestimmten Keimteils; **de|ter-mi|na|tiv** festlegend, bestimmend; **De|ter|mi-na|tiv** *s. 1,* **De|ter|mi|na|ti|vum** *s. Gen. -s Mz.*-va 1 Art des Demonstrativpronomens mit heraushebender Funktion, z. B. derjenige; 2 zusammengesetztes Substantiv, dessen erster Teil den zweiten näher bestimmt, z. B. Handtuch, fettarm; **de|ter|mi|nie|ren** festlegen, bestimmen, begrenzen; **De|ter|mi|nis-mus** *m. Gen. - nur Ez.* philosoph. Lehre, daß 1. alle Vorgänge vorbestimmt sind, 2. der menschl. Wille von äußeren Ursachen abhängig und daher nicht frei ist; *Ggs.:* Indeterminismus

**de|te|sta|bel** [lat.] *veraltet:* verabscheuenswürdig; **de|te|stie|ren** *veraltet:* verabscheuen

**De|to|na|ti|on** [-tsjon, lat.] *w. 10* 1 mit Knall und Gasentwicklung verbundene Zersetzung von explosiven Stoffen mit starker Sprengwirkung; vgl. Deflagration, Explosion; 2 unreines Singen oder Spielen; **De|to|na|tor** *w. 13* Zündkörper; **de|to|nie|ren** 1 sich in Form einer Detonation zersetzen; 2 unrein singen oder spielen

**De|tri|ment** [lat.] *s. 1 veraltet:* Schaden, Verlust (bes. durch Abnutzung); **De|tri|tus** *m. Gen. - nur Ez.* 1 *Med.:* breiig zerfallenes Gewebe; 2 zerriebenes Gestein, Gesteinsschutt; 3 unbelebte Schwebe- und Sinkstoffe in Gewässern

**det|to** österr., bayr. für dito

**De|tu|mes|zenz** [lat.] *w. 10 nur Ez.* Abschwellen (einer Schwellung oder entzündl. Geschwulst)

**De|us ex ma|chi|na** [-xi-, „der Gott aus der Maschine"] *m. Gen. - - - nur Ez.* mittels einer mechan. Vorrichtung auf der Bühne erscheinende und den Konflikt lösende Göttergestalt; *übertr.:* unerwarteter Helfer

**Deu|te|ri|um** [griech.] *s. Gen. -s nur Ez.* (*Zeichen:* D) Isotop des Wasserstoffs; **Deu|te|ron**

*s. Gen.*-s *Mz.*-ro|nen Atomkern des Deuteriums; **Deu|te|ro|no|mi um** *s. Gen.*-s *nur Ez.* das 5. Buch Mose
**Deu|to|plas|ma** [griech.] *s. Gen.*-s *Mz.*-men im Eiplasma eingelagerte Nährstoffe, Dotter
**Deut|zie** [-tsjə, nach dem Holländer J. van der Deutz] *w.11* ein Zierstrauch
**Deux-pièces** [dø:pjɛs, frz.] *s. Gen.*- *Mz.*- zweiteiliges Damenkleid, meist Kleid mit Jacke
**De|va|lua|ti on** [-tsjon, lat.], **De|val|va|ti on** *w.10* Abwertung einer Währung; **de|val|va|tio|ni|stisch, de|val|va|to|risch** abwertend; devalvatorische Maßnahmen; **de|val|vie|ren** im Wert herabsetzen
**De|va|sta|ti on** [-tsjon, lat.] *w.10* Verwüstung, Verheerung; **de|va|stie|ren** verwüsten
**De|ver|ba|tiv** [lat.] *s.1,* **De|ver|ba|ti|vum** *s. Gen.*-s *Mz.*-va von einem Verb abgeleitetes Substantiv oder Adjektiv, z. B. „Bestimmung" von „bestimmten", „fügsam" von „fügen"
**de|ve|stie|ren** [lat.] jmdn. d.: jmdm. die priesterl., herrscherl. oder militär. Würde entziehen; **De|ve|sti|tur** *w.10* Entziehung einer Würde
**de|vi ant** [lat.] von der Norm abweichend (bes. im sozialen Verhalten); **De|via|ti on** [-tsjon] *w.10* Abweichung der Richtung; **De|via|tio|nist** *m.10* jmd., der von der Parteilinie abweicht; **de|vi|ie|ren** von einer Richtung abweichen
**De|vi|se** [-vi-, frz.] *w.11* 1 Wahlspruch, Motto; 2 *Mz.* Zahlungsmittel in ausländ. Währung
**De|vo|lu|ti on** [-tsjon, lat.] *w.10* Übergang eines Rechtes oder Besitzes auf einen anderen **de|vol|vie|ren** [lat.] abwälzen; an eine höhere Instanz weitergeben (Rechtssache)
**De|von** [nach der engl. Grafschaft Devonshire] *s. Gen.*-s *nur Ez.* Formation des Paläozoikums
**de|vot** [lat.] übertrieben diensteifrig, allzu ergeben, unterwürfig; **De|vo|ti on** [-tsjon] *w.10 nur Ez.* Unterwürfigkeit; **De|vo|tio|na|li en** *Mz.* Andachtsgegenstände, z. B. Heiligenbild, Rosenkranz
**De|wa|na|ga|ri** [sanskr.] *w. Gen.*- *nur Ez.* ind. Schrift, in der das Hindi geschrieben wird
**De|xio|gra|phie** [griech.] *w.11 nur Ez.* Schreiben von links nach rechts
**Dex|trin** [Kunstw. zu lat. dexter „rechts"] *s.1 nur Ez.* ⓦ ein Klebemittel; **dex|tro|gyr** [lat. + griech.] (*Zeichen:* d) *Phys.:* die Ebene des polarisierten Lichts nach rechts drehend; *Ggs.:* lävogyr; **Dex|tro|kar|die** [lat.] *w.11* angeborene Verlagerung des Herzens nach rechts; **Dex|tro|se** *w.11 nur Ez.* Traubenzucker
**De|zem|vir** *m. Gen.*-s *oder* -n *Mz.*-n Angehöriger des Dezemvirats; **De|zem|vi|rat** *s.1, im alten Rom:* Zehnmännerkollegium; **De|zen-**

**ni um** *s. Gen.*-s *Mz.*-ni en Zeitraum von 10 Jahren, Jahrzehnt
**de|zent** [lat.] 1 anständig, schicklich; 2 unaufdringlich; 3 gedämpft (z. B. Musik, Beleuchtung)
**de|zen|tral** [lat.] vom Mittelpunkt entfernt; **De|zen|tra|li|sa|ti on** [-tsjon] *w.10 nur Ez.* Aufteilung der Verwaltung auf untergeordnete oder provinzielle Behörden; **de|zen|tra|li|sie|ren** auf-, verteilen, aufgliedern
**De|zenz** [lat.] *w.10 nur Ez.* Anstand, Schicklichkeit; Unaufdringlichkeit
**De|zer|nat** [lat.] *s.1* Aufgaben-, Bearbeitungs-, Geschäfts-, Sachbereich; **De|zer|nent** *m.10* 1 Leiter eines Dezernats, Sachbearbeiter; 2 Berichterstatter (einer übergeordneten Dienststelle gegenüber)
**De|zi...** [lat.] (*Abk.:* d) *vor Maßeinheiten:* Zehntel...; **De|zi|ar** *s. Gen.*-s *Mz.*- (*Abk.:* da), *schweiz.:* **De|zi|are** *w.11* $^{1}/_{10}$ Ar; **De|zi|bel** *s. Gen.*-s *Mz.*- (*Abk.:* db) $^{1}/_{10}$ Bel
**de|zi|die|ren** [lat.] *veraltet:* entscheiden; **de|zi|diert** *österr., schweiz.:* entschieden, entschlossen, unwiderruflich; etwas d. anordnen
**De|zi|gramm** [lat. + griech.] *s. Gen.*-s *Mz.*- (*Abk.:* dg) $^{1}/_{10}$ Gramm; **De|zi|li|ter** *m.5 oder s.5* (*Abk.:* dl) $^{1}/_{10}$ Liter
**de|zi|mal** [lat.] auf der Zahl 10 beruhend; **De|zi|mal|bruch** *m.2* durch Komma bezeichneter Bruch, dessen Nenner mit einer Potenz aus 10 gebildet ist; **De|zi|ma|le** *w.11* rechts vom Komma eines Dezimalbruchs stehende Zahl; **de|zi|ma|li|sie|ren** eine Währung d.: auf das Dezimalsystem umstellen; **De|zi|mal|klas|si|fi|ka|ti on** [-tsjo:n] *w.10* (*Abk.:* DK) System für Bibliotheken zur Ordnung des gesamten Wissens in zehn Klassen, die nach dem Dezimalsystem weiter untergliedert werden; **De|zi|mal|sy|stem** *s.1* auf der Zahl 10 beruhendes Rechensystem, dekadisches System; **De|zi|mal|waa|ge** *w.11* Waage, bei der das Verhältnis von Last und Gewichtsstück 10:1 beträgt; **De|zi|mal|zahl** *w.10* → Dezimale
**De|zi|ma|ti on** [-tsjon, lat.] *w.10* 1 *veraltet:* Erhebung des Zehnten; 2 *Mil. früher:* Hinrichtung jedes 10. Mannes (als Strafe); **De|zi|me** [auch: -tsi-] *w.11* 1 10. Ton der diaton. Tonleiter; 2 Intervall aus 10 Tonstufen; 3 Strophenform aus 10 Zeilen; **De|zi|me|ter** [auch: -me-, lat. + griech.] *m.5 oder s.5* (*Abk.:* dm) $^{1}/_{10}$ Meter; **de|zi|mie|ren** [lat.] 1 *früher:* durch Hinrichten jedes 10. Mannes bestrafen (Truppen); 2 *heute:* durch Verluste schwächen, stark verringern
**De|zi|si on** [lat.] *w.10* Entscheidung; **de|zi|siv** entscheidend, bestimmt; **De|zi|siv|stim|me** *w.11, in polit. Körperschaften:* zur Abstimmung berechtigte Stimme; vgl. Deliberativstimme
**De|zi|ster** [lat. + griech.] *m. Gen.*-s *Mz.*- $^{1}/_{10}$ Kubikmeter

**dg** *Abk. für* Dezigramm
**Dg** *Abk. für* Dekagramm
**D. G.** *Abk. für* Dei gratia
**Dhar|ma** [sanskr.] *s. 9, Gen. auch:* -, *ind. Relig.:* Gesetz, Lehre, bes. die Lehre Buddhas
**Dhau** *w. 10* → Dau
**Dia** *s. 9 Kurzw. für* Diapositiv
**Dia|bas** [griech.] *m. 1* ein Ergußgestein, Grünstein
**Dia|be|tes** [griech.] *m. Gen. - nur Ez.* Harnruhr; Diabetes mellitus: Zuckerharnruhr, Zuckerkrankheit; **Dia|be|ti|ker** *m. 5* jmd., der an Diabetes mellitus leidet, Zuckerkranker
**Dia|bo|lie** [griech.] *w. 11 nur Ez.,* **Dia|bo|lik** *w. 10 nur Ez.* teuflisches Verhalten, Teufelei; **dia|bo|lisch** teuflisch; **Dia|bo|lus** *m. Gen. - nur Ez.* der Teufel
**Dia|dem** [griech.] *s. 1* kostbarer Stirnreif, Stirnschmuck
**Dia|do|che** [-xə, griech.] *m. 11 meist Mz.* 1 *urspr.:* einer der Feldherren und Nachfolger Alexanders des Großen; 2 *allg.:* Nachfolger eines Herrschers
**Dia|ge|ne|se** [griech.] *w. 11* nachträgl. Verfestigung, Verkittung von Sedimentgesteinen
**Dia|gly|phe** [griech.] *w. 11* vertieft gearbeitete Relieffigur, z. B. Gemme; **dia|gly|phisch** vertieft geschnitten oder gemeißelt
**Dia|gno|se** [griech.] *w. 11* Erkennung, Feststellung (einer Krankheit, einer Tier- oder Pflanzenart nach ihren Merkmalen); **Diagno|stik** *w. 10* Lehre von der Fähigkeit zur Erkennung einer Krankheit; **Dia|gno|sti|ker** *m. 5* jmd., der eine Diagnose stellt; **dia|gno|sti|zie|ren** erkennen, feststellen; eine Krankheit (als Masern) d.
**dia|go|nal** [griech.] zwei nicht benachbarte Ecken eines Vielecks verbindend, schräglaufend; **Dia|go|na|le** *w. 11* diagonal verlaufende Gerade
**Dia|gramm** [griech.] *s. 1* zeichner. Darstellung von Zahlenwerten in einem Koordinatensystem, Schaubild; **Dia|graph** *m. 10* Gerät zum Zeichnen von Körperumrissen
**Dia|kau|stik** [griech.] *w. 10* die beim Durchgang paralleler Strahlen durch eine nicht korrigierte Linse entstehende Brennlinie oder -fläche
**Dia|kon** [griech.] *m. 1 oder 10* 1 *kath. Kirche:* niederer Geistlicher; 2 *evang. Kirche:* Gemeindehelfer, Krankenpfleger, Helfer in der Inneren Mission; **Dia|ko|nat** *s. 1* Amt, Wohnung eines Diakons; **Dia|ko|nie** *w. 11 nur Ez. evang. Kirche:* Wohlfahrtspflege; **Dia|ko|nis|se** *w. 11,* **Dia|ko|nis|sin** *w. 10 evang. Kirche:* Gemeinde-, Krankenschwester; **Dia|ko|nus** *m. Gen. - Mz. -*ko|nen *evang. Kirche:* Hilfsgeistlicher
**Dia|kri|se** [griech.] *w. 11,* **Dia|kri|sis** *w. Gen. - Mz. -*sen Trennung, Absonderung, Unterscheidung (bes. von Krankheiten); **dia|kritisch** zur Unterscheidung dienend; diakriti-

sches Zeichen: Zeichen über oder unter einem Laut zur Kennzeichnung seiner Aussprache, z. B. Cedille, Akzent
**Dia|lekt** [griech.] *m. 1* Mundart; **Dia|lek|tik** *w. 10 nur Ez.* 1 Kunst des Diskutierens; 2 Methode zur Wahrheitsfindung durch Denken in Gegensatzbegriffen, durch Aufdecken und Überwinden von Gegensätzen; **Dia|lek|ti|ker** *m. 5* 1 Meister der Dialektik (1); 2 Vertreter der Dialektik (2); **dia|lek|tisch** 1 mundartlich; 2 auf Dialektik beruhend; dialektischer Materialismus: marxist. Lehre, daß jede Entwicklung der Natur und Gesellschaft auf den sich ständig durch Gegensätze und Wechselbeziehungen verwandelnden Formen der Materie beruhe; **Dia|lek|to|lo|gie** *w. 11 nur Ez.* Mundartenforschung
**Di|al|lag** [griech.] *m. 1* ein Mineral
**Di|al|le|le** [griech.] *w. 11* logisch falscher Schluß, Zirkelschluß, → Circulus vitiosus
**Dia|log** [griech.] *m. 1* Zwiegespräch, Wechselrede; **dia|lo|gisch** in Form eines Dialogs; **dia|lo|gi|sie|ren** in Dialogform bringen
**Dia|ly|sat** [griech.] *s. 1* aus frischen Pflanzen durch Dialyse gewonnener Extrakt; **Dia|ly|sa|tor** *m. 13* Gerät für Dialysen; **Dia|ly|se** *w. 11* Trennung von Stoffen nach der Größe ihrer Moleküle mittels einer halbdurchlässigen Scheidewand; **dia|ly|sie|ren** mittels Dialyse trennen; **dia|ly|tisch** 1 mittels Dialyse; 2 zerstörend, auflösend
**Dia|mant** [griech.] 1 *m. 10* ein Edelstein; 2 *w. Gen. - nur Ez.* kleinster Schriftgrad
**Dia|mat** *ugs. Kurzw. für* dialektischer Materialismus
**Dia|me|ter** [griech.] *m. 5* Durchmesser (eines Kreises oder einer Kugel); **dia|me|tral** entgegengesetzt; diametrale Punkte: die Endpunkte eines Durchmessers; **dia|me|trisch** dem Durchmesser entsprechend
**Dia|pa|son** [griech.] *m. 9 oder s. 9, Mz. auch: -*so|nen 1 altgriech. Oktave; 2 Kammerton, Normalstimmton; 3 Stimmgabel; 4 ein Orgelregister
**Dia|pau|se** [griech.] *w. 11* → Latenzperiode
**dia|phan** [griech.] durchscheinend; **Dia|pha|nie** *w. 11* durchscheinendes Bild
**Dia|pho|re|se** [griech.] *w. 11 nur Ez.,* **Dia|pho|re|sis** *w. Gen. - nur Ez. Med.:* das Schwitzen; **Dia|pho|re|ti|kum** *s. Gen. -s Mz. -*ka schweißtreibendes Mittel
**Dia|phrag|ma** [griech.] *s. Gen. -s Mz. -*men 1 Zwerchfell; 2 Scheidewand in Körperhöhlen; 3 durchlässige Scheidewand als Filter bei Trennverfahren; 4 *Optik, früher:* Blende
**Dia|po|si|tiv** [griech. + lat.] *s. 1* (*Kurzw.:* Dia) durchsichtiges Lichtbild
**Di|ä|re|sis** [griech.] *w. Gen. - Mz. -*ä|re|sen 1 *Sprachw.:* getrennte Aussprache zweier aufeinanderfolgender Vokale, z. B. Aleuten; 2 *Metrik:* Einschnitt durch Zusam-

menfall von Versfuß- und Wortende; 3 *Philos.:* Zerlegung eines Oberbegriffs in die ihm untergeordneten Begriffe

**Dia|ri|um** [lat.] *s. Gen.* -s *Mz.* -ri|en Notizbuch, Tagebuch; Schreibheft

**Di|ar|rhö** [griech.] *w. 10,* **Di|ar|rhoe** [-rø] *w. 11* Durchfall

**Dia|skop** [griech.] *s. 1* Projektionsapparat für Diapositive; **Dia|sko|pie** *w. 11* Durchleuchtung (*auch Med.*)

**Dia|spo|ra** [griech.] *w. Gen.* - *nur Ez.* 1 Mitglieder und Gemeinden einer Kirche im Land einer andersgläubigen Bevölkerung; 2 das Gebiet, in dem diese Minderheit lebt

**Dia|sta|se** [griech.] *w. 11* 1 tier. und pflanzl. Stärke in Maltose umwandelndes Ferment, Amylase; 2 Auseinanderklaffen (von Knochen oder Muskeln)

**Dia|sto|le** [griech.] *w. 11* 1 *Med.:* die auf die Zusammenziehung (Systole) in regelmäßigem Wechsel folgende Erweiterung des Herzens; 2 *antike Metrik:* Dehnung eines Vokals aus Verszwang; **dia|sto|lisch** auf Diastole beruhend

**Di|ät** [griech.] *w. 10* eine dem Gesundheitszustand entsprechende Ernährungsweise, Kranken-, Schonkost; Diät halten

**diä|ta|risch** [lat.] gegen Tagegeld

**Di|ät|as|sis|ten|tin** *w. 10* → Diätistin

**Di|äten** [lat.] *nur Mz.* Tagegelder (für Abgeordnete), Aufwandsentschädigung

**Diä|te|tik** [griech.-lat.] *w. Gen.* - *nur Ez.* Ernährungslehre; **Diä|te|ti|kum** *s. Gen.* -s *Mz.* -ka der Gesundheit dienendes Nahrungsmittel; **diä|te|tisch** auf Diät beruhend, mittels einer Diät

**Dia|thek** [griech.] *w. 10* Sammlung von Diapositiven

**dia|ther|man** [griech.] durchlässig für Wärmestrahlen; *Ggs.:* atherman; **Dia|ther|ma|ni|tät** *w. 10 nur Ez.,* **Dia|ther|man|sie** *w. 11 nur Ez.* Durchlässigkeit für Wärmestrahlen; **Dia|ther|mie** *w. 11 nur Ez.* Wärmebehandlung mit Kurzwellen für Heilzwecke

**Dia|the|se** [griech.] *w. 11* Empfänglichkeit für bestimmte Krankheiten

**Di|ä|tis|tin** [griech.] *w. 10* weibl. Fachkraft, die mit dem Arzt Diätpläne für Patienten aufstellt, Diätassistentin

**Dia|to|mee** [griech.] *w. 11 meist Mz.* Kieselalge

**Dia|to|nik** [griech.] *w. 10 nur Ez.* Tonleitersystem mit sieben überwiegend Ganztonstufen, das europ. Dur-Moll-System; *Ggs.:* Chromatik; **dia|to|nisch** in überwiegend Ganztonstufen fortschreitend; *Ggs.:* chromatisch (1)

**Dia|tri|be** [griech.] *w. 11* gelehrte Abhandlung, Streitschrift

**Dia|vo|lo** [ital.] *m. Gen.* -(s) *Mz.* -li *ital. Form von* Diabolus

**Dib|bel|ma|schi|ne** [engl.] *w. 11* Sämaschine; **dib|beln** in regelmäßigen Abständen säen

**Di|bra|chys** [griech.] *m. Gen.* - *Mz.* - antiker Versfuß mit zwei Kürzen

**Di|cho|re|us** [-ço- oder -ko-, griech.] *m. Gen.* - *Mz.* -re|en antiker Versfuß aus zwei Choreen

**di|cho|tom** [griech.] zweiteilig, gegabelt (von Pflanzensprossen); **Di|cho|to|mie** *w. 11* 1 *Bot.:* gabelartige Verzweigung; 2 *Philos.:* Einteilung nach zwei Gesichtspunkten

**Di|chro|is|mus** [-kro-, griech.] *m. Gen.* - *nur Ez.* Eigenschaft vieler Kristalle, bei Lichtdurchgang in zwei verschiedenen Blickrichtungen zwei verschiedene Farben zu zeigen, Doppelbrechung; **di|chro|ma|tisch** zweifarbig; **Di|chro|skop** *s. 1* Lupe zur Untersuchung von Kristallen auf Dichroismus

**dic|tan|do** [lat.] beim Diktieren, diktierend

**Dic|tion|naire** [diksjonɛr, frz.] *m. 1 oder s. 1* → Diktionär

**Di|dak|tik** [griech.] *w. 10* Wissenschaft vom Unterricht; **Di|dak|ti|ker** *m. 5* Unterrichtswissenschaftler; **di|dak|tisch** 1 auf Didaktik beruhend, hinsichtlich der Didaktik; 2 lehrhaft

**Di|das|ka|li|en** [griech.] *nur Mz.* 1 Regieanweisungen altgriech. Dichter für die Aufführung ihrer Dramen; 2 Verzeichnisse der aufgeführten Dramen im altgriech. Theater

**Di|ege|se** [griech.] *w. 11* weitläufige Erzählung, Ausführung; **di|ege|tisch** weitläufig

**Di|elek|tri|kum** [griech.] *s. Gen.* -s *Mz.* -ka elektr. nichtleitendes Material, Nichtleiter, Isolator; **di|elek|trisch** nichtleitend, isolierend; **Di|elek|tri|zi|täts|kon|stan|te** *w. 11* (*Zeichen:* ε) Maß für die Isolierfähigkeit eines Stoffes

**Di|es aca|de|mi|cus** [lat. „akademischer Tag"] *m. Gen.* - - *Mz. nicht üblich* vorlesungsfreier Tag an der Universität; **Di|es ater** [„schwarzer Tag"] *m. Gen.* - - *nur Ez.* Unglückstag

**Di|ese** *w. 11* → Diesis

**Di|es irae** [-rɛ:] *m. Gen.* - - *nur Ez.* Tag des Zorns (Anfang eines lat. Hymnus auf das Weltgericht)

**Di|esis** [griech.] *w. Gen.* - *Mz.* -sen *Mus. veraltet:* Zeichen zur Erhöhung eines Tons um einen halben Ton, Kreuz

**dif|fa|ma|to|risch** [lat.] beschimpfend, verleumderisch; **Dif|fa|mie** *w. 11* verleumderische Behauptung; **dif|fa|mie|ren** verleumden, herabsetzen; **Dif|fa|mie|rung** *w. 10* Verleumdung, Herabsetzung

**dif|fe|rent** [lat.] unterschiedlich, ungleich; **dif|fe|ren|ti|al** [-tsjal] → differentiell; **Dif|fe|ren|ti|al** *s. 1* 1 *Math.* (*Zeichen:* d): sehr kleine Größe, bezeichnet die Veränderung einer Funktion bei einer kleinen Veränderung einer Variablen; 2 *Kurzw. für* Differentialgetriebe; **Dif|fe|ren|ti|al|dia|gno|se** *w. 11* gegen andere Krankheiten abgrenzende, sehr genaue Diagnose; **Dif|fe|ren|ti|al|ge|trie|be** *s. 5* Ausgleichsgetriebe; **Dif|fe|ren|ti|al|glei|chung** *w. 10* mathemat. Gleichung, in der die Differentialquotienten enthalten sind; **Dif|fe|ren|ti|al-quo|ti:ent** *m. 10* Quotient zweier Differentiale; **Dif|fe|ren|ti:al|rech|nung** *w. 10* Rechnung mit Differentialen, Teilgebiet der höheren Mathematik; **Dif|fe|ren|ti:a|ti:on** [-tsjatsjon] *w. 10* **1** *allg.:* Aus-, Absonderung; **2** *Sprachw.:* Entwicklung mehrerer Sprachen aus einer Sprache, z. B. der roman. Sprachen aus dem Lat.; **3** *Math.:* Anwendung der Differentialrechnung; **4** *Geol.:* Zerfall von Magma in verschiedene Gesteine; **dif|fe|ren-ti:ell** [-tsjɛl] einen Unterschied darlegend **Dif|fe|renz** [lat.] *w. 10* **1** Unterschied; **2** *meist Mz.* Meinungsverschiedenheit; **3** *Math.:* Ergebnis einer Subtraktion; **dif|fe-ren|zie|ren 1** unterscheiden, trennen; **2** *Math.:* mittels Differentialrechnung berechnen; **dif|fe|rie|ren** voneinander abweichen

**dif|fi|zil** [lat.] schwierig, peinlich, heikel **dif|form** [lat.] mißgestaltet; **Dif|for|mi|tät** *w. 10* Mißgestaltung **dif|frakt** [lat.] zerbrochen; **Dif|frak|ti:on** [-tsjon] *w. 10* Strahlen-, Wellenbrechung **dif|fun|die|ren** [lat.] **1** ausbreiten, zerstreuen; **2** ineinander eindringen, sich vermischen; **dif|fus 1** zerstreut (Licht); **2** verschwommen, nicht abgegrenzt; **3** ohne geordneten Verlauf, nach allen Richtungen; **Dif|fu|si:on** *w. 10* **1** Zerstreuung (vom Licht); **2** Vermischung, Durchdringung (von Stoffen); **3** *Bergbau:* Wetteraustausch **di|gen** [griech.] zweifach entstanden, geschlechtlich gezeugt **di|ge|rie|ren** [lat.] **1** *Chem.:* auslaugen; **2** *Med.:* verdauen **Di|gest** [daidʒɛst, lat.-engl.] *s. 9* Auswahl, Zusammenstellung von Artikeln aus Zeitschriften, Auszügen aus Büchern usw. **Di|ge|sti:on** [-stjon, lat.] *w. 10* **1** *Chem.:* Auslaugung, Auslaugen; **2** *Med.:* Verdauung; **di|ge-stiv** zur Verdauung gehörig, sie anregend; **Di|ge|sti|vum** *s. Gen. -s Mz.* -va die Verdauung anregendes Mittel **Dig|ger** [engl.] *m. 9* Goldgräber **Di|git** [didʒit, engl.] *s. Gen. -(s) Mz. -* Anzeigeneinheit bei elektron. Zählern oder Rechenmaschinen; **di|gi|tal** [lat.] **1** *Med.:* mit dem Finger; **2** *bei Rechenmaschinen:* mit Ziffern; **Di|gi|tal|auf|nah|me** *w. 11* Schallplattenaufnahme bei der die Schallwellen nicht als elektrische Signale, sondern in einem Zahlencode gespeichert werden; **Di|gi|ta|lis** *w. Gen. - nur Ez.* **1** eine Heilpflanze, Fingerhut; **2** daraus gewonnene Heildroge gegen Herzkrankheiten; **Di|gi|tal|rech|ner** *m. 5* eine Rechenmaschine, die durch Aneinanderreihen von Elementarentscheidungen (ja/nein-Entscheidungen) beliebig exakte Ergebnisse liefert; **Di|gi-tal|uhr** *w. 10* Uhr, bei der die Zeit nicht durch Zeiger, sondern durch vierstellige Ziffern angezeigt wird, z. B. 17.45

**Di|glyph** [griech.] *m. 1 Archit.:* Platte mit zwei senkrechten Rinnen am Gebälk **Di|gni|tar, Di|gni|tär** [lat.] *m. 1 kath. Kirche:* Würdenträger; **Di|gni|tät** *w. 10 nur Ez. kath. Kirche:* hohes Amt, hohe Würde **Di|gres|si:on** [lat.] *w. 10* **1** Abweichung; **2** *Astron.:* Winkel zwischen dem Vertikalkreis eines polnahen Gestirns und dem Meridian des Beobachters **di|hy|brid** [griech.] sich in zwei Erbmerkmalen unterscheidend; **Di|hy|bri|de** *m. 11* Bastard aus dihybrider Kreuzung **Di|jam|bus, Di|jam|bus** [griech.] *m. Gen. - Mz.* -ben doppelter Jambus **di|ju|di|zie|ren** [lat.] urteilen, entscheiden **Di|ka|ste|ri:um** [griech.-lat.] *s. Gen. -s Mz.* -rien altgriech. Gerichtshof **di|klin** [griech.] eingeschlechtig **Di|ko|ty|le|do|ne** [griech.] *w. 11* zweikeimblättrige Pflanze **Dik|tam** *m. 9 nur Ez.* → Diptam **dik|tan|do** → dictando; **Dik|ta|phon** [lat. + griech.] *s. 1* ein Diktiergerät; **Dik|tat** [lat.] *s. 1* **1** Ansage zum Nachschreiben; **2** Nachschrift nach Ansage; **3** aufgezwungene Verpflichtung; **Dik|ta|tor** *m. 13* unbeschränkter Herrscher, Gewaltherrscher; **dik|ta|to|risch** herrisch, keinen Widerspruch duldend; **Dik-ta|tur** *w. 10* unbeschränkte Herrschaft; **dik-tie|ren 1** ansagen (zum Nachschreiben); **2** auferlegen, aufzwingen; **Dik|ti:on** [-tsjon] *w. 10* Ausdrucksweise, Schreibart; **Dik|ti:o-när** [-tsjo-] *s. 1 oder m. 1* Wörterbuch; **Dik-tum** *s. Gen. - Mz.* -ta Ausspruch **di|la|ta|bel** [lat.] dehnbar; **Di|la|ta|bi|lis** *m. Gen. - meist Mz.* -les [-le:s] zum Ausfüllen der Zeile in die Breite gezogener Buchstabe; **Di|la|ta|ti:on** [-tsjon] *w. 10* Dehnung, Ausdehnung, Erweiterung; **Di|la|ta|tor** *m. 13* Instrument zum Dehnen von Körperhöhlen; **di|la|tie|ren** ausdehnen, erweitern; **Di|la|ti:on** [-tsjon] *w. 10* Aufschub, Verzögerung; **di|la-to|risch** aufschiebend; *Ggs.:* peremptorisch; dilatorische Einrede (vor Gericht) **Di|lem|ma** [griech.] *s. 9, Mz. auch:* -malta Zwangslage, Wahl zwischen zwei gleich unangenehmen Dingen **Dil|let|tant** [ital.] *m. 10* Nichtfachmann, jmd., der eine Sache nur aus Liebhaberei, nicht beruflich, betreibt; **dil|let|tan|tisch 1** laienhaft, aus Liebhaberei; **2** unsachgemäß; **Dil|let|tan-tis|mus** *m. Gen. - nur Ez.* **1** Betätigung aus Liebhaberei; **2** Pfuscherei; **dil|let|tie|ren** sich als Dilettant betätigen; im Klavierspiel d. **Dil|li|gence** [-ʒãs, frz.] *w. 11 früher:* Eilpostwagen **di|lu|ie|ren** [lat.] *Med.:* verdünnen; **Di|lu|ti:on** [-tsjon] *w. 10* Verdünnung **di|lu|vi:al** [lat.] zum Diluvium gehörig, aus ihm stammend; **Di|lu|vi:um** *s. Gen. -s Mz.* -vien Eiszeitalter **dim.** *Abk. für* diminuendo

**Dime** [d<u>ai</u>m, engl.] *m. 9, nach Zahlenangaben Mz.* - nordamerik. Silbermünze, 10 Cent

**Di|men|si|on** [lat.] *w. 10* 1 Ausmaß, Umfang, Abmessungen (in Breite, Länge, Tiefe, Höhe); 2 Bereich; **di|men|sio|nal** auf eine Dimension bezüglich, bestimmtes Ausmaß besitzend; **di|men|sio|nie|ren** abmessen, nach den Ausmaßen bestimmen

**di|mer** [griech.] *Med., Chem.:* zweiteilig, zweigliedrig

**Di|me|ter** [griech.] *m. 5* Versform aus zwei gleichen, doppelten Versfüßen, z. B. ∪-∪-|∪-∪-

**di|mi|nu|en|do** [ital.] (*Abk.:* dim.) *Mus.:* abnehmend, leiser, schwächer werdend; **di|mi|nu|ie|ren** [lat.] verkleinern, verringern; **Di|mi|nu|ti|on** [-tsj<u>o</u>n] *w. 10* Verkleinerung, Verkürzung, Verminderung; **di|mi|nu|tiv** verkleinernd; **Di|mi|nu|tiv** *s. 1*, **Di|mi|nu|ti|vum** *s. Gen.-s Mz.*-va Verkleinerungsform, z. B. Kindchen, Männlein

**Di|mis|si|on** [lat.] *w. 10 veraltet für* Demission; **di|mit|tie|ren** *veraltet:* entlassen, verabschieden

**Dim|mer** [engl.] *m. 5* Schalter zur stufenlosen Veränderung des elektr. Lichts

**di|morph** [griech.] zweigestaltig, in zwei Formen auftretend; **Di|mor|phie** *w. 11*, **Di|mor|phis|mus** *m. Gen. - Mz.*-men Auftreten von Nebeneinanderbestehen zweier verschiedengestaltiger Formen, z. B. innerhalb derselben Tier- oder Pflanzenart

**Din** *Abk. für* Dinar

**DIN** *Abk. für* Deutsche Industrie-Norm, *auch gedeutet als* Das ist Norm: Name und Kennzeichen für die Arbeitsergebnisse des Deutschen Normenausschusses; *im Zusammenhang mit Zahl (und Buchstaben) Bez. für* eine Norm, z. B. DIN A5

**Di|nar** (*Abk.:* D, Din) *m. 1, nach Zahlenangaben Mz.* - Währungseinheit in Jugoslawien (100 Para), Irak (1000 Fils) und Iran ($^1/_{100}$ Rial)

**Di|ner** [din<u>e</u>, frz.] *s. 9* 1 *in Frankreich:* die abends eingenommene Hauptmahlzeit; 2 Festmahl, festliche Mittags- oder Abendmahlzeit

**DIN-For|mat** *s. 1* nach DIN festgelegtes Papierformat

**Din|gi, Ding|hi** [Hindi] *s. 9* 1 kleines Beiboot auf Kriegsschiffen; 2 kleines Sportsegelboot

**Din|go** [austral.] *m. 9* wild lebender austral. Hund

**DIN-Grad** *m. 1, nach Zahlenangaben Mz.*-Maßeinheit für die Lichtempfindlichkeit von Filmen

**di|nie|ren** [frz.] 1 die Hauptmahlzeit einnehmen; 2 festlich speisen

**Din|ner** [engl.] *s. 9 in England:* die abends eingenommene Hauptmahlzeit

**Di|no|sau|ri|er** [griech.] *m. 5*, **Di|no|sau|rus** *m. Gen. - Mz.*-ri|er ausgestorbenes Riesen-reptil; **Di|no|the|ri|um** *s. Gen.-s Mz.*-ri|en ausgestorbener Riesenelefant

**Di|ode** [griech.] *w. 11* Elektronenröhre, die eine Anode und eine Kathode enthält, Zweipolröhre, Gleichrichterröhre

**Dio|len** [Kunstw.] *s. 1 nur Ez.* ⓦ eine Kunstfaser

**Dio|ny|si|en** *Mz.* altgriech. Fest zu Ehren des Gottes Dionysos; **dio|ny|sisch** 1 in der Art des griech. Weingottes Dionysos; 2 *übertr.:* rauschhaft, wild; *Ggs.:* apollinisch

**Di|op|ter** [griech.] *s. 5* 1 Zielgerät; 2 *veraltet:* Sucher (an Kameras); **Di|op|trie** *w. 11* (*Abk.* dpt, *früher:* dptr.) Maßeinheit für die Brechkraft von Linsen; **Di|op|trik** *w. 10 nur Ez. veraltet:* Lehre von der Lichtbrechung; **di|op|trisch** auf Strahlenbrechung beruhend, lichtbrechend, durchsichtig; **Di|op|tro|me|ter** *s. 5* Gerät zum Messen der Dioptrien

**Di|ora|ma** [griech.] *s. Gen.-s Mz.*-men Bild auf durchscheinendem Stoff; *auch:* plast. Darstellung mit gemaltem Hintergrund

**Dio|rid** [Kunstw.] *s. 1 nur Ez.* ⓦ eine Kunstfaser

**Dio|ris|mus** [griech.] *m. Gen. - Mz.*-men Begriffsbestimmung

**Dio|rit** [griech.] *m. 1* ein Tiefengestein

**Di|os|ku|ren** [griech.] *Mz.* 1 Zwillingssöhne des Zeus, Kastor und Pollux; 2 *übertr.:* unzertrennliche Freunde

**Di|oxid** [griech., früher auch: -oxyd] *s. 1* Oxid mit zwei Sauerstoffatomen

**di|öze|san** [griech.] zu einer Diözese gehörend; **Di|öze|san** *m. 10* Angehöriger einer Diözese; **Di|öze|se** *w. 11* Amtsbereich eines Bischofs, Kirchensprengel

**Di|özie** [griech.] *w. 11 nur Ez. Bot.:* Zweihäusigkeit, Heterözie; *Ggs.:* Monözie; **di|özisch** zweihäusig, männl. u. weibl. Blüten auf zwei Pflanzen aufweisend; **Di|özis|mus** *m. Gen.-nur Ez.* → Diözie

**Diph|the|rie** [griech.] *w. 11* Infektionskrankheit des Hals- und Rachenraumes, Hals- und Rachenbräune; **diph|the|risch** auf Diphtherie beruhend; **Diph|the|ri|tis** *w. Gen. - fälschl. für* Diphtherie; **diph|the|ri|tisch** *fälschl. für* diphtherisch

**Di|phthong** [griech.] *m. 1* zwei ineinander übergehende, vokalische Laute, Zwielaut, z. B. ei, au, frz. œi, eui [œi], z. B. in œil „Auge", Fauteuil [fot<u>œi</u>, „Sessel"; vgl. Monophthong, Triphthong; **di|phthon|gie|ren** vom einfachen Vokal zum Diphthong übergehen (lassen), z. B. mhd. līb zu Leib; *Ggs.:* monophthongieren

**Dipl.** *Abk. für* Diplom

**Di|plo|do|kus** [griech.] *m. Gen. - Mz.*-ken ausgestorbene Riesenechse

**di|plo|id** [griech.] mit normalem (doppeltem) Chromosomensatz; *Ggs.:* haploid; **Di|plo|kok|kus** *m. Gen. - Mz.*-ken in Paaren auftretendes Kugelbakterium

**Di|plom** [griech.] *s. 1* (*Abk.:* Dipl.) 1 Urkunde; 2 Zeugnis über eine abgelegte Prüfung an einer Hochschule; *auch:* die Prüfung selbst; **Di|plo|mand** *m. 10* jmd., der sich auf eine Hochschulprüfung vorbereitet

**Di|plo|mat** [griech.] *m. 10* 1 Beamter im auswärtigen Dienst; 2 *übertr.:* klug und vorsichtig berechnender und verhandelnder Mensch; **Di|plo|ma|tie** *w. 11 nur Ez.* 1 Kunst des Verhandelns, kluge Berechnung; 2 Gesamtheit der Diplomaten; **Di|plo|ma|tik** *w. 10 nur Ez.* Urkundenlehre; **Di|plo|ma|ti|ker** *m. 5* Kenner, Erforscher von Urkunden; **di|plo|ma|tisch** 1 zur Diplomatik gehörend; 2 auf Diplomatie beruhend, zu ihr gehörend; klug berechnend; Diplomatisches Korps (*Abk.:* CD): die bei einem fremden Staat akkreditierten (beglaubigten) diplomat. Vertreter eines Staates

**di|plo|mie|ren** jmdn. d.: jmdm. ein Diplom verleihen

**Di|plo|pie** [griech.] *w. 11 nur Ez. Med.:* Doppeltsehen

**Di|po|die** [griech.] *w. 11* metr. Einheit aus zwei gleichen Versfüßen; **di|po|disch** in der Art einer Dipodie

**Di|pol** [griech.] *m. 1* Anordnung zweier gleich starker, einander entgegengesetzter elektr. oder magnet. Pole; **Di|pol|an|ten|ne** *w. 11* aus zwei gleich langen elektr. Leitern bestehende Antenne

**Dip|so|ma|ne** [griech.] *m. 11* Quartalssäufer; **Dip|so|ma|nie** *w. 11* periodisch auftretende Trunksucht

**Dip|tam** [griech.] *m. 9* ein wohlriechendes Rautengewächs

**Dip|te|re** [griech.] *m. 11, meist Mz.* zweiflügeliges Insekt, Zweiflügler

**Dip|te|ros** [griech.] *m. Gen. - Mz.* -roi altgriech. Tempel mit doppeltem Säulenumgang

**Di|pty|chon** [-çon, griech.] *s. Gen. -s Mz.* -chen, *auch:* -cha 1 *im Altertum:* zusammenklappbare Schreibtafel; 2 *im MA:* zweiteiliges Altarbild

**Di|py|lon** [griech. „Doppeltor"] *s. Gen. -s nur Ez.* Eingangstor im NW des alten Athen; **Di|py|lon|kul|tur** [nach dem Fundort vor dem Dipylon] *w. 10 nur Ez.* eisenzeitl. Kultur Griechenlands; **Di|py|lon|va|se** *w. 11* altgriech. Vase mit geometr. Verzierung

**Di|rec|toire** [direktwar, frz.] *s. Gen. -s nur Ez.* 1 → Direktorium (2); 2 Kunststil zur Zeit der Frz. Revolution

**di|rekt** [lat.-frz.] gerade, unmittelbar; geradezu; direkte Rede: wörtl. Rede; **Di|rek|ti|on** [-tsjon] *w. 10* 1 *veraltet:* Richtung; 2 Geschäftsleitung, Verwaltung; **Di|rek|ti|ve** *w. 11* Anweisung, Verhaltensmaßregel; **Di|rek|tor** *m. 13* Leiter, Vorsteher; **Di|rek|to|rat** *s. 1* Amt, Amtszimmer des Direktors; **Di|rek|to|rin** [auch: -rɛk-] *w. 10* weibl. Direktor; **Di-**

**rek|to|ri|um** 1 *s. Gen. -s Mz.* -ri|en aus mehreren Personen bestehender Vorstand; 2 *1795–1799:* oberste frz. Staatsbehörde; **Di|rek|tri|ce** [-sə] *w. 11* leitende Angestellte (bes. in Geschäften für Oberbekleidung); **Di|rek|trix** *w. Gen. - nur Ez. Math.:* Leitlinie, Richtungslinie; **Di|ret|tis|si|ma** [ital.] *w. 9 Alpinistik:* direkter, meist bes. schwierig zu kletternder Weg zum Gipfel eines Berges

**Dir|ham, Dir|hem** *m. Gen. -s Mz.* -(s) 1 arab. Währungs- und Gewichtseinheit; 2 älteres türkisches Handelsgewicht

**Di|ri|gent** [lat.] *m. 10* Leiter eines Orchesters oder Chores; **di|ri|gie|ren** 1 den Takt schlagen; 2 musikalisch leiten; 3 *ugs.:* lenken, führen, weisen; **Di|ri|gis|mus** *m. Gen. - nur Ez.* Lenkung der Wirtschaft durch den Staat

**Dirt-Track-Ren|nen** [dəttræk-, engl.] *s. 7* Rad- oder Motorradrennen auf der Aschenbahn

**Di|sac|cha|rid, Di|sa|cha|rid** [-saxa-, griech.] *s. 1* Zucker, dessen Molekül aus zwei Monosacchariden aufgebaut ist

**Dis|agio** [-adʒo, ital.] *s. 9 nur Ez.* Betrag, um den der Kurs eines Wertpapiers unter dem Nennwert steht; *Ggs.:* Agio

**Dis|coun|ter** [-kaun-, engl.] *m. 5* Inhaber eines Discountgeschäfts; **Dis|count|ge|schäft** [-kaunt-] *s. 1* Einzelhandelsgeschäft, das bei Verzicht auf Geschäftsausstattung, Beratung, Kundendienst usw. Waren mit hohen Rabatten an Endverbraucher verkauft

**Dis|en|gage|ment** [disingeidʒmənt, engl.] *s. Gen. -(s) nur Ez.* Auseinanderrücken der Machtblöcke in Europa durch atomwaffenfreie oder militärisch verdünnte Zonen

**Di|seur** [-sør, frz.] *m. 1* Vortragskünstler im Kabarett; **Di|seu|se** [-søzə] *w. 11* weibl. Diseur

**Dis|har|mo|nie** [lat. + griech.] *w. 11* 1 Mißklang; 2 Mißstimmung, Uneinigkeit; **dis|har|mo|nie|ren** 1 einen Mißklang bilden; 2 uneinig sein

**dis|junkt** [lat.] getrennt, gesondert (Begriffe); **Dis|junk|ti|on** [-tsjon] *w. 10* 1 Trennung, Sonderung; 2 Gegenüberstellung zweier gegensätzlicher, aber zusammengehöriger Begriffe, z. B. Tag–Nacht; 3 *Logik:* Einheit zweier durch „oder" verbundener Begriffe oder Aussagen; *Ggs.:* Konjunktion (3); **dis|junk|tiv** trennend, gegensätzlich und doch zusammengehörig; *Ggs.:* konjunktiv; disjunktive Konjunktion: ausschließendes Bindewort, z. B. „oder"

**Dis|kant** [lat.] *m. 1* 1 höchste Stimmlage, Sopran; 2 höchste Tonlage eines Instruments, z. B. Diskantgambe; 3 Gegenstimme zum → Cantus firmus

**Disk|jockey** (-jok|key) [-dʒɔki, engl.] *m. 9* 1 Conférencier bei Radiosendungen moderner Schallplattenmusik; 2 Angestellter in einer Diskothek (2), der die Schallplatten verwaltet und auswählt; Dis|ko|gra|phie [engl. + griech.], *häufig:* Dis|ko|gra|fie *w. 11* Verzeichnis über Schallplatten eines bestimmten Themenkreises mit techn. Angaben sowie Angaben über Besetzung, Interpretation u. a.; Dis|ko|lo|gie *w. 11* Lehre von der Interpretation und Aufzeichnung von Musik auf Tonträgern sowie von deren Vertrieb durch Schallplattengesellschaften

Dis|kont [ital.] *m. 1* Zinsvergütung bei Zahlung einer noch nicht fälligen Forderung (beim Kauf von Wechseln); Dis|kont|geschäft *s. 1* Wechselgeschäft; dis|kon|tie|ren (einen Wechsel) vor Fälligkeit mit Zinsvergütung kaufen

dis|kon|ti|nu|ier|lich [lat.] mit Unterbrechungen, nicht in fortlaufender Folge; *Ggs.:* kontinuierlich; Dis|kon|ti|nui|tät *w. 10 nur Ez.* das Fehlen von Stetigkeit, unterbrochener Zusammenhang; *Ggs.:* Kontinuität

Dis|kon|to *m. 9 oder Mz.* -ti → Diskont; Dis|kont|satz *m. 2* Zinssatz

Dis|ko|phi|le [griech.] *m. 11* Liebhaber und Sammler von Schallplatten

dis|kor|dant [lat.] **1** nicht übereinstimmend, uneinig; *Ggs.:* konkordant; **2** *Mus.:* auf Dissonanz aufgebaut, nicht Dur und nicht Moll; **3** *Geol.:* ungleichförmig gelagert (Gestein); Dis|kor|danz *w. 10* **1** Mangel an Übereinstimmung; *Ggs.:* Konkordanz; **2** *Mus.:* dissonanter Aufbau (eines Akkords); **3** *Geol.:* ungleichmäßige Lagerung (von Gesteinsschichten)

Dis|ko|thek [engl. + griech.] *w. 10* **1** Schallplattensammlung, -archiv; **2** Lokal, bes. für Jugendliche, zum Tanzen nach Schallplatten; Dis|ko|the|kar *m. 1* Verwalter einer Diskothek (1); vgl. Diskjockey

Dis|kre|dit [lat.] *m. 1 nur Ez.* Mißkredit, übler Ruf; dis|kre|di|tie|ren in Mißkredit, Verruf bringen, verleumden

dis|kre|pant [lat.] widersprüchlich, zwiespältig; Dis|kre|panz *w. 10* Unstimmigkeit, Widerspruch, Mißverhältnis

dis|kret [lat.] **1** verschwiegen, taktvoll; **2** unaufdringlich, unauffällig; *Ggs.:* indiskret; Dis|kre|ti|on [-tsjon] *w. 10 nur Ez.* **1** Verschwiegenheit; **2** Unaufdringlichkeit; *Ggs.:* Indiskretion

Dis|kri|mi|nan|te [lat.] *w. 11* arithmetischer Ausdruck, der bei Gleichungen Zahl und Art der Wurzel angibt; Dis|kri|mi|na|ti|on [-tsjon] *w. 10* **1** unterschiedl. Behandlung; **2** Herabsetzung; dis|kri|mi|na|to|risch herabsetzend; dis|kri|mi|nie|ren **1** unterschiedlich behandeln; **2** herabsetzen, herabwürdigen

dis|ku|rie|ren [lat.] sich eifrig über etwas unterhalten, lebhaft etwas erörtern; Dis|kurs *m. 1* lebhafte Erörterung, eifrige Unterhaltung; dis|kur|siv logisch folgernd

Dis|kus [griech.] *m. Gen.* - *Mz.* -ken,

auch *m. 1* **1** *Sport:* Wurfscheibe; **2** *kath. Kirche:* kleiner Teller für das geweihte Brot

Dis|kus|si|on [lat.] *w. 10* Erörterung, Meinungsaustausch; dis|ku|ta|bel erwägenswert, annehmbar; *Ggs.:* indiskutabel; ein diskutabler Vorschlag; dis|ku|tie|ren erörtern, Meinungen austauschen (über etwas)

Dis|lo|ka|ti|on [-tsjon, lat.] **1** Verschiebung, Verlagerung; **2** *Mil.:* Verteilung (von Truppen)

dis|lo|yal [-lwaja:l, lat.] nicht loyal, unloyal

dis|lo|zie|ren [lat.] verschieben, verlagern; (Truppen) verteilen; Dis|lo|zie|rung *w. 10* → Dislokation

Dis|mem|bra|ti|on [-tsjon, lat.] *w. 10* Teilung, Zerstückelung (von Gütern, Ländereien, Staaten); Dis|mem|bra|tor *m. 13* Mühle mit Schlagstiften zum Zerkleinern mittelharter oder weicher Materialien

Dis|pa|che [-paʃ, frz.] *w. 11* Seeschadensberechnung für die Beteiligten; Dis|pa|cheur [-ʃør] *m. 1* Sachverständiger für Dispachen; dis|pa|chie|ren [-ʃi-] etwas d.: eine Schadensberechnung über etwas aufstellen

dis|pa|rat [lat.] ungleichartig, abweichend, nicht zueinander passend; Dis|pa|ri|tät *w. 10 nur Ez.* Ungleichartigkeit

Dis|pat|cher [-pætʃər, engl.] *m. 5* in Großbetrieben: leitender Angestellter, der den Produktionsablauf plant, lenkt und überwacht

Dis|pens [lat.] *m. 1* Befreiung von einer Verpflichtung oder Vorschrift; Genehmigung einer Ausnahme; Dis|pen|sa|ri|um *s. Gen.* -s *Mz.* -ri|en → Dispensatorium; Dis|pen|sa|ti|on [-tsjon] *w. 10* Befreiung (von einer Verpflichtung); Dis|pen|sa|to|ri|um *s. Gen.* -s *Mz.* -ri|en Arzneibuch; dis|pen|sie|ren **1** befreien (von einer Verpflichtung oder Vorschrift); **2** zubereiten und abgeben (Arznei)

Dis|per|gens [lat.] *s. Gen.* - *Mz.* -gen|tia [-tsja] *oder* -gen|zi|en Stoff (Gas oder Flüssigkeit), der einen anderen in feinster Verteilung enthält; dis|per|gie|ren fein verteilen

Dis|per|mie [griech.] *w. 11* Besamung (einer Eizelle) mit zwei Samenfäden

dis|pers [lat.] fein verteilt; Dis|per|si|on *w. 10* Zerstreuung, Verbreitung; feinste Verteilung eines Stoffes in Gas oder Flüssigkeit; Dis|per|si|ons|far|ben *Mz.* wisch- bis scheuerfeste Anstrichfarben, deren feine Farbstoffe mit dem Bindemittel (Emulsion aus Wasser und Kunstharzen) eine Dispersion bilden; Dis|per|si|tät *w. 10 nur Ez.* Verteilungsgrad, -möglichkeit

Dis|placed per|son [displeist pэsn, engl.] *w. Gen. --* *meist Mz.* --s *(Abk.:* D. P.) jmd., der im 2. Weltkrieg nach Deutschland oder in die von dt. Truppen besetzten Gebiete verschleppt wurde

Dis|play [-plei, engl.] *s. 9* Zurschaustellung (von Waren) im Schaufenster; Dis|play|er

[-pleiər] *m. 5* jmd., der Dekorationen und Verpackungen entwirft

**Dis|po|nen|den** [lat.] *Mz.* vom Sortimenter nicht verkaufte Bücher, die er über den mit dem Verleger vereinbarten Abrechnungstermin hinaus weiter bei sich lagern kann; **Dis|po|nent** *m. 10* leitender Angestellter mit bes. Vollmachten; **dis|po|ni|bel** verfügbar; disponible Geldmittel; *Ggs.:* indisponibel; **Dis|po|ni|bi|li|tät** *w. 10 nur Ez.* Verfügbarkeit; **dis|po|nie|ren** 1 ordnen, einteilen; 2 verfügen; **dis|po|niert** gestimmt, aufgelegt; nicht d. sein: nicht gut bei Stimme sein (Sänger); für eine Krankheit d. sein: empfänglich; **Dis|po|si|ti|on** [-tsjon] *w. 10* 1 Ordnung, Gliederung, Einteilung; 2 Empfänglichkeit (für eine Krankheit); zur D. stellen (*Abk.:* z. D.): einstweilen in den Ruhestand versetzen; **dis|po|si|ti|ons|fä|hig** geschäftsfähig; **Dis|po|si|ti|ons|fonds** [-tsjonsfõ] *m. Gen.-* [-fõs] *Mz.-* [-fõs] *in öffentl. Haushalten:* Geldmittel, die der Berechtigte im Rahmen einer weitgefaßten Zweckbestimmung nach freiem Ermessen ausgeben kann; **dis|po|si|tiv** verfügbar, abdingbar; dispositives Recht: Recht, das nach Vereinbarung geändert werden kann

**Dis|pro|por|ti|on** [-tsjon, lat.] *w. 10* Mißverhältnis; **dis|pro|por|tio|niert** ungleich, schlecht proportioniert

**Dis|put** [lat.] *m. 1* Wortwechsel, Erörterung, Streitgespräch; **dis|pu|ta|bel** *veraltet:* strittig; **Dis|pu|tant** *m. 10* jmd., der an einem Disput beteiligt ist; **dis|pu|ta|ti|on** [-tsjon] *w. 10* wissenschaftl. Streitgespräch; **dis|pu|tie|ren** etwas wissenschaftlich erörtern, seine Meinung gegenüber anderen vertreten

**Dis|qua|li|fi|ka|ti|on** [-tsjon, lat.] *w. 10* 1 Untauglichkeitserklärung; 2 Ausschluß aus einem sportl. Wettkampf wegen Vergehens gegen die Regeln; **dis|qua|li|fi|zie|ren** 1 für untauglich erklären; 2 vom sportl. Wettkampf ausschließen

**Dis|se|mi|na|ti|on** [-tsjon, lat.] *w. 10* Aussaat (von Krankheitserregern im Körper), Ausbreitung (einer Seuche)

**Dis|sens** [lat.] *m. 1* Meinungsverschiedenheit (z. B. bei Vertragsabschlüssen), Abweichung (einer Willenserklärung vom Willen); **Dis|sen|ters** [engl.] *Mz., in England:* die nicht der anglikan. Kirche angehörenden Protestanten, Nonkonformisten; **dis|sen|tie|ren** 1 anderer Meinung sein; 2 sich von einer Kirche trennen

**Dis|ser|ta|ti|on** [-tsjon, lat.] *w. 10* wissenschaftl. Arbeit zur Erlangung der Doktorwürde, Doktorarbeit; **dis|ser|tie|ren** die Dissertation schreiben; über ein Thema d.

**Dis|si|dent** [lat.] *m. 10* 1 jmd., der keiner staatl. anerkannten Religionsgemeinschaft angehört; 2 Gegner der herrschenden Ideologie im kommunistischen Machtbereich; **Dis|si|di|en** *s. Mz., Ez.* -di um *veraltet:* Streit-

punkte; **dis|si|die|ren** 1 anders denken; 2 aus der Kirche austreten

**Dis|si|mi|la|ti|on** [-tsjon, lat.] *w. 10* 1 *Gramm.:* Unähnlichwerden zweier benachbarter Laute oder Ausfall eines von zwei ähnl. Lauten, z. B. „fünf" aus mhd. „fimf", „Pfennig" aus mhd. „pfenning"; 2 *Biol.:* Abbau von Nährstoffen zur Energiegewinnung (bei Pflanzen); 3 *allg.:* Unähnlichmachen, Veränderung; **dis|si|mi|lie|ren** 1 Laute d.: unähnlich machen; 2 organische Verbindungen d.: abbauen

**Dis|si|mu|la|ti|on** [-tsjon, lat.] *w. 10* Verheimlichung von Krankheitssymptomen; *Ggs.:* Simulation; **dis|si|mu|lie|ren** verheimlichen; *Ggs.:* simulieren

**Dis|si|pa|ti|on** [-tsjon, lat.] *w. 10* Übergang irgendeiner Energieform in Wärmeenergie; **dis|si|pie|ren** in Wärmeenergie übergehen

**dis|so|lu|bel** [lat.] auflösbar, löslich, schmelzbar, zerlegbar; **dis|so|lut** halt-, zügellos; **Dis|so|lu|ti|on** [-tsjon] *w. 10* 1 Auflösung; 2 Halt-, Zügellosigkeit; **Dis|sol|vens** *s. Gen.-Mz.* -ven|tia [-tsja] *oder* -ven|zi|en Lösungsmittel; **dis|sol|vie|ren** auflösen, zerteilen, schmelzen

**dis|so|nant** [lat.] mißtönend, nicht zusammenstimmend, auseinanderstrebend; *Ggs.:* konsonant; **Dis|so|nanz** *w. 10* Mißklang, nach Auflösung verlangender Akkord; *Ggs.:* Konsonanz; **dis|so|nie|ren** schlecht zusammenklingen, nach Auflösung verlangen

**Dis|so|zia|ti|on** [-tsjon, lat.] *w. 10* Auflösung, Trennung, Zerfall; *Ggs.:* Assoziation; **dis|so|zia|tiv** auflösend, trennend; *Ggs.:* assoziativ; **dis|so|zi|ie|ren** trennen, auflösen; *Ggs.:* assoziieren

**di|stal** [lat.] vom Körpermittelpunkt, von der Körperachse bzw. vom Herzen entfernt liegend; **Di|stanz** *w. 10* 1 Abstand, Entfernung; 2 *Sport:* zurückzulegende Strecke; 3 *Boxen:* Zeit der angesetzten Runden; **Di|stanz|ge|schäft** *s. 1* Geschäft zwischen Partnern an verschiedenen Orten; **di|stan|zie|ren** 1 sich von etwas oder jmdm. d.: abrücken, nichts mit einer Sache oder Person zu tun haben wollen; distanziert: zurückhaltend, auf Abstand bedacht; 2 sich d.: (beim sportl. Wettkampf) den Gegner hinter sich lassen, überholen; **Di|stanz|wech|sel** *m. 5* Wechsel mit unterschiedlichem Ausstellungs- und Zahlungsort

**Di|sthen** [griech.] *m. 1* ein Mineral

**di|sti|chisch, di|sti|chi|tisch** [griech.] in der Art eines Distichons; **Di|sti|chon** [-çon] *s. Gen.* -s *Mz.*-chen Versform aus Hexameter und Pentameter

**di|stin|guiert** [-girt, frz.] vornehm; **di|stinkt** *veraltet:* deutlich, verständlich; **Di|stink|ti|on** [-tsjon] *w. 10* 1 hoher Rang, Würde; 2 *österr.:* Rangabzeichen; **di|stink|tiv** auszeichnend, unterscheidend

**Dis|tor|si|on** [lat.] *w.10* **1** *Med.:* Verstauchung; **2** *Optik:* Bildverzerrung, Bildverzeichnung

**dis|tra|hie|ren** [lat.] auseinanderziehen, trennen; **Dis|trak|ti|on** [-tsjon] *w.10* **1** Auseinanderziehen; **2** Behandlung eines Knochenbruchs mittels Streckverbands

**Dis|tri|bu|ent** [lat.] *m.10 veraltet:* Verteiler; **dis|tri|bu|ie|ren** verteilen; **Dis|tri|bu|ti|on** [-tsjon] *w.10* Verteilung, Auflösung; **di|stri|bu|tiv** verteilend; **Di|stri|bu|ti|vum** *s. Gen.-s Mz.*-va, **Di|stri|bu|tiv|zahl** *w.10* Einteilungszahl, z. B. je zwei

**Di|strikt** [lat.] *m.1* Verwaltungsbezirk, Bereich

**Dis|zes|si|on** [lat.] *w.10 veraltet:* Weggang; Übertritt in eine andere Partei

**Dis|zi|plin** [lat.] *w.10* **1** *nur Ez.* Zucht, straffe Ordnung, Einordnung; **2** Fach-, Wissensgebiet, Fachrichtung; **dis|zi|pli|när** auf Disziplin (1) beruhend; **Dis|zi|pli|nar|ge|walt** *w.10* Befugnis, Disziplinarstrafen zu verhängen, Dienststrafgewalt; **dis|zi|pli|na|risch** auf Disziplinargewalt beruhend, mit Hilfe einer Disziplinarstrafe; **Dis|zi|pli|nar|stra|fe** *w.11* Strafe für ein Dienstvergehen, Dienststrafe; **Dis|zi|pli|nar|ver|fah|ren** *s.7* Dienststrafverfahren; **Dis|zi|pli|nar|ver|ge|hen** *s.7* Vergehen gegen die Dienstvorschriften; **dis|zi|pli|nell** → disziplinarisch; **dis|zi|pli|niert** straffe Ordnung haltend, sich gut einordnend

**Dis|zis|si|on** [lat.] *w.10 Med.:* Spaltung

**Di|te|tro|de** [griech.] *w.11* Elektronenröhre mit zwei Tetroden

**Di|thy|ram|be** [griech.] *w.11 urspr.:* Chorlied zu Ehren des griech. Gottes Dionysos; *später:* begeistertes Lob-, Festlied; **di|thy|ram|bisch** **1** in der Art einer Dithyrambe; **2** *übertr.:* überschwenglich, trunken; **Di|thy|ram|bus** *m. Gen. - Mz.*-ben → Dithyrambe

**di|to** [ital.], *österr.:* de|tto (*Abk.:* do., dto.) ebenso; **Di|to** *s.9* dasselbe, Einerlei

**Dit|to|gra|phie** [griech.] *w.11* **1** fehlerhafte Doppelschreibung von Buchstaben; *Ggs.:* Haplographie; **2** zweierlei Lesart von Stellen bei antiken Schriftstellern; **Dit|to|lo|gie** *w.11* fehlerhaftes doppeltes Aussprechen von Lauten

**Di|ure|se** [griech.] *w.11* Harnabsonderung; **Di|ure|ti|kum** *s. Gen.-s Mz.*-ka harntreibendes Mittel; **di|ure|tisch** harntreibend

**Di|ur|nal** [lat.] *s.1*, **Di|ur|na|le** *s. Gen.-s Mz.*-lia *kath. Kirche:* Gebetbuch der Geistlichen mit den Stundengebeten

**Di|va** [ital.] *w. Gen. - Mz.*-ven *oder w.9* gefeierte Bühnen- oder Filmkünstlerin

**Di|van** *m.1* → Diwan

**di|ver|gent** [lat.] auseinanderstrebend, abweichend, in entgegengesetzter Richtung verlaufend; *Ggs.:* konvergent; **Di|ver|genz** *w.10* Auseinanderstreben, Abweichung, Meinungsverschiedenheit; *Ggs.:* Konvergenz; **di-**

**ver|gie|ren** abweichen, auseinandergehen; *Ggs.:* konvergieren

**di|vers** [-vɛrs, lat.] verschieden; diverse: mehrere; Diverses: Verschiedenes (was man nicht einordnen kann); **Di|ver|sant** *m.10, im kommunist. Sprachgebrauch:* Saboteur; **Di|ver|si|fi|ka|ti|on** [-tsjon] *w.10* Erweiterung des Tätigkeitsbereiches eines Unternehmens auf neue Produkte, Märkte, Branchen usw.; **Di|ver|si|on** *w.10* **1** Ablenkung, Richtungsänderung; **2** *im kommunist. Sprachgebrauch:* Sabotage; **Di|ver|ti|kel** *s.5* Ausstülpung, sackartiges Anhängsel von Hohlorganen; **Di|ver|ti|men|to** [ital.] *s.9, Mz. auch* -ti, **Di|ver|tis|se|ment** [-tis(ə)mã, frz.] *s.9* unterhaltendes, der Suite ähnl. Musikstück in mehreren Sätzen

**Di|vi|de et im|pe|ra!** [lat.] Teile und herrsche!, d. h.: Säe Zwietracht unter die, über die du herrschen willst (Grundsatz der altröm. Außenpolitik)

**Di|vi|dend** [lat.] *m.10* **1** Zahl, die geteilt werden soll; **2** Zähler (eines Bruches); *Ggs.:* Divisor; **Di|vi|den|de** *w.11* auf eine Aktie entfallender Gewinnanteil; **di|vi|die|ren** teilen

**Di|vi|di|vi** [indian.] *s.9 nur Ez.* gerbstoffreiche Hülsen eines mittelamerik. Strauchs

**Di|vi|na|ti|on** [-tsjon, lat.] *w.10* Ahnungsvermögen, Sehertum, Wahrsagekunst; **di|vi|na|to|risch** seherisch; **Di|vi|ni|tät** **1** *w.10 nur Ez.* Göttlichkeit; **2** *w.10* göttl. Wesen

**Di|vis** [lat.] *s.1* Bindestrich, Abteilungszeichen; **di|vi|si|bel** teilbar; **Di|vi|si|on** *w.10* **1** *Math.:* Teilung; **2** *Mil.:* aus allen Truppengattungen bestehende Heeresabteilung; **Di|vi|sio|när** *m.1 bes. schweiz.:* Befehlshaber einer Division; **Di|vi|sor** *m.13* **1** Zahl, durch die eine andere geteilt werden soll; **2** Nenner (eines Bruchs); *Ggs.:* Dividend; **Di|vi|so|ri|um** *s. Gen.-s Mz.*-ri|en gabelförmige Klammer am Manuskripthalter des Setzers

**Di|vul|si|on** *w.10 Med.:* Zerreißung

**Di|wan** [pers.] *m.1* **1** ehemalige türk. Regierung; **2** Ruhebett ohne Rückenlehne; **3** Gedichtsammlung eines einzelnen islam. Verfassers; Westöstlicher Diwan: Dichtwerk von Goethe

**di|xi** [lat. „ich habe (es) gesagt"] basta, Punktum

**Di|xie|land** [-lænd, engl.] **1** *s. Gen.-(s) nur Ez., Bez. für* die Südstaaten der USA; **2** *m.9 nur Ez.*, Dixieland-Jazz [-lænd dʒæz] *m. Gen. - nur Ez.* Abart des nordamerik. Jazz

**DK** *Abk. für* Dezimalklassifikation

**dkg** *österr. Abk. für* Dekagramm

**dkl** *Abk. für* Dekaliter

**dkm** *früher Abk. für* Dekameter

**dl** *Abk. für* Deziliter

**Dl** *Abk. für* Dekaliter

**dm** *Abk. für* Dezimeter

**Dm** *früher Abk. für* Dekameter

**dm²** *Abk. für* Quadratdezimeter

**dm³** *Abk. für* Kubikdezimeter

**DNS** *Abk. für* Desoxyribonukleinsäure (wesentl. Bestandteil der Chromosomen, in denen die genetischen Informationen verschlüsselt sind)

**do.** *Abk. für* dito

**doch|misch** [griech.] in der Art eines Dochmius; **Doch|mi|us** *m. Gen. - Mz.* -mi|en fünffüßiger Versfuß aus Jambus und Kretikus

**Dock** [engl.] *s. 9* 1 Anlage zum Trockensetzen und Reparieren von Schiffen; 2 durch Tore abgeschlossenes, vom Außenwasserstand unabhängiges Hafenbecken; **docken** (dok|ken) 1 ins Dock legen; 2 im Dock liegen; **Docker** (Dok|ker) *m. 5* Dockarbeiter; **Docking** (Dok|king) *s. 9* Koppelungsmanöver zwischen Raumfahrzeugen

**Do|de|ka|dik** [griech.] *w. 10 nur Ez.* → Duodezimalsystem; **do|de|ka|disch** → duodezimal; **Do|de|ka|eder** *m. 5 oder s. 5* von zwölf Flächen (i. e. S. von zwölf gleichen Fünfecken) begrenzter Körper, Zwölfflächner; **Do|de|ka|pho|nie** *w. 11 nur Ez.* Zwölftonmusik; **do|de|ka|pho|nisch** auf der Zwölftonreihe beruhend, atonal; **Do|de|ka|pho|nist** *m. 10* Komponist der Zwölftonmusik

**Doel|len|stücke** [du-, ndrl. „Schützenhofstücke"] (-stük|ke) *Mz.* Gemälde ndrl. Maler des 16./17. Jh. mit Darstellungen von Schützengilden und -gesellschaften

**Doe|skin** [do-, engl. dou-, „Rehhaut"] *m. 9 nur Ez.* ⓦ Wollstoff für Herrenmäntel

**Do|ga|res|sa** [ital.] *w. Gen. - Mz.* -sen Gemahlin des Dogen

**Dog|cart** [engl. „Hundewagen"] *m. 9* offener zweirädriger Einspänner

**Doge** [dodʒə, doʒə, ital.] *m. 11 früher:* Oberhaupt der Republiken Venedig und Genua

**Dog|ge** [engl.] *w. 11* eine Hunderasse

**Dog|ger** [engl.] *m. 5* 1 *nur Ez.* mittlere Abteilung des Juras, brauner Jura; 2 ndrl. Fischerboot

**Dog|ma** [griech.] *s. Gen. -s Mz.* -men 1 Glaubenssatz, kirchl. Lehrsatz mit dem Anspruch unbedingter Gültigkeit; 2 *übertr.:* starre Lehrmeinung; **Dog|ma|tik** *w. 10* systemat. Darstellung von Dogmen, Glaubenslehre; **Dog|ma|ti|ker** *m. 5* 1 Verfechter eines Dogmas; 2 Lehrer der Dogmatik; **dog|ma|tisch** 1 auf einem Dogma beruhend; 2 *übertr.:* starr an ein Dogma gebunden; **dog|ma|ti|sie|ren** zum Dogma machen; **Dog|ma|tis|mus** *m. Gen. - nur Ez.* 1 starres Festhalten an einem Dogma; 2 *übertr.:* unkrit., von Lehrmeinungen abhängiges Denken; **dog|ma|ti|stisch** auf Dogmatismus beruhend

**Dog|skin** [engl. „Hundehaut"] *s. 9 nur Ez.* Schafleder

**Do it your|self** [du: it jɔ:sɛlf, engl. „tu es selbst"] *Schlagwort für* handwerkl. Selbsthilfe

**Do|ki|mal|sie** [griech.] *w. 11* 1 *im alten Griechenland:* Prüfung der Anwärter für den Staatsdienst; 2 *allg.:* Prüfung, Untersuchung; **Do|ki|mal|sio|lo|gie** *w. 11 nur Ez.*, **Do|ki|ma|stik** *w. 10 nur Ez.* Lehre von der Prüfung von Erzen auf ihren Metallgehalt

**Dok|tor** [lat.] *m. 13 (Abk.: Dr., Mz.: Dres.; Theol.: D.)* 1 Titel auf Grund einer akadem. Prüfung; 2 *ugs.:* Arzt; die einzelnen Fachtitel s. unter ihren eigenen Abk.; **Dok|to|rand** *m. 10* jmd., der sich auf die Doktorprüfung vorbereitet; **Dok|to|rat** *s. 1* Doktorwürde; **dok|to|rie|ren** die Doktorarbeit schreiben; die Doktorwürde erlangen; **Dok|to|rin** [auch: dɔk-] *w. 10* weibl. Doktor; **Dok|trin** *w. 10* 1 Lehrsatz; 2 *übertr.:* starre Lehrmeinung; **dok|tri|när** in der Art einer Doktrin; *übertr.:* starr an einer Doktrin festhaltend, einseitig, engstirnig; **Dok|tri|när** *m. 1* 1 Verfechter einer Doktrin; 2 *übertr.:* jemand, der starr an einer Doktrin festhält; **Dok|tri|na|ris|mus** *m. Gen. - nur Ez.* starres, einseitiges Festhalten an einer Doktrin

**Do|ku|ment** [lat.] *s. 1* Urkunde, amtliches Schriftstück, als Beweis dienendes Schriftstück; **Do|ku|men|ta|list** *m. 10* jmd., der sich mit Dokumentation beschäftigt; **Do|ku|men|tar|film** *m. 1* Film, der Begebenheiten auf Grund von Dokumenten der Wirklichkeit entsprechend darstellt; **do|ku|men|ta|risch** mit Hilfe von Dokumenten, urkundlich; **Do|ku|men|ta|ti|on** [-tsjon] *w. 10* 1 Beweisführung auf Grund von Dokumenten; 2 Sammlung und Nutzbarmachung von Dokumenten, z. B. Zeitschriftenartikeln, Büchern, Urkunden; **do|ku|men|tie|ren** durch Dokumente belegen, urkundlich beweisen

**Dol|lan** [Kunstw.] *s. 1 nur Ez.* eine Kunstfaser

**dol|ce** [-tʃə, ital.] *Mus.:* sanft, süß; **dol|ce far ni|en|te** (es ist) süß, nichts zu tun; **Dol|ce-far|ni|en|te** *s. Gen. - nur Ez.* süßes Nichtstun; **Dol|ce vi|ta** [„süßes Leben"] *s. oder w. Gen. - - nur Ez., Bez. für* das moderne ausschweifende Müßiggängertum

**Dol|ci|an** [ital.] *s. 1* 1 im 16./17. Jh. *Bez. für* Fagott; 2 eine Orgelstimme

**Dol|drum** [engl.] *s. 9* windstille Zone am Äquator, Kalmenzone

**do|len|te** → doloroso

**Do|le|rit** [griech.] *m. 1* Abart des Basalts

**do|li|cho|ke|phal** [-ço-, griech.] langköpfig; **Do|li|cho|ke|pha|lie** *w. 11 nur Ez.* lange Kopfform

**Do|li|ne** [slaw.] *w. 11* durch unterird. Auflösung von Kalkstein entstandene, trichterförmige Vertiefung im Karst

**Dol|lar** [engl.] *m. Gen. -s Mz.* -(s) Währungseinheit in den USA, Kanada, Formosa, Liberia, Äthiopien, 100 Cent

**dol|lie|ren** (-li|e-) innen abschaben (Fell)

**Dol|ly** [engl.] *m. 9* fahrbares Stativ für eine Film- oder Fernsehkamera

**Dọllman** [türk.] *m. 1* **1** alttürk. Männerrock; **2** mit Schnüren besetzte Husarenjacke

**Dọllmen** [kelt.] *m. 7* vorgeschichtl. Steingrab in Tischform

**Dọllmetsch** [türk.] *m. 1* **1** österr. *für* Dolmetscher; **2** *übertr.:* Fürsprecher; **dọllmetlschen** mündlich übersetzen, als Dolmetscher tätig sein; **Dọllmetlscher** *m. 5* jmd., der (meist beruflich) beim Gespräch zwischen Personen verschiedener Sprachen übersetzt

**Dollolmit** [nach dem frz. Mineralogen Dolomieu] *m. 1* **1** ein Mineral; **2** überwiegend daraus bestehendes Gestein

**dolloros, dollorös** [lat.] *Med.:* schmerzhaft, schmerzempfindlich; **dollorolso** [ital.] *Mus.:* klagend, schmerzlich

**dollos** [lat.] *Rechtsw.:* heimtückisch, vorsätzlich; dolose Täuschung; **Dollus** *m. Gen. - nur Ez. Rechtsw.:* Heimtücke, böser Vorsatz; D. directus: Vorsatz im vollen Bewußtsein der Folgen; D. eventualis: bedingter Vorsatz, d. h. Vorsatz mit Inkaufnehmen einer eventuellen, wenn auch nicht beabsichtigten Folge

**Dom 1** [lat.] *m. 1* Bischofskirche, Hauptkirche (einer Stadt); **2** [griech.-frz.] *m. 1* gewölbte Decke, Kuppel; kuppelartiger Aufsatz (auf Dampfkesseln); **3** [lat.] *m. Gen. - nur Ez., in Verbindung mit dem Vornamen:* Herr (port. Titel); **4** niedere ind. Kaste

**Dolmälne** [lat.-frz.] *w. 11* **1** Landgut im Besitz eines Herrscherhauses oder Staates; **2** Arbeitsgebiet, auf dem man bes. gute Kenntnisse hat; **dolmalnilal** zu einer Domäne (1) gehörend

**Dolmelstik** [lat.-frz.] *m. 10, heute meist abwertend:* Dienstbote; **Dolmelstilkaltilon** [-tsjon, lat.] *w. 10* züchter. Umwandlung von Wildtieren zu Haustieren bzw. von Wildpflanzen zu Kulturpflanzen; **dolmelstilzielren** zu Haustieren zähmen, zu Kulturpflanzen züchten, heimisch machen

**Dolmilna** [lat.] *w. Gen. - Mz.*-nä **1** Hausherrin; **2** Stiftsvorsteherin

**dolmilnant** [lat.] vorherrschend, überlagernd, überdeckend; *Ggs.:* rezessiv; **Dolmilnantlakkord** *m. 1* → Dominante (3); **Dolmilnanlte** *w. 11* **1** vorherrschendes Merkmal; **2** fünfte Stufe der diaton. Tonleiter; **3** Dreiklang auf diesem Ton; **Dolmilnantlseptlaklkord** *m. 1* Dominantakkord mit Septime; **Dolmilnanz** *w. 10 Vererbungslehre:* Vorherrschen eines bestimmten Merkmals; *Ggs.:* Rezessivität; **dolmilnielren** vorherrschen; herrschen

**Dolmilnilkalner** *m. 5* Angehöriger des vom hl. Dominikus gegründeten Bettel- und Predigerordens

**Dolmilnilon** [-mịnjən, lat.-engl.] *s. 9 früher:* sich selbst regierender Teil des brit. Commonwealth; **Dolmilnilum** [lat.] *s. Gen.*-s *Mz.* -nilen, *im alten Rom:* Domäne, Herrschaftsgebiet

**Dolmilno** [lat.] **1** *m. 9* Maskenkostüm: weiter Mantel mit Kapuze; Person in diesem Kostüm; **2** *s. 9* Spiel mit rechteckigen Steinen, die je nach Augenzahl aneinandergelegt werden

**Dolmilnus** [lat.] *m. Gen. -Mz.*-ni Herr, Gebieter; D. vobiscum! Der Herr (sei) mit euch! (*kath. Kirche:* Gruß des Priesters an die Gemeinde)

**Dolmilzellar** [lat.] *m. 1 veraltet:* studierender Kleriker, Domschüler

**Dolmilzil** [lat.] *s. 1* **1** Wohnsitz; **2** *bei Wechseln:* Zahlungsort; **dolmilzillielren 1** seinen Wohnsitz haben; **2** (Wechsel) an einem anderen Ort als dem Wohnsitz des Bezogenen zur Zahlung anweisen; **Dolmilzillwechlsel** *m. 5* Wechsel mit einem anderen Zahlungsort als dem Wohnort des Bezogenen

**Domlkalpiltel** [lat.] *s. 5* die Geistlichen eines Doms (1) als Berater des Bischofs; **Domlkalpiltullar** *m. 1* Mitglied des Domkapitels, Domherr; **Domlpropst** *m. 2* erster Würdenträger des Domkapitels

**Domplteur** [-tør, frz.] *m. 1* jmd., der berufsmäßig wilde Tiere dressiert und öffentlich Dressurakte vorführt; **Domplteulse** [-tøzə] *w. 11* weibl. Dompteur

**Domlra** [russ.] *w. 9, Mz. auch:* -ren lautenähnl. russ. Zupfinstrument

**Don** [span.] *in Spanien:* Herr (als Anrede in Verbindung mit dem Namen); *in Italien:* Titel von Geistlichen und Adligen; **Dolña** [dọnja] *in Spanien:* Frau (als Anrede in Verbindung mit dem Namen)

**Dolnaltar** [lat.] *m. 1 Rechtsw., veraltet:* jmd., der eine Schenkung erhält oder erhalten hat; **Dolnaltilon** [-tsjon] *w. 10 veraltet:* Schenkung; **Dolnaltor** *m. 13* **1** *veraltet:* Geber einer Schenkung, Schenker; **2** *Chemie:* Stoff, der Elektronen an einen anderen, den Akzeptor (Empfänger) abgibt

**Donlja** [span. ,,Herrin"] *w. 9 ugs. scherzh.:* Dienstmädchen, *auch:* Geliebte, Freundin

**Donljon** [dõjõ, frz. ,,Bergfried"] *m. 9, in Frankreich:* Hauptturm der mittelalterl. Burg

**Don Julan** [xu-, nach einer Gestalt der span. Literatur] *m. Gen.--s Mz.--s* Verführer, Frauenheld

**Donlkolsak** *m. 10, meist Mz.* Angehöriger eines russ., am Don lebenden Volksstammes

**Donlna** [ital.] *w. 9, Mz. auch:* -nen Herrin; *früher in Italien:* Frau, Fräulein (als Anrede in Verbindung mit dem Namen)

**Donlquilchotltelrie** [-kiʃɔtə-, nach dem Helden eines Romans von Cervantes, Don Quijote] *w. 11* törichte, aus weltfremdem Idealismus unternommene Handlung

**Dontlgelschäft** [dõ-, frz.] *s. 1 Börse:* Geschäft, von dem jeder Partner gegen eine Zahlung (Dontprämie) zurücktreten kann

**Dolnum** [lat.] *s. Gen.*-s *Mz.*-na Schenkung, Geschenk

**do|pen** [engl.] *Sport:* durch verbotene Anregungsmittel zu Höchstleistungen treiben; **Do|ping** *s. Gen.* -s *nur Ez.* unerlaubte Anwendung von Anregungsmitteln, um Höchstleistungen zu erreichen

**Dop|pik** [Kunstw.] *w. 10 nur Ez.* doppelte Buchführung

**Do|rant** [lat.] *m. 1* Name für verschiedene Pflanzen, z. B. Löwenmaul, Schafgarbe

**Dor|meu|se** [-mø-, frz.] *w. 11* bequemer Schlafstuhl; **Dor|mi|to|ri|um** *s. Gen.* -s *Mz.* -ri|en Schlafsaal (im Kloster oder Internat)

**dor|sal** [lat.] **1** zum Rücken gehörig, am Rücken gelegen; **2** *Sprachw.:* mit dem Zungenrücken gebildet (Laut); **Dor|sal** *m. 1* → Dorsallaut; **Dor|sa|le** *s. 5* Rückwand des Chorgestühls; **Dor|sal|laut** *m. 1* mit dem Zungenrücken gebildeter Laut

**dor|so|ven|tral** [lat.] vom Rücken zum Bauch hin gelegen

**Dos** [lat.] *w. Gen.* - *Mz.* Do|ten *Rechtsw.:* Mitgift

**dos à dos** [dozado, frz.] *Ballett:* Rücken an Rücken

**do|sie|ren** [griech.] in einer bestimmten Dosis abmessen, zuteilen; **Do|si|me|ter** *s. 5* Gerät zum Messen von Stärke und Dauer von radioaktiven Strahlen, z. B. Röntgenstrahlen; **Do|si|me|trie** *w. 11 nur Ez.* Messung mit dem Dosimeter; **Do|sis** *w. Gen.* - *Mz.* -sen (vom Arzt verordnete) Menge eines Heilmittels

**Dos|sier** [dɔsje, frz.] *m. 9 oder s. 9* Aktenbündel, alle zu einem Vorgang gehörenden Akten

**dos|sie|ren** [frz.] abschrägen; **Dos|sie|rung** *w. 10* flache Böschung

**Do|ta|ti|on** [-tsjon, lat.] *w. 10* Schenkung, Zuwendung, Ausstattung mit Heiratsgut, Belohnung für Verdienste; **do|tie|ren 1** stiften, schenken; **2** mit Einkünften versehen; **dotiert** mit Bezahlung verbinden; der Preis ist mit 5000 Mark d.; eine hochdotierte Stelle

**Dou|ane** [duan, frz.] *w. 11, frz. Bez. für* Zoll, Zollamt; **Dou|a|nier** [duanje] *m. 9, frz. Bez. für* Zollbeamter

**dou|beln** [du-. frz.] synchronisieren; **2** vertreten (vgl. Double); **Dou|bla|ge** [-ʒə] *w. 11* **1** Synchronisation; **2** synchronisierter Film; **Dou|ble** [dubl] *s. 9* **1** *Film:* Ersatzmann, der für den Schauspieler Rollenpartien spielt, die dieser nicht ausführen kann oder soll (z. B. artist. Übungen); **2** Variation eines Suitensatzes durch Verdoppelung der Notenwerte; **Dou|blé** [duble] *s. 9* → Dublee; **dou|blie|ren** → dublieren; **Dou|blü|re** *w. 11* **1** Unterfutter; **2** Aufschlag an Uniformen; **3** *Buchwesen:* verzierte Innenseite des Buchdeckels

**Dou|rine** [durin, arab.-frz.] *w. 11* Beschälseuche

**do ut des** [lat.] ich gebe, damit du gibst

**Dow|las** [daulǝs, engl.] *s. Gen.* - *nur Ez.* dichter Baumwollstoff für Wäsche

**down** [daun, engl.] *in der Wendung* down sein: niedergeschlagen, erschöpft, erledigt sein

**Do|xa|le** [griech.] *s. 9* *in Barockkirchen:* **1** Gitter zwischen Hauptschiff und Chor; **2** eine Empore für Orgel und Chor; **Do|xo|lo|gie** *w. 11, im christl. Gottesdienst:* Lobpreisungsformel, z. B. die letzten Worte des Vaterunsers

**Doy|en** [dwajɛ̃, frz.] *m. 9* Rang- und Dienstältester sowie Wortführer eines diplomat. Korps

**Do|zent** [lat.] *m. 10* Lehrer an einer Hochschule; **Do|zen|tur** *w. 10* Lehrauftrag (eines Dozenten); **do|zie|ren 1** Vorlesungen halten; **2** *übertr.:* lehrhaft etwas darlegen

**D. P.** *Abk. für* Displaced person

**dpt** *früher:* **dptr.** *Abk. für* Dioptrie

**Dr** *Abk. für* Drachme

**Dr.** *Abk. für* doctor, → Doktor

**Drach|me** [griech.] *w. 11* **1** altes Apothekergewicht; **2** (*Abk.:* Dr) alt- und neugriechisch. Währungseinheit, 100 Lepta

**Dra|gée** [-ʒe, frz.] *s. 9, auch: w. 11* **1** mit Zucker überzogene Süßigkeit; **2** mit Zuckermasse überzogene Pille; **Dra|geur** [-ʒør] *m. 1* Hersteller von Dragées; **dra|gie|ren** [-ʒi-] mit Zucker oder Zuckermasse überziehen

**Dra|gol|man** [arab.] *m. 1, früher im Vorderen Orient:* Dolmetscher

**Dra|gon** [arab.] *m. oder s. Gen.* -s *nur Ez.* → Estragon

**Dra|go|na|de** [frz.] *w. 11* **1** unter Ludwig XIV. zwangsweise Bekehrung von Protestanten zum kath. Glauben durch Einquartierung von Dragonern; **2** *übertr.:* gewaltsame Maßnahme; **Dra|go|ner** *m. 5* **1** *Mil.:* leichter Reiter; **2** *österr.:* Rückenspange an Rock oder Mantel; **3** *übertr.:* derbe, resolute Person, bes. Frau

**Dr. agr.** *Abk. für* doctor agronomiae: Doktor der Landwirtschaft

**Drain** [drɛn, drɛ̃, engl.-frz.] *m. 9 Med.:* Gummiröhrchen mit seitl. Öffnungen; **Drai|na|ge** [drɛnaʒə] *w. 11* Ableitung von Eiter o. ä. mittels Drain oder Gazestreifen; **drai|nie|ren** [drɛ-] mittels Drain oder Gazestreifen ableiten

**Drai|si|ne** [drai-, ugs. auch: drɛ-, nach dem dt. Forstmeister K. F. Drais] *w. 11* **1** Laufmaschine, Vorläufer des Fahrrades; **2** kleines Schienenfahrzeug zur Eisenbahn-Streckenkontrolle

**dra|ko|nisch** [nach Drako(n), dem Verfasser eines strengen altgriech. Gesetzbuches] sehr streng; drakonische Maßnahmen

**Dral|lon** [Kunstw.] *s. Gen.* -s *nur Ez.* ⓦ eine Kunstfaser

**Dra|ma** [griech.] *s. Gen.* -s *Mz.* -men **1** Schauspiel, Bühnendichtung; **2** *nur Ez.* Gesamtheit der Bühnendichtung eines Landes; **3** *übertr.:* trauriger, schrecklicher Vorgang; **Dra|ma|tik**

*w.10 nur Ez.* **1** dramat. Dichtkunst; **2** *übertr.:* mit Spannung geladener, bewegter Ablauf; **dra|ma|tisch 1** in Form eines Dramas; **2** *übertr.:* lebendig bewegt; **dra|ma|ti|sie|ren 1** zu einem Drama umschreiben; **2** *übertr.:* übertrieben spannend od. erregend darstellen; **Dra|ma|tis per|so|nae** [-nɛ:] *Mz.* die in einem Drama oder dramat. Ereignis auftretenden Personen; **Dra|ma|turg** *m.10* Berater eines Theaterleiters, der Stücke für die Bühne bearbeitet; **Dra|ma|tur|gie** *w.11* **1** Wissenschaft vom Drama und seiner Bearbeitung für die Bühne; **2** Sammlung von Theaterkritiken

**Dram|ma per mu|si|ca** [ital., „Drama für Musik"] *s. Gen. - - Mz.* -mae- - [-mɛ:] ital. Frühform der Oper

**Drän** [frz.] *m. 9 oder m. 1* **1** Entwässerungsrohr, -graben; **2** → Drain; **Drä|na|ge** [-ʒə] *w.11* **1** Entwässerung (des Bodens); **2** → Drainage; **drä|nie|ren 1** entwässern (Boden); **2** → dränieren

**Drap** [auch: dra, frz.] *m. 9 nur Ez.* tuch- oder lederartiges Gewebe; **Dra|pé** [-pe] *m. 9* feiner Wollstoff für Anzüge; **Dra|peau** [-po] *s. 9 veraltet:* Fahne, Banner; **Dra|pe|rie** *w.11* Faltenwurf, -anordnung; **dra|pie|ren 1** kunstvoll in Falten anordnen; **2** (mit Stoff, Girlanden u. ä.) behängen

**Dra|stik** [lat.] *w.10 nur Ez.* **1** gründl. Wirksamkeit; **2** Derbheit, unverblümte Deutlichkeit; **Dra|sti|kum** *s. Gen.-s Mz.* -ka starkes Abführmittel; **dra|stisch 1** stark, schnell wirkend (Heilmittel); **2** sehr wirksam, energisch (Maßnahme); **3** derb, deutlich

**Dra|wi|da** *m. 9 oder Gen. - Mz.* - Angehöriger einer vorderind. Völkergruppe

**Dr. disc. pol.** *Abk. für* doctor disciplinarum politicarum: Doktor der Sozialwissenschaften

**Dread|nought** [drɛdnɔːt, engl. „fürchte nichts"] *m. 9* altes engl. Großkampfschiff

**Dredge** [drɛdʒ, engl.] *w.11,* **Dred|sche** *w.11* Schleppnetz für kleine, am Boden lebende Meerestiere, Dreggnetz

**Dregg|an|ker** *m. 5* → Dregge; **Dreg|ge** [engl.] *w.11* **1** kleiner Anker; **2** → Dredsche; **dreggen** mit der Dregge fischen; **Dregg|netz** *s.1* → Dredsche

**Dre|pa|no|zy|ten** [griech.] *Mz.* sichelförmige rote Blutkörperchen

**Dres.** *Abk. für* doctores *(Mz.),* vgl. Doktor

**Dreß** [engl.] *m.1, österr. Mz.* Dres|sen Sportkleidung

**Dres|seur** [-søːr, frz.] *m.1* jmd., der Tiere dressiert, Tierlehrer; **dres|sie|ren 1** abrichten, lehren (Tier); **2** hübsch anrichten, garnieren (Speisen); **3** in eine Form pressen (Filzhut); **4** nach dem Warmwalzen strecken (Bleche); **Dres|sing** *s.9* **1** Salatsoße; **2** Füllung für gebratenes Geflügel

**Dres|man** [-mən, engl.] *m. Gen.-s Mz.* -men [-mən] **1** jmd., der auf Modenschauen Her-

renkleidung vorführt; **2** männliches Photomodell

**Dres|sur** [frz.] *w.10* Abrichtung, Lehren (von Tieren)

**Dr. forest.** *Abk. für* doctor scientiae rerum forestalium: Doktor der Forstwissenschaft; **Dr. habil.** *in Verbindungen wie* Dr. phil. habil. *Abk. für* doctor (philosophiae) habilitatus: habilitierter Doktor (der Philosophie); **Dr. h. c.** *Abk. für* doctor honoris causa: Doktor ehrenhalber (ohne Prüfung als Ehrung verliehener Titel)

**drib|beln** [engl.] *Fußball:* den Ball in kurzen Stößen vor sich her treiben; **Drib|bling** *s.9* Umspielen eines oder mehrerer Gegner durch Dribbeln

**Dr.-Ing.** *Abk. für* Doktor der Ingenieurwissenschaften

**Drink** [engl.] *m. 9* alkohol. Getränk, Mixgetränk

**Dr. i. u.** *Abk. für* doctor iuris utriusque → Dr. j. u.; **Dr. iur.** → Dr. jur.

**Drive** [draiv, engl. „treiben"] *m. 9* **1** *Jazz:* drängender, treibender Rhythmus; **2** *Golf, Tennis, Polo:* auf große Entfernung berechneter Schlag, Treibschlag; **3** Schwung, starker Antrieb; **Drive-in-Ki|no** [draiv ɪn-] *s. 9* → Autokino; **Drive-in-Re|stau|rant** *s. 9* Restaurant mit Bedienung am Auto; **Dri|ver** [draivər] *m.5* **1** *Golf:* Schläger zum Treibschlag und Abschlag; **2** Fahrer, Rennfahrer, z. B. beim Trab- und Autorennen

**Dr. j. u.** *Abk. für* doctor juris utriusque: Doktor beider Rechte; **Dr. jur.** *Abk. für* doctor juris: Doktor der Rechte; **Dr. jur. utr.** → Dr. j. u.; **Dr. med.** *Abk. für* doctor medicinae: Doktor der Medizin; **Dr. med. dent.** *Abk. für* doctor medicinae dentariae: Doktor der Zahnmedizin; **Dr. med. univ.** *österr. Abk. für* doctor medicinae universae: Doktor der gesamten Medizin; **Dr. med. vet.** *Abk. für* doctor medicinae veterinariae: Doktor der Tiermedizin; **Dr. nat. techn.** *österr. Abk. für* doctor rerum naturalium technicarum: Doktor der Bodenkultur; **Dr. oec.** *Abk. für* doctor oeconomiae: Doktor der Wirtschaftswissenschaft; vgl. Dr. rer. oec.; **Dr. oec. publ.** *Abk. für* doctor oeconomiae publicae: Doktor der Staatswissenschaften; vgl. Dr. rer. pol., Dr. sc. pol.; **Dr. oec. troph.** *Abk. für* Doktor der Ökotrophologie

**Dro|ge** [frz.] *w.11* **1** zu Arzneien verwendeter pflanzl. oder tier. Stoff; **2** *ugs.:* Rauschgift; **Dro|ge|rie** *w.11* Geschäft für Drogen, Chemikalien u. a.; **Dro|gist** *m.10* Inhaber einer Drogerie oder ausgebildeter Angestellter in einer solchen

**Drol|le|rie** [frz.] *w.11* **1** Drolligkeit, Schnurrigkeit, Komik; **2** kurze, komische Erzählung, Schnurre; **3** *got. Kunst:* kleine, drollige Darstellung von Menschen, Tieren oder Fabelwesen, bes. am Chorgestühl

**Dromedar** 110

**Dro|me|dar** [auch: dro-, auch: -dar, griech.]
*s. 1* Kamel mit nur einem Höcker
**Drop|out** [drɔp aut, engl.] **1** *m. 9* jmd., der
außerhalb der etablierten Gesellschaft, deren
Normen er nicht anerkennt, lebt, „Ausstei-
ger"; **2** *s. 9 EDV:* Signalausfall; **3** *s. 9 bei
Tonbandgeräten:* kurzes Aussetzen der Ton-
aufzeichnung
**Drops** [engl.] *m. Gen. - Mz. -* ungefülltes
Fruchtbonbon
**Dro|sch|ke** [russ.] *w. 11* Mietfahrzeug
**Dro|se|ra** [griech.] *w. Gen. - nur Ez.* eine
fleischfressende Pflanze, Sonnentau; **Dro-
so|graph** *m. 10* selbstschreibendes Taumeß-
gerät; **Dro|so|me|ter** *s. 5* Taumesser; **Dro|so-
phi|la** *w. Gen. - Mz.* -lae [-lɛ:] Gattung der
Fliegen, Taufliege
**Dr. paed.** *Abk. für* doctor paedagogiae:
Doktor der Pädagogik; **Dr. pharm.** *Abk. für*
doctor pharmaciae: Doktor der Pharmazie;
**Dr. phil.** *Abk. für* doctor philosophiae: Dok-
tor der Philosophie; **Dr. phil. nat.** *Abk. für*
doctor philosophiae naturalis: Doktor der
Naturwissenschaften; vgl. Dr. rer. nat., Dr.
sc. nat.; **Dr. rer. camer.** *schweiz. Abk. für* doc-
tor rerum cameralium: Doktor der Staats-
wirtschaftskunde; **Dr. rer. comm.** *österr. Abk.
für* doctor rerum commercialium: Doktor der
Handelswissenschaft; **Dr. rer. hort.** *Abk. für*
doctor rerum hortensium: Doktor der Gar-
tenbauwissenschaft; **Dr. rer. mont.** *Abk. für*
doctor rerum montanarum: Doktor der Berg-
bauwissenschaft; **Dr. rer. nat.** *Abk. für* dok-
tor rerum naturalium: Doktor der Naturwis-
senschaften; vgl. Dr. phil. nat., Dr. sc. nat.;
**Dr. rer. oec.** *Abk. für* doctor rerum oecono-
micarum: Doktor der Wirtschaftswissen-
schaft; vgl. Dr. oec.; **Dr. rer. pol.** *Abk. für*
doctor rerum politicarum: Doktor der Staats-
wissenschaften; vgl. Dr. oec. publ., Dr. sc.
pol.; **Dr. rer. publ.** *Abk. für* doctor rerum pu-
blicarum: Doktor der Zeitungswissenschaft;
**Dr. rer. soc. oec.** *österr. Abk. für* doctor re-
rum socialium oeconomicarumque: Doktor
der Sozial- und Wirtschaftswissenschaften;
**Dr. rer. techn.** *Abk. für* doctor rerum techni-
carum: Doktor der technischen Wissenschaf-
ten; vgl. Dr. techn.; **Dr. sc.** *in der DDR Abk.
für* doctor scientiarum: Doktor der Wissen-
schaften (entspricht dem Dr. habil.); **Dr. sc.
agr.** *Abk. für* doctor scientiarum agrariarum:
Doktor der Landwirtschaft; vgl. Dr. agr.; **Dr.
sc. math.** *Abk. für* doctor scientiarum mathe-
maticarum: Doktor der mathematischen Wis-
senschaften; **Dr. sc. nat.** *Abk. für* doctor
scientiarum naturalium: Doktor der Natur-
wissenschaften; vgl. Dr. phil. nat., Dr. rer.
nat.; **Dr. sc. pol.** *Abk. für* doctor scientiarum
politicarum: Doktor der Staatswissenschaf-
ten; vgl. Dr. rer. pol., Dr. oec. publ.; **Dr. sc.
techn., Dr. techn.** *österr. Abk. für* doctor
scientiarum technicarum bzw. rerum techni-

carum: Doktor der techn. Wissenschaften;
vgl. Dr. rer. techn.; **Dr. theol.** *Abk. für* doctor
theologiae: Doktor der Theologie; vgl. D., D.
theol.
**Drug|store** [drʌgstɔ:r, engl.] *m. 9* **1** *in den
USA:* Laden für die verschiedensten
Bedarfsartikel, meist mit Imbißraum; **2** Lo-
kal mit Imbiß- und Einkaufsmöglichkeiten in
kleinen Fachgeschäften
**Dru|i|de** [kelt.-lat.] *m. 11* kelt. Priester; **Drui-
den|stein** *m. 1* kelt. Opferaltar
**Drum|lin** [selten auch: drʌm-, engl.] *m. 9*
langgestreckter Hügel aus eiszeitl. Grundmo-
ränenmaterial
**Drum|mer** [drʌmər, engl.] *m. 5 Jazz:* Musi-
ker, der die Drums schlägt; **Drums** [drʌmz]
*Mz. Jazz:* Schlagzeug
**Dru|schi|na** [russ.] *w. Gen. - nur Ez.* 9.–13.
*Jh. in Rußland:* Gefolgschaft eines Fürsten
**Dru|se 1** *w. 11* Hohlraum im Gestein mit
Kristallen an den Innenwänden; **2** *w. 11 nur
Ez.* Pferdekrankheit mit Entzündung der
Nasenschleimhaut; **3** *w. 11 meist Mz.* Pilz-
körnchen (bei Strahlenpilzerkrankung);
**4** *m. 11* Angehöriger einer islam. Sekte in
Syrien
**dry** [drai, engl.] trocken, herb, ohne Zucker-
zusatz (alkohol. Getränk)
**Dry|a|de** [griech.] *w. 11 griech. Myth.:* Wald-,
Baumnymphe
**d. s.** *Abk. für* dal segno
**Dschai|na** *m. 9* Anhänger des Dschainismus;
**Dschai|nis|mus** *m. Gen. - nur Ez.* streng asket.
ind. Religion; **Dschai|nist** *m. 10* → Dschaina
**Dschinn** [arab.] *m. 9, im islam. Volksglau-
ben:* böser Geist, Dämon
**Dschiu-Dschit|su** *s. Gen. - nur Ez.,* eindeut-
schende Schreibung von Jiu-Jitsu
**Dschon|ke** *w. 11* → Dschunke
**Dschun|gel** [Hindi] *m. 9, selten auch: w. 11
oder s. 5,* trop. Urwald, bes. in Indien
**Dschun|ke** [mal.] *w. 11* chines. Segelschiff
**D. theol.** *Abk. für* doctor theologiae: Doktor
der Theologie ehrenhalber; vgl. Dr. theol.
**dto.** *Abk. für* dito
**du|al** [lat.] in der Zweizahl auftretend, eine
Zweiheit bildend; **Du|al** *m. 1* grammat. Form
für zwei Dinge oder Lebewesen, noch in den
balt. und slaw. Sprachen sowie im bayr.
„enk" = euch beiden; **Dua|lis** *m. Gen. - Mz.*
-le → Dual; **Dua|lis|mus** *m. Gen. - nur Ez.*
**1** Widerstreit zweier rivalisierender Mächte
oder entgegengesetzter Kräfte; **2** jede Lehre,
nach der es zwei gegensätzl. Grundprinzipien
des Seins gibt, z. B. Licht–Finsternis, Geist–
Materie; **Dua|list** *m. 10* Vertreter, Anhänger
des Dualismus (2); **Dua|li|tät** *w. 10* Zweiheit,
Zweiförmigkeit, Wechselseitigkeit; **Du|al|sy-
stem** *s. 1 nur Ez.* auf der Zahl 2 aufgebautes
Zahlensystem, Dyadik
**Du|ba|se** [russ.] *w. 11, in Polen und der
UdSSR:* flacher Ruderkahn

du|bi|os, du|bi|ös [lat.] zweifelhaft, unsicher; Du|bio|sa, Du|bio|sen s. Mz., Ez.: -sum zweifelhafte Dinge, unsichere Forderungen; du|bi|ta|tiv Zweifel ausdrückend; Du|bi|um s. Gen.-s Mz.-bia oder -bi|en Zweifelsfall

Du|blee [frz.] s. 9 1 Metall mit Edelmetallüberzug; 2 Billard: Stoß mit einmaligem Berühren der Bande; Du|blęt|te w. 11 1 zweimal vorhandener Gegenstand, Doppelstück; 2 Doppeltreffer; 3 mit einem imitierten Stück zusammengesetzter Edelstein; du|blie|ren 1 mit Edelmetall überziehen; 2 verdoppeln

Du|blo|ne [span.-frz.] w. 19 alte span. Goldmünze

Du|blü|re w. 11 → Doublüre

Duc [dyk, frz.] m. 9, in Frankreich: Herzog; Du|ca [ital.] m. 9, in Italien: Herzog

Du|cen|tist [-tʃɛn-, ital.] m. 10 Künstler des Ducentos; Du|cen|to [-tʃɛn-, ital. „zweihundert" (nach 1000)] s. Gen.-(s) nur Ez. die künstlerische Stilepoche des 13. Jh. in Italien

Du|ces Mz. von → Dux

Du|chesse [dyʃɛs, frz.] w. 11 1 in Frankreich: Herzogin; 2 schweres Seiden- oder Kunstseidengewebe

Duc|tus [lat.] m. Gen. - Mz. - Med.: Kanal, Ausführungsgang; vgl. Duktus

Du|cen|to [-tʃɛn-] s. Gen.-(s) nur Ez. → Ducento

Du|ęll [lat.] s. 1 Zweikampf (meist mit Pistolen oder Säbeln); Du|ęl|lant m. 10 Teilnehmer an einem Duell; du|el|lie|ren sich d.: im Duell miteinander kämpfen

Du|eña [duęnja, span.], eindeutschend: Du|en|ja, Du|en|na w. 9 1 Herrin, Dame; 2 veraltet: Anstandsdame

Du|ętt [ital.] s. 1 Musikstück für zwei Singstimmen oder zwei gleiche Instrumente; vgl. Duo; Du|et|ti|no s. 9, Mz. auch: -ni kleines Duett

Dufflе|coat [dʌfəlkout, engl., nach der belg. Stadt Duffel] m. 9 dreiviertellanger Herrenmantel mit Schlingen und Knebeln zum Schließen und Kapuze

Du|four|kar|te [dyfur-, nach dem schweizer. General und Landvermesser G.-H. Dufour] w. 11 topograph. Landeskarte der Schweiz

Du|gong [mal.] m. 9 oder m. 1 Seekuh

du jour [dy ʒur, frz. „vom Tage"] veraltet: vom Dienst; du jour sein: Tagesdienst haben

Du|ka|ten [ital.] m. 7 alte deutsche, urspr. venezian. Goldmünze

Duke [djuk, engl.] m. 9, in England: Herzog

duk|til [lat.] gut formbar, dehnbar; Duk|ti|li|tät w. 10 nur Ez. Form-, Dehnbarkeit; Duk|tus m. Gen. - nur Ez. Art des Schreibens, Linienführung der Schrift, einer Zeichnung oder eines Gemäldes

Dul|zi|an s. 1 → Dolcian

Dul|zi|nea [nach der Geliebten des Don Qui-

jote] w. 9, Mz. auch: -ne|en ugs. abwertend: Geliebte, Freundin

Du|ma [russ.] w. 9 1 im alten Rußland urspr.: Vertretung des Hochadels; seit 1870: Rat, Magistrat; 2 1906-1917 Reichsduma: das russ. Parlament

Dum|dum [nach dem ind. Herstellungsort] s. 9, Dum|dum|ge|schoß s. 1 (heute verbotenes) schwere Wunden verursachendes Stahlmantelgeschoß mit zum Teil freiliegendem Bleikern

Dum|ka [ukrain.] w. Gen. - Mz. -ki, schwermütiges slaw. Volkslied, auch: Instrumentalstück

Dum|my [dʌmi, engl.] m. 9 1 Schaupackung, Attrappe; 2 Buchw.: Blindband, leeres Exemplar eines in Vorbereitung befindl. Buches mit Titel und einigen bedruckten Seiten als Schaustück; 3 Boxen: Sandsack in menschl. Form zum Training; 4 lebensgroße Puppe zu Testzwecken, Test-Dummy; 5 Bridge: Strohmann

Dum|per [dʌm-, engl.] m. 5 Kippwagen

Dum|ping [dʌm-, engl.] s. 9 Verkauf auf ausländ. Märkten zu Preisen, die unter den Inlandspreisen liegen

Duo [ital.] s. 9 1 Musikstück für zwei verschiedene Instrumente; 2 die ausführenden Musiker

duo|de|nal [lat.] zum Duodenum gehörig, von ihm ausgehend; Duo|de|ni|tis w. Gen. - Mz.-ti|den Zwölffingerdarmentzündung; Duo|de|num s. Gen.-s Mz.-na Zwölffingerdarm

Duo|dez [lat.] s. 1 (Zeichen: 12°), Duo|dez|for|mat s. 1 altes Buchformat in der Größe eines Zwölftelbogens; Duo|dez|fürst m. 10 Fürst eines Duodezstaates; duo|de|zi|mal auf dem Duodezimalsystem beruhend, dodekadisch; Duo|de|zi|mal|sy|stem s. 1 auf der Zahl 12 beruhendes Zahlensystem, Dodekadik; Duo|de|zi|me w. 11 zwölfter Ton der diaton. Tonleiter; Duo|dez|staat m. 12 sehr kleiner Staat, Zwergstaat

Duo|le [lat.] w. 11 Mus.: zwei aufeinanderfolgende gleichwertige Noten, die im Taktwert von drei Noten zu spielen sind

Duo|pol s. 1 → Dyopol

dü|pie|ren [frz.] täuschen, betrügen, zum besten haben

Du|pla Mz. von Duplum

Du|plet [-ple, frz.] s. 9 aus zwei Linsen zusammengesetzte Lupe; Du|plex ... [lat.] in Zus.: Doppel...; du|plie|ren verdoppeln; Du|plik w. 10 Antwort auf eine → Replik, Gegenantwort; Du|pli|kat s. 1 Doppel (eines Schriftstücks), Abschrift, Durchschlag, Kopie; Du|pli|ka|ti|on [-tsjon] w. 10 Verdoppelung; Du|pli|ka|tor m. 13 Vorrichtung zur Verstärkung der elektrischen Ladung auf einem Konduktor; Du|pli|ka|tur w. 10 Verdoppelung, Doppelbildung; du|pli|zie|ren verdoppeln; **Du|pli|zi|tät** *w. 10* doppeltes Vorkommen oder Auftreten; D. der Fälle: fast gleichzeitiges Auftreten zweier ähnlicher Ereignisse; **Du|plum** *s. Gen.*-s *Mz.*-pla Doppel, Duplikat

**Du|pren** [auch: dy-, Kunstw.] *s. 1 nur Ez.* ein künstl. Kautschuk

**Dur** [zu lat. durus „hart"] *s. Gen. - nur Ez.* eins der beiden Tongeschlechter mit großer Terz im Dreiklang der Tonika; *Ggs.:* Moll; **Du|ra** [lat.] *w. Gen. - nur Ez.* die harte, äußere Hirnhaut

**du|ra|bel** [lat.] dauerhaft, beständig; **Du|ra|bi|li|tät** *w. 10 nur Ez.* Dauerhaftigkeit, Beständigkeit

**Du|ral** [lat.] *s. 1 nur Ez. österr. für* Duralumin; **Dur|alu|min** *s. 1* sehr harte Aluminiumlegierung

**Du|ra ma|ter** [lat. „harte Mutter"] *w. Gen. - - nur Ez.* → Dura

**du|ra|tiv** [auch: du-, lat.] dauernd; **Du|ra|ti|vum** *s. Gen.*-s *Mz.*-va die Dauer eines Vorgangs ausdrückendes Verb, z. B. schlafen, wohnen, blühen

**Du|rax** [Kunstw.] *s. 1 nur Ez.* ein härtbares Kunstharz

**durch|star|ten** *Flugwesen:* nach mißglücktem Landeversuch die Geschwindigkeit wieder beschleunigen und Höhe gewinnen

**Du|ri|ne** *w. 11* → Dourine

**Dur|ra** [arab.] *w. Gen. - nur Ez.* Mohrenhirse, Sorgho, eine Getreidepflanze

**Dutch|man** [dʌtʃmən, engl.] *m. Gen.*-s *Mz.* -men [-mən] 1 *engl. Bez. für* Niederländer; 2 *Schimpfwort englischsprechender Matrosen für* deutscher Matrose

**Du|ty-free-Shop** [dju:tifriʃɔp, engl.] *m. 9* Laden für zollfreie Waren, z. B. auf Flughäfen, Schiffen usw.

**Du|um|vir** [lat.] *m. 11* Angehöriger des Duumvirats; **Du|um|vi|rat** *s. 1, im alten Rom:* aus zwei Beamten bestehende Behörde

**Du|ve|tine** [dyvtin, frz.] *m. 9* wildlederartiges Gewebe

**Dux** [lat. „Führer"] *m. Gen.- Mz.* Du|ces 1 *im alten Rom:* Truppenführer; 2 *Mus.:* erstes Thema der Fuge auf der Grundstufe; vgl. Comes

**Dy** *chem. Zeichen für* Dysprosium

**Dya|de** [griech.] *w. 11* Vektorrechnung: zwei zusammengefaßte Einheiten; **Dya|dik** *w. 10 nur Ez.* → Dualsystem; **dya|disch** 1 auf der Dyadik beruhend; 2 zur Dyas gehörig, aus ihr stammend; **Dy|as** *w. Gen. - nur Ez.* veraltet für Perm

**Dyn** [griech.] *s. Gen.*-s *Mz.* - (*Zeichen:* dyn) Maßeinheit der Kraft, *heute meist:* → Newton; **Dy|na|mik** *w. 10 nur Ez.* 1 *Phys.:* Lehre von der Bewegung von Körpern unter dem Einfluß von Kräften; *Ggs.:* Statik; 2 lebendige Bewegtheit, Schwung; **dy|na|misch** 1 auf Dynamik beruhend, zur Dynamik gehörend; *Ggs.:* statisch; 2 lebendig bewegt, schwungvoll; 3 wach und aufgeschlossen, beweglich und anpassungsfähig; **dy|na|mi|sie|ren** dynamisch gestalten; **Dy|na|mis|mus** *m. Gen. - nur Ez.* 1 Lehre, daß alles Sein auf der Wirkung von Kräften beruht; 2 *bei Naturvölkern:* Glaube, daß manche Menschen übernatürl. Kräfte besitzen; **dy|na|mi|stisch** auf dem Dynamismus beruhend; **Dy|na|mit** *s. 1 nur Ez.* ein Sprengstoff; **Dy|na|mo** *m. 9,* **Dy|na|mo|ma|schi|ne** *w. 11* Maschine zum Erzeugen von Strom; **Dy|na|mo|me|ter** *s. 5* Gerät zum Messen von Kräften und mechan. Leistung

**Dy|nast** [griech.] *m. 10* 1 regierender Angehöriger einer Dynastie; 2 Herrscher, Fürst; **Dy|na|stie** *w. 11* Herrscherhaus, -familie

**Dyo|pol** [griech.] *s. 1* Marktform, in der zwei etwa gleich starke Unternehmen den Markt des gleichen Wirtschaftsgutes beherrschen

**Dys|äs|the|sie** [griech.] *w. 11* Unempfindlichkeit, Stumpfheit (der Sinne)

**Dys|bak|te|rie** [griech.] *w. 11* durch abnorme Bakterienbesiedlung im Darmbereich hervorgerufener Gärungs- und Fäulnisprozeß

**Dys|en|te|rie** [griech.] *w. 11* Ruhr; **dys|en|te|risch** ruhrartig

**Dys|er|gie** [griech.] *w. 11* verminderte Widerstandskraft, Krankheitsbereitschaft

**Dys|funk|ti|on** [-tsjon, griech. + lat.] *w. 11* Funktionsstörung (eines Organs)

**Dys|kra|nie** [griech.] *w. 11* Mißbildung des Schädels

**Dys|kra|sie** [griech.] *w. 11* fehlerhafte Zusammensetzung (der Körperflüssigkeiten, bes. des Blutes)

**Dys|me|lie** [griech.] *w. 11* angeborene Mißbildung (von Gliedmaßen)

**Dys|me|nor|rhö** [griech.] *w. 10,* **-rhoe** [-rø] *w. 11* gesteigerte Schmerzhaftigkeit der Menstruation

**Dys|pep|sie** [griech.] *w. 11* Verdauungsstörung; **dys|pep|tisch** 1 auf Dyspepsie beruhend, schwer verdauend; 2 schwer verdaulich

**Dys|phre|nie** [griech.] *w. 11* seelische Störung

**Dys|pla|sie** [griech.] *w. 11* körperl. Mißbildung, Fehlentwicklung; **dys|pla|stisch** *in der Wendung* dysplastischer Typ: von der Norm abweichender Körperbautyp

**Dys|pnoe** [-pnoe:, griech.] *w. Gen. - nur Ez.* Atemstörung, bes. Kurzatmigkeit

**Dys|pro|si|um** [griech.] *s. Gen.*-s *nur Ez.* (*Zeichen:* Dy) chem. Element, ein Metall

**Dys|to|nie** [griech.] *w. 11* Störung des normalen Spannungszustandes (von Muskeln, Gefäßen, Nerven)

**Dys|tro|phie** [griech.] *w. 11* Ernährungsstörung (von Muskeln, Organen u. a.)

**Dys|ze|pha|lie** [griech.] *w. 11* krankhafte Verformung des Schädels

# E

e **1** *Zeichen für* Elektron; **2** *Zeichen für* Elementarladung; **3** *Zeichen für* die Zahl 2,71828... (Basis der natürl. Logarithmen)
ε *Zeichen für* Dielektrizitätskonstante
e$^+$ *Zeichen für* Positron
e$^-$ *früher Zeichen für* Elektron
**E** *Meteor.: Abk. für* East (Ost)
**Eagle** [igl, engl. „Adler"] *m. 9* Goldmünze in den USA mit aufgeprägtem Adler, 10 Dollar
**Earl** [əl, engl.] *m. 9, engl. Bez. für* Graf
**Earlly-Bird** [əlibəd] *m. 9* Anreiz für den Empfänger einer Werbebotschaft (z. B. Geschenk, zeitlich befristeter Preisnachlaß), seine Bestellung möglichst schnell abzusenden
**East** [ist, engl.] *(Abk.: E) Meteor.:* Ost(en)
**Easy Rilder** [izi raidər, engl.] *m. Gen.* --s *Mz.* --s Motorrad mit hoher, in der Mitte geteilter Lenkstange
**Eau de Collolgne** [o:dəkolɔnjə, frz.] *s. Gen.* - - - *nur Ez.* Kölnisch Wasser, ein Duftwasser; **Eau de toillette** [o:dətwalɛt] *s. Gen.* - - - *nur Ez.* ein Duftwasser; **Eau de vie** [o:dəvi] *s. Gen.* - - - *nur Ez., frz. Bez. für* Weinbrand
**Ebolnit** [arab.-türk.] *s. 1 nur Ez.* Hartgummi
**e. c.** *Abk. für* exempli causa
**Ecarlté** [-te] *s. 9* → Ekarté
**Eclce** [ɛktsə, lat. „siehe da"] *s. Gen.* - *Mz.* - *früher:* jährl. Totengedenkfeier; **Eclce-Homo** [„Seht, (welch) ein Mensch", Ausspruch des Pilatus, Joh. 19,5] *s. 9 oder Gen.* - *Mz.* - Darstellung Christi mit der Dornenkrone
**Eclclelsia** [lat.] *w. Gen.* - *nur Ez.* Kirche; E. militans: die kämpfende Kirche; **Eclclesiollolgie** *w. 11* → Ekklesiologie
**Echappelment** [eʃapmã, frz.] *s. 9* **1** *veraltet:* Flucht; **2** Hemmvorrichtung (in der Uhr); Auslösung (einer Mechanik); **echaplpielren** *veraltet:* entweichen
**echaulfifielren** [eʃof-, frz.] sich e.: sich erhitzen, sich erregen; **echaulfifiert** erregt und bestürzt
**Echellvelria** [ɛtʃɛ-, nach dem mexikan. Pflanzenzeichner Echeverria] *w. Gen.* - *Mz.*-rien ein Dickblattgewächs, eine Zimmerpflanze
**Echilnit** [griech.] *m. 12 oder 10* versteinerter Seeigel; **Echilnolderlme** *m. 11* Stachelhäuter; **Echilnolkakltus** *m. Gen.* - *Mz.*-teen Igelkaktus; **Echilnolkokkkus** *m. Gen.* - *Mz.*-ken Blasenwurm (ein Hundebandwurm sowie dessen Finne); **Echinus** *m. Gen.* - *Mz.* - **1** Seeigel; **2** Wulst zwischen Schaft und Deckplatte der dorischen Säule
**Echo** [griech.] *s. 9* Widerhall; Antwort; **echolen** widerhallen; *übertr.:* nachsagen, wiederholen; **Echollot** *s. 1* Gerät zum Messen

von Entfernungen und Tiefen mittels Schallwellen
**Eclair** [eklɛr, frz.] *s. 9* ein mit Creme gefülltes Gebäck mit Zucker- oder Schokoladenglasur, Liebesknochen
**Eclat** [ekla] *m. 9* → Eklat
**Ecolnolmilser** [ikɔnomaizər] *m. 5* → Ekonomiser
**Ecoslsailse** [ekɔsɛz(ə)] *w. 11* → Ekossaise
**Ecralsélleider** [-se-, frz.] *s. 5* grobnarbiges Ziegenleder
**ecru** [ekry] → ekrü
**ed.** *Abk. für* edidit: herausgegeben, ediert (in Bibliographien)
**Ed.** *Abk. für* Edition
**edalphisch** [griech.] von den Eigenschaften des Bodens abhängig, bodenbedingt; **Edalphon** *s. Gen.* -s *nur Ez.* die Welt der Kleinlebewesen im Erdboden
**edd.** *Abk. für* ediderunt: herausgegeben, ediert (in Bibliographien bei mehreren Herausgebern)
**Edlda** *w. 9, Mz. auch* -den Name zweier Sammlungen altnord. Dichtungen; Ältere E., Jüngere E.; **edldisch** zur Edda gehörig, aus ihr stammend; die eddischen Lieder
**Eden** [hebr.] *s. 7 nur Ez., im AT:* Paradies; Garten Eden
**Edenltalte** [lat.] *m. 11 meist Mz.* zahnarmes Säugetier, z. B. Gürtel-, Faultier, Ameisenbär
**edielren** [lat.] herausgeben (Buch); ediert *(Abk.: ed.)*
**Edikt** [lat.] *s. 1* Erlaß, Verordnung (von Kaisern oder Königen)
**Edilti on** [-tsjon, lat.] *w. 10 (Abk.: Ed.)* Ausgabe, Herausgabe (von Büchern und Musikalien); **Edilátio prinlceps** [-tsjo-] *w. Gen.* - - *Mz.*-tiolnes -cilpes Erstausgabe (eines Buches); **Editor** [*auch:* -di-] *m. 13* Herausgeber; **edlitolrisch** die Herausgabe (eines Buches) betreffend
**Edulkaltion** [-tsjon, lat.] *w. 10* Erziehung
**Edukt** [lat.] *s. 1* Auszug aus Rohstoffen, z. B. Öl, Zucker
**EDV** *Abk. für* elektronische Datenverarbeitung
**EEG** *Abk. für* Elektroenzephalogramm
**Efenldi** [griech.-türk.] *m. 9* **1** *früher:* türk. Titel für ranghohe Personen; **2** *dann (bis 1934):* Herr (als Anrede)
**Efifekt** [lat.] *m. 1* Wirkung, Erfolg, Ergebnis; **Efifekiten** *Mz.* Wertpapiere; **Efifekltlhalscheirei** *w. 10 nur Ez.* auf Wirkung angelegtes Verhalten; **efifekltliv** tatsächlich, wirklich; **Efifekltivlbelstand** *m. 2* Ist-Bestand; **Efifekltlivi-**

**tät** *w. 10 nur Ez.* Wirksamkeit, Wirkungskraft; **Ef|fek|tiv|lohn** *m. 2* Tariflohn einschließlich aller Zulagen; **ef|fek|tu|ie|ren 1** ausführen, durchführen (Auftrag), zahlen; **2** sich e.: sich lohnen

**Ef|fe|mi|na|ti|on** [-tsjon, lat.] *w. 10 nur Ez.* schwerster Grad entgegengesetzter geschlechtl. Empfindung, bei der sich der Mann ganz als Frau fühlt; **ef|fe|mi|nie|ren** weichlich, weibisch werden

**Ef|fen|di** *m. 9* → Efendi

**Ef|fet** [ɛfɛ, frz.] *s. 9 oder m. 9* Drehung eines Balles oder einer Billardkugel durch Anschneiden, so daß er bzw. sie beim Aufschlagen oder Anstoßen die Richtung ändert; **ef|fet|tuo|so** [ital.] *Mus.:* wirkungsvoll

**Ef|fi|ci|en|cy** [ifiʃnsi, engl.] *w. Gen. - nur Ez. Wirtsch.:* Wirtschaftlichkeit, größtmögliche Wirkung

**ef|fi|lie|ren** [frz.] Haare e.: beim Schneiden gleichmäßig dünner machen

**Ef|fi|zi|enz** [lat.] *w. 10* Wirkkraft, Wirksamkeit; **ef|fi|zie|ren** bewirken

**Ef|flo|res|zenz** [lat.] *w. 10* **1** *Med.:* Hautblüte, z. B. Pusteln; **2** *Geol.:* Salzüberzug auf Böden und Gesteinen; **ef|flo|res|zie|ren 1** krankhafte Hautveränderungen zeigen; **2** einen Salzüberzug bilden

**ef|flu|ie|ren** [lat.] *Med.:* ausfließen, ausdünsten; **Ef|flu|vi|um** *s. Gen. -s Mz. -vi|en Med.:* Ausfluß, Ausdünstung

**Ef|ful|si|on** [lat.] *w. 10* Ausströmen, Erguß (z. B. von Lava); **ef|ful|siv** durch Effusion gebildet; **Ef|ful|siv|ge|stein** *s. 1* Ergußgestein

**EFTA** *Abk. für* European Free Trade Association: Europäische Freihandelszone

**egal** [frz.] **1** gleich, gleichmäßig; **2** gleichgültig, einerlei; das ist mir egal; **egal|i|sie|ren** ausgleichen, gleichmäßig machen; **egal|i|tär** (polit., soziale usw.) Gleichheit anstrebend; **Egal|i|ta|ris|mus** *m. Gen. - nur Ez.* Lehre von der größtmöglichen Gleichheit aller Menschen und das Streben nach ihrer Verwirklichung; **Egal|i|tät** *w. 10 nur Ez.* Gleichheit; **Égal|i|té** [-te] *w. 11 nur Ez.* Gleichheit (eins der drei Schlagwörter der Frz. Revolution); vgl. Liberté

**Egg|head** [-hɛd, engl. „Eierkopf"] *m. 9, amerik. ironische Bez. für* Intellektueller

**Ego** [lat.] *s. 9 nur Ez.* das Ich; vgl. Alter ego; **Ego|is|mus** *m. Gen. - nur Ez.* Ichsucht, Selbstsucht; *Ggs.:* Altruismus; **Ego|ist** *m. 10* selbstsüchtiger Mensch; *Ggs.:* Altruist; **ego|is|tisch** selbstsüchtig; **Ego|tis|mus** [lat.] *m. Gen. - nur Ez.* Neigung, sich selbst in den Vordergrund zu stellen, Eigenliebe

**Egout|teur** [egutør, frz.] *m. 1* Walze zum Erzeugen des Wasserzeichens im Papier

**Ego|zen|trik** [lat.] *w. 10 nur Ez.* egozentrisches Verhalten; **Ego|zen|tri|ker** *m. 5* egozentrischer Mensch; **ego|zen|trisch** alles auf sich selbst beziehend, nur vom eigenen Stand-

punkt aus denkend und handelnd; **Ego|zen|tri|zi|tät** *w. 10 nur Ez.* → Egozentrik

**egre|nie|ren** [frz.] von den Samen trennen (Baumwollfasern)

**Egyp|ti|enne** [eʒipsjɛn, frz. „ägyptisch"] *w. Gen. - nur Ez.* eine Antiqua-Druckschrift

**Ei|de|tik** [griech.] *w. 10* Fähigkeit, früher Geschehenes als anschauliches Bild wieder vor sich zu sehen; **ei|de|tisch** auf Eidetik beruhend, anschaulich, bildhaft

**Ei|do|phor** [griech.] *s. 1* Fernsehgerät für Großbilder; **Ei|dos** *s. Gen. - nur Ez.* **1** Gestalt, Form; **2** *bei Plato:* Idee; **3** *Logik:* Art, Spezies

**ein|bal|sa|mie|ren** mit fäulnishemmenden Stoffen behandeln (Leichen)

**ein|flip|pen** auf etwas eingeflippt sein *ugs.:* in etwas befangen sein, an etwas gebunden sein; vgl. ausflippen

**ein|kal|ku|lie|ren** einrechnen, mit berücksichtigen

**ein|quar|tie|ren** in einem Quartier unterbringen

**Eja|cu|la|tio prae|cox** [lat.] *w. Gen. - - nur Ez.* vorzeitiger Samenerguß; **Eja|cu|la|tio re|tar|da** *w. Gen. - - nur Ez.* zu spät eintretender Samenerguß; **Eja|ku|lat** *s. 1* ausgespritzte Samenflüssigkeit; **Eja|ku|la|ti|on** [-tsjon] *w. 10* Samenerguß; **eja|ku|lie|ren** eine Ejakulation haben; **Ejek|ti|on** [-tsjon] *w. 10* **1** *veraltet:* Vertreibung (aus dem Besitz); **2** *Geol.:* Auswurf von vulkan. Material; **Ejek|tor** *m. 13* **1** Auswerfvorrichtung am Jagdgewehr; **2** Dampfstrahlpumpe; **eji|zie|ren** *veraltet:* hinauswerfen, vertreiben

**Ekart** [ekar, frz.] *m. 9 Börse:* Unterschied zwischen zwei Kursen im Terminhandel; **Ekar|té** [-te] *s. 9* **1** ein frz. Kartenspiel; **2** *Ballett:* Abspreizen des gestreckten Beines

**Ek|chon|drom** [-çon-, griech.] *s. 1* Knorpelgeschwulst; **Ek|chon|dro|se** *w. 11* Erkrankung infolge Knorpelwucherung

**Ek|chy|mo|se** [-çy-, griech.] *w. 11* blutunterlaufene Stelle, flächenhafte Hautblutung

**ek|de|misch** [griech.] auswärts befindlich, abwesend; *Ggs.:* endemisch (**1**)

**EKG, Ekg** *Abk. für* Elektrokardiogramm

**Ek|kle|sia** *w. Gen. - nur Ez.* → Ecclesia; **Ek|kle|si|a|stik** [lat.] *w. 10 nur Ez.*, **Ek|kle|si|o|lo|gie** *w. 11 nur Ez.* Lehre von der Kirche

**Ek|lamp|sie** [griech.] *w. 11* Krampfanfall während der Spätschwangerschaft, der Entbindung oder des Wochenbetts infolge Stoffwechselversagens

**Eklat** [ekla, frz.] *m. 9* aufsehenerregendes Ereignis, Skandal; **ek|la|tant 1** aufsehenerregend; **2** offenkundig

**Ek|lek|ti|ker** [griech. „Auswählender"] *m. 5* jmd., der verschiedene Anschauungen oder verschiedene Stile (bes. in der Baukunst) miteinander verbindet, ohne eigene Gedanken oder einen eigenen Stil zu entwickeln;

**ek|lek|tisch** unschöpferisch, nachahmend; **Ek|lek|ti|zis|mus** *m. Gen. - nur Ez.* Übernahme fremden Gedankenguts oder fremder Stile ohne eigene schöpfer. Leistung
**Ek|lip|se** [griech.] *w. 11* Sonnen- oder Mondfinsternis; **Ek|lip|tik** *w. 10 nur Ez.* die Ebene der Erdbahn um die Sonne, die sich am Himmel als scheinbare jährl. Bahn der Sonne unter den Sternen abzeichnet
**Ek|lo|ge** [griech.] *w. 11* altröm. Hirten-, Schäfergedicht
**Eko|no|mi|ser** [ikɔnomaizər, engl.] *m. 5* Vorwärmer für das Wasser von Dampfkesseln
**Ekos|sai|se** [ekɔsɛz(ə), frz.] *w. 11 urspr.:* ein schott. Volkstanz, *danach:* ein Gesellschaftstanz
**Ekra|sit** [frz.] *s. 1 nur Ez.* ein Sprengstoff
**ekrü** [frz.] *nicht flektierbar* naturfarben; **Ekrü|sei|de** *w. 11* Rohseide
**Ek|sta|se** [griech.] *w. 11* **1** rauschhafte Verzückung, Entrückung; **2** übersteigerte Begeisterung; **Ek|sta|tik** *w. 10 nur Ez.* ekstat. Verhalten; **Ek|sta|ti|ker** *m. 5* rasch in übersteigerte Begeisterung geratender Mensch; **ek|statisch** rauschhaft, verzückt
**Ek|ta|se** [griech.] *w. 11* antike Metrik: Dehnung (eines Vokals); **Ek|ta|sie** *w. 11 Med.:* Ausdehnung, Erweiterung; **Ek|ta|sis** *w. Gen. - Mz. -sen → Ektase
**Ek|to|derm** [griech.] *s. 1* äußeres Keimblatt des Embryos; **Ek|to|mie** *w. 11* operative Entfernung eines Organs; **Ek|to|pa|ra|sit** *m. 10* Schmarotzer auf der Körperoberfläche; **Ek|to|pie** *w. 11* Verlagerung eines Organs (z. B. bei der Wanderniere); **Ek|to|plas|ma** *s. 9* bei Einzellern: äußere Plasmaschicht
**Ek|zem** [griech.] *s. 1* nicht ansteckende, jukkende Hautentzündung; **Ek|ze|ma|ti|ker** *m. 5* jmd., der an Ekzemen leidet; **ek|ze|ma|tisch, ek|ze|ma|tös** von einem Ekzem hervorgerufen, in der Art eines Ekzems
**Ela|bo|rat** [lat.] *s. 1* schlechte schriftl. Arbeit, Machwerk
**Ela|idin|säu|re** [griech.] *w. 11 nur Ez.* Umlagerungsform der Elainsäure; **Ela|in** *s. 1 nur Ez.* in Ölen und Fetten vorkommende chem. Verbindung der Elainsäure; **Ela|in|säu|re** *w. 11 nur Ez.* Ölsäure
**Elan** [frz.: elã] *m. Gen. -s nur Ez.* Schwung, Begeisterung; **Elan vi|tal** [elã-] *m. Gen. - -* Lebensschwung, Lebenskraft
**Ela|stik** [frz.] *w. 10 oder s. 9* ein dehnbares Gewebe; **ela|stisch** **1** dehnbar, biegsam; **2** *übertr.:* spannkräftig, beweglich; **Ela|sti|zi|tät** *w. 10 nur Ez.* **1** Dehnbarkeit, Biegsamkeit; **2** *übertr.:* Spannkraft, Beweglichkeit; **Ela|sti|zi|täts|mo|dul** *m. 14* Widerstandsfähigkeit gegen Formveränderung; **Ela|sto|me|re** *Mz.* gummiartige Kunststoffe
**Ela|tiv** [lat.] *m. 1* absoluter Superlativ, z. B. schönstens oder: aufs schönste = sehr schön, eiligst = sehr eilig

**El|do|ra|do**, *eigtl.:* Do|ra|ldo [span.] *s. 9* Land von großem Reichtum, Paradies
**Ele|fan|tia|sis** [griech.] *w. Gen. - Mz. -tiasen* infolge Lymphstauung unförmige Verdikkung des Gewebes an Gliedmaßen, bes. den Beinen
**ele|gant** [frz.] **1** modisch und geschmackvoll; **2** fein und gewandt, geschickt; elegante Formulierung; **Ele|gant** [-gã] *m. 9* stets nach der letzten Mode gekleideter Mann; **Ele|ganz** *w. 10 nur Ez.* elegante Beschaffenheit
**Ele|gie** [griech.] *w. 11* **1** *urspr.:* Gedicht in Distichen; **2** *danach:* wehmütiges, klagendes Gedicht oder Musikstück; **Ele|gi|ker** *m. 5* Elegiendichter; **ele|gisch** **1** in der Art einer Elegie; **2** *übertr.:* klagend, wehmütig, traurig; **Eleg|jam|bus** *m. Gen. - Mz. -ben* ein antikes jambisches Versmaß
**Elei|son** [auch: elei-, griech. „erbarme dich"] *s. 9* gottesdienstl. Gesang
**Elek|ti|on** [-tsjon, lat.] *w. 10* Auswahl; **elek|tiv** auswählend; **Elek|to|rat** *s. 1* Kurfürstenwürde
**Elek|tri|fi|kati|on** [-tsjon, lat.] *w. 10 nur Ez.* das Elektrifizieren; **elek|tri|fi|zie|ren** auf elektr. Betrieb ein-, umstellen; **Elek|trik** *w. 10 nur Ez.* Kurzw. für Elektrotechnik, Elektrizitätslehre; **Elek|tri|ker** *m. 5* Kurzw. für Elektrotechniker; **elek|trisch** auf den Kräften von ruhenden oder bewegten, positiv oder negativ geladenen Teilchen beruhend; **Elek|tri|sche** *w. 17 oder 18 ugs., veraltet:* Straßenbahn; **elek|tri|sie|ren** etwas u.: **1** elektr. Ladungen in etwas erzeugen, auf etwas übertragen; **2** mit elektr. Strom behandeln; **Elek|tri|zi|tät** *w. 10 nur Ez.* elektr. Energie
**Elek|tro|aku|stik** *w. 10 nur Ez.* Technik der Umwandlung akust. in elektr. Signale sowie ihre Übertragung, Speicherung und Rückverwandlung in Schallwellen; **Elek|tro|che|mie** *w. 11 nur Ez.* Wiss. von den chem. Wirkungen des elektr. Stroms; **Elek|tro|chir|ur|gie** *w. 11 nur Ez.* Chirurgie mit Hilfe elektr. Stroms; **Elek|tro|chord** [-kɔrd] *s. 1* elektr. Klavier; **Elek|tro|de** *w. 11* Metall- oder Kohlekörper zum Zu- oder Ableiten von elektr. Strom; **Elek|tro|dia|gno|stik** *w. 10 nur Ez.* Diagnostik mit Hilfe elektrophysikal. Verfahren (z. B. EKG, EEG); **Elek|tro|dy|na|mik** *w. 10 nur Ez.* Lehre von den mechan. Wirkungen des elektr. Stroms; **Elek|tro|dy|na|mo|me|ter** *s. 5* Gerät zum Messen der elektrischen Stromstärke und Spannung; **Elek|tro|en|ze|phal|o|gramm** *s. 1* (*Abk.:* EEG) Aufzeichnung der elektr. Aktionsströme des Gehirns zur Erkennung von Gehirnerkrankungen; **Elek|tro|in|ge|nieur** [-ʒənjøːr] *m. 1* an einer Techn. Hochschule ausgebildeter Elektrotechniker; **Elek|tro|kar|dio|gramm** *s. 1* (*Abk.:* EKG, Ekg) Aufzeichnung der Aktionsströme des Herzmuskels; **Elek|tro-**

kar|dio|graph *m. 10* Gerät zur Herstellung von Elektrokardiogrammen; **Elek|tro|kau|stik** *w. 10 nur Ez.* operative Entfernung kranken Gewebes mit Hilfe von Hochfrequenzströmen; **Elek|tro|kau|ter** *m. 5* elektr. Schneidbrenner zur Elektrokaustik; **Elek|tro|ly|se** *w. 11* Zersetzung chem. Verbindungen durch elektr. Strom; **Elek|tro|ly|seur** [-sør] *m. 1* Gerät zur Elektrolyse; **Elek|tro|lyt** *m. 1 oder 10* Stoff, der in wäßriger Lösung elektr. Strom leitet und durch ihn zersetzt wird; **Elek|tro|ma|gnet** *m. 10* durch Induktionswirkung des elektr. Stromes magnetisch gewordenes Metall; **Elek|tro|ma|gne|tis|mus** *m. Gen. - nur Ez.* durch elektr. Strom erzeugter Magnetismus; **Elek|tro|me|tall** *s. 1* durch Elektrolyse gewonnenes Metall; **Elek|tro|me|ter** *s. 5* Gerät zum Messen elektr. Ladung und Spannung; **Elek|tro|mo|tor** *m. 12* mit elektr. Strom betriebener Motor

**Elek|tron** [griech.] *s. 13* (*Zeichen:* e, *früher:* e⁻) **1** negativ geladenes Elementarteilchen; **2** in der Natur vorkommende Gold-Silber-Legierung; **3** ⓦ Magnesiumlegierung (mit je nach Verwendung verschiedenen Zusätzen); **4** antikes Münzmetall; **Elek|tro|nen|blitz|ge|rät** *s. 1* photograph. Blitzlichtgerät; **Elek|tro|nen|ge|hirn** *s. 1* elektron. Rechenmaschine; **Elek|tro|nen|mi|kro|skop** *s. 1* Mikroskop, bei dem nicht Lichtstrahlen, sondern Elektronen verwendet werden; **Elek|tro|nen|or|gel** *w. 11* elektronisch betriebenes, orgelähnl. Musikinstrument; **Elek|tro|nen|rech|ner** *m. 5* elektronisch arbeitende Rechenmaschine; **Elek|tro|nen|röh|re** *w. 11* Gerät zum Erzeugen, Verstärken und Gleichrichten elektr. Schwingungen; **Elek|tro|nen|volt** *s. Gen.-(s) Mz. - Kernphysik:* Einheit für Arbeit bzw. Energie; **Elek|tro|nik** *w. 10 nur Ez.* Lehre von den Elektronen und Elektronenröhren und ihrer techn. Anwendung; **Elek|tro|ni|ker** *m. 5* Techniker in der Elektronik; **elek|tro|nisch** auf Elektronik beruhend; elektronische Musik: Musik, die mit elektron. Klangmitteln erzeugt und durch Lautsprecher übertragen wird

**Elek|tro|ofen** *m. 8* mit elektr. Strom betriebener Ofen; **elek|tro|phil** zur Anlagerung von Elektronen neigend; **elek|tro|phob** der Anlagerung von Elektronen abgeneigt; **Elek|tro|pho|re|se** *w. 11 nur Ez.* Bewegung elektrisch geladener Teilchen im elektr. Feld; **Elek|tro|schock** *m. 9* Schock durch elektr. Strom zu Heilzwecken; **Elek|tro|skop** *s. 1* veraltetes Gerät zum Nachweis elektr. Ladungen; **Elek|tro|sta|tik** *w. 10 nur Ez.* Lehre von den ruhenden elektr. Ladungen; **Elek|tro|tech|nik** *w. 10 nur Ez.* Technik der Erzeugung und Anwendung der Elektrizität und der Herstellung elektr. Geräte und Maschinen; **Elek|tro|tech|ni|ker** *m. 5* Handwerker oder Ingenieur in der Elektrotechnik; **Elek|tro|the|ra|pie** *w. 11* mit elektr. Strom arbeitende Therapie; **Elek|tro|to|mie** *w. 11* Herausschneiden von Gewebswucherungen mittels elektrisch beheizter Schneidschlinge

**Ele|ment** [lat.] *s. 1* **1** Urstoff, Grundstoff; **2** Grundbestandteil, -begriff; **3** Naturgewalt; **4** einzelnes Teil einer Serie; **5** *übertr.:* minderwertiger Mensch; **6** das jmdm. Gemäße, Angemessene; hier ist er in seinem Element; **ele|men|tar 1** grundlegend; **2** naturhaft; **3** Anfangs..., Grund..., Natur...; elementare Begriffe, Gewalten; **Ele|men|tar|geist** *m. 3* im *Volksglauben:* Naturgeist; **Ele|men|tar|la|dung** *w. 10* kleinste in der Natur vorkommende elektr. Ladung; **Ele|men|tar|quan|tum** *s. Gen.-s Mz.* -ten *Quantenphysik:* kleinste Einheit der Energie, des Impulses und anderer physikal. Größen; **Ele|men|tar|schu|le** *w. 11* Grund-, Volksschule; **Ele|men|tar|teil|chen** *s. 7* kleinstes, nicht weiter teilbares Teilchen; **Ele|men|tar|un|ter|richt** *m. 1* **1** Volks-, Grundschulunterricht; **2** Anfangs-, Einführungsunterricht; **Ele|men|tar|werk** *s. 1* Lehrbuch der Anfangsgründe (eines Wissensgebietes)

**Ele|mi** [arab.-span.] *s. Gen.-s nur Ez.* Harz verschiedener trop. Bäume

**Elen** [lat.] *s. 7 oder m. 7*, **Elen|tier** *s. 1* Elch

**Eleu|si|ni|en** *Mz. im alten Griechenland:* Mysterienspiele der Stadt Eleusis zu Ehren der Göttin Demeter

**Ele|va|ti|on** [-tsjon, lat.] *w. 10* **1** Erhöhung, Empor-, Aufheben; **2** *kath. Kirche:* das Emporheben von Hostie und Kelch während der Messe; **3** *Astron.:* Erhebung eines Gestirns über den Horizont; **Ele|va|tor** *m. 13* Hebe-, Becherwerk

**Ele|ve** [frz.] *m. 11* **1** Land- und Forstwirt während der prakt. Ausbildung; **2** Schüler einer Schauspiel- oder Ballettschule; **Ele|vin** *w. 10* weibl. Eleve

**eli|die|ren** [lat.] *Sprachw.:* auslassen, ausstoßen (Laut)

**Eli|mi|na|ti|on** [-tsjon, lat.] *w. 10* Entfernung, Beseitigung; **eli|mi|nie|ren** ausscheiden, entfernen

**Eli|si|on** [lat.] *w. 10* Weglassen, Ausstoßen eines Vokals, z. B. das *hör* ich gern, *Freud* und Leid, Besied(e)lung

**eli|tär** zu einer Elite gehörend; **Eli|te** [österr.: -lit, frz.] *w. 11* Auslese, die Besten

**Elixier** [griech.-arab.] *s. 1* Zauber-, Heiltrank

**El|lip|se** [griech.] *w. 11* **1** *Math.:* ein Kegelschnitt; **2** *Sprachw.:* Auslassungssatz, Satz, in dem zum Verständnis nicht nötigen Teile weggelassen sind, z. B. (was) frisch gewagt (wird), ist (schon) halb gewonnen; **el|lip|so|id** ellipsenähnlich; **El|lip|so|id** *s. 1* durch Drehung einer Ellipse um eine ihrer Achsen entstandener Körper; **el|lip|tisch** in der Form, Art einer Ellipse; **El|lip|ti|zi|tät** *w. 10 nur Ez.*

*Astron.*: Abplattung eines Himmelskörpers infolge seiner Rotation

**Elo|ah** [semit.] *m. Gen.* -(s) *Mz.* Elo|him *im AT Bez. für* Jahwe und die Heidengötter

**Elo|ge** [-ʒə, frz.] *w. 11* Lob, Lobrede, Schmeichelei; jmdm. Elogen machen

**Elon|ga|ti|on** [-tsjon, lat.] *w. 10* **1** jeweiliger Abstand eines schwingenden Körpers von der Ruhelage; **2** Winkelabstand zwischen Sonne und Planet oder Planet und Satellit

**elo|quent** [lat.] beredt; **Elo|quenz** *w. 10 nur Ez.* Beredsamkeit

**Elo|xal** [Kurzw. aus elektrisch oxydiertes Aluminium] *s. 1 nur Ez.* Ⓦ Schutzüberzug aus Aluminiumoxid; **elo|xie|ren** mit Eloxal überziehen

**Elu|at** [lat.] *s. 1* aus einem Adsorbens herausgelöster Stoff; **elu|ie|ren** (einen adsorbierten Stoff) aus einem festen Adsorbens herauslösen; **Elu|ti|on** [-tsjon] *w. 10* das Eluieren

**elu|vi|al** [lat.] am Entstehungsort liegengeblieben (Gestein, Metalle usw.); **Elu|vi|um** *s. Gen.* -s *nur Ez.* am Entstehungsort liegengebliebene Rückstände von Abtragungsvorgängen

**ely|sä|isch 1** zum Elysium gehörig; **2** paradiesisch, himmlisch, wonnevoll; elysäische Gefilde → Elysium

**ely|sie|ren** [Kunstw.] elektrolytisch schleifen (Metall)

**ely|sisch** → elysäisch; **Ely|si|um** *s. Gen.* -s *nur Ez. griech. Myth.*: Aufenthaltsort der Seligen, Paradies

**Ely|tron** [griech.] *s. Gen.* -s *meist Mz.* Ely|tren Deck-, Schutzflügel (von manchen Insekten)

**El|ze|vir** [-zəvir, nach der ndrl. Buchdruckerfamilie] *w. Gen.* - *nur Ez.* eine Antiqua-Druckschrift; **El|ze|vi|ri|a|na** *Mz.* Drucke der Familie Elzevir

**Em** *chem. Zeichen für* Emanation (4)

**em.** *Abk. für* emeritiert

**Email** [auch: emaj, frz.] *s. 9,* **Emaille** [emaljə, emaj] *w. 11* Glasfluß, farbiger Schutz- oder Schmucküberzug auf Metallgegenständen; **Emailleur** [emaljør, emajør] *m. 1* Facharbeiter, der Metallgegenstände mit Email überzieht; **email|lie|ren** [emaji-, emaji-] mit Email überziehen

**Eman** [Kurzw. aus Emanation] *s. Gen.* -s *Mz.* - Maßeinheit für den radioaktiven Gehalt (bes. von Quellwasser); **Ema|na|ti|on** [-tsjon, lat.] *w. 10* **1** Ausströmen, Ausstrahlung; **2** *Philos.*: Entstehung aller Dinge aus dem vollkommenen, unveränderl. Einen (Gott); **3** *Psychol.*: Ausstrahlung; **4** *Chem.*: früher Bez. für Radon (*Zeichen:* Em); **Ema|na|tis|mus** *m. Gen.* - *nur Ez.* antike Lehre von der Emanation; **ema|nie|ren** ausströmen, ausstrahlen

**Eman|zi|pa|ti|on** [-tsjon, lat.] *w. 10* Befreiung aus Abhängigkeit; Gleichstellung, Gleichberechtigung; **eman|zi|pa|to|risch** auf Emanzi-

pation zielend; **eman|zi|pie|ren** selbständig machen, aus Abhängigkeit befreien; **eman|zi|piert** betont selbständig und vorurteilslos

**Emas|ku|la|ti|on** [-tsjon, lat.] *w. 10* Entmannung, Kastration; **Emas|ku|la|tor** *m. 13* Gerät zum Kastrieren von männl. Haustieren

**Em|bal|la|ge** [ãbalaʒə, frz.] *w. 11* Verpackung (einer Ware); **em|bal|lie|ren** [ã-] verpacken

**Em|bar|go** [span.] *s. 9* **1** Beschlagnahme (eines Schiffes oder seiner Ladung durch einen Staat); **2** Ausfuhrverbot

**Em|blem** [auch: äblem, griech.] *s. 1* Kenn-, Abzeichen, Hoheitszeichen; Sinnbild

**Em|bo|lie** [griech.] *w. 11* Verstopfung eines Blutgefäßes durch einen Embolus; **Em|bo|lus** *m. Gen.* - *Mz.* -li Blutgerinnsel, Fetttröpfchen o. ä. in der Blutbahn

**Em|bon|point** [ãbõpoɛ̃, frz. „in gutem Zustand"] *m. 9 oder s. 9* Wohlbeleibtheit, Körperfülle, Spitzbauch

**Em|bryo** [griech.] *m. 9, Mz. auch:* -bryo|nen, *österr. auch: s. 9,* ungeborenes bzw. noch nicht geschlüpftes Lebewesen, Keimling, vgl. Fetus; **Em|bryo|lo|gie** *w. 11 nur Ez.* Lehre von der Entwicklung des Embryos; **em|bryo|nal, em|bryo|nisch** zum Embryo gehörig, im Zustand des Embryos, unentwickelt

**Emen|da|ti|on** [-tsjon, lat.] *w. 10* Verbesserung, Berichtigung (bes. von Texten); **emen|die|ren** berichtigen

**Eme|rit** [lat.] *m. 10* jmd., der emeritiert ist; **eme|ri|tie|ren** in den Ruhestand versetzen (Geistliche), entpflichten (Universitätsprofessoren); **eme|ri|tiert** (*Abk.*: em.) im Ruhestand; **Eme|ri|tus** *m. Gen.* - *Mz.* -ti → Emerit

**emers** [lat.] über den Wasserspiegel hinausragend (Wasserpflanzen); *Ggs.*: submers;

**Emer|si|on** *w. 10* **1** Heraustreten eines Mondes aus dem Schatten des Planeten, den er umkreist; **2** *Geol.*: Auftauchen von Festland durch Zurückweichen des Meeres

**Eme|ti|kum** [griech.] *s. Gen.* -s *Mz.* -ka Brechmittel; **eme|tisch** Erbrechen bewirkend

**Emi|grant** [lat.] *m. 10* Auswanderer; *Ggs.*: Immigrant; **Emi|gra|ti|on** [-tsjon] *w. 10* Auswanderung (bes. aus polit. oder relig. Gründen); *Ggs.*: Immigration; **emi|grie|ren** auswandern; *Ggs.*: immigrieren

**emi|nent** [lat.] hervorragend, außerordentlich; **Emi|nenz** *w. 10* Titel für Kardinäle und den Großmeister des Malteserordens (auch als Anrede); Euer Eminenz

**Emir** [auch: -mir, arab.] *m. 1* Titel für arab. Fürsten; **Emi|rat** *s. 1* arab. Fürstentum

**Emis|sär** [lat.-frz.] *m. 1* Abgesandter mit geheimem Auftrag, Kundschafter; **Emis|si|on** *w. 10* **1** *Phys.*: Aussendung (von Strahlen), Ausstrahlung; **2** *Med.*: Entleerung (z. B. der Harnblase); **3** *Börse*: Ausgabe von neuen Wertpapieren oder Anleihen; **Emis|si|ons|kurs** *m. 1* Ausgabekurs (von Wertpapieren);

**Emit|tent** *m. 10* jmd., der Wertpapiere ausgibt; **emit|tie|ren** aussenden, in Umlauf bringen

**Emo|ti|on** [-tsjon, lat.] *w. 10* Gefühls-, Gemütsbewegung; **emo|tio|nal** gefühlsmäßig, auf Gefühl beruhend; **Emo|tio|na|li|tät** *w. 10 nur Ez.* Gefühlserregbarkeit, gefühlsmäßige Ansprechbarkeit; **emo|tio|nell** → emotional

**Em|pa|thie** [griech.] *w. Gen. - nur Ez.* 1 *urspr.:* das Verstehen von Kunstwerken; 2 *Psych.:* Fähigkeit, sich in andere Menschen hineinzuversetzen

**Em|pha|se** [griech.] *w. 11* Nachdruck, leidenschaftl. Betonung, schwungvoller Ausdruck; **em|pha|tisch** mit Emphase

**Em|phy|sem** [griech.] *s. 1* Luftansammlung im Gewebe (bes. der Lungen); **em|phy|se|ma|tisch** durch Luft aufgebläht

**Em|pire** 1 [āpīr, frz.] *s. Gen.-(s) nur Ez.* das Kaiserreich Napoleons I. und III.; 2 Kunststil in Frankreich zur Zeit Napoleons I.; 3 [ɛmpaiə, engl.] *s. Gen.-(s) nur Ez.* das britische Weltreich

**Em|pi|rem** [griech.] *s. 1* Erfahrungstatsache

**Em|pire|stil** [āpīr-] *m. 1 nur Ez.* → Empire (2)

**Em|pi|rie** [griech.] *w. 11 nur Ez.* Erfahrung, auf Erfahrung beruhende Erkenntnis; **Em|pi|ri|ker** *m. 5* jmd., der nur die Erfahrung als Erkenntnisgrundlage gelten läßt; **Em|pi|rio|kri|ti|zis|mus** *m. Gen. - nur Ez.* Richtung der Philosophie, die die Erkenntnis auf kritische Erfahrung gründet; **em|pi|risch** auf Erfahrung beruhend; **Em|pi|ris|mus** *m. Gen.- nur Ez.* Lehre, daß alle Erkenntnis nur auf Erfahrung beruhe; **Em|pi|rist** *m. 10* Vertreter des Empirismus; **em|pi|ri|stisch** auf dem Empirismus beruhend

**Em|py|em** [griech.] *s. 1* Eiteransammlung in einer natürl. Körperhöhle

**em|py|re|isch** zum Empyreum gehörend, feurig, hell, strahlend; **Em|py|re|um** *s. Gen.-s nur Ez.* 1 *antike Philos.:* Feuerhimmel, oberste Weltgegend; 2 *scholast. Philos.:* Himmel, Lichtreich; 3 *bei Dante:* Ort der Seligen

**Emu** [port.] *m. 9* ein straußenähnl., flugunfähiger Vogel Australiens

**Emul|ga|tor** [lat.] *m. 13* die Bildung einer Emulsion fördernder Stoff; **emul|gie|ren** einen Stoff e.: mit einem anderen zu einer Emulsion mischen; **Emul|sin** *s. 1 nur Ez.* in bitteren Mandeln enthaltenes Ferment; **Emul|si|on** *w. 10* 1 feinste Verteilung zweier nicht mischbarer Flüssigkeiten ineinander; 2 *Phot.:* lichtempfindl. Schicht auf photograph. Aufnahmematerialien

**En|an|them** [griech.] *s. 1* Schleimhautausschlag

**En|an|tio|tro|pie** [griech.] *w. 11* wechselseitige Umwandelbarkeit eines Stoffes von einer Zustandsform in eine andere

**en bloc** [āblɔk, frz.] im ganzen; etwas en bloc verkaufen

**en ca|naille** [ākanaj, frz.] *in der Wendung* jmdn. en canaille behandeln: verächtlich, geringschätzig behandeln

**En|ceinte** [āsɛ̃t(ə), frz.] *w. 11 veraltet:* Umwandlung, Festungsgürtel

**En|chan|te|ment** [āʃāt(ə)mā, frz.] *s. 9 nur Ez. veraltet:* Bezauberung, Entzücktheit; **en|chan|tiert** [āʃā-] *veraltet:* bezaubert, entzückt

**En|chi|ri|di|on** [-çi-, griech.] *s. Gen. -s Mz.* -di|en *veraltet:* Handbuch, kleines Lehrbuch

**En|co|ding** [-kou-, engl.] *s. 9* Verschlüsselung (einer Nachricht); *Ggs.:* Decoding

**en|cou|ra|gie|ren** [ākuraʒi-, frz.] *veraltet:* anfeuern, ermutigen; *Ggs.:* decouragieren

**En|de|mie** [griech.] *w. 11* nur in einem begrenzten Gebiet auftretende Krankheit; *Ggs.:* Epidemie; **en|de|misch** 1 einheimisch; *Ggs.:* ekdemisch; 2 *Bot., Zool.:* auf ein bestimmtes Gebiet beschränkt; 3 *Med.:* nur in einem begrenzten Gebiet auftretend (Krankheit); *Ggs.:* epidemisch; **En|de|mis|mus** *m. Gen.- nur Ez.* Vorkommen von Tieren und Pflanzen nur in einem bestimmten Gebiet; **En|de|mit** *m. 10 meist Mz.* nur in einem bestimmten Gebiet vorkommende Pflanze

**en|der|mal** [griech.] *Med.:* in der Haut, in die Haut hinein

**en dé|tail** [ādetaj, frz.] im kleinen, in kleinen Mengen, in Einzelstücken; *Ggs.:* en gros; Waren en détail verkaufen; **En|dé|tail|han|del** *m. Gen.-s nur Ez.* Einzelhandel

**En|do|der|mis** [griech.] *w. Gen. - Mz.* -men innerste Schicht der Pflanzenwurzelrinde

**En|do|ga|mie** [griech.] *w. 11, bei Naturvölkern:* Heirat innerhalb der eigenen sozialen Gruppe, Verwandtenehe; *Ggs.:* Exogamie

**en|do|gen** [griech.] von innen kommend, im Innern entstanden; *Ggs.:* exogen

**En|do|kard** [griech.] *s. 1* Herzinnenhaut; **En|do|kar|di|tis** *w. Gen.- Mz.* -ti|den Entzündung der Herzinnenhaut

**En|do|karp** [griech.] *s. 1* Innenschicht der Fruchtwand; *Ggs.:* Exokarp

**en|do|krin** [griech.] nach innen absondernd, mit innerer Sekretion (Drüsen); *Ggs.:* exokrin; **En|do|kri|no|lo|gie** *w. 11 nur Ez.* Lehre von der inneren Sekretion

**En|do|phyt** [griech.] *m. 10* in anderen Pflanzen oder Tieren schmarotzende Pflanze

**En|do|skop** [griech.] *s. 1* Instrument mit Spiegel und elektr. Lichtquelle zur Untersuchung von Körperhöhlen; **En|do|sko|pie** *w. 11* Untersuchung mit dem Endoskop

**En|do|sperm** [griech.] *s. 1* Nährgewebe im Pflanzensamen

**En|do|thel** [griech.] *s. 1*, **En|do|the|li|um** *s. Gen.-s Mz.* -li|en Blut-, Lymphgefäße und Körperhöhlen auskleidende Zellschicht

**en|do|therm** [griech.] Wärme aufnehmend, Wärme bindend; *Ggs.:* exotherm

**En|er|ge|tik** [griech.] *w. 10 nur Ez.* **1** *Phys.:* Lehre von der Energie und ihrer Umwandlung; **2** *Philos.:* Lehre, daß die Energie die Grundkraft allen Seins und Geschehens sei; **En|er|gie** *w. 11* **1** *Phys.:* Fähigkeit, Arbeit zu leisten; **2** *allg.:* Tatkraft, Nachdruck; **en|er|gisch 1** tatkräftig, willensstark; **2** nachdrücklich

**Ener|va|ti|on** [tsjon, lat.] *w. 10* Entkräftung, nervl. Erschöpfung; **ener|vie|ren 1** entnerven, entkräften; **2** *Med.:* operativ von einem Nerv befreien

**en face** [āfas, frz.] von vorn (gesehen), gegenüber

**en fa|mille** [āfamij, frz.] in der Familie, im engsten Kreis

**En|fant ter|rible** [āfā teribl(ə), frz. „schreckliches Kind"] *s. Gen. - - Mz.*-s-s [āfā teribl(ə)] jmd., der durch allzu große Offenheit andere in Verlegenheit bringt

**En|fi|la|de** [ā-, frz.] *w. 11* Zimmerflucht, durch deren geöffnete Türen man vom ersten bis zum letzten Zimmer sehen kann; **en|fi|lie|ren** [ā-] **1** auffädeln, aneinanderreihen; **2** mit Geschützfeuer bestreichen; **3** jmdn. e.: in etwas verwickeln

**En|fleu|rage** [āfløraʒ(ə), frz.] *w. 11 nur Ez.* Gewinnung von Duftstoffen und -ölen aus Blüten

**En|gage|ment** [āgaʒmā, frz.] *s. 9* **1** Verpflichtung, innere Bindung, Wille zum Einsatz; **2** *Börse:* Verpflichtung, zu einem bestimmten Zeitpunkt zu bezahlen oder zu liefern; **3** Anstellung (von Künstlern); **en|ga|gie|ren** [āgaʒi-] **1** anstellen, verpflichten (Künstler); **2** zum Tanz auffordern; **3** sich e.: sich auf etwas einlassen, sich für etwas einsetzen

**Eng|lish spo|ken** [iŋgliʃ spoukən] (hier wird) Englisch gesprochen

**En|gobe** [āgob(ə), frz.] *w. 11* eine Überzugsmasse für Keramiken; **en|go|bie|ren** mit Engobe überziehen

**En|gramm** [griech.] *s. 1* bleibender geistiger Eindruck, Erinnerungsbild

**en gros** [āgro, frz. „im großen"] in größeren Mengen; *Ggs.:* en détail; **En|gros|han|del** [āgro-] *m. Gen.*-s *nur Ez.* Großhandel; **En|gros|sist** *m. 10 österr. für* Grossist

**En|har|mo|nik** [griech.] *w. 10 nur Ez.* unterschiedliche Bezeichnung und Notierung desselben Tones, z. B. cis und des; **en|har|mo|nisch** auf Enharmonik beruhend; enharmonische Verwechslung: Verwandlung eines Tons oder Akkords durch andere Schreibung und Bezeichnung

**En|jam|be|ment** [āʒābmā, frz.] *s. 9* Übergreifen eines Satzes in die nächste Verszeile

**en|kau|stie|ren** [griech.] mit enkaustischen Farben bemalen; **En|kau|stik** *w. 10* antike Maltechnik mit enkaustischen Farben; **en|kau|stische Farben** mit Wachs verschmolzene und dadurch feuchtigkeitsbeständige Farben

**En|kla|ve** [lat.] *w. 11* fremdes Staatsgebiet, das vom eigenen Staatsgebiet eingeschlossen ist; *Ggs.:* Exklave (1)

**En|kli|se** [griech.] *w. 11,* **En|kli|sis** *w. Gen. - Mz.*-sen Verkürzung eines unbetonten Wortes durch Anlehnung an das vorhergehende, betonte Wort, z. B.: gib's mir, statt: gib es mir; *Ggs.:* Proklise; **En|kli|ti|kon** *s. Gen.*-s *Mz.*-ka unbetontes, sich an ein betontes Wort anlehnendes Wort

**En|ko|mia|stik** [griech.] *w. 10* Lobpreisung; **En|ko|mi|on, En|ko|mi|um** *s. Gen.*-s *Mz.*-mi|en Lobrede, Lobschrift

**en masse** [āmas, frz.] in Masse(n), in großer Zahl

**en mi|nia|ture** [āminjatyr, frz.] im kleinen (Maßstab)

**en|nu|yant** [ānyjā, ānyijā, frz.] *veraltet:* langweilig, lästig; **en|nu|yie|ren** [ānyji-, ānyiji-] lästig sein, langweilen

**enorm** [frz.] ungeheuer, außerordentlich; herrlich, großartig

**en pas|sant** [āpasā, frz. „im Vorbeigehen"] nebenbei, beiläufig

**en pro|fil** [ā-, frz.] im Profil, von der Seite

**En|quete** [ākɛt, frz.] *w. 11 veraltet, noch Amtsdeutsch:* amtl. Untersuchung, Rundfrage, Umfrage

**en|ra|gie|ren** [āraʒi-, frz.] sich e. *veraltet:* sich aufregen; sich leidenschaftlich begeistern

**en route** [ārut, frz.] *veraltet:* unterwegs

**En|semble** [āsābl, frz.] *s. 9* **1** Gesamtheit der Mitwirkenden in einem Theaterstück, einer Tanz- oder Musikaufführung; **2** kleines Orchester; **3** Spiel des ganzen Orchesters, im Unterschied zu dem der Solisten; **En|semble|mu|sik** *w. 10 nur Ez.* Tanz-, Unterhaltungsmusik; **En|semble|spiel** *s. 1 nur Ez.* Spiel eines zusammenarbeitender Schauspieler

**En|si|la|ge** [āsilaʒə, frz.] *w. 11* → Silage

**en suite** [āsyit, frz.] **1** nach-, hintereinander, unmittelbar aufeinander folgend; **2** im folgenden

**En|ta|se** [griech.] *w. 11,* **En|ta|sis** *w. Gen. - Mz.* -sen Anschwellung des Säulenschaftes nach der Mitte zu

**En|te|le|chie** [griech.] *w. 11 Philos.:* zielstrebige Kraft eines Lebewesens, sich seinen Anlagen gemäß zu entwickeln

**En|tente** [ātāt, frz.] *w. 11* freundschaftl. Staatenbündnis

**en|te|ral** [griech.] zum Darm gehörig, von ihm ausgehend; **En|ter|al|gie** *w. 11* Leibschmerz; **En|te|ri|tis** *w. Gen. - Mz.*-ti|den Dünndarmentzündung, Darmkatarrh; **en|te|ro|gen** vom Darm ausgehend; **En|te|ro|kly|se** *w. 11,* **En|te|ro|klys|ma** *s. Gen.*-s *Mz.*-men oder -malta Darmspülung; **En|te|ro|skop** *s. 1* Gerät mit Spiegel und elektr. Lichtquelle zur Untersuchung des Dickdarms; **En|te|ro|sko|pie** *w. 11* Untersuchung des Dickdarms mit dem Enteroskop; **En|te|ro|sto|mie** *w. 11* Anlegen eines künstl. Afters; **En|te|ro|to|mie** *w. 11* operative Öffnung des Darms; **En|te|ro|zo|len** *Mz., Ez.:* -zolon Darmschmarotzer

**En|ter|tai|ner** ]-tɛi-, engl.] *m. 5* Unterhalter, z. B. Conférencier, Diskjockey

**En|thal|pie** [griech.] *w. 11 nur Ez.* eine Zustandsgröße in der Thermodynamik

**Ent|hel|min|then** [griech.] *Mz.* Eingeweidewürmer

**en|thu|si|as|mie|ren** [griech.] in Enthusiasmus versetzen, begeistern; **En|thu|si|as|mus** *m. Gen. - nur Ez.* Begeisterung; **En|thu|si|ast** *m. 10* leicht zu begeisternder Mensch, Schwärmer; **en|thu|si|a|stisch** begeistert

**En|ti|tät** [lat.] *w. 10* das Dasein (eines Dinges), im Unterschied zum Wesen

**ent|mi|li|ta|ri|sie|ren** ein Land e.: Waffen und Streitkräfte aus ihm entfernen

**ent|my|tho|lo|gi|sie|ren** von mytholog. Vorstellungen befreien

**ent|na|tio|na|li|sie|ren** [-tsjo-] → reprivatisieren

**ent|na|zi|fi|zie|ren** jmdn. e.: untersuchen, ob jmd. Nationalsozialist gewesen ist und ihn bestrafen oder als nicht betroffen einstufen; einen Betrieb e.: alle nationalsozialist. Elemente aus ihm entfernen

**ent|ni|ko|ti|ni|sie|ren** Tabak e.: Nikotin aus ihm entfernen

**En|to|blast** [griech.], **En|to|derm** *s. 1* inneres Keimblatt des Embryos

**En|to|mo|lo|gie** [griech.] *w. 11 nur Ez.* Wissenschaft von den Gliedertieren, bes. den Insekten

**En|to|pa|ra|sit** [griech.] *m. 10* im Innern von Tieren oder Pflanzen lebender Parasit

**en|to|pisch** [griech.] *veraltet:* einheimisch, örtlich

**En|to|plas|ma** [griech.] *s. 9* innere Schicht des Protoplasmas

**En|to|xis|mus** [griech.] *m. Gen. - Mz.* -men *Med.:* Vergiftung

**En|to|zo|on** [griech.] *s. Gen.* -s *Mz.* -zo|en im Innern anderer Lebewesen lebender Schmarotzer

**En|tra|da** *w. Gen. - Mz.* -den → Intrada

**En|tre|akt** [ãtrãkt, ãtrakt, frz.] *m. 1* Zwischenakt, Zwischenspiel, Zwischenaktsmusik

**En|tre|chat** [ãtrəʃa, frz.] *m. Gen.* -s[-ʃa] *Mz.* -s [ʃa] *Ballett:* Kreuzsprung, Sprung in die Höhe, wobei die gestreckten Füße mehrmals schnell übereinandergeschlagen werden

**En|tre|cote** [ãtrəkot, frz.] *s. 9* Rippenstück (vom Rind)

**En|tree** [ãtre, frz.] *s. 9* **1** Eingang; **2** Vorzimmer, Diele; **3** *auch w. 9* Vorspeise; **4** Vorspiel zum Ballett; **5** selbständiger Auftritt im Zirkus

**En|tre|fi|let** [ãtrəfile, frz.] *s. 9* **1** *urspr.:* eingeschobene, kurze Notiz im Textteil der Zeitung; **2** Leitartikel, Kommentar

**En|tre|lacs** [ãtrəla, frz.] *s. Gen. - Mz. - Baukunst, Kunstgewerbe:* Zierform aus verschlungenen Linien oder Bändern

**En|tre|mets** [ãtrəmɛ, frz.] *s. Gen. - Mz.* - **1** *veraltet:* leichtes Zwischengericht; **2** *heute:* Süßspeise

**en|tre nous** [ãtrə nu, frz.] unter uns, vertraulich

**En|tre|pot** [ãtrəpo, frz.] *s. 9* Speicher, Lagerraum für Waren beim Zoll

**En|tre|pre|neur** [ãtrəprənœr, frz.] *m. 1* *veraltet:* Veranstalter (von Konzerten, Theateraufführungen u. a.)

**En|tre|prise** [ãtrəpriz(ə), frz.] *w. 11* *veraltet:* Unternehmen, Veranstaltung

**En|tre|sol** [ãtrəsɔl, frz.] *s. 9* *veraltet:* Zwischengeschoß

**En|tre|vue** [ãtrəvy, frz.] *w. 11* *veraltet:* Zusammenkunft, Besprechung (bes. von Staatsoberhäuptern)

**En|tro|pie** [griech.] *w. 11* in der Wärmelehre Maß für die Unordnung in einem abgeschlossenen System (Gas oder Flüssigkeit)

**Enu|me|ra|ti|on** [-tsjon, lat.] *w. 10* *veraltet:* Aufzählung; **enu|me|rie|ren** *veraltet:* aufzählen

**Enu|re|se** [griech.] *w. 11* unwillkürl. Harnlassen, Bettnässen

**En|ve|lop|pe** [ãvəlɔp(ə), frz.] *w. 11* **1** *veraltet:* Briefumschlag, Hülle; **2** *Math.:* einhüllende Kurve

**En|vers** [ãvɛr, frz.] *m. Gen. - Mz. - veraltet:* Kehrseite

**En|vi|ron|ment** [-vairən-, engl. „Umgebung"] *s. 9* *moderne Kunst:* Arrangement aus Gegenständen der alltägl. Umgebung, oft mit Lichteffekten, Geräuschen u. a., das eine bestimmte Wirkung auf den Betrachter ausüben soll

**en vogue** [ãvog, frz.] beliebt, im Schwange, in Mode

**En|voyé** [ãvwaje, frz.] *m. 9* *frz. Bez. für* Gesandter

**En|ze|pha|li|tis** [griech.] *w. Gen. - Mz.* -ti|den Gehirnentzündung; **En|ze|pha|lo|gramm** *s. 1* Röntgenaufnahme der Gehirnkammern

**En|zy|kli|ka** [griech.] *w. Gen. - Mz.* -ken päpstl. Rundschreiben; **en|zy|klisch** einen Kreis durchlaufend

**En|zy|klo|pä|die** [griech.] *w. 11* **1** Gesamtheit des Wissens; **2** Nachschlagewerk über alle Wissensgebiete; **En|zy|klo|pä|dist** *m. 5* Verfasser einer Enzyklopädie; **en|zy|klo|pä|disch** das gesamte Wissen umfassend; **En|zy|klo|pä|dist** *m. 10* Mitarbeiter an der „Franzos. Enzyklopädie" unter Leitung von Diderot und d'Alembert 1750–1780

**En|zym** [griech.] *s. 1* → Ferment; **en|zy|ma|tisch** durch Enzyme bewirkt; **En|zy|mo|lo|gie** *w. 11 nur Ez.* Lehre von den Enzymen

**en|zy|stie|ren** [griech.] sich in einer Zyste einkapseln (von Kleinstlebewesen)

**eo ip|so** [lat. „durch sich selbst"] von selbst, gerade dadurch

**Eol|li|enne** [-ljɛn, frz.] *w.11 nur Ez.* ein Seidengewebe, Sizilienne

**Eo|lith** [griech.] *m.10* vorgeschichtlicher, von manchen Forschern als Werkzeug betrachteter Feuerstein

**Eo|sin** [griech.] *s.1 nur Ez.* ein roter Farbstoff; **eo|si|nie|ren** mit Eosin färben

**Eo|zän** [griech.] *s.1 nur Ez.* eine Abteilung des Tertiärs; **Eo|zo|i|kum** *s.Gen.-s nur Ez.* → Archäozoikum

**Ep|ago|ge** [griech.] *w.11* → Induktion (1); **ep|ago|gisch** → induktiv

**Ep|akris** [griech.] *w.Gen.- nur Ez.* eine Zierpflanze, Bergheide

**Ep|ak|te** [griech.] *w.11* Anzahl der Tage, die seit dem letzten Neumond bis zu einem bestimmten Tag (bes. bis zum 1. Januar) verflossen sind (zur Berechnung des Osterfestes)

**Ep|arch** [griech.] *m.10* 1 *griech.-orthodoxe Kirche:* Bischof; 2 *im oström. Reich:* Statthalter; **Ep|ar|chie** *w.11* 1 Diözese eines Eparchen; 2 oström. Provinz

**Epau|lett** [epo-, frz.] *s.9*, **Epau|let|te** *w.11 meist Mz.* Schulterstück, Achselklappe der Offiziersuniform

**Ephe|be** [griech.] *m.11, im alten Griechenland:* Jüngling im wehrfähigen Alter (18–20 Jahre)

**Ephe|dra** [griech.] *w.Gen.- Mz.*-drae *oder* -dren eine Gebirgspflanze

**Ephe|li|den** [griech.] *Mz.* Sommersprossen

**ephe|mer** [griech.] 1 nur einen Tag lebend oder dauernd; 2 *übertr.:* kurzlebig, vergänglich; **Ephe|me|ri|de** *w.11* 1 Eintagsfliege; 2 *Astron.:* Buch mit Tabellen über den Stand der Gestirne für einen gewissen Zeitraum; 3 kurzlebige Erscheinung; 4 *veraltet:* period. Veröffentlichung mit den Tagesereignissen

**Ephor** [griech.] *m.10, in Sparta:* einer der fünf jährlich gewählten höchsten Beamten; **Epho|rat** *s.1* Amt eines Ephoren; **Epho|rie** *w.11* Amtsbezirk eines Ephorus; **Epho|rus** *m.Gen.- Mz.*-ren *ev. Kirche:* → Superintendent

**Epi|deik|tik** [griech.] *w.10 nur Ez.* schwülstige Redeweise (wie in Lob- und Festreden); **epi|deik|tisch** prunkend, auf Wirkung berechnet

**Epi|de|mie** [griech.] *w.11* ansteckende, sich rasch ausbreitende Massenerkrankung, Seuche; *Ggs.:* Endemie; **Epi|de|mio|lo|gie** *w.11 nur Ez.* Lehre von den Epidemien; **epi|de|misch** in der Art einer Epidemie; *Ggs.:* endemisch (3)

**epi|der|mal** [griech.] zur Epidermis gehörig; **Epi|der|mis** *w.Gen.- Mz.*-men oberste Schicht der Haut, Oberhaut; **Epi|der|mo|phyt** *m.10* in der Haut des Menschen schmarotzender Pilz

**Epi|dia|skop** [griech.] *s.1* Bildwerfer für durchsichtige und undurchsichtige Bilder, Verbindung von Diaskop und Episkop

**Epi|dot** [griech.] *m.1* ein Mineral, *auch:* Pistazit (wegen der pistaziengrünen Farbe)

**Epi|gai|on** [griech.] *s.Gen.-s nur Ez.* Gesamtheit aller auf der Erdbodenoberfläche lebenden Organismen; **epi|gä|isch** oberirdisch

**Epi|ge|ne|se** [griech.] *w.11 Biol., Geol.:* Neubildung, (nachträgl.) Umformung

**epi|go|nal** [griech.] in der Art eines Epigonen, nachgeahmt, nachahmend; **Epi|go|ne** *m.11* Künstler, der einen Stil unschöpferisch nachahmt

**Epi|gramm** [griech.] *s.1* kurzes Sinn- oder Spottgedicht, meist in Distichen; **Epi|gramm|ma|ti|ker** *m.5* Verfasser von Epigrammen; **epi|gramm|ma|tisch** in der Art eines Epigramms, kurz und treffend

**Epi|graph** [griech.] *s.1* (bes. antike) Inschrift; **Epi|gra|phik** *w.10 nur Ez.* Inschriftenkunde; **Epi|gra|phi|ker** *m.5* Inschriftenforscher

**Epik** [griech.-lat.] *w.10 nur Ez.* erzählende Dichtkunst in Versen (Versepik) und Prosa; vgl. Epos

**Epi|kan|thus** [griech.] *m.Gen.- nur Ez.* sichelförmige Hautfalte am inneren Augenwinkel, Mongolenfalte

**Epi|kard** [griech.] *s.1 nur Ez.* das innere Hautblatt des Herzbeutels

**Epi|karp** [griech.] *s.1* äußerste Schicht der Fruchtschale

**Epi|ker** [zu Epos] *m.5* Dichter epischer Werke

**Epi|kle|se** [griech.] *w.11, griech.-orthodoxe und kath. Kirche:* Anrufung des Hl. Geistes

**epi|kon|ti|nen|tal** [griech. + lat.] auf dem Rand des Festlands gelegen (von Flachmeeren); **Epi|kon|ti|nen|tal|meer** *s.1* Flachmeer

**Epi|kri|se** [griech.] *w.11* abschließendes Urteil über einen abgelaufenen Krankheitsfall am Ende der Krankengeschichte

**Epi|ku|re|er** [griech.] *m.5* 1 Anhänger der Lehre des altgriech. Philosophen Epikur; 2 *übertr. fälschl.:* Genußmensch; **epi|ku|re|isch** *übertr.:* auf Genuß gerichtet; **Epi|ku|re|is|mus** *m.Gen.- nur Ez.* 1 Lehre des Epikur; 2 *übertr. fälschl.:* Lebensprinzip, das den Genuß an erste Stelle setzt

**Epi|la|ti|on** [-tsjon, lat.] *w.10 nur Ez.* Entfernung von Haaren, Enthaarung

**Epi|lep|sie** [griech.] *w.11 nur Ez.* Erkrankung mit anfallsweise auftretenden Krämpfen, Fallsucht; **Epi|lep|ti|ker** *m.5* jmd., der an Epilepsie leidet; **epi|lep|tisch** auf Epilepsie beruhend, an E. leidend

**epi|lie|ren** [lat.] enthaaren

**Epi|lim|ni|on** [griech. + lat.], **Epi|lim|ni|um** *s.Gen.-s Mz.*-ni|en Oberflächenschicht eines stehenden Gewässers und die in ihr lebenden Organismen

**Epi|log** [griech.] *m.1* Nach-, Schlußwort,

Nachspiel (eines Buches oder Theater-stücks); *Ggs.:* Prolog

**Epin|glé** [epɛ̃gle, frz.] *m. 9* ungleichmäßig ge-rippter Baumwoll- oder Halbseidenstoff

**Epi|pa|läo|li|thi|kum** [griech.] *s. Gen.* -s *nur Ez.* → Mesolithikum

**Epi|pha|nia** [griech.] *w. Gen.* - *Mz.* -ni|en → Epiphanie; **Epi|pha|ni|as** *s. Gen.* - *Mz.* -ni-en, **Epi|pha|ni|en|fest** *s. 1* 1 Fest der Erschei-nung Christi am 6. Januar; **2** *zugleich:* Drei-königsfest; **Epi|pha|nie** *w. 11* das Erscheinen einer Gottheit, bes. Christi

**Epi|pho|ra** [griech.] *w. Gen.* - *nur Ez.* 1 *Med.:* Tränenfluß; **2** *Stilkunst:* Wiederholung eines Wortes am Ende mehrerer aufeinanderfol-gender Sätze; vgl. Anaphora

**Epi|phyl|lum** [griech.] *s. Gen.* -s *Mz.* -len Weihnachts-, Blattkaktus

**Epi|phy|se** [griech.] *w. 11* 1 Zirbeldrüse; **2** Endstück der Röhrenknochen

**Epi|phyt** [griech.] *m. 10* auf anderen Pflanzen lebende, sich aber selbst ernährende Pflanze

**Epi|ro|ge|ne|se** [griech.] *w. 11* langsame, lang andauernde, weiträumige Bewegung der Erdkruste

**episch** [griech.] in der Art eines Epos, erzäh-lend; in epischer Breite *ugs. scherzh.:* sehr ausführlich, bis ins einzelne

**Epi|sio|to|mie** [griech.] *w. 11 Med.:* Damm-schnitt

**Epi|sit** [griech.] *m. 10* räuberisch lebendes Tier

**Epi|skop** [griech.] *s. 1* Bildwerfer für un-durchsichtige Bilder

**epi|sko|pal** [griech.-lat.] bischöflich; **Epi|sko-pa|lis|mus** *m. Gen.* - *nur Ez.* kirchl. System, bei dem die Kirche von der Gesamtheit der Bischöfe geleitet wird; *Ggs.:* Papalsystem; **Epi|sko|pal|kir|che** *w. 11* nichtkathol. Kirche mit bischöfl. Leitung; **Epi|sko|pal|sy|stem** *s. 1* → Episkopalismus; **Epi|sko|pat** *m. 1* 1 Ge-samtheit der Bischöfe; **2** Amt, Würde eines Bischofs; **Epi|sko|pus** *m. Gen.-Mz.* -pi Bi-schof

**Epi|so|de** [griech.] *w. 11* 1 eingeschobenes Zwischenstück im Theaterstück oder Ro-man; **2** Zwischenspiel in der Fuge; **3** neben-sächl. Ereignis oder Erlebnis

**Epi|stel** [griech.-lat.] *w. 11* 1 längerer Brief; **2** Apostelbrief des NT; **3** vorgeschriebene Lesung aus den Apostelbriefen oder der Apostelgeschichte im Gottesdienst; **4** *ugs.:* Strafpredigt

**Epi|ste|mo|lo|gie** [griech.] *w. 11 nur Ez.* Er-kenntnislehre

**Epi|sto|lar** [griech.-lat.] *s. 1,* **Epi|sto|la|ri|um** *s. Gen.* -s *Mz.* -ri|en Handbuch mit den got-tesdienstl. Episteln; **Epi|sto|lo|gra|phie** *w. 11 nur Ez.* Kunst des Briefschreibens

**Epi|styl** [griech.] *s. 1,* **Epi|sty|li|on** *s. Gen.* -s *Mz.* -li|en → Architrav

**Epi|taph** [griech.] *s. 1,* **Epi|ta|phi|um** *s. Gen.*

-s *Mz.* -phi|en 1 Grabinschrift; **2** Grabmal mit Inschrift; **3** Totengedenktafel

**Epi|tha|la|mi|um** [griech.] *s. Gen.* -s *Mz.* -li|en *Antike:* Hochzeitslied

**Epi|thel** [griech.] *s. 1* begrenzende Zell-schicht(en) der äußeren und inneren Ober-fläche und der Hohlräume des menschl. und tier. Körpers; **Epi|thel|i|om** *s. 1* Epithelge-schwulst; **Epi|thel|kör|per|chen** *Mz.* die Ne-benschilddrüsen

**Epi|the|ton** [griech.] *s. Gen.* -s *Mz.* -ta Bei-wort, Attribut; **Epi|the|ton or|nans** [griech. + lat.] *s. Gen.* - - *Mz.* -ta -nan|tia [-tsja] schmückendes Beiwort

**Epi|to|me** [-me:, griech.] *w. Gen.* - *Mz.* -to-men Auszug aus einem Schriftwerk

**Epi|zen|trum** [griech.-lat.] *s. Gen.* -s *Mz.* -tren senkrecht über einem Erdbebenherd liegen-der Punkt auf der Erdoberfläche

**epi|zo|isch** [griech.] durch Tiere verbreitet (von Samen, Bakterien); **Epi|zo|on** *s. Gen.* -s *Mz.* -zo|en auf einem andern Tier oder ei-ner Pflanze lebendes Tier; **Epi|zoo|no|se** [-tso:ɔ-] *w. 11* durch Epizoen hervorgerufene Hautkrankheit; **Epi|zoo|tie** [-tso:ɔ-] *w. 11* in größerem Bereich auftretende Tierseuche

**epo|chal** [griech.] 1 für einen großen Zeitab-schnitt geltend; **2** *übertr.:* aufsehenerregend; **Epo|che** *w. 11* 1 [epɔxə] bedeutungsvoller Zeitabschnitt; E. machen: einen neuen Zeit-abschnitt einleiten, in einem Zeitabschnitt großen Einfluß haben; dieses Ereignis, dieses Buch hat E. gemacht; **2** [-xe] *nur Ez. Phi-los.:* Enthaltung des Beifalls oder Urteils

**Epl|ode** [griech.] *w. 11* 1 *im altgriech. Chor-lied:* die auf Strophe und Antistrophe folgen-de dritte Strophe; **2** *in der altgriech. und -röm. Dichtung:* auf einen längeren Vers fol-gender kurzer Vers; *danach:* aus langen und kurzen Versen bestehende Strophe

**Epo|pöe** [griech.] *w. 11 veraltet für* Epos; **2** kurzes, komisches Heldengedicht

**Epos** [auch: ɛpɔs, griech.] *s. Gen.* - *Mz.* Epen lange erzählende Dichtung in rhythmisch oder metrisch gebundener Sprache

**Ep|pich** [lat.] *m. 1* volkstüml. Name verschie-dener Pflanzen, z. B. Efeu

**Eprou|vet|te** [epruvɛt(ə), frz.] *w. 11 österr.:* Probierröhrchen (für chem. Versuche)

**Eque|strik** [lat.] *w. 10 nur Ez.* Reitkunst

**Equi|den** *Mz., Sammelbez.* für alle pferdear-tigen Tiere

**Equi|li|brist** *m. 10* → Äquilibrist

**Equi|pa|ge** [-ʒə, frz.] *w. 11* 1 elegante Kut-sche; **2** Mannschaft (eines Schiffes); **3** Ausrüstung (eines Offiziers); **Equipe** [ekip(ə)] *w. 11* 1 Reitermannschaft; **2** *österr.:* für einen Wettkampf ausgewählte Sport-mannschaft; **3** *schweiz.:* Sportmannschaft; Künstlergruppe; **equi|pie|ren** *veraltet:* aus-rüsten

**Equi|se|tum** [lat.] *s. Gen.*-s *Mz.*-ten Schachtelhalm
**Er** *chem.* Zeichen *für* Erbium
**Er|bi|um** *s. Gen.*-s *nur Ez.* (*Zeichen:* Er) chemisches Element, Metall der seltenen Erden
**Ere|bos, Ere|bus** *m. Gen. - nur Ez. griech. Myth.:* Unterwelt, Totenreich
**erek|til** [lat.] anschwellbar, erektionsfähig (bes. vom männl. Glied); **Erek|ti|on** [-tsj̣on] *w. 10* Anschwellung, Aufrichtung (von Organen bei geschlechtl. Erregung, bes. vom männl. Glied)
**Ere|mit** [griech.] *m. 10* **1** Einsiedler; **2** Einsiedlerkrebs; **Ere|mi|ta|ge** [-ʒə] *w. 11* **1** Einsiedelei; **2** einer Einsiedelei nachgebildete Grotte o. ä. in Parks; **3** *nur Ez.* Kunstsammlung in Leningrad
**ere|thisch** [griech.] *Med.:* leicht erregbar, leicht reizbar; **Ere|this|mus** *m. Gen. - nur Ez.* krankhaft gesteigerte Reizbarkeit, Erregbarkeit
**erg** *Zeichen für* Erg; **Erg 1** *s. Gen.*-s *Mz.* - Maßeinheit für Energie; **2** [arab.] *m. 9* afrikan. Sand- oder Staubwüste
**er|go** [lat.] *immer vorangestellt* folglich, also; ergo bibamus!: also laßt uns trinken! (Trinkspruch, Kehrreim in Trinkliedern)
**Er|go|graph** [griech.] *m. 10* Gerät, das die Meßergebnisse eines Ergometers aufzeichnet; **Er|go|lo|gie** *w. 11 nur Ez.* Erforschung von volkstüml. Arbeitsgeräten und -gebräuchen; **Er|go|me|ter** *s. 5* Gerät zum Messen des körperl. Leistungsvermögens (beim Menschen), wie Muskelkraft, Ausdauer u. a., Ergometer; **Er|go|me|trie** *w. 11 nur Ez.* Messung der Muskelkraft; **Er|go|no|mie** *w. 11 nur Ez.* Zweig der Arbeitswissenschaft, der sich mit der Anpassung der Technik an den Menschen (zur Erleichterung der Arbeit) befaßt; **Er|go|stat** *m. 10 →* Ergometer
**Er|go|ste|rin** [aus frz. ergot „Mutterkorn" + Cholesterin] *s. 1 nur Ez.* ein pflanzl. Sterin, Vorstufe des Vitamins D₂; **Er|got|amin** [aus frz. ergot + Ammonium] *s. 1 nur Ez.* ein Alkaloid des Mutterkorns; **Er|go|tin** *s. 1 nur Ez.* ⓦ ein aus Mutterkorn gewonnenes Heilmittel; **Er|go|tis|mus** *m. Gen. - nur Ez.* Mutterkornvergiftung, Kribbelkrankheit; **Er|go|to|xin** *s. 1 nur Ez.* ein Alkaloid des Mutterkorns; **Er|go|tren** *s. 1 nur Ez.* ⓦ ein Heilmittel zur Stillung schwerer Blutungen
**eri|gi|bel** [lat.] aufrichtbar (von Organen); **eri|gie|ren** sich aufrichten, anschwellen (von Organen, bes. vom männl. Glied)
**Eri|ka** [griech.-lat.] *w. Gen. - Mz.*-ken Heidekraut, Glockenheide; **Eri|ka|zee** *w. 11 meist Mz.* Heidekrautgewächs
**Erin|nye** *w. 11,* **Erin|nys** *w. Gen. - Mz.*-ny|en *griech. Myth.:* Rachegöttin
**Eris|ap|fel** [nach Eris, der griech. Göttin der Zwietracht] *m. 6* Streitobjekt, Zankapfel;

**Eri|stik** *w. 10 nur Ez.* Kunst des wissenschaftl. Redestreits
**Er|mi|ta|ge** *w. 11 nur Ez. →* Eremitage (3)
**ero|die|ren** [lat.] auswaschen, wegschwemmen, abtragen (Land, Ufer)
**ero|gen** [griech.] geschlechtlich reizbar; erogene Zonen: Körperstellen, deren Berührung geschlechtl. Erregung auslöst
**Eros** [auch: ẹros, nach dem griech. Gott der Liebe] **1** *m. Gen. - nur Ez. Philos.:* schöpferischer Trieb; **2** *m. Gen. - nur Ez.* geschlechtl. Liebe; **3** *m. Gen. - Mz.* Ero|ten, *meist Mz.,* bildende Kunst: geflügelter Liebesgott, meist in Kindergestalt, Amorette; **Eros-Cen|ter** [-sɛn-] *s. 5* größeres Bordell
**Ero|si|on** [lat.] *w. 10* Auswaschung, Abtragung (von Land durch fließendes Wasser, auch durch Wind); **ero|siv** durch Erosion entstanden
**Ero|te|ma** [griech.] *s. Gen.*-s *Mz.*-te|ma|ta *veraltet:* Frage, Fragesatz; **Ero|te|ma|tik** *w. 10 nur Ez. veraltet:* Kunst der richtigen Fragestellung (beim Unterrichten)
**Ero|ten** *Mz. von* Eros (3); **Ero|tes|se** *w. 11 scherzh.:* Angestellte in einem Eros-Center; **Ero|tik** [griech.] *w. 10 nur Ez.* Liebeskunst, vergeistigtes Liebes-, Geschlechtsleben; **Ero|ti|ka** *s. Mz., Ez.:* -kon, Bücher über die Liebe und das Geschlechtsleben; **Ero|ti|ker** *m. 5* **1** Liebeskünstler; **2** Verfasser von Liebesliedern oder Erotika; **ero|tisch** die Erotik betreffend, darauf beruhend; **ero|ti|sie|ren** geschlechtlich reizbar machen; **Ero|to|lo|gie** *w. 11 nur Ez.* Wissenschaft von der Erotik; **Ero|to|ma|ne** *m. 11* Mensch mit gesteigertem Geschlechtstrieb; **Ero|to|ma|nie** *w. 11 nur Ez.* krankhaft gesteigerter Geschlechtstrieb, Liebeswahnsinn
**ERP** *Abk. für* European Recovery Program: Marshallplan
**Er|ra|re hu|ma|num est** [lat.] Irren ist menschlich; **Er|ra|ta** *s. Mz., Ez.:* -tum, Druckfehler, Irrtümer; **er|ra|tisch** verstreut, verirrt; erratischer Block: von Gletschern mitgeführter und abgelagerter Gesteinsbrocken, Findling
**eru|ie|ren** [lat.] ergründen, ermitteln, herausbringen
**Erup|ti|on** [-tsjon, lat.] *w. 10* **1** Ausbruch (eines Vulkans); **2** *Med.:* Auftreten eines Hautausschlags; dieser selbst; **erup|tiv** durch Eruption entstanden; hervorbrechend; **Erup|tiv|ge|stein** *s. 1* Ergußgestein
**Er|ve** [lat.] *w. 11* **1** Hülsenfrucht; **2** Hülsenfrüchtler
**Ery|si|pel** [griech.] *s. 1 nur Ez.* Rose, Wundrose (Hautentzündung); **Ery|them** *s. 1* entzündliche Hautrötung
**Ery|thrä|mie** [griech.] *w. 11* bösartige Erkrankung der roten Blutkörperchen
**Ery|thrin** [griech.] *s. 1 nur Ez.* **1** ein Mineral, Kobaltblüte; **2** ein roter Farbstoff; **Ery|thris-**

**mus** *m. Gen. - nur Ez.* **1** Rotfärbung (bei Tieren); **2** Rothaarigkeit (beim Menschen); **Ery|thrit** *s. 1 nur Ez.* vierwertiger Alkohol **Ery|thro|blast** [griech.] *m. 10* Jugendform der roten Blutkörperchen; **Ery|thro|bla|sto|se** *w. 11 nur Ez.* Bluterkrankung bei Säuglingen; **Ery|thro|zyt** *m. 10* rotes Blutkörperchen; **Ery|thro|zy|to|se** *w. 11 nur Ez.* Vermehrung der roten Blutkörperchen
**Es** *chem. Zeichen für* Einsteinium
**Es, Esc** *Abk. für* Escudo
**Es|cha|tol|lo|gie** [-ça-, griech.] *w. 11 nur Ez.* Lehre vom Weltende und Anbruch einer neuen Welt, von Tod und Auferstehung
**Es|cu|do** *m. Gen.-(s) Mz.-(s) (Abk.:* Es, Esc) port. und chilen. Währungseinheit, 100 Centavos
**Es|ka|dron** [frz.] *w. 10* kleinste Einheit der Kavallerie, Schwadron
**Es|ka|la|de** [lat.-frz.] *w. 11 früher:* Ersteigung einer Festungsmauer mit Leitern; **es|ka|la|die|ren 1** *früher:* mit Leitern erstürmen; **2** an der Eskaladierwand turnen; **Es|ka|la|dier|wand** *w. 2* hölzerne Hinderniswand für Kletterübungen; **Es|ka|la|ti|on** [-tsjon] *w. 10* **1** schrittweise Steigerung (bes. militär. und polit. Mittel); **2** Anpassung der Preise an die steigenden Materialkosten; **Es|ka|la|tor** *m. 13* Rolltreppe; **Es|ka|la|tor|klau|sel** *w. 11, in den USA:* Klausel in Verträgen zwischen Unternehmern und Gewerkschaften, die steigende Löhne entsprechend den steigenden Lebenshaltungskosten garantiert; **es|ka|lie|ren** (in einem Wettbewerb o. ä.) stufenweise anwachsen, steigen, sich steigern
**Es|ka|mo|ta|ge** [-ʒə, frz.] *w. 11* Taschenspielerkunststück; **Es|ka|mo|teur** [-tør] *m. 1* Taschenspieler, Zauberkünstler; **es|ka|mo|tie|ren** wegzaubern
**Es|ka|pa|de** [frz.] *w. 11* **1** falscher Sprung (eines Schulpferdes); **2** Seitensprung, mutwilliger Streich; **Es|ka|pis|mus** *m. Gen. - nur Ez. Psych.:* Flucht-, Ausweichhaltung, Neigung zur Flucht vor den Anforderungen des Lebens
**Es|ka|ri|ol** [lat.-frz.] *m. Gen.-s nur Ez.* Winterendivie
**Es|kar|pe** [frz.] *w. 11 früher:* innere Grabenböschung (bei Befestigungsanlagen); **es|kar|pie|ren** *früher:* böschen, mit einer Grabenböschung versehen
**Es|kar|pins** [-pɛ̃s, frz.] *Mz., im 18. Jh.:* leichte, zu Kniehosen getragene Schnallenschuhe; *fälschl. auch:* seidene Kniehosen
**Es|ki|mo** [indian.] **1** *m. 9 oder Gen. - Mz. -* Ureinwohner von Grönland und des nördl. Nordamerika; **2** *m. 9* ein schwerer Mantelstoff
**Es|kor|te** [lat.-frz.] *w. 11* Begleitmannschaft, Geleit, Bedeckung; **es|kor|tie|ren** schützend begleiten
**Es|ku|do** *m. Gen.-(s) Mz.-(s)* → Escudo

**Es|me|ral|da** [span.] *w. Gen. - nur Ez.* ein span. Tanz
**Eso|te|rik** [griech.] *w. 10* Geheimlehre; Geheimwissenschaft; **Eso|te|ri|ker** *m. 5* in eine Geheimlehre Eingeweihter; *Ggs.:* Exoteriker; **eso|te|risch** nur für Eingeweihte bestimmt oder zugänglich, geheim; *Ggs.:* exoterisch
**Es|pa|da** [span.] *m. 9* den Degen führender span. Stierkämpfer
**Es|pa|gno|le** [-njɔlə, frz.] *w. 11* ein span. Tanz; **Es|pa|gno|let|te** *w. 11,* **Es|pa|gno|let|te|ver|schluß** *m. 2* Drehstangenverschluß (für Fenster)
**Es|par|set|te** [frz.] *w. 11* eine Futterpflanze
**Es|par|to** [griech.-span.] *m. 9 nur Ez.,* **Es|par|to|gras** *s. 4 nur Ez.* in den Mittelmeerländern wachsendes Gras, das zur Papierherstellung verwendet wird, Alfa-, Halfagras, Spart(gras)
**Es|pe|ran|tist** *m. 10* Kenner, Anhänger des Esperanto; **Es|pe|ran|to** [nach dem Pseudonym des poln. Erfinders, des Arztes L. Zamenhof] *s. Gen.-(s) nur Ez.* eine künstl. Welthilfssprache
**es|pi|ran|do** [ital.] *Mus.:* verhauchend, ersterbend
**Es|pla|na|de** [frz.] *w. 11* **1** *in Festungen:* freier Raum zwischen Zitadelle und innerer Mauer; **2** großer, freier Platz
**es|pres|si|vo** [ital.] *Mus.:* ausdrucksvoll; **Es|pres|so** *m. 9, Mz. auch:* -si in der Kaffeemaschine zubereiteter, sehr starker Kaffee nach ital. Art
**Es|prit** [-pri, frz.] *m. 9 nur Ez.* Geist und Witz
**Esq.** *Abk. für* Esquire; **Es|quire** [ɛskwaiə, engl.] Wohlgeboren (*früher* engl. Adelstitel, *heute* Höflichkeitstitel in Anschriften, hinter dem Namen)
**Es|say** [ɛsɛ, frz.] *m. 9 oder s. 9* literar. Abhandlung in allgemeinverständl., geistvoller Form; **Es|say|ist** *m. 10* Verfasser von Essays; **Es|say|istik** *w. 10 nur Ez.* Kunstform des Essays
**Es|sen|tia** [-tsja, lat.] *w. Gen. - nur Ez. Philos.:* Wesen einer Sache; *Ggs.:* Existentia; **es|sen|ti|al** [-tsjal] wesenhaft, wesentlich, zum Wesen (einer Sache) gehörig; *auch:* lebensnotwendig; **Es|sen|ti|ali|en** [-tsja-] *Mz.* Hauptpunkte (bei Rechtsgeschäften); *Ggs.:* Akzidentalien; **es|sen|ti|ell** [-tsjɛl] → essential; **Es|senz** *w. 10* **1** *nur Ez. Philos.:* Wesen, Hauptbegriff, Geist (einer Sache); **2** Flüssigkeit, Paste, Pulver aus Duft- oder Geschmacksstoffen in konzentrierter Form; **3** Auszug aus pflanzl. oder tier. Stoffen
**Est** [frz.] *(Abk.:* E) Ost(en)
**Esta|blish|ment** [istæbliʃmənt, engl.] *s. 9* Gesamtheit der in einer Gesellschaft herrschenden, die Erhaltung der bestehenden Ordnung anstrebenden Gruppen
**Es|ta|min** *s. 1 nur Ez.* → Etamin
**Estampe** [ɛstãp, frz.] *w. 11* Abdruck eines

Kupfer-, Stahl- oder Holzstichs bzw. Holzschnitts

**Estan|zia** [span.] *w. 9* südamerik. Landgut mit Viehzucht

**Ester** [Kunstw.] aus Essig und Äther] *m. 5* organisch-chem. Verbindung von Säure und Alkohol unter Wasseraustritt; **Ester|ase** *w. 11* Ester ab- oder aufbauendes Enzym

**esti|mie|ren** → ästimieren

**es|tin|to** [ital. „ausgelöscht"] *Mus.:* äußerst leise

**Esto|mi|hi** [lat. „sei mir (ein starker Fels)"] Name des Sonntags vor Aschermittwoch (nach dem Psalm 31,3, den Eingangsworten der Messe dieses Tages)

**Estra|de** [frz.] *w. 11* erhöhter Platz in Innenräumen für Sitzplatz, Thron, Altar u. ä.

**Estra|gon** [arab.-frz.] *m. Gen. -s nur Ez.* eine Gewürzpflanze

**Estre|ma|du|ra** [nach der span. Landschaft E.] *s. Gen. -(s) nur Ez.,* **Estre|ma|du|ra|garn** *s. 1* ein glattes Baumwollgarn

**et** [lat.] (*Zeichen:* &) und (in Firmennamen) **eta|blie|ren** [frz.] 1 gründen, begründen, errichten; 2 sich e.: sich selbständig machen, sich niederlassen; **Eta|blis|se|ment** [-mã] *s. 9,* *schweiz.:* [-mẹnt] *s. 1* 1 Niederlassung, Geschäft, Unternehmen; 2 Vergnügungslokal, Bordell

**Eta|ge** [-ʒə, frz.] *w. 11* Stockwerk, Obergeschoß; **Eta|ge|re** [-ʒe-] *w. 11* 1 veraltet: Stufengestell, Bücherbrett, Wandbrett; 2 Tischaufsatz (für Gebäck o. ä.); 3 aufhängbare Tasche mit Fächern für Kosmetika u. a.

**Eta|la|ge** [-ʒə, frz.] *w. 11 veraltet:* Schaufensterauslage, Schau-, Ausstellung; **eta|lie|ren** ausstellen, zur Schau stellen

**Eta|lon** [-lõ, frz.] *m. 9* Eichmaß, Normalmaßstab

**Eta|min** [frz.] *s. 1 nur Ez.,* **Eta|mi|ne** *w. 11 nur Ez.* gazeartiger Seiden-, Kunstseiden- oder Baumwollstoff für Vorhänge

**Etap|pe** [frz.] *w. 11* 1 Teilstrecke, Abschnitt; 2 *Mil.:* Gebiet hinter der Front als Nachschub- und Versorgungsgebiet; **Etap|pen|flug** *m. 2* Flug mit Zwischenlandungen

**Etat** [eta, frz.] *m. 9* 1 Haushaltsplan; 2 Geldmittel dafür; 3 *schweiz.:* Mitgliederverzeichnis (eines Verbandes); **eta|ti|sie|ren** in den Etat aufnehmen

**Eta|zis|mus** [griech.] *m. Gen. - nur Ez.* Aussprache des griech. Buchstabens Eta als langes e; *Ggs.:* Itazismus

**etc.** *Abk.* für et cetera; **et cẹ|te|ra** [lat. „und das übrige"] und so weiter; **et cẹ|te|ra pp.** [pp.: lat. perge, perge „fahre fort"] (*Abk.:* etc. pp.) und so weiter

**ete|pe|te|te** [Herkunft unsicher] übertrieben empfindsam, zimperlich, übertrieben auf Formen haltend

**eter|ni|sie|ren** [lat.] *veraltet:* verewigen, in die Länge ziehen; **Eter|nit** *m. 1 oder s. 1 nur Ez.*

Ⓦ feuerfester Kunststein aus Asbest, Zement und Schiefer

**Ete|si|en** [griech.] *Mz.* regelmäßig auftretende trockene Winde von April bis Oktober im östl. Mittelmeer; **Ete|si|en|kli|ma** *s. Gen. -s Mz.*-malta Klima mit trockenen Sommern und feuchten Wintern

**Ethik** [griech.] *w. 10* Lehre vom sittl. Verhalten, Sittenlehre; **Ethi|ker** *m. 5* Vertreter der Ethik, Schöpfer einer Ethik; **ethisch** sittlich **eth|nisch** [griech.] zu einem bestimmten Volk und Volkstum gehörig, volkseigentümlich; **Ethno|gra|phie** *w. 11* beschreibende Völkerkunde; **Eth|no|lo|gie** *w. 11 nur Ez.* vergleichende Völkerkunde

**Etho|lo|gie** [griech.] *w. 11 nur Ez.* 1 Wiss. von den Sitten und Gebräuchen eines Volkes; 2 Wiss. von den Verhaltensweisen der Tiere; **Ethos** *s. Gen. - nur Ez.* sittl. Gesinnung

**Eti|enne** [etjẽ, nach einem frz. Drucker] *w. 11 nur Ez.* eine Antiqua-Druckschrift

**Eti|kett** [frz.] *s. 1 oder 9* Aufklebschildchen (mit Preis-, Firmen- u. a. Angaben); **Eti|kẹt|te** *w. 11 veraltet, noch schweiz., österr. für* Etikett; 2 herkömmliche feine Umgangsformen; **eti|ket|tie|ren** mit einem Etikett versehen, bezeichnen

**Etio|le|ment** [-mã, frz.] *s. 9 nur Ez.* anomales Wachstum von Pflanzen mit Bleichwerden bei Lichtmangel; **etio|lie|ren** im Dunkeln bleichen und treiben (z. B. Spargel)

**Etrus|ker** *m. 5* Einwohner der antiken Landschaft Etrurien

**Etü|de** [frz.] *w. 11* 1 Musikstück zum Üben der Fingerfertigkeit; 2 virtuoses Musikstück

**Etui** [etyi, frz.] *s. 9* 1 Behälter, Futteral (für Brille, Schmuck, Zigaretten); 2 ärztl. Besteck mit Hülle

**Ety|mo|lo|gie** [griech.] *w. 11* die Herkunft der Wörter sowie die Wissenschaft davon; **Ety|mon** *s. Gen. -s Mz.*-ma Stammwort, Wurzelwort

**Eu** chem. *Zeichen für* Europium

**Eu|bio|tik** [griech.] *w. 10 nur Ez.* Lehre vom gesunden Leben

**Eu|bu|lie** [griech.] *w. 11 veraltet:* Vernunft, Einsicht

**Eu|cha|ri|stie** [-ça-, griech.] *w. 11* kath. Kirche: 1 Dankgebet vor dem Abendmahl; 2 Abendmahl; 3 Altarsakrament; **eu|cha|ri|stisch** zur Eucharistie gehörig; Eucharistischer Kongreß: internationaler kath. Kongreß zur Erneuerung und Verehrung des Altarsakraments

**Eu|dä|mo|nie** [griech.] *w. 11 nur Ez. Philos.:* Glückseligkeit; **Eu|dä|mo|nis|mus** *m. Gen. - nur Ez.* Lehre, daß das Ziel alles Handelns die Glückseligkeit und diese nur durch sittl. Verhalten zu verwirklichen sei

**Eu|dio|me|ter** [griech.] *s. 5* 1 Glasröhrchen zum Auffangen und Messen von Gasen; 2 Gerät zum Messen der Luftqualität; **Eu-**

**dio|me|trie** *w. 11* Messung des Sauerstoffgehalts der Luft

**Eu|do|xie** [griech.] *w. 11 veraltet:* **1** sicheres Urteil; **2** guter Ruf

**Eu|ge|ne|tik, Eu|ge|nik** [griech.] *w. 10 nur Ez.* Lehre von der Erbgesundheit; Förderung des menschl. Erbguts

**Eu|kal|lyp|tus** [griech.] *m. Gen. - Mz.*-ten ein Laubbaum

**Eu|kol|lie** [griech.] *w. 11 nur Ez.* heitere, unbeschwerte Zufriedenheit

**Eu|kra|sie** [griech.] *w. 11 nur Ez. eigtl.:* gute Mischung aller Körpersäfte; *übertr.:* glückliche Veranlagung

**Eu|me|ni|de** [griech. „die Wohlgesinnte"] *w. 11 meist Mz., verhüllende Bez. für* Erinnye

**Eu|nuch** [griech. „Betthüter"] *m. 10* kastrierter Mann, bes. als Haremswächter

**eu|pel|la|gisch** [griech.] zum offenen Meer gehörig, dort lebend (Tier, Pflanze)

**Eu|phe|mis|mus** [griech.] *m. Gen. - Mz.*-men verhüllende, beschönigende Bezeichnung, z. B. „heimgehen" statt „sterben"; **eu|phe|mi|stisch** verhüllend

**Eu|pho|nie** [griech.] *w. 11* Wohlklang; *Ggs.:* Kakophonie; **eu|pho|nisch** wohlklingend; **Eu|pho|ni|um** *s. Gen.-s Mz.*-ni|en **1** Kornett in Baritonlage, Baritonhorn; **2** ein Orgelregister

**Eu|phor|bia** *w. Gen. - Mz.*-bi|en, **Eu|phor|bie** [-bi∂] *w. 11* die Gattung Wolfsmilch aus der Familie Wolfsmilchgewächse

**Eu|pho|rie** [griech.] *w. 11* Zustand subjektiven Wohlbefindens (nach dem Genuß von Rauschmitteln oder bei Schwerkranken kurz vor dem Tode); **Eu|pho|ri|kum** *s. Gen.-s Mz.*-ka Anregungs- oder Rauschmittel; **eu|pho|risch** auf Euphorie beruhend; *allg.:* in Hochstimmung

**eu|pho|tisch** [griech.] lichtreich (von Schichten des Wassers)

**eu|ra|sia|tisch** zu Europa und Asien zusammen gehörig, dort lebend (von Tieren und Pflanzen); **Eu|ra|si|er** *m. 5* **1** Angehöriger eines Volkes im mongol.-europ. Grenzraum; **2** Mischling aus einem europ. und einem ind. Elternteil

**Eu|rhyth|mie** [griech.] *w. 11 nur Ez.* **1** Gleich-, Ebenmaß von Bewegung und Ausdruck; **2** *Med.:* Regelmäßigkeit in Herz- und Pulsschlag; **3** *fachsprachl. Schreibung:* Eurythmie, *Anthroposophie:* Vereinigung von tänzerischer Bewegung und Sprache, wobei den Bewegungen eine bestimmte Bedeutung gegeben wird; **Eu|rhyth|mik** *w. 10 nur Ez.* → Eurhythmie

**eu|ro|cheque** [-ʃɛk, frz.] *m. 9* Barscheck, der in Verbindung mit einer Scheckkarte von den meisten europ. und nordamerik. Kreditinstituten bis zu einem bestimmten Betrag eingelöst wird

**Eu|ro|con|trol** *w. Gen. - nur Ez. Kurzw. für* die 1960 gegründete europ. Organisation zur Sicherung der Luftfahrt

**eu|ro|pä|id** den Europäern ähnlich; **eu|ro|päi|sie|ren** nach europ. Vorbild gestalten, der europ. Lebensart angleichen; **eu|ro|pid** zu den Europiden gehörig; **Eu|ro|pi|de** *Mz. Sammelbez. für* die weißen, in Europa, Nordafrika und Teilen Asiens lebenden Menschenrassen; **Eu|ro|pi|um** *s. Gen.-s nur Ez.* (*Zeichen:* Eu) chem. Element, Metall der seltenen Erden; **eu|ro|po|id** den europ. Rassen nahestehend; **Eu|ro|vi|si|on** *w. 10 nur Ez.* Organisation europ. Rundfunk- und Fernsehanstalten zum Programmaustausch

**Eu|ry|ökie** [griech.] *w. 11 nur Ez.* Anpassungsfähigkeit an größere Schwankungen der Umweltbedingungen (von Tieren und Pflanzen); **eu|ry|phag** nicht auf bestimmte Nahrung angewiesen (von Tieren und Pflanzen); **eu|ry|therm** widerstandsfähig gegen größere Temperaturschwankungen (von Tieren und Pflanzen); *Ggs.:* stenotherm; **eu|ry|top** weit verbreitet (von Tieren und Pflanzen); *Ggs.:* stenotop

**Eu|sel|bie** [griech.] *w. 11 nur Ez.* Frömmigkeit; *Ggs.:* Asebie

**Eu|stal|sie** [griech.] *w. 11* Schwankung der Meeresspiegelhöhe

**Eu|tha|na|sie** [griech.] *w. 11 nur Ez.* Erleichterung des Todeskampfes durch Narkotika

**Eu|thy|mie** [griech.] *w. 11 nur Ez. veraltet:* innere Heiterkeit, Seelenfrieden

**eu|troph** [griech.] nährstoffreich; **Eu|tro|phie** *w. 11 nur Ez.* **1** Nährstoffreichtum; **2** guter Ernährungszustand

**eV** *Abk. für* Elektronenvolt

**Eva|kua|ti|on** [eva- -tsjon, lat.-frz.] *w. 10* Entleerung von Luft; **eva|ku|ie|ren 1** luftleer machen; **2** von Bewohnern räumen (Gebiet); **3** aussiedeln (Bewohner); **Eva|ku|ie|rung** *w. 10* das Evakuieren (**2, 3**)

**Eva|lu|ie|rung** [lat.] *w. 10* Bewertung

**Eva|lva|ti|on** [-tsjon, lat.] *w. 10 veraltet:* Schätzung, Wertbestimmung; **eval|vie|ren** *veraltet:* schätzen, bewerten

**Evan|ge|li|ar** [-van-, lat.] *s. 1, Mz. auch:* -ri|en, **Evan|ge|lia|ri|um** *s. Gen.-s Mz.*-ri|en Buch mit den 4 Evangelien; **Evan|ge|li|en|har|mo|nie** *w. 11* Darstellung des Lebens Jesu aus den 4 Evangelien; **Evan|ge|li|sa|ti|on** [-tsjon] *w. 10* Bekehrung zum Evangelium; **evan|ge|lisch** (*Abk.:* ev.) **1** auf dem Evangelium beruhend; **2** → protestantisch; **evan|ge|li|sie|ren** zum Evangelium bekehren; **Evan|ge|list** *m. 10* **1** Verfasser eines der 4 Evangelien; **2** Wanderprediger; **Evan|ge|li|star** *s. 1, Mz. auch:* -ri|en Buch mit Abschnitten aus den Evangelien für Lesungen während der Messe; **Evan|ge|li|um** *s. Gen.-s Mz.*-li|en **1** die Botschaft Christi; **2** jede der 4 Schriften des NT über das Leben und den Tod Jesu sowie ihre Gesamtheit; **3** Lesung aus den Evangelien im Gottesdienst; 4 *ugs.*: etwas, woran man blindlings glaubt, Wort oder Werk, das einem heilig ist

**Evalpolralti on** [eva- -tsjon, lat.] *w.10* Verdampfung, Verdunstung; **Evalpolraltor** *m.13* Verdampfer; **evalpolrielren** verdampfen, eindampfen, von Wasser befreien; **Evalpolrilmeter** *s.5* Verdunstungsmesser

**Evalsi on** [eva-, lat.] *w.10* 1 Flucht; *Ggs.*: Invasion; 2 *veraltet:* Ausflucht; **evalsiv, evalsorisch** *veraltet:* ausweichend, Ausflüchte benutzend

**evenltu al** [lat.] *selten für* eventuell; **Evenltualfall** *m.2* möglicherweise eintretender Fall; **Evenltualliltät** *w.10* möglicher Fall, Möglichkeit; **evenltu ell** (*Abk.*: evtl.) möglicherweise, vielleicht, unter Umständen

**Everlgreen** [ɛvərgriːn, engl.] *m.9 oder s.9* Schlager, der lange beliebt bleibt

**Everltelbrat** [evɛr-, lat.] *m.10* wirbelloses Tier, Invertebrat

**evildent** [evi-, lat.] offenkundig, völlig klar, augenscheinlich, einleuchtend; **Evildenz** *w.10 nur Ez.* Augenschein, einleuchtende Klarheit, Offenkundigkeit; etwas in E. halten *österr.*: etwas im Auge behalten, vormerken

**Eviklti on** [eviktsjon, lat.] *w.10 Rechtsw.*: Besitzentziehung (auf dem Rechtswege); **evinlzielren** jmdm. e.: jmdm. (auf dem Rechtswege) Besitz entziehen

**Evolkalti on** [-tsjon, lat.] *w.10* 1 *früher:* Recht des Königs, einen Prozeß vor sein Hofgericht zu ziehen; 2 *veraltet:* Vorladung (eines Beklagten); 3 Hervortreten von Vorstellungen oder Erlebnissen beim Betrachten eines Kunstwerkes; **evolkaltolrisch** eine Evokation (3) bewirkend

**Evolluite** [evo-, lat.] *w.11 Math.*: geometr. Ort der Krümmungsmittelpunkte einer ebenen Kurve; **Evollulti on** [-tsjon] *w.10* allmähl. Entwicklung (bes. die der Lebewesen zu höheren Formen); **evollultiolnär** sich allmählich entwickelnd; **Evollultiolnislmus** *m.Gen.-nur Ez.* völkerkundl. Forschungsrichtung im 19. Jh., die den Evolutionsgedanken auf die Kulturentwicklung anwandte; **Evollulti onsltheolrie** *w.11* 1 Abstammungslehre; 2 kosmolog. Theorie, nach der das Weltall sich ständig ausdehnt; **Evollvenlte** [evɔlvɛn-] *w.11 Math.*: ebene Kurve, die ein Punkt auf eine Geraden beschreibt, die auf einer anderen Kurve abrollt; **evollvielren** [evɔlvi-] entwickeln, entfalten

**Evolnylmus** [evo-, griech.] *m.Gen.-nur Ez.* ein Zierstrauch, Pfaffenhütchen

**evolzielren** [evo-, zu: Evokation] vorladen

**EVR** *Abk. für* Electronic Video Recording and Reproduction (ein Wiedergabeverfahren für Fernsehaufzeichnungen)

**ev.-ref.** *Abk. für* evangelisch-reformiert

**evtl.** *Abk. für* eventuell

**evlvilva!** [eviva, ital.] er, sie lebe (hoch)!

**Evlzolne** [griech.] *m.11, im 19. Jh.*: Jäger der griech. Armee; *heute:* Angehöriger der Nationalgarde in Athen

**Ew.** *Abk. für* Euer, Eure (Majestät o. ä.)

**Ewe** 1 *m.9 oder Gen.- Mz. -* Angehöriger einer Stammesgruppe der Sudaniden; 2 *s. Gen. - nur Ez.* deren Sprache

**Ewenlke** *m.11* Angehöriger eines tungus. Volkes

**ex** [lat.] aus; ex trinken *Studentenspr.*: das Glas (auf einen Zug) leeren

**ex ablruplto** [lat.] jählings, unversehens

**ex aelquo** [lat.] *veraltet:* in derselben Weise, genauso, auf gleicher Stufe

**Exlaglgelralti on** [-tsjon, lat.] *w.10 Med.*: übertreibende Darstellung (von Krankheitserscheinungen); **exlaglgelrielren** übertreiben

**exlakt** [lat.] genau, sorgfältig; die exakten Wissenschaften: die Naturwissenschaften und Mathematik

**Exlalltaltion** [-tsjon, lat.] *w.10 nur Ez.* hyster. Erregtheit, übertriebene Aufregung; **exalltielren** sich e.: sich übermäßig erregen

**Exlamen** [lat.] *s.7, Mz. auch:* -amina Prüfung; **Exlaminand** *m.10* jmd., der ein Examen ablegt, Prüfling; **Exlaminaltor** *m.13* Prüfer; **Exlaminaltolrium** *s. Gen.-s Mz.* -rien *veraltet:* 1 Prüfungskommission; 2 Prüfungsvorbereitung; **exlaminielren** jmdn. e.: prüfen

**Exlanlthem** [griech.] *s.1* entzündl. Hautausschlag

**Exlanlthrolpie** [griech.] *w.11 nur Ez.* Menschenscheu

**Exlaralti on** [-tsjon, lat.] *w.10* Abschürfung des Untergrunds durch Bewegung eines Gletschers

**Exlarch** [griech.] *m.10* 1 byzantin. Statthalter in Italien und Afrika; 2 *Ostkirche:* kirchl. Würdenträger, Leiter eines Kirchengebietes in der Diaspora; **Exlarlchat** [-çat] *s.1* Amt und Verwaltungsbezirk eines Exarchen

**Exlarltilkullaltion** [-tsjon, lat.] *w.10 Med.*: Abtrennung eines Gliedes im Gelenk

**Exlauldi** [lat., nach Psalm 27,7: (Herr,) höre (meine Stimme)] Name des 6. Sonntags nach Ostern

**exc.** *Abk. für* excudit

**ex caltheldra** [lat., „vom Lehrstuhl aus"] 1 *in Wendungen wie* ex c. gesprochen: vom Papst als (unfehlbarem) Kirchenlehrer verkündet; 2 *übertr.*: maßgeblich, verbindlich, unanfechtbar; etwas ex c. erklären

**Exlcepltio** [-tsɛptsjo, lat.] *w. Gen.- Mz.*-tiones [-tsjones] *Rechtsw.*: Einrede

**Exlchange** [ikstʃeindʒ, engl.] *w.11* 1 *Börse:* Tausch, Kurs; 2 Geldwechsel, Wechselstube

**exlculdit** [lat. „hat (es) gedruckt"] (*Abk.*: exc., excud.) Vermerk hinter dem Namen des Druckers auf Kupferstichen

**Exelcultive** [-kjutiv, engl.] *m.9* Führungskraft, z. B. Einkaufs-, Finanz-, Personalleiter

**Ex|edra** [griech.] *w. Gen. - Mz.* -edren **1** *im griech.-röm. Haus:* Wohnraum; **2** halbrunder oder eckiger Raum mit Bank als Abschluß eines Säulengangs; **3** *in mittelalterl. Kirchen* → Apsis

**Ex|ege|se** [griech.] *w. 11* Ausdeutung, Erklärung (bes. von Rechtsquellen sowie der Bibel); **Ex|eget** *m. 10* Ausdeuter, Erklärer; **Ex|ege|tik** *w. 10 nur Ez.* Wissenschaft von der Exegese

**exe|ku|tie|ren** [lat.] **1** vollziehen, vollstrecken (Urteil); **2** hinrichten (Person); **3** *österr.:* pfänden; **Exe|ku|ti|on** [-tsjon] *w. 10* **1** Vollstreckung, Vollzug; **2** Hinrichtung; **exe|ku|tiv** ausführend, vollziehend, vollstreckend; exekutive Gewalt → Exekutive; **Exe|ku|ti|ve** [-və] *w. 18* die vollziehende, ausführende Gewalt (im Staat), z. B. die Polizei; **Exe|ku|tiv|ko|mi|tee** *s. 9, in der UdSSR:* vollziehendes Organ eines Sowjets oder einer Organisation; **Exe|ku|tor** *m. 13* Vollstrecker; *österr.:* Gerichtsvollzieher

**Ex|em|pel** [lat.] *s. 5* **1** Aufgabe, bes. Rechenaufgabe; **2** Beispiel; ein E. statuieren: ein warnendes, abschreckendes Beispiel geben; **Ex|em|plar** *s. 1 (Abk.: Expl.)* Einzelstück; **ex|em|pla|risch 1** musterhaft, beispielgebend; **2** warnend, abschreckend; jmdn. e. bestrafen; **Ex|em|pla|ris|mus** *m. Gen. - nur Ez.* philosoph. Lehre, daß alle Geschöpfe nach dem göttl. Urbild geschaffen seien; **ex|em|pli cau|sa** [„wegen eines Beispiels"] *(Abk.:* e. c.) beispielsweise, zum Beispiel; **Ex|em|pli|fi|ka|ti|on** [-tsjon] *w. 10* Erläuterung durch Beispiele; **ex|em|pli|fi|zie|ren** durch ein Beispiel erläutern

**ex|emt** [lat.] von bestimmten gesetzl. Pflichten befreit; **Ex|em|ti|on** [-tsjon] *w. 10* Befreiung von bestimmten gesetzl. Lasten und Pflichten

**Exe|qua|tur** [lat.] *s. Gen.-s Mz.* -tu|ren **1** Bestätigung, Zulassung (eines ausländ. Konsuls); **2** staatl. Erlaubnis, kirchl. Akte zu verkünden; **3** Vollstreckungswirkung eines im Ausland ergangenen Gerichtsurteils im Inland

**Exe|qui en** [lat.] *Mz. kath. Kirche:* Begräbnisfeier, Totenmesse; **exe|quie|ren** *veraltet:* eintreiben (Schulden)

**Ex|er|ci|ti um** *s. Gen.-s Mz.* -ti en → Exerzitium; **ex|er|zie|ren** üben, ausbilden (bes. Truppen); **Ex|er|zi|ti en** [-tsjon], *österr. auch:* Ex|er|zi|zi en *Mz. kath. Kirche:* relig. Übungen; **Ex|er|zi|ti um** [-tsjum] *s. Gen.-s Mz.* -ti en [-tsjon] schriftl. Hausarbeit

**exe|unt** [lat. „sie gehen"] *Theater, als Regieanweisung:* sie gehen ab, treten ab, gehen hinaus

**Ex|ha|la|ti|on** [-tsjon, lat.] *w. 10* **1** Ausatmung, Ausdünstung; **2** Ausströmen (von vulkan. Gasen und Dämpfen); **ex|ha|lie|ren** ausatmen, ausströmen

**Ex|haus|tor** [lat.] *m. 13* Gebläse zum Absaugen von Gas, Dampf, Staub u. a., Entlüfter

**ex|hi|bie|ren** [lat.] **1** vorzeigen, zur Schau stellen; **2** aushändigen (Papiere); **Ex|hi|bit** *s. 1* Eingabe; **Ex|hi|bi|ti on** [-tsjon] *w. 10 Med.:* Zurschaustellung; **Ex|hi|bi|tio|nis|mus** [-tsjo-] *m. Gen. - nur Ez.* **1** krankhafte Neigung zum öffentl. Entblößen der Geschlechtsteile; **2** *allg.:* auffallendes Verhalten, um die Aufmerksamkeit auf sich zu lenken; **Ex|hi|bi|tio|nist** *m. 10* jmd., der an Exhibitionismus leidet; **Ex|hi|bi|tum** *s. Gen.* -s *Mz.* -ten *oder* -ta → Exhibit

**Ex|hu|ma|ti on** [-tsjon] *w. 10* Wiederausgrabung (einer Leiche); **ex|hu|mie|ren** eine Leiche e.: wieder ausgraben (für gerichtliche Untersuchungen)

**Ex|igenz** [lat.] *w. 10 veraltet:* Erfordernis, Bedarf; **ex|igie|ren** fordern, eintreiben (Schuld); **Ex|igui|tät** *w. 10* Geringfügigkeit

**Exil** [lat.] *s. 1* **1** Verbannung; **2** Verbannungs-, Zufluchtsort; **exil|lie|ren** ins Exil schicken; **Exil|li|te|ra|tur** *w. 10* die von deutschen Schriftstellern während des Nationalsozialismus im Ausland geschriebenen literar. Werke; **Exil|re|gie|rung** *w. 10* Regierung eines Staates, die sich im Ausland gebildet hat oder ihren Sitz ins Ausland verlegen mußte

**ex|li mie|ren** [lat., zu: Exemtion] von einer gesetzl. Pflicht befreien

**exi|stent** [lat.] existierend, vorhanden; **Exi|sten|tia** [-tsia] *w. Gen. - nur Ez. Philos.:* Dasein, Vorhandensein (einer Sache); *Ggs.:* Essentia; **exi|sten|ti al** [-tsjal] → existentiell; **Exi|sten|tia|lis|mus** *m. Gen. - nur Ez.* → Existenzphilosophie; **Exi|sten|tia|list** *m. 10* Vertreter, Anhänger der Existenzphilosophie, vor allem Sartres; **Exi|sten|ti al|phi|lo|so|phie** *w. 11 nur Ez.* → Existenzphilosophie; **exi|sten|ti ell** [-tsjɛl] die Existenz, das Dasein betreffend, darauf beruhend; **Exi|stenz** *w. 10* **1** Leben, Dasein, Vorhandensein; **2** Lebensunterhalt; **3** *Philos.:* (bloßes) Dasein (im Ggs. zum Wesen); die bewußte Seinsweise des Menschen; **4** *ugs.:* Mensch, Person; **Exi|stenz|mi|ni|mum** *s. Gen.-s Mz.* -ma Mindestmaß dessen, was man für den Lebensunterhalt braucht; **Exi|stenz|phi|lo|so|phie** *w. 11 nur Ez.* Sammelbez. für Richtungen der modernen Philosophie, die den Menschen im Hinblick auf seine Existenz (3) betrachten; **exi|stie|ren 1** vorhanden sein, dasein; **2** seinen Lebensunterhalt bestreiten, auskommen

**exit** [lat. „er, sie geht"] *Theater, als Regieanweisung:* geht ab, tritt ab, geht hinaus; **Exit** *m. 9* Ausgang (in Gebäuden); **Ex|itus** *m. Gen. - Mz. - oder* -tus|se *Med.:* Tod, Todesfall

**Ex|kar|di|na|ti on** [-tsjon, lat.] *w. 10 kath. Kirche:* Entlassung eines Geistlichen aus einem Diözesanverband (mit nachfolgender

Aufnahme in eine andere Diözese oder in ein Kloster)

**Ex|ka|va|ti|on** [-tsjọn, lat.] *w.10* 1 Aushöhlung, Ausbaggerung, Ausgrabung; 2 *Zahnmed.:* Ausbohrung; **Ex|ka|va|tor** *m.13* Maschine, Instrument zur Exkavation; **ex|ka|vie|ren** aushöhlen, ausgraben

**exkl.** *Abk. für* exklusive

**Ex|kla|ma|ti|on** [-tsjọn, lat.] *w.10 veraltet:* Ausruf; **ex|kla|mie|ren** *veraltet:* ausrufen

**Ex|kla|ve** [lat.] *w.11* 1 von fremdem Staatsgebiet umgebener Teil des eigenen Staates; *Ggs.:* Enklave; 2 Vorkommen einer Pflanzen- oder Tierart außerhalb ihres eigentlichen Verbreitungsgebietes

**ex|klu|die|ren** [lat.] *veraltet:* ausschließen; **Ex|klu|si|on** *w.10* Ausschließung; **ex|klu|siv** 1 ausschließend, nicht allen zugänglich; 2 gesellschaftlich abgesondert, Außenstehende fernhaltend; 3 vornehm und außergewöhnlich; **ex|klu|si|ve** (*Abk.:* exkl.) mit Ausschluß von ..., ausgenommen; *Ggs.:* inklusive; **Ex|klu|si|vi|tät** *w.10 nur Ez.* 1 Ausschließlichkeit; 2 gesellschaftliche Abgeschlossenheit; 3 Vornehmheit und Ungewöhnlichkeit

**Ex|kom|mu|ni|ka|ti|on** [-tsjọn, lat.] *w.10 kath. Kirche:* Ausschluß aus der Kirchengemeinschaft; **ex|kom|mu|ni|zie|ren** aus der Kirchengemeinschaft ausschließen

**Ex|ko|ria|ti|on** [-tsjọn, lat.] *w.10* Hautabschürfung

**Ex|kre|ment** [lat.] *s.1* Körperausscheidung, Kot bzw. Harn; **Ex|kret** *s.1* vom Körper nicht weiter verwendbares und daher ausgeschiedenes Stoffwechselprodukt, z. B. Kot, Harn, Schweiß; **Ex|kre|ti|on** [-tsjon] *w.10* Ausscheidung (von Exkreten); **ex|kre|to|risch** ausscheidend

**Ex|kul|pa|ti|on** [-tsjọn, lat.] *w.10 Rechtsw.:* Rechtfertigung, Befreiung von Schuld; **ex|kul|pie|ren** von Schuld freisprechen

**Ex|kurs** [lat.] *m.1* 1 Abschweifung; 2 kurze Ausarbeitung; 3 Anhang; **Ex|kur|si|on** *w.10* Ausflug (unter wissenschaftl. Leitung), Lehrfahrt, Lehrausflug

**ex|lex** [lat.] *früher:* gesetzlos, außerhalb des Gesetzes stehend, ausgestoßen, vogelfrei

**Ex|li|bris** [lat. „aus den Büchern"] *s. Gen. - Mz. -* meist künstlerisch gestalteter, in ein Buch eingeklebter Zettel mit Namen und Zeichen des Eigentümers

**Ex|ma|tri|kel** [lat.] *w.11* Bescheinigung über den Abgang von einer Hochschule; **Ex|ma|tri|ku|la|ti|on** [-tsjon] *w.10* Streichung aus der Matrikel beim Abgang von einer Hochschule; *Ggs.:* Immatrikulation; **ex|ma|tri|ku|lie|ren** aus der Matrikel streichen; *Ggs.:* immatrikulieren

**Ex|mis|si|on** [-tsjọn, lat.] *w.10* 1 gerichtl. Ausweisung; 2 Zwangsräumung (einer Wohnung); **ex|mit|tie|ren** gerichtlich ausweisen

**ex nunc** [lat.] von jetzt an

**Exo|bio|lo|gie** [griech.] *w.11 nur Ez.* Weltraumbiologie

**Exo|der|mis** [lat.] *w. Gen. - nur Ez.* äußeres, verkorktes Gewebe der Pflanzenwurzel

**Ex|odus** [griech.] *m. Gen. - nur Ez.* Auszug (der Juden aus Ägypten), Titel des 2. Buches Mosis

**ex of|fi|cio** [lat.] *Rechtsw.:* von Amts wegen, amtlich

**Exo|gal|mie** [griech.] *w.11, bei Naturvölkern:* Heirat außerhalb der eigenen sozialen Gruppe; *Ggs.:* Endogamie

**exo|gen** [griech.] 1 von außen stammend, einwirkend (von Kräften); 2 von außen eingeführt (in den Körper); 3 außen entstehend (Knospe, Blatt); *Ggs.:* endogen

**Exo|karp** [griech.] *s.1* äußerste Schicht der Fruchtwand; *Ggs.:* Endokarp

**exo|krin** [griech.] 1 nach außen absondernd (Drüsen); *Ggs.:* endokrin; 2 nach außen abgesondert (Drüsenprodukt)

**Ex|one|ra|ti|on** [-tsjon, lat.] *w.10 veraltet:* Entlastung, Erleichterung; **ex|one|rie|ren** *veraltet:* entlasten

**ex|or|bi|tant** [lat.] 1 übertrieben, übermäßig; 2 gewaltig, außerordentlich

**Ex|or|di|um** [lat.] *s. Gen. -s Mz.* -dia Einleitung (einer Rede)

**ex oriente lux** [lat.] aus dem Osten (kommt) das Licht (ursprüngl. vom Sonnenaufgang gesagt, dann von Christentum und Kultur)

**ex|or|zie|ren, ex|or|zi|sie|ren** [griech.] austreiben, beschwören (böse Geister); **Ex|or|zis|mus** *m. Gen. - nur Ez.* Geisterbeschwörung, -austreibung; **Ex|or|zist** *m.10* 1 Geisterbeschwörer; 2 *kath. Kirche:* Träger des dritten Grades der vier niederen Weihen

**Exo|sphä|re** [griech.] *w.11* oberste Schicht der Atmosphäre

**Exot** [griech.] *m.10,* **Exo|te** *w.11* jmd., der aus einem fernen Land stammt (auch von Tieren, Pflanzen, Wertpapieren); **Exo|te|ri|ker** *m.5* Nichteingeweihter, Außenstehender; *Ggs.:* Esoteriker; **exo|te|risch** für die Öffentlichkeit, die Allgemeinheit, nicht nur für Eingeweihte bestimmt; *Ggs.:* esoterisch

**exo|therm** [griech.] Wärme abgebend; *Ggs.:* endotherm

**Exo|tik** [griech.] *w.10 nur Ez.* das Fremdländische (eines Lebewesens, einer Sache); **Exo|ti|ka** *Mz., Ez.*-kum fremdländ. Kunstwerke; **exo|tisch** aus fernen Ländern stammend

**ex ovo** → ab ovo

**Ex|pan|der** [lat.] *m.5* Gerät zum Kräftigen der Muskeln, wobei zwei Stahlfedern auseinandergezogen werden müssen; **ex|pan|die|ren** ausdehnen, auseinanderziehen; **ex|pan|si|bel** ausdehnbar; **Ex|pan|si|on** *w.10* Ausdehnung, Ausbreitung; **ex|pan|siv** sich ausbreitend, sich ausdehnend

**Ex|pa|tria|ti|on** [-tsjọn, lat.] *w.10* Ausbürgerung; ex|pa|trili|e|ren ausbürgern, die Staatsbürgerschaft entziehen

**Ex|pe|di|ent** [lat.] *m.10* Angestellter, der Waren zum Versand fertigmacht; **ex|pe|die|ren** zum Versand fertigmachen und verschicken; **Ex|pe|dit** *s.1 österr.:* Versandabteilung (einer Firma); **Ex|pe|di|teur** [-tør] *m.1 österr.:* Spediteur; **Ex|pe|di|ti|on** [-tsjon] *w.10* 1 das Verschicken, Absendung; 2 Versandabteilung (einer Firma); 3 Entdeckungsreise in unerforschtes Gebiet; 4 die eine solche Reise unternehmenden Personen; **Ex|pe|di|tor** *m.13* → Expedient

**Ex|pek|to|rans, Ex|pek|to|ran|ti|um** [-tsjum, lat.] *s. Gen.- bzw.-s Mz.*-ran|tia [-tsja] *oder* -ran|zi|en schleimlösendes Mittel, Hustenmittel; **Ex|pek|to|ra|ti|on** [-tsjon] *w.10* 1 Aushusten (von Schleim); 2 Auswurf; **ex|pek|to|rie|ren** aushusten

**Ex|pel|lan|ti|um** [-tsjum, lat.] *s. Gen.-s Mz.*-tia [-tsja] *oder* -zi|en aus-, abtreibendes Mittel; **ex|pel|lie|ren** *veraltet:* vertreiben, austreiben

**Ex|pen|sa|ri|um** [lat.] *s. Gen.-s Mz.*-ri|en Kostenaufstellung; **Ex|pen|sen** *Mz.* Kosten, bes. Gerichtskosten; **ex|pen|siv** teuer, kostspielig

**Ex|pe|ri|ment** [lat.] *s.1* 1 (bes. wissenschaftl.) Versuch; 2 (gewagtes) Unternehmen; **ex|pe|ri|men|tal** → experimentell; **Ex|pe|ri|men|ta|tor** *m.13* jmd., der Experimente vorführt; **ex|pe|ri|men|tell** mit Hilfe von Experimenten; **ex|pe|ri|men|tie|ren** Experimente durchführen, Versuche machen

**ex|pert** [lat.] sachverständig, sachkundig, fachmännisch; **Ex|per|te** *m.11* Sachverständiger, erfahrener Fachmann; **Ex|per|ti|se** *w.11* Gutachten durch einen Experten; **ex|per|ti|sie|ren** *selten:* sachverständig, fachmännisch prüfen

**Expl.** *Abk. für* Exemplar

**Ex|pla|na|ti|on** [-tsjon, lat.] *w.10* Erklärung (von literar. Texten); **ex|pla|na|tiv** erläuternd; **ex|pla|nie|ren** erklären

**Ex|plan|ta|ti|on** [-tsjon, lat.] *w.10* Züchtung von Zellen oder Gewebe auf künstl. Nährboden

**ex|pli|cit** [lat.] es ist zu Ende (Vermerk am Schluß von Frühdrucken und Handschriften); *Ggs.:* incipit; **Ex|pli|ka|ti|on** [-tsjon] *w.10* Erklärung, Erläuterung; **ex|pli|zie|ren** erklären; **ex|pli|zit** erläutert, erklärt, ausführlich (dargestellt); *Ggs.:* implizit; **ex|pli|zi|te** [-te:] ausdrücklich, deutlich

**ex|plo|die|ren** [lat.] zerplatzen, knallend bersten

**Ex|ploi|ta|ti|on** [-tsjon, frz.] *w.10* Ausbeutung, Ausnutzung; **ex|ploi|tie|ren** ausbeuten, nutzbar machen

**Ex|plo|ra|ti|on** [-tsjon, lat.] *w.10* 1 Erforschung; 2 ärztl. Untersuchung und Befragung; 3 Informationsgespräch mit gezielter Befragung; **Ex|plo|rer** *m.5* Erforscher (Name

der ersten US-amerik. Erdsatelliten); **ex|plo|rie|ren** 1 erforschen; 2 ärztl. untersuchen und befragen

**ex|plo|si|bel** [lat.] → explosiv; **Ex|plo|si|on** *w.10* 1 sehr schnelles Abbrennen eines Sprengstoffes; 2 knallendes Bersten, Zerplatzen eines Hohlkörpers durch Druck von innen; *Ggs.:* Implosion; 3 *übertr.:* Zornausbruch; 4 *übertr.:* sehr rasches Wachstum (einer Menge); **Ex|plo|si|ons|mo|tor** *m.12* Verbrennungsmotor; **ex|plo|siv** 1 leicht explodierend; 2 *übertr. ugs.:* leicht erregbar, zu Wutausbrüchen neigend; **Ex|plo|siv|laut** *m.1* Verschlußlaut: b, d, g, p, t, k; **Ex|plo|siv|stoff** *m.1* Sprengstoff

**Ex|po|nat** [lat.] *s.1* Ausstellungsstück; **Ex|po|nent** *m.10* 1 Hochzahl einer Potenz; 2 in der Öffentlichkeit bekannter Vertreter (einer Strömung, Partei o. ä.); **Ex|po|nen|ti|al|funk|ti|on** [-tsjal--tsjo:n] *w.10* mathemat. Funktion, bei der die Veränderliche als Potenz auftritt; **Ex|po|nen|ti|al|glei|chung** *w.10* Gleichung, bei der die Unbekannte im Exponenten einer Potenz auftritt; **Ex|po|nen|ti|al|röh|re** *w.11* Rundfunk: den Schwund ausgleichende Elektronenröhre, Regelröhre; **ex|po|nie|ren** 1 (einer Gefahr) aussetzen; 2 dem Licht aussetzen (Film), belichten; 3 sich e.: sich Angriffen aussetzen

**Ex|port** [lat.] *m.1* Ausfuhr (von Waren); *Ggs.:* Import; **Ex|por|ten** *Mz.* Ausfuhrwaren; **Ex|por|teur** [-tør] *m.1* Kaufmann, *auch:* Firma im Exporthandel; *Ggs.:* Importeur; **Ex|port|han|del** *m. Gen.-s nur Ez.* Verkauf von Waren ins Ausland; **ex|por|tie|ren** ins Ausland verkaufen, ausführen; *Ggs.:* importieren

**Ex|po|sé** [frz.] *s.9* 1 Bericht, Darlegung; 2 ausgearbeiteter Entwurf, Handlungsskizze zu einem literar. Werk oder Film; **Ex|po|si|ti|on** [-tsjon, lat.] *w.10* 1 Ausstellung; 2 Darlegung; 3 Einführung (im 1. Akt eines Dramas) in die vor Beginn des Stückes abgelaufene Handlung; 4 *Mus.:* erster Teil des Sonatensatzes; **Ex|po|si|tur** *w.10* 1 Seelsorgebezirk, Nebenkirche ohne eigenen Pfarrer; 2 *österr.:* auswärtiges Zweiggeschäft; 3 *österr.:* in einem anderen Gebäude untergebrachter Teil einer Schule; **Ex|po|si|tus** *m. Gen.- Mz.*-ti Pfarrer auf einer Nebenstelle

**ex|preß** [lat.] eilig, mit Eilpost; **Ex|preß** *m.1* Fernschnellzug, *nur noch in Zus. wie* Orientexpreß; **Ex|preß|brief** *m.1 veraltet, noch österr.:* Eilbrief

**Ex|pres|si|on** [lat.] *w.10* 1 *veraltet:* Ausdruck; 2 *Med.:* Herauspressen (z. B. der Nachgeburt); **Ex|pres|sio|nis|mus** *m. Gen.- nur Ez.* Ausdruckskunst, Kunstrichtung Anfang des 20. Jh.; **ex|pres|sis ver|bis** mit ausdrücklichen Worten, ausdrücklich; **ex|pres|siv** ausdrucksvoll, mit betontem Ausdruck; **Ex|pres|si|vi|tät**

*w.10 nur Ez.* **1** Ausdruckskraft; **2** Ausgeprägtheit (einer Erbanlage)

**ex pro|fes|so** [lat.] **1** von Berufs wegen, von Amts wegen; **2** absichtlich

**Ex|pro|mis|si on** [lat.] *w.10* Übernahme einer Schuld durch einen Dritten

**Ex|pro|pria|ti on** [-tsjon, lat.] *w.10 Marxismus:* Enteignung; **ex|pro|pri|ie|ren** enteignen

**Ex|pul|si on** [lat.] *w.10* Aus-, Vertreibung; **ex|pul|siv** *Med.:* abführend, austreibend

**ex|qui|sit** [lat.] erlesen, ausgezeichnet, vorzüglich

**Ex|se|kra|ti on** [-tsjon, lat.] *w.10* Verwünschung, Verfluchung; **ex|se|krie|ren** verfluchen

**Ex|sik|kans** [lat.] *s. Gen. - Mz.*-kan|tia [-tsja] *oder* -kan|zi en *Chem.:* austrocknendes Mittel; **Ex|sik|ka|ti on** [-tsjon] *w.10 nur Ez.* Austrocknung; **ex|sik|ka|tiv** austrocknend; **Ex|sik|ka|tor** *m.13* Gefäß zum Austrocknen wasserhaltiger und zum Aufbewahren trockener Chemikalien

**Ex|spek|tant** [lat.] *m.10 veraltet:* Anwärter (auf eine Stelle im Staats- oder Kirchendienst); **Ex|spek|tanz** *w.10 veraltet:* Anwartschaft; **Ex|spek|ta|ti on** [-tsjon] *w.10 nur Ez. Med.:* abwartende Behandlung; **ex|spek|ta|tiv** **1** eine Anwartschaft gewährend, in Aussicht stellend; **2** *Med.:* abwartend

**Ex|spi|ra|ti on** [-tsjon, lat.] *w.10* Ausatmung; *Ggs.:* Inspiration (2); **ex|spi|ra|to|risch** **1** auf Ausatmung beruhend, mit Ausatmung einhergehend; **2** mit starker Betonung; **ex|spi|rie|ren** ausatmen

**Ex|stir|pa|ti on** [-tsjon, lat.] *w.10* vollständige operative Entfernung eines erkrankten Organs; **ex|stir|pie|ren** völlig entfernen (Organ)

**Ex|su|dat** [lat.] *s.1 Med.:* infolge Entzündung abgesonderte Flüssigkeit; **2** *Zool.:* Drüsenabsonderung (bei Insekten); **Ex|su|da|ti on** [-tsjon] *w.10* Ausschwitzung einer Flüssigkeit; **ex|su|da|tiv** mit entzündl. Absonderung einhergehend

**Ex|tem|po|ra|le** [lat.] *s.5, Mz. auch:* -li en *veraltet:* unvorbereitete schriftl. Klassenarbeit; **ex tem|po|re** [-re:] aus dem Stegreif, unvorbereitet; **Ex|tem|po|re** *s.9* Zusatz aus dem Stegreif; **ex|tem|po|rie|ren** aus dem Stegreif sprechen oder spielen

**ex|ten|die|ren** [lat.] ausdehnen, erweitern; **ex|ten|si|bel** ausdehnbar; **Ex|ten|si|bi|li|tät** *w.10 nur Ez.* Ausdehnbarkeit; **Ex|ten|si on** *w.10* **1** Ausdehnung; **2** Streckung (eines Gliedes bei Verrenkung oder Knochenbruch); **Ex|ten|si|tät** *w.10* Ausdehnung, Umfang; **ex|ten|siv 1** der Ausdehnung nach, räumlich; extensive Wirtschaft: auf großer Fläche betriebene, vor allem den Boden ausnutzende Wirtschaft; **2** umfassend; **3** *Rechtsw.:* ausdehnend, erweiternd (beim Auslegen eines Gesetzes); *Ggs.:* restriktiv; **ex|ten|si|vie|ren** die Breite wirken lassen;

**Ex|ten|si|vi|tät** *w.10 nur Ez.* → Extensität; **Ex|ten|sor** *m.13* Streckmuskel; *Ggs.:* Flexor

**Ex|te|ri eur** [-riør, frz.] *s.9* Äußeres, äußere Erscheinung, Außenseite; **Ex|te|rio|ri|tät** *w.10 veraltet:* Äußeres, Außenseite

**Ex|ter|mi|na|ti on** [-tsjon, lat.] *w.10 nur Ez.* **1** Ausweisung (aus einem Land), Vertreibung; **2** Ausrottung; **ex|ter|mi|nie|ren 1** des Landes verweisen; **2** ausrotten

**ex|tern** [lat.] **1** draußen befindlich, auswärtig; **2** außerhalb des Internats wohnend; *Ggs.:* intern; **Ex|ter|nat** *s.1* Schule, deren Schüler nicht im Schulgebäude wohnen; *Ggs.:* Internat; **Ex|ter|ne(r)** *m.18* (*17*) *bzw. w.17 oder 18* **1** Schüler(in), der (die) nicht im Internat wohnt; **2** Schüler(in), der (die) die Abschlußprüfung an einer Schule ablegt, sich aber privat darauf vorbereitet hat; **Ex|ter|nist** *m.10, österreich.* für Externer; **Ex|ter|num** *s. Gen.-s Mz.*-na äußerlich anzuwendendes Heilmittel

**ex|ter|ri|to|ri al** [lat.] der Staatsgewalt des Gastlandes nicht unterstellt; **ex|ter|ri|to|ria|li|sie|ren** jmdm. e.: jmdm. Exterritorialität gewähren; **Ex|ter|ri|to|ria|li|tät** *w.10 nur Ez.* Unabhängigkeit von der Staatsgewalt des Gastlandes (bes. bei Botschaftern)

**Ex|tink|ti on** [-tsjon, lat.] *w.10* **1** *veraltet:* Tilgung, Auslöschung; **2** Abschwächung einer Strahlung beim Durchgang durch einen trüben Stoff, z. B. des Sonnen- und Sternenlichtes durch die Erdatmosphäre

**ex|tor|quie|ren** [lat.] *veraltet:* erpressen, erzwingen; **Ex|tor|si on** *w.10 veraltet:* Erpressung

**ex|tra** [lat.] *unflektierbar* **1** zusätzlich, über das Vereinbarte, Übliche hinaus; ein extra Trinkgeld; **2** besonders, für sich; das wird extra berechnet; **3** außergewöhnlich; extra fein; etwas extra Feines; **Ex|tra** *s.9 meist Mz.* **1** Sonderzubehör, das für sich zu bezahlen ist; **2** Sonderleistung, die nicht im Pauschalpreis inbegriffen ist (z. B. Getränke); **Ex|tra|aus|ga|be** *w.11,* **Ex|tra|blatt** *s.4* Sondernummer (einer Zeitung); **ex|tra dry** [-drai, engl.] *bei alkohol. Getränken:* besonders trocken, herb; **ex|tra|ga|lak|tisch** außerhalb der Milchstraße

**Ex|tra|hent** [lat.] *m.10* **1** jmd., der einen Auszug aus einem Buch macht oder gemacht hat; **2** *veraltet:* jmd., auf dessen Antrag eine Verfügung erlassen wird; **ex|tra|hie|ren 1** herausschreiben, ausziehen (aus einem Schriftwerk); **2** herausziehen (Zahn); **3** mit Lösungsmittel herauslösen (Bestandteile aus einem Stoff); **4** *veraltet:* durch Antrag erwirken (Verfügung); **Ex|trakt** *m.1* **1** Auszug (aus einem Buch, aus einem pflanzl. oder tier. Stoff); **2** Hauptinhalt, kurzgefaßte Inhaltsangabe; **Ex|trak|teur** [-tør] *m.1* Gerät zum Extrahieren (aus Stoffen); **Ex|trak|ti on** [-tsjon] *w.10* das Herausziehen, Herauslösen; **ex|trak|tiv 1** mittels Extraktion; **2** auslaugend, herauslösend; **Ex|trak|tiv|stoff** *m.1* durch Extraktion gewonnener oder zu gewinnender Stoff

**ex|tra|mun|dan** [lat.] *Philos.:* außerweltlich; *Ggs.:* intramundan

**ex|tra|mu|ral, ex|tra mu|ros** [-ro:s, lat.] außerhalb der Stadtmauern (gelegen)

**ex|tran** [lat.] *veraltet:* ausländisch, fremd; **Ex|tra|ne|er, Ex|tra|ner** *m.5,* **Ex|tra|ne|us** *m. Gen. - Mz.* -nei [-ne:i] → Externer

**ex|tra|or|di|när** [frz.] außergewöhnlich; **Ex|tra|or|di|na|ri|at** [lat.] *s.1* Amt eines Extraordinarius; **Ex|tra|or|di|na|ri|um** *s. Gen.* -s *Mz.* -ri|en außerordentlicher (d. h. einmalige Einnahmen und Ausgaben umfassender) Staatshaushaltsplan; **Ex|tra|or|di|na|ri|us** *m. Gen. - Mz.* -ri|en außerordentl. Professor

**Ex|tra|pol|la|ti|on** [-tsjon, lat.] *w.10* Schluß von Funktionswerten innerhalb eines mathemat. Bereichs auf solche außerhalb dieses Bereichs; *Ggs.:* Interpolation; **ex|tra|po|lie|ren** durch Extrapolation berechnen

**Ex|tra|post** *w.10 früher:* Postwagen außerhalb des üblichen Linienverkehrs, eigens gemieteter Postwagen

**Ex|tra|sy|sto|le** [auch: ɛks-, griech.] *w.11* vorzeitige Zusammenziehung des Herzens

**ex|tra|ter|re|strisch** [lat.] außerhalb der Erde und Erdatmosphäre befindlich

**Ex|tra|tour** [-tu:r] *w.10* eigenwilliges Verhalten oder Handeln innerhalb einer Gemeinschaft; Extratouren machen

**ex|tra|ute|rin** [lat.] außerhalb der Gebärmutter (des Uterus) liegend

**ex|tra|va|gant** [auch: ɛks-, frz.] ausgefallen, ungewöhnlich, aus dem Rahmen fallend; **Ex|tra|va|ganz** [auch: ɛks-] *w.10* extravagantes Benehmen oder Aussehen

**Ex|tra|ver|si|on** [lat.] *w.10 nur Ez.* extravertiertes Verhalten oder Wesen; *Ggs.:* Introversion; **ex|tra|ver|tiert** [auch: ɛks-] der Außenwelt zugewandt, an äußeren Objekten interessiert; *Ggs.:* introvertiert

**ex|tra|zel|lu|lär** [lat.] außerhalb der Zelle befindlich

**ex|trem** [lat.] **1** äußerst, höchst bzw. niedrigst; extreme Werte: Maximum und Minimum; **2** übertrieben (Ansichten); **3** radikal; die extreme Linke; **Ex|trem** *s.1* äußerste Grenze, höchster Grad oder Wert, äußerster möglicher Standpunkt, äußerster Gegensatz; **Ex|tre|mis|mus** *m. Gen. - nur Ez.* übersteigert radikale Einstellung; **Ex|tre|mi|tät** *w.10* **1** äußerstes Ende; **2** *meist Mz.* Gliedmaße, Arm, Bein; die oberen, unteren Extremitäten; **Ex|tre|mum** *s. Gen.* -s *Mz.* -ma, **Ex|trem|wert** *m.1* äußerster Wert, Maximum bzw. Minimum

**ex|trors** [lat.] *bei Blütenpflanzen:* nach außen gewendet (Staubbeutel); *Ggs.:* intrors

**ex|tro|ver|tiert** → extravertiert

**Ex|tru|si|on** [lat.] *w.10* Vulkanausbruch; **ex|tru|siv** aus einer Extrusion herrührend; **Ex|tru|siv|ge|stein** *s.1* Ergußgestein

**ex|ube|rans** [lat.] *Med.:* stark wuchernd; **ex|ube|rant** *veraltet:* **1** üppig; **2** überschwenglich; **Ex|ube|ranz** *w.10* **1** Üppigkeit; **2** Überschwenglichkeit, Schwulst

**Exul|lant** [lat.] *m.10 veraltet:* Verbannter, Vertriebener (bes. um seines Glaubens willen); **exul|lie|ren** *veraltet:* verbannen, vertreiben

**Exul|ze|ra|ti|on** [-tsjon, lat.] *w.10* Geschwürbildung; **ex|ul|ze|rie|ren** ein Geschwür bilden, schwären

**ex usu** [lat.] durch Gebrauch, durch Übung

**Exu|vi|en** [lat.] *Mz.* **1** abgestreifte Tierhaut, z. B. Schlangenhaut; **2** *veraltet:* Siegesbeute; **3** als Reliquien aufbewahrte Gewänder oder Teile davon

**ex voto** [lat.] auf Grund eines Gelübdes (Inschrift auf Votivgaben); **Ex|voto** *s.9, Mz. auch:* -ten Weihgeschenk, Votivgabe

**Exz.** *Abk. für* Exzellenz; **ex|zel|lent** [lat.] ausgezeichnet, vortrefflich; **Ex|zel|lenz** *w.10 (Abk.:* Exz.) früher Titel von hohen Beamten, heute noch von Botschaftern und Gesandten; Euer Exzellenz (als Anrede); **ex|zel|lie|ren** hervorragen, glänzen

**Ex|zen|ter** [lat.] *m.5,* **Ex|zen|ter|schei|be** *w.11* Steuerungsscheibe, deren Drehpunkt nicht in ihrem Mittelpunkt liegt; **Ex|zen|trik** *w.10 nur Ez.* **1** Form der Artistik, die mit grotesker Komik dargeboten wird; **2** überspanntes, verschrobenes Benehmen; **Ex|zen|tri|ker** *m.5* **1** Artist der Exzentrik (**1**); **2** jmd., der sich exzentrisch benimmt; **ex|zen|trisch 1** außerhalb des Mittelpunktes liegend; exzentrische Kreise: Kreise, die keinen gemeinsamen Mittelpunkt haben; *Ggs.:* konzentrische Kreise; **2** überspannt, verschroben; **Ex|zen|tri|zi|tät** *w.10 nur Ez.* **1** Abweichung, Abstand vom Mittelpunkt; **2** Überspanntheit

**Ex|zep|ti|on** [-tsjon, lat.] *w.10 veraltet:* Ausnahme; Einrede; vgl. Exceptio; **Ex|zep|tio|na|lis|mus** *m. Gen. - nur Ez.* veraltete Lehre, daß in der Frühzeit der Erdgeschichte andere Kräfte wirksam gewesen seien als heute; **ex|zep|tio|nell** ausnahmsweise (eintretend), außergewöhnlich; **ex|zep|tiv** *veraltet:* ausschließend

**ex|zer|pie|ren** [lat.] herausschreiben (aus Büchern); **Ex|zerpt** *s.1* Auszug (aus einem Buch)

**Ex|zeß** [lat.] *m.1* Ausschreitung, Überschreitung gesellschaftl. Grenzen, Ausschweifung; **ex|zes|siv** das normale Maß überschreitend, maßlos, ausschweifend; exzessives Klima: Kontinentalklima mit großen Temperaturschwankungen

**ex|zi|die|ren** [lat., zu: Exzision] *Med.:* herausschneiden

ex|zi|pie|ren [lat.] *veraltet:* als Ausnahme dar-
stellen, ausnehmen
Ex|zi|si|on [lat., zu: exzidieren] *w. 10 Med.:*
das Herausschneiden
ex|zi|ta|bel [lat.] reizbar, erregbar; Ex|zi|ta|bi-
li|tät *w. 10 nur Ez.* Reiz-, Erregbarkeit; Ex-
zi|tans *s. Gen. - Mz.* -tan|tia [-tsja] *oder* -tan-
zi|en anregendes Heilmittel; Ex|zi|ta|ti|on
[-tsjon] *w. 10, Med.:* Erregung, Anregung,

Aufmunterung; ex|zi|ta|tiv *Med.:* anregend,
erregend, aufmunternd; ex|zi|tie|ren anregen,
aufmuntern
Eye|cat|cher [aikætʃər, engl.] *m. 9 Werbung:*
Blickfang; Eye|li|ner [ailainər] *m. 5* Stift oder
Pinsel sowie Farbe zum Betonen der
Augenlidränder
Ey|rir *m. oder s. Gen. - Mz.* Aurar isländ.
Währungseinheit, $^1/_{100}$ Krona

# F

**f 1** *Abk. für* forte; **2** *Abk. für* Femto-
**F 1** *Abk. für* Fahrenheit, Farad, Fermi;
**2** *chem. Zeichen für* Fluor
**Fa.** *Abk. für* Firma
**Falbel** [lat.] *w.11* **1** lehrhafte, meist satir.
Tiergeschichte; **2** erdichtete Geschichte;
**3** das Wesentliche einer Dichtung
**Falbialnislmus** *m. Gen. - nur Ez.* die Lehre
der → Fabier; **Falbiler** [nach dem altröm.
Feldherrn Fabius Cunctator] *m.5* Angehöri-
ger der Fabian Society, einer 1883 gegründe-
ten engl. sozialist. Vereinigung
**Falbrik** [lat.] *w.10* Unternehmen zur ma-
schinellen Herstellung von Waren; **Falbri-
kant** *m.10* Inhaber einer Fabrik; **Falbrilkat**
*s.1* in einer Fabrik hergestellte Ware; **Falbri-
kaltilon** [-tsjon] *w.10* Herstellung in einer
Fabrik; **falbrilzielren 1** in einer Fabrik her-
stellen; **2** *ugs. scherzh.:* laienhaft herstellen,
zusammenbasteln
**falbulla dolcet** [lat. „die Fabel lehrt"] die
Moral von der Geschichte ist …; **Falbullant**
*m.10* jmd., der fabuliert; Schwätzer; **falbu-
lielren** phantasievoll erzählen; Geschichten
erfinden; **Falbullist** *m.10 veraltet:* Fabeldich-
ter; **falbullös** *ugs. scherzh.:* märchenhaft, un-
glaubhaft
**Face** [fas, frz.] *w.11 veraltet:* Vorderansicht;
**Falcetlte** [-sɛtə] *w.11* **1** kleine geschliffene
Fläche (an Edelsteinen und Glasgegenstän-
den); **2** schräge Kante an Klischees zum Be-
festigen an der Druckunterlage; **Falcetlten-
aulge** [-sɛt-] *s.14* Netzauge (mancher Insek-
ten); **falcetltielren** [-sɛt-] mit Facetten
versehen
**Falçon** [fasɔ̃, frz.] *w.9* → Fasson; Façon de
parler [fasɔ̃ də parlɛ] **1** die Art zu reden,
Sprechweise; **2** leere Redensart
**Facltolring** [fæktə-, engl.] *s.9 nur Ez.* eine
Form der Absatzfinanzierung und Sicherung
des Kreditrisikos
**Falculltas dolcenldi** [lat.] *w. Gen. - - Mz. - -*
Lehrbefähigung (für eine Hochschule)
**Falding** [fei-, engl.] *s.9 nur Ez.* **1** Nachlassen
der Bremskraft von Fahrzeugen durch Erhit-
zung bei längerem Bremsen; **2** Schwanken
der Empfangsstärke bei Radiosendungen,
Schwund
**Falgott** [ital.] *s.1* ein Holzblasinstrument; **Fa-
gotltist** *m.10* Fagottspieler
**Faible** [fɛbl, frz.] *s.9* Vorliebe, Neigung,
Schwäche; ein F. für etwas haben
**fair** [fɛr, engl.] ehrlich, anständig (bes. bei
Wettkämpfen); *Ggs.:* unfair; **Fairlneß** [fɛr-]
*w. Gen. - nur Ez.* faires Verhalten; **Fair play**
[fɛːr plɛi] *s. Gen. - - nur Ez.* faires Spiel

**Failseur** [fɛzœr, frz.] *m.1 veraltet:* Anstifter,
jmd., der eine üble Sache ins Werk setzt
**Fait aclcompli** [fɛːtakɔ̃pli, frz.] *s. Gen. - -
Mz.-s-s* [-fɛːzakɔ̃pli] vollendete Tatsache
**fälkal** [lat.] aus Fäkalien bestehend, kotig;
**Fälkallilen** *Mz.* Ausscheidungen, Kot, Harn
**Falkir** [österr.: -kir, arab.] *m.1* ind. Büßer,
Asket
**Faklsilmille** [lat. „mach (es) ähnlich"] *s.9* ori-
ginalgetreue Nachbildung (eines Druckes, ei-
ner Handschrift); **faklsilmillielren** originalge-
treu nachahmen; **Fakt** [lat.] *m.12* → Fak-
tum; **Faklten** *Mz. von* Faktum
**Fakltilon** [-tsjon, lat.] *w.10* parteiähnliche,
politisch bes. aktive oder radikale Gruppe;
**fakltilös** [-tsjøs] Partei ergreifend, aufrühre-
risch
**fakltisch** [lat.] tatsächlich, in Wirklichkeit;
**fakltiltiv** bewirkend; **Faklti|tiv** *s.1*, **Faklti|ti-
vum** *s. Gen.-s Mz.-va* → Kausativum; **Faklti-
zität** *w.10 nur Ez.* Tatsächlichkeit, Gegeben-
heit; *Ggs.:* Logizität; **Faklpor** *m.13* **1** Leiter
einer Faktorei; **2** Werkmeister in einer
Druckerei; **3** Zahl, die mit einer anderen
multipliziert wird, Multiplikand, Multiplika-
tor; **4** mitwirkender Umstand, bestimmendes
Element; **Faklto|rei** *w.10* überseeische Han-
delsniederlassung; **Faklto|tum** *s. Gen.-s Mz.*
-ta jmd., der die verschiedensten Arbeiten
verrichtet, „Mädchen für alles"; **Faklt|um**
*s. Gen.-s Mz.-ten, auch:* -ta Tatsache, Ereig-
nis, Vorgang; **Faklt|ur** *w.10* **1** Rechnung (für
eine Ware); **2** Lieferschein; **Faklt|u|ra**
*w. Gen.- Mz.-ren veraltet für* Faktur; **faklt|u-
rielren 1** Rechnungen schreiben; **2** berech-
nen (Waren); **Faklt|ulrist** *m.10* jmd., der Fak-
turen schreibt
**Falkulltas** [lat.] *w. Gen. - Mz.-tälten* Lehrbe-
fähigung; *vgl.* facultas docendi; **Falkulltät**
*w.10* **1** Gesamtheit der Lehrenden (und der
Studenten) einer Fächergruppe an einer
Hochschule; **2** fachlich begrenzte Abteilung
einer Hochschule; **3** Gebäude einer Hoch-
schulabteilung; **4** *Math.:* Produkt der Glie-
der der natürl. Zahlenreihe bis zu einer be-
stimmten Zahl (*Zeichen:* !), z. B. 9! (*gespro-
chen:* neun Fakultät); **falkulltaltiv** wahlfrei
(Lehrfach); *Ggs.:* obligatorisch
**Fallanlge** [-laŋə, auch: -lanksə, span.] *w.11
nur Ez.* faschist. span. Partei; **Fallanlgist**
*m.10* Angehöriger der Falange
**Falkolnett** [ital.] *s.1, 16./17. Jh.:* leichtes
Geschütz, Feldschlange
**fallllibel** [lat.] trügerisch, fehlbar; **fal-
lielren** zahlungsunfähig werden, in Konkurs
gehen; **Fallllilment** *s.1*, **Falllislsement** [-mã]

*s.* 9 Konkurs, Zahlungsunfähigkeit; **fallit** *veraltet:* zahlungsunfähig; **Fallit** *m. 10 veraltet:* jmd., der zahlungsunfähig ist

**Fallott** [frz.] *m. 10 österr.:* Betrüger

**Fallout** [fɔːlaut, engl.] *m.* 9 radioaktiver Niederschlag nach Kernwaffenexplosionen

**Fallott** *m. 10* → Fallott

**Falsa** *Mz. von* Falsum

**Falsett** [ital.] *s. 1* durch Brustresonanz verstärkte Kopfstimme des Mannes; **falsettieren** mit Falsettstimme singen; **Falsettist** *m.10* Sänger für Sopran- und Altpartien; **Falsettstimme** *w. 11* → Falsett

**Falsifikat** [lat.] *s. 1* Fälschung, gefälschter Gegenstand; **Falsifikation** [-tsjon] *w. 10 veraltet:* Fälschung; **falsifizieren** *veraltet:* fälschen; **Falsum** *s. Gen.-s Mz.* -sa etwas Falsches, Fälschung

**Falma** [lat.] *w. Gen. - nur Ez.* Gerücht

**familiär** [lat.] 1 die Familie betreffend; 2 vertraut, ungezwungen; **Familiare** *m. 11* 1 Angehöriger des Gesindes eines Klosters; 2 Angehöriger eines kirchenfürstl. Hofstaates; **Familiarität** *w. 10 nur Ez.* familiäres Verhalten, Vertrautheit, Ungezwungenheit; **Familismus** *m. Gen. - nur Ez.* Überbetonung der Familie als Quelle für Sozialkontakte (in niederen sozialen Schichten)

**famos** [lat.] *ugs.:* großartig, prächtig

**Famula** [lat.] *w. Gen. - Mz.* -lä weibl. Famulus; **Famulatur** *w.10* Praktikum im Krankenhaus während des Medizinstudiums; **famulieren** die Famulatur ableisten; **Famulus** *m. Gen. - Mz.* -li 1 Medizinstudent, der sein Praktikum im Krankenhaus ableistet; 2 *veraltet:* Assistent, Gehilfe eines Wissenschaftlers

**Fan** [fæn, engl., Kurzw. aus: fanatic] *m.* 9 begeisterter Liebhaber, Anhänger (von etwas), z. B. Filmfan, Fußballfan

**Fanal** [griech.] *s. 1* Feuerzeichen, Zeichen (für den Beginn einer Wende o. ä.)

**Fanatiker** [lat.] *m. 5* jmd., der leidenschaftlich und unduldsam etwas vertritt, Eiferer; **fanatisch** unduldsam eifernd; **fanatisieren** zum Fanatismus anstacheln, aufhetzen; **Fanatismus** *m. Gen. - nur Ez.* leidenschaftlicher, blinder, unduldsamer Eifer und Einsatz (für eine Sache oder Überzeugung)

**Fancy** [fænsi, engl.] 1 *m. 9 oder s. 9 nur Ez.* beidseitig aufgerauhter Flanell; 2 *w. Gen. - Mz.* -cies, engl. Form der Fantasie (1)

**Fandango** [span.] *m.9* ursprünglich gesungener, feuriger span. Tanz

**Fandarolle** [provenzal.] *w. 11* schneller provenzal. Paartanz

**Fanfare** [frz.] *w. 11* 1 Dreiklangtrompete ohne Ventile; 2 Trompetensignal in gebrochenem Dreiklang; 3 kurzer, signalähnl. Satz der Suite

**Fango** [ital.] *m. 9 nur Ez.* Mineralschlamm zu Heilzwecken

**Fantasia** [ital.] *w.9* 1 nordafrik. Reiterkampfspiel; 2 *ital. Bez. für* Fantasie; **Fantasie** *w.11* 1 Musikstück in ungebundener Form; 2 *eindeutschende Schreibung von* Phantasie

**Farad** [nach dem engl. Physiker M. Faraday] *s. Gen.-s Mz.* - *(Abk.:* F) Maßeinheit für elektr. Kapazität; **Faradaykäfig** *m. 1* käfigartige, geerdete Vorrichtung aus Drahtgeflecht zum Abschirmen gegen elektr. Felder oder Ströme (bei Meßinstrumenten und beim Blitzschutz); **Faradisation** [-tsjon] *w.10* Heilbehandlung mit faradischem Strom; **faradisch** *in der Fügung* faradischer Strom: häufig unterbrochener Gleichstrom; **faradisieren** mit faradischem Strom behandeln

**Farandole** *w. 11* → Fandarole

**Farce** [-sə, frz.] *w.11* 1 *14./16. Jh.:* derbkomisches, kurzes Theaterstück, Posse; 2 lächerliche, aber als wichtig dargestellte Angelegenheit; 3 Verhöhnung; 4 Füllung aus gehacktem Fleisch u. a. für Geflügel und Pasteten; **Farceur** [-sør] *m.1* Possenreißer; **farcieren** [-si-] mit Farce (4) füllen

**Farin** [lat.] *m. 1 nur Ez.* nicht völlig gereinigter, gelblicher Zucker; **Farinade** *w.11* Puderzucker

**Farm** [engl.] *w.10* 1 Bauerngut; 2 Landgut mit Tierzucht; **Farmer** *m.5* Inhaber oder Leiter einer Farm

**fas, f. a. s.** *Abk. für* free alongside ship

**Fasan** [griech.-frz.] *m.12* ein Hühnervogel; **Fasanerie** *w. 11* Gehege, in dem Fasanen gehalten werden

**Fasces** [-tse:s] *Mz.* → Faszes

**Fasche** [ital.] *w.11 österr.:* Wickelbinde; **faschen** *österr.:* umwickeln, bandagieren

**faschieren** [zu: Farce 4] durch die Faschiermaschine drehen; **Faschiermaschine** *w.11* Fleischwolf

**Faschine** [lat.-ital.] *w. 11* Reisigbündel (für Uferbefestigungen)

**Faschismus** [ital.] *m. Gen. - nur Ez.* 1 die von Mussolini begründete nationalist. Bewegung in Italien (bis 1945); 2 *danach allg. Bez. für* nationalist. totalitäre Herrschaftssystem; **Faschist** *m.10* Anhänger, Vertreter des Faschismus; **faschistoid** dem Faschismus ähnlich

**Fase** [frz.] *w.11* abgeschrägte Kante an Werkzeugen und Werkstücken

**Fashion** [fæʃən, engl.] *w. Gen. - nur Ez.* 1 Mode; 2 feiner Lebensstil, feine Sitte; **fashionable** [feʃə-], **fashionable** [fæʃənəbl] 1 modisch, modern; 2 fein

**Fassade** [frz.] *w.11* 1 Vorderseite (von Gebäuden); 2 *übertr.:* Außenseite

**Fasson** [-sõ, frz.] *w.9, österr,. schweiz. auch:* [-son] *w.10* 1 Zuschnitt (eines Kleidungsstücks); 2 Art und Weise; 3 *s. 9* → Revers (1); **fassonieren** in eine Fasson bringen; **Fas|son|schnitt** [-sõ-] *m. 1* Haarschnitt in bestimmter Form

**Fa|sta|ge** [-ʒə] *w. 11* → Fustage

**fa|sti|di|ös** [lat.-frz.] *veraltet:* widerwärtig, ekelhaft

**Fas|zes** [-tse:s, lat.] *Mz.* Rutenbündel mit einem zweischneidigen Beil (Amtszeichen der altrömischen Liktoren); **fas|zi|al** bündelweise; **Fas|zia|ti|on** [-tsjon] *w. 10* **1** *Bot.:* Verbänderung, Bildung von bandähnl. Querschnittsformen; **2** *Med.:* Einbinden, Umwikkelung; **Fas|zie** [-tsiə] *w. 11 Med.:* **1** bindegewebige Hülle um Muskeln; **2** Bindenverband; **Fas|zi|kel** *m. 5* **1** Aktenbündel; **2** Heft, Band eines in Fortsetzungen erscheinenden Werkes; **fas|zi|ku|lie|ren** bündeln, heften

**Fas|zi|na|ti|on** [-tsjon, lat.] *w. 10* Bezauberung; **fas|zi|nie|ren** fesseln, bezaubern, blenden

**Fa|ta** *Mz. von* Fatum

**fa|tal** [lat.] **1** unangenehm, peinlich; **2** verhängnisvoll; **Fa|ta|lis|mus** *m. Gen. - nur Ez.* Glaube an ein vorherbestimmtes Schicksal, das man hinzunehmen hat; **Fa|ta|list** *m. 10* jmd., der sein Schicksal als unabänderlich hinnimmt; **fa|ta|li|stisch** in der Art eines Fatalisten; **Fa|ta|li|tät** *w. 10 nur Ez.* **1** Verhängnis, Mißgeschick; **2** Peinlichkeit

**Fa|ta Mor|ga|na** [ital.] *w. Gen. - - Mz.* --nen *oder* --s **1** durch starken Temperaturunterschied in bodennahen Luftschichten hervorgerufene Spiegelung weit entfernter Gegenstände und Landschaften in der Luft, bes. über Wüsten; **2** Sinnestäuschung, Wahngebilde

**fa|tie|ren** [lat.] **1** *veraltet:* bekennen, angeben; **2** *österr.:* dem Finanzamt bekanntgeben (Einkommen)

**fa|ti|gant** [frz.] *veraltet:* ermüdend, lästig

**Fa|tum** [lat.] *s. Gen. -s Mz.* -ta Schicksal

**Faun** [lat.] *m. 1* **1** *röm. Myth.:* halbtier. Waldgeist mit Gehörn und Bocksfüßen; **2** *übertr.:* lüsterner Mensch; **Fau|na** *w. Gen. - Mz.* -nen Tierwelt (eines bestimmten Gebietes); vgl. Flora; **fau|nisch** in der Art eines Fauns; **Fau|ni|stik** *w. 10 nur Ez.* Lehre von der Tierwelt eines bestimmten Gebietes

**Fausse** [fos, frz.] *w. 11* → Foße

**faute de mieux** [fo:t də mjø, frz.] in Ermangelung eines Besseren

**Fauteuil** [fotœj, frz.] *m. 9 veraltet:* Lehn-, Armsessel

**Faut|fracht** [frz.] *w. 10* Entschädigungssumme, die dem Reeder zusteht, wenn der Befrachter vom Frachtvertrag zurücktritt

**Fau|vis|mus** [fovis-, frz.] *m. Gen. - nur Ez.* als Absage an den Impressionismus entstandene, von einer Künstlergruppe mit dem Spottnamen les fauves [le: fov] „die Wilden" vertretene Richtung der Malerei Anfang des 20. Jh.

**Faux|pas** [fo:pa, frz. „Fehltritt"] *m. Gen. -*

*Mz. -* [fo:pas] Verstoß gegen die gesellschaftl. Formen, Taktlosigkeit

**Fa|vel|la** [port.: -vɛ-] *w. 9, in brasilian. Städten:* Elendsviertel

**fa|vo|ra|bel** [lat.] günstig, vorteilhaft; **fa|vo|ri|sie|ren** **1** begünstigen, bevorzugen; **2** *Sport:* als Favoriten nennen, in den Vordergrund rücken; **Fa|vo|rit** *m. 10* **1** Günstling, Liebling; **2** *Sport:* voraussichtl. Sieger

**Fa|vus** [lat.] **1** *m. Gen. - nur Ez.* Erbgrind, ansteckende Hautkrankheit, bes. an behaarten Körperstellen; **2** *m. Gen. - Mz.* -ven *oder* -vi Wachsscheibe im Bienenstock

**Fa|yence** [fajãs, frz., nach der ital. Stadt Faenza] *w. 11* Feinkeramik mit Zinnglasur

**Fa|zen|da** [-sɛn-, port.] *w. 9* Landgut, Pflanzung in Brasilien

**Fä|zes** [lat.] *Mz. Med.:* Ausscheidungen, Kot

**Fa|ze|tie** [-tsjə, lat.] *w. 11* kurze, witzige, oft satir. oder erot. Erzählung, Schnurre, Schwank; **2** witziger Einfall, Spaß

**fa|zi|al** [lat.] zum Gesicht gehörig; **Fa|zia|lis** *m. Gen. - nur Ez.* Gesichtsnerv

**fa|zi|ell** [lat.] die Fazies betreffend, zu ihr gehörig; **Fa|zi|es** *w. Gen. - Mz. -* Gesamtheit der Merkmale einer Ablagerung bezüglich der Gesteinsart und des Fossiliengehalts

**Fa|zi|li|tät** [lat.] *w. 10 nur Ez. veraltet:* **1** Leichtigkeit, Gewandtheit; **2** Umgänglichkeit, Willfährigkeit

**Fa|zit** [lat.] *s. 9* Endsumme, Ergebnis, Schlußfolgerung; das F. (aus einem Vorfall usw.) ziehen

**Fe** *chem. Zeichen für* Eisen (Ferrum)

**Fea|ture** [fitʃər, engl.] *s. 9* dramaturgisch gestalteter Dokumentarbericht für Funk und Fernsehen

**fe|bril** [lat.] *Med.:* fieberhaft

**fec.** *Abk. für* fecit; **fe|cit** [lat.] (*Abk.:* fec.) „hat (es) gemacht" (Vermerk auf Kunstwerken, bes. Kupferstichen, hinter dem Namen des Künstlers)

**Fe|da|jin** [arab. „Selbstopferer"] *m. Gen. -(s)*

*Mz. -(s)* arab. Guerilla

**Fee** [frz.] *w. 11* zarte, schöne weibl. Märchengestalt; gute, böse Fee

**Feed|back** [fi:dbæk, engl.] *s. 9* **1** Rückkopplung, Rückmeldung, Rückbeeinflussung, zurückkehrende Reaktion, z. B. in Steuerungssystemen; **2** *Psych.:* Echo im Verhalten der anderen auf das eigene Verhalten; **Fee|der** [fi-] *m. 5* Leitung zum Speisen von Antennen mit Energie

**Fee|rie** [frz.] *w. 11* Theaterstück um eine Fee mit großer Ausstattung

**Feet** [fit] *Mz. von* Foot

**Fehn** *s. 1* → Fenn

**fe|kund** [lat.] fruchtbar; **Fe|kun|da|ti|on** [-tsjon] *w. 10* Befruchtung; **Fe|kun|di|tät** *w. 10* Fruchtbarkeit

**Fel|bel** [port.] *m. 5* Seidenplüsch (für Zylinderhüte)

**Fe|li|den** [lat.] *Mz., Sammelbez. für* Katzen und katzenartige Raubtiere

**Fell|lach** [arab.] *m. 10,* **Fell|la|che** *m. 11* ägypt. Bauer

**Fell|la|tio** [-tsjo, lat.] *w. 9* Reizung des männl. Geschlechtsteiles mit Lippen und Zunge

**Fęl|low** [-lou, engl. „Bursche"] *m. 9, in England:* Mitglied einer gelehrten Körperschaft oder eines Colleges; **Fellow-Tra|vel|ler** [fęlou trævələr, engl. „Mitreisender"] *m. 9* jmd., der mit einer Partei, bes. einer kommunistischen, sympathisiert, ohne ihr anzugehören

**Fel|o|nie** [frz.] *w. 11* Treubruch gegenüber dem Lehnsherrn

**Fel|u|ke** [arab.] *w. 11* zweimastiges Küstenfahrzeug der Mittelmeerländer

**Fęl|me** [ndrl.] *w. 11* **1** *urspr.:* Blutgericht; **2** *14./16. Jh.:* heiml. Gericht; **3** Notgericht, Gericht zur Selbsthilfe

**fe|mi|ni|e|ren** [lat.] durch Eingriff in den Hormonhaushalt oder durch Einpflanzen eines Eierstocks (in ein kastriertes männl. Tier) verweiblichen; **fe|mi|nin** weiblich, weibisch; **Fe|mi|ni|num** *s. Gen. -s Mz.* -na weibl. Geschlecht, weibl. Substantiv; **fe|mi|ni|sie|ren** → feminieren; **Fe|mi|nis|mus** *m. Gen. - Mz.* -men weibische, weibl. Art (bei Männern), Verweiblichung

**Fe|mi|ni|stin** *w. 10* Frau, die sich für die Gleichstellung der Frau in der Gesellschaft gegenüber dem Mann einsetzt

**Femme fa|ta|le** [fam fatal, frz.] *w. Gen. - - Mz.* -s-s [fam fatal] verführerische Frau

**Fęm|to-** [griech.] *(Abk.: f) bei physikal. Einheiten:* das $10^{-15}$fache (der $10^{15}$te Teil) einer Grundeinheit, z. B. 1 fm = $10^{-15}$ m

**Fęnch** [lat.] *m. 1 volkstümlich für* verschiedene Hirsearten

**Fęn|chel** [lat.] *m. 5* eine Gemüse-, Gewürz- und Heilpflanze

**Fęn|der** [engl.] *m. 5* Stoßdämpfer aus Tauen, Holz, Gummi o. ä. an Schiffen

**Fęnn** [ndrl.] *s. 1* Sumpf-, Moorland

**Fęn|nek** [arab.] *m. 9* hundeartiges afrik. Raubtier, Wüstenfuchs

**Fęn|nich** *m. 1* → Fench

**Fe|ra|li|en** [lat.] *Mz., im alten Rom:* jährliches Totenfest

**Fe|ri|al|tag** [lat.] *m. 1 österr.:* arbeitsfreier Tag **ferm** *österr. für* firm

**Fer|man** [pers.] *m. 1, in islam. Ländern:* Erlaß des Herrschers

**Fer|ma|te** [ital.] *w. 11 (Zeichen:* ∩) *Mus.:* Zeichen zum Aushalten des Tons oder zur Verlängerung der Pause

**Fęr|me** [frz.] *w. 11, in Frankreich und Belgien:* Landgut, Pachthof

**Fer|męnt** [lat.] *s. 1* in der Zelle gebildeter, zum Stoffwechsel notwendiger Stoff, Enzym; **Fer|men|ta|ti|on** [-tsjon] *w. 10* Gärung durch Fermente, bes. zur Veredlung von Genußmit-

teln wie Tee, Tabak; **fer|men|ta|tiv** durch Fermente bewirkt; **fer|men|tie|ren** durch Fermentation veredeln

**Fęr|mi** [nach dem ital. Physiker E. Fermi] *s. Gen. -(s) Mz. - (Abk.: f) Kernphysik:* Maßeinheit der Länge, 1 f = $10^{-13}$ cm; **Fęr|mi|on** *s. 13* Elementarteilchen mit halbzahligem Spin; **Fęr|mi|um** *s. Gen. -s nur Ez. (chem. Zeichen:* Fm) *früher:* Zenturium, künstlich hergestelltes chem. Element, ein Transuran

**Fer|nam|buk|holz** *s. 4 nur Ez.* → Pernambukholz

**Fer|ra|go|sto** [ital.] *m. Gen. - nur Ez. in Italien:* **1** der 15. August, Mariä Himmelfahrt; **2** Sommerferien Mitte August

**Fer|rit** [lat.] *m. 1 nur Ez.* reines, kristallisiertes Eisen in Eisenlegierungen, auch in Meteoren und Ergußgesteinen

**Fer|ro|graph** [lat. + griech.] *m. 10* Gerät zum Messen der magnet. Eigenschaften eines Stoffes; **fer|ro|mag|ne|tisch** magnetisch wie Eisen; **Fer|ro|mag|ne|tis|mus** *m. Gen. - nur Ez.* Eigenschaft von Eisen u. a. Stoffen, dauernd magnetisch zu sein; **Fer|ro|skop** *s. 1* Gerät, mit dem von Tieren verschluckte Eisengegenstände nachgewiesen werden können; **Fer|rum** [lat.] *s. Gen. -s nur Ez. (Zeichen:* Fe) chem. Element, Eisen

**fer|til** [lat.] fruchtbar; **Fer|ti|li|tät** *w. 10 nur Ez.* Fruchtbarkeit

**Fęs** [nach der marokkan. Stadt Fes], Fez [fęs] *m. 1, im Vorderen Orient:* rote, kegelstumpfförmige Kopfbedeckung mit Quaste

**fęsch** [engl.] schick, flott

**Fe|sti|val** [auch: -val, engl.] *s. 9* große festl. Veranstaltung

**Fe|ston** [-stõ, frz.] *s. 9* Girlande aus Blumen, Blättern und Früchten (meist als Schmuckform in der Baukunst, Buchillustration und Stickerei); **fe|sto|nie|ren 1** mit einem Feston versehen; **2** mit Festonstich umranden; **Fe|ston|stich** [-stõ-] *m. 1* Knopflochstich

**Fęt** *m. 1* → Fetus; **fe|tal** zum Fetus gehörig

**Fę|te** [fę-, frz.] *w. 11 ugs. scherzh.:* Fest

**Fe|tisch** [port.-frz.] *m. 1, bei Naturvölkern:* Gegenstand, dem magische Kraft zugeschrieben wird, religiös verehrter Gegenstand; **Fe|ti|schis|mus** *m. Gen. - nur Ez.* **1** relig. Verehrung von Fetischen, Glaube an Fetische; **2** geschlechtl. Befriedigung oder Erregung durch einen zum anderen Geschlecht gehörigen Gegenstand, z. B. Kleidungsstück; **Fe|ti|schist** *m. 10* **1** Anhänger des Fetischismus (1); **2** jmd., der Fetischismus (2) ausübt

**Fę|tus** [lat.] *m. Gen. - Mz.* -ten *oder m. 1* Leibesfrucht vom 3. Monat an

**feu|dal** [mlat.] **1** zum Lehnswesen gehörend, Lehns...; **2** vornehm, prunkvoll; **Feu|da|lis|mus** *m. Gen. - nur Ez.* Gesellschaftsform auf agrarwirtschaftl. Grundlage, bei der Pflichten und Leistungen urspr. auf einem Treueverhältnis zwischen Lehnsherrn und Lehnsmann beruhten und die sehr bald zur Abhängigkeit des Bauern vom Grundherrn führte; **Feu|da|li|tät** *w. 10 nur Ez.* **1** Lehnsverhältnis; **2** Vornehmheit, Prunk; **Feu|dal|sy|stem** *s. 1* → Feudalismus

**Feuil|la|ge** [fœjaʒə, frz.] *w. 11 nur Ez.* Laubwerk (als Ornament in Baukunst, Plastik und Malerei); **Feuil|le|ton** [fœjətɔ̃] *s. 9* **1** der kulturelle Teil der Zeitung; **2** allgemeinverständlich und ansprechend geschriebener Beitrag (Geschichte, Betrachtung, Kritik u. ä.) für die Zeitung; **Feuil|le|to|nis|mus** *m. Gen. - nur Ez.* die Kunstform des Feuilletons (2); **Feuil|le|to|nist** *m. 10* Mitarbeiter beim Feuilleton (1); **feuil|le|to|ni|stisch** **1** in der Art von Feuilletons (2); **2** *abwertend:* ansprechend, aber oberflächlich

**Fez** [fɛs] *m. 1* → Fes

**ff** *Abk. für* fortissimo

**FF** *Abk. für* französischer Franc

**fff** *Abk. für* fortefortissimo, fortissississimo

**Fia|ker** [frz.] *m. 5* **1** Mietkutsche; Pferdedroschke; **2** Pferdedroschkenkutscher

**Fia|le** [griech.] *w. 11 got. Baukunst:* schlankes, spitzes Türmchen über Strebepfeilern

**fi|an|chet|tie|ren** [-kɛt-, ital.] *Schach:* das Spiel mit einem Fianchetto eröffnen; **Fi|an|chet|to** [-kɛt-] *s. 9, Mz. auch:* -ti *Schach:* Vorbereitung eines Seitenangriffs durch die Läufer

**Fi|as|ko** [ital.] *s. 9* Mißerfolg

**Fi|at** [lat. „es sei"] *s. 9 veraltet:* Zustimmung

**Fi|bel** [lat.] *w. 11* german. Gewandnadel

**Fi|ber** [lat.] *w. 11* Faser (von Muskeln, Pflanzen); **fi|bril|lär** aus Fibern bestehend, faserig; **Fi|bril|le** *w. 11* Ausläufer der Muskel-, Nerven-, Pflanzenfaser; **fi|bril|lie|ren** zerfasern **Fi|brin** [lat.] *s. 1 nur Ez.* bei der Blutgerinnung entstehender faseriger Eiweißstoff; **Fi|bri|no|gen** *s. 1 nur Ez.* lösl. Vorstufe des Fibrins; **fi|bri|nös** fibrinhaltig, faserig gerinnend; **Fi|bro|in** *s. 1 nur Ez.* ein Eiweißkörper, Bestandteil der Naturseide; **Fi|brom** *s. 1* Faser-, Bindegewebsgeschwulst; **fi|brös** aus grobem Bindegewebe bestehend, faserig

**Fi|bu|la** [lat.] *w. Gen. - Mz.* -lä **1** Wadenbein; **2** Schloß (an Büchern); **3** → Fibel

**Fi|chu** [-ʃy, frz.] *s. 9, Ende des 18. Jh.:* dreieckiges, auf der Brust gekreuztes und auf dem Rücken zusammengebundenes Schultertuch

**Fi|dei|kom|miß** [-dei-, lat.] *s. 1 früher:* unverkäufl., unbelastbares und nur im Ganzen vererbl. Landgut; **Fi|dei|s|mus** *m. Gen. - nur Ez.* **1** Lehre, daß die relig. Wahrheiten nur mit dem Glauben, nicht mit der Vernunft faßbar seien; **2** ev.-ref. Lehre, daß das Wichtigste der Glaube, nicht der Glaubensinhalt sei

**fi|del** [lat.] lustig, vergnügt

**Fi|de|lis|mo** [nach dem kuban. Politiker Fidel Castro] *m. Gen. -s nur Ez.* auf dem Castrismus beruhende polit. Bewegung auf Kuba und in Südamerika

**Fi|de|li|tas** [lat.] *w. Gen. - nur Ez.*, **Fi|de|li|tät** *w. 10 nur Ez.* Lustigkeit, Munterkeit

**Fi|di|bus** [lat.?] *m. 1* Span oder mehrmals gefalteter Papierstreifen zum Anzünden der Pfeife oder des Brennmaterials

**Fi|du|li|tät** [lat.] *w. 10* inoffizieller (fideler) Teil eines student. Kommerses

**Fi|duz** [lat.] *s. Gen. -es nur Ez., Stud. und ugs.:* Vertrauen, Zutrauen; kein F. zu etwas haben; **Fi|du|zi|ant** *m. 10* Treugeber (bei einem fiduziar. Geschäft); **Fi|du|zi|ar** *m. 1* Treuhänder; **fi|du|zi|a|risch** zu treuen Händen (übergeben); fiduziarisches Geschäft: Treuhandgeschäft; **fi|du|zit!** *Stud.:* vertraue darauf! (Zuruf beim Trinken, Antwort auf: schmollis!)

**Field-Re|search** [-risə:tʃ, engl. „Feldforschung"] *s. Gen. - nur Ez. Markt-, Meinungsforschung:* Befragung durch persönl. Gespräch oder Fragebogen; **Field|work** [-wə:k] *s. Gen. -s nur Ez. Markt-, Meinungsforschung:* persönliche Befragung (nicht durch Fragebogen); **Field|wor|ker** [-wə:kər] *m. 5* jmd., der persönliche Befragungen durchführt

**Fie|rant** [fiə-, ital.] *m. 10 südd., österr.:* umherziehender Händler, Markthändler

**FIFA, Fifa** *w. Gen. - nur Ez. Kurzw. für* Fédération Internationale de Football Association (internationaler Fußballverband)

**fif|ty-fif|ty** [engl. „fünfzig-fünfzig"] halbpart, zu gleichen Teilen

**Fi|ga|ro** [ital.] *m. 6, scherzh.:* Frisör

**Fight** [fait, engl.] *m. 9 Boxen:* rascher, harter Schlagabtausch; *auch:* der Kampf selbst; **figh|ten** [fai-] *Boxen:* hart kämpfen; **Figh|ter** [fai-] *m. 5* hart und rasch schlagender Boxer; **Figh|ting** [fai-] *s. 9 nur Ez. Boxen:* Kampfweise mit hartem, raschem Schlagabtausch

**Fi|gur** [lat.] *w. 10* **1** Gesamtform des menschl. Körpers, Wuchs; **2** *abwertend:* Mensch, Person; **3** künstler. Nachbildung eines menschl. oder tier. Körpers; **4** Person in einem literar. Werk; **5** aus Holz o. ä. geformter Gegenstand als zu bewegendes Element in Brettspielen; **6** (*Abk.:* Fig.) gezeichnete erläuternde Abbildung; **7** geometr. Zeichnung; **8** in sich geschlossener Ablauf von Bewegungen beim Tanz, Eiskunstlauf u. ä.; **9** melodisch oder rhythmisch zusammengehörende Gruppe von Tönen; **10** gut geformter sprachl. Ausdruck, Stilfigur, z. B. Anapher; **Fi|gu|ra** *w. Gen. - nur Ez., nur in der Wendung* wie F. zeigt: wie das Beispiel, wie der Vorfall zeigt; **fi|gu|ral** mit Figuren versehen, verziert; **Fi|gu|ral|mu|sik** *w. 10 nur Ez.* die kunstvoll verzierte mehrstimmige Musik des MA, im Unterschied zum einstimmigen Choral; **Fi|gu|rant** *m. 10* **1** Gruppentänzer, im Unterschied zum Solotänzer; **2** *Theater, Film:*

Darsteller ohne Sprechrolle; **Fi|gu|ra|ti|on** [-tsjon] *w. 10* das Umspielen, Verzieren einer Melodie; **fi|gu|ra|tiv** 1 figürlich; 2 darstellend, als Beispiel dienend; **fi|gu|rie|ren** 1 erscheinen, auftreten, eine Rolle spielen; sie figuriert als Gesellschafterin; 2 umspielen, verzieren (Melodie); **Fi|gu|ri|ne** *w. 11* 1 kleine (bes. antike) Statue; 2 kleine Gestalt im Hintergrund von Landschaftsbildern; 3 *Theater:* gezeichnete kleine Figur als Kostümentwurf; **fi|gür|lich** 1 im Hinblick auf die Figur (1); 2 bildlich; im übertragenen Sinne

**Fik|ti|on** [-tsjon, lat.] *w. 10* 1 Erdichtung, etwas Ausgedachtes, Erfindung; 2 *Philos.:* Unterstellung, bewußt falsche Annahme, um daraus Erkenntnisse zu gewinnen; 3 *Rechtsw.:* rechtlich zulässige Anwendung eines Rechtssatzes auf einen Sachverhalt, auf den er eigentlich nicht anzuwenden ist (z. B. kann jmd. zu einem bestimmten Zeitpunkt als schon geboren gelten, obwohl er nur gezeugt ist); **Fik|tio|na|lis|mus** [-tsjo-] *m. Gen. - nur Ez.* auf Fiktionen aufgebaute Philosophie, Als-ob-Philosophie; **fik|tiv** auf Fiktion beruhend, nur angenommen, erdichtet

**Fi|la|ment** [lat.] *s. 1* 1 *Bot.:* Staubfaden; 2 *Astron.:* schmales, langgestrecktes Gebilde auf der Sonnenoberfläche

**Fi|lan|da** [ital.] *w. Gen. - Mz.*-den Anlage zum Abhaspeln von Seidenkokons

**Fi|let** [-le, frz.] *s. 9* 1 durchbrochene, netzartige Wirkware; 2 Lendenstück (vom Schlachttier und Wild); 3 entgrätetes Rückenstück (vom Fisch); **Fi|le|te** *w. 11* Stempel zum Aufprägen von Goldverzierungen auf Bucheinbände

**Fi|lia ho|spi|ta|lis** [lat.] *w. Gen. - - Mz.* -liae -les *Stud. veraltet:* Tochter der Wirtsleute; **Fi|lia|le** *w. 11* Zweigniederlassung, Zweiggeschäft; **Fi|li al|ge|ne|ra|ti|on** [-tsjo:n] *w. 10 Biol.:* Nachkommen-, Tochtergeneration; **Fi|li al|kir|che** *w. 11* Tochter-, Nebenkirche ohne eigenen Pfarrer; **Fi|li|a|ti|on** [-tsjon] *w. 10* 1 Einrichtung einer Filialkirche; 2 Kindschaft, rechtmäßige Abstammung von einer Person sowie der Nachweis darüber; 3 Abhängigkeit und Gehorsamspflicht von Ordensmitgliedern

**Fi|li|bu|ster** [engl.] 1 *m. 5* → Flibustier; 2 [auch: -bastar] *s. 5* Verschleppungs-, Verzögerungstaktik; **fi|li|bu|stern** [auch: -ba-] durch endlose Reden die Verabschiedung eines Gesetzes verzögern

**fi|lie|ren** [frz.] 1 eine Filetarbeit anfertigen; 2 beim Spiel Karten unterschlagen; 3 in Filetstücke schneiden

**Fi|li|gran** [lat.-ital.] *s. 1* Geflecht aus feinem Edelmetalldraht (Gold-, Silberfiligran)

**Fi|li us** [lat.] *m. Gen. - Mz.*-lii, *ugs. auch:* -uslse *scherzh.:* Sohn

**Fil|lér** [ung.] *m. Gen.*-(s) *Mz.* - ung. Währungseinheit, [1]/100 Forint

**Film** [engl.] *m. 1* 1 dünne Schicht, z. B. Öl-, Staubfilm; 2 mit einer lichtempfindl. Schicht überzogener, durchsichtiger Kunststoffstreifen; 3 auf einen solchen Streifen photographisch aufgenommene, künstlerisch gestaltete, in sich geschlossene Folge von Szenen, z. B. Spielfilm; **Film|o|thek** *w. 10* 1 Sammlung von Filmen (3); 2 Raum oder Gebäude dafür; **Film|thea|ter** *s. 5* Gebäude zum Vorführen von Filmen (3), Lichtspieltheater

**Fi|lou** [-lu, engl.-frz.] *m. 9* Spitzbube, Schlaukopf, gerissener Bursche

**Fils** [arab.] *m. Gen. - Mz.* - irak. und jordan. Währungseinheit, [1]/100 Dinar

**Fil|ter** [mlat.] *m. 5 oder s. 5* 1 Gerät zum Trennen fester Stoffe von Flüssigkeiten; 2 gefärbte Glasscheibe, durch die bei photograph. Aufnahmen bestimmte Farben zurückgehalten werden; 3 Gerät, das nur Wechselstrom bestimmter Frequenzen durchläßt; **fil|tern** durch einen Filter gehen lassen; **Fil|trat** *s. 1* gefilterte Flüssigkeit; **Fil|tra|ti|on** [-tsjon] *w. 10* das Filtern; **fil|trie|ren** → filtern

**Fi|lü|re** [frz.] *w. 11* Gewebe, Gespinst

**fi|nal** [lat.] 1 eine Absicht, einen Zweck bestimmend; 2 beendend, abschließend; **Fi|na|le** *s. 5* 1 *Mus.:* Schlußsatz; 2 *Sport:* Endrunde, Endspiel; **Fi|na|lis|mus** *m. Gen. - nur Ez.* Lehre, daß alles Geschehen in der Natur zweckbestimmt und zielstrebig sei; **Fi|na|list** *m. 10* 1 Anhänger des Finalismus; 2 *Sport:* Teilnehmer am Finale; **Fi|na|li|tät** *w. 10 nur Ez.* Zweckbestimmtheit; **Fi|nal|satz** *m. 2 Gramm.:* Nebensatz, der einen Zweck, eine Absicht ausdrückt, Absichtssatz

**Fi|nan|cier** [-näsje, frz.] *m. 9* → Finanzier; **Fi|nanz** *w. 10 nur Ez.* 1 Geldwesen; 2 Gesamtheit der Finanzleute; **Fi|nan|zen** *Mz.* 1 Geld, Geldmittel; 2 Staatshaushalt; **Fi|nan|zer** *m. 5* österr.: Zollbeamter; **fi|nan|zi|ell** die Geldmittel betreffend, im Hinblick auf die Geldmittel, geldlich; **Fi|nan|zi|er** [-tsje] *m. 5* 1 jmd., der große Geldmittel besitzt; 2 Geldgeber; **fi|nan|zie|ren** mit Geld ermöglichen

**Fin de siècle** [fɛ̃ də sjɛkl, frz.] *s. Gen. - - - nur Ez.* das Ende des 19. Jh.; *bildl. Bez.* für die Verfeinerung und die Verfallserscheinungen dieser Zeit

**Fines herbes** [fi:nzɛrb, frz.] *Mz.* feingehackte, in Fett gedünstete Kräuter und Pilze

**Fi|nesse** [frz.] *w. 11* 1 Feinheit; 2 Kniff, Trick, Kunstgriff

**fin|gie|ren** [lat.] vortäuschen, erdichten; fingierter Brief

**Fi|nis** [lat.] *s. Gen. - nur Ez.* Ende (veralteter Vermerk am Schluß eines Buches); **Fi|nish** [-niʃ, engl.] *s. 9* 1 letzter Schliff, Vollendung; 2 *Sport:* Schlußkampf, Endspurt; **fi|ni|shen** beim Pferderennen am Schluß das Äußerste aus dem Pferd herausholen; **Fi|ni|sher** *m. 5* Pferd, das im Finish bes. gut ist

**fi|nit** [lat.] *Gramm.*: bestimmt; *Ggs.*: infinit; finite Verbform: durch Person und Zahl bestimmte Form des Verbs, z. B. (du) gehst; **Fi|ni|tis|mus** *m. Gen.- nur Ez.* philosoph. Lehre von der Endlichkeit der Welt

**Finn-Din|gi** [schwed.] *s. 9* Segelboottyp sowie olymp. Segelklasse

**Finn|mark** *w. Gen. - Mz. - (Abk.:* Fmk) finn. Währungseinheit, 100 Penniä

**Fin|te** [ital.] *w. 11* **1** Scheinangriff; **2** Täuschung, Vorwand; **fin|tie|ren** eine Finte (**1**) ausführen

**Fio|ret|te** [ital. „Blümchen"] *w. 11,* **Fio|ri|tur** *w. 10* Verzierung beim Kunstgesang, Triller, Koloratur u. ä.

**firm** [lat.] bewandert, kenntnisreich (in einem Fachgebiet)

**Fir|ma** [ital.] *w. Gen. - Mz.-*men **1** Name eines Geschäfts oder Unternehmens; **2** (*Abk.:* Fa.) Geschäft, Betrieb, Unternehmen

**Fir|ma|ment** [lat.] *s. 1* Himmelsgewölbe

**fir|men** [lat.] jmdn. f.: jmdm. die Firmung erteilen

**fir|mie|ren** [zu: Firma] einen bestimmten Geschäftsnamen führen; mit diesem unterzeichnen

**Fir|mung** [lat.] *w. 10* ein kath. Sakrament zur Stärkung im Glauben

**Fir|nis** [frz.] *m. 1* **1** rasch trocknende Flüssigkeit; **2** Schutzanstrich damit; **fir|nis|sen** mit Firnis überziehen

**First La|dy** [fəːst leidi] *w. Gen. -- Mz. --*dies, *engl. Bez. für* Ehefrau eines Staatsoberhauptes

**Fi|sett|holz** [Herkunft unsicher] *s. 4 nur Ez.* Gelbholz, Holz des Perückenstrauches

**Fi|si|ma|ten|ten** [lat.] *Mz. ugs.:* **1** Ausflüchte; **2** Faxen

**Fis|kal** [lat.] *m. 1 veraltet:* Beamter der Staatskasse; **fis|ka|lisch** zum Fiskus gehörig, den Fiskus betreffend; **Fis|kal|jahr** *s. 1* Zeitraum, über den der Staatshaushalt läuft; **Fiskus** *m. Gen.- nur Ez.* **1** Staatskasse, Staatsvermögen; **2** der Staat als Vermögensträger

**Fis|sol|le** [ital.] *w. 11* österr.: Gartenbohne

**fis|sil** [lat.] spaltbar; **Fis|si|li|tät** *w. 10 nur Ez.* Spaltbarkeit; **Fis|si|on** *w. 10* **1** Teilung einzelliger Organismen; **2** Atomkernspaltung; **Fissur** *w. 10* **1** Spalte, Furche, Einschnitt; **2** Haut-, Knochenriß

**Fi|stel** [lat.] *w. 11* abnormer, röhrenförmiger Kanal zwischen zwei Körperhöhlen oder zwischen Körperinnerem und -oberfläche; **fi|steln** mit Fistelstimme singen; **Fi|stel|stim|me** *w. 11* die nicht durch Brustresonanz verstärkte Kopfstimme des Mannes; **Fi|stu|la** *w. Gen.- Mz.-*lä **1** Hirtenflöte, Panflöte; **2** ein Orgelregister; **3** → Fistel; **fi|stu|lie|ren** → fisteln

**fit** [engl.] **1** *Sport:* leistungsfähig, gut trainiert; **2** *auch ugs.:* gesund, sich wohl fühlend; **Fit|neß** *w. Gen. - nur Ez. Sport:* das Fitsein, Leistungsfähigkeit

**Fit|ting** [engl.] *s. 9* Verbindungsstück (Gelenk u. ä.) bei Rohrleitungen

**Fitz...** [zu lat. filius „Sohn"] *vor irischen Namen:* Sohn des, z. B. Fitzgerald

**Fiu|ma|ra** [ital.], **Fiu|ma|re** *w. Gen. - Mz.-*ren Fluß, der nicht immer Wasser führt

**Five o'clock** [faiv ɔklɔk, engl.] *m. Gen. -- Mz. --*s, **Five o'clock tea** [faiv ɔklɔk tiː] *m. Gen. --- Mz. ---*s *engl. Bez. für* Fünfuhrtee

**fix** [lat.] **1** fest, feststehend; fixe Kosten: immer gleiche Kosten; fixe Idee: Wahnvorstellung, unvernünftige Einbildung; **2** gewandt, flink, aufgeweckt

**Fix|a|teur** [-tøːr, frz.] *m. 1* Gerät zum Mischen von Stoffen mit Fixativ bzw. zum Auftragen von Fixativ; **Fi|xa|ti|on** [-tsjon] *w. 10* **1** Haltbarmachung von biolog. Material, bes. zum Mikroskopieren; **2** Ruhigstellung eines verletzten Gliedes; **3** Scharfeinstellung des Auges auf einen Gegenstand; **Fi|xa|tiv** *s. 1* Mittel zum Härten, Festigen; **Fi|xa|tor** *m. 13* Mittel zum Beständigmachen des Duftes von Parfümen; **fi|xen** [engl.] **1** Wertpapiere in Erwartung einer Baisse auf Zeit verkaufen; **2** Rauschgift einspritzen; **Fi|xer** *m. 5* **1** Börsenspekulant, der fixt (**1**); **2** jmd., der sich fixt (**2**)

**Fix|ge|schäft** *s. 1* an einen bestimmten Termin gebundenes Geschäft; **fi|xie|ren** [frz.] **1** härten, festigen, haltbar machen; **2** jmdn. f.: starr ansehen; **3** auf etwas fixiert sein: starr auf etwas gerichtet sein, eine einzige Sache verfolgen, etwas unbedingt erstreben; **Fix|punkt** *m. 1* **1** nach Lage oder Höhe festgelegter Punkt, Festpunkt; **2** fester Bezugspunkt, z. B. Siede-, Gefrierpunkt; **Fix|stern** *m. 1* scheinbar feststehender Stern; **Fi|xum** [lat.] *s. Gen.-*s *Mz.-*xa festes Einkommen, Gehalt

**Fizz** [fis, engl.] *m. Gen. - Mz.-*es alkohol. Mischgetränk

**Fjäll, Fjell** [schwed.] *m. 1, in Skandinavien:* von Gletschern glattgeschliffene, vegetationsarme Hochfläche

**Fjord** [skand.] *m. 1, in Skandinavien:* schmaler, langer Meeresarm

**fl., Fl.** *Abk. für* Florin (Gulden)

**Fla|con** [-kõ] *s. 9* → Flakon

**Fla|gel|lant** [lat.] *m. 10* Angehöriger einer Bruderschaft im späten MA, die sich zur Buße selbst geißelte, Geißler, Geißelbruder; **Fla|gel|lan|tis|mus** *m. Gen. - nur Ez.* geschlechtl. Erregung oder Befriedigung durch Peitschenhiebe oder Schläge; **Fla|gel|lat** *m. 10,* **Fla|gel|la|te** *w. 11* Geißeltierchen; **Fla|gel|la|ti|on** [-tsjon] *w. 10* Peitschen oder Gepeitschtwerden zur geschlechtl. Erregung oder Befriedigung; **Fla|gel|le** *w. 11* → Flagellum; **Fla|gel|lo|ma|nie** *w. 11 nur Ez.* → Flagellantismus; **Fla|gel|lum** *s. Gen.-*s *Mz.-*len Geißel des Flagellanten sowie Fortbewegungsorgan vieler Einzeller

**Fla|geo|lett** [-ʒɔ-, frz.] s. *1* **1** kleine Flöte; **2** Flötenregister der Orgel; **Fla|geo|letton** (-lettⅼton) m. *2, bei Streichinstrumenten und Harfe:* hoher, feiner, pfeifender Ton

**Flag|ge** [engl.] w. *11* Fahne, als Hoheitszeichen, zur Kennzeichnung der Zugehörigkeit zu einem Staat oder zum Signalisieren; **flaggen** die Flagge aufziehen; **Flag|gen|al|pha|bet** s. *1* die durch Winkzeichen mit Flaggen dargestellten Buchstaben des Alphabets; **Flaggoffi|zier** m. *1* Admiral, der eine seinen Rang bezeichnende Flagge auf seinem Schiff führt; **Flagg|schiff** s. *1* Kriegsschiff mit der Flagge des Befehlshabers (Flaggoffiziers)

**fla|grant** [lat.] offenkundig, ins Auge springend, brennend; vgl. in flagranti

**Flair** [flɛr, frz.] s. *9 nur Ez.* **1** Spürsinn, Instinkt, Ahnungsvermögen; **2** persönl. Note, Ausstrahlung, Hauch

**Fla|kon** [-kõ, frz.] s. *9 oder m. 9* Fläschchen (für Parfüm)

**Flam|beau** [flãbo, frz.] m. *9* **1** *urspr.:* Fackel; **2** *heute:* vielarmiger Leuchter; **Flam|berg** m. *1* MA: mit zwei Händen zu führendes Schwert mit geflammter Klinge; **flam|bie|ren** **1** *veraltet:* absengen; **2** *heute:* mit Spirituosen übergießen und brennend servieren; **Flam|boy|ant** [flãbwajã] s. *9* **1** frz. spätgot. Stil mit flammenartigem Maßwerk; **2** eine Zierpflanze der Tropen und Mittelmeerländer, Flammenbaum

**Fla|men|co** [span.] m. *9* ein andalus. Tanz

**Fla|min|go** [lat.-port.] m. *9* trop. und subtrop. Wasserwatvogel

**Fla|mi|sol** m. *9 nur Ez.* krepppartiges Kunstseidengewebe

**Flam|me|ri** [engl.] s. *9* einfache kalte Süßspeise

**Fla|nell** [kelt.] m. *1* weicher, ein- oder beidseitig gerauhter Baumwollstoff

**Fla|neur** [-nør, frz.] m. *1* jmd., der flaniert; **fla|nie|ren** müßig schlendern

**Flan|ke** [frz.] w. *11* **1** Seite; **2** *Sport:* Schwung über ein Turngerät von der Seite; **flan|ken** *Sport:* **1** seitlich abspringen; **2** den Ball von der Seite zur Mitte spielen; **flan|kie|ren** jmdn. f.: an jmds. Seite gehen, jmdn. von der Seite decken oder fassen

**Flap|per** [flæp-, engl.] m. *5* betont selbständig auftretendes, burschikoses junges Mädchen

**Flash** [flæʃ, engl. „Blitz"] m. *9* **1** *Film:* kurze Einblendung in eine Bildfolge; **2** Eintreten des Rauschzustandes mit Aufhören der Entzugsschmerzen; **Flash|back** [flæʃbæk] m. *9* plötzlich wiederkehrender Rauschzustand einige Wochen nach dem eigentl. Rausch durch verzögerte Reaktion des Gehirns auf ein Rauschmittel

**flat** [flæt, engl.] *Mus.: engl. Bez. für* die Erniedrigung eines Tons um einen halben Ton, z. B. E flat = Es; *Ggs.:* sharp

**Flat|te|rie** [frz.] w. *11 veraltet:* Schmeichelei;

**Flat|teur** [-tør] m. *1* Schmeichler; **flat|tie|ren** jmdm. eine Schmeichelei sagen

**Fla|tu|lenz** [lat.] w. *10* Entstehung und Abgang von Darmgasen, Blähsucht

**Flau|to** [ital.] m. *Gen.*-(s) *Mz.*-ti, *ital. Bez. für* Flöte; F. traverso: Querflöte; F. dolce: Blockflöte

**Fled|de|rer** [rotwelsch] m. *5* → Leichenfledderer; **fled|dern** berauben (bes. Tote)

**Flei|er** [engl.] m. *5* Vorspinnmaschine

**flek|tie|ren** [lat.] beugen, *Oberbegriff für* deklinieren und konjugieren

**Flè|sche** [frz.] w. *11, im Festungsbau:* pfeilförmige Schanze

**flet|schern** [nach dem Amerikaner H. Fletcher] lange und sorgfältig kauen

**Fleu|rette** [flørɛt, frz.] w. *11 nur Ez.* chiffonartiges, bedrucktes Kunstseidengewebe

**Fleu|rist** [flø-, frz.] m. *10* Blumenkenner, -gärtner, -händler; **Fleu|ron** [flørõ] m. *9* Baukunst, Buchw.: Blumenornament; **Fleu|rop** [flø-, Kurzw. aus: Flores Europae „Blumen Europas"] *ohne Artikel* Vereinigung von Blumenhändlern zur Vermittlung von Blumengeschenken

**fle|xi|bel** [lat.] **1** biegsam, nachgebend, elastisch (Bucheinband); **2** *Gramm.:* beugbar; **3** *übertr.:* beweglich, nicht starr (in seinen Plänen); **Fle|xi|bi|li|tät** w. *10 nur Ez.* flexible Beschaffenheit; **Fle|xi|on** w. *10* Beugung, *Oberbegriff für* Deklination und Konjugation; **fle|xi|visch** Flexion besitzend; **Fle|xo|druck** m. *1* Druckverfahren mit Druckformen aus Gummi; **Fle|xor** m. *13* Beugemuskel; *Ggs.:* Extensor; **Fle|xur** w. *10* Biegung, Krümmung

**Fli|bu|sti|er** [-stjər, ndrl.] m. *5* *17. Jh.:* Seeräuber, Freibeuter

**Flie|boot** [engl.] s. *1* kleines, schnelles Fischerboot, *auch:* Beiboot

**Flint** [engl.] m. *1* Feuerstein

**Flip** [engl.] m. *9* Mischgetränk mit Zucker und Ei, z. B. Milchflip

**Flip|per** [engl.] m. *5* Markierung am Ende der Bahn im Flipperspiel; **Flip|per|spiel** s. *1* elektr. Spielautomat, bei dem die Kugel eine bestimmte Bahn rollen muß

**Flirt** [flət, engl.] m. *9* Liebelei; **flir|ten** [flə-] durch Blicke und Worte spielerisch jmdm. zu verstehen geben, daß man mit ihm eine Liebelei beginnen möchte; mit jmdm. f.

**floa|ten** [flou-, engl.] schwanken (Währungskurs); **Floa|ting** [flou-] s. *9 nur Ez.* freies Schwanken des Wechselkurses einer Währung nach Angebot und Nachfrage

**Flo|bert|ge|wehr** [-bɛr-, nach dem frz. Waffenschmied Flobert] s. *1* Kleinkalibergewehr

**Flo|con|né** [frz.] m. *9 nur Ez.* weicher Mantelstoff mit flockiger Oberseite, Flockenstoff

**Flop** [engl.] m. *9* Tun oder Verhalten, das sich nachteilig für den Betreffenden auswirkt, Mißerfolg, Fehlschlag

**Flor** [lat.] m. *1* **1** alle Blüten einer Pflanze;

2 große Menge von Blumen; 3 Wohlstand, Gedeihen; 4 [lat.-ndrl.] dünner Seidenstoff; 5 haarige Oberseite von Teppichen, Samt und Plüsch

**Flo|ra** [lat.] *w. Gen. - Mz.*-ren 1 die Pflanzenwelt eines bestimmten Gebietes; vgl. Fauna; 2 Gesamtheit der Bakterien im Körper, z. B. Darmflora

**Flo|res|zenz** [ital.] *w.10* 1 Blütenstand; 2 Gesamtheit der Blüten einer Pflanze; 3 Blütezeit

**Flo|rett** [ital.] *s.1* eine leichte Stichwaffe, Stoßdegen

**Flo|rett|sei|de** *w.11* Abfallseide

**flo|rid** [lat.] rasch fortschreitend (Krankheit)

**flo|rie|ren** [lat.] blühen, gedeihen; gut vorangehen (Geschäft); **Flo|ri|le|gi|um** *s. Gen.*-s *Mz.*-gi|en *eigtl.:* Blütenlese, → Anthologie

**Flo|rin** [lat.] *m.1 oder 9, nach Zahlenangaben Mz. - (Abk.:* fl., Fl.) Gulden, *in Großbritannien früher:* 2 Shilling, *in den Niederlanden:* 100 Cent

**Flo|rist** [lat.] *m.10* Blumenkenner, Erforscher einer Flora (1); *auch:* Blumenbinder; **Flo|ri|stik** *w.10 nur Ez.* Wissenschaft von den Floren (vgl. Flora 1) der Erde, Zweig der Pflanzengeographie

**Flos|kel** [lat. „Blümchen"] *w.11* bloße Redensart, Formel, z. B. Höflichkeitsfloskel

**Flo|ta|ti|on** [-tsjon, frz.] *w.10* Verfahren zum Aufbereiten von Erzen; **flo|ta|tiv** mittels Flotation; **flo|tie|ren** mittels Flotation aufbereiten

**flott|tie|ren** [frz.] schwimmen, schweben; flottierende Schuld: schwebende, nicht fundierte Schuld

**Flott|til|le** [auch: -tiljə, span.] *w.11* 1 *veraltet:* Verband kleiner Kriegsschiffe; 2 *heute:* Gesamtheit aller Schiffe eines Typs

**Flu|at** [Kurzw. aus Fluorsilikat] *s.1* ein Härtemittel für Baumaterialien

**flu|id** [lat.] flüssig; **Flu|id** *s. Gen.*-s *Mz.*-ida Flüssigkeit; **flu|id|dal** den Zustand des Fließens noch erkennen lassend; **Flu|idum** *s. Gen.*-s *Mz.*-da die von einer Person oder Sache ausgehende, eigentüml. Wirkung

**Fluk|tu|a|ti|on** [-tsjon, lat.] *w.10* Schwankung, Wechsel; **fluk|tu|ie|ren** schwanken, wechseln

**Flu|or** [lat.] *s. Gen.*-s *nur Ez.* *(Zeichen:* F) chem. Element; **Flu|or al|bus** *m. Gen. - - nur Ez.* weißl. Ausfluß aus Scheide und Gebärmutter; **Flu|o|res|ce|in** *s.1 nur Ez.* gelbroter Teerfarbstoff, dessen Lösung hellgrün fluoresziert; **Flu|o|res|zenz** *w.10 nur Ez.* farbiges Aufleuchten nach Einwirkung andersfarbiger Bestrahlung; **flu|o|res|zie|ren** bei Bestrahlung aufleuchten; **Flu|o|res|zin** *s.1 nur Ez.* → Fluorescein; **Flu|o|rid** *s.1* Salz der Flußsäure; **Flu|o|rit** *m.1* Flußspat; **flu|o|ro|gen** [lat. + griech.] zur Fluoreszenz fähig; **Flu|o|ro|me|ter** *s.5* Gerät zum Messen der Fluoreszenz; **Flu|o|ro|me|trie** *w.11 nur Ez.* Fluoreszenz-

messung; **flu|o|ro|phor** → fluorogen; **Flu|o|ro|phor** *m.1* Fluoreszenzträger; **Flu|or|si|li|kat** *s.1* → Fluat

**flu|vi|al, flu|vi|a|til** [lat.] 1 durch einen Fluß bewirkt, zum Fluß gehörig; 2 von einem Fluß abgetragen und abgesetzt; **Flu|vio|graph** [lat. + griech.] *m.10* selbsttätig registrierender Pegel

**Flu|xi|on** [lat.] *w.10* Wallung, Blutandrang; **Flu|xus** *m. Gen. - nur Ez. Med.:* starke Absonderung (Blut, Eiter)

**Fly|er** [flaiər, engl.] *m.5* → Fleier; **Fly|ing Dutch|man** [flaiin dʌtʃmən, „Fliegender Holländer"] *m. Gen. - - Mz. -* Dutch|men ein Segelboottyp sowie eine olympische Segelklasse

**Fm** *chem. Zeichen für* Fermium

**FM** *Abk. für* Frequenzmodulation

**Fmk** *Abk. für* Finnmark

**fob** *Abk. für* free on board

**fö|de|ral** [lat.] → föderativ; **fö|de|ra|li|sie|ren** zu einer Föderation vereinigen; **Fö|de|ra|lis|mus** *m. Gen. - nur Ez.* Streben nach einem Bundesstaat mit weitgehender Selbständigkeit der Einzelstaaten; *Ggs.:* Unitarismus; **Fö|de|ra|ti|on** [-tsjon] *w.10* Bündnis, Staatenbund, Bundesstaat; **fö|de|ra|tiv** auf Föderation beruhend; **fö|de|rie|ren** sich f.: sich verbünden

**Fog** [engl.] *m. Gen.*-s *nur Ez., engl. Bez. für* dichter Nebel; **Fog|horn** *s.4* Nebelhorn

**fo|kal** [lat.] 1 vom Fokus ausgehend; 2 von einem infektiösen Krankheitsherd ausgehend; **Fo|kal|di|stanz** *w.10* Brennweite; **Fo|kal|in|fek|ti|on** [-tsjo:n] *w.10* von einem streuenden Krankheitsherd im Körper ausgehende chronische Infektion; **Fo|kus** *m. Gen. - Mz. -* 1 Brennpunkt; 2 ständig Bakterien aussendender Krankheitsherd im Körper, Streuherd; **fo|kus|sie|ren** 1 in einem Brennpunkt vereinigen (Lichtstrahlen); 2 ausrichten (Linsen)

**fol.** *Abk. für* folio; **Fol.** *Abk. für* Folio; **Foli|ant** [lat.] *m.10* 1 Buch in Folioformat; 2 großes, schweres (altes) Buch; **Fo|lie** [-ljə] *w.11* 1 dünnes Blatt, z. B. Gold-, Plastikfolie; 2 aufgeprägte Farbschicht (auf einem Bucheinband); 3 *übertr.:* Hintergrund (vor dem etwas hervortritt); **fo|lie|ren** 1 mit einer Folie (1) unterlegen; 2 *veraltet:* beziffern (Druckbogenseiten)

**Fo|lin|säu|re** *w.11 nur Ez.* → Folsäure

**fo|lio** [lat.] *(Abk.:* fol.) Verweis in alten Handschriften, z. B. fol. 5c: auf dem Blatt 5c; **Fo|lio** *s.9 (Abk.:* Fol., *Zeichen:* 2°) 1 altes Papier- und Buchformat in der Größe eines halben Druckbogens (ca. 21 × 33 cm); 2 Doppelseite (im Geschäftsbuch); **Fo|lio|for|mat** *s.1* → Folio (1); **Fo|li|um** *s. Gen.* -s *Mz.* -lia *oder* -li|en Pflanzenblatt

**Folk|e|ting** [dän.: -gətəŋ] *s.1 nur Ez.* das dän. Parlament

**Fol|ke|vi|se** [dän.] *w. Gen. - Mz.*-ser *12./14. Jh.:* dän. Tanzlied
**Folk|lo|re** [engl.] *w. 11 nur Ez., i. w. S.:* Gesamtheit der Überlieferungen eines Volkes (Musik, Tracht, Bräuche, Dichtung usw.); *i. e. S.:* Volksmusik (Volkslieder und -tänze); **Folk|lo|rist** *m. 10* Erforscher, Kenner der Folklore; **Folk|lo|ri|stik** *w. 10 nur Ez.* Wissenschaft von der Folklore
**Fol|li|kel** [lat.] *m. 5* 1 Säckchen, Knötchen, Bläschen; 2 Hülle des ausgereiften Eies im Eierstock; **Fol|li|kel|hor|mon** *s. 1* weibl. Geschlechtshormon; **fol|li|ku|lar, fol|li|ku|lär** zum Follikel gehörig, in der Art eines Follikels; **Fol|li|ku|li|tis** *w. Gen. - Mz.*-ti|den Haarbalg-, Talgdrüsenentzündung
**Fol|säu|re** [Kunstw.] *w. 11 nur Ez.* zur Vitamin-B-Gruppe gehörendes Vitamin
**Fo|ment** [lat.] *s. 1,* **Fo|men|ta|ti|on** [-tsjon] *w. 10* warmer Umschlag
**Fond** [fõ, frz.] *m. 9* 1 Hintergrund; 2 Rücksitz (im Auto); 3 beim Braten an der Pfanne sich ansetzender Fleischsaft; daraus hergestellte Brühe
**Fon|dant** [fõdã, frz.] *m. 9, österr.: s. 9* 1 gekochte Zuckermasse zum Überziehen oder Füllen von Pralinen; 2 Zuckerpraline
**Fonds** [fõ, frz.] *m. Gen. - Mz.* - [fõs] Geldvorrat (für bestimmte Zwecke)
**Fon|due** [fõdy, frz.] *s. 9* Käse oder Fleischstückchen auf einem Spirituskocher geschmolzen und gewürzt bzw. in Fett gegart
**Fon|tä|ne** [frz.] *w. 11* Springbrunnen
**Fon|ta|nel|le** [ital.] *w. 11* Knochenlücke auf dem Schädel Neugeborener
**Foot** [fut, engl.] *m. Gen. - Mz.* Feet [fit] (*Abk.:* ft) Längenmaß, Fuß, 0,3 m;
**Foot|ball** [futbɔːl] *m. Gen.* -s *nur Ez.* amerik., dem Rugby ähnliches Ballspiel
**fop** *Abk. für* free on plane
**Fo|ra** *Mz. von* Forum
**Fo|ra|mi|ni|fe|re** [lat.] *w. 11* einzelliges Wassertier, meist mit Kalkschale, Wurzelfüßer, Thalamophor
**Force** [fɔrs, frz.] *w. 11* veraltet: Kraft, Stärke, Gewalt; Force majeure [-maʒœr] höhere Gewalt; **for|cie|ren** [-si-] heftig oder mit Gewalt vorantreiben, beschleunigen
**Fö|re** [skand.] *w. 11* 1 *nur Ez.* gute Eignung des Schnees zum Schilaufen, Geführigkeit; 2 Schneebahn, Schlittenbahn
**Fore|hand** [fɔrhænd, engl.] *w. 9 Tennis u. ä.:* Vorhand(schlag); *Ggs.:* Backhand
**Fo|reign Of|fice** [fɔrin ɔfis, engl.] *s. Gen. -- nur Ez.* das brit. Auswärtige Amt
**Fo|ren** *Mz. von* Forum
**fo|ren|sisch** [lat.] *eigtl.:* zum Forum gehörig; gerichtlich; forensische Medizin: gerichtl. Medizin
**Fo|rint** [ung.] *m. 9, nach Zahlenangaben Mz.* -, *österr. auch: m. 1* ung. Währungseinheit, 100 Fillér

**For|la|na** [slowen.] *w. Gen. - Mz.*-nen rascher ital. Volkstanz slaw. Ursprungs
**for|mal** [lat.] der Form nach, hinsichtlich der Form
**For|mal|de|hyd** [aus lat. acidum formicum „Ameisensäure" + Aldehyd] *m. 1 nur Ez.* ein farbloses, stechend riechendes, zur Desinfektion verwendetes Gas
**For|ma|li|en** [lat.] *Mz.* Formalitäten, Formvorschriften
**For|ma|lin** *s. 1 nur Ez.* Lösung von Formaldehyd in Wasser, ein Desinfektionsmittel
**for|ma|li|sie|ren** [lat.] in strenge Form bringen, einer Formvorschrift unterwerfen; **For|ma|lis|mus** *m. Gen. - nur Ez.* übertriebene Betonung der Form, des Formalen, der Äußerlichkeiten; **For|ma|li|tät** *w. 10* Formsache, Formvorschrift; die Formalitäten erledigen; **for|ma|li|ter** förmlich; **For|mans** [lat.] *s. Gen. - Mz.*-man|tia [-tsja] *oder* -man|zi|en Ableitungssilbe, Präfix, Infix, Suffix
**For|mat** [lat.] *s. 1* 1 Maß, Ausmaß, Größe (Höhe und Breite); 2 *übertr.:* Bedeutung, feste Haltung, Charakterstärke, Überlegenheit; **For|ma|teur** [-tør] *m. 1, urspr. in den Niederlanden und Belgien:* dem Staatsoberhaupt allein verantwortliche Person, die in Krisenzeiten ernannt wird, um ein scheinbar auswegloses Problem zu lösen; **For|ma|ti|on** [-tsjon] *w. 10* 1 Bildung, Gestaltung; 2 *Mil.:* Verband, Gliederung, Aufstellung; 3 *Geol.:* durch bestimmte Schichten der Erdkruste gekennzeichneter Abschnitt der Erdgeschichte; 4 *Bot.:* Pflanzengesellschaft mit gleicher Wuchsform, z. B. Steppe, Laubwald; **for|ma|tiv** auf Gestaltung beruhend, gestaltend; **For|mel** *w. 10* feststehender Ausdruck, kurze, treffende Zusammenfassung oder Bestimmung; **for|mell** 1 förmlich, die äußeren Formen beachtend; 2 (nur) zum Schein
**For|mi|at** [lat. formica „Ameise"] *s. 1* Salz der Ameisensäure
**for|mi|da|bel** [frz.] *veraltet:* 1 furchtbar, schrecklich, riesig; 2 ungewöhnlich, erstaunlich
**for|mie|ren** [lat.] 1 formen, bilden; 2 in bestimmter Reihenfolge aufstellen; 3 sich f.: sich in bestimmter Weise ordnen
**For|mol** *s. 1 nur Ez.* → Formalin
**For|mu|lar** [lat.] *s. 1* gedruckter Fragebogen; Vordruck; **for|mu|lie|ren** in eine sprachl. Form bringen, in Worte fassen; **For|mu|lie|rung** *w. 10* 1 das Formulieren; 2 sprachliche Form, sprachlicher Ausdruck
**For|myl** [lat. + griech.] *s. 1 nur Ez.* Säurerest der Ameisensäure
**For|syt|hia** [-tsja, nach dem engl. Botaniker W. A. Forsyth] *w. Gen. - Mz.*-thi|en [-tsjən], **For|sy|thie** [-tsjə] *w. 11* ein gelbblühender Zierstrauch
**Fort** [fɔr, lat.-frz.] *s. 9* kleine Befestigungsanlage

**for|te** [ital.] (*Abk.:* f) *Mus.:* laut, stark; **For|te** *s. 9, Mz. auch:* -ti lautes Spiel, lautes Singen; **for|te|for|tis|si|mo** (*Abk.:* fff) *Mus.:* ganz bes. laut; **For|te|pia|no** *s. 9, Mz. auch:* -ni *veraltet für* Pianoforte

**For|ti|fi|ka|ti on** [-tsjon, lat.] *w. 10 veraltet:* **1** Befestigung; **2** Befestigungsanlage; **for|ti|fi|zie|ren** *veraltet:* befestigen

**for|tis|si|mo** [ital.] (*Abk.:* ff) *Mus.:* sehr laut, sehr stark; **For|tis|si|mo** *s. 9, Mz. auch:* -mi sehr laut, sehr laut Spiel oder Singen; **for|tis|si|s|si|mo** (*Abk.:* fff) *Mus.:* ganz bes. laut

**Fo|rum** [lat.] *s. Gen.* -s *Mz.* -ra *oder* -ren **1** *im alten Rom:* Markt- und Gerichtsplatz; **2** *übertr.:* Gericht, Richterstuhl; das F. der Öffentlichkeit; **3** *übertr.:* Gruppe von Personen, bei denen eine sachgemäße Diskussion gewährleistet ist; eine Frage vor ein F. von Juristen, Fachleuten usw. bringen

**For|ward** [fɔwəd, engl.] *m. 9 engl., schweiz. Bez. für* Stürmer

**for|zan|do** *Mus.* → sforzando; **for|za|to** *Mus.* → sforzato

**Foße** [frz.] *w. 11 Kartenspiel:* **1** leere Karte; **2** Fehlfarbe

**fos|sil** [lat.] urzeitlich, urweltlich, als Versteinerung erhalten; *Ggs.:* rezent (**1**); **Fos|sil** *s. Gen.* -s *Mz.* -li en versteinerter Rest eines Tiers oder einer Pflanze aus der erdgeschichtl. Urzeit; **Fos|si|li|sa|ti on** [-tsjon] *w. 10* Vorgang der Versteinerung; **fos|si|li|sie-ren** versteinern

**fot** *Abk. für* free on truck

**Föt** *m. 12* → Fetus; **fö|tal** → fetal; **fö|tid** *Med.:* übelriechend

**fo|to...**, **Fo|to...** *eindeutschende Schreibung von* photo..., Photo...

**Fo|to|set|ter** *m. 5* → Intertype-Fotosetter

**Fö|tus** *m. Gen.* - *Mz.* -ten *oder m. 1* → Fetus

**foul** [faul, engl.] *unflektierbar, Sport:* regelwidrig; **Foul** *s. 9 Sport:* Verstoß gegen die Spielregeln

**Foul|lard** [fular, frz.] *m. 9* beidseitig bedruckter, leichter Seiden- oder Kunstseidenstoff; **Foul|lar|dine** [fu-] *w. 11 nur Ez.* bedruckter Baumwollstoff; **Foul|lé** [-le] *m. 9* weicher, gerauhter Wollstoff

**fou|len** [fau-, engl.] *Sport:* **1** regelwidrig spielen; **2** den Gegner f.: regelwidrig angreifen

**Fou|ra|ge** [furaʒə] *w. 11 nur Ez.* → Furage

**Four|gon** [furgɔ̃, frz.] *m. 9 veraltet, noch schweiz.:* Militärlastwagen

**Fou|rier** [fu-] *m. 1* → Furier

**fow** *Abk. für* free on waggon

**Fox** [engl.] *m. 1 Kurzw. für* **1** Foxterrier, **2** Foxtrott; **Fox|ter|ri er** *m. 5* eine Hunderasse; **Fox|trott** *m. 1 oder 9* ein Gesellschaftstanz

**Foy|er** [foaje, frz.] *s. 9* Wandelgang, Wandelhalle (im Theater)

**fr** *Abk. für* Franc

**Fr** *chem. Zeichen für* Francium

**Fr.** *Abk. für* Frater

**Fra** [ital.] *Abk. für* frate „Bruder", *nur vor Eigennamen:* Kloster-, Ordensbruder, z. B. Fra Angelico

**Frack** [engl.] *m. 2, ugs. auch: m. 9* festl. Herrenrock, vorn in der Taille abgeschnitten, hinten knielang

**fra|gil** [lat.] zart, zerbrechlich

**Frag|ment** [lat.] *s. 1* Bruchstück, unvollendetes Werk, übriggebliebener Rest eines Werkes; **frag|men|ta|risch** in der Art eines Fragments, bruchstückhaft; **Frag|men|ta|ti on** [-tsjon] *w. 10* **1** direkte Kernteilung, Durchschnürung des Zellkerns in zwei oder mehr ungleiche Teile; **2** Teilung einer Mutterpflanze; **frag|men|tie|ren** in Bruchstücke zerlegen

**frais, fraise** [frɛz, frz.] *unflektierbar:* erdbeerfarben

**Frak|ti on** [-tsjon, lat.] *w. 10* **1** Vertretung einer Partei im Parlament; **2** ein durch Verdampfung aus einem Gemisch isolierter Stoff; **frak|tio|nie|ren** *Chem.:* in Fraktionen trennen; **Frak|ti ons|zwang** *m. 2 nur Ez.* Verpflichtung, sich bei Abstimmungen der Mehrheit innerhalb der Fraktion anzuschließen

**Frak|tur** [lat.] *w. 10* **1** eine Druckschrift mit „gebrochenen" Linien; **2** *Med.:* Knochenbruch; mit jmdm. Fraktur reden *übertr.:* ihm energisch die Meinung sagen

**Fram|bö|sie** [frz.] *w. 11* eine trop., der Syphilis ähnliche Hautkrankheit, Himbeerpocken

**Frame** [freim, engl.] *m. 11* Rahmen, Träger der Eisenbahnfahrzeuge

**Franc** [frã, frz.] *m. 9, nach Zahlenangaben Mz.* - (*Abk.:* fr) Währungseinheit in Frankreich, Belgien, Luxemburg; 100 Centime; frz. Franc (*Abk.:* ffr *oder* FF); belg. Franc (*Abk.:* bfr); luxemburg. Franc (*Abk.:* lfr)

**Fran|çaise** [frãsɛz, frz.] *w. 11* französischer Kontertanz

**Fran|chise** [frãʃiz, frz.] *w. 11* **1** Abgaben-, Zollfreiheit; **2** *Transport- und Güterversicherung:* ein Prozentsatz des Wertes des Versicherungsgutes, der nicht versichert wird

**Fran|ci um** [neulat.] *s. Gen.* -s *nur Ez.* (*Zeichen:* Fr) ein chem. Element, radioaktives Alkalimetall

**fran|co** → franko; **Fran|ka|tur** [ital.] *w. 10* **1** das Freimachen von Postsendungen; **2** *veraltet:* Bezahlung der Transportkosten vor der Beförderung; **fran|kie|ren** mit Briefmarke(n) versehen oder mit der Frankiermaschine stempeln, freimachen

**fran|ko** [ital.] *unflektierbar:* porto-, kostenfrei

**Fran|ko|ma|nie** [ital. + griech.] *w. 11 nur Ez.* übertriebene Vorliebe für alles Französische, Gallomanie; **fran|ko|phil** franzosenfreundlich; **Fran|ko|phi|lie** *w. 11 nur Ez.* Vorliebe für

alles Französische, Gallophilie; **fran|ko|phob** französenfeindlich; **Fran|ko|pho|bie** w. *11 nur Ez.* Abneigung gegen alles Französische, Gallophobie
**Fran|ko|stem|pel** *m.5* Portostempel mittels Frankiermaschine
**Frank|ti|reur** [-rør, frz.] *m.1 früher:* frz. Freischärler
**Fran|zi um** *s. Gen.-s nur Ez.* → Francium
**fran|zö|sie|ren, fran|zö|si|sie|ren** nach frz. Art gestalten, französisch machen
**frap|pant** [frz.] auffallend, überraschend, ins Auge springend; **Frap|pé** [-pe] *m.9* 1 Stoff mit eingepreßtem Muster; 2 mit Eisstücken gekühltes Getränk (alkohol.) **frap|pie|ren** 1 überraschen, verblüffen; 2 in Eis kühlen (Wein, Sekt)
**Fra|te** [lat.-ital.] *m. Gen.- Mz.*-ti *Bez. und Anrede für* ital. Klosterbruder; **Fra|ter** [lat.] *m. Gen.*-s *Mz.* Fra|tres [-tre:s] (*Abk.:* Fr.) Ordens-, Klosterbruder vor der Priesterweihe; **Fra|ter|ni|sa ti on** [-tsjon] *w.10* Verbrüderung; **fra|ter|ni|sie|ren** sich verbrüdern; **Fra|ter|ni|tät** *w.10* 1 Brüderlichkeit; 2 Bruderschaft; **Fra|ter|ni|té** [-te] *w. Gen.- nur Ez.* Brüderlichkeit (eins der drei Schlagwörter der Frz. Revolution); vgl. Liberté; **Fra|tres** [-tre:s] *Mz. von* Frater; Fratres minores: Franziskaner, Minoriten, Minderbrüder
**Freak** [frik, engl. „Einfall", „Laune"] *m.9* jmd., der die Normen der Gesellschaft nicht akzeptiert und nur seinen eigenen, häufig extremen Neigungen lebt
**free along|side ship** [fri ɔlɔŋsaid ʃip, engl. „frei (bis) längsseits Schiff"] (*Abk.:* fas) Kosten und Risiko des Transports der Ware bis zum Schiff werden vom Verkäufer getragen; **free on board** [fri ɔn bɔrd, „frei an Bord"] (*Abk.:* fob) Kosten und Risiko des Transports der Ware bis aufs Schiff werden vom Verkäufer getragen; **free on plane** [fri ɔn plein, „frei an Bord (des Flugzeugs)"] (*Abk.:* foɒ) Kosten und Risiko des Transports der Ware bis ins Flugzeug werden vom Verkäufer getragen; **free on truck** [fri ɔn trʌk, „frei auf dem Lastwagen"] (*Abk.:* fot) vgl. free on board; **free on wag|gon** [fri ɔn wægɔn, „frei auf den Eisenbahnwagen"] (*Abk.:* fow) vgl. free on board
**Fre|gat|te** [frz.] *w.11* 1 *früher:* schnelles, dreimastiges Segelschiff; 2 *heute:* ein Kriegsschiff
**Fre li mo** 1 *w. oder m. Gen.- nur Ez. Kurzw. für* Frente de Libertaçao de Mozambique (die Befreiungsbewegung in Moçambique); 2 *m.9* Angehöriger von 1
**fre|ne|tisch** [frz.] stürmisch, rasend; frenetischer Applaus; *vgl. aber:* phrenetisch
**fre|quent** [lat.] 1 *veraltet:* häufig, zahlreich; 2 *Med.:* beschleunigt (Puls); **Fre|quen|tant** *m.10 veraltet:* häufiger Besucher; **Fre|quen|ta|ti on** [-tsjon] *w.10* häufiges Besuchen; **Fre-**

**quen|ta|tiv** *s.1,* **Fre|quen|ta|ti|vum** *s.Gen.* -s *Mz.* -va → Iterativum; **fre|quen|tie|ren** häufig besuchen, benutzen; **Fre|quenz** *w.10* 1 häufigkeit; 2 Besucherzahl; 3 Verkehr, Verkehrsdichte; 4 Schwingungszahl pro Sekunde; **Fre|quenz|be|reich** *m.1* Gruppe von elektromagnet. Schwingungen; **Fre|quenz|mo|du|la|ti on** [-tsjo:n] *w.10* (*Abk.:* FM) Änderung der Frequenz der Trägerwelle
**Fres|ke** [ital. „frisch"] *w.11* → Fresko (**1**); **Fres|ko** *s. Gen.*-s *Mz.* -ken 1 auf die frisch verputzte, feuchte Wand gemaltes Bild; 2 *nur Ez.* poröser, harter Wollstoff in Leinenbindung
**Frett** [lat.] *s.1,* **Frett|chen** *s.7* eine Iltisart, kann zum Kaninchenfang abgerichtet werden; **fret|tie|ren** mit dem Frettchen jagen
**Fri|dat|te** *w.11* → Frittate
**fri|gid** [lat.] kühl, geschlechtlich schwer oder nicht erregbar (von Frauen); **Fri|gi|daire** [friʒidɛr, frz.] *m.9* Ⓦ Kühlschrank(marke); **Fri|gi|da|ri|um** *s. Gen.*-s *Mz.* -ri en 1 *im alten Rom:* kaltes Bad; 2 kaltes Gewächshaus; **fri|gi|de** → frigid; **Fri|gi|di|tät** *w.10 nur Ez.* Kühle, Unfähigkeit zur geschlechtl. Erregung
**Fri|ka|del|le** [frz.] *w.11* gebratenes Fleischklößchen; **Fri|kan|deau** [frikãdo] *s.9* zarter, innerer Teil der Kalbskeule, Kalbsnuß; **Fri|kan|del|le** [-kã-] *w.11* 1 Scheibe aus gedämpftem Fleisch; 2 *meist auch* → Frikadelle; **Fri|kas|see** *s.9* kleingeschnittenes, helles Fleisch in heller Soße (Hühner-, Kalbsfrikassee); **fri|kas|sie|ren** als Frikassee zubereiten
**fri|ka|tiv** [lat.] auf Reibung beruhend (von Lauten); **Fri|ka|ti|va** *w. Gen.- Mz.* -vä *oder* -ven, **Fri|ka|tiv|laut** *m.1* Reibelaut, Spirans, z. B. f, v, s; **Frik|ti on** [-tsjon] *w.10* 1 Reibung; 2 *übertr.:* Zwist, Reiberei; 3 *Med.:* Einreibung (von Salben), Reibmassage
**Fris|bee** [-bi:, engl.] *s.9* Wurfscheibe (aus Plastik)
**Fri|seur** [-zør, frz.] *m.1* jmd., der gewerbsmäßig anderen Haar und Bart schneidet und pflegt; **Fri|seu|se** [-zø-] *w.11* weibl. Friseur; **fri|sie|ren** 1 jmdn. oder sich f.: jmdm. oder sich das Haar kämmen und hübsch zurechtmachen; 2 etwas f. *ugs.:* beschönigen, zum Positiven verändern; frisierter Bericht, frisierte Nachrichten; **Fri|sier|sal|lon** [-lõ] *m.9* Geschäft eines Friseurs; **Fri|sier|toi|let|te** [-twa-] *w.11* kleine Kommode mit oder mehrteiligem Spiegel; **Fri|sör** *m.1* eindeutschend für Friseur; **Fri|sur** *w.10* Haartracht
**Fri|teu|se** [-tø-, frz.] *w.11* elektr. Gerät zum Fritieren; **fri|tie|ren** in Fett backen, braten; **Frit|ta|te** [ital.] *w.11* 1 Omelett, Eierkuchen, Pfannkuchen; 2 *österr.:* in Streifen geschnittene Pfannkuchen, Suppeneinlage; **Frit|te** [frz.] *w.11* Schmelzmasse zur Herstellung von Glasuren; **frit|ten** 1 schmelzen und zusammenbacken (Sand, Glasmasse); 2 *ugs. für* fritieren; **Frit|ter** [engl.] *m.5* → Kohärer;

**Fri|tü|re** [frz.] *w. 11* **1** heißes Fett zum Bakken, Braten; **2** das im Fett Gebackene

**fri|vol** [frz.] schlüpfrig, zweideutig, frech; **Fri|vo|li|tät** *w. 10* **1** Schlüpfrigkeit, Zweideutigkeit; **2** *nur Mz.* mit Schiffchen hergestellte Handarbeit, Okkispitze

**Fro|mage de Brie** [-maʒ də -, nach der frz. Landschaft Brie] *m. Gen. - - - nur Ez.* ein frz. Weichkäse

**Fron|de** [frõdə, frz.] *w. 11* **1** *nur Ez.* polit. Bewegung in Frankreich gegen den Absolutismus; **2** regierungsfeindl. Partei; **Fron|deur** [frõdœr] *m. 1* Anhänger der Fronde; **fron|die|ren** [frõ-] Widerspruch gegen die Regierung erheben, Opposition treiben

**Front** [frz.] *w. 10* **1** Vorderseite (eines Hauses, einer Truppe in geordneter Aufstellung); gegen etwas F. machen: sich einer Sache widersetzen; **2** Kampfgebiet, Linie, an der zwei kämpfende feindl. Truppen einander berühren; **3** geschlossene Gruppe von Personen mit gleichem Ziel; **4** *Meteor.:* Grenzfläche einer Luftmasse (Kalt-, Warmfront); **fron|tal** vorn befindlich, von vorn; **Fron|ti|spiz** *s. 1* **1** dem Titelblatt gegenüberstehendes Bild; **2** Vordergiebel

**Frot|té** [-te, frz.] *m. 9 oder s. 9 schweiz. für* Frottee; **Frot|tee** *m. 9 oder s. 9* Baumwollgewebe aus Kräuselzwirn; **frot|tie|ren** mit einem rauhen Tuch abreiben

**Frot|to|la** [ital.] *w. 9, Mz. auch:* -tollen, *15./16. Jh.:* heiteres nordital. Lied

**Frou|frou** [frufru, frz.] *s. oder m. Gen. - nur Ez.*, *um 1900:* das Rascheln und Knistern seidener Unterröcke

**Fruc|to|se** [lat.] *w. 11 nur Ez.* Fruchtzucker

**fru|gal** [lat.] mäßig, einfach, bescheiden (Mahlzeit); *Ggs.:* opulent

**Fruk|ti|fi|ka|ti|on** [-tsjon, lat.] *w. 10* **1** *Bot.:* Fruchtbildung; **2** *veraltet:* Nutzbarmachung; **fruk|ti|fi|zie|ren** **1** Früchte bilden, Frucht ansetzen; **2** *veraltet:* nutzbar machen; **Fruk|to|se** *w. 11 nur Ez.* → Fructose

**Frust** *m. Gen.-s nur Ez., ugs. kurz für* Frustration; **Fru|stra|ti|on** [-tsjon, lat.] *w. 10* Enttäuschung durch erzwungenen Verzicht; **fru|strie|ren** enttäuschen, zum Verzicht zwingen; frustriert sein: in seinen Erwartungen enttäuscht sein

**Frut|ti di Ma|re** [ital. „Früchte des Meeres"] *Mz.* kleine Meerestiere (z. B. Muscheln, Krabben), die roh oder gekocht gegessen werden

**ft** *Abk. für* Foot

**Ft** *Abk. für* Forint

**fud.** *Abk. für* fudit; **fu|dit** [lat.] „hat (es) gegossen" (Vermerk auf Glocken usw. hinter dem Namen des Gießers)

**fu|gal** [lat.] in der Art einer Fuge; **fu|ga|to** [ital.] *unflektierbar:* in der Art einer Fuge komponiert; **Fu|ga|to** *s. 9, Mz. auch:* -ti fugenartiges Musikstück; **Fu|ge** [lat.] *w. 11*

streng aufgebautes Musikstück, dessen erstes Thema durch alle Stimmen führt; **Fu|get|te** *w. 11,* **Fu|ghet|ta** [ital.] *w. Gen. - Mz.*-ten kleine Fuge; **fu|gie|ren** [lat.] in der Art einer Fuge durchführen, abwandeln

**Ful|gu|rit** [lat.] *m. 1* **1** durch Blitzschlag röhrenartig zusammengeschmolzener Sand, Blitzröhre; **2** ein Sprengstoff; **3** ⓦ ein Baustoff aus Asbestzement

**Full|dreß** [engl. „voller Anzug"] *m. Gen. - nur Ez.* Gesellschaftsanzug, Abendkleid

**Full-time-Job** [fultaimdʒɔb, engl.] *m. 9 engl. Bez. für* Ganztagsarbeit

**ful|ly fa|shioned** [-fæʃnd, engl.] nach Fasson gestrickt

**ful|mi|nant** [lat.] großartig, prächtig, glänzend

**Fu|ma|rol|le** [ital.] *w. 11* vulkan. Ausströmung von Gas und Wasserdampf

**Fu|mé** [fyme, frz.] *m. 9* **1** *Stempelschneiderei:* Rußabdruck; **2** Probeabdruck (mit Rußfarbe) eines Holzschnittes

**Fun|da|ment** [lat.] *s. 1* **1** Grundmauer (eines Baues); **2** Grundlage (für eine Entwicklung); **fun|da|men|tal** grundlegend; **Fun|da|men|ta|lis|mus** *m. Gen. - nur Ez., in den USA:* strenggläubige Richtung der evang. Kirche, die Bibelkritik und moderne Naturwissenschaft ablehnt; **Fun|da|men|tal|ka|ta|log** *m. 1 Astron.:* Katalog der Örter von Fixsternen; **Fun|da|men|tal|theo|lo|gie** *w. 11 nur Ez.* → Apologetik; **fun|da|men|tie|ren** mit einem Fundament versehen; **Fun|da|ti|on** [-tsjon] *w. 10 nur Ez.* **1** *schweiz.:* das Fundamentieren; **2** Stiftung; **fun|die|ren** **1** begründen, untermauern; **2** mit den nötigen Mitteln ausstatten, sichern; fundierte Schuld: langfristige Schuld; **Fun|dus** *m. Gen. - Mz. -* **1** Grundlage, Grundstock; **2** Bestand, Vorrat

**fu|ne|bre** [fynɛbrə, frz.] *Mus.:* traurig, düster; **Fu|ne|rail|li|en** *Mz., veraltet:* Leichenbegängnis

**fun|gi|bel** [lat.] vertretbar; fungible Sache *Rechtsw.:* bewegl. Sache, die im Verkehr nach Maß, Zahl oder Gewicht bestimmt wird und daher auswechselbar ist; **Fun|gi|bi|li|en** *s. Mz., Ez.:* -li um *Rechtsw.:* fungible Sachen; **fun|gie|ren** tätig, wirksam sein, ein Amt verrichten; er fungiert als mein Vertreter

**fun|gi|zid** *Med.:* pilztötend; **Fun|gi|zid** *s. 1* Mittel gegen pflanzenschädigende Pilze; **fun|gös** *Med.:* schwammig; **Fun|go|si|tät** *w. 10 nur Ez.* Schwammigkeit (von tuberkulösem Gewebe); **Fun|gus** *m. Gen. - Mz.*-gi **1** *lat. Bez. für* Pilz; **2** schwammige, tuberkulöse Geschwulst

**Funk|ti|on** [-tsjon, lat.] *w. 10* **1** Amt, Aufgabe; **2** Tätigkeit, Wirksamkeit; **3** *Math.:* von einer veränderlichen Größe gesetzmäßig abhängige Größe; **funk|tio|nal** [-tsjo-] → funktionell; **Funk|tio|na|lis|mus** *m. Gen. - nur Ez.* **1** Auffassung, nach der bei der Gestaltung eines Gebäudes nur dessen Zweck maßgebend ist; **2** *Philos.:* Lehre, nach der die Welt nur eine Funktion des Ich ist; **Funk|tio|när** *m. 1* Beauftragter (eines Vereins, einer Partei); **funk|tio|nell** auf einer Funktion oder auf der Störung einer Funktion beruhend; funktionelle Krankheit: auf der Störung der Funktion eines Organs beruhende K.; **funktio|nie|ren** **1** ordnungsgemäß, richtig ablaufen; **2** *ugs.:* Anweisungen richtig ausführen; **Funk|ti ons|verb** *s. 12* Verb, das in Verbindung mit einem Substantiv einen Vollzug ausdrückt, ohne selbst etwas auszusagen, z. B. (zur Anwendung) bringen, (zur Darstellung) kommen

**Fu|ra|ge** [-ʒə, frz.] *w. 11 nur Ez. Mil.:* Lebensmittel, Futter, Proviant; **fu|ra|gie|ren** [-ʒi-] *Mil.:* Furage empfangen oder beschaffen

**Fu|ri ant** [lat.] *m. 9* schneller böhm. Tanz

**Fu|rie** [-riə, lat.] *w. 11* **1** *röm. Myth.:* Rachegöttin, Erinnye; **2** *übertr.:* böses, wütendes Weib

**Fu|rier** [frz.] *m. 1* der für die Furage verantwortliche Unteroffizier

**fu|ri os** [lat.] wütend, hitzig, leidenschaftlich; **fu|rio|so** [ital.] *Mus.:* leidenschaftlich

**Fur|nier** [frz.] *s. 1* dünnes Blatt aus Holz, als schmückendes Deckblatt auf einfachem Holz oder zur Stabilisierung; **fur|nie|ren** mit Furnier versehen

**Fu|ror** [lat.] *m. Gen. -s nur Ez.* Wut, Raserei; **Fu|ro|re** *w. 9 oder s. 9 nur Ez.* rasender Beifall, *fast nur noch in der Wendung* Furore machen: Aufsehen erregen, großen Erfolg haben

**Fu|run|kel** [lat.] *m. 5* eitrige Entzündung eines Haarbalgs und seiner Talgdrüse; **Fu|runku|lo|se** *w. 11* ausgedehntes Auftreten von Furunkeln

**Fü|si|lier** [frz.] *m. 1 veraltet:* Infanterist; **füsi|lie|ren** standrechtlich erschießen; **Fü|sil|lade** *w. 11* massenweise standrechtliche Erschießung

**Fu|si on** [lat.] *w. 10* Vereinigung, Verschmelzung; **fu|sio|nie|ren** verschmelzen (Kapitalgesellschaften)

**Fu|sta|ge** [-ʒə, frz.] *w. 11* **1** Leergut (leere Fässer, Kisten usw.); **2** Preis dafür

**Fu|sta|nel|la** [ital.] *w. Gen. - Mz.* -len weißer, knielanger Männerrock der Südalbaner und Neugriechen

**Fu|sti** [ital.] *Mz.* Preisnachlaß für Unreinheiten einer Ware

**Fu|stik|holz** [lat.] *s. 4* trop., zur Farbstoffgewinnung geeignetes Holz

**Fu|thark** [-θark, nach den ersten 6 von 24 Zeichen: f, u, d (th), a, r, k] *s. 1 nur Ez.* das älteste (gemeingermanische) Runenalphabet

**Fut|te|ral** [mlat.] *s. 1* formgerechter Behälter (aus Leder oder Kunststoff)

**Fu|tur** [lat.] *s. 1* Zukunftsform des Verbums; vgl. Futurum

**Fu|tu|ra** *w. Gen. - nur Ez.* eine Druckschrift; **fu|tu|risch** im Futur auftretend; **Fu|tu|ris|mus** *m. Gen. nur Ez.* von Italien ausgehende Kunstrichtung vor dem 1. Weltkrieg, die die Darstellung des räumlich und zeitlich Getrennten nebeneinander erstrebte und die moderne Technik in ihrer Dynamik verherrlichte; **Fu|tu|rist** *m. 10* Anhänger des Futurismus; **Fu|tu|ro|lo|ge** *m. 11* Vertreter der Futurologie; **Fu|tu|ro|lo|gie** *w. 11 nur Ez.* Zukunftsforschung, Zukunftsdeutung; **Futurum** *s. Gen. -s Mz.* -ra Zukunftsform des Verbums; Futurum exactum: zweites Futur, vollendete Zukunft, z. B. „Ich werde geschlafen haben"

# G

**g 1** *Abk. für* Gramm; **2** *(hochgestellt) Zeichen für* Gon (Neugrad)
**G 1** *Abk. für* Gourde; **2** *Abk. für* Giga
**Ga** *chem. Zeichen für* Gallium
**Ga|bar|di|ne** [-di:n(ə), frz.] *m. Gen.* -s *nur Ez.* schräg gerippter Mantel- und Anzugstoff
**Gab|bro** [ital.] *m. 9 nur Ez.* ein Tiefengestein
**Ga|do|li|nit** [nach dem finn. Chemiker J. Gadolin] *m. 1 nur Ez.* ein Mineral; **Ga|do|li|ni|um** *s. Gen.* -s *nur Ez.* (*Zeichen:* Gd) chem. Element
**Gag** [gæg, engl.] *m. 9 Theater, Film, Fernsehen:* überraschender, wirkungsvoller, witziger, dramaturgisch nicht notwendiger Einfall
**Ga|gat** [griech.] *m. 1* Pechkohle, Jett
**Ga|ge** [-ʒə, frz.] *w. 11 bei Künstlern:* Gehalt
**Gag|ger** [gægər, engl.] *m. 5 Film, Fernsehen:* jmd., der Gags erfindet und wirkungsvoll einsetzt, Gagman
**Ga|gli|ar|de** [galjardə, ital.] *w. 11* → Gaillarde
**Gag|man** [gægmən, engl.] *m. Gen.* -s *Mz.* -men [-mən] → Gagger
**Gail|lar|de** [gajardə, frz.] *w. 11* **1** altital. Springtanz; **2** Satz der Suite
**gal** *Abk. für* Gallone
**Gal** [nach dem ital. Naturforscher G. Galilei] *s. Gen.* - *Mz.* - Maßeinheit für die Beschleunigung
**Ga|la** [arab.-span.] *w. Gen.* - *nur Ez.* Festkleidung; in G. erscheinen; **Ga|la...** *in Zus.:* Fest..., festlich, z. B. Galavorstellung
**ga|lak|tisch** zur Galaxis gehörend; **Ga|lak|to|me|ter** [griech.] *s. 5* Gerät zum Messen des Fettgehalts der Milch; **Ga|lak|tor|rhö** *w. 10*, **Ga|lak|tor|rhoe** [-rø] *w. 11* Milchabsonderung nach dem Stillen; **Ga|lak|to|se** *w. 11* einfacher Zucker, Bestandteil des Milchzuckers
**Ga|la|lith** *m. 1 nur Ez.* ⓦ ein Kunststoff, Kunsthorn
**Ga|lan** [span.] *m. 1* (vornehmer) Liebhaber; **ga|lant** liebenswürdig-höflich (vom Mann einer Frau gegenüber), ritterlich; **Ga|lan|te|rie** *w. 11* liebenswürdige Höflichkeit; **Ga|lan|te|rie|wa|ren** *w. 11 Mz.* modisches Zubehör zur Kleidung (Gürtel, Modeschmuck usw.); **Ga|lant|homme** [galãtɔm, frz.] *m. 9* Mann von feiner Lebensart, Weltmann
**Ga|la|ter** *m. 5* Angehöriger eines kelt. Volksstammes in Kleinasien
**Ga|la|uni|form** *w. 10* festl. Uniform
**Ga|la|xie, Ga|la|xis** [griech.] **1** *w. Gen.* - *nur Ez.* die Milchstraße; **2** *w. Gen.* - *Mz.* -xi|en Sternsystem außerhalb des Milchstraßensystems
**Gal|ban** [hebr.-lat.], **Gal|ba|num** *s. Gen.* -s

*nur Ez.*, **Gal|ben|saft** *m. 2 nur Ez.* Gummiharz aus den Stengeln eines pers. Doldenblütlers, ein Heilmittel
**Gä|le** *m. 11* Angehöriger eines kelt. Volksstammes in Irland und Schottland
**Gal|le|as|se** [frz.] *w. 11* kleines Küstensegelschiff der Ostsee mit Groß- und Besanmast
**Gal|lee|re** [ital.] *w. 11 MA:* Ruderkriegsschiff, auch mit Segeln
**Gal|le|ni|kum** [nach dem altröm. Arzt Galen] *s. Gen.* -s *Mz.* -ka aus Drogen vom Apotheker selbst zubereitetes Arzneimittel, im Unterschied zu den fertigen Fabrikerzeugnissen
**Gal|le|nit** [lat.] *m. 1* Bleiglanz, ein Bleierz
**Gal|le|o|ne** [ital.] *w. 11 MA:* Kriegs- und Handelsschiff mit mehreren Masten und Decks
**Gal|le|ot** [ital.] *m. 10* Galeerensklave; **Gal|leo|te** *w. 11* kleines, einmastiges Küstensegelschiff
**Gal|le|rie** [frz.] *w. 11* **1** im oberen Teil eines großen Raumes an der Wand entlangführender, an einer Seite offener Gang; **2** *Theater:* oberster Rang; **3** mit Schießscharten versehener Gang in der Mauer einer Befestigung; **4** balkonartiger Aufbau auf dem Heck von älteren Kriegsschiffen; **5** *österr.:* an einer Seite offener Tunnel; **6** Saal oder Gebäude mit Gemäldesammlung; *auch:* Gemäldehandlung; **7** *nur Ez., österr.:* Verbrecher-, Dirnenwelt; **8** *scherzh.:* Reihe, größere Anzahl; eine G. schöner Mädchen; **Gal|le|rist** *m. 10* Inhaber einer Galerie (6)
**Gal|gant** [mlat.] *m. 1 nur Ez.*, **Gal|gant|wurzel** *w. 11* heilkräftige Wurzel eines südostasiat. Ingwergewächses
**Gal|li|mat|hi|as** [lat. + griech.] *m. Gen.* - *nur Ez.* verworrenes Zeug, unverständliches Gerede
**Gal|li|on** [span.] *s. 9 bei alten Schiffen:* Vorbau am Bug; **Gal|li|o|ne** *w. 11* → Galeone
**Gal|li|o|te** *w. 11* → Galeote
**Gal|li|pot** [-po, frz.] *m. 9 nur Ez.* Harz der Nadelbäume
**Gal|ljaß** *w. Gen.* - *Mz.* -jas|sen → Galeasse; **Gal|ljon** *s. 9* → Galion; **Gal|ljot** *w. 10* → Galeote
**Gal|lert** [lat.] *s. 1*, **Gal|ler|te** *w. 11* trübe, zähe Masse aus eingedickter Knochen- oder Fleischbrühe oder Pflanzensaft; **gal|ler|tig** [*auch:* gal-] wie Gallert
**gal|li|ka|nisch** [nach dem lat. Namen „Gallia" für Frankreich] zum Gallikanismus gehörig; gallikanische Kirche: die kath. Kirche in Frankreich vor der Frz. Revolution; gallikanische Liturgie: Form des Gregorian. Cho-

rals im merowing. Frankreich; **Gal|li|ka|nis|mus** *m. Gen. - nur Ez.* das Streben nach Selbständigkeit der frz. kath. Kirche vor 1789
**Gal|li|mal|thi|as** → Galimathias
**Gal|li|on** *s. 9* → Galion; **Gal|li|o|ne** *w. 11* → Galeone
**Gal|li|pot** [-po] *m. 9 nur Ez.* → Galipot
**Gal|li|um** *s. Gen.-s nur Ez.* (*Zeichen:* Ga) chem. Element, ein Metall; **Gal|li|zis|mus** *m. Gen.- Mz.*-men in eine andere Sprache übernommene frz. Spracheigentümlichkeit
**Gal|lo|ma|nie** *w. 11 nur Ez.* → Frankomanie
**Gal|lo|ne** [engl.] *w. 11* (*Abk.:* gal) altes engl. und amerik. Hohlmaß, 3,78–4,55 Liter
**Gal|lo|phi|lie** *w. 11 nur Ez.* → Frankophilie;
**Gal|lo|pho|bie** *w. 11 nur Ez.* → Frankophobie
**Gal|mei** [auch: gal-, griech.] *m. 1* Zinkspat
**Ga|lon** [-lõ, frz.] *m. 9*, **Ga|lo|ne** *w. 11* Borte, Tresse; **ga|lo|nie|ren** mit einem Galon besetzen
**Ga|lopp** [frz.] *m. 1 oder m. 9* **1** schnellste Gangart des Pferdes, Lauf in Sprüngen; **2** ein Springtanz im ²/₄-Takt; **3** *übertr.:* Schnelligkeit, große Geschwindigkeit; **ga|lop|pie|ren** im Galopp laufen; galoppierende Schwindsucht *volkstüml.:* letztes Stadium der Lungentuberkulose
**Ga|lo|sche** [frz.] *w. 11 veraltend:* Gummiüberschuh
**Gal|va|ni|sa|ti|on** [-tsjon, nach dem ital. Naturforscher L. Galvani] *w. 10* **1** das Überziehen von Werkstücken mit Metall durch Elektrolyse; **2** Anwendung von Gleichstrom zu Heilzwecken; **gal|va|nisch** auf Galvanisation beruhend, mit ihrer Hilfe; galvanisches Bad: Bad zum Galvanisieren; galvanisches Element: elektr. Stromquelle, in der elektr. Energie aus chem. Energie entsteht; galvanische Elektrizität, galvanischer Strom: aus galvan. Elementen gewonnene Elektrizität; **Gal|va|ni|seur** [-zør] *m. 1* Facharbeiter in der Galvanotechnik; **gal|va|ni|sie|ren** durch Elektrolyse mit Metall überziehen; **Gal|va|nis|mus** *m. Gen.- nur Ez.* Lehre vom galvanischen Strom; **Gal|va|no** *s. 9* im galvan. Bad hergestellter Druckstock; **Gal|va|no|kau|stik** *w. 10* Durchtrennung oder Zerstörung von erkranktem Gewebe mit dem Galvanokauter; **Gal|va|no|kau|ter** *m. 5* chirurgisches Instrument, das mit Gleichstrom zum Glühen gebracht wird; **Gal|va|no|me|ter** *s. 5* Gerät zum Messen der Stromstärke; **Gal|va|no|pla|stik** *w. 10* plastische Nachformung von Gegenständen durch Galvanisieren; **Gal|va|no|punk|tur** *w. 10* Entfernung z. B. von Haaren mit einer durch galvan. Strom erhitzten Nadel; **Gal|va|no|skop** *s. 1* → Galvanometer; **Gal|va|no|tech|nik** *w. 10* Technik des Galvanisierens; **Gal|va|no|the|ra|pie** *w. 11 nur Ez.* → Galvanisation (2); **Gal|va|no|ty|pie** *w. 11*, *ältere Bez.* für Galvanoplastik

**Ga|man|der** [griech.] *m. 5* eine Pflanzengattung (Lippenblütler)
**Ga|ma|sche** [arab.-frz.] *w. 11* über Schuh und Strumpf getragene Beinbekleidung vom Fuß bis zur Wade oder zum Knie
**Gam|be** [ital., eigtl. Viola da gamba „Kniegeige"] *w. 11* Streichinstrument des 16./18. Jh., Vorläufer des Violoncellos; **Gam|bist** *m. 10* Gambenspieler
**Gam|bit** [ital.-span.] *s. 9 Schach:* Eröffnung des Spiels, bei der eine oder mehrere Figuren geopfert werden, um den Angriff rasch vorzutragen
**Ga|me|lan** [mal.], **Ga|me|lang** *s. 9* Orchester aus Schlag-, Blas- und Streichinstrumenten auf Java und Bali
**Ga|mel|le** [frz.] *w. 11 schweiz.:* Kochgeschirr des Soldaten
**Ga|met** [griech.] *m. 10* männl. bzw. weibl. Fortpflanzungszelle; **Ga|me|to|phyt** *m. 10* Gameten erzeugende Generation bei Pflanzen mit Generationswechsel
**Gam|ma** *s. 9* dritter Buchstabe des griech. Alphabets (*Zeichen:* Γ, γ); **Gam|ma|me|tall** *s. 1* Legierung aus Kupfer und Zinn, für Münzen; **Gam|ma|strah|len**, **γ-Strah|len** *m. 12 Mz.* radioaktive Strahlen
**ga|mo|trop** [griech.] die Geschlechtsorgane der Blüte schützend; gamotrope Bewegungen
**Ga|na|sche** [ital.-frz.] *w. 11* beim Pferd oberer, muskulöser Seitenteil des Unterkiefers, mit dem es sich gegen das Zaumzeug stemmen kann
**Gan|dha|ra|kunst** *w. 2 nur Ez.* hellenist.-buddhist. Kunst der altind. Landschaft Gandhara
**Ga|nef(f)** [jidd.] *m. 1* → Ganove
**Gang** [gæŋ, engl.] *w. 9* organisierte Verbrecherbande
**Gan|gli|en|sy|stem** [griech.] *s. 1* Zentralnervensystem; **Gan|gli|en|zel|le** *w. 11* Nervenzelle; **Gan|gli|on** *s. Gen.-s Mz.*-li|en knotenartige Anhäufung von Nervenzellen, Nervenknoten; **2** Überbein; **Gan|glio|ni|tis, Gan|gli|tis** *w. Gen.- Mz.*-ti|den Entzündung eines Ganglions, Nervenknotenentzündung
**Gan|grän** [griech.] *s. 1 oder w. 10*, **Gan|grä|ne** *w. 11* Brand, Gewebstod, z. B. Knochenbrand; **gan|grä|nes|zie|ren** brandig werden; **gan|grä|nös** von Gangrän befallen, brandig
**Gang|spill** [ndrl.] *s. 1* Ankerwinde
**Gang|ster** [gæŋ-, engl.] *m. 5* Mitglied einer Gang, Verbrecher
**Gang|way** [gæŋwei, engl.] *w. 9* Laufsteg aufs Schiff oder ins Flugzeug
**Ga|no|i|de** [griech.] *m. 11 meist Mz.* eine Knochenfischart, Schmelzschupper
**Ga|no|ve** [jidd.] *m. 11* Gauner, Verbrecher
**Gant** [ital.] *w. 10 bayr.-österr. veraltet, noch schweiz.:* Versteigerung; auf die G. kommen; **gan|ten** *veraltet, noch schweiz.:* versteigern

**Ga|ra|ge** [-ʒə, frz.] *w. 11* Raum zum Unterstellen von Kraftwagen; **ga|ra|gie|ren** [-ʒi-] in der Garage unterbringen; **Ga|ra|gist** [-ʒist] *m. 10 schweiz.:* Inhaber einer Autoreparaturwerkstatt

**Ga|ra|mond** [-mõ, nach dem frz. Schriftgießer C. Garamond] *w. 9 nur Ez.* eine Antiquadruckschrift

**Ga|rant** [frz.] *m. 10* Bürge, Gewährsmann; **Ga|ran|tie** *w. 11* Bürgschaft, Sicherheit; **ga|ran|tie|ren** etwas g.: für etwas bürgen, etwas gewährleisten; **Ga|ran|tie|schein** *m. 1* einem Gerät beim Verkauf beigegebener Schein, gegen dessen Vorlage innerhalb eines Jahres Reparaturen kostenlos vom Hersteller erledigt werden

**Gar|çon** [-sõ, frz.] *m. 9* 1 junger Mann, Knabe; 2 Kellner; 3 *auch:* Junggeselle; **Gar|çon|ni|ere** [-sɔnjɛrə] *w. 11* Junggesellenwohnung

**Gar|de** [frz.] *w. 11* 1 Leibwache; 2 Elitetruppe; 3 alte G.: Gruppe von bewährten, langjährigen Mitgliedern, Freunden, Arbeitskräften; **Gar|de|du|korps** [-dykor] *s. Gen. - Mz. -* [-dykors] 1 *früher:* preuß. Gardekavallerieregiment; 2 Leibwache; **Gar|de|korps** *s. Gen. - Mz. -* [-ko:rs] Gesamtheit mehrerer Garden (1); **Gar|de|man|ger** [gardmãʒe] *m. 9, in großen Restaurants:* für die kalten Speisen zuständiger Koch

**Gar|de|nie** [-njə, nach dem schott. Naturforscher A. Garden] *w. 11*, **Gar|de|nia** *w. Gen. - Mz. -nien* trop. Zierstrauch

**Gar|de|ro|be** [frz.] *w. 11* 1 Kleidung; 2 Gestell sowie Raum zum Ablegen und Aufhängen von Kleidung; **Gar|de|ro|bier** [-bje] *m. 9 Theater:* Verwalter der Garderobe, Gewandmeister; **Gar|de|ro|bi|e|re** [-bjɛrə] *w. 11* 1 *Theater:* weibl. Garderobier; 2 Frau, die bei Veranstaltungen die abgegebenen Mäntel usw. der Teilnehmer verwahrt

**gar|dez!** [-de, frz. „schützen Sie (Ihre Dame)!"] *Schach:* Warnung für den Gegner, daß seine Dame in Gefahr ist

**Gar|di|ne** [lat.-ndrl.] *w. 11* Vorhang; **Gar|di|nen|pre|digt** *w. 10 ugs.:* Strafpredigt

**Gar|dist** *m. 10* Soldat der Garde

**Gar|mond** [-mõ, zu Garamond] *w. 9 nur Ez.* ein Schriftgrad

**Gar|ne|le** [mlat.] *w. 11* ein Krebstier, Krabbe, Krevette

**gar|nie|ren** [frz.] mit Zubehör versehen, verzieren (bes. Speisen)

**Gar|ni|son** [frz.] *w. 10* 1 Standort einer Truppe; 2 *auch:* die Truppe selbst, Besatzung; **gar|ni|so|nie|ren** in Garnison liegen

**Gar|ni|tur** [frz.] *w. 10* 1 Besatz, Verzierung; 2 mehrere zusammengehörige Gegenstände, z. B. Möbel-, Wäschegarnitur; 3 militär. Ausrüstung; 4 erste, zweite G. *übertr. scherzh.:* die Besten, die weniger Guten oder Beliebten

**Gar|rot|te** [frz.] *w. 11* Würgeschraube (zur Hinrichtung durch Erdrosseln); **gar|rot|tie|ren** mit der Garrotte erdrosseln

**Gas** [griech.] *s. 1* Stoff in luftförmigem Aggregatzustand; 2 luftförmiger Brennstoff; 3 Flamme davon; die Milch aufs Gas setzen, vom Gas nehmen

**Ga|sel** [arab.] *s. 1*, **Ga|se|le** *w. 11* oriental. Gedicht aus beliebig vielen Verspaaren, bei dem der Reim des ersten Paares in allen geraden Zeilen wiederkehrt, während die ungeraden reimlos bleiben

**ga|si|fi|zie|ren** auf Gasbetrieb umstellen

**Gas|ko|na|de** [nach der frz. Landschaft Gascogne] *w. 11 veraltet:* Prahlerei, Aufschneiderei

**Ga|so|me|ter** *m. 5, fälschl. Bez. für* Gasbehälter

**Ga|sträa** [griech.] *w. Gen. - nur Ez.* von E. Haeckel angenommene Stammform aller mehrzelligen Tiere, Urdarmtier; **ga|stral** zum Magen und Darm gehörig, von ihnen ausgehend; **Ga|stral|gie** *w. 11* Magenkrampf; **Ga|strek|to|mie** *w. 11* operative Entfernung des Magens; **ga|strisch** zum Magen gehörend, von ihm ausgehend; **Ga|stri|tis** *w. Gen. - Mz. -ti|den* Magenschleimhautentzündung; **ga|stro|du|o|de|nal** zum Magen und Zwölffingerdarm gehörend, von ihnen ausgehend; **Ga|stro|du|o|de|ni|tis** *w. Gen. - Mz.-ti|den* Schleimhautentzündung von Magen und Zwölffingerdarm; **ga|stro|en|te|risch** Magen und Darm betreffend; **Ga|stro|en|te|ri|tis** *w. Gen. - Mz.-ti|den* Magen-Darm-Entzündung; **ga|stro|gen** vom Magen ausgehend; **Ga|stro|lo|gie** *w. 11 nur Ez.* Lehre vom Magen und seinen Erkrankungen; **Ga|stro|nom** *m. 10* 1 Gastwirt, der sich auf feine Küche versteht; 2 Fachmann der feinen Küche, Kochkünstler; **Ga|stro|no|mie** *w. 11 nur Ez.* 1 Gaststättengewerbe; 2 Kochkunst; **Ga|stro|po|de** *m. 11* Schnecke; **Ga|stro|skop** *s. 1* Magenspiegel; **Ga|stro|sko|pie** *w. 11* Untersuchung des Magens mit dem Gastroskop; **Ga|stro|sto|mie** *w. 11* Anlegen einer Magenfistel zum Einbringen von Nahrung direkt in den Magen; **Ga|stro|to|mie** *w. 11* operative Öffnung des Magens, Magenschnitt; **Ga|stru|la** *w. Gen. - nur Ez.* Entwicklungsstadium des Embryos, in dem der Urmund entsteht, Becherkeim; **Ga|stru|la|ti|on** [-tsjon] *w. 10 nur Ez.* Entstehung der Gastrula durch Einstülpung der Blastula

**GATT** *Kurzw. für* General Agreement on Tariffs and Trade (allgemeines Zoll- u. Handelsabkommen)

**Gau|cho** [-tʃo, indian.-span.] *m. 9* südamerik. berittener Viehhirt

**Gau|de|a|mus igi|tur** [lat., Anfang eines student. Trinkliedes] Drum laßt uns fröhlich sein

**Gau|di** [lat.] *w. oder s. Gen. - nur Ez.* süddt.:

151 Generalstaaten

Spaß, Vergnügen; **gauldielren** belustigen, erheitern; **Gauldilum** *s. Gen.-s nur Ez.* Belustigung, Erheiterung
**Gaulfralge** [gofraʒə, frz.] *w. 11* geprägte Musterung (auf Papier und Gewebe); **Gaulfré** [gofre] *s. 9* Gewebe mit eingeprägtem Muster; **gaulfrielren** [go-] mit dem Gaufrierkalander mustern; **Gaulfrierlkallanlder** *m. 5* Walze zum Aufprägen von Mustern auf Papier und Gewebe
**Gauge** [gεidʒ, engl.] *s. Gen. - nur Ez. (Abk.: gg)* Strumpfwirkerei: Maß zur Angabe der Maschenzahl auf 1,5 engl. Zoll (= 38,1 mm) und damit der Feinheit
**Gaulllislmus** [go:l-] *m. Gen. - nur Ez.* von dem frz. Staatspräsidenten Charles de Gaulle geschaffene Bewegung, die Frankreichs Vorrangstellung anstrebt; **Gaulllist** *m. 10* Anhänger de Gaulles, des Gaullismus
**Gaur** [ind.] *m. 5 oder 9* vorderind. Wildrind
**Galvotlte** [-vɔt(ə), frz.] *w. 11* **1** heiterer Tanz; **2** Satz der Suite
**Galze** [-zə, arab.-frz.] *w. 11 nur Ez.* durchsichtiger, sehr lockerer Stoff, Verbandmull
**Galzellle** [arab.-span.] *w. 11* Angehörige einer Antilopengattung
**Galzetlte** [-zεt(ə), frz.] *w. 11 veraltet:* Zeitung
**Gd** *chem. Zeichen für* Gadolinium
**Ge** *chem. Zeichen für* Germanium
**Gęcko** (Geklko) [ndrl.] *m. 9* eine trop. Eidechse
**gelhanldilkapt** [-hændikæpt, engl.] benachteiligt, behindert; *vgl.* handikapen
**Gelhenlna** [hebr.-lat.] *w. Gen. - nur Ez., jüd. Bez. für* Hölle
**Geilsa** *Mz. von* Geison
**Geilser** *m. 5, eindeutschende Schreibung von* Geysir
**Geilsha** [geʃa, japan.] *w. 9* Tänzerin, Sängerin und Unterhalterin in japan. Teehäusern
**Geilson** [griech.] *m. 9, Mz. auch:* -sa Kranzgesims an griech. Tempeln
**Gel** [Kurzw. aus Gelatine] *s. 1* System aus einem kolloiden Stoff und einem Dispersionsmittel, in dem das Kolloid in nichtgelöster Form vorliegt
**Gellaltilne** [ʒe-, neulat.] *w. 11 nur Ez.* quellbarer Leim aus frischen Knochen (für Speisen u. a.); **gellaltilnielren** (sich) in Gelatine verwandeln; **gellaltilnös** wie Gelatine
**Gellee** [ʒə-, frz.] *s. 9, auch: m. 9* mit Zucker eingekochter Fruchtsaft; *auch:* eingedickte Fleischbrühe; **gellielren** [ʒə-] sich in Gelee verwandeln, dick, steif werden
**Gelmelllus** [lat.] *m. Gen. - Mz.-li, Med.:* Zwilling
**Gelmilnalte** [lat.] *w. 11* Doppelkonsonant; **Gelmilnaltilon** [-tsjon] *w. 10* Konsonantenverdoppelung; **gelmilnielren** verdoppeln
**Gelmilnus** [lat.] *m. Gen. - Mz.-ni, Med.:* Zwilling
**Gęmlme** [lat.] *w. 11* Edel- oder (meist) Halb-

edelstein mit vertieft eingeschnittener Verzierung, Intaglio; *Ggs.:* Kamee; **Gemlmoglyplfik** *w. 10 nur Ez.* Steinschneidekunst; **Gęmlmulla** [lat. „Knöspchen"] *w. Gen.- Mz.* -lae [-lε:] Fortpflanzungsorgan der Süßwasserschwämme
**Gen** [griech.] *s. 1* Erbfaktor, in den Chromosomen lokalisierte Erbeinheit
**gelnant** [ʒə-, frz.] **1** peinlich; so, daß man sich genieren muß; **2** sich leicht genierend; übertrieben schamhaft
**Genldarm** [ʒã-, ʒan-, frz.] *m. 10* Polizist; **Genldarlmelrie** *w. 11* Landpolizei
**Gene** [ʒεn, frz.] *w. Gen. - nur Ez.* Schamhaftigkeit, Schüchternheit
**Gelneallolgie** [griech.] *w. 11* Geschlechterkunde, Familien-, Ahnenforschung
**Gelnelral** [lat.] *m. 1 oder m. 2* **1** höchster Rang der Offiziere; **2** Offizier in diesem Rang; **3** Leiter eines kath. Ordens oder einer Kongregation; **Gelnelral... in Zus.:** Haupt..., Allgemein..., Ober...; **Gelnelrallat** *s. 1* **1** Rang, Würde eines Generals; **2** Amtsbereich, Amtssitz eines Ordensgenerals; **Gelnelrallbaß** *m. 2* → Basso continuo; **Gelnelrallidirekltor** *m. 13* Leiter eines großen Unternehmens; **Gelnelralle** *s. Gen.-s Mz.-lilen oder* -lia *meist Mz.* allgemeine Angelegenheit; **Gelnelrallgoulverlnelment** [-guvεrnəmã] *s. 9* großes Gouvernement; **Gelnelrallgoulverlneur** [-guvεrnø:r] *m. 1* **1** Statthalter; **2** Leiter eines Generalgouvernements; **Gelnelrallia** *Mz. von* Generale; **Gelnelrallinlspeklteur** [-tør] *m. 1* höchster Rang in der Bundeswehr; **Gelnelrallinltenldant** *m. 10* Leiter eines großen oder mehrerer Theater; **Gelnelrallisaltilon** [-tsjon] *w. 10* Verallgemeinerung; **gelnelrallilsielren** verallgemeinern; **Gelnelrallislsilmus** *m. Gen. - Mz.-mi oder* -mulse oberster Befehlshaber; **Gelnelrallität** *w. 10* Gesamtheit der Generäle; **gelnelralliter** im allgemeinen; **Gelnelrallkalpiltel** *s. 5* Gesamtheit der Oberen eines kath. Ordens; **Gelnelrallklaulsel** *w. 11* eine nur allgemeine Rechtsgrundsätze enthaltende Gesetzesbestimmung, die im Einzelfall ausfüllungsbedürftig ist; **Gelnelrallkomlmanldo** *s. 9* Stab eines kommandierenden Generals; **Gelnelralkonlsul** *m. 14* ranghöchster Konsul (2); **Gelnelrallillinie** [-njə] *w. 11* allgemeine Richtlinie; **Gelnelrallmulsikldilrekltor** *m. 13 (Abk.:* GMD) Leiter eines Opernorchesters oder Konzerthauses; **Gelnelrallpaulse** *w. 11* Pause für alle Orchesterinstrumente (und Singstimmen) zugleich; **Gelnelrallprolbe** *w. 11* letzte Probe vor der ersten Aufführung, Hauptprobe; **Gelnelrallrelsildent** *m. 10 früher:* frz. Statthalter in Marokko und Tunesien; **Gelnelrallselkreltär** *m. 1* Hauptgeschäftsführer (eines Verbandes, einer Partei, einer internationalen Organisation); **Gelnelrallstaalten**

**Generalstab** 152

*m. 12 Mz. früher:* die Vertreter der 7 ndrl. Provinzialstaaten; *heute:* das ndrl. Parlament; **Ge|ne|ral|stab** *m.2* Gruppe von Offizieren zur Unterstützung höherer militär. Führer; **Ge|ne|ral|stän|de** *m.2 Mz., früher in Frankreich:* die drei Reichsstände (Adel, Geistlichkeit, Bürgertum); **Ge|ne|ral|streik** *m.9* Streik in allen Zweigen einer Volkswirtschaft; **Ge|ne|ral|stu|di|um** *s. Gen.-s nur Ez.* → Studium generale; **Ge|ne|ral|su|per|in|ten|dent** *m.10 früher:* Leiter einer evang. Landeskirche, *heute meist:* Bischof; **ge|ne|ral|über|ho|len** *nur im Infinitiv und Partizip Perfekt:* gründlich überholen; einen Wagen g. lassen; der Wagen wurde erst kürzlich generalüberholt; **Ge|ne|ral|vi|kar** *m.1 kath. Kirche:* Vertreter des Bischofs in der Verwaltung; **Ge|ne|ral|vi|ka|ri|at** *s.1* **1** Amt des Generalvikars; **2** Verwaltungsbehörde einer kath. Diözese

**Ge|ne|ra|tio ae|qui|vo|ca** [-tsjo, *lat.*] *w. Gen.-- nur Ez.* Urzeugung; **Ge|ne|ra|ti|on** [-tsjon] *w.10* **1** Menschenalter, Zeitraum von etwa 30 Jahren; **2** Stufe der Geschlechterfolge; **3** die zu dieser Stufe gehörigen Lebewesen; **4** *Sammelbegriff für* Geräte, die sich in ihren Konstruktionsmerkmalen deutlich von früheren oder weiterentwickelten Geräten für denselben Zweck unterscheiden; **Ge|ne|ra|ti|ons|wech|sel** *m.5* Wechsel zwischen geschlechtlicher und ungeschlechtlicher Fortpflanzung; **ge|ne|ra|tiv** auf geschlechtlicher Fortpflanzung beruhend

**Ge|ne|ra|tor** [*lat.*] *m.13* **1** Maschine zur Umwandlung von mechan. in elektrische Energie; **2** Schachtofen zum Erzeugen von Gas aus festen Brennstoffen

**ge|ne|rell** [*lat.*] allgemein, im allgemeinen

**ge|ne|risch** [*lat.*] das Geschlecht betreffend

**ge|ne|rös** [*frz.*] freigebig, großzügig; **Ge|ne|ro|si|tät** *w.10 nur Ez.* Freigebigkeit, Großzügigkeit

**Ge|ne|se** [*griech.*] *w.11* Entstehung, Entwicklung; **Ge|ne|sis** *w. Gen. - nur Ez.* **1** Schöpfungsgeschichte; **2** das erste Buch Mosis; **ge|ne|tisch** **1** entstehungsgeschichtlich; **2** auf Vererbung beruhend, sie betreffend

**Ge|ne|tiv** *m.1* → Genitiv

**Ge|ne|tte** [ʒə-, *arab.-frz.*] *w.11* Ginsterkatze, eine Gattung der Schleichkatzen

**Ge|ne|ver** [*auch:* ʒə-, *frz.*] *m.5* Wacholderbranntwein

**ge|ni|al** **1** hochbegabt und schöpferisch; **2** hervorragend, bahnbrechend; **ge|ni|a|lisch** **1** in der Art eines Genies; **2** überschwenglich; **Ge|ni|a|li|tät** *w.10 nur Ez.* schöpfer. Begabung; **Ge|nie** [ʒə-, *frz.*] **1** *s.9 nur Ez.* schöpferische Begabung; **2** *s.9* hochbegabter und schöpferischer Mensch; **3** *s.9 nur Ez. schweiz.:* militär. Ingenieurwesen; **Ge|nie|korps** [ʒəniko:r] *s. Gen.- Mz.-* [-ko:rs]

*schweiz.:* Pioniertruppe; **Ge|nie|of|fi|zier** *m.1* Offizier des Geniekorps

**ge|nie|ren** [ʒə-, *frz.*] **1** stören, belästigen; **2** sich g.: sich gehemmt fühlen, sich schämen; **ge|nier|lich** [ʒə-] *ugs. für* genant

**Ge|nie|trup|pe** *w.11 schweiz.:* → Geniekorps; **Ge|nie|zeit** *w.10 nur Ez.* Sturm-und-Drang-Zeit in der dt. Literaturgeschichte

**ge|ni|tal** [*lat.*] zu den Geschlechtsteilen gehörig; **Ge|ni|tal, Ge|ni|ta|le** *s. Gen.-s Mz. -li|en* Geschlechtsteil, Geschlechtsorgan

**Ge|ni|tiv** [*griech.*] *m.1* zweiter Fall der Deklination, Wesfall

**Ge|ni|us** [*lat.*] **1** *m. Gen. - nur Ez.* Schöpferkraft, schöpferischer Geist; **2** *m. Gen. - Mz. -ni|en* Schutzgeist; *in der bildenden Kunst:* geflügelte, niedere Gottheit; G. loci: Schutzgeist, *übertr.:* Atmosphäre eines Ortes

**Ge|nom** [*griech.*] *s.1* Gesamtheit aller in einer Zelle vorhandenen Erbanlagen, i. e. S. nur die des Zellkerns

**Ge|no|typ** [*griech.*] *m.12* Gesamtheit der Erbmöglichkeiten; vgl. Idiotyp, Phänotyp; **Ge|no|ty|pus** *m. Gen.- Mz.-pen* **1** → Genotyp; **2** *Biol.:* die eine Gattung bestimmende Art; **Ge|no|zid** [*lat.*] *m. Gen.-s Mz.-e oder* -di|en Mord oder Schädigung von nationalen, rass. oder religiösen Gruppen, Völkermord, Gruppenmord

**Gen|re** [ʒãrə, *frz.*] *s.9* Gattung, Art, Wesen; **Gen|re|bild** *s.3 Kunst:* Darstellung, Schilderung des Alltagslebens

**Gens** [*lat.*] *w. Gen.- Mz.* Gen|tes [-te:s] **1** Stamm, Sippe; **2** *im alten Rom:* Verband von Familien gleicher Abstammung und gleichen Namens

**Gent** [dʒɛnt, *engl.*] *m.9* **1** *engl. Kurzw. für* Gentleman; **2** Stutzer, Geck

**gen|til** [ʒɛn- oder ʒã-, *frz.*] *veraltet:* fein, gut erzogen; **Gen|til|homme** [ʒãtijɔm] *m.9* Mann mit vornehmer Lebensart, Edelmann

**Gentle|man** [dʒɛntlmən, *engl.*] *m. Gen.-s Mz.* -men [-mən] **1** *engl. Bez. für* Herr; **2** Mann von vornehmer Gesinnung; **gentle|man|like** [dʒɛntlmənlaik] in der Art eines Gentlemans, vornehm, anständig, ritterlich; **Gentle|men's Agree|ment** [dʒɛntlmənz əgrimənt] *s. Gen.-- Mz.--s* Vereinbarung ohne Vertrag, auf Treu und Glauben; **Gen|try** [dʒɛntri, *engl.*] *w. Gen. - nur Ez. in England:* niederer Adel

**ge|nu|in** [*lat.*] **1** angeboren; **2** echt, unverfälscht

**Ge|nus** [*lat.*] *s. Gen.- Mz.* -ne|ra Geschlecht der Substantive und Pronomen; Genus verbi: Aktionsart, Handlungsrichtung des Verbums (Aktiv, Passiv); **Ge|nus|kauf** *m.2 Rechtsw.:* Kauf, bei dem die zu liefernde Sache nur der Art nach festgelegt ist

**Geo|bio|lo|gie** [*griech.*] *w.11 nur Ez.* Wiss. von der Verbreitung der Tiere und Pflanzen auf der Erde; **Geo|bi|on|ten** *m. Mz.* die im

Erdboden lebenden Organismus; **Geo|bota- nik** w. *10 nur Ez.* Wiss. von der Verbreitung der Pflanzen auf der Erde; **Geo|che|mie** w. *11 nur Ez.* Wiss. von der chem. Zusammensetzung der Erde; **Geo|chro|no|lo|gie** w. *11 nur Ez.* Wiss. von der geolog. Zeitrechnung; **Geo|dä|sie** w. *11 nur Ez.* Land-, Erdvermessung; **Geo|dät** m. *10* Landvermesser; **Geo|ge|ne|se, Geo|ge|nie, Geo|go|nie** w. *11 nur Ez.* Teilgebiet der Geologie, Lehre von der Entstehung und Entwicklung der Erde; **Geo|gra|phie** w. *11 nur Ez.* Erdkunde; **Geo|id** s. *1* Figur der Erdkugel in ihrer tatsächlichen, durch Vermessung bestimmten Form; **geo|karp** unter der Erde reifend (Früchte); **Geo|lo|gie** w. *11 nur Ez.* Wiss. vom Aufbau und der Geschichte der Erde; **Geo|man|tie** w. *11 nur Ez.*, **Geo|man|tik** w. *10 nur Ez., bes. in China und Arabien:* Kunst, aus Figuren im Sand wahrzusagen; **Geo|me|ter** m. *5 veraltet für* Geodät; **Geo|me|trie** w. *11* Teilgebiet der Mathematik, Lehre von den ebenen und räumlichen Gebilden; **Geo|mor|pho|lo|gie** w. *11 nur Ez.* Teilgebiet der Geographie, Lehre von den Oberflächenformen der Erde und ihrer Entstehung; **Geo|pha|gie** w. *11 nur Ez., bei Naturvölkern:* Sitte, Erde zu essen; **Geo|phy|sik** w. *10 nur Ez.* Wiss. von den physikalischen Erscheinungen auf und in der Erde; **Geo|phyt** m. *10* Pflanze, deren Zwiebeln, Knollen usw. im Erdboden überwintern; **Geo|po|li|tik** w. *10 nur Ez.* Lehre von der Einwirkung geographischer Gegebenheiten auf die Politik; **Geo|psy|cho|lo|gie** w. *11 nur Ez.* Lehre vom Einfluß geographischer Gegebenheiten (z. B. Klima, Wetter, Landschaft) auf die Psyche **Geor|gette** [ʒɔrʒɛt, frz.] w. *Gen. - nur Ez.* schleierartiges Seiden-, Woll- oder Baumwollgewebe

**geo|ther|misch** [griech.] auf Erdwärme beruhend; **Geo|ther|mo|me|ter** s. *5* Gerät zum Messen der Temperatur im Erdinnern; **geotrop, geo|tro|pisch** von der Schwerkraft der Erde beeinflußbar; **Geo|tro|pis|mus** m. *Gen. - nur Ez.* Fähigkeit von Pflanzen, sich im Wachstum nach der Schwerkraft der Erde zu orientieren; **geo|zen|trisch 1** die Erde als Mittelpunkt der Welt annehmend; **2** auf den Erdmittelpunkt bezogen; geozentrischer Ort (eines Himmelskörpers); **geo|zy|klisch** den Umlauf der Erde um die Sonne, *auch:* die Erdumdrehung betreffend

**Ge|pard** [frz.] m. *1* Raubtier der Katzenfamilie

**Ge|ra|nie** [-njə, griech.] w. *11*, **Ge|ra|ni|um** s. *Gen.-s Mz.* -ni|en **1** eine Pflanzengattung, Storchschnabel; **2** *fälschl. für* Pelargonie

**Ge|rant** [frz.] m. *10 veraltet, noch schweiz.:* Geschäftsführer

**Ge|ria|trie** [griech.] w. *11 nur Ez.* Altersheilkunde

**Ger|ma|ne** [lat.] m. *11* Angehöriger einer indogermanischen Völkergruppe; **Ger|ma|nin** s. *1 nur Ez.* ⓦ Mittel gegen Schlafkrankheit; **ger|ma|ni|sie|ren** eindeutschen; **Ger|ma|nis|mus** m. *Gen. - Mz.* -men in eine andere Sprache übernommene dt. Spracheigentümlichkeit; **Ger|ma|ni|stik** w. *10 nur Ez.* Wiss. von den germanischen Sprachen und Literaturen, i. e. S. von der dt. Sprache und Literatur; **Ger|ma|ni|um** s. *Gen. -s nur Ez. (Zeichen:* Ge) chem. Element, ein Metall; **ger|ma|no|phil** [lat. + griech.] deutschfreundlich; **Ger|ma|no|phi|lie** w. *11 nur Ez.* Vorliebe für alles Deutsche; **Ger|ma|no|pho|bie** w. *11 nur Ez.* Abneigung gegen alles Deutsche

**ger|mi|nal** [lat.] zum Keim gehörig; **Ger|mi|nal|drü|se** w. *11*, **Ger|mi|na|lie** [-ljə] w. *11* Keimdrüse; **Ger|mi|na|ti|on** [-tsjon] w. *10 nur Ez.* Keimungsperiode; **ger|mi|na|tiv** zur Keimung gehörig

**Ge|ront** [griech.] m. *10* Mitglied der → Gerusia; **Ge|ron|to|lo|gie** w. *11 nur Ez.* Lehre von den Vorgängen des Alterns

**Ge|run|di|um** [lat.] s. *Gen. -s nur Ez.* deklinierte Form des Infinitivs, z. B. die Kunst des Tanzens; **Ge|run|div** s. *1*, **Ge|run|di|vum** s. *Gen. -s Mz.* -va Partizip der Zukunft des Passivs, bes. im Lateinischen, z. B. Examinand: einer, der geprüft werden soll, ein zu Prüfender

**Ge|ru|sia** [griech.] w. *Gen. - nur Ez.*, **Ge|ru|sie** w. *11 nur Ez., im alten Sparta:* Rat der Ältesten

**Ger|vais** [ʒɛrvɛ, auch: ʒɛrvɛ:, nach dem frz. Hersteller Ch. Gervais] m. *Gen. - [-vɛs, auch:* ʒɛrvɛs] *Mz.* - [-vɛs, auch: ʒɛrvɛs] ein frz. Weichkäse

**Ge|sei|re** [jidd.] s. *Gen. -s nur Ez.* unnützes, klagendes Gerede, Gejammer

**Ge|sta|gen** [lat. + griech.] s. *1* ein weibl. Geschlechtshormon

**Ge|sta Ro|ma|no|rum** [lat.] *Mz.* „Taten der Römer", mittelalterl. Sammlung von Erzählungen und Schwänken mit moral. Erläuterungen

**Ge|ste** [auch: ge-, lat.] w. *11* Gebärde, sprechende Bewegung

**Ge|stik** [auch: ge-, lat.] w. *10 nur Ez.* Gesamtheit der Gesten, Gebärdensprache; **Ge|sti|ku|la|ti|on** [-tsjon] w. *10 nur Ez.* das Gestikulieren; **ge|sti|ku|lie|ren** sich durch Gesten verständlich machen, mit Gesten etwas ausdrücken

**Ge|sti|on** [lat.] w. *10 nur Ez. veraltet:* Verwaltung, Geschäftsführung

**Get|to** [ital.] s. *9* abgetrenntes Wohnviertel für Juden, auch für andere religiöse oder rassische Minderheiten

**Geu|se** [frz.-ndrl. „Bettler"] m. *11* Angehöriger eines ndrl. Bundes von Freiheitskämpfern gegen die span. Herrschaft

**Gey|sir** [isländ.] m. *1* in regel- oder unregelmäßigen Zeitabständen springende heiße Quelle

**gg** *Abk. für* Gauge

**Ghalsel** *s. 1* → Gasel

**Ghetlto** *s. 9* → Getto

**Ghilbelliine** *m. 11* Anhänger der Hohenstaufen und Gegner der Guelfen

**Ghilbli** *m. 9* → Gibli

**Ghostlwriiter** [goustraitǝr, engl. „Geisterschreiber"] *m. 5* jmd., der Reden, Bücher u. ä. für einen andern (Mummy) schreibt und selbst als Autor nicht in Erscheinung tritt

**G.I., GI** [dʒi:ai] *m. 9 oder Gen. - Mz. -; urspr. Abk. für* Government Issue: die vom Staat gelieferte Kleidung und Ausrüstung des US-amerik. Soldaten; *übertr.:* US-amerik. Soldat

**Gilaur** [türk. „Ungläubiger"] *m. 9, Schimpfwort des Mohammedaners für* Nichtmohammedaner

**Giblbon** [frz.] *m. 9* südostasiat. Menschenaffe mit sehr langen Armen

**Gilbelliine** *m. 11, eindeutschende Schreibung für* Ghibelline

**Gijbli** [arab.] *m. 9* heißer Sandsturm, bes. in Libyen

**Gig** [engl.] *s. oder w. 9* 1 zweirädriger, offener, einspänniger Wagen; 2 leichtes Ruderboot, Beiboot

**Gilga...** [griech.] (*Abk.:* G) *in Zus.:* das Milliardenfache (der betr. Einheit), z. B. Gigawattstunde; **Gilgalmelter** *s. 5* (*Abk.:* Gm) 1 Milliarde Meter

**Gilgant** [griech.] *m. 10* Riese; **gilganltisch** riesenhaft; **Gilganltislmus** *m. Gen. - nur Ez. Med.:* Riesenwuchs; **Gilganltolmalchie** [-xi] *w. 11 griech. Myth.:* Kampf der Giganten gegen Zeus; **Gilganltolmalnie** *w. 11 nur Ez., bes. in der Baukunst:* Vorliebe für riesige Ausmaße; **Gilganltolpilthelcus** *m. Gen. - nur Ez.* ein fossiler Menschenaffe

**Gilgalwattlstunlde** *w. 11* (*Abk.* GWh) 1 Milliarde Wattstunden

**gilgi** [ʒiʒi] *schweiz.:* unecht, übertrieben

**Gilgollo** [ʒi-, frz.] *m. 9* 1 Eintänzer; 2 *auch:* Geck, Fant

**Gigue** [ʒig, frz.] *w. 11* 1 Hüpftanz; 2 Satz der Suite, *auch:* der Sonate

**Gillet** [ʒile, frz.] *s. 9 österr., schweiz.:* Weste

**Gimlpe** [engl.] *w. 11* Schnur (als Kleiderbesatz), umsponnener Faden (zum Sticken oder für Spitzen)

**Gin** [dʒin, engl.] *m. 9* engl. Wacholderbranntwein; **Gin-Fizz** [dʒinfiz] *m. Gen. - Mz. -* ein Mixgetränk

**Ginlgan, Ginlgang** [mal.] *m. 9* gestreiftes oder kariertes Baumwollgewebe

**Ginlgilviltis** [lat.] *w. Gen. - Mz. -tilden* Zahnfleischentzündung

**Ginklgo** [giŋko, jap.], **Ginkljo** *m. 9* ein ostasiat. Zierbaum

**Ginlseng** [chin.] *m. 9* eine ostasiat. Heilpflanze

giolcolso [dʒɔ-, ital.] *Mus.:* spielerisch, lustig, scherzend

**Gips** [griech.] *m. 1* ein Mineral, schwefelsaurer Kalk

**Gilpülre** [frz.] *w. 11* Geflecht, Spitze aus Gimpen

**Gilraflfe** [arab.] *w. 11* 1 ein Huftier mit sehr langem Hals; 2 *Film:* Gerät mit langem, schwenkbarem Arm, an dem die Kamera angebracht ist, Galgen

**Gilranldolla** [dʒi-, ital.] *w. Gen. - Mz. -dollen*, **Gilranldolle** [ʒirā-, frz.] *w. 11* 1 ein Feuerwerkskörper, Feuerrad; 2 Armleuchter; 3 mit Diamanten besetzter Ohrschmuck

**Gilrant** [ʒi-, frz.] *m. 10* jmd., der einen Wechsel oder Scheck durch Übertragungsvermerk (Indossament) weitergibt, Indossant; **Gilrat** *m. 10*, **Gilraltar** *m. 1* jmd., auf den ein Wechsel oder Scheck übertragen ist; **gilrielren** [ʒi-] übertragen (Wechsel, Scheck)

**Girl** [gǝl, engl.] *s. 9* 1 engl. *Bez. für* Mädchen; 2 Mitglied einer Mädchen-Tanzgruppe

**Girllanlde** [frz.] *w. 11* langes Blumen- oder Blättergewinde, bunte Papierkette

**Gilro** [ʒi-, ital.] *s. 9, österr. Mz. auch:* -ri 1 Überweisung im bargeldlosen Zahlungsverkehr; 2 Übertragungsvermerk auf Wechsel oder Scheck; **Gilro d'Italia** [ʒi-] *m. Gen. - -* Straßen-Radrennen von Berufsradfahrern in Italien; **Gilrolkonlto** [ʒi-] *s. 9, Mz. auch:* -ten Bankkonto, das in erster Linie dem bargeldlosen Zahlungsverkehr dient

**Gilronde** [ʒirɔd, nach dem frz. Departement Gironde] *w. 11 nur Ez.* gemäßigter Flügel der Republikaner während der Frz. Revolution; **Gilronldist** *m. 10* Mitglied, Anhänger der Gironde

**Gilrolverlkehr** [ʒi-, ital.] *m. Gen. -s nur Ez.* bargeldloser Zahlungsverkehr

**Giltalno** *m. 9* seßhaft gewordener Zigeuner in Spanien

**Giltarlre** [griech.-span.] *w. 11* ein Zupfinstrument; **Giltarlrist** *m. 10* Gitarrenspieler

**Glace** [glas, frz.] *w. Gen. - Mz. -s* [glas] 1 Zuckerglasur; 2 Gallert; 3 *w. 11 schweiz.:* Speiseeis; **Glalcé** [-se] *s. Gen. -(s) Mz.-s* 1 → Glacéleder; 2 Hochglanzgewebe; **Glacéllelder** [-se-] *s. 5* weiches Ziegen- oder Lammleder; **glalcielren** [-si-] mit Glasur überziehen; **Glalcis** [-si] *s. Gen. - [-sis] Mz. - [-sis]* Vorfeld einer Befestigungsanlage

**Glaldialtor** [lat.] *m. 13, im alten Rom:* Schwertkämpfer bei den Zirkusspielen

**Glaldiolle** [lat.] *w. 11* ein Schwertliliengewächs, Siegwurz

**glalgolliltilsche Schrift** *w. 10 nur Ez.*, **Glalgolliza** *w. Gen. - nur Ez.* aus der griech. Minuskel entstandene, älteste slaw. Schrift

**Glalmourlgirl** [glæmɔgǝːl, engl.] *s. 9* strahlend schöne Frau, Reklameschönheit

**Glanldel** [lat.] *w. 11*, **Glanldulla** *w. Gen. -*

*Mz.* -lae [-lɛ:] Drüse; **glan|dul|lär** zu einer Drüse gehörig, von ihr ausgehend

**Glau|ko|chro|lit** [-kro-, griech.] *m. 1* ein Mineral; **Glau|ko|dot** *s. 1* ein Mineral; **Glau|kom** *s. 1* eine Augenkrankheit, grüner Star; **Glau|ko|nit** *m. 1* ein Mineral; **Glau|ko|phan** *m. 1* blaugraues bis schwarzblaues Mineral der Hornblendegruppe

**gla|zi|al** [lat.] zu einem Gletscher, zur Eiszeit gehörig, von einem Gletscher, aus der Eiszeit stammend, eiszeitlich; **Gla|zi|al** *s. 1* Eiszeit; **Gla|zi|al|ero|si|on** *w. 10* die abtragende Tätigkeit eines Gletschers; **Gla|zi|al|fau|na** *w. Gen. - nur Ez.* die Tierwelt der Eiszeit; **Gla|zi|al|flo|ra** *w. Gen. - nur Ez.* die Pflanzenwelt der Eiszeit; **Gla|zi|al|zeit** *w. 10* Eiszeit; **gla|zi|är, gla|zi|gen** durch Gletscher, durch Eiswirkung entstanden; **Gla|zio|lo|gie** [lat. + griech.] *w. 11 nur Ez.* Lehre von den Gletschern, der Eiszeit, den Vereisungsvorgängen auf der Erde

**Glen|check** [-tʃɛk, engl.] *m. 9* Gewebe mit Muster aus feinen Karos

**Glio|bla|stom** [griech.] *s. 1* bösartiges Gliom; **Gli|om** *s. 1* Geschwulst im Stützgewebe des Zentralnervensystems

**Glis|sa|de** [frz.] *w. 11* Tanz: Schleif-, Gleitschritt; **glis|san|do** [ital.] *Mus.:* (über mehrere Töne hinweg) gleitend; **Glis|san|do** *s. 9, Mz. auch:* -di *Mus.:* gleitende Verbindung

**glo|bal** [lat.] die gesamte Erdoberfläche umfassend, weltweit, Erd...; **Glo|bal|strah|lung** *w. 10* die direkte Sonnen- und die diffuse Himmelsstrahlung zusammen; **Glo|ben** *Mz. von Globus;* **Glo|be|trot|ter** *m. 5* Weltbummler; **Glo|bi|ge|ri|ne** *w. 11* eine Foraminifere, Schalentierchen; **Glo|bin** *s. 1 nur Ez.* Eiweißbestandteil des Hämoglobins; **Glo|bo|id** *s. 1* 1 kleinstes Teilchen im pflanzl. Reserveeiweiß; 2 *Math.:* durch einen um eine beliebige Achse rotierenden Kreis erzeugte Fläche; **Glo|bu|la|rie** [-riə] *w. 11* Kugelblume, eine Alpenpflanze; **Glo|bu|le** *w. 11* kleines, dunkles, kugeliges Nebelgebilde (als Vorstadium der Sternentstehung); **Glo|bu|lin** *s. 1* in Blut, Milch, Eiern vorkommende Eiweißkörper; **Glo|bus** *m. Gen. -ben, eindeutschend auch m. 1* Nachbildung der Erd- oder Himmelskugel, *auch:* die Erdkugel

**Glo|ria** [lat.] 1 *s. 9 nur Ez.* Ehre, Ruhm; 2 *s. 9* Lobgesang in der kath. Messe (nach dem Anfangswort); **Glo|ria in ex|cel|sis Deo** [-tsɛl-] Ehre sei Gott in der Höhe; **Glo|rie** [-riə] *w. 11* 1 *nur Ez.* Ruhm, Glanz, himmlische Herrlichkeit; 2 durch Beugungserscheinungen von Sonnen- oder Mondlicht an Wassertröpfchen entstehende farbige bis weiße Ringe um Sonne oder Mond; **Glo|rien|schein** *m. 1* 1 Heiligenschein; 2 *allg.:* Strahlenkranz

**Glo|ri|fi|ka|ti|on** [-tsjon] *w. 10* Verherrlichung; **glo|ri|fi|zie|ren** verherrlichen; **Glo|rio-**

le *w. 11* Heiligenschein; **glo|ri|os, glor|reich** ruhmreich

**Glos|sar** [griech.] *s. 1* 1 Sammlung von Glossen (1); 2 Wörterverzeichnis; **Glos|sa|ri|um** *s. Gen. -s Mz. -ri|en ältere Form von* Glossar; **Glos|sa|tor** *m. 13* Verfasser von Glossen (2, 3); **Glos|se** *w. 11* 1 *urspr.:* schwieriges Wort, das erklärt werden muß; 2 *MA:* Erklärung, Übersetzung eines schwierigen Wortes (zwischen den Zeilen oder am Rand des Textes); 3 *im Röm. Recht des MA:* Kommentar zu einem Rechtssatz; 4 spött. Bemerkung; seine Glossen über etwas machen; 5 kurzer, spöttischer Artikel (in der Zeitung); **glos|sie|ren** 1 mit Glossen (2) versehen (Text); 2 mit spöttischen Bemerkungen bedenken (Ereignis); **Glos|so|gra|phie** *w. 11* Erläuterung von Glossen (1); **Glos|so|la|lie** [„Zungenreden"] *w. 11* Reden in ungewöhnl. Sprachform im Zustand religiöser Ekstase; **glot|tal** [griech.] im Kehlkopf erzeugt (von Lauten); **Glot|tal** *m. 1* Kehlkopflaut; **Glot|tis** *w. Gen. - Mz. -tes* [-te:s] Stimmritze im Kehlkopf; **Glot|to|la|lie** *w. 11* → Glossolalie

**Glu|co|se** [griech.] *w. 11 nur Ez.* Traubenzucker; **Glu|co|si|de** *s. 1 Mz.* von Glucose abgeleitete Glykoside; **Glu|cos|urie** *w. 11* Ausscheidung von Zucker im Urin; **Glu|ko|se** *w. 11 nur Ez.* → Glucose

**Glut|amin** [lat.] *s. 1* Amid der Glutaminsäure; **Glut|amin|säu|re** *w. 11* in vielen Eiweißkörpern vorkommende organ. Säure; **Glu|ten** *s. 1 nur Ez.* in Getreidekörnern enthaltenes Eiweiß, Kleber; **Glu|tin** *s. 1 nur Ez.* ein Eiweißstoff, Hauptbestandteil von Gelatine und Leim

**Gly|ce|rin** [griech.] *s. 1 nur Ez.* dreiwertiger aliphatischer Alkohol; **Gly|cin** *s. 1 nur Ez.* → Glykokoll; **Glyk|ämie** *w. 11 nur Ez.* normaler Zuckergehalt des Blutes; **Gly|ko|gen** *s. 1 nur Ez.* Speicherform des Traubenzuckers in Leber und Muskeln, Leberstärke, tierische Stärke; **Gly|ko|koll** *s. 1 nur Ez.* einfachste Aminosäure, Bestandteil aller Eiweißstoffe; **Gly|kol** *s. 1 nur Ez.* zweiwertiger aliphatischer Alkohol, Frostschutzmittel; **Gly|ko|ly|se** *w. 11* Abbau der Glucose (im Stoffwechsel) zu Milchsäure; **Gly|ko|se** *w. 11 nur Ez., ältere, nicht fachsprachl. Schreibung von* Glucose; **Gly|ko|si|de** *s. 1 Mz.* Verbindungen von Zucker mit anderen Bestandteilen, bes. Alkoholen

**Gly|phe** [griech.] *w. 11* in Stein eingeritztes Zeichen; **Glyp|te** *w. 11* geschnittener Stein; **Glyp|tik** *w. 10 nur Ez.* 1 Steinschneidekunst, Gemmenkunde; 2 Bildhauerei; **Glyp|to|thek** *w. 10* 1 Sammlung von geschnittenen Steinen oder von antiken Bildhauerarbeiten; 2 das Gebäude dafür

**Gly|san|tin** *s. 1 nur Ez.* ⓦ ein Frostschutzmittel

**Gly|ze|rin** *s. 1 nur Ez.* → Glycerin; **Gly|zin**

**Glyzine**

*s. 1 nur Ez.* → Glykokoll; **Gly|zi|ne, Gly|zi|nie** [-niǝ] *w. 11* ein Zierstrauch
**Gm** *Abk. für* Gigameter
**GMD** *Abk. für* Generalmusikdirektor
**Gnom** [griech.?] *m. 10* Zwerg, Kobold
**Gno|me** [griech.] *w. 11 antike Literatur:* Sinn-, Denkspruch; **Gno|mil|ker** *m. 5* Verfasser von Gnomen; **gno|misch** in der Art einer Gnome
**Gno|mon** [griech.] *m. Gen.-s Mz.-mo|ne* antike Sonnenuhr
**Gno|sis** [griech. „Erkenntnis"] *w. Gen.-nur Ez.* philosoph. Strömung innerhalb des frühen Christentums mit dem Ziel der Erkenntnis Gottes durch innere Schau; **Gno|stik** *w. 10 nur Ez.* die Lehre der Gnosis; **Gno|sti|ker** *m. 5* Anhänger der Gnosis; **Gno|sti|zis|mus** *m. Gen.-nur Ez.* religionsphilosoph. Richtung, die nach Erkenntnis Gottes strebt und dadurch Erlösung sucht
**Gnu** [hottentott.] *s. 9* afrik. Kuhantilope
**Go** [jap.] *s. 9* japan. Brettspiel
**Goal** [goul, engl.] *s. 9 Sport, bes. schweiz.:* Tor, Treffer; **Goal|keel|per** [goulki:pǝr] *m. 5* → Keeper
**Gol|be|lin** [-lɛ̃, nach einer frz. Färberfamilie] *m. 9* gewirkter Wandbildteppich
**Go-Cart** *m. 9* → Go-Kart
**Go-Go-Boy** [gougoubɔi, engl.] *m. 9*, **Go-Go-Girl** [-gǝ:l] *s. 9 bei Beat-Veranstaltungen und in Nachtlokalen:* Tänzer(in), der (die) die Gäste durch Tanzen unterhalten und zum Tanzen animieren soll
**Goi** [hebr.] *m. Gen.-(s) Mz.* Gol|jim *oder* Gol|jim *Bez. der Juden für* Nichtjude
**Go-in** [engl. „geh hinein"] *s. 9 oder Gen.-Mz.-* Eindringen in eine offizielle Veranstaltung, wodurch eine Diskussion über ein bestimmtes Ereignis erzwungen werden soll
**Go-Kart** [engl.] *m. 9* kleines Rennfahrzeug mit Zweitaktmotor
**Gol|lat|sche** *w. 11* → Kolatsche
**Gol|lem** [hebr.] *m. 9 jüd. Volksglaube:* zeitweilig lebendige, Unheil stiftende Tonfigur in Menschengestalt
**Golf 1** [griech.-ital.] *m. 1* Meeresbucht; **2** [engl.] *s. Gen.-s nur Ez.* ein Rasenspiel; **Gol|fer** *m. 5* 1 Golfspieler; 2 Golfjacke
**Gol|gal|tha** [hebr. „Schädelstätte"] Hügel bei Jerusalem, Stätte der Kreuzigung Christi; *übertr.:* Ort der Schmerzen
**Gol|li|ath** [nach dem Riesen G. im AT] *m. 9* sehr großer Mensch
**Gon** *s. 1 (Zeichen:* ᵍ*) Geodäsie:* Maßeinheit für den ebenen Winkel, Neugrad
**Gol|na|de** [griech.] *w. 11* Keimdrüse
**Gon|agra** [griech.] *s. Gen.-s nur Ez.* Gicht im Kniegelenk; **Gon|ar|thri|tis** *w. Gen.-Mz.-ti|den* Kniegelenkentzündung
**Gon|del** [ital.] *w. 11* 1 schmales venezian. Ruderboot; 2 Korb am Luftballon; 3 Raum für Motoren und Fahrgäste am Luftschiff;

**4** Kabine einer Seilbahn; **5** Korb an Riesenrad oder Karussell; **gon|deln** *ugs.:* geruhsam fahren; **Gon|dol|lie|re** [-ljɛ-] *m. Gen.-Mz.-ri* Ruderer der Gondel (1)
**Gon|fal|lo|nie|re** [-njɛ-, ital. „Bannerträger"] *m. Gen.-Mz.-ri in ital. Städten bis 1859:* hoher Beamter
**Gong** [mal.] *m. 9* mal. Musikinstrument aus einer Bronzescheibe mit umgebogenem Rand; **gon|gen** den Gong schlagen; es gongt: der Gong ertönt
**Gol|nia|tit** [griech.] *m. 10* fossiler Kopffüßer, ein Ammonit
**Gol|nio|mel|ter** [griech.] *s. 5* Winkelmesser; **Gol|nio|mel|trie** *w. 11 nur Ez.* Winkelmessung
**Gol|no|kok|kus** [griech.] *m. Gen.-Mz.-ken* eine Bakterienart; **Gol|nor|rhö** *w. 10*, **Gol|nor|rhoe** [-rø] *w. 11* durch Gonokokken hervorgerufene Geschlechtskrankheit, Tripper
**good-bye** [gudbai, engl.] *engl. Bez. für* leb(t) wohl, leben Sie wohl, auf Wiedersehen
**Good|will** [gudwil, engl.] *m. Gen.-s nur Ez.* 1 Geschäfts-, Firmenwert; 2 Ruf, Ansehen; **Good|will|tour** [-tu:r] *w. 10* Reise, die dem Erwerb oder der Erhaltung von Goodwill (2) und öffentl. Vertrauen dient
**gor|disch** [nach dem phryg. König Gordios] ein gordischer Knoten: eine unlösbare Schwierigkeit; den gordischen Knoten durchhauen: eine schwierige Aufgabe energisch lösen
**Gor|go** [griech.] *w. Gen.-Mz.-go|nen griech. Myth.:* weibl., schlangenhaariges Ungeheuer, dessen Blick jeden, der es ansah, zu Stein verwandelte; **Gor|go|nen|haupt** *s. 4 Zool.:* ein Schlangenstern
**Gor|gon|zol|la** [nach dem oberital. Ort G.] *m. Gen.-(s) nur Ez.* ein ital. Edelpilzkäse
**Gol|ril|la** [Herkunft nicht bekannt] *m. 9* ein afrik. Menschenaffe
**Gos|pel|song** [engl.] *m. 9* moderne Form des Negro Spirituals
**Gos|po|dar** *m. 1 oder m. 10* → Hospodar
**Goul|ache** [guaʃ, frz.] *w. 11 1 nur Ez.* Malerei mit deckenden Wasserfarben, die mit harzigen Bindemitteln versetzt sind; 2 Gemälde in Gouache
**Goul|da** [gau-, ndrl. xau-, nach dem südholl. Ort G.] *m. 9* ein holländ. Schnittkäse
**Goul|dron** [gudrɔ̃, frz.] *m. 9 nur Ez.* aus Bitumen hergestelltes Klebe- und Abdichtungsmittel
**Gourde** [gurd] *m. 9, nach Zahlenangaben Mz.- (Abk.:* G*)* haitische Währungseinheit, 100 Centime
**Gour|mand** [gurmã, frz.] *m. 9* Vielesser, Schlemmer, *fälschl. für* Gourmet; **Gour|man|dise** [gurmãdiz] *w. 11* Schlemmerei; **Gourmet** [gurmɛ] *m. 9* Feinschmecker, Weinkenner
**goul|tie|ren** [gu-, frz.] gutheißen, billigen, Gefallen finden an

**Gou|ver|nan|te** [guvɛr-, frz.] *w.11* Erzieherin, Hauslehrerin
**Gou|ver|ne|ment** [guvɛrnəmã, frz.] *s.9* **1** Regierung, Verwaltung; **2** Regierungs-, Verwaltungsbezirk; **Gou|ver|neur** [guvɛrnør] *m.1* Statthalter, Leiter eines Gouvernements; *in den USA:* oberster Beamter eines Bundesstaates
**GPU** *bis 1934: Abk. für* Staatliche politische Verwaltung (die sowjetrussische Geheimpolizei)
**Gracht** [ndrl.] *w.10, in ndrl. Städten:* schiffbarer Kanal
**grad** *Abk. für* Gradient; **Grad** [lat.] *m.1 nach Zahlenangaben Mz.-* **1** (*Zeichen:* °) Maßeinheit für Temperatur; 5 Grad Celsius, 5 °C; **2** *auch:* Altgrad (*Zeichen:* °) Maßeinheit für Winkel; 30 Grad, *oder:* 30° nördlicher Breite; der 30. Grad (*nicht:* der 30.°); **3** Maß, Stärke, Abstufung, Rang; in hohem Grad(e), bis zu einem gewissen Grad(e); **Gra|da|ti|on** [-tsjon] *w.10* **1** Steigerung, Abstufung, stufenweise Erhöhung; **2** *Phot.:* Kontrastwiedergabevermögen eines photograph. Materials; **Gra|di|ent** *m.10* (*Abk.:* grad) Maß für Steigung oder Gefälle; **Gra|di|en|te** *w.11* Neigungslinie; **gra|die|ren** verstärken, steigern, verbessern; **Gra|dier|haus** *s.4* → Gradierwerk; **Gra|die|rung** *w.10 nur Ez.* Steigerung, Verstärkung, Verbesserung; **Gra|dier|werk** *s.1* Anlage zur Gewinnung von Salz aus Salzsole durch Verdunsten; **gra|du|al** den Grad betreffend; **Gra|du|al|e** *s.5 kath. Messe:* kurzer Zwischengesang zwischen Epistel und Evangelium; **Gra|du|al|lied** *s.3* evangelisches, dem Graduale ähnliches Kirchenlied; **Gra|du|a|ti|on** [-tsjon] *w.11* Einteilung in Grade; **gra|du|ell** grad-, stufenweise, allmählich; **gra|du|ie|ren 1** in Grade einteilen; **2** mit einem Grad, Rang, einer Würde versehen; **Gra|du|ier|te(r)** *m.18 (17) bzw. w.17 oder 18* jmd., der einen akadem. Rang erreicht hat, einen akadem. Titel trägt
**Grae|cum** [lat.] *s.9* Prüfung im Griechischen
**Graf|fia|to** [griech.-ital.] *m. Gen.-s nur Ez.* Verzierung von Tonwaren durch Einritzen von Ornamenten in die aufgegossene Farbschicht; **Graf|fi|to** *s. oder m. Gen.-s Mz.* -ti in Stein eingeritzte Inschrift oder figürl. Darstellung
**Gra|fik** *w.10, eindeutschende Schreibung von* Graphik
**Grain** [grɛin, lat.-engl.] *m.9, nach Zahlenangaben Mz.-* altes Gewichtsmaß des Goldschmiede, ¹/₄ Karat; vgl. Gran; **grai|nie|ren** [grɛi-] mit einseitiger Narbung versehen (Papier, Karton)
**Grä|kol|ma|nie** [griech.] *w.11 nur Ez.* übersteigerte Vorliebe für alles Griechische; **Grä|kum** *s.9* → Graecum
**Gral** [frz.] *m.1 nur Ez., mittelalterl. Sage und Dichtung:* Gegenstand (Schale, Kelch oder

Stein) mit Wunderkraft, in dem Christi Blut aufgefangen worden sein soll
**Gram|fär|bung, Gram-Fär|bung** [nach dem dän. Arzt H. C. J. Gram] *w.10* Methode zum Färben und Unterscheiden ähnlicher Bakterien; vgl. gramnegativ, grampositiv
**Gra|mi|neen** [lat.] *Mz., Sammelbez. für* Gräser
**Gramm** [griech.] *s. Gen.-s Mz.- (Abk.:* g) Maßeinheit der Masse, *ugs.:* des Gewichts; **Gramm|äqui|va|lent** *s.1 (Abk.:* Val) *Chem.:* Maßeinheit für die Stoffmenge
**Gram|ma|tik** [griech.] *w.10* **1** Sprachlehre; Gesamtheit der Regeln einer Sprache; **2** Lehrbuch der Sprachlehre; **gram|ma|ti|ka|lisch** bezüglich der Grammatik, zur Grammatik gehörend; **Gram|ma|ti|ker** *m.5* Kenner der Grammatik; **gram|ma|tisch** → grammatikalisch; grammatisches Geschlecht: Genus
**Gramm|atom** *s.1* so viele Gramm eines Stoffes, wie sein Atomgewicht beträgt
**Gramm|ka|lo|rie** *w.11* → Kalorie; **Grammo|le|kül** (Grammlmo-) *s.1* so viele Gramm eines Stoffes, wie sein Molekulargewicht beträgt, Mol
**Gram|mo|phon** [griech.] *s.1* Ⓦ *veraltet:* Plattenspieler
**gram|ne|ga|tiv** *Gram-Färbung:* sich rot färbend; **gram|po|si|tiv** *Gram-Färbung:* sich blau färbend
**Gran, Grän** [lat. „Korn"] *s.1, nach Zahlenangaben Mz.-* alte Gewichtseinheit für Arzneien; vgl. Grain
**Gra|na|dil|le** *w.11* → Grenadille
**Gra|nat** [lat.] *m.1, österr. m.10* ein Halbedelstein; **Gra|nat|ap|fel** *m.6* Frucht des Granatapfelbaums, eines ostasiat. Zierstrauchs oder -baums
**Gra|na|te** [lat.] *w.11* ein Sprenggeschoß
**Grand** [grã, frz.] *m.9 Skat:* höchstes Spiel; **Gran|de** [span.] *m.11* Angehöriger des span. Hochadels
**Gran|dez|za** [span.-ital.] *w. Gen.- nur Ez.* würdevoll-anmutiges Benehmen
**Grand|ho|tel** [grã-, frz.] *s.9* luxuriöses Hotel
**gran|di|os** [ital.] großartig
**Grand mal** [grã mal, frz.] *m. Gen.-- nur Ez.* → Haut mal
**Grand ou|vert** [grã uvɛr, frz.] *m. Gen.-- Mz.-s* [-vɛr] *Skat:* höchstes Spiel mit Aufdecken der Karten
**Grand Prix** [grã pri, frz.] *m. Gen.-- nur Ez. in Frankreich:* Großer Preis, Hauptpreis
**Grand|sei|gneur** [grãsɛnjœr, frz.] *m.9 oder m.1* weltgewandter, vornehmer Herr
**gra|nie|ren** [lat.] **1** aufrauhen (die Platte für den Kupferstich); **2** zu Körnern zermahlen; **Gra|nier|stahl** *m.2* Gerät zum Granieren (**1**)
**Gra|nit** [auch: -nit, lat.] *m.1* ein Tiefengestein
**gra|nu|lär** [lat.] → granulös; **Gra|nu|lat** *s.1* körnige Substanz; **Gra|nu|la|ti|on** [-tsjon]

*w. 10* **1** Körnchenbildung; **2** Verzierung von Schmuckgegenständen durch Auflöten von Gold- oder Silberkörnchen; **3** Bildung von körnchenartigem Gewebe bei der Wundheilung; **gra|nu|lie|ren 1** zu Körnern zermahlen; **2** mit Gold- oder Silberkörnchen verzieren; **3** körnchenartiges Gewebe bilden; **Gra|nu|lit** *m. 1* ein Gestein; **Gra|nu|lom** *s. 1* Granulationsgeschwulst; **gra|nu|lös** körnig; **Gra|nu|lo|se** *w. 11* Bildung von Granulomen; **Gra|nu|lum** *s. Gen.-s Mz.*-la **1** Körnchen; **2** feinkörniges Arzneimittel

**Grape|fruit** [grɛipfruːt, engl.] *w. 9* kleine Form der Pampelmuse

**Graph** [griech.] *m. 10* **1** *Math.:* zeichnerische Darstellung von Beziehungen zwischen verschiedenen Größen; **2** *Sprachw.:* kleinstes, nicht bedeutungsunterscheidendes, geschriebenes Zeichen, z. B. diakritisches Zeichen, Satzzeichen; **Gra|phem** *s. 1, Sprachw.:* kleinste bedeutungsunterscheidende, geschriebene Einheit, Buchstabe oder Buchstabengruppe; vgl. Phonem; **Gra|phe|o|lo|gie** *w. 11 nur Ez.* Wiss. von der schriftl. Aufzeichnung von Sprache und den Schriftsystemen; **Gra|phik** *eindeutschend:* Gra|fik **1** *w. 10 nur Ez., Sammelbez. für* die künstler. Techniken der Zeichnung, des Stichs, der Radierung, Lithographie, Serigraphie u. a.; **2** *w. 10* in begrenzter Anzahl hergestellter Abzug eines Werks einer dieser Techniken; **Gra|phi|ker,** *eindeutschend:* Gra|fi|ker *m. 5* Künstler auf dem Gebiet der Graphik; **gra|phisch,** *eindeutschend:* grafisch auf Graphik beruhend, mit ihrer Hilfe; graph. Darstellung: zeichnerische schemat. Darstellung; **Gra|phit** [auch: -fɪt] *m. 1* reiner Kohlenstoff

**Gra|pho|lo|gie** [griech.] *w. 11 nur Ez.* Lehre von den Handschriften und der Deutung des Charakters aus der Handschrift; **Gra|pho|spas|mus** *m. Gen.- Mz.-men* Schreibkrampf; **Gra|pho|sta|tik** *w. 10 nur Ez.* zeichner. Verfahren zur Lösung von Aufgaben in der Statik

**Grap|pa** [ital.] *w. 9, ugs. auch m. 9* ital. Weinbrand aus den Rückständen von gekelterten Trauben

**Grap|to|lith** [griech.] *m. 10* ausgestorbene Tiergruppe aus dem Silur

**gras|sie|ren** [lat.] umgehen, um sich greifen, gehäuft auftreten (Krankheit)

**Gra|ti|al** [-tsjaːl, lat.] *s. 1, Mz. auch:* -li|en, **Gra|ti|al|le** [-tsja-] *s. Gen.-s Mz.*-li|en *veraltet:* **1** Dankgebet; **2** Trinkgeld; **Gra|ti|fi|ka|ti|on** [-tsjoːn] *w. 10* freiwillige Sonderzuwendung, z. B. Weihnachtsgratifikation; **gra|ti|fi|zie|ren** *veraltet:* vergüten

**gra|ti|nie|ren** [frz.] überbacken, so daß eine Kruste entsteht

**gra|tis** [lat.] umsonst, kostenlos, unentgeltlich; g. und franko: kostenlos und portofrei

**Gra|tu|lant** [lat.] *m. 10* jmd., der einen Glückwunsch darbringt; **Gra|tu|la|ti|on** [-tsjon] *w. 10* Glückwunsch; **Gra|tu|la|ti|ons|cour** [-tsjonskuːr] *w. 10* offizielle, feierliche Beglückwünschung einer hochgestellten Persönlichkeit; **gra|tu|lie|ren** Glück wünschen

**Gra|val|men** [lat.] *s. Gen.-s Mz.*-mi|na Beschwerde, Vorwurf; **Gra|val|ti|on** [-tsjon] *w. 10 veraltet:* Beschwerung, Belastung; **gra|ve** [ital.] *Mus.:* schwer, trauernd, ernst

**Gra|veur** [-vøːr, frz.] *m. 1* jmd., der graviert (1), Metall-, Steinschneider

**gra|vid** [-vid, lat.] schwanger; **Gra|vi|di|tät** *w. 10* Schwangerschaft

**gra|vie|ren** [-vi-] **1** [frz.] einritzen, einschneiden (Schrift, Zeichnung); mit Ritzzeichnung verzieren (Metall, Glas u. a.); **2** [lat.] *veraltet:* belasten, beschweren; **gra|vie|rend** erschwerend, belastend; gravierender Irrtum; der Fehler ist nicht g.; **Gra|vie|rung** *w. 10* Verzierung durch Einritzen

**Gra|vi|me|ter** [lat. + griech.] *s. 5* Gerät zum Messen der Schwerkraft; **Gra|vi|me|trie** *w. 11 nur Ez.* **1** Messung der Schwerkraft; **2** *Chem.:* Bestimmung des Gewichts von Grundstoffen in Stoffgemischen

**Gra|vis** [lat.] *m. Gen.- Mz.-* (*Zeichen:* `) Zeichen über einem Vokal, im Ital. Betonungszeichen, im Frz. zur Bez. der offenen Aussprache, z. B. mère [mɛːr]; vgl. Accent grave

**Gra|vi|tät** [lat.] *w. 10 nur Ez. veraltet:* Würde, Gemessenheit; **Gra|vi|ta|ti|on** [-tsjon] *w. 10 nur Ez.* Schwerkraft; **Gra|vi|ta|ti|ons|kol|laps** [-tsjons-] *m. 1* durch Gravitation bewirkter Zusammenfall der Materie; **gra|vi|tä|tisch** würdevoll, gemessen; **gra|vi|tie|ren** infolge der Schwerkraft (zu einem Punkt) hinstreben

**Gra|vur** [frz.] *w. 10* gravierte Verzierung oder Inschrift; **Gra|vü|re** *w. 11* Kupfer- oder Stahlstich, Steinschnitt

**Gra|zie** [-tsjə, lat.] **1** *w. 11 nur Ez.* Anmut; **2** *w. 11 meist Mz., röm. Myth.:* jede der drei Göttinnen der Anmut

**gra|zil** [lat.] schlank und zierlich, schmächtig; **Gra|zi|li|tät** *w. 10 nur Ez.* graziler Körperbau; **gra|zi|ös** [frz.] anmutig, zierlich, gewandt; **gra|zio|so** [ital.] *Mus.:* anmutig

**grä|zi|sie|ren** [lat.] nach griech. Vorbild gestalten, der griech. Form angleichen; **Grä|zis|mus** *m. Gen.- Mz.-men* in eine andere Sprache übernommene altgriech. Spracheigentümlichkeit; **Grä|zist** *m. 10* Wissenschaftler auf dem Gebiet der altgriech. Sprache und Kultur; **Grä|zi|tät** *w. 10 nur Ez.* altgriech. Wesensart

**Green|horn** [griːn-, engl.] *s. 9* Neuling, Anfänger

**Grège** [grɛːʒ, frz.] *w. 11 nur Ez.* Faden aus Naturseide

**Gre|go|ri|a|nik** [nach Papst Gregor I.] *w. 10 nur Ez.* Formen und Lehre des Gregorianischen Chorals; **gre|go|ri|a|nisch;** der Gregorianische Choral: *im kath. Gottesdienst der*

einstimmige, unbegleitete Gesang; Gregorianischer Kalender: der von Papst Gregor XIII. 1582 eingeführte, noch heute gültige Kalender (mit Schaltjahren)

**Gre̱mi̱um** [lat.] *s. Gen.* -s *Mz.* -mi̱en **1** (beratende) Gemeinschaft, Körperschaft; **2** *österr.*: Berufsvereinigung

**Gre̱na̱dier** [frz.] *m.1 urspr.*: mit Handgranaten bewaffneter Soldat; *heute:* Infanterist

**Gre̱na̱di̱lle** [span.] *w.11* Frucht der Passionsblume

**Gre̱na̱di̱ne** *w.11 nur Ez.* **1** [nach der span. Stadt Granada] durchbrochenes Seidengewebe; **2** [frz.] Saft aus Granatäpfeln

**Greylhound** [gre̱ihaund, engl.] *m.9* **1** engl. Windhund; **2** *in den USA:* Überlandautobus

**Gri̱fon** [-fɔ̃, frz.] *m.9* ein rauhhaariger Vorstehhund

**Grill** [lat.-frz.] *m.9* Bratrost; **Gri̱lla̱de** *w.11* gegrilltes Fleischstück; **gri̱llen** auf dem Grill braten; **gri̱llie̱ren** [auch: griji-, frz.] → grillen; **Gri̱llroom** [-ru:m, engl.] *m.9* Gaststätte, in der das Fleisch (oft vor den Gästen) auf dem Grill gebraten wird

**Gri̱ma̱sse** [frz.] *w.11* verzerrtes Gesicht, Fratze; **gri̱massie̱ren** Grimassen schneiden

**Gri̱ngo** [span.] *m.9, im span. Lateinamerika verächtl. Bez. für* Nichtromane, bes. Angelsachse

**gri̱ppa̱l** [frz.] grippeartig; grippaler Infekt; **Gri̱ppe** *w.11* eine Infektionskrankheit; **grippös** → grippal

**Gri̱saille** [-zai, frz.] *w.11* **1** *nur Ez.* einfarbige Malerei, überwiegend grau in grau; **2** *nur Ez.* schwarz-weiß gemusterter Seidenstoff; **3** Gemälde in Grisaille

**Gri̱sette** [-zɛt(ə), frz.] *w.11* **1** *frz. Bez. für* junge Putzmacherin; **2** leichtfertiges Mädchen

**Gri̱zzlybär** [engl.], **Gri̱zzlybär** [gri̱z-] *m.10* nordamerik. Bär

**Grog** [nach dem Spitznamen des engl. Admirals Vernon, Old Grog] *m.9* Getränk aus Rum, heißem Wasser und Zucker

**gro̱ggy** [engl.] **1** *Boxen:* schwer angeschlagen; **2** *ugs.*: erschöpft

**Groom** [gru̱m, engl.] *m.9* **1** Reitknecht; **2** Diener

**Gros 1** [gro̱, frz.] *s. Gen.* - *Mz.* - [gro̱] *oder* [gro̱s] Hauptmasse, der größte Teil (einer Personengruppe); **2** [gro̱s, frz.] *s. Gen.* - *Mz.* - zwölf Dutzend, 144 Stück

**Gro̱ssist** [frz.] *m.10* Großhändler

**Grosz** [grɔʃ] *m. Gen.* - *Mz.* - Groszy [grɔʃy] poln. Währungseinheit, ¹/₁₀₀ Zloty

**grote̱sk** [frz.] komisch-verzerrt, lächerlich; **Grote̱sk** *w. Gen.* - *nur Ez.* eine Gattung von Druckschriften; **Grote̱ske** *w.11* **1** derbkomische Dichtung in Prosa oder Versen; **2** Ornament aus Rankenwerk mit figürl. Motiven; **3** komischer, karikierender Tanz; **Grote̱sktanz** *m.2* → Groteske (3); **Grote̱sktän-**

zer *m. Gen.* -s *Mz.* - Ballettänzer für komische, karikierende Rollen

**Gro̱tte** [griech.-ital.] *w.11* Felsenhöhle; **Gro̱ttenwerk** *s.1 nur Ez.* Auskleidung der Wände von künstl. Grotten mit Steinen, Muscheln u. a.

**Grou̱pie** [gru̱pi, engl.] *s.9* weibl. Fan, der Kontakt mit seinem Idol sucht oder pflegt

**gru̱bben** [engl.] → grubbern; **Gru̱bber** *m.5* Gerät zum Lockern des Bodens, Kultivator; **gru̱bbern** mit dem Grubber hacken

**Grupp** [ital.] *m.9* Paket aus Geldrollen

**Gru̱ppendyna̱mik** *w.10 nur Ez. Psych.*: Lehre von den Wechselbeziehungen zwischen den Mitgliedern einer sozialen Gruppe, ihren Verhaltensweisen usw.

**Gru̱sical** [-kəl, Nachbildung zu Musical] *s.9* Gruselfilm

**Gruyère** [gryɛr, nach der schweiz. Stadt G.] *m.9* ein Hartkäse

**Guajakbaum** [indian.] *m.2* ein mittelamerik. Baum; **Guajakol** *s.1 nur Ez.* ein aromatischer Alkohol, Heilmittel gegen Lungenkrankheiten

**Guajave** [indian.] *w.11* eine trop. Frucht

**Guanako** [indian.] *m.9* südamerik., wildlebendes Lama

**Guanidin** [indian.] *s.1 nur Ez.* eine Stickstoffverbindung; **Guanin** *s.1 nur Ez.* Bestandteil der Nukleinsäuren; **Guano** *m.9 nur Ez.* Kot von Seevögeln in Peru und Chile, Düngemittel

**Guarani** *m.9, nach Zahlenangaben Mz.*- Währungseinheit in Paraguay, 100 Centimo; **Guarani 1** *m.9 oder Gen.*- *Mz.*- Angehöriger eines südamerik. Indianervolkes; **2** *s. Gen.* - *nur Ez.* dessen Sprache

**Gua̱rdian** [mlat.] *m.1, bei den Franziskanern und Kapuzinern:* Klostervorsteher

**Guarneri** *w.9* aus der Werkstatt der ital. Geigenbauerfamilie G. (17./18.Jh.) stammende Geige

**Gulasch** *w.10* → Gouache

**Guelfe** [ital.] *m.11* MA: Anhänger des Papstes und Gegner der Ghibellinen

**Guerilla** [gerilja, span.] *w.9 meist Mz.* Angehöriger einer bewaffneten Widerstandsgruppe, Freischärler, Partisan; **Guerillakrieg** *m.1* Kleinkrieg, Banden-, Partisanenkrieg; **Guerillero** [geriljero] *m.9, span. und port. Bez. für* Partisan

**Guide** [engl.: gaid, frz.: gid] *m.9* Reiseführer

**Guilloche** [gijɔʃ, giljɔʃ, frz.] *w.11* **1** Muster aus verschlungenen Linien (auf Geldscheinen und Wertpapieren, um Fälschungen zu verhindern); **2** Gerät zum Guillochieren; **Guillocheur** [gijɔʃœr] *m.1* Facharbeiter, der Wertpapiere, Geldscheine guilochiert; **guillochieren** [gijɔʃi-] mit einer Guilloche versehen

**Guillotine** [giljo̱-, gijɔ-, nach dem frz. Arzt J.-I. Guillotin] *w.11* Gerät zum Hinrichten mit Fallbeil; **guil|lo|ti|nie|ren** auf der Guillotine hinrichten

**Gui|nea** [gini] *w. 9* **Gui|nee** [gine̜(ə)] *w. 11 bis 1816:* engl. Goldmünze

**Gui|pure** [gipy̜r] *w. 11* → Gipüre

**GULag** [russ.] *m. oder s. Gen. -(s) nur Ez. Kurzw. für* die Verwaltung der Straflager in der UdSSR

**Gu|lasch** [ung.] *s. 9 oder s. 1* Gericht aus in Würfel geschnittenem, scharf gewürztem Rindfleisch

**Gul|ly** [engl.] *m. 9 oder s. 9* verdeckter, zum Abwasserkanal führender Schacht (auf der Straße), Abflußloch im Rinnstein

**Gum|ma** [zu Gummi] *w. Gen. - Mz.* -malta *oder* -men gummiartige Geschwulst bei Syphilis; **Gum|mi** [ägypt.-lat.] *m. 9* **1** aus Kautschuk gewonnenes Produkt; **2** in Pflanzenausscheidungen enthaltener Stoff, als Klebemittel; **3** *kurz für* Radiergummi; **Gum|mia|ra|bi|kum** [neulat.] *s. Gen. -s nur Ez.* ein Klebstoff und Bindemittel; **gum|mie|ren** mit Klebschicht aus Gummi bestreichen; **Gummi|gutt** *s. 1 nur Ez.* giftiges indisches Gummiharz, als Abführmittel, Farbe und Firnis; **Gum|mi|pa|ra|graph** *m. 10* nicht eindeutig formulierter, sehr unterschiedlich auslegbarer Paragraph, Kautschukparagraph; **gum|mös** gummiartig, von Gummen (vgl. Gumma) befallen; **Gum|mo|se** *w. 11* eine Krankheit der Steinobstgewächse mit Ausscheidung von Gummiharz

**Gun|man** [gʌnmən, engl.] *m. Gen. -s Mz.* -men [-mən] *amerik. Bez. für* bewaffneter Gangster

**Gup|py** [nach dem brit. Naturforscher R. J. L. Guppy] *m. 9* zu den Zahnkarpfen gehörender, südamerik. Aquarienfisch

**Gur|kha** *m. 9* **1** Angehöriger eines hinduistischen Volkes in Nepal; **2** *Bez. für* Soldat der brit.-ind. Armee

**Gu|ru** [Hindi] *m. 9 im Hinduismus:* geistlicher Lehrer

**Gus|la** [serb.] *w. 9, Mz. auch:* -len einsaitiges Streichinstrument der Balkanvölker; **Gus|lar** *m. 10* Guslaspieler

**Gus|li** [russ.] *w. 9* russ. zitherähnliches Zupfinstrument

**gus|tie|ren** [lat.] → goutieren; **gus|ti|ös** *österr.:* appetitlich, appetitanregend, lecker; **Gus|to** *m. 9 nur Ez., veraltet, noch bayr., österr.:* Appetit, Geschmack; einen G. auf etwas haben; das ist nicht nach meinem Gusto

**Gut|ta|per|cha** [mal.] *w. Gen. - oder s. Gen. -(s) nur Ez.* gummiähnlicher Stoff aus dem

Milchsaft südasiat. Bäume, als Isoliermaterial verwendet

**Gut|ta|ti|on** [-tsjon, lat.] *w. 10* aktive Wasserausscheidung von Pflanzen bei großer Luftfeuchtigkeit

**gut|tu|ral** [lat.] in der Kehle gebildet, kehlig; **Gut|tu|ral** *m. 1,* **Gut|tu|ral|laut** *m. 1* in der Kehle oder am Gaumen gebildeter Laut, Kehl-, Gaumenlaut

**GWh** *Abk. für* Gigawattstunde

**Gym|kha|na** [auch: dʒim-, griech. + pers.] *s. 9* mit Geschicklichkeitsaufgaben verbundenes Wettrennen oder -fahren

**Gym|nae|stra|da** [griech. + span.] *w. 9* internationales, alle vier Jahre stattfindendes gymnast. Turnfest

**gym|na|si|al** [griech.] zu einem Gymnasium gehörig, durch ein Gymnasium vermittelt; **Gym|na|si|ast** *m. 10* Schüler eines Gymnasiums; **Gym|na|si|um** *s. Gen. -s Mz.* -si|en **1** *im Altertum:* Anlage für Leibesübungen, später auch Pflegestätte geistiger Bildung; **2** *19./20. Jh.:* höhere Schule mit Latein und Griechisch; **3** *heute BRD:* jede höhere Schule mit der Reifeprüfung als Abschluß; **Gym|nast** *m. 10 im Altertum:* Lehrer im Gymnasium; **Gym|na|stik** *w. 10 nur Ez.* Körperübung durch rhythmische Bewegungen; **Gym|na|stiker** *m. 5* jmd., der Gymnastik betreibt; **Gymna|stin** *w. 10* Lehrerin für Gymnastik

**Gym|no|sper|men** [griech.] *Mz.* nacktsamige Blütenpflanzen; *Ggs.:* Angiospermen

**Gy|nä|ko|lo|gie** [griech.] *w. 11 nur Ez.* Lehre von den Frauenkrankheiten, Frauenheilkunde; *Ggs.:* Andrologie; **Gy|nä|ko|pho|bie** *w. 11 nur Ez.* Abneigung gegen, Scheu vor Frauen

**Gyn|an|der** [griech.] *m. 5* Tier, das die Merkmale der Gynandrie (**2**) aufweist; **Gyn|andrie** *w. 11 nur Ez.* **1** Vorhandensein weibl. Geschlechtsmerkmale beim Mann; *Ggs.:* Androgynie; **2** Auftreten von männl. und weibl. Merkmalen beim selben Tier, Scheinzwittrigkeit; **gyn|an|drisch** scheinzwittrig (von Tieren); **Gyn|an|dris|mus, Gyn|an|dro|morphis|mus** *m. Gen. - nur Ez.* → Gynandrie; **Gyn|an|thro|pos** *m. Gen. - Mz.* -poi *oder* -thro|pen *veraltet:* Zwitter; **Gyn|ä|ze|um** *s. Gen. -s Mz.* -ze|en Gesamtheit der weibl. Blütenteile

**Gy|ro|man|tie** [griech.] *w. 11 nur Ez.* Wahrsagen aus magischen Kreisen; **Gy|ro|me|ter** *s. 5* Gerät zum Messen der Drehgeschwindigkeit; **Gy|ro|skop** *s. 1* Gerät zum Nachweis der Drehung der Erde um ihre Achse; **Gy|rus** *m. Gen. - Mz.* -ri *Med.:* Gehirnwindung

# H

**h** (hochgestellt) *Zeichen für* hora (Stunde); $10^h$ = 10 Uhr
**H 1** *chem. Zeichen für* Hydrogenium (Wasserstoff); **2** *Abk. für* Henry
**ha** *Abk. für* Hektar
**h. a.** *Abk. für* hoc anno, huius anni
**Ha|bal|ne|ra** [nach der kuban. Hst. Habana (Havanna)] ruhiger kubanisch-span. Tanz
**Ha|be|as-Cor|pus-Ak|te** [lat. „du habest den Körper"], **Ha|be|as|kor|pus|ak|te** *w. 11 nur Ez.* engl. Staatsgrundgesetz von 1679, nach dem niemand ohne behördlichen Haftbefehl und nicht länger als zwei Tage ohne Verhör inhaftiert werden darf
**ha|bil** [lat.] *veraltet:* geschickt, gewandt, fähig; **ha|bil.** vgl. Dr. habil.; **Ha|bi|li|tand** *m. 10* jmd., der zur Habilitation zugelassen wird; **Ha|bi|li|ta|ti|on** [-tsjon] *w. 10* Erwerb der Lehrbefugnis an einer Hochschule; **ha|bi|li|tie|ren** sich h.: die Lehrbefugnis erwerben
**Ha|bit** [frz.] *s. 1 oder m. 1* **1** Amtstracht; **2** wunderliche, *auch:* bequeme, saloppe Kleidung; **3** [hæbit, engl.] *s. 9 oder m. 9 Psych.:* **1** Fähigkeit, auf Grund von Signalen aus der Umwelt bestimmte Handlungen auszuführen; **2** Gelerntes, Gewohnheit; **Ha|bi|tat** [lat.] *s. oder m. 1* **1** Wohnstätte; **2** regelmäßig aufgesuchter Standort einer Tierart; **3** Unterwasserstation; **Ha|bi|tua|li|sie|rung** *w. 10* Ausbildung von Gewohnheiten; **Ha|bi|tué** [(h)abitye frz.] *m. 9 veraltet:* ständiger Besucher, Stammgast; **ha|bi|tu|ell 1** auf dem Habitus beruhend; **2** gewohnheitsmäßig, häufig wiederkehrend; **Ha|bi|tus** [lat.] *m. Gen.- nur Ez.* **1** äußere Erscheinung, Gestalt, Aussehen; **2** Haltung, Benehmen; **3** Gesamtheit der für ein Tier oder eine Tiergruppe charakterist. Merkmale; **4** Besonderheiten an einem Menschen, die auf die Neigung zu bestimmten Krankheiten hindeuten
**Há|ček** [hatʃɛk, tschech. „Häkchen"] *s. 9* (*Zeichen:* ˇ) *in slaw. Sprachen:* Zeichen über dem c bzw. z zur Aussprache wie [tʃ] bzw. [ʒ] oder über dem r wie [rʒ] oder [rʃ]
**Ha|ché** [haʃe] *s. 9 →* Haschee
**Ha|ci|en|da** *w. 9 →* Hazienda
**Had|dsch** *m. Gen.- nur Ez. →*Hadsch
**Ha|des** [nach dem griech. Gott der Unterwelt] *m. Gen.- nur Ez.* Unterwelt
**Had|sch** [arab.] *m. Gen.- nur Ez.* Pilgerfahrt (des Mohammedaners) nach Mekka; **Ha|dschi** *m. 9* Mekkapilger
**Haf|ni|um** [nach Hafnia, dem lat. Namen von Kopenhagen] *s. Gen.-s nur Ez.* (*Zeichen:* Hf) chem. Element, ein Metall
**Hag|ga|da(h)** [hebr.] *w. Gen.- Mz.* -doth erbaulich-belehrende Erläuterung von Bibelstellen im Talmud
**Ha|gio|gra|phie** [griech.] *w. 11* Lebensbeschreibung eines Heiligen; **Ha|gio|la|trie** *w. 11 nur Ez.* Verehrung von Heiligen; **Ha|gio|lo|gie** *w. 11 nur Ez.* Lehre von den Heiligen; **Ha|gio|lo|gi|um,** **Ha|gio|lo|gi|on** *s. Gen. -s Mz. -gi|en* Buch mit Lebensbeschreibungen von Heiligen
**Hai|ku** [jap.] *s. 9 oder Gen.- Mz.-* dreizeiliges japan. Gedicht aus 17 Silben
**Hai|mons|kin|der** [nach den Kindern des Grafen Haimon in der karoling. Sage] *s. 3 Mz.* treue Geschwister oder Freunde
**Ha|kim** [auch: -kim, arab.] *m. 9* Gelehrter, Arzt, Richter (im Nahen Osten)
**Ha|la|li** [auch: -la-, arab. oder hebr.-frz.] *s. 9* Jagdsignal; H. blasen
**Hal|ér** [halɛːrʃ, tschech.] *m. Gen.- Mz.-řů* tschechoslowak. Währungseinheit, $^1/_{100}$ Krone, Heller
**Hal|fa|gras** *s. 4 nur Ez. →* Esparto
**Half-Back** [hafbæk, engl.] *m. 9 Fußball, schweiz.:* Läufer; **Half|court** [hafkɔːt] *m. 9 Tennis:* der dem Netz am nächsten gelegene Teil des Spielfeldes; **Half-Time** [haftaim] *w. 9 Fußball, schweiz.:* Halbzeit
**Ha|lid** [griech.] *s. 1 →* Halogenid; **Ha|lit** *m. 1* Sammelbez. für Salzgestein, i. e. S.: Steinsalz
**Ha|li|tus** [lat.] *m. Gen.- nur Ez. Med.:* Atem, Hauch
**hal|kyo|nisch →* alkyonisch
**hal|le|lu|ja(h)!** [hebr.] lobt Gott! **Hal|le|lu|ja(h)** *s. 9* liturgischer Lob-, Freudengesang; ein H. anstimmen
**Hal|lu|zi|nant** [lat.] *m. 10* jmd., der an Halluzinationen leidet; **Hal|lu|zi|na|ti|on** [-tsjon] *w. 10* Sinnestäuschung ohne Reiz von außen, Wahnvorstellung; **hal|lu|zi|na|tiv, hal|lu|zi|na|to|risch** in der Art einer Halluzination, darauf beruhend; **hal|lu|zi|nie|ren** eine Halluzination haben; **Hal|lu|zi|no|gen** *s. 1* Droge, die Halluzinationen hervorruft
**Hal|ma** [griech.] *s. Gen. -s nur Ez.* ein Brettspiel
**Ha|lo** [griech.] *m. Gen. -s Mz.* Ha|lo|nen **1** *Astron.:* diffuse, ringförmige Lichterscheinung („Hof") infolge Lichtbrechung um Sonne, Mond oder einen Kometen; kugelförmiges System aus Sternhaufen und Einzelsternen um die Milchstraße und andere Sternsysteme; **2** *Med.:* Augenring
**ha|lo|bi|ont** [griech.] *Biol.:* salzreiche Umgebung bevorzugend, halophil; **Ha|lo|bi|ont** *m. 10* bes. in salzreicher Umgebung lebender Organismus; **ha|lo|gen** salzbildend; **Ha|lo|gen**

s. *1* jedes chem. Element, das ohne Hilfe von Sauerstoff mit Metallen Salze bildet; **Hallogel|nid** s. *1* chem. Verbindung aus einem Halogen und einem anderen Element, Halid, Haloid; **hallo|gel|nie|ren** Salz bilden; **Hallogen|schein|wer|fer** m. *5* mit einem Halogen gefüllter, lichtstarker Autoscheinwerfer; **Halo|id** s. *1* → Halogenid; **Hallo|me|ter** s. *5* Gerät zum Bestimmen der Konzentration von Salzlösungen; **Hallo|nen** Mz. von Halo; **halloniert** umrändert (Augen); **Hallo|pe|ge** w. *11* kalte Salzquelle; Ggs.: Halotherme; **hallo|phil** → halobiont; **Hallo|phyt** m. *10* auf salzreichem Boden wachsende Pflanze; **Hallo|therme** w. *11* warze Salzquelle; Ggs.: Halopege; **Hallo|tri|chit** s. *1* ein Mineral; **hallo|xen** salzreiche Umgebung duldend (von Organismen) **Hall|te|ren** [griech.] w. *11* Mz. **1** *im alten Griechenland:* zwei Gewichte, die der Weitspringer zum Verstärken des Schwungs in den Händen hielt; **2** verkümmerte Hinterflügel (Schwingkölbchen) der Zweiflügler **Hallun|ke** [tschech.] m. *11* Schuft, Gauner, Betrüger

**Häm** [griech. „Blut"] s. Gen. -s *nur Ez.* Farbstoffanteil des Hämoglobins

**Halma|dan** [nach der pers. Stadt H.] m. *9* ein handgeknüpfter Teppich

**Halma|mel|lis** [griech.] w. Gen. - *nur Ez.* ein Zierstrauch, auch Heilpflanze

**Ham and Eggs** [hæm ənd ɛgz, engl.] Mz., *engl. Bez. für* gebratenen Schinken und Spiegeleier

**Häm|an|gi|om** [griech.] s. *1* eine gutartige Blutgefäßgeschwulst; **Häm|ar|thro|se** w. *11* Bluterguß in ein Gelenk; **Häl|mal|tin** s. *1 nur Ez.* eisenhaltiger Bestandteil des roten Blutfarbstoffs; **Häl|ma|ti|non** s. Gen. -s *nur Ez.* durch mehrmaliges Erwärmen und Abkühlen rotgefärbtes Glas; **Häl|mal|tit** m. *1* ein eisenreiches Mineral, Blutstein; **Häl|ma|to|bla|sten** Mz. → Hämoblasten; **häl|ma|to|gen** aus dem Blut stammend, blutbildend; **Häl|ma|togramm** s. *1* Blutbild; **Häl|ma|to|lo|gie** w. *11 nur Ez.* Lehre vom Blut; **Häl|ma|tom** s. *1* Bluterguß; **Häl|ma|to|pha|ge** m. *1* blutsaugender Schmarotzer; **Häl|ma|tor|rhö** w. *10*, **Häl|ma|tor|rhoe** [-rø] w. *11* starke Blutung, Blutsturz; **Häl|ma|to|sko|pie** w. *11* Blutuntersuchung; **Häl|ma|to|xy|lin** s. *1 nur Ez.* aus dem südamerik. Blauholz gewonnene, mit Sauerstoff roten Farbstoff bildende chem. Verbindung; **Häl|ma|to|zo|on** s. Gen. -s Mz. -zo|en im Blut von Mensch oder Tier lebender, tierischer Schmarotzer; **Häl|mat|urie** w. *11* Ausscheidung von Blut im Harn

**Häl|min** s. *1 nur Ez.* Salz des Hämatins

**Hal|mit** [nach Ham, einem Sohn Noahs] m. *10*, **Hal|mi|te** m. *11* Angehöriger einer afrikan. Völkergruppe

**Ham|ma|da** [arab.] w. *9* afrikan. Gesteinsoder Felswüste

**Ham|mond|or|gel** [hæmənd-, nach dem amerik. Erfinder J. H. Hammond] w. *11* elektroakust. Musikinstrument, Kinoorgel

**häl|mo...**, **Häl|mo...** [griech.] *in Zus.:* blut..., Blut...; **Häl|mo|bla|sten** Mz. Zellen des Knochenmarks, die Blutkörperchen bilden; **Häl|mo|chrom|al|to|se** w. *11* Braunfärbung der Haut durch eisenhaltigen Farbstoff infolge Zerfalls roter Blutkörperchen; **Hämo|dy|na|mo|me|ter** s. *5* Gerät zum Messen des Blutdrucks; **Häl|mo|glo|bin** s. *1 nur Ez.* (Abk.: Hb) roter Blutfarbstoff; **Häl|mo|globi|no|me|ter** s. *5* → Hämometer; **Häl|mo|globin|urie** w. *11* Ausscheidung von rotem Blutfarbstoff im Harn; **Häl|mo|ly|se** w. *11* Auflösung der roten Blutkörperchen (z. B. durch Giftstoffe); **Häl|mo|me|ter** s. *5* Gerät zum Bestimmen des Hämoglobingehaltes des Blutes, Hämoglobinometer; **Häl|mo|pa|thie** w. *11* Blutkrankheit; **Häl|mo|phi|lie** w. *11* Bluterkrankheit; **Häl|mor|rha|gie** w. *11* Blutung; **hämor|rhoi|dal** [-ro:i-] auf Hämorrhoiden beruhend; **Häl|mor|rhoi|dal|kno|ten** m. *7* einzelne Hämorrhoide; **Häl|mor|rhoi|den** w. *11* Mz. knotenartige Erweiterung der Mastdarmvenen; **Häl|mo|sit** m. *10* Schmarotzer im Blut; **Hämo|sta|ti|kum** s. Gen. -s Mz. -ka blutstillendes Mittel; **Häl|mo|the|ra|pie** w. *11 nur Ez.* Einspritzung von venösem Eigenblut; **Häl|moto|xin** s. *1* durch Bakterien erzeugter Giftstoff im Blut; **Häl|mo|zyt** m. *10* Blutkörperchen

**Han|di|kap** [hændikæp, engl.] s. *9* **1** Behinderung, Benachteiligung; **2** *Sport:* Ausgleich (gegenüber benachteiligten Wettkampfteilnehmern); **han|di|kap|en** [hændikæpən] **1** benachteiligen, behindern, hemmen; gehandikapt sein; **2** *Sport:* ausgleichen; **Han|di|kapper** [hændikæpər] m. *7 Sport:* unparteiischer, Kampfrichter, der die Handikaps festlegt

**Han|gar** [haŋga:r, auch: -gar, frz.] m. *9* Flugzeughalle

**Han|som** [hænsəm, nach dem engl. Erfinder J. A. Hansom], **Han|som|cab** [-kæb] m. *9 früher:* gedeckte, zweirädrige, einspännige Mietkutsche mit erhöhtem Kutschbock hinter den Sitzen

**Ha|pax|le|go|me|non** [griech.] s. Gen. -s Mz. -na in antiken Schriften nur einmal belegtes Wort

**Ha|plo|gra|phie** [griech.] w. *11* fehlerhafte Einfachschreibung von doppelt erfordertl. Buchstaben oder Silben; Ggs.: Dittographie; **haplo|id** nur einen einfachen (halben) Chromosomensatz enthaltend (von Zellen); Ggs.: diploid; **Ha|plo|lo|gie** w. *11* Verschmelzung zweier aufeinanderfolgender gleicher oder ähnlicher Silben, z. B. Zauberin statt eigtl. Zaubererin; Konservatismus statt Konservativismus; **Ha|plont** m. *10* Organismus, dessen Zellen nur einen einfachen (halben) Chromosomensatz aufweisen

**Hap|pe|ning** [hæp-, engl.] s. *9* moderne

Kunstform, bei der ein meist irrationales oder surreales Geschehen mit theatral., musikal., maler. und bildhauer. Mitteln, oft unter Einbeziehung der Zuschauer, vorgetragen wird

**Hap|py-End** [hæpi-, engl.], *österr.:* **Happyl|end** *s. 9* glückliches Ende, guter Ausgang (einer Liebesgeschichte, eines Schauspiels, Films usw.)

**Hap|te|re** [griech.] *w. 11* Haftorgan (bei Pflanzen); **Hap|tik** *w. 10 nur Ez.* Tastsinn; **hap|tisch** auf dem Tastsinn beruhend, im Unterschied zu optisch oder akustisch

**Ha|ra|ki|ri** [jap.] *s. Gen.* -(s) *Mz.* -(s), *früher:* japan. Art des Selbstmords durch Bauchaufschlitzen, Seppuku

**ha|ran|gie|ren** [frz.] *veraltet:* eine langweilige, feierliche Ansprache (an jmdn.) halten, überflüssigerweise reden; jmdn. h.

**Ha|raß** [frz.] *m. 1* Lattenkiste zum Verpakken von Glas und Porzellan

**Har|dan|ger|ar|beit** [nach der norw. Landschaft] *w. 10* Durchbruchsarbeit in grobem Gewebe mit quadratischem Muster

**Hard|co|ver** [hardkavər, engl.] *s. 9* Buch mit festem Einband; *Ggs.:* Paperback; **Hard Drink** *m. Gen.* - -s *Mz.* - -s stark alkohol. Getränk; **Hard|sel|ling** *s. Gen.* -(s) *nur Ez.* Anwendung rücksichtsloser Verkaufsmethoden; **Hard Stuff** [stʌf] *m. Gen.* - -s *Mz.* - -s starkes Rauschgift; **Hard|top** *s. 9 oder m. 9* abnehmbares, nicht faltbares Verdeck von Kraft-, bes. Sportwagen; **Hard|ware** [hardwɛə, engl.] *w. Gen.* - *nur Ez.* die techn. Einrichtungen von EDV-Anlagen; vgl. Software

**Ha|rem** [arab.] *m. 9* **1** die nur von Frauen und Kindern bewohnten und streng abgeschlossenen Räume der mohammedan. Hauses; **2** die Gesamtheit der darin wohnenden Frauen; **3** die Ehefrauen eines Moslems

**Hä|re|sie** [griech.] *w. 11* von der kirchlichen Lehrmeinung abweichende Meinung, Ketzerei; **Hä|re|ti|ker** *m. 5* Vertreter einer Häresie, Ketzer

**Har|le|kin** [frz.] *m. 1* Abart des Hanswursts; **Har|le|ki|na|de** *w. 11* Spiel des Harlekins, Narrenspiel

**Har|mo|nie** [griech.] *w. 11* **1** wohltönender Zusammenklang; **2** angenehme Übereinstimmung (von Formen, Farben usw.); **3** friedl. Zusammenleben, Eintracht; **Har|mo|nie|leh|re** *w. 11 nur Ez. Mus.:* Lehre von der Verbindung der Töne und vom Aufbau der Akkorde; **har|mo|nie|ren 1** gut zusammenklingen; **2** friedlich zusammenleben, sich gut verstehen; **Har|mo|nik** *w. 10* Kunst der harmonischen Klanggestaltung; **Har|mo|ni|ka** *w. Gen.* - *Mz.* -ken Bez. *für* verschiedene Musikinstrumente, bei denen Metallzungen durch einen Luftstrom in Schwingungen versetzt werden (Mund-, Ziehharmonika); **Har|mo|ni|ker** *m. 5* nach den Gesetzen der Har-

monik gestaltender Komponist; **har|mo|nisch 1** den Gesetzen der Harmonielehre entsprechend; **2** gut zusammenpassend; **3** friedlich, einträchtig; **har|mo|ni|sie|ren 1** in Übereinstimmung, Einklang bringen; **2** mit Begleitakkorden versehen (Melodie); **Har|mo|ni|um** *s. Gen.* -s *Mz.* -ni:en ein orgelartiges Musikinstrument

**Harp|si|chord** [-kɔrd, engl.] *s. 1 engl. Bez. für* Cembalo

**Har|pu|ne** [frz.-altnord.] *w. 11* speerartiges Wurfgeschoß mit Widerhaken an der Spitze; **Har|pu|nier** *m. 1* Harpunenwerfer; **har|pu|nie|ren** mit der Harpune treffen, erlegen

**Har|pyie** [-pyjə, griech.] *w. 11 griech. Myth.:* **1** weibl. Sturmdämon mit Flügeln und Vogelkrallen; **2** ein süd- und mittelamerik. Raubvogel; **3** *übertr.:* unersättlich raubgieriges Wesen

**Har|te|beest** [Afrikaans] *s. 1 oder s. 3* südafrik. Kuhantilope

**Hart|schier** [ital.] *m. 1* **1** *urspr.:* berittener Bogenschütze; **2** *später:* Leibgardist des bayer. Königshauses

**Ha|ru|spex** [lat.] *m. 1 oder Gen.* - *Mz.* -spilzes [-tse:s] *bei den alten Römern und Etruskern:* Priester, der aus den Eingeweiden von Opfertieren wahrsagte; **Ha|ru|spi|zi|um** *s. Gen.* -s *Mz.* -zi:en Wahrsagung der Haruspex

**Ha|sard** [frz.] *s. 1 Kurzform von* Hasardspiel; **Ha|sar|deur** [-dør] *m. 1* **1** Glücksspieler; **2** waghalsiger, leichtsinniger Mensch; **ha|sar|die|ren 1** im Glücksspiel spielen; **2** alles aufs Spiel setzen, etwas wagen; **Ha|sard|spiel** *s. 1* Glücksspiel

**Hasch** *s. Gen.* -(s) *nur Ez. ugs.* Kurzform für Haschisch

**Ha|schee** [frz.] *s. 9* Gericht aus feingeschnittenem Fleisch, z. B. Lungenhaschee

**ha|schen** *ugs.:* Haschisch rauchen; **Ha|scher** *m. 5 ugs.:* jmd., der (gewohnheitsmäßig) Haschisch raucht

**ha|schie|ren** zu Haschee verarbeiten

**Ha|schisch** [arab.] *s. Gen.* - *nur Ez.* aus einer Hanfart gewonnenes Rauschgift

**Ha|sel|ant** [frz.] *m. 10 veraltet:* Spaßmacher, Possenreißer; **ha|se|lie|ren** Possen reißen, Spaß machen

**Ha|tschek** *s. 9 eindeutschende Schreibung für* Háček

**Hat|schier** *m. 1* → Hartschier

**Hat-Trick** [hæt-, engl.], **Hat|trick** *m. 9* **1** *Fußball:* dreimaliger Torschuß durch denselben Spieler; **2** *übertr.:* dreifacher Erfolg

**Haub|it|ze** [tschech.] *w. 11* **1** *urspr.:* Steinschleuder; **2** *dann:* für Flach- und Steilfeuer verwendbares Geschütz

**Haus|sa** *m. 9 oder Gen.* - *Mz.* - Angehöriger eines afrik. mohammedan. Negermischvolkes; **2** *s. Gen.* - *nur Ez.* dessen Sprache

**Hausse** [os, frz.] *w. 11* hoher Stand (von Aktien, Preisen); *Ggs.:* Baisse; **Haus|sier** [o:sje, frz.] *m. 9* jmd., der an der Börse auf Hausse spekuliert; *Ggs.:* Baissier

**Haute Cou|ture** [o:t kutyr, frz.] *w. Gen. - - nur Ez.* das schöpferische Modeschaffen, bes. in Paris; **Haute Cou|tu|ri|er** [o:t kutyrie] *m. Gen. - -s Mz. - -s* Modeschöpfer; **Haute|fi|nance** [o:tfinās] *w. Gen. - nur Ez.* auf Grund ihres Reichtums polit. u. wirtschaftl. Macht besitzende Gesellschaftsschicht, Hochfinanz; **Haute|lisse** [o:tlįs] *w. 11* Webart mit senkrechter Kette; *Ggs.:* Basselisse

**Haute|vo|lee** [o:tvɔle, frz.] *w. 11 nur Ez.* die vornehme Gesellschaft

**Haut|gout** [o:gu, frz.] *m. 9 nur Ez.* 1 intensiver Geschmack gut abgehangenen Wildbrets; 2 *übertr.:* Anrüchigkeit

**Haut mal** [o:mal, frz.] *s. Gen. - - nur Ez.* großer Anfall bei Epilepsie, Grand mal

**Haut|re|li|ef** [orəljɛf, auch: -ljɛf, frz.] *s. 9 oder s. 1* erhaben herausgearbeitetes Relief, Hochrelief; *Ggs.:* Basrelief

**Haut-Sau|ternes** [o:sotɛrn, nach der frz. Stadt Sauternes] *m. Gen. - nur Ez.* Weinsorte, ein weißer Bordeaux

**Ha|van|na** [nach der Hauptstadt von Kuba] *w. 9* Zigarre aus Havannatabak; **Ha|van|na|ta|bak** *m. 1* eine feine kuban. Tabaksorte

**Ha|va|rie** [-va-, arab.-ital.] *w. 11* Unfall, Bruch (eines Schiffes oder seiner Ladung, eines Flugzeugs, *österr. auch:* eines Kraftfahrzeugs); H. erleiden; **ha|va|riert** beschädigt; **Ha|va|rist** *m. 10* Eigentümer eines havarierten Schiffes

**Ha|ve|lock** [-və-, nach dem engl. General Sir H. Havelock] *m. 9* Herrenmantel mit bis zum Ellenbogen reichendem Schulterkragen

**Ha|ve|rei** [-və-] *w. 10* Unfallschäden und -kosten (eines Schiffes oder Flugzeugs)

**Ha|zi|en|da** [span.] *w. 9* Farm, Landgut in Mittel- und Südamerika

**Hb** *Abk. für* Hämoglobin

**HB** *Abk. für* Brinellhärte

**h. c.** *Abk. für* honoris causa

**He** *chem. Zeichen für* Helium

**h. e.** *Abk. für* hoc est = das ist

**Head|line** [hɛdlain, engl.] *w. 9 engl. Bez. für* Schlagzeile

**Hea|ring** [hi-, engl.] *s. 9* öffentliches Anhören von Sachverständigen, Anhörung

**Hea|vi|side|schicht** [hɛvisaid-, nach dem engl. Physiker O. Heaviside] *w. 10 nur Ez.* elektr. leitende Schicht der Atmosphäre

**He|be|phre|nie** [griech.] *w. 11* Jugendirresein, Vorform der Schizophrenie

**He|bra|i|ka** *Mz.* Bücher, Bilder, Dokumente über die hebräische Geschichte und Kultur; **He|bra|i|kum** *s. Gen. -s nur Ez.* Prüfung im Hebräischen; **He|bra|is|mus** *m. Gen. - Mz.* -men in die hellenist. Literatur übernommene hebräische Spracheigentümlichkeit; **He|bra|i|stik** *w. 10 nur Ez.* Wissenschaft von der hebräischen Sprache und Kultur

**He|do|nik** [griech.] *w. 10 nur Ez.*, **He|do|nis|mus** *m. Gen. - nur Ez.* altgriech. Lehre, nach der der Genuß Sinn und Ziel des menschlichen Handelns ist

**He|dschra** [arab. „Aufbruch"] *w. Gen. - nur Ez.* Übersiedlung Mohammeds von Mekka nach Medina im Jahr 622, Beginn der islam. Zeitrechnung

**he|ge|mo|ni|al** auf Hegemonie beruhend; **He|ge|mo|nie** [griech.] *w. 11* Vorherrschaft, Vormachtstellung; **he|ge|mo|nisch** die Hegemonie besitzend

**Hei|duck** [auch: hai-, ung.] *m. 10* 1 *urspr.:* ungar. Hirt; 2 *dann:* ungar. Söldner; 3 *im 18. Jh.:* Gerichtsdiener sowie Diener eines ungar. Fürsten

**He|ka|tom|be** [griech.] *w. 11* 1 *urspr.:* Opfer von 100 Stieren; 2 *übertr.:* riesige Menge

**Hekt|ar** [meist: hɛkt-, griech.] *s. 1, nach Zahlenangaben Mz. -* (*Abk.:* ha) Flächenmaß, 100 Ar; **Hekt|are** *w. 11, schweiz. für* Hektar

**Hek|tik** [griech.] *w. 10 nur Ez.* 1 chronisches Fieber und Abmagerung (bes. bei Lungen-Tbc); 2 aufgeregte Betriebsamkeit und Eile; **hek|tisch** 1 an Lungen-Tbc erkrankt, auf ihr beruhend; hektisches Fieber, hektische Röte; 2 fieberhaft aufgeregt, übersteigert betriebsam

**Hek|to|gramm** [griech.] *s. Gen. -s Mz. -* (*Abk.:* hg) 100 Gramm; **Hek|to|graph** *m. 10* ein Vervielfältigungsapparat; **Hek|to|gra|phie** *w. 11* ein Vervielfältigungsverfahren; **hek|to|gra|phie|ren** vervielfältigen; **Hek|to|li|ter** *s. 5, ugs.: m. 5* (*Abk.:* hl) 100 Liter; **Hek|to|me|ter** *s. 5* (*Abk.* hm) 100 Meter; **Hek|to|ster** *m. 5* (*Abk.:* hs) *veraltet:* 100 Ster, 100 m³; **Hek|to|watt** *s. Gen. -s Mz. -* (*Abk.:* hw) 100 Watt

**Hel|an|ca** *s. Gen. - nur Ez.* ⓦ ein elastisches, aus Nylon hergestelltes Garn

**He|li|an|the|mum** [griech.] *s. Gen. -s Mz.* -themen Sonnenröschen, ein Zierstrauch; **He|li|an|thus** *m. Gen. - Mz.* -then Sonnenblume

**He|li|kon** [griech.] 1 *s. 9* ein Blechblasinstrument, Baßtuba; 2 *s. 9* altgriech. Saiteninstrument

**He|li|kop|ter** [griech.] *m. 5* Hubschrauber

**he|lio..., He|lio...** [griech.] *in Zus.:* sonnen..., Sonnen...; **He|lio|dor** *m. 1* ein Edelstein; **He|lio|graph** *m. 10* astronom. Fernrohr mit Kamera für photograph. Aufnahmen der Sonne; 2 Gerät zur Nachrichtenübermittlung durch Blinkzeichen mittels Sonnenlicht; **He|lio|gra|phie** *w. 11* 1 Signale mit dem Heliographen; 2 ein Tiefdruckverfahren auf photomechan. Wege; **He|lio|gra|vü|re** *w. 11* 1 ein Tiefdruckverfahren ohne Raster; 2 damit hergestellter Druck; **he|lio|phil** die Sonne liebend (von Tieren); **he|lio|phob** die Sonne meidend (von Tieren); **He|lio|sis** *w. Gen. - nur Ez.* Sonnenstich; **He|lio|skop** *s. 1* lichtabsorbierendes Gerät zur direkten Beobachtung der Sonne mit dem Fernrohr; **He̲l̲l̲i̲o̲|s̲t̲a̲t̲** *m. 10* Gerät mit Spiegeln, die durch ein Uhrwerk so bewegt werden, daß sie dem Sonnenlicht für Beobachtungen im Fernrohr stets die gleiche Richtung geben; **He̲l̲l̲i̲o̲|t̲h̲e̲|r̲a̲|p̲i̲e̲** *w. 11* Heilbehandlung mit Sonnenlicht; **he̲l̲l̲i̲o̲|t̲r̲o̲p̲** blaßlila; **He̲l̲l̲i̲o̲|t̲r̲o̲p̲** *s. 11* Sonnenwende, eine Zimmerpflanze mit lila, nach Vanille duftenden Blüten; **2** ein blauvioletter Farbstoff; **3** *Geodäsie:* Sonnenspiegel zur Beobachtung entfernter Punkte; **4** *m. 1* ein Mineral, Blutjaspis; **he̲l̲l̲i̲o̲|t̲r̲o̲|p̲i̲s̲c̲h̲** in der Wuchsrichtung sich nach dem Licht wendend; **He̲l̲l̲i̲o̲|t̲r̲o̲|p̲i̲s̲|m̲u̲s̲** *m. Gen. - nur Ez.* → Phototropismus; **he̲l̲l̲i̲o̲|z̲e̲n̲|t̲r̲i̲s̲c̲h̲** auf die Sonne als Mittelpunkt bezogen; heliozentr. Weltsystem (des Kopernikus); **He̲l̲l̲i̲o̲|z̲o̲|o̲n̲** *s. Gen. -s Mz.* -z̲o̲en Einzeller mit strahlenförmigen Fortsätzen, Sonnentierchen; **He̲l̲l̲i̲|u̲m̲** *s. Gen. -s nur Ez.* (*Zeichen:* He) ein chem. Element, ein Edelgas **He̲l̲l̲i̲x̲** [griech.] **1** *w. Gen.- Mz.*-li̲ces [-tse:s], *Anat.:* umgebogener Rand der Ohrmuschel, Ohrleiste; **2** *nur Ez. Biol.:* die Wendelstruktur der Erbmoleküle **He̲l̲l̲k̲o̲l̲l̲o̲|g̲i̲e̲** [griech.] *w. 11 nur Ez.* Lehre von den Geschwüren; **He̲l̲l̲k̲o̲|m̲a̲** *s. Gen. -s Mz.*-ma̲lta Geschwür; **He̲l̲l̲k̲o̲|s̲e̲** *w. 11* Geschwürbildung **He̲l̲l̲l̲e̲|b̲o̲|r̲u̲s̲** [griech.] *m. Gen. - nur Ez.* Nieswurz **He̲l̲l̲l̲e̲|n̲e̲** *m. 11 urspr.:* Einwohner der griech. Landschaft Hellas, *dann allg.:* Grieche; **he̲l̲l̲e̲|n̲i̲|s̲i̲e̲|r̲e̲n̲** nach griech. Vorbild gestalten; **He̲l̲l̲l̲e̲|n̲i̲s̲|m̲u̲s̲** *m. Gen. - nur Ez.* die Kulturepoche von Alexander dem Großen bis Augustus (325 v. Chr. bis 30 n. Chr.), gekennzeichnet durch die Verschmelzung griech., kleinasiat. und ägypt. Kulturelemente; **He̲l̲l̲l̲e̲|n̲i̲|s̲t̲i̲k̲** *w. 10 nur Ez.* Wissenschaft vom Hellenismus **He̲l̲l̲m̲i̲n̲|t̲h̲e̲** [griech.] *w. 11* Eingeweidewurm; **He̲l̲l̲m̲i̲n̲|t̲h̲i̲a̲|s̲i̲s̲** *w. Gen. - nur Ez.* Wurmkrankheit; **He̲l̲l̲m̲i̲n̲|t̲h̲o̲|l̲o̲|g̲i̲e̲** *w. 11 nur Ez.* Lehre von den Eingeweidewürmern; **He̲l̲l̲m̲i̲n̲|t̲h̲o̲|s̲e̲** *w. 11* → Helminthiasis **He̲l̲l̲o̲|p̲h̲y̲t̲** [griech.] *m. 10*, Sumpfpflanze **He̲l̲l̲o̲t̲** [griech.] *m. 10*, **He̲l̲l̲o̲|t̲e̲** *m. 11* **1** *im alten Sparta:* Staatssklave; **2** *übertr.:* Unterdrückter **He̲l̲l̲v̲e̲|t̲i̲|k̲a̲** [lat.] *Mz.* Bücher, Bilder, Dokumente über die Schweiz; **He̲l̲l̲v̲e̲|t̲i̲s̲|m̲u̲s̲** *m. Gen.- Mz.* -men nur im dt. Sprachraum der Schweiz übl. Ausdruck; in eine andere Sprache übernommene schweizer. Spracheigentümlichkeit **He̲l̲l̲m̲i̲a̲l̲l̲g̲i̲e̲** [griech.], **He̲l̲l̲m̲i̲l̲k̲r̲a̲|n̲i̲e̲** *w. 11* halbseitiger Kopfschmerz, Migräne **He̲l̲l̲m̲i̲p̲l̲e̲|g̲i̲e̲** [griech.] *w. 11* einseitige Körperlähmung; **He̲l̲l̲m̲i̲p̲t̲e̲|r̲e̲** *m. 11 meist Mz.* Halbflügler, z. B. Wanze; **He̲l̲l̲m̲i̲s̲p̲h̲ä̲|r̲e̲** *w. 11* **1** eine Hälfte der Erd- und Himmelskugel; nördliche, südliche Hemisphäre; **2** Hälfte des Groß- bzw. Kleinhirns **He̲m̲|l̲o̲c̲k̲|t̲a̲n̲|n̲e̲** [engl.] *w. 11* Schierlingstanne, ein Zierbaum **He̲n̲|d̲e̲|k̲a̲|g̲o̲n̲** [griech.] *s. 1* Elfeck **He̲n̲|d̲i̲a̲|d̲y̲|o̲i̲n̲·** [griech.] *s. 1, auch:* **He̲n̲|d̲i̲a̲|d̲y̲s̲** *s. 1* Stilfigur, bei der statt eines Substantivs mit adjektivischem Attribut zwei durch „und" verbundene Substantive verwendet werden, z. B. „aus Bechern und Gold" statt „aus goldenen Bechern" **He̲n̲|n̲a̲** [arab.] *w. Gen. - nur Ez.* **1** alter oriental. Kulturstrauch; **2** rotgelber Farbstoff aus **1** und Öl zum Einbalsamieren bzw. für Parfüm **He̲n̲|n̲i̲n̲** [ɛnɛ̃, frz.] *s. 9, 14./15. Jh. in Frankreich und den Niederlanden:* hohe, kegelförmige Kopfbedeckung für Frauen mit von der Spitze hinten herabhängendem Schleier **He̲n̲|o̲|t̲h̲e̲|i̲s̲|m̲u̲s̲** [griech.] *m. Gen. - nur Ez.* Verehrung eines bevorzugten Gottes, ohne das Dasein anderer Götter zu leugnen oder ihre Verehrung zu verbieten **He̲n̲|r̲i̲-̲Q̲u̲a̲t̲r̲e̲-̲S̲t̲i̲l̲** [ãrido-] *m. 1 nur Ez.* Stilperiode während der frz. Renaissance zur Zeit Heinrichs II.; **He̲n̲|r̲i̲|q̲u̲a̲t̲r̲e̲** [ãrikatr(ə)] *m. 9* Spitzbart mit aufwärts gedrehtem Schnurrbart zur Zeit Heinrichs IV. von Frankreich **He̲n̲|r̲y̲** [nach dem US-amerik. Physiker J. Henry] *s. Gen.- Mz.* - (*Abk.:* H) Einheit der Induktivität **He̲|o̲r̲|t̲o̲|l̲o̲|g̲i̲e̲** [griech.] *w. 11 nur Ez.* Lehre von den kirchl. Festen und Feiertagen **He̲p̲a̲|t̲i̲|k̲a̲** [griech.] *w. Gen. - Mz.* -ken Leberblümchen; **he̲p̲a̲|t̲i̲s̲c̲h̲** zur Leber gehörend, von ihr ausgehend; **He̲p̲a̲|t̲i̲|t̲i̲s̲** *w. Gen. - Mz.* -ti̲t̲i̲den Leberentzündung; **he̲p̲a̲|t̲o̲|g̲e̲n̲** von der Leber ausgehend; **He̲p̲a̲|t̲o̲|g̲r̲a̲|p̲h̲i̲e̲** *w. 11* Röntgenaufnahme der Leber; **He̲p̲a̲|t̲o̲|p̲a̲|t̲h̲i̲e̲** *w. 11* Leberleiden **He̲p̲|t̲a̲|c̲h̲o̲r̲d̲** [-kɔrd, griech.] *m. 1 oder s. 1 Mus.:* Intervall von sieben diatonischen Stufen, große Septime; **He̲p̲|t̲a̲|g̲o̲n̲** *s. 1* Siebeneck; **He̲p̲|t̲a̲|m̲e̲|r̲o̲n̲** *s. Gen. -s nur Ez.* **1** die Schöpfungswoche; **2** dem Decamerone nachgestaltete Sammlung an 7 Tagen erzählten Novellen von Margarete von Navarra; **He̲p̲|t̲a̲|m̲e̲|t̲e̲r̲** *m. 5* siebenfüßiger Vers; **He̲p̲|t̲a̲n̲** *s. 1 nur Ez.* Kohlenwasserstoff mit sieben Kohlenstoffatomen; **He̲p̲|t̲a̲|t̲e̲u̲c̲h̲** *m. 1 nur Ez.* die ersten sieben Bücher des AT; **He̲p̲t̲|o̲|d̲e̲** *w. 11* Elektronenröhre mit sieben Elektroden **He̲|r̲a̲l̲|d̲i̲k̲** [frz.] *w. 10 nur Ez.* Wappenkunde **he̲r̲|a̲u̲s̲|k̲r̲i̲|s̲t̲a̲l̲|l̲i̲|s̲i̲e̲|r̲e̲n̲** sich h. *übertr.:* sich allmählich zeigen, deutlich werden, sich (aus etwas) bilden **he̲r̲|a̲u̲s̲|s̲t̲a̲f̲|f̲i̲e̲|r̲e̲n̲** festlich ankleiden, herausputzen **He̲r̲|b̲a̲|r̲i̲|u̲m̲** [lat.] *s. Gen. -s Mz.* -ri̲en Sammlung von getrockneten Pflanzen **He̲r̲|b̲i̲|v̲o̲|r̲e̲** [-v̲o̲-, lat.] *m. 11* pflanzenfres-

sendes Tier; **Her|bi|zid** *s. 1* Unkrautvernich-
tungsmittel

**he|re|di|tär** [frz.] erblich; **He|re|di|tät** *w. 10*
**1** Erblichkeit, Vererbung; **2** Erbfolge

**He|re|ro 1** *m. 9 oder Gen. - Mz.* - Angehöriger
eines südwestafrikan. Bantuvolkes; **2** *s.
Gen. -(s) nur Ez.* dessen Sprache

**Her|ku|les** [nach dem griech. Halbgott und
Sagenheld] sehr starker, großer Mensch; **her-
ku|lisch 1** sehr stark; **2** schwer zu vollbringen
(Arbeit)

**Her Ma|je|sty** [hɔː mædʒisti, engl.] (*Abk.:* H.
M.) *engl. Bez.* für Ihre Majestät (die engli-
sche Königin); **Her Ma|je|sty's ship** [hɔː mæ-
dʒistiz ʃip] (*Abk.:* H. M. S.) Ihrer Majestät
Schiff (Bez. für die britischen Kriegsschiffe);
vgl. His Majesty

**Herm|aphro|dis|mus** *m. Gen. - nur Ez.* →
Hermaphroditismus; **Herm|aphro|dit** [nach
dem Sohn des griech. Gottes Hermes und
der Aphrodite] *m. 10* Zwitter; **herm|aphro-
di|tisch** zweigeschlechtlich, zwittrig; **Herm-
aphro|di|tis|mus** *m. Gen. - nur Ez.* Zweige-
schlechtlichkeit, Zwittrigkeit

**Her|me** [nach dem griech. Gott Hermes]
*w. 11* Bildsäule mit viereckigem Schaft und
ausgearbeitetem Kopf

**Her|me|neu|tik** [griech.] *w. 10 nur Ez.* Kunst
der Deutung, Auslegung (von Kunstwerken,
Texten, Musikstücken)

**Her|me|ti|ker** [griech.] *m. 5* **1** *urspr.:* Anhän-
ger des ägypt.-griech. Gottes Hermes Tris-
megistos; **2** *dann auch:* Anhänger einer Ge-
heimlehre, z. B. Alchimist, Magier; **her|me-
tisch 1** wasser-, luftdicht (verschlossen);
**2** geheimnisvoll, dunkel

**Her|mi|ta|ge** [ɛrmitaʒə, nach der frz. Wein-
baugemarkung in der Dauphiné] eine rote
Rebsorte

**Her|nie** [-njə, lat.] *w. 11* **1** Eingeweidebruch;
**2** eine durch einen Pilz hervorgerufene
Pflanzenkrankheit; **Her|nio|to|mie** [lat.
+ griech.] *w. 11* Operation einer Hernie (1)

**He|roe** [griech.] *m. 11* → Heros; **He|ro|en-
kult** *m. 1* Heldenverehrung; **He|ro|ik**
*w. 10 nur Ez.* Heldenhaftigkeit; **He|ro|in**
*w. 10* Heldin; **He|ro|in** *s. 1 nur Ez.* ein
Rauschgift; **He|ro|ine** *w. 11 Theater:* Darstel-
lerin einer Heldinnenrolle; **He|ro|i|nis|mus**
*m. Gen. - nur Ez.* Süchtigkeit nach Heroin;
**he|ro|isch** heldenhaft, heldenmütig; heroische
Landschaft *Malerei:* Landschaft mit myth.
Figuren; heroischer Vers: epischer Vers, z.
B. Hexameter, Blankvers; **he|roi|sie-
ren** zum Helden erheben, verherrlichen;
**He|ro|is|mus** *m. Gen. - nur Ez.* Heldenmut,
Heldenhaftigkeit, Heldentum

**He|rons|ball** [nach dem altgriech. Mathema-
tiker Heron] *m. 2* Gefäß, in dem durch Ein-
blasen von Luft Wasser in die Höhe ge-
drückt wird

**He|ro|on** [griech.] *s. Gen. -s Mz. -roa* Tempel,

Grabmal eines Heros, Kultstätte; **He|ros**
*m. Gen. - Mz. -ro|en* Held, Halbgott

**He|ro|strat** [nach dem Griechen Herostratos,
der in Ephesos den Artemistempel in Brand
steckte, um berühmt zu werden] *m. 10* Ver-
brecher aus Ruhmsucht

**Her|pes** [griech.] *m. oder w. Gen. - nur Ez.*
Bläschenausschlag; **Her|pes zo|ster** *m. oder
w. Gen. - - nur Ez.* Gürtelrose

**Her|pe|to|lo|gie** [griech.] *w. 11 nur Ez.* Lehre
von den Amphibien und Kriechtieren

**Hes|pe|ri|den** *Mz. griech. Myth.:* Nymphen,
die die goldenen Äpfel des Lebens bewa-
chen; **hes|pe|ri|disch** westlich

**Hes|si|an** [-jən, engl.] *m. Gen. -s nur Ez.* gro-
bes, naturfarbenes Juteleinen

**He|tä|re** [griech. „Freundin"] *w. 11, im alten
Griechenland:* Freudenmädchen, (oft sehr
gebildete) Geliebte bedeutender Männer;
**He|tä|rie** *w. 11 im alten Griechenland:* (oft
geheimer) polit. Verband

**he|te|ro...**, **He|te|ro...** [griech.] *in Zus.:* an-
ders, fremd, ungleich; **He|te|ro|chro|mie**
*w. 11* verschiedene Färbung, z. B. der Iris
beider Augen; **He|te|ro|chro|mo|som** *s. 1* ge-
schlechtsbestimmendes Chromosom; **he|te-
ro|cy|clisch 1** *Chem.:* im Kohlenstoffring
auch andere Atome enthaltend; **2** *Bot.:* ver-
schiedenquirlig, verschiedenartige Blattkrei-
se aufweisend; **he|te|ro|dox** andersgläubig,
von der kirchlichen Lehrmeinung abwei-
chend; **He|te|ro|do|xie** *w. 11* Irrglaube, Irr-
lehre; **he|te|ro|gen** andersartig, ungleich,
nicht zusammenpassend; *Ggs.:* homogen;
**He|te|ro|ge|ni|tät** *w. 10 nur Ez.* Anders-, Un-
gleichartigkeit; *Ggs.:* Homogenität; **He|te|ro-
go|nie** *w. 11 nur Ez.* **1** Entstehung einer nicht
beabsichtigten Wirkung; **2** *Biol.:* Wechsel
zwischen einer sich geschlechtlich fortpflan-
zenden Generation und einer Generation aus
unbefruchteten Keimzellen; *Ggs.:* Homogo-
nie; **He|te|ro|kar|pie** *w. 11 nur Ez.* Vorkom-
men verschiedengestaltiger Früchte auf einer
Pflanze; **he|te|ro|log** *Med.:* abnorm; **He|te|ro-
lo|gie** *w. 11* Abweichung von der Norm; **he-
te|ro|mer** aus verschiedenen Bestandteilen
zusammengesetzt; **he|te|ro|morph** verschie-
dengestaltig; **He|te|ro|mor|phie** *w. 11 nur Ez.*,
**He|te|ro|mor|phis|mus** *m. Gen. - nur Ez.* Aus-
bildung verschiedenartiger Formen; **He|te|ro-
mor|pho|se** *w. 11, bei Pflanzen und Tieren:*
Ersatz eines verlorengegangenen Organs
durch ein anders aufgebautes; **he|te|ro|nom**
von anderen, fremden Gesetzen abhängig;
*Ggs.:* autonom; **He|te|ro|no|mie** *w. 11 nur Ez.*
Abhängigkeit von fremden Gesetzen; *Ggs.:*
Autonomie; **he|te|ro|phon** *Mus.:* im wesentli-
chen einstimmig, doch die Melodie leicht um-
spielend; **He|te|ro|pho|nie** *w. 11 nur Ez.*
gleichzeitiges Erklingen einer Melodie durch
verschiedene Stimmen oder Instrumente, wo-
bei die Hauptstimme von den übrigen Stim-

men leicht umspielt wird, bes. in der südost-asiat. Musik; vgl. Homophonie, Polyphonie; **He|te|ro|phy|lie** *w. 11 nur Ez.* Vorkommen verschiedengestaltiger Blätter auf einer Pflanze; **He|te|ro|pla|stik** *w. 10* Verpflanzung von artfremdem (tierischem) Gewebe auf den Menschen; *Ggs.:* Homöoplastik; **he|te|ro|po|lar** entgegengesetzt elektrisch geladen; **He|te-ro|se|xua|li|tät** *w. 10 nur Ez.* sich auf das ande-re Geschlecht richtendes Geschlechtsempfin-den; *Ggs.:* Homosexualität; **he|te|ro|se|xu|ell** auf das andere Geschlecht gerichtet, zum an-deren Geschlecht hingezogen; *Ggs.:* homo-sexuell; **He|te|ro|sis** *w. Gen.- nur Ez.* üppige-res Wachstum der Tochtergeneration; **he|te-ro|trop** verschiedenartig beschaffen, verschie-dengestaltig; **he|te|ro|troph** sich von organi-schen, von anderen Lebewesen stammenden Stoffen ernährend; *Ggs.:* autotroph; **He-te|ro|tro|phie** *w. 11 nur Ez.* Ernährung durch organische Stoffe anderer Lebewesen; *Ggs.:* Autotrophie; **He|te|r|özie** *w. 11* → Diözie; **he-te|ro|zy|got** gemischterbig, mit ungleichen Erbanlagen; *Ggs.:* homozygot; **he|te|ro|zy-klisch** → heterocyclisch

**Het|hi|ter** *m. 5* Angehöriger eines indoger-man. Volkes in Kleinasien; **He|thi|to|lo|gie** *w. 11 nur Ez.* Wiss. von der Sprache und Kultur der Hethiter

**Het|man** [ukrain., poln.] *m. 1 oder m. 9* **1** Oberhaupt der Kosaken; **2** *im Königreich Polen:* Oberbefehlshaber

**Het|ti|ter** *m. 5* → Hethiter

**heu|re|ka!** [griech., angebl. Ausruf des Archi-medes, als er das Gesetz des Auftriebs ent-deckte] „ich hab's gefunden!"; **Heu|ri|stik** *w. 10 nur Ez.* Lehre von den Methoden zum Finden neuer Erkenntnisse

**hex..., Hex..., he|xa..., He|xa...** [griech.] *in Zus.:* sechs..., Sechs...; **He|xa|chord** [-kɔrd] *s. 1 oder m. 1* sechsstufige diatonische Tonlei-ter des Guido von Arezzo, Grundlage der Solmisation; **he|xa|disch** auf der Zahl 6 als Grundlage beruhend; **He|xa|eder** *m. 5 oder s. 5* regelmäßiger Körper mit sechs Flä-chen, Würfel; **he|xa|edrisch** sechsflächig; **He-xa|eme|ron** *s. Gen. -s nur Ez.* die sechs Tage der Schöpfung; **He|xa|gon** *s. 1* Sechseck; **he-xa|go|nal** sechseckig; **He|xa|gramm** *s. 1* sechs-strahliger Stern aus zwei gleichseitigen Drei-ecken, Davidsstern; **Hex|ame|ron** *s. 9* dem Decamerone nachgebildeter Titel einer Sammlung von an sechs Tagen erzählten No-vellen; **He|xa|me|ter** *m. 5* sechsfüßiger epi-scher Vers (meist sechs Daktylen); **He|xa|min** *s. 1 nur Ez.* ein Sprengstoff; **He|xan** *s. 1* ali-phatischer Kohlenwasserstoff mit sechs Koh-lenstoffatomen, Bestandteil des Erdöls; **hex-an|gu|lär** sechswinklig; **he|xa|plo|id** einen sechsfachen Chromosomensatz enthaltend; **He|xa|po|de** *m. 11* Sechsfüßer, Insekt; **He|xa-teuch** *m. 1 nur Ez.* die ersten sechs Bücher

des AT; **he|xa|to|nisch** sechs Töne umfas-send; **Hex|lite** *s. 1 Mz. Chem.:* sechswertige Alkohole; **Hex|ode** *w. 11* Elektronenröhre mit sechs Elektroden; **Hex|ose** *w. 11* einfa-cher Zucker mit sechs Sauerstoffatomen im Molekül

**Hf** *chem. Zeichen für* Hafnium

**HF** *Abk. für* Hochfrequenz

**hg** *Abk. für* Hektogramm

**Hg 1** *chem. Zeichen für* Quecksilber (Hydro-argyrum); **2** *Phys.: Zeichen für* Quecksilber-säule

**Hia|tus** [lat.] *m. Gen.- Mz.-* **1** *Med.:* Spalt, Öffnung; **2** *Sprachw.:* Zusammentreffen zweier Vokale am Ende des einen und am Anfang des folgenden Wortes (galt in der antiken Metrik als Mißklang) oder am Ende der einen und am Anfang der folgenden Silbe, z. B. mein**e E**ltern, Theater; **3** *Geol.:* Sedimentlücke

**Hi|ber|na|kel** [lat.] *s. 14, bei vielen Wasser-pflanzen:* Überwinterungsknospe; **hi|ber|nal** *veraltet:* winterlich; **Hi|ber|na|ti|on** [-tsjon] *w. 10* Überwinterung, Winterschlaf; *auch:* Heilschlaf

**Hi|bis|kus** [kelt.-lat.] *m. Gen.- Mz.-ken* ein Zierstrauch, Eibisch

**hic et nunc** [lat.] hier und jetzt

**Hi|cko|ry** [Hik|ko-) [indian.-engl.] *m. 9* nord-amerik. Walnußbaum, dessen Holz bes. für Schier verwendet wird

**Hic Rho|dus, hic sal|ta!** [lat., „hier (ist) Rho-dus, hier springe!", nach einer Fabel von Äsop] Hier zeige, was du kannst!, Jetzt gilt es!

**Hi|dal|go** [span.] *m. 9* früher: Angehöriger des niederen span. und portugies. Adels

**Hidroa** [griech.] *Mz.* Schwitzbläschen; **Hi-dro|ti|kum** *s. Gen. -s Mz.* -ka schweißtreiben-des Mittel; **hi|dro|tisch** schweißtreibend

**Hier|ar|chie** [griech.] *w. 11* (bes. priesterli-che) Rangordnung, *auch:* die in dieser Ord-nung stehenden Personen; **hier|ar|chisch** in Stufen gegliedert; **hie|ra|tisch** priesterlich; hieratische Schrift: altägyptische, von den Priestern aus den Hieroglyphen entwickelte, vereinfachte Gebrauchsschrift; **Hie|ro|du|le** *m. 11 oder w. 11* altgriechische(r) Tempeldie-ner(in); **Hie|ro|gly|phe** *w. 11 meist Mz.* **1** Zei-chen einer Bilderschrift, bes. der ägypti-schen; **2** *ugs. scherzh.:* schwer lesbare Schrift; **hie|ro|gly|phisch 1** in Hieroglyphen (geschrieben); **2** *übertr.:* rätselhaft, nicht ent-zifferbar; **Hie|ro|kra|tie** *w. 11* Priesterherr-schaft; **Hie|ro|man|tie** *w. 11 nur Ez.* Weissa-gung aus Tieropfern; **Hie|ro|phant** *m. 10* Oberpriester, der bei den Eleusinischen My-sterien die heiligen Bräuche erläuterte

**Hi-Fi** [haifai] *Abk. für* High Fidelity; **Hi-Fi-An|la|ge** *w. 11* aus Stereo-Plattenspieler (oft auch -Radio), Verstärker und zwei Stereo-Lautsprechern kombinierte Anlage

**high** [hai̯, engl. „hoch"] erhoben, im Rauschzustand (nach dem Genuß von Rauschgift); high sein; **High Church** [hai̯ tʃəːtʃ] *w. Gen. - nur Ez.* (die englische) Hochkirche; **High Fidelity** [hai̯ faidḙliti, engl. „hohe Treue"] *w. Gen. - nur Ez. bei Schallplatten:* wirklichkeitsgetreue Wiedergabe durch Stereoton; **High‖life** [hai̯laif] *s. Gen. -(s) nur Ez.* Leben der vornehmen Kreise, *auch:* Lebewelt; **High‖light** [hai̯lait] *s. 9* **1** Höhepunkt (eines Ereignisses); **2** Glanzlicht (auf Gemälden und Fotografien); **High School** [hai̯ skuːl] *w. 9 in den USA:* höhere Schule; **High Society** [hai̯ səsai̯ḙti] *w. Gen. - nur Ez.* die sog. gute (eigtl.: hohe) Gesellschaft; **High Snobiety** [hai̯ snɔbai̯ḙti] *w. Gen. - nur Ez. scherzh.:* der sich snobistisch aufführende Teil der High Society; **High Tea** [hai̯ tiː] *m. Gen. -(s) nur Ez., in England:* leichter Imbiß am frühen Abend mit Tee und Kuchen; **High‖way** [hai̯wei̯] *m. 9, engl. Bez. für* Landstraße, *in den USA für* Autobahn

**Hi‖jacker** (-jak‖ker) [hai̯dʒækər, engl.] *m. 5* Flugzeugführer; **Hi‖jacking** (-jak‖king) *s. Gen. -(s) nur Ez.* Flugzeugentführung

**Hi‖la** *Mz. von* Hilum

**Hi‖la‖ri‖tät** [lat.] *w. 10 nur Ez. veraltet:* Heiterkeit

**Hill‖bil‖ly** [amerik. „Hinterwäldler"] *m. 9* ländl. Bewohner der Südstaaten der USA; **Hill‖bil‖ly‖mu‖sic** [-mjuːzik] *w. 10 nur Ez.* **1** ländl. Musik der nordamerik. Südstaaten; **2** auf die Musik der Cowboys zurückgehende, kommerzialisierte Musik

**Hi‖lum** [lat.] *s. Gen. -s Mz.* -la Stelle, an der der Samen einer Pflanze am Samenträger befestigt ist, Pflanzennabel

**Hi‖lus** [lat.] *m. Gen. - Mz.* -li Vertiefung an Organen, wo Nerven, Gefäße o. ä. ein- oder austreten; **Hi‖lus‖drü‖se** *w. 11* Drüse am Hilus der Lunge

**Hi‖mal‖ti‖on** [-tsjɔn, griech.] *s. Gen. -s Mz.* -ti‖en [-tsjən] altgriech. Obergewand

**Hi‖na‖ja‖na, Hi‖na‖ya‖na** [sanskrit. „kleines Fahrzeug"] *s. Gen. -(s) nur Ez.* die ältere, südliche, strengere, mönchische Richtung des Buddhismus; vgl. Mahajana

**Hin‖di** *s. Gen. - nur Ez.* neuindische Sprache, Amtssprache in Indien; **Hin‖du** *m. 9* Angehöriger des Hinduismus; **Hin‖du‖is‖mus** *m. Gen. - nur Ez.* aus dem Brahmanismus und Wedismus entwickelte indische Religion **Hin‖du‖sta‖ni** *s. Gen. - nur Ez.* neuindische Sprache mit zwei Formen, dem persisch beeinflußten Urdu und dem rein indischen Hindi

**Hink‖jam‖bus** *m. Gen. - Mz.* -ben → Choliambus

**Hi‖obs‖bot‖schaft** [nach der Gestalt des Hiob im AT] *w. 10*, **Hi‖obs‖post** *w. Gen. - nur Ez.* Unglücks-, Schreckensnachricht

**Hipp‖ari‖on** [griech.] *s. Gen. -s Mz.* -ri‖en fossiles Urpferd; **Hipp‖ia‖trik** *w. 10 nur Ez.* Pferdeheilkunde

**Hip‖pie** [engl.] *m. 9* Angehöriger einer Bewegung von jungen Leuten, die durch Beseitigung bürgerlicher Tabus, gewaltlosen Widerstand und häufig Verwendung von Rauschdrogen gegen die bürgerliche Gesellschaft und deren Staat protestieren

**Hip‖po‖drom** [griech.] *s. 1* Reitbahn; **Hip‖po‖gryph** *m. 12 oder m. 10, bei den ital. Renaissancedichtern:* geflügeltes Roß mit Vogelkopf, entsprechend dem Pegasus

**Hip‖po‖kra‖ti‖ker** *m. 5* Anhänger des altgriech. Ärztes Hippokrates und seiner Lehre; **hip‖po‖kra‖tisch** von Hippokrates stammend; hippokratischer Eid: *urspr.* Eid auf die Gesetze der Ärztezunft; *danach allg.* Grundlage der ärztlichen Ethik; hippokratisches Gesicht: eingefallenes Gesicht Sterbender

**Hip‖po‖lo‖gie** [griech.] *w. 11 nur Ez.* Wissenschaft vom Pferd; **Hip‖po‖po‖ta‖mus** *m. Gen. - Mz. -* Flußpferd; **Hipp‖urit** *m. 10* fossile Muschel der Kreidezeit

**Hip‖ster** [engl.] *m. 5* **1** Jazzfan; **2** jmd., der über alles Bescheid weiß, was neu und „in" ist

**Hi‖ra‖ga‖na** [japan.] *w. Gen. - nur Ez. oder s. Gen. -(s) nur Ez.* aus den chinesischen Schriftzeichen entwickelte japanische Silbenschrift

**His Ma‖je‖sty** [hiz mædʒisti, engl.] (*Abk.:* H. M.) *engl. Bez. für* Seine Majestät (der englische König); **His Ma‖je‖sty's ship** [hiz mædʒistiz ʃip] (*Abk.:* H. M. S.) Seiner Majestät Schiff (Bez. für die britischen Kriegsschiffe); vgl. Her Majesty

**His‖pa‖nic** [-spænik] *m. 6* Einwanderer aus Lateinamerika in die USA, Latino **his‖pa‖ni‖sie‖ren** [lat.] nach spanischem Vorbild gestalten; **His‖pa‖nis‖mus** *m. Gen. - Mz.* -men in eine andere Sprache übernommene spanische Spracheigentümlichkeit; **His‖pa‖nist** *m. 10* Wissenschaftler auf dem Gebiet der spanischen Sprache und Kultur

**Hist‖amin** [zu Histidin und Amin] *s. 1* ein Gewebshormon; **Hi‖sti‖din** [griech.] *s. 1 nur Ez.* eine Aminosäure; **hi‖stio‖id** gewebeartig; **Hi‖stio‖zyt** *m. 10* wandernde Bindegewebszelle; **Hi‖sto‖ge‖ne‖se** *w. 11 nur Ez.,* **Hi‖sto‖ge‖nie** *w. 11 nur Ez.* Entstehung und Entwicklung der Gewebe; **Hi‖sto‖lo‖gie** *w. 11 nur Ez.* Wissenschaft von den Geweben, Gewebelehre; **Hi‖sto‖ly‖se** *w. 11* Einschmelzung von Gewebe (bei Eiterungen); **Hi‖sto‖pa‖tho‖lo‖gie** *w. 11 nur Ez.* Lehre vom kranken Gewebe

**Hi‖stör‖chen** [griech.] *s. 7* Klatschgeschichte; **Hi‖sto‖rie** [-riḙ] *w. 11* **1** *früher:* Erzählung, Bericht; **2** *heute:* Geschichte, Geschichtswissenschaft; **Hi‖sto‖ri‖en‖ma‖le‖rei** *w. 10* Malerei, die Motive aus der Geschichte oder aus Sagen darstellt; **Hi‖sto‖rik** *w. 10 nur Ez.* Wissenschaft von der Geschichtsforschung; **Hi|sto|ri|ker** *m. 5* Geschichtswissenschaftler; **Hi|sto|rio|graph** *m. 10* Geschichtsschreiber; **Hi|sto|rio|gra|phie** *w. 11 nur Ez.* Geschichtsschreibung; **hi|sto|risch** geschichtlich, überliefert; historisches Drama: historische Ereignisse darstellendes Drama; **hi|sto|ri|sie|ren** das Geschichtliche (einer Sache, eines Vorgangs) betonen; **Hi|sto|ris|mus** *m. Gen. - nur Ez.* Verstehen histor. Erscheinungen in ihrer Einmaligkeit und ihrem geschichtl. Zusammenhang; *auch:* Überbetonung des Geschichtlichen; **hi|sto|ri|stisch** auf Historismus beruhend; **Hi|sto|ri|zis|mus** *m. Gen. - nur Ez.* → Historismus

**Hi|strio|ne** [lat.] *m. 11* **1** *im alten Rom:* Schauspieler; **2** *im M.A.:* Gaukler

**Hit** [engl.] *m. 9* **1** erfolgreiches Musikstück, Schlager; **2** bes. erfolgreiche, allg. beliebte Sache; **3** Dosis Rauschgift

**hitch|hi|ken** [hitʃhaikən, engl.] per Anhalter fahren, trampen

**hl** *Abk. für* Hektoliter

**h. l.** *Abk. für* hoc loco

**hm** *Abk. für* Hektometer

**h. m.** *Abk. für* huius mensis

**H. M.** *Abk. für* Her bzw. His Majesty

**H. M. S.** *Abk. für* Her bzw. His Majesty's ship

**Ho** *chem. Zeichen für* Holmium

**Hob.** *Abk. für* Hobokenverzeichnis

**Hob|bock** [engl.] *m. 9* großer Behälter aus Blech zum Versand von Fetten usw.

**Hob|by** [engl.] *s. 9* Steckenpferd, Liebhaberei; **Hob|by|raum** *m. 2* Bastelraum

**Hol|boe** *w. 11* → Oboe

**Ho|bo|ken|ver|zeich|nis** [nach dem ndrl. Musikforscher A. van Hoboken] *s. 1* (*Abk.:* Hob.) Verzeichnis der Werke J. Haydns mit Angabe der ersten Takte

**hoc an|no** [lat.] (*Abk.:* h. a.) *veraltet:* in diesem Jahr

**hoc est** [lat.] (*Abk.:* h. e.) *veraltet:* das ist

**Hockey** (Hok|key) [-ke, engl.] *s. Gen. -(s) nur Ez.* ein Rasen-Ballspiel zwischen zwei Mannschaften

**hoc lo|co** [lat.] (*Abk.:* h. l.) *veraltet:* an diesem Ort

**Ho|do|me|ter** [griech.] *s. 5* Schrittzähler, Wegmesser

**Ho|dscha** [pers.] *m. 9* mohammedan. Geistlicher

**Ho|kus|po|kus** [wohl aus verstümmelten lat. Formen] *m. Gen. -' nur Ez.* **1** Zauberformel; **2** Täuschung, Blendwerk

**Hol|ding|ge|sell|schaft** [engl. holding company] *w. 10* Dach-, Kontrollgesellschaft, Gesellschaft, die Anteile anderer Unternehmen besitzt und diese dadurch beeinflussen kann; **Hol|ding|ge|setz** *s. 1* Bergbau, Eisen- und Stahlindustrie: Gesetz über die Mitbestimmung der Arbeitnehmer

**Ho|lis|mus** [griech.] *m. Gen. - nur Ez.* eine biologisch-philosoph. Ganzheitslehre

**Holk** [engl.] *m. 1 oder m. 12 oder w. 1 oder w. 10, M.A.:* dreimastiges Segelschiff, *oft fälschlich für* Kogge

**Hol|le|rith|ma|schi|ne** [nach dem dt.-amerik. Erfinder] *w. 11* eine Lochkartenmaschine

**Hol|mi|um** [nach Stockholm] *s. Gen. -s nur Ez.* (*Zeichen:* Ho) chem. Element, seltenes Erdmetall

**Ho|lo|caust** [griech.] *m. 1, engl. Bez. für* Brandopfer, Zerstörung oder Massenmord durch Verbrennen

**Ho|lo|eder** [griech.] *m. 5* Kristall mit vollständig ausgebildeten Flächen; **Ho|lo|edrie** *w. 11 nur Ez., bei Kristallen:* volle Ausbildung aller Flächen

**Ho|lo|gramm** [griech.] *s. 1* → Holographie (2); **Ho|lo|gra|phie** *w. 11 nur Ez.* **1** photograph. Verfahren für räumliche Bilder; **2** mit diesem Verfahren hergestelltes Bild; **ho|lo|gra|phie|ren** *veraltet:* eigenhändig schreiben; **Ho|lo|gra|phon, Ho|lo|gra|phum** *s. Gen. -s Mz. -pha veraltet:* eigenhändig geschriebene Urkunde

**ho|lo|kri|stal|lin** [griech.] ganz kristallin (von Gesteinen)

**Ho|lo|me|ta|bo|len** [griech.] *Mz.* Insekten mit vollständiger Verwandlung; **Ho|lo|me|ta|bo|lie** *w. 11 nur Ez., bei Insekten:* vollständige Verwandlung einschließlich eines Puppenstadiums

**Ho|lo|pha|ne|glas** [griech.] *s. 4* ⓦ Riffelglas

**Ho|lo|si|de|rit** [griech.] *m. 1* Meteorstein, der ganz aus Eisen- und Nickellegierungen besteht

**Ho|lo|thu|rie** [-rjə, griech.] *w. 11* Seewalze, ein Stachelhäuter

**Ho|lo|zän** [griech.] *s. 1 nur Ez.* obere Abteilung des Quartärs, Eiszeit bis Gegenwart, *frühere Bez.:* Alluvium

**Home|land** [houmlənd] *s. 9, in der Republik Südafrika:* negriden Stämmen eingeräumtes Gebiet mit innerer Autonomie

**Hol|me|ri|de** *m. 11* **1** *urspr.:* Angehöriger eines altgriech. Sängergeschlechts; **2** *dann:* Sänger der Gedichte Homers; **ho|me|risch** von Homer stammend, in der Art Homers; homerisches Gelächter *übertr.:* lautes, anhaltendes Gelächter

**Home|rule** [houmru:l, engl.] *w. Gen. - nur Ez.* Schlagwort für die Forderung nach Selbstregierung (bes. in Irland bis zum 1. Weltkrieg); **Home|spun** [houmspʌn, engl.] *s. 9* (urspr. in Heimindustrie hergestellter) grober Wollstoff; **Home|trai|ner** [houmtrei-] *m. 5* Sportgerät für häusl. Training

**Hol|mi|let** [griech.] *m. 10* **1** Kenner der Homiletik; **2** Kanzelredner, Prediger; **Hol|mi|le|tik** *w. 10 nur Ez.* Lehre von der Predigt und ihrer Geschichte; **Hol|mi|li|ar, Hol|mi|li|a|ri|um** *s. Gen. -s Mz. -ri|en M.A.:* Predigtsammlung;

**Ho|mi|lie** _w. 11_ erbauliche Auslegung eines Bibeltextes

**Ho|mi|ni|de** [lat. + griech.] _m. 11 meist Mz._ Menschenartiger, Vertreter jeder ausgestorbenen oder heute noch lebenden Menschenrasse; **Ho|mi|ni|sa|ti|on** [-tsjon] _w. 10 nur Ez._ die stammesgeschichtliche Entwicklung zum Menschen; **Ho|mi|nis|mus** _m. Gen. - nur Ez._ Lehre, daß alle Erkenntnis nur im Hinblick auf den Menschen Gültigkeit habe

**Hom|mage** [ɔmaʒ(ə), frz.] _w. 11_ Huldigung

**Ho|mo** [lat.] **1** _m. Gen. -s oder_ Ho|mi|nis, _Mz._ Ho|mi|nes Mensch; Homo faber: technisch begabter Mensch; Homo sapiens: vernunftbegabter Mensch, _wissenschaftl. Bez. für:_ der heutige Mensch; **2** [_auch:_ hɔ-] _m. 9 ugs. Kurzw. für_ Homosexueller; **Ho|mo|ero|tik** _w. 10 nur Ez._ → Homosexualität; **ho|mo|ero|tisch** → homosexuell; **ho|mo|gen** [griech.] gleichartig, übereinstimmend, in Einklang stehend, einheitlich; _Ggs.:_ heterogen; **ho|mo|ge|ni|sie|ren** gleich machen, gut vermischen, gleichmäßig verteilen; **Ho|mo|ge|ni|tät** _w. 10_ Gleichartigkeit, Einheitlichkeit; _Ggs.:_ Heterogenität; **Ho|mo|go|nie** _w. 11 nur Ez._ Entstehung aus Gleichartigem; _Ggs.:_ Heterogonie; **Ho|mo|gramm** _s. 1,_ **Ho|mo|graph** _s. 1_ Wort von gleicher Schreibung, aber verschiedener Aussprache und Bedeutung, z. B. Tenor und Tenor; **ho|mo|log** gleichliegend, gleichlautend, übereinstimmend, entsprechend; homologe Organe: Organe mit gleicher Entwicklungsgeschichte, z. B. Arm und Vogelflügel, Schwimmblase und Lunge; homologe Reihe: Gruppe chem. Verbindungen, bei denen sich jede von der vorangehenden um eine zusätzliche $CH_2$-Gruppe unterscheidet; **Ho|mo|log** _s. 1_ chem. Verbindung einer homologen Reihe; **Ho|mo|lo|gie** _w. 11_ Übereinstimmung, Entsprechung, Gleichartigkeit; **Ho|mo|lo|gu|me|non** _s. Gen. -s Mz. -na_ als zum NT gehörend anerkannte Schrift; **hom|onym** gleich lautend, aber etwas anderes bedeutend, mehrdeutig; **Hom|onym** _s. 1_ Wort von gleicher Lautung, aber verschiedener Herkunft und Bedeutung, z. B. der Heide, die Heide

**Ho|mö|onym** [griech.] _s. 1_ ähnlich lautendes Wort, z. B. heimelig und heimlich; **Ho|möo|path** _m. 10_ nach den Regeln der Homöopathie behandelnder Arzt; _Ggs.:_ Allopath; **Ho|möo|pa|thie** _w. 11 nur Ez._ Heilverfahren, bei dem in kleinsten Dosen ein Mittel angewendet wird, das beim Gesunden die gleichen Krankheitserscheinungen hervorrufen würde, wie sie beim Kranken schon bestehen; _Ggs.:_ Allopathie; **Ho|möo|pla|stik** _w. 10_ Ersatz verletzten oder verlorengegangenen Gewebes durch artgleiches; _Ggs.:_ Heteroplastik; **ho|möo|therm** warmblütig, gleichbleibend warm; _Ggs.:_ poikilotherm; **Ho|möo|ther|me** _Mz._ Tiere, deren Körpertemperatur auch bei Schwankungen der Umwelttemperatur gleich bleibt, Warmblüter; _Ggs.:_ Poikilotherme

**ho|mo|phil** [griech.] → homosexuell; **Ho|mo|phi|lie** _w. 11 nur Ez._ → Homosexualität; **ho|mo|phon** gleichstimmig, die Melodie betonend; **Ho|mo|phon** _s. 1_ Wort, das wie ein anderes gesprochen wird, aber eine andere Schreibung und Bedeutung hat, z. B. Leere und Lehre, Rain und rein; **Ho|mo|pho|nie** _w. 11 nur Ez._ Kompositionsart, bei der die Melodiestimme im Vordergrund steht und die übrigen Stimmen sie nur unterstützen, Monodie; _vgl._ Heterophonie, Polyphonie; **Ho|mo|pla|stik** _w. 10_ → Homöoplastik; **Ho|mo|sei|ste** _w. 11_ Kartographie: Linie, die Orte gleicher Erschütterung bei Erdbeben verbindet; **Ho|mo|se|xua|li|tät** _w. 10 nur Ez._ auf Partner des gleichen Geschlechts gerichtete geschlechtliche Liebe; _Ggs.:_ Heterosexualität; _vgl._ Bisexualität (2); **ho|mo|se|xu|ell** gleichgeschlechtlich, zu Partnern des gleichen Geschlechts hinneigend; _Ggs.:_ heterosexuell; _vgl._ bisexuell; **ho|mo|zen|trisch** den gleichen Mittelpunkt habend; **ho|mo|zy|got** reinerbig, mit gleichen Erbanlagen; _Ggs.:_ heterozygot

**Ho|mun|ku|lus** [lat. „Menschlein"] _m. Gen. - Mz. -li, in Goethes „Faust":_ künstlich erzeugter, sehr kleiner Mensch

**Ho|nan|sei|de** [nach der chines. Provinz Honan] _w. 11_ handgewebter chines. Seidenstoff

**ho|nen** [engl.] feinschleifen

**ho|nett** [frz.] anständig, ehrenhaft

**Ho|ni soit qui mal y pense** [ɔni soa ki mal y pɑ̃s, frz.] Ein Schuft sei, wer etwas Schlechtes davon denkt. (Inschrift des engl. Hosenbandordens)

**Hon|neurs** [ɔnœrs, frz.] _nur Mz._ **1** Ehrenbezeigung; die H. machen: Gäste begrüßen und vorstellen; **2** _Lomber und Whist:_ die 4 bzw. 5 höchsten Karten

**Ho|ni soit ...** → Honi soit

**ho|no|ra|bel** [frz.] _veraltend:_ ehrbar, ehrenwert, ehrenvoll; **Ho|no|rant** [lat.] _m. 10_ jmd., der anstelle des Bezogenen einen Wechsel annimmt oder honoriert; **Ho|no|rar** _s. 1, bes. in freien Berufen:_ Vergütung, Entgelt, Bezahlung; **Ho|no|rar|pro|fes|sor** _m. 13_ (_Abk.:_ Hon.-Prof.) nicht im Beamtenverhältnis stehender Hochschulprofessor, der auf Grund bes. Leistungen einen Lehrauftrag bekommen hat; **Ho|no|rat** _m. 10_ jmd., für den ein anderer einen Wechsel honoriert; **Ho|no|ra|tio|ren** [-tsjo-] _nur Mz., bes. in kleinen Städten:_ die angesehensten Bürger; **ho|no|rie|ren** bezahlen (Wechsel; _bei freien Berufen_ Arbeit); _allg.:_ entgelten, vergüten; _auch:_ anerkennen (Bemühung); **ho|no|rig** _Stud.:_ ehrenhaft, freigebig; **ho|no|ris cau|sa** ehrenhalber; _vgl._ Dr. h. c.

**Hon|véd** [hɔnveːd, ung.] **1** _m. 9 seit 1868_ ung. freiwilliger Landwehrsoldat; **2** _w. 9 nur Ez._

*seit 1868* die ung. Landwehr; **3** *w. 9 nur Ez.*
*seit 1918* das ung. Heer
**Hook** [hụk, engl.] *m. 9 Boxen, engl. Bez. für*
Haken; **hooked** [hụkt] von einer harten
Droge abhängig
**Hoolilgan** [huligən, engl. „Lümmel"] *m. 9*
**1** Vertreter einer philosoph. oder relig. Rich-
tung, der bestrebt ist, die Rechte anderer
einzuschränken; **2** roher, gewalttätiger
Mensch, Rowdy; **Hoollilgalnislmus** *m. Gen. -
nur Ez.* Rowdytum, ungesetzliches Verhalten
**Ho|ra** [griech.] Stunde; *im Dt.* nur als Zei-
chen h *oder* [h], *z. B.* kWh: Kilowattstunde, 5[h]:
fünf Uhr; **Ho|ra,** **Ho|re** *w. Gen. - Mz.* -ren
*kath. Kirche:* Zeit des Stundengebets sowie
dieses selbst; **Ho|ren 1** *Mz.* von Hora;
**2** *nur Mz. griech. Myth.:* die Göttinnen der
Jahreszeiten
**Holrilzont** [griech.] *m. 1* **1** scheinbare Linie,
die den Himmel von der Meeres- oder Land-
oberfläche trennt, Gesichtskreis; **2** *Geol.:*
eine durch bestimmte Versteinerungen ge-
kennzeichnete Schicht; diese Schicht umfas-
sender Zeitabschnitt; **3** *übertr.:* Umfang der
geistigen Interessen und Bildung; einen en-
gen oder weiten H. haben; **holrilzon|tal** waa-
gerecht; *Ggs.:* vertikal; **Holrilzon|talle** *w. 11*
waagerechte Gerade oder Lage, Waagerech-
te; *Ggs.:* Vertikale; **holrilzon|tie|ren** *Geol.:*
zeitlich in Beziehung zueinander bringen
**Hor|mon** [griech.] *s. 1* von den Drüsen mit
innerer Sekretion gebildeter, bestimmte kör-
perl. Funktionen regelnder Wirkstoff; **hor-
mo|nal, hor|mo|nell** auf Hormonen beruhend
**Horn|pipe** [hɔrnpaip, engl.] *w. 9* **1** altes, aus
einem Tierhorn hergestelltes Blasinstrument;
**2** *bis 18. Jh.:* engl. Volkstanz
**Holro|log** [griech.] *s. 1,* **Holro|lo|gi um**
*s. Gen.-s Mz.* -gi en *veraltet:* Stundenanzei-
ger, Uhr
**Holro|skop** [griech.] *s. 1* Aufzeichnung der
Stellung der Gestirne bei der Geburt eines
Menschen zur Charakterdeutung und Zu-
kunftsvorhersage
**hor|rend** [lat.] **1** schrecklich; **2** ungeheuer,
übermäßig; horrende Forderungen, Preise;
**hor|ri|bel** *veraltet:* schrecklich, grauenhaft;
horribile dictu: schrecklich zu sagen (als Ein-
leitung zu einer Schilderung); **Hor|ror**
**1** *m. Gen. -s nur Ez.* Abscheu, Grauen; einen
H. vor etwas haben; Horror vacui: Scheu vor
dem Leeren; **2** → Horror-Trip; **Hor|ror-Trip**
[lat.-engl.] *m. 9* Rauschzustand nach Drogen-
genuß mit Schreckensvorstellungen
**hors con|cours** [ɔr kõkụr, frz.] außer Wettbe-
werb; bei einem Rennen h. c. laufen
**Hors|d' œuvre** [ɔ:rdœvrə, frz.] *s. 9* Vorspeise
**Horse** [hɔrs, engl. „Pferd"] *s. Gen. - nur Ez.*
*ugs. für* Heroin (als Rauschgift)
**ho|san|na!,** **ho|si|an|na!** Freudenruf, urspr.
beim Einzug Jesu in Jerusalem; **Ho|si|an|na**
*s. 9* Bittruf in der christlichen Liturgie

**Hos|pi|tal** [lat.] *s. 4 oder s. 1, veraltet, noch
schweiz.:* Krankenhaus, Altenpflegeheim;
**Hos|pi|ta|lis|mus** *m. Gen.- nur Ez.* **1** körperli-
che, geistige und seelische Schäden durch an-
dauernden Krankenhaus- oder (bei Kindern)
Heimaufenthalt; **2** zusätzl. Erkrankung eines
Patienten im Krankenhaus durch Infektion;
**Hos|pi|ta|lit** *m. 10 veraltet:* Insasse eines Hos-
pitals; **Hos|pi|ta|li|tät** *w. 10 nur Ez. veraltet:*
Gastfreundschaft; **Hos|pi|tant** *m. 10* **1** Gast-
hörer (an einer Hochschule oder in der Frak-
tionssitzung einer anderen Partei); **2** Studien-
referendar als Zuhörer bei einer Unterrichts-
stunde; **hos|pi|tie|ren** als Gast zuhören; **Hos-
piz** *s. 1* (urspr. von Mönchen errichtetes)
Übernachtungsheim, christl. Gasthaus
**Hos|po|dar** *m. 1 oder m. 10* früher: Titel sla-
wischer Fürsten in der Moldau und Walachei
**Host|eß** [auch: hɔ-, engl.] *w. 10* **1** Fremden-
führerin, Betreuerin von Gästen (bei großen
Veranstaltungen, in Ausstellungen usw.);
**2** städt. Angestellte, die Fremden Auskünfte
erteilt; **3** *in den USA:* Bardame
**Hos|tie** [-stjə, lat. „Opfer(tier)"] *w. 11* ge-
weihtes, ungesäuertes Abendmahlsbrot in
Form einer kleinen Oblate
**hos|til** [lat.] feindlich, feindselig; **Hos|ti|li|tät**
*w. 10 nur Ez.* Feindseligkeit
**Hot** [Kurzw. aus Hot Jazz] *m. 9* Improvisa-
tion und scharfe Synkopierung einer Melodie
**Hot Dog** [hɔt dɔg, engl. „heißer Hund"]
*m. Gen. - -s Mz.* - -s in eine Semmel gesteck-
tes, mit Ketchup gewürztes heißes
Würstchen
**Ho|tel** [frz.] *s. 9* Betrieb, in dem gegen Ent-
gelt Übernachtung u. Verpflegung für geho-
bene Ansprüche geboten werden; **Ho|tel
gar|ni** *s. Gen. - - Mz. -s-s* [-tɛl -ni] Hotel, in
dem man nur übernachten und frühstücken
kann; **Ho|te|lier** [-lje] *m. 9* Besitzer oder Lei-
ter eines Hotels; **Ho|tel|le|rie** *w. 11 nur Ez.*
Hotel-, Gaststättengewerbe
**Hot Jazz** [hɔt dʒæs] *m. Gen. - - nur Ez.* der
scharf akzentuierende Improvisationsstil des
Jazz in seiner Blütezeit zwischen 1920 und
1930; **Hot Mo|ney** [hɔt mʌni] *s. Gen. - -(s)
nur Ez.* fluktuierende Gelder, die je nach
Wechselkurs zur stabileren Währung wan-
dern; **Hot Pants** [hɔt pænts, engl. „heiße
Höschen"] *Mz.* sehr kurze Damenshorts
**hot|ten** Hot tanzen
**Hot|ten|tot|te** [kapholländ.] *m. 11* Angehöri-
ger eines süd- und südwestafrik. Negervolkes
**House of Com|mons** [haus ɔv kɔmənz]
*s. Gen. - - - nur Ez.* das Unterhaus im engli-
schen Parlament; **House of Lords** [haus ɔv
lɔrdz] *s. Gen. - - - nur Ez.* das Oberhaus im
englischen Parlament
**Ho|ver|craft** [-kra:ft, engl.] *s. 9, Gen. auch* -
Fahrzeug, das unmittelbar über dem Wasser
wie auf einem Luftkissen schwebt
**HP** *Abk. für* horse-power (Pferdestärke, PS)

**hs** *Abk. für* Hektoster
**Hu|er|ta** [wẹrta, span.] *w. 9, in Süd- und Ostspanien:* künstlich bewässertes Ackerland
**Hu|ge|not|te** [frz.] *m. 11, im alten Frankreich:* Protestant
**hu|ius an|ni** [lat.] *auch:* huljus an|ni (*Abk.: h. a.*) dieses Jahres; **hu|ius men|sis,** *auch:* hu|jus men|sis (*Abk.: h. m.*) dieses Monats
**Hu|ka** [arab.] *w. 9* indische Wasserpfeife
**Huk|boot** [engl.] *s. 1,* **Hu|ker** *m. 5* größeres Fischerboot der Hochseefischerei mit umlegbarem Mast
**Hu|la** [hawaiisch] *w. oder m. 9 urspr.* kultischer Tanz der Eingeborenen von Hawaii
**Hulk** → Holk
**hu|man** [lat.] menschlich, menschenfreundlich, menschenwürdig; *Ggs.:* inhuman; **Hu|man|bio|lo|gie** *w. 11 nur Ez.* Bereich der Biologie, der sich mit dem Menschen befaßt; **Human En|gi|nee|ring** [jumən ɛndʒini:riŋ, engl.] *s. Gen.-- nur Ez.* Untersuchung und Berücksichtigung der psycholog. Voraussetzungen des Menschen bei der Gestaltung von Arbeitsplätzen und Arbeitsabläufen; **Hu|man|ge|ne|tik** *w. 10 nur Ez.* Wiss. von der Vererbung beim Menschen; **Hu|ma|nio|ra** *Mz. veraltet* **1** klassische Bildung, Studium des klassischen Altertums; **2** Schrifttum des klassischen Altertums, die klassischen Fächer, *auch:* Prüfung darin; **hu|ma|ni|sie|ren** human, menschlich machen; **Hu|ma|nis|mus** *m. Gen.- nur Ez.* **1** Menschlichkeit, Achtung vor der Menschenwürde; **2** im 13.-16. Jh. europäische geistige Strömung, die nach Wiederbelebung der Kulturwerte des griech.-röm. Altertums strebte, im 18. Jh. neue Blüte dieser Strömung: Neuhumanismus; **Hu|ma|nist** *m. 10* **1** Vertreter des Humanismus; **2** Kenner des griech.-röm. Altertums, bes. seiner Sprachen; **3** jmd., der ein humanist. Gymnasium besucht hat; **hu|ma|ni|stisch** auf dem Humanismus (2) beruhend, von ihm ausgehend; humanistisches Gymnasium: Gymnasium mit Griechisch und Latein; **hu|ma|ni|tär** menschenfreundlich, wohltätig; **Hu|ma|ni|tät** *w. 10 nur Ez.* edle Menschlichkeit, Gesinnung und Verhaltensweise, die sich der Würde des Menschen verpflichtet fühlt; *Ggs.:* Inhumanität; **Hu|man|me|di|zin** *w. 10 nur Ez.* Bereich der Medizin, der sich mit dem Menschen befaßt, im Unterschied zur Tiermedizin; **Hu|man Re|la|tions** [jumən rilei∫nz, engl.] *Mz.* die Beziehungen der Menschen zueinander, bes. als Forschungsgegenstand der Soziologie
**Hum|bug** [engl.] *m. Gen.-s nur Ez.* Täuschung, Blendwerk, Aufschneiderei
**Hu|me|ra|le** [lat.] *s. Gen.-s Mz. -lia oder* -li|en Schultertuch des kath. Priesters
**hu|mid** [lat.], **hu|mi|de** feucht, niederschlagsreich (Klima, Gebiet)
**Hu|mi|fi|ka|ti|on** [-tsjon, lat.] *w. 10 nur Ez.* Vermoderung, Humusbildung; **hu|mi|fi|zie-**

**ren** vermodern lassen, zu Humus werden lassen
**hu|mil** [lat.] *veraltet* **1** niedrig; **2** demütig; **hu|mi|li|ant** *veraltet:* demütigend; **Hu|mi|li|a|ti|on** [-tsjon] *w. 10 veraltet:* Demütigung; **Hu|mi|li|tät** *w. 10 nur Ez. veraltet:* Demut
**Hu|min|säu|re** [lat.] *w. 11 nur Ez.* aus Resten abgestorbenen Lebewesen im Boden sich bildende Säure; **Hu|mit** *m. 1,* **Hu|mo|lith** [lat. + griech.] *m. 1 oder m. 10* Humusgestein, Humuskohle
**Hu|mor** [lat.] *m. Gen.-s nur Ez.* geistig überlegene Heiterkeit, heitere seelische Gelassenheit; **Hu|mor** *m. Gen.-s Mz.-mo|res* [-re:s] *Med.:* Körperflüssigkeit, Körpersaft; **hu|mo|ral** auf den Körpersäften beruhend, durch sie bewirkt; **Hu|mo|ral|pa|tho|lo|gie** *w. 11 nur Ez.* antike Lehre, daß alle Krankheiten durch fehlerhafte Zusammensetzung der Körpersäfte verursacht würden; **Hu|mo|res|ke** *w. 11* kurze, humorvolle Erzählung, kurzes, heiteres Musikstück; **hu|mo|rig** humorvoll, launig; **Hu|mo|rist** *m. 10* Verfasser oder Rezitator humorvoller Erzählungen oder Verse; **Hu|mo|ri|sti|kum** *s. Gen.-s Mz.-ka* etwas Humorvolles; **hu|mo|ri|stisch** mit Humor, voller Humor
**hu|mus** [lat.] humusreich; **Hu|mus** *m. Gen.- nur Ez.* die oberste, fruchtbare Schicht des Erdbodens
**Hun|dred|weight** [hʌndrədweit] *s. Gen.- Mz.-(s)* → Centweight
**Hun|ga|ri|ka** *Mz.* Bücher, Bilder usw. über Ungarn
**Hun|ter** [hʌn-, engl.] *m. 5* engl. Jagdpferd, engl. Jagdhund
**Hu|ri** [arab.] *w. 9 im Islam:* schöne Paradiesjungfrau
**Hu|ro|ne** *m. 11* Angehöriger eines nordamerik. Indianerstammes
**Hur|ri|kan** [engl.: hʌrikən, indian.] *m. 1* Wirbelsturm in Mittelamerika
**Hu|sar** [ung.] *m. 10* **1** *urspr.:* berittener ung. Soldat; **2** *dann allg.:* Angehöriger der leichten Kavallerie; **Hu|sa|ren|streich** *m. 1,* **Hu|sa|ren|stück** *s. 1* tollkühne Tat
**Hus|ky** [hʌs-, engl.] *m. 9* Polarhund
**Hus|sit** *m. 10* Anhänger des Hussitismus; **Hus|si|tis|mus** *m. Gen.- nur Ez.* Lehre und Bewegung des tschech. Reformators J. Hus
**HV** *Abk. für* Vickershärte
**Hy|a|den** *Mz. griech. Myth.:* Wassernymphen
**hy|a|lin** [griech.] glasartig, glasig durchsichtig; **Hy|a|lin** *s. 1* **1** glasige Eiweißmasse; **2** glasiges Vulkangestein; **Hy|a|lit** *m. 1* ein Mineral, Glasopal; **Hy|a|lo|gra|phie** *w. 11* Glasradierung; **hy|a|lo|id** glasartig; **Hy|a|lo|phan** *s. 1* ein Mineral, Kalifeldspat
**Hy|äne** [griech.] *w. 11* ein Raubtier
**Hy|a|zinth** [griech.] *m. 1* ein Edelstein; **Hya|zin|the** *w. 11* eine Zierpflanze
**hy|brid** [lat.] **1** von zweierlei Abkunft,

zwitterartig; **2** *übertr.:* hochmütig, überheblich; **Hy|bri|de** *m. 11 oder w. 11* aus einer Kreuzung hervorgegangener Bastard; **Hy|bri|di|sa|ti·on** [-tsjon] *w. 10* Kreuzung, Bastardisierung; **hy|bri|di|sie|ren** kreuzen; **Hy|brid|rechner** *m. 5* Kombination aus Analog- und Digitalrechner **Hy|bris** [griech.] *w. Gen. - nur Ez.* in der Antike: frevelhafte Selbstüberhebung, bes. den Göttern gegenüber **Hyd|ar|thro|se** *w. 11* → Hydrarthrose; **hy|da|to|gen** *Geol.:* aus wäßriger Lösung oder unter Mitwirkung von Wasser entstanden (Mineral, Ablagerung) **hydr..., Hydr...** → hydro..., Hydro... **Hy|dra** [griech.] *w. Gen. - Mz.* -dren ein Süßwasserpolyp; **hydr|ago|gisch** *Med.:* Wasser abführend; **Hydr|ago|gum** *s. Gen. -s Mz.* -ga *Med.:* die ⓦ Wasserausscheidung anregendes Mittel; **Hydr|ämie** *w. 11* erhöhter Wassergehalt des Blutes; **Hy|drant** *m. 10* Wasserzapfstelle auf der Straße; **Hydr|ar|gy|rum** *s. Gen. -s nur Ez.* (chem. Zeichen: Hg) Quecksilber; **Hydr|ar|thro|se** *w. 11* Gelenkwassersucht; **Hy|drat** *s. 1* Wasser enthaltende organische oder anorganische Verbindung; **Hy|dra|ta|ti·on, Hy|dra|ti·on** [-tsjon] *w. 10* Bildung von Hydraten; **hy|dra|ti|sie|ren** in Hydrat verwandeln **Hy|drau|lik** [griech.] *w. 10 nur Ez.* Lehre von der Bewegung von Flüssigkeiten, von der Wasserkraft; **hy|drau|lisch** auf Flüssigkeitsdruck beruhend, dadurch betrieben, mit Wasserantrieb; **Hydr|a|zin** *s. 1* chem. Verbindung aus Stickstoff und Wasserstoff; **Hy|dria** *w. Gen. - Mz.* -dri|en altgriech. Wasserkrug mit zwei waagerechten und einem senkrechten Henkel; **Hy|drid** *s. 1* chem. Verbindung aus Wasserstoff und einem anderen Element; **hy|drie|ren** Wasserstoff unter Mitwirkung von Katalysatoren (an eine chem. Verbindung) anlagern **hy|dro..., Hy|dro...** [griech.] *in Zus.:* wasser..., Wasser...; **Hy|dro|bio|lo|gie** *w. 11 nur Ez.* Lehre von den im Wasser lebenden Lebewesen; **Hy|dro|dy|na|mik** *w. 10 nur Ez.* Lehre von den strömenden Flüssigkeiten; **hy|dro|elek|trisch** Elektrizität durch Wasserkraft erzeugend; **hy|dro|en|er|ge|tisch** durch Wasserkraft Energie erzeugend; **hy|dro|gen** aus Wasser abgeschieden; **Hy|dro|gen** *s. 1 nur Ez.*, **Hy|dro|ge|ni|um** *s. Gen. -s nur Ez.* (chem. Zeichen: H) Wasserstoff; **Hy|dro|geo|lo|gie** *w. 11 nur Ez.* Bereich der Geologie, der sich mit dem Wasserhaushalt des Bodens befaßt, Grundwassergeologie; **Hy|dro|gra|phie** *w. 11 i. w. S.:* Lehre vom Kreislauf des Wassers; *i. e. S.:* Gewässerkunde des Festlandes; **Hy|dro|kar|bo|nat** *s. 1* doppeltkohlensaures Salz; **Hy|dro|ke|pha|le** *m. 11* → Hydrozephale; **Hy|dro|kul|tur** *w. 10* → Hydroponik; **Hy|dro|la|se**

*w. 11 meist Mz.* Enzym, das unter Wasseraufnahme chem. Verbindungen spaltet; **Hy|dro|lo|gie** *w. 11 nur Ez.* Lehre vom Wasser auf und unter der Erde; **Hy|dro|lo|gi|um** *s. Gen. -s Mz.* -gi|en, *früher:* Wasseruhr, Gerät, das sich in einer bestimmten Zeit mit Wasser füllt oder von Wasser leert; **Hy|dro|ly|se** *w. 11* Spaltung chem. Verbindungen unter Mitwirkung von Wasser; **hy|dro|ly|tisch** durch Hydrolyse bewirkt, auf ihr beruhend; **Hy|dro|me|cha|nik** *w. 10 nur Ez.* Lehre und techn. Anwendung von den strömenden und ruhenden Flüssigkeiten; **Hy|dro|me|teo|r|e** *m. 1 Mz.* Niederschlag aus der Atmosphäre, z. B. Regen; **Hy|dro|me|ter** *s. 5* Gerät zum Messen der Geschwindigkeit strömenden Wassers, Wassermesser; **Hy|dro|me|trie** *w. 11 nur Ez.* alle Meßarbeiten an Wasser; **Hy|dro|na|li|um** *s. Gen. -s nur Ez.* seewasserbeständige Aluminium-Magnesium-Legierung; **Hy|dro|ne|phro|se** *w. 11* Erweiterung der Niere durch Harnstauung, Stauungsniere, Sackniere; **Hy|dro|pa|thie** *w. 11 nur Ez.* Anwendung von Wasser zu Heilzwecken, Wasserheilkunde; **hy|dro|phil 1** *Chem.:* wasseraufnehmend, wasseranziehend; **2** wasserliebend (von Tieren und Pflanzen); **Hy|dro|phi|lie** *w. 11 nur Ez.* **1** Bestreben, Wasser aufzunehmen; **2** Vorliebe für Wasser; **hy|dro|phob 1** *Chem.:* Wasser abstoßend, nicht in Wasser löslich; **2** Wasser meidend, wasserscheu (von Menschen, Tieren und Pflanzen); **Hy|dro|pho|bie** *w. 11* Wasserscheu; **hy|dro|pho|bie|ren** wasserabstoßend machen (Textilien); **Hy|dro|phor** *m. 1* ⓦ Feuerlöschgerät, das Wasser ansaugt und der Feuerspritze zuführt; **Hy|dro|pho|re** *w. 11, altgriech. Kunst:* Wasserträgerin; **Hy|droph|thal|mus** *m. Gen. - nur Ez.* Augenwassersucht; **Hy|dro|phyt** *m. 10* Wasserpflanze; **hy|dro|pisch** an Hydropsie leidend, wassersüchtig; **Hy|dro|plan** *m. 1* **1** Wasserflugzeug; **2** Gleitboot; **hy|dro|pneu|ma|tisch** durch Wasser und Luft angetrieben; **Hy|dro|po|nik** *w. 10 nur Ez.* Pflanzenaufzucht ohne Erde in Nährlösung, Wasserkultur, Hydrokultur; **Hy|drop|sie** *w. 11* Wassersucht; **Hy|dro|sphä|re** *w. 11 nur Ez.* Wasserhülle der Erde; **Hy|dro|sta|tik** *w. 10 nur Ez.* Lehre von den ruhenden Flüssigkeiten und ihren im Gleichgewicht befindlichen Kräften; **hy|dro|sta|tisch** auf Hydrostatik beruhend; hydrostatischer Druck: Druck einer unbewegten Flüssigkeit auf eine Fläche; **Hy|dro|tech|nik** *w. 10 nur Ez.* Wasserbautechnik; **Hy|dro|the|ra|pie** *w. 11* Behandlung mit Wasser zu Heilzwecken, Wasserheilverfahren; **Hy|dro|tho|rax** *m. Gen. - nur Ez.* Wasseransammlung im Brustfellraum, Brustwassersucht; **Hy|dro|xid** *s. 1* chem. Verbindung, die eine oder mehrere Hydroxylgruppen enthält; **Hy|dro|xyl|grup|pe** *w. 11* Wasserstoff-Sauerstoff-Gruppe; **Hy|dro|ze|lle** *w. 11* entzündliche Flüssigkeitsan-

sammlung, bes. an den Hoden; **Hy|dro|ze-**
**pha|lle** *m.11*, **Hy|dro|ze|phal|lus** *m. Gen.- Mz.*
-phallen Wasserkopf; **Hy|dro|zo|lon** *s. Gen.*
-s *Mz.* -zo|en Hohltier; **Hy|dru|rie** *w.11* er-
höhter Wassergehalt des Harns
**Hye|to|graph** [griech.] *m.10 veraltet* Regen-
messer; **Hye|to|gra|phie** *w.11 nur Ez.* Mes-
sung und Beschreibung der Menge und Ver-
teilung von Niederschlägen; **Hye|to|me|ter**
*s.5* Regenmesser
**Hy|gie|ne** [griech.] *w.11 nur Ez.* **1** Lehre von
der Gesundheit; **2** Pflege der Gesundheit,
Sauberkeit; **Hy|gie|ni|ker** *m.5* **1** Wissen-
schaftler der Hygiene; **2** Fachmann in der öf-
fentlichen Gesundheitsfürsorge; **hy|gie|nisch**
auf Hygiene beruhend, sie fördernd
**Hy|gro|gramm** [griech.] *s.1* Aufzeichnung ei-
nes Hygrometers; **Hy|gro|graph** *m.10 →* Hy-
grometer; **Hy|grom** *s.1* Wasser- oder
Schleimgeschwulst bei Schleimbeutelentzün-
dung; **Hy|gro|me|ter** *s.5* Gerät zum Messen
der Luftfeuchtigkeit, Hygrograph; **hy|gro|phil**
Feuchtigkeit liebend (von Pflanzen); *Ggs.:*
xerophil; **Hy|gro|phi|lie** *w.11 nur Ez.* Vorliebe
für Feuchtigkeit; *Ggs.:* Xerophilie; **Hy|gro-**
**phyt** *m.10* Feuchtigkeit liebende Pflanze;
*Ggs.:* Xerophyt; **Hy|gro|skop** *s.1* Gerät zum
Schätzen der Luftfeuchtigkeit nach dem Au-
genschein; **hy|gro|sko|pisch** *Chem.:* Wasser
anziehend; **Hy|gro|sko|pi|zi|tät** *w.10 nur Ez.*
*Chem.:* Fähigkeit, Wasser anzuziehen und
aufzunehmen; **Hy|gro|stat** *m.10 oder m.12*
Gerät zum Aufrechterhalten einer bestimm-
ten Luftfeuchtigkeit
**Hy|läa** [griech.] *w. Gen.- nur Ez.* trop. Re-
genwald (bes. am Amazonas)
**Hy|le** [griech. „Holz, Wald"] *w.11 nur Ez.*
*altgriech. Naturphilosophie:* Stoff, Materie,
Substanz, Urstoff; **hy|lisch** stofflich, materi-
ell, körperlich; **Hy|lis|mus** *m. Gen.- nur Ez.*
Lehre, daß der Stoff die alleinige Grundlage
der Wirklichkeit sei; **hy|lo|trop** bei gleicher
chem. Zusammensetzung in eine andere
Form umwandelbar; **Hy|lo|tro|pie** *w.11 nur*
*Ez.* Fähigkeit eines Stoffes, ohne Änderung
der chem. Zusammensetzung in eine andere
Form überzugehen, z. B. von Wasser in Was-
serdampf oder Eis
**Hy|men** [griech.] **1** *s.7* ringförmiges Häut-
chen am Scheideneingang, Jungfernhäut-
chen; **2** *m.7* altgriech. Hochzeitslied; **Hy|me-**
**no|pte|re** *m.11 meist Mz.* Hautflügler
**Hym|nar** [griech.] *s.1*, *Mz. auch* -ri|en, **Hym-**
**na|ri|um** *s. Gen.* -s *Mz.* -ri|en nach den kirchli-
chen Feiertagen geordnete liturg. Hymnen-
sammlung; **Hym|ne** *w.11* **1** geistlicher Lob-
gesang; **2** preisendes weltl. Gedicht; **Hym|nik**
*w.10 nur Ez.* hymnische Art, Kunstform der
Hymne; **Hym|ni|ker** *m.5* Hymnendichter;
**hym|nisch** **1** in der Art einer Hymne; **2** *über-*
*tr.:* überschwenglich, übertrieben lobend;
**Hym|no|de** *m.11* altgriech. Hymnendichter;

**Hym|no|lo|gie** *w.11 nur Ez.* Wissenschaft von
den (bes. christlichen) Hymnen; **Hym|nos**
*m. Gen.- Mz.* -nen *griech.* Form von Hym-
nus, Hymne; **Hym|nus** *m. Gen.- Mz.* -nen *lat.*
Form *von* Hymne
**Hy|os|cya|min** [griech.], **Hy|os|zya|min** *s.1*
Alkaloid mancher Nachtschattengewächse,
Heilmittel gegen Augenkrankheiten
**hyp...**, **Hyp...** *vor Vokalen →* hypo ...,
Hypo...
**Hyp|al|ge|sie** [griech.] *w.11* herabgesetzte
Schmerzempfindlichkeit; *Ggs.:* Hyperalgesie;
**Hyp|äs|the|sie** *w.11 nur Ez.* herabgesetzte
Berührungsempfindlichkeit; *Ggs.:* Hyper-
ästhesie
**hy|per...**, **Hy|per...** [griech.] *in Zus.:* über...,
übermäßig, Über...; *Ggs.:* hypo..., Hypo...
**Hy|per|al|ge|sie** [griech.] *w.11 nur Ez.* gestei-
gerte Schmerzempfindlichkeit; *Ggs.:* Hypal-
gesie; **Hy|per|ämie** *w.11* gesteigerte Durch-
blutung eines Körperbezirks; **Hy|per|äs|the-**
**sie** *w.11 nur Ez.* gesteigerte Berührungsemp-
findlichkeit; *Ggs.:* Hypästhesie; **hy|per-**
**äs|the|tisch** überempfindlich (bei Berüh-
rungen)
**Hy|per|bel** [griech.] *w.11* **1** *Math.:* ein Kegel-
schnitt; **2** *Rhetorik:* Übertreibung; **hy|per|bo-**
**lisch** in der Art einer Hyperbel, übertrei-
bend; **Hy|per|bol|lo|id** *m.1* Fläche, die durch
Drehung einer Hyperbel um ihre Achse
entsteht
**Hy|per|bo|re|er** *m.5 bei den alten Griechen:*
Angehöriger eines im hohen Norden vermu-
teten Volkes
**Hy|per|chro|ma|to|se** [griech.] *w.11* gestei-
gerte Pigmentbildung; **Hy|per|chro|mie** *nur*
*Ez.* erhöhter Farbstoffgehalt der roten Blut-
körperchen; *Ggs.:* Hypochromie; **Hy|-**
**per|dak|ty|lie** *w.11* Bildung von überzähligen
Fingern oder Zehen; *Ggs.:* Hypodaktylie;
**Hy|per|funk|ti|on** *w.10* Überfunktion eines
Organs); *Ggs.:* Hypofunktion; **Hy|per|glyk-**
**ämie** *w.11 nur Ez.* erhöhter Blutzuckerge-
halt; *Ggs.:* Hypoglykämie; **Hy|per|hi|dro|se,**
**Hyper|hi|dro|sis** *w. Gen.- nur Ez.* krankhaft
gesteigerte Schweißabsonderung; **hy|per|kor-**
**rekt** überkorrekt, z. B. die für korrekt gehal-
tene, übertriebene Aussprache von Wörtern
von jmdm., der normalerweise Dialekt
spricht, z. B. „tichten" statt „dichten" oder
die Aussprache des h in „ich se-he es"; **hy-**
**per|kri|tisch** übertrieben kritisch; **Hy|per|kul-**
**tur** *w.10 nur Ez.* übermäßige Verfeinerung,
Überfeinerung; **hy|per|man|gan|sau|er** über-
mangansauer; **Hy|per|me|tro|pie** *w.11 nur*
*Ez.* Weitsichtigkeit; **hy|per|mo|dern** übertrie-
ben modern; **Hy|per|on** *s.13* Elementarteil-
chen aus der Gruppe der Baryonen; **Hy-**
**per|pla|sie** *w.11 nur Ez.* gesteigertes Wachs-
tum von Gewebe oder Organen; *Ggs.:* Hy-
poplasie; **Hy|per|so|mie** *w.11* übermäßiges
Wachstum, Riesenwuchs; *Ggs.:* Hyposomie;

Hy|per|sten *m.1* ein Mineral; Hy|per|ten|si|on *w.10 nur Ez.* → Hypertonie; Hy|per|thy|mie übermäßig gehobene Stimmung; Hy|per|to|nie *w.11 nur Ez.* 1 gesteigerte Muskelspannung; 2 erhöhter Blutdruck; *Ggs.:* Hypotonie; Hy|per|to|ni|ker *m.5* jmd., der an Hypertonie leidet; hy|per|troph 1 übermäßig vergrößert (Organ, Körpergewebe); 2 *übertr.:* überheblich, übermäßig selbstbewußt; Hy|per|tro|phie *w.11* übermäßige Vergrößerung, gesteigertes Wachstum (von Geweben, Organen); *Ggs.:* Hypotrophie; Hy|per|vit|ami|no|se *w.11* Erkrankung infolge übermäßiger Vitaminzufuhr; *Ggs.:* Hypovitaminose

Hy|phe [griech.] *w.11 Bot.:* Pilzfaden; vgl. Myzel; Hy|phen *s.7 antike Gramm.* 1 Zusammenfügung zweier Wörter zu einem Kompositum; 2 der dazu verwendete Bindestrich

Hyp|no|pä|die [griech.] *w.11 nur Ez.* Schlaflernmethode; Hyp|no|se *w.11* durch Suggestion herbeigeführter, schlafähnl. Zustand, wobei eine starke seel. Abhängigkeit vom Hypnotiseur besteht; Hyp|no|sie *w.11* Schlafkrankheit; Hyp|no|the|ra|pie *w.11 nur Ez.* Psychotherapie mittels Hypnose; Hyp|no|ti|kum *s. Gen. -s Mz. -ka* Schlafmittel; hyp|no|tisch auf Hypnose beruhend, durch sie bewirkt; Hyp|no|ti|seur [-sør] *m.1* jmd., der einen anderen in Hypnose versetzt; hyp|no|ti|sie|ren in Hypnose versetzen; Hyp|no|tis|mus *m. Gen. - nur Ez.* 1 Lehre von der Hypnose; 2 Beeinflussung

hy|po..., Hy|po... [griech.] *in Zus.:* unter..., Unter...; *Ggs.:* hyper..., Hyper...

Hy|po|chon|der [-xɔn-, griech.] *m.5* mißmutiger, schwermütiger, oft an eingebildeten Krankheiten leidender Mensch; Hy|po|chon|drie *w.11 nur Ez.* Schwermut, Mißmut, die Einbildung, krank zu sein; Hy|po|chro|mie *w.11 nur Ez.* verminderter Farbstoffgehalt des Blutes; *Ggs.:* Hyperchromie; Hy|po|dak|ty|lie *w.11* angeborenes Fehlen von Fingern oder Zehen; *Ggs.:* Hyperdaktylie; Hy|po|derm *s.1* unter der Oberhaut liegende Zellschicht, Unterhaut; hy|po|der|ma|tisch unter der Haut (liegend); Hy|po|funk|ti|on *w.10* Unterfunktion (eines Organs); *Ggs.:* Hyperfunktion; Hy|po|ga|stri|um *s. Gen. -s Mz. -stri|en* Unterleib; Hy|po|gä|um *s. Gen. -s Mz. -gä|en* unterirdischer Kultraum; Hy|po|glyk|ämie *w.11 nur Ez.* verminderter Blutzuckergehalt; *Ggs.:* Hyperglykämie; hy|po|gyn *Bot.:* unterständig (von Blüten mit oberständigem Fruchtknoten); hy|po|kau|stisch durch Hypokaustum (beheizt); Hy|po|kau|stum *s. Gen. -s Mz. -sten im Altertum und MA:* Heizanlage unter dem Fußboden; Hy|po|ko|tyl *s.1* Keimstengel; Hy|po|kri|sie *w.11 nur Ez.* Heuchelei, Scheinheiligkeit; Hy|po|krit *m.10* Heuchler; Hy|po|phy|se

*w.11* 1 Hirnanhangsdrüse; 2 *bei Blütenpflanzen:* Zelle, die im Samen den Keimling mit dem Keimträger verbindet; Hy|po|pla|sie *w.11 nur Ez.* vermindertes Wachstum von Gewebe oder Organen; *Ggs.:* Hyperplasie; hy|po|som von zu kleinem Wuchs; Hy|po|so|mie *w.11 nur Ez.* zu geringes Wachstum, Kleinwuchs; *Ggs.:* Hypersomie; Hy|po|sta|se *w.11* 1 Grundlage, Substanz; 2 Stoff, Gegenstand (einer Abhandlung); 3 Personifizierung einer göttlichen Eigenschaft (z. B. Gerechtigkeit) und ihre Verwandlung in ein göttliches oder halbgöttliches Wesen; 4 Übergang eines unflektierbaren Wortes oder eines Wortkomplexes in ein flektierbares Wort, z. B. barfuß – barfüßig, über Nacht – übernachten, weh – ein weher Finger; hy|po|sta|sie|ren vergegenständlichen, verselbständigen, personifizieren; hy|po|stal|tisch auf Hypostase beruhend, in der Art einer Hypostase; Hy|po|styl|lon *s. Gen. -s Mz. -la*, Hy|po|styl|los *m. Gen. - Mz. -loi* überdeckter Säulengang, Säulenhalle; hy|po|tak|tisch in der Art einer Hypotaxe, unterordnend; *Ggs.:* parataktisch; Hy|po|taxe *w.11* 1 mittlerer Grad der Hypnose; 2 Unterordnung eines Satzes oder Satzteils unter einen anderen, Satzgefüge; *Ggs.:* Parataxe; Hy|po|ten|si|on *w.10* → Hypotonie; Hy|po|te|nu|se *w.11, im rechtwinkligen Dreieck:* die dem rechten Winkel gegenüberliegende Seite; Hy|po|thek *w.10* durch eine Zahlung erworbenes Recht an einem Grundstück; Hy|po|the|kar *m.1* Hypothekengläubiger; hy|po|the|ka|risch auf einer Hypothek beruhend; Hy|po|the|ken|brief *m.1* Urkunde über eine Hypothek; Hy|po|the|se *w.11* unbewiesene (wissenschaftliche) Voraussetzung, Annahme; hy|po|the|tisch auf bloßer Annahme beruhend, bedingt; *Ggs.:* kategorisch; Hy|po|to|nie *w.11 nur Ez.* 1 verminderte Muskelspannung; 2 verminderter Blutdruck; *Ggs.:* Hypertonie; Hy|po|tra|chel|li|on [-xe-] *s. Gen. -s Mz. -li|en* Teil der Säule unter dem Kapitell, Säulenhals; Hy|po|tro|phie *w.11* mangelhafte Ernährung, mangelhafte Entwicklung (von Geweben oder Organen); *Ggs.:* Hypertrophie; Hy|po|vit|ami|no|se *w.11* Vitaminmangelkrankheit; *Ggs.:* Hypervitaminose; Hy|po|zen|trum *s. Gen. -s Mz. -tren* Stelle unter der Erdoberfläche, von der ein Erdbeben ausgeht, Erdbebenherd

Hyp|so|me|ter [griech.] *s.5* Gerät, das auf Grund des mit zunehmender Höhe sinkenden Siedepunktes des Wassers die Höhe eines Ortes mißt, Siedethermometer; Hyp|so|me|trie *w.11 nur Ez.* Höhenmessung mit dem Hypsometer

Hy|ster|ek|to|mie [griech.] *w.11* operative Entfernung der Gebärmutter

Hy|ste|re|se [griech.] *w.11*, Hy|ste|re|sis *w. Gen. - nur Ez.* Zurückbleiben der Magnetisierung eines ferromagnet. Materials gegenüber dem die Magnetisierung verursachenden äußeren Feld

**Hy|ste|rie** [griech.] *w. 11* eine Gruppe seelischer und/oder seelisch-körperlicher Störungen; **Hy|ste|ri|ker** *m. 5* jmd., der an Hysterie leidet; **hy|ste|risch 1** auf Hysterie beruhend; **2** übertrieben leicht erregbar, übertrieben erregt; **hy|ste|ro|id** hysterieähnlich (z. B. von Anfällen)

**Hy|ste|ron-Pro|te|ron** [griech. „das Spätere (ist) das Frühere"] *s. Gen. -s Mz.* Hystera-Protera **1** Scheinbeweis, Beweis aus einem Satz, der selbst erst noch bewiesen werden muß; **2** Redefigur, bei der ein zeitlich späterer Gedanke an erster Stelle steht

**Hy|ste|ro|pto|se** [griech.] *w. 11* Gebärmuttervorfall; **Hy|ste|ro|sko|pie** *w. 11* Untersuchung der Gebärmutter mit einem Gebärmutterspiegel; **Hy|ste|ro|to|mie** *w. 11* operative Öffnung der Gebärmutter, Gebärmutterschnitt

# I

**i** *Math.: Zeichen für die* Einheit der imaginären Zahlen (= Quadratwurzel aus minus eins)

**I** *röm. Zahlzeichen für eins*

**I|am|bus** *m. Gen. - Mz.* -ben → Jambus

**I|a|trik** [griech.] *w. Gen. - nur Ez.* Heilkunst, Heilkunde; **I|a|tro|che|mie** *w. 11 nur Ez.* die von Paracelsus begründete medizinische Lehre, daß alle Lebens- und durch Medikamente bewirkten Heilungsvorgänge auf chem. Prozessen beruhen; **i|a|tro|gen** durch ärztliche Behandlung bewirkt; **I|a|tro|mu|sik** *w. 10 nur Ez. 17./18. Jh.:* Heilmusik

**ib., ibd.** *Abk. für* ibidem

**Ibe|rer** 1 [nach Iberus, dem lat. Namen für Ebro] *m. 5* Angehöriger eines vorindogerman. Volkes auf der Pyrenäenhalbinsel; 2 Angehöriger eines ausgestorbenen Volkes südlich des Kaukasus

**Ibe|ris** [griech.] *w. Gen. - Mz.* -ren Schleifenblume

**ibe|ro|ame|ri|ka|nisch** [lat.] lateinamerikanisch; **ibe|ro-ame|ri|ka|nisch** Lateinamerika einerseits und Spanien und Portugal andererseits betreffend

**ibid.** *Abk. für* ibidem; **ibi|dem** [lat.] (*Abk.:* ib., ibd., ibid.) *an* angeführter Ort, ebenda

**Ibis** [ägypt.] *m. 1* ein Schreitvogel mit sichelförmig nach unten gebogenem Schnabel

**Ibn** [arab.] *vor arab. Personennamen:* Sohn des . . ., z. B. Ibn Saud

**IC** *Abk. für* Intercity-Zug

**Ich|neu|mon** [griech.] *s. 9 oder s. 1 oder m. 9 oder m. 1* eine nordafrik.-kleinasiat. Schleichkatze, Manguste; **Ich|neu|mo|ni|den** *Mz.* Schlupfwespen

**Ich|no|gramm** [griech.] *s. 1 Med.:* Aufzeichnung der Fuß-, Gangspur

**Ichor** [içor, griech.] *s. Gen. -s nur Ez.* 1 *bei* Homer: Lebenssaft der Götter (statt des Blutes); 2 aus Geschwüren sich absondernde Flüssigkeit; 3 grobkörnige magmatische Schmelze

**Ich|thyo|dont** [griech.] *m. 10* versteinerter Fischzahn; **Ich|thy|ol** *s. 1 nur Ez.* aus bituminösem Schiefer gewonnene, ölige Flüssigkeit zur Behandlung von Hauterkrankungen, Furunkeln usw.; **Ich|thyo|lith** *m. 10* versteinerter Fischrest; **Ich|thyo|lo|gie** *w. 11 nur Ez.* Fischkunde; **Ich|thyo|pha|ge** *m. 11* Fischesser, Angehöriger eines Volkes, das sich überwiegend von Fisch ernährt; **Ich|thyo|sau|ri|er** *m. 5,* **Ich|thyo|sau|rus** *m. Gen. - Mz.* -ri|er Fischechse, Meeresreptil des Erdmittelalters; **Ich|thyo|se** *w. 11,* **Ich|thyo|sis** *w. Gen. - Mz.* -sen ein Hautleiden, Fischschuppenkrankheit

**Id** [griech.] *s. 1* Erbeinheit, das lebendige Ganze des Idioplasmas

**ide|al** [griech.] 1 nur in der Vorstellung existierend, nur gedacht; 2 mustergültig, vollkommen; **Ide|al** *s. 1* vollkommenes Vorbild, Richtschnur, Leitgedanke; **ideal|isch** *veraltet* → ideal; **idea|li|sie|ren** einem Ideal angleichen, verklären, verschönern; **Idea|lis|mus** *m. Gen. - nur Ez.* 1 Glauben an, Streben nach Idealen; von Idealen bestimmte Weltanschauung und Lebensführung; 2 philosoph. Anschauung, daß es die Wirklichkeit nur im Geistigen gebe und alles Materielle nur ihre äußere Erscheinungsform sei; **Idea|list** *m. 10* 1 jmd., der nach Idealen strebt; 2 Anhänger des philosoph. Idealismus; **idea|li|stisch** auf dem Idealismus beruhend; in der Art eines Idealisten, an Ideale glaubend und etwas wirklichkeitsfern; **Idea|li|tät** *w. 10 nur Ez.* 1 ideale Beschaffenheit; 2 das Sein nur als Idee, als Vorstellung; **Ide|al|kon|kur|renz** *w. 10* Tateinheit, Verletzung mehrerer Strafgesetze zugleich; **Idea|ti|on** [-tsjon] *w. 10* Bildung einer Idee, einer Vorstellung, eines Begriffs; **Idee** *w. 11* 1 Urform, Urbild; 2 Begriff; 3 geistiger Gehalt, einem Kunstwerk oder Plan o. ä. zugrunde liegender Gedanke; 4 Einfall, Gedanke; 5 *ugs.:* sehr kleine Menge; **ide|ell** nur gedacht, geistig; **Iden|as|so|zia|ti|on** [-tsjo:n] *w. 10* Verbindung, Verknüpfung von Vorstellungen

**idem** [lat.] (*Abk.:* id.) der-, dasselbe

**Iden** [lat.] *m. Mz., Ez.:* Idus, *im altröm. Kalender:* die Mitte des Monats, 13. oder 15. Tag des Monats

**Iden|ti|fi|ka|ti|on** [-tsjon, lat.] *w. 10* 1 Feststellung der Identität; 2 Gleichsetzung; **iden|ti|fi|zie|ren** jmdn. i.: feststellen, wer jmd. ist, jmdn. wiedererkennen; etwas als Tatwaffe, als Werk Mozarts i.: erkennen; sich mit etwas i.: vom Wert oder von der Richtigkeit von etwas überzeugt sein (und sich deshalb dafür einsetzen); **iden|tisch** ein und dasselbe, ein und dieselbe Person; A. ist mit B. identisch; **Iden|ti|tät** *w. 10 nur Ez.* 1 völlige Gleichheit, Übereinstimmung, Wesensgleichheit; jmds. I. feststellen: feststellen, wer jmd. ist bzw. ob er wirklich derjenige ist, als der er sich ausgibt oder für den man ihn hält; 2 die als leiblich-seelisch-geistige Einheit erlebte eigene, ihrer selbst bewußte Persönlichkeit; **Iden|ti|täts|aus|weis** *m. 1,* **Iden|ti|täts|kar|te** *w. 11 österr.:* Personalausweis

**Ideo|gramm** [griech.] *s. 1* Schriftzeichen, das einen ganzen Begriff ausdrückt, z. B. die Zeichen der chines. Schrift, die Hieroglyphen; **Ideo|gra|phie** _w.11_ Begriffsschrift; **Ideo|lo|ge** _m.11_ Vertreter einer Ideologie; **Ideo|lo|gie** _w.11_ Gesamtheit der Auffassungen und Denkvorstellungen einer Gesellschaftsgruppe oder -schicht; **Ideo|mo|to|rik** _w.10 nur Ez._ Bewegungen, die durch Vorstellungen bewirkt, aber unbewußt ausgeführt werden

**id est** [lat.] (_Abk.:_ i. e.) das ist, das heißt **Idio|blast** [griech.] _m.10 Bot.:_ abweichende Zelle in einem Gewebeverband; **idio|chro|ma|tisch** eigenfarbig, nicht gefärbt, farblich der Substanz entsprechend; _Ggs.:_ allochromatisch; **Idio|gramm** _s.1_ 1 eigenhändige Unterschrift; 2 _Biol.:_ schemat. Darstellung eines Chromosomensatzes; **idio|gra|phisch** 1 eigenhändig; 2 das Einmalige, Besondere beschreibend (von Wissenschaften); **Idio|kra|sie** _w.11_ → Idiosynkrasie; **Idio|la|trie** _w.11 nur Ez._ Selbstvergötterung, Selbstanbetung; **Idio|lekt** _m.1_ besondere Ausdrucksweise, Spracheigentümlichkeit eines einzelnen; **Idi|om** _s.1_ einer bestimmten Sprache oder Mundart eigentümliche Redewendung oder Ausdrucksweise, Spracheigentümlichkeit (_auch:_ eines Menschen); **Idio|ma|tik** _w.10_ 1 Zweig der Sprachwissenschaft, der sich mit den Idiomen befaßt; 2 Gesamtheit der Idiome (einer Sprache oder Mundart); **idio|ma|tisch** nur in einer bestimmten Sprache oder Mundart vorkommend; **idio|morph** in einer eigenen, für Minerale typischen Form ausgebildet (von Kristallen), automorph; **idio|pa|thisch** von selbst entstanden (Krankheit); _Ggs.:_ traumatisch; **Idio|phon** _s.1_ Musikinstrument, das nach Schlagen, Zupfen oder Streichen selbst weiterklingt, z. B. Gong, Maultrommel, Glasharmonika; **Idio|plas|ma** _s. Gen. -s nur Ez._ Keimplasma; **Idio|som** _s.12_ → Chromosom; **Idio|syn|kra|sie** _w.11_ 1 Überempfindlichkeit gegen bestimmte Stoffe; 2 Abneigung, Widerwille (bes. gegen bestimmte Nahrungsmittel); **idio|syn|kra|tisch** 1 überempfindlich; 2 von Widerwillen erfüllt

**Idi|ot** [griech.] _m.10_ 1 schwachsinniger Mensch; 2 _ugs.:_ Dummkopf, Trottel; **Idio|tie** _w.11 nur Ez._ 1 Schwachsinn, völlige Bildungsunfähigkeit; 2 _ugs.:_ Unsinn, Unsinnigkeit; **Idio|ti|kon** _s. Gen. -s Mz. -ka oder -ken_ Mundartenwörterbuch; **idio|tisch** 1 schwachsinnig; 2 _ugs.:_ unsinnig, blödsinnig; **Idio|tis|mus** 1 _m. Gen. - nur Ez._ → Idiotie; 2 _m. Gen. - Mz. -men_ Äußerung der Idiotie; 3 _m. Gen.- Mz.-men_ → Idiom; **Idio|typ** _m.12_ Gesamtheit der Erbanlagen, Erbgut; vgl. Genotyp, Phänotyp; **idio|ty|pisch** erblich, von den Erbanlagen bedingt

**Idol|kras** [griech.] _m.1_ ein Mineral **Idol** [griech.] _s.1_ Götzenbild; 2 _übertr.:_ Abgott, verehrter, vergötterter Mensch; **Ido|la|trie, Idol|lo|la|trie** _w.11 nur Ez._ Verehrung

von Götterbildern, Götzendienst, Ikonodulie, Ikonolatrie

**Idyll** [griech.] _s.1_ 1 Bild oder Zustand friedlich-beschaul. Lebens (meist in ländl. Umgebung); 2 _übertr. scherzh.:_ komisch-beschauliches Bild; **Idyl|le** _w.11_ Schilderung eines Idylls (1), Hirten-, Schäferdichtung **i. e.** _Abk. für_ id est **i. f.** _Abk. für_ ipse fecit **Ig|lu,** Iglo _m.9 oder s.9_ runde Schneehütte der Eskimos **Igno|ra|mus et igno|ra|bi|mus** [lat.] Wir wissen (es) nicht, und wir werden (es auch) nicht wissen (sprichwörtlich gewordener Ausdruck für die Unlösbarkeit der Welträtsel nach dem Ausspruch des dt. Naturwissenschaftlers Du Bois-Reymond) **Igno|rant** [lat.] _m.10_ Unwissender, jmd., der sich nicht um Wissen und Erkenntnis bemüht; **Igno|ranz** Unwissenheit aus mangelndem Erkenntnisdrang; **igno|rie|ren** nicht wissen wollen, absichtlich nicht beachten **Igu|an|odon** [span. + griech.] _s.9_ halbaufrechtes Landreptil der europ. Kreidezeit **IHS** _in Handschriften und auf frühchristlichen Bildern:_ latinisierte Abk. der griech. _Form des Namens „Jesus", auch gedeutet als:_ in hoc salus; **I. H. S.** _Abk. für_ in hoc salus _oder:_ in hoc signo **Ike|ba|na** [jap.] _s. Gen. - nur Ez._ die japan. Kunst des symbolhaften Blumenordnens **Iko|ne** [griech.] _w.11_ Heiligenbild (auf Holz) der Ostkirche; **Iko|no|dulie** _w.11 nur Ez._ → Idolatrie; **Iko|no|gra|phie** _w.11 nur Ez._ 1 Wissenschaft der Beschreibung und Bestimmung von antiken Bildnissen; 2 Lehre von den Darstellungsinhalten und der Bedeutung von alten, bes. christl. Bildern und ihrer Figuren, Ikonologie; **Iko|no|klas|mus** _m. Gen.- nur Ez._ Zerstörung von Heiligenbildern, bes. im 8. Jh. und in der Reformation, Bildersturm; **Iko|no|klast** _m.10_ Anhänger des Ikonoklasmus, Bilderstürmer; **Iko|no|la|trie** _w.11 nur Ez._ → Idolatrie; **Iko|no|lo|gie** _w.11 nur Ez._ → Ikonographie (2); **Iko|no|me|ter** _s.5_ Rahmensucher (an der Kamera); **Iko|no|skop** _s.1_ Fernsehaufnahmeröhre; **Iko|no|stas** _m.1,_ **Iko|no|sta|se** _w.11,_ **Iko|no|sta|sis** _w. Gen.- Mz.-sen, in griech.-orthodoxen Kirchen:_ den Altarraum vom Gemeinderaum trennende, dreitürige, mit Ikonen bedeckte Wand **Iko|sa|eder** [griech.] _m.5_ von 20 gleichseitigen Dreiecken begrenzter Körper **ik|te|risch** [griech.] an Ikterus leidend; **Ik|te|rus** _m. Gen.- nur Ez._ Gelbsucht **Ik|tus** [lat.] _m. Gen.- Mz.- oder -ten_ 1 starke Betonung einer Hebung im Vers; 2 plötzlich auftretendes, schweres Krankheitsbild **Il** _chem. Zeichen für_ Illinium **Ile|itis** [lat.] _w. Gen.- Mz. -tilden_ Entzündung des Ileums; **Ile|um** [-le:um] _s. Gen. -s nur Ez._

unterer Teil des Dünndarms, Krummdarm; **Ile|us** [-le:us] *m. Gen. - Mz.* Ile|en Darmverschluß

**Ilex** [lat.] *w. Gen. - nur Ez.* Stechpalme

**ill.** *Abk. für* illustriert

**Il|la|tum** [lat.] *s. Gen. -s Mz.* -ta *oder* -ten *veraltet:* von der Frau in die Ehe eingebrachtes Vermögen

**il|le|gal** [lat.] nicht legal, ungesetzlich, gesetzwidrig, ohne rechtl. Grundlage; **Il|le|ga|li|tät** *w. Gen. - nur Ez.* Ungesetzlichkeit; **il|le|gi|tim** 1 ungesetzlich; 2 unehelich

**il|li|be|ral** [lat.] nicht liberal, engherzig, kleinlich

**il|li|mi|tiert** [lat.] *Börse:* unbeschränkt, unbegrenzt

**Il|li|ni um** [nach dem US-amerik. Staat Illinois] *s. Gen. -s nur Ez. ältere Bez. für* Promethium

**il|li|quid** [lat.] zahlungsunfähig; *Ggs.:* liquid

**Il|li|te|rat** [lat.] *m. 10* nicht wissenschaftlich gebildeter Mensch

**il|loy|al** [-loaja:l] nicht loyal, untreu, treulos, unredlich

**Il|lu|mi|nat** [lat.] *m. 10, 16./19. Jh.:* Angehöriger eines Geheimbundes, bes. des Illuminatenordens; **Il|lu|mi|na|ten|or|den** *m. 7 nur Ez., Ende des 18. Jh.:* aufklärerisch-freimaurer. Geheimbund; **Il|lu|mi|na|ti on** [-tsjon] *w. 10* 1 Festbeleuchtung (mit vielen kleinen Lämpchen); 2 *Buchmalerei:* Ausmalung, Verzierung alter Handschriften; 3 *Relig.:* Erleuchtung, Erkenntnis ewiger Wahrheiten; **Il|lu|mi|na|tor** *m. 13* 1 Künstler der Buchmalerei, Buchmaler; 2 Beleuchtungsvorrichtung an optischen Geräten; **il|lu|mi|nie|ren** 1 festlich erleuchten; 2 deutlich, einsichtig, erkennbar machen; 3 *Buchmalerei:* ausmalen, farbig verzieren; **Il|lu|mi|nist** *m. 10* → Illuminator (1)

**Il|lu|si on** [lat.] *w. 10* 1 Selbsttäuschung, trüger. Hoffnung oder Vorstellung; 2 trüger. Wahrnehmung; 3 Vortäuschung eines Wirklichkeitseindrucks, z. B. Raumillusion; **il|lu|sio|när** auf einer Illusion beruhend; **il|lu|sio|nie|ren** jmdm.: jmdm. etwas vortäuschen, in jmdm. eine Illusion wecken; **Il|lu|sio|nis|mus** *m. Gen. - nur Ez.* 1 philosoph. Auffassung, daß Wahrheit, Sittlichkeit, Schönheit Illusionen seien; 2 einen Raumeindruck vortäuschende Wirkung (eines Bildes); **Il|lu|sio|nist** *m. 10* 1 Anhänger des Illusionismus; 2 jmd., der Illusionen hat, Schwärmer; 3 Zauberkünstler; **il|lu|sio|ni|stisch** 1 → illusionär; 2 auf dem Illusionismus beruhend; **il|lu|so|risch** 1 nur als Illusion existierend, eingebildet; 2 sich erübrigend, überflüssig **il|lu|ster** [lat.] 1 glänzend, vortrefflich; 2 vornehm, berühmt; illustre Gäste

**Il|lu|stra|ti on** [-tsjon, lat.] *w. 10* 1 Erläuterung; 2 Abbildung (zu einem Text), Bebilderung (eines Buches); **il|lu|stra|tiv** durch Illu-

stration(en) erläuternd, veranschaulichend; **Il|lu|stra|tor** *m. 13* Maler, Zeichner, der ein Buch illustriert (hat); **il|lu|strie|ren** 1 (durch Beispiele, Bilder) erläutern; 2 mit Abbildungen ausschmücken; **Il|lu|strier|te** *w. 17 oder 18* illustrierte Zeitschrift

**il|lu|vi al** [lat.] im Boden angereichert, eingeschwemmt; **Il|lu|vi al|ho|ri|zont** *m. 1* Bodenschicht, in der sich durch Einschwemmen aus der darüberliegenden Schicht Stoffe angereichert haben

**Il|me|nit** [nach dem Ilmengebirge in der UdSSR] *m. 1* ein Titaneisenerz

**i. m.** *Abk. für* intramuskulär

**Image** [imidʒ, engl.] *s. 9* Vorstellung, die die Öffentlichkeit von einer Persönlichkeit, Firma usw. hat, Charakterbild

**ima|gi|na|bel** [lat.] vorstellbar, denkbar; **ima|gi|nal** [lat.] das voll ausgebildete Insekt betreffend; **Ima|gi|nal|sta|di um** *s. Gen. -s Mz.* -di en *bei Insekten:* Stadium nach vollendeter Entwicklung; **ima|gi|när** nur in der Einbildung, der Vorstellung vorhanden, eingebildet; imaginäre Einheit *Math.:* die Größe i = √-1; imaginäre Zahl: Zahl, die ein Vielfaches von i beträgt; **Ima|gi|na|ti on** [-tsjon] *w. 11* Einbildung, Einbildungskraft, anschauliches Denken; **ima|gi|na|tiv** nur in der Einbildung vorhanden; **ima|gi|nie|ren** sich einbilden, als sich vorstellen, ausdenken, ersinnen; **Ima|go** *w. Gen. - Mz.* -gi|nes [-ne:s] 1 das vollentwickelte, geschlechtsreife Insekt; 2 *Psych.:* aus dem idealisierten Bild einer in der Kindheit bes. geliebten Person entstandenes Leitbild

**Imam** [arab.] *m. 9 oder m. 1* 1 Vorbeter (in einer Moschee) 2 relig. Oberhaupt der Schiiten, als Nachkomme Mohammeds verstanden; 3 Ehrentitel für mohammedan. Gelehrte; 4 Titel der Herrscher von Jemen

**im|be|zil, im|be|zill** [lat.] leicht schwachsinnig; **Im|be|zil|li|tät** *w. 10 nur Ez.* leichter Schwachsinn

**Im|bro|glio** [-brɔljo, ital.] *s. 9 Mz. auch* -gli [-lji] *Mus.:* rhythmische Verwirrung durch Vermischung oder Überlagerung verschiedener Taktarten

**Imi|ta|tio Chri|sti** [-tsjo, lat. „Nachahmung Christi"] *w. Gen. -- nur Ez.* Nachfolge Christi, wahrhaft christl. Leben; **Imi|ta|ti on** [-tsjon] *w. 10* 1 (naturgetreue) Nachahmung; 2 Nachbildung von wertvollem Schmuck aus geringwertigem Material; 3 *Mus.:* Wiederholung eines Themas, z. B. im Kanon oder in der Fuge; **imi|ta|tiv** nachahmend; **Imi|ta|tor** *m. 13* Nachahmer, z. B. Tierstimmenimitator; **imi|ta|to|risch** in der Art einer Imitation; **imi|tie|ren** nachahmen, nachbilden **Im|ma|cu|la|ta** [lat.] *w. Gen. - nur Ez.* die Unbefleckte (d. h. die unbefleckt Empfangene) Beiname Marias in der kath. Kirche); Immaculata conceptio *kath. Lehre:* unbefleckte

Empfängnis (Marias durch ihre Mutter Anna)

**im|ma|nent** [lat.] innewohnend, (darin) enthalten; **Im|ma|nenz** w. 10 nur Ez. das Innewohnen, Enthaltensein; **im|ma|nie|ren** enthalten sein, innewohnen

**Im|ma|te|ri|a|lis|mus** [lat.] m. Gen. - nur Ez. philosoph. Lehre, daß nur das Geistige wirklich und die Materie keine selbständige Substanz sei; Ggs.: Materialismus; **Im|ma|te|ri|a|li|tät** w. 10 nur Ez. unkörperl., rein geistige Beschaffenheit; **im|ma|te|ri|ell** unkörperlich, rein geistig

**Im|ma|tri|ku|la|ti|on** [-tsjon, lat.] w. 10 Einschreibung in die → Matrikel einer Hochschule; Ggs.: Exmatrikulation; **im|ma|tri|ku|lie|ren** in die → Matrikel einschreiben; schweiz. auch: anmelden (Kraftfahrzeug); Ggs.: exmatrikulieren

**im|me|di|at** [lat.] ohne Vermittlung, unmittelbar (dem Landesherrn oder der obersten Behörde unterstellt); **Im|me|di|at|ge|such** s. 1 Gesuch unmittelbar an die höchste Instanz; **im|me|dia|ti|sie|ren** früher: reichsunmittelbar machen, dem König unmittelbar unterstellen (z. B. Städte)

**im|mens** [lat.] unermeßlich (groß); immenser Reichtum; **im|men|su|ra|bel** unmeßbar; **Im|men|su|ra|bi|li|tät** w. 10 nur Ez. Unmeßbarkeit

**Im|mer|si|on** [lat.] w. 10 1 Ein-, Untertauchen; 2 Geol.: Überflutung von Festland durch das Meer; 3 Astron.: Eintauchen eines Himmelskörpers, bes. des Mondes, in den Schatten eines anderen; 4 Med.: Dauerbad; 5 Phys., bei mikroskop. Untersuchungen: Einbettung eines Objekts in eine Flüssigkeit mit bes. opt. Eigenschaften

**Im|mi|grant** [lat.] m. 10 Einwanderer; Ggs.: Emigrant; **Im|mi|gra|ti|on** [-tsjon] w. 10 Einwanderung; Ggs.: Emigration; **im|mi|grie|ren** einwandern; Ggs.: emigrieren

**im|mi|nent** [lat.] drohend, nahe bevorstehend

**Im|mis|si|on** [lat.] w. 10 1 Amtseinweisung, -einsetzung; 2 Einwirkung (auf ein benachbartes Grundstück durch Gase, Dämpfe, Staub o. ä.)

**im|mo|bil** [lat.] 1 unbeweglich; Ggs.: mobil; 2 nicht für den Krieg bereit oder ausgerüstet (Truppen); **Im|mo|bi|li|en** nur Mz. Grundstücke, Häuser; **Im|mo|bi|li|sa|ti|on** [-tsjon] w. 10 das Immobilisieren; **im|mo|bi|li|sie|ren** ruhigstellen, unbeweglich machen (Körperglied, durch Verband); **Im|mo|bi|li|tät** w. 10 nur Ez. 1 Unbeweglichkeit; 2 fehlende Ausrüstung oder Vorbereitung für den Krieg (von Truppen)

**im|mo|ra|lisch** [lat.] unmoralisch, unsittlich, gegen die Moralgesetze verstoßend; vgl. amoralisch; **Im|mo|ra|lis|mus** m. Gen. - nur Ez. Ablehnung der geltenden Moralgesetze; vgl. Amoralismus; **Im|mo|ra|list** m. 10 jmd.,

der die herrschenden Moralgesetze ablehnt; **Im|mo|ra|li|tät** w. 10 nur Ez. Unsittlichkeit; vgl. Amoralität

**Im|mor|ta|li|tät** [lat.] w. 10 nur Ez. Unsterblichkeit; Ggs.: Mortalität; **Im|mor|tel|le** w. 11 Strohblume

**im|mun** [lat.] 1 unempfindlich (gegen bestimmte Krankheiten); dagegen bin ich immun übertr.: das beeindruckt, beeinflußt mich nicht; 2 rechtlich unantastbar (Parlamentsmitglieder); **im|mu|ni|sie|ren** (durch Impfung) immun (1) machen; **Im|mu|ni|tät** w. 10 nur Ez. 1 Unempfindlichkeit; 2 Schutz vor strafrechtl. Verfolgung (bei Parlamentsmitgliedern); **Im|mun|kör|per** m. 5 → Antikörper; **Im|mu|no|lo|gie** w. 11 nur Ez. Lehre von der Immunität (1)

**imp.** Abk. für imprimatur
**Imp.** Abk. für Imperator

**Im|pact** [-pækt, engl.] m. 9 Werbung: Eindrucksstärke

**Im|pa|ri|tät** [lat.] w. 10 nur Ez. Ungleichheit; Ggs.: Parität (1)

**Im|pa|sto** [ital.] s. 9, Mz. auch -sti Malerei: dicker, ungleicher Farbauftrag

**Im|peach|ment** [-pitʃ-, engl.] s. 9 in den USA: Anklage vor dem Senat gegen einen hohen Staatsbeamten oder den Präsidenten

**Im|pe|danz** [lat.] w. 10 beim Wechselstrom: Scheinwiderstand

**Im|pe|di|ment** [lat.] s. 1 veraltet: (rechtliches) Hindernis

**im|pe|ne|tra|bel** [lat.] veraltet: undurchdringbar

**im|pe|ra|tiv** [lat.] befehlend, zwingend, bindend; **Im|pe|ra|tiv** m. 1 1 Gramm.: Befehlsform; 2 Pflichtgebot; **im|pe|ra|ti|visch** [auch: -ti-] in der Form des Imperativs; **Im|pe|ra|tor** m. 13 (Abk.: Imp.) im alten Rom 1 urspr.: Oberbefehlshaber; 2 dann: Kaiser; **im|pe|ra|to|risch** 1 wie ein Imperator; 2 übertr.: gebieterisch; **Im|pe|ra|tor Rex** (Abk.: I. R.) Kaiser (und) König

**Im|per|fekt** [auch: -fekt, lat.] s. 1 Vergangenheitsform des Verbums, unvollendete Vergangenheit, Präteritum, z. B. ich ging; **im|per|fek|tiv** im Imperfekt stehend

**Im|per|fo|ra|ti|on** [-tsjon] w. 10 angeborene Verwachsung einer Körperöffnung

**im|pe|ri|al** [lat.] zum Imperium, zum Imperator gehörig, auf ihnen beruhend, von ihnen ausgehend, kaiserlich; **Im|pe|ri|al** s. 1 1 veraltetes Papierformat, 57 × 78 cm; 2 veralteter Schriftgrad, 9 Cicero; 3 alte russische Goldmünze, 15 Rubel; **Im|pe|ri|a|lis|mus** m. Gen. - nur Ez. Streben (eines Staates) nach Vergrößerung seiner Macht und seines Besitzes; **Im|pe|ri|a|list** m. 10 Vertreter des Imperialismus; **Im|pe|ri|um** s. Gen. -s Mz. -ri|en Weltreich, bes. das römische

**im|per|mea|bel** [lat.] undurchlässig; **Im|per|mea|bi|li|tät** w. 10 nur Ez. Undurchlässigkeit

**Im|per|so|nal|le** [lat.] *s. Gen. -s Mz. -li|*en *oder* -lia *Verb, von dem nur unpersönliche Formen gebildet werden können, z. B. regnen: es regnet*
**im|per|ti|nent** [lat.] *unverschämt, frech;* **Im|per|ti|nenz** *w. 10 nur Ez.* Unverschämtheit
**im|per|zep|ti|bel** [lat.] *Philos.:* nicht wahrnehmbar
**im|pe|ti|gi|nös** [lat.] eitrig, grindig; **Im|pe|ti|go** *w. Gen. - nur Ez.* eine Hautkrankheit, Eiterflechte
**im|pe|tuo|so** [ital.] *Mus.:* stürmisch, ungestüm; **Im|pe|tus** [lat.] *m. Gen. - nur Ez.* 1 Ungestüm; 2 Antrieb, Drang
**Im|plan|tat** [lat.] *s. 1* implantiertes Gewebsstück; **Im|plan|ta|ti|on** [-tsjon] *w. 10* 1 Einpflanzung eines körperfremden Gewebsstücks oder Stoffes in den Körper; 2 Einnistung eines befruchteten Eies in die Gebärmutterschleimhaut; **im|plan|tie|ren** einpflanzen
**Im|pli|ka|ti|on** [-tsjon, lat.] *w. 10* Einbeziehung einer Sache in eine andere, „wenn ... so"-Beziehung; **im|pli|zie|ren** einbeziehen; **im|pli|zit** inbegriffen, mit einbezogen; *Ggs.:* explizit; **im|pli|zi|te** [-te:] einschließlich
**Im|plo|si|on** [lat.] *w. 10* Zertrümmerung eines Gefäßes durch (stärkeren) Luftdruck von außen; *Ggs.:* Explosion
**Im|plu|vi|um** [lat.] *s. Gen. -s Mz. -vi|*en *oder* -via *im altröm. Haus:* Becken im Atrium zum Auffangen des Regenwassers
**im|pon|de|ra|bel** [lat.] unberechenbar; **Im|pon|de|ra|bili|en** *nur Mz.* unberechenbare Einflüsse, z. B. Gefühle, Stimmungen, Reaktionen anderer; **Im|pon|de|ra|bi|li|tät** *w. 10 nur Ez.* Unberechenbarkeit
**im|po|nie|ren** [lat.] jmdm. i.: großen Eindruck auf jmdn. machen
**Im|port** [lat.] *m. 1* Einfuhr aus dem Ausland (von Waren); *Ggs.:* Export; **Im|por|te** *w. 11* 1 *meist Mz.:* Einfuhrware; 2 importierte Zigarre; **Im|por|teur** [-tør] *m. 1* Kaufmann oder Firma, der bzw. die aus dem Ausland Waren einführt; *Ggs.:* Exporteur; **im|por|tie|ren** aus dem Ausland einführen (Waren); *Ggs.:* exportieren
**im|por|tun** [lat.] *veraltet:* ungelegen, unpassend; *Ggs.:* opportun
**im|po|sant** [lat.] großartig, eindrucksvoll, stattlich
**im|po|tent** [lat.] unfähig zum Geschlechtsverkehr (vom Mann), zeugungsunfähig; **Im|po|tenz** *w. 10 nur Ez.* Unfähigkeit zum Geschlechtsverkehr
**impr.** *Abk. für* imprimatur
**Im|prä|gna|ti|on** [-tsjon, lat.] *w. 10* 1 das Eindringen von mineralhaltigen Lösungen in Gestein; 2 das Eindringen der Samenzelle in das Ei, Befruchtung; **im|prä|gnie|ren** mit einem Schutzmittel (gegen Feuchtigkeit o. ä.) tränken

**im|prak|ti|ka|bel** undurchführbar, nicht anwendbar
**Im|pre|sa|rio** [ital.] *m. 9, Mz. auch:* -rii jmd., der für einen Künstler Gastspiele arrangiert
**Im|pres|si|on** [lat.] *w. 10* Eindruck, Sinneswahrnehmung; **im|pres|sio|na|bel** eindrucksfähig, beeindruckbar; **Im|pres|sio|nis|mus** *m. Gen. - nur Ez.* Richtung in Malerei, Literatur und Musik Ende des 19. Jh., die den subjektiven Eindruck des Künstlers von der Wirklichkeit wiedergeben will; **Im|pres|sum** *s. Gen. -s Mz.* -sen *in Zeitungen, Zeitschriften und Büchern:* Vermerk (meist auf der zweiten Seite) über Copyright, Verlagsort und -jahr, Druckerei u. a.; **Im|pri|ma|tur** (*Abk.:* imp., impr.) „es werde gedruckt" (Vermerk des Autors oder Verlages auf den letzten Korrekturbogen); **Im|pri|ma|tur** *s. Gen. -s nur Ez.* Druckerlaubnis; das I. erteilen; **Im|pri|mé** [ε̃prime, frz.] *m. 9* bedruckter Seidenstoff; **im|pri|mie|ren** einen Text, Druckbogen i.: für einen Text, Druckbogen das Imprimatur erteilen
**Im|promp|tu** [ε̃prɔ̃ty, frz.] *s. 9* 1 *urspr.:* frz. Stegreifgedicht; 2 *dann:* frei gestaltetes Musikstück, bes. für Klavier
**Im|pro|vi|sa|ti|on** [-tsjon, lat.] *w. 10* Handlung oder Vortrag unvorbereitet aus einem augenblicklichen Einfall heraus; **Im|pro|vi|sa|tor** *m. 13* jmd., der improvisieren kann; **im|pro|vi|sa|to|risch** in der Art einer Improvisation; **im|pro|vi|sie|ren** unvorbereitet, aus dem Augenblick heraus tun; einen Ausflug, eine Feier i.; einen Text i.: aus dem Stegreif sprechen, so wie er nicht in der Rolle steht
**Im|puls** [lat.] *m. 1* 1 Antrieb, Anregung, Anreiz; 2 *Phys.:* Produkt aus Kraft und einwirkender Zeit eines Stoßes; Produkt aus Masse und Geschwindigkeit eines Körpers; **im|pulsiv** 1 durch einen Impuls bewirkt; 2 rasch, lebhaft, aus plötzlichen Einfällen heraus handelnd; **Im|pul|si|vi|tät** *w. 10 nur Ez.* impulsives Wesen oder Handeln
**Im|pu|ta|ti|on** [-tsjon, lat.] *w. 10 veraltet:* ungerechtfertigte Beschuldigung; **im|pu|tie|ren** *veraltet:* ungerechtfertigt beschuldigen
**in** [engl.] in sein *ugs.:* modern sein, über alles Aktuelle, Modische (innerhalb einer bestimmten Gesellschaftsgruppe) Bescheid wissen, tonangebend, in Mode sein; *Ggs.:* out
**In** *chem. Zeichen für* Indium
**in.** *Abk. für* Inch
**in ab|sen|tia** [-tsja, lat.] in Abwesenheit; einen Angeklagten in a. verurteilen
**in ab|stra|cto** [lat.] im allgemeinen, ohne Berücksichtigung des Besonderen, der Wirklichkeit; *Ggs.:* in concreto
**in|ad|äquat** [lat.] nicht passend, ungleichwertig, unangemessen
**in ae|ter|num** [-εtɛr-, lat.] auf, für ewig
**in|ak|ku|rat** [lat.] nicht gleichmäßig, ungenau, nachlässig

**in|ak|tiv** [lat.] 1 untätig; 2 im Ruhestand, beurlaubt; 3 nicht zur Teilnahme an Versammlungen verpflichtet (bei Mitgliedern von Vereinen oder Studentenverbindungen); 4 unter bestimmten Bedingungen keine Reaktion zeigend; **in|ak|ti|vie|ren** 1 unwirksam machen; 2 in den Ruhestand versetzen; **In|ak|ti|vi|tät** [auch: -tet] *w. 10 nur Ez.* 1 Unwirksamkeit, Untätigkeit; 2 Ruhestand

**in|ak|tu|ell** [lat.] nicht aktuell

**in|ak|zep|ta|bel** [auch: -ta-, lat.] nicht akzeptabel, unannehmbar

**in|a|lie|na|bel** [-lie-, auch: -na-, lat.] unveräußerlich

**inan** [lat.] nichtig, leer

**in|ap|pel|la|bel** [lat.] *Rechtsw.:* nicht durch Berufung anfechtbar; inappellables Urteil

**in|ar|ti|ku|liert** [lat.] nicht artikuliert, undeutlich (ausgesprochen)

**In|au|gu|ral|dis|ser|ta|ti|on** [-tsjo:n, lat.] *w.10* wissenschaftl. Arbeit, um die Doktorwürde zu erlangen, Doktorarbeit; **In|au|gu|ra|ti|on** [-tsjon] *w.10* feierliche Einsetzung in ein Amt oder eine Würde; **in|au|gu|rie|ren** 1 einsetzen, einweihen; 2 beginnen, einleiten

**in brevi** [lat.] *veraltet:* in kurzem, binnen kurzem, bald

**inc.** *Abk. für* incidit

**Inc.** *Abk. für* incorporated: eingetragen (bei Vereinen, Gesellschaften)

**I. N. C.** *Abk. für* in nomine Christi

**Inch** [intʃ, engl.] *m. oder s. Gen. - Mz.* -es, *nach Zahlenangaben Mz. - (Abk.:* in., *Zeichen:"*) engl. Längenmaß, Zoll, 2,54 cm

**In|choa|tiv** [-koa-, lat.] *s.1*, **In|choa|ti|vum** *s. Gen.* -s *Mz.* -va 1 Aktionsart des Verbs, die den Beginn einer Handlung ausdrückt; 2 Verb, das diese Aktionsart ausdrückt, z. B. erblühen, erwachen, erkennen

**in|chro|mie|ren** [lat.] mit Chrom überziehen zum Schutz gegen Korrosion

**in|ci|dit** [lat.] *(Abk.:* inc.) „hat (es) geschnitten" (Vermerk auf Kupferstichen vor dem Namen des Künstlers)

**in|ci|pit** [lat.] „es beginnt" (Vermerk am Anfang alter Handschriften oder Drucke); *Ggs.:* explicit; **In|ci|pit** *s. 9* die Anfangswörter einer alten Handschrift oder eines Frühdruckes

**incl.** *Abk. für* inclusive, vgl. inklusive

**in con|cre|to** [lat.] in Wirklichkeit, konkret gesprochen; *Ggs.:* in abstracto

**in con|tu|ma|ci|am** [lat.] *in der Wendung:* in c. verurteilen: in Abwesenheit verurteilen

**in cor|po|re** [lat.] insgesamt, alle

**In|cu|bus** *m. Gen. - Mz.* -cu|ben → Inkubus

**I. N. D.** *Abk. für* in nomine Dei, in nomine Domini

**Ind|an|thren** [Kunstw. aus Indigo und Anthrazen] *s.1* Ⓦ *Sammelbez. für* licht- und waschechte Farbstoffe

**in|de|fi|ni|bel** [lat.] nicht definierbar, nicht begrifflich abzugrenzen; **in|de|fi|nit** unbe-

stimmt; indefinites Pronomen → Indefinitum; **In|de|fi|nit|pro|no|men** *s. 7, Mz. auch:* -mi|na, **In|de|fi|ni|tum** *s. Gen.* -s *Mz.* -ta unbestimmtes Fürwort, z. B. jeder, einige

**in|de|kli|na|bel** [lat.] *Gramm.:* nicht deklinierbar, nicht beugbar; indeklinables Wort; **In|de|kli|na|bi|le** *s. Gen. - Mz.* -bi|lia undeklinierbares Wort, z. B. lila, sehr

**in|de|li|kat** [lat.] unfein, unzart; *Ggs.:* delikat

**In|dem|ni|sa|ti|on** [-tsjon, lat.] *w.10* Entschädigung, Vergütung; **in|dem|ni|sie|ren** vergüten, entschädigen; **In|dem|ni|tät** *w.10 nur Ez.* 1 nachträgl. Zustimmung (des Parlaments) zu einer anfangs nicht gebilligten Maßnahme (der Regierung); 2 Straflosigkeit (von Parlamentsmitgliedern für Äußerungen im Parlament)

**in|de|mon|stra|bel** [lat.] nicht beweisbar

**In|de|pen|den|ten** [lat.] *nur Mz., in England im 17. Jh.:* die Angehörigen einer puritan. Strömung, die die Unabhängigkeit der Einzelgemeinden erstrebte, Kongregationalisten; **In|de|pen|denz** *w.10 nur Ez.* Unabhängigkeit

**in|de|ter|mi|na|bel** [lat.] unbestimmbar; indeterminabler Begriff; **In|de|ter|mi|na|ti|on** [-tsjon] *w.10 nur Ez.* Unbestimmtheit; **in|de|ter|mi|niert** unbestimmt; **In|de|ter|mi|nis|mus** *m. Gen. - nur Ez.* Lehre, daß der Mensch in seinen Handlungen nicht zwingend von Ursache und Wirkung abhänge, sondern ein gewisses Maß an Willensfreiheit besitze; *Ggs.:* Determinismus

**In|dex** [lat.] *m. 1 oder Gen. - Mz.* -di|zes [-tse:s] 1 Verzeichnis (von Namen, Begriffen, Stichwörtern o. ä., auch von [verbotenen] Büchern); Index librorum prohibitorum: Verzeichnis der von der kath. Kirche verbotenen Bücher; 2 *Math.* (tiefgestellt nach dem Buchstaben): Kenn-, Unterscheidungsziffer, z. B. $a_1$, $a_n$, $F_2$; 3 *Anthropologie:* Prozentzahl, die das Verhältnis zweier Maße zueinander ausdrückt, beim Schädelindex z. B. das von Länge und Breite; 4 *Statistik:* Meßzahl, mit deren Hilfe Preis- und Mengenänderungen unabhängig voneinander dargestellt werden können; **In|dex|wäh|rung** *w.10* Währung, der bestimmte Indexziffern (meist der Lebenshaltungskosten) zugrunde liegen; **In|dex|zif|fer** *w.11* Verhältniszahl

**in|de|zent** [lat.] unanständig, unschicklich

**In|di|an** *m.1 österr.:* Truthahn; **In|di|a|ner** *m.5* Ureinwohner von Amerika; **In|di|a|nis|tik** *w.10 nur Ez.* Wissenschaft von den Indianersprachen und -kulturen

**in|dif|fe|rent** [lat.] 1 unbestimmt; 2 gleichgültig; **In|dif|fe|ren|tis|mus** *m. Gen. - nur Ez.* gleichgültiges, teilnahmsloses Verhalten, Mangel an eigener Meinung; **In|dif|fe|renz** *w.10 nur Ez.* 1 Unbestimmtheit; 2 Gleichgültigkeit

**In|di|ge|sti|on** [lat.] *w.10* Verdauungsstörung

**In|di|gna|ti|on** [-tsjon, lat.] *w.10 nur Ez.* Unwille, Entrüstung; **in|di|gniert** unwillig, peinlich berührt; **In|di|gni|tät** *w. 10 nur Ez.* 1 *veraltet:* Unwürdigkeit; 2 *Rechtsw.:* Erbunwürdigkeit

**In|di|go** [griech.-span.] *m. 9 oder s. 9* ältester pflanzlicher, blauer Farbstoff (heute synthetisch hergestellt); **In|di|go|lith** *m. 1 oder m. 10* ein Mineral, blauer Turmalin; **In|di|go|tin** *s. 1 nur Ez.* aus Indigo gewonnener blauer Farbstoff

**In|di|kal|ti·on** [-tsjon, lat.] *w. 10* 1 Merkmal; 2 Heilanzeige, Veranlassung, ein bestimmtes Heilmittel oder -verfahren anzuwenden; **In|di|ka|tiv** *m. 1* Wirklichkeitsform des Verbs, z. B. ich laufe, ich habe geschrieben; **In|di|ka|tor** *m. 13* 1 *Chem.:* Stoff, der durch Veränderung seiner Farbe anzeigt, wie die auf ihn einwirkende Lösung reagiert; 2 *Tech.:* Gerät zur Aufzeichnung der Arbeitsleistung einer Maschine; **In|di|ka|trix** *w. Gen. - nur Ez. Kartographie:* Maß zur Feststellung der Verzerrung bei der Abbildung einer gekrümmten Fläche

**In|dik|ti·on** [-tsjon, lat.] *w. 10* 1 Ankündigung; 2 *kirchl.* Aufgebot; 3 *im alten Rom:* Zeitraum von 15 Jahren (zur Berechnung von Steuern), Römerzinszahl

**In|dio** *m. 9 span. Bez. für* Indianer Süd- und Mittelamerikas

**in|di|rekt** [lat.] mittelbar, auf Umwegen, nicht direkt; indirekte Rede: nichtwörtl. Rede, z. B. er sagte, er·habe angerufen; indirekte Beleuchtung: B. durch unsichtbare Lichtquellen; indirekte Steuern: Steuern durch Aufschlag auf bestimmte Waren; indirekte Wahl: Wahl von Abgeordneten durch Wahlmänner, die von den Urwählern gewählt wurden

**in|dis|kret** [lat.] nicht verschwiegen, taktlosneugierig; *Ggs.:* diskret; **In|dis|kre|ti·on** [-tsjon] *w. 10* Mangel an Verschwiegenheit; *Ggs.:* Diskretion (1)

**in|dis|ku|ta|bel** [auch: -ta-, lat.] nicht der Erörterung wert; indiskutabler Vorschlag

**in|dis|pen|sa|bel** [auch: -sa-, lat.] unerläßlich, unumgänglich; indispensable Entscheidung

**in|dis|po|ni|bel** [auch: -ni-, lat.] nicht verfügbar, festgelegt; indisponible Gelder; **in|dis|po|niert** in schlechter Verfassung, unpäßlich; **In|dis|po|si|ti·on** [-tsjon] *w. 10 nur Ez.* Unpäßlichkeit

**in|dis|pu|ta|bel** [auch: -ta-, lat.] *veraltet:* unbestreitbar, unstreitig

**In|dis|zi|plin** [lat.] *w. Gen. - nur Ez.* Mangel an Disziplin

**In|di·um** (*Zeichen:* In) chem. Element, Metall

**In|di|vi|dua|li|sa|ti·on** [-tsjon, lat.] *w. 10* Vereinzelung, Betrachtung, Hervorhebung des Einzelnen, Besonderen; **in|di|vi|dua|li|sie|ren** in Einzelnes sondern, das Besondere, Einzelne (von etwas) hervorheben; **In|di|vi|dua|lis-**

**mus** *m. Gen. - nur Ez.* 1 das Einzelwesen, den Einzelmenschen hervorhebende Auffassung, Überordnung des Einzelmenschen über die Gemeinschaft; 2 Vertretung der eigenen Interessen, Zurückhaltung gegenüber der Gemeinschaft; **In|di|vi|dua|list** *m. 10* jmd., der im Sinne des Individualismus denkt und handelt, Einzelgänger; **In|di|vi|dua|li|tät** *w. 10* 1 Einzigartigkeit; 2 Gesamtheit der Eigenarten eines Einzelwesens; 3 das Einzelwesen in seiner Eigenart; **In|di|vi|du|al|recht** *s. 1* Recht des Einzelmenschen, Menschenrecht; **In|di|vi|dua|ti·on** [-tsjon] *w. 10* Entwicklung der Einzelpersönlichkeit, Herausbildung der Besonderheiten, Eigenarten des Einzelmenschen; **in|di|vi|du|ell** den Einzelmenschen betreffend, zu ihm gehörig, ihm eigentümlich; je nach Art des einzelnen; **In|di|vi|du|um** *s. Gen. -s Mz.* -duen 1 Einzelwesen; 2 *ugs. abfällig:* Kerl, unbekannte Person

**in|di|vi|si|bel** [lat.] unteilbar

**In|diz** [lat.] *s. Gen. -es Mz.* -di|zi en verdächtiger Umstand, Tatsache, die auf einen bestimmten Sachverhalt schließen läßt; **In|di|zes** [-tse:s] *Mz. von* Index; **In|di|zi|en|be|weis** *m. 1* Beweis auf Grund von Tatsachen, die auf einen Tatbestand schließen lassen; **in|di|zie|ren** 1 hinweisen auf, anzeigen, ratsam erscheinen lassen; **in|di|ziert** ratsam

**In|do|ar|i er** *m. 5* Angehöriger eines der um 1500 v. Chr. in Indien eingewanderten arischen Völker; **in|do|ger|ma|nisch** von Indien über Westasien bis Europa verbreitet; **In|do|ger|ma|ni|stik** *w. 10 nur Ez.* die vergleichende Wissenschaft von den indogerman. Sprachen

**In|dok|tri|na|ti·on** [-tsjon, lat.] *w. 10* ideolog. Beeinflussung, Durchdringung; **in|dok|tri|nie|ren** mit einer Ideologie durchdringen

**in|do|lent** [auch: jn-, lat.] 1 gleichgültig, unempfindlich für Eindrücke; 2 unempfindlich gegenüber Schmerzen; **In|do|lenz** *w. 10 nur Ez.* 1 Gleichgültigkeit, Unempfänglichkeit; 2 Unempfindlichkeit

**In|do|lo|gie** [lat. + griech.] *w. 11 nur Ez.* Wissenschaft von den indischen Sprachen und Kulturen

**in|dos|sa|bel** [lat.] durch Indossament übertragbar; **In|dos|sa|ment** *s. 1* Übertragung des Rechtes (an einem Wechsel) an einen andern, Wechselübertragung; **In|dos|sant** *m. 10* → Girant; **In|dos|sat** *m. 10*, **In|dos|sa|tar** *m. 10* jmd., auf den durch Indossament ein Wechsel übertragen wird; **In|dos|sent** *m. 10* → Girant; **in|dos|sie|ren** (durch Indossament) übertragen; **In|dos|so** *s. 9*, *Mz. auch:* -si → Indossament

**in du|bio** [lat.] im Zweifelsfall; in dubio pro reo: im Zweifelsfall (soll) für den Angeklagten (entschieden werden) (Rechtsgrundsatz)

**In|duk|tanz** *w. 10 nur Ez. bei Wechselstrom:* induktiver Widerstand; **In|duk|ti·on** [-tsjon] *w. 10* 1 *Philos.:* Schlußfolgerung vom

Besonderen auf das Allgemeine; *Ggs.:* Deduktion; **2** *Phys.:* Erzeugung einer elektr. Spannung in einem Leiter durch Änderung des ihn umgebenden Magnetfeldes; **In|duk|ti|ons|ap|pa|rat** *m. 1* Hochspannungstransformator, der mit pulsierendem Gleichstrom betrieben wird; **In|duk|ti|ons|krank|heit** *w. 10* seelisch übertragene, krankhafte Störung (bei Menschen, die ständig Kontakt mit geistig oder psychisch Kranken haben); **in|duk|tiv** auf Induktion beruhend; **In|duk|ti|vi|tät** *w. 10 Phys.: Maßbez. für* die Größe einer Induktion; **In|duk|tor** *m. 13* → Induktionsapparat

**in dul|ci ju|bi|lo** [lat. „in süßem Jubel"] Anfang eines alten Weihnachtsliedes mit abwechselnd dt. und lat. Text

**in|dul|gent** [lat.] nachsichtig, milde; **In|dul|genz** *w. 10 nur Ez.* **1** Nachsicht, Milde; **2** Straferlaß; **3** Ablaß

**In|dult** [lat.] *m. 1 oder s. 1* **1** Nachsicht; **2** Vergünstigung (bei Verbindlichkeiten); **3** Frist, Stundung

**in du|plo** [lat.] *veraltet:* in zweifacher Ausfertigung

**In|du|ra|ti|on** [-tsjon, lat.] *w. 10 Med.:* Verhärtung (von Gewebe oder Organen); **in|du|rie|ren** verhärten

**In|du|si|um** [lat.] *s. Gen. -s Mz. -si*en Hüllorgan, das bei vielen Farnen die Sporangien bedeckt

**in|du|stri|a|li|sie|ren** [lat.] ein Land i.: in einem Land eine Industrie aufbauen; **In|du|stri|a|lis|mus** *m. Gen. - nur Ez.* Vorherrschen der Industrie (in einem Land); **In|du|strie** *w. 11* **1** Massenherstellung von Waren auf mechanischem Wege; **2** Gesamtheit der Industriebetriebe; **In|du|strie|be|trieb** *m. 1* Betrieb zur Massenherstellung von Waren; **In|du|strie|ka|pi|tän** *m. 1 ugs.:* führende Persönlichkeit in der Industrie; **in|du|stri|ell** auf die Industrie (**1**) beruhend, zu ihr gehörig, mit Hilfe der Industrie; **In|du|stri|el|le(r)** *m. 18 (17)* Inhaber oder Leiter eines Industriebetriebes, Unternehmer; **In|du|strie|mag|nat** *m. 10* Inhaber von in der Industrie investierten Vermögenswerten; **In|du|strie|pflan|ze** *w. 11* in großen Mengen angebaute, in der Industrie (**1**) verwendete Pflanze, z. B. Zuckerrübe

**in|du|zie|ren** [lat.] **1** vom Einzelnen auf das Allgemeine schließen; **2** durch Induktion erzeugen (Strom); **3** induziertes Irresein → Induktionskrankheit; **4** induzierte Reaktion: chem. Reaktion zwischen zwei Stoffen, die nur bei Anwesenheit eines dritten Stoffes (z. B. Katalysators) ausgelöst wird

**in|ef|fek|tiv** [lat.] unwirksam

**in ef|fi|gie** [-gie:, lat. „im Abbild"] bildlich; jmdn. in e. hängen oder verbrennen *früher:* das Bild des entflohenen Verbrechers statt seiner selbst hängen oder verbrennen

**In|ef|fi|zi|enz** [lat.] *w. 10* **1** Unwirksamkeit; **2** Unwirtschaftlichkeit

**in|egal** [lat.] ungleich

**in|ert** [lat.] untätig, träge; inerte Stoffe: reaktionsträge oder -unfähige Stoffe

**in|es|sen|ti|ell** [-tsjel, lat.] unwesentlich, nicht wesensgemäß

**in|ex|akt** [lat.] ungenau

**in|exi|stent** [lat.] nicht existierend, nicht vorhanden; **In|exi|stenz** *w. 10 nur Ez.* **1** Nichtvorhandensein; **2** *Philos.:* Vorhandensein in etwas anderem

**in|ex|plo|si|bel** [lat.] nicht explodieren könnend, nicht zur Explosion fähig

**in ex|ten|so** [lat.] ausführlich, vollständig

**in ex|tre|mis** [lat.] *Med.:* in den letzten Zügen (liegend)

**Inf.** *Abk. für* Infanterie

**in fac|to** [lat.] in Wirklichkeit, wirklich

**in|fal|li|bel** [lat.] unfehlbar, unwiderruflich; infallible Entscheidung; **In|fal|li|bi|li|tät** *w. 10 nur Ez.* Unfehlbarkeit (des Papstes)

**in|fam** [lat.] **1** niederträchtig, gemein; **2** *ugs.:* kaum erträglich, z. B. infame Schmerzen; **In|fa|mie** *w. 11* Niederträchtigkeit, Gemeinheit

**In|fant** [lat.] *m. 10 früher in Spanien und Portugal* Titel für königliche Prinzen; **In|fan|te|rie** [auch: in-, lat.] *w. 11 (Abk.: Inf.)* Fußtruppe; **In|fan|te|rist** [auch: in-] *m. 10* Soldat der Infanterie; **in|fan|til** kindisch, zurückgeblieben; **In|fan|ti|lis|mus** *m. Gen. - nur Ez.* Zurückgebliebensein auf kindlicher Entwicklungsstufe; **In|fan|ti|li|tät** *w. 10 nur Ez.* Kindischsein, Unreife; **In|fan|tin** *w. 10 früher in Spanien und Portugal* Titel für königliche Prinzessinnen; **In|fan|ti|zid** *m. 1* Kindesmord

**In|farkt** [lat.] *m. 1* Absterben eines Organs oder Organteils infolge Verschlusses einer Arterie; **in|far|zie|ren** ein Organ(teil) i.: zum Absterben bringen, einen Infarkt darin herbeiführen

**In|fekt** [lat.] *m. 1 oder s. 1* ansteckende Krankheit; **In|fek|ti|on** [-tsjon] *w. 10* Ansteckung, Übertragung von Krankheitserregern; **In|fek|ti|ons|krank|heit** *w. 10* ansteckende Krankheit; **in|fek|ti|ös** [-tsjøs] ansteckend, mit Krankheitserregern verseucht; **In|fek|tio|si|tät** [-tsjo-] *w. 10 nur Ez.* Ansteckungsfähigkeit (eines Erregers)

**In|fel** *w. 11* → Inful

**in|fe|ri|or** [lat.] untergeordnet, minderwertig; **In|fe|ri|o|ri|tät** *w. 10 nur Ez.* untergeordnete Stellung, Minderwertigkeit

**in|fer|na|lisch** [lat.] **1** höllisch, teuflisch; infernalisches Gelächter; **2** *übertr.:* unerträglich; infernalischer Gestank; **In|fer|no** *s. 9 nur Ez.* Hölle, Unterwelt

**in|fer|til** [lat.] unfruchtbar; **In|fer|ti|li|tät** *w. 10 nur Ez.* Unfruchtbarkeit

**In|fight** [infait, engl.] *m. 9,* **In|figh|ting** *s. 9 Boxen:* Nahkampf

**In|fil|trat** [lat.] *s. 1* **1** von fremden Zellen oder

fremder Flüssigkeit durchsetztes Gewebe; **2** in ein Gewebe eingedrungene Substanz; **In|fil|tra|ti·on** [-tsjon] *w. 10* **1** das Eindringen von Zellen oder Flüssigkeit in Gewebe; **2** *übertr.:* Eindringen fremden Gedankengutes in. eine Gemeinschaft, ideologische Unterwanderung; **in|fil|trie|ren** eindringen, einflößen, durchtränken

**in|fi|nit** [auch: -nit, lat.] *Gramm.:* unbestimmt; *Ggs.:* finit; infinite Verbform *Gramm.:* nicht durch Person und Zahl bestimmte, nicht konjugierte Form des Verbs, z. B. Infinitiv, Partizip; **in|fi|ni|te|si|mal** ins unendlich Kleine gehend; **In|fi|ni|te|si|mal-rech|nung** *w. 10 nur Ez., Sammelbezeichnung* für Differential- und Integralrechnung; **In|fi-ni|tiv** *m. 1* Ausgangsform des Verbs, aus der alle andern Formen abgeleitet werden, Grundform, Nennform, z. B. laufen, lachen **In|fir|mi|tät** [lat.] *w. 10 nur Ez. Med.:* Gebrechlichkeit

**In|fix** [auch: in-, lat.] *s. 1* in den Wortstamm oder bei zusammengesetzten Wörtern zwischen die beiden Wortteile eingefügtes Bildungselement, z. B. das n in ital. prendo „ich nehme" gegenüber presi, preso „ich nahm, habe genommen" oder das s in „Rindsleder" **in|fi|zie|ren** [lat.] anstecken, mit Krankheitserregern verseuchen

**in fla|gran|ti** [lat., „brennend"] auf frischer Tat; jmdn. in f. ertappen

**in|flam|ma|bel** [lat.] entzündbar; inflammabler Stoff; **in|flam|mie|ren** entflammen *(auch übertr.)*

**in|fla|tie|ren** [lat.] zur Inflation treiben; **In-fla|ti·on** [-tsjon] *w. 10* Geldentwertung; *Ggs.:* Deflation; **in|fla|tio|när** → inflationistisch; **in-fla|tio|nie|ren** → inflatieren; **In|fla|tio|nis|mus** *m. Gen.- nur Ez.* Beeinflussung der Wirtschaft durch Erhöhung des Geldumlaufs; **in-fla|tio|ni|stisch, in|fla|to|risch** auf Inflation beruhend, durch sie bewirkt oder sie bewirkend

**in|fle|xi|bel** [lat.] **1** nicht biegbar, starr; **2** *Gramm.:* nicht flektierbar, nicht beugbar **In|flo|res|zenz** [lat.] *w. 10* Blütenstand; **in flo-ri|bus** in Blüte, im Wohlstand

**In|flu|enz** [lat.] *w. 10* **1** Einfluß, Einwirkung; **2** *Phys.:* Trennung elektr. Ladungen auf der Oberfläche eines Körpers durch den Einfluß eines äußeren elektr. Feldes; **In|flu|en|za** *w. Gen.- nur Ez. veraltend:* Grippe; **In|flu-enz|ma|schi|ne** *w. 11* Maschine zum Erzeugen hoher Spannungen, Elektrisiermaschine **In|for|mand** [lat.] *m. 10* jmd., der informiert wird oder der sich informiert; **In|for|mant** *m. 10* jmd., der jmdn. informiert; **In|for|ma-tik** *w. 10 nur Ez.* Wissenschaft von den Grundlagen der elektron. Datenverarbeitung und ihrer Anwendung; **In|for|ma|ti·on** [-tsjon] *w. 10* **1** Nachricht, Mitteilung, Aufklärung; **2** *Kybernetik:* Folge, Anordnung

von physikal. Signalen; **in|for|ma|tiv** Auskunft gebend, Einblick verschaffend; **In|for|ma|tor** *m. 13* → Informant; **in|for|ma|to|risch** einen ersten, vorläufigen Überblick verschaffend; **in|for|mell 1** nicht formell, ohne Formalitäten; **2** [-mɛl] → informatorisch; **3** informelle Kunst: Richtung der modernen Malerei, die frei von geometr. Regeln und Kompositionsprinzipien arbeitet; **in|for|mie|ren 1** jmdn. i.: jmdm. Nachricht geben, jmdn. in Kenntnis setzen; **2** sich i.: sich Einblick, Kenntnis verschaffen

**In|fra|grill** *m. 9* Ⓦ durch Infrarot heizbarer Grill

**in|fra|kru|stal** [lat.] unterhalb der Erdkruste (gelegen, gebildet)

**In|frak|ti·on** [-tsjon, lat.] *w. 10* Bruch, bei dem der Knochen nur angebrochen ist

**in|fra|rot** zum Bereich des Infrarots gehörend, ultrarot; **In|fra|rot** *s. Gen.-(s) nur Ez.* die nicht sichtbaren Wärmestrahlen, die im Spektrum jenseits der roten Seite des in Spektralfarben zerlegten Lichtes liegen, Ultrarot; **In|fra|schall** *m. Gen.-(e)s nur Ez.* die nicht hörbaren Schallwellen unter 20 Hz; vgl. Ultraschall; **In|fra|struk|tur** *w. 10* alle institutionellen und materiellen Einrichtungen für Daseinsfürsorge und ökonom. Entwicklung (z. B. Krankenhäuser, Energieversorgung, Verkehrsanlagen)

**In|ful** [lat.] *w. 11* **1** *im alten Rom:* weiße Stirnbinde; **2** *kath. Kirche:* die Mitra mit den herabhängenden Bändern; **in|fu|lie|ren** zum Tragen der Inful **2** berechtigen

**in|fun|die|ren** [lat.] (durch Hohlnadeln in den Körper) einbringen, einfließen lassen; **In|fus** *s. 1* Aufguß; **In|fu|si·on** *w. 10* Eingießen, Einfließenlassen größerer Flüssigkeitsmengen in den Körper; **In|fu|si·ons|tier|chen** *s. 7,* **In|fu-so|ri·um** *s. Gen.-s Mz.-ri·en* Einzeller im Heuaufguß, Aufgußtierchen; **In|fu|sum** *s. Gen.-s Mz.-sa* → Infus

**Ing.** *Abk. für* Ingenieur

**in ge|ne|re** [lat.] im allgemeinen; **in|ge|ne|riert** angeboren

**In|ge|ni|eur** [inʒənjør, lat.-frz.] *m. 1 (Abk.:* Ing.) an einer Hochschule (Diplom-I.) oder Fachschule ausgebildeter Techniker; **in|ge|ni-ös** [-ge-] **1** sinnreich; kunstvoll; **2** erfinderisch, scharfsinnig; **In|ge|nio|si|tät** *w. 10 nur Ez.* Erfindergabe, Scharfsinn; **In|ge|ni|um** [lat.] *s. Gen.-s Mz.-ni·en* Erfindungskraft, Geistesbegabung, schöpfer. Geisteskraft; **In-ge|nui|tät** *w. 10 nur Ez.* Freimut, Offenheit, Natürlichkeit (des Benehmens)

**In|ge|sti·on** [lat.] *w. 10* Nahrungsaufnahme; **In|ge|sti·ons|al|ler|gie** *w. 11* Allergie gegen mit der Nahrung aufgenommene Stoffe

**Ing. (grad.)** *Abk. für* graduierter Ingenieur (Ingenieur mit staatlicher Prüfung an einer Ingenieurschule)

**In|got** [iŋgɔt, engl.] *m. 9* Metallbarren oder -block

**In|grain|fär|bung** [-grɛin-, engl.] *w. 10* Färbung in der Wollflocke; **In|grain|pa|pier** *s. 1* mit Wollfasern durchsetztes, rauhes Zeichenpapier

**In|gre|di|ens** [lat.] *s. Gen. - Mz.* -di|en|zi|en, **In|gre|di|enz** *w. 10 meist Mz.* 1 Bestandteil (einer Mischung); 2 Zutat

**In|greß** [lat.] *m. 1 veraltet:* 1 Eingang, Zugang; 2 Zutritt; **In|gres|si|on** *w. 10* langsames Eindringen des Meeres in ein durch Senkung entstandenes Festlandsbecken, z. B. Bodden, Haff, Ästuar; **In|gres|si|ons|meer** *s. 1* Nebenmeer

**in|gui|nal** [lat.] zur Leistengegend gehörig

**Ing|wer** [ind.] *m. 5 nur Ez.* eine Gewürzpflanze

**In|ha|la|ti|on** [-tsjon, lat.] *w. 10* Einatmen von heilenden Dämpfen; **In|ha|la|to|ri|um** *s. Gen.* -s *Mz.* -ri|en Raum mit Inhalationsapparaten; **in|ha|lie|ren** 1 Heilmittel in Form von Dämpfen einatmen; 2 in Lungenzügen rauchen

**in|hä|rent** [lat.] (einer Sache) anhaftend, innewohnend; **In|hä|renz** *w. 10 nur Ez.* das Innewohnen; *Philos.:* das Verknüpfen der Eigenschaften mit ihrem Träger; **in|hä|rie|ren** anhaften, innewohnen

**in|hi|bie|ren** [lat.] *veraltet:* verbieten, verhindern; **In|hi|bi|ti|on** [-tsjon] *w. 10* Verbot; **In|hi|bi|tor** *m. 13* Stoff, der chem. Vorgänge hemmt oder verhindert, Hemmstoff; **in|hi|bi|to|risch** hemmend, hindernd

**in hoc sa|lus** [lat.] (*Abk.:* I. H. S.) in diesem (ist) Heil (eine Deutung des Monogramms Jesu); **in hoc si|gno (vin|ces)** (*Abk.:* I. H. S.) in diesem Zeichen (wirst du siegen) (Inschrift eines Kreuzes, das Kaiser Konstantin im Traum am Himmel erschienen sein soll)

**in|ho|mo|gen** [griech.] nicht homogen, ungleichartig, heterogen; **In|ho|mo|ge|ni|tät** [auch: in-] *w. 10 nur Ez.* Ungleichartigkeit

**in ho|no|rem** [lat.] zu Ehren (des ..., der ...)

**in|hu|man** [lat.] nicht human, unmenschlich; **In|hu|ma|ni|tät** [auch: in-] *w. 10 nur Ez.* Unmenschlichkeit

**in in|fi|ni|tum** → ad infinitum

**in in|te|grum** [lat.] *in der Wendung:* in i. restituieren: in den früheren Rechtsstand wiedereinsetzen

**in|iti|al** [-tsjal, lat.] beginnend, erst..., Erst..., Anfangs...; **In|iti|al** *s. 1*, **In|iti|ale** *w. 11* großer, meist verzierter Anfangsbuchstabe (in Büchern); **In|iti|al|spreng|stoff** *m. 1* Sprengstoff, der durch seine Zündung die übrige Ladung zum Explodieren bringt; **In|iti|al|zün|dung** *w. 10* Zündung mittels Initialsprengstoffs; *auch übertr.:* erster Anstoß (zu einer neuen Entwicklung); **In|iti|and** [-tsjand] *m. 10* der eingeweiht, aufgenommen werden soll, Anwärter auf eine Ini-

tiation; **In|iti|ant** *m. 10* jmd., der die Initiative ergreift; **In|itia|ti|on** [-itsjatsjon] *w. 10* Aufnahme in einen Geheimbund oder (*bei Naturvölkern*) in die Gemeinschaft der Erwachsenen; **in|itia|tiv** [-itsja-] eine Anregung, den Anstoß gebend, Initiative besitzend; **In|itia|ti|ve** *w. 11* 1 *nur Ez.* Entschlußkraft, Fähigkeit, etwas zu beginnen oder anzuregen; 2 der erste Anstoß zu einer Handlung; die I. ergreifen; 3 *schweiz. auch:* Volksbegehren; 4 Gruppe von Personen, die sich zusammenschließen, um Forderungen vorzubringen und durchzusetzen, z. B. Bürger-, Elterninitiative; **In|itia|tor** [-itsja-] *m. 13* jmd., der den ersten Anstoß zu etwas gibt, Anreger; **In|iti|en** [-itsjen] *Mz.* Anfänge, Anfangsgründe; **in|iti|ie|ren** [-itsii-] etwas i.: für etwas den Anstoß geben

**In|jek|ti|on** [-tsjon, lat.] *w. 10* 1 Einspritzung (von Heilmitteln in den Körper oder von Zement in Risse von Gebäuden) bzw. in den Boden zum Verfestigen des Bauuntergrundes); 2 Eindringen (von Magma in die Spalten der Erdkruste); **In|jek|tor** *m. 13* Pumpe, die Wasser in Dampfkessel oder Preßluft in Saugpumpen einführt; **in|ji|zie|ren** einspritzen

**in|jun|gie|ren** [lat.] *veraltet:* zur Pflicht machen, auferlegen; **In|junk|ti|on** [-tsjon] *w. 10 veraltet:* Vorschrift

**In|ju|ri|ant** [lat.] *m. 10 veraltet:* Beleidiger; **In|ju|rie** [-riə] *w. 11* Beleidigung; **in|ju|ri|ös** beleidigend

**In|ka** [indian. „Herr"] *m. 9 oder Gen. - Mz.* -1 *urspr.:* Angehöriger eines alten peruan. Volksstammes; 2 *dann:* Angehöriger der altperuan. Adelsschicht; 3 Herrscher des Inkareiches

**in|kal|ku|la|bel** [auch: in-, lat.] unberechenbar, unmeßbar

**In|kar|di|na|ti|on** [-tsjon, lat.] *w. 10 kath. Kirche:* Übergabe einer Diözese an einen Geistlichen

**in|kar|nat** [lat.] fleischfarben; **In|kar|nat** *s. 1 nur Ez.* Fleischfarbe, Fleischton (auf Gemälden); **In|kar|na|ti|on** [-tsjon] *w. 10* 1 Fleisch-, Menschwerdung (eines göttlichen Wesens); 2 Verkörperung (von etwas Geistigem); **In|kar|nat|rot** *s. Gen. - nur Ez.* → Inkarnat; **in|kar|niert** 1 fleisch-, menschgeworden; 2 verkörpert

**In|kar|ze|ra|ti|on** [-tsjon, lat.] *w. 10* Einklemmung (z. B. von Eingeweidebrüchen); **in|kar|ze|rie|ren** einklemmen

**In|kas|sant** [lat.] *m. 10 österr.:* Kassierer; **In|kas|so** *s. 9, Mz. auch:* -si das Einkassieren, Einziehen (von Geldforderungen)

**inkl.** *Abk.* für inklusive

**In|kli|na|ti|on** [-tsjon, lat.] *w. 10* 1 Neigung, Vorliebe, Hang; 2 Neigung einer frei hängenden Magnetnadel zur Waagerechten; 3 Neigung der Ebene einer Planetenbahn zur

Ebene der Erdbahn; **in|kli|nie|ren** neigen (zu etwas), eine Vorliebe haben (für etwas)

**in|klu|si|ve** [auch: in-] (*Abk.:* inkl., *auch:* incl.) einschließlich, inbegriffen; i. Trinkgeld, i. des Trinkgeldes; *Ggs.:* exklusive

**in|ko|gni|to** [lat.] unerkannt, unter anderem Namen; i. leben, reisen; **In|ko|gni|to** *s. 9* Geheimhaltung des wahren Namens; das I. lüften, wahren

**in|ko|hä|rent** [lat.] unzusammenhängend, zusammenhanglos

**in|kom|men|su|ra|bel** [auch: in-, lat.] nicht vergleichbar; inkommensurable Begriffe, Größen; **In|kom|men|su|ra|bi|li|tät** *w. 10 nur Ez.* Unvergleichbarkeit

**in|kom|mo|die|ren** [lat.] *veraltet:* belästigen, Unbequemlichkeit bereiten; bitte i. Sie sich nicht!: bitte machen Sie sich keine Mühe!; **In|kom|mo|di|tät** *w. 10 veraltet:* Unbequemlichkeit

**in|kom|pa|ra|bel** [auch: in-, lat.] 1 nicht vergleichbar; 2 *Gramm.:* nicht steigerungsfähig **In|kom|pa|ra|bi|le** *s. Gen. -s Mz.* -bi|li|en *oder* -bi|lia nicht steigerungsfähiges Adjektiv, z. B. leer

**in|kom|pa|ti|bel** [auch: in-, lat.] unvereinbar, nicht zusammenpassend, unverträglich; inkompatible Vorschläge, Medikamente; **In|kom|pa|ti|bi|li|tät** *w. 10 nur Ez.* Unvereinbarkeit

**in|kom|pe|tent** [lat.] 1 nicht zuständig, nicht befugt (Auskünfte zu geben, Angelegenheiten zu behandeln); 2 *ugs.:* nicht fachmännisch, nicht genau Bescheid wissend; **In|kom|pe|tenz** *w. 10* Unzuständigkeit

**in|kom|pres|si|bel** [auch: in-, lat.] *Phys.:* nicht zusammenpreßbar

**in|kon|gru|ent** [auch: -ent, lat.] nicht übereinstimmend, sich nicht deckend (Dreiecke)

**in|kon|se|quent** [auch: -kvent, lat.] 1 nicht folgerichtig; 2 unbeständig, wankelmütig; **In|kon|se|quenz** [auch: -kvents] *w. 10* Mangel an Folgerichtigkeit, an folgerichtigem Verhalten

**in|kon|si|stent** [auch: -stent, lat.] nicht dauernd, nicht haltbar, unbeständig; **In|kon|si|stenz** [auch: -stents] *w. 10 nur Ez.* inkonsistente Beschaffenheit

**in|kon|stant** [lat.] nicht gleichbleibend, veränderlich

**In|kon|ti|nenz** [lat.] *w. 10 nur Ez.* Unfähigkeit (Harn oder Stuhl zurückzuhalten)

**in|kon|ve|ni|ent** [auch: -ent, lat.] *veraltet:* unpassend, unschicklich; **In|kon|ve|ni|enz** [auch: -ents] *w. 10 veraltet:* Unschicklichkeit

**in|kon|ver|ti|bel** [lat.] 1 nicht bekehrbar, unwandelbar; 2 nicht austauschbar (von Währungen)

**in|kon|zi|li|ant** [auch: -ant, lat.] nicht verbindlich, nicht entgegenkommend; **In|kon|zi|li|anz** [auch: -ants] *w. 10 nur Ez.* inkonziliantes Verhalten

**In|ko|or|di|na|ti|on** [-tsjon, lat.] *w. 10* Fehlen

des harmonischen Zusammenwirkens der Muskeln bei Bewegungen; **in|ko|or|di|niert** nicht zusammenwirkend, nicht gleichgeordnet

**in|kor|po|ral** [lat.] im Körper befindlich; **In|kor|po|ra|ti|on** [-tsjon] *w. 10* 1 Aufnahme in eine Gemeinschaft, Körperschaft; 2 Angliederung (eines Gebietsteils), Eingemeindung; **in|kor|po|rie|ren** aufnehmen, angliedern, eingemeinden; inkorporierende Sprachen → polysynthetische Sprachen

**in|kor|rekt** [lat.] 1 ungenau; 2 nicht richtig, nicht einwandfrei (Benehmen)

**In|kre|ment** [lat.] *s. 1* Zunahme, Zuwachs (einer Größe)

**In|kret** [lat.] *s. 1* von den Drüsen mit innerer Sekretion ins Blut abgegebener Stoff, Hormon; *Ggs.:* Sekret; **In|kre|ti|on** [-tsjon] *w. 10* Absonderung ins Innere des Körpers; vgl. Sekretion; **in|kre|to|risch** ins Körperinnere absondernd, mit innerer Sekretion verbunden; *Ggs.:* sekretorisch

**in|kri|mi|nie|ren** [lat.] beschuldigen

**In|kru|sta|ti|on** [-tsjon, lat.] *w. 10* 1 Verzierung (von Bauwerken) durch andersfarbigen Stein; 2 Überzug (eines Fossils) durch eine Kruste aus mineral. Stoffen; **in|kru|stie|ren** 1 durch andersfarbige Einlagen verzieren; 2 mit einer Kruste überziehen

**In|ku|ba|ti|on** [-tsjon, lat.] *w. 10* 1 *Antike:* Schlaf an heiligen Stätten (um göttliche Offenbarungen oder Heilung von Krankheiten zu erlangen), Tempelschlaf; 2 *Med.:* das Sichfestsetzen (von Krankheitserregern im Körper); 3 *Biol.:* Bebrütung; **In|ku|ba|ti|ons|zeit** *w. 10* Zeitraum von der Ansteckung bis zum Ausbruch der Krankheit; **In|ku|ba|tor** *m. 13* Brutkasten; **In|ku|bus** *m. Gen. - Mz.* -ku|ben 1 *bei den alten Römern:* Alpdruck, Alptraumdämon; 2 *im Volksglauben des MA:* mit einer Frau buhlender Teufel, Buhlteufel; *Ggs.:* Sukkubus

**in|ku|lant** [lat.] ungefällig (im Geschäftsverkehr)

**In|ku|na|bel** [lat. „Wiege"] *w. 11* Buch aus der Zeit vor 1500, Frühdruck, Wiegendruck

**in|ku|ra|bel** [auch: in-, lat.] unheilbar

**In|kur|va|ti|on** [-tsjon, lat.] *w. 10* Krümmung, Biegung

**In|laid** [auch: -leid, engl.] *m. 1 schweiz.:* farbig gemustertes Linoleum

**in maio|rem Dei glo|ri|am** → ad maiorem Dei gloriam

**in me|di|as res** [lat. „mitten in die Dinge (hinein)"] unmittelbar zur Sache, ohne Einleitung zum Thema

**in me|mo|ri|am** [lat.] zum Gedächtnis, zum Andenken

**in na|tu|ra** [lat. „in natürlicher Gestalt"] leibhaftig, wirklich; in Naturalien, in Waren

**In|ner|va|ti|on** [-tsjon, lat.] *w. 10 nur Ez.* 1 Ausstattung (eines Körperteils) mit Nerven; **2** Leitung von Reizen über die Nerven zu einem Organ; **in|ner|vie|ren 1** mit Nerven ausstatten; **2** mit Nervenreizen versorgen **in no|mi|ne Dei** [lat.] (*Abk.:* I. N. D.) im Namen Gottes; **in no|mi|ne Do|mi|ni** (*Abk.:* I. N. D.) im Namen des Herrn **In|no|val|ti|on** [-tsjon, lat.] *w. 10* Erneuerung, Verbesserung an techn. Produkten oder Verfahren; **in|no|va|tiv** erneuernd, verbessernd **in nu|ce** [lat. „in der Nuß"] **1** im Kern; **2** in Kürze, kurz gesagt **in|of|fen|siv** [auch: -sif] nicht angreiferisch, nicht angriffslustig **in|of|fi|zi|ell** [lat.] nicht öffentlich, nicht amtlich, vertraulich; **in|of|fi|zi|ös** nicht offiziös **In|oku|la|ti|on** [-tsjon, lat.] *w. 10* **1** Impfung; **2** *Bot.:* Aufpfropfung; **in|oku|lie|ren 1** einimpfen; **2** aufpfropfen **in|ope|ra|bel** [auch: in-, lat.] nicht zu operieren, durch Operation nicht heilbar **in|op|por|tun** [lat.] (augenblicklich) nicht günstig, nicht angebracht **Ino|sit** [griech.] *m. 1 nur Ez.* zuckerartige Verbindung bes. in Muskeln, Muskelzucker **in|oxy|die|ren** [griech.] mit einer Rostschutzschicht aus Eisenoxiden überziehen **in per|pe|tu|um** [lat.] für immer **in per|so|na** [lat.] in Person, persönlich, selbst **in pet|to** [ital. „in der Brust"] bereit, in Bereitschaft; eine Neuigkeit in p. haben **in ple|no** [lat. „in voller (Zahl)"] vollzählig **in pon|ti|fi|ca|li|bus** [lat. „in priesterlichen Gewändern"] im Ornat **in praxi** [griech.-lat.] in der Praxis, in Wirklichkeit **in punc|to** [lat. „im Punkt"] hinsichtlich, was … betrifft; in puncto puncti [„im Punkt der Punkte"]: hinsichtlich des wichtigsten Punktes (nämlich der Keuschheit) **In|put** [engl.] *m. 9 nur Ez.* **1** die in einen Computer eingegebenen Daten; **2** *Wirtsch.:* Einsatzfaktor; *Ggs.:* Output; **In|put-Out|put-Ana|ly|se** [-aut-] *w. 11* Analyse der Verflechtung aller Teilbereiche der Wirtschaft **In|qui|lin** [lat.] *m. 10* Insekt, das seine Eier in Nester oder Gallen anderer Insekten legt **In|qui|rent** [lat.] *m. 10 veraltet:* jmd., der ein Verhör anstellt; **in|qui|rie|ren** *veraltet:* untersuchen, verhören; **In|qui|si|ti|on** [-tsjon] *w. 10* **1** *i. w. S.* strenges, grausames Verhör; **2** *i. e. S. 12./18. Jh.:* Gericht der kath. Kirche gegen Ketzer, bes. in Spanien; **In|qui|si|tor** *m. 13* **1** strenger Untersuchungsrichter; **2** Richter der Inquisition (2); **in|qui|si|to|risch 1** zur Inquisition gehörig; **2** unerbittlich **I. N. R. I.** *Abk. für* Jesus Nazarenus Rex Judaeorum: Jesus von Nazareth, König der Juden (Inschrift auf dem Kreuz Christi) **in sal|do** [ital.] im Rückstand, schuldig; in s. sein, bleiben **in|san** [lat.] geistig krank; **In|sa|nia** *w. Gen.- nur Ez.* Wahnsinn

**In|sekt** [lat.] *s. 12* geflügelter Gliederfüßer, Kerbtier, Kerf; **In|sek|ta|ri|um** *s. Gen.-s Mz. -ri|en* Anlage zur Aufzucht von Insekten; **In|sek|ti|vo|re** *w. 11, meist Mz.* insektenfressendes Tier, insektenfangende Pflanze; **In|sekti|zid** *s. 1* insektenvernichtendes Mittel; **In|sek|to|lo|gie** *w. 11 nur Ez.* Wissenschaft von den Insekten **In|se|mi|na|ti|on** [-tsjon, lat.] *w. 10* **1** Eindringen des Samens in das Ei; **2** künstl. Befruchtung **in|sen|si|bel** [lat.] nicht empfindlich, nicht empfindsam; **In|sen|si|bi|li|tät** *w. 10 nur Ez.* Unempfindlichkeit **In|se|pa|ra|bles** [ēseparabl(ə), frz.] *Mz.* **1** *veraltet:* unzertrennliche, enge Freunde oder Freundinnen; **2** eine Papageienart **In|se|rat** [lat.] *s. 1* Zeitungsanzeige; **In|se|rent** *m. 10* jmd., der ein Inserat aufgegeben hat, der inseriert; **in|se|rie|ren** ein Inserat aufgeben, durch Inserat bekanntgeben; **In|sert** [engl.: -sərt] *s. 9, Fernsehen:* in eine laufende Sendung eingeschaltete, kurze andere Sendung, z. B. Werbung; **In|ser|ti|on** [-tsjon] *w. 10* **1** Aufgeben eines Inserats; **2** Ansatz, Befestigungsart, z. B. der Sehnen am Knochen, des Blattes am Stengel **In|side** [-said, engl.] *m. 9 schweiz., Fußball:* Innenstürmer; **In|si|der** [-saidər] *m. 5 bes. Wirtsch.:* jmd., der aus interner Sicht Einblick in etwas hat, Eingeweihter; **In|side|sto|ry** *w. 9* Bericht, der hinter die Kulissen einer Sache leuchtet **In|si|di|en** [lat.] *nur Mz. veraltet:* Nachstellungen; **in|si|di|ös** schleichend, heimtückisch (Krankheit) **In|si|gni|en** [lat.] *Mz.* Kennzeichen herrscherlicher Macht oder ständischer Würde, z. B. Krone, Zepter, Mitra **In|si|mu|la|ti|on** [-tsjon, lat.] *w. 10 veraltet:* (grundlose) Verdächtigung, Beschuldigung **In|si|nu|at** [lat.] *m. 10 veraltet:* Zu-, Zwischenträger; **In|si|nu|a|ti|on** [-tsjon] *w. 10 veraltet:* **1** Zu-, Zwischenträgerei, Einflüsterung; **2** Eingabe an ein Gericht; **in|si|nu|ie|ren** *veraltet* **1** jmdm. etwas i. a.: zutragen, vorlegen; **2** sich i.: sich einschmeicheln **in|si|pid, in|si|pi|de** [lat.] *veraltet:* albern, töricht, abgeschmackt **in|si|stent** [lat.] auf etwas bestehend, hartnäckig, beharrlich; **in|si|stie|ren** auf etwas bestehen, beharren **in si|tu** [lat.] an der richtigen, ursprünglichen Stelle; an der Fundstelle **in|skri|bie|ren** [lat.] sich einschreiben, eintragen (in die Hörerliste einer Hochschule); **In|skrip|ti|on** [-tsjon] *w. 10* Eintragung, Einschreibung **In|so|la|ti|on** [-tsjon, lat.] *w. 10 nur Ez.* **1** Sonneneinstrahlung (auf die Erde); **2** Sonnenstich **in|so|lent** [auch: in-, lat.] anmaßend, unver-

schämt, patzig; In|sol|lenz [auch: ịn-]
w. 10 nur Ez. Anmaßung, Unverschämtheit
in|sol|lu|bel [lat.] Chem.: unlöslich; in|sol|vent
[auch: ịn-] zahlungsunfähig; In|sol|venz
[auch: ịn-] w. 10 nur Ez.
Zahlungsunfähigkeit
in spe [lat. „in der Hoffnung"] zukünftig;
mein Schwiegersohn in spe
In|spek|teur [-tør, frz.] m. 1 1 Leiter einer In-
spektion; 2 Bundeswehr: Bez. für die Dienst-
stellung des ranghöchsten Offiziers einer
Teilstreitkraft bzw. des Sanitäts- und Ge-
sundheitswesens; In|spek|ti|on [-tsjon, lat.]
w. 10 1 Prüfung, Kontrolle, prüfende Besich-
tigung; 2 aufsichtführende Behörde; In|spek-
tor m. 13 aufsichtführender Beamter, Ver-
waltungsbeamter
In|spi|ra|ti|on [-tsjon, lat.] w. 10 1 Eingebung,
Erleuchtung, schöpferischer Einfall; 2 Einat-
mung; Ggs.: Exspiration; In|spi|ra|tor m. 13
Anreger; in|spi|ra|to|risch anregend, erleuch-
tend; in|spi|rie|ren erleuchten, anregen
In|spi|zi|ent [lat.] m. 10 1 Aufsichtsbeamter
(bei Behörden); 2 Theater, Film, Fernsehen,
Funk: Mitarbeiter, der für den ordnungsge-
mäßen Ablauf der Aufführungen zu sorgen
hat; in|spi|zie|ren prüfen, beaufsichtigen
in|sta|bil [auch: -bil, lat.] nicht fest, unsicher,
schwankend; instabiles Atom: Atom, das
durch radioaktiven Prozeß zerfällt
In|sta|bi|li|tät [auch: ịn-] w. 10 nur Ez. insta-
bile Beschaffenheit
In|stal|la|teur [-tør] m. 1 Handwerker für In-
stallationen; In|stal|la|ti|on [-tsjon, frz.] w. 10
1 Einbau von technischen Anlagen: Gas und
Wasserleitungen, Heizung usw.; 2 Einwei-
sung in ein geistliches Amt; in|stal|lie|ren
1 einbauen, einrichten (techn. Anlagen);
2 einweisen (in ein geistliches Amt); 3 ugs.
sich installieren: sich häuslich, bequem ein-
richten
in|stant [lat.-engl.] unflektierbar: sofort ge-
brauchsfertig; In|stant|ge|tränk s. 1 Getränk
aus pulveriger Substanz, das schnell zuberei-
tet werden kann
In|stanz [lat.] w. 10 zuständige Behörde, zu-
ständiges Gericht
in sta|tu nas|cen|di [lat.] im Zustand des Ent-
stehens; in sta|tu quo [„im Zustand, in dem
(sich eine Sache befindet)"] im gegenwärti-
gen Zustand; vgl. Status quo; in sta|tu quo
an|te [„im Zustand, in dem vorher ..."] im
früheren Zustand; vgl. Status quo ante
In|stil|la|ti|on [-tsjon, lat.] w. 10 Med.: Ein-
träufelung; in|stil|lie|ren Med.: einträufeln
In|stinkt [lat.] m. 1 1 angeborener Trieb zu
bestimmten Verhaltensweisen (bes. bei Tie-
ren); 2 übertr.: sicheres Gefühl (für etwas);
in|stink|tiv auf einem Instinkt beruhend, un-
bewußt, trieb-, gefühlsmäßig
in|sti|tu|ie|ren [lat.] ein-, errichten, einsetzen;
In|sti|tut s. 1 Anstalt zur Ausbildung, Erzie-
hung, Forschung u. a. wissenschaftl. Arbeit;

In|sti|tu|ti|on [-tsjon] 1 w. 10 nur Ez. Einset-
zung, Einweisung (in ein Amt); 2 w. 10
(meist staatl.) Einrichtung, Anstalt, z. B. Ge-
nossenschaft, Behörde, Stiftung; in|sti|tu|tio-
na|li|sie|ren zu einer Institution machen; In-
sti|tu|tio|na|lis|mus m. Gen. - nur Ez. Richtung
der Wirtschaftswissenschaft in den USA, die
sich zur Erklärung wirtschaftlicher Erschei-
nungen auch auf Analysen der wirtschaftli-
chen Einrichtungen und Organisationsfor-
men stützt; in|sti|tu|tio|nell auf einer Institu-
tion beruhend, in der Art einer I.
in|stru|ie|ren [lat.] unterrichten, in Kenntnis
setzen, mit Anweisungen versehen; In|struk-
teur [-tør, frz.] m. 1 jmd., der anleitet, schult;
In|struk|ti|on [-tsjon] w. 10 Anleitung, An-
weisung, Verhaltensmaßregel, Vorschrift; in-
struk|tiv einprägsam, lehrreich; In|struk|tor
m. 13 veraltet: Lehrer, Erzieher, bes. Prin-
zenerzieher
In|stru|ment [lat.] s. 1 1 Gerät, feines Werk-
zeug (bes. für wissenschaftl. Zwecke); 2 Mu-
sikgerät; in|stru|men|tal 1 mit Hilfe eines In-
struments; 2 Gramm.: das Mittel bezeich-
nend; In|stru|men|tal m. 1 Gramm.: das Mit-
tel, Werkzeug bezeichnende Kasus, in slaw.
Sprachen noch erhalten, im Dt. durch Präpo-
sitionen ausgedrückt; In|stru|men|ta|lis
m. Gen. - Mz. -les [-le:s] → Instrumental; In-
stru|men|ta|list m. 10 Spieler eines Instru-
ments; In|stru|men|tar s. 1, In|stru|men|ta|ri-
um s. Gen. -s Mz. -ri|en 1 alle für eine be-
stimmte Tätigkeit notwendigen Instrumente;
2 alle in einer bestimmten Epoche oder ei-
nem Bereich verwendeten Musikinstrumen-
te; In|stru|men|ta|ti|on [-tsjon] w. 10 nur Ez.
das Einrichten (eines Musikstücks) für In-
strumente; In|stru|men|ta|tor m. 13 Musiker,
der etwas instrumentiert; in|stru|men|tie-
ren 1 für Orchestermusik einrichten, orche-
strieren; ein Musikstück i.; 2 einem Arzt bei
der Operation oder Behandlung die Instru-
mente zureichen
In|sub|or|di|na|ti|on [-tsjon, lat.] w. 10 bes.
Mil.: Gehorsamsverweigerung gegenüber
Vorgesetzten
in|suf|fi|zi|ent [auch: ịn-, lat.] ungenügend,
mangelhaft, nicht leistungsfähig; In|suf|fi|zi-
enz [auch: ịn-] w. 10 1 Med.: mangelhafte
Leistungsfähigkeit (eines Organs);
2 Rechtsw.: Unfähigkeit, eine Geldforderung
voll zu erfüllen
In|su|la|ner m. 5 Inselbewohner; in|su|lar wie
eine Insel, als Insel; In|su|la|ri|tät w. 10 nur
Ez. Abgeschlossenheit einer oder wie auf ei-
ner Insel; In|su|lin s. 1 nur Ez. in der Bauchspei-
cheldrüse gebildetes Hormon
In|sult [lat.] m. 1 1 Beleidigung, Beschimp-
fung; 2 Med.: Anfall; In|sul|ta|ti|on [-tsjon]
w. 10 → Insult (1); in|sul|tie|ren beleidigen,
beschimpfen

**in sụm|ma** [lat.] insgesamt, im ganzen

**In|sur|gẹnt** [lat.] *m.10* Aufrührer, Empörer; **in|sur|gie|ren** zum Aufstand reizen, aufwiegeln; **In|sur|rek|ti|on** [-tsjọn] *w.10* Aufstand, Aufruhr

**in sus|pẹn|so** [lat.] *veraltet:* in der Schwebe, unentschieden

**in|sze|nal|to|risch** [lat.] die Inszenierung betreffend; **in|sze|nie|ren** 1 für die Aufführung auf der Bühne gestalten; 2 *übertr.:* hervorrufen; absichtlich entstehen lassen; **In|sze|nie|rung** *w.10* technische und künstlerische Gestaltung und Aufführung (eines Bühnenwerkes)

**In|ta|bu|la|ti|on** [-tsjon, lat.] *w.10 veraltet:* Einschreibung (in Tabelle oder Grundbuch)

**In|ta|glio** [-taljo, ital.] *s. Gen.-s Mz.*-gli|en [-jən] Gemme

**in|takt** [lat.] unbeschädigt, ganz, heil

**In|tar|seur** [-sør, frz.] *m.1* Kunsttischler, der Intarsien herstellt; **In|tar|sia** [arab.-ital.], **In|tar|sie** [-sjə] *w. Gen. - Mz.*-si|en Einlegearbeit in Holz mit andersfarbigem Material, bes. Holz, Elfenbein oder Perlmutt, Marketerie; **in|tar|sie|ren** mit Intarsien verzieren

**in|te|ger** [lat.] ohne Makel, sauber, redlich, rechtschaffen; integrer Charakter

**in|te|gral** [lat.] ein Ganzes bildend, vollständig; **In|te|gral** *s.1* (*Zeichen:* ∫) Summe unendlich kleiner Größen; **In|te|gral|rech|nung** *w.10 nur Ez.* Rechnungsart der höheren Mathematik; **In|te|gra|ti|on** [-tsjon] *w.10* 1 Zusammenschluß, Vereinigung; 2 Berechnung eines Integrals; **In|te|gra|tor** *m.13* eine Rechenmaschine; **In|te|grier|an|la|ge** *w.11* elektronische Addiermaschine; **in|te|grie|ren** 1 das Integral berechnen; 2 zusammenschließen, vereinigen; **in|te|grie|rend** zum Ganzen notwendig, unerläßlich

**In|te|gri|tät** [lat.] *w.10 nur Ez.* Makellosigkeit, Sauberkeit, Redlichkeit, Rechtschaffenheit

**In|te|gu|mẹnt** [lat.] *s.1* 1 *bei Mensch und Tier:* die äußere Körperbedeckung (Haut, Haare, Federn u. ä.); 2 *bei Blütenpflanzen:* Hülle der Samenanlage

**In|tel|lẹkt** [lat.] *m.1* Verstand, Denk-, Erkenntnisfähigkeit; **In|tel|lek|tua|lis|mus** *m. Gen. - nur Ez.* 1 rein verstandesmäßiges Denken; 2 philosoph. Anschauung, die den Intellekt gegenüber dem Willens- und Gefühlskräften betont; **in|tel|lek|tu|ẹll** 1 auf dem Intellekt beruhend; 2 betont verstandesmäßig, betont geistig; **In|tel|lek|tu|ẹl|le(r)** *m.18 (17) oder w.17 bzw. 18* Verstandesmensch, Geistesarbeiter, Wissenschaftler

**In|tẹl|li|gence Ser|vice** [-dʒəns sə̣vis, engl.] *m. Gen. -- nur Ez.* der britische Geheimdienst; **in|tel|li|gẹnt** [lat.] klug, einsichtig, rasch auffassend, geistig begabt; **In|tẹl|li|gẹn|tsia** *w. Gen. - nur Ez., russ. Bez. für* Intelligenz (2); **In|tel|li|gẹnz** *w.10 nur Ez.* 1 Klug-heit, Einsichtigkeit, geistige Begabung; 2 die Gesamtheit der Geistesschaffenden; **In|tẹl|li|gẹnz|be|stie** *w.11 ugs. scherzh.:* jmd., dessen Intelligenz auf Kosten anderer Qualitäten bes. stark entwickelt ist; **In|tel|li|gẹnz|ler** *m.5 abfällige Bez. für* Angehörigen der Intelligenz (2); **In|tel|li|gẹnz|quo|ti|ent** [-tsjent] *m.10* (*Abk.:* IQ) Zahl, die das Verhältnis zwischen Intelligenzgrad und Lebensalter ausdrückt; **in|tel|li|gi|bel** nur gedanklich, geistig erfaßbar, nicht sinnlich wahrnehmbar

**In|ten|dạnt** [lat.] *m.10* 1 *im absolutist. Frankreich:* hoher Beamter; 2 *bis 1945:* militär. Verwaltungsbeamter; 3 künstler. und kaufmänn. Leiter eines Theaters, einer Rundfunk- oder Fernsehanstalt; **In|ten|dan|tur** *w.10* 1 *bis 1945:* militär. Verwaltungsbehörde; 2 *Theater, Funk, Fernsehen:* Amt eines Intendanten (3); **In|ten|dạnz** *w.10* Amt und Verwaltungsräume eines Intendanten, Leitung eines Theaters, Rundfunk- oder Fernsehsenders

**in|ten|die|ren** [lat.] beabsichtigen, planen; **In|ten|si|me|ter** *s.5* Gerät zum Messen der Stärke von Strahlen (bes. Röntgenstrahlen); **In|ten|si|on** *w.10* Anspannung (der inneren Kräfte); **In|ten|si|tät** *w.10 nur Ez.* 1 Anspannung, gespannte Kraft; 2 Eindringlichkeit, große Wirksamkeit; 3 Stärke, Größe, Grad einer Wirkkraft; 4 Tiefe, Leuchtkraft, Sattheit (von Farben); **in|ten|siv** 1 angespannt, angestrengt; 2 stark, eindringlich; 3 tief, satt, leuchtkräftig; **in|ten|si|vie|ren** steigern, verstärken, erhöhen; **In|ten|si|vi|tät** *w.10 nur Ez.* → Intensität; **In|ten|siv|sta|ti|on** [-tsjo:n] *w.10* Abteilung eines Krankenhauses, in der lebensgefährlich Erkrankte durch umfassende instrumentelle Therapie behandelt und ständig ärztlich überwacht werden, wobei lebensnotwendige Funktionen durch elektr. Geräte übernommen werden können; **In|ten|siv|vum** *s. Gen.-s Mz.*-va die Verstärkung einer Tätigkeit ausdrückendes Verb, z. B. „schnitzen" zu „schneiden", „nicken" zu „neigen"; **In|ten|ti|on** [-tsjon] *w.10* Absicht, Plan, Bestrebung; **in|ten|tio|nal** [-tsjo-] zweckbestimmt, zielgerichtet; **In|ten|tio|na|lis|mus** *m. Gen. - nur Ez.* philosoph. Anschauung, daß jede Handlung nur nach ihrer Absicht, nicht nach ihrer Wirkung zu beurteilen sei; **In|ten|tio|na|li|tät** *w.10 nur Ez.* Zielstrebigkeit, Zielgerichtetheit; **in|ten|tio|nẹll** → intentional; **in|ten|tio|nie|ren** → intendieren

**In|ter|ak|ti|on** [-tsjon, lat.] *w.10* wechselweise Handlung, wechselweises Vorgehen (von miteinander in Beziehung stehenden Personen)

**in|ter|al|li|iert** [lat.] mehrere Verbündete betreffend, mehreren Verbündeten gehörig, aus mehreren Verbündeten bestehend

**In|ter|ci|ty-Zug** [-si̠-, engl.] *m.2* (*Abk.:* IC)

D-Zug im Schnellverkehr zwischen größeren Städten
**In|ter|den|tal** [lat.] *m. 1*, **In|ter|den|tal|laut** *m. 1* zwischen den Schneidezähnen gebildeter Laut, z. B. engl. th
**in|ter|de|pen|dent** [lat.] voneinander abhängig; **In|ter|de|pen|denz** *w. 10 nur Ez.* Abhängigkeit voneinander
**In|ter|dikt** [lat.] *s. 1* Kirchenstrafe, Verbot gottesdienstlicher Handlungen; **In|ter|dik|ti-on** [-tsjon] *w. 10 1* Verbot; **2** Entmündigung
**in|ter|dis|zi|pli|när** [lat.] mehrere Disziplinen (2) umfassend oder betreffend
**in|ter|di|zie|ren** [lat.] verbieten, untersagen
**in|ter|es|sant** [lat.] **1** Aufmerksamkeit erregend, fesselnd, anziehend; **2** lehrreich, aufschlußreich; **3** eigenartig, ungewöhnlich; **4** vorteilhaft, gewinnbringend; **In|ter|es|se** *s. 14* **1** Aufmerksamkeit, Beachtung; **2** Neigung, Vorliebe, Hang; **3** Vorteil, Nutzen; seine Interessen wahren; **4** Wichtigkeit; das ist für mich nicht von I.; das ist für mich von großem I.; **In|ter|es|sent** *m. 10* jmd., der sich für etwas interessiert, Bewerber, Kauflustiger; **in|ter|es|sie|ren** **1** jmdn. für etwas i.: jmds. Interesse für etwas wecken; **2** sich für etwas i.: für etwas Interesse haben; **in|ter|es-siert** aufmerksam, wißbegierig; an etwas i. sein: für etwas Interesse haben
**In|ter|fe|renz** [lat.] *w. 10* **1** *Phys.:* Überlagerung zusammentreffender Schwingungen aus derselben Quelle, wobei sich Schwingungsbäuche (Verstärkungen) und -täler (Abschwächungen) ergeben; **2** *Biol.:* Beeinflussung eines biolog. Vorgangs durch einen anderen; **in|ter|fe|rie|ren** einander überlagern, aufeinander einwirken; **In|ter|fe|ro|me|ter** *s. 5* Gerät zum Messen von Wellenlängen, von sehr kleinen Winkelabständen (Astron.), zur Prüfung von Endmaßen u. a. mittels Interferenz; **In|ter|fe|ro|me|trie** *w. 11 nur Ez.* Messung mit Hilfe der Interferenz; **In|ter|fe|ron** *s. 1 nur Ez.* zur Abwehr der Virenbefalls gebildetes Zelleiweiß
**in|ter|fo|li|ie|ren** [lat.] ein Buch i.: vor dem Binden zwischen die Seiten eines Buches leere Blätter einfügen (für Korrekturen)
**in|ter|frak|tio|nell** [lat.] mehrere (Partei-)Fraktionen betreffend, ihnen gemeinsam
**in|ter|ga|lak|tisch** [lat. + griech.] zwischen mehreren Galaxien befindlich
**in|ter|gla|zi|al** [lat.] zwischeneiszeitlich; **In-ter|gla|zi|al** *s. 1*, **In|ter|gla|zi|al|zeit** *w. 10* Zwischeneiszeit, Warmzeit
**In|te|ri|eur** [ɛ̃teriœr, frz.] *s. 9 oder s. 1* **1** Inneres, Innenraum; **2** Ausstattung eines Innenraumes; **3** *Malerei:* Darstellung eines Innenraumes
**In|te|rim** [lat.] *s. 9* Zwischenzeit, vorläufiger Zustand, Zwischenlösung; **in|te|ri|mi|stisch** einstweilig, vorläufig; **In|te|rims|lö|sung** *w. 10* vorläufige Lösung

**In|ter|jek|ti|on** [-tsjon, lat.] *w. 10* Empfindungswort, z. B. ach!, au!
**in|ter|kal|lar** [lat.] eingeschoben (von Schaltjahren); **In|ter|kal|la|ri|en** *nur Mz.* Ertrag einer unbesetzten kath. Kirchenpfründe
**in|ter|kan|to|nal** mehrere Kantone betreffend, mehreren Kantonen gemeinsam
**In|ter|kol|lum|nie** [-niə, lat.] *w. 11*, **In|ter|ko-lum|ni|um** *s. Gen. -s Mz. -ni|en Baukunst:* Abstand zwischen zwei Säulen
**in|ter|kom|mu|nal** [lat.] mehrere Städte betreffend, mehreren Städten gemeinsam
**In|ter|kon|fes|sio|na|lis|mus** [lat.] *m. Gen. -nur Ez.* Bestreben, die Gegensätze zwischen den Konfessionen zu überbrücken; **in|ter-kon|fes|sio|nell** mehrere Konfessionen betreffend, ihnen gemeinsam
**in|ter|kon|ti|nen|tal** [lat.] mehrere Kontinente betreffend, sie verbindend, zwischen ihnen bestehend
**in|ter|ko|stal** [lat.] zwischen den Rippen liegend; **In|ter|ko|stal|neur|al|gie** *w. 11* Neuralgie der Zwischenrippennerven
**in|ter|kru|stal** [lat.] in der Erdkruste liegend oder gebildet
**in|ter|kur|rent** [lat.] hinzutretend (z. B. eine Krankheit zu einer bereits vorhandenen)
**in|ter|li|ne|ar** [lat.] zwischen den Zeilen, zwischen die Zeilen (eines fremdsprachigen Textes) geschrieben; **In|ter|li|ne|ar|glos|se** *w. 11 in alten Handschriften:* zwischen die Zeilen geschriebene Erklärung; **In|ter|li|ne-ar|ver|si|on** *w. 11* wörtliche Übersetzung (die in alten Handschriften zwischen die Zeilen des Textes geschrieben wurde)
**In|ter|lin|gui|stik** [lat.] *w. 10 nur Ez.* Wissenschaft von den Welthilfssprachen
**In|ter|lock|wa|re** [engl.] *w. 11* feine, rundgestrickte Wirkware für Unterwäsche
**In|ter|lu|di|um** [lat.] *s. Gen. -s Mz. -di|en* Zwischenspiel (in der Fuge, im Ballett, zwischen zwei Choralstrophen u. a.)
**In|ter|lu|ni|um** [lat.] *s. Gen. -s Mz. -ni|en* Zeit des Neumondes
**In|ter|ma|xil|lar|kno|chen** [lat.] *m. 7* Zwischenkieferknochen
**in|ter|me|di|är** [lat.] zwischen zwei Dingen befindlich, Zwischen...; **In|ter|me|dio**, **In|ter-me|di|um** *s. Gen. -s Mz. -di|en 16. Jh. in Italien:* kleines musikal.-dramat. Zwischenspiel (bei Hoffesten); **In|ter|mez|zo** *s. 9, Mz. auch:* -zi *1 17./18. Jh.:* heiteres Zwischenspiel (in Drama und Oper); **2** kurzes, heiteres Musikstück; **3** *übertr.:* erheiternder Zwischenfall
**In|ter|mis|si|on** [lat.] *w. 10* zeitweiliges Verschwinden von Krankheitserscheinungen; **in-ter|mit|tie|rend** zeitweilig aussetzend und wiederkehrend, mit Unterbrechungen
**in|ter|mo|le|ku|lar** [lat.] zwischen den Molekülen liegend oder stattfindend
**in|tern** [lat.] **1** im Innern befindlich, innerlich; **2** innerhalb einer Gemeinschaft beste-

hend, stattfindend, nicht für Außenstehende bestimmt; **3** in einem Internat wohnend; *Ggs.:* extern; **In|ter|na** *Mz. von* Internum; **in-ter|na|li|sie|ren** *Psych.:* in sich aufnehmen, für sich selbst als gültig annehmen, sich zu eigen machen; **In|ter|nat** *s. 1* Lehranstalt, in der die Schüler(innen) auch wohnen und verköstigt werden

**in|ter|na|tio|nal** [lat.] mehrere oder alle Staaten bzw. Völker betreffend, zwischen ihnen bestehend, überstaatlich, nicht national begrenzt; **In|ter|na|tio|na|le** *w. 18 1 Kurzw. für* Internationale Arbeiterassoziation: internationale Vereinigung sozialist. Parteien; **2** internationales Kampflied der sozialist. Arbeiterbewegung; **in|ter|na|tio|na|li|sie|ren** den Angehörigen aller Staaten zugänglich machen (Verkehrswege u. a.); **In|ter|na|tio|na|lis|mus** *m. Gen. - nur Ez.* **1** Streben nach internationalem Zusammenschluß; **2** *Gramm.:* in allen Sprachen gebräuchl. und verständl. Wort, z. B. Radio, stop; **In|ter|na|tio|na|li|tät** *w. 10 nur Ez.* Überstaatlichkeit

**In|ter|ne(r)** [lat.] *m. 18(17) oder w. 17 bzw. 18* in einem Internat wohnende(r) Schüler(in); **in|ter|nie|ren 1** in staatlichen Gewahrsam nehmen, in der Freiheit beschränken (während des Krieges Zivilpersonen eines feindlichen Staates); **2** *auch:* isolieren (Kranke); **In|ter|nist** *m. 10* Facharzt für innere Krankheiten

**In|ter|no|di|um** [lat.] *s. Gen.-s Mz.* -di en Abschnitt des Stengels zwischen zwei Blattansatzstellen (Knoten)

**In|ter|num** [lat.] *s. Gen.-s Mz.* -na nur eine Gemeinschaft angehende, nicht für Außenstehende bestimmte Angelegenheit

**In|ter|nun|ti|us** [-tsjus, lat.] *m. Gen. - Mz.* -ti en [-tsjən] päpstl. Nuntius im Rang eines Gesandten

**in|ter|oze|a|nisch** mehrere Ozeane betreffend, sie verbindend

**in|ter|par|la|men|ta|risch** die Parlamente mehrerer Staaten betreffend, sie umfassend

**In|ter|pel|lant** [lat.] *m. 10* jmd., der eine Interpellation (1) einbringt; **In|ter|pel|la|ti on** [-tsjən] *w. 10* **1** Anfrage (im Parlament an die Regierung); **2** *veraltet:* Einspruch, Mahnung (eines Gläubigers); **3** *veraltet:* Unterbrechung, Zwischenrede; **in|ter|pel|lie|ren 1** eine Interpellation (1) einbringen, anfragen; **2** *veraltet:* unterbrechen, dazwischenreden

**in|ter|pla|ne|tar, in|ter|pla|ne|ta|risch** zwischen den Planeten befindlich

**In|ter|pol** *w. Gen. - nur Ez. Kurzw. für* Internationale kriminalpolizeiliche Kommission (eine von den nationalen Polizeibehörden eingerichtete internationale Organisation zur Verfolgung aller Verbrechen, die die nationalen Rahmen übersteigen)

**In|ter|pol|la|ti on** [-tsjən, lat.] *w. 10 Math.:*

Schluß von zwei bekannten Funktionswerten auf Zwischenwerte; *Ggs.:* Extrapolation; **in|ter|pol|lie|ren** einen Zwischenwert feststellen

**In|ter|pret** [lat.] *m. 10* **1** Erklärer, Ausleger, Deuter (von Texten); **2** Künstler, der durch Wiedergabe eines Musikwerkes dieses zugleich ausdeutet; **In|ter|pre|ta|ti on** [-tsjən] *w. 10* Erklärung, Ausdeutung; **in|ter|pre|ta|tiv, in|ter|pre|ta|to|risch** erklärend, deutend; **in|ter|pre|tie|ren** sprachlich, sachlich, künstlerisch erklären, deuten

**in|ter|pun|gie|ren** [lat.], **in|ter|punk|tie|ren** mit Satzzeichen versehen; **In|ter|punk|ti on** [-tsjən] *w. 10* Anwendung von Satzzeichen, Zeichensetzung; **In|ter|punk|ti ons|zei|chen** *s. 7* Satzzeichen

**In|ter|re|gnum** [lat.] *s. Gen.-s Mz.* -gnen oder -gna **1** vorläufige Regierung, Zwischenregierung; **2** Zeitabschnitt ohne rechtmäßige oder mit einer vorübergehend eingesetzten Regierung

**In|ter|ro|ga|tiv** [lat.] *s. 1* → Interrogativpronomen; **In|ter|ro|ga|tiv|ad|verb** *s. Gen.-s Mz.* -bi en fragendes Umstandswort, z. B. wie lange, warum, wohin; **In|ter|ro|ga|tiv|pro|no|men** *s. 7, Mz. auch:* -mi na fragendes Fürwort, z. B. wer, welcher; **In|ter|ro|ga|ti|vum** *s. Gen.-s Mz.*-va → Interrogativpronomen

**In|ter|rup|tio** [-tsjo, lat.] *w. Gen. - Mz.* -tio|nes [-tsjone:s] Schwangerschaftsabbruch; **In|ter|rup|ti on** [-tsjən] *w. 10* Unterbrechung

**in|ter|sek|to|ral** [lat.] zwischen den Sektoren befindlich, sie verbindend, ihnen gemeinsam

**In|ter|sex** [lat.] *s. 1 Biol.:* geschlechtl. Zwischenform mit männl. und weibl. Merkmalen; **In|ter|se|xua|li|tät** *w. 10 nur Ez.* Auftreten von Geschlechtsmerkmalen an einem Lebewesen, die eigentlich dem anderen Geschlecht zukommen; **in|ter|se|xu|ell** eine geschlechtl. Zwischenform bildend, zwischengeschlechtlich

**In|ter|shop** [-ʃɔp, engl.] *m. 9, in der DDR:* Geschäft, in dem Waren gegen harte Währung verkauft werden

**in|ter|sta|di|al** [lat.] zwischen zwei Stadien stehend; **In|ter|sta|di|al** *s. 1,* **In|ter|sta|di|al|zeit** *w. 10* Stadium zwischen zwei Eiszeiten

**in|ter|stel|lar** [lat.] zwischen den Fixsternen (befindlich)

**in|ter|sti|ti ell** [-tsjɛl, lat.] in Zwischenräumen befindlich (z. B. Gewebe, Gewebsflüssigkeit); **In|ter|sti|ti um** [-tsjum] *s. Gen.-s Mz.* -ti en [-tsjən] **1** Zwischenraum (zwischen Organen); **2** *kath. Kirche:* vorgeschriebene Zeit zwischen dem Empfang zweier geistlicher Weihen

**in|ter|sub|jek|tiv** [lat.] zwei oder mehreren Einzelwesen gemeinsam, sie umfassend

**in|ter|ter|ri|to|ri al** [lat.] zwischen zwei oder mehreren Staaten bestehend, zwischenstaatlich (Abkommen u. ä.)

**In|ter|tri|go** [lat.] *w. Gen. - Mz.* -gi nes [-ne:s]

Wundsein der Haut infolge Reibung von Hautstellen aneinander, „Wolf"

**in|ter|ur|ban** [lat.] *veraltet:* zwischen mehreren Städten befindlich, ihnen gemeinsam, Überland ...

**In|ter|vall** [lat.] *s.1* **1** Zwischenzeit, Pause, Lücke; **2** *Math.:* Strecke zwischen zwei Punkten einer Skala; **3** *Mus.:* Abstand zwischen zwei Tönen; **4** *Med.:* symptom- oder schmerzfreie Zeit im Verlauf einer Krankheit, *auch:* Zeit zwischen zwei Menstruationen; **In|ter|vall|trai|ning** *s.9* Form des Trainings, bei der zwischen Belastung und Entspannung gewechselt wird

**in|ter|va|lu|ta|risch** [lat.] den Währungsaustausch betreffend; intervalutarischer Kurs: Wechsel-, Devisenkurs

**In|ter|ve|ni|ent** [lat.] *m.10* jmd., der interveniert (bes. bei Rechtsstreitigkeiten); **in|ter|ve|nie|ren** dazwischentreten, (vermittelnd) eingreifen, sich einmischen; **In|ter|vent** *m.10 russ. Bez. für* kriegerischer Intervenient; **In|ter|ven|ti|on** [-tsjon] *w.10* Dazwischentreten, (vermittelndes) Eingreifen, Einmischung; **In|ter|ven|tio|nis|mus** *m. Gen. - nur Ez.* wirtschaftspolit. System, das staatl. Eingriffe in die Marktwirtschaft vorsieht, um die Produktivität zu steigern; **In|ter|ven|ti|ons|kla|ge** *w.11* Widerspruchsklage (gegen Zahlungsbefehle u. ä.); **in|ter|ven|tiv** eingreifend, vermittelnd

**In|ter|ver|si|on** [lat.] *w.10* → Interlinearversion

**In|ter|view** [-vju, engl.] *s.9* Befragung bekannter Persönlichkeiten durch Reporter über berufliche, politische u. ä. Angelegenheiten; **in|ter|view|en** [-vjuən] befragen; **In|ter|view|er** [-vjuər] *m.5* jmd., der einen anderen interviewt

**In|ter|vi|si|on** [lat.] *w.10 nur Ez.* Organisation osteuropäischer Staaten zum Austausch und zur gemeinsamen Übertragung von Fernsehprogrammen

**in|ter|ze|die|ren** [lat.] **1** (für einen Schuldner) einspringen, eintreten, eine Schuld übernehmen, sich verbürgen; **2** vermitteln

**in|ter|zel|lu|lar** [lat.], **in|ter|zel|lu|lär** zwischen den Zellen (gelegen)

**In|ter|zes|si|on** [lat.] *w.10* Übernahme einer Schuld

**in|ter|zo|nal** [lat. + griech.] zwischen den Zonen, mehrere Zonen betreffend

**in|te|sta|bel** [auch: -sta-, lat.] rechtlich unfähig, ein Testament zu machen oder als Zeuge vor Gericht aufzutreten; **In|te|stat|er|be** *m.11* gesetzl. Erbe eines Erblassers, der kein Testament hinterlassen hat

**in|te|sti|nal** [lat.] zum Darm gehörend; **In|te|sti|num** *s. Gen.-s Mz.*-nen *oder* -na Darm, Eingeweide

**In|thro|ni|sa|ti|on** [-tsjon, lat. + griech.] *w.10* Erhebung auf den Thron, feierliche Einset-

zung in ein Amt; **in|thro|ni|sie|ren** feierlich einsetzen (Fürsten, Papst)

**in|tim** [lat.] **1** vertraut, innig, eng (Freund); **2** den sexuellen Bereich betreffend; intime Beziehungen: Geschlechtsverkehr; **3** ganz persönlich, nicht für andere bestimmt; **4** gemütlich, heimelig (Raum); **In|ti|ma** *w. Gen. - nur Ez.* **1** *Biol.:* innerste Haut der Gefäße; **2** enge, vertraute Freundin; **In|ti|mal|ti|on** [-tsjon] *w.10 veraltet:* gerichtliche Ankündigung, Vorladung; **In|ti|mi|tät** *w.10* **1** *nur Ez.* Vertrautheit, Gemütlichkeit; **2** Vertrautheit, vertraul. Beziehung; **In|tim|sphä|re** *w.11* Bereich des persönl. Lebens, bes. des Geschlechtslebens; **In|tim|spray** [-sprei] *s.9* geruchsbindendes Spray für die äußeren Geschlechtsteile; **In|ti|mus** *m. Gen. - Mz.*-mi enger, vertrauter Freund

**in|to|le|ra|bel** [lat.] unerträglich, unduldbar; **in|to|le|rant** nicht tolerant, unduldsam (gegenüber anderen Meinungen oder Verhaltensweisen); **In|to|le|ranz** *w.10 nur Ez.* Unduldsamkeit

**In|to|na|ti|on** [-tsjon, lat.] *w.10* **1** *Sprachw.:* Tonansatz beim Sprechen von Vokalen; Tongebung, Veränderung der Tonhöhe und -stärke beim Sprechen, Satzmelodie; **2** *Mus.:* Tonansatz, Treffen der Tonhöhe beim Singen oder Spielen eines Instruments; **3** *Gregorianik:* die ersten, vom Priester gesungenen Worte im liturg. Gesang; **4** Ein- oder Nachstimmen der Orgelpfeifen; **5** präludierende Einleitung (eines Musikstücks); kurzes Orgelvorspiel; **in|to|na|to|risch** die Intonation betreffend, auf ihr beruhend; **in|to|nie|ren** **1** *Sprachw.:* den Ton ansetzen; Tonhöhe und -stärke verändern; **2** *Mus.:* anstimmen (Lied); treffen (Ton); stimmen, nachstimmen (Instrument); präludierend einleiten (Musikstück)

**in to|to** [lat.] im ganzen; etwas in t. ablehnen, annehmen

**In|tou|rist** [-tu-, russ.] staatl. Reisebüro der Sowjetunion

**In|to|xi|ka|ti|on** [-tsjon, lat.] *w.10* Vergiftung **In|tra|bi|li|tät** [lat.] *w.10 nur Ez.* Eintritt von Stoffen in das Zellplasma

**In|tra|da** [lat.] *w. Gen. - Mz.*-den, **In|tra|de** *w.11 bes. in der Suite:* feierl. Einleitungs-, Eröffnungsstück

**in|tra|kar|di|al** [lat.] innerhalb des Herzens (gelegen)

**in|tra|ku|tan** [lat.] in der Haut (gelegen)

**in|tra|mo|le|ku|lar** [lat.] innerhalb eines Moleküls (stattfindend)

**in|tra|mon|tan** [lat.] zwischen Gebirgen (gelegen)

**in|tra|mun|dan** [lat.] innerhalb dieser Welt; *Ggs.:* extramundan

**intra mu|ros** [lat. m.: ro:s, lat. „innerhalb der Mauern"] nicht öffentlich

**in|tra|mus|ku|lär** [lat.] (*Abk.:* i. m.) innerhalb

eines Muskels (gelegen), in einen Muskel
hinein
**in|tran|si|gent** [lat.] unversöhnlich, unnach-
giebig, starr, Verhandlungen unzugänglich;
**In|tran|si|gent** *m.10* intransigenter Partei-
mann; **In|tran|si|genz** *w.10 nur Ez.* Un-
versöhnlichkeit, Unnachgiebigkeit
**in|tran|si|tiv** [auch: -tif, lat.] intransitives
Verb: Verb, das kein Akkusativobjekt bei
sich haben und von dem man kein persönli-
ches Passiv bilden kann, z. B. schlafen; **In-
tran|si|tiv** [auch: -tif] *s.1,* **In|tran|si|ti|vum**
[auch: -ti-] *s. Gen.-s Mz.-va* intransitives
Verb
**in|tra|oku|lar** [lat.] im Innern des Auges (lie-
gend)
**in|tra|oral** [lat.] innerhalb der Mundhöhle
**in|tra|tel|lu|risch** [lat.] 1 *Astron.:* innerhalb
der von der Erde beschriebenen Bahn be-
findlich; 2 das Innere der Erde betreffend,
dort entstanden
**in|tra|ute|rin** [lat.] innerhalb der Gebärmutter
(des Uterus) liegend
**in|tra|va|gi|nal** [lat.] innerhalb der Scheide
(Vagina) liegend
**in|tra|ve|nös** [lat.] innerhalb einer Vene (lie-
gend), in eine Vene hinein
**in|tra|zel|lu|lar** [lat.], **in|tra|zel|lu|lär** innerhalb
der Zelle (liegend, stattfindend)
**in|tri|gant** [frz.] gern Intrigen spinnend, rän-
kesüchtig, hinterlistig; **In|tri|gant** *m.10* jmd.,
der gern Intrigen spinnt; **In|tri|ganz** *w.10 nur
Ez.* intrigantes Verhalten, Hinterlist, Arglist;
**In|tri|ge** *w.11* hinterlistige Handlung, arglisti-
ge Verwicklung; Intrigen: Ränke; **in-
tri|gie|ren** Ränke spinnen, die eine Person
gegen die andere ausspielen; hinterlistig vor-
gehen; **in|tri|kat** *veraltet* 1 verwickelt, ver-
worren; 2 heikel, verfänglich
**In|tro|duk|ti|on** [-tsjon, lat.] *w.10 Mus.:* Ein-
leitung, Einleitungssatz, Vorspiel; **In|tro|du-
zie|ren** einleiten, hineinführen; **In|tro|dul|zio-
ne** *w.11 ital.* Form von Introduktion; **In|troi-
tus** *m. Gen.- Mz.-* 1 *kath. Kirche:* Chorge-
sang beim Einzug des Priesters; 2 *evang. Kir-
che:* Eingangslied, Einleitungsworte (zum
Gottesdienst); 3 *Mus.:* Einleitungssatz eines
Orgelstückes; 4 *Anat.:* Eingang (bes. der
Scheide)
**in|trors** [lat.] nach innen gewendet (von den
Staubbeuteln bezüglich der Blütenachse);
*Ggs.:* extrors
**In|tro|spek|ti|on** [-tsjon, lat.] *w.10* 1 Selbst-
beobachtung; 2 *Med.:* Einsicht in das
Körperinnere; **in|tro|spek|tiv** auf Introspek-
tion beruhend
**In|tro|ver|si|on** [lat.] *w.10 nur Ez.* introver-
tiertes Wesen oder Verhalten; *Ggs.:* Extra-
version; **in|tro|ver|tiert** nach innen gewendet,
auf das eigene Seelenleben gerichtet; *Ggs.:*
extravertiert
**In|tru|der** [engl.] *m.5* Aufklärungsflugzeug

zur Unterstützung von Flugzeugträgern; **in-
tru|die|ren** (in die Erdkruste) eindringen; **In-
trul|si|on** *w.10* Eindringen von Magma in die
Erdkruste; **in|trul|siv** durch Intrusion ent-
standen
**In|tu|bal|ti|on** [-tsjon, lat.] *w.10* 1 Einführung
eines Rohrs in die Luftröhre; 2 Einblasen
(von Heilmitteln)
**In|tu|i|ti|on** [-tsjon, lat.] *w.10* unmittelbares
Erkennen, Erfassen von Vorgängen, Zusam-
menhängen ohne wissenschaftl. Erkenntnis,
übersinnl. Schau, Eingebung; **in|tu|i|tiv** auf
Intuition beruhend
**In|tu|mes|zenz** [lat.], **In|tur|ges|zenz** *w.10*
Anschwellung (bes. der Geschlechtsorgane
bei Erregung)
**in|tus** [lat.] innen, inwendig; etwas i. haben
*ugs.:* etwas gegessen, getrunken haben, *oder:*
etwas begriffen und sich gemerkt haben
**in ty|ran|nos!** [-no:s, lat.] gegen die Ty-
rannen!
**Inu|la** [griech.] *w. Gen.- nur Ez. Sammelbez.
für* mehrere Arten von Gewürz- und Heil-
kräutern; **Inu|lin** *s.1 nur Ez.* aus Fruchtzuk-
ker aufgebautes Reservekohlenhydrat
**In|un|da|ti|on** [-tsjon, lat.] *w.10* völlige Über-
flutung von Land durch Meer oder Fluß
**In|unk|ti|on** [-tsjon, lat.] *Med.:* Einrei-
bung
**in usum Del|phi|ni** → ad usum Delphini
**In|val|gi|nal|ti|on** [-tsjon, lat.] *w.10* Einstül-
pung eines Teils des Darms in den nä hsten
**in|val|lid** [lat.], **in|val|li|de** dauernd arbeitsunfä-
hig; **in|val|li|di|sie|ren** invalid schreiben, zum
Invaliden erklären und mit Invalidenrente
versehen; **In|val|li|di|tät** *w.10 nur Ez.* dauern-
de Arbeitsunfähigkeit
**in|va|ri|a|bel** [auch: -ria-, lat.] unveränderlich;
**in|va|ri|ant** [auch: -ant] bei bestimmten Vor-
gängen unverändert bleibend; **In|va|ri|an|te**
[auch: -an-] *w.17 oder 18* bei bestimmten
Vorgängen unveränderliche Größe; **In|va-
ri|anz** [auch: -ants] *w.10 nur Ez.* Unverän-
derlichkeit
**In|val|si|on** [lat.] *w.10* 1 Einfall feindlicher
Truppen; *Ggs.:* Evasion (1); 2 Eindringen
von Krankheitserregern in den Körper; **In|va-
sor** *m.13 meist Mz.* einfallender Feind
**In|vek|ti|ve** [lat.] *w.11* beleidigende, aggressi-
ve Äußerung
**In|ven|tar** [lat.] *s.1* Bestand, *auch:* Bestands-
verzeichnis der zu einem Raum, Haus oder
Betrieb gehörigen Gegenstände, Tiere,
Vermögenswerte und Schulden; **In|ven|ta-
ri|sa|ti|on** *w.10* Bestandsaufnahme; **in|ven|ta|ri|sie|ren** den Bestand (von etwas)
aufnehmen
**in|ven|tie|ren** [lat.] erfinden, erdenken; **In-
ven|ti|on** [-tsjon, lat.] *w.10* 1 Erfindung; 2 *Mus.:*
kleines Instrumentalstück ohne bestimmte
Form
**In|ven|tur** [lat.] *w.10* Bestandsaufnahme; **In-**

**ven|tur|aus|ver|kauf** m. 1 Verkauf sämtlicher Waren zu herabgesetzten Preisen nach einer Inventur, Räumungsverkauf

**in|vers** [lat.] umgekehrt; **In|ver|si·on** w. 10 Umkehrung, Gegenbewegung; Gramm.: Umstellung der normalen Wortfolge, z. B. schön wär's

**In|ver|te|brat** m. 10 → Evertebrat

**in|ver|tie|ren** [lat.] umkehren; **in|ver|tiert** 1 umgekehrt; 2 auf das eigene Geschlecht gerichtet; **In|vert|zucker** (-zuk|ker) m. Gen.-s nur Ez. Mischung von Frucht- und Traubenzucker

**in|ve|stie|ren** [lat.] 1 in ein Amt einweisen; 2 langfristig anlegen (Kapital); 3 aufwenden, anwenden; Mühe, Arbeit i.; **In|ve|sti|ti·on** [-tsjon] w. 10 langfristige Kapitalanlage; **In|ve|sti|ti·ons|gü|ter** s. 4 Mz. Güter, die als Investition für die Produktion dienen, also nicht für den Verbrauch bestimmt sind; **In|ve|sti|tur** w. 10 Einweisung, Einsetzung in ein Amt; **In|ve|stiv|lohn** m. 2 als Sparanlage verwendeter, zwangsgebundener Teil des Arbeitslohns; **In|vest|ment** s. 9 engl. Bez. für Investition; **In|vest|ment|fonds** [-fɔ̃] m. Gen. - [-fɔ̃s] Mz. - [-fɔ̃s] Bestand an Wertpapieren (von Kapitalgesellschaften); **In|vest|ment-Trust** [-trast] m. 9 Gesellschaft zur gewinnbringenden Anlage von Kapitalien, die sich durch Ausgabe eigener Effekten beschafft; **In|ve|stor** m. 13 jmd., der langfristig Kapital anlegt

**in vi|no ve|ri|tas** [lat.] im Wein (ist) Wahrheit

**in|vi|si|bel** [lat.] unsichtbar

**in vi|tro** [lat. „im Glas"] im Reagenzglas, im Laboratorium durchgeführt (Versuch); **in vi|vo** [„im lebendigen"] am lebenden Organismus beobachtet, durchgeführt

**In|vo|ca|bit** → Invokavit; **In|vo|ka|ti·on** [-tsjon, lat.] w. 10 Anrufung (Gottes und der Heiligen); **In|vo|ka|vit** m. Gen. - nur Ez. erster Passionssonntag, sechster Sonntag vor Ostern

**In|vo|lu|ti·on** [-tsjon, lat.] w. 10 1 Biol.: normale Rückbildung (eines Organs, z. B. im Alter); 2 Math.: besondere Form der projektiven Abbildung; **in|vol|vie|ren** enthalten, einbegreifen, in sich schließen, nach sich ziehen; in eine Sache verwickelt werden

**In|zens** [lat.] m. 1 → Inzensation; **In|zen|sa|ri·um** s. Gen.-s Mz. -ri·en → Inzensorium; **In|zen|sa|ti·on** [-tsjon, lat.] w. 10 kath. Kirche: das Verbrennen von Weihrauch; **in|zen|sie|ren** mit Weihrauch beräuchern; **In|zen|so|ri·um** s. Gen.-s Mz. -ri·en Weihrauchgefäß

**In|zest** [lat.] m. 1 1 engste Inzucht; 2 Geschlechtsverkehr zwischen Blutsverwandten, Blutschande; **in|ze|stu|ös** in der Art eines Inzests, auf Inzest beruhend

**in|zi|dent** [lat.] veraltet: im Verlauf (einer Sache) nebenbei vorkommend, entstehend, beiläufig; **In|zi|dent** m. 1 veraltet: 1 Nebenpunkt; 2 (nebenbei zu erledigender) Zwi-

schenfall; **In|zi|denz** w. 10, Mz. auch: -zi·en veraltet 1 Einfall; 2 Vorfall; **in|zi|die|ren** einschneiden; **In|zi|si·on** w. 10 das Einschneiden (in Gewebe), Einschnitt; **In|zi|siv** m. 12, **In|zi|si|vus** m. Gen. - Mz. -vi, **In|zi|siv|zahn** m. 2 Schneidezahn; **In|zi|sur** w. 10 Einschnitt, Einbuchtung (an Knochen oder Organen)

**Io** chem. Zeichen für Ionium

**IOC** [ai ou si] Abk. für International Olympic Committee

**IOK** Abk. für Internationales Olympisches Komitee, eindeutschend für IOC

**Ion** [griech.] s. 12 elektrisch geladenes Teilchen (Atom, Atomgruppe oder Molekül) **Io|ni|sa|ti·on** [-tsjon, griech.] w. 10 Übergang von Atomen oder Molekülen in elektrisch geladenen Zustand; **Io|ni|sa|tor** m. 13 Gerät zur Beseitigung elektrostat. Ladungen; **io|ni|sie|ren** elektrisch aufladen; **Io|ni·um** s. Gen.-s nur Ez. (Zeichen: Io) radioaktives Zerfallsprodukt des Urans; **Io|no|me|ter** s. 5 Gerät zum Messen der Ionisation; **Io|no|sphä|re** w. 11 nur Ez. die ionisierte äußerste Schicht der Erdatmosphäre

**Io|ta** s. 9 → Jota

**Ipe|ca|cu|an|ha** [-anja, port.] w. 10 nur Ez. Brechwurz, Wurzel einer brasilian. Pflanze, auch: diese selbst

**Ip|sa|ti·on** [-tsjon, lat.] w. 10 nur Ez., veraltet für Masturbation; **ip|se fe|cit** [lat.] hat (es) selbst gemacht (Vermerk vor oder hinter dem Namen des Künstlers auf Bildern, Stichen u. a.); **Ip|sis|mus** m. Gen.- nur Ez., veraltet für Masturbation; **ip|sis|si|ma ver|ba** genau diese, seine eigenen Worte; **ip|so fac|to** durch die Tat selbst, d. h. die Rechtsfolgen einer Tat treten von selbst ein; **ip|so iu|re** durch das Recht selbst, ohne weiteres

**IQ** Abk. für Intelligenzquotient

**Ir** chem. Zeichen für Iridium

**IR** Abk. für Infanterieregiment

**IRA** Abk. für Irish Republican Army (Irische Republikan. Armee)

**Ira|ni|stik** w. 10 nur Ez. Wissenschaft von der Sprache, Geschichte und Kultur Irans

**Ir|bis** [mongol.-russ.] m. 1 Schneeleopard

**Ire|nik** [griech.] w. 10 nur Ez. theolog. Friedenslehre, die den ausschließl. Wahrheitsanspruch der kath. Kirche nicht akzeptiert; Streben nach Verständigung der Konfessionen; friedliche Haltung; **ire|nisch** auf Irenik beruhend, friedlich, friedfertig; **Ire|nis|mus** m. Gen.- nur Ez. → Irenik

**Irid|ek|to|mie** [griech.] w. 11 operative Entfernung der Regenbogenhaut oder eines Teiles davon; **Iri|di·um** s. Gen.-s nur Ez. (Zeichen: Ir) chem. Element, ein Edelmetall; **Iri|do|lo|gie** w. 11 nur Ez. Augendiagnose; **Iri|do|to|mie** w. 11 → Iridektomie

**Iris** [griech.] w. Gen. - Mz. - 1 Regenbogen; 2 Regenbogenhaut (des Auges); 3 Schwertlilie; **Iris|blen|de** w. 11 Vorrichtung an Kameras zum Verstellen der Öffnung des Objektivs

**Irish Cof|fee** [airiʃ kɔfi, engl.] *m. Gen.--s Mz.--s* Kaffee mit Whisky, Zucker und Schlagsahne; **Irish Stew** [airiʃ stju, engl.] *s. Gen.--(s) nur Ez.* gekochtes Hammelfleisch mit Weißkraut und Kartoffeln

**iri|sie|ren** in Regenbogenfarben schimmern; **Iri|tis** *w. Gen. - Mz.* -ti|den Entzündung der Regenbogenhaut

**Iro|ke|se** *m. 11* Angehöriger eines nordamerik. Indianerstammes

**Iro|nie** [griech.] *w. 11 nur Ez.* verhüllter Spott, bei dem das Gegenteil von dem gesagt wird, was gemeint ist; **Iro|ni|ker** *m. 5* ironischer Mensch; **iro|nisch** verhüllt spöttelnd; **iro|ni|sie|ren** ironisch darstellen

**Ir|ra|di|a|ti|on** [-tsjon, lat.] *w. 10* **1** Schmerzausstrahlung über die betroffene Körperstelle hinaus; **2** *Phot.:* Überstrahlung, Lichthofbildung; **3** *Psych.:* Ausstrahlung von Gefühlen auf andere Bereiche; **ir|ra|di|ie|ren** ausstrahlen

**ir|ra|tio|nal** [auch: -nal, lat.] mit dem Verstand, der Vernunft nicht faßbar, nicht logisch erklärbar; irrationale Zahl: Zahl, die nicht als gemeiner Bruch dargestellt werden kann, Dezimalbruch mit unendlich vielen, nicht period. Stellen; **Ir|ra|tio|na|lis|mus** *m. Gen. - nur Ez.* **1** philosoph. Lehre, nach der Wesen und Ursprung der Welt mit dem Verstand nicht faßbar sind; **2** Anschauung, die dem Gefühl den Vorrang gegenüber dem Verstand gibt; **Ir|ra|tio|na|li|tät** *w. 10 nur Ez.* irrationale Beschaffenheit

**ir|re|al** [lat.] nicht real, nicht der Wirklichkeit entsprechend; **Ir|re|al** *m. 1*, **Ir|re|a|lis** *m. Gen. - Mz.* -les [-le:s] *Gramm.:* Modus der Unwirklichkeit, im Dt. durch den Konjunktiv Imperfekt oder Plusquamperfekt ausgedrückt, z. B. wenn er doch hier wäre, gekommen wäre; **Ir|re|a|li|tät** [auch: ir-] *w. 10 nur Ez.* Unwirklichkeit

**Ir|re|den|ta** *w. Gen. - nur Ez.* **1** eigtl. Italia Irredenta [„unerlöstes Italien"] *bis 1918 Bez. für* die in österr. Besitz befindlichen (italienischsprachigen) Gebiete Südtirol sowie Trient und Triest; **2** bis 1918 italien., dann allg. jede polit. Bewegung, die den Wiederanschluß eines abgetrennten Gebietes an den nach Sprache und Kultur als Mutterland betrachteten Staat erstrebt; **Ir|re|den|tis|mus** *m. Gen. - nur Ez.* geistige Einstellung im Sinne der Irredenta (2)

**ir|re|du|zi|bel** [lat.] nicht zurückführbar, nicht wiederherstellbar

**ir|re|gu|lär** [auch: -lɛr, lat.] nicht regulär, ungesetzmäßig; **Ir|re|gu|la|ri|tät** *w. 10 nur Ez.* Regelwidrigkeit, Ungesetzmäßigkeit

**ir|re|le|vant** [auch: -vant, lat.] unerheblich, nicht wichtig, unbedeutend; *Ggs.:* relevant

**ir|re|li|gi|ös** [auch: -øs, lat.] nicht religiös, religionslos; **Ir|re|li|gio|si|tät** [auch: ir-] *w. 10 nur Ez.* Religionslosigkeit

**ir|re|pa|ra|bel** [auch: ir-, lat.] nicht zu reparieren, nicht wiederherstellbar, nicht heilbar

**ir|re|po|ni|bel** [auch: ir-, lat.] nicht wiederherstellbar, nicht wieder einrenkbar

**ir|re|spon|sa|bel** [auch: ir-, lat.] nicht verantwortbar

**ir|re|ver|si|bel** [auch: ir-, lat.] nicht umkehrbar; irreversibler Vorgang

**ir|re|vi|si|bel** [auch: ir-, lat.] nicht anfechtbar

**Ir|ri|ga|ti|on** [-tsjon, lat.] *w. 10* Ausspülung (von Darm oder Scheide), Einlauf; **Ir|ri|ga|tor** *m. 13* Gerät zur Irrigation

**ir|ri|ta|bel** [lat.] reizbar, erregbar; **Ir|ri|ta|ti|on** [-tsjon] *w. 10* Reizung, Erregung; **ir|ri|tie|ren** **1** reizen, erregen, stören; **2** *ugs.:* unsicher machen, verwirren, ablenken

**Isa|go|ge** [-ge:, griech.] *w. 11* Einführung, Einleitung (in eine Wissenschaft); **Isa|go|gik** *w. Gen. - nur Ez.* Einführungskunst, -wissenschaft

**Isa|tin** [griech.] *s. 1 nur Ez.* eine organischchem. Verbindung, Grundlage für indigoartige Farbstoffe; **Isa|tis** *w. Gen. - nur Ez.* ein Kreuzblütler, Waid, z. B. Färberwaid

**Is|chä|mie** [-çɛ-, griech.] *w. 11* Blutleere in einzelnen Organen oder Körperteilen; **is|chä|misch** blutleer

**Is|cha|ri|ot** vgl. Judas

**Is|chi|a|di|kus** [-isçia-, griech.] *m. Gen. - nur Ez. Kurzform für* Nervus ischiadicus: Ischiasnerv, Hüftnerv; **is|chi|a|disch** zum Ischiadikus gehörend, von ihm ausgehend; **Is|chi|al|gie** *w. 11*, **Is|chi|as** [isçias, iʃias] *w., ugs. s. oder m. Gen. - nur Ez.* Entzündung des Ischiadikus, Hüftweh

**Is|chu|rie** [isç-, griech.] *w. 11* Harnverhaltung, krankhafte Unfähigkeit, Harn zu lassen

**Is|fa|han** *m. 9* → Ispahan

**Is|lam** [auch: is-, arab.] *m. Gen.-s nur Ez.* von Mohammed begründete monotheist. Religion; **is|la|misch** auf dem Islam beruhend; mohammedanisch; **Is|la|mit** *m. 10* → Moslem; **is|la|mi|tisch** selten für islamisch

**Is|ma|e|lit** *m. 10* Angehöriger einer islam. Sekte

**Is|mus** [nach der häufig verwendeten Endung -ismus] *m. Gen. - Mz.* -men *spött. Bez. für* (bloße) Theorie

**ISO** *seit 1946 Abk. für* International Organization for Standardization: Internationaler Normenausschuß

**iso|bar** [griech.] die gleiche Anzahl Neutronen bei ungleicher Anzahl Protonen aufweisend; **Iso|bar** *s. 1* Atomkern, der im Vergleich zu andern isobare Eigenschaften aufweist; **Iso|ba|re** *w. 11* Verbindungslinie zwischen Orten gleichen Luftdrucks

**Iso|bron|the** [griech.] *w. 11* **1** Verbindungslinie zwischen Orten, in denen bei Gewittern zur gleichen Zeit Donner wahrgenommen wird; **2** Verbindungslinie zwischen Orten gleicher Gewitterhäufigkeit

**Iso|bu|tan** *s. 1 nur Ez.* ein gesättigter Kohlenwasserstoff

**iso|chor** [-kọr, griech.] gleiches Volumen aufweisend; isochorer Vorgang: Vorgang ohne Volumenänderung

**iso|chrom** [-krọm, griech.] → isochromatisch; **Iso|chro|ma|sie** *w. 11 nur Ez. bei photograph. Schichten:* gleiche Empfindlichkeit gegenüber verschiedenen Wellenlängen des Lichts, Farbtonrichtigkeit; **iso|chro|ma|tisch** gleich empfindlich gegenüber verschiedenen Lichtwellen, farbtonrichtig

**iso|chron** [-krọn, griech.] gleich lang dauernd; **Iso|chro|ne** *w. 11* **1** Verbindungslinie zwischen Orten, an denen ein Naturereignis, z. B. Erdbeben, zur gleichen Zeit auftrat; **2** *auf Verkehrskarten:* Verbindungslinie zwischen Orten, die man von einem Punkt aus in der gleichen Zeit erreichen kann

**iso|dy|nam** [griech.] gleichen Kaloriengehalt aufweisend; **Iso|dy|na|mie** *w. 11* gleicher Kaloriengehalt bei ungleicher Menge (von Nährstoffen)

**Iso|ga|me|ten** [griech.] *m. 10 Mz.* männl. und weibl. Geschlechtszellen von gleicher Gestalt; **Iso|ga|mie** *w. 11 nur Ez.* Vereinigung von Isogameten

**iso|gen** [griech.] gleichen Ursprung und gleiche Erbanlagen ausweisend

**Iso|glos|se** [griech.] *w. 11 auf Sprach- oder Mundartenkarten:* Linie, die das Verbreitungsgebiet eines Wortes oder einer sprachl. Erscheinung begrenzt

**Iso|gon** [griech.] *s. 1* regelmäßiges Vieleck; **iso|go|nal** gleichwinklig, winkeltreu

**Iso|hyp|se** [griech.] *w. 11* Verbindungslinie zwischen Orten gleicher Höhe über dem Meeresspiegel

**Iso|ke|pha|lie** [griech. „Gleichköpfigkeit"] *w. 11 nur Ez., Malerei:* gleiche Kopfhöhe (mehrerer Personen nebeneinander)

**Iso|la|ti|on** [-tsjọn, lat.] *w. 10* **1** Vereinzelung, Vereinsamung, Absonderung; **2** Getrennthaltung (von Infektions- oder Geisteskranken, Häftlingen); **3** Abdichtung mittels nichtleitender Stoffe gegen Strom, Gas, Wärme, Licht, Schall usw.; **Iso|la|tio|nis|mus** [-tsjo-] *m. Gen. - nur Ez.* Bestreben, sich von polit. Auseinandersetzungen fernzuhalten, keine Bündnisse abzuschließen usw.; **Iso|la|tor** *m. 13* Stoff, der Strom, Schall, Wärme usw. schlecht oder nicht leitet; **iso|lie|ren** **1** gegen Strom, Wärme, Schall, Feuchtigkeit usw. abdichten; **2** absondern, trennen, getrennthalten (Kranke, Häftlinge); isolierende Sprachen: Sprachen, die keine Flexionsendungen bilden und die Beziehungen der Wörter untereinander nur durch die Wortstellung ausdrücken, z. B. das Chinesische

**Iso|li|ni|en** *w. 11 Mz.* alle Verbindungslinien zwischen Orten gleicher und gleichzeitiger metereolog., physikal. oder anderer Werte oder in denen die gleichen Erscheinungen gleichzeitig auftreten

**iso|mer** [griech.] von gleicher Zusammensetzung (hinsichtlich Art und Menge der einzelnen Elemente); **Iso|me|re** *s. 1 Mz., Iso|me|ren s. 18 Mz.* chem. Verbindungen, die bei gleicher Anzahl gleichartiger Atome verschiedene Struktur besitzen; **Iso|me|rie** *w. 11 nur Ez.* unterschiedl. chem. und physikal. Verhalten trotz gleicher Anzahl gleichartiger Atome; **iso|me|risch** im gleichen Medium gebildet (Gestein); vgl. isotopisch

**Iso|me|trie** [griech.] *w. 11 nur Ez.* Maßgleichheit, Längentreue, Gleichheit der Streckenverhältnisse (bei Landkarten, Abbildungen); **iso|me|trisch** maßstabgerecht, längengetreu; isometr. Training: Muskeltraining durch Anspannung ohne Bewegung

**iso|morph** [griech.] von gleicher Gestalt, von gleicher Kristallform

**Iso|po|de** [griech.] *m. 11 meist Mz.* Assel

**Iso|pren** [Kunstw.] *s. 1 nur Ez.* ein ungesättigter Kohlenwasserstoff

**Iso|pte|ra** [griech.] *Mz.* Termiten

**Iso|skop** [griech.] *s. 1 Fernsehen:* Bildabtaströhre

**is|os|mo|tisch** [griech.] den gleichen osmotischen Druck aufweisend, isotonisch

**Iso|spin** [griech.-engl.] *m. 9* bei starker Wechselwirkung auftretende Eigenschaft (Drehimpuls von Elementarteilchen)

**iso|therm** [griech.] von gleicher Temperatur; isothermer Vorgang: Vorgang ohne Temperaturveränderung; **Iso|ther|mie** *w. 11 nur Ez.* **1** *Meteor.:* gleichbleibende Temperaturverteilung; **2** *Med.:* gleichbleibende (normale) Körpertemperatur

**Iso|to|mie** [griech.] *w. 11 nur Ez. Bot.:* gleichmäßige Weiterverzweigung nach beiden Seiten

**Iso|ton** [griech.] *s. 1* Atomkern, der im Vergleich zu andern die gleiche Anzahl von Neutronen, aber eine abweichende Anzahl von Protonen enthält; **iso|to|nisch** → isosmotisch

**iso|top** [griech.] bei gleicher Kernladungszahl unterschiedliche Atommasse aufweisend; **Iso|top** *s. 1* Atomkern, der im Vergleich zu andern gleiche Ladung, aber unterschiedliche Masse aufweist; **Iso|to|pie** *w. 11 nur Ez.* isotope Beschaffenheit; **iso|to|pisch** im gleichen Raum gebildet (Gestein); vgl. isomerisch

**Iso|tron** [griech.] *s. 13 oder s. 9* Gerät zum Trennen von Isotopen

**iso|trop** [griech.] nach allen Richtungen des Raumes hin die gleichen physikal. Eigenschaften aufweisend; *Ggs.:* anisotrop (**2**)

**iso|zy|klisch** [griech.] *Chem., in der Fügung* isozyklische Verbindung: ringförmige organ.-

chem. Verbindung, deren Ring nur Kohlen-
stoffatome aufweist

**Is|pa|han** [nach dem früheren Namen der
iran. Stadt Isfahan] *m. 9* handgeknüpfter
Teppich mit Blüten- oder Rankenmuster

**Is|rae|li** *m. 9 oder Gen. - Mz. -* Angehöriger
des Staates Israel; **Is|rae|lit** *m. 10* Jude

**isth|misch** [griech.] zum Isthmus (bes. zum
Isthmus von Korinth) gehörig, von ihm stam-
mend; **Isth|mos, Isth|mus** *m. Gen. - Mz.* -men
Landenge, bes. der I. von Korinth

**it.** *Abk. für* item

**Ital|la** *w. Gen. - nur Ez.* in Italien entstandene,
älteste lat. Bibelübersetzung; **Ita|ler** *m. 5 im
Altertum:* idg. Einwohner der Apennin-
Halbinsel; **ita|lia|ni|sie|ren, ita|lie|ni|sie|ren**
[-lje-] nach italien. Vorbild gestalten; **Ita-
li|enne** [-ljɛn] *w. Gen. - nur Ez.* eine Druck-
schriftart; **Ita|li|ker** *m. 5* → Italer; **ita|lisch**
zum antiken Italien gehörig, von ihm
stammend

**Ita|zis|mus** [griech.] *m. Gen. - nur Ez.* Aus-
sprache des griech. Buchstaben Eta als i,
Jotazismus; *Ggs.:* Etazismus

**item** [lat.] (*Abk.:* it.) *veraltet:* **1** desgleichen,

ebenso; **2** ferner; **3** kurzum; **Item** *s. 9 veral-
tet:* zu erörternde Sache, das Weitere, ein
fraglicher Punkt

**Ite|ra|ti|on** [-tsjon, lat.] *w. 10* **1** Verdoppe-
lung, Wiederholung eines Wortes oder einer
Silbe, z. B. jaja; **2** Lösungsverfahren für
komplizierte mathemat. Gleichungen, bei
dem man sich durch schrittweises Ändern ei-
ner Variablen der exakten Lösung nähert
(Rechenweise moderner Computer); **ite|ra-
tiv** wiederholend, verdoppelnd; **Ite|ra|tiv**
[auch: ite-] *s. 1,* **Ite|ra|ti|vum** *s. Gen. -s
Mz.* -va Verb, das die Wiederholung eines
Vorgangs ausdrückt, Frequentativ(um), z. B.
hüsteln: oft ein wenig husten, es kriselt: es
droht immer wieder eine Krise

**Iti|ne|rar** [lat.] *s. 1,* **Iti|ne|ra|ri|um** *s. Gen. -s
Mz.* -ri|en **1** altröm. Straßenverzeichnis;
**2** Karte mit den Routen der zurückgelegten
Reisen, Kriegszüge u. ä.; **3** Wegeaufnahme
in unerforschtem Gebiet

**Iwan** *m. 9, Spitzname für* Russe, Sowjetsol-
dat; Gesamtheit der sowjet. Soldaten

**Iw|rith** *s. Gen. -(s) nur Ez.* Neuhebräisch,
Amtssprache in Israel

# J

**J 1** *chem. Zeichen für* Jod; **2** *Abk. für* Joule
**Jab** [dʒæb, engl.] *m. 9 Boxen:* hakenartiger Schlag aus kürzester Distanz
**Jalbot** [ʒabo, frz.] *s. 9 18. Jh.:* Spitzenrüsche an Männerhemden, im Halsausschnitt von Männerwesten oder Frauenkleidern
**Jacketlkrolne** (Jaklket-) [dʒɛkit-, engl.] *w. 11* Zahnkrone aus Porzellan; **Jackett** (Jaklkett) [ʒakɛt, frz.] *s. 9* Jacke (des Herrenanzugs)
**Jacklstag** [dʒæk-, engl.] *s. 1 oder s. 9 oder s. 12* Gleitschiene zum Befestigen des Segels
**Jalcolnet, Jalcolnett, Jalconlnet** [dʒækənit, engl.] *m. 9* weicher, feinfädiger, glänzender Baumwollstoff für Futter
**Jaclquard** [ʒakar, nach dem frz. Erfinder J.-M. Jacquard] *m. 9* **1** kompliziertes Webmuster; **2** Stoff mit diesem Muster
**Jalde** [span.] *m. Gen. - nur Ez., Sammelbez. für* Jadeit und Nephrit; **jaldelgrün** blaßgrün;
**Jaldelit** *m. 1 nur Ez.* ein Mineral
**Jalgular** [indian.] *m. 1* ein amerik. Raubtier
**Jahlwe** *im AT Bez. für* Gott; **Jahlwist** *m. 10 nur Ez. Bez. für den* unbekannten Verfasser des erzählenden Quellenwerks im Pentateuch
**Jailna** [dʒai-] *m. 9* → Dschaina; **Jailnilslmus** *m. Gen. - nur Ez.* → Dschainismus
**Jak** [tibet.] *m. 9* zentralasiat. Rind, Grunzochse
**Jalkalranldalholz** [indian.] *s. 4* brasilian. Palisander
**Jalko** [frz.] *m. 9* eine Papageienart, Graupapagei
**Jalkolbilner** *m. 5* Mitglied des Jakobinerklubs; **Jalkolbilnerlklub** [nach seinem Tagungsort, dem Kloster St. Jakob in Paris] *m. 9 nur Ez.* der radikalste und entscheidende polit. Klub während der Frz. Revolution; **Jalkolbilnerlmütlze** *w. 11* als Symbol der Freiheit getragene, kegelförmige, rote Wollmütze der Jakobiner; **Jalkolbilten** *m. 10 Mz.* **1** die Anhänger des nach der Revolution von 1688 vertriebenen engl. Königs Jakob II. und seiner Nachkommen; **2** Angehöriger einer syrischen christl. Sekte; **Jalkobslleilter** *w. 11* Strickleiter mit Holzsprossen; **Jalkobsstab** *m. 2* altes Meßinstrument zum Bestimmen der Höhe von Gestirnen und der Winkel zwischen ihnen, Kreuzstab
**Jalkolnett** *m. 9* → Jaconet
**Jakltaltilon** [-tsjon, lat.] *w. 10 nur Ez.* Unruhe, bes. von Kranken im Bett
**Jalkulte** *m. 11* Angehöriger eines sibir. Turkvolkes
**Jallalpe** [span.] *w. 11* trop. Winde, aus deren Wurzel ein Abführmittel gewonnen wird

**Jallon** [ʒalõ, frz.] *m. 9 Vermessungswesen:* Absteckpfahl, Richtfähnchen
**Jallouslsette** [ʒaluzɛt, französisierende Verkleinerungsform zu Jalousie] *w. 11* Jalousie aus Leichtmetall- oder Kunststofflamellen; **Jallouslsie** [frz.] *w. 11* äußerer Fenstervorhang aus dachziegelartig übereinanderliegenden Brettchen
**Jamlben** *Mz. von* Jambus; **jamlbisch** in Jamben abgefaßt
**Jamlbolree** [dʒæmbəri, engl.] *s. 9* **1** internationales Pfadfindertreffen; **2** geselliges Zusammensein mit unterhaltendem Programm
**Jamlbus** [griech.] *m. Gen. - Mz.* -ben Versfuß aus einer unbetonten und einer betonten Silbe ($\cup -$)
**Jams** [westafrik.] *s. Gen. - Mz.* - eine trop. Kletterpflanze, deren Wurzel als Nahrungsmittel dient
**Jam-Seslsion** [dʒæm seʃn, engl.] *w. 9* Zusammenkunft von Jazzmusikern zum Musizieren
**Jalniltschar** [türk.] *m. 10 1329 bis 1826* Angehöriger der ehemaligen türk., aus christl. Kriegsgefangenen und ihren Nachkommen gebildeten Kerntruppe; **Jalniltschalrenlmulsik** *w. 10* türk. Militärmusik mit Trommel, Triangel, Becken, Schellenbaum
**Janlselnislmus** [nach C. Jansen, latinisiert: Jansenius] *m. Gen. - nur Ez., 17./18. Jh. in der kath. Kirche Frankreichs:* eine hinsichtlich der Prädestination von der Lehre der Jesuiten abweichende Richtung
**Jalnuslkopf** [nach dem röm. Gott des Ein- und Ausgangs] *m. 2* Männerkopf mit Doppelgesicht
**Jalpalnollolgie** *w. 11 nur Ez.* Wissenschaft von der japan. Sprache und Kultur
**Jalpon** [ʒapõ, frz.] *m. 9* frz. Rohseide
**Jarldilnilere** [ʒardinjɛrə, frz.] *w. 11* Schale oder Korb für Blumen oder Blattpflanzen mit Wurzeln; vgl. à la jardinière
**Jarlgon** [ʒargõ, frz.] *s. 9* (meist derbe) Ausdrucksweise einer sozialen oder berufl. Gruppe, z. B. Schülerjargon
**Jarl** [altnord.] *m. 1, im MA in Skandinavien:* vom König eingesetzter Statthalter
**Jarlolwilsaltilon** [-tsjon, russ.] *w. 10* Kältebehandlung von keimenden Samen zur Beschleunigung des Wachstums, Vernalisation; **jarlolwilsielren** der Jarowisation unterwerfen
**Jaslmin** [pers.-span.] *m. 1* ein Zierstrauch mit stark duftenden Blüten
**Jaslpis** [hebr.-griech.] *m. Gen. - Mz.* - oder -pislse ein Quarz (Halbedelstein)
**Jalstik** [türk.] *m. 9* kleinste Form der oriental. Teppiche

**Ja|ta|gan** [auch: -gan, türk.] *m. 1* oriental. Krummsäbel

**Jazz** [dʒæz, engl.] *m. Gen. - nur Ez.* um 1900 aus religiösen, Tanz- und Arbeitsliedern der nordamerik. Neger hervorgegangener, durch Improvisation und Synkopierung gekennzeichneter Musizierstil; **Jazz|band** [dʒæz-bænd] *w. 9* Jazzkapelle; **Jaz|zer** [dʒæzər, auch: jætsər] *m. 5* Jazzmusiker, Jazzkomponist; **Jazz|fan** [dʒæzfæn] *m. 9* begeisterter Anhänger des Jazz

**Jeans** [dʒinz] *nur Mz.*, *kurz für →* Blue Jeans

**Jeep** [dʒip, engl.] *m. 9* ⓦ kleiner, geländegängiger amerik. Kraftwagen mit Vierradantrieb

**je|mi|ne!** [aus lat. „Jesus domine"! o Herr Jesus!]; o jemine!, herrjemine! (Ausruf des Bedauerns oder Schreckens)

**Jen** *s. 9, nach Zahlenangaben Mz. - →* Yen

**je|nisch** [zigeuner.] zum fahrenden Volk gehörig, von ihm stammend (mit Ausnahme der Zigeuner); jenische Sprache: Sprache der Landstreicher, Gaunersprache, Rotwelsch

**Je|re|mia|de** [nach dem bibl. Propheten Jeremias] *w. 11* Klagelied

**Je|rez** [xɛrɛθ, nach der span. Stadt Jerez de la Frontera] *m. Gen. - nur Ez.* ein span. Dessertwein

**Jer|sey** [dʒəsi, nach der brit. Insel J.] *m. 9* 1 weicher, gewirkter Wollstoff; 2 farbiges Hemd aus diesem Stoff

**Je|su|it** *m. 10* Mitglied des von Ignatius von Loyola gegründeten Ordens zur Ausbreitung der kath. Lehre

**Je|sus Na|za|re|nus Rex Ju|daeo|rum** (*Abk.:* I. N. R. I.): Jesus von Nazareth, König der Juden (Inschrift am Kreuz Christi)

**Je|sus Peop|le** [dʒizəs pipl, engl.] *Mz.* eine von den USA ausgehende relig. Bewegung unter der Jugend seit 1971

**Jet** [dʒɛt, engl.] *m. 9* Düsenflugzeug

**Je|ton** [ʒɛtɔ̃, frz.] *m. 9* Spielpfennig, Spielmarke; Automatenmarke

**Jet-Set** *m. 9 oder s. 9* wohlhabende internationale Gesellschaftsschicht, die in Jets zu den Mittelpunkten des gesellschaftl. Lebens reist

**Jett** [engl.] *m. 9 nur Ez.* zu Schmuck verarbeitete, harte Braunkohle, Pechkohle (Gagat)

**Jeu** [ʒø, frz.] *s. 9* Glücksspiel, *auch:* Kartenspiel

**Jeu|nesse do|rée** [ʒœnɛs dɔre, frz.] *w. Gen. - - nur Ez.* wohlhabende, elegante, leichtlebige Großstadtjugend

**Jg.** *Abk. für* Jahrgang; **Jgg.** *Abk. für* Jahrgänge

**Jh.** *Abk. für* Jahrhundert

**jid|disch** jiddische Sprache: Judendeutsch, Sprache der Juden in Deutschland und Osteuropa; **Jid|di|stik** *w. 10 nur Ez.* Wissen-

schaft von der jidd. Sprache und Literatur

**Jig|ger** [dʒigər, engl.] *m. 5* 1 eine Färbemaschine; 2 *bei Viermastern:* kleines Segel am hintersten Mast; 3 Fischerboot mit solchem Segel; 4 *früher:* Kohlenwippe (auf Schiffen); 5 Golfschläger für bestimmte Schläge; 6 Flüssigkeitsmaß beim Mixen von Cocktails, 28–43 g

**Ji|mé|nes** [ximɛnɛθ, span.] *m. Gen. - nur Ez.* ein span. Süßwein

**Jin|go** [dʒingo, engl.] *m. 9, engl. spött. Bez. für* Hurrapatriot, Chauvinist; **Jin|go|is|mus** *m. Gen. - nur Ez.* Hurrapatriotismus, Chauvinismus

**Ji|nis|mus** [dʒi-] *m. Gen. - nur Ez. →* Dschainismus

**Jin|rik|scha** *w. 9 →* Riksha

**Jin und Jang** *s. Gen. - - - nur Ez. altchin. Naturphilos.:* die beiden Weltprinzipien, das helle, schöpferische männliche und das dunkle, empfangende weibliche

**Jit|ter|bug** [dʒitərbʌg, engl.] *m. Gen. -(s) nur Ez.* amerik. Jazztanz

**Jiu-Jit|su** [dʒiudʒitsu, jap.] *s. Gen. - nur Ez.* altjapan. Ringsport, waffen- und gewaltlose Selbstverteidigung

**Jive** [dʒaiv, engl.] *m. Gen. -(s) nur Ez.* 1 Fachsprache im Jazz; 2 schneller, effektvoller Swing

**Job** [dʒɔb, engl.] *m. 9* (bes. vorübergehende) Beschäftigung, Stelle; **job|ben** [dʒɔbən] *ugs.:* einem Job nachgehen; **Job|ber** [dʒɔb-] *m. 5* 1 Londoner Börse: Händler, der nur für eigene Rechnung Geschäfte abschließen darf, *auch:* Dealer; 2 *i. e. S.:* Börsenspekulant; *i. w. S.:* Händler, Manager, Spekulant; 3 Gelegenheitsarbeiter; **Job-Sha|ring** [dʒɔbʃɛ:riŋ] *s. Gen.-s nur Ez.* Verteilung eines Arbeitsplatzes auf zwei Arbeitskräfte

**Jockei, Jockey** (Jok|kei) [dʒɔke, engl. dʒɔki] *m. 9* berufsmäßiger Rennreiter

**Jod** [griech.] *s. Gen. -(s) nur Ez.* (*Zeichen:* J) chem. Element; **Jo|dat** *s. 1* Salz der Jodsäure; **Jo|did** *s. 1* Salz der Jodwasserstoffsäure; **Jo|dis|mus** *m. Gen. - nur Ez.* Jodvergiftung; **Jo|dit** *s. 1* ein Mineral, Jodsilber; **Jo|do|form** *s. 1 nur Ez.* Mittel zum Desinfizieren, bes. von Wunden; **Jo|do|me|trie** *w. 11 nur Ez., in der chem. Maßanalyse:* Bestimmung von Stoffen mit Hilfe von Jod

**Jo|ga** [sanskr.] *m. Gen. -(s) nur Ez.* 1 altind. philosoph. System zur Selbsterlösung durch Askese und Meditation; 2 daraus entwickeltes Verfahren zur Konzentration und Körperbeherrschung

**Jo|ghurt** [türk.] *m. 1, auch: s. 1* unter Einwirkung von Bakterien hergestellte, eingedickte Sauermilch

**Jo|gi** [sanskr.] *m. 9* Anhänger des Joga (1), Asket

**John Bull** [dʒɔn bul, engl.] *scherzh. Bez. für* England, Engländer

**Joint** [dʒɔint, engl.] *m. 9, Gen. auch:* - mit
Rauschgift versetzte Zigarette; **Joint-Ven-
ture** [-vɛntʃə] *s. 9* gemeinsames Unterneh-
men, bei dem ein Partner Kapital und techn.
Wissen einbringt, der andere Arbeitsräume,
-kräfte usw. stellt
**Jo|ker** [auch: dʒo-, engl.] *m. 5, in manchen
Kartenspielen:* Karte mit Narrenbild, die für
jede Karte gelten kann; **jo|kos** *veraltet:* spa-
ßig, scherzhaft; **Jo|ku|la|tor** *m. 13, Spätantike
und MA:* umherziehender Spaßmacher, Sän-
ger und Musiker; **Jo|kus** *m. Gen. - nur Ez.
ugs.:* Spaß, Scherz, Ulk
**Jom Kip|pur** [hebr. „Tag der Buße"]
*m. Gen. - - nur Ez.* hoher jüd. Feiertag,
Versöhnungsfest
**Jo|mud** *m. Gen. -(s) Mz. -s* turkmen. Teppich
mit Rhombenmuster
**Jon|gleur** [ʒɔglør, frz.] *m. 1* *1 frz. Bez. für* Jo-
kulator; *2* Geschicklichkeitskünstler, der
Spiele mit mehreren Bällen, Tellern u. a.
vorführt; **jon|glie|ren** mit mehreren Bällen,
Tellern u. a. zugleich spielen
**Jo|ru|ri** [dʒo-, jap.] *s. Gen. -(s) Mz. -(s)* japan.
Puppenspiel mit Musik
**Jo|se|phi|nis|mus** *m. Gen. - nur Ez.* 1 *i. e. S.*
die Kirchenpolitik Josephs II.; *2 i. w. S.* der
durch Reformen gekennzeichnete, aufge-
klärte Absolutismus Josephs II.
**Jo|ta** *s. 9 1* griech. Buchstabe; *2* Kleinigkeit;
kein Jota davon abweichen: nicht das gering-
ste; um kein Jota besser: um nichts besser;
**Jo|ta|zis|mus** *m. Gen. - nur Ez.* → Itazismus
**Joule** [dʒul, nach dem engl. Physiker J. P.
Joule] *s. Gen. -(s) Mz. - (Abk.:* J) Maßeinheit
der Energie, 1 J = 1 Wattsekunde
**Jour** [ʒur, frz.] *m. 9 früher:* Dienst-, Emp-
fangstag; Jour haben; Jour fixe [ʒur fiks]
festgesetzter Tag, an dem man sich regelmä-
ßig trifft; vgl. à jour; **Jour|nail|le** [ʒurnaljə]
*w. 11 nur Ez.* verantwortungslose, hetzerische
Tagespresse; **Jour|nal** *m. 1* *1* Rechnungsbuch,
buchhalterisches Tagebuch; *2* Zeitschrift;
**Jour|na|lis|mus** *m. Gen. - nur Ez.* 1 Zeitungs-
wesen; *2* schriftstellerische Tätigkeit für Zei-
tungen; **Jour|na|list** *m. 10 1* für die Zeitung
tätiger Schriftsteller; *2* Wissenschaftler der
Journalistik; **Jour|na|li|stik** *w. 10 nur Ez.* Zei-
tungswissenschaft
**jo|vi|al** [lat.] leutselig, wohlwollend-herablas-
send; **Jo|via|li|tät** *w. 10 nur Ez.* joviales Ver-
halten
**jr.** *Abk. für* junior
**Jü|an** *m. 9 oder Gen. - Mz. -* → Yüan
**Ju|bel|jahr** [hebr.-lat.] *s. 1* Jubiläumsjahr, *bei
den Juden:* Halljahr, jedes 50. Jahr, *kath.
Kirche:* Erlaßjahr, jedes 25. Jahr; alle Jubel-
jahre *ugs.:* sehr selten; **Ju|bi|lar** *m. 1* jmd., zu
dessen Ehren ein Jubiläum gefeiert wird; **Ju-
bi|lä|um** *s. Gen. -s Mz. -|äen* Jahrestag, Ge-
denktag, bes. nach einer runden Zahl von
Jahren; 25., 50., 100. Jubiläum; **Ju|bi|lee**

[dʒubili:, lat.-engl.] *s. 9* aus dem engl. Cho-
ralgesang entstandenes relig. Lied der
nordamerik. Neger; **ju|bi|lie|ren 1** jubeln;
*2* singen (Vögel)
**Juch|ten** [pers.-russ.] *s. Gen. -s nur Ez.*
1 → Juchtenleder; *2* Parfüm mit Juchtenle-
derduft; **Juch|ten|le|der** *s. 5 nur Ez.* feines
Kalbsleder (das früher mit Weiden- und Bir-
kenrindenstoffen gegerbt wurde und daher
seinen besonderen Duft erhielt)
**Ju|dai|ka** *Mz.* Bücher, Bilder usw. über das
Judentum; **Ju|da|is|mus** *m. Gen. - nur Ez.*
1 die jüdische Religion; *2* eine Richtung im
Urchristentum, die am mosaischen Gesetz
und an der Beschneidung festhielt und bei-
des als heilsnotwendig betrachtete; **Ju|das**
[nach dem˙ Jünger Jesu, der ihn verriet]
*m. Gen. - Mz. -das|se* *übertr.:* heimtückischer
Mensch, bezahlter Verräter; **Ju|das|kuß** *m. 2*
Freundlichkeit aus Heimtücke; **Ju|das|lohn**
*m. 2* Bezahlung für Verrat; **Ju|de** *m. 11* An-
gehöriger eines über die Welt verstreuten se-
mit. Volkes; **Ju|den|christ** *m. 10 1* zum Chri-
stentum bekehrter Jude; *2* Christ jüdischer
Abstammung, der noch an jüd. Gesetzen
und Bräuchen festhielt, sie aber nicht als
heilsnotwendig betrachtete
**Ju|di|ka** zweiter Sonntag vor Ostern; **Ju|di-
kat** [lat.] *s. 1 veraltet:* Urteil; **Ju|di|ka|ti|on**
[-tsjon] *w. 10 veraltet:* Be-, Ver-, Abur-
teilung; **Ju|di|ka|ti|ve** *w. 11* richterliche
Gewalt; **ju|di|ka|to|risch** *veraltet:* richterlich;
**Ju|di|ka|tur** *w. 10 nur Ez.* Rechtsprechung,
richterliche Praxis; **ju|di|zie|ren** [lat.] *veraltet:*
Recht sprechen, richten; **Ju|di|zi|um** *s. Gen. -s
Mz. -zi|en* 1 Urteilsfähigkeit, Rechtsfindungs-
vermögen; *2* Urteil
**Ju|do** [jap.] *s. Gen. -(s) nur Ez.* sportlich be-
triebenes Jiu-Jitsu; **Ju|do|ka** *m. 9* Judo-
sportler
**ju|gu|lar** [lat.] zur Kehle, Drossel gehörig;
**Ju|gu|lum** *s. Gen. -s Mz. -la* Drosselgrube,
Grube an der Vorderseite des Halses zwi-
schen den Schlüsselbeinen
**Juice** [dʒus, engl.] *s. Gen. - Mz. -s* [-siz] Saft
aus frischem Obst oder Gemüse
**Ju|ju|be** [frz.] *w. 11 1* ein Strauch, Juden-
dorn; *2* eine Beere, Brustbeere, Heilmittel
gegen katarrhalische Beschwerden der Atem-
wege
**Jul|fest** [schwed.] *s. 1 in Skandinavien:* Weih-
nachtsfest, Wintersonnwendfest
**Ju|li|enne** [ʒyljɛn, frz.] *w. Gen. - nur Ez.* in
Streifen geschnittenes Gemüse als Suppen-
einlage
**Jul|klapp** [schwed.] *m. Gen. -s nur Ez.* 1 skan-
dinav. Sitte, am Julfest unerkannt ein Ge-
schenk ins Zimmer zu werfen; *2* das Ge-
schenk selbst
**Jum|bo** *m. 9 Kurzw. für* Jumbo-Jet; **Jum|bo-
Jet** [dʒumbo dʒet, engl.] *m. 9* strahlgetriebe-
nes Großraumflugzeug

**Jum|per** [dʒʌm-, engl.] *m. 5 veraltet:* Strickbluse, Pullover für Damen

**jun.** *Abk. für* junior

**jun|gie|ren** [lat.] *veraltet:* verbinden, zusammenlegen; vgl. Junktim

**ju|ni|or** [lat.] *(Abk.:* jun., jr.) *nach Personennamen:* der Jüngere; Hans Meyer jun.; *Ggs.:* senior; **Ju|ni|or** *m. 13* **1** der Jüngere, der Sohn; **2** *Sport:* Jugendlicher; *Ggs.:* Senior; **Ju|ni|o|rat** *s. 1* → Minorat; *Ggs.:* Seniorat; **Juni|or|chef** [-ʃɛf] *m. 9* der jüngere von zwei Chefs (eines Betriebes); *Ggs.:* Seniorchef

**Ju|ni|pe|rus** [lat.] *m. Gen. - Mz. -* Wacholder

**Jun|kie** [dʒaŋki, engl.] *m. 9* Rauschgiftsüchtiger

**Junk|tim** [lat.] *s. 9* Verbindung von Gesetzesvorlagen oder polit. bzw. wirtschaftl. Maßnahmen, die nur insgesamt behandelt werden können; **Junk|tur** *w. 10* **1** *veraltet:* Verbindung, Fuge; **2** *Med.:* Gelenk

**ju|no|nisch** [nach Juno, der röm. Göttin der Ehe] stolz und stattlich, üppig

**Jun|ta** [span.: xun-] *w. Gen. - Mz. -ten in Spanien und bes. Lateinamerika:* Regierungsausschuß, vor allem durch Staatsstreich an die Macht gekommene Offiziersgruppe

**Ju|pe** [frz.] *w. 11 schweiz.:* Damenrock

**Ju|pi|ter|lam|pe** *w. 11* sehr helle elektr. Lampe (bes. für Filmaufnahmen)

**Ju|pon** [ʒypɔ̃, frz.] *m. 9* eleganter, langer Unterrock; *schweiz.:* Unterrock

**Ju|ra** **1** *Mz.* von Jus, die Rechte, Rechtswissenschaft; **2** [lat.] *m. Gen. -(s) nur Ez.* mittlere Formation des Mesozoikums; **3** *m. 9 Bez. für* Gebirge; **ju|ras|sisch** zur Formation des Jura (2) gehörend, aus ihm stammend

**ju|ri|disch** [lat.] *veraltet, noch österr.:* rechtlich, zum Recht, zur Rechtswissenschaft gehörig, darauf beruhend; vgl. juristisch; **jurie|ren** (als Preisgericht, als Jury) beurteilen; **Ju|ris|dik|ti|on** [-tsjon] *w. 10* Rechtsprechung, Gerichtsbarkeit; **Ju|ris|pru|denz** *w. 10 nur Ez.* Rechtswissenschaft; **Ju|rist** *m. 10* jmd., der ein rechtswissenschaftl. Studium durchlaufen hat; **ju|ri|stisch** zum Recht, zur Rechtswissenschaft gehörig, auf ihm beruhend; juristische Person: Vereinigung von mehreren Personen (Verein, Körperschaft), Institutionen (Anstalt) oder Vermögensmassen (Betrieb, Stiftung), die wie eine einzige natürliche Person vom Staat als rechtsfähig anerkannt werden; **Ju|ror** *m. 13* Mitglied einer Jury

**Jur|te** [russ.] *w. 11* rundes Filzzelt mittelasiat. Nomaden

**Ju|ry** [frz. ʒyri, auch: ʒyri, engl. dʒuri, dt. juri] *w. 9* **1** *im angloamerik. Recht:* Schwurgericht; **2** Preisrichterkollegium (bei Kunstausstellungen, sportl. Veranstaltungen); **jury|frei** nicht von Fachleuten zusammengestellt; **Jus** *s. Gen. - Mz.* **Ju|ra** Recht; Jus ad

rem „Recht an der Sache": Eigentums-, Nutzungsrecht; Jus divinum: göttl. Recht; Jus gentium: Völkerrecht; Jus naturale: Naturrecht; Jus primae noctis *in der Feudalzeit:* Recht der ersten Nacht, Recht des Gutsherrn auf die Brautnacht einer Leibeigenen; Jus privatum: Privatrecht; Jus publicum: öffentl. Recht

**Jus** [ʒy, frz.] *w., süddt., schweiz. auch: s. Gen. - nur Ez.* **1** starke Fleischbrühe; **2** mit Fleischbrühe und der Pfanne gelöster Bratensatz; **3** *schweiz. auch:* Gemüse-, Obstsaft, z. B. Tomatenjus

**just** [lat.] *veraltet, noch poet.:* eben, gerade; just, als er hereinkam; ich war just am Gehen, als …; das ist just das Rechte; **ju|stament** *veraltet:* **1** gerade, genau; das ist j. dasselbe; **2** erst recht, nun gerade

**ju|stie|ren** genau einstellen, auf das genaue Maß bringen, eichen; **Ju|sti|fi|ka|ti|on** [-tsjon] *w. 10* Genehmigung, Anerkennung als richtig; **Ju|sti|fi|ka|tur** *w. 10* Rechnungsprüfung und -genehmigung; **ju|sti|fi|zie|ren** als richtig anerkennen

**Ju|sti|ti|ar** [-tsjar, lat.] *m. 1,* **Ju|sti|ti|a|ri|us** *m. Gen. - Mz.* -ri|en *veraltet:* Rechtsbeistand (eines Betriebes oder einer Behörde), Syndikus; **Ju|sti|ti|um** [-tsjum] *s. Gen. -s Mz.* -ti|en [tsjɔn] vorübergehender Stillstand der Rechtspflege (infolge schwerwiegender Ereignisse); **Ju|stiz** *w. 10 nur Ez.* Rechtspflege, Rechtswesen; **Ju|stiz|irr|tum** *m. 4* falsche Entscheidung des Gerichts; **Ju|stiz|mord** *m. 1* Verurteilung eines Unschuldigen zum Tode

**Ju|te** [sanskrit.-engl.] *w. 11* **1** ind. Bastfaserpflanze; **2** *auch:* ähnliche Faser anderer Pflanzen

**ju|ve|nal|isch** [nach dem altröm. Satirendichter Juvenal] satirisch, spöttisch

**ju|ve|nil** [lat.] jugendlich; *Ggs.:* senil; juveniles Wasser: aus dem Erdinnern kommendes, erstmals am atmosphärischen Kreislauf teilnehmendes Wasser; *Ggs.:* vadoses Wasser; **Ju|ve|ni|lis|mus** *m. Gen. - nur Ez.* leichte Form des → Infantilismus; **Ju|ve|ni|li|tät** *w. 10 nur Ez.* Jugendlichkeit

**Ju|wel** [lat.-ndrl.] *s. 12* **1** geschliffener Edelstein; **2** Kleinod, etwas Kostbares; **3** *ugs. scherzh.:* sehr tüchtiger Mensch, der alles bestens erledigt; **Ju|we|lier** *m. 1* Goldschmied, Schmuckhändler

**Jux** [lat.] *m. 1* Scherz, Spaß, Ulk; **ju|xen** scherzen, Spaß machen

**Jux|ta** [lat.] *w. Gen. - Mz.* -ten Streifen am Rand von kleinen Wertpapieren (z. B. Losen), der zur Kontrolle abgetrennt werden kann; **Jux|ta|po|si|ti|on** [-tsjo:n] *w. 10* **1** Nebeneinanderstellung; **2** *bei Kristallen:* Wachstum durch Anlagerung kleiner Teilchen; **Jux|te** *w. 11* → Juxta

# K

Unter K nicht aufgeführte Stichwörter schlage man unter C bzw. Z nach

**k 1** *Abk. für* Kilo...; **2** *Abk. für* Karat
**K 1** *chem. Zeichen für* Kalium; **2** *Abk. für* Kelvin; ° **K** *Abk. für* Grad Kelvin, auf den absoluten Nullpunkt bezogene Temperatur; 0° K = −273,16° C
**Kaaba** [arab.] *w. Gen. - nur Ez.* Haupttheiligtum des Islams in Mekka
**Kalba** *w. Gen. - nur Ez.* ⓦ Getränk aus Kakao und Zucker
**Kabale** [neuhebr.-frz.] *w. 11 veraltet:* Ränke, Intrige; **kabalieren** *veraltet:* Ränke schmieden
**Kabarett** [frz.] *s. 1 oder s. 9* **1** Bühne für kurze, satir., zeitkrit. Darstellungen; **Kabarettier** [-tje] *m. 9* Besitzer, Leiter eines Kabaretts; **Kabarettist** *m. 10* Künstler in einem Kabarett; **kabarettistisch** in der Art der Darstellungen im Kabarett
**Kabbala** [neuhebr.] *w. Gen. - nur Ez.* mittelalterl., mit Buchstaben- und Zahlensymbolik sowie allegor. Deutung der Bibel verbundene jüd. Geheimlehre; **Kabbalist** *m. 10* Kenner der Kabbala; **Kabbalistik** *w. 10 nur Ez. allg.:* Geheimlehre; **kabbalistisch 1** zur Kabbala gehörend, auf ihr beruhend; **2** geheimwissenschaftlich
**Kabel** [frz.] *s. 5* **1** starkes Tau; **2** isolierte elektr. Leitung; **3** Überseetelegramm; **Kabelgramm** *s. 1* → Kabel (3); **kabeln** durch Kabel (3) mitteilen
**Kabine** [engl.] *w. 11* **1** *auf Schiffen:* Schlaf-Wohn-Raum für Passagiere; **2** *in Bädern u. a.:* kleiner Umkleideraum; **Kabinett** *s. 1* **1** kleines Zimmer, Nebenraum; **2** *österr.:* kleines, einfenstriges Zimmer; **3** Raum mit Kunstsammlung, z. B. Kupferstichkabinett; **4** *früher auch:* in Fächer geteilter Schrank mit Kunstgegenständen; **5** *übertr.:* die Berater eines Staatsoberhauptes; **6** Gesamtheit der Minister einer Regierung; **Kabinettformat** *s. 1* photograph. Bildformat von 10×14 cm; **Kabinettsjustiz** *w. Gen. - nur Ez.* verfassungswidrige Einmischung der Regierung in die Rechtsprechung; **Kabinettsorder** *w. 11* Anordnung des Herrschers in einer Angelegenheit, die er allein zu entscheiden hat; **Kabinettstück** *s. 1* **1** bes. wertvoller Kunstgegenstand (der nicht in einer allg. Sammlung, sondern im Kabinett aufbewahrt wird); **2** *übertr.:* Meisterstück, bes. geschicktes Vorgehen
**Kabotage** [-ʒə, frz.] *w. 11* Küstenschiffahrt zwischen Häfen des gleichen Landes; **kabotieren** Kabotage treiben
**Kabriolett** [frz.] *s. 1* **1** *früher:* leichter, zweirädriger Einspänner; **2** Personenkraftwagen

mit zurückklappbarem Verdeck; *Ggs.:* Limousine; **Kabriolimousine** [-mu-] *w. 11* Limousine mit Schiebedach
**Kabuki** [jap.] *s. Gen.-(s) Mz.-(s)* jap. Schauspiel mit Musik und Tanz
**Kabyle** *m. 11* Angehöriger eines Berberstammes
**Kachektiker** [griech.] *m. 5* von Kachexie befallener Mensch; **Kachexie** *w. 11* völliger Kräfteverfall
**Kadaver** [lat.] *m. 5* Tierleiche, Aas; **Kadavergehorsam** *m. Gen.-s nur Ez.* Gehorsam unter Ausschaltung des eigenen Willens und Urteils
**Kadenz** [ital.] *w. 10* **1** abschließende Akkordfolge; **2** *im Instrumentalkonzert:* unbegleitete, verzierende, meist virtuose Wiederholung des Hauptthemas durch den Solisten; **3** *Metrik:* die Art des Versschlusses, z. B. Reim; **kadenzieren** eine Kadenz spielen
**Kader** [frz.] *m. 5* **1** erfahrene Kerngruppe (eines Heeres, einer Sportmannschaft); **2** *DDR:* systemat. herangebildete Gruppe von Nachwuchskräften in Partei, Staat, Wirtschaft usw.
**Kadett** [frz.] *m. 10* **1** Zögling einer militär. Erziehungsanstalt für Offiziersanwärter; **2** *Mz. Kurzw. für* konstitutionelle Demokraten, *im zarist. Rußland:* eine liberal-monarchist. russische Partei
**Kadi** [arab.] *m. 9 in islam. Ländern:* Richter; *zum Kadi laufen ugs.:* vor Gericht gehen, einen Prozeß anfangen
**kadmieren** [griech.] mit einer Kadmiumschicht überziehen, verkadmen; **Kadmium** *s. Gen.-s nur Ez.* → Cadmium
**kaduk** [lat.] **1** hinfällig, gebrechlich, altersschwach; **2** ungültig; **kaduzieren** für ungültig, verfallen erklären
**Kaffee** [auch: kaf-, arab.-frz.] **1** *m. 9 nur Ez.* Samen des Kaffeebaumes; **2** *m. 9, nach Zahlen Mz. auch* - Getränk daraus; **3** *s. 9 eindeutschend für* → Café
**Kaffer** [jidd.] *m. 5* dummer Kerl
**Kafir** [arab.] *m. 14* „Ungläubiger", Nichtmohammedaner
**Kaftan** [pers.-türk.] *m. 1* aus dem Orient stammendes, langes Obergewand der orthodoxen Juden
**Kai** [ndl.] *m. 9 oder m. 1 1* befestigte Anlegestelle für Schiffe, Quai; **2** Uferstraße
**Kaiman** [karib.] *m. 1* ein Krokodil des trop. Südamerikas; **Kaimanfisch** *m. 1* ein Raubfisch
**Kainit** [griech.] *m. 1* ein Mineral, ein Kalidüngemittel

**Ka|jak** [eskimoisch] *m. 9, auch: m. 1, österr. auch: s. 1* 1 einsitziges, bis auf den Rudersitz geschlossenes Paddelboot der Eskimos; 2 Sportpaddelboot, Grönländer

**Ka|je** [ndrl.] *w. 11 nddt.:* Kai, Deich

**Ka|je|put|baum** [mal.] *m. 2* ein austral. und hinterind. Myrtengewächs, Myrtenheide

**ka|jo|lie|ren** [-ʒo-, frz.] *veraltet:* jmdn. k.: jmdm. schmeicheln, jmdn. liebkosen

**Ka|jü|te** [frz.] *w. 11 auf Schiffen:* Wohn-Schlaf-Raum

**Ka|kal|du** [österr.: -du̱, mal.-ndrl.] *m. 9* ein Papagei

**Ka|kao** [auch: -ka̱u, aztek.-span.] 1 *m. 9 nur Ez.* Samen des Kakaobaumes; 2 *m. 9* Getränk daraus

**Ka|ke|mo|no** [jap.] *s. 9* jap. hochformatiges Rollbild aus Seide oder Papier; vgl. Makimono

**Ka|ker|lak** [span.] *m. 12 oder m. 10* 1 ein Insekt, Küchenschabe; 2 *auch:* Albino

**Ka|ki** *s. Gen.-(s) nur Ez.* → Khaki; **Ka|ki|pflau|me** *w. 11* die Frucht eines in China und Japan kultivierten Ebenholzgewächses, des Kakibaumes

**Ka|ko|dyl|ver|bin|dung** [griech.] *w. 10* übelriechende Arsenverbindung

**Ka|ko|pho|nie** [griech.] *w. 11* 1 *Mus.:* Mißklang. Dissonanz; 2 schlecht klingende Laut- oder Wortfolge; *Ggs.:* Euphonie

**Kak|ta|zeen** [griech.-lat.] *Mz.* Kaktusgewächse; **Kak|tee** *w. 11,* **Kak|tus** *m. Gen. - Mz.* -teen, österr. auch *m. 1* eine amerik. Wüstenpflanze, auch Zierpflanze

**Ka|ku|mi|nal** *m. 1* → Zerebral

**Ka|la-Azar** [ind. „schwarze Krankheit"] *w. Gen. - nur Ez.* eine trop. Infektionskrankheit, die die inneren Organe und das Knochenmark befällt

**Ka|la|bas|se** *w. 11* → Kalebasse

**Ka|la|bre|ser** [nach der ital. Landschaft Kalabrien] *m. 5* breitrandiger Filzhut

**Ka|la|mai|ka** *w. Gen. - Mz.* -ken mit Gesang begleiteter, leidenschaftlich bewegter ukrain. Tanz

**Ka|la|ma|ri|en** *Mz.* → Kalamiten

**Ka|la|mi|tät** [lat.] *w. 10* 1 Übelstand, Notlage; 2 Massenerkrankung von Waldbäumen mit wirtschaftl. Folgen

**Ka|la|mi|ten** [griech.] *Mz.* fossile, baumhohe Schachtelhalme des Karbons

**Ka|lan|der** [ndrl.-frz.] *m. 5* Preßmaschine zum Glätten und Glänzendmachen von Papier, Textilien und Kunststoffen; **ka|lan|dern** mit dem Kalander bearbeiten

**Ka|la|thos** [griech.] *m. Gen. - Mz.* -thoi 1 altgriech., kelchförmiger Arbeitskorb der Frau; 2 ebensolches Tongefäß

**Ka|lau|er** [frz. calembour „Wortspiel", in Dtschl. auf die Stadt Kalau bezogen] *m. 5* einfaches Wortspiel, Witzelei; **ka|lau|ern** Kalauer machen

**Kal|da|ri|um** [lat.] *s. Gen.-s Mz.-ri|en* 1 *im altröm. Bad:* Warmwasser-Baderaum; 2 *veraltet:* warmes Gewächshaus

**Kal|dau|nen** [lat.] *w. 11 Mz.* eßbares Eingeweide vom Rind, Kutteln, Kuttelflecke

**Kal|le|bas|se** [span.-frz.] *w. 11* aus einem Flaschenkürbis hergestelltes Trinkgefäß

**Kal|le|do|mi|den** [nach Kaledonien, dem alten Namen für Schottland] *Mz.* im älteren Paläozoikum entstandene Gebirge; **ka|le|do|nisch** zu den Kaledoniden gehörig, aus ihrer Entstehungszeit stammend

**Ka|lei|do|skop** [griech.] *s. 1* 1 Guckkasten mit Winkelspiegeln und bunten Steinchen, die sich beim Drehen zu immer neuen Mustern ordnen; 2 *übertr.:* bunte, wechselnde Bilderfolge

**Ka|len|da|ri|um** [lat.] *s. Gen.-s Mz.-ri|en* 1 *im alten Rom:* Verzeichnis von Zinsen, die am Monatsersten fällig waren; 2 Verzeichnis der kirchl. Fest- und Gedenktage; 3 Terminkalender; **Ka|len|den** *Mz. im alten Rom:* der erste Tag im Monat; etwas bis zu den griech. K. aufschieben: etwas aufschieben, um es nie zu tun (da es bei den Griechen keine Kalenden gab); **Ka|len|der** *m. 5* 1 Verzeichnis der Tage, Wochen und Monate des Jahres in zeitl. Folge; 2 Zeitrechnung; Gregorianischer, Julianischer, Hundertjähriger Kalender

**Ka|le|sche** [poln.] *w. 11* leichte, vierrädrige Kutsche

**Kal|fak|ter** [lat.] *m. 5,* **Kal|fak|tor** *m. 13* 1 Strafgefangener als Helfer des Gefangenenwärters; 2 jmd., der alle möglichen Dienste verrichtet; 3 Zwischenträger, Schmeichler

**kal|fa|tern** [griech.-ital.] (die Fugen der Schiffswände) abdichten

**Ka|li** [arab.] *s. 9* 1 Sammelbez. für Kaliumsalze; 2 *auch:* Kaliumhydroxid

**Ka|li|an** [pers.] *m. 1 oder s. 1* pers. Wasserpfeife

**Ka|li|ber** [griech.-frz.] *s. 5* 1 lichte Weite (von Rohren und Bohrschächten); 2 Durchmesser (von Geschossen); 3 Abstand der Walzen im Walzwerk; 4 *übertr.:* Art, Sorte, Größe; **Ka|li|bra|ti|on** [-tsjon] *w. 10* 1 Messen des Kalibers; 2 Eichen von Meßinstrumenten; **Ka|li|breur** [-brør] *m. 1* jmd., der kalibriert; **ka|li|brie|ren** auf das richtige Maß bringen

**Ka|lif** [arab.] *m. 10* 1 *früher:* Titel des Oberhauptes der Sunniten als Nachfolger Mohammeds; 2 *dann:* türk. Sultan; **Ka|li|fat** *s. 1* Amt, Würde, Reich des Kalifen

**Ka|li|ko** [nach der ind. Stadt Kalikut] *m. 9* feines, sehr dichtes Baumwollgewebe (für Bucheinbände)

**Ka|li|sal|pe|ter** *m. 5 nur Ez.* Kaliumnitrat, ein Mineral, Düngemittel

**Ka|li|um** [arab.-lat.] *s. Gen.-s nur Ez.* (*Zeichen:* K) chem. Element; **Ka|li|um|bro|mid**

*s. 1* Bromkali, als Beruhigungsmittel sowie Verzögerer bei der photograph. Entwicklung verwendete chem. Verbindung; **Ka̱|li̱|um|per|man|ga|nat** *s. 1 nur Ez.* übermangansaures Kali, ein Oxydationsmittel
**Ka̱|li|un** *m. 1 oder s. 1* → Kalian
**Ka|lix|ti̱|ner** [lat. calix „Kelch"] *m. 5* Angehöriger der gemäßigten Richtung der Hussiten, die den Laienkelch beim Abendmahl forderte, Utraquist
**Kal|kant** [lat.] *m. 10* früher: Blasebalgtreter (an der Orgel)
**Kal|kül** [frz.] *m. 1 oder s. 1* 1 Rechnung, Berechnung, Überschlag, Überlegung; 2 *Math.:* System von Regeln und Zeichen für Berechnungen und Ableitungen; **Kal|ku|la̱ti|on** [-tsjon, lat.] *w. 10* Berechnung der Kosten, Kostenvoranschlag; **Kal|ku|la̱|tor** *m. 13* Sachbearbeiter im betrieblichen Rechnungswesen, Rechnungsprüfer; **kal|ku|la̱|to|risch** mit Hilfe einer Kalkulation; **kal|ku|lie̱|ren** 1 berechnen, veranschlagen; 2 *auch:* überlegen, erwägen, abschätzen
**Ka̱l|la** [lat.] *w. 9* eine Zierpflanze
**Kal|li|graph** [griech.] *m. 10* Schönschreiber, Schreibkünstler; **Kal|li|gra|phie̱** *w. 11 nur Ez.* Schönschreibkunst
**kal|lös** [lat.] durch einen Kallus (2) entstanden, schwielig; **Ka̱l|lus** *m. Gen. - Mz. -lus|se* 1 *Bot.:* an Wundrändern von Pflanzen neu gebildetes Gewebe, Wundholz; 2 *Med.:* Schwiele an heilenden Knochenbrüchen
**Kal|mar** [lat.] *m. 1* ein Kopffüßer, ein Tintenfisch
**Kal|mäu|ser** [jidd.] *m. 5* 1 Stubenhocker, Schulfuchs; 2 Grübler, Kopfhänger
**Kal|me** [frz.] *w. 11* Windstille; **Ka̱l|men|gür|tel** *m. 5*, **Ka̱l|men|zo|ne** *w. 11* → Doldrum;
**kal|mie̱|ren** *veraltet:* besänftigen, beruhigen
**Kal|muck** [nach den Kalmücken] *m. 1* ein beidseitig gerauhtes Baumwoll- oder Wollgewebe; **Kal|mück** *m. 10*, **Kal|mücke** (-mük|ke) *m. 11* Angehöriger eines westmongol. Volkes
**Ka̱l|mus** [lat.] *m. Gen. - Mz. -mus|se* eine Heilpflanze
**Ka̱|lo** [ital.] *m. 9* Gewichtsverlust, Schwund (von Waren, durch Eintrocknen oder Auslaufen)
**Ka|lo|mel** [griech.] *s. 9 nur Ez. veraltete Bez. für* Quecksilber-I-Chlorid, ein Abführmittel
**Ka|lo|rie̱** [lat.] *w. 11* (*Zeichen:* cal) 1 die Wärmemenge, die nötig ist, um 1 g Wasser von 14,5 auf 15,5° C zu erwärmen; 2 Maßeinheit für den Energieumsatz des Körpers bzw. den Energiewert der Nahrungsmittel; große K. *veraltet:* Kilokalorie; kleine K. *veraltet:* Kalorie; **Ka|lo|ri|fer** *m. 9 oder m. 12* Heißluftofen, Thermophor; **Ka|lo|ri̱k** *w. 10 nur Ez.* Wärmelehre; **Ka|lo|ri|me̱|ter** [lat. + griech.] *s. 5* Gerät zum Messen von Kalorien; **Ka|lo|ri|me̱|trie** *w. 11 nur Ez.* das Messen von Kalorien; **ka|lo|risch** auf Wärme

beruhend; **kal|lo|ri|sie̱|ren** mit einer Schutzschicht gegen Rost und Korrosion aus Aluminiumpulver überziehen
**Kal|lo̱t|te** [frz.] *w. 11* 1 Oberfläche eines Kugelabschnitts, Kugelhaube; 2 Scheitelkäppchen (der kath. Geistlichen); 3 Schädeldach; 4 wattierte Kappe unter dem Helm
**Kal|pak** [türk.] *m. 9* 1 hohe tatar. Lammfellmütze; 2 armen. Filzmütze; 3 Husarenmütze; 4 von dieser herabhängender Tuchzipfel
**Ka|lum|bin** [Bantuspr.] *s. 1 nur Ez.* Bitterstoff der Kolombowurzel
**Ka|lu|met** *s. 9* → Calumet
**Ka|lu̱p|pe** [tschech.] *w. 11* österr.: baufälliges, verwahrlostes Haus
**Kal|va̱|ri|en|berg** [lat.] *m. 1* 1 *urspr.:* Schädelstätte, Golgatha; 2 *dann:* Berg mit Wallfahrtskirche und den 14 Stationen der Leidensgeschichte Christi
**Kal|vi̱ll** [frz.] *m. 12*, **Kal|vi̱l|le** *w. 11* ein Edelapfel
**Ka|ly|kan|thus** [griech.] *m. Gen. - nur Ez.* ein Gartenzierstrauch, Gewürzstrauch
**Ka|lyp|tra** [griech.] *w. Gen. - Mz. -tren* 1 Schutzhülle um die Wurzelspitze; 2 Hülle der Sporenkapsel vieler Laubmoose
**Kal|zeo|la̱|rie** [-ria, lat.] *w. 11* eine Zierpflanze, Pantoffelblume
**Kal|zi|na̱ti|on** [tsjon, lat.] *w. 10* 1 Entfernung von Wasser und Kohlendioxid aus Kristallen; 2 Zersetzung einer chem. Verbindung durch Erhitzen; **kal|zi|nie̱|ren** der Kalzination unterwerfen; **Kal|zi|no̱|se** *w. 11 nur Ez.* Ablagerung von Kalk im Gewebe; **kal|zi|phil** kalkreichen Boden liebend; **Kal|zi|um** *s. Gen. -s nur Ez.* → Calcium
**Ka|ma̱|res|va|se** [nach dem Fundort, der Kamaresgrotte auf Kreta] *w. 11* Typ kretischer Tonvasen mit farbigen Ornamenten auf schwarzem Grund
**Ka|ma|ri̱l|la** [span.] *w. Gen. - nur Ez.* Günstlingspartei in der unmittelbaren Umgebung eines Herrschers mit unkontrollierbarem Einfluß
**kam|bi̱|al** [ital.] *veraltet:* den Kambio betreffend, auf ihm beruhend; **kam|bie̱|ren** *veraltet:* Wechselgeschäfte betreiben; **Ka̱m|bio** *m. Gen. -s Mz. -bi veraltet:* Wechsel
**Ka̱m|bi|um** [neulat.] *s. Gen. -s Mz. -bi|en* das Dickenwachstum der Pflanzen bewirkendes Gewebe
**Ka̱m|brik** [engl.] *m. Gen. -s nur Ez.*, **Kam|brik|ba̱tist** *m. 1 nur Ez.* ein Baumwollgewebe
**kam|brisch** [neulat.] zum Kambrium gehörend, aus ihm stammend; **Ka̱m|bri|um** *s. Gen. -s nur Ez.* unterste Formation des Paläozoikums
**Ka|mee̱** [lat.-frz.] *w. 11* Edel- oder (meist) Halbedelstein mit erhaben herausgearbeiteter figürl. Darstellung; *Ggs.:* Gemme
**Ka̱|mel** [semit.-lat.] *s. 1* ein Huftier der Wüstengebiete

**Ka|me|lie** [-ljə, nach dem Jesuitenpater Ka̱-
mel (Camelli)] *w. 11* eine Zierpflanze
**Ka|me|lo|pard** [griech.] *m. 1 oder m. 12*
Giraffe
**Ka|me|lott** [frz.] **1** *m. 1* Angorawollgewebe,
*auch:* Mischgewebe aus Wolle u. a. Garnen;
**2** *in Frankreich:* Straßenhändler, Zeitungs-
verkäufer
**Ka̱|me|ra** [lat.] *w. 9* Apparat für photograph.
Aufnahmen; vgl. Camera obscura
**Ka|me|ra|de|rie** [frz.] *w. 11 nur Ez.* überbe-
tonte Kameradschaft
**Ka|me|ra|lia** [lat.], **Ka|me|ra|li|en** *Mz.* → Ka-
meralwissenschaft; **Ka|me|ra|list** *m. 10* **1** *frü-
her:* Beamter einer fürstl. Kammer; **2** Wis-
senschaftler der Kameralistik (**1**); **Ka|me|ra-
li̱s|tik** *w. 10 nur Ez. veraltet* **1** Staats-, Finanz-
wissenschaft; **2** System des staatswirtschaftl.
Rechnungswesens; **Ka|me|ral|wis|sen|schaft**
*w. 10 veraltet:* Staatsverwaltungswissenschaft,
Volkswirtschaftslehre
**ka|mie̱|ren** [ital.] *Fechten:* die gegnerische
Klinge umgehen
**Ka|mi̱|ka|ze** [jap.] *m. Gen. - Mz. - im 2. Welt-
krieg:* Pilot, der sich mit Flugzeug und Bom-
benladung auf das anzugreifende Objekt
stürzte und dabei sich selbst opferte
**Ka|mi̱n** [griech.] *m. 1* **1** Schornstein, Esse;
**2** offene Feuerstelle mit Rauchabzug im
Raum; **3** schmaler, senkrechter Felsspalt; **ka-
mi̱|nie|ren 1** → kamieren; **2** *Bergsport:* im
Kamin emporklettern
**Ka|mi̱|sol** [frz.] *s. 1 früher:* Unterjacke, kur-
zes Wams
**Ka̱mp** [lat.-ndrl.] *m. 2* **1** eingefriedigtes Stück
Land; **2** Grasplatz am Bauernhaus; **3** Pflanz-
garten, Baumschule
**Kam|pa̱|gne** [-panjə, frz.] *w. 11* **1** Feldzug;
**2** jährliche Hauptbetriebszeit in bestimmten
Bereichen der Wirtschaft, z. B. in Zuckerfa-
briken (Zuckerkampagne); **3** größere polit.
Aktion, z. B. Wahlkampagne
**Kam|pa|nu̱|la** [lat.] *w. 9* Glockenblume
**Kam|pe|sche|holz** [nach dem mexikan. Staat
Campeche] *s. 4 nur Ez.* ein Farbholz,
Blauholz
**Käm|pe|vi|se** [dän.] *w. Gen. - Mz. -r* skandi-
nav., zum Tanz gesungene Heldenballade
**Kam|pfer** [sanskr.] *m. 5* aus dem Holz des
ostasiat. Kampferbaums gewonnene, harzar-
tige organ. Verbindung, Heil- und Desinfek-
tionsmittel
**kam|pie|ren** [frz.] **1** im Freien übernachten;
**2** auf einem provisor. Lager übernachten
**Kam|po̱ng** [mal.] *s. 9* malaiisches Dorf
**Kam|si̱n** [arab.] *m. 1* heißer Staubsturm in
Ägypten und Arabien
**Ka|na|da|bal|sam** [nach dem nordamerik.
Staat Kanada] *m. Gen. -s nur Ez.* Harz ver-
schiedener Nadelbäume zum Kitten von Lin-
sensystemen; **Ka|na|da|tee** *m. 9 nur Ez.* Auf-
guß aus den Blättern der nordamerik. Tee-

heide, harntreibendes Mittel; **Ka|na|di|er** *m. 5*
**1** Kanu der kanad. Indianer; **2** mit einem
Paddel fortbewegtes Sportboot
**Ka|nail|le** [-naljə, frz.] *w. 11* **1** Schurke,
Schuft; **2** Gesindel, Pack, Pöbel
**Ka|na̱l** [lat.] *m. 2* **1** künstl. Wasserlauf;
**2** schmaler Meeresstreifen zwischen zwei
Kontinenten oder Ländern; **3** unterird. Gra-
ben; **4** schlauchförmiger Durchgang, z. B.
Verdauungskanal; **5** Frequenzbereich eines
Senders; **Ka|na|li|sa|ti|on** [-tsjon] *w. 10* **1** das
Anlegen von Kanälen (**3**); **2** System von un-
terird. Kanälen zum Ableiten der Abwässer;
**ka|na|li|sie|ren 1** eine Stadt k.: mit Kanalisa-
tion (**2**) versehen; **2** einen Fluß k.: schiffbar
machen
**Ka̱|na|pee** [österr.: -pe̱, frz.] *s. 9* **1** *veraltet:*
Sofa; **2** geröstete, pikant belegte Weißbrot-
scheibe
**Ka|na̱|ri|en|vo|gel** *m. 6* urspr. auf den Kanar.
Inseln gezüchtete Finkenform
**Kan|da|har** [nach dem Gründer, dem Earl of
K.] *s. 9*, **Kan|da|har-Ren|nen** *s. 7* aus Tor-
und Abfahrtslauf bestehendes Schirennen
**Kan|da|re** [ung.] *w. 11* Art des Pferdezaums;
jmdn. an die K. nehmen: ihn strenger behan-
deln als bisher
**Kan|de|la|ber** [lat.-frz.] *m. 5* mehrarmiger
Kerzenleuchter
**Kan|di|da̱t** [lat.] *m. 10* **1** jmd., der sich um ein
Amt bewirbt, Anwärter; **2** jmd., der zur
Wahl aufgestellt wird; **3** (*Abk.:* cand.) jmd.,
der sich einer Prüfung, bes. an einer Hoch-
schule, unterzieht; K. der Philosophie (*Abk.:*
cand. phil.); K. der Medizin (*Abk.:* cand.
med.); K. des (luther.) Predigtamtes (*Abk.:*
cand. rev. min. *oder* c. r. m.); **Kan|di|da|tur**
*w. 10* Bewerbung (um ein Amt); **kan|di|die-
ren** sich (um ein Amt) bewerben; für ein
Amt k.
**kan|die|ren** [ital.] **1** mit Zucker überziehen
und damit haltbar machen (Früchte); **2** er-
hitzen und dadurch bräunen (Zucker)
**Kan|dis** [sanskrit.] *m. Gen. - nur Ez.*, **Kan|dis-
zucker** (-zuk|ker) *m. 5 nur Ez.* aus Rohrzuk-
kerlösung gebildete Zuckerkristalle; **Kan|di-
ten** *Mz.österr.:* Zuckerwaren
**Ka|neel** [lat.-frz.] *m. 1 nur Ez.* weißer Zimt,
die nach Zimt und Muskat riechende Rin-
de des mittelamerik. Weißen Kaneelbau-
mes; **Ka|neel|stein** *m. 1* ein Mineral, ein Gra-
nat; **Ka|nell** *m. 1 nur Ez.* → Kaneel
**Ka|ne|pho|re** [griech.] *w. 11* im *Altertum:*
Jungfrau, die bei Festen Opfergeräte in ei-
nem Korb auf dem Kopf herbeitrug, Korb-
trägerin, in der Baukunst oft als Karyatide
**Ka|ne|vas** [mlat.-frz.] *m. Gen. - Mz. -
oder m. 1* Gittergewebe, Stramin
**Kän|gu|ruh** [austral. Eingeborenensprache]
*s. 9* ein Springbeuteltier
**Ka|ni|den** [lat.] *Mz. Sammelbez. für* Hunde
und hundeartige Tiere

**Ka|nin** [lat.] *s. I nur Ez.* Fell vom Kaninchen
**Ka|ni|ster** [griech.] *m. 5* tragbarer Behälter für Flüssigkeiten
**Kan|kro|id** [griech.] *s. I veraltet:* Hautkrebs; **kan|krös** krebsartig
**Ka|nna** [lat.] *w. 9* eine Zierpflanze, Blumenrohr
**kan|ne|lie|ren** [frz.] rinnenartig aushöhlen, auskehlen
**Kän|nel|kohl|le** *w. 11* eine Steinkohlenart
**Kan|ne|lü|re** [frz.] *w. 11* Hohlkehle, senkrechte Rille an Säulen
**kan|nen|sisch** [nach dem altröm. Ort Cannae] *in der Fügung* kannensische Niederlage: völlige, vernichtende Niederlage
**Kan|ni|ba|le** [span., nach dem Indianerstamm der Karaiben] *m. 11* **1** Angehöriger eines Naturvolkes, das Kannibalismus betreibt; *ugs.:* Menschenfresser; **2** *übertr.:* roher, ungesitteter Mensch; **kan|ni|ba|lisch** *übertr.:* **1** grausam, roh; **2** *ugs. scherzh.:* ungeheuer, sehr; sich k. wohlfühlen; **Kan|ni|ba|lis|mus** *m. Gen. - nur Ez.* **1** *bei manchen Naturvölkern:* Sitte, Teile des getöteten Feindes rituell zu verzehren, um sich bestimmte Eigenschaften von ihm zu eigen zu machen; *ugs.:* Menschenfresserei; **2** *bei Tieren:* das Fressen von Artgenossen
**Ka|non** [griech.] *m. 9* **1** Regel, Richtschnur; **2** Gesamtheit der für ein Gebiet, z. B. die Logik, die bildende Kunst, geltenden Regeln und Grundsätze; **3** *Altertum:* Verzeichnis der als vorbildlich geltenden Schriftsteller; **4** mehrstimmiges Tonstück, bes. für Singstimmen, bei dem die Stimmen nacheinander mit der gleichen Melodie einsetzen; **5** *nur Ez.* die als echt anerkannten Schriften einer Kirche, bes. die Bücher der Bibel, im Unterschied zu den Apokryphen; **6** Teil der kath. Messe, stilles Gebet während der Wandlung von Brot und Wein; **7** *Astron.:* Zeittafel, z. B. der Osterfeste, der Sonnen- und Mondfinsternisse; **8** altgriech. Zupfinstrument, Meßgerät zum Bestimmen der Intervalle, Monochord; **9** *nur Ez.* Verzeichnis aller kath. Heiligen; **10** *Mz.*-no|nes einzelne Rechtsbestimmung, bes. der kath. Kirche
**Ka|no|na|de** [frz.] *w. 11* anhaltendes Geschützfeuer; **Ka|no|ne** *w. 11* **1** ein schweres Geschütz; **2** *übertr. ugs.:* bedeutender Könner (auf einem Gebiet); **3** das ist unter aller K. *ugs.:* sehr schlecht [zu Kanon „Richtschnur, Regel"]; **Ka|no|nen|boot** *s. I* kleines Kriegsschiff; **Ka|no|nen|fut|ter** *s. Gen.-s nur Ez. übertr.:* Soldaten, die sinnlos geopfert werden sollen; **Ka|no|nen|ofen** *m. 8* kleiner, eiserner Kohlenofen; **Ka|no|nier** *m. I* **1** Soldat, der eine Kanone bedient; **2** unterster Dienstgrad bei der Artillerie; **ka|no|nie|ren** **1** *veraltet:* mit Kanonen beschießen; **2** *Sport:* einen scharfen Schuß aufs Tor abgeben

**Ka|no|nik** [griech.] *w. 10 nur Ez.* **1** *bei Epikur:* die Logik; **2** *Mus.:* Lehre von den Tonverhältnissen; **Ka|no|ni|kat** *s. I* Amt, Würde eines Kanonikers; **Ka|no|ni|ker** *m. 5*, **Ka|no|ni|kus** *m. Gen. - Mz.*-ker Mitglied eines nach einem Kanon (1) lebenden geistl. Kapitels, Chorherr; **Ka|no|ni|sa|ti|on** [-tsjon] *w. 10* Heiligsprechung; **ka|no|nisch** dem Kanon entsprechend, auf ihm beruhend; kanonisches Alter: das zur Übernahme eines kath. kirchl. Amtes vorgeschriebene Alter; kanonisches Recht: kath. Kirchenrecht; **ka|no|ni|sie|ren** in den Kanon (9) aufnehmen, heiligsprechen; **Ka|no|nis|se** *w. 11*, **Ka|no|nis|sin** *w. 10* Angehörige eines nach einem Kanon (1) lebenden Stifts, Stiftsdame, Chorfrau; **Ka|no|nist** *m. 10* Kenner, Lehrer des kanonischen Rechts
**Ka|no|pe** [nach der ägypt. Stadt Kanopos] *w. 11* ägypt. Krug mit Deckel in Form eines Menschen- oder Tierkopfes zur Bestattung der Eingeweide eines mumifizierten Toten
**Kä|no|zoi|kum** [griech.] *s. Gen.-s nur Ez.* Neuzeit der Erdgeschichte, Tertiär und Quartär, Neozoikum
**kan|ta|bel** [ital.] sanglich, gut singbar; **kan|ta|bile** *Mus.:* getragen, ernst
**Kan|tar** [arab.-ital.] *m. I oder s. I nach Zahlenangaben Mz. -* früher: Gewichtseinheit in Italien und den östl. Mittelmeerländern, schwankte zwischen 45 und 100 kg
**Kan|ta|te** [lat. „singet!"] **1** vierter Sonntag nach Ostern; **2** *w. 11* mehrteiliges Musikstück für Singstimme(n) und Chor mit Instrumentalbegleitung
**Kan|te|le** [finn.] *w. 11* ein finn. zitherähnl. Zupfinstrument
**Kan|ter 1** [engl.: kæn-] *m. 5* leichter, kurzer Galopp; **2** [frz.] *m. 5* Verschlag, Kellerlager; Gestell (für Fässer); **kan|tern** in kurzem Galopp reiten
**Kan|tha|ri|den** [griech.] *w. 11 Mz.* Käfer mit weichen Flügeldecken, Weichkäfer; **Kan|tha|ri|din** *s. I* aus einer Drüsenabsonderung von Kanthariden gewonnenes, hautreizendes Heilmittel
**Kan|tha|ros** [griech.] *m. Gen. - Mz.*-roi altgriech. bauchiges Trinkgefäß mit zwei Henkeln
**Kan|ti|le|ne** [ital.] *w. 11* getragene, gebunden zu singende oder zu spielende Melodie
**Kan|til|le** [-tilje, frz.] *w. 11* Schnur aus vergoldeten oder versilberten, spiralig zusammengedrehten Metallfäden (für Borten und Tressen)
**Kan|ti|ne** [ital.] *w. 11* in Fabriken, Kasernen, Betrieben: Speiseraum mit Küchenbetrieb, in dem oft auch Lebensmittel verkauft werden
**Kan|ton** [frz.] *m. I* **1** *früher in Preußen:* Wehrverwaltungsbezirk; **2** *in der Schweiz:* Bundesland; **3** *in Frankreich und Belgien:* Verwaltungsbezirk; **kan|to|nal** zu einem

Kanton gehörig, aus ihm stammend; **Kan|to-nie|re** [-njɛ-] *w.11 in den ital. Alpen:* Straßenwärterhaus; **kan|to|nie|ren** in Quartiere legen (Truppen); **Kan|to|nist** *m.10 früher:* ausgehobener Rekrut; ein unsicherer K. *ugs. übertr.:* ein unzuverlässiger Mensch; **Kan-ton|ne|ment** [-mã]̃ *s.9, schweiz.:* [-mɛnt] *s.1 veraltet:* Bezirk, in dem Truppen kantoniert werden

**Kan|tor** [lat.] *m.13 urspr.:* Vorsänger im kath. Gottesdienst; *heute:* Leiter des Kirchenchors und Organist; **Kan|to|rat** *s.1* Amt des Kantors; **Kan|to|rei** *w.10* 1 Wohnung des Kantors; 2 Kirchenchor

**Kan|tschu** [türk.] *m.9* Peitsche aus geflochtenen Lederriemen

**Kan|tus** [lat.] *m. Gen. - Mz.* -tusse *Stud.:* Gesang; vgl. Cantus firmus

**Ka|nu** [karib.-engl.] *s.9* 1 *bei Naturvölkern:* aus einem ausgehöhlten Baumstamm bestehendes Boot; 2 *Sport:* Paddelboot, Kajak, Kanadier

**Ka|nü|le** [lat.] *w.11* 1 Röhrchen zum Zuoder/und Ableiten von Luft oder Flüssigkeit; 2 Hohlnadel der Injektionsspritze .

**Ka|nut** [lat.] *m.1* ein Regenpfeifervogel **Ka|nu|te** *m.11* Kanufahrer

**Kan|zel|le** [lat.] *w.11* 1 *in der altchristl. Basilika:* Chorschranke; 2 *bei der Orgel und Harmonika:* Windkanal

**kan|ze|ro|gen** [lat.] krebserzeugend

**Kanz|lei** [lat.] *w.10* 1 Büro, Dienststelle, Amtsräume; 2 dem Staatsoberhaupt oder Regierungschef unmittelbar unterstehende Verwaltungsbehörde, z. B. Bundeskanzlei; **Kanz|lei|for|mat** *s.1* veraltetes Papierformat, 33×42 cm; **Kanz|lei|spra|che** *w.11*, **Kanz|lei-stil** *m.1* 1 *seit dem 15. Jh.:* Sprache, Stil der dt. Kanzleien; 2 *heute:* geschraubter Stil, unlebendige Sprache; **Kanz|list** *m.10* Angestellter einer Kanzlei

**Kan|zo|ne** [ital.] *w.11* 1 frz. und ital. strophische Gedichtform; 2 *16./17. Jh.:* heiteres, einfaches Lied; *in Frankreich:* A-cappella-Chorgesang; 3 *17. Jh.:* sangl. Instrumentalstück; 4 *seit dem 18. Jh.:* volkstüml. Lied mit Instrumentalbegleitung; **Kan|zo|net|ta, Kan-zo|net|te** *w. Gen. - Mz.* -ten kleine Kanzone; 2 ital. Chorlied

**Kao|lin** [nach dem Fundort, dem Berg Kaoling in China] *s.1, fachsprachl. m.1 nur Ez.* weißes, weiches Tongestein für Porzellan und Steingut, Porzellanerde; **kao|li|ni|sie|ren** Kaolin bilden; **Kao|li|nit** *m.1* ein Mineral, Hauptbestandteil des Kaolins

**Kap** [lat.-ndrl.] *s.9* vorspringender Teil einer Felsenküste, Vorgebirge

**Kap.** *Abk. für* Kapitel

**ka|pa|bel** [lat.] *veraltet:* fähig, geschickt

**Ka|paun** [lat.-frz.] *m.1* kastrierter, gemästeter Hahn; **ka|pau|nen, ka|pau|ni|sie|ren** kastrieren (Hahn)

**Ka|pa|zi|tät** [lat.] *w.10* 1 *nur Ez.* Fassungskraft, Aufnahmevermögen; 2 Ausmaß, Umfang (einer Produktion); 3 bedeutender Fachmann; **ka|pa|zi|tal|tiv** die Kapazität (eines Kondensators) betreffend

**Ka|pee** [zu kapieren] *s. ugs. in der Wendung:* schwer von K. sein: begriffsstutzig sein

**Ka|pe|lan** [frz.] *m.1* ein Lachsfisch

**Ka|pel|le** [lat.] *w.11* 1 kleines Gotteshaus, kleiner gottesdienstl. Raum; 2 *urspr.:* Kirchenchor; *heute:* kleines Orchester (für Unterhaltungs-, Militärmusik); 3 Raum mit Abzug zur Untersuchung gesundheitsschädlicher Stoffe; 4 *auch:* Kupelle *w.11* Schmelztiegel zum Trennen von edlen und unedlen Metallen; **ka|pel|lie|ren** in der Kapelle (4) trennen

**Ka|per** 1 [griech.] *w.11* in Essig eingelegte Blütenknospe des Kapernstrauchs; 2 [lat.] *m.5 früher:* privates bewaffnetes Schiff, das auf Grund des Kaperbriefes am Handelskrieg teilnehmen konnte; **Ka|per|brief** *m.1* staatl. Ermächtigung zur Teilnahme am Handelskrieg; **Ka|pe|rei** *w.10 nur Ez.* Erbeuten von Handelsschiffen im Handelskrieg auf Grund des Kaperbriefes einer kriegführenden Macht; **ka|pern** 1 als Kaper erbeuten; 2 sich etwas k. *übertr. ugs.:* sich etwas aneignen; 3 jmdn. k.: jmdn. für etwas gewinnen, jmdn. bewegen, etwas zu tun

**Ka|pe|tin|ger** *m.5* Angehöriger eines frz. Königsgeschlechts

**ka|pie|ren** [lat.-ital.] verstehen, begreifen

**ka|pil|lar** [lat.] 1 haarfein; 2 zu den Kapillaren gehörend, von ihnen ausgehend; **Ka|pil-la|re** *w.11* 1 kleinstes Blutgefäß, Haargefäß; 2 feines Röhrchen; **Ka|pil|la|ri|tät** *w.10 nur Ez.* Verhalten von Flüssigkeiten in sehr engen Röhren; **Ka|pil|li|ti|um** [-tsjum] *s. Gen.-s Mz.* -ti|en[-tsjən] röhren- oder fadenförmiges, sporenbildendes Gewebe der Schleimpilze

**ka|pi|tal** [lat.] 1 hauptsächlich, besonders, haupt...; 2 stark, mit schönem Geweih (Hirsch, Rehbock); **Ka|pi|tal** *s. Gen.-s Mz.* -li|en, *auch:* *s.1* 1 Vermögen an Bargeld und Aktien; 2 Geld (für Investitionen); **Ka|pi-tal...** *in Zus.:* groß, schwer(wiegend), z. B. Kapitalverbrechen; **Ka|pi|täl** *s.1* → Kapitell; **Ka|pi|tal|band** *s.4* buntes Zierband am oberen und unteren Ende des Buchrückens; **Ka-pi|tal|buch|sta|be** *m.15* Großbuchstabe; **Ka-pi|täl|chen** *s.7* Großbuchstabe in der Größe der Kleinbuchstaben: KAPITÄLCHEN; **Ka-pi|tal|le** *w.11* 1 *veraltet:* Hauptstadt; 2 → Kapitalis; **ka|pi|tal|in|ten|siv** einen wesentlich höheren Einsatz an Kapital als an Arbeit erfordernd; **Ka|pi|ta|lis** *w. Gen. - nur Ez.* altröm. Schriftart in Kapitalbuchstaben; **Ka|pi-ta|li|sa|ti|on** [-tsjon] *w.10* Umrechnung von Sachwerten, einer Rente o. ä. in Geldwert; **ka|pi|ta|li|sie|ren** in Geld umrechnen, zu Geld machen; **Ka|pi|ta|lis|mus** *m. Gen. - nur Ez.* Wirtschafts- und Gesellschaftsordnung mit Privateigentum an Produktionsmitteln und Unternehmerprofit; **Ka|pi|ta|list** *m. 10* 1 Anhänger, Vertreter des Kapitalismus; 2 Kapitalbesitzer

**Ka|pi|tal|schrift** *w. 10* → Kapitalis

**Ka|pi|tän** [lat.-frz.] *m. 1* 1 Kommandant eines Schiffes oder Flugzeugs; 2 *Sport:* Anführer einer Mannschaft

**Ka|pi|tel** [lat.] *s. 5* 1 (*Abk.:* Kap.) größerer Abschnitt eines Schriftwerkes; 2 Körperschaft der Geistlichen einer Dom- oder Stiftskirche; 3 deren Versammlung; 4 Versammlung eines geistlichen Ordens; **ka|pi|tel|fest** fest, sicher im Wissen, *auch:* bibelfest

**Ka|pi|tell** [lat.] *s. 1* oberer, unterschiedlich gestalteter Teil einer Säule oder eines Pfeilers, z. B. Würfel-, Knospenkapitell

**Ka|pi|tol** [lat.] *s. 1 im alten Rom:* Stadtburg und Sitz des Senats; 2 *in den USA:* Parlamentsgebäude in Washington

**Ka|pi|tu|lant** [lat.] *m. 10 früher:* Soldat, der sich durch Vertrag (Kapitulation) zu einer längeren als der gesetzlichen Dienstzeit verpflichtete; **Ka|pi|tu|lar** 1 *m. 1* Mitglied eines Kapitels (2); 2 *s. Gen. -s Mz. -ri* en *meist Mz.* die Gesetze und Verordnungen der karoling. Könige; **Ka|pi|tu|la|ti|on** [-tsjon] *w. 10* 1 *früher:* Vertrag, durch den sich ein Soldat zu einer längeren als der gesetzlichen Dienstzeit verpflichtete; 2 Vertrag, in dem sich eine besiegte Truppe, Stadt oder Festung dem Feind ergibt; 3 die Ergebung, Unterwerfung selbst; **ka|pi|tu|lie|ren** 1 *früher:* eine Kapitulation abschließen; 2 sich ergeben, sich geschlagen geben, den Kampf, die Diskussion aufgeben

**Kap|la|ken** [ndrl.] *s. 7 Seew.:* Sondervergütung für den Kapitän

**Ka|plan** [lat.] *m. 2 kath. Kirche* 1 Hilfsgeistlicher; 2 Geistlicher mit bes. Aufgaben, z. B. im Heer; 3 Hausgeistlicher (eines Fürsten)

**Ka|po** [ital.] *m. 9* 1 *Soldatenspr.:* Unteroffizier; 2 Häftling im Konzentrationslager, der ein Arbeitskommando leitete

**Ka|po|da|ster** [ital.] *m. 5* 1 *bei Saiteninstrumenten:* oberes Ende des Griffbretts; 2 *bei der Gitarre:* Klammer zum Verkürzen der Saiten

**Ka|pok** [javan.] *m. 9 nur Ez.* Fasern aus dem Fruchthaar des Kapokbaums, für Polster- und Kissenfüllungen; **Ka|pok|baum** *m. 2* ein trop. Baum, Baumwollbaum

**ka|po|res** [jidd.] *ugs.:* kaputt

**Ka|pot|te** [frz.] *w. 11,* **Ka|pott|hut** *m. 2, 19. Jh.:* kleiner, unter dem Kinn gebundener Damenhut

**Ka|pri|ce** [-prisə, frz.] *österr.:* Kapri|ze *w. 11* Laune, Grille, schnurriger Einfall

**Ka|pri|fo|lia|zeen** *Mz.* Geißblattgewächse, z. B. Schneeball, Holunder

**Ka|prio|le** [lat.-ital.] *w. 11* 1 *eigtl.:* Luft-

sprung, *dann:* verrückter Streich; 2 *Hohe Schule* → Capriole; **ka|prio|len** Kapriolen machen; **Ka|pri|ze** *w. 11, österr. für* Kaprice; **ka|pri|zie|ren** sich auf etwas k.: auf etwas bestehen, beharren, (eigensinnig) bei etwas bleiben; **ka|pri|zi|ös** launenhaft, eigenwillig

**Ka|pro|lak|tam** [lat.] *s. 1 nur Ez.* aus Kapronsäure gewonnener Ausgangsstoff für Kunstfasern, bes. Perlon; **Ka|pron|säu|re** *w. 11* eine Fettsäure

**Kap|sel** [lat.] *w. 11* runder oder ovaler Behälter, bes. aus Metall

**Kap|si|kum** [lat.] *s. Gen. -s nur Ez.* aus Mittelamerika stammendes, scharfes Gewürz, span. Pfeffer, auch hautreizendes Arzneimittel

**Kap|tal** *s. 1,* **Kap|tal|band** *s. 4* → Kapitalband

**Kap|ta|ti|on** [-tsjon, lat.] *w. 10 veraltet:* Erschleichung, Erbschleicherei; **Kap|ti|on** [-tsjon] *w. 10 veraltet:* 1 verfängl. Frage; 2 Trugschluß; **kap|ti|vie|ren** *veraltet:* gefangennehmen, für sich gewinnen; **Kap|tur** *w. 10 veraltet:* Beschlagnahme (eines feindl. Schiffes)

**Ka|put** [mlat.] *m. 1 schweiz.:* Soldatenmantel **ka|putt** [lat.-frz.] 1 entzwei, zerbrochen, zerrissen; 2 *ugs.:* müde, erschöpft; *auch:* verkommen, heruntergekommen

**Ka|pu|ze** [lat.] *w. 11* (meist an Mantel oder Jacke befestigte) Kopf und Hals einhüllende Mütze

**Ka|ra|bi|ner** [frz.] *m. 5* kurzes Gewehr mit geringer Schußweite; **Ka|ra|bi|ner|ha|ken** *m. 5* Haken mit federndem Verschluß; **Ka|ra|bi|nier** [-nje] *m. 9 urspr.:* mit Karabiner bewaffneter Reiter; *später:* Jäger zu Fuß; **Ka|ra|bi|nie|re** [-nje-, ital.] *m. Gen. -(s) Mz. -ri* → Carabiniere

**Ka|ral|cho** [span.] *s. Gen. -s nur Ez. ugs., fast nur in der Fügung* mit K.: mit großer Geschwindigkeit, mit voller Wucht

**Ka|raf|fe** [arab.-frz.] *w. 11* geschliffene Glasflasche mit Stöpsel; **Ka|raf|fi|ne** *w. 11 veraltet:* kleine Karaffe

**Ka|ra|gös, Ka|ra|göz** [türk.] *m. Gen. - nur Ez.* Hanswurst, Kasperle des türk. Schattenspiels

**Ka|rai|be** *m. 11* → Karibe

**Ka|rai|kal** [türk.] *m. 9* Wüstenluchs

**Ka|ra|kul|schaf** [nach dem See Karakul in Pamir] *s. 1* Fettschwanzschaf, dessen Lämmer den Persianerpelz liefern

**Ka|ram|bol|la|ge** [-ʒə, frz.] *w. 11* 1 *Billard:* Treffer, Anstoßen des Spielballes an die beiden andern Bälle; 2 *übertr.:* Zusammenstoß; **Ka|ram|bo|le** *w. 11 Billard:* Spielball, roter Ball; **ka|ram|bo|lie|ren** 1 *Billard:* eine Karambolage machen; 2 zusammenstoßen

**Ka|ra|mel** [frz.] *m. 9 nur Ez., schweiz. auch s. 9 nur Ez.* erhitzter, gebräunter Zucker; **ka|ra|mel|lie|ren** beim Erhitzen braun werden; **ka|ra|mel|li|sie|ren** durch Erhitzen braun machen; **Ka|ra|mel|le** *w. 11* Bonbon aus Milch und karameliertem Zucker

**Ka|rat** [griech.-frz.] *s. 1, nach Zahlenangaben Mz. -* (*Abk.:* k) **1** getrockneter Samen des Johannisbrotbaumes (der früher zum Wiegen von Gold und Edelsteinen benutzt wurde); **2** Gewichtsmaß für Edelsteine, 1 k = 0,2 g; **3** Maß für den Feingehalt von Gold, 24 k = 100% Gold
**Ka|ra|te** [jap.] *s. Gen.*-(s) *nur Ez.* eine Art der jap. waffenlosen Selbstverteidigung
**Ka|ra|vel|le** [lat.-frz.] *w. 11* 14./16. Jh.: dreimastiges Segelschiff mit hohem Heckaufbau
**Ka|ra|wa|ne** [pers.-ital.] *w. 11* Reisegesellschaft von Kaufleuten, bes. mit Kamelen, im Orient; **Ka|ra|wan|se|rei** *w. 10* Unterkunft für Karawanen
**Kar|bat|sche** [türk.-tschech.] *w. 11* Riemenpeitsche; **kar|bat|schen 1** mit der Karbatsche schlagen; **2** mit der Peitsche knallen; **3** *übertr.:* mit Worten peitschen
**Kar|bid** [lat.] *s. 1 nur Ez., ugs. Bez. für* Verbindung von Kohlenstoff mit Calcium, gehört zur Gruppe der →Carbide; **Kar|bin** *s. 1* eine Modifikation des Kohlenstoffs, festestes aller bekannten Materialien; **Kar|bi|nol** *s. 1* früher *Bez. für* Methylalkohol; **Kar|bol** *s. 1 nur Ez.* ein Desinfektionsmittel; **Kar|bo|li|ne|um** *s. Gen.*-s *nur Ez.* ein Mittel zur Imprägnierung und Schädlingsbekämpfung; **Kar|bol|säu|re** *w. 11* → Karbol; **Kar|bon** *s. Gen.*-s *nur Ez.* eine Formation des Paläozoikums, zwischen Devon und Perm, Steinkohlenzeit; **Kar|bo|na|de** *w. 11* gebratenes Rippenstück (vom Rind, Hammel oder Schwein); **Kar|bo|na|do** *m. 9* schwarzer Diamant (Schleif- und Bohrmittel); **Kar|bo|na|ro** *m. Gen.*-s *Mz.*-ri 1807–1848: Angehöriger eines ital. Geheimbundes für nationale Einheit und Unabhängigkeit; **Kar|bo|nat 1** *m. 1* → Karbonado; **2** *s. 1 Chem.* → Carbonat; **Kar|bo|ni|sa|ti|on** [-tsjon] *w. 10* Verkohlung; **kar|bo|nisch** zum Karbon gehörend, aus ihm stammend; **kar|bo|ni|sie|ren 1** verkohlen lassen; **2** durch Schwefelsäure zerstören (Zelluloserreste in Wolle); **3** mit Kohlendioxid versetzen (Getränke); **Kar|bon|pa|pier** *s. 1* Kohlepapier; **Kar|bo|rund** *s. 1 nur Ez.* Siliciumcarbid, als Schleifmittel für feuerfeste Steine und Heizwiderstände; **kar|bo|zy|klisch** → carbocyclisch; **Kar|bun|kel** *m. 5* mehrere, einen gemeinsamen Entzündungsherd bildende Furunkel; **Kar|bu|ra|tor** *m. 13* Vorrichtung zum Karburieren, Vergaser; **kar|bu|rie|ren 1** mit Kohlenstoff sättigen; **2** durch Beimischen von hellbrennenden Stoffen die Leuchtkraft erhöhen (von Gas)
**Kar|da|mom** [sanskr.-lat.] *m. oder s. 1,* auch *m. oder s. 12* Frucht eines ind. Ingwergewächses, deren Samen als scharfes Gewürz verwendet werde
**Kar|dan|ge|lenk** [nach dem ital. Mathematiker und Arzt Geronimo Cardano] *s. 1* Kreuzgelenk, Verbindung zweier Wellen zur Kraftübertragung unter einem Winkel; **kar|danisch** [nach dem ital. Mathematiker und Arzt Geronimo Cardano] kardanische Aufhängung: Vorrichtung zur allseitig drehbaren Aufhängung in zwei senkrecht zueinander stehenden Achsen (für Kompasse, Meßinstrumente); **Kar|dan|wel|le** *w. 11* mit einem Kardangelenk versehene Antriebswelle (für Kraftfahrzeuge)
**Kar|dät|sche** [ital.] *w. 11* **1** grobe Bürste zum Striegeln von Pferden u. a.; **2** Bürste zum Aufrauhen von Geweben; **3** Brett mit Handgriff zum Auftragen von Putz; vgl. Kartätsche; **kar|dät|schen** bürsten, striegeln, rauh machen
**Kar|de** [lat.] *w. 11* **1** ein distelähnliches Kraut; **2** *Spinnerei:* Gerät zum Auflösen von Faserbüscheln und Entfernen von kurzen Fasern
**Kar|deel** [ndrl.] *w. 1 Seew.:* Einzelseil der Trosse
**kar|den** mit der Karde (2) bearbeiten
**Kar|di|a|kum** [lat.] *s. Gen.*-s *Mz.*-ka herzstärkendes Arzneimittel; **kar|di|al** das Herz betreffend, zu ihm gehörig, von ihm ausgehend; **Kar|di|al|gie** *w. 11* **1** Herzschmerz; **2** Magenkrampf
**kar|die|ren** → karden
**kar|di|nal** [lat.] hauptsächlich, Haupt..., wichtigst; **Kar|di|nal** *m. 2* **1** *kath. Kirche:* höchster Würdenträger nach dem Papst mit dem Recht, den Papst zu wählen; **2** eine amerik. Finkenart; **3** bowlenartiges Getränk mit Pomeranzen
**kar|di|nal..., Kar|di|nal...** *in Zus.:* Haupt..., Grund..., wichtigst, z. B. Kardinalfehler
**Kar|di|nal|bi|schof** *m. 2* Bischof im Rang eines Kardinals; **Kar|di|na|le** *w. 11* → Kardinalzahl; **Kar|di|nal|tu|gend** *w. 10* bei Sokrates, Plato und den Stoikern: eine der vier Haupttugenden: Weisheit, Gerechtigkeit, Mäßigkeit, Tapferkeit; **Kar|di|nal|vi|kar** *m. 1* Stellvertreter des Papstes für das Bistum Rom; **Kar|di|nal|zahl** *w. 10* Grundzahl, ganze Zahl, z. B. zwei
**Kar|di|o|gramm** [griech.] *s. 1* graph. Darstellung der Herzbewegungen; **Kar|di|o|graph** *m. 10* Gerät zum Aufzeichnen von Kardiogrammen; **Kar|di|o|lo|gie** *w. 11* Lehre vom Herzen und seinen Krankheiten; **Kar|di|o|spas|mus** *m. Gen. - Mz.*-men Mageneingangskrampf; **kar|di|o|vas|ku|lär** Herz und Gefäße betreffend, zu ihnen gehörig; **Kar|di|tis** *w. Gen. - Mz.*-tiden Herzentzündung
**Ka|renz** [lat.] *w. 10* **1** Wartezeit, Sperrfrist; **2** *Med.:* Aussetzen, Verzicht, Enthaltsamkeit; **Ka|renz|frist** *w. 10* → Karenz (**1**)
**ka|res|sie|ren** [frz.] *veraltet:* schmeicheln, liebkosen
**Ka|ret|te** [frz.] *w. 11,* **Ka|rett|schild|krö|te** *w. 11* Meeresschildkröte, deren Rücken- und Bauchpanzer das Schildpatt liefert

**Kar|fi|ol** [ital.] *m. 1 nur Ez. süddt., österr.:* Blumenkohl

**Kar|fun|kel** [lat.] *m. 5* **1** → Karbunkel; **2** ein Edelstein, roter Granat; *allg. auch:* feurig rot leuchtender Edelstein

**Kar|ga|deur** [-dør, span.-frz.] *m. 1,* **Kar|ga|dor** [span.] *m. 1* jmd., der eine Schiffsladung (Kargo) zu begleiten und ihren Transport bis zur Übergabe zu überwachen hat; **Kar|go** [span.] *m. 9* Schiffsladung, Schiffsfracht

**Ka|ri|be** *m. 11* Angehöriger eines Indianervolkes in Mittel- und im nördl. Südamerika

**Ka|ri|bu** [indian.] *m. 9* nordamerik. Ren

**ka|rie|ren** [frz.] mit Karos, Quadraten, Rhomben mustern

**Ka|ri|es** [-e:s, lat.] *w. Gen. - nur Ez.* **1** Knochenerkrankung, wobei die feste Knochensubstanz zerstört wird; **2** Zahnkaries, Zerstörung der harten Zahnsubstanz, Zahnfäule

**Ka|ri|ka|tur** [ital.] *w. 10* stark übertreibende, verzerrende und dadurch lächerlich machende Darstellung, Spottbild; **Ka|ri|ka|tu|rist** *m. 10* Karikaturenzeichner; **ka|ri|kie|ren** in der Art einer Karikatur darstellen, lächerlich machen

**ka|rio|gen** [lat. + griech.] Karies hervorrufend; **ka|ri|ös** [lat.] von Karies befallen

**Ka|ri|tas** [lat.] *w. Gen. - nur Ez.* **1** *Kurzw. für* Dt. Caritasverband; **2** Wohltätigkeit, Nächstenliebe; **ka|ri|ta|tiv** mild-, wohltätig

**Kar|kas|se** [frz.] *w. 11* **1** *16./19. Jh.:* Brandkugel mit eisernem Gerippe; **2** *früher:* Drahtgestell für Frauenhüte; **3** Gerippe (vom Geflügel); **4** Unterbau (eines Gummireifens)

**Kar|ma** [sanskr.], **Kar|man** *s. Gen.-s nur Ez. Buddhismus:* das Handeln des Menschen, von dem sein Schicksal im Lauf seiner Wiedergeburten abhängt

**Kar|me|lit** [nach dem Berg Karmel in Palästina] *m. 10,* **Kar|me|li|ter** *m. 5* Angehöriger des Karmeliterordens, eines Bettelordens; **Karmeli|ter|geist** *m. Gen.-(e)s nur Ez.* Lösung aus Heilkräutern zum Einreiben

**Kar|men** [lat.] *s. Gen.-s Mz.* -mina Fest-, Gelegenheitsgedicht

**Kar|me|sin** [arab.-ital.], **Kar|min** *s. Gen.-s nur Ez.* aus der Koschenilleschildlaus gewonnener roter Farbstoff

**Kar|mi|na|ti|vum** [lat.] *s. Gen.-s Mz.* -va Blähungen treibendes Arzneimittel

**kar|mo|sie|ren** einen Edelstein k.: mit kleineren Edelsteinen einfassen

**Kar|na|ti|on** [tsjon] *w. 10 nur Ez.* → Inkarnat

**Kar|nau|ba|wachs** [indian.-port.] *s. 1 nur Ez.* ein Pflanzenwachs (für Bohnerwachs u. a.)

**Kar|ne|ol** [lat.] *m. 1* ein Mineral, Halbedelstein, Abart des Quarzes

**Kar|ner** [lat.] *m. 5* **1** Räucherkammer; **2** Beinhaus (meist in Friedhofskapelle), in dem nach Anlegen neuer Gräber die alten Gebeine aufbewahrt werden

**Kar|ne|val** [lat.-ital.] *m. 1 oder m. 9* Fastnachtszeit, -fest; **Kar|ne|val|list** *m. 10* Teilnehmer am Karneval

**Kar|nies** [griech.-frz.] *s. 1* Glockenleiste, Bauglied am Gesims mit s-förmigem Profil; **Kar|nie|se, Kar|ni|sche** *w. 11* österr.: Vorhangstange

**Kar|ni|vo|re** [lat.] **1** *m. 11* Tier, das sich bes. von Fleisch ernährt; **2** *w. 11* fleischfressende Pflanze

**Ka|ro** [frz.] *s. 9* **1** Rhombus oder auf der Spitze stehendes Quadrat; **2** Spielkartenfarbe

**Ka|ros|se** [frz.] *w. 11* Pracht-, Staatskutsche; **Ka|ros|se|rie** *w. 11* Oberteil des Kraftwagens (über dem Fahrgestell); **ka|ros|sie|ren** mit Karosserie versehen

**Ka|ro|tin** [griech.] *s. 1 nur Ez.* gelber, meist pflanzl. Farbstoff, Vorstufe des Vitamins A

**Ka|ro|tis** [griech.] *w. Gen. - Mz.* -tiden *w. 11* Halsschlagader

**Ka|rot|te** [griech.] *w. 11* **1** *i. w. S.:* Gemeine Möhre, gelbe Rübe; **2** *i. e. S.:* kurze, rundliche, zarte Möhre

**Kar|pell** [griech.] *s. 1,* **Kar|pel|lum** *s. Gen.-s Mz.* -la Fruchtblatt, die Samenanlage tragendes weibl. Geschlechtsorgan der Blüte

**Kar|pen|ter|brem|se** [nach dem amerik. Ingenieur J. F. Carpenter] *w. 11* Druckluftbremse für Eisenbahnzüge

**Kar|po|lith** [griech.] *m. 1* Versteinerung einer Frucht oder eines Samens; **Kar|po|lo|gie** *w. 11 nur Ez.* Lehre von den Pflanzenfrüchten

**Kar|ra|geen, Kar|ra|gheen** [nach dem ir. Ort Carraghen] *s. 1 nur Ez.* Irländisches Moos

**Kar|ree** [frz.] *s. 9* **1** Viereck, Quadrat, Rhombus; **2** *bayr., österr.:* Rippenstück, z. B. Schweinskarree

**Kar|rie|re** [frz.] **1** *w. 11 nur Ez.* schnellste Gangart des Pferdes; **2** *w. 11* (glänzende) Laufbahn, (rascher) Aufstieg im Beruf; **Kar|rie|ris|mus** [-rile-] *m. Gen.- nur Ez.* rücksichtsloses Streben, Karriere zu machen

**Kar|ri|ol** [frz.] *s. 9,* **Kar|ri|o|le** *w. 11* **1** leichter, zweirädriger Kastenwagen; **2** *veraltet:* Postwagen; **ka|ri|o|len** *ugs.:* unsinnig fahren

**kart.** *Abk. für* kartoniert

**Kar|tät|sche** [lat.-ital.] *w. 11* *früher:* mit Bleikugeln gefülltes Geschoß für kurze Entfernungen; vgl. Kardätsche; **kar|tät|schen** mit Kartätschen schießen

**Kar|tau|ne** [ital.] *w. 11* *15. Jh.:* schweres Geschütz

**Kar|tau|se** [lat.] *w. 11* Kloster der Kartäuser, Einsiedelei

**Kar|täu|ser** *m. 5* **1** Angehöriger des Kartäuserordens, eines Einsiedlerordens; **2** Chartreuse, ein Kräuterlikör

**Kar|tell** [frz.] *s. 1* **1** Schutzbündnis; **2** Zusammenschluß von gleichartigen Betrieben, die jedoch rechtlich und wirtschaftlich selbständig und unter ihrem Namen bestehen bleiben; **kar|tel|lie|ren** zu einem Kartell zusammenfassen

**Kar|tha|min** [arab.] *s. 1 nur Ez.* roter Farbstoff aus den Blüten der Färberdistel

**kar|tie|ren** vermessen und auf einer Landkarte darstellen (Gelände)

**Kar|ting** *s. Gen.-s nur Ez.* Sport mittels Go-Kart

**Kar|to|gramm** [ital. + griech.] *s. 1* graph. Darstellung statist. Materialien auf Landkarten; **Kar|to|graph** *m. 10* Zeichner, wissenschaftl. Bearbeiter von Landkarten; **Kar|to|gra|phie** *w. 11 nur Ez.* 1 Anfertigung von Landkarten; 2 Lehre, Geschichte davon; **Kar|to|man|tie** *w. 11* Wahrsagen aus Spielkarten; **Kar|to|me|ter** *s. 5* Kurvenmesser; **Kar|to|me|trie** *w. 11 nur Ez.* Messen von Kurven, Längen, Flächen auf Landkarten

**Kar|ton** [-tõ, ugs.: -tɔŋ, lat.-frz.] *m. 9* 1 dünne Pappe, dickes, steifes Papier; 2 Schachtel aus solchem Material; 3 Entwurf für ein Wandgemälde; 4 Ersatzblatt für ein fehlerhaftes Blatt in einem Buch; **Kar|to|na|ge** [-ʒə] *w. 11* 1 Umhüllung aus Karton; 2 Bucheinband aus Pappe; **kar|to|nie|ren** 1 in Kartons (1) verpacken; 2 in Karton (1) einbinden (Buch)

**Kar|to|thek** [ital. + griech.] *w. 10* Kartei

**Kar|tu|sche** [frz.] *w. 11* 1 *im Artilleriegeschoß:* Metallhülse, in der sich die Pulverladung befindet; 2 *Baukunst, bes. im Barock:* Ornament aus halb aufgerollten Blättern; rechteckige Fläche (für Inschriften u. ä.) mit Rahmen aus solchen Ornamenten

**Ka|ru|be** [arab.-lat.] *w. 11* Hülse des Johannisbrotes

**Ka|run|kel** [lat.] *w. 11* kleine Fleischwarze

**Ka|rus|sell** [frz.] *s. 9 oder s. 1* sich drehende Rundfläche mit Sitzen (auf Jahrmärkten), Ringelspiel; mit jmdm. K. fahren *ugs.:* ihn energisch behandeln, *auch:* ihn schikanieren

**Ka|ry|a|ti|de** [griech.] *w. 11* Baukunst: Gebälkträgerin, weibl. Statue anstelle einer Säule

**Ka|ryo|ga|mie** [griech.] *w. 11* Verschmelzung von Ei- und Samenkern; **Ka|ryo|lo|gie** *w. 11 nur Ez.* Lehre vom Zellkern; **Ka|ryo|lym|phe** *w. 11 nur Ez.* Flüssigkeit im Zellkern; **Ka|ryo|plas|ma** *s. 9 nur Ez.* Kernplasma; **Ka|ryo|p|se** *w. 11* Schalfrucht, Schließfrucht, Fruchtform der Gräser

**Kar|zer** [lat.] *m. 5 früher in Schulen und Hochschulen:* Raum für Arreststrafen

**kar|zi|no|gen** [griech.] krebserzeugend; **Kar|zi|no|id** *s. 1* (meist gutartige) Schleimhautgeschwulst; **Kar|zi|no|lo|gie** *w. 11 nur Ez.* Lehre von den Krebserkrankungen; **Kar|zi|nom** *s. 1* (*Abk.:* Ca.) Krebsgeschwulst; **kar|zi|no|ma|tös** von Krebs befallen; krebsartig; **Kar|zi|no|se** *w. 11* ausgebreitete Krebserkrankung

**Ka|sa|che** *m. 11* Angehöriger eines mongol. Turkvolkes; **Ka|sack** [ital.-frz.] *m. 9* über

dem Rock getragene Schlupfbluse für Frauen; **Ka|sak** *m. 9* kaukas. Teppich mit meist geometr. Muster

**Ka|sat|schok** [russ.] *m. 9* ein Tanz

**Käsch** [ind.] *s. 9, nach Zahlenangaben Mz.-1* chin. Münzgewicht; 2 durchlochte chin. Kupfermünze (zum Auffädeln)

**Kasch** *m. 9 nur Ez.*, **Ka|scha** [russ.] *w. 9 nur Ez.* russ. Buchweizengrütze

**Ka|sche|lott** [span.-frz.] *m. 1* Pottwal

**Ka|schem|me** [Zigeunerspr.] *w. 11* schlechte, *auch:* verrufene Kneipe

**Ka|scheur** [-ʃør, frz.] *m. 1* Handwerker, der Bühnenbildteile kaschiert (3); **ka|schie|ren** 1 verbergen, verdecken, bemänteln; 2 mit Papier, Folie u. ä. beschichten; 3 mit Kaschiermasse überziehen; **Ka|schier|mas|se** *w. 11 nur Ez.* Masse aus Sägespänen, Gips, Leim zum Herstellen von Bühnenbildteilen

**Kasch|mir** [nach dem ehemaligen Fürstentum im Himalaja] *m. 1* (urspr. aus dem Haar der Kaschmirziege hergestellter) Wollfaden oder Kammgarnstoff; **Kasch|mir|zie|ge** *w. 11* Ziegenart mit weichem, seidigem Haar

**Ka|schol|long** [kalmück.-frz.] *m. 9* ein Mineral, Abart des Opals

**Ka|schu|be** *m. 11* Angehöriger eines westslaw., heute in Nordostpommern und Pommerellen lebenden Volksstammes

**Ka|schur|pa|pier** *s. 1* Schmuckpapier zum Bekleben von Karton

**Ka|se|in** [lat.] *s. 1 nur Ez.* Käsestoff, Milcheiweiß, Rohstoff für Kunststoffe, Bindemittel für Malerfarben

**Ka|sel** [vulgärlat.] *w. 11 kath. Kirche:* Meßgewand

**Ka|se|mat|te** [griech.-frz.] *w. 11* 1 *früher in Festungen:* ummauerter, kugelsicherer Raum; 2 *heute auf Kriegsschiffen:* gepanzerter Geschützraum; **ka|se|mat|tie|ren** *veraltet:* mit Kasematten versehen

**Ka|ser|ne** [lat.-frz.] *w. 11* Gebäude zum dauernden Aufenthalt von Truppen; **ka|ser|nie|ren** in Kasernen unterbringen

**Ka|si|no** [ital.] *s. 9* 1 Haus für gesellige Zusammenkünfte; 2 Speiseraum für Offiziere; 3 Unternehmen für Glücksspiele

**Kas|ka|de** [frz.] *w. 11* 1 natürl. oder künstlich angelegter, stufenförmiger Wasserfall; 2 wasserfallähnlich sprühender Feuerwerkskörper; 3 *Artistik:* waghalsiger Sprung; **Kas|ka|den|schal|tung** *w. 10 Tech.:* Reihenanordnung gleichartiger Schaltungseinheiten; **Kas|ka|deur** [-dør] *m. 1* Artist, der Kaskaden (3) ausführt

**Kas|kett** [ital.] *s. 1* 1 *früher:* leichter Visierhelm; 2 Lederhelm

**Kas|ko** [span.] *m. 9* 1 Schiffsrumpf, im Unterschied zur Ladung; 2 Spielart des Lombers; **Kas|ko|ver|si|che|rung** *w. 10* Versicherung gegen Schäden an Schiffen, Fahr- und Flugzeugen

**Kas|sa** [ital.] *w. Gen. - Mz.*-sen *österr. neben:* Kasse; etwas gegen K. kaufen: bar kaufen; **Kas|sa|ge|schäft** *s. 1* (bes. Börsen-) Geschäft, bei dem Lieferung und Zahlung sofort erfolgen **Kas|san|dra|ruf** [nach der Tochter des trojan. Königs Priamus, die den Untergang ihrer Vaterstadt prophezeite] *m. 1* Warnung vor Unheil **Kas|sa|ti: on** [-tsjon, lat.] *w. 10* 1 Ungültigkeitserklärung (von Urkunden); 2 Aufhebung eines Gerichtsurteils durch die nächsthöhere Instanz; 3 strafweise Entlassung aus dem Militärdienst; 4 mehrsätziges Musikstück, z. B. Serenade; **Kas|sa|ti: ons|hof** *m. 2* 1 Berufungsgericht; 2 *in manchen roman. Ländern:* oberstes Gericht; **kas|sa|torisch** auf Kassation (1) beruhend, durch sie bewirkt; kassatorische Klausel: Verfalls-, Verwirkungsklausel **Kas|sa|ve** [indian.] *w. 11*, **Kas|sa|wa** *w. 9* → Maniok **Kas|se** [ital.] *w. 11* 1 Geldkasten; 2 Geldvorrat; 3 Schalter oder Raum für Ein- und Auszahlungen, für Verkauf von Fahr-, Eintrittskarten; 4 *Kurzw. für* Spar-, Krankenkasse **Kas|se|rol|le** [frz.] *w. 11* runder oder ovaler Brattopf **Kas|set|te** [frz.] *w. 11* 1 Kästchen aus Metall, auch Holz; 2 lichtdichter Behälter für photograph. Platten oder Filme; 3 mehrere Bücher oder Schallplatten in einem Schmuckkarton; 4 viereckiges, vertieftes Feld in der Decke eines Raumes; **Kas|set|ten|decke** (-dek|ke) *w. 11* in Kassetten (4) aufgeteilte Decke eines Raumes; **Kas|set|ten|fern|se|hen** *s. Gen.*-s *nur Ez.* Art des Fernsehens, bei dem ein von einem →Video-Recorder oder ähnlichen Gerät hergestelltes Magnetband mit Bild und Ton abläuft und beliebig oft wiederholt werden kann; **Kas|set|ten|re|cor|der** [frz.-engl.] *m. 5* kleines Tonbandgerät für Tonbänder in Kassetten; **kas|set|tie|ren** in Kassetten (4) unterteilen **Kas|sia** [hebr.-lat.] *w. Gen. – Mz.*-si en trop. krautige bis baumartige Pflanze, von der einige Arten die als Abführmittel verwendeten Sennesblätter liefern; **Kas|sia|öl** *s. 1 nur Ez.* chin. Zimtöl; **Kas|sia|rin|de** *w. 11* Rinde des chin. Zimtbaumes, ein Gewürz **Kas|si|ber** [rotw.] *s. 5* aus dem Gefängnis an einen Außenstehenden (oder umgekehrt) oder von einem Gefangenen zum andern geschmuggelte schriftl. Mitteilung **Kas|sie** [-sjə] *w. 11* → Kassia **Kas|sier** *m. 5 österr., auch süddt. für* Kassierer; **kas|sie|ren** 1 einnehmen, einziehen und verbuchen (Geld); 2 für ungültig erklären, aufheben; 3 entlassen; 4 *ugs.:* verhaften; **Kas|sie|rer** *m. 5* Angestellter, der Geld einnimmt und auszahlt, die Kasse verwaltet usw.

**Kas|si|te|rit** [griech.] *m. 1* Zinnstein, ein Zinnerz **Ka|sta|gnet|te** [-njɛtə, span.] *w. 11* Handklapper, bes. in der span. Musik übl. Instrument aus zwei beweglich miteinander verbundenen Holzschalen, die mit den Fingern gegeneinandergeschlagen werden **Ka|sta|nie** [-njə, griech.] *w. 11* Laubbaum mit eßbaren (Edelkastanie) bzw. für Viehfutter verwendeten Früchten (Roßkastanie) **Ka|ste** [lat.] *w. 11* streng abgeschlossener gesellschaftl. Stand mit bestimmten Normen, bes. im Hinduismus **ka|stei|en** [lat.] sich k.: sich Entbehrungen oder Bußübungen auferlegen, enthaltsam leben **Ka|stell** [lat.] *s. 1 im alten Rom:* befestigtes Truppenlager; 2 Burg, Festung; 3 *früher:* Aufbau auf dem Vorder- oder Hinterdeck eines Schiffes; **Ka|stel|lan** *m. 1* Pförtner, Hausmeister (an Schulen, Universitäten); Schloßvogt; **Ka|stel|la|nei** *w. 10* Schloßverwaltung **Ka|sti|gati: on** [-tsjon, lat.] *w. 10 veraltet:* Züchtigung; **ka|sti|gie|ren** *veraltet:* züchtigen **Ka|strat** [lat.] *m. 10* 1 kastrierter Mann, Entmannter; 2 *17./18. Jh.:* in der Jugend entmannter Bühnensänger mit Knabenstimmung, aber großem Stimmumfang; **Ka|strati: on** [-tsjon] *w. 10* Verschneidung, Entmannung; **ka|strie|ren** durch Entfernung der Keimdrüsen zeugungsunfähig machen, verschneiden, entmannen **ka|su|al** [lat.] *veraltet:* zufällig; **Ka|su|a|li en** *Mz.* 1 zufällige, nicht voraussehbare Ereignisse; 2 (kirchl.) Amtshandlungen aus bes. Anlaß, wie Taufen, Beerdigungen, sowie die Vergütung dafür; **Ka|su|a|lis|mus** *m. Gen.- nur Ez.* philosoph. Lehre, daß alles Geschehen vom Zufall abhängig sei **Ka|su|ar** [mal.] *m. 1* straußenähnl. Laufvogel; **Ka|su|a|ri|ne** *w. 11* austral. Baum mit rutenförmigen Zweigen **ka|su|ell** [lat.] bezüglich des Kasus, als Kasus; **Ka|su|ist** *m. 10* 1 Vertreter der Kasuistik; 2 *übertr.:* Haarspalter, Wortklauber; **Ka|su|istik** *w. 10 nur Ez.* 1 Teil der Morallehre, Lehre für das richtige Verhalten in bestimmten Fällen; 2 *Med., Rechtsw.:* Betrachtung der Einzelfälle und ihre Beurteilung nach den bes. für sie zutreffenden Tatbeständen; 3 *übertr.:* Spitzfindigkeit, Haarspalterei, Wortklauberei; **ka|su|istisch** 1 zur Kasuistik gehörend, auf ihr beruhend; 2 *übertr.:* haarspalterisch **Ka|sus** *m. Gen. - Mz.* - 1 Fall, Begebenheit, Vorkommnis; vgl. Casus; 2 *Gramm.:* Beugungsfall der Deklination **ka|ta|ba|tisch** [griech.] *Meteor.:* fallend; katabatischer Wind: Fallwind **ka|ta|bol** [griech.] auf dem Abbaustoffwechsel beruhend; **Ka|ta|bo|lis|mus** *m. Gen. - nur*

*Ez.* Abbau der Stoffe im Körper durch Stoffwechsel

**Ka|ta|chre|se** [-çre-, griech.] *w. 11,* **Ka|ta|chre|sis** *w. Gen. - Mz.* -sen Bildbruch, Verbindung von nicht zusammenpassenden bildl. Ausdrücken, Stilblüte, z. B.: der Zahn der Zeit wird auch über diese Wunde Gras wachsen lassen

**Ka|ta|falk** [griech.] *m. 1 bei Bestattungsfeiern:* schwarzverhängtes Gerüst für den Sarg

**Ka|ta|ka|na** [jap.] *w. Gen. - oder s. Gen.* -(s) *nur Ez.* vereinfachte Form der → Hiragana

**Ka|ta|kau|stik** [griech.] *w. 10 nur Ez. Optik:* Hüllkurve gespiegelter Strahlen in opt. Systemen

**Ka|ta|kla|se** [griech.] *w. 11* Zerreiben oder Zerbrechen der in einem Gestein enthaltenen Mineralien durch tekton. Kräfte; vgl. Protoklase

**Ka|ta|kom|be** [griech.] *w. 11* frühchristl. unterird. Begräbnisstätte

**Ka|ta|la|se** [griech.] *w. 11* ein Enzym, das das Zellgift Wasserstoffsuperoxid abbaut

**Ka|ta|lek|ten** [griech.] *Mz.* Bruchstücke, Fragmente (alter Werke); **ka|ta|lek|tisch** unvollständig; katalektischer Vers: mit einem unvollständigen Versfuß endender Vers, z. B. der Hexameter

**Ka|ta|lep|sie** [griech.] *w. 11 nur Ez.* krankhafter Spannungszustand von Muskeln, Starrsucht; **ka|ta|lep|tisch** von Katalepsie befallen; **Ka|ta|le|xe** *w. 11,* **Ka|ta|le|xis** *w. Gen. - Mz.* -xen → katalektischer Vers

**Ka|ta|log** [griech.] *m. 1* Verzeichnis, Aufstellung (von Büchern, Bildern, Waren); **ka|ta|lo|gi|sie|ren** in einen Katalog aufnehmen, in einem Katalog zusammenfassen

**Ka|tal|pa** [indian.], **Ka|tal|pe** *w. Gen. - Mz.* -pen Trompetenbaum, ein Zierstrauch mit großen, herzförmigen Blättern

**Ka|ta|ly|sa|tor** [griech.] *m. 13* Stoff, der durch seine Anwesenheit eine chem. Reaktion herbeiführt oder deren Verlauf bestimmt; **Ka|ta|ly|se** *w. 11* Herbeiführung, Beschleunigung oder Verzögerung einer chem. Reaktion durch einen Katalysator; **ka|ta|ly|sie|ren** eine Katalyse bewirken in; **ka|ta|ly|tisch** mit Hilfe einer Katalyse

**Ka|ta|ma|ran** [drawid.] *s. 1* Segelboot mit Doppelrumpf

**Ka|ta|mne|se** [griech.] *w. 11* abschließender Bericht über das Befinden des Kranken nach der Behandlung; vgl. Anamnese

**Ka|ta|pho|re|se** [griech.] *w. 11* Wanderung kleinster Teilchen in einer elektrisch nicht leitenden Flüssigkeit unter Einwirkung elektr. Spannung

**Ka|ta|pla|sie** [griech.] *w. 11 Med.:* Rückbildung von Gewebe

**Ka|ta|plas|ma** [griech.] *s. Gen.* -s *Mz.* -men heißer Breiumschlag zur Schmerzlinderung

**ka|ta|plek|tisch** [griech.] vor Schreck gelähmt;

schreckensstarr; **Ka|ta|ple|xie** *w. 11* Schreckstarre, Lähmung vor Schreck

**Ka|ta|pult** [griech.] *s. 1 oder m. 1* **1** *im Altertum:* Wurf-, Schleudermaschine; **2** *heute:* kleine Steinschleuder; Schleuder zum Starten von Flugzeugen; **ka|ta|pul|tie|ren** mit einem Katapult wegschleudern, starten

**Ka|ta|rakt** [griech.] *m. 1* **1** niedriger Wasserfall, Stromschnelle; **2** *Med.:* grauer Star

**Ka|tarrh** [griech.] *m. 1* Schleimhautentzündung mit vermehrter Absonderung; **ka|tar|rha|lisch** mit einem Katarrh einhergehend

**Ka|ta|ster** [griech.-ital.] *m. 5 oder s. 5* **1** amtl. Verzeichnis der Grundstücke eines Bezirks, Grundbuch; **2** Personenverzeichnis für die Steuererhebung, Steuerregister; **Ka|ta|stral|joch** *s. 1* ein österr. Feldmaß; **ka|ta|strie|ren** in den Kataster eintragen

**ka|ta|stro|phal** [griech.] in der Art einer Katastrophe, verhängnisvoll, fürchterlich; **Ka|ta|stro|phe** *w. 11* **1** *im (bes. antiken) Drama:* entscheidende Wende, die zur Lösung des Konflikts und zum Untergang des Helden führt; **2** *allg.:* Verhängnis, Unheil, Zusammenbruch

**Ka|ta|to|nie** [griech.] *w. 11* mit Muskelspannungen einhergehende Geistesstörung, Spannungsirresein

**Ka|te|che|se** [-çe-, griech.] *w. 11* Religionsunterricht; **Ka|te|chet** *m. 10* Religionslehrer (außerhalb der Schule); **Ka|te|che|tik** *w. 10 nur Ez.* Lehre von der Katechese; **Ka|te|chis|mus** *m. Gen. - Mz.* -men kleines Lehrbuch (oft in Frage und Antwort) für den Religionsunterricht; **Ka|te|chist** *m. 10* eingeborener Laienhelfer in der Mission

**Ka|te|chu** [-çu, auch: ka-, mal.] *s. 9* eingedickter Saft aus dem Holz einer hinterind. Akazie, als Gerbstoff und zusammenziehendes Heilmittel

**Ka|te|chu|me|nat** [-çu-, griech.] *s. 1* Vorbereitungsunterricht für die Erwachsenentaufe (bes. in der Mission); **Ka|te|chu|me|ne** *m. 11* erwachsener Anwärter für die Taufe während der Zeit des Taufunterrichts

**ka|te|go|ri|al** [griech.] in, nach Kategorien; **Ka|te|go|rie** *w. 11* **1** *griech. Philos.:* Aussage (über einen realen Gegenstand); **2** *Logik:* Grundbegriff, von dem andere abgeleitet werden können; **3** *allg.:* Begriffsgruppe, Klasse, in die etwas eingeordnet werden kann; **ka|te|go|risch** **1** in der Art einer Kategorie (**1**), aussagend, behauptend, nicht an Bedingungen geknüpft; **2** unbedingt gültig; *Ggs.:* hypothetisch; kategorischer Imperativ: ethisches Pflichtgebot; **3** mit Nachdruck, keinen Widerspruch duldend; **ka|te|go|ri|sie|ren** in Kategorien (**3**) einordnen

**kat|exo|chen** [-çen, griech.] im eigentlichen Sinne, schlechthin

**Kat|gut** [auch: kætgʌt, engl.] *s. 9 nur Ez.* Faden (urspr. aus Katzen-, Schafs- oder Ziegendarm) zum Vernähen von Operationswunden

**kath.** *Abk. für* katholisch

**Ka|tha|rer** [griech.] *m. 5* 1 Angehöriger einer asket. süd- und westeurop. christl. Sekte; 2 *in Frankreich:* Albigenser

**Ka|thar|sis** [auch: -tar-, griech.] *w. Gen. - nur Ez.* geistig-seel. Reinigung, Läuterung; **ka-thar|tisch** auf Katharsis beruhend

**Ka|the|der** [griech.] *s. 5* erhöhtes Pult, Kanzel; **Ka|the|der|so|zia|lis|mus** *m. Gen. - nur Ez., Ende des 19. Jh.:* Richtung der dt. Volkswirtschaftslehre, die soziale Reformen durch den Staat forderte, um die Klassengegensätze zu mildern

**Ka|the|dra|le** [griech.] *w. 11, in England, Frankreich, Spanien:* bischöfl. oder erzbischöfl. Kirche, *in Dtschl.:* Dom, Münster; **Ka|the|dral|ent|schei|dung** *w. 10* unwiderrufl. Entscheidung des Papstes →ex cathedra; **Ka-the|dral|glas** *s. 4* starkes, undurchsichtiges, oft farbiges Glas für Kirchenfenster

**Ka|the|te** [griech.] *w. 11, im rechtwinkligen Dreieck:* jede der beiden der Schenkel des rechten Winkels bildenden Seiten; **Ka|the|ter** [griech.] *s. 5* Röhrchen zum Einführen in Körperhöhlen, bes. in die Harnblase; **ka|the-te|ri|sie|ren, ka|the|tern** ein Katheter (in etwas) einführen

**Ka|tho|de** [griech.] *w. 11* negative Elektrode (bes. in Elektronenröhren und bei der Elektrolyse); *Ggs.:* Anode; **ka|tho|disch** an einer Kathode erfolgend

**Ka|tho|lik** [auch: -lik, griech.] *m. 10* Angehöriger der röm.-kath. Kirche; **Ka|tho|li|kos** *m. Gen. - nur Ez.* Titel des Oberhauptes der von Rom getrennten armen. Kirche und anderer Ostkirchen; **ka|tho|lisch** 1 allgemein, die Erde umfassend; 2 (*Abk.:* kath.) zur kathol. Kirche gehörend; katholische Kirche: die dem Papst unterstehende christl. Kirche; **ka|tho|li|sie|ren** zum kath. Glauben bekehren, katholisch machen; **Ka|tho|li|zis|mus** *m. Gen. - nur Ez.* Lehre der kath. Kirche; **Ka|tho|li|zi|tät** *w. 10 nur Ez.* das Katholischsein, Anschauung, Glaube im Sinne der kath. Lehre

**Kat|ion** [griech.] *s. 12* positives Ion, bei der Elektrolyse zur Kathode wanderndes Ion; *Ggs.:* Anion

**ka|to|gen** [griech.] von oben her entstanden (Ablagerung, Gestein)

**Kat|op|trik** [griech.] *w. 10 nur Ez.* Lehre von der Reflexion des Lichtes an Spiegeln

**Kat|tun** [arab.-ndrl.] *m. 1* (bedruckter) Baumwollstoff in Leinwandbindung

**kau|di|nisch** [nach dem Ort Caudium bei Capua, wo die Römer eine Niederlage gegen die Samniten erlitten]; kaudinisches Joch: Zwangslage, aus der man sich nur durch eine Demütigung befreien kann

**Kau|ka|si|stik** *w. 10 nur Ez.* Wissenschaft von

den kaukasischen Sprachen und Literaturen

**kau|li|flor** [lat.] am Stamm oder Ast ansetzend (Blüten); **Kau|li|flo|rie** *w. 11 nur Ez.* das Hervorkommen der Blüten am Stamm oder Ast, nicht an besonderen Trieben

**Kau|mal|zit** [griech.] *m. 1 nur Ez.* Braunkohlenkoks

**Kau|ri** [Hindi] *w. 9* → Kaurischnecke; **Kau-ri|fich|te** *w. 11* ein neuseeländ. Nadelbaum; **Kau|ri|mu|schel** *w. 11* Gehäuse der Kaurischnecke, als „Muschelgeld" bei Naturvölkern in Afrika und Ostasien üblich; **Kau|ri-schne|cke** (-schnek|ke) *w. 11* eine Schneckenart des Indischen Ozeans, Porzellanschnecke

**kau|sal** [lat.] ursächlich zusammenhängend, auf Ursache und Wirkung beruhend; begründend; **Kau|sal|gie** [lat. + griech.] *w. 11* durch Nervenverletzung hervorgerufener, heftiger Schmerz; **Kau|sa|li|tät** *w. 10* Zusammenhang von Ursache und Wirkung, Ursächlichkeit; **kau|sa|tiv** verursachend, bewirkend, begründend; **Kau|sa|tiv** *s. 1*, **Kau|sa|ti-vum** *s. Gen.-s Mz.*-va Verbum, das das Bewirken eines Vorganges ausdrückt, z. B. tränken = trinken machen, Faktitivum

**kau|sti|fi|zie|ren** [griech. + lat.] (milde Alkalien) durch gelöschten Kalk in ätzende Alkalien umsetzen; **Kau|stik** *w. 10* 1 *Optik:* Brennfläche anstelle des Brennpunktes (bei nicht korrigierten Linsen); 2 *Med.:* Gewebszerstörung durch Hitze, elektr. Strom oder chem. Mittel; **Kau|sti|kum** *s. Gen.-s Mz.*-ka Ätzmittel; **kau|stisch** 1 auf Kaustik beruhend, mit ihrer Hilfe; 2 beißend, ätzend, scharf

**Kau|tel** [lat.] *w. 10* Vorbehalt, Vorsichtsmaßregel, Vorkehrung

**Kau|ter** [griech.] *m. 5* chirurg. Brenneisen; **Kau|te|ri|sa|ti|on** [-tsjon] *w. 10* → Kaustik; **kau|te|ri|sie|ren** mit dem Kauter oder durch chem. Mittel zerstören; **Kau|te|ri|um** *s. Gen.-s Mz.*-ri|en 1 → Kaustik; 2 Ätzmittel

**Kau|ti|on** [-tsjon, lat.] *w. 10* Bürgschaft, Sicherheit, Sicherheitsleistung, Hinterlegungssumme

**Kautsch** *w. 9 eindeutschende Schreibung von Couch*

**kau|tschie|ren** → kautschutieren; **Kau|tschuk** [indian.] *m. 1* geronnener Milchsaft einiger trop. Pflanzen, Rohstoff für Gummi; **Kau-tschuk|pa|ra|graph** *m. 10* → Gummiparagraph; **kau|tschu|tie|ren** mit Kautschuk überziehen, aus Kautschuk herstellen

**Ka|val|lier** [frz.] *m. 1* 1 *früher:* Reiter, Ritter; 2 Begleiter einer Dame; 3 *übertr.* höflicher, ritterlicher Mann; **Ka|val|liers|de|likt** *s. 1* Vergehen, das nicht als ehrenrührig angesehen wird; **Ka|val|ka|de** *w. 11* Reiterzug; **Ka|val|le-rie** [auch: -ri] *w. 11* Reitertruppe; **Ka|val|le-rist** *m. 10* Soldat der Kavallerie

**Ka|va|ti|ne** [ital.] *w. 11* Opernarie, Gesangs-

oder Instrumentalstück in der Art eines Liedes

**Ka|ve|ling** [ndrl.] *w.10 bei Versteigerungen:* kleinste zusammengefaßte Warenmenge, z. B. Ballen, Dutzend

**Ka|ver|ne** [lat.] *w.11* durch Gewebszerstörung entstandener Hohlraum, bes. in der Lunge bei Lungen-Tbc; **Ka|ver|nom** *s.1* Geschwulst aus Blutgefäßen, Blutschwamm; **ka|ver|nös** in der Art einer Kaverne, mit einer oder mehreren Kavernen behaftet, schwammig

**Ka|vi|ar** [türk.] *m.1* konservierter Rogen von einigen russ. Störarten

**Ka|vi|ta|ti|on** [-tsjon, lat.] *w.10* Hohlraumbildung in schnellströmenden Flüssigkeiten

**Ka|wa** [maorisch] *w. Gen. - nur Ez.* berauschendes Getränk der Polynesier aus den Wurzeln des Kawastrauches

**Ka|waß** [arab.] *m. Gen.* -wa|sen, *Mz.* -wa|sen *früher im Vorderen Orient:* **1** Polizist; **2** Ehrenwache (für Diplomaten)

**Ka|wi** [sanskr.] *s. Gen.-(s) nur Ez.* alte javan., vom Sanskrit beeinflußte Schriftsprache

**Ka|zi|ke** *m.11* süd-, mittelamerik. Indianerhäuptling

**kcal** *Abk. für* Kilokalorie

**Kee|per** [ki-, engl.] *m.5* Fußball, Eishockey *u. a.:* Torwart

**Keep Smi|ling** [ki:psmailiŋ, engl.] „hör nicht auf zu lächeln"] *s. Gen.-(s) nur Ez.* auch unter widrigen Umständen optimist. Lebenshaltung

**Ke|fir** [türk.] *m.1 nur Ez.* durch Zusatz von Hefe und Bakterien alkoholisch vergorene, säuerliche Milch

**Keks** [engl.] *m.1 oder s.1, auch: Gen. - Mz. -* kleines, trockenes Gebäck

**Ke|lim** [türk.] *m.9* oriental., gewebter (nicht geknüpfter) Wandteppich mit beiderseitig gleichem Aussehen

**Kel|li|on** [lat.-neugriech.] *s. Gen.-s Mz.-li|en orthodoxe Kirche:* kleines Kloster

**Kelt** [lat.] *m.1* ein vorgeschichtl. Beil; **Kel|te** *m.11* Angehöriger einer idg. Völkergruppe; **Kel|ti|stik, Kel|to|lo|gie** *w. Gen. - nur Ez.* Lehre von den keltischen Sprachen und Literaturen

**Kel|vin** [nach dem engl. Physiker W. Thompson, Lord Kelvin] *s. Gen.-s Mz. - (Zeichen:* K) Einheit der absoluten Temperaturskala; **Kel|vin|ska|la** *w. Gen. - nur Ez.* Skala, deren Nullpunkt der absolute Nullpunkt (− 273,16° C) ist

**Ke|naf** [pers.] *s. Gen.-s nur Ez.* eine juteähnliche Faser

**Ken|do** [jap.] *s. Gen.-(s) nur Ez. urspr.:* jap. Schwertfechten; *heute:* sportl. Fechten mit Bambusschwertern

**Ken|nel** [lat.-engl.] *m.5* Hundezwinger

**Ke|no|taph** [griech.] *m.1* → Zenotaph

**Ken|taur** *m.10* → Zentaur

**Ken|tum|spra|chen** *w.11 Mz. früher Bez. für* die idg. Sprachen, die das Wort „hundert" nach lat. „centum" bilden; vgl. Satemsprachen

**Ke|pha|lo|gramm** [griech.] *s.1* Aufzeichnung der Schädelform; **Ke|pha|lo|me|trie** *w.11* Schädelmessung; **Ke|pha|lo|po|de** *m.11 Zool.:* Kopffüßer

**Ke|ra|mik** [griech.] *w.10* **1** *nur Ez.* Technik zur Herstellung von gebrannten Tonwaren; Tonwarenindustrie; alle Erzeugnisse aus Ton; **2** einzelner Gegenstand aus gebranntem Ton; **Ke|ra|mi|ker** *m.5* Hersteller von gebrannten Tonwaren; **ke|ra|misch** zur Keramik gehörig, aus Keramik

**Ke|ra|tin** [griech.] *s.1 nur Ez.* Eiweißkörper in Haar, Haut und Nägeln, Hornstoff; **Ke|ra|ti|tis** *w. Gen. - Mz.* -ti|ti|den Hornhautentzündung; **Ke|ra|tom** *s.1* Hornhautgeschwulst der Haut; **Ke|ra|to|pla|stik** *w.10* Hornhautübertragung; **Ke|ra|to|se** *w.11* krankhafte Hornhautbildung, Verhornung

**Ke|ren** *w.10 Mz. griech. Myth.:* Schicksals-, Unheils-, Todesdämonen

**Ker|man** [nach der iran. Stadt Kerman] *m.9* ein pers. Teppich mit Rauten- und Rankenmuster

**Ker|mes** [arab.] *m. Gen. - Mz. -* die mit rotem Saft gefüllten Eier und Bälge der auf der Kermeseiche lebenden Kermesschildlaus, früher zum Färben von Wolle verwendet

**Ke|ro|pla|stik** *w.10* → Zeroplastik

**Ke|ro|sin** [griech.] *s.1 nur Ez.* Petroleum

**Kerr|ef|fekt** [nach dem engl. Physiker J. Kerr] *m.1* bei Einwirkung elektr. Felder auftretende Doppelbrechung in normalerweise nichtdoppelbrechenden Medien

**Ke|ryg|ma** [griech.] *s. Gen.-s nur Ez.* Verkündigung, bes. der christl. Botschaft; **ke|ryg|ma|tisch** verkündigend, predigend

**Ke|schan** [nach der iran. Stadt Keschan] *m.9* ein pers. Teppich

**keß** [jidd.] *ugs.* **1** hübsch und etwas dreist; ein kesses Mädchen; **2** modisch und flott; eine kesse Mütze

**Ketch|up** [kɛtʃʌp, mal.-engl.] *m.9 oder s.9* pikante, dicke Würzsoße

**Ke|to|ne** *s.1 Mz.* Gruppe organ. Verbindungen (einfachster Vertreter: Aceton)

**Ketsch** [engl.] *w.10* ein zweimastiges Segelschiff

**Ke|tschua** **1** *m.9 oder Gen. - Mz. -* Angehöriger eines südamerik. Indianervolkes; **2** *s. Gen.-(s) nur Ez.* dessen Sprache

**kg** *Abk. für* Kilogramm

**KG** *Abk. für* Kommanditgesellschaft; **KGaA** *Abk. für* Kommanditgesellschaft auf Aktien

**Khal|ki** [pers.-engl.] **1** *s.9 nur Ez.* erdbraune Farbe; **2** *m.9* gelbbrauner Stoff (für Tropenuniformen)

**Khan** [Turkspr. oder mongol.] *m.1* mongol.-türk. Titel für Fürsten oder hohen Beamten;

**Kha|nat** *s. 1* Herrschaftsbereich, Amt eines Khans

**Khart|we|li** *m. 9 oder Gen. - Mz. - Selbstbez.* der Grusinier bzw. Georgier

**Kha|si** 1 *m. 9 oder Gen. - Mz. -* Angehöriger eines Volksstammes in Assam; **2** *s. Gen.-(s) nur Ez.* dessen Sprache

**Khe|di|ve** [pers.] *m. 11 oder m. 14 früher Titel für den* Vizekönig von Ägypten

**Khmer** 1 *m. 9 oder Gen. - Mz. -* Angehöriger eines Volksstammes in Kambodscha; **2** *s. Gen.-(s) nur Ez.* dessen Sprache

**Khoin|spra|chen, Khoi|san|spra|chen** *w. 11 Mz.* die Sprachen der Buschmänner und Hottentotten

**kHz** *Abk. für* Kilohertz

**Kib|buz** [hebr.] *m. Gen. - Mz.* -zim *oder* -ze landwirtschaftl. Kollektiv in Israel

**Kil|bit|ka** [russ.] *w. 9,* **Kil|bit|ke** *w. 11* **1** Filzzelt asiat. Nomaden; **2** leichter, ungefederter, überdachter russ. Wagen, *auch:* Schlitten

**Kick** [engl.] *m. 9* **1** *Fußball:* Stoß, Tritt; **2** Wirkung (eines Rauschgifts); **kicken** (kikken) *Fußball:* mit dem Fuß stoßen (den Ball); *auch allg.:* jmdn. k.; **Kick-off** *m. 9 schweiz., Fußball:* Anstoß; **Kicks** *m. 1 Fußball, Billard:* Fehlstoß; **Kick|star|ter** *m. 5 beim Motorrad:* Anlaßhebel

**Kick|xia** [kiksja, nach dem belg. Botaniker J. Kickx] *w. Gen. - Mz.* -xi en eine Kautschuk liefernde, baumartige Pflanze

**Kid** [engl.] *s. 9* Leder aus dem Fell von Kalb, Lamm und junger Ziege (für Handschuhe)

**kid|nap|pen** [-næpən, engl.] entführen, rauben; **Kid|nap|per** [-næpər] *m. 5* Menschenentführer; **Kid|nap|ping** *s. 9 nur Ez.* Menschenraub, um Lösegeld oder die Erfüllung von Forderungen zu erpressen

**Kif** [arab.] *m. 9 nur Ez., ugs. für* Haschisch; **kif|fen** *ugs.:* Haschisch rauchen; **Kif|fer** *m. 5* jmd., der kifft

**Kil|lim** *m. 9* → Kelim

**kil|len** [engl.] **1** *ugs.:* ermorden. umbringen; **2** *Seew.:* flattern, schlagen (Segel); **Kil|ler** *m. 5* (bezahlter) Mörder

**Kiln** [engl.] *m. 1* schachtförmiger Ofen zur Metallgewinnung und Holzverkohlung

**kilo...** [griech.], **Kilo...** *in Zus.:* tausend..., Tausend...; **Kilo** *s. Gen. -(s) Mz. -* Kurzform von Kilogramm; **Kilo|gramm** *s. Gen. -s Mz. - (Abk.* kg) 1000 Gramm, Maßeinheit der Masse, *ugs., aber unkorrekt:* des Gewichts; vgl. Kilopond; **Kilo|hertz** *s. Gen. - Mz. - (Abk.* kHz) 1000 Hertz, Maßeinheit der Frequenz; **Kilo|ka|lo|rie** *w. 11 (Abk.:* kcal) 1000 Kalorien; **Kilo|li|ter** *s. 5 (Abk.:* kl) 1000 Liter; **Kilo|me|ter** *s. 5, ugs.: m. 5 (Abk.:* km) 1000 Meter; **kilo|me|trie|ren** mit Kilometersteinen versehen (Straßen, Flüsse); **Kilo|pond** *s. Gen. -(s) Mz. - (Abk.:* kp) 1000 Pond; **Kilo|pond|me|ter** *s. Gen. -s Mz. - (Abk.:* kpm) Maßeinheit der Arbeit und Energie, die Ar-

beit, die nötig ist, um 1 kp 1 m hoch zu heben; **Kilo|ton|ne** *w. 11 (Abk.:* kt) Maßeinheit für die Sprengkraft von Kernwaffen; **Kilo|volt** *s. Gen. -(s) Mz. - (Abk.:* kV) 1000 Volt; **Kilo|volt|am|pere** *s. Gen. -(s) Mz. - (Abk.:* kVA) 1000 Voltampere; **Kilo|watt** *s. Gen. -(s) Mz. - (Abk.:* kW) 1000 Watt; **Kilo|watt|stun|de** *w. 11 (Abk.:* kWh) 1000 Wattstunden

**Kilt** [engl.] *m. 9* karierter, kurzer Rock der Schotten

**Kim|ber|lit** [nach der südafrik. Stadt Kimberley] *m. 1* diamanthaltiges südafrik. Eruptivgestein

**Kim|me|rer, Kim|me|ri er** *m. 5* Angehöriger eines idg. Volksstammes am Nordufer des Schwarzen Meeres, bei Homer eines sagenhaften Volkes, das im hohen Norden in ewiger Finsternis lebt

**Ki|mo|no** [jap.] *m. 9* langes, mantelartiges jap. Gewand mit weiten, angeschnittenen Ärmeln

**Ki|nä|de** [griech.] *m. 11* **1** Päderast; **2** weichlicher, lüsterner Mensch

**Kin|äs|the|sie** [griech.] *w. 11 nur Ez.* Bewegungs-, Muskelgefühl, Empfindung für Muskeln und Gelenke; **Kin|äs|the|tik** *w. 10 nur Ez.* Lehre von den Bewegungsempfindungen

**Ki|ne|ma|thek** [griech.] *w. 10* → Filmothek; **Ki|ne|ma|tik** *w. 10 nur Ez. Phys.:* Lehre von den Bewegungen; **Ki|ne|ma|to|graph** *m. 10* der erste Apparat zur Aufnahme und Wiedergabe bewegter Bilder; **Ki|ne|ma|to|gra|phie** *w. 11 nur Ez.* Filmtechnik, Filmwesen (in der Anfangszeit des Films); **Ki|ne|tik** *w. 10 nur Ez.* Lehre von der Bewegung durch Kräfte; **ki|ne|tisch** auf Kinetik beruhend; kinetische Energie: Bewegungsenergie; **Ki|ne|to|se** *w. 11* durch Reizung des Gleichgewichtsorgans hervorgerufene Krankheit, z. B. See-, Luftkrankheit; **Ki|no** *s. 9* Lichtspieltheater

**Ki osk** [türk.] *m. 1* **1** oriental. Gartenhäuschen; **2** Erker an oriental. Palästen; **3** Verkaufshäuschen oder -stand, z. B. Zeitungskiosk

**Kips** [engl.] *s. 1* getrocknete Haut des ind. Buckelrindes

**Kis|met** [arab.-türk.] *s. Gen. -s nur Ez. im Islam:* das von Allah bestimmte, unabwendbare Schicksal

**Ki|sua|he|li** *s. Gen. -(s) nur Ez.* → Suaheli **(2)**

**Kit|ha|ra** [griech.] *w. 9 Mz. auch* -tha|ren altgriech. Zupfinstrument mit 7–18 Saiten; **Ki|thar|öde** *m. 11* altgriech. Sänger und Kitharaspieler

**Kitsch** [engl.?] *m. Gen.-(e)s nur Ez.* **1** geschmacklose, süßlich-sentimentale Scheinkunst; **2** Gegenstände in dieser Art

**Kiwi** **1** [maorisch] *m. 9* ein neuseeländ. Schnepfenvogel; **2** [chin.] *w. 9* ovale, 7–10 cm lange subtrop. Frucht, „chines. Stachelbeere"

**Kjök|ken|möd|din|ger** *Mz.* → Kökkenmöddinger

**kl** *Abk. für* Kiloliter

**Kl.** *Abk. für* Klasse

**kla|bal|stern** [lat.-ital.] polternd, trampelnd gehen

**Kla|bau|ter|mann** [zu: kalfatern] *m. 4 nur Ez.* Schiffskobold, dessen Erscheinen (oder Verschwinden) dem Schiff Unheil anzeigt

**Kla|dol|nie** [-njə, griech.] *w. 11* Rentierflechte

**Kla|dol|ze|re** [griech.] *w. 11* Wasserfloh

**Kla|mot|te** [rotwelsch] *w. 11* **1** Stein-, Ziegelbrocken; **2** wertloser, alter Gegenstand, *bes.:* Hausgerät, Kleidungsstück; **3** *ugs.:* minderwertiges Theaterstück

**Klan** *m. 9 eindeutschende Schreibung von* Clan

**klan|de|stin** [lat.] *veraltet:* heimlich; klandestine Ehe: nicht kirchlich geschlossene und daher früher nicht gültige Ehe

**Kla|rett** [engl.] *m. 9 oder m. 1* **1** gewürzter, gesüßter Rotwein; **2** *auch:* junger, hellroter frz. Wein, Clairet

**kla|rie|ren** [lat.] ein Schiff k.: vor dem Ein- bzw. Auslaufen seine Ladung verzollen

**Kla|ri|net|te** [ital.] *w. 11* ein Holzblasinstrument; **Kla|ri|net|tist** *m. 10* Klarinettenspieler

**Kla|ris|se** [nach der hl. Clara] *w. 11*, **Kla|ris|sin** *w. 10* Angehörige des von Franz von Assisi gegründeten Klarissenordens

**Klas|se** [lat.] *w. 11 (Abk.: Kl.)* **1** Gruppe von Lebewesen, Dingen oder Begriffen mit gleichen Merkmalen; **2** Rang, Stufe (einer Wertskala); **Klas|se|ment** [-mã, frz.] *s. 9, schweiz.:* [-mẹnt] *s. 1* Einreihung, Einteilung, Ordnung; **Klas|si|fi|ka|ti|on** [-tsjon] *w. 10* Einteilung in Klassen; **klas|si|fi|zie|ren** in Klassen einteilen, nach Klassen ordnen

**Klas|sik** [lat.] *w. 10 nur Ez.* Epoche kultureller Höchstleistungen, die auch in späteren Zeiten als mustergültig anerkannt bleiben, bes. die Blütezeit des griech. und röm. Altertums, die dt. Literatur 1786 bis 1805 und die österr. Musik 1770–1825 (Wiener Klassik); **Klas|si|ker** *m. 5* Vertreter der Klassik; **klassisch** zur Klassik gehörend, aus ihr stammend, musterhaft, vorbildlich, allgemeingültig; **Klas|si|zis|mus** *m. Gen. - nur Ez.* die griech.-röm. Klassik nachahmender Kunststil, bes. in der europ. Baukunst im 16./17. Jh. und in der europ. Baukunst, Plastik, Malerei 1770–1830; **Klas|si|zi|tät** *w. 10 nur Ez.* Mustergültigkeit, Vorbildlichkeit

**kla|stisch** [griech.] durch Zertrümmerung anderer Gesteine entstanden (Sediment)

**Klau|se** [lat.] *w. 11* **1** kleines Zimmer, in dem man ungestört ist; **2** Zelle, Einsiedelei; **3** Talenge, Engpaß; **4** Teilfrucht (von Rauhblattgewächsen, Lippenblütlern)

**Klau|sel** [lat.] *w. 11* einschränkende, vorbehaltende Nebenbestimmung (in Verträgen)

**Klau|si|lie** [-ljə, lat.] *w. 11* eine Schneckenart;

**Klaus|ner** *m. 5* Bewohner einer Klause, Einsiedler; **Klau|stro|phi|lie** [lat. + griech.] *w. 11 nur Ez.* Neigung oder krankhaftes Bedürfnis, sich abzusondern und einzuschließen; **Klau|stro|pho|bie** *w. 11 nur Ez.* krankhafte Furcht vor dem Aufenthalt in geschlossenen Räumen

**klau|su|lie|ren** *veraltet:* durch eine Klausel einschränken, in einer Klausel formulieren

**Klau|sur** [lat.] *w. 10* **1** *nur Ez.* Einsamkeit, Abgeschlossenheit; in K. leben; **2** Räume, deren Betreten Außenstehenden verboten ist; **3** Prüfungsarbeit in einem Raum allein oder zu mehreren unter Aufsicht

**Kla|via|tur** [lat.] *w. 10 bei Tasteninstrumenten:* Gesamtheit der Tasten; **Kla|vi|chord** [-kɔrd] *s. 1* kleines Tasteninstrument, bei dem die Saiten durch Metallplättchen angeschlagen werden; **Kla|vier** *s. 1* Tasteninstrument, bei dem die Saiten durch Filzhämmer angeschlagen werden; **kla|vie|ri|stisch** die Spieltechnik des Klaviers betreffend, pianistisch; **Kla|vier|quar|tett** *s. 1* **1** Musikstück für Klavier und drei Streichinstrumente, meist Violine, Viola und Violoncello; **2** dessen Spieler; **Kla|vier|quin|tett** *s. 1* **1** Musikstück für Klavier und vier Streichinstrumente, meist 2 Violinen, Viola und Violoncello; **2** dessen Spieler; **Kla|vier|trio** *s. 9* **1** Musikstück für Klavier und zwei Streichinstrumente, meist Violine und Violoncello; **2** dessen Spieler

**Kla|vi|ku|la** *w. Gen. - Mz. -lä* → Clavicula

**Kla|vi|zim|bel** *s. 5* → Cembalo

**Kleck|so|gra|phie** [dt. + griech.] *w. 11, bei psycholog. Tests:* ungegenständl., klecksiges Bild, aus dem Bilder zu deuten sind

**klei|sto|gam** [griech.] sich selbst befruchtend; **Klei|sto|ga|mie** *w. 11 nur Ez.* Selbstbefruchtung mancher zweigeschlechtiger Pflanzen bei noch geschlossener Blüte

**Kle|ma|tis** [auch: -ma-, griech.] *w. Gen. - Mz. -* Waldrebe, eine Kletterpflanze

**Kle|men|ti|ne** *w. 11* eine kernlose Mandarinensorte

**Klephte** [griech.] *m. 11* griech. Freischärler gegen die türk. Herrschaft

**Klep|sy|dra** [griech.] *w. Gen. - Mz. -dren früher:* Wasseruhr

**Klep|to|ma|ne** [griech.] *m. 11* jmd., der an Kleptomanie leidet; **Klep|to|ma|nie** *w. 11 nur Ez.* krankhafter Trieb zum Stehlen

**kle|ri|kal** [lat.] die (kath.) Kirche betreffend, zu ihr gehörig, kirchlich; **Kle|ri|ka|lis|mus** *m. Gen. - nur Ez.* Bestreben der kath. Kirche, ihren Einfluß auf Staat und Gesellschaft zu stärken; **Kle|ri|ker** *m. 5* kath. Geistlicher; **Kle|ri|sei** *w. 10 nur Ez. veraltet, auch abfällig für* Klerus; **Kle|rus** *m. Gen. - nur Ez.* Gesamtheit der kath. Geistlichen, Priesterschaft

**Klicke** (Klik|ke) *w. 11 eindeutschende Schreibung von* Clique

**Kli|ent** [lat.] *m.10* Kunde (eines Rechtsanwalts); **Kli|en|tel** *w.10* Kundenkreis (eines Rechtsanwalts)

**Kli|ma** [griech.] *s. Gen.-s Mz.* -ma|ta oder -ma|te, *auch: s.9* der durchschnittliche Ablauf der Witterung in einem Gebiet **kli|mak|te|risch** [griech.] zum Klimakterium gehörend; **Kli|mak|te|ri|um** *s. Gen.-s Mz.* -ri:en Wechseljahre, Zeit (bei der Frau), in der die Tätigkeit der Eierstöcke und die Menstruation aufhören **kli|ma|tisch** [griech.] das Klima betreffend, zu ihm gehörend; **kli|ma|ti|sie|ren** einen Raum k.: durch Klimaanlage eine annähernd gleichbleibende Temperatur in ihm erzeugen; **Kli|ma|to|gra|phie** *w.11* Beschreibung der verschiedenen Klimata der Erde; **Kli|ma|to|lo|gie** *w.11* Lehre vom Klima

**Kli|max** [griech.] *w.1* 1 Höhepunkt, höchste Steigerung; *Ggs.*: Antiklimax; 2 *auch* → Klimakterium; 3 Endzustand der Entwicklung einer Pflanzengesellschaft an ihrem Standort

**Kli|nik** [griech.] *w.10* 1 Krankenhaus; 2 Unterricht (der Medizinstudenten) am Krankenbett; **Kli|ni|ker** *m.5* 1 in einer Klinik tätiger Arzt; 2 Student in der klinischen Ausbildung; **Kli|ni|kum** *s. Gen.-s Mz.*-ken *oder* -ka 1 Hauptteil der ärztlichen Ausbildung im Krankenhaus; 2 Großkrankenhaus, Komplex von mehreren Kliniken; **kli|nisch** zur Klinik gehörend, in der Klinik (stattfindend)

**Klin|ker** [ndrl.] *m.5* sehr harter Ziegelstein; **Klin|ker|boot** *s.1* Boot mit dachziegelartig übereinandergreifenden Planken

**Kli|no|chlor** [-klor, griech.] *s.1* ein Mineral; **Kli|no|graph** *m.10* Gerät zum Bestimmen der Neigungsvorgänge der Erdoberfläche, Neigungsschreiber; **Kli|no|me|ter** *s.5* 1 Gerät zum Messen der Neigung gegen den Horizont (für Schiffe und Flugzeuge); 2 magnet. Gerät zum Feststellen von Gesteinsschichtungen; **Kli|no|mo|bil** [griech. + lat.] *s.1* Auto mit klinischer Ausrüstung (auch für Operationen); **Kli|no|stat** [griech.] *m.12 oder m.10* Gerät zum Untersuchen des Geotropismus von Pflanzen

**Klipp** [engl.] *m.9* 1 Klemme, z. B. am Füllfederhalter; 2 anklemmbarer Ohrschmuck, Ohrklipp

**Klip|per** [engl.] *m.5* 1 schnelles Segelboot; 2 Langstrecken-Verkehrsflugzeug

**Klips** [engl.] *m.1* breite Federklemme zum Festhalten des Haars beim Frisieren oder Trocknen

**Kli|schee** [frz.] *s.9* 1 Druckstock, Druckplatte; 2 *übertr.*: Abklatsch, unschöpferische Nachahmung; zu oft gebrauchtes, abgegriffenes Wort; **kli|schie|ren** auf die Druckplatte übertragen (Bild)

**Kli|stier** [griech.-lat.] *s.1* Darmeinlauf, Darmspülung; **kli|stie|ren** jmdn. k.: jmdm. ein Klistier geben

**Kli|to|ris** [griech.] *w. Gen. - Mz. - oder* -to|ri|des [-de:s] schwellfähiger Teil des weibl. Geschlechtsorgans am oberen Ende der kleinen Schamlippen

**Klit|sche** [poln.] *w.11* kleines, ärmliches Landgut

**Kli|vie** [-vjə] *w.11 eindeutschende Schreibung von* Clivia

**Klo|a|ke** [lat.] *w.11* 1 unterirdischer Abwasserkanal; 2 *bei manchen Tieren:* gemeinsamer Ausgang von Darm, Harnblase und Geschlechtsorgan; **Klo|a|ken|tie|re** *s.1 Mz.* eierlegende Säugetiere mit Kloake, heute nur noch Schnabeltier und Ameisenigel

**Klon** [griech.] *m.1* durch ungeschlechtl. Fortpflanzung gezogene Nachkommenschaft eines Individuums; **klo|nen** sich ungeschlechtlich (durch Senker, Stecklinge) fortpflanzen

**klo|nisch** [griech.] krampfhaft zuckend; **Klo|nus** *m. Gen. - Mz.* -nus|se rasche, krampfhafte Zuckungen

**Klo|sett** [engl.] *s.9* Abort (mit Wasserspülung)

**Klo|ster** [lat.] *s.6* von der Welt abgeschlossene Wohnstätte von Mönchen oder Nonnen

**Klub** [engl.] *m.9* 1 Vereinigung von Personen zur Pflege bestimmter Interessen, z. B. Sportklub, Kegelklub; 2 deren Räume; **Klub|gar|ni|tur** *w.10* zusammenpassende Gruppe von Polstermöbeln: Couch und mehrere Sessel

**Kluft** [hebr.] *w.10* Uniform, Kleidung

**Klu|ni|a|zen|ser** [kly-] *m.5* → Clunyazenser

**Klus** [mlat.] *m.10,* **Klu|se** *w.11 schweiz.*: Engpaß, enges Quertal; **Klü|se** *w.11 Seew.*: Loch in der Schiffswand für Ketten (Ankerklüse) oder Taue

**Klü|ver** [ndrl.] *m.5* dreieckiges Segel am Bugspriet

**Klys|ma** [griech.] *s. Gen.-s Mz.* -men Darmeinlauf, Klistier

**Kly|stron** [griech.] *s. Gen.-s Mz.* -stro|ne spezielle Form der Elektronenröhre zur Erzeugung und Verstärkung elektromagnet. Mikrowellen

**km** *Abk. für* Kilometer

**km²** *Abk. für* Quadratkilometer; **km³** *Abk. für* Kubikkilometer

**km/h, km/st** *Abk. für* Kilometer je Stunde, Stundenkilometer

**Knast** [jidd.] *m. Gen.* -(e)s *nur Ez.* Gefängnis, Gefängnisstrafe; Knast schieben

**Kna|ster** [griech.-span.] *m.5* (schlechter) Tabak

**Knes|set(h)** [hebr.] *w. Gen. - nur Ez. in Israel:* Parlament

**Knicker|bocker** (Knik|ker|bok|ker) [nikər-], nach dem Spitznamen der holländ. Siedler in New York und dem Romangestalt von W. Irving] 1 *Mz., auch:* Knickerbockers: knielange Überfallhose; 2 *m.5* ein alkohol. Getränk

**knock|down** [nɔkdaun, engl.] *Boxen:* zu Boden geschlagen; **Knock|down** *s. Gen.*-(s) *Mz.*-s *Boxen:* Schlag, der den Getroffenen zu Boden zwingt; **knock|out** [nɔkaut] (*Abk.:* k. o.) *Boxen:* kampfunfähig; jmdn. k. schlagen; **Knock|out** (*Abk.:* K. o.) *s. Gen.*-(s) *Mz.*-s *Boxen:* völlige Niederlage, Kampfunfähigkeit

**Know-how** [nouhau, engl.] *s. Gen.*-(s) *nur Ez.* „Gewußt wie", das Wissen, wie man eine Sache verwirklichen kann

**Knute** [russ.] *w.11* 1 Lederpeitsche; 2 Gewaltherrschaft, strenge Herrschaft; **knu|ten** knechten

**k. o.** *Abk. für* knockout; **K. o.** *Abk. für* Knockout

**Ko|ad|ju|tor** [lat.] *m.13* Gehilfe eines kath. Geistlichen

**Ko|agu|lans** [lat.] *s. Gen.* - *Mz.*-lan|tia [-tsja] *oder* -lan|zi|en die Blutgerinnung förderndes Mittel; **Ko|agu|lat** *s.1* Stoff, der bei der Koagulation einer fein verteilten Lösung ausgeflockt wird; **Ko|agu|la|ti|on** [-tsjon] *w.10* Gerinnung, Ausflockung; **ko|agu|lie|ren** gerinnen, ausflocken

**Koa|la** [austral.] *m.9* kleiner Beutelbär Australiens

**ko|alie|ren** [lat.], **ko|ali|sie|ren** eine Koalition bilden, sich verbünden; **Ko|ali|ti|on** [-tsjon] *w.10* Bündnis (von Staaten oder Parteien zu einem bestimmten Zweck); **Ko|ali|ti|ons|re|gie|rung** *w.10* aus Vertretern mehrerer Parteien gebildete Regierung

**Ko|au|tor** *m.13* Mitverfasser

**ko|axi|al** [lat.] eine gemeinsame Achse besitzend; **Ko|axi|al|ka|bel** *s.5* gegen Störfelder unempfindl. Kabel, bei dem ein Mittelleiter von einem hohlen Außenleiter umschlossen ist

**Ko|bra** [port.] *m.9* eine Giftschlange

**Ko|da** [lat.] *w.9* kurzer Schlußteil (eines Musikstückes, bes. des 1. Sonatensatzes); *in der ital. Dichtung:* zusätzl. Vers zum Sonett

**Kode** [kod, lat.] *m.9* Schlüssel (zum Entziffern von verschlüsselten Mitteilungen, z. B. einer Geheimschrift, bzw. zum Verschlüsseln von normaler Schrift); Telegraphenschlüssel

**Ko|de|in** [griech.] *s.1 nur Ez.* ein Beruhigungsmittel, bes. hustenstillend

**Ko|dex** [lat.] *m.1 Mz. auch:* -di|zes [-tse:s] 1 zwischen Holzdeckel gebundene, mit Wachs überzogene hölzerne Schreibtafeln bzw. (später) Pergament- oder Papyrusblätter (Vorläufer des Buches); 2 Sammlung alter Handschriften; vgl. Codex; 3 Gesetzessammlung; vgl. Code; 4 Gesamtheit aller in einer Gesellschaft oder Gesellschaftsschicht maßgebenden Vorschriften; **ko|die|ren** nach einem Kode umsetzen, verschlüsseln; **Ko|di|fi|ka|ti|on** [-tsjon] *w.10* Zusammenfassung in einem Kodex; **Ko|di|fi|ka|tor** *m.13* jmd., der etwas kodifiziert; **ko|di|fi|zie|ren** einem

Gesetzbuch zusammenfassen; **Ko|di|zill** *s.1 früher:* letztwillige Verfügung

**Ko|edu|ka|ti|on** [-tsjon, lat.] *w.10 nur Ez.* Erziehung von Jungen und Mädchen gemeinsam (in Schulen und Internaten)

**Ko|ef|fi|zi|ent** [lat.] *m.10* 1 *Math.:* Vorzahl, Beizahl vor veränderlichen Größen einer Funktion; 2 *Phys.:* Zahl, die eine bestimmte physikal. oder technische Verhaltensweise angibt, z. B. Reibungs-, Ausdehnungskoeffizient

**Ko|en|zym** [lat. + griech.] *s.1* Teil eines Enzyms, das mit anderen zusammen die Wirkung des ganzen Enzyms ermöglicht, Koferment

**ko|er|zi|bel** [lat.] 1 verdichtbar, verflüssigbar; 2 fähig, eine Koerzitivkraft auszuüben; **Ko|er|zi|tiv|kraft** *w.2* Fähigkeit eines Stoffes, einen in ihm erregten Magnetismus beizubehalten oder der Magnetisierung zu widerstehen

**Ko|exi|stenz** [lat.] *w.10 nur Ez.* 1 gleichzeitiges Vorhandensein (mehrerer Dinge); 2 friedliches Nebeneinanderbestehen (von Staaten mit verschiedenen Gesellschafts-, Regierungs- oder Wirtschaftsformen); **ko|exi|stie|ren** nebeneinander bestehen

**Ko|fer|ment** [lat.] *s.1* → Koenzym

**Kof|fe|in** [engl.] *s.1 nur Ez.* in Kaffee, Tee, der Kolanuß u. a. enthaltenes, anregendes Alkaloid; **Kof|fe|inis|mus** *m. Gen.* - *nur Ez.* Koffeinsucht, -vergiftung

**Ko|gnak** [kɔnjak, frz.] *m.9* in der frz. Stadt Cognac hergestellter Weinbrand

**Ko|gnat** [lat.] *m.10* im alten Rom: Blutsverwandter, der nicht → Agnat ist; **Ko|gna|ti|on** [-tsjon] *w.10 nur Ez.* Blutsverwandtschaft, die nicht → Agnation ist

**Ko|gni|ti|on** [-tsjon, lat.] *w.10 veraltet:* (richterl.) Erkenntnis, Untersuchung; **ko|gni|tiv** auf Erkenntnis beruhend

**Ko|gno|men** [lat.] *s. Gen.*-s *Mz.* - *oder* -mi|na *im alten Rom:* dem Vor- und Geschlechtsnamen beigegebener Name, Beiname

**Ko|ha|bi|ta|ti|on** [-tsjon, lat.] *w.10* Beischlaf; **ko|ha|bi|tie|ren** den Beischlaf ausüben

**ko|hä|rent** [lat.] zusammenhängend; **Ko|hä|renz** *w.10 nur Ez.* Zusammenhang; **Ko|hä|rer** *m.5* (heute kaum noch benutztes) Gerät zum Nachweis elektr. Wellen, Fritter; **ko|hä|rie|ren** zusammenhängen, der Kohäsion unterliegen; **Ko|hä|si|on** *w.10 nur Ez.* durch Anziehung bewirkter Zusammenhang der Moleküle; **ko|hä|siv** zusammenhaltend

**ko|hi|bie|ren** [lat.] *veraltet:* mäßigen, zurückhalten

**Ko|hor|te** [lat.] *w.11* altröm. Truppeneinheit, 10. Teil einer Legion

**Koi|ne** [kɔi-, griech.] *w. Gen.* - *nur Ez.* aus den altgriech. Dialekten entstandene griech. Umgangssprache, Vorstufe des Neugriechischen

ko|in|zi|dęnt [lat.] zusammentreffend, einander deckend; Ko|in|zi|dęnz w. 10 nur Ez. Zusammentreffen (zweier Ereignisse oder Vorgänge); ko|in|zi|die|ren zusammentreffen
ko|itie|ren [lat.] den Beischlaf ausüben, Geschlechtsverkehr haben; Ko|itus m. Gen. - Mz. - Beischlaf, Geschlechtsverkehr
Ko|je [lat.-ndri.] w. 11 1 auf Schiffen: Bett; 2 Ausstellungsstand
Ko|jo|te [aztek.] m. 11 nordamerikanischer Präriewolf
Ko|ka [span.] w. Gen. - Mz. - in Bolivien und Peru heimische Pflanze, aus deren Blättern Kokain gewonnen wird; Ko|ka|in s. 1 nur Ez. aus der Koka gewonnenes, anregendes Alkaloid; Ko|ka|inis|mus m. Gen. - nur Ez. Kokainsucht; Ko|ka|inist m. 10 Kokainsüchtiger
Ko|kar|de [frz.] w. 11 an Uniformmützen: nationales Abzeichen; Hoheitszeichen
ko|ken [engl.] Koks herstellen; Ko|ker m. 5 1 Arbeiter in der Kokerei; 2 Seew.: Öffnung am Schiffsheck für das Ruder, Hennegatt;
Ko|ke|rei w. 10 1 nur Ez. Herstellung von Koks; 2 die Anlage dafür
ko|kętt [frz.] gefallsüchtig; Ko|kęt|te w. 11 kokette Frau; Ko|ket|te|rie w. 11 nur Ez. Gefallsüchtigkeit; ko|ket|tie|ren Gefallen zu erregen suchen, seine Reize spielen lassen; mit jmdm. k.: jmdn. erotisch zu reizen versuchen
Ko|ki|lle [frz.] w. 11 metallene, mehrmals verwendbare Gießform
Kok|ke w. 11 → Kokkus
Kok|kels|kör|ner [mlat.] s. 4 Mz. zum Fischfang verwendete, ein Betäubungsmittel enthaltende Körner
Kök|ken|möd|din|ger [dän.] Mz. an der dän. Ostküste gefundene, von Menschen der Mittel- und Jungsteinzeit stammende Abfallhaufen aus Muschelschalen, Kohlenresten usw.
Kok|ko|lith [griech.] m. 10 aus Kalkalgen entstandene Tiefseegestein
Kok|kus [griech.] m. Gen. - Mz. -ken kugelförmiges Bakterium
Ko|kon [-kõ, österr.: -kon, frz.] m. 9 bei der Verpuppung gesponnene Hülle mancher Insektenlarven, der Seidenraupe
Ko|kos [span.] w. Gen. - Mz. - → Kokospalme; Ko|kos|fa|ser w. 11 Faser der Kokosnuß; Ko|kos|nuß w. 2 Frucht der Kokospalme; Ko|kos|pal|me w. 11 Palme der trop. Küstengebiete
Ko|kot|te [frz.] w. 11 Halbweltdame
Koks [engl.] m. 1 1 durch Verschwelen von Stein- und Braunkohle gewonnener Brennstoff; 2 ugs.: → Kokain; kok|sen ugs. 1 schlafen; 2 Kokain nehmen; Kok|ser m. 5 ugs.: Kokainsüchtiger
Kok|zi|die [-djə, griech.-lat.] w. 11 krankheitserregendes Sporentierchen; Kok|zi|dio|se w. 11 durch Kokzidien hervorgerufene Erkrankung, z. B. Leberkokzidiose
Ko|la [afrikan. Negerspr.] w. Gen. - nur Ez.,

Ko|la|nuß w. 2 koffeinhaltiger Samen des westafrik. Kolabaumes
Kol|lat|sche [tschech.] w. 11 österr.: kleiner, mit Rosinen oder Marmelade gefüllter Hefekuchen
Kol|la|tur [lat.] w. 10 durch ein Tuch geseihte Flüssigkeit
Kol|chos [russ.] m. Gen. - Mz. -cho|se, Kol|cho|se w. 11 in der UdSSR: landwirtschaftl. Produktionsgenossenschaft
Ko|leo|pte|re [griech.] w. 11 Sammelbez. für Käfer; Ko|leo|pte|ro|lo|gie w. 11 nur Ez. Wissenschaft von den Käfern
Ko|li|bak|te|ri|en [griech.] Mz. Dickdarmbakterien
Ko|li|bri [südamerik. Eingeborenenspr.] m. 9 ein Vogel
ko|lie|ren [lat.] durch ein Tuch seihen
Ko|lik [griech.] w. 10 krampfartiger Schmerz in den inneren Organen, z. B. Nierenkolik; Ko|li|tis w. Gen. - Mz. -ti|den infektiöse Dickdarmentzündung
Kol|ko|thar [griech.-arab.] m. 1 rotes Eisenoxid, Malerfarbe
kol|la|bes|zie|ren [lat.] hinfällig werden, verfallen; kol|la|bie|ren einen Kollaps erleiden, zusammenbrechen
Kol|la|bo|ra|teur [-tør, frz.] m. 1 jmd., der mit dem Feind oder der Besatzungsmacht zusammenarbeitet; Kol|la|bo|ra|ti|on [-tsjon] w. 10 Zusammenarbeit mit dem Feind oder der Besatzungsmacht; Kol|la|bo|ra|tor m. 13 veraltet: Hilfslehrer oder -geistlicher; kol|la|bo|ra|tur w. 10 veraltet: Amt eines Kollaborators; kol|la|bo|rie|ren mit dem Feind oder der Besatzungsmacht zusammenarbeiten
Kol|la|gen [griech.] s. 1 leimartiger Eiweißstoff in Knochen, Knorpel und Bindegewebe
Kol|laps [auch: -laps, lat.] m. 1 Zusammenbruch infolge plötzlichen Versagens des Blutkreislaufs, Schwächeanfall
kol|la|te|ral [lat.] auf der gleichen Körperseite, seitlich nebenherlaufend; Kol|la|te|ral|ver|wand|te(r) m. 18(17) bzw. w. 17 oder 18 Verwandte(r) einer Nebenlinie, entfernte(r) Verwandte(r)
Kol|la|ti|on [-tsjon, lat.] w. 10 1 Vergleich zwischen Urschrift und Abschrift; 2 Zusammentragen der Bogen eines Buches und Prüfung auf ihre Vollzähligkeit; 3 auch: Übertragen von Korrekturen aus mehreren Fahnen in ein Exemplar; 4 Ausgleich zwischen Erben, wenn einer schon vor dem Tode des Erblassers Zuwendungen erhalten hat; 5 kath. Kirche: kleine Erfrischung an Fasttagen; kol|la|tio|nie|ren zusammentragen, ausgleichen; Kol|la|tur w. 10 Recht zur Besetzung eines geistl. Amtes
Kol|lau|dati|on [-tsjon, lat.], Kol|lau|die|rung w. 10 österr., schweiz.: amtl. Prüfung und abschließende Genehmigung eines Baues
Kol|leg [lat.] s. 9 1 Vorlesung an einer Hoch-

schule, Unterricht(sstunde) im Fernunterricht, z. B. im Fernsehen (Telekolleg); **2** kath. Studienanstalt, z. B. Jesuitenkolleg; **Kol|le|ge** *m. 11* Amtsbruder, Berufsgenosse, Mitarbeiter; **kol|le|gi|al** wie ein Kollege, wie unter Kollegen, kameradschaftlich, freundlich-vertraut; **Kol|le|gi|al|ge|richt** *s. 1* Gericht, bei dem mehrere Richter gemeinsam das Urteil fällen, im Unterschied zum Einzelrichter; **Kol|le|gi|a|li|tät** *w. 10 nur Ez.* Verbundenheit der Kollegen untereinander, Berufskameradschaft, kollegiales Verhältnis oder Verhalten; **Kol|le|gi|at** *m. 10* Stiftsgenosse; **Kol|le|gi|um** *s. Gen.-s Mz.*-gi|en **1** Gemeinschaft von Personen des gleichen Berufs, z. B. Lehrer-, Ärztekollegium; **2** Ausschuß, Körperschaft **Kol|lek|ta|nea** [lat.] **Kol|lek|ta|neen** *Mz.* gesammelte Auszüge aus literar. oder wissenschaftl. Werken, Lesefrüchte, Sammelhefte; **Kol|lek|te** *w. 11* kirchliche Geld-, Spendensammlung; **Kol|lek|teur** [-tør, frz.] *m. 1 veraltet* **1** Lotterieeinnehmer; **2** Geldsammler für wohltätige Zwecke; **Kol|lek|ti|on** [-tsjon, lat.] *w. 10* **1** Sammlung (von Gegenständen); **2** Mustersammlung (von Waren), Auswahl; **kol|lek|tiv 1** gemeinsam, gemeinschaftlich (erarbeitet); **2** umfassend; **Kol|lek|tiv** *s. 1* **1** Arbeitsgemeinschaft; **2** *in sozialist. Ländern auch:* Produktionsgemeinschaft; **kol|lek|ti|vie|ren 1** in Kollektive zusammenfassen; **2** *in sozialist. Ländern:* in Kollektiveigentum überführen; **Kol|lek|ti|vis|mus** *m. Gen. - nur Ez.* Auffassung, daß die Gemeinschaft den Vorrang vor dem einzelnen hat und dieser kein Eigenrecht habe; **Kol|lek|tiv|suf|fix** *s. 1* für ein Kollektivum charakterist. Suffix, z. B. -schaft; **Kol|lek|ti|vum** *s. Gen.-s Mz.*-va Sammelbegriff, Sammelname, eine Gruppe gleichartiger Wesen oder Dinge zusammenfassender Begriff, z. B. Vieh, Gemeinde, Lehrerschaft; *vgl. Appellativum;* **Kol|lek|tor** *m. 13* **1** *Phys.:* Sammler (von Licht, Energie, Schall usw.); **2** *bei elektr. Maschinen:* als Stromwender wirkender Schleifkontakt, Kommutator **Kol|len|chym** [-çym, griech.] *s. 1* dehnungsfähiges Festigungsgewebe wachsender Pflanzen **Kol|lett** [lat.-frz.] *s. 1 veraltet:* **1** Reitjacke, Wams; **2** breiter Umhängekragen **Kol|li 1** *Mz.* von Kollo; **2** *s. Gen.-s Mz.-österr.:* Fracht-, Gepäckstück **kol|li|die|ren** [lat.] **1** sich überschneiden, (zeitlich) zusammenfallen; **2** zusammenstoßen (Fahrzeuge); **3** in Streit geraten, aneinandergeraten **Kol|lier** [-lje, frz.] *s. 9* **1** (wertvoller) Halsschmuck; **2** um Hals und Schultern zu tragender, schmaler Pelz **Kol|li|ma|ti|on** [-tsjon, lat.] *w. 10* das Zusammenfallen zweier Linien, z. B. beim Einstellen eines Fernrohrs; Übereinstimmung eines Winkels mit dem darauf eingestellten Meß-

gerät; **Kol|li|ma|tor** *m. 13* Anordnung, die die Strahlen einer Lichtquelle parallel richtet **kol|li|ne|ar** [lat.] *bei der projektiven Abbildung:* einander entsprechend (Punkte und Geraden); **Kol|li|ne|a|ti|on** [-tsjon] *w. 10* bes. Form der projektiven Abbildung eines Raumes **Kol|li|si|on** [lat.] *w. 10* **1** Überschneidung, (zeitl.) Zusammenfallen; **2** Zusammenstoß; **3** Streit; **4** Widerstreit, Gegensatz; mit dem Gesetz in K. kommen oder geraten **Kol|lo** [ital.] *s. 9, Mz. auch:* -li Frachtstück, Warenballen **Kol|lo|din** [griech.] *s. 1* verdünnter Pflanzenleim, als Klebemittel und zum Appretieren; **Kol|lo|di|um** *s. Gen.-s nur Ez.* Lösung aus Kollodiumwolle und einem Alkohol-Äther-Gemisch, zum Verschließen von Wunden, auch in der Technik verwendet; **Kol|lo|di|um|wol|le** *w. 11 nur Ez.* nitrierte Zellulose **kol|lo|id** [griech.] fein verteilt; **Kol|lo|id** *s. 1* in einem Lösungsmittel sehr fein verteilter, aber nicht gelöster Stoff; **kol|lo|i|dal** → kolloid **Kol|lo|ka|ti|on** [-tsjon, lat.] *w. 10 veraltet:* Ordnung nach bestimmter Reihenfolge **Kol|lo|qui|um** [auch: -lɔ-, lat.] *s. Gen.-s Mz.* -quien wissenschaftl. Gespräch (zu Lehrzwecken oder Klärung von Problemen) **kol|lu|die|ren** [lat.] sich zu jmds. Nachteil mit einem Dritten verständigen; **Kol|lu|si|on** *w. 10* geheime, betrügerische Verabredung zu jmds. Nachteil, Verdunkelung, Verschleierung **Kol|ma|tage** [-ʒə, frz.] *w. 11* → Kolmation; **kol|ma|tie|ren** eine Kolmation bilden; **Kol|ma|ti|on** [-tsjon] *w. 10* Erhöhung tiefliegenden Landes, Auflandung (mit Hilfe sinkstoffreichen Wassers) **Kol|om|bi|ne** [ital. „Täubchen"] *w. 11* Gestalt der Commedia dell'arte, Geliebte des Arlecchino **Kol|om|bo|wur|zel** [nach der Stadt Colombo auf Ceylon] *w. 11* Wurzel einer ostafrik. Schlingpflanze, gegen Verdauungsstörungen verwendet **Kol|on** [griech.] *s. 9, Mz. auch:* Kola **1** Grimm-, Dickdarm; **2** Doppelpunkt; **3** *Metrik:* als Einheit aufzufassende Wortgruppe **Kol|o|nat** [lat.] **1** *in der röm. Kaiserzeit:* Grundhörigkeit (des Bauern); **2** *später:* Erbpachtgut; **3** Ansiedlung Kriegsgefangener, vor allem von Germanen; **Kol|o|ne** *m. 11* **1** *röm. Kaiserzeit:* persönlich freier, aber an seinen Landbesitz gebundener Bauer; **2** *später:* Erbzinsbauer **Kol|o|nel** [frz.] *w. Gen. - nur Ez.* ein Schriftgrad (7 Punkt) **kol|o|ni|al** [lat.] die Kolonien betreffend, zu ihnen gehörig, aus ihnen stammend; *Biol.:* in einer Kolonie (4) lebend, eine Kolonie bildend; **Ko|lo|nia|lis|mus** *m. Gen. - nur Ez.* auf Erwerb und Nutzung von Kolonien gerichtete Politik; **Ko|lo|nia|list** *m. 10* Anhänger des Kolonialismus; **Ko|lo|nie** *w. 11* 1 Siedlung von Menschen außerhalb ihres Mutterlandes; 2 ausländischer, meist überseeischer Besitz (eines Staates); 3 Lager, z. B. Ferienkolonie; 4 Gruppe gleichartiger, gesellig lebender Tiere, Tierverband; 5 Verband von niederen Lebewesen, Zellverband; **Ko|lo|ni|sa|ti|on** [-tsjon] *w. 10 nur Ez.* 1 Urbarmachung und Besiedlung von Land (im In- oder Ausland); 2 Erwerb, Eroberung von Kolonien; **Ko|lo|ni|sa|tor** *m. 13* jmd., der eine Kolonie (2) erobert oder erwirbt; **ko|lo|ni|sie|ren** 1 urbar machen und besiedeln; 2 als Kolonie erwerben oder erobern; **Ko|lo|nist** *m. 10* Siedler in einer Kolonie (1)

**Ko|lon|na|de** [frz.] *w. 11* Säulengang; **Ko|lon|ne** *w. 11* 1 geordnete Schar, Zug; 2 Transport- oder Arbeitstrupp; 3 Reihe, z. B. von Zahlen; 4 Trennungssäule (beim Destillieren)

**Ko|lo|phon** [griech.] *m. 1, in alten Handschriften u. Frühdrucken:* Schlußvermerk über Verfasser, Schreiber, Ort, Jahr

**Ko|lo|pho|ni|um** [nach der altgriech. Stadt Kolophon in Kleinasien] *s. Gen. -s nur Ez.* ein Harzprodukt, für Lacke, Kitte, Leime und zum Bestreichen des Geigenbogens

**Ko|lo|quin|te** [griech.-ital.] *w. 11* eine Kürbispflanze, Abführmittel

**Ko|lo|ra|do|kä|fer** [nach dem US-amerik. Staat Colorado] *m. 5* Kartoffelkäfer

**Ko|lo|ra|tur** [lat.] *w. 10* virtuose Verzierung des Gesangs in hoher Lage; **ko|lo|rie|ren** färben, farbig ausmalen; **Ko|lo|ri|me|ter** *s. 5* Gerät zum Bestimmen der Farbintensität von Lösungen; **Ko|lo|ris|mus** *m. Gen. - nur Ez. Malerei:* Hervorhebung der Farbe; **Ko|lo|rist** *m. 10* 1 Anhänger des Kolorismus; 2 jmd., der Stiche usw. koloriert; **ko|lo|ri|stisch** die Farbgebung betreffend; **Ko|lo|rit** [auch: -rit] *s. 1* 1 Farbgebung, Farbwirkung, farbl. Gestaltung; 2 Klangfarbe, Klangwirkung; 3 *in der Literatur:* Stimmung, Detailzeichnung einer Darstellung, z. B. Lokalkolorit

**Ko|loß** [griech.] *m. 1* 1 riesiges Standbild; 2 riesiges Gebilde, massiger, riesiger Gegenstand; 3 sehr großer, dicker, schwerfälliger Mensch; **ko|los|sal** 1 riesig und massig; 2 *ugs.:* sehr, ungeheuer

**Ko|lo|stral|milch** *w. 10 nur Ez.*, **Ko|lo|strum** [lat.] *s. Gen. -s nur Ez.* in den ersten Tagen nach der Entbindung von den Brustdrüsen abgesonderte, milchartige Flüssigkeit

**Ko|lo|to|mie** [griech.] *w. 11* operative Öffnung des Dickdarms (z. B. zum Anlegen eines künstl. Afters)

**Kol|pak** *m. 9* → Kalpak

**Kol|pi|tis** [griech.] *w. Gen. - Mz. -ti|den* Scheidenentzündung

**Kol|por|ta|ge** [-ʒə, frz.] *w. 11* 1 *früher:* Hausierhandel mit billigen Büchern; 2 Verbreitung von Gerüchten; **Kol|por|ta|ge|ro|man** *m. 1* billiger, wertloser Roman, Hintertreppenroman; **Kol|por|teur** [-tør] *m. 1* 1 *früher:* Hausierer, der Bücher verkauft; 2 jmd., der Gerüchte verbreitet; **kol|por|tie|ren** etwas k.: 1 mit etwas hausieren, etwas feilbieten; 2 verbreiten, weitererzählen (Gerücht, Nachrichten)

**Kol|po|skop** [griech.] *s. 1* Gerät mit Spiegel zur Untersuchung der Scheide; **Kol|po|sko|pie** *w. 11* Untersuchung mit dem Kolposkop

**Kol|ter** [altfrz.] *m. 5* 1 Messer an der Pflugschar; 2 *süddt.:* Steppdecke, Wolldecke

**Ko|lum|ba|ri|um** [lat.] *s. Gen. -s Mz. -ri|en* im *alten Rom:* Grabkammer mit Wandnischen für die Urnen; *heute:* Urnenhalle (im Krematorium)

**Ko|lum|bi|ne** *w. 11* → Kolombine

**Ko|lum|bit** [nach dem US-amerik. Staat Columbia] *s. 1 nur Ez.* ein Mineral

**Ko|lum|ne** [lat.] *w. 11* 1 senkrechte Reihe (von Zahlen u. a.); 2 Spalte (einer Zeitungs- oder Buchseite); 3 Druckseite; **Ko|lum|nen|ti|tel** *m. 5* Überschrift einer Buchseite; **Ko|lum|nist** *m. 10* Journalist, der regelmäßig für eine bestimmte Spalte oder Seite einer Zeitung oder Zeitschrift Artikel schreibt

**Ko|ma** [griech.] 1 *w. 9 Astron.:* durch die Sonne zum Leuchten gebrachte Nebelhülle um den Kopf eines Kometen; 2 *Optik:* Linsenfehler, durch den auf dem Bild ein kometenschweifähnl. Gebilde statt eines Punktes entsteht; 3 *s. 9 Med.:* tiefe Bewußtlosigkeit; **ko|ma|tös** auf einem Koma (3) beruhend, in der Art eines Komas

**Kom|bat|tant** [frz.] *m. 10* kriegsrechtlich anerkannter Angehöriger einer Kampftruppe

**Kom|bi** *m. 9, Kurzw. aus* kombinierter Liefer- und Personenwagen; **Kom|bi|nat** [lat.] *s. 1 in Planwirtschaften sowjet. Typs:* Vereinigung verschiedener Industriebetriebe, z. B. Eisenhüttenkombinat; **Kom|bi|na|ti|on** [-tsjon] *w. 10* 1 Verbindung, Verknüpfung, gedankl. Herstellen von Zusammenhängen; 2 Verbindung mehrer sportl. Disziplinen, z. B. alpine K.; 3 mehrere zusammengehörige, farblich und stofflich verschiedene Kleidungsstücke (Jacke und Hose u. ä.); 4 Arbeits-, Fliegeranzug, einem Stück, Overall; **Kom|bi|na|to|rik** *w. 10 nur Ez.* 1 *Logik:* Kunst, Begriffe in ein System zu bringen; 2 *Math.:* Lehre von den verschiedenen möglichen Anordnungen von Elementen; **kom|bi|na|to|risch** auf Kombinatorik beruhend, verknüpfend, verbindend; **kom|bi|nie|ren** (gedanklich) verbinden, verknüpfen; **Kom|bi|wa|gen** *m. 7* → Kombi

**Kom|bu|sti|bi|li|en** [frz.] *Mz. veraltet:* Brennstoffe

**Ko|me|do** [lat.] *m. Gen. -s Mz. -do|nen* Mitesser (in der Haut); **Ko|me|sti|bi|li|en** *Mz. veraltet:* Eßwaren

**Ko|met** [griech.] *m.10* kleiner Himmelskörper mit Schweif, Schweifstern, der sich in einer exzentr. ellipt. Bahn um die Sonne bewegt

**Kom|fort** [-for, engl.] *m. Gen.-s nur Ez.* Bequemlichkeit, Annehmlichkeit, bequeme, praktische Einrichtung (von Räumen); **komfor|ta|bel** mit Komfort

**Ko|mi** *m.9 oder Gen.- Mz.-* Selbstbez. der Syrjänen

**Ko|mik** [griech.] *w.10 nur Ez.* 1 komische Beschaffenheit, komische Wirkung; 2 Kunst, etwas komisch darzustellen; **Ko|mi|ker** *m.5* Darsteller komischer Rollen, Vortragskünstler, der komische Darbietungen vorführt

**Kom|in|form** *s. Gen.-s nur Ez. Kurzwort für* Kommunist. Informationsbüro (1947 gegründete Organisation mehrerer europ. kommunist. Parteien); **Kom|in|tern** *w. Gen.- nur Ez. Kurzwort für* Kommunist. Internationale (1919–1943 Vereinigung der kommunist. Parteien der Welt, 1947 durch das Kominform ersetzt)

**ko|misch** 1 erheiternd, Lachen erregend, drollig, spaßig, putzig; 2 *ugs.:* sonderbar, merkwürdig

**Ko|mi|tad|schi** [türk.] *m. Gen.-s Mz.-* bulgar. Freiheitskämpfer

**Ko|mi|tat** [lat.] *s.1 oder m.1 früher* 1 feierliches Geleit; 2 ungar. Verwaltungsbezirk

**Ko|mi|tee** [frz.] *s.9* Ausschuß, z. B. Festkomitee

**Ko|mi|ti|en** [-tsjən, lat.] *Mz. im alten Rom:* Volksversammlungen

**Kom|ma** [griech.] *s.9, Mz. auch:* -mata 1 *Gramm.:* Beistrich, ein Satzzeichen; 2 *Math.:* Trennungszeichen zwischen den ganzen und den Bruchzahlen (bei Dezimalbrüchen); 3 *Mus.:* kleinstes Intervall; Absetz-, Atemzeichen, kleiner senkrechter Strich über den obersten Notenlinie; **Kom|ma|ba|zil|lus** *m. Gen.- Mz.-*len Erreger der Cholera

**Kom|man|dant** [lat.] *m.10* Befehlshaber (einer Festung, Stadt, eines Flugplatzes oder Schiffes); **Kom|man|dan|tur** *w.10* Dienstgebäude eines Stadtkommandanten; **Kom|man|deur** [-dør] *m.1* Befehlshaber (einer Truppeneinheit); **kom|man|die|ren** 1 den Befehl haben über, befehligen; 2 bestimmen, im Befehlston sprechen; **Kom|man|die|rung** *w.10* Versetzung; K. zu einer anderen Truppeneinheit

**Kom|man|di|tär** [frz.] *m.1, schweiz. für* Kommanditist; **Kom|man|di|te** *w.11* 1 Handelsgesellschaft mit stillen Teilhabern; 2 Zweiggeschäft, Zweigniederlassung; **Kom|man|dit|gesell|schaft** *w.10* Handelsgesellschaft, bei der ein oder mehrere Teilhaber persönlich, einer oder mehrere nur mit ihrer Einlage haften;

**Kom|man|di|tist** *m.10* nur mit seiner Einlage haftender Teilhaber einer Kommanditgesellschaft; vgl. Komplementär

**Kom|man|do** [lat.-ital.] *s.9, österr. Mz. auch:* -den 1 Befehl, Befehlswort(e), Befehlsgewalt; 2 kleine Truppenabteilung mit bestimmter Aufgabe, z. B. Wachkommando

**Kom|mas|sa|ti|on** [-tsjon, lat.] *w.10* Zusammenlegung (von Grundstücken), Flurbereinigung; **kom|mas|sie|ren** zusammenlegen

**Kom|me|mo|ra|ti|on** [-tsjon, lat.] *w.10* veraltet 1 Erinnerung, Andenken; 2 kirchl. Gedächtnisfeier; **kom|me|mo|rie|ren** *veraltet;* jmdn. k.: sich an jmdn. erinnern, jmds. gedenken

**Kom|men|de** [lat.] *w.11* 1 kirchl. Pfründe ohne amtl. Pflichten; 2 → Komturei

**Kom|men|sa|le** [lat.] *m.11 Biol.:* Nahrungsnutznießer, der von seinem Wirt lebt, ohne ihm zu schaden; **Kom|men|sa|lis|mus** *m. Gen.- nur Ez.* Ernährungsgemeinschaft (von Tieren oder Pflanzen), Nahrungsnutznießertum

**kom|men|su|ra|bel** [lat.] mit dem gleichen Maß meßbar, vergleichbar; **Kom|men|su|ra|bi|li|tät** *w.10 nur Ez.* Vergleichbarkeit, Meßbarkeit mit gleichem Maß

**Kom|ment** [-mã, frz.] *m.9* Brauch, Regel (des Lebens in einer Studentenverbindung)

**Kom|men|tar** [lat.] *m.1* 1 Erklärung, Erläuterung; 2 *ugs.:* (überflüssige) Bemerkung; **Kom|men|ta|ti|on** [-tsjon] *w.10* 1 erläuternde Abhandlung; 2 *veraltet:* Sammlung wissenschaftl., meist kritischer Schriften; **Kom|men|ta|tor** *m.13* jmd., der einen Kommentar zu etwas gibt, Erläuterer; **kom|men|tie|ren** erläutern, (wissenschaftlich) erklären

**Kom|mers** [lat.-frz.] *m.1 Stud.:* feierl. Kneipabend; **Kom|mers|buch** *s.4* Buch mit Studentenliedern

**Kom|merz** [lat.-frz.] *m.1 nur Ez. veraltet:* Handel und Verkehr; **kom|mer|zi|ali|sie|ren** 1 (öffentl. Schulden) in privatwirtschaftl. Schulden umwandeln; 2 dem Geschäft, dem Handel, der Geschäftemacherei preisgeben; **Kom|mer|zi|al|rat** *m.2, österr. für* Kommerzienrat; **kom|mer|zi|ell** auf Handel und Gewerbe beruhend, dazu gehörig; **Kom|mer|zi|en|rat** *m.2 bis 1919:* Titel für verdienten Großkaufmann oder Industriellen

**Kom|mi|li|to|ne** [lat.] *m.11* Mitstudent, Studiengenosse

**Kom|mis** [-mi, frz.] *m. Gen.- Mz.- [-mis] veraltet:* kaufmänn. Angestellter; **Kom|miß** *m. Gen.-mis|ses nur Ez. ugs.:* Militär, Militärdienst; **Kom|mis|sar** *m.1* jmd., der im Auftrag des Staates handelt und mit Vollmachten ausgerüstet ist; 2 *Dienstbez. für* einen Beamten, z. B. Polizei-, Kriminalkommissar; **Kom|mis|sär** *m.1, österr., schweiz. für* Kommissar; **Kom|mis|sa|ri|at** *s.1* Amt, Amtsräume eines Kommissars; **kom|mis|sa|risch** einstweilig, einstweilen beauftragt; **Kom|mis|si|on**

*w.10* **1** Ausschuß (von Beauftragten); **2** Auftrag zum Verkauf einer Ware; etwas in K. geben, nehmen; **Kom|mis|sio|när** *m.1* jmd., der unter eigenem Namen, aber im Auftrag und auf Rechnung eines anderen Geschäfte ausführt; **kom|mis|sio|nell** auf Kommission beruhend; **kom|mis|so|risch** als Kommissorium (1); **Kom|mis|so|ri|um** *s. Gen.-s Mz.-ri|en veraltet* **1** Sonderauftrag; **2** Vollmacht für einen Kommissar (1); **Kom|mit|tent** *m.10* Auftraggeber eines Kommissionärs; **kom|mit|tie|ren** (einen Kommissionär) beauftragen; **Kom|mit|tiv** *s.1 veraltet:* schriftl. Vollmacht

**kom|mod** [frz.] *veraltet, noch österr.:* bequem, angenehm; **Kom|mo|de** *w.11* Möbelstück in Kastenform mit Schubfächern **Kom|mo|do|re** [engl.] *m.9 oder m.14* **1** Kapitän im Admiralsrang; **2** Geschwaderführer; **3** *Titel für* verdienten Kapitän oder den ältesten Kapitän einer Handelsreederei

**kom|mun** [lat.] gemeinschaftlich, gemeinsam; **kom|mu|nal** eine Gemeinde betreffend, zu ihr gehörig; **kom|mu|na|li|sie|ren** der Gemeindeverwaltung übergeben; **Kom|mu|nard** [kɔmynar] *m.9,* **Kom|mu|nar|de** *m.11* Angehöriger der Pariser Kommune, *auch:* einer Kommune (4); **Kom|mu|ne** *w.11* **1** *MA:* Stadtstaat mit republikan. Verfassung; **2** *allg.:* Gemeinde; **3** Pariser K. [kɔmyn] *in der Frz. Revolution:* revolutionäre Regierung 1792–94; *März bis Mai 1871:* revolutionärer Stadtrat; **4** Wohngemeinschaft, bes. von Studenten oder Studentenfamilien mit gegenseitigen Hilfeleistungen; **Kom|mu|ni|kant** *m.10 kath. Kirche:* Teilnehmer an der hl. Kommunion; **Kom|mu|ni|ka|ti|on** [-tsjon] *w.10* **1** Verbindung, Zusammenhang; **2** Verkehr, Verständigung (zwischen Menschen); **Kom|mu|ni|on** *w.10 kath. Kirche:* Abendmahl; **Kom|mu|ni|qué** [kɔmynike, frz.] *s.9* amtl. Mitteilung, Bekanntmachung (bes. von Regierungen), autorisierter Bericht; **Kom|mu|nis|mus** *m. Gen. - nur Ez., nach marxist. Auffassung:* die dem Sozialismus folgende Gesellschafts- und Wirtschaftsordnung, in der das Privateigentum beseitigt und die Klassengegensätze aufgehoben sein sollen; **Kom|mu|ni|tät** *w.10* **1** Gemeinschaft, Gemeinsamkeit; **2** *veraltet:* Gemeingut; **kom|mu|ni|zie|ren** **1** zusammenhängen, in Verbindung stehen; kommunizierende Röhren: zwei unten miteinander verbundene Röhren, in denen eine Flüssigkeit gleich hoch steht; **2** *kath. Kirche:* das Abendmahl empfangen; **3** miteinander sprechen, Verbindung haben **kom|mu|ta|bel** [lat.] vertauschbar, veränderbar; **Kom|mu|ta|ti|on** [-tsjon] *w.10* **1** Vertauschbarkeit; **2** der Winkel zwischen zwei Geraden von der Erde zur Sonne und zu einem Planeten; **kom|mu|ta|tiv** vertauschbar; **2** auf Kommutation beruhend; **Kom|mu|ta-**

tor *m.13* → Kollektor (2); **kom|mu|tie|ren** verändern, vertauschen

**Ko|mö|di|ant** [griech.] *m.10* **1** *auch abfällig:* Schauspieler; **2** *übertr.:* jmd., der etwas vortäuscht, Heuchler; **Ko|mö|die** [-djə] *w.11* **1** heiteres Schauspiel; **2** Theater, in dem diese aufgeführt werden; **3** *übertr.:* erheiternder Vorfall, lustiges Ereignis

**Komp.** *Abk. für* Kompanie; **Kom|pa|gnie** [-ni, frz.] *w.11, veraltet, noch schweiz. für* Kompanie; **Kom|pa|gnon** [-njɔ̃, auch: kɔm-] *m.9* Teilhaber, Mitinhaber

**kom|pakt** [frz.] **1** dicht, massiv, fest (Masse); **2** gedrungen, stämmig

**Kom|pa|nie** [lat.-frz.] *w.11* **1** (*Abk.:* Komp.) Truppeneinheit der Infanterie, 100–250 Mann; **2** (*Abk.:* Komp., Co., Cie.) Handelsgesellschaft

**kom|pa|ra|bel** [lat.] **1** vergleichbar; **2** *Gramm.:* steigerungsfähig; **Kom|pa|ra|ti|on** [-tsjon] *w.10 Gramm.:* Steigerung; **kom|pa|ra|tiv** **1** auf Vergleich beruhend, vergleichend; **2** *Gramm.:* steigernd; **Kom|pa|ra|tiv** *m.1 Gramm.:* zweite Steigerungsstufe, Vergleichsstufe, z. B. mehr, größer, besser; vgl. Positiv, Superlativ; **Kom|pa|ra|tor** *m.13* **1** Gerät zum Bestimmen von Stellungs- und Helligkeitsveränderungen im Himmelskörpern; **2** Gerät zum Vergleichen von Längenmaßen **Kom|pa|rent** *m.10 veraltet:* jmd., der vor einer Behörde, bes. vor Gericht, erscheint; **Kom|pa|renz** *w.10 nur Ez. veraltet:* Erscheinen (vor einer Behörde)

**kom|pa|rie|ren** **1** vergleichen; **2** *Gramm.:* steigern

**Kom|par|se** [lat.-ital.] *m.11* Darsteller einer sehr kleinen oder stummen Rolle; **Kom|par|se|rie** *w.11 nur Ez.* Gesamtheit der Komparsen

**Kom|par|ti|ment** [lat.-frz.] *s.1 veraltet:* abgeteiltes Feld, Abteil, Fach

**Kom|paß** [ital.] *m.1* Gerät zum Bestimmen der Himmelsrichtung mittels Magnetnadel **kom|pa|ti|bel** [frz.] vereinbar, zusammenpassend, verträglich; **Kom|pa|ti|bi|li|tät** *w.10 nur Ez.* **1** Vereinbarkeit, Verträglichkeit **2** *Fernsehtechnik:* die Eigenschaft, sowohl Schwarzweiß- als auch Farbbilder empfangen zu können

**Kom|pa|tri|ot** [lat.-frz.] *m.10 veraltet:* Landsmann

**kom|pen|di|ös** [lat.] in der Art eines Kompendiums, zusammengedrängt, kurzgefaßt; **Kom|pen|di|um** *s. Gen.-s Mz.-di|en* **1** kurzgefaßtes Lehrbuch, Handbuch; **2** *Phot.:* ausziehbare Sonnenblende

**Kom|pen|sa|ti|on** [-tsjon, lat.] *w.10* **1** Ausgleich, Aufwiegung; **2** Erstattung, Vergütung, Verrechnung; **Kom|pen|sa|ti|ons|ge|schäft** *s.1* Geschäft, bei dem Ware gegen Ware gehandelt wird; **Kom|pen|sa|tor** *m.13* **1** Gerät zum Messen elektr. Spannungen;

2 Zwischenglied von Rohrleitungen zum Ausgleich der Längenänderung bei Temperaturschwankungen; **kom|pen|sa|to|risch** ausgleichend; kompensatorische Erziehung: vorschulische Förderung von Kindern, die sprachliche, soziale oder ähnl. Entwicklungsrückstände aufweisen; **kom|pen|sie|ren** 1 ausgleichen, aufwiegen; 2 verrechnen, vergüten, erstatten

**kom|pe|tent** [lat.] zuständig, maßgebend, urteilsfähig; **Kom|pe|tenz** *w.10* 1 Zuständigkeit; 2 *Sprachw.*: Fähigkeit, in der Muttersprache richtige Sätze zu formulieren und zu verstehen und richtige von falschen zu unterscheiden; **Kom|pe|tenz|kom|pe|tenz** *w.10* 1 Befugnis zur Beurteilung der Kompetenz (eines Dritten); 2 Recht zur Erweiterung der Zuständigkeit; **kom|pe|tie|ren** *veraltet* 1 sich um etwas bewerben; 2 zustehen, gebühren

**Kom|pi|la|ti|on** [-tsjon, lat.] *w.10* 1 Sammlung, Zusammentragen; 2 aus anderen Schriften zusammengetragenes, „zusammengestoppeltes" Werk; **Kom|pi|la|tor** *m.13* jmd., der etwas kompiliert; **kom|pi|lie|ren** zusammentragen, sammeln

**Kom|ple|ment** [lat.] *s.1* Ergänzung, Ergänzungsstück; **kom|ple|men|tär** ergänzend; **Kom|ple|men|tär** *m.1* persönlich haftender Teilhaber einer Kommanditgesellschaft; vgl. Kommanditist; **Kom|ple|men|tär|far|ben** *w.11 Mz.* Farben, die miteinander gemischt Weiß ergeben; **kom|ple|men|tie|ren** ergänzen, vervollständigen; **Kom|ple|ment|win|kel** *m.5* Winkel, der einen anderen zu 90° ergänzt; vgl. Supplementwinkel

**Kom|plet** 1 [lat.] *w.1 kath. Kirche:* Schlußgebet (des Stundengebets); 2 [kõple, frz.] *s.9* Kleid mit etwas kürzerem Mantel aus dem gleichen Stoff; **kom|ple|tiv** ergänzend; **Kom|ple|to|ri|um** *s. Gen.-s Mz.-ri*en 1 → Komplet (1); 2 *veraltet:* Ergänzungsvorschrift: **kom|plett** vollständig, abgeschlossen; **kom|plet|tie|ren** vervollständigen

**kom|plex** [lat.] 1 umfassend, aus vielem zusammengesetzt und doch eine Einheit bildend; 2 komplexe Zahl: aus einem reellen und einem imaginären Teil bestehende Zahl; **Kom|plex** *m.1* 1 Gesamtheit, Zusammengefaßtes; 2 zusammenhängende Gruppe, z. B. Gebäudekomplex; 3 *Chemie:* aus mehreren Atomen aufgebaute Gruppe, die als Ganzes an chem. Reaktionen teilnimmt; 4 *Psych.:* Gruppe von Vorstellungen oder Erlebnissen, die ins Unterbewußtsein verdrängt worden ist, ständige Beunruhigung verursacht und das Verhalten beeinflußt; **Kom|ple|xi|on** *w.10* 1 Zusammenfassung (verschiedener Dinge); 2 Aussehen, Haut-, Haar- und Augenfarbe; **Kom|ple|xi|tät** *w.10 nur Ez.* das Zusammengesetztsein, komplexer Zustand

**Kom|pli|ce** [-tsə, -sə, frz.] *m.11, veraltende Schreibung von* Komplize

**Kom|pli|ka|ti|on** [-tsjon, lat.] *w.10* 1 Schwierigkeit, Verwicklung, Erschwerung; 2 Hinzutreten einer Erkrankung zu einer schon bestehenden oder Auftreten eines die Erkrankung ungünstig beeinflussenden Umstandes

**Kom|pli|ment** [lat.-frz.] *s.1* Höflichkeitsbezeigung, schmeichelhafte, galante Bemerkung; jmdm. Komplimente, ein K. machen; **kom|pli|men|tie|ren** *veraltet:* jmdn. k.: jmdm. Komplimente machen

**Kom|pli|ze** *m.11* Mittäter, Mitschuldiger

**kom|pli|zie|ren** [lat.] erschweren, schwierig(er) machen; **kom|pli|ziert** schwierig, verwickelt

**Kom|plott** [frz.] *s.1* Verschwörung, Verabredung zu einer Straftat oder Intrige; **kom|plot|tie|ren** ein Komplott schmieden, sich verschwören

**Kom|po|nen|te** [lat.] *w.11* Bestandteil (eines Ganzen), Teilkraft; **kom|po|nie|ren** 1 zusammensetzen, kunstvoll anordnen; 2 nach bestimmten Formgesetzen aufbauen (Bild); 3 in Töne setzen, vertonen; **Kom|po|nist** *m.10* Schöpfer eines Musikstücks, Tonsetzer; **Kom|po|si|te** *w.11 meist Mz.* Korbblütler; **Kom|po|si|teur** [-tør, frz.] *m.1, veraltet für* Komponist; **Kom|po|si|ti|on** [-tsjon, lat.] *w.10* 1 Zusammensetzung, Anordnung; 2 Aufbau (eines Bildes, eines literar. Werkes); 3 Musikstück; **kom|po|si|tio|nell** [-tsjo-] → kompositorisch; **Kom|po|sit|ka|pi|tell** *s.1* aus den Voluten des ionischen und den Akanthusornamenten des korinth. Kapitells zusammengesetztes Kapitell; **kom|po|si|to|risch** eine Komposition betreffend; **Kom|po|si|tum** *s. Gen.-s Mz.-ta* zusammengesetztes Wort, z. B. Schulkind; *Ggs.:* Simplex; **kom|pos|si|bel** zusammensetzbar, vereinbar

**Kom|post** [lat.] *m.1* Dünger aus Pflanzenresten, Erde (und Jauche); **kom|po|stie|ren** zu Kompost werden lassen

**Kom|pott** [lat.-frz.] *s.1* mit Zucker gekochtes Obst

**kom|pre|hen|si|bel** [lat.] begreifbar, begreiflich; **Kom|pre|hen|si|on** *w.10* das Begreifen von Mannigfaltigem als Ganzes

**kom|preß** [lat.] 1 dicht, gedrängt; 2 *Buchw.:* ohne Durchschuß (Schriftsatz); **Kom|pres|se** *w.11* feuchter Umschlag; **kom|pres|si|bel** zusammendrückbar; **Kom|pres|si|on** *w.10 nur Ez.* Zusammenpressung; **Kom|pres|sor** *m.13 Tech.:* Verdichter; **Kom|pres|so|ri|um** *s. Gen.-s Mz.-ri*en Gerät zum Zusammenpressen von Blutgefäßen (zur Blutstillung); **kom|pri|mie|ren** zusammendrücken, verdichten, zusammendrängen

**Kom|pro|miß** [lat.] *m.1, auch: s.1* Ausgleich, Verständigung, Übereinkunft

**kom|pro|mit|tie|ren** [lat.] bloßstellen, in eine peinliche Lage bringen

**Kom|pta|bi|li|tät** [lat.] *w.10 nur Ez.* Pflicht zur Rechenschaftslegung, Verantwortlichkeit

**Kom|pulsi|on** [lat.] *w. 10 veraltet:* Nötigung, Zwang; **kom|pul|siv** *veraltet:* nötigend
**Kom|so|mol** *m. Gen. - nur Ez. Kurzw. für den* kommunist. Jugendverband der UdSSR; **Kom|so|mol|ze** *m. 11* Angehöriger des Komsomol
**Kom|teß** [frz.] *w. Gen. - Mz.* -tes|sen, **Kom|tes|se** *w. 11* Tochter eines Grafen
**Kom|tur** [lat.] *m. 1* 1 Ordensritter und Inhaber einer Komturei; 2 Inhaber eines Ordens höherer Klasse; **Kom|tu|rei** *w. 10* einem Komtur zur Verwaltung übertragenes Gebiet
**Ko|nak** [türk.] *m. 1 in der Türkei:* Amtsgebäude, Palast
**Kon|cha** [griech.-lat.] *w. 9, Mz. auch* -chen, **Kon|che** *w. 11* 1 die Halbkuppel der Apsis; 2 *auch* → Apsis; 3 Muschelschale; 4 muschelförmiger Organteil; 5 Maschine zur Veredelung von Schokolade
**Kon|chi|fe|re** [lat.] *w. 11* Weichtier mit Schale; **kon|chi|form** muschelförmig; **Kon|cho|ide** *w. 11* Muschellinie, aus zwei Zweigen bestehende mathemat. Kurve; **Kon|cho|skop** [lat. + griech.] *s. 1* Gerät mit Spiegel zur Untersuchung des Naseninnern; **Kon|chy|lie** [-ljə, griech.] *w. 11* Schale der Weichtiere; **Kon|chy|lio|lo|gie** *w. 11 nur Ez.* Weichtierkunde
**Kon|dem|na|ti|on** [-tsjon, lat.] *w. 10* 1 *veraltet:* Verurteilung, Verdammung; 2 vom Ortsgericht festgestellte Notwendigkeit, ein auf Fahrt befindl. Schiff zu verkaufen, da es seeuntüchtig oder reparaturbedürftig ist; **kon|dem|nie|ren** 1 *veraltet:* verdammen, verurteilen; 2 der Kondemnation unterwerfen
**Kon|den|sat** [lat.] *s. 1* aus dem Dampfzustand in flüssigen Zustand übergehender und sich so niederschlagender Stoff; **Kon|den|sa|ti|on** [-tsjon] *w. 10* 1 *Phys.:* Übergang vom gas- oder dampfförmigen in flüssigen Zustand, Verdichtung; 2 *Chem.:* Zusammentritt mehrerer Moleküle zu einem einzigen unter Abspaltung kleinerer Moleküle; **Kon|den|sa|ti|ons|kern** *m. 1* kleinstes Teilchen in der Atmosphäre, an dem sich bei Verdichtung von Wasserdampf zu Nebel und Wolken die Feuchtigkeit niederzuschlagen beginnt; **Kon|den|sa|ti|ons|punkt** *m. 1* Punkt, an dem ein Stoff vom gas- oder dampfförmigen in den flüssigen Zustand übergeht; **Kon|den|sa|tor** *m. 13* 1 Gerät zum Verflüssigen von Dampf; 2 Gerät zum Speichern kleiner Elektrizitätsmengen; **kon|den|sie|ren** 1 verflüssigen, verdichten; 2 flüssig werden; **Kon|dens|milch** *w. Gen. - nur Ez.* kondensierte Milch, eingedickte und sterilisierte Milch; **Kon|den|sor** *m. 13* 1 Sammellinse; 2 Verdichter, Verstärker; **Kon|dens|strei|fen** *m. 7* durch Abgase eines Flugzeugs entstehende Streifen kondensierten Wasserdampfes am Himmel; **Kon|dens|was|ser** *s. Gen. -s nur Ez.* bei Kondensation entstehendes Wasser

**Kon|di|ti|on** [-tsjon, lat.] *w. 10* 1 Bedingung; 2 Beschaffenheit, Zustand, körperl. Zustand (eines Sportlers); in guter, schlechter K. sein; **kon|di|tio|nal** [-tsjo-] bedingend, bedingungsweise (geltend); **Kon|di|tio|nal** *m. 1,* **Kon|di|tio|na|lis** *m. Gen. - Mz.* -les [-le:s] Bedingungsform des Verbums (im Dt. durch den Konjunktiv ersetzt); **Kon|di|tio|na|lis|mus** *m. Gen. - nur Ez.* philosoph. Lehre, die an die Stelle der Ursache die Bedingung setzt; **kon|di|tio|nie|ren** 1 den Feuchtigkeitsgehalt ermitteln (von Textilien) bzw. verringern (von Getreide); 2 *Psych.:* bedingte Reflexe hervorrufen; konditionierter Reflex: bedingter Reflex; 3 *veraltet:* in Diensten stehen; **Kon|di|tio|nie|rung** *w. 10 nur Ez.* das Konditionieren; *Psych.:* Ausbildung bedingter Reflexe; **Kon|di|tio|nis|mus** *m. Gen. - nur Ez.* → Konditionalismus; **Kon|di|ti|ons|trai|ning** [-trɛ:-] *s. 9* allgemeines Training zur Erhaltung und Steigerung der körperl. Leistungsfähigkeit
**Kon|di|tor** [lat.] *m. 13* Feinbäcker, Zuckerbäcker; **Kon|di|to|rei** *w. 10* Feinbäckerei, meist zugleich Café
**Kon|do|lenz** [lat.] *w. 10 nur Ez.* Beileid, Beileidsbezeigung; **kon|do|lie|ren** sein Beileid aussprechen
**Kon|dom** [frz.] *s. 1* Empfängnis, Ansteckung verhütende Gummihülle für das männl. Glied
**Kon|do|mi|nat** [lat.] *s. 1,* **Kon|do|mi|ni|um** *s. Gen. -s Mz.* -ni|en 1 Herrschaft mehrerer Staaten über dasselbe Gebiet; 2 dieses selbst
**Kon|dor** [peruan.] *m. 1* riesiger Geier Südamerikas
**Kon|dot|tie|re** [-tjɛrə, ital.] *m. Gen. -s Mz.* -ri, *14./15. Jh.:* ital. Söldnerführer
**Kon|duite** [-dyit, frz.] *w. 11 nur Ez. veraltet:* Betragen, Führung
**Kon|dukt** [lat.] *s. 1* feierliches Geleit, Gefolge (bes. bei Leichenzügen); **Kon|duk|tanz** *w. 10 nur Ez. Elektr.:* Wirkleitwert; **Kon|duk|teur** [-tør, frz.] *m. 1 veraltet, noch schweiz.:* Schaffner; **Kon|duk|to|me|trie** *w. 11 nur Ez.* Verfahren der elektrochem. Analyse, das auf der Änderung der elektr. Leitfähigkeit einer Lösung beim Ablauf bestimmter chem. Reaktionen beruht; **Kon|duk|tor** *m. 13* 1 Hauptleiter der Elektrisiermaschine; 2 Überträger einer Erbkrankheit, der selbst gesund ist
**Kon|du|ran|go** [indian.] *w. 9* Rinde eines südamerik. Kletterstrauchs, liefert ein Magenheilmittel
**Kon|dy|lom** [griech.] *s. 1* Wucherung besonders an feuchten Hautstellen, z. B. an After und Geschlechtsteilen, Feigwarze
**Kon|fekt** [lat.] *s. 1 nur Ez.* Süßigkeiten, Pralinen; **Kon|fek|ti|on** [-tsjon] *w. 10* 1 industrielle Herstellung von Oberbekleidung und Wäsche; 2 Bekleidungsindustrie; **Kon|fek|tio|när** *m. 1* Leiter oder leitender Angestellter eines Konfektionsbetriebes; **Kon|fek|tio|neu|se**

[-nø-] *w. 11* weibl. Konfektionär; **kon|fek|tio-
nie|ren** fabrikmäßig herstellen
**Kon|fe|renz** [lat.] *w. 10* Beratung, Bespre-
chung, Sitzung; **Kon|fe|renz|schal|tung** *w. 10*
telefon. Einrichtung für den Kontakt mehre-
rer Fernsprechteilnehmer zugleich; **kon|fe-
rie|ren** sich beraten, eine Konferenz abhal-
ten; über etwas k.: etwas beraten, bespre-
chen
**Kon|fes|si|on** [lat.] *w. 10* **1** Glaubensbekennt-
nis; **2** Bekenntnisschrift; **3** Glaubensgemein-
schaft mit eigenem Glaubensbekenntnis;
**Kon|fes|sio|na|li|sie|rung** *w. 10 nur Ez.* Durch-
setzung einer bestimmten Konfession; **Kon-
fes|sio|na|lis|mus** *m. Gen. - nur Ez.* **1** Festhal-
ten an, Beharren auf einem Glaubensbe-
kenntnis; **2** theolog. Richtung, die dies für
unerläßlich hält; **kon|fes|sio|nell** eine Konfes-
sion betreffend, zu ihr gehörig; **Kon|fes-
si|ons|schu|le** *w. 11* Schule, in der Schüler
und Lehrer der gleichen Konfession angehö-
ren, Bekenntnisschule
**Kon|fet|ti** [lat.] *s. 9 nur Ez.* **1** bunte Papier-
blättchen, die an Fasching und Silvester ge-
worfen werden; **2** *österr. auch:* Zuckerwaren
**Kon|fi|dent** [lat.] *m. 10 veraltet:* Vertrauter,
enger Freund; **kon|fi|den|ti|ell** [-tsjεl] *veraltet:*
vertraulich; **Kon|fi|denz** *w. 10 nur Ez. veraltet*
**1** Vertrauen, Zutrauen, Zuversicht; **2** Ver-
traulichkeit, Vertrautheit
**Kon|fi|gu|ra|ti|on** [-tsjon, lat.] *w. 10* **1** *veraltet:*
Gestaltung; **2** Stellung (von Gestirnen);
**3** Gruppierung (von Atomen im Molekül);
**4** Verformung des kindl. Schädels bei der
Geburt; **kon|fi|gu|rie|ren 1** gestalten; **2** ver-
formen
**Kon|fi|na|ti|on** [-tsjon, lat.] *w. 10* Aufent-
haltsbeschränkung, Zuweisung eines be-
stimmten Ortes als Aufenthalt für eine Per-
son, den sie nicht verlassen darf; **kon|fi|nie-
ren 1** beschränken, begrenzen; **2** jmdn. k.:
jmds. Aufenthaltsort begrenzen; **Kon|fi|ni|tät**
*w. 10 nur Ez. veraltet:* das Angrenzen, Grenz-
nachbarschaft; **Kon|fi|ni|um** *s. Gen.-s Mz.*
-ni|en *veraltet:* Grenze, Grenzland
**Kon|fir|mand** [lat.] *m. 10 ev. Kirche:* Jugend-
licher, der konfirmiert werden soll; **Kon|fir-
ma|ti|on** [-tsjon] *w. 10 ev. Kirche:* Aufnahme
des Jugendlichen in die Gemeinschaft der
Erwachsenen, verbunden mit der Zulassung
zum Empfang des Abendmahls und Berech-
tigung, Patenschaften zu übernehmen; **kon-
fir|mie|ren** einsegnen, die Konfirmation
erteilen
**Kon|fi|se|rie** [frz.] *w. 11 schweiz.* **1** Kondito-
rei; **2** feines Backwerk; **Kon|fi|seur** [-sør]
*m. 1 schweiz.:* Konditor
**Kon|fis|ka|ti|on** [-tsjon, lat.] *w. 10* Beschlag-
nahme, entschädigungslose Enteignung
(durch Staat oder Behörde); **kon|fis|zie|ren**
beschlagnahmen
**Kon|fi|tent** [lat.] *m. 10 veraltet:* Beichtkind,

Beichtender; **Kon|fi|te|or** *s. Gen.-s nur Ez.*
Sündenbekenntnis (Teil des kath. Meßge-
bets)
**Kon|fi|tü|re** [lat.-frz.] *w. 11* Fruchtmus mit
Fruchtstücken
**kon|fli|gie|ren** [lat.] *veraltet:* in Konflikt gera-
ten; **Kon|flikt** *m. 1* Streit, Auseinanderset-
zung, Zwiespalt
**Kon|flu|enz** [lat.] *w. 10* Zusammenfluß
(zweier gleichrangiger Ströme); **kon|flu|ie|ren**
zusammenfließen; **Kon|flux** *m. 1* → Kon-
fluenz
**Kon|fö|de|ra|ti|on** [-tsjon, lat.] *w. 10* Bündnis,
Staatenbund; **kon|fö|de|rie|ren** sich zusam-
menschließen, sich verbünden
**kon|fo|kal** [lat.] den gleichen Brennpunkt be-
sitzend, mit gleichem Brennpunkt
**kon|form** [lat.] übereinstimmend, einig,
gleichgesinnt; k. gehen *ugs.:* sich einig sein,
übereinstimmen; **kon|for|mie|ren** konform
machen, in Übereinstimmung bringen; **Kon-
for|mis|mus** *m. Gen. - nur Ez.* Streben nach
Gleichförmigkeit, Streben, sich stets an die
gegebenen Verhältnisse anzupassen; **Kon-
for|mist** *m. 10* jmd., der seine Meinung je-
weils den gegebenen Verhältnissen anpaßt;
**Kon|for|mi|tät** *w. 10 nur Ez.* **1** Gleichförmig-
keit, Übereinstimmung; **2** Winkel- und Maß-
stabtreue
**Kon|fra|ter** [lat.] *m. Gen.-s Mz.*-tres Amts-
bruder, Mitbruder
**Kon|fron|ta|ti|on** [-tsjon, lat.] *w. 10* Gegen-
überstellung (von Personen, deren Behaup-
tungen oder Meinungen einander widerspre-
chen); **kon|fron|tie|ren** jmdn. mit jmdm. k.:
jmdn. einem andern gegenüberstellen
**kon|fun|die|ren** [lat.] verwirren, verwechseln;
**kon|fus** verwirrt (Person), verworren, unklar
(Sache, Gerede); **Kon|fu|si|on** *w. 10* Verwir-
rung, Durcheinander
**Kon|fu|zia|ner** *m. 5* Anhänger der Lehre des
Konfuzius; **Kon|fu|zia|nis|mus** *m. Gen. - nur
Ez.* die Sozial- und Morallehre des altchines.
Philosophen Konfuzius
**kon|ge|ni|al** [lat.] geistesverwandt, geistig
ebenbürtig
**Kon|ge|sti|on** [lat.] *w. 10* Blutandrang; **kon-
ge|stiv** auf Kongestion beruhend, damit ver-
bunden
**Kon|glo|me|rat** [lat.] *s. 1* **1** Gemenge, Zusam-
mengewürfeltes, unsystematisch Zusammen-
getragenes; **2** aus Geröllen, die durch ein
Bindemittel miteinander verschmolzen sind,
bestehendes Sedimentgestein; *Ggs.:* Agglo-
merat; **Kon|glo|me|rat** *s. 1* → Konglomerat (2);
**Kon|glu|ti|na|ti|on** [-tsjon] *w. 10* Zusammen-
ballung (von Bakterienhaufen)
**Kon|gre|ga|ti|on** [-tsjon, lat.] *w. 10* **1** *allg.:*
Vereinigung; **2** *kath. Kirche:* Vereinigung
mit einfacher oder kleiner Mönchsregel; Ver-
band mehrerer Klöster innerhalb eines Or-
dens; **Kon|gre|ga|tio|na|list** *m. 10* → Indepen-

dent; **Kon|gre|ga|tio|nist** *m. 10* Angehöriger einer Kongregation
**Kon|greß** [lat.] *m. 1* 1 polit. oder fachl. Versammlung, Tagung; 2 *in den USA:* Volksvertretung im Parlament
**kon|gru|ent** [lat.] 1 übereinstimmend (Ansichten); 2 *Math.:* deckungsgleich (bes. Dreiecke); 3 *Math.:* bei Teilung durch dieselbe Zahl den gleichen Rest ergebend (von Zahlen); **Kon|gru|enz** *w. 10 nur Ez.* 1 Übereinstimmung; 2 *Math.:* Deckungsgleichheit; 3 *Gramm.:* Übereinstimmung zusammengehöriger Satzteile in Numerus, Genus oder Kasus; **kon|gru|ie|ren** 1 übereinstimmen; 2 *Math.:* sich decken
**Ko|ni|die** [-djə, griech.] *w. 11* Spore, Fortpflanzungszelle vieler Pilze
**Ko|ni|fe|re** [lat.] *w. 11 meist Mz.* Nadelbaum
**Ko|ni|in** [griech.] *s. 1 nur Ez.* ein giftiges Alkaloid aus dem Schierling
**Ko|nio|me|ter** [griech.] *s. 5* Gerät zum Bestimmen der Größe u. Dichte der Staubteilchen in der Luft; **Ko|nio|se** *w. 11* → Pneumokoniose
**ko|nisch** [lat.] kegelförmig; **Ko|ni|zi|tät** *w. 10 nur Ez.* Kegelform
**Konj.** *Abk. für* Konjunktiv
**Kon|jek|ta|ne|en** [auch: -ta-, lat.] *Mz.* Sammlung von Bemerkungen, Einfällen; **Kon|jek|tur** *w. 10* 1 *veraltet:* Mutmaßung, Vermutung; 2 vermutlich richtige Lesart oder Verbesserung (eines unvollständig überlieferten Textes); **kon|jek|tu|ral** auf Konjektur beruhend; **kon|ji|zie|ren** 1 *veraltet:* vermuten; 2 mit Konjekturen versehen
**kon|ju|gal** [lat.] *veraltet:* ehelich; **Kon|ju|ga|ten** *Mz.* Jochalgen, Grünalgen; **Kon|ju|ga|ti|on** [-tsjon] *w. 10* 1 Beugung, Abwandlung (der Verben); 2 vorübergehende Vereinigung zweier Einzeller zwecks Kernaustausch (Fortpflanzung); **kon|ju|gie|ren** 1 *veraltet:* verbinden; 2 *Gramm.:* beugen, abwandeln (Verb); **kon|jun|gie|ren** *veraltet:* verbinden, vereinigen; **Kon|junk|ti|on** [-tsjon] *w. 10* 1 Bindewort, z. B. und, weil; 2 Stellung zweier Planeten oder eines Planeten und Sonne im gleichen Längengrad; 3 Einheit zweier durch „und" verbundener Begriffe; *Ggs.:* Disjunktion (3); **kon|junk|tio|nal** durch eine Konjunktion (1) ausgedrückt; **kon|junk|tiv** [auch: -tif] verbindend; *Ggs.:* disjunktiv; **Kon|junk|tiv** *m. 1* Möglichkeitsform des Verbs, z. B. ich liefe, ich sei, ich wäre gelaufen, ich hätte geschlafen; **Kon|junk|ti|va** *w. Gen. - nur Ez.* Bindehaut (des Auges); **kon|junk|ti|visch** im Konjunktiv (gebraucht); **Kon|junk|ti|vi|tis** *w. Gen. - Mz. -ti|den* Bindehautentzündung; **Kon|junk|tur** *w. 10* Wirtschaftslage mit bestimmtem Tendenz, z. B. steigende, fallende K., Hochkonjunktur; **kon|junk|tu|rell** die Konjunktur betreffend, auf ihr beruhend; **Kon|junk|tur|rit|ter** *m. 5*

jmd., der sich dem jeweils Mächtigsten anschließt
**Kon|ju|rant** [lat.] *m. 10 veraltet:* Verschwörer; **Kon|ju|ra|ti|on** [-tsjon] *w. 10 veraltet:* Verschwörung
**kon|kav** [lat.] nach innen gewölbt (Linse); *Ggs.:* konvex; **Kon|ka|vi|tät** *w. 10 nur Ez.* konkave Beschaffenheit, Krümmung nach innen
**Kon|kla|ve** [lat.] *w. 11* 1 von der Außenwelt streng abgeschlossener Versammlungsraum der Kardinäle zur Papstwahl; 2 die Versammlung selbst
**kon|klu|dent** [lat.] eine bestimmte Schlußfolgerung zulassend, schlüssig; **kon|klu|die|ren** schließen, folgern; **Kon|klu|si|on** *w. 10* Schlußfolgerung; **kon|klu|siv** auf einer Konklusion beruhend, folgernd, schließend
**kon|kor|dant** [lat.] 1 übereinstimmend; *Ggs.:* diskordant; 2 *Geol.:* gleichgelagert; **Kon|kor|danz** *w. 10* 1 Übereinstimmung; *Ggs.:* Diskordanz; 2 alphabet. Zusammenstellung der in einem Buch vorkommenden Wörter (mit Belegstellen, Verbalkonkordanz) oder der inhaltlich übereinstimmenden Stellen (Realkonkordanz), z. B. Bibelkonkordanz; 3 übereinstimmendes Merkmal; 4 Lagerung von Gesteinsschichten ohne Störungen oder Verwerfungen; 5 *Buchw.:* Maßeinheit von 4 Cicero = 48 Punkt; **Kon|kor|dat** *s. 1* 1 Übereinkunft; 2 Abkommen zwischen einem Staat und dem Papst; 3 *schweiz.:* Abkommen zwischen Kantonen; **Kon|kor|di|en|buch** *s. 4* Sammlung der Bekenntnisschriften der luther. Kirche; **Kon|kor|di|en|for|mel** *w. 11* letzte Bekenntnisschrift der luther. Kirche 1577
**Kon|kre|ment** [lat.] *s. 1* körnige, sich aus Körperflüssigkeit abscheidende Substanz in Hohlorganen, z. B. Nierenstein
**Kon|kres|zenz** [lat.] *w. 10 nur Ez. veraltet:* das Zusammenwachsen
**kon|kret** [lat.] wirklich, gegenständlich, anschaulich, sinnlich wahrnehmbar; *Ggs.:* abstrakt; **Kon|kre|ti|on** [-tsjon] *w. 10* 1 Verdichtung, Vergegenständlichung; 2 *Med.:* Verwachsung; Steinbildung; 3 kugelige Zusammenballung mineralischer Substanzen im Gestein; **kon|kre|ti|sie|ren** anschaulich, gegenständlich machen; **Kon|kre|tum** *s. Gen. -s Mz. -ta* Substantiv, das etwas sinnlich Wahrnehmbares bezeichnet; *Ggs.:* Abstraktum
**Kon|kul|bi|nat** [lat.] *s. 1* eheähnliches Zusammenleben ohne gesetzliche Eheschließung, wilde Ehe; **Kon|ku|bi|ne** *w. 11* Geliebte, Mätresse, Nebenfrau
**Kon|ku|pis|zenz** [lat.] *w. 10* Verlangen, Begierde, Begehrlichkeit
**Kon|kur|rent** [lat.] *m. 10* Mitbewerber, jmd., der mit jmdm. in Wettbewerb steht; **Kon|kur|renz** *w. 10* 1 Wettstreit, (bes. wirt-

schaftl.) Wettbewerb; **2** Zusammentreffen zweier strafbarer Handlungen; **kon|kur|ren|zie|ren** *schweiz. neben:* konkurrieren; **kon|kur|rie|ren 1** mit jmdm. k.: jmdm. Konkurrenz machen, mit jmdm. im Wettbewerb stehen; **2** mit etwas k.: mit etwas zusammentreffen (Straftaten)

**Kon|kurs** [lat.] *m. 1* **1** Einstellung der Zahlungen; Zahlungsunfähigkeit; in K. gehen; K. anmelden; **2** Konkursverfahren; den K. eröffnen; **Kon|kur|sit** *m. 10 schweiz.:* jmd., der in Konkurs gegangen ist; **Kon|kurs|mas|se** *w. 11* das Vermögen der zahlungsunfähigen Firma

**Kon|ne|ta|bel** [lat.-frz.] *m. 9 in Frankreich* **1** *urspr.:* Stallmeister, Befehlshaber der Reiterei; **2** *bis Anfang des 17. Jh.:* Oberbefehlshaber des Heeres unter dem König

**Kon|nex** [lat.] *m. 1* **1** Verbindung, Zusammenhang; **2** *ugs.:* Kontakt (mit Personen); ich habe wenig, keinen K. mit ihnen; **Kon|ne|xi|on** *w. 10* einflußreiche Bekanntschaft, förderliche Verbindung

**kon|ni|vent** [lat.] nachsichtig, duldsam (bes. gegenüber strafbaren Handlungen von Untergebenen); **Kon|ni|venz** *w. 10 nur Ez.* Nachsicht, Duldsamkeit; **kon|ni|vie|ren** dulden, übersehen

**Kon|nos|se|ment** [frz.] *s. 1 Seew.:* Frachtbrief, Ladeschein

**kon|nu|bi|al** [lat.] die Ehe betreffend, auf ihr beruhend; **Kon|nu|bi|um** *s. Gen. -s Mz. -bi|en* Ehe, Ehegemeinschaft

**Ko|no|id** [lat.] *m. 1* kegelähnlicher Körper

**Kon|qui|sta|dor** [span.] *m. 12* span. Eroberer Mittel- und Südamerikas im 16. Jh.

**Kon|rek|tor** [lat.] *m. 13* Vertreter des Rektors

**Kon|san|gui|ni|tät** [lat.] *w. 10 veraltet:* Blutsverwandtschaft

**Kon|seil** [kõsēi, frz.] *m. 9* **1** Rat, Ratsversammlung, Staats-, Ministerrat; **2** Beratung

**Kon|se|kra|ti|on** [-tsjon, lat.] *w. 10 kath. Kirche* **1** Weihe (von Personen oder Sachen); **2** Wandlung (von Brot und Wein beim Meßopfer); **kon|se|krie|ren** weihen

**kon|se|ku|tiv** [lat.] folgend, Folge ...

**Kon|sens** [lat.] *m. 1* Genehmigung, Bewilligung, Einwilligung, Zustimmung; **kon|sen|su|ell** übereinstimmend; **kon|sen|tie|ren** etwas k.: in etwas einwilligen

**kon|se|quent** [lat.] **1** folgerichtig, grundsatztreu; **2** beständig, beharrlich; **Kon|se|quenz** *w. 10* **1** Folge; seine Konsequenzen aus etwas ziehen; die Konsequenzen von etwas tragen; **2** *nur Ez.* Folgerichtigkeit; Beharrlichkeit

**Kon|ser|va|ti|on** [-tsjon] *w. 10* Pflege und Instandhaltung (von Kunstwerken); **Kon|ser|va|tis|mus** *m. Gen. - nur Ez.* Einstellung, Haltung, die am Bestehenden, am Hergebrachten festhält; **kon|ser|va|tiv 1** am Bestehenden, Hergebrachten festhaltend, es beja-

hend; **2** *Med.:* schonend, auf Erhaltung bedacht; **Kon|ser|va|ti|vis|mus** *m. Gen. - nur Ez.* → Konservatismus; **Kon|ser|va|tor** *m. 13 in Museen und Denkmalspflege:* Beamter, der für die Instandhaltung von Kunstwerken und Ausstellungsstücken zu sorgen hat; **kon|ser|va|to|risch 1** pfleglich; **2** durch einen Konservator; **Kon|ser|va|to|rist** *m. 10* Schüler an einem Konservatorium; **kon|ser|va|to|ri|stisch** (auf dem Studium) an einem Konservatorium (beruhend); konservatoristisch ausgebildet, konservatoristische Ausbildung; **Kon|ser|va|to|ri|um** *s. Gen. -s Mz. -ri|en* hochschulartige Musikschule (heute oft einer Musikhochschule angegliedert); **Kon|ser|ve** *w. 11* etwas durch Sterilisation haltbar Gemachtes (bes. Obst, Gemüse, Fleisch usw. in Glas oder Blechdose); **kon|ser|vie|ren 1** mit chem. oder techn. Mitteln haltbar machen, aufbewahren (Organteile, Körpergewebe, *auch:* Musikstücke); **2** pflegen, instandhalten (Kunstwerke)

**Kon|si|gnant** [lat.] *m. 10 bes. im Überseehandel:* jmd., der eine Ware in Kommission gibt; **Kon|si|gna|tar, Kon|si|gna|tär** *m. 1 bes. im Überseehandel:* jmd., der eine Ware zum Weiterverkauf in Kommission nimmt; **Kon|si|gna|ti|on** [-tsjon] *w. 10* **1** Anweisung zu einem bestimmten Zweck, Bestimmung; **2** *bes. im Überseehandel:* Kommissionsgeschäft, Übergabe einer Ware zum Weiterverkauf; **kon|si|gnie|ren 1** schriftlich beglaubigen, schriftlich niederlegen; **2** *bes. im Überseehandel:* zum Weiterverkauf übergeben; **3** mit bes. Auftrag absenden (Truppen, Schiff)

**Kon|si|li|ar|arzt** *m. 2,* **Kon|si|li|ar|i|us** [lat.] *m. Gen. - Mz. -rii* zur Beratung zugezogener Arzt; **Kon|si|li|um** *s. Gen. -s Mz. -li|en* Beratung (bes. mehrerer Ärzte über einen Krankheitsfall)

**kon|si|stent** [lat.] **1** dicht, zusammenhängend, fest, dickflüssig; **2** haltbar, dauerhaft; widerspruchsfrei; **Kon|si|stenz** *w. 10 nur Ez.* **1** Beschaffenheit (eines Stoffes) hinsichtlich der Struktur; **2** Verhalten (eines Stoffes) gegenüber Formveränderungen, Beständigkeit; **3** Dichte, Dickflüssigkeit, Zähigkeit; **4** widerspruchsfreie Beschaffenheit

**Kon|si|sto|ri|al|rat** [lat.] *m.* Titel für Mitglied eines Konsistoriums; **Kon|si|sto|ri|al|ver|fas|sung** *w. 10 ev. Kirche früher:* Verfassung, nach der die Verwaltung beim Konsistorium liegt; vgl. Synodalverfassung; **Kon|si|sto|ri|um** *s. Gen. -s Mz. -ri|en* **1** *ev. Kirche:* Verwaltungsbehörde (mit Ausschluß der Laien); **2** *kath. Kirche:* vom Papst geleitete Versammlung der Kardinäle

**kon|skri|bie|ren** [lat.] *früher:* zum Heeresdienst ausheben, einschreiben; **Kon|skrip|ti|on** [-tsjon] *w. 10 früher:* Aushebung zum Heeresdienst (mit der Möglichkeit des Loskaufs)

**Kon|sol** [lat.-engl.] *m. 9* Anteilschein an einer Staatsanleihe; **Kon|so|la|ti·on** [-tsjon, lat.] *w. 10 veraltet:* Trost, Beruhigung; **Kon|so|le** [lat.] *w. 11* **1** Mauervorsprung als Stütze für Bogen, Statuen u. a.; **2** Wandbrett; **Kon|so|li|da|ti·on** [-tsjon] *w. 10* **1** Sicherung, Festigung; **2** Umwandlung von kurzfristigen Staatsschulden in langfristige; **3** Zusammenlegung mehrerer Staatsanleihen; **4** Zusammenlegung von Grundstücken; **5** Verfestigung der Erdkruste durch Zusammenpressen und Faltung sowie Eindringen von Magma; **kon|so|li|die|ren 1** verfestigen, sichern; **2** zusammenlegen **Kon|som|mee** [kõ-, frz.] *w. 9 oder s. 9* Fleisch-, Kraftbrühe **kon|so|nant** [lat.] zusammenstimmend, gut zusammenklingend; *Ggs.:* dissonant; **Kon|so|nant** *m. 10* Mitlaut, Laut, der nicht selbst klingt, sondern nur mit Hilfe eines anderen ausgesprochen werden kann, z. B. b(e), (e)f; vgl. Vokal; **Kon|so|nan|tis|mus** *m. Gen. - nur Ez.* **1** Bestand an Konsonanten (einer Sprache); **2** Bildung und histor. Entwicklung der Konsonanten; **Kon|so|nanz** *w. 10* **1** Häufung von Konsonanten; **2** harmonisches Zusammenklingen; *Ggs.:* Dissonanz **Kon|sor|te** [lat.] *m. 11* **1** Mitglied eines Konsortiums; **2** *Mz. abfällig:* Mitbeteiligte, Mitschuldige; **Kon|sor|ti·um** [-tsjum] *s. Gen.-s Mz.* -ti·en [-tsjən] vorübergehender Zusammenschluß von Unternehmen zur Finanzierung größerer Geschäfte **Kon|spekt** [lat.] *m. 1 veraltet* **1** Übersicht, Überblick; **2** Aufzeichnung über etwas Gelesenes oder Gehörtes **Kon|spi|kui|tät** [lat.] *w. 10 nur Ez. veraltet:* Anschaulichkeit, Klarheit **Kon|spi|rant** [lat.] *m. 10* Verschwörer; **Kon|spi|ra|ti·on** [-tsjon] *w. 10* Verschwörung; **kon|spi|rie|ren** sich verschwören **Kon|sta|bler** [engl.] *m. 5* **1** *früher:* Geschützmeister im Rang eines Unteroffiziers; **2** *noch in England und den USA:* Polizist **kon|stant** [lat.] gleichbleibend, beständig, unverändert, unveränderlich; **Kon|stan|te** *w. 11* unveränderliche Größe, feststehender Wert **Kon|stanz** [lat.] *w. 10 nur Ez.* Unveränderlichkeit, Beständigkeit **kon|sta|tie|ren** [lat.] feststellen **Kon|stel|la|ti·on** [tsjon, lat.] *w. 10* **1** Zusammentreffen (von Umständen), bestimmte Lage, Situation; **2** Gruppierung von Gestirnen, ihre Stellung zueinander, zur Erde und zur Sonne **Kon|ster|na|ti·on** [-tsjon, lat.] *w. 10 nur Ez.* Bestürzung, Betroffenheit; **kon|ster|nie|ren** bestürzen, betroffen machen; **kon|ster|niert** betroffen, bestürzt **Kon|sti|pa|ti·on** [-tsjon, lat.] *w. 10* Darmverstopfung **kon|sti|tu|ie|ren** [lat.] bilden, gründen, einset-

zen, festsetzen; konstituierende Versammlung: verfassunggebende V.; sich k.: zusammentreten; **Kon|sti|tut** *s. 1* fortgesetzter, wiederholter Vertrag; **Kon|sti|tu|ti·on** [-tsjon] *w. 10* **1** Anordnung, Zusammensetzung; **2** Körperverfassung, Körperbeschaffenheit; kräftige, zarte, schwache K.; **3** Anordnung der Atome im Molekül; **4** Rechtsbestimmung, Verordnung, Satzung; **5** Verfassung (eines Staates), Staatsgrundgesetz; **6** Konzilsbeschluß; **7** Erlaß (des Papstes); **Kon|sti|tu|tio|na|lis|mus** *m. Gen. - nur Ez.* Regierungsform, in der die Rechte und Pflichten des Staatsoberhauptes und der Bürger durch eine Konstitution festgelegt sind; **kon|sti|tu|tio|nell 1** auf einer Konstitution beruhend, die Konstitution betreffend; konstitutionelle Krankheit; **2** durch eine Konstitution beschränkt; konstitutionelle Monarchie; **Kon|sti|tu|ti·ons|typ** *m. 12* Grundform des menschlichen Körperbaus; leptosomer, pyknischer, athlet. K. (nach E. Kretzschmar); **kon|sti|tu|tiv** grundlegend, bestimmend, zum Wesen (einer Sache) gehörend, konstitutionsbegründend, ein Recht entstehen lassend **Kon|strik|ti·on** [-tsjon, lat.] *w. 10* Abschnürung (von Blutgefäßen), Zusammenpressen, Zusammenziehung; **Kon|strik|tor** *m. 13* Schließmuskel; **kon|strin|gie|ren 1** zusammenpressen, abschnüren; **2** sich zusammenziehen **kon|stru|ie|ren** [lat.] **1** entwerfen; **2** bauen, zusammensetzen; **3** nach gegebenen Größen zeichner. darstellen; **4** schematisch darstellen, erfinden (um etwas deutlich zu machen); ein Beispiel, einen Sachverhalt k.; **Konstrukteur** [-tør] *m. 1* Erbauer, Gestalter; technischer Zeichner; **Kon|struk|ti·on** [-tsjon] *w. 10* **1** Bauart, Gefüge, Aufbau; **2** Entwurf, Gestaltung; **3** *Geometrie:* zeichnerische Darstellung einer Figur mit gegebenen Größen; **4** *Philos.:* Aufbau eines Begriffssystems, Gedankengebäude; **5** schemat., erfundene Darstellung (um etwas zu verdeutlichen); **Kon|struk|ti·ons|bü|ro** *s. 9* Büro, in dem techn. Entwürfe angefertigt werden; **kon|struk|tiv** (richtig) aufbauend, zusammensetzend, (folgerichtig) entwickelnd; *Ggs.:* destruktiv; **Kon|struk|ti|vis|mus** *m. Gen. - nur Ez.* **1** *Malerei und Plastik:* die Konstruktionselemente (von Körpern) betonende Richtung; **2** *Musik:* den formalen Aufbau der Komposition betonende Richtung; **Kon|struk|ti|vist** *m. 10* Anhänger des Konstruktivismus **Kon|sul** [lat.] *m. 14 Röm. Reich und napoleon. Frankreich:* höchster Staatsbeamter; **2** *heute:* ständiger Vertreter eines Staates in einem anderen Staat; **Kon|su|lar|agent** *m. 10* Beauftragter eines Konsuls; **Kon|su|lat** *s. 1* Amt und Amtsgebäude eines Konsuls; **Kon|su|lent** *m. 10 veraltet, noch schweiz.:* Rechtsberater; **Kon|sult** *s. 1 veraltet:* Beschluß;

Kon|sul|tant *m. 10* 1 fachmänn. Berater, Anleiter; **Kon|sul|ta|ti·on** [-tsjon] *w. 10* 1 Beratung (durch einen Wissenschaftler); 2 gemeinsame Beratung (der Partner von Bündnissen); **kon|sul|ta|tiv** beratend; **kon|sul|tie·ren** jmdn. k.: jmds. fachmänn. Rat einholen; **Kon|sul|tor** *m. 13* Geistlicher als Berater eines Bischofs

**Kon|sum** [lat.] *m. 1 nur Ez.* 1 Verbrauch (von Bedarfsgütern, z. B. Lebensmitteln); 2 [meist: kọn-] Konsumgenossenschaft sowie deren Verkaufsstelle; **Kon|sul|ma|ti·on** [-tsjon] *w. 10 schweiz.:* Verzehr, Zeche; **Kon|su|ment** *m. 10* Verbraucher; **Kon|sum·ge|nos|sen|schaft** *w. 10* Verbrauchergenossenschaft; genossenschaftl. Vereinigung, die den Ein- und Verkauf von Bedarfsgütern mit gewissen Vergünstigungen für ihre Mitglieder betreibt; **Kon|sum|ge|sell|schaft** *w. 10* Gesellschaftsform, deren Wirtschaft auf Konsum (1) aufgebaut ist; **kon|su|mie·ren** verbrauchen; **Kon|sump|ti|bi|li·en** *Mz.* Verbrauchsgüter; **Kon|sump|ti·on** [-tsjon] *w. 10* → Konsumtion; **Kon|sum|ter|ror** *m. Gen.-s nur Ez. ugs.:* von der Konsumgesellschaft dem einzelnen gegenüber ausgeübter Zwang zu möglichst großem Konsum (1); **Kon|sum|ti·on** [-tsjon] *w. 10* 1 Konsum, Verbrauch; 2 *Med.:* Auszehrung; 3 Aufgehen einer Straftat in einer umfassenderen, z. B. Diebstahl in Raub; **Kon|sum|ver|ein** *m. 1* → Konsumgenossenschaft

**Kon|szi·en|tia|lis|mus** [-tsja-, lat.] *m. Gen.- nur Ez.* Lehre, daß die Wirklichkeit nur im Bewußtsein vorhanden sei

**Kon|ta|gi·on** [lat.] *w. 10* Ansteckung; **kon|ta|gi·ös** ansteckend; **Kon|ta|gi·o|si|tät** *w. 10 nur Ez.* Ansteckungsmöglichkeit; **Kon|ta|gi·um** *s. Gen.-s Mz.-gi·en veraltet:* Ansteckungsstoff

**Kon|takt** [lat.] *m. 1* Berührung, Verbindung, Beziehung; **kon|tak|ten** Kontakte aufnehmen, neue Geschäftsverbindungen anknüpfen, als Kontakter tätig sein; **Kon|tak|ter** *m. 5* Werbefachmann in einem Betrieb oder einer Werbeagentur; **Kon|takt|glas** *s. 4* → Kontaktlinse; **kon|tak|tie·ren** → kontakten; **Kon|takt|in|fek|ti·on** [-tsjo:n] *w. 10* Infektion durch Berührung; **Kon|takt|lin|se** *w. 11* unmittelbar auf dem Augapfel getragenes Brillenglas, Kontaktglas, Kontaktschale, Haftglas; **Kon|takt|mann** *m. 4* Verbindungsmann, der Erkundigungen einzieht und neue Kontakte knüpft; **Kon|takt|me|tal|mor|pho|se** *w. 11* Umwandlung des Nachbargesteins durch eindringendes geschmolzenes Tiefengestein; **Kon|takt|mi|ne|ral** *s. 1, Mz. auch:* -li·en, durch Kontaktmetamorphose entstandenes Mineral; **Kon|takt|per|son** *w. 10* jmd., der mit einer an einer Infektionskrankheit leidenden Person in Berührung gekommen ist und daher ansteckungsverdächtig ist

**Kon|ta|mi|na|ti·on** [-tsjon, lat.] *w. 10* 1 Verschmelzung zweier Wörter oder Wortteile zu einem neuen Wort, z. B. „abnorm" und „anomal" zu „anormal", „Laterne" und „Leuchte" zu „Latüchte"; 2 *Kerntechnik:* Verunreinigung durch radioaktive Stoffe; 3 Kontakt mit schädigenden Stoffen der Umwelt oder mit Krankheitserregern; 4 *Geol.:* Aufnahme von Fremdgestein durch Magma; **kon|ta|mi|nie·ren** sich vermischen

**kon|tant** [ital.] bar, gegen Barzahlung; per k.: in bar; **Kon|tan|ten** *w. 11 Mz.* 1 bares Geld; 2 Geldsorten; 3 Münzen, die nicht als Zahlungsmittel dienen

**Kon|tem|pla|ti·on** [-tsjon, lat.] *w. 10* 1 *Mystik:* Versenkung in das Wort und Werk Gottes, betrachtendes Erkennen; 2 *allg.:* reine Anschauung, beschauliche Betrachtung, Beschaulichkeit; **kon|tem|pla|tiv** betrachtend, anschauend, beschaulich

**kon|tem|po|rär** [lat.] gleichzeitig, zeitgenössisch

**Kon|ten** *Mz. von* Konto

**Kon|te|nance** [kõtənãs, frz.] *w. 11 nur Ez.* Haltung, Fassung, Gelassenheit; die K. bewahren, verlieren

**Kon|ten|plan** *m. 2* systemat. Ordnung der Konten eines Betriebes in mehreren Klassen; **Kon|ten|rah|men** *m. 7* Schema zur systemat. Ordnung der Konten in verschiedenen Klassen

**Kon|ten|ten** [lat.] *Mz. Seew.:* Ladeverzeichnisse (von Schiffen); **kon|ten|tie·ren** [lat.] zufriedenstellen, befriedigen (Ansprüche), bezahlen; **Kon|ten|tiv|ver|band** *m. 2* ruhigstellender Verband (bei Knochenbrüchen u. ä.)

**Kon|ter** [lat.-engl.] *m. 5 Boxen u. a.:* aus der Verteidigung geführter Gegenschlag

**Kon|ter|ad|mi|ral** [frz.] *m. 1 oder m. 2* Seeoffizier im Rang eines Generalmajors; **Kon|ter|ban|de** *w. 11 nur Ez.* Schmuggelware; **Kon|ter|fei** *s. 1 oder s. 9 nur noch scherzh.:* Bild, Photographie, Abbild, Porträt; **kon|ter|fei|en** jmdn. k.: ein Bild von jmdm. machen; **Kon|ter|ge|wicht** *s. 1* Gegengewicht; **Kon|ter|mar|ke** *w. 11* Gegenstempel; **Kon|ter|mi|ne** *w. 11* 1 *Festungswesen:* Gegenmine; 1 *Börse:* mit Fallen der Kurse rechnende Spekulation; Maßnahme einer Börsenpartei gegen eine andere; **kon|ter|mi|nie·ren** 1 mit einer Gegenmine versehen; 2 *Börse:* auf Baisse spekulieren; 3 jmdn. k.: *Börse:* Maßnahmen gegen jmdn. ergreifen; **kon|tern** 1 einen Angriff k. *Sport:* nach geglückter Abwehr dem Gegner einen Gegenschlag versetzen; 2 umdrehen, richtigstellen (seitenverkehrtes Bild); 3 (im Gespräch) zurückschlagen, den Spieß umdrehen; **Kon|ter|re|vo|lu|ti·on** [-tsjo:n] *w. 10* Gegenrevolution; **Kon|ter|re|vo|lu|tio|när** *m. 1* Gegenrevolutionär; **Kon|ter|tanz** *m. 2, 18. Jh.:* Tanz zu je zwei oder vier einander gegenüberstehenden Paaren

**kon|te|sta|bel** [lat.] *veraltet:* strittig, umstritten, anfechtbar; **kon|te|stie|ren** *veraltet:* anfechten, bestreiten
**Kon|text** [lat.] *m.1* der ein Wort umgebende Text, durch den oft die Bedeutung erst klar wird, Zusammenhang; **kon|tex|tu|ell** den Kontext betreffend; **Kon|tex|tur** *w.10 veraltet:* Zusammenhang, Verbindung
**Kon|ti** *Mz.* von Konto; **kon|tie|ren** in ein Konto eintragen, verbuchen
**Kon|ti|gui|tät** [lat.] *w.10* Berührung, (zeitl.) Zusammentreffen (von Erlebnissen)
**Kon|ti|nent** [lat.] *m.1* 1 Festland; 2 Erdteil; **kon|ti|nen|tal** zu einem Kontinent gehörig, auf ihm vorkommend; **Kon|ti|nen|ta|li|tät** *w.10 nur Ez.* Einfluß des Festlandes auf das Klima (je nach Entfernung von der Küste); **Kon|ti|nen|tal|kli|ma** *s. Gen.-s nur Ez.* Land-, Festlandsklima, Binnenklima
**Kon|ti|nenz** [lat.] *w.10 nur Ez.* die Fähigkeit, Stuhlgang und Harn zurückzuhalten
**Kon|tin|gent** [lat.] *s.1* 1 festgelegte, begrenzte, zugeteilte Warenmenge; 2 Pflichtanteil, -beitrag (zu bestimmten Aufträgen); 3 Truppenstärke (eines Staates innerhalb einer Verteidigungsgemeinschaft) als Anteil am Gesamtheer; **kon|tin|gen|tie|ren** eine Ware k.: das Kontingent für eine Ware festsetzen; **Kon|tin|genz** *w.10 nur Ez.* 1 *Philos.:* Möglichkeit (der Dinge, auch anders sein zu können), Zufälligkeit; 2 *Statistik:* Häufigkeit des gemeinsamen Auftretens zweier Merkmale oder Sachverhalte
**Kon|ti|nua|ti|on** [-tsjon, lat.] *w.10 veraltet:* Fortsetzung; **kon|ti|nu|ie|ren** *veraltet:* fortsetzen; **kon|ti|nu|ier|lich** stetig, ununterbrochen, fortdauernd; *Ggs.:* diskontinuierlich; **Kon|ti|nui|tät** *w.10 nur Ez.* Stetigkeit, Fortdauer; *Ggs.:* Diskontinuität; **Kon|ti|nu|um** *s. Gen.-s Mz.*-nua *oder* -nuen etwas lückenlos Zusammenhängendes, z. B. Linie
**Kon|to** [ital.] *s. Gen.-s Mz.*-ten *oder* -ti Gegenüberstellung von Einnahmen und Ausgaben, Forderungen und Schulden; ein Konto bei einem Geldinstitut eröffnen, haben, löschen; **Kon|to|aus|zug** *m.2* Mitteilung des Geldinstituts über den Stand des Kontos an dessen Inhaber; **Kon|to|kor|rent** *s.1* Verbindung zweier Geschäftspartner, bei der die beiderseitigen Leistungen und Forderungen in Form eines Kontos einander gegenübergestellt und regelmäßig abgerechnet werden
**Kon|tor** [frz.] *s.1 veraltet:* 1 Geschäftszimmer (eines Kaufmanns), Büro; 2 Niederlassung im Ausland, Handelskontor; **Kon|to|rist** *m.10* Angestellter eines kaufmänn. Betriebes, der Büroarbeiten erledigt
**Kon|tor|si|on** [lat.] *w.10* Verrenkung, gewaltsame Verdrehung (eines Gliedes); **Kon|tor|sio|nist** *m.10* Schlangenmensch (Artist)
**kon|tra** [lat.] gegen; **Kon|tra** *s.9* 1 Entgegengesetztes; *Ggs.:* Pro; das Pro und das K.: Für und das Wider; jmdm. K. geben: ihm energisch widersprechen; 2 *Kartenspiel:* Gegenansage; K. ansagen
**Kon|tra|baß** *m.2* Baßgeige
**Kon|tra|dik|ti|on** [-tsjon, lat.] *w.10* 1 Widerspruch; 2 *Logik:* Gegensatz zweier Begriffe oder Urteile; **kon|tra|dik|to|risch** gegensätzlich, widersprüchlich; kontradiktorische Urteile: Urteile, von denen jedes das andere verneint
**Kon|tra|hage** [-ʒə, frz.] *w.11* Forderung zum Duell
**Kon|tra|hent** [lat.] *m.10* 1 Vertragspartner; 2 Gegner (beim Duell); **kon|tra|hie|ren** 1 zusammenziehen; 2 zum Duell fordern; 3 vereinbaren
**Kon|tra|in|di|ka|ti|on** [-tsjo:n, lat.] *w.10 Med.:* Gegenanzeige, Umstand, der eine an sich richtige Behandlung als nicht zweckmäßig erscheinen läßt; **kon|tra|in|di|ziert** *Med.:* nicht anwendbar, nicht zweckmäßig
**kon|trakt** [lat.] zusammengezogen, verkrümmt, gelähmt; **Kon|trakt** *m.1* Vertrag, Abkommen; **kon|trak|til** zusammenziehbar; **Kon|trak|ti|li|tät** *w.10 nur Ez.* Fähigkeit (eines Muskels), sich zusammenzuziehen; **Kon|trak|ti|on** [-tsjon] *w.10* 1 Zusammenziehung von Muskeln, Schrumpfung; 2 Zusammenziehung zweier Laute zu einem Laut, z. B. „Dritteil" zu „Drittel"; **Kon|trak|tur** *w.10* (dauernde) Verkürzung (eines Muskels), Verkrümmung
**Kon|tra|post** [lat.] *m.1 bildende Kunst:* die unterschiedliche Gestaltung der beiden Körperhälften in Ruhe und Bewegung, bes. ausgedrückt im Ausgleich von Standbein und Spielbein
**Kon|tra|punkt** [lat.] *m.1* das Nebeneinanderherführen mehrerer selbständiger Melodielinien; **Kon|tra|punk|tik** *w.10 nur Ez.* Lehre vom Kontrapunkt; **Kon|tra|punk|ti|ker** *m.5* Vertreter der auf dem Kontrapunkt beruhenden Kompositionsweise
**kon|trär** [lat.] gegensätzlich; **Kon|tra|rie|tät** [-rie-] *w.10 nur Ez. veraltet* 1 Gegensätzlichkeit; 2 Hindernis
**Kon|tra|se|lek|ti|on** [-tsjo:n, lat.] *w.10* Gegenauslese
**Kon|tra|si|gna|tur** [lat.] *w.10* Gegenzeichnung, Mitunterschrift; **kon|tra|si|gnie|ren** gegenzeichnen
**Kon|trast** [ital.] *m.1* Gegensatz, starker Unterschied, z. B. Farbkontrast; **Kon|trast|fil|ter** *m.5* photograph. Filter zum Verstärken von Farbkontrasten; **kon|tra|stie|ren** mit etwas k.: in Gegensatz zu etwas stehen, sich stark von etwas abheben; **Kon|trast|mit|tel** *s.5* diagnostisches Hilfsmittel aus für Röntgenstrahlen undurchlässigem Stoff, das vor der Durchleuchtung eingenommen oder eingespritzt wird
**Kon|tra|velni|ent** [lat.] *m.10 veraltet:* (einer

Vorschrift oder Vereinbarung) Zuwiderhandelnder; kon|tra|ve|nie|ren *veraltet:* zuwiderhandeln; Kon|tra|ven|ti|on [-tsjon] *w.10* Zuwiderhandlung, Vertragsbruch
Kon|tra|zep|ti|on [-tsjon, lat.] *w.10* Empfängnisverhütung; kon|tra|zep|tiv empfängnisverhütend; Kon|tra|zep|ti|vum *s. Gen.-s Mz.*-va empfängnisverhütendes Mittel
Kon|tre [kɔtrə, frz.] *m.9* → Kontertanz
Kon|tri|bu|ent [lat.] *m.10 veraltet:* Steuerpflichtiger; kon|tri|bu|ie|ren *veraltet:* beitragen, beisteuern; Kon|tri|bu|ti|on [-tsjon] *w.10* Beitrag (bes. zum Unterhalt von Besatzungstruppen)
kon|trie|ren [lat.] *Kartenspiel:* Kontra ansagen
Kon|tri|ti|on [-tsjon, lat.] *w.10 kath. Kirche:* vollkommene Reue (auf Grund deren die Absolution erteilt wird); *Ggs.:* Attrition
Kon|trol|le *w.11* 1 Überwachung, Aufsicht; 2 Prüfung, Probe, z. B. Fahrscheinkontrolle; 3 Beherrschung; die K. über etwas verlieren; Kon|trol|ler *m.5 bei Elektromotoren:* Anlasser; Kon|trol|leur [-lør, frz.] *m.1* jmd., der eine Kontrolle durchführt, Aufsichtsbeamter; kon|trol|lie|ren überwachen, nachprüfen; Kon|troll|rat *m.2 nur Ez.* Alliierter K. *1945–1948:* oberstes Besatzungsorgan in Dtschl.
kon|tro|vers [lat.] 1 gegeneinander gerichtet; 2 strittig, bestreitbar; Kon|tro|ver|se *w.11* 1 wissenschaftl. Auseinandersetzung; 2 Streit, Meinungsverschiedenheit
Kon|tu|maz [lat.] *w. Gen. - nur Ez.* 1 *veraltet:* Nichterscheinen vor Gericht; 2 *österr.:* Verkehrssperre (um die Ausbreitung von Seuchen zu verhindern); Kon|tu|maz|ur|teil *s.1* Urteil in Abwesenheit des Angeklagten
kon|tun|die|ren [lat.] *Med.:* quetschen
Kon|tur [frz.] *w.10, in der Kunst auch: m.12* Umriß, Umrißlinie; kon|tu|rie|ren 1 mit Konturen umgeben (Figuren einer Zeichnung); 2 in Umrissen zeichnen, mit Umrissen andeuten
Kon|tu|si|on [lat.] *w.10* Quetschung
Ko|nus [lat.] *m. Gen. - Mz.*-nus|se *oder* -nen 1 Kegel, Kegelstumpf; 2 kegelförmiger Körper, Zapfen; 3 der leicht konisch verlaufende, obere Teil der Druckletter, der das Schriftbild trägt
Kon|va|les|zenz [lat.] *w.10 nur Ez.* 1 Genesung, Gesundung, Rekonvaleszenz; 2 Gültigwerden (eines Rechtsgeschäfts)
Kon|vek|ti|on [-tsjon, lat.] *w.10* 1 *Meteor.:* auf- oder abwärts gerichtete Luftströmung; *Ggs.:* Advektion; 2 *Phys.:* Transport von Energie oder elektr. Ladung durch bewegte kleinste Teilchen; 3 Austausch von verschieden temperierten Luftmassen kon|vek|tiv auf Konvektion beruhend; Kon|vek|tor *m.13* Heizkörper, der die Luft überwiegend durch Konvektion (3) erwärmt; *Ggs.:* Radiator

kon|ve|na|bel [lat.] *veraltet* 1 schicklich, passend, wie es sich gehört; 2 annehmbar, bequem; Kon|ve|ni|enz *w.10 nur Ez.* 1 Schicklichkeit; 2 Bequemlichkeit; kon|ve|nie|ren 1 sich schicken, passen, so sein, wie es sich gehört; 2 bequem sein, zusagen; Kon|vent *m.1* 1 Versammlung, Zusammenkunft (bes. von den Mitgliedern eines Klosters oder einer Studentenverbindung); 2 Kloster, Stift; Kon|ven|ti|kel *s.5* 1 geheime Zusammenkunft; 2 außerkirchl. religiöse Versammlung; Kon|ven|ti|on [-tsjon] *w.10* 1 Vereinbarung, Übereinkunft; 2 völkerrechtl. Vertrag; 3 Herkommen, Brauch; kon|ven|tio|nal [-tsjo-] auf einer Konvention (1) beruhend; Kon|ven|tio|nal|stra|fe *w.11* Strafe wegen Nichteinhaltung eines Vertrages; kon|ven|tio|nell 1 herkömmlich, üblich, gebräuchlich; konventionelle Waffen: alle Waffen außer Kern-, biolog. und chem. Waffen; 2 gesellschaftlich-förmlich; Kon|ven|tua|le *m.11* stimmberechtigtes Mitglied einer Klostergemeinschaft
kon|ver|gent [lat.] 1 aufeinander zustrebend, zulaufend (Linien); 2 übereinstimmend; *Ggs.:* divergent; Kon|ver|genz *w.10* 1 Annäherung; 2 Übereinstimmung; *Ggs.:* Divergenz; 3 *bei mathemat. Folgen und Reihen:* das Zulaufen auf einen Grenzwert; kon|ver|gie|ren 1 aufeinander zustreben, sich annähern; 2 übereinstimmen; *Ggs.:* divergieren
Kon|ver|sa|ti|on [-tsjon, lat.] *w.10* gewandte, gepflegte, etwas förmliche Unterhaltung, geselliges Gespräch; Kon|ver|sa|ti|ons|le|xi|kon *s. Gen.-s Mz.*-ka umfangreiches, alphabet. geordnetes Nachschlagewerk über alle Wissensgebiete; Kon|ver|sa|ti|ons|stück *s.1* unterhaltendes Theaterstück mit geistreich-witzigen Dialogen, meist mit Themen aus der höheren Gesellschaft; kon|ver|sie|ren Konversation machen, sich gewandt unterhalten; Kon|ver|si|on *w.10* 1 Umwandlung (z. B. eines Schuldverhältnisses in ein anderes); 2 Glaubenswechsel, Übertritt zu einer anderen Konfession (bes. zur katholischen); 3 grundlegende Meinungsänderung; 4 Umwandlung verdrängter Triebe oder Erlebnisse in körperl. Symptome; 5 Wechsel der Wortart, z. B. „Kraft" zu „kraft"; Kon|ver|ter *m.5* 1 um die senkrechte Achse drehbarer Industrieofen zur Gewinnung von Stahl; 2 *Elektrotechnik:* Gerät zum Umwandeln von Gleichspannungen; 3 Reaktortyp, der bestimmte Kernreaktionen erzeugt und dadurch nichtspaltbares Material in spaltbares für normale Reaktoren umwandelt; kon|ver|ti|bel umwandelbar, umwechselbar, umtauschbar; Kon|ver|ti|bi|li|tät *w.10 nur Ez.* Möglichkeit, Geld der einen Währung in solches der anderen umzutauschen; kon|ver|tier|bar → konvertibel; kon|ver|tie|ren 1 austauschen, umtauschen (z. B. eine Währung

in eine andere), umwandeln, umgestalten; **2** zu einer anderen Konfession (bes. zur kath.) übertreten; **Kon|ver|tit** *m.10* jmd., der zu einer anderen Konfession übergetreten ist **kon|vex** [lat.] erhaben, nach außen gekrümmt; *Ggs.:* konkav

**Kon|vikt** [lat.] *s.1* **1** Wohnheim für kath. Schüler und Studenten, bes. Theologiestudenten; **2** *österr.:* Schülerinternat; **Kon|vik|ti|on** [-tsjon] *w.10 veraltet:* Überführung (eines Verbrechers); **Kon|vik|tu|a|le** *m.11* Bewohner eines Konvikts; **kon|vin|zie|ren** *veraltet:* (eines Verbrechens) überführen

**Kon|vi|vi|um** [lat.] *s. Gen.-s Mz.*-vi·en *veraltet:* Gastmahl, Fest, Festgelage

**Kon|voi** [lat.-frz.] *m.9* **1** Geleitzug, mehrere, unter dem Schutz von Fahrzeugen bzw. See- oder Luftstreitkräften fahrende Fahrzeuge bzw. Schiffe; **2** die beigegebenen Streitkräfte selbst; im oder unter K. fahren

**Kon|vo|ka|ti|on** [-tsjon, lat.] *w.10* **1** Einberufung, Zusammenrufung (von Körperschaften); **2** *an engl. und US-amerik. Universitäten:* Gremium, das über die Verleihung der Ehrendoktorwürde entscheidet

**Kon|vo|lut** [lat.] *s.1* **1** Bündel (von Schriftstücken); Sammelmappe; **2** *Med.:* Knäuel (z. B. von Darmschlingen); **Kon|vo|lu|te** *w.11* → Volute

**Kon|voy** *m.9* → Konvoi

**Kon|vul|si|on** [lat.] *w.10* Schüttel-, Zukkungskrampf; **kon|vul|si|visch** krampfhaft zuckend

**kon|ze|die|ren** [lat.] zugestehen, einräumen, erlauben

**Kon|zen|trat** [lat.] *s.1* **1** hochprozentige Lösung, Mischung, in der ein Stoff angereichert enthalten ist; **2** *übertr.:* Zusammenfassung; **Kon|zen|tra|ti|on** [-tsjon] *w.10* **1** Zusammendrängung (um einen Mittelpunkt), Zusammenballung (von wirtschaftl. o. a. Kräften); *Ggs.:* Dekonzentration; **2** Sammlung, Anspannung (der geistigen Kräfte), gespannte Aufmerksamkeit; **3** Gehalt einer Lösung an gelöstem, angereichertem Stoff; **Kon|zen|tra|ti|ons|la|ger** *s.5 (Abk.:* KL, KZ) Arbeits- und Vernichtungslager in totalitären Staaten, bes. unter dem Nationalsozialismus, für polit. Gegner und mißliebige Minderheiten (Juden, Zigeuner); **kon|zen|trie|ren 1** zusammenballen, zusammendrängen, -ziehen; **2** anreichern, sättigen, verdichten (Lösung); **3** sich k.: sich sammeln, seine Aufmerksamkeit anspannen; **kon|zen|trisch 1** einen gemeinsamen Mittelpunkt habend; konzentrische Kreise; *Ggs.:* exzentrisch; **2** einem Punkt zustrebend, auf einen Punkt gerichtet; **Kon|zen|tri|zi|tät** *w.10 nur Ez.* konzentrische Beschaffenheit

**Kon|zept** [lat.] *s.1* **1** Entwurf, erste, unausgefeilte Niederschrift; jmdn. aus dem K. bringen: in Verwirrung bringen; aus dem K. geraten, kommen: verwirrt werden; **2** Plan,

Vorstellung; **Kon|zep|ti|on** [-tsjon] *w.10* **1** Empfängnis; **2** schöpferischer Einfall; **3** Entwurf, Plan (eines Werkes); **kon|zep|tio|nell** [-tsjo-] auf Konzeption beruhend

**Kon|zern** [lat.] *m.1* Zusammenschluß gleichartiger Unternehmen, die wirtschaftlich eine Einheit bilden, aber rechtlich selbständig sind; **kon|zer|nie|ren** einen Konzern bilden

**Kon|zert** [lat.-ital.] *s.1* **1** (meist öffentliche) Aufführung von Musikwerken; **2** Musikstück für ein oder mehrere Soloinstrumente und Orchester; **kon|zer|tant** in der Art eines Konzerts; **Kon|zert|di|rek|ti|on** [-tsjo:n] *w.10* Unternehmen, das öffentliche Konzerte veranstaltet; **kon|zer|tie|ren** ein Konzert geben, aufführen; konzertierte Aktion *übertr., BRD:* zwischen den →Sozialpartnern und der Regierung abgestimmtes wirtschaftl. Verhalten; **Kon|zer|ti|na** *w.9* sechseckige Handharmonika; **Kon|zert|mei|ster** *m.5* führender erster Geiger eines Orchesters

**Kon|zes|si|on** [lat.] *w.10* **1** Zugeständnis; Konzessionen machen; **2** Erlaubnis, behördliche Genehmigung (z. B. ein Gewerbe auszuüben); **3** staatl. bewilligtes Recht, ein Gebiet in gewissem Umfang in Besitz zu nehmen; **Kon|zes|sio|när** *m.1* Inhaber einer Konzession; **kon|zes|sio|nie|ren** eine Konzession (für etwas) erteilen, genehmigen; **kon|zes|siv** einräumend

**Kon|zil** [lat.] *s.1, Mz. auch:* -li·en, *kath. Kirche:* Versammlung hoher Würdenträger zur Beratung kirchl. Fragen; **kon|zi|li|ant** umgänglich, verbindlich, versöhnlich; **Kon|zi|li|anz** *w.10 nur Ez.* konziliantes Wesen oder Verhalten; **kon|zi|li|ar** auf dem Konzil beruhend, dazu gehörend; **Kon|zi|lia|ris|mus** *m. Gen.- nur Ez.* kirchenrechtl. Theorie, nach der das Konzil dem Papst übergeordnet sein sollte; **Kon|zi|lia|ti|on** [-tsjon] *w.10 veraltet:* Versöhnung

**kon|zinn** [lat.] *veraltet:* harmonisch zusammengefügt, ebenmäßig, abgerundet

**Kon|zi|pi|ent** [lat.] *m.10* **1** *veraltet:* Verfasser eines Konzepts; **2** *österr.:* Anwaltsassessor; **kon|zi|pie|ren 1** entwerfen, ins Konzept schreiben; **2** *Med.:* empfangen; **Kon|zi|pist** *m.10* → Konzipient

**kon|zis** [lat.] bündig, kurz, kurzgefaßt (Ausdrucksweise)

**Ko|ope|ra|ti|on** [-tsjon, lat.] *w.10* Zusammenarbeit; **ko|ope|ra|tiv** zusammenwirkend, durch Kooperation; **Ko|ope|ra|tor** *m.13* kath. Hilfsgeistlicher; **ko|ope|rie|ren** zusammenarbeiten

**Ko|op|ta|ti|on** [-tsjon, lat.] *w.10* Ergänzungswahl, Wahl neuer Mitglieder (durch die alten); **ko|op|tie|ren** hinzuwählen

**Ko|or|di|na|te** *w.11* **1** die Lage eines Punktes auf einer Fläche oder im Raum bestimmte Zahl; **2** *Mz. zusammenfassende Bez. für* Abszisse und Ordinate; **Ko|or|di|na-**

**ten|sy|stem** *s.1* System zum Bestimmen der Lage eines Punktes mit Hilfe von Koordinaten; **Ko|or|di|na|ti|on** [-tsjon] *w.10 nur Ez.* 1 Abstimmen von Vorgängen aufeinander zwecks reibungslosen Ablaufs; 2 Zusammenspiel (der Muskeln zu geordneten Bewegungen); 3 Neben-, Beiordnen (von Satzteilen); **Ko|or|di|na|ti|ons|leh|re** *w.11 nur Ez.* Lehre vom Aufbau chem. Verbindungen, die durch Ionenbindung gebildet wurden; **Ko|or|di|na|tor** *m.13 Rundfunk, Fernsehen:* Mitarbeiter, der die verschiedenen Programme aufeinander abstimmt; **ko|or|di|nie|ren** 1 aufeinander abstimmen; 2 neben-, beiordnen; koordinierende Konjunktion: K., die zwei Hauptsätze miteinander verbindet, z. B. „und"

**Ko|pai|va|bal|sam** [brasilian. Eingeborenenspr.] *m. Gen.-s nur Ez.* Harz des südamerik. Kopaivabaumes, für Lacke und als Heilmittel

**Ko|pal** [mexikan. Eingeborenenspr.] *m.1* Harz verschiedener trop. Bäume

**Ko|pe|ke** [russ.] *w.11* kleine russ. Münze, $^1/_{100}$ Rubel

**Ko|pe|po|de** [griech.] *m.11* Ruderfüßer, ein Krebstier

**Kö|per** [ndrl.] *m.5* Gewebe in Köperbindung; **Kö|per|bin|dung** *w.10* Bindungsart von Geweben mit schräg verlaufender Fadenführung; **kö|pern** in Köperbindung weben

**Koph|ta** [arab.] *m.9* sagenhafter ägypt. Weiser

**Ko|pi|al|buch** [zu: kopieren] *s.4* Buch mit Abschriften von Urkunden; **Ko|pia|tur** *w.10 veraltet:* Abschreiben; **Ko|pie**, *österr.:* [-kopjə] *w.11* 1 Abschrift; 2 *Phot.:* Abzug; 3 Nachbildung (eines Kunstwerks durch einen andern Künstler); vgl. Replik (2); **ko|pie|ren** 1 abschreiben; 2 *Phot.:* abziehen; 3 nachbilden; 4 nachahmen (Person); **Ko|pier|stift** *m.1* Tintenstift

**Ko|pi|lot** *m.10* zweiter Flugzeugführer, zweiter Fahrer (beim Autorennen)

**ko|pi|ös** [lat.-frz.] *Med.:* reichlich (z. B. vom Stuhl)

**Ko|pist** [lat.] *m.10* jmd., der etwas kopiert, Abschreiber, Nachbilder

**Ko|pra** [hind.] *w.9 nur Ez.* getrocknete, zerkleinerte Kokosnußkerne

**Ko|pro|duk|ti|on** [-tsjo:n] *w.10* Gemeinschaftsproduktion (bes. von Filmen)

**ko|pro|gen** [griech.] vom Kot stammend; **Ko|pro|lith** *m.10 oder m.12* versteinerter Kot (urweltl. Tiere); **Ko|prom** *s.1* Kotgeschwulst; **Ko|pro|pha|ge** *m.11* sich von Mist ernährendes Tier, Kotfresser; **Ko|pro|pha|gie** *w.11 nur Ez.* krankhaftes Kotessen (bei Geisteskrankheiten), Skatophagie; **Ko|pro|sta|se** *w.11* Verstopfung

**Kops** [engl.] *m.1* aufgewickeltes Garn, Garnkörper

**Kop|te** [arab.] *m.11* christl. Nachkomme der alten Ägypter mit arab. Sprache und eigener Kirche

**Ko|pu|la** [lat.] *w.9 Mz. auch* -lae 1 *Gramm.:* Satzband, Teil des zusammengesetzten Prädikats, mit den Verben sein, scheinen, bleiben oder werden gebildet; 2 *Biol.:* Begattung (der Tiere); **Ko|pu|la|ti|on** [-tsjon] *w.10* 1 Befruchtung, Begattung; 2 Veredelung von Pflanzen; **ko|pu|la|tiv** *Gramm.:* anreihend, verbindend; **ko|pu|lie|ren** 1 verbinden; veredeln (Pflanzen); 2 den Geschlechtsakt ausführen

**Ko|rach, Ko|rah** [nach einer Gestalt des AT] *in der Wendung* eine Rotte K.: eine wilde Bande

**Ko|ral|le** [griech.] *w.11* 1 ein Hohltier, Meerestier; 2 Schmuckstück aus dessen Skelett; **Ko|ral|lin** *s.1 nur Ez.* roter Farbstoff für Lacke

**ko|ram** [lat.] vor aller Augen, öffentlich; jmdn. k. nehmen: jmdn. zur Rede stellen, zurechtweisen

**Ko|ran** [auch: ko-, arab.] *m. Gen.-s nur Ez.* heilige Schrift des Islams mit den Offenbarungen Mohammeds

**Kord** [engl.] *m.1* geripptes Baumwollgewebe; **Kor|de** *w.11,* **Kor|del** [frz.] *w.11* Schnur aus zusammengedrehten Seiden- oder Kunstseidenfäden

**kor|di|al** [lat.] herzlich, umgänglich, vertraut

**kor|die|ren** [frz.] 1 Griffe an Werkzeugen k.: aufrauhen; 2 Gold- oder Silberdraht k.: schnurartige Linien einritzen

**Kor|die|rit** [-dje-, nach dem frz. Geologen L. A. Cordier] *m.1 nur Ez.* ein Mineral

**Kor|dit** [frz.] *m.1 nur Ez.* ein fadenförmiges, rauchschwaches Schießpulver

**Kor|don** [-dõ, frz.] *m.9, österr.:* [-don] *m.1* 1 Band, Schnur; 2 kleiner Obstbaum, bei dem einige Äste an Schnüren gezogen werden, Schnurbaum; 3 Postenkette, Absperrung; **Kor|do|nett|sei|de** *w.11* aus mehreren Fäden gedrehtes Seidengarn, Schnurseide; **Kor|do|nett|stich, Kor|do|nier|stich** *m.1* einen Faden umschnürender Stich

**Kord|samt** *m.1* gerippter Samt

**Kor|du|lan** [nach der span. Stadt Cordoba] *s. Gen.-s nur Ez.,* **Kor|du|an|le|der** *s.5 nur Ez.* weiches Ziegen- oder Schafsleder

**Ko|re** [griech.] *w.11* weibl. Statue, freistehend oder gebälktragend anstelle einer Säule

**Ko|ri|an|der** [lat.] *m.5* eine Gewürzpflanze; **Ko|ri|an|do|li** *s. Gen. -(s) Mz. -, österr.* für Konfetti

**Ko|rin|the** [nach der griech. Stadt Korinth] *w.11* kleine, schwarze, getrocknete Weinbeere

**Kork** [ndrl.] *m.1* 1 *allg.:* Teil der Borke, *bes.:* Rinde der Korkeiche; 2 → Korken; **Kor|ken** *m.7* Pfropfen aus Kork als Flaschenverschluß, Stöpsel

**Kor|mo|phyt** [griech.] *m.10* aus Wurzel,

Stengel und Blättern bestehende Pflanze, Sproßpflanze; *Ggs.:* Thallophyt

**Kor|mo|ran** [lat.-frz.] *m. 1* pelikanähnlicher, fischfressender Vogel

**Kor|mus** [griech.] *m. Gen. - nur Ez.* in Wurzel und Sproß samt Blättern gegliederter Pflanzenkörper

**Kor|nak** [sanskr.] *m. 9* Elefantenführer

**Kor|nea** [lat.] *w. Gen. - nur Ez.* Hornhaut (des Auges)

**Kor|nel|kir|sche** [lat.] *w. 11* ein Zierstrauch

**Kor|ner** [engl.] *m. 5 Börse:* Vereinigung von Kaufleuten zu Aufkäufen zwecks Preissteigerung

**Kor|nett** [lat.-frz.] **1** *m. 9 oder m. 1 früher:* Fähnrich einer Reiterabteilung; **2** *s. 1* aus dem Posthorn entwickeltes, kleinstes Blechblasinstrument; **3** ein Orgelregister

**Ko|rol|la** [lat.] *w. Gen. - Mz. -len* **1** Blumenkrone; **2** alle Blütenblätter einer Blüte; **Ko|rol|lar** *s. 1*, **Ko|rol|la|ri|um** *s. Gen. -s Mz. -ri|en* **1** Zusatz, Zugabe, Ergänzung; **2** aus einem Satz gefolgerter Satz; **Ko|rol|le** *w. 11* → Korolla

**Ko|ro|man|del|holz** [nach der Koromandelküste in Vorderindien] *s. 4* ebenholzartiges Holz der Dattelpflaume

**Ko|ro|na** [lat.] *w. Gen. - Mz. -nen* **1** Strahlenkranz (der Sonne); **2** Sprühentladung an Hochspannungsleitungen, auch hohen Spitzen; **3** Heiligenschein; **4** *ugs.:* fröhliche Runde; **Ko|ro|nar|ge|fäße** *s. 1 Mz.* Herzkranzgefäße; **Ko|ro|nar|in|suf|fi|zi|enz** *w. 10* ungenügende Blutversorgung des Herzmuskels durch die Herzkranzgefäße; **Ko|ro|nar|skle|ro|se** *w. 11* Verkalkung der Herzkranzgefäße; **Ko|ro|nis** *w. Gen. - Mz. -nid|es [-de:s]* (*Zeichen:* ') Häkchen, Zeichen für die → Krasis

**Kor|po|ra** *Mz. von* Korpus

**Kor|po|ral** [lat.-ital.] *m. 2 oder m. 1, früher:* Unteroffizier; **Kor|po|ra|le** *s. 5* Leinentuch als Unterlage für Hostie und Kelch; **Kor|po|ral|schaft** *w. 10* einem Korporal unterstellte Truppeneinheit, kleinste Abteilung der Kompanie; **Kor|po|ra|ti|on** [-tsjon] *w. 10* **1** Körperschaft; **2** Studentenverbindung; **kor|po|ra|tiv** zu einer Korporation gehörend, körperschaftlich; **kor|po|riert** einer Korporation (2) angehörend

**Korps** [kor, lat.-frz.] *s. Gen. - [kors] Mz. - [kors]* **1** Truppenverband aus mehreren Waffengattungen, Armeekorps; **2** Studentenverbindung; **3** Gemeinschaft von Personen gleichen Standes, z. B. Offizierskorps; diplomatisches Korps: Gesamtheit der Diplomaten eines Staates

**kor|pu|lent** [lat.] beleibt; **Kor|pu|lenz** *w. 10 nur Ez.* Körperfülle, Beleibtheit; **Kor|pus 1** *m. Gen. - Mz. -pus|se ugs. scherzh.:* Körper; **2** *s. Gen. - Mz. -po|ra* Sammelwerk (bes. in der Antike und im MA); vgl. Corpus;

**3** *m. Gen. - nur Ez.* Schallkörper (von Musikinstrumenten, bes. von Saiteninstrumenten); **4** *w. Gen. - nur Ez.* ein Schriftgrad (10 Punkt); **Kor|pus|kel** *s. 14 oder w. 11* kleinstes Teilchen der Materie, Elementarteilchen; **kor|pus|ku|lar** aus Korpuskeln bestehend, die Korpuskeln betreffend; **Kor|pus|ku|lar|strah|len** *m. 12 Mz.* aus Korpuskeln bestehende Strahlung

**Kor|ral** [span.] *m. 1* Gehege, Pferch für wilde Tiere, die gezähmt werden sollen, bes. für Elefanten

**Kor|ra|si|on** [lat.] *w. 10* Abschleifung von Gestein durch Flugsand

**Kor|re|fe|rat** [lat.] *s. 1* zweites Referat über dasselbe Thema; **Kor|re|fe|rent** *m. 10* jmd., der das Korreferat hält, zweiter Referent; **kor|re|fe|rie|ren** das Korreferat halten

**kor|rekt** [lat.] richtig, fehlerfrei; **Kor|rek|ti|on** [-tsjon] *w. 10* veraltet: Verbesserung; **Kor|rek|ti|ons|an|stalt** *w. 10 schweiz.:* Besserungsanstalt; **kor|rek|tiv** verbessernd, ausgleichend; **Kor|rek|tiv** *s. 1* Mittel zum Ausgleich; **Kor|rek|tor** *m. 13* eine Verlag oder Druckerei Angestellter, der Schriftsätze auf ihre formale Richtigkeit prüft; **Kor|rek|to|rat** *s. 1* in Verlag oder Druckerei: Abteilung der Korrektoren; **Kor|rek|tur** *w. 10* **1** Verbesserung, Berichtigung; **2** Prüfung von Schriftsatz auf Richtigkeit; K. lesen

**kor|re|lat** [lat.] wechselseitig, einander wechselseitig bedingend; **Kor|re|lat** *s. 1* **1** Ergänzung, ergänzender Begriff; **2** Wort, das mit einem andern in wechselseitiger Beziehung steht; **Kor|re|la|ti|on** [-tsjon] *w. 10* Wechselbeziehung, Aufeinanderbezogensein; **kor|re|la|tiv** → korrelat; **kor|re|lie|ren** in Wechselwirkung stehen

**kor|re|pe|tie|ren** [lat.] mit jmdm. einüben; eine Gesangsrolle mit jmdm. k.: sie am Klavier begleitend mit jmdm. einüben; **Kor|re|pe|ti|tor** *m. 13* jmd., der am Klavier mit Opernsängern die Gesangspartie einstudiert

**kor|re|spek|tiv** [lat.] gemeinschaftlich, wechselseitig bedingt

**Kor|re|spon|dent** [lat.] *m. 10* **1** auswärtiger Berichterstatter (einer Zeitung); **2** Angestellter in einem kaufmänn. Betrieb, (bes. ausländ.) Korrespondenz führt; **Kor|re|spon|denz** *w. 10* **1** Briefwechsel, Briefverkehr; **2** Übereinstimmung; **Kor|re|spon|denz|kar|te** *w. 11 österr.:* Postkarte; **kor|re|spon|die|ren** **1** übereinstimmen; **2** in Briefverkehr stehen, Briefe wechseln

**Kor|ri|dor** [lat.-ital.] *m. 1* **1** Flur, Gang (einer Wohnung); **2** schmaler, durch fremdes Hoheitsgebiet führender Landstreifen

**Kor|ri|gen|da** [lat.] *s. Mz., Ez.: -dum* zu Verbesserndes, Druckfehler; **Kor|ri|gens** *s. Gen. - Mz. -gen|tia [-tsja] oder -gen|zi|en* geschmacksverbessernder Zusatz zu einer Arznei; **kor|ri|gie|ren** verbessern, berichtigen kor|ro|die|ren [lat.] 1 zerstören, angreifen; 2 der Korrosion unterliegen, zerstört werden; **Kor|ro|si|on** w.10 1 Zerstörung oder Veränderung (von Metallflächen) durch Wasser, Chemikalien oder Ätzmittel; 2 Zerstörung (von Körpergewebe) durch Entzündung; **kor|ro|siv** Korrosion bewirkend, ätzend, zerfressend

kor|rum|pie|ren [lat.] bestechen, moralisch verderben; **kor|rupt** bestechlich, moralisch verdorben; **Kor|rup|ti|on** [-tsjon] w.10 nur Ez. Bestechlichkeit, moral. Verfall

**Kor|sa|ge** [-ʒə, frz.] w.11 versteiftes, trägerloses, auf Figur gearbeitetes Oberteil eines Kleides; auch: Mieder und Korsett in einem Stück

**Kor|sak** [russ.] m.9 zentralasiat. Steppenfuchs

**Kor|sar** [ital.] m.10 1 Seeräuberschiff; 2 Seeräuber, Freibeuter

**Kor|selett** [frz.] s.9 leichtes, kleines Korsett; **Kor|sett** s.9 die Figur formender Hüftgürtel mit Stäbchen und/oder Gummizug

**Kor|so** [ital.] m.9 1 früher: Wettrennen reiterloser Pferde; 2 heute: festl. Aufzug geschmückter Wagen, Schaufahrt; 3 breite, baumbestandene Straße, Prachtstraße

**Kor|te|ge** [-teʒə, frz.] w.11 veraltet: Ehrengeleit, Gefolge

**Kor|tex** [lat.] m.1 Rinde; **kor|ti|kal** zur Rinde (von Gehirn oder Organen) gehörig; **Kor|ti|ne** s.1 Mz. Sammelbez. für die in der Nebennierenrinde gebildeten Hormone; **Kor|ti|son** s.1 nur Ez. Hormon der Nebennierenrinde

**Ko|rund** [sanskr.] m.1 ein Mineral, ein Edelstein

**Kor|vette** [frz.] w.11 1 kleines Kriegsschiff; 2 Turnen: Sprung in den Handstand; **Korvet|ten|ka|pi|tän** m.1 Seeoffizier im Majorsrang

**Ko|ry|bant** [griech.] m.10 Priester der kleinasiat. Göttin Kybele; **ko|ry|ban|tisch** ausgelassen, lärmend

**Ko|ry|phäe** [griech.] 1 m.11 im altgriech. Drama: Chorführer; 2 w.11 hervorragender Fachmann, Kenner

**Ko|sak** [russ.] m.10 1 Angehöriger einer der Leibeigenschaft entflohenen, im südlichen und südöstlichen Rußland angesiedelten, militärisch organisierten russischen Bevölkerungsgruppe; 2 früher in Rußland: leichter Reiter

**Ko|sche|nille** [-nịljə, frz.] w.11 nur Ez. aus der Koschenilleschildlaus gewonnener roter Farbstoff

**ko|scher** [hebr.] 1 (nach den jüd. Speisevorschriften) rein; Ggs.: treife; 2 übertr.: sauber, unbedenklich; die Sache ist nicht ganz koscher

**Ko|se|kans** [lat.] m. Gen. - Mz. - (Abk.: cosec) eine Winkelfunktion im rechtwinkligen Dreieck, Verhältnis der Hypotenuse zur Gegen-

kathete; **Ko|se|kan|te** w.11, veraltet für Kosekans

**Ko|si|nus** [lat.] m. Gen. - Mz. - (Abk.: cos) eine Winkelfunktion im rechtwinkligen Dreieck, Verhältnis der Ankathete zur Hypotenuse

**Kos|me|tik** [griech.-frz.] w.10 Schönheitspflege; **Kos|me|ti|ke|rin** w.10 auf dem Gebiet der Kosmetik beruflich tätige weibl. Person; **Kos|me|ti|kum** s. Gen.-s Mz.-ka Mittel zur Kosmetik; **kos|me|tisch** zur Kosmetik gehörend, mit ihrer Hilfe; **Kos|me|to|lo|ge** m.11 Fachmann auf dem Gebiet der Kosmetik

**kos|misch** [griech.] den Kosmos betreffend, zum Kosmos gehörend; **Kos|mo|bio|lo|ge** w.11 nur Ez. Wissenschaft vom Einfluß des Kosmos auf die Lebewesen der Erde und von der Existenz lebender Organismen auf anderen Sternen; **Kos|mo|go|nie** w.11 Lehre von der Entstehung des Kosmos; **Kos|mo|gra|phie** w.11 1 früher: Beschreibung der Entstehung und Entwicklung des Kosmos, Weltbeschreibung; 2 im MA → Geographie; **Kos|mo|lo|gie** w.11 Wissenschaft vom Kosmos; **Kos|mo|naut** m.10, sowjet. Bez. für Astronaut; **Kos|mo|po|lit** m.10 1 Weltbürger, jmd., der sich mehr den Völkern der ganzen Erde als seinem eigenen Volk verpflichtet fühlt; 2 über die ganze Erde verbreitete Pflanzen- oder Tierart; **Kos|mo|po|li|tis|mus** m. Gen. - nur Ez. Weltbürgertum, Einstellung, Haltung eines Kosmopoliten; **Kos|mos** m. Gen. - nur Ez. Weltall; **Kos|mo|so|phie** w.11 nur Ez. Weltweisheit, Streben, mit Hilfe myst. Spekulation Wesen und Sinn der Welt zu erkennen; **Kos|mo|the|is|mus** m. Gen. - nur Ez. Lehre von der Einheit von Gott und Welt

**ko|stal** [lat.] zu den Rippen gehörend, von ihnen ausgehend

**Ko|stüm** [frz.] s.1 1 für eine bestimmte Epoche charakterist. Kleidung; 2 für ein bestimmtes Theaterstück oder einen Film nötige Kleidung der Schauspieler 3 Rock und Jacke aus dem gleichen Stoff für Damen; 4 Faschings-, Maskenanzug; **Ko|stü|mier** [-mje] m.9 Theater, Film: Gewandmeister, Aufseher über die gesamten Kostüme (2); **ko|stü|mie|ren** jmdn. oder sich k.: verkleiden, ein Kostüm anziehen

**K.-o.-Sy|stem** s.1 nur Ez. Austragungsmodus bei Spielen (der Unterlegene scheidet aus)

**Ko|tan|gens** [lat.] m. Gen. - Mz. - (Abk.: cot, cotg., ctg.) eine Winkelfunktion im rechtwinkligen Dreieck, Verhältnis der Ankathete zur Gegenkathete; **Ko|tan|gen|te** w.11 veraltet → Kotangens

**Ko|tau** [chin.] m.9 tiefe Verbeugung (der Chinesen), Kniefall, wobei die Stirn die Erde berührt; vor jmdm. K. machen übertr.: sich vor jmdm. demütigen

**Ko|te 1** [frz.] w.11 durch Höhenangabe auf

der Karte festgelegter Geländepunkt; 2 [schwed.] w. 11 Zelt der Lappen

**Koltellett** [frz.] s. 9 gebratenes Rippenstück mit Knochen (vom Kalb, Schwein oder Hammel); **Koltellettten** Mz. sehr kleiner, kurzer Backenbart

**Koltelrie** [frz.] w. 11 Sippschaft, Klüngel

**Kolthurn** [griech.] m. 1 in der altgriech. Tragödie: Schuh mit sehr dicker Sohle (Teil des Kostüms der Schauspieler); auf Kothurnen schreiten übertr.: erhaben tun, pathetisch sein

**koltielren** [frz.] 1 zum Handel an der Börse zulassen (Wertpapier); 2 einen Punkt im Gelände k.: seine Höhe bestimmen

**Koltilllon** [-tiljo oder -tijo, frz.] m. 9 Tanzspiel, bei dem Geschenke verlost werden

**Kolto** [jap.] s. 9 oder w. 9 ein jap. Saiteninstrument

**Kolton** [-to, arab.-frz.] m. 9 Baumwolle; **koltolmilsielren** Flachs-, Hanfabfälle k.: zu baumwollähnl., verspinnbaren Fasern, sog. Flachsbaumwolle, verarbeiten

**Koltylleldolne** [griech.] w. 11 1 bei Samenpflanzen: Keimblatt; 2 bei Säugetieren: Zotte der Embryohülle

**Koxlitis** [lat.] w. Gen.- Mz. -itilden Hüftgelenkentzündung

**kp** Abk. für Kilopond

**kpm** Abk. für Kilopondmeter

**Kr** chem. Zeichen für Krypton

**kracken** (krakllen) [engl.] Moleküle schwersiedender Kohlenwasserstoffe k.: durch Hitze in solche leichtsiedender Kohlenwasserstoffe spalten

**Kralke** [norw.] m. 11 1 Kopffüßer; 2 nord. Myth.: ein Meeresungeheuer

**Kralkeel** [ndrl.] m. 1 lauter Streit, Lärm, Unruhe

**Kralkellee** m. 9 oder s. 9 eindeutschende Schreibung von Craquelé; **Kralkellülre** [frz.] w. 11 Sprung oder Riß im Firnis oder in den Farben alter Gemälde

**Kralkolwilak** [nach der Stadt Krakau] m. 9 poln. Nationaltanz

**Kral** [port.-ndrl.] m. 1 afrikanisches Runddorf

**kralnilal** [lat.] zum Schädel gehörig, zum Schädel zu (gelegen)

**Kralniolklast** [lat. + griech.] m. 10 zangenartiges Instrument zum Umfassen (und Zerbrechen) des Kopfes des Kindes bei Geburtshindernis; **Kralniollolgie** w. 11 nur Ez. Beschreibung des menschl. Schädels, Schädellehre, Phrenologie; **Kralniolmelter** s. 5 Gerät zur Schädelmessung; **Kralniolmeltrie** w. 11 nur Ez. Schädelmessung; **Kralniolte** m. 11 Wirbeltier mit Schädel; **Kralnioltolmie** w. 11 Schädelöffnung, Schädelschnitt (bei Geburtshindernis am toten Kind)

**Kralsis** [griech.] w. Gen.- Mz. -sen altgriech. Gramm.: Zusammenziehung des auslautenden Vokals eines Wortes mit dem anlautenden Vokal des nächsten

**kraß** [lat.] sehr stark, sehr groß, ungewöhnlich; krasser Gegensatz; ich würde das nicht so kraß ausdrücken

**Krasisullalzeen** [lat.] Mz. Dickblattgewächse

**Kralter** [griech.] 1 m. 5 Öffnung eines Vulkans; 2 [-ter] m. 1 altgriech. Gefäß mit Fuß und zwei Henkeln

**kraltilkullielren** [lat.] mit Hilfe eines aufgelegten Gitters maßstabgetreu vergrößernd oder verkleinernd zeichnen

**kraltolgen** [griech.] Geol.: starr, verfestigt, nicht mehr zur Faltung fähig; **Kraltolgen, Kralton** s. Gen.-s nur Ez. starrer Teil der Erdkruste, der nicht mehr durch Faltung, sondern nur durch Bruch- oder Bruchfaltentektonik verformt werden kann

**Kraul** [engl.] s. Gen.-s nur Ez. ein Schwimmstil; **kraullen** im Kraulstil schwimmen; **Krauller** m. 5 jmd., der im Kraulstil schwimmt; **Kraullstil** m. 1 nur Ez. schnellste Art des Schwimmens

**Kraulrit** [griech.] m. 1 nur Ez. Grüneisenerz, ein Mineral

**Kralwatlte** [frz., urspr. möglicherweise dt. Krawat „Kroat"] w. 11 1 unter dem Hemdkragen befestigte, bunte Binde, Schlips; 2 ein Griff beim Ringen

**Kralweel** [zu: Karavelle] w. 10 veraltet: Lastschiff; **Kralweellbau** m. Gen.-(e)s nur Ez. Art des Bootsbaus, wobei die Planken aneinanderstoßen und nicht in zwei Schichten diagonal übereinanderliegen

**krawllen** [krau-, engl.] veraltete Schreibung von kraulen

**Kralyon** [krejo, frz.] m. 9 veraltet 1 Bleistift, Drehbleistift; 2 Kreidestift; **Kralyonlmanier** w. 10 nur Ez. Radierung, bei der die Linien aus feinen Punkten bestehen, so daß das Bild wie eine Kreidezeichnung wirkt

**Krelas** [span.] s. Gen.- nur Ez. ungebleichtes Leinen

**Krelaltialnislmus** [-tsja-, lat.] m. Gen.- nur Ez. relig. Lehre, daß aus der Zeugung nur der Leib hervorgehe und die Seele jeweils unmittelbar von Gott geschaffen werde

**Krelaltin** [griech.] s. 1 nur Ez. ein Stoffwechselprodukt in der Muskulatur

**Krelaltion** [-tsjon, lat.] w. 10 1 Schöpfung, Schaffung; 2 Modeschöpfung, Modell; **kreativ** schöpferisch; **Krealtilviltät** w. 10 nur Ez. schöpferische Kraft; **Krealtor** m. 13 veraltet: Schöpfer; **Krealtur** w. 10 1 Geschöpf, Lebewesen; 2 willenloser Mensch als Werkzeug in der Hand eines anderen; 3 verachtenswerter Mensch, Schuft; **krealtürllich** geschöpflich, einer Kreatur (1) eigen

**Kreldenz** [ital.] w. 10 halbhoher Schrank für Geschirr u. zum Bereitstellen von Speisen und Getränken, Anrichte; **kreldenlzen** poet.: darreichen, feierlich anbieten

**Kre|dit** [auch: -dịt, lat.] **1** *m. 1* befristete Überlassung von Naturalien oder Geld gegen Zins, Darlehen; einen K. aufnehmen; **2** Vertrauen in die Fähigkeit und Bereitschaft eines anderen, seine Verbindlichkeiten vereinbarungsgemäß zu erfüllen; bei jmdm. (unbeschränkten) K. haben; **3** [kre-] *Buchführung:* Habenseite (des Kontos); *Ggs.:* Debet; **Kre|dit|an|stalt** *w. 10,* **Kre|dit|bank** *w. 10* Bank, die langfristige Kredite gibt; **kre|di|tie|ren** eine Summe k.: jmdm. eine Summe als Darlehen vorschießen; **Kre|di|tor** *m. 13* Gläubiger; *Ggs.:* Debitor; **Kre|do** [lat.] *s. 9* **1** das Apostolische Glaubensbekenntnis; **2** Teil der kath. Messe; **3** *allg.:* Glaubensbekenntnis; **Kre|du|li|tät** *w. 10 nur Ez. veraltet:* Leichtgläubigkeit

**kre|ie|ren** [lat.-frz.] schaffen, gestalten; eine Rolle (auf der Bühne) kreieren

**Krem** [frz.] *w. 9, ugs. auch: m. 9, eindeutschende Schreibung von* Creme

**Kre|ma|ti|on** [-tsjon, lat.] *w. 10* Verbrennung, Einäscherung (von Leichen); **Kre|ma|to|ri|um** *s. Gen.-s Mz.* -ri|en Verbrennungsanlage (für Leichen); **kre|mie|ren** einäschern

**Kreml** [russ.] *m. 9 oder m. 5 1 i. w. S.:* Burg, Zitadelle; **2** *i. e. S.:* Stadtburg von Moskau und sowjet. Regierungssitz; *auch:* die sowjet. Regierung

**Kren** [tschech.] *m. Gen.* -(s) *nur Ez. süddt., bes. österr.:* Meerrettich

**kre|nel|lie|ren** [frz.] *früher:* mit Zinnen versehen

**Kre|ole** [port.-frz.] *m. 11* **1** Nachkomme europ. (roman.) Einwanderer in Mittel- und Südamerika; **2** *früher auch in Brasilien:* im Inland geborener Neger

**Kreo|pha|ge** [griech.] *m. 11* fleischfressendes Tier, Karnivore

**Kreo|sot** [griech.] *s. 1 nur Ez.* Bestandteil des Teers mit keimtötender Wirkung

**Kre|pel|li|ne** [kreplin(ə), frz.] *w. 9* leichtes Kreppgewebe

**kre|pie|ren** [lat.] **1** bersten, platzen (Sprengkörper); **2** verenden, sterben (Tier)

**Kre|pi|ta|ti|on** [-tsjon, lat.] *w. 10* Geräusch beim Aneinanderreiben rauher Flächen, z. B. bei gebrochenen Knochen, Atemgeräusch, z. B. bei Lungenentzündung

**Kre|pon** [-põ, frz.] *m. 9* ein Kreppgewebe mit rauher Oberfläche; **Krepp** *m. 9 oder m. 1* Gewebe mit gekräuselter Oberfläche

**kre|scen|do** [-ʃɛn-] *eindeutschende Schreibung von* crescendo

**Kre|sol** [griech.] *s. 1 nur Ez.* ein aromat. Kohlenwasserstoff, zum Imprägnieren und Desinfizieren

**Kres|zenz** [lat.] *w. 10 nur Ez.* Wachstum, Herkunft (bes. vom Wein)

**kre|ta|ze|lisch** [lat.], **kre|ta|zisch** zur Kreideformation gehörig, aus ihr stammend

**Kre|thi und Ple|thi** [wahrscheinl. nach den Kretern und Philistern in König Davids Leibwache] *abfällig:* alle möglichen Leute; dort trifft sich K. und P.

**Kre|ti|kus** [griech.] *m. Gen.- Mz.* -zi drei- oder fünffüßiger antiker Versfuß (–∪–), dessen Längen in Kürzen aufgelöst werden können (∪∪ ∪ ∪∪)

**Kre|tin** [-tɛ̃, frz.] *m. 9,* **Kre|ti|ne** *m. 11* schwachsinniger und mißgestalteter Mensch; **Kre|ti|nis|mus** *m. Gen.- nur Ez.* auf Unterfunktion der Schilddrüse beruhender, angeborener Schwachsinn mit körperlicher Mißbildung

**Kre|ton** [frz.] *m. 1, österr. für* Cretonne

**Kre|vet|te** [frz.] *w. 11* → Garnele

**Krjcket** [Krik|ket] [engl.] *s. Gen.-s nur Ez.* Schlagballspiel zwischen zwei Mannschaften

**Kri|da** [mlat.] *w. Gen.- nur Ez. österr.:* betrügerischer Konkurs; **Kri|dar, Kri|da|tar** *m. 1 österr.:* Konkursschuldner

**Kriek** [engl.] *m. 1* **1** kleiner Wasserlauf; **2** kleiner Hafen

**Kri|ko|to|mie** [griech.] *w. 11* Luftröhrenschnitt

**Krj|mi** *m. 9 Kurzw. für* Kriminalroman, -stück, -film, -hörspiel; **kri|mi|nal** [lat.] zum Strafrecht, -verfahren, Verbrechen usw. gehörend; **kri|mi|nal|li|sie|ren** kriminell machen, zum Verbrecher machen; **Kri|mi|na|list** *m. 10* **1** Kriminalbeamter; **2** Kriminalwissenschaftler; **Kri|mi|na|lis|tik** *w. 10 nur Ez.* Kriminalwissenschaft, Lehre von den Verbrechen, ihrer Aufdeckung, Verhütung und Ursachen, Erforschung des Lebens der Verbrecher; **Kri|mi|na|li|tät** *w. 10 nur Ez.* Straffälligkeit, Ausmaß, in dem Angehörige eines Standes, Volkes oder einer Gruppe straffällig werden; **Kri|mi|nal|po|li|zei** *w. 10 nur Ez.* (*Kurzw.:* Kripo) Polizei, die sich mit der Aufdeckung u. Verhinderung von Straftaten befaßt; **Kri|mi|nal|pro|zeß** *m. 1 veraltet:* Strafprozeß; **kri|mi|nell 1** verbrecherisch (Handlung), **2** straffällig (Person); *ugs.:* (über die Grenze des Zulässigen hinaus) unverschämt; **Kri|mi|no|lo|gie** *w. 11 nur Ez.* Wissenschaft vom Verbrechen, seinen Ursachen, Opfern usw.

**Krim|mer** [nach der Halbinsel Krim] *m. 5* **1** ein Lammfell; **2** ein Wollgewebe, Imitation dieses Fells

**Kri|no|i|den** [lat. + griech.] *m. 11 Mz. Sammelbez. für* Stachelhäuter (Haarsterne und Seelilien)

**Kri|no|li|ne** [frz.] *w. 11* Reifrock als Unterrock

**Kri|po** *w. Gen.- nur Ez. ugs. Kurzw. für* Kriminalpolizei

**Kris** [mal.] *m. 1* malaiischer Dolch mit (meist gewundener doppelschneidiger Klinge

**Kri|se** [griech.] *w. 11* **1** schwierige Zeit, Störung; **2** *Med.:* Höhepunkt (einer Krankheit); **Kri|sis** *w. Gen.- Mz.* -sen, *Med. für* Krise (2)

**Kri|stall** [griech.] **1** *m.1* fester, von geometrisch gesetzmäßig angeordneten Flächen begrenzter Körper; **2** *s.1* Bleiglas, Kristallglas; **3** *s.1* Kristallwaren; **kri|stal|lin, kri|stal|li|nisch** aus Kristallen bestehend; **Kri|stal|li|sa|ti|on** [-tsjon] *w.10 nur Ez.* Kristallbildung; **kri|stal|li|sie|ren 1** Kristalle bilden; **2** sich k.: sich zu Kristallen umformen; **Kri|stal|lit** *m.10* winziger Kristall ohne deutlich ausgeprägte Oberflächenform, Anfangsstadium der Kristallisation; **Kri|stal|lo|gra|phie** *w.11 nur Ez.* Lehre von den Kristallen; **Kri|stal|lo|id** *s.1* kristallähnlicher Körper

**Kri|te|ri|um** [griech.] *s. Gen.-s Mz.-ri|en* **1** Kennzeichen, unterscheidendes Merkmal; **2** Rundenrennen im Radsport

**Kri|tik** [auch: -tik, griech.] *w.10* **1** *nur Ez.* Urteilsfähigkeit, Unterscheidungsvermögen; **2** Beurteilung, Wertung; Besprechung (von Büchern, Theaterstücken, Konzerten, Filmen u. a.); Tadel, Beanstandung; **3** *nur Ez.* Gesamtheit der Kritiker; **Kri|ti|ka|ster** *m.5* kleinlicher Tadler, Nörgler; **Kri|ti|ker** *m.5* **1** jmd., der beruflich Bücher, Theaterstücke, Filme usw. kritisiert; **2** *allg.*: jmd., der Kritik übt; **kri|tisch 1** beurteilend, unterscheidend, prüfend; kritische Ausgabe: Ausgabe eines Literaturwerkes mit Angabe der Lesarten; kritischer Apparat: Gesamtheit der Anmerkungen zu einem Literaturwerk bezüglich der Lesarten, Textgeschichte usw.; **2** gefährlich, bedenklich, eine Wende ankündigend; **kri|ti|sie|ren 1** beurteilen, werten, besprechen; **2** beanstanden, tadeln; **Kri|ti|zis|mus** *m. Gen.- nur Ez.* von Kant eingeführtes Verfahren, vor der Aufstellung eines philosoph. Systems die Möglichkeiten und Grenzen der menschl. Erkenntnis festzustellen

**Kro|cket** (Krok|ket) [auch: krɔkɛt, engl.] *s.9 nur Ez.* ein Rasenkugelspiel zwischen zwei Mannschaften; **krockie|ren** (krok|kie-) (die gegnerische Kugel) wegschlagen

**Kro|kant** [frz.] *m.1 nur Ez.* mit karamellisiertem Zucker vermischte Mandel- oder Nußstückchen

**Kro|ket|te** [frz.] *w.11* in Fett gebackenes Klößchen aus Kartoffeln, Fleisch u. a.

**Kro|ki** [frz.] *s.9* einfache Geländezeichnung, Kartenskizze; **kro|kie|ren** skizzieren (Gelände)

**Kro|ko|dil** [griech.] *s.1* ein wasserbewohnendes Reptil, Raubtier

**Kro|kus** [griech.] *m. Gen.- Mz.- oder -kus|se* eine Gartenblume

**Krom|lech** [kelt.] *m.1 oder m.9* Grab- und Kultstätte der Jungsteinzeit aus hochaufgerichteten, kreisförmig aufgestellten Steinen

**Krö|sus** [nach dem letzten König von Lydien] *m. Gen.- Mz.-sus|se* sehr reicher Mann

**Kro|ta|lin** [griech.] *s.1 nur Ez.* Gift der Klapperschlange

**Kro|ton** [griech.] *m.1* eine Gattung der Wolfsmilchgewächse, Heilpflanzen; **Kro|ton-öl** *s.1 nur Ez.* ein Abführmittel

**Kro|ze|tin** [griech.] *s.1 nur Ez.* ein roter Farbstoff; **Kro|zin** *s.1 nur Ez.* aus Safran gewonnener gelber Farbstoff

**krud** [lat.] **1** unverdaulich (von Nahrungsmitteln), roh; **2** grausam, roh; **Kru|de|li|tät** *w.10 nur Ez. veraltet:* Grausamkeit, Roheit; **Kru|di|tät** *w.10 nur Ez.* **1** Unverdaulichkeit; **2** Roheit, Grausamkeit

**Krupp** [engl.] *m. Gen.-s nur Ez.* **1** Entzündung und Schwellung der Kehlkopfschleimhaut mit Atemnot, z. B. bei Diphtherie, Grippe, Masern; **2** *auch:* Krup, fieberhafte, meist tödl. Erkrankung der Rinder mit Belägen auf den Schleimhäuten

**Krup|pa|de** [frz.] *w.11 Hohe Schule:* Sprung, bei dem das Pferd beide Hinterbeine an den Bauch zieht

**krup|pös** kruppartig, mit Krupp einhergehend

**kru|ral** [lat.] zum Schenkel gehörend, schenkel...

**Kru|stal|de** [frz.] *w.11* Pastete aus knusprig gebackenem Teig, die erst nach dem Backen gefüllt wird, Hohlpastete

**Kru|sta|zee** [lat.] *w.11* Krebstier

**Krux** *w. Gen.- nur Ez.* → Crux

**Kru|zi|fe|re** [lat.] *w.11* Kreuzblütler; **Kru|zi-fix** [auch: -fiks] *s.1* plast. oder gemalte Darstellung Christi am Kreuz; **Kru|zi|fi|xus** *m. Gen.-s nur Ez.* der gekreuzigte Christus

**Kry|ol|ith** [griech.] *m.1* ein Mineral; **Kryo-me|ter** *s.5* Thermometer für sehr tiefe Temperaturen; **Kryo|sko|pie** *w.11 nur Ez.* Bestimmung des Molekulargewichts durch Messung der Gefrierpunkterniedrigung

**Kryp|ta** [griech.] *w. Gen.- Mz.-ten* **1** *urspr.:* Grabkammer von Märtyrern in Katakomben; **2** unterird. Raum unter dem Chor bes. romanischer Kirchen, meist mit Grabkammern oder zum Aufbewahren von Särgen; **3** verborgene Einbuchtung in den Rachenmandeln

**Kryp|to|ga|me** [griech.] *w.11* blütenlose Pflanze, Sporenpflanze; *Ggs.:* Phanerogame; **kryp|to|gen, kryp|to|ge|ne|tisch** *Med.:* von unbekannter Entstehung; **Kryp|to|gramm** *s.1* **1** Verse (eines Gedichts oder Liedes), deren Anfangsbuchstaben oder -wörter ein Wort oder einen Satz ergeben; **2** *veraltet:* Geheimtext, Text mit geheimer Nebenbedeutung; **Kryp|to|graph** *m.10 veraltet:* Geheimschriftmaschine; **Kryp|to|gra|phie** *w.11* **1** *veraltet:* Geheimschrift; **2** *Psych.:* absichtslos (z. B. beim Telefonieren oder Zuhören) entstandene Kritzelei oder Musterzeichnung; **kryp|to|kri|stal|lin, kryp|to|kri|stal|li|nisch** erst bei Vergrößerung als kristallinisch erkennbar; **kryp|to|mer** ohne Mikroskop nicht erkennbar (bes. von Gesteinsbestandteilen); **Kryp|to|me|rie** *w.11* das Verborgenbleiben

einer Erbanlage; **Kryp|to|me|rie** [-riə] *w. 11*
japan. Zeder; **Kryp|ton** *s. Gen.*-s *nur Ez.*
(*Zeichen:* Kr) ein chem. Element, ein Edel-
gas; **Kryp|tor|chis|mus** *m. Gen.* - *nur Ez.* Zu-
rückbleiben eines oder beider Hoden in der
Bauchhöhle oder im Leistenkanal (anstelle
der normalen Verlagerung in den Hodensack
während der Embryonalentwicklung); **Kryp-
to|skop** *s. 1* mit Krypton gefülltes Gerät zum
Nachweis von Röntgenstrahlen bei Tages-
oder Kunstlicht
**kt** *Abk. für* Kilotonne
**Kte|nil|di|um** [griech.]  *s. Gen.*-s *Mz.*-di|en
Kammkieme, Kieme der Schnecken u. a.
Weichtiere; **kte|no|id** kammartig gezähnt;
**Kte|no|id|schup|pe** *w. 11* kammartig gezähnte
Schuppe vieler Fische; **Kte|no|pho|re** *w. 11*
Hohltier mit erhabenen Längsrippen, Rip-
penqualle
**Ku|ba|tur** [lat.] *w. 10 Math.:* 1 Erhebung in
die dritte Potenz; 2 Berechnung des Raum-
inhalts
**Kub|ba** [arab.] *w. Gen.* - *Mz.*-ben *islam. Bau-
kunst* 1 Kuppel; 2 Grabbau mit Kuppel,
Gewölbe
**Kul|be|be** [arab.-span.] *w. 11* Frucht eines in-
dones. Pfeffergewächses
**Kul|ben** *Mz. von* Kubus; **ku|bie|ren** [lat.] 1 in
die dritte Potenz erheben; 2 einen Baum-
stamm k.: die Festmeter eines B. aus Länge
und mittlerem Durchmesser errechnen; **ku-
bik…, Kul|bik…** *in Zus.:* in die dritte Potenz
erhoben, Raum …; **Ku|bjk|de|zi|me|ter** *s. 5,*
*ugs.:* m.5 *(Abk.:* dm³) Raumdezimeter; **Ku-
bik|hek|to|me|ter** *s. 5, ugs.:* m.5 *(Abk.:* hm³)
Raumhektometer; **Ku|bik|in|halt** *m. 1* Raum-
inhalt; **Ku|bik|kil|lo|me|ter** *s. 5, ugs.:* m.5
*(Abk.:* km³) Raumkilometer; **Ku|bik|maß** *s. 1*
Raumkörpermaß nach Länge, Breite und
Höhe; **Ku|bik|me|ter** *s. 5, ugs.:* m.5 *(Abk.:*
m³) Raummeter; *als Holzmaß:* Festmeter;
**Ku|bik|mil|li|me|ter** *s. 5, ugs.:* m.5 *(Abk.:*
mm³) Raummillimeter; **Ku|bik|wur|zel** *w. 11*
dritte Wurzel (aus einer Zahl); **Ku|bik|zahl**
*w. 10* dritte Potenz einer Zahl; **Ku|bik|zen|ti-
me|ter** *s. 5, ugs.:* m.5 *(Abk.:* cm³) Raumzen-
timeter; **ku|bisch** 1 würfelförmig, 2 in die drit-
te Potenz erhoben; **Ku|bis|mus** *m. Gen.* - *nur
Ez.* Richtung der Malerei, in der die stereo-
metr. Grundformen der Natur (Kugel, Wür-
fel, Zylinder, Kegel) bes. betont werden;
**Ku|bjst** *m. 10* Vertreter des Kubismus;
**ku|bi|tal** zum Ellbogen gehörend; **Ku|bus**
*m. Gen.* - *Mz.*-ben 1 Würfel; 2 dritte Potenz
**Ku|du** [afrik.] *m. 9* eine afrik. Antilope
**Ku|gu|ar** [südamerik. Indianerspr.] *m. 1*
Puma
**Kul|jon** [frz.] *m. 1 veraltet:* Quäler, jmd., der
andere kujoniert; **ku|jo|nie|ren** *veraltet:* quä-
len, peinigen, schinden
**Ku-Klux-Klan** [engl. Ausspr. selten:
kju:klʌksklæn] *m. Gen.*-(s) *nur Ez. in den*

*USA:* gegen die Gleichberechtigung der Far-
bigen gerichteter, terrorist. Geheimbund
**Ku|kum|ber** [lat.], **Ku|ku|mer** *w. 11* süd-
*westdt.:* Gurke
**Ku|ku|ruz** [rumän.]  *m. Gen.*-es *nur Ez.*
*österr.:* Mais
**Ku|lak** [russ.] *m. 10 im zarist. Rußland:*
Großbauer
**kul|lant** [frz.] großzügig, entgegenkommend;
**Kul|anz** *w. 10 nur Ez.* Großzügigkeit, Entge-
genkommen
**Ku|li** [ind.]  *m. 9* 1 ostasiat. Tagelöhner,
Lastträger, Plantagenarbeiter; 2 *abwertend:*
billige Arbeitskraft
**Kul|lier|wa|re** [frz.] *w. 11* Wirkware, gewirkter
Stoff, Maschenware
**kul|li|na|risch** [lat.] auf feiner Kochkunst be-
ruhend, fein, erlesen
**Ku|lis|se** [frz.] *w. 11* 1 *Theater:* bemalte, ver-
schiebbare Wand oder Dekorationsteil als
seitl. oder hinterer Abschluß der Bühne;
*übertr.:* Hintergrund; 2 *Börse:* freier Markt,
Gesamtheit der Personen, die auf eigene
Rechnung an der Börse spekulieren;
3 Hebel mit verschiebbarem Drehpunkt
**Kulm** [lat.]  *m. 1* 1 runder Berggipfel; 2 Stufe
des unteren Karbons
**Kul|mi|nati|on** [-tsjon, lat.] *w. 10* 1 Durch-
gang eines Gestirns durch den höchsten
bzw. niedrigsten Punkt seiner Bahn am Him-
melsgewölbe; 2 *übertr.:* Erreichen der größ-
ten Höhe, des Höhepunkts; **Kul|mi|nati-
ons|punkt** *m. 1* Höhe-, Gipfelpunkt; **kul|mi-
nie|ren** den Höhepunkt erreichen
**kul|misch** zum Kulm (2) gehörend, aus ihm
stammend
**Kul|lör** *w. 10 oder w. 9 eindeutschende Schrei-
bung von* Couleur
**Kult** [lat.]  *m. 1* 1 äußere Form des Gottes-
dienstes; 2 *übertr.:* übertriebene Verehrung
oder Pflege; einen Kult mit etwas (oder
jmdm.) treiben; **kul|tisch** zu einem Kult ge-
hörend, auf ihm beruhend, in der Art eines
Kultes; **Kul|ti|va|tor** [lat.] *m. 13* → Grubber;
**kul|ti|vie|ren** 1 urbar; anbaufähig machen
(Land, Boden); 2 verfeinern, veredeln;
3 sorgfältig pflegen; **kul|ti|viert** verfeinert,
gebildet, sehr gepflegt; **Kult|mi|nis|te|ri|um**
*s. Gen.*-s *Mz.*-ri|en *in Württemberg* → Kul-
tusministerium
**Kul|tur** [lat.] *w. 10* 1 Gesamtheit der geisti-
gen und künstlerischen Errungenschaften ei-
ner Gesellschaft; 2 Anbau und Aufzucht von
Pflanzen; 3 Züchtung von Bakterien auf
künstl. Nährböden; 4 Bebauung des Bodens;
5 *nur Ez.* geistige und seelische Bildung, ver-
feinerte Lebensweise, Lebensart; **kul|tu|rell**
die Kultur (1, 5) betreffend, dazu gehörend,
darauf beruhend; **Kul|tus** *m. Gen.* - *Mz.*-te
→ Kult (1); **Kul|tus|mi|nis|te|ri|um** *s. Gen.*-s
*Mz.*-ri|en Ministerium für die Angelegenhei-
ten der Kultur (1)

**Kulmalrin** [frz.] *m. 1 nur Ez.* ein in Waldmeister u. a. Pflanzen vorkommender Duftstoff; **Kulmalron** *s. 1 nur Ez.* ein im Steinkohlenteer enthaltenes Schweröl

**Kumlpan** [lat.] *m. 1* Genosse, Kamerad, Geselle, z. B. Zechkumpan; **Kumlpalnei** *w. 10* Gesellschaft lustiger Kumpane

**Kumlquat** [chin.] *w. 9* kleine ostasiat. Orange

**Kulmulla|ti|on** [-tsjon, lat.] *w. 10* **1** Häufung, Anhäufung, **2** sich steigernde, vergiftende Wirkung von kleinen, ständig gegebenen Dosen von Arzneien; **kulmullal|tiv** sich anhäufend; **kulmullie|ren 1** anhäufen, häufeln; ich kumuliere Stimmen: ich gebe einem Wahlkandidaten mehrere Stimmen; **2** sich anhäufen; kumulierende Bibliographie: regelmäßig erscheinende B., die außer den neuen Titeln auch die alten immer wieder mit aufführt; **Kulmullolnim|bus** *m. Gen.- Mz.-buslse* (*Abk.:* Cb) dunkle Haufenwolke, Gewitterwolke; **Kulmullus** *m. Gen.- Mz.-li* (*Abk.:* Cu), **Kulmullusl|wollke** *w. 11* Haufenwolke

**Kulmys** [russ.], **Kulmyß** *m. Gen.- nur Ez.* in Innerasien: alkohol. Getränk aus gegorener Stutenmilch

**kulneilform** [-neli- lat.] keilförmig

**Künetlte** [lat.-frz.] *w. 11* Abflußgraben

**Kuolminltang** [chin. „Staatsvolkspartei"] *w. Gen.- nur Ez.* demokrat.-nationale Partei Chinas, seit 1949 Regierungspartei Nationalchinas auf Formosa

**Kulpee** *s. 9 eindeutschende Schreibung von* Coupé

**Kulpel|le** [mlat.] *w. 11* → Kapelle (4); **kulpel|lie|ren** von unedlen Metallen trennen (Edelmetall)

**kulpie|ren** [frz.] **1** abschneiden, stutzen (Ohren und Schwanz beim Hund, Flugfedern); **2** lochen, knipsen; **3** aufhalten, mildern (Krankheit) **4** verschneiden (Wein)

**Kulpol|ofen** [lat.] *m. 8* Schachtofen zum Schmelzen von Roheisen und Schrott

**Kulpon** [-pǫ, frz.] *m. 9* **1** Abschnitt; **2** Zinsabschnitt (an Wertpapieren)

**Kuplpel** [lat.-ital.] *w. 11* halbkugelförmige Überwölbung (eines Raumes); **Kuplpellofen** *m. 8* → Kupolofen

**Kulprislmus** [lat.] *m. Gen.- nur Ez.* Kupfervergiftung

**Kur** [lat.] *w. 10* **1** Heilverfahren; **2** Aufenthalt in einem Kurort zu Heilzwecken; **kulralbel** heilbar

**Kulrand** [lat.] *m. 10* jmd., der unter Vormundschaft steht, Mündel

**kulrant** [frz.] (*Abk.:* crt.) *veraltet:* gängig, umlaufend; zwei Mark crt.; **Kulrant** [lat.] **1** *m. 10 schweiz.:* jmd., der eine Kur macht; **2** *s. 1 veraltet:* Münze, deren Wert der ihres Materials entspricht

**kulran|zen** [mlat.] *veraltet* → kujonieren

**Kulra|re** [südamerik. Indianerspr.] *s. Gen.-s nur Ez.* indian. Pfeilgift, führt zu Lähmungen, medizin. als Narkosemittel verwendet

**Külraß** [frz.] *m. 1* Brust- und Rückenharnisch; **Külraslsier** *m. 1 urspr.:* Reiter mit Küraß; *später:* schwerer Reiter

**Kulrat** [lat.] *m. 10 i. w. S.:* Geistlicher als Seelsorger; *i. e. S.:* Hilfsgeistlicher mit eigenem Seelsorgebezirk; **Kulral|tel** [*auch:* -tel] *w. 10* Vormundschaft; unter K. stehen; jmdn. unter K. stellen; **Kulral|tie** *w. 11* Amt und Amtsbereich eines Kuraten; **kulral|tiv** heilend; **Kulral|tor** *m. 13* **1** Vormund, Pfleger; **2** Verwalter einer Stiftung; **3** Vertreter des Staates in der Universitätsverwaltung; **Kulralto|rilum** *s. Gen.-s Mz.-rilen* Aufsichtsgremium

**Kurlbet|te** *w. 11* Hohe Schule → Courbette

**Külret|talge** [-ʒə, frz.] *w. 11* Ausschabung (der Gebärmutter); **Külret|te** *w. 11* Löffel zum Ausschaben der Gebärmutter; **külret|tie|ren** ausschaben

**kulri|al** [lat.] die Kurie, die fürstl. Kanzlei, das Rathaus betreffend, dazu gehörig, davon ausgehend, dort üblich; **Kulrial|len** *Mz.* die geistl. und weltl. Beamten der päpstl. Kurie; **Kulrial|lilen** *Mz.* die früher in den Kanzleien üblichen Förmlichkeiten (im Briefverkehr usw.); **Kulri|al|stil** *m. 1 veraltet:* Kanzleistil; **Kulri|at|stim|me** *w. 11* Gesamtstimme mehrerer Stimmberechtigter; *Ggs.:* Virilstimme; **Kulrie** [-riə] *w. 11* **1** *im alten Rom: urspr.* Einheit von Familienverbänden der patriz. Geschlechter mit eigenem Versammlungsort; *dann:* Versammlungsort des Senats; **2** *heute:* die päpstl. Behörden sowie deren Sitz

**Kulrier** [frz.] *m. 1* Bote, Eilbote, Überbringer wichtiger Meldungen

**kulrie|ren** [lat.] heilen, gesund machen

**kulri|os** [lat.] **1** merkwürdig, sonderbar, wunderlich; **2** spaßig, komisch; **Kulriolsiltät** *w. 10* **1** *nur Ez.* Sonderbarkeit, Merkwürdigkeit; **2** merkwürdiger Gegenstand, kuriose Sehenswürdigkeit; **Kulriolsum** *s. Gen.-s Mz.-sa* etwas Kurioses, Merkwürdiges

**Kurlkulma** [arab.] *w. Gen.- Mz.-men* Gelbwurz, ein südasiat. Ingwergewächs; **Kurlkumin** *s. 1 nur Ez.* aus der Kurkuma gewonnener gelber Farbstoff

**Kurlren|dalner** [lat.] *m. 5* Kurrendesänger; **Kurlren|de** *w. 11* **1** *früher:* Schülerchor, der gegen kleine Gaben von Häusern geistl. Lieder sang; *heute:* evang. kirchl. Jugendchor; **2** *veraltet:* Umlaufschreiben; **Kurlrent|schrift** *w. 10* Schreibschrift, im Unterschied zur Druckschrift

**Kurlrilkullum** *s. Gen.-s Mz.-la* → Curriculum

**Kurs** [lat.] *m. 1* **1** Fahrt-, Flugrichtung; *übertr.:* Richtung der Politik; **2** Lehrgang, z. B. Fahrkurs; **3** Preis von Wertpapieren und Währungen; **kurlsie|ren** in Umlauf sein, umlaufen (z. B. Gerücht); **kurlsiv** schräg (Druckschrift); **Kurlsiv|schrift** *w. 10* schräge

Druckschrift; **kur|so|risch 1** fortlaufend, nicht unterbrochen; **2** rasch, flüchtig; etwas k. durchsehen; **Kur|sus** *m. Gen. - Mz.* Kur|se **1** Lehrgang; **2** *auch:* Gesamtheit der Teilnehmer an einem Lehrgang; **Kurs|wa|gen** *m. 7* Eisenbahnwagen, der vom Ausgangsbis zum Bestimmungsbahnhof von verschiedenen Zügen befördert wird, so daß kein Umsteigen nötig ist

**Kur|ta|ge** [-ʒə] *w. 11* → Courtage

**Kur|ta|xe** *w. 11* Steuer für Kurgäste

**Kur|ti|san** [frz.] *m. 1 veraltet:* Höfling, Günstling; **Kur|ti|sa|ne** *w. 11 urspr.:* Geliebte (eines Fürsten); *dann:* vornehme Dirne

**Kur|tscha|to|vi|um** [nach dem sowjet. Physiker Kurtschatow] *s. Gen. -s nur Ez.* (*Zeichen:* Ku) ein künstl. chem. Element aus der Reihe der Transurane

**ku|ru|lisch** [lat.] *in den Fügungen* kurulischer Beamter: *im alten Rom* höchster Beamter; kurulischer Stuhl: Amtssessel der höchsten altröm. Beamten

**Kur|va|tur** [lat.] *w. 10* Krümmung, Wölbung; **Kur|ve** *w. 11* **1** gekrümmte Linie, Krümmung, Biegung; **2** *Math.:* (auch gerade) Linie; **Kur|vi|me|ter** *s. 5* Kurvenmesser; **Kur|vi|me|trie** *w. 11 nur Ez.* Kurvenmessung (auf Landkarten)

**Ku|si|ne** [frz.] *w. 11* Tochter des Onkels oder der Tante, Base

**Kus|kus** *m. Gen. - nur Ez.* nordafrikan. Speise aus kleingeschnittenem, gewürztem Hammelfleisch, Gemüse und Grieß in Brühe

**Ku|sto|de** [lat.] **1** *w. 11 früher:* Kennzeichen für die einzelne Lage einer Handschrift; Zahl oder Wort am Ende bzw. Anfang einer Buchseite als Hinweis auf die folgende bzw. vorhergehende Seite; **2** *m. 11* → Kustos; **Ku|stos** *m. Gen. - Mz.* -sto|den **1** wissenschaftl. Betreuer (einer Sammlung, eines Museums) **2** *veraltet:* Küster; **3** → Kustode (**1**)

**kul|tan** [lat.] zur Haut gehörig, die Haut betreffend; **Ku|ti|kul|la** *w. 9, Mz. auch:* -lä *oder* -len *bei manchen Pflanzen und Tieren:* zellfreie Hautschicht aus organ. Stoff (Wachs, Chitin), die für Wasser und Gase fast undurchlässig ist, z. B. der Panzer von Krebstieren; **Ku|tis** *w. Gen. - nur Ez.* **1** Lederhaut (der Wirbeltiere); **2** verkorkte, abschließende Zellschicht (an Wurzeln)

**Ku|ter** [engl.] *m. 5* **1** ein einmastiges Segelschiff; **2** Fischereischiff mit Motorantrieb; **3** *auch:* Beiboot auf Kriegsschiffen

**Kü|ve|la|ge** [ʒə, frz.] *w. 11* Ausbau (eines Schachtes) mit eisernen Ringen; **kü|ve|lie|ren** mit Küvelage versehen

**Ku|vert** [-vɛrt, -vɛr, frz.] *s. 9* **1** Briefumschlag; **2** Gedeck (bei Tisch) für eine Person; **ku|ver|tie|ren** in ein Kuvert (**1**) stecken; **Ku|ver|tü|re** *w. 11* Überzugsmasse aus Kakao, Kakaobutter und Zucker

**Kü|vet|te** [frz.] *w. 11* **1** flache Glasschale;

**2** *früher, bei Taschenuhren:* Innen-, Staubdeckel; **3** Abzugsgraben für Regenwasser in Festungsgräben

**ku|vrie|ren** [frz.] *veraltet:* bedecken, verbergen

**Kux** [tschech.] *m. 1* **1** Anteil am Gesamtvermögen einer bergrechtl. Gewerkschaft; **2** der Anteilschein dafür

**kV** *Abk. für* Kilovolt

**kVA** *Abk. für* Kilovoltampere

**kW** *Abk. für* Kilowatt

**Kwan|non** [jap.] *w. Gen. - nur Ez.* buddhist. Gottheit der Barmherzigkeit

**Kwaß** [russ.] *m. Gen. - nur Ez.* russ. alkohol., bierähnl. Getränk aus gegorenem Mehl, Malz und Brot

**kWh** *Abk. für* Kilowattstunde

**Kya|ni|sa|ti|on** [-tsjon, nach dem engl. Erfinder J. H. Kyan] *w. 10 nur Ez.* Imprägnierung von Holz mit Quecksilberchloridlösung

**Ky|ber|ne|tik** [griech.] *w. 10 nur Ez.* Wissenschaftszweig, der die Gesetzmäßigkeiten von techn. und biolog. Regelungs- und Steuerungsvorgängen erforscht und anwendet

**Ky|kli|ker** *m. 5* → Zykliker

**Ky|klo|i|de** *w. 11* → Zykloide

**Ky|klon** *m. 1* → Zyklon

**Ky|klop** *m. 10* → Zyklop

**Kyl|ma** [griech.] *s. 9,* **Kyl|ma|ti|on** [-tsjon] *s. Gen. -s Mz.* -ti|en [-tsjən] *bes. an griech. Tempeln:* Zierleiste aus stilisierten Blattformen; **Kyl|mo|gramm** *s. 1* Röntgenbild eines sich bewegenden Organs; **Kyl|mo|gra|phie** *w. 11 nur Ez.* Röntgenverfahren zur Darstellung sich bewegender Organe; **Kyl|mo|gra|phi|on** *s. Gen. -s Mz.* -phi|en Gerät zur Aufzeichnung regelmäßiger Bewegungen, z. B. des Pulsschlags; **Kyl|mo|skop** *s. 1* Gerät zum Betrachten von Kymogrammen

**Kym|re** [walis.] *m. 11* kelt. Bewohner von Wales

**Ky|ne|gel|tik** *w. 10 nur Ez.* → Zynegetik

**Ky|ni|ker** [griech.] *m. 5* Angehöriger einer altgriech. Philosophenschule, die den Verzicht auf alle Kulturgüter und völlige Bedürfnislosigkeit erstrebte; vgl. Zyniker; **Ky|nis|mus** *m. Gen. - nur Ez.* Lehre der Kyniker

**Ky|no|lo|gie** [griech.] *w. 11 nur Ez.* Lehre vom Hund, seiner Züchtung und Dressur

**Ky|pho|se** [griech.] *w. 11* Wirbelsäulenverkrümmung nach hinten, Buckel

**Ky|rie** [-ri|e; griech.] *s. Gen. - nur Ez. kurz für* Kyrie eleison; das K. singen; **Ky|rie elei|son** Herr, erbarme dich (Bittruf am Anfang der kath. Messe bzw. evang. Liturgie)

**ky|ril|lisch** *in den Fügungen:* kyrillische Buchstaben, kyrillische Schrift: nach dem Slawenapostel Kyrillos benannte, aus der griech. Majuskel entwickelte Schrift der griechisch-orthodoxen Slawen; **Ky|ril|li|za** *w. Gen. - nur Ez.* kyrillische Schrift

**KZ** *Abk. für* Konzentrationslager

# L

**l** 1 *Abk. für* Liter; 2 *Abk. für* lävogyr
**L** 1 *Abk. für* Leu, Lira; 2 *röm. Zahlzeichen für* 50
**£** *Zeichen für* Pfund (Livre) Sterling
**La** *chem. Zeichen für* Lanthan
**La|ba|rum** [lat.] *s. Gen.* -s *nur Ez.* die von Konstantin dem Großen eingeführte kaiserl. Heeresfahne mit dem Christusmonogramm
**La|ber|dan** [ndrl.] *m. 1* gepökelter Kabeljau
**La|bia** *Mz. von* Labium; **la|bi:al** [lat.] zu den Lippen gehörend, mit den Lippen gebildet; **La|bi:al** *m. 1*, **La|bi:al|laut** *m. 1* mit einer oder mit beiden Lippen gebildeter Laut, Lippenlaut: f, v, b, m, p; **La|bi:ate** *w. 11 meist Mz.* Lippenblütler; **La|bi:en** *Mz. von* Labium
**la|bil** [lat.] 1 schwankend, anfällig (Gesundheit); 2 nicht fest, unsicher, leicht störbar (Gleichgewicht); 3 nicht zuverlässig, veränderlich (Charakter); **La|bi|li|tät** *w. 10 nur Ez.* labile Beschaffenheit
**La|bio|den|tal** [lat.] *m. 1*, **La|bio|den|tal|laut** *m. 1* mit Unterlippe u. Oberzähnen gebildeter Laut, Lippenzahnlaut: f, v, w; **La|bio|ve|lar** *m. 1*, **La|bio|ve|lar|laut** *m. 1* mit Lippen und Gaumen gebildeter Laut, Lippengaumenlaut, z. B. in afrik. Sprachen; **La|bi:um** *s. Gen.* -s *Mz.* -bia *oder* -bien 1 Lippe, Schamlippe; 2 Unterlippe der Insekten; 3 Kante, Schneide am Aufschnitt (schräge Kerbe an der Vorderseite) der Blockflöte und Labialpfeife der Orgel
**La|bor** [österr. auch: labor, lat.] *s. 9 oder s. 1* Kurzwort für Laboratorium; **La|bo|rant** *m. 10* medizin.-techn. oder chem.-techn. Hilfskraft im Labor; **La|bo|ra|to|ri|um** *s. Gen.* -s *Mz.* -ri|en Arbeits- und Forschungsstätte für biolog., bakteriolog., chem. und physikal. Zwecke; **la|bo|rie|ren** an etwas l.: sich mit etwas herumplagen, abmühen; an einer Krankheit laborieren: sie lange nicht loswerden
**La|bra|dor** [nach der nordamerik. Halbinsel am Atlantik] *s. 1*, **La|bra|do|rit** *m. 1* Art des Feldspats
**La|brum** [lat.] *s. Gen.* -s *Mz.* -bren Oberlippe der Insekten
**Labs|kaus** [norw.] *s. 1 nur Ez.* (urspr. seemänn.) Gericht aus Fleisch oder Fisch, Kartoffelbrei und sauren Gurken
**La|by|rinth** [griech.] *s. 1* 1 Irrgarten; 2 *übertr.:* Wirrnis, Durcheinander; 3 innerer Teil des Ohres; **La|by|rin|tho|don** *s. Gen.* -s *Mz.* -don|ten ausgestorbenes Kriechtier, wahrscheinlich Vorfahr der Reptilien
**la|cie|ren** [-si-, frz.] mit Zierband durchflechten
**Lack** [sanskr.-ital.] *m. 1* Lösung aus Harzen und Farbstoffen (heute synthet.) als Veredelungs- oder Schutzschicht für Oberflächen; **lackie|ren** [lak|kie-) mit Lack oder Lackfarbe bestreichen; dann bist du der Lackierte *ugs.:* dann bist du der Hereingefallene
**Lack|mus** [ndrl.] *s. Gen.* - *nur Ez.* aus einer Flechte gewonnener blauer Farbstoff, als chem. Reagens verwendet, färbt sich in Säuren rot, in Basen blau
**La|cri|mae Chri|sti** [lat. „Tränen Christi"] *Mz.* Wein vom Vesuv und dessen Umgebung; **la|cri|mo|so** → lagrimoso
**La|crosse** [-krɔs, frz.] *s. Gen.* - *nur Ez.* kanad. Ballspiel zwischen zwei Mannschaften
**Lact|al|bu|min** [lat.] *s. 1* Milcheiweiß; **Lac|tam** [lat.] *s. Gen.* -s *Mz.* ta|me inneres Anhydrid einer Aminosäure; **Lac|ta|se** *w. 11* im Darmsaft enthaltenes Enzym; **Lac|to|se** *w. 11 nur Ez.* Milchzucker
**La|da|num** [hebr.-griech.] *s. Gen.* -s *nur Ez.* wohlriechendes Harz aus verschiedenen Mittelmeerpflanzen für Räucherpulver
**lä|die|ren** [lat.] verletzen, beschädigen; vgl. Läsion
**La|di|ner** *m. 5* Angehöriger eines rätoroman. Volksstammes
**La|di|no** 1 *m. 9* in Mexiko und Mittelamerika: Mischling aus einem weißen und einem indian. Elternteil; 2 *nur Ez. im Mittelmeerraum:* jüd.-span. Dialekt
**La|dy** [lɛidi, engl.] *w. 9, Mz. auch:* -dies 1 *in England Titel für* adlige Frau; 2 *allg.:* Dame; **la|dy|like** [lɛidilaik] wie eine Dame, damenhaft
**La|fet|te** [frz.] *w. 11* (fahrbares) Gestell eines Geschützes; **la|fet|tie|ren** auf die Lafette bringen (Geschütz)
**la|gri|mo|so** [ital.] *Mus.:* klagend, traurig
**La|gu|ne** [ital.] *w. 11* vom offenen Meer durch einen Landstreifen oder Riffe getrennter, flacher Meeresteil, Strandsee
**Lai** [lɛ, frz.] *s. Gen.* -(s) [lɛ] *Mz.* -s [lɛ] 1 *urspr.:* zu Saiteninstrumenten gesungenes breton. Lied; 2 *dann:* altfrz. und provenzal. Verserzählung
**Laie** [griech.] *m. 11* 1 Nichtgeistlicher; 2 Nichtfachmann, jmd., der von einem bestimmten Wissensgebiet nichts versteht; **Lai|en|bru|der** *m. 6* dienender Mönch im Kloster, der nicht die Weihen empfangen, sondern nur die einfachen Gelübde abgelegt hat; **Lai|en|kelch** *m. 1* Abendmahl für Laien in Gestalt von Wein; **Lai|en|prie|ster** *m. 5* kath. Priester, der nicht zu einem Orden gehört, Weltpriester; **Lai|en|rich|ter** *m. 5* (juristisch nicht ausgebildeter) Schöffe,

Geschworener; **Lai|en|schwester** *w.11* dem Laienbruder entsprechende dienende Nonne im Kloster; **Lai|en|spiel** *s.1* Theateraufführung von nicht ausgebildeten Schauspielern **Lais** [frz.] *s. Gen. - Mz.* - → Lai

**lai|sie|ren** [laːi-] in den Laienstand zurückführen (Geistlichen)

**Lais|sez-faire** [lɛse:fɛr, frz. „lassen Sie machen"], *eigtl.:* Laissez faire, laissez aller *oder* passer [lɛse: fɛr, lɛse: ale *oder* pase, „lassen Sie machen, lassen Sie gehen"] *s. Gen.- nur Ez. urspr. Schlagwort der Wirtschaftspolitik des 19. Jh. für* die Nichteinmischung des Staates in die Wirtschaft; *allg.:* Gewährenlassen, Dahintreibenlassen

**Lai|zis|mus** [laːi-] *m. Gen.- nur Ez.* polit. Richtung (bes. in Frankreich), die die Freiheit von relig. Bindungen im öffentl. Leben sowie die Trennung von Kirche und Staat fordert

**La|kai** [türk.-frz.] *m.10 1 früher:* herrschaftl. oder fürstl. Diener in Livree; **2** *übertr.:* willfähriger, unterwürfiger Mensch

**Lak|ko|lith** [griech.] *m.10 oder m.1* Tiefengesteinskörper, der durch unterird. vulkan. Tätigkeit unter pilzförmiger Aufwölbung darüber liegender Schichten in diese eingedrungen ist

**la|ko|nisch** [nach der altgriech. Landschaft Lakonien] kurz und bündig; **La|ko|nis|mus** *m. Gen.- nur Ez.* kurze, bündige Ausdrucksweise

**La|krit|ze** [griech.] *w.11* schwarze Masse aus eingedicktem Süßholzsaft (in Rollen- oder Stangenform)

**Lakt|al|bu|min** *s.1* → Lactalbumin; **Lak|tam** *s. Gen.-s Mz.-*ta|me → Lactam; **Lak|ta|se** *w.11* → Lactase

**Lak|ta|ti|on** [tsjon] *w.10 1* Milchabsonderung der Brustdrüsen; **2** Zeit des Stillens; **3** das Stillen selbst; **lak|tie|ren 1** Milch absondern; **2** stillen; **Lak|to|den|si|me|ter, Lak|to|me|ter** [lat. + griech.] *s.5* Gerät zur Bestimmung des spezif. Gewichts der Milch; **Lak|to|se** [lat.] *w.11 nur Ez.* → Lactose; **Lak|to|skop** [lat. + griech.] *s.1* Gerät zur Prüfung der Durchsichtigkeit der Milch; **Lak|to|su|rie** *w.11 nur Ez.* Vorkommen von Milchzucker im Harn; **lak|to|trop** Milchabsonderung bewirkend (Hormon)

**la|ku|när** [lat.] **1** hohlraumartig; **2** aushöhlend, Lücken bildend, schwammartig; **La|ku|ne** *w.11* **1** Hohlraum, Spalte (in Körpergeweben); **2** Lücke (im Text)

**la|ku|strisch** [lat.] in Seen vorkommend (Gesteine, Lebewesen)

**Lal|lem** [griech.] *s.1* durch die Artikulation bestimmte Sprecheinheit, unter dem Gesichtspunkt der Artikulation betrachtete Laut, z. B. Verschluß-, Nasallaut; **Lal|le|tik** *w.10 nur Ez.* Lehre von den Lalemen, Sprechkunde

**L. A. M.** *Abk. für* Liberalium Artium Magister

**La|ma 1** [indian.] *s.9* eine südamerik. Kamelart; flanellartiges Wollgewebe; **2** [tibet.] *m.9* tibet. buddhist. Priester; **La|ma|is|mus** *m. Gen.- nur Ez.* Form des tibet. Buddhismus

**La|man|tin** [karib.] *m.1* amerik. Seekuh

**La|mar|ckis|mus** *m. Gen.- nur Ez.* Lehre des frz. Naturforschers J.-B. Lamarck über die Abstammung und Verwandtschaft der Lebewesen

**Lamb|da|naht** [nach der Form des griech. Buchstabens lambda: λ] *w.2* Naht zwischen den Scheitelbeinen und dem Hinterhauptsbein des menschl. Schädels; **Lamb|da|zis|mus** *m. Gen.- nur Ez.* **1** Aussprache des R als L in griech. Wörtern; **2** *Med.:* Unfähigkeit, den Buchstaben L auszusprechen (z. B. infolge Gaumenspalte)

**Lam|beth-Walk** [læmbəθwɔːk, engl.] *m.9* engl. Gesellschaftstanz der dreißiger Jahre

**Lam|bi|tal|ti|on** [-tsjon, lat.] *w.10 nur Ez.*, **Lam|bi|tus** *m. Gen.- nur Ez.* Lecken und Küssen der Geschlechtsteile beim Geschlechtsverkehr

**Lam|bre|quin** [lãbrəkɛ̃, frz.] *m.9 1* Querbehang mit Fransen an Fenstern und Türen; **2** diesem ähnl. Ornament aus Stein oder Stuck

**Lam|bris** [lãbri, frz.] *m. Gen. - [-bris] Mz.- [-bris], österr.:* w. Gen. - Mz.-bri|en Wandtäfelung

**Lamb|skin** [læm-, engl.] *s.9* Lammfellimitation aus Plüsch; **Lambs|wool** [læmzwuːl, engl.] *s. Gen.-s nur Ez.* Lammwolle

**la|mé** [frz.] *unflektierbar:* aus Lamé; **La|mé** *s.9 nur Ez.* mit Metallfäden durchwirktes Seidengewebe

**la|mel|lar** [lat.] wie Lamellen, streifig, geschichtet; **La|mel|le** *w.11 1* Blättchen, dünne Scheibe aus Papier, Metall, Kunststoff; **2** Sporenträger unter dem Hut der Blätterpilze; **la|mel|lös** *Biol.:* aus Lamellen

**La|men|ta|ti|on** [-tsjon, lat.] *w.10* Klagelied, Wehklagen; **la|men|tie|ren** jammern, klagen; **La|men|to** [ital.] *s.9 1* Klage, Gejammer; **2** *Mus.:* Klagelied

**La|met|ta** [ital.] *s. Gen.-s nur Ez.* **1** lange, schmale Streifen aus gold- oder silberfarbenem Zinn oder Aluminium (als Christbaumschmuck); **2** *ugs. spött.:* Ordensschmuck

**La|mia** [griech.] *w. Gen. - Mz.-mi|en*, **La|mie** [-mjə] *w.11 griech. Myth.:* weibl. Spukgeist

**La|mi|na** [lat.] *w. Gen.- Mz.-nae* [-nɛ:] **1** dünne Gewebeschicht, blattförmiges Organteil; **2** dünnes Metallplättchen; **3** Fläche des Laubblattes, Blattspreite; **4** innere und äußere Platte des Schädeldaches; **la|mi|nar** langsam fließend und daher wirbelfrei, parallel fließend; **La|mi|na|ria** *w. Gen.- Mz.-*ri|en eine Braunalgengattung; **la|mi|nie|ren**

**1** (Spinnmaterial) strecken, damit sich die Fasern längs richten; **2** mit Glanzfolie überziehen (Buchdeckel); **3** durch Mischen und Zusammenschmelzen verschiedenfarbiger Gläser färben (Glas)

**Lam|pa|da|ri|us** [lat.] **1** *m. Gen. - Mz.*-ri|en altröm. Fackelhalter, Lampengestell; **2** *m. Gen. - Mz.*-rii altröm. Sklave, der seinem Herrn die Fackel vorantrug

**Lam|pas** [frz.] *m. Gen. - Mz.* - schweres Damastgewebe (als Möbelbezug); **Lam|pas|sen** *Mz.* breite Streifen an Uniformhosen

**Lam|pi|on** [läpjõ, *österr.:* lampjon, frz.] *m. 9, auch: s. 9* Laterne aus buntem Papier

**Lan|ca|de** [lāsad(ə), frz.] *w. 11* Hohe Schule: Bogensprung

**Lan|cier** [lāsje, frz.] *m. 9* **1** *früher:* Reiter mit Lanze, Ulan; **2** dem Kontertanz ähnlicher Tanz; **lan|cie|ren** [lāsi-] **1** in Gang bringen; **2** geschickt an einen günstigen Platz, in eine vorteilhafte Position bringen; **Lan|cier|rohr** [lāsir-] *s. 1* Ausstoßrohr für das Torpedo

**Lands|mål** [-moːl, norw.] *s. Gen. - nur Ez.* die norw. Landessprache auf westnorw. Grundlage; vgl. Bokmål

**Lan|get|te** [frz.] *w. 11,* **Lan|get|ten|stich** *m. 1* Schlingenstich zum Befestigen von Stoffrändern; **lan|get|tie|ren** mit Langetten einfassen

**Lan|gu|ste** [frz.] *w. 11* ein scherenloser Speisekrebs

**La|ni|tal|fa|ser** [ital.] *w. 11* aus Kasein hergestellter, wollähnlicher Faserstoff; **La|no|lin** *s. 1 nur Ez.* Mischung aus Wollfett, Paraffin und Wasser, Ausgangsstoff für Salben

**Lan|than** [griech.] *s. 1 nur Ez. (Zeichen:* La) chem. Element, seltenes Erdmetall; **Lan|tha|nit** *s. 1* ein Mineral

**La|nu|go** [lat.] *w. Gen. - Mz.*-gi|nes [-neːs] Wollhaar, Flaum, Haarkleid des Embryos

**Lan|zet|te** [frz.] *w. 11* kleines, zweischneidiges Operationsmesser; **lan|zi|nie|ren** blitzartig schmerzen

**La|pa|ro|skop** [griech.] *s. 1* Instrument zur Untersuchung der Bauchhöhle; **La|pa|ro|sko|pie** *w. 11* Untersuchung der Bauchhöhle mit dem Laparoskop; **La|pa|ro|to|mie** *w. 11* operative Öffnung der Bauchhöhle

**la|pi|dar** [lat.] **1** kraftvoll, wuchtig; **2** kurz, einfach, bündig und treffend; **La|pi|där** *m. 1* Schleif- und Poliergerät der Uhrmacher; **La|pi|da|ri|um** *s. Gen.*-s *Mz.*-ri|en **1** Sammlung von Steindenkmälern und -inschriften; **2** Steinsammlung; **La|pi|dar|schrift** *w. 10* Schrift in Großbuchstaben ohne Verzierung, bes. für Steininschriften; **La|pil|des** *Mz. von* Lapis; **La|pil|li** [ital.] *Mz.* kleine, bei Vulkanausbrüchen ausgeworfene Lavastückchen; **La|pis** [lat.] *m. Gen. - Mz.*-pil|des [-deːs] Stein; Lapis infernalis: Höllenstein; Lapis philosophorum: Stein der Weisen; **La|pis|la|zu|li** *m. Gen. - Mz.* - blauer Halbedelstein, Lasurstein

**Lap|pa|lie** [-ljə, latinisierende Bildung zu Lappen] *w. 11* Kleinigkeit, Nichtigkeit

**Lap|sus** [lat.] *m. Gen. - Mz.* - (geringfügiger) Fehler, kleiner Verstoß, Versehen; L. calami: Schreibfehler; L. linguae: Sprechfehler, Sichversprechen; L. memoriae: Gedächtnisfehler

**La|ren** [lat.] *Mz. röm. Myth.:* Schutzgeister des Hauses und der Familie

**lar|ghet|to** [ital.] *Mus.:* etwas getragen, etwas breit; **Lar|ghet|to** *s. 9, Mz. auch:* -ti Musikstück in etwas getragenem Tempo; **lar|go** *Mus.:* getragen, langsam und singend; **Lar|go** *s. 9 Mz. auch:* -ghi langsames, getragenes Musikstück

**la|ri|fa|ri!** [Bildung aus den ital. Solmisationssilben la, re, fa, re] nichts da!, Unsinn!; **La|ri|fa|ri** *s. Gen.*-(s) *nur Ez.* Geschwätz, Unsinn

**lar|moy|ant** [larmoajant, frz.] rührselig, weinerlich; **Lar|moy|anz** *w. 10 nur Ez.* Rührseligkeit

**L'art pour l'art** [lar pur lar, frz.,, die Kunst für die Kunst"] *s. Gen. - - - nur Ez.* Schlagwort für die Auffassung, daß die Kunst nur nach rein künstler. Maßstäben zu beurteilen sei und unabhängig von allen ethischen, religiösen u. ä. Bindungen sein müsse

**lar|val** [lat.] zur Larve gehörig; **Lar|ve** *w. 11* **1** Jugendform mancher Tiere; **2** Gesichtsmaske; **lar|vie|ren** verbergen, verstecken; **lar|viert** *Med.:* verborgen, ohne typ. Merkmale

**La|ryn|gal** [griech.] *m. 1,* **La|ryn|ga|lis** *w. Gen. - Mz.*-les [-leːs] Kehlkopflaut; **la|ryn|ge|al** zum Kehlkopf gehörig, von ihm ausgehend; **La|ryn|gi|tis** *w. Gen. - Mz.*-ti|den Kehlkopfentzündung; **La|ryn|go|fis|sur** *w. 10* Kehlkopfschnitt; **La|ryn|go|lo|gie** *w. 11 nur Ez.* Lehre vom Kehlkopf und seinen Erkrankungen; **La|ryn|go|skop** *s. 1* Kehlkopfspiegel; **La|ryn|go|sko|pie** *w. 11* Untersuchung des Kehlkopfes mit dem Laryngoskop; **La|ryn|go|to|mie** *w. 11* Kehlkopfschnitt; **La|rynx** *m. Gen. - Mz.*-ryn|gen Kehlkopf

**La|ser** [leizər, Kurzw. aus light amplification by stimulated emission of radiation ,,Lichtverstärkung durch angeregte Aussendung von Strahlung"] *m. 5* Gerät zum Erzeugen stark gebündelter Lichtstrahlen

**la|sie|ren** mit Lasur oder Lasurfarbe bestreichen oder übermalen

**Lä|si|on** [lat.] *w. 10* Verletzung

**Las|kar** [pers.] *m. 12 früher:* ind. Matrose

**Las|so** [span.] *s. 9* Wurfschlinge zum Einfangen von Tieren

**La|sta|die** [-djə, ndrl.] *w. 11,* **La|sta|die** *w. 11 früher:* Schiffsladeplatz

**La|stex** [aus elastisch + Latex] *s. Gen. - nur Ez.* Gewebe aus mit Kunstseide umsponnenen Gummifäden

**La|sting** [engl.] *m. 9* ein Kammgarngewebe

**last, not least** [last nɔt liːst, engl.] der letzte, (aber) nicht der geringste, an letzter Stelle

genannt, aber nicht im Wert, in der Bedeutung am geringsten
**La|sur** [pers.] *w. 10* durchsichtige Lack- oder Farbschicht; **La|sur|far|be** *w. 11* durchsichtige Farbe; **La|sur|stein** *m. 1* → Lapislazuli
**las|ziv** [lat.] zweideutig, schlüpfrig; **Las|zi|vi|tät** *w. 10* **1** *nur Ez.* laszive Beschaffenheit; **2** laszive Bemerkung
**Lä|ta|re** [lat. „freue dich"] dritter Sonntag vor Ostern
**La-Tène-Kul|tur** [laten-, nach dem Fundort La Tène in der Schweiz] *w. 10 nur Ez.* kelt. Kultur der La-Tène-Zeit; **La-Tène-Zeit** *w. 10 nur Ez.* zweite Stufe der mitteleurop. Eisenzeit
**la|tent** [lat.] vorhanden, aber nicht in Erscheinung tretend, verborgen; **La|tenz|pe|ri|ode** *w. 11* **1** Entwicklungsperiode, während derer kein Stoffwechsel stattfindet, z. B. bei Gliedertieren, Diapause; **2** relativ ruhige, stetige Entwicklung des Kindes etwa vom 6. bis 10. Lebensjahr; **La|tenz|zeit** *w. 10* **1** Inkubationszeit; **2** Zeitraum zwischen Reiz (eines Nervs) und Reaktion (des Muskels)
**la|te|ral** [lat.] **1** seitlich, von der Seite; **2** von der Mittellinie eines Organs abgewandt
**La|te|ran** [nach der Familie Laterani, der früheren Eigentümerin des Palastes] *m. Gen. -s nur Ez.* der päpstl. Palast in Rom außerhalb der Vatikanstadt
**La|te|rit** [lat.] *m. 1* in den Tropen und Subtropen: roter Verwitterungsboden
**Lat|er|na ma|gi|ca** [lat.] *w. Gen. - - Mz.* -nae -cae [-nɛ: -kɛ:] erster Projektionsapparat für Glasdiapositive; **La|ter|ne** *w. 11* **1** durch Gehäuse aus Glas oder Papier geschützte Lichtquelle; **2** *Baukunst:* Türmchen mit Fenstern auf der Scheitelöffnung einer Kuppel oder als Zwischenglied unter einem Zwiebelturm; **La|ter|nen|fisch** *m. 1* ein Tiefseefisch mit Leuchtorganen
**La|tex** [lat.] *m. Gen. - nur Ez.* Milchsaft mancher trop. Pflanzen, aus dem Kautschuk hergestellt wird
**La|ti|fun|di|um** [lat.] *s. Gen. -s Mz.* -di|en meist *Mz.* im alten Rom: großes, von Sklaven bewirtschaftetes Landgut; **2** *später:* von Pächtern bewirtschafteter Land- oder Waldbesitz
**La|ti|ner** *m. 5* Angehöriger eines idg. Volksstammes in der ital. Landschaft Latium; **la|ti|ni|sie|ren** den latein. Sprachformen angleichen; **La|ti|nis|mus** *m. Gen. - Mz.* -men in eine andere Sprache übernommene lat. Spracheigentümlichkeit; **La|ti|nis|tik** *w. Gen. - nur Ez.* Wissenschaft von der lat. Sprache und Literatur; **La|ti|ni|tät** *w. 10 nur Ez.* **1** mustergültige lat. Ausdrucksweise; **2** auf latein. (= röm.) Herkunft beruhende Eigenart; **La|ti|no** *m. 6* → Hispanic; **La|ti|num** *s. Gen. -s nur Ez.* Prüfung im Lateinischen
**La|ti|tü|de** [lat.] *w. 11* **1** geograph. Breite;

**2** *veraltet:* Weite, Spielraum; **la|ti|tu|di|nal** die Latitüde betreffend
**La|trie** [griech.] *w. 11* Verehrung, Anbetung
**La|tri|ne** [lat.] *w. 11* **1** Abort, Senkgrube; **2** *Soldatenspr.:* Gerücht; **La|tri|nen|pa|rol|le** *w. 11 Soldatenspr.:* Gerücht
**La|tus** [lat.] *m. Gen. - Mz. - veraltet:* innerhalb größerer Rechnungen der Gesamtbetrag einer Seite, der auf die nächste übertragen wird, Seitensumme
**Lat|wer|ge** [griech.] *w. 11* **1** in Breiform, mit Sirup oder Mus verrührt einzunehmende Arznei; **2** *auch:* Fruchtmus
**Lau|da** [lat.] *w. Gen. - Mz.* -de *13.–19. Jh.:* volkstüml. geistl. ital. (selten auch lat.) Lobgesang; **lau|da|bel** *veraltet:* lobenswert, löblich
**Lau|da|num** [griech.-lat.] *s. Gen. -s nur Ez.* schmerzstillendes Mittel, z. B. Opium
**Lau|da|tio** [-tsjo, lat.] *w. Gen. - Mz.* -tio|nes, **Lau|da|ti|on** [-tsjon] *w. 10* Lobrede (auf Preisträger oder Tote); **Lau|da|tor** *m. 13 veraltet:* Lobredner; **Lau|de** *Mz. von* Lauda; **Lau|de|mi|um** *s. Gen. -s Mz.* -mi|en *früher:* Abgabe an den Lehnsherrn, Lehnsgeld; **Laudes** *Mz.* Lobpreisung innerhalb der kath. Stundengebete; **lau|die|ren** *veraltet:* loben; **Lau|dist** *m. 10 13.–17. Jh.:* Verfasser von Laudes
**Lau|re|at** [lat.] *m. 10 früher:* mit dem Lorbeerkranz gekrönter Dichter; vgl. Poeta laureatus
**lau|re|ta|nisch** zu dem ital. Wallfahrtsort Loreto gehörig, von dort ausgehend; Lauretanische Litanei: Marienlitanei
**Lau|rus** [lat.] *m. Gen. - Mz. -* Lorbeerbaum
**La|va** [ital.] *w. Gen. - Mz. -ven* vom Vulkan ausgeworfene, glühende Schmelzmasse sowie das daraus entstandene Gestein
**La|val|bel** [-va-, frz.] *m. 5* waschbares, gekrepptes Seiden- oder Kunstseidengewebe
**La|val|bo** [-va-, lat.] *s. 9* **1** Handwaschung des Priesters während der Messe; **2** die dafür verwendeten Gefäße: Becken und Kanne
**La|ven|del** [-vɛn-, ital.] *m. 5* eine Heil- und Gewürzpflanze, aus deren Blüten auch ein äther. Öl gewonnen wird
**la|vie|ren** **1** [ndrl.] gegen den Wind kreuzen; *übertr.:* geschickt vorgehen, Schwierigkeiten geschickt umgehen; **2** [lat.] Farben ineinander übergehen lassen, sie verwischen; lavierte Zeichnung
**lä|vo|gyr** [lat. + griech.] (*Abk.:* l) *Phys.:* die Ebene des polarisierten Lichts nach links drehend; *Ggs.:* dextrogyr
**La|voir** [-voar, frz.], **La|vor** *s. 9 veraltet, noch österr.:* Waschbecken
**Lä|vu|lo|se** [lat.] *w. 11 nur Ez.* Fruchtzucker
**La|wi|ne** [lat.] *w. 11* **1** herabstürzende Schnee- oder Steinmasse im Gebirge; **2** *übertr.:* rasch aufeinanderfolgende Menge von Ereignissen, Vorgängen, Dingen

**Lawn-Tennis** [lɔn-, engl.] *s. Gen. - nur Ez. in England:* Rasentennis

**Lawrencium** [lɔ:-, nach dem US-amerik. Physiker E. O. Lawrence] *s. Gen.-s nur Ez.* (*Zeichen:* Lw) ein künstlich hergestelltes chem. Element

**lax** [lat.] schlaff, locker, lässig (Benehmen, Disziplin); **Laxans** *s. Gen. - Mz.*-xanitia [-tsja] *oder* -xanizien, **Laxativ** *s.1*, **Laxativum** *s. Gen.-s Mz.*-va Abführmittel; **laxieren** abführen

**Layout** [lɛiaut, engl.] *s.9* Skizze, Entwurf für Text- und Bildgestaltung (eines Buches, einer Zeitschrift); **Layouter** [lɛiautər] *m.5* Graphiker, der Layouts herstellt

**Lazarett** [ital.] *s.1* Militärkrankenhaus; **Lazarist** *m.10* Angehöriger einer kath. Kongregation von Priestern der äußeren und inneren Mission; **Lazarus** [nach der Gestalt des NT] *m. Gen. - Mz.* -russe *ugs.:* kranker, leidender, geplagter Mensch

**Lazeration** [-tsjon, lat.] *w.10 Med.:* Einriß, Zerreißung; **lazerieren** ein-, zerreißen

**Lazerte** [lat.] *w.11* Eidechse

**Lazulith** [pers. + griech.] *m.1* ein Mineral

**lb., lbs.** *Abk. für* Pound (lat. libra), Pounds

**l. c.** *Abk. für* loco citato

**ld** *Abk. für* dyadischer → Logarithmus

**ld., Ld.** *Abk. für* limited

**Lead** [lid, engl.] *s.9 nur Ez. Jazz:* Führungsstimme in einer Band; **Leader** [lidər] *m.5* Sportler, der während des Wettkampfes vor seinen Konkurrenten führt

**Leasing** [li-, engl.] *s. Gen.-s nur Ez.* mietweises Überlassen von Investitionsgütern (z. B. Industrieanlagen), Kraftfahrzeugen u. a.

**leg.** *Abk. für* legato

**legal** [lat.] gesetzlich; *Ggs.:* illegal; **Legalisation** [-tsjon] *w.10* Beglaubigung, amtl. Bestätigung; **legalisieren** amtlich bestätigen, legal machen; **Legalismus** *m. Gen. - nur Ez.* starres Festhalten an Gesetzen, an Paragraphen; **Legalität** *w.10 nur Ez.* Gesetzlichkeit, Bindung an staatl. Recht und Gesetz

**legasthen** an Legasthenie leidend; **Legasthenie** [griech.] *w.11 nur Ez. Med.:* Schwäche beim Erlernen des Lesens und Rechtschreibens bei sonst ausreichender Intelligenz; **Legastheniker** *m.5* jmd., der an Legasthenie leidet

**Legat** [lat.] **1** *s.1* Vermächtnis, Zuwendung durch Testament; **2** *m.10* altröm. Gesandter; päpstl. Gesandter für bes. Anlässe, *auch:* → Nuntius; **Legatar** *m.1* jmd., der ein Legat erhält; **Legation** [-tsjon] *w.10* Gesandtschaft; **Legationsrat** *m.2* Rat im auswärtigen Dienst

**legatissimo** [ital.] *Mus.:* sehr legato: **legato** *Mus.:* gebunden; **Legato** *s.9* **1** legato zu spielender Teil eines Musikstücks; **2** gebundenes Spiel

**Legenda aurea** *w. Gen. - - nur Ez.* lat. Sammlung von Heiligenlegenden des Jacobus de Voragine um 1270; **Legendar** [lat.] *s.1* Sammlung von Heiligenlegenden; **legendär 1** legenden-, sagenhaft; **2** *übertr.:* unwahrscheinlich; **legendarisch** → legendär; **Legendarium** *s. Gen.-s Mz.*-rien → Legendar; **Legende** *w.11* **1** Heiligenerzählung; **2** weit zurückliegendes, nicht mehr nachweisbares histor. Ereignis; **3** erläuternder Text zu Abbildungen, Landkarten; **4** Inschrift auf Münzen, Siegeln

**leger** [-ʒer, frz.] ungezwungen, lässig, bequem

**Leges** [-ge:s] *Mz. von* Lex

**Leghorn** [nach der engl. Bez. für die ital. Stadt Livorno] *s.9, auch s.4* eine Hühnerrasse mit hoher Legeleistung

**legieren** [lat.] **1** schmelzen und mischen (Metalle); **2** mit Mehl und Ei binden, geschmeidig und dick machen (Suppe, Soße); **Legierung** *w.10* **1** durch Schmelzen und Mischen mehrerer Metalle entstandenes Mischmetall; **2** der Prozeß des Legierens

**Legion** [lat.] *w.10* **1** altröm. Truppeneinheit; **2** *heute:* Freiwilligen-, Söldnertruppe; **3** *übertr.:* sehr große Menge, riesige Anzahl; **Legionar** *m.1* Soldat einer altröm. Legion; **Legionär** *m.1* Soldat einer Legion (2)

**Legislation** [-tsjon, lat.] *w.10* → Legislatur (2); **legislativ** gesetzgebend; **Legislative** *w.11* gesetzgebende Gewalt, gesetzgebende Versammlung; **legislatorisch** gesetzgeberisch; **Legislatur** *w.10* **1** *früher:* gesetzgebende Versammlung; **2** Gesetzgebung; **Legislaturperiode** *w.11* Amtszeit einer gesetzgebenden Volksvertretung; **Legismus** *m. Gen. - nur Ez.* starres Festhalten am Gesetz, am Wortlaut der Gesetze; **legitim** gesetzlich (anerkannt), rechtmäßig; *Ggs.:* illegitim; **Legitimation** [-tsjon] *w.10* **1** Beglaubigung, Echtheitserklärung; **2** Befugnis, Berechtigung; **3** Ausweis, Berechtigungsnachweis; **4** Ehelichkeitserklärung (eines vor- oder unehelichen Kindes); **5** *österr.:* Personalausweis; **legitimieren 1** beglaubigen, berechtigen; **2** als ehelich erklären; **3** sich l.: sich ausweisen; **Legitimismus** *m. Gen. - nur Ez.* Lehre von der Rechtmäßigkeit eines Herrschers; **Legitimität** *w.10 nur Ez.* Rechtmäßigkeit, Gesetzlichkeit

**Leguan** [hait.-span.] *m.1* trop. Baumeidechse mit gezacktem Rückenkamm, Kammeidechse

**Legumen** [lat.] *s.7* Hülsenfrucht; **Legumin** *s.1* Eiweiß der Hülsenfrüchte; **Leguminose** *w.11 meist Mz.* Hülsenfrüchtler

**Leichenfledderer** *m.5* jmd., der Tote oder Bewußtlose bestiehlt

**Leichtathletik** *w.10 nur Ez. Sammelbez. für* sportl. Laufen, Springen, Werfen, Gehen und verwandte Übungen

**Leik** *s. 12* → Liek
**Leis** [nach dem griech. Gebetsruf „Kyrie eleison": „Herr, erbarme dich"] *s. 1 oder s. 12 MA:* geistl. Volkslied
**Lek** *m. Gen. - Mz.-* alban. Währungseinheit, 100 Quintar
**Lekltion** [-tsjon, lat.] *w. 10* **1** Abschnitt im Lehrbuch, Aufgabe; **2** Lehrstunde; jmdm. eine L. erteilen *übertr.:* jmdn. scharf rügen, zurechtweisen; **3** Lesung aus der Bibel (im Gottesdienst); **Lekltiolnar** *s. 1*, **Lekltiolnalri-um** *s. Gen.-s Mz.-ri.en* Sammlung von Bibelstellen für den Gottesdienst; **Lekltor** *m. 13* **1** Hochschullehrer für Einführungskurse, Seminare u. ä.; **2** Verlagsangestellter, der eingegangene Manuskripte prüft (und bearbeitet); **Lekltolrat** *s. 1* **1** Amt, Stelle eines Lektors; **2** Verlagsabteilung der Lektoren; **lekltolrielren** als Lektor prüfen (Manuskript); **Lekltolrin** *w. 10* weibl. Lektor; **Lekltülre** *w. 11* **1** das Lesen; **2** Lesestoff
**Lelkylthos** [griech.] *m. Gen. - Mz.-kylthen* altgriech. Salben- und Ölgefäß mit Fuß, Ausguß und Henkel
**Lemlma** [griech.] *s. Gen. - Mz.-malta* **1** *veraltet:* als Überschrift oder Motto ausgedrückter Inhalt eines Werkes; **2** Hilfssatz, Annahme, Vordersatz eines Schlusses; **3** Stichwort
**Lemlming** [dän.] *m. 1* skandinav. Wühlmaus
**Lemlnislkalte** [griech.] *w. 11* math. Kurve in Form einer liegenden Acht
**Lelmur** [lat.] *m. 10*, **Lelmulre** *m. 11* **1** *röm. Myth.:* Geist eines Verstorbenen, Gespenst; **2** ein Halbaffe, Maki
**Lelnälen** [nach Lenäus, dem Beinamen des Dionysos] *Mz.* altröm. Fest des Bacchus oder (griech.) Dionysos, Kelterfest
**Lelnilnislmus** *m. Gen. - nur Ez.* der von W. I. Lenin weiterentwickelte Marxismus
**lenltalmenlte** [ital.] *Mus.:* langsam; **lenltanldo** *Mus.:* langsam werdend
**lenltilkullar** [lat.] linsenförmig; **Lenltilzellle** *w. 11* porige Rindenöffnung (bei Pflanzen)
**lenlto** [ital.] *Mus.:* langsam
**Leolnilden** *Mz.* im November auftretender, scheinbar aus dem Sternbild des Löwen kommender Sternschnuppenschwarm
**leolnilnisch 1** [nach einem mittelalterl. Dichter Leo von nach Papst Leo II.] leoninische Verse: mittelalterl. Verse aus Hexametern oder Pentametern, die in der Mitte und am Schluß reimen; **2** [nach dem Löwen in einer Fabel des Äsop] leoninischer Vertrag: Vertrag, bei dem ein Partner den Löwenanteil erhält; **leolnisch** [nach der span. Stadt León] leonische Waren: Gespinste, Gewebe aus Seidenfäden, die mit Gold- oder Silber- oder anderen Metallfäden umsponnen sind
**Leolpard** [lat.] *m. 10* ein Raubtier Asiens und Afrikas, Panther, Pardel, Parder
**Lelpildolptelren** [griech.] *w. 11 Mz. Sammelbez. für* Schmetterlinge

**Lelpolrelllolbuch** [nach dem Diener des Don Giovanni in Mozarts Oper] *s. 4* Buch mit ungebundenen, harmonikaartig gefalteten Seiten
**Lelpra** [griech.] *w. Gen. - nur Ez.* eine Infektionskrankheit, Aussatz; **Lelprom** *s. 1* Lepraknoten; **lelpros, lelprös** leprartig, aussätzig
**Leplta** *Mz. von* Lepton (**1, 2**)
**Leplto|karldi|er** [griech.] *m. 5* Lanzettfischchen
**lepltolkelphal** → leptozephal
**Lepllon** *s. Gen.-s Mz.-ta* **1** altgriech. Gewicht, 10 mg; **2** neugriech. Währungseinheit, $^{1}/_{100}$ Drachme; **Leplton** *s. 13* Elementarteilchen, das leichter ist als ein Proton
**lepltolsom** [griech.] schmalwüchsig, schlank; **Lepltolspilren** *Mz.* Schraubenbakterien; **Lepltolspilrolse** *w. 11* meist mit Gelbsucht einhergehende Infektionskrankheit, z. B. Feldfieber, Siebentagefieber; **lepltolzelphal** schmalköpfig; **Lepltolzelphallie** *w. 11 nur Ez.* schmale Kopfform
**Leslbielrin** [-bjə-, nach der griech. Insel Lesbos] *w. 10* homosexuelle Frau; **leslbisch** homosexuell (Frau); lesbische Liebe: Homosexualität zwischen Frauen
**leltal** [lat.] zum Tode führend, tödlich; **Leltalliltät** *w. 10 nur Ez.* Sterblichkeit im Verhältnis zur Zahl der Erkrankten
**L'état c'est moi** [leta sε: moa, frz. „der Staat bin ich"] Schlagwort des Absolutismus nach einem angebl. Ausspruch Ludwigs XIV.
**Leltharlgie** [griech.] *w. 11 nur Ez.* **1** Schlafsucht; **2** *übertr.:* Teilnahmslosigkeit, Trägheit; **lelthariglgisch** schläfrig, teilnahmslos, träge; **Lelthe** [nach dem Strom der Unterwelt der griech. Sage, aus dem die Toten Vergessenheit trinken] Vergessenheit; Lethe trinken
**Letlter** [frz.] *w. 11* gegossener Druckbuchstabe, Type
**Leu** *m. Gen. - Mz.* Lei rumän. Währungseinheit, 100 Bani
**Leuklämie** [griech.] *w. 11* krankhafte Vermehrung der weißen Blutkörperchen, Weißblütigkeit; **leuklämisch** an Leukämie leidend; **Leulkolblalsten** *Mz.* weiße Blutkörperchen bildende Zellen; **leulkolderm** weißhäutig; **Leulkolderlma** *s. Gen.-s Mz.-men*, **Leulkolderlmie** *w. 11* Weißfleckigkeit der Haut infolge Verlusts von Pigment; **Leulkollylse** *w. 11* Zerfall der weißen Blutkörperchen; **Leulkom** *s. 1* weißer Fleck auf der Hornhaut des Auges (Narbe eines Hornhautgeschwürs); **Leulkolpalthie** *w. 11* Bildung weißer Flecken auf der Haut; **Leulkolpelnie** *w. 11* abnorme Verminderung der weißen Blutkörperchen; **Leulkolplast** *m. 10* (meist Stärke bildendes) farbloses Körperchen der Pflanzenzelle; **2** *s. 1* ⓦ ein Heftpflaster; **Leulkorlrhö** *w. 10*, **Leulkorlrhoe** [-rø] *w. 11* Weißfluß, weißl. Ausfluß bei Gebärmutterentzündung; **Leulkoltolmie** *w. 11*

chirurg. Eingriff in die weiße Gehirnsubstanz
bei gewissen chron. Geisteskrankheiten, Lo-
botomie; **Leu|ko|zy|ten** *Mz.* weiße Blutkör-
perchen; **Leu|ko|zy|to|se** *w.11* Vermehrung
der weißen Blutkörperchen als Abwehrreak-
tion gegen entzündl. und infektiöse Vorgänge
im Körper
**Leut|nant** [frz.] *m.9, auch: m.11 nur Ez.* un-
terster Offiziersrang; **2** Offizier in diesem
Rang
**Leu|zit** [griech.] *m.1* ein Mineral, ein
Feldspat
**Le|va|de** [-va-, frz.] *w.11, Hohe Schule:* Auf-
richten des Pferdes auf der Hinterhand,
Pesade
**Le|van|te** [-van-, ital.] *w. Gen. - nur Ez.* die
Länder um das östl. Mittelmeer; **Le|van|ti|ne**
*w.11 nur Ez.* ein Seiden-, Halbseiden- oder
Kunstfasergewebe; **Le|van|ti|ner** *m.5* **1** Ein-
wohner eines der Länder der Levante;
**2** Abkömmling eines europ. Vaters und einer
oriental. Mutter
**Le|vée** [frz.] *w.9 früher:* Aushebung (von
Rekruten)
**Le|vel** [engl.] *m.9* Stufe, Ebene, Niveau; **Le-
vel|lers** *m.9 Mz.* radikale demokrat. Gruppe
zur Zeit Cromwells
**Le|ver** [lǝve] *s.9* Morgenempfang bei einem
Fürsten
**Le|via|than** [hebr.] *m. Gen.-s nur Ez.* **1** *im
AT:* Meerungeheuer, Drache; **2** *allg.:* Unge-
heuer, Riesenschlange; **3** Maschine zum Wa-
schen von Rohwolle
**Le|vi|rat** [lat.] *s.1,* **Le|vi|rats|ehe** *w.11 bei den
Israeliten und bei Naturvölkern:* Ehe mit der
Frau des kinderlos gestorbenen Bruders
**Le|vit** [hebr.] *m.10,* **Le|vi|te** *m.11* **1** Angehö-
riger eines israelit. Stammes; **2** jüd. Tempel-
diener; **3** Diakon bzw. Subdiakon als Helfer
des Priesters beim Hochamt; **Le|vi|ten** *Mz.*
[nach dem Levitikus, dem 3. Buch Mose] *in
der Wendung* jmdm. die L. lesen: ihn ener-
gisch zurechtweisen
**Lev|ko|je** [griech.] *w.11* eine Zierpflanze,
Kreuzblütler
**Lew** [lɛf] *m. Gen.-s Mz.* **Le|wa** *(Abk.:* Lw)
bulgar. Währungseinheit, 100 Stotinki
**Lex** [lat.] *w. Gen. - Mz.* **Le|ges** [-ge:s] Gesetz,
Gesetzesantrag
**Le|xem** [griech.] *s.1* lexikal. Einheit, Wort-
schatzeinheit; **Le|xe|ma|tik** *w.10 nur Ez.*
Lehre von den Lexemen; **le|xi|gra|phisch**
→ lexikographisch; **Le|xik** *w.10* Wortschatz
(einer Sprache oder Fachsprache); **Le|xi|ka**
*Mz. von* Lexikon; **le|xi|ka|lisch** in der Art ei-
nes Lexikons; **Le|xi|ko|gra|phie** *w.11* Lehre
von den Lexika, Erarbeitung von Lexika; **le-
xi|ko|gra|phisch** die Lexikographie betref-
fend, auf ihr beruhend; **Le|xi|ko|lo|gie**
*w.11 nur Ez.* **1** Lehre von der Erarbeitung
von Lexika, Lexikonkunde; **2** *auch:* Wortleh-
re, *zusammenfassende Bez. für* Etymologie,

Semantik und Wortbildungslehre; **Le|xi|kon**
*s. Gen. -s Mz.* -ka *oder* -ken **1** alphabetisch ge-
ordnetes Nachschlagewerk; **2** *früher auch:*
Wörterbuch; **Le|xi|ko|thek** *w.10* Sammlung,
Reihe von Lexika verschiedener Wissensge-
biete; **le|xisch** zur Lexik gehörend, sie betref-
fend
**Le|zi|thin** [griech.] *s.1* in pflanzl. und tier.
Zellen enthaltene, phosphorreiche Verbin-
dung, Nervenstärkungsmittel
**lfr** *Abk. für* luxemburg. Franc
**lg** *Abk. für* Logarithmus
**L'hom|bre** [lɔ̃br(ǝ)] *s. Gen.-s nur Ez. frz.*
Schreibung *von* Lomber
**Li** *chem. Zeichen für* Lithium
**Li** *s. Gen. - Mz. -* altes chines. Längenmaß,
644,4 m
**Liai|son** [liɛzɔ̃, frz.] *w.9* **1** Bindung, Liebes-
verhältnis; **2** Aussprache eines sonst stum-
men Auslautes bei enger Verbindung zum
folgenden Wort, z. B. des n in un homme
[ɑ̃nɔm]
**Lia|ne** [frz.] *w.11* eine Schlingpflanze
**Li|as** [frz.] *m. oder w. Gen. - nur Ez.* untere
Abteilung des Juras, schwarzer Jura; **lias-
sisch** zum Lias gehörend, aus ihm stammend
**Li|ba|ti|on** [-tsjon, lat.] *w.10* altröm. Trank-
opfer für Götter oder Verstorbene
**Li|bell** [lat. „Büchlein" *s.1* **1** *im alten Rom:*
Klageschrift; **2** Schmähschrift
**Li|bel|le** [lat.] *w.11* **1** ein Insekt, Wasserjung-
fer; **2** Glasröhrchen der Wasserwaage; **3** eine
gebogene Haarspange
**Li|bel|list** [lat.] *m.10* Verfasser eines Libells
**Li|ber** [lat.] *s.5 schweiz.:* Fünffrankenstück
**li|be|ral** [lat.] freiheitlich gesinnt, vorurteils-
frei, nach freier Gestaltung des Lebens stre-
bend; **li|be|ra|li|sie|ren** freiheitlich, großzügig
gestalten (bes. wirtschaftlich); **Li|be|ra|lis-
mus** *m. Gen. - nur Ez.* Welt-, Staats- und
Wirtschaftsanschauung, die die freie Entfal-
tung der Persönlichkeit, das freie Spiel der
Kräfte und die Lösung des einzelnen aus re-
lig., polit. u. a. Bindungen erstrebt; **Li|be|ra-
li|tät** *w.10 nur Ez.* Freiheitlichkeit, Vorur-
teilslosigkeit
**Li|be|ra|li|um Ar|ti|um Ma|gi|ster** *m. Gen. - - -
nur Ez.* MA: Magister der freien Künste
(akadem. Titel)
**Li|be|ra|ti|on** [-tsjon] *w.10 veraltet:* Befrei-
ung, Entlastung
**Li|be|ro** [ital.] *m.9* Fußball: freier Vertei-
diger
**Li|ber|tät** [lat.] *w.10 nur Ez.* Freiheit, *früher
bes.:* ständische Freiheit; **Liberté, Egalité,
Fraternité** [-te] Freiheit, Gleichheit, Brü-
derlichkeit (Schlagwort der Frz. Revolution);
**Li|ber|tin** [-tɛ̃, frz.] *m.9 veraltet* **1** Freigeist;
**2** ausschweifender, zügelloser Mensch; **Li-
ber|ti|na|ge** [-ʒǝ] *w.11 nur Ez.* Leichtfertig-
keit, Zügellosigkeit; **Li|ber|ti|ner** *m.5* **1** *im 1.
Jh.:* Angehöriger einer aus röm. Freigelasse-

nen bestehenden Synagogengemeinde in Jerusalem; **2** *Reformationszeit:* Anhänger einer freien Geistesrichtung, Freigeist; **3** *auch* → Libertin; **Li|ber|ti|nis|mus** *m. Gen. - nur Ez.* Zügellosigkeit, Liederlichkeit

**Li|be|rum ar|bi|tri|um** [lat.] *s. Gen. - - nur Ez.* freies Ermessen, freier Entschluß, Willensfreiheit

**Li|bi|di|nist** [lat.] *m. 10* sexuell triebhafter Mensch; **li|bi|di|nös** triebhaft, auf Libido beruhend; **Li|bi|do** [auch: -bi] *w. Gen. - nur Ez.* Geschlechtstrieb, Geschlechtsbegierde

**Li|bra** [lat.] **1** altröm. Gewicht; **2** *früher in spanisch sprechenden Ländern:* Gewichtseinheit, Pfund, 460 g; **Li|bra|ti|on** [-tsjon] *w. 10* scheinbare Schwankung der von der Erde aus sichtbaren Oberfläche des Mondes

**Li|bret|tist** [ital.] *m. 10* Verfasser eines Librettos; **Li|bret|to** *s. 9* Text zu einer Oper oder Operette

**Lic.** *Abk. für* Licentiat, vgl. Lizentiat

**li|cet** [lat.] es ist erlaubt, es steht frei

**Li|chen** [griech.] *m. 7* **1** stark juckende Hautkrankheit, Knötchenflechte; **2** *Bot.:* Flechte; **li|che|no|id** *Med.:* flechtenartig; **Li|che|no|lo|gie** *w. 11 nur Ez. Bot.:* Flechtenkunde

**Lic. theol.** *Abk. für* Licentiatus theologiae, vgl. Lizentiat (**1**)

**Li|do** [lat.-ital.] *m. 9* Nehrung (bes. bei Venedig)

**Liek** [engl.] *s. 12* Tauwerk, mit dem die Segel eingefaßt werden, um sie zu versteifen

**Li|en** [lat.] *m. Gen. -s Mz.* Lie|nes Milz; **lie|nal** [-lie-] zur Milz gehörend, die Milz betreffend; **Lie|ni|tis** *w. Gen. - Mz.* -ti|den Milzentzündung

**Lieue** [liø, frz.] *w. 9* altes frz. Längenmaß, Meile

**Lift** [engl.] **1** *m. 1 oder m. 9* Fahrstuhl; **2** *m. 9 oder s. 9* kosmet. Operation zur Straffung der Gesichtshaut oder Hebung des Busens; **3** *m. 9 oder s. 9* Mitfahrgelegenheit beim Trampen; **Lift|boy** *m. 9* Jugendlicher, der einen Lift (**1**) bedient; **lif|ten** *Kosmetik:* straffen, heben; **Lif|ting** *s. 9* → Lift (**2**)

**Li|ga** [span.] *w. Gen. - Mz.* -gen **1** Bund, Bündnis; **2** eine Wettkampfklasse, Sonderklasse; **Li|ga|ment** [lat.] *s. 1*, **Li|ga|men|tum** *s. Gen. -s Mz.* -ta Strang aus Bindegewebe; **Li|ga|tur** *w. 10* **1** *Buchw.:* Verbindung zweier Buchstaben zu einer Letter; **2** *Mus.:* Verbindung zweier gleicher Noten durch einen Bogen zu einem Ton; **3** *Med.:* Unterbindung eines Blutgefäßes; **li|gie|ren** *Fechten:* die Klinge des Gegners binden (zur Seite drücken); **Li|gist** *m. 10* Angehöriger einer Liga (**2**)

**Li|gnin** *s. 1* Holzstoff, ein Hauptbestandteil des Holzes; **Li|gnit** *m. 1* Braunkohle mit noch sichtbarer holziger Struktur; **Li|gno|se** *w. 11* **1** Zellulose; **2** *früher:* ein Sprengstoff; **Li|gno|stone** [-stoun, engl.] *s. Gen. -s nur Ez.* mit

Phenolharz getränktes, sehr hartes Preßholz

**Li|gro|in** [Kunstw.] *s. 1 nur Ez.* Leichtöl, Bestandteil des Erdöls

**Ligue** [lig] *w. Gen. - Mz.* -s [lig] *frz. Schreibung von* Liga

**Li|gul|la** [lat.] *w. Gen. - Mz.* -lae [-lɛ:] **1** zartes Blatthäutchen (bei Gräsern); **2** Riemenwurm, ein Fischbandwurm

**Li|gu|ster** [lat.] *m. 5* eine Heckenpflanze, Rainweide

**li|ie|ren** [frz.] eng verbinden; sich mit jmdm. l.: eine Liaison mit jmdm. beginnen

**Li|kör** [frz.] *m. 1* süßer Branntwein

**Lik|tor** [lat.] *m. 13* im alten Rom: Diener höherer Beamter; **Lik|to|ren|bün|del** *s. 5* → Faszes

**li|la** [sanskr.] *unflektierbar* **1** fliederfarben; ein lila Kleid; **2** *mir geht es so lila ugs.:* mittelmäßig

**Li|lak** [arab.] *m. 9* span. Flieder

**Li|li|a|zeen** [lat.] *Mz.* Sammelbez. für Liliengewächse; **Li|lie** [-ljə] *w. 11* eine Zierpflanze

**Li|li|put...** [nach dem Märchenland mit winzigen Menschen in J. Swifts Roman „Gullivers Reisen"] *in Zus.:* sehr klein, z. B. Liliputeisenbahn, Liliputformat; **Li|li|pu|ta|ner** *m. 5* zwerghaft kleiner Mensch

**lim** *Abk. für* Limes (Math.)

**lim.** *Abk. für* limited

**Li|ma|kol|lo|gie** [griech.] *w. 11 nur Ez.* Schneckenkunde

**Lim|ba** *s. Gen. -s nur Ez.* ein trop. Furnierholz

**Lim|bi** *Mz. von* Limbus

**Lim|bus** [lat.] **1** *w. Gen. - nur Ez., im kath. Glauben:* Vorhölle, Aufenthaltsort der rechtschaffenen Heiden und ungetauft gestorbenen Kinder; **2** *m. Gen. - Mz.* -bi *an Winkelmeßgeräten:* Ring mit Gradeinteilung, auf dem die Größe des Winkels abgelesen wird

**Li|me|rick** [nach der irischen Stadt] *m. 9* fünfzeiliges komisch-iron. Gedicht mit einem grotesken Schlußgedanken

**Li|mes** [lat.] *m. Gen. - nur Ez.* **1** altröm. Grenzwall; **2** (*Abk.:* lim) *Math.:* Grenzwert

**Li|met|ta** [pers.-frz.] *w. Gen. - Mz.* -ten eine dünnschalige Zitronenart

**Li|mit** [lat.-engl.] *s. 9* Grenze, äußerster Preis, äußerster Umfang; **Li|mi|ta|ti|on** [-tsjon, lat.] *w. 10* Begrenzung, Beschränkung; **li|mi|ta|tiv** begrenzend, beschränkend; **li|mi|ted** [-tid] (*Abk.:* lim., Ld., Ltd., Ltd.) *hinter engl. und amerik. Firmennamen:* mit beschränkter Haftung; **li|mi|tie|ren** begrenzen, beschränken

**Lim|ni|graph** [griech.] *m. 10*, **Lim|ni|me|ter** *s. 5* Pegel zum Messen und selbsttätigen Aufzeichnen des Wasserstandes von Seen; **lim|nisch** im Süßwasser lebend, im Süßwasser abgelagert; **Lim|no|graph** *m. 10* → Limnigraph; **Lim|no|lo|gie** *w. 11 nur Ez.* Süßwasser-, Seenkunde; **Lim|no|plank|ton** *s. Gen.*-s *nur Ez.* das → Plankton des Süßwassers **Li|mo|na|de** [ital.] *w. 11* ein Erfrischungsgetränk mit Obstsaft oder Essenz; **Li|mo|ne** *w. 11* eine dickschalige Zitronenart; **Li|mo|nen** *s. 1* ein nach Zitrone riechender Kohlenwasserstoff **Li|mo|nit** [frz.] *m. 1* ein Mineral, Brauneisenstein; **li|mos, li|mös** schlammig, sumpfig **Li|mou|si|ne** [-mu-, frz.] *w. 11* Personenkraftwagen mit festem, nicht aufklappbarem Verdeck; *Ggs.:* Kabriolett **Li|ne|al** [lat.] *s. 1* Zeichengerät zum Ziehen von Linien; **Li|nea|ment** *s. 1* Linie (in der Hand, im Gesicht); **li|ne|ar** linienförmig, von Linien gebildet, zeichnerisch; lineare Gleichung: Gleichung ersten Grades; linearer Kontrapunkt, linearer Satz: streng kontrapunktische Kompositionsweise; **Li|nea|ri|tät** *w. 10 nur Ez.*  1 lineare Beschaffenheit; **2** → linearer Kontrapunkt; **Li|nea|tur** *w. 10* → Liniatur **Li|nette** [-net, frz.] *w. 11 nur Ez.* ein Gewebe, eine Art → Linon **Lin|ga, Lin|gam** [sanskr.] *s. 9* Phallus (ind. Sinnbild der Zeugungskraft) **Linge** [lɛʒ, frz.] *w. Gen. - nur Ez. im schweiz. Hotelgewerbe:* Wäsche; **Lin|ge|rie** [lɛʒəri] *w. 11 schweiz.:* Wäschekammer; betriebseigene Wäscherei **Lin|gua fran|ca** [ital.] *w. Gen. - - Mz. nicht übl.* überregionale Verkehrssprache, z. B. Pidgin-English; **lin|gu|al** [lat.] zur Zunge gehörig, mit der Zunge gebildet; **Lin|gui|stik** *w. 10 nur Ez.* Sprachwissenschaft **Li|nia|tur** [lat.] *w. 10* Linierung, Liniensystem; **Li|nie** [-njə] *w. 11* **1** Strich, Gerade, Zeile, Reihe; die Buchstaben halten nicht Linie *Buchw.:* stehen nicht auf gleicher Höhe; auf der ganzen L. *ugs.:* überall, völlig; **2** Strecke, die von einem Massenverkehrsmittel befahren wird, z. B. Straßenbahnlinie; das Verkehrsmittel selbst; **3** Folge von Abkömmlingen; **4** *ugs.:* Figur; auf die (schlanke) L. achten; **li|nie|ren** mit geraden Linien versehen; liniertes Papier; **li|ni|ie|ren** *veraltet für* linieren **Li|ni|ment** [lat.] *s. 1* ein hautreizendes Einreibemittel aus Seife, Fett, Öl oder Alkohol **Li|no|le|um** [lat.] *s. Gen.*-s *nur Ez.* ein Fußbodenbelag; **Li|nol|schnitt** *m. 1* **1** *nur Ez.* eine dem Holzschnitt ähnliche Kunst, wobei statt der Holz- eine Linoleumplatte verwendet wird; **2** nach diesem Verfahren hergestellter Abzug **Li|non** [-nɔ̃, frz.] *m. 9* feines Leinen- oder Baumwollgewebe in Leinwandbindung **Lip|ämie** [griech.] *w. 11* erhöhter Fettgehalt des Blutes; **lip|ämisch** an Lipämie leidend **Li|pa|rit** [nach den Lipar. Inseln] *m. 1* ein Ergußgestein **Li|pa|sen** *w. 11 Mz.* Gruppe fettspaltender

Enzyme; **Li|pi|de** *s. 11 Mz. Sammelbez. für* Fette und fettähnl. Stoffe; **Li|pi|do|se** *w. 11* Störung des Fettstoffwechsels **Li|piz|za|ner** [nach dem Ort Lipizza bei Triest] *m. 5* eine Pferderasse, Schimmel **li|po|id** [griech.] fettartig; **Li|po|id** *s. 1* fettähnl. Substanz; **Li|po|ly|se** *w. 11* Fettverdauung, Fettspaltung; **Li|pom** *s. 1*, **Li|po|ma** *s. Gen.*-s *Mz.* -ta Fettgeschwulst; **Li|po|ma|to|se** *w. 11* umschriebene Fettanhäufung; **li|po|phil** fettliebend, sich mit Fett mischend, fettlöslich; **Li|po|phi|lie** *w. 11* Neigung zum Fettansatz (bei bestimmten Erkrankungen); **Lip|urie** *w. 11* Auftreten von Fett im Urin **Liq.** *Abk. für* Liquor **Li|que|fak|ti|on** [-tsjon, lat.] *w. 10* Verflüssigung; **li|ques|zie|ren** flüssig werden, schmelzen; **li|quid 1** flüssig; **2** *übertr.:* zahlungsfähig; **Li|qui|da** *w. Gen. - Mz.* -dä *oder* -quiden Fließlaut, Schmelz-, Schwinglaut (l, r); **Li|qui|da|ti|on** [-tsjon] *w. 10* **1** Abwicklung der Geschäfte eines aufgelösten Unternehmens; **2** Auflösung (eines Geschäftes, Vereins); **3** Rechnung, Honorarforderung; **Li|qui|da|tor** *m. 13* jmd., der eine Liquidation (**1**, **2**) durchführt, Vermittler bei Geschäftsauflösungen; **li|qui|de** → liquid; **Li|qui|den** *Mz. von* Liquida; **li|qui|die|ren 1** auflösen (Geschäft, Handelsgesellschaft, Verein) **2** abwickeln (Geschäfte); **3** in Rechnung stellen, fordern (Kosten für Leistungen); **4** *übertr.:* beseitigen, umbringen, töten; **Li|qui|di|tät** *w. 10* Zahlungsfähigkeit **Li|quor** *m. Gen.*-s *nur Ez.* (*Abk.:* Liq.) Flüssigkeit, flüssiges Arzneimittel **Li|ra 1** [griech.] *w. Gen. - Mz.* -ren mittelalterl. einsaitige Geige; **2** [ital.] *w. Gen. - Mz.* -re ital. Währungseinheit **Li|se|ne** [frz.] *w. 11* flacher, erhabener, senkrechter Mauerstreifen (zur Gliederung einer Wandfläche) **Lis|seu|se** [-sø-, frz.] *w. 11* Maschine zum Waschen, Trocknen und Strecken von gekämmter Wolle **Lit** *Abk. für* ital. Lire **Lit. 1** *Abk. für* Litera (Buchstabe), z. B. Absatz 2, Lit. 5; **2** Bez. für den Kennbuchstaben auf Banknoten und Wertpapieren, z. B. Lit. A, Lit. B **Li|ta|nei** [griech.] *w. 10* **1** Wechselgebet zwischen Geistlichem und Gemeinde; **2** *übertr.:* langweiliges Gerede, lange, eintönige Aufzählung **Li|ter** [griech.] *s. 5 oder m. 5* ein Hohlmaß, 1 dm$^3$, 1 kg **Li|te|rar|hi|sto|ri|ker** [lat.] *m. 5* Wissenschaftler der Literaturgeschichte; **li|te|rar|hi|sto|risch** die Literaturgeschichte betreffend, zu ihr gehörig; **li|te|ra|risch 1** zur (schönen) Literatur gehörend; **2** schriftstellerisch; **Li|te|rat** *m. 10* **1** Schriftsteller; **2** *auch abfällig:* gewandt, aber oberflächlich schreibender

Schriftsteller; **Li|te|ra|tur** *w. 10* **1** Gesamtheit der Dichtungen eines Volkes oder einer Epoche, z. B. klassische L.; **2** Gesamtheit der in einem Wissensgebiet veröffentlichten schriftl. Werke, z. B. medizinische L.; **Li|te|ra|tur|hi|sto|ri|ker** *m. 5* → Literarhistoriker

**Li|tew|ka** [poln.] *w. Gen. - Mz.*-ken *früher:* bequemer Uniformrock

**Lith|ago|gum** [griech.] *s. Gen.*-s *Mz.*-ga *Med.:* steinabführendes Mittel; **Li|thi|a|sis** *w. Gen. - Mz.*-thia|sen Steinbildung in inneren Organen, Steinleiden; **Li|thi|kum** *s. Gen.*-s *Mz.* -ka → Lithagogum; **Li|thi|um** *s. Gen.*-s *nur Ez.* (*Zeichen:* Li) chem. Element, Metall; **Li|tho** *s. 9 Kurzbez. für* Lithographie (3); **li|tho|gen** aus Gesteinen entstanden; **Li|tho|gra|phie** *w. 11* **1** Steinzeichnung; **2** Steindruckverfahren; **3** Steindruck; **li|tho|gra|phie|ren 1** auf Stein zeichnen; **2** mittels Steindruck herstellen; **Li|tho|klast** *m. 10* Sonde zum Zertrümmern von Blasensteinen; **Li|tho|lo|gie** *w. 11 nur Ez.* Lehre von den Gesteinen, Gesteinskunde; **Li|tho|ly|se** *w. 11* Auflösung von Steinen in inneren Organen durch Medikamente; **li|tho|phag** sich in Gesteine einbohrend, Gestein auflösend (Tier, z. B. Bohrmuschel); **li|tho|phil** Gestein als Untergrund benötigend (bestimmte Tiere); **Li|tho|pon** *s. 1*, **Li|tho|po|ne** *w. 11* gut deckende, weiße Anstrichfarbe; **Li|tho|sphä|re** *w. 11 nur Ez.* Gesteinshülle der Erde, Erdkruste; **Li|tho|to|mie** *w. 11* operative Entfernung von Steinen aus inneren Organen; **Li|tho|trip|sie** *w. 11* Zertrümmerung von Blasensteinen mit einer Sonde; **Li|tho|trip|ter** *m. 5* → Lithoklast; **Lith|ur|gik** *w. 10 nur Ez.* Lehre von der Verwendung und Bearbeitung der Gesteine und Mineralien

**Li|ti|gant** [lat.] *m. 10 veraltet:* jmd., der einen Rechtsstreit führt; **Li|ti|ga|ti|on** [-tsjon] *w. 10 veraltet:* Rechtsstreit; **li|ti|gie|ren** einen Rechtsstreit führen

**li|to|ral** [lat.] zur Küste, zum Ufer, zum Strand gehörend, dort vorkommend, küsten-, ufernah; **Li|to|ra|le** *s. 9* Küstenland; **Li|to|ral|fau|na** *w. Gen. - nur Ez.* Tierwelt der Küstengewässer; **Li|to|ral|flo|ra** *w. Gen. - nur Ez.* Pflanzenwelt der Küstengewässer; **Li|to|ri|na** *w. Gen. - Mz.*-nen eine Strandschnecke; **Li|to|ri|nel|len|kalk** *m. 1 nur Ez.* Kalkstein mit versteinerten Wasserschnecken

**Li|to|tes** [-te:s, griech.] *w. Gen. - nur Ez.* Stilfigur: Verneinung des Gegenteils und dadurch vorsichtige Hervorhebung des Gemeinten, z. B. „nicht übel" statt „recht gut"

**Li|tschi|pflau|me** [chin.] *w. 11* pflaumenartige chin. Frucht

**Li|turg** [griech.] *m. 10* Geistlicher, der die Liturgie (2) ausführt, im Unterschied zum Prediger; **Li|tur|gie** *w. 11* **1** *im alten Athen:* Abgabe der Bürger an den Staat, eine Stiftung; **2** gottesdienstliche Handlung, Altargottes-

dienst, im Unterschied zur Predigt; **3** *evang. Kirche:* Wechselgesang des Geistlichen mit der Gemeinde; **Li|tur|gik** *w. 10 nur Ez.* Lehre von der christl. Liturgie; **li|tur|gisch** zur Liturgie (2, 3) gehörig

**live** [laiv, engl. alive „lebendig"] *Funk, Fernsehen* live senden: direkt übertragen

**Li|vre** [frz. „Pfund"] *m. oder s. Gen.*-s *Mz.* - **1** alte frz. Münze; **2** alte frz. Gewichtseinheit, rund 500 g

**Li|vree** [frz.] *w. 11* uniformartige Kleidung für Dienstpersonal; **li|vriert** in Livree (gekleidet)

**Li|zen|ti|at** [-tsjat, lat.] *m. 10* (*Abk.:* Lic.) **1** *veraltet, noch österr.:* Hochschulgrad der evang. Theologie und einiger kath. theolog. Fakultäten; *heute ersetzt durch* Dr. theol.; **2** *schweiz.:* Hochschulgrad auch außerhalb der theolog. Fakultät; **Li|zenz** *w. 10* Erlaubnis, Genehmigung zur Ausübung eines Gewerbes, zur Benutzung eines Patents, zum Druck eines in einem anderen Verlag erschienenen Buches u. a.; **li|zen|zie|ren** etwas ¬l.: für etwas die Lizenz erteilen

**Li|zi|tant** [lat.] *m. 10 auf Versteigerungen:* Bieter; **Li|zi|ta|ti|on** [-tsjon] *w. 10* Versteigerung; **li|zi|tie|ren** versteigern

**Lla|no** [lja-, span.] *m. 9 in den südl. USA und in Südamerika:* baumarme Steppe

**lm** *Abk. für* Lumen

**lmh** *Abk. für* Lumenstunde

**ln** *Abk. für* Logarithmus naturalis = natürlicher → Logarithmus

**Lob** [engl.] *m. 9*, **Lob|ball** *m. 2 Tennis:* über den vorgelaufenen Gegner hinweggeschlagener Ball; **lob|ben** einen Lobball schlagen

**Lob|by** [engl.] **1** *w. oder m. 9 in England und den USA:* Vorhalle im Parlament; **2** *w. 9* Gesamtheit der Angehörigen von Interessengruppen, die (dort) die Abgeordneten zu beeinflussen suchen; **Lob|by|is|mus** *m. Gen. - nur Ez.* Beeinflussung von Parlamentsmitgliedern; **Lob|by|ist** *m. 10* Angehöriger der Lobby (2)

**Lo|be|lie** [-lje, nach dem Botaniker M. Lobelius] *w. 11* eine Zierpflanze; **Lo|be|lin** *s. 1 nur Ez.* ein aus manchen Lobelienarten gewonnenes Alkaloid, ein Heilmittel

**Lo|bo|to|mie** [griech.] *w. 11* → Leukotomie

**Lo|bus** [lat.] *m. Gen. - Mz.*-bi Lappen (eines Organs)

**Loch** [lɔx, schott.] *m. Gen.*-(s) *Mz.*-s See

**Lo|chi|en** [-xiən, griech.] *Mz.* Ausfluß aus der Scheide nach der Entbindung, Wochenfluß

**Lock|out** [-aut, engl.] *s. Gen.*-(s) *Mz.*-s Aussperrung (von Arbeitern)

**lo|co** [lat.] *Kaufmannsspr.:* am Ort, hier, greifbar, vorrätig; loco Berlin: in Berlin zu liefern; **lo|co ci|ta|to** (*Abk.:* l. c.) *bei Zitaten:* am angeführten Ort, aus derselben Quelle, z. B. S. 205 l. c.

**Loft** [engl.] *m. 9 Golf* **1** Schlag für Hochbälle; **2** Neigungsgrad des Golfschlägers

**log** *Abk. für* Logarithmus

**Log** [engl.] *s. 1* Gerät zum Messen der Fahrgeschwindigkeit (eines Schiffes)

**log|arith|mie|ren** den Logarithmus feststellen; **Log|arith|mus** [griech.] *m. Gen. - Mz.* -men *(Abk.:* log) Exponent x, mit dem eine bestimmte Basiszahl multipliziert werden muß, um einen bestimmten Zahlenwert zu erhalten; dekadischer L.: L. mit der Basiszahl 10; dyadischer L. *(Abk.:* ld): auf dem Dualsystem aufbauender L.; natürlicher L. *(Abk.:* ln): L. mit der Basiszahl e (Eulersche Zahl)

**Log|buch** [zu: Log] *s. 4* Schiffstagebuch

**Lo|ge** [-ʒə, frz.] *w. 11* **1** kleiner Seitenraum, z. B. Pförtnerloge; **2** kleiner, abgeteilter Raum mit wenigen Sitzplätzen im Zuschauerraum eines Theaters; **3** Vereinigung von Freimaurern

**Log|ge** *w. 11* → Log; **log|gen** mit dem Log messen; **Log|ger** [engl.] *m. 5* kleines Fischereifahrzeug mit Motor und Hilfssegel

**Log|gia** [lɔdʒa, ital.] *w. Gen. - Mz.* -gi̤en [lɔdʒən] **1** offene Bogenhalle, Säulenhalle; **2** eingezogener (nicht vorspringender) Balkon

**Log|glas** *s. 4* Sanduhr zum Loggen

**lo|gie|ren** [-ʒi-, frz.] **1** *veraltet, noch schweiz.:* beherbergen; **2** vorübergehend wohnen

**Lo|gik** [griech.] *w. 10* **1** Lehre vom richtigen Denken und Folgern; **2** folgerichtiges Denken, Folgerichtigkeit; **Lo|gi|ker** *m. 5* **1** Lehrer der Logik; **2** jmd., der logisch zu denken versteht

**Lo|gis** [-ʒi, frz.] *s. Gen. - Mz.* - [-ʒis] **1** Wohnung, Unterkunft; **2** *auf Schiffen:* Mannschaftsraum

**lo|gisch** folgerichtig, denkrichtig, den Gesetzen der Logik entsprechend; **Lo|gis|mus** **1** *m. Gen. - nur Ez.* Auffassung, daß die Welt logisch aufgebaut sei; **2** *m. Gen. - Mz.* -men Vernunftschluß; **Lo|gi|stik** *w. 10 nur Ez.* **1** *Mil.:* Gesamtheit der Maßnahmen für Nachschub und Infrastruktur; **2** *mathemat.* Logik; **Lo|gi|sti|ker** *m. 5* Anhänger der Logistik (2); **lo|gi|stisch** auf Logistik (2) beruhend; **Lo|gi|zis|mus** *m. Gen. - nur Ez.* **1** Lehre, die die gesamte Mathematik auf Logik zurückführt; **2** formales log. Schließen ohne Rücksicht auf den Denkinhalt; **Lo|gi|zi|tät** *w. 10 nur Ez.* logische Beschaffenheit; *Ggs.:* Faktizität

**Log|lei|ne** *w. 11* Meßschnur zum Loggen

**Lo|go|griph** [griech.] *m. 12 oder m. 10* Buchstabenrätsel; **Lo|goi** *Mz. von* Logos; **Lo|go|pä|die** *w. 11 nur Ez.* **1** Sprachheilkunde; **2** Spracherziehung von Sprach- und Stimmgestörten; **Lo|go|pa|thie** *w. 11* Sprachstörung; **Lo|gos** *m. Gen. - Mz.* -goi **1** *urspr.:* Wort, Rede, Kunde, Lehre; **2** Begriff, Sinn, logisches Urteil; **3** Vernunft, Weltvernunft,

göttl. Vernunft; **4** *Christentum:* menschgewordenes Wort Gottes

**Loi|pe** [lɔipə, skand.] *w. 11 Schisport:* Langlaufpiste

**Lok** *w. 9 Kurzw. für* Lokomotive

**lo|kal** [lat.] örtlich, örtlich begrenzt; **Lo|kal** *s. 1* **1** Ort, Raum, z. B. Wahllokal; **2** Gastwirtschaft, Restaurant; **Lo|kal|an|läs|the|sie** *w. 11* örtl. Betäubung; **Lo|kal|bahn** *w. 10* Kleinbahn; **Lo|kal|be|richt** *m. 1* Zeitungsbericht über örtl. Ereignisse; **Lo|kal|i|sa|ti|on** [-tsjon] *w. 10* das Lokalisieren; **lo|ka|li|sie|ren** **1** auf einen Ort beschränken; eine Krankheit auf ihren Herd l.; **2** örtlich festlegen, den Standort bestimmen; **Lo|ka|li|tät** *w. 10* **1** Raum, Örtlichkeit; **2** *Mz. ugs.:* Toilette, Waschraum; **Lo|kal|kol|o|rit** *s. 1 nur Ez., in literar. Werken:* anschaul. Schilderung der Landschaft, des Milieus, der Sitten und Gebräuche eines Schauplatzes; **Lo|kal|pa|trio|tis|mus** *m. Gen. - nur Ez.* betonte Liebe zur engeren Heimat; **Lo|kal|pos|se** *w. 11* volkstüml., humorvolles, an eine bestimmte Landschaft oder Stadt gebundenes, häufig in Mundart geschriebenes Theaterstück; **Lo|kal|teil** *m. 1* Teil der Zeitung, der Nachrichten aus dem örtl. Bereich bringt; **Lo|kal|ter|min** *m. 1* gerichtl. Termin am Tatort des Rechtsfalles; **Lo|kal|ver|kehr** *m. Gen. -s nur Ez.* Vorortverkehr

**Lo|ka|tar** [lat.] *m. 1 veraltet:* Pächter; **Lo|ka|ti|on** [-tsjon] *w. 10* **1** *veraltet:* Platz-, Rangbestimmung, Einordnung; **2** *veraltet:* Anweisung eines Platzes oder Ranges; **3** *Erdölförderung:* Bohrstelle; **Lo|ka|tiv** *m. 1* den Ort bestimmender Kasus, z. B. im Latein. und Griech.; **Lo|ka|tor** *m. 13* **1** *MA:* Ritter, der im Auftrag des Landesherrn Kolonialland verteidigte; **2** *veraltet:* Verpächter; **Lo|ko|ge|schäft** *s. 1* Geschäft über sofort verfügbare Ware; *Ggs.:* Termingeschäft; **Lo|ko|mo|bi|le** *w. 11* fahrbare Dampf-, Kraftmaschine; **Lo|ko|mo|ti|on** [-tsjon] *w. 10 Biol., Med.:* Ortsveränderung; **Lo|ko|mo|ti|ve** *w. 11* (*Kurzw.:* Lok) auf Schienen fahrende Zugmaschine; **lo|ko|mo|to|risch** auf Fortbewegung, Gang, Lauf beruhend, sie bewirkend; **Lo|ko|wa|re** *w. 11* sofort verfügbare, am Ort befindl. Ware; **Lo|kus** *m. Gen. - Mz.* -kus|se *ugs.:* Toilette, Abort

**Lo|kul|ti|on** [-tsjon, lat.] *w. 10 veraltet:* Rede-, Ausdrucksweise

**Lol|lar|de** [ndrl.] *m. 11* **1** → Alexianer; **2** Anhänger des engl. Reformators John Wiclif

**Lom|bard** [nach der Lombardei] *m. oder s. 1* Kredit gegen Pfand; **lom|bar|die|ren** beleihen, verpfänden

**Lom|ber,** *frz.* **Lom|bre** [lɔbrə] *s. Gen.* -(s) *nur Ez.* ein frz. Kartenspiel

**Long|drink** [engl.] *m. 9* mit Sodawasser o. ä. verdünntes, alkohol. Getränk; *Ggs.:* Shortdrink

**Lon|ge** [lɔ̃ʒə, frz.] *w.11* **1** Laufleine für Pferde bei der Dressur; **2** Hilfsleine für Schwimmschüler; **lon|gie|ren** [-ʒi-] an der Longe laufen lassen (Pferd)

**Lon|gi|me|trie** [lat. + griech.] *w.11 nur Ez.* Längenmessung; **lon|gi|tu|di|nal 1** in der Längsrichtung, in der Längserstreckung; **2** der geograph. Länge nach, den Längengrad betreffend; **Lon|gi|tu|di|nal|welle** *w.11* Längswelle-, in Ausbreitungsrichtung schwingende Welle

**Long|sel|ler** [engl.] *m.5* Buch (auch Schallplatte o. ä.), das sich lange Zeit gut verkauft

**Look** [luk, engl.] *m.9* Aussehen, Äußeres, *meist in Zus.* wie Partnerlook, Babylook

**Loo|ping** [lu-, engl.] *s. oder m.9* Überschlag mit dem Flugzeug, senkrechter Schleifenflug

**Lord** [engl.] *m.9* engl. Adelstitel; **Lord|kanz|ler** *m.5* höchster engl. Staatsbeamter; **Lord-May|or** [lɔdmɛə] *m.9 in London und einigen anderen engl. Großstädten:* Erster Bürgermeister

**Lor|do|se** [griech.] *w.11,* **Lor|do|sis** *w. Gen.-Mz.*-sen Wirbelsäulenverkrümmung nach vorn

**Lord-Pro|tek|tor** *m.13 mehrmals in England:* Titel des Regenten, bes. Cromwells

**Lo|re** [engl.] *w.11* **1** offener Eisenbahngüterwagen; **2** kleiner, auf Schienen laufender Lastwagen mit dreieckigem Längsschnitt, Kipplore

**Lor|gnet|te** [lɔrnjɛtə, frz.] *w.11 früher:* Stielbrille; **Lor|gnon** [lɔrnjõ] *s.9* Einglas mit Stiel, *auch:* Stielbrille

**Lo|ri 1** *s.9* → Lore (2); **2** [fläm.] *m.9* ein Halbaffe; **3** *m.9* ein Papagei

**Lo|ro|kon|to** [ital.] *s. Gen.-s Mz.*-ten bei einer Bank für eine andere Bank geführtes Konto; vgl. Nostrokonto

**LOS** *Abk. für* Loss of Signal (Verlieren des Signals): die Zeitspanne, in der sich ein Raumschiff hinter dem Mond befindet und daher keine Signale geben und empfangen kann

**Lost** [Kunstw.] *m. Gen.*-(e)s *nur Ez.* ein chem. Kampfstoff, Senfgas, Gelbkreuz

**Lost ge|ne|ra|tion** [-dʒenəreiʃn, engl. „verlorene Generation"] *w. Gen.--nur Ez.* **1** die Generation US-amerik. Schriftsteller, die den 1. Weltkrieg miterlebt hat und durch skept., desillusionierte Weltanschauung gekennzeichnet ist; **2** *später auch:* die erste Generation nach dem 1. Weltkrieg

**Lo|tion** [louʃn, engl.] *w.9* kosmet. Mittel zur Gesichtsreinigung

**Lo|to|pha|ge** [griech.] *m.11 bei Homer:* Angehöriger eines Volkes an der libyschen Küste, das sich von Lotos ernährte, nach dessen Genuß die Gefährten des Odysseus die Heimkehr vergaßen, Lotosesser; **Lo|tos** *m. Gen.-Mz.*- Lotosblume, ein Seerosengewächs, im alten Orient Sinnbild der Reinheit

und Schönheit, *auch:* der Religion; vgl. Lotus

**Löt|rohr** *s.1* in der chem. Analyse verwendetes Gerät zur Reduktion der Analysensubstanz

**Lot|se** [engl.] *m.11* **1** bes. ausgebildeter Seemann, der Schiffe durch schwieriges Gewässer leitet, bes. in den Hafen; **2** *übertr.:* Führer durch schwieriges oder gefährliches Gelände, z. B. Schülerlotse im Verkehr; **lot|sen** als Lotse führen

**Lot|te|rie** [ndrl.] *w.11* staatl. oder staatlich konzessionierte Verlosung von numerierten Losen

**Lot|to** [ital.] *s.9* **1** Glücksspiel, eine Art Lotterie, bei der auf Zahlen gesetzt wird; **2** ein Kindergesellschaftsspiel

**Lo|tus** [griech.] *m. Gen.-Mz.*- Hornklee, Schmetterlingsblütler; vgl. Lotos

**Louis** [lui:, frz.] *m. Gen.-Mz.*- [lui:s] Zuhälter

**Louis|dor** [luidor] *m.9, bei Zahlenangaben Mz.*- alte frz. Goldmünze, 20 Franc; **Louis-qua|torze** [luikatɔrz] *s. Gen.-nur Ez.* unter Ludwig XIV. von Frankreich beliebter (barocker) Kunst-, bes. Möbelstil; **Louis-quinze** [luikɛ̃z] *s. Gen.-nur Ez.* unter Ludwig XV. von Frankreich beliebter Kunst-, bes. Möbelstil, Rokokostil; **Louis-seize** [luisɛz] *s. Gen.-nur Ez.* unter Ludwig XVI. von Frankreich beliebter Kunst-, bes. Möbelstil, Übergang zum Klassizismus

**Love-in** [lʌv-in, engl. nach Go-in, Sit-in gebildet] *s. Gen.-nur Ez.* Liebe in der Öffentlichkeit als Protest gegen die herrschende Sexualmoral

**lo|xo|drom** [griech.] die Längenkreise der Erde im gleichen Winkel schneidend; **Lo|xo-dro|me** *w.11* Verbindungslinie zwischen zwei Punkten der Erdoberfläche, die alle Längenkreise im gleichen Winkel schneidet; **lo|xo-go|nal** schiefwinklig

**loy|al** [frz.: loajal] **1** regierungstreu, treu dem Vorgesetzten gegenüber; **2** *allg.:* redlich, anständig; *Ggs.:* illoyal; **Loy|a|li|tät** *w.10 nur Ez.* loyales Verhalten, loyale Einstellung *Ggs.:* Illoyalität

**LSD** *Abk. für* Lysergsäure-Diäthylamid, ein Rauschgift

**ltd., Ltd.** *Abk. für* limited

**Lu** chem. *Zeichen für* Lutetium

**Lud|dilten** [nach dem Engländer Ned Lud] *Mz. Anfang des 19. Jh. in England:* Maschinenstürmer, Arbeiter, die aus Furcht vor Arbeitslosigkeit Maschinen zerstörten

**Lu|dus** [lat.] *m. Gen.-Mz.*-di **1** *im alten Rom:* Schauspiel, Festspiel; **2** *MA:* geistl. Drama

**Lu|es** [lat. „Seuche"] *w. Gen.-nur Ez.* → Syphilis; **lu|e|tisch** an Lues erkrankt, syphilitisch

**Luf|fa** [arab.-engl.] *w.9* ein trop. Kürbisgewächs, aus dessen Fruchtfasern Schwämme zum Frottieren, Einlagen für Tropenhelme u. ä. hergestellt werden

**Lü|gen|de|tek|tor** *m. 13 fälschl. Bez. für* Polygraph

**Lu|ker** *m. 5* jmd., der an Lues erkrankt ist; **lu|isch** auf Lues beruhend, an Lues erkrankt **lu|kra|tiv** [lat.] gewinnbringend, einträglich **lu|kul|lisch** [nach dem röm. Feldherrn Lucullus] üppig, schwelgerisch, schlemmerhaft **Lum|ba|go** [lat.] *w. Gen. - nur Ez.* 1 Schmerz in der Lendengegend, Hexenschuß; 2 eine Pferdekrankheit, Schwarze Harnwinde; **lum|bal** zu den Lenden gehörend, von ihnen ausgehend, auf sie einwirkend; **Lum|bal|an|äs|the|sie** *w. 11* örtl. Betäubung durch Einspritzung in den Lendenwirbelkanal; **Lum|bal|punk|ti on** [-tsjo:n] *w. 10* Punktion des Lendenwirbelkanals, Lendenstich

**Lum|ber|jack** [lʌmbərdʒæk, engl.] *s. 9* Tuch- oder Lederjacke mit gestrickten Bünden **Lu|men** [lat.] *s. Gen. -s Mz. - oder* -mi na 1 Hohlraum (von Orangen); 2 (*Abk.:* lm) Maßeinheit für den Lichtstrom; 3 *übertr. veraltet:* Leuchte, Licht, Könner; er ist kein großes L.; **Lu|men|stun|de** *w. 11* (*Abk.:* lmh) Maßeinheit für die Lichtmenge **Lu|mie** [-mjə, ital.] *w. 11* kleine, süße Zitronenart

**Lu|mi|nes|zenz** [lat.] *w. 10* Lichterscheinung, die nicht durch erhöhte Temperatur bewirkt wird; **lu|mi|nes|zie|ren** kalt leuchten; **Lu|mi|no|gra|phie** [lat. + griech.] *w. 11 nur Ez.* Verfahren zur Herstellung von photograph. Kopien mittels Leuchtstoffplatten als Lichtquelle; **Lu|mi|no|phor** *m. 1* Stoff, der nach Bestrahlen mit Licht noch längere Zeit im Dunkeln leuchtet, Leuchtstoff; **lu|mi|nös, lu|mi|nos** [lat.] 1 leuchtend, lichtvoll; 2 *übertr.:* vortrefflich

**Lum|me** [skand.] *w. 11* ein arktischer Seevogel

**Lum|pen|pro|le|ta|ri at** *s. 1 nur Ez.* Proletariat ohne Klassenbewußtsein

**Lump|sum** [lʌmpsʌm, engl. „runde Summe"] *w. 9* Pauschale, Pauschalsumme

**Lu|na** [lat.] *w. Gen. - nur Ez. poet.:* der Mond; **lu|nar** zum Mond gehörig, Mond ...; **Lu|na|ri um** *s. Gen. -s Mz.* -ri en Gerät zum Veranschaulichen der Mondbewegung; **Lu|na|ti ker** *m. 5* Mondsüchtiger; **Lu|na|ti on** [-tsjon] *w. 10* Mondumlauf; **lu|na|tisch** mondsüchtig; **Lu|na|tis|mus** *m. Gen. - nur Ez.* Mondsüchtigkeit

**Lunch** [lʌntʃ, engl.] *m. 9 in England:* kleine Mittagsmahlzeit; **lun|chen** [lʌntʃən] den Lunch einnehmen, zu Mittag essen; **Luncheon** [lʌntʃən] *s. 9* Imbiß

**Lü|net|te** [frz.] *w. 11 früher:* kleines, vorspringendes Festungswerk; 2 *Baukunst:* halbkreisförmiges, oft mit Malerei oder Reliefs verziertes Feld über Fenstern, Türen oder Rechtecken; 3 *an Drehbänken:* Vor-

richtung zum Unterstützen von langen Werkstücken

**Lu|nik** [lat.] *m. 9* Bez. für die ersten sowjet. Mondsonden

**Lu|nu|la** [lat.] *w. Gen. - Mz.* -lä *oder* -nu len 1 *Bronzezeit:* halbmondförmiger Halsschmuck; 2 *kath. Kirche:* halbmondförmiger Halter für die geweihte Hostie in der Monstranz; 3 halbmondförmiger weißer Fleck am Fuß- und Fingernagel; **lu|nu|lar** halbmondförmig

**Lu|pe** [frz.] *w. 11* Vergrößerungsglas; **lu|pen|rein** 1 auch bei Betrachtung durch die Lupe keinen Fehler aufweisend (Edelstein); 2 *übertr.:* von höchster Reinheit

**Lu|per|ka|li en** [lat.] *Mz.* „Wolfsfest", altröm. Fest zu Ehren des Wölfe abwehrenden Hirtengottes Faunus

**Lu|pi|ne** [lat.] *w. 11* eine Futterpflanze, Schmetterlingsblütler; **Lu|pi|no|se** *w. 11* Vergiftung von Wiederkäuern infolge Fütterung mit bitteren Lupinen

**lu|pös** [lat.] an Lupus erkrankt, von Lupus befallen

**Lup|pe** [frz.] *w. 11* roher, schlackehaltiger Eisenklumpen, Rohmaterial zur Stahlerzeugung

**Lu|pu|lin** [lat.] *s. 1 nur Ez.* Bitterstoff des Hopfens, Bierwürze und Beruhigungsmittel; **Lu|pus** *m. Gen. - Mz. - oder* -pus se fressende Hautflechte, „Wolf"; lupus in fabula: der Wolf in der Fabel, d. h. jmd., der gerade dazukommt, wenn man von ihm spricht

**Lu|re** [altnord.] *w. 11* 1 bronzezeitliches nordisches Blasinstrument, s-förmig mit verzierter Scheibe am Ende, bis zu 3 m lang; 2 Elfe

**lu|sin|gan|do** [ital.] *Mus.:* gefällig, schmeichelnd, spielerisch

**Lu|ster** [-sər], *österr. für* Lüster; **Lü|ster** [frz.] *m. 5* 1 Kronleuchter; 2 glänzendes Halbwollgewebe; 3 glänzender Überzug auf Keramiken

**Lu|stra** *Mz. von* Lustrum; **Lu|stra|ti on** [-tsjon, lat.] *w. 10* feierliche kultische Reinigung (durch Sühneopfer); **lu|stra|tiv** (kultisch) reinigend; **Lu|stren** *Mz. von* Lustrum; **lu|strie|ren** (kultisch) reinigen; **lü|strie|ren** fest und glänzend machen (Gewebe)

**Lu|strum** [lat.] *s. Gen. -s Mz.* -stra *oder* -stren 1 altröm., alle fünf Jahre stattfindendes Reinigungs- und Sühneopfer; 2 Zeitraum von fünf Jahren, Jahrfünft

**Lu|te|in** [lat.] *s. 1 nur Ez.* gelber Farbstoff (in Pflanzenblättern und im Eidotter); **Lu|teo|lin** *s. 1 nur Ez.* gelber Farbstoff (im Fingerhut und Gelbkraut)

**Lu|te|ti um** [-tsjum, nach Lutetia, dem lat. Namen von Paris] *s. Gen. -s nur Ez. (Zeichen:* Lu) chem. Element, Metall der seltenen Erden

**Lux** [lat.] *s. Gen.* - *Mz.* - (*Abk.:* lx) Maßeinheit für die Beleuchtungsstärke
**Lu|xa|ti|on** [-tsjon, lat.] *w.10* Verrenkung; **lu|xie|ren** verrenken
**lu|xu|rie|ren** [lat.] **1** *Bot.:* üppig wachsen, sich steigern; **2** übermäßig großes Geweih oder Gebiß ausbilden; **3** *veraltet:* schwelgen; **luxu|riös** üppig, verschwenderisch ausgestattet, prunkvoll; **Lu|xus** *m. Gen.* - *nur Ez.* üppiger Aufwand, reiche, wertvolle Ausstattung, Prunk, Verschwendung
**Lu|zer|ne** [lat.-frz.] *w.11* eine Futterpflanze, Schmetterlingsblütler
**lu|zid** [lat.] hell, durchsichtig; **Lu|zi|di|tät** *w.10 nur Ez.* **1** Helligkeit, Glanz, Durchsichtigkeit; **2** Hellsehen; **Lu|zi|me|ter** [lat. + griech.] *s.5* Gerät zum Messen der auf eine Kugel auftreffenden Sonnenstrahlen
**Lw 1** *Abk. für* Lew; **2** *chem. Zeichen für* Lawrencium
**lx** *Abk. für* Lux
**Ly|co|po|di|um** [griech.] *s. Gen.*-s *Mz.*-dien **1** Bärlapp; **2** dessen Sporen
**Lyd|dit** [nach der engl. Stadt Lydd] *m.1 nur Ez.* ein Sprengstoff
**Lymph|ade|ni|tis** [lat. + griech.] *w. Gen.* - *Mz.*-ti|den Lymphknotenentzündung; **Lymph|ade|nom** *s.1* Lymphknotengeschwulst; **Lymph|an|giom** *s.1* gutartige Lymphgefäßgeschwulst; **Lymph|an|gi|tis** *w. Gen.* - *Mz.*-tiden Lymphgefäßentzündung; **lym|pha|tisch** zur Lymphe, zu den Lymphknoten gehörig, von ihnen ausgehend; **Lymph|drü|se** *w.11, veraltet für* Lymphknoten; **Lym|phe** *w.11* **1** dem Stofftransport dienende Gewebsflüssigkeit; **2** Impfstoff zur Pockenimpfung; **Lymph|kno|ten** *m.7* kleines Organ innerhalb des Lymphgefäßsystems, produziert die Lymphozyten; **Lym|phogra|nu|lo|ma|to|se** *w.11* bösartige Erkrankung des lymphat. Gewebes mit Geschwulst-

bildung; **Lym|phom** *s.1*, **Lym|pho|ma** *s. Gen.*-s *Mz.*-ma|ta → Lymphadenom; **Lym|pho|zyt** *m.10 meist Mz.* im Lymphgewebe entstehende Zelle, die ins Blut wandert; **Lym|pho|zy|to|se** *w.11* krankhafte Vermehrung der Lymphozyten
**lyn|chen** [Herkunft umstritten] ungesetzlich verurteilen und töten; **Lynch|ju|stiz** *w. Gen.* - *nur Ez.* ungesetzl. Volksjustiz
**Ly|ra** [griech.] *w. Gen.* - *Mz.*-ren **1** altgriech. Zupfinstrument, Leier; **2** Handglockenspiel der Militärmusik; **3** *15./16. Jh.:* aus der Fidel entwickeltes Streichinstrument, Lira da braccio; **4** *auch:* Drehleier
**Ly|ri|den** *Mz.* im April auftretender, scheinbar aus dem Sternbild Leier kommender Sternschnuppenschwarm
**Ly|rik** [griech.] *w.10 nur Ez.* Dichtungsart in Reimen und/oder Rhythmus, häufig strophisch gegliedert, die Stimmungen, Gedanken, Erlebnisse ausdrückt; **Ly|ri|ker** *m.5* Dichter, der Lyrik schreibt; **ly|risch 1** in der Art der Lyrik; **2** stimmungsvoll, gefühlvoll, gefühlsbetont; **Ly|ris|mus 1** *m. Gen.* - *nur Ez.* Gefühlsbetontheit; **2** *m. Gen.* - *Mz.*-men gefühlsbetonte Darstellung; **Ly|ri|zi|tät** *w.10 nur Ez.* lyrische Beschaffenheit
**Ly|sen** *Mz. von* Lysis; **ly|si|gen** [griech.] durch Auflösung entstanden (Gewebslücke); **Ly|sin** *s.1* Stoff, der Bakterien auflösen kann; **Ly|sis** *w. Gen.*-sen **1** allmähl. Fieberrückgang; **2** Auflösung von vireninfizierten Bakterien; **3** *Psych.:* Persönlichkeitszerfall; **Ly|so|form** *s.1 nur Ez.* ⓦ ein Desinfektionsmittel
**Lys|sa** [griech.] *w. Gen.* - *nur Ez.* Tollwut
**ly|tisch** [zu: Lysis] allmählich zurückgehend (Fieber)
**Ly|ze|um** [griech.] *s. Gen.*-s *Mz.*-zeen **1** höhere Mädchenschule; **2** *früher:* theolog.-philosoph. Hochschule

# M

**m 1** *Abk. für* Meter; **2** *Abk. für* Milli ...;
**3** *Astron.: Abk. für* Minute (*hochgestellt*)
**μ** *Zeichen für* Mikron, Mikro ..., My
**M 1** *röm. Zahlzeichen für* 1000 (Mille);
**2** *Abk. für* Mega ...
**M.** *Abk. für* Monsieur
**M'** *Abk. für* Mac
**m²** *Abk. für* Quadratmeter
**m³** *Abk. für* Kubikmeter
**Ma** *chem. Zeichen für* Masurium (*heute:*
Technetium)
**mA** *Abk. für* Milliampere
**M. A.** *Abk. für* **1** Magister Artium, **2** Master
of Arts
**Mä|an|der** [nach dem vielfach gewundenen
griech. Fluß Maiandros (heute Menderes) in
Kleinasien] *m. 5* **1** regelmäßige Flußwindun-
gen; **2** Ornament in wellenförmigen oder
rechtwinklig gebrochenen Linien; **mä|an-
dern, mä|an|drie|ren 1** mit Mäandern verzie-
ren; **2** sich wellenförmig schlängeln
**Mac** (*Abk.:* M', Mc) *vor schott. Familienna-
men:* Sohn des ..., z. B. McCormick, Mac-
kenzie
**Mac|chia** [makja, ital.], **Mac|chie** [makjə]
*w. Gen. - Mz.* -chi|en **1** ein mittelmeer. im-
mergrüner Strauch; **2** danach benannt: Mit-
telmeer-Buschwald aus Hartlaubgewächsen
**Ma|chia|vel|lis|mus** [nach dem ital. Politiker
und Schriftsteller N. Macchiavelli] *m. Gen. -
nur Ez.* polit. Einstellung, die Zweckmäßig-
keit und Macht über die Moral stellt
**Ma|chi|na|ti|on** [maxinatsjon, lat.] *w.10*
heimtück. Anschlag, Machenschaft, Winkel-
zug; **ma|chi|nie|ren** [-xi-] *veraltet:* Ränke
schmieden
**Ma|chor|ka** [-xor-, russ.] *m. 9 oder w. 9* russ.
Tabak
**Ma|dam 1** [frz.] *w. 9 oder w. 10* ugs.: Haus-
herrin; *übertr.:* dicke, behäbige Frau;
**2** [mædəm, engl.] *w. 9* engl. *Anrede (ohne
Namen):* gnädige Frau, meine Dame; **Ma-
dame** [-dam, frz.] *w. Gen. - Mz.* Mes|dames
[medam] (*Abk.:* Mme., *Mz.* Mmes., *schweiz.
ohne Punkte*) *frz. Anrede (alleinstehend oder
vor dem Namen):* gnädige Frau, meine
Dame, Frau ...
**Ma|da|pol|am** [nach der ind. Stadt]
*m. Gen.* -(s) *Mz.* -s weicher, feiner Baumwoll-
stoff für Wäsche und Hemden, Renforcé
**made in ...** [meid in, engl.] hergestellt in ...
(Aufdruck auf Waren), z. B. made in
Germany
**Ma|dei|ra** [-de-] *m. 9* Süßwein von der port.
Insel Madeira
**Made|moi|selle** [madmoazɛl, frz.] *w. Gen. -*

*Mz.* Mes|de|moi|selles [medmoazɛl] (*Abk.:*
Mlle., *Mz.* Mlles., *schweiz. ohne Punkte*) *frz.
Anrede (alleinstehend oder vor dem Namen):*
(mein, gnädiges) Fräulein
**ma|des|zent** [lat.] *Med.:* nässend
**Mal|di|son** [mædisn, engl.] *m. 9* ein Modetanz
**Mal|djar** *m.10* Ungar; **mal|dja|ri|sie|ren** unga-
risch machen, nach ungar. Muster gestalten
**Mal|don|na** [lat.] **1** *w. Gen. - nur Ez.* die Jung-
frau Maria, die Gottesmutter; **2** *w. Gen. -
Mz.* -nen Muttergottesdarstellung
**Mal|dras** [nach der ind. Stadt] *s. Gen. - Mz. -*
gitterartiger Gardinenstoff mit eingewebten
bunten Mustern
**Mal|dre|po|re** [lat. + griech.] *w.11* Steinko-
ralle, Löcherkoralle
**Mal|dri|gal** [ital.] *s.1* **1** *urspr.:* Hirtenlied;
**2** *bes. im 14. und 16. Jh.:* zwei- bis fünfstim-
miges ital. Kunstlied; **3** *lyr.* Gedichtform;
**Mal|dri|gal|list** *m.10* Komponist von Madri-
galen
**Mae|stà** [maɛsta, ital.] *w. Gen. - nur Ez.* Dar-
stellung der thronenden Madonna; **mae|sto-
so** [maɛ-] *Mus.:* majestätisch, würdevoll
**Mae|stra|le** [maɛ-] *m. Gen.* -(s) *nur Ez.* ital.
*Bez. für* Mistral
**Mae|stro** [ital.] *m. Gen.* -(s) *Mz.* -stri **1** Mei-
ster, Künstler, *bes.:* Komponist; **2** *ital. Bez.
für* Dirigent, Musiklehrer
**Mä|eu|tik** [griech. „Hebammenkunst"]
*w. Gen. - nur Ez.* die Methode des Sokrates,
durch geschicktes Fragen den Schüler zur
Erkenntnis und zum richtigen Antworten zu
führen
**Maf|fia, Ma|fia** *w. Gen. - nur Ez.* terrorist.
ital. Geheimbund, bes. auf Sizilien; **Mal|fio|so**
*m. Gen. - Mz.* -si, **Mal|fio|te** *m.11* Angehöri-
ger der Mafia
**Ma|ga|zin** [arab.-ital.] *s.1* **1** Vorratsraum, La-
gerhaus; **2** *in Bibliotheken:* Aufbewahrungs-
raum für Bücher; **3** *in automat. Handfeuer-
waffen:* Patronenkammer; **4** unterhaltende
Zeitschrift (meist auf niedrigem Niveau);
**5** *Rundfunk, Fernsehen:* über Tagesereignis-
se informierende, oft musikalisch aufgelok-
kerte Sendung; **Ma|ga|zi|ner** *m.5* *schweiz.:*
Arbeiter in einem Magazin (1); **Ma|ga|zi-
neur** [-nør] *m.1* österr.: Lagerverwalter; **ma-
ga|zi|nie|ren** im Magazin (1, 2) unterbringen,
aufbewahren
**Mag|da|lé|ni|en** [-njɛ̃, nach dem Fundort, der
Höhle La Madeleine im frz. Departement
Dordogne] *s. Gen.* -(s) *nur Ez.* eine Stufe der
Altsteinzeit
**mag|gio|re** [madʒorə] *ital. Bez. für* Dur;
*Ggs.:* minore

**Ma|gie** [griech.] *w.11* Zauber, Zauberkunst, Beschwörung übersinnlicher Kräfte; schwarze Magie: Beschwörung böser Kräfte; weiße Magie: Beschwörung guter Kräfte; **Malg|er** *m.5* jmd., der sich auf Magie versteht, Zauberer; **malgisch** auf Magie beruhend, mit ihrer Hilfe; magisches Auge: Abstimmanzeiger am Radioapparat; magisches Quadrat: schachbrettartig in Felder unterteiltes Quadrat, die Zahlen, mit denen die Felder bezeichnet sind, ergeben waagerecht, senkrecht und diagonal die gleiche Summe

**Ma|gi|ster** [lat.] *m.5* **1** *urspr.:* höchster akadem. Grad, Hochschullehrer; **2** *dann:* Berufsbez. für Lehrer; **3** *in England und den USA:* akadem. Grad nach dem Bakkalaureus, vgl. Master of Arts; **4** *heute:* ein akadem. Grad; **5** *österr. auch* Titel für Apotheker, Magister pharmaciae (*Abk.:* Mag. pharm.); Magister Artium (*Abk.:* M. A.) *im MA:* Magister der freien Künste, *heute* → Magister (4); **Ma|gi|strat** *m.1* **1** *im alten Rom:* hoher Beamter, z. B. Konsul; **2** *heute:* Stadtverwaltungsbehörde; **3** *schweiz.:* Regierungsmitglied; **Ma|gi|stra|tur** *w.10 veraltet:* behördl. Amt, behördl. Würde

**Mag|ma** [griech.] *s. Gen.-s Mz.*-men geschmolzenes Gestein im Erdinnern; **mag|ma|tisch** wie Magma, aus Magma; **Mag|ma|tit** *m.1* Erstarrungsgestein

**Ma|gna Char|ta** [- kar-, engl.: mægnə katə, „große Urkunde"] *w. Gen. - - nur Ez.* das engl. Grundgesetz von 1215, mit dem sich der Adel gewisse Vorrechte erzwang und die Macht des Königs einschränkte

**ma|gna cum lau|de** [lat.] mit großem Lob; vgl. summa cum laude

**Ma|gnat** [auch: maŋnat, lat.] *m.10* **1** *früher in Polen und Ungarn:* hoher Adliger; **2** Großgrundbesitzer; **3** Großindustrieller, z. B. Industrie-, Stahlmagnat

**Ma|gne|sia** [maŋne-, nach der altgriech. Landschaft] *w. Gen. - nur Ez.* Magnesiumoxid, ein Neutralisationsmittel bei Säurevergiftungen; **Ma|gne|sit** *m.1* ein Mineral; **Ma|gne|si|um** *s. Gen.-s nur Ez.* (*Zeichen:* Mg) chem. Element, Metall; **Ma|gne|si|um|sul|fat** *s.1* Bittersalz, ein Abführmittel

**Ma|gnet** [maŋnet, griech.] *m.1* eisenanziehender Körper; **ma|gne|tisch 1** eisenanziehend; **2** wie ein Magnet; **Ma|gne|ti|seur** [maŋnetizør] *m.1* Heilkundiger, der mit Magnetismus behandelt; **ma|gne|ti|sie|ren 1** magnetisch machen; **2** mit Magnetismus behandeln; **Ma|gne|tis|mus** *m. Gen. - nur Ez.* **1** Gesamtheit aller magnet. Erscheinungen; **2** Fähigkeit, Heilkräfte auszustrahlen und auf andere Menschen wirken zu lassen; **3** auf diesen Kräften beruhendes Heilverfahren, Mesmerismus; **Ma|gne|tit** *m.1 nur Ez.* ein Mineral, ein Eisenerz; **Ma|gnet|na|del** *w.11* Kompaßnadel; **Ma|gne|to|graph** *m.10* Gerät zum

selbsttätigen Aufzeichnen erdmagnet. Schwankungen; **Ma|gne|to|hy|dro|dy|na|mik** *w.10 nur Ez.* (*Abk.:* MHD) Lehre von den Wechselwirkungen zwischen elektrisch leitenden Flüssigkeiten und auf sie einwirkenden Magnetfeldern; **Ma|gne|to|me|ter** *s.5* Gerät zum Messen magnet. Feldstärke und des Erdmagnetismus; **Ma|gne|ton** *s. Gen.- Mz. -* Einheit der magnet. Stärke eines Elementarteilchens; **Ma|gne|to|path** *m.10* → Magnetiseur; **Ma|gne|to|pa|thie** *w.11 nur Ez.* Heilwirkung durch Magnetismus; **Ma|gne|to|phon** *s.1* Ⓦ ein Tonbandgerät; **Ma|gnet|pol** *m.1 nur Ez.* der nicht mit dem geograph. Pol übereinstimmende magnet. Pol der Erde; **Ma|gne|tron** *s. Gen.-s Mz.*-s *oder* -tro|ne spezielle Elektronenröhre für Erzeugung und Verstärkung von Mikrowellen; **Ma|gnet|ton|ge|rät** *s.1* Tonbandgerät

**ma|gni|fik** [manji-, lat.-frz.] *veraltet:* prächtig, großartig; **Ma|gni|fi|kat** *s.1* Lobgesang Marias, Teil der kath. Vesper; **Ma|gni|fi|kus** *m. Gen. - Mz.*-fi|zi *veraltet:* Rektor einer Hochschule; **Ma|gni|fi|zenz** *w.10* Titel und Anrede *für* den Rektor einer Hochschule

**Ma|gno|lie** [auch: maŋnoljə, nach dem frz. Botaniker P. Magnol] *w.11* ein Zierbaum

**Mag. pharm.** *österr.: Abk. für* Magister pharmaciae (österr. akadem. Titel für Apotheker)

**Ma|gus** *m. Gen. - Mz. nicht üblich* → Magier

**Ma|gyar** [madjar] *m.10* → Madjar

**Ma|ha|go|ni** [Eingeborenenspr. von Jamaika] *s. Gen.-s nur Ez.* rötl. Holz des Mahagonibaums sowie anderer ähnl. Baumarten

**Ma|ha|ja|na**, Mahalyalna [sanskr. „großes Fahrzeug"] *s. Gen.-(s) nur Ez.* die jüngere, nördliche, freiere Richtung des Buddhismus; vgl. Hinajana

**Ma|ha|ra|dscha** [sanskr.] *m.9* ind. Großfürst; **Ma|ha|ra|ni** *w.9* Frau eines Maharadschas

**Ma|hat|ma** *m.9* ind. *Ehrentitel für* geistig hochstehenden Menschen

**Ma|haut** [sanskr.] *m.9* ind. Elefantenführer

**Mah|di** [arab.] *m.9* der von den Mohammedanern erwartete, von Allah gesandte Welterneuerer, der das Werk Mohammeds vollenden wird; **Mah|dis|mus** *m. Gen. - nur Ez.* im 19. Jh.: Bewegung des Mohammed Achmed, der sich für den Mahdi ausgab und die ägypt. Regierung bekämpfte; **Mah|dist** *m.10* Anhänger des Mahdismus

**Mah-Jongg** [-dʒɔŋ, chin.] *s. Gen.-(s) nur Ez.* ein chin. Gesellschaftsspiel mit gemusterten Steinen, aus denen Bilder zusammengesetzt werden müssen

**Ma|ho|nie** [-njə, nach dem amerik. Botaniker B. MacMahon] *w.11* ein Zierstrauch

**Mai|den** [meidən, engl.] *s.7* junges, bei Rennen noch nicht erprobtes oder noch nicht erfolgreiches Pferd

**Mai|eu|tik** *w. Gen. - nur Ez.* → Mäeutik

**Mail-Or|der** [mɛil-, engl.] *w. Gen. - nur Ez.* Verkauf von Waren, die nach Prospekt bestellt worden sind

**Main|li|ner** [mɛinlainər, engl. main line „Vene"] *m. 5* Süchtiger, der sich Rauschgift in die Vene spritzt

**Maire** [mɛr, frz.] *m. 9 frz. Bez. für* Bürgermeister; **Mai|rie** [mɛ-] *w. 11 frz. Bez. für* Bürgermeisterei

**Mais** [Indianerspr.] *m. 1* eine Getreidepflanze, Türkischer Weizen, Welschkorn

**Mai|so|net|te** [mɛzɔnɛt(ə), frz.] *w. 11 oder w. 9* zweistöckige Wohnung innerhalb eines größeren Hauses

**Maître de plai|sir** [mɛtrə də plɛzir, frz.] *m. Gen.* - - - *Mz.* -s- - [mɛtrə- -] *veraltet, noch scherzh.*: jmd., der ein Festprogramm leitet

**Ma|je|stas Do|mi|ni** [lat. „Erhabenheit des Herrn"] *w. Gen. - - nur Ez.* Darstellung des thronenden Christus; **Ma|je|stät 1** *w. 10 nur Ez.* Hoheit, Erhabenheit; *Titel und Anrede für* Kaiser, König; Euer, Eure M. (*Abk.:* Ew. M.); Ihre M. (*Abk.:* I. M.); Seine M. (*Abk.:* S(e). M.); **2** *w. 10* Kaiser, König; die Majestäten: Kaiser und Kaiserin bzw. König und Königin; **ma|je|stä|tisch** hoheits-, würdevoll, erhaben; **Ma|je|stäts|ver|bre|chen** *s. 7* **1** *in Monarchien:* Hoch-, Landesverrat; **2** *übertr.:* schweres Verbrechen

**ma|jeur** [maʒœr, frz.] *frz. Bez. für* Dur; *Ggs.:* mineur

**Ma|jo|li|ka** [nach der Insel Mallorca] *w. Gen. - Mz.*-ken *Bez. für* Fayence (und deren Nachahmungen)

**Ma-Jongg** [-dʒɔŋ] *s. Gen.* -(s) *nur Ez.* → Mah-Jongg

**ma|jor** [mɛidʒə, engl.] *engl. Bez. für* Dur; *Ggs.:* minor

**Ma|jor** [lat.] *m. 1* **1** Offiziersrang zwischen Hauptmann und Oberstleutnant; **2** Offizier in diesem Rang

**Ma|jo|ran** [auch: -ran, griech.] *m. 1 nur Ez.* eine Gewürzpflanze

**Ma|jo|rat** [lat.] *s. 1* **1** Recht des ältesten Sohnes auf das Erbgut; **2** das Erbgut selbst; *auch:* Seniorat; *Ggs.:* Minorat; **Ma|jor|do|mus** *m. Gen. - Mz. -* im Frankenreich **1** Hausmeier; **2** *auch:* Befehlshaber des Heeres; **ma|jo|renn** *veraltet:* groß-, volljährig, mündig; *Ggs.:* minorenn; **Ma|jo|ren|ni|tät** *w. 10 nur Ez.* Volljährigkeit, Mündigkeit; **ma|jo|ri|sie|ren** überstimmen, durch Stimmenmehrheit besiegen; **Ma|jo|ri|tät** *w. 10 nur Ez.* Stimmenmehrheit; *Ggs.:* Minorität

**Ma|jus|kel** [lat.] *w. 11* Großbuchstabe; *Ggs.:* Minuskel

**ma|ka|ber** [frz.] grausig-düster, mit dem (Gedanken an den) Tod spielend

**Ma|ka|dam** [nach dem schott. Straßenbauer J. L. MacAdam] *m. 1 oder s. 1* ein Straßenbelag aus Schotter, Splitt und Sand; **ma|ka|da|mi|sie|ren** mit Makadam belegen

**Ma|kak** [port.] *m. 12 oder m. 10* meerkatzenartiger Affe

**Ma|kao 1** [Hindi] *m. 9* eine Papageienart; **2** [nach der port. Kolonie Macao] *s. Gen.* -s *nur Ez.* ein Glücksspiel

**Ma|ka|ris|mus** [griech.] *m. Gen. - Mz.* -men Seligpreisung, bes. in der Bergpredigt

**Ma|kart|bu|kett** [nach dem österr. Maler H. Makart] *s. 1* Strauß aus getrockneten Blumen und Gräsern

**Make-up** [mɛikʌp, engl.] *s. 9* **1** Verschönerung, Verjüngung des Gesichts mit kosmet. Mitteln; **2** Creme zum Glätten oder Bräunen der Gesichtshaut

**Ma|ki** [port.] *m. 9* ein Halbaffe, Lemure

**Ma|ki|mo|no** [jap.] *s. 9* jap. querformatiges Rollbild aus Seide oder Papier; vgl. Kakemono

**Mak|ka|ro|ni** [griech.-ital.] *w. Gen. - Mz.* - lange, röhrenförmige Nudel; **mak|ka|ro|nisch** in schlechtem Latein abgefaßt; makkaronische Dichtung: Scherzgedichte aus lateinischen und latinisierten, aus anderen Sprachen stammenden Wörtern; *auch:* Gedichte aus Wörtern zweierlei Sprachen

**Ma|ko** [nach Mako Bey, der den Baumwollanbau in Ägypten bes. förderte] *m., w. oder s. 9*, **Ma|ko|baum|wol|le** *w. 11* ägypt. Baumwolle

**Ma|ko|ré** [frz.] *s. 9 nur Ez.* ein Hartholz, Afrik. Birnbaum

**Ma|kra|mee** [arab.-türk.] *s. 9* Knüpfarbeit, geknüpfte Franse

**Ma|kre|le** [mlat.] *w. 11* ein Meeresfisch, Speisefisch

**Ma|kro|bio|se** [griech.] *w. 11 nur Ez. Med.:* Langlebigkeit; **Ma|kro|bio|tik** *w. 10 nur Ez.* **1** die Kunst, das Leben zu verlängern; **2** natürliche Lebensweise mit Ernährung hauptsächlich von Körnern und Gemüse; **ma|kro|ke|phal** → makrozephal; **Ma|kro|kli|ma** *s. Gen.* -s *nur Ez.* Großklima; *Ggs.:* Mikroklima; **Ma|kro|kos|mos** *m. Gen. - nur Ez.* Weltall; *Ggs.:* Mikrokosmos; **Ma|kro|mel|lie** *w. 11 nur Ez.* Riesenwuchs; **Ma|kro|mo|le|kül** *s. 1* Riesenmolekül aus Tausenden oder Millionen von Atomen

**Ma|kro|ne** [frz.] *w. 11* kleines, rundes Gebäck aus Mandeln, Eiern, Zucker, Mehl u. a.

**Ma|kro|po|de** [griech.] *m. 11 meist Mz.* eine Gattung der Labyrinthfische (für Aquarien), z. B. der Paradiesfisch; **ma|kro|sko|pisch** mit bloßem Auge wahrnehmbar; **Ma|kro|so|mie** *w. 11 nur Ez.* Riesenwuchs; **Ma|kro|theo|rie** *w. 11 nur Ez.* Teil der Wirtschaftswissenschaft, die sich mit der gesamten Volkswirtschaft befaßt; *Ggs.:* mikrozephal; **Ma|kro|ze|phal|lie** *w. 11 nur Ez.* abnorm große Kopfform; **Ma|kro|zyt** *m. 10 meist Mz.* große (jugendl.) Form der roten Blutkörperchen

**Ma|ku|la|tur** [lat.] *w. 10 nur Ez.* **1** schadhafte

oder fehlerhafte, nicht verwendete Druckbogen, Altpapier; **2** Abfall in der Papierindustrie; **3** M. reden *übertr.*: Unsinn reden; **makulieren** zu Makulatur machen, einstampfen **Malla|chit** [-xịt, -xịt, griech.] *m. 1* smaragdgrünes Mineral

**malla|de** [frz.] *ugs.:* krank, erschöpft, müde **malla fi|de** [lat.] *Rechtsw.:* im bösen Glauben, wissentlich unberechtigt

**Ma̱l|la̱ga** *m. 9* Süßwein aus der span. Provinz Malaga

**Mallaie** *m. 11* Angehöriger einer Völkergruppe in Süd- und Hinterindien und Westindonesien

**Malla|ise** [-lɛz(ə), frz.] *w. 11, österr.:* *s. 14, schweiz.:* *s. 5* **1** Übelkeit; **2** Mißstimmung, moral. oder polit. Unbehagen

**Mallakollo|gie** [griech.] *w. 11 nur Ez.* Lehre von den Weichtieren; **Mallakolzolon** *s. Gen.* -s *Mz.*-zolen *veraltet:* Weichtier

**Mallam|bo** [karib.] *m. 9* Nationaltanz der argentin. Gauchos

**Malla|ria** [ital.] *w. Gen. - nur Ez.* Sumpf-, Wechselfieber

**Malla|zie** [griech.] *w. 11 Med.:* Erweichung **Malle|dik|ti|on** [-tsjon, lat.] *w. 10 veraltet:* Verwünschung; **malle|di|zie|ren** *veraltet:* verwünschen; **Malle|fi|kant** *m. 10*, **Malle|fi|kus** *m. Gen. - Mz.*-zi *veraltet:* Übeltäter; **Malle|fiz** *s. 1 veraltet:* Übeltat; **Malle|fiz|kerl** *m. 1* Draufgänger, Teufelskerl; **Malle|par|tus** *m. Gen. - nur Ez., in der Tierfabel:* Wohnung des Fuchses

**Malle|sche** [frz.] *w. 11, meist Mz., ugs.:* Unannehmlichkeit, Schererei

**Mallheur** [malør, frz.] *s. 9* kleines Unglück, Mißgeschick

**Malli|ce** [-lịs(ə), frz.] *w. 11* Bosheit, boshafte Bemerkung

**malli|gne** [lat.] *Med.:* bösartig (von Geschwülsten); *Ggs.:* benigne; **Malli|gni|tät** *w. 10 nur Ez. Med.:* Bösartigkeit; *Ggs.:* Benignität

**malli|zi|ös** [frz.] boshaft, hämisch **Malm** [engl.] *m. Gen.*-(e)s *nur Ez.* obere Abteilung des Juras

**Mallocchio** [malɔkjo, ital.] *m. Gen.*-s *Mz.*-s *oder* -occhi [-ɔki] böser Blick

**mallo|chen** [jidd.] *ugs.:* schwer arbeiten **Mallstrom** [nach dem Meeresstrom zwischen den Lofoten mit starker Wirbelbildung] *m. 2* Strudel, Sog

**Malltalfie|ber** *s. Gen.*-s *nur Ez.* eine Infektionskrankheit

**Malltalse** [frz.] *w. 11 nur Ez.* Malzzucker spaltendes Ferment

**Mallthu|sia|nis|mus** *m. Gen. - nur Ez.* Lehre von Th. R. Malthus, nach der die Menschheit an Hunger infolge Übervölkerung zugrunde gehen werde

**Malltolse** [frz.] *w. 11 nur Ez.* Malzzucker **mallträtie|ren** [frz.] mißhandeln, quälen

**Ma̱l|lus** [lat.] *m. 1 oder Gen. - Mz. -* **1** Prämienzuschlag bei Versicherungen; **2** verschlechternder Abschlag auf Zeugnisnoten u. ä.; *Ggs.:* Bonus (2)

**Mal|va|sier** [-va-, nach dem ital. Namen „Malvasía" für die griech. Stadt Monemvasia] *m. 1 nur Ez.* ein Süßwein

**Ma̱l|ve** [-və, lat.] *w. 11* eine Zier- und Heilpflanze

**Ma̱m|ba** [afrik. Eingeborenenspr.] *w. 9* eine afrik. Giftschlange

**Ma̱m|bo** *m. 9* ein kuban. Tanz **Mal|me|lu̱ck** [arab.], **Ma̱l|me|lu̱k** *m. 10* **1** *urspr.:* türk. Sklave, Leibwächter am pers. und ägypt. Hof; **2** *1250–1517:* Angehöriger eines ägypt. Herrschergeschlechts

**Ma̱l|mil|la** [lat.] *w. Gen. - Mz.*-len Brustwarze; **Ma̱l|mil|la|ria** *w. Gen. - Mz.*-ri|en mexikan. Kakteengattung, Warzenkaktus

**Ma̱m|ma** [lat.] *w. Gen. - Mz.*-mae [-mɛ:] **1** Brustdrüse; **2** *bei Säugetieren:* Zitze; **Ma̱m|ma|lia** *Mz. Sammelbez. für* Säugetiere; **Ma̱m|mil|la|ria** *w. Gen. - Mz.*-ri|en → Mamillaria; **Ma̱m|mo|gra|phie** [lat. + griech.] *w. 11* Röntgenuntersuchung der weibl. Brust

**Ma̱m|mon** [aram.] *m. Gen.*-s *nur Ez. abwertend:* Geld, Reichtum; der schnöde M.; **Ma̱m|mo|nis|mus** *m. Gen. - nur Ez.* **1** Geldgier; **2** Geldherrschaft

**Ma̱m|mut** [jakut.-frz.] *s. 1 oder s. 9* ausgestorbene Elefantenart, Wollhaarelefant; **Ma̱m|mut...** in Zus.: riesig, Riesen..., z. B. Mammutunternehmen

**Ma̱m|se̱ll** [frz.] *w. 10 oder w. 9* **1** *veraltet, noch scherzh.:* Fräulein; **2** für die Küche verantwortl. Angestellte in Gaststätten, auf Gütern u. a.; kalte M. *ugs.:* Angestellte in Restaurants, die kalte Speisen anrichtet

**Man** [pers.] *s. Gen. - Mz. -* altes pers. Gewicht, 2 kg und mehr

**Ma̱|na** [melanes.-polynes.] *s. Gen.*-(s) *nur Ez., im mag. Denken:* eine Menschen, Tieren oder Dingen innewohnende übernatürl. Kraft

**Mä̱|na|de** [griech.] *w. 11* verzückte, rasende Begleiterin des griech. Weingottes Dionysos; **2** *allg.:* rasendes Weib

**Ma|na|ge|ment** [mænidʒmənt, engl.] *s. 9* **1** Leitung (eines Betriebes) auf betriebswirtschaftl. Grundlage, Führungstechnik; **2** Gesamtheit der leitenden Angestellten; **ma|na|gen** [mænidʒən] *ugs.:* zuwege bringen, bewerkstelligen; jmdn. m.: betreuen, um ihn in den Vordergrund zu rücken; **Ma|na|ger** [mæ̱nidʒər] *m. 5* **1** Leiter (eines Unternehmens); **2** Betreuer (eines Berufssportlers oder Künstlers); **Ma|na|ger|krank|heit** *w. 10 nur Ez.* nervöse Erkrankung mit Kreislaufstörungen und Erschöpfung infolge übermäßiger berufl. Beanspruchung in verantwortl. Positionen

**Man|che|ster** [mæntʃistər, nach der engl. Stadt] *m. Gen.*-(s) *Mz. -* kräftiger, gerippter

Samt; **Man|che|ster|schu|le** *w. 11 nur Ez.,*
**Man|che|ster|tum** *s. Gen. -s nur Ez.* extreme
Form des Wirtschaftsliberalismus, die jede
Einmischung des Staates in die Wirtschaft
ablehnt
**Man|däer** *m. 5* Angehöriger einer heidnisch-
gnostischen Sekte in Irak und Iran mit Er-
wachsenentaufe
**Man|da|la** [sanskr.] *s. Gen. -(s) Mz. -s Bud-
dhismus:* magische Kreis- oder Vieleckfigur
als Meditationsmittel
**Man|dant** [lat.] *m. 10* Auftrag-, Vollmachtge-
ber (bes. eines Rechtsanwalts)
**Man|da|rin** [sanskr.] *m. 1 1 urspr.: port. Bez.
für* einheim. Würdenträger in Hinterindien;
*2 dann: europ. Bez. für* hohen chines. Beam-
ten; **Man|da|ri|ne** *w. 11* kleine apfelsinenähn-
liche Frucht; **Man|da|ri|nen|te** *w. 11* kleine
ostasiat. Ente
**Man|dat** [lat.] *s. 1* 1 Auftrag, Vollmacht;
2 Auftrag (der Wähler) für einen Abgeord-
neten, *auch:* das Amt des Abgeordneten;
3 von einem Staat in Treuhand verwaltetes
Gebiet; **Man|da|tar** *m. 1* jmd., der im Auf-
trag eines anderen handelt; 2 *österr.:* gewähl-
ter Volksvertreter; **Man|da|tar|staat** *m. 12*
Staat, der ein Mandat (3) verwaltet
**Man|di|bel** [lat.] *w. 11* 1 *bei Wirbeltieren und
Menschen:* Unterkieferknochen; 2 *bei Insek-
ten und Krebsen:* Teil der Mundwerkzeuge;
**man|di|bu|lar** zu den Mandibeln gehörig
**Man|dio|ka** [indian.-span.] *w. Gen. - nur Ez.*
→ Maniok
**Man|do|la** [griech.] *w. Gen. - Mz. -*len ein
Zupfinstrument, eine Oktave tiefer als die
Mandoline; **Man|do|li|ne** *w. 11* ein Zupf-
instrument; **Man|do|ra** *w. Gen. - Mz. -*ren
→ Mandola
**Man|dor|la** [ugs.: -dọr-, ital.] *w. Gen. - Mz.
-*len, *bildende Kunst:* mandelförmiger Heili-
genschein um die ganze Gestalt
**Man|dra|go|ra** [pers.], **Man|dra|go|re** *w. Gen. -
Mz. -*ren ein Nachtschattengewächs mit men-
schenähnlicher, als „Alraun(e)" bezeichne-
ter, angeblich zauberkräftiger Wurzel
**Man|drill** [afrik.] *m. 1* eine Affenart, Hunds-
kopfpaffe
**Man|dschu** *m. 9 oder Gen. - Mz. -* 1 Angehö-
riger eines tungus. Volksstammes; 2 *s. Gen. -
nur Ez.* dessen Sprache
**Ma|ne|ge** [-ʒə, frz.] *w. 11* 1 kreisförmiger
Platz für die Vorführungen im Zirkus;
2 Reitbahn
**Ma|nen** [lat.] *Mz. röm. Myth.:* die guten Gei-
ster der Verstorbenen
**Man|gal|be** [afrik.] *w. 11* Angehörige einer
afrik. Affengattung, Meerkatze
**Man|gan** [griech.] *s. 1 nur Ez.* (*Zeichen:* Mn)
chem. Element, ein Metall; **Man|ga|nat** *s. 1*
Salz der Mangansäure; **Man|ga|nin** *s. 1 nur
Ez.* Legierung aus Mangan, Kupfer und Nik-
kel; **Man|ga|nit** *m. 1 nur Ez.* ein Mineral;

**Man|gan|säu|re** *w. 11 nur Ez.* hypothet. Säure
mit sechswertigem Mangan
**Man|go** [mal.] *w. Gen. - Mz. -go*nen Frucht
des Mangobaums; **Man|go|baum** *m. 2* ein
trop. Sumachgewächs
**Man|gro|ve** [span. + engl.] *w. 11* an Fluß-
mündungen und in Meeresbuchten tropischer
Gebiete wachsende Pflanze mit Stelz- und
Atemwurzeln
**Man|gu|ste** [drawid.] *w. 11* → Ichneumon
**Ma|ni|chä|is|mus** *m. Gen. - nur Ez.* von dem
Perser Mani gestiftete, aus altpers. und
christl. Elementen gemischte Religion
**Ma|ni|chi|no** [-ki-, ital.] *m. 9* Gliederpuppe
(für Kleiderstudien)
**Ma|nie** [griech.] *w. 11* 1 krankhafte Gemüts-
veränderung mit gesteigertem Selbstgefühl,
Erregungszuständen u. a.; 2 leidenschaftl.
Liebhaberei, Besessenheit, Sucht
**Ma|nier** [frz.] *w. 10 1 nur Ez.* Art, Eigenart,
Stil; 2 *Mz.* Umgangsformen, (gutes) Beneh-
men; **ma|nie|riert** übertrieben, gekünstelt,
unnatürlich; **Ma|nie|ris|mus** *m. Gen. - nur Ez.*
1 Stilrichtung der Malerei zwischen Renais-
sance und Barock mit langgestreckten For-
men und unruhigen Farben; 2 *allg.:* übertrei-
bender, gekünstelter Stil; **ma|nier|lich** wohl-
erzogen, mit guten Manieren
**ma|ni|fest** [lat.] handgreiflich, deutlich, offen-
kundig; **Ma|ni|fest** *s. 1* 1 öffentl. Erklärung;
Darlegung eines Programms; 2 das Pro-
gramm selbst; 3 *Seew.:* Verzeichnis der
Schiffsladung; **Ma|ni|fe|sta|ti|on** [-tsjon] *w. 10*
1 Offenbarwerden, Erkennbarwerden; 2 öf-
fentl. Erklärung; 3 *schweiz.:* Demonstration;
**ma|ni|fe|stie|ren** 1 öffentlich erklären, kund-
geben; 2 sich m.: sichtbar, erkennbar werden
**Ma|ni|hot** [indian.] *m. 9* → Maniok
**ma|ni|ka|lisch** → manisch
**Ma|ni|kü|re** [frz.] *w. 11* 1 Pflege der Hände
und bes. der Fingernägel; vgl. Pediküre;
2 Angestellte in Frisiersalons u. a., die Mani-
küre betreibt; **ma|ni|kü|ren** jmdn. m.: jmdm.
die Hände und Fingernägel pflegen; vgl. pedi-
küren
**Ma|nil|le** [-nịljə, span.] *w. 11* 1 hufeisenför-
miger Armring; 2 *Lomber:* Trumpfkarte
**Ma|ni|ok** [indian.] *m. 9* eine trop. Nutz-
pflanze mit eßbaren Knollen, Kassave
**Ma|ni|pel** 1 [lat.] *m. 5 im alten Rom:* Unter-
abteilung einer Kohorte; 2 [ital.] *w. 11* kath.
*Kirche:* am linken Unterarm des Meßgewan-
des getragenes, farbiges Band
**Ma|ni|pu|lant** [lat.] *m. 10* Sortierer, Zurichter
von Fellen; **Ma|ni|pu|la|ti|on** [-tsjon] *w. 10*
1 Zurichtung von Fellen; 2 (geschickter)
Handgriff, Kunstgriff; 3 gezielte Beeinflus-
sung anderer; 4 *Mz.* Machenschaften; **Ma|ni-
pu|la|tor** *m. 13* Gerät, das die Bewegungen
von Hand und Fingern auf entfernte Gegen-
stände überträgt (zum Hantieren mit radio-
aktiven Substanzen hinter Strahlenschutz-

wänden); **malnilpullielren** 1 (geschickte) Handgriffe, Kunstgriffe anwenden; **2** zurichten (Felle); **3** beeinflussen, steuern

**malnisch** an Manie leidend, zur Manie (1) gehörend; **malnisch-delpreslsiv** abwechselnd manisch und depressiv; manisch-depressives Irresein: *erbl.* Gemütskrankheit, durch abwechselnd gehobene, erregte und niedergeschlagene Stimmung gekennzeichnet

**Malnislmus** [lat.] *m. Gen. - nur Ez.* Ahnen-, Totenverehrung

**Malniltu** [indian.] *bei den nordamerik. Indianern:* „großer Geist", übersinnl., gottähnl. Macht

**man|kielren** [lat.] *veraltet:* fehlen, mangeln; **Manlko** *s.9* 1 Mangel, Fehler; **2** Fehlbetrag, Ausfall

**Manlna** [hebr.] *s. Gen.-s oder w. Gen. - nur Ez.* 1 *im AT:* Himmelsbrot, Wundernahrung, mit der Gott die Juden in der Wüste speiste; **2** aus der Rinde mancher Bäume austretender, süßer Saft; **3** Ausscheidungen der Mannaschildlaus; **Manlnalflechlte** *w.11* eßbare, vorder- und zentralasiat. Flechte; **Manlnaschildllaus** *w.2* Zuckersaft ausscheidende Schildlaus der Mittelmeergebiete; **Manlnazucker** *m. Gen.-s nur Ez.* → Mannit

**Manlnelquin** [-kẽ, frz.] *s.9* 1 *früher:* Gliederpuppe (für Maler und Bildhauer), Schaufensterpuppe; **2** *heute:* Vorführdame für Kleidung auf Modenschauen

**Manlnit** [zu: Manna] *m.1* ein fester, kristallinischer, süßlich schmeckender Alkohol, in Manna, Algen, Sellerie u. a., Mannazucker

**malno delstra** [ital.] *(Abk.: m. d.) Mus.:* mit der rechten Hand (zu spielen)

**Malnolmelter** [griech.] *s.5* Druckmesser (für Gase und Flüssigkeiten)

**ma non tanlto** [ital.] *Mus.:* aber nicht so sehr, z. B. allegro ma non tanto; **ma non troplpo** *Mus.:* aber nicht zu sehr

**malno silnilstra** [ital.] *(Abk.: m. s.) Mus.:* mit der linken Hand (zu spielen)

**Malnölver** [lat.] *s.5* 1 Truppen-, Flottenübung; **2** Drehung, Schwenkung (des Schiffes); **3** *übertr.:* Scheinmaßnahme, Kunstgriff; **malnölvrielren** 1 ein Manöver durchführen; **2** *übertr.:* geschickt vorgehen

**Manlsarlde** [nach dem frz. Architekten F. Mansard] *w.11* Dachzimmer, ausgebauter Dachstuhl

**Manlschetlte** [frz.] *w.11* 1 Ärmelaufschlag; **2** Zierhülle aus Kreppapier um Blumentöpfe; **3** *Ringen:* verbotener Würgegriff; **4** *Mz. Gaunerspr.:* Handschellen; **5** Dichtungsring für Kolben; **6** Manschetten haben *ugs.:* Angst haben

**Manlse** *m.11* Angehöriger eines Volkes am nördl. Ural

**Manltik** [griech.] *w.10 nur Ez.* Seher-, Wahrsagekunst

**Manltillle** [⁀tiljə, span.] *w.11 früher* 1 Schul-

terumhang für Frauen; **2** Spitzenschleier für Kopf und Schultern

**Manltislse** [lat.] *w.11 bei Logarithmen:* die hinter dem Komma stehende Zahl

**Malnulal** [lat.] *s.1* 1 *veraltet:* Tagebuch, Notizbuch für tägl. Eintragungen; **2** mit den Händen zu spielende Tastenreihe (bei Orgel, Harmonium, Cembalo); *Ggs.:* Pedal

**malnulell** [lat.] mit der Hand, Hand..., z. B. manuelle Tätigkeit; **Malnulfakt** *s.1* Erzeugnis der Handarbeit; **Malnulfakltur** *w.10* 1 Herstellung mit der Hand; **2** mit der Hand hergestelltes Erzeugnis der Industrie; **3** Betrieb, in dem Waren mit der Hand hergestellt werden; **malnulfakltulrielren** mit der Hand herstellen; **Malnulfakltulrist** *m.10* 1 Leiter einer Manufaktur (3); **2** Händler mit Manufakturwaren; **Malnulfaklturlwalre** *w.11* 1 mit der Hand hergestellte Industrieware; **2** Textilware, die nach Wunsch des Käufers abgemessen und -geschnitten wird, Meterware

**malnu prolpria** [lat.] *(Abk.: m. p., m. pp., m. pr.) veraltet:* eigenhändig; **Malnulskript** *s.1 (Abk.: Ms., Mz. Mss., oder [Ez. und Mz.] Mskr.)* urspr. handgeschriebenes, heute meist maschinengeschriebenes Schriftwerk als Vorlage für den Druck; vgl. Pediskript

**Manlzalnilla** [manθanilja, span.] *m. Gen. -(s) nur Ez.* ein Süßwein; **Manlzalnilllolbaum** [manθaniljo-], **Manlzilnelllalbaum** *m.2* ein mittelamerik. Wolfsmilchgewächs, aus dessen Früchten Pfeilgift gewonnen wurde

**Maolislmus** *m. Gen. - nur Ez.* von Mao Zedong geprägte Form des Kommunismus

**Maolri** 1 *m.9 oder Gen. - Mz. -* Eingeborener Neuseelands; **2** *s. Gen. -(s) nur Ez.* dessen Sprache

**Malpai** *w. Gen. -* sozialdemokrat. Partei Israels; **Malpam** *w. Gen. -* linkssozialist. Partei Israels

**Malquetlte** [-kɛt(ə), frz.] *w.11* Entwurf, Skizze

**Malquis** [-ki, frz.] *m. Gen. - nur Ez.* 1 *eigtl.:* Buschwald, Unterholz; **2** *frz. Bez. für* Macchia; **3** *im 2. Weltkrieg* Name der frz. Widerstandsbewegung; **Malquislard** [makizar] *m.9* Angehöriger des Maquis (3)

**Malralbu** [arab.] *m.9* afrik. Storchvogel mit Kropfsack; **Malralbut** *m. Gen. -(s) Mz. -* mohammedan. Einsiedler, Heiliger

**Malralne** *m.11* → Marrane

**Malräne** [slaw.] *w.11* ein Lachsfisch

**malranltisch** [griech.; zu: Marasmus] abgezehrt, verfallen, schwach

**Malraslchilno** [-ki-, lat.] *m.9* aus dalmatin. Sauerkirschen hergestellter Likör

**Malraslmus** [griech.] *m. Gen. - nur Ez.* geistigkörperl. Kräfteverfall; **malraltisch** → marantisch

**Malralthonllauf** [nach dem Lauf des Boten, der die Nachricht vom Sieg der Griechen über die Perser bei Marathon nach Athen brachte] *m.2* Langstreckenlauf über 42,2 km, der bes. bei den Olymp. Spielen ausgetragen wird

**mar|ca|to** [ital.] *Mus.:* markant, deutlich hervorgehoben

**Mar|che|sa** [-k̯e-, ital.] *w. Gen. - Mz.*-sen weibl. Marchese; **Mar|che|se** [-k̯e-] *m.11* ital. Adelstitel zwischen Graf und Herzog

**Mar|cia** [-tʃa, ital.] *w. Gen. - Mz.*-s *oder* -ce [-tʃe] *ital. Bez. für* Marsch; Marcia funebre: Trauermarsch

**Ma|re** [lat. „Meer"] *s. Gen. - Mz.* - *oder* -ria *meist Mz.* große, dunkle Ebene auf der Oberfläche von Mond und Mars

**Ma|rel|le** *w.11* → Marille

**Ma|ren|da** [ital.], **Ma|ren|de** *w. Gen. - Mz.* -den *österr., schweiz.:* Nachmittagsmahlzeit, Vesper, Jause

**ma|ren|go** [nach der ital. Stadt Marengo] *unflektierbar:* grau oder braun mit weißen Punkten; **Ma|ren|go** *m.9* schwarzweiß- oder graumelierter Kammgarnstoff für Mäntel und Kostüme

**Ma|reo|graph** [lat. + griech.] *m.10* selbstschreibender Flutmesser

**Mar|ga|rin** [griech.] *w.10 österr.,* **Mar|ga|ri|ne** *w.11* aus pflanzl. (oder tier. und pflanzl.) Fett hergestelltes, butterähnliches Speisefett

**Mar|ge** [marʒə, frz.] *w.11* **1** Abstand, Spielraum; **2** Preis-, Verdienstspanne

**mar|gi|nal** [lat.] **1** auf dem Rand stehend; **2** nebensächlich; **3** *Bot.:* randständig (Samenanlage); **Mar|gi|na|lie** [-ljə] *w.11* **1** (geschriebene oder gedruckte) Randbemerkung (in Handschriften und Büchern); **2** Glosse, Kurzkommentar

**Ma|ria|ge** [-ʒə, frz.] **1** *w.11 veraltet:* Heirat, Ehe; **2** *Kartenspiel:* Zusammentreffen von König und Dame

**ma|ria|nisch** zur Jungfrau Maria gehörend; Marianische Kongregationen: kath. Vereinigungen zur Verehrung der Jungfrau Maria, oft getrennt nach Geschlecht, Alter und Berufsart

**Ma|ri|hua|na** [span.] *s. Gen.*-(s) *nur Ez.* ein Rauschgift

**Ma|ril|le** [ital.], **Ma|rel|le** *w.11, bes. österr.:* Aprikose

**ma|rin** [lat.-frz.] zum Meer gehörend

**Ma|ri|na|de** [frz.] *w.11* **1** saure Würztunke zum Einlegen von Fisch und Fleisch; **2** das darin Eingelegte selbst; **Ma|ri|ne** [lat.] *w.11 nur Ez.* Gesamtheit der Seeschiffe eines Staates und ihrer Besatzungen, Flotte; **Ma|ri|ner** *m.5 ugs. scherzh.:* Marinesoldat, Matrose; **ma|ri|nie|ren** in Marinade einlegen; **Ma|ri|nis|mus** *m. Gen. - nur Ez.* **1** Streben, eine starke Marinemacht aufzubauen; **2** [nach dem ital. Dichter G. Marini] ital. Form des überladenen literar. Barockstils; **Ma|ri|nist** *m.10* Vertreter des Marinismus (**2**)

**Ma|rio|la|trie** [griech.] *w.11 nur Ez.* Marienverehrung; **Ma|rio|lo|gie** *w.11 nur Ez.* Lehre von der Gottesmutter

**Ma|rio|net|te** [ital. „Mariechen"] *w.11* **1** an Fäden bewegliche Gliederpuppe; **2** *übertr.:* willensschwacher Mensch, der andern als Werkzeug dient; **Ma|rio|net|ten|re|gie|rung** *w.10* unselbständige, von einem anderen Staat bevormundete Regierung

**Ma|rist** *m.10* Angehöriger der kath. Gesellschaft Marias

**ma|ri|tim** [lat.] zum Meer, zum Seewesen gehörig, Meeres..., See..., z. B. maritimes Klima

**mar|kant** [frz.] deutlich ausgeprägt, auffallend, hervorstechend

**Mar|ka|sit** [arab.] *m.1* ein Mineral

**Mar|ke|ten|der** [ital.] *m.5 früher:* eine Truppe im Feld oder beim Manöver begleitender Händler

**Mar|ke|te|rie** [frz.] *w.11* → Intarsia

**Mar|ke|ting** [engl.] *s. Gen.*-s *nur Ez. Bez. für* markt- oder verbraucherbezogene Unternehmenspolitik, Maßnahmen zur Absatzförderung

**mar|kie|ren** [frz.] **1** be-, kennzeichnen; **2** *österr.:* lochen (Fahrkarte); **3** vortäuschen

**Mar|ki|se** [frz.] *w.11* **1** leinenes Sonnendach, Sonnenvorhang; **2** ein Edelsteinschliff; **Mar|ki|set|te** [-zɛt(ə)] *m.9 oder w.9* ein gazeartiges Gewebe für Gardinen

**Mark|ka** *w. Gen. - Mz.* - (*Abk.:* mk) finn. Währungseinheit, Finnmark, 100 Penni

**Mar|kör** [frz.] *m.1* **1** *Billard:* Schiedsrichter, Punktezähler; **2** *Landw.:* Gerät zum Kennzeichnen der Reihen, in denen gesät oder gepflanzt werden soll, Furchenzieher

**Mar|me|la|de** [griech.-span.] *w.11* mit Zucker eingekochter Fruchtbrei (neuerdings nur noch aus Zitrusfrüchten)

**Mar|mor** [griech.] *m.1* ein Kalkstein; **mar|mo|rie|ren** mit einem feinen, äderigen Muster versehen, ädern

**Ma|ro|cain** [-kɛ̃, frz.] *m.9* kreppartiges Gewebe

**ma|rod** [frz.] *österr.:* ein wenig krank; **ma|ro|de 1** *urspr.:* marschunfähig; **2** *ugs.:* erschöpft, müde; **Ma|ro|deur** [-dør] *m.1* plündernder Nachzügler (einer Truppe); **ma|ro|die|ren** (im Krieg) plündern

**Ma|ro|ne** [griech.] *w.11* **1** eßbare Frucht der Edelkastanie; **2** ein Speisepilz; **Ma|ro|ni** *m. Mz. ital., schweiz., österr.:* Maronen

**Ma|ro|nit** [nach dem Mönch J. Maro] *m.10* Angehöriger der syrisch-christl. Kirche im Libanon

**Ma|ro|quin** [-kɛ̃, frz.] *s. Gen.*-s *nur Ez.* weiches marokkan. Schafs- oder Ziegenleder

**Ma|rot|te** [frz.] *w.11* Schrulle, Laune, wunderliche Vorliebe

**Mar|queß** [markwis, engl.] *m. Gen. - Mz.*- engl. Adelsrang zwischen Graf und Herzog

**Mar|quis** [-ki, frz.] *m. Gen. - Mz.*- frz. Adels-

rang zwischen Graf und Herzog, Markgraf;
**Mar|qui|sat** [-ki-] *s. 1* Würde, Herrschaftsge-
biet eines Marquis; **Mar|qui|se** [-ki-] *w. 11*
Gemahlin oder Tochter eines Marquis
**Mar|ra|ne** [span.] *m. 11* span. oder port. Jude,
der sich unter dem Zwang der Inquisition tau-
fen ließ
**Mar|sa|la** [nach der sizilian. Stadt] *m. 9* ein
Süßwein
**Mar|seil|lai|se** [marsεjεzə, frz.] *w. 11 nur Ez.*
1 *urspr.:* Revolutionslied; 2 *dann:* frz. Natio-
nalhymne
**Mar|su|pia|li|er** [lat.] *m. 5 Mz.* Sammelbez. *für*
Beuteltiere
**mar|tia|lisch** [-tsja-, nach dem röm. Kriegs-
gott Mars] kriegerisch, wild, grimmig,
verwegen
**Mär|ty|rer** [griech.] *m. 5* 1 *auch:* Mar|ty|rer,
Christ, der für seinen Glauben gestorben ist;
2 *allg.:* jmd., der für seine Überzeugung ver-
folgt wird oder gestorben ist, Blutzeuge;
**Mar|ty|ri|um** *s. Gen. -s Mz. -ri|en* 1 Opfertod;
2 schweres Leiden, insbes. um des Glaubens
oder der Überzeugung willen
**Mar|xis|mus** *m. Gen. - nur Ez.* die von K.
Marx und F. Engels begründete sozialist.
Staats-, Gesellschafts- und Wirtschafts-
theorie
**Mar|zi|pan** [auch: -pan, arab.] *s. 1,* österr.
*m. 1* eine Süßware aus Mandeln und Zucker
**Ma|schi|ne** [griech.-frz.] *w. 11* 1 Gerät, das
Arbeitsgänge selbsttätig verrichtet; 2 Flug-
zeug, Motorrad; 3 *übertr. scherzh.:* beleibte,
robuste Frau; **ma|schi|nell** mit Hilfe einer
Maschine; **Ma|schi|ne|rie** *w. 11* 1 Gesamtheit
zusammengehöriger Maschinen; 2 *übertr.:*
Gefüge von ablaufenden Arbeitsgängen, die
kaum aufzuhalten sind; **Ma|schi|nist** *m. 10*
Facharbeiter, der Maschinen bedient und
überwacht
**Ma|ser** [meizər, engl.] *m. 5* Verstärker für
Mikrowellen, der elektromagnet. Wellen
gleicher Frequenz und Phasenlage aussendet
**Mas|ka|rill** [span.] *m. 1* komische Figur des
klass. Lustspiels
**Mas|ka|ron** [-rŏ, frz.] *m. 9, auch* [-ron] *m. 1*
*Baukunst:* fratzenhafte Maske
**Mas|ke** [arab.-frz.] *w. 11* 1 hohle Gesichts-
form; 2 Haube zum Schutz des Gesichts,
z. B. Fecht-, Gasmaske; 3 Mund und Nase
des Kranken bedeckende Gazeplatte zum
Aufträufeln des Narkotikums vor Operatio-
nen; 4 Verkleidung; 5 verkleidete Person; 6
*übertr.:* trügerischer Schein, Deckmantel;
**Mas|ke|ra|de** *w. 11* 1 Verkleidung; 2 Masken-
fest, Mummenschanz; **mas|kie|ren** 1 mit einer
Maske bedecken, verkleiden; 2 *übertr.:* ver-
decken, verbergen
**Mas|kott|chen** [provenzal.] *s. 7,* **Mas|kot|te**
*w. 11* kleine Figur als glückbringender
Talisman
**mas|ku|lin** [auch: mas-, lat.] männlich; **Mas-**

**ku|li|num** [auch: mas-] *s. Gen. -s Mz. -na*
*Gramm.:* männl. Substantiv, männl. Ge-
schlecht
**Ma|so|chis|mus** [-xis-, nach dem österr.
Schriftsteller L. von Sacher-Masoch]
*m. Gen. - nur Ez.* Streben nach Steigerung
der geschlechtl. Erregung durch Erdulden
körperl. od. seel. Mißhandlungen; vgl. Sa-
dismus
**Ma|so|ra** *w. Gen. - nur Ez.* → Massora
**Mas|sa|ge** [-ʒə, frz.] *w. 11* Heil- oder Locke-
rungsbehandlung des Körpers durch Kneten,
Klopfen, Streichen
**Mas|sai** *m. 9 oder Gen. - Mz. -* Angehöriger
eines ostafrikan. Volksstammes
**Mas|sa|ker** [frz.] *s. 5* Gemetzel, Blutbad;
**mas|sa|krie|ren** niedermetzeln
**Mas|sel** [hebr.] *m. Gen. -s nur Ez.* bayr.,
österr.: Glück; da hast du aber M. gehabt
**Mas|sen|me|di|um** *s. Gen. -s Mz. -di|en* eine
große Zahl von Zuschauern, Hörern, Lesern
erreichender Vermittler von Informationen,
Unterhaltung usw., z. B. Zeitung, Rundfunk,
Fernsehen
**Mas|seur** [-sør, frz.] *m. 1* jmd., der berufsmä-
ßig andere mit Massage behandelt; **Mas|seu-**
**se** [-sø-] *w. 11* weibl. Masseur; **mas|sie|ren**
1 mit Massage behandeln; 2 an einer Stelle
zusammenziehen (Truppen); massierter An-
griff: A. unter Zusammenfassung aller
Kräfte
**mas|siv** [frz.] fest, dicht, geschlossen, voll
(nicht hohl), dauerhaft; massiv werden *ugs.:*
sehr energisch, grob werden; **Mas|siv** *s. 1*
1 Grundgebirge, durch Abtragung freigeleg-
te alte Gesteine; 2 Gebirgsstock, Bergkette;
**Mas|siv|bau|wei|se** *w. 11* Bauweise aus Stein
oder Beton
**Mas|so|ra** [hebr.] *w. Gen. - nur Ez.* seit dem 6.
Jh. von jüd. Schriftgelehrten aufgezeichnete
textkrit. Anmerkungen zum AT; **Mas|so|ret**
*m. 10* mit der Massora beschäftigter jüd.
Schriftgelehrter
**Ma|sta|ba** [arab.] *w. 9* altägypt. rechteckiger
Grabbau
**Ma|ster** [engl.] *m. 9* 1 *in England und den*
*USA:* akadem. Grad, Magister, z. B. M. of
Arts; 2 *in England:* Anrede für Knaben und
junge Männer; 3 Leiter einer Parforcejagd;
4 *allg.:* Leiter (in Zus. wie Quizmaster,
Showmaster)
**Ma|stiff** [engl.] *m. 9* engl. Dogge
**Ma|stik** [griech.-frz.] *m. Gen. -s nur Ez.* eine
Art Kitt; **Ma|sti|ka|tor** *m. 13* Knetmaschine
**Ma|sti|tis** [griech.] *w. Gen. - Mz. -sti|ti|den*
Brustdrüsenentzündung
**Ma|stix** [griech.] *m. Gen. -(es) nur Ez.* aus
dem Mastixstrauch gewonnenes Harz für
Lack, Kitt, Pflaster u. a.
**Mast|odon** [griech.] *s. Gen. -s Mz. -s oder*
**-don|ten** ausgestorbenes Rüsseltier, vielleicht
Vorläufer des Elefanten

**Ma|stur|ba|ti|on** [-tsjon, lat.] *w. 10 nur Ez.* geschlechtl. Selbstbefriedigung, Onanie; **ma|stur|bie|ren** sich geschlechtlich selbst befriedigen

**Ma|su|ri|um** *s. Gen.-s nur Ez.* (*Zeichen:* Ma) *früher Bez. für* Technetium

**Ma|sur|ka** *w. Gen.- Mz.-s oder* -ken → Mazurka

**Ma|sut** [russ.] *s. 1 nur Ez.* dunkler, zähflüssiger Rückstand bei der Destillation russ. Erdöls

**Ma|ta|dor** [span.] *m.1* **1** Hauptkämpfer im Stierkampf, der dem Stier den Todesstoß gibt; **2** *übertr.:* hervorragender Mann, Sieger

**Match** [mætʃ, engl.] *s. 9, auch m.1* Wettkampf, Wettspiel; **Match|ball** *m.2* Tennis: das Spiel entscheidender Ball

**Ma|te** [indian.] *m. Gen. - nur Ez.* ein aus den Blättern des Matestrauches gewonnenes, leicht koffeinhaltiges Getränk

**Ma|ter** [lat.] *w.11* **1** Papptafel mit der negativ eingeprägten Form des zu druckenden Bildes oder Schriftsatzes; **2** Schraubenmutter; **Ma|ter do|lo|ro|sa** *w. Gen. - - nur Ez.* schmerzensreiche Mutter, Darstellung der trauernden Gottesmutter

**ma|te|ri|al** [lat.] stofflich, körperlich, wirklich vorhanden; **Ma|te|ri|al** *s. Gen.-s Mz.* -li|en **1** Rohstoff, Baustoff; **2** Zutaten; **3** Hilfsmittel; **4** Unterlagen, Belege, Sammlungen; **Ma|te|ri|a|li|sa|ti|on** [-tsjon] *w. 10* **1** Verkörperung, Verstofflichung; **2** *Okkultismus:* angebl. Sichtbarmachen von Körpern, Geistererscheinung; **ma|te|ri|a|li|sie|ren** gegenständlich machen; **Ma|te|ri|a|lis|mus** *m. Gen. - nur Ez.* philosoph. Lehre, daß das rein Stoffliche, die Materie, das allein Wirkliche sei und Geist, Bewußtsein, Seele nur dessen Wirkung und Eigenschaft; *Ggs.:* Immaterialismus; **Ma|te|ri|a|list** *m. 10* Anhänger des Materialismus; **2** jmd., der überwiegend auf Besitz und Geld Wert legt; **Ma|te|ri|a|li|tät** *w. 10 nur Ez.* Stofflichkeit, Stofflichsein; **Ma|te|rie** [-riə] *w.11 nur Ez.* **1** Urstoff, Ungeformtes, Stoff; **2** *Philos.:* die außerhalb des Bewußtseins bestehende Wirklichkeit; **3** Gegenstand, Thema (einer Untersuchung); sich mit der Materie vertraut machen; **ma|te|ri|ell 1** zur Materie gehörend, stofflich; **2** *übertr.:* auf Besitz, Gewinn, Genuß bedacht; **3** finanziell, geldlich

**ma|tern** [lat.] einen Schriftsatz, ein Klischee m.: eine Mater davon herstellen

**ma|tern** [lat.] die Mutter, Mutterschaft betreffend, mütterlich; **Ma|ter|ni|tät** *w. 10 nur Ez.* Mutterschaft

**Ma|te|tee** *m. 9 nur Ez.* → Mate

**Ma|the|ma|tik** [auch: -tik, auch, bes. österr.: -ma|tik, griech.] *w. 10 nur Ez.* Wiss. von den Zahlen, ebenen und räuml. Figuren; **Ma|the|ma|ti|ker** *m. 5* Könner, Wissenschaftler auf dem Gebiet der Mathematik

**Ma|til|nee** [frz.] *w. 11* künstlerische Veranstaltung am Vormittag

**Mat|jes|he|ring** [ndrl.] *m. 1* junger, gesalzener Hering

**Ma|trat|ze** [arab.-ital.] *w.11* **1** Teil des Bettes, mit Stahlfedern bespannter Rahmen; **2** langes, rechteckiges Polster zum Liegen

**Mät|res|se** [frz.] *w.11* vom Mann unterhaltene Geliebte (bes. eines Fürsten)

**ma|tri|ar|cha|lisch** [lat. + griech.] auf dem Matriarchat beruhend; **Ma|tri|ar|chat** *s. 1* Mutterrecht, Mutterherrschaft; *Ggs.:* Patriarchat

**Ma|tri|kel** [lat.] *w.11* Verzeichnis (z. B. der Studenten einer Universität, der Gemeindemitglieder eines Pfarrbezirks)

**Ma|trix** [lat.] *w. Gen. - Mz.* -tri|zen **1** Mutterboden; **2** *bei Wirbeltieren:* Nagel- bzw. Krallenbett; **3** Hülle der Chromosomen; **4** Grundsubstanz, in die ein anderer Stoff (z. B. Mineral) eingebettet ist; **5** Zahlen, Rechengrößen, die zu einer rechteckigen Anordnung in Spalten und Zeilen zusammengestellt sind; **Ma|tri|ze** *w.11* Metall-, Papp- oder Wachsform mit eingeprägtem Bild oder Schriftzeichen; *Ggs.:* Patrize

**Ma|tro|ne** [lat.] *w.11* ältere, ehrwürdige Frau

**Ma|tro|se** [ndrl.] *m.11* Seemann, Marinesoldat

**Ma|tur** [lat.] *s. 1 nur Ez.,* **Ma|tu|ra** *w. Gen.-nur Ez., veraltet, noch österr. und schweiz.:* Reifeprüfung, Abitur; **Ma|tu|rand, Ma|tu|rant** *m. 10 veraltet:* jmd., der die Reifeprüfung ablegen will, Abiturient; **ma|tu|rie|ren** *veraltet:* die Reifeprüfung ablegen; **Ma|tu|ri|tas prae|cox** *w. Gen.- - nur Ez.* (sexuelle) Frühreife; **Ma|tu|ri|tät** *w. 10 nur Ez. veraltet:* Reife; *schweiz.:* Hochschulreife; **Ma|tu|ri|täts|ex|amen** *s. 7, Mz. auch* -mi|na Reifeprüfung

**Ma|tu|tin** [lat.] *w. 1 oder w. 10* nächtl. Stundengebet

**Mat|ze** [hebr.] *w.11,* **Mat|zen** *m. 7* ungesäuertes Osterbrot der Juden

**Mau-Mau** *Mz.* Geheimbund, Terrororganisation in Kenia zur Vertreibung der Europäer und Erringung der staatlichen Unabhängigkeit

**Mau|re** *m.11* **1** in der Antike Bez. für Berber; **2** *MA:* Berber-Araber; **3** *heute:* Einwohner von Mauretanien; **Mau|res|ke** [frz.] *w.11* Ornament aus stilisierten, verschlungenen Blättern und Ranken

**Mau|schel** [jidd. Form von „Moses"] *m. 5 Spottname für* Jude; **mau|scheln 1** jiddisch reden; **2** unverständlich reden; **3** Mauscheln spielen; **Mau|scheln** *s. Gen.-s nur Ez.* ein Kartenspiel

**Mau|so|le|um** [nach dem Grabmal des Königs Mausolos in Halikarnaß] *s. Gen.-s Mz.* -le|en monumentales Grabmal

**mauve** [mov, frz.] malvenfarben; **Mau|ve|in** [move-] *s. Gen.-s nur Ez.* ein violetter Anilinfarbstoff, erster synthet. Farbstoff

**Ma|xi** |verkürzt aus Maximum] *Bez. für* knöchellange Rock- und Mantelmode

**Ma|xil|la** [lat.] *w. Gen.- Mz.* -lae [-lɛ:] *oder* -lä **1** *bei Gliedertieren:* Teil der Mundwerkzeuge; **2** *bei Wirbeltieren und beim Menschen:* Oberkieferknochen; **ma|xil|lar** zur Maxilla gehörend

**Ma|xi|ma** *Mz. von* Maximum; **ma|xi|mal** [lat.] größt..., höchst...; **Ma|xi|mal...** *in Zus.:* Höchst..., z. B. Maximalgeschwindigkeit, Maximaldosis; **Ma|xi|me** *w.11* Grundsatz, Lebensregel; **ma|xi|mie|ren** etwas m.: das Maximum (z. B. Gewinn) anstreben, auf den höchstmöglichen Stand bringen; **Ma|xi|mum** [lat.] *s. Gen.* -s *Mz.* -ma das Höchste, Höchstwert; **Ma|xi|mum-Mi|ni|mum-Ther|mo|me|ter** *s. 5* Thermometer, das die an einem Tag gemessene höchste und niedrigste Temperatur anzeigt

**Ma|ya** *m. 9 oder Gen.- Mz.* - **1** Angehöriger eines vorkolumbian. Indianervolkes in Mittelamerika mit hoher Kultur; **2** *s. Gen.- nur Ez.* dessen Sprache

**May|day** [mɛidɛi, anglisiert aus frz. m'aidez „helft mir"] *s. Gen.- nur Ez.* neu *für* SOS

**Ma|yon|nai|se** [-nɛzə, nach der Stadt Mahon auf Menorca (Balearen)] *w.11* kalte, gewürzte Tunke aus Eidotter und Öl

**May|or** [mɛə, engl.] *m. 9 in England und den USA:* Bürgermeister

**Mä|zen** [nach dem Römer Maecenas] *m.1* reicher Förderer von Künstlern, Gönner

**Ma|ze|ra|ti|on** [-tsjon, lat.] *w.10* Verfahren zur Auflösung von organ. Gewebe (für Extrakte, Fasergewinnung, mikroskop. Präparate); **ma|ze|rie|ren** der Mazeration unterwerfen

**Ma|zis** [frz.] *m. Gen.- nur Ez.,* **Ma|zis|blü|te** *w.11* getrocknete Samenhülle der Muskatnuß, Gewürz und Heilmittel

**Ma|zur|ka** [-sur-, poln.] *w. Gen.- Mz.* -s *oder* -ken poln. Nationaltanz

**mb** *Abk. für* Millibar

**μb** *veraltet,* **μbar** *Abk. für* Mikrobar

**Mc** *Abk. für* Mac

**m. c.** *Abk. für* mensis currentis

**McCar|thy|is|mus** [məka:θi-, nach dem US-amerik. Politiker J. McCarthy] *m. Gen.- nur Ez.* antikommunist. Bewegung

**Md** *chem. Zeichen für* Mendelevium

**MD** *Abk. für* Maximaldosis

**Md.** *Abk. für* Milliarde(n)

**m. d.** *Abk. für* mano destra

**mea cul|pa** [lat.] (es ist) meine Schuld

**Mel|cha|nik** [lat.] *w.10* **1** Wiss. vom Gleichgewicht und den Bewegungen der Körper unter dem Einfluß von Kräften; **2** Getriebe, Triebwerk; **Mel|cha|ni|ker** *m.5* **1** Fachmann, der Maschinen zusammenbaut, repariert und bedient; **2** Metallfacharbeiter, Feinschlosser; **mel|cha|nisch 1** von einer Maschine angetrieben; **2** *übertr.:* ohne nachzudenken, unwillkürlich, gewohnheitsmäßig; **mel|cha|ni|sie|ren** auf Maschinenbetrieb umstellen; **Mel|cha|nis|mus** *m. Gen.- Mz.* -men **1** Getriebe, Triebwerk; **2** gewohnheitsmäßiger Ablauf (z. B. von Vorgängen in Behörden und Verwaltungen); **mel|cha|ni|stisch** nur mechan. Ursachen anerkennend; mechanist. Naturauffassung: Auffassung, daß alles Naturgeschehen nur auf mechan. Vorgängen von Masse und Bewegung beruhe

**Me|dail|le** [-daljə, frz.] *w.11* **1** Gedenk-, Schaumünze ohne Geldwert; **2** Ehrenzeichen, z. B. Rettungsmedaille; die Kehrseite der M.: die unangenehme Seite der Sache; **Me|dail|leur** [-daljør] *m.1* Künstler, der Stempel zum Prägen von Medaillen herstellt; **me|dail|lie|ren** [-dalji:-] *selten:* mit einer Medaille auszeichnen; **Me|dail|lon** [-daljɔ̃] *s. 9* **1** rundes oder ovales, gerahmtes Bildchen; **2** runde oder ovale Kapsel für Bild oder Andenken (als Anhänger); **3** rundes oder ovales Ornament; **4** runde Fleischschnitte (meist Filetstück)

**Me|dia** [lat.] *w. Gen.- Mz.* -diä *oder* -di|en **1** stimmhafter Verschlußlaut, b, d, g; **2** mittlere Schicht der Gefäßwand (von Blut- und Lymphgefäßen); **3** *Mz. von* Medium, *Werbung:* Werbeträger, z. B. Zeitungen, Rundfunk; **me|di|al 1** zur Mitte hin, in der Mitte; **2** *Okkultismus:* die Eigenschaften eines Mediums besitzend; **Me|dia-Mann** *m.4 Werbung:* Fachmann für Auswahl und Ausnutzung von Media (3); **me|di|an** nach der Mittellinie des Körpers zu gelegen; **Me|dia|ne, Me|di|an|ebe|ne** *w.11* Symmetrieebene (eines Körpers); **Me|di|an|te** *w.11* **1** dritte Stufe, Mittelton der Tonleiter; **2** der darauf errichtete Dreiklang; **Me|di|an|wert** *m.1* Mittelwert; **me|di|at 1** mittelbar; **2** *im alten Dt. Reich:* einem Reichsstand (nicht dem Reich direkt) unterstehend; **Me|dia|ti|on** [-tsjon] *w.10* Vermittlung, vermittelndes Dazwischentreten; **me|dia|ti|sie|ren** aus der reichsunmittelbaren Stellung entfernen und der Landeshoheit unterwerfen (z. B. die Reichsstädte); **Me|dia|tor** *m.13 veraltet:* Vermittler; **me|dia|to|risch** *veraltet:* vermittelnd; **me|di|äval** mittelalterlich; **Me|di|äval** [fachsprachl.] -di|evəl] *w. Gen.- nur Ez.* eine Antiqua-Druckschrift; **Me|di|ävi|stik** *w.10 nur Ez.* Erforschung des Mittelalters; **Me|di|en** *Mz. von* Media (**1, 2**) und von Medium; **Me|di|en|verbund** *m.1 nur Ez.* Verbindung verschiedener Kommunikationsmittel

**Me|di|ka|ment** [lat.] *s.1* Arznei-, Heilmittel; **me|di|ka|men|tös** mit Hilfe von Medikamenten; **Me|di|ka|ster** *m.5* Quacksalber, Kurpfuscher; **Me|di|ka|ti|on** [-tsjon] *w.10* Verabreichung von Medikamenten; **Me|di|kus** *m. Gen.- Mz.* -zi *scherzh.:* Arzt

**me|dio, Me|dio** [lat.] *Kaufmannsspr.:* Mitte, 15. (bzw. 14.) eines Monats, z. B. medio

Mai, Medio Mai; **me|di̲o̲|ker** mittelmäßig; **Me|di̲o̲|kri̲|tät** *w. 10 nur Ez.* Mittelmäßigkeit; **Me̲|di̲o̲|wech|sel** *m. 5* Mitte eines Monats fälliger Wechsel

**Me|di̲|sance** [-sãs, frz.] *w. 11 veraltet:* Verleumdung, üble Nachrede; **me|di̲|sa̲nt** *veraltet:* schmäh-, klatschsüchtig

**Me|di̲|ta̲|ti̲|on** [-tsjo̲n, lat.] *w. 10 relig.* Versenkung, tiefes Nachsinnen, sinnende Betrachtung; **me|di̲|ta̲|ti̲v** mittels Meditation, auf Meditation beruhend

**me|di̲|ter|ra̲n** [lat.] zum Mittelmeer und den angrenzenden Ländern gehörend, mittelmeerisch; **Me|di̲|ter|ra̲n|flo̲|ra** *w. Gen. - nur Ez.* die Pflanzenwelt der Mittelmeerländer

**me|di̲|ti̲e̲|ren** [lat.] sich der Meditation hingeben; über etwas meditieren

**Me|di̲|um** [lat.] *s. Gen. -s Mz. -di|en* **1** *allg.:* Mittel, Mittelglied; **2** Vermittler von Informationen, Werbeträger, Lehr-, Lernmittel, z. B. Zeitung, Schaufenster, Buch, Tonband; **3** *Phys.:* Stoff, in dem sich ein physikal. Vorgang abspielt; **4** *Gramm.:* Handlungsrichtung des Verbs, bei der sich das Geschehen auf das Subjekt bezieht, z. B. im Griech., etwa der reflexiven Form entsprechend; **5** *Pharmazie:* Lösungsmittel; **6** *Okkultismus:* Person, die angeblich zur Vermittlung von Geistererscheinungen veranlagt ist

**Me|di̲|zi̲** *Mz. von* Medikus; **Me|di̲|zi̲n** *w. 10* **1** *nur Ez.* Wiss. vom kranken und gesunden Menschen, von den Krankheiten und ihrer Heilung, Heilkunde; **2** Heilmittel, Arznei; **Me|di̲|zi̲n|al|rat** *m. 2 Titel für* Arzt im öffentl. Gesundheitsdienst; **Me|di̲|zi̲n|ball** *m. 2* großer, 2–5 kg schwerer Lederball; **Me|di̲|zi̲|ner** *m. 5* Arzt, Medizinstudent; **me|di̲|zi̲|nisch** auf der Medizin (**1**) beruhend, zu ihr gehörend; **Me|di̲|zi̲n|mann** *m. 4 bei Naturvölkern:* Priester, Zauberer, Heilkundiger

**Med|ley** [mɛ̲dli, engl.] *s. 9* Melodienfolge, Potpourri

**Mé|do̲c** *m. 9* Rotwein aus der südwestfrz. Landschaft Médoc

**Me|dre̲|se** [arab.], **Me|dre̲s|se** *w. 11* **1** islam. Hochschule für Theologen und Juristen; **2** Koranschule einer Moschee

**Me|du̲|sa** [griech.], **Me|du̲|se** *w. Gen. - nur Ez. griech. Myth.:* weibl. Ungeheuer mit versteinerndem Blick, eine der Gorgonen; **Me|du̲|se** *w. 11* eine Qualle

**Mee̲|ting** [mi̲-, engl.] *s. 9* Zusammenkunft, Treffen, *bes.:* polit., wissenschaftl. oder sportl. Veranstaltung

**me|fi̲|tisch** [nach der altital. Göttin Mephitis] zu Schwefelquellen gehörend, daraus stammend, übelriechend, stinkend

**Me̲|ga|hertz** *s. Gen. - Mz. - (Abk.:* MHz) eine Million Hertz

**Me̲|ga|li̲th** [griech.] *m. 10* großer, unbehauener vorgeschichtl. Steinblock als Denkmal; **Me̲|ga|li̲th|grab** *s. 4* Großsteingrab, Hünen-

grab; **Me̲|ga|li̲th|i̲|ker** *m. 5* Träger der Megalithkultur; **Me̲|ga|li̲th|kul|tur** *w. 10 nur Ez.* durch Megalithgräber gekennzeichnete Kultur der Jungsteinzeit

**me̲|ga|lo̲|man** [griech.] größenwahnsinnig; **Me̲|ga|lo̲|ma̲|nie** *w. 11 nur Ez.* Größenwahn

**Me̲|ga|ohm** *s. Gen. -s Mz. - (Abk.:* MΩ) eine Million Ohm

**Me̲|ga|phon** [griech.] *s. 1* Sprachrohr, Schalltrichter (heute oft mit Mikrophon)

**Me̲|gä|re** [griech.] **1** *w. 11 nur Ez. griech. Myth.:* eine der Erinnyen; **2** *w. 11 übertr.:* böses Weib

**Me̲|ga|ron** [griech.] *s. Gen. -s Mz. -ra* **1** *urspr.:* einräumiges, ältestes griech. Haus; **2** *dann:* Hauptraum griechischer Wohnhäuser oder Tempel

**Me̲|ga|the̲|ri̲|um** [griech.] *s. Gen. -s Mz. -ri|en* ausgestorbenes Riesenfaultier

**Me̲|ga|ton|ne** *w. 11 (Abk.* Mt) eine Million Tonnen

**Me̲|ga|watt** *s. Gen. - (Abk.:* MW) eine Million Watt

**Meg|ohm** *s. Gen. -s Mz. -* → Megaohm

**Mei̲o̲|se** [griech.] *w. 11* atypische, indirekte Teilung des Zellkerns mit Halbierung der Chromosomenzahl, Reifungsteilung, Reduktionsteilung

**Me|la|min** [griech.] *s. 1 nur Ez.,* **Me|la|min|harz** *s. 1 nur Ez.* ein Kunstharz

**Me|lan|cho|lie** [-ko-, griech.] *w. 11 nur Ez.* Trübsinn, Schwermut; **Me|lan|cho|li|ker** [-ko-] *m. 5* schwermütiger Mensch; **me|lan|cho̲|lisch** [-ko-] schwermütig, trübsinnig

**Me|lan|ge** [-lãʒ(ə), frz.] *w. 11* **1** Mischung, Gemisch; **2** aus verschiedenfarbigen Fasern hergestelltes Woll- oder Baumwollgarn; **3** *österr. auch:* Milchkaffee

**Me|la|nin** [griech.] *s. 1* roter bis schwarzer, bei Menschen und Tieren vorkommender Farbstoff, der die schwarze oder braune Färbung von Haut und Haaren bewirkt; **Me|la|nin|harz** *s. 1* ein Kunstharz; **Me|la|nis|mus** *m. Gen. - nur Ez.* krankhafte Dunkelfärbung der Haut durch vermehrte Ablagerung von Melanin; **Me|la|nit** *s. 1* ein Mineral; **Me|la|no|der|mie** *w. 11* Dunkelfärbung der Haut; **Me|la|nom** *s. 1* bösartige melaninhaltige Geschwulst; **Me|la|no̲|se** *w. 11 nur Ez.* → Melanismus; **Me|lan|u|rie** *w. 11* Auftreten von Melanin im Urin, Schwarzwasserfieber; **Me|la|phyr** *m. 1* ein Ergußgestein, schwarzes Porphyrgestein

**Me|las|se** [griech.] *w. 11* Rückstand bei der Zuckergewinnung, Futtermittel

**me|lie̲|ren** [frz.] mischen, sprenkeln

**Me̲|lik** [griech.] *w. 10 nur Ez.* gesungene Lyrik, Lieddichtung

**Me|li̲o̲|ra̲|ti̲|on** [-tsjon, lat.] *w. 10* Verbesserung, bes. des Bodens (z. B. durch Be- oder Entwässerung); **me|li̲o̲|ri̲e̲|ren** verbessern

**me̲|lisch** [griech.] liedhaft; **Me|lis|ma** *s. Gen. -*

*Mz.*-men Verzierung des Gesangs durch Aufteilung einer Silbe auf mehrere Noten; **Mel|lis|ma|tik** *w. 10 nur Ez.* melod. Verzierungskunst; **mel|lis|ma|tisch** verziert; melismatischer Gesang: G., bei dem auf mehrere Noten nur eine Silbe gesungen wird

**Mel|lis|se** [griech.] *w. 11* eine Pflanzengattung mit nach Zitrone duftenden Blüten, Zitronenkraut; **Mel|lis|sen|geist** *m. 3 nur Ez.* → Karmelitergeist

**Mel|lo|die** [griech.] *w. 11* **1** sangbare, in sich geschlossene Folge von Tönen; **2** *übertr.:* Wohlklang; **Mel|lo|dik** *w. 10 nur Ez.* **1** Lehre von der Gestaltung einer Melodie; **2** melodische Eigenart, melod. Charakter (eines Musikstücks, Themas usw.); **mel|lo|di|ös** melodisch schön, harmonisch; **mel|lo|disch 1** die Melodie betreffend; **2** melodiös; **Mel|lo|dram, Mel|lo|dra|ma** *s. Gen. -s Mz.* -men gesprochene Dichtung oder Schauspiel mit Musikbegleitung; **mel|lo|dra|ma|tisch 1** wie ein Melodram, auf einem Melodram beruhend; **2** *übertr.:* theatralisch, leidenschaftlich-rührselig

**Mel|lo|ne** [griech.] *w. 11* **1** ein Kürbisgewächs; **2** *übertr. ugs.:* runder, steifer (meist schwarzer) Hut

**Mel|los** [griech.] *s. Gen. - nur Ez.* Melodielinie, melodischer Gehalt

**Mem|bra** *Mz. von* Membrum

**Mem|bran** [lat.] *m. 10* **Mem|bra|ne** *w. 11* **1** dünnes, schwingungsfähiges Blättchen aus Metall, Kunststoff o. ä.; **2** *Biol.:* dünne Haut oder Grenzschicht von bestimmter Durchlässigkeit

**Mem|brum** [lat.] *s. Gen. -s Mz.* -bra *Med.:* Glied, Gliedmaße

**Mel|men|to** [lat.] *s. 9* Erinnerung, Mahnung, Mahnruf; **Mel|men|to mo|ri!** Gedenke des Todes!, Denke daran, daß du sterben mußt!; **Mel|mo** [Kurzw. von Memorandum] *s. 9* Merkzettel; **Mel|moire** [mɛmoar, frz.] *s. 9 frz. Bez. für* Memorandum; **Mel|moi|ren** *nur Mz.* (denkwürdige, zeitgeschichtlich interessante) Lebenserinnerungen; **mel|mo|ra|bel** *veraltet:* denkwürdig; **Mel|mo|ra|bi|li|en** *Mz.* Denkwürdigkeiten; **Mel|mo|ran|dum** *s. Gen. -s Mz.* -den *oder* -da **1** Denkschrift; **2** *veraltet:* Tagebuch, Merkbuch; **Mel|mo|ri|al** *s. 1, Mz. auch* -li|en **1** Merk-, Tagebuch; **2** Bittschrift, Eingabe; **3** Festveranstaltung zu Ehren eines Verstorbenen; **4** [mimoriəl] *s. 9 Sport:* Gedächtnis-, Gedenkveranstaltung; **Mel|mo|ria|le** *s. 5, Mz. auch* -li|en → Memorial; **mel|mo|rie|ren** auswendig lernen; aus dem Gedächtnis hersagen

**Mel|na|ge** [-ʒə, frz.] *w. 11* **1** kleines Gestell mit Gefäßen für Essig und Öl bzw. Salz und Pfeffer; **2** Traggestell zum Essenholen; **3** *veraltet:* Haushalt, (sparsame) Wirtschaft; **4** *österr.:* (militär.) Verpflegung; **Mel|na|ge|rie** [-ʒə-] *w. 11* Tierpark, Tiergarten, Tierschau;

**mel|na|gie|ren** [-ʒi-] *veraltet* **1** sich (sparsam) verköstigen; **2** *österr.:* Essen holen

**Men|de|le|vi|um** [nach dem russ. Chemiker D. Mendelejew] *s. Gen. -s nur Ez.* (*Zeichen:* Md) chem. Element

**Men|di|kant** [lat.] *m. 10* Bettelmönch

**Mel|ne|te|kel** [aram., nach der im AT überlieferten Geisterschrift, die dem babylon. König Belsazar seinen Untergang voraussagte: mene tekel upharsin „gezählt, gewogen, geteilt"] *s. 5* geheimnisvolles Warnungszeichen

**Men|hir** [kelt.] *m. 1* unbehauene Steinsäule der Jungsteinzeit

**Mel|nin|gi|tis** [griech.] *w. Gen. - Mz.* -ti|den Hirnhautentzündung

**Mel|nis|ken|glas** *s. 4* sichelförmig geschliffenes Brillenglas; **Mel|nis|kus** [griech. „Möndchen"] *m. Gen. - Mz.* -ken **1** Zwischenknorpel, bes. im Kniegelenk; **2** gewölbte Oberfläche einer in engem Rohr stehenden Flüssigkeit; **3** stark gekrümmte, sichelförmige Linse

**Men|jou|bart** [mɛnʒu-; frz., nach dem amerik. Filmschauspieler A. Menjou] *m. 2* gestutzter Schnurrbart

**Men|ni|ge** [lat.] *w. Gen. - nur Ez.* rote Anstrichfarbe als Rostschutz

**Men|no|nit** [nach dem Gründer, Menno Simons] *m. 10* Angehöriger einer im 16. Jh. gegründeten christl. Sekte, die u. a. Kindertaufe, Kriegsdienst, Eid ablehnt

**Mel|no|pau|se** [griech.] *w. 11* Aufhören der Menstruation in den Wechseljahren; **Mel|nor|rha|gie** *w. 11* zu starke Menstruation; **Mel|nor|rhö** *w. 10,* **Mel|nor|rhoe** [-rø] *w. 11* → Menstruation; **Mel|no|sta|se** *w. 11* Aussetzen der Menstruation

**Men|sa** [lat. „Tisch"] *w. Gen. - Mz.* -s *oder* -sen **1** Deckplatte des Altartischs; **2** *kurz für* Mensa academica; **Men|sa aca|de|mi|ca** *w. Gen. - - Mz.* -sae [-sɛ:] -cae [-kɛ:] *an Hochschulen:* Speisehaus für Studenten mit verbilligtem Mittagessen

**Men|sche|wik** [russ.] *m. 10, Mz. auch:* -ki Anhänger des Menschewismus; **Men|sche|wis|mus** *m. Gen. - nur Ez.* die gemäßigte Richtung der russ. sozialdemokrat. Partei; vgl. Bolschewismus

**Men|sel** [lat.], **Men|sul** *w. 11 Geographie:* Meßtisch

**Men|sis** [lat.] *w. Gen. - Mz.* -ses Monatsblutung; **men|sis cur|ren|tis** (*Abk.:* m. c.) *veraltet:* (des) laufenden Monats

**Mens sa|na in cor|po|re sa|no** [lat.] In einem gesunden Körper (möge auch) ein gesunder Geist (wohnen) (Wort aus den Satiren des altröm. Dichters Juvenal)

**men|stru|al** [lat.] monatlich (wiederkehrend), zur Menstruation gehörend; **Men|stru|a|ti|on** [-tsjon] *w. 10* Monatsblutung (der Frau), Regel, Periode, Unwohlsein, Menorrhö; **men|stru|ie|ren** die Menstruation haben; **men|su|al** *veraltet:* monatlich

**Men|sul** *w. 11* → Mensel
**Men|sur** [lat.] *w. 10* **1** *allg.*: Maß, Maßverhältnis; **2** *Mus.*: Verhältnis der Maße von Musikinstrumenten (Durchmesser, Länge, Saiten, Resonanzkörper, Grifflöcher usw.); Verhältnis der Notenwerte zueinander (seit dem 13. Jh. festgelegt); **3** *Sport*: Abstand zweier Fechter voneinander; student. Zweikampf (Fechten); **4** *Chem.*: mit Maßeinteilung versehenes Meßglas; **men|su|ra|bel** meßbar; **Men|su|ra|bi|li|tät** *w. 10 nur Ez.* Meßbarkeit; **men|su|ral** zum Messen dienend; **Men-su|ral|mu|sik** *w. 10 nur Ez. 13./16. Jh.*: in der Mensuralnotation aufgezeichnete, mehrstimmige Musik; **Men|su|ral|no|ta|ti|on** [-tsjo:n] *w. 10 nur Ez.* die Notenschrift des 13./16. Jh., in der die Dauer der Töne festgelegt ist; *vgl.* Choralnotation, Modalnotation; **men|su-riert** bestimmte Maßverhältnisse besitzend (Musikinstrumente)
**men|tal** [lat.] zum Geist gehörend, den Geist betreffend, geistig, (nur) in Gedanken; **Men-ta|li|tät** *w. 10* Geistigkeit, Geistesart, Denk-, Anschauungsweise; **Men|tal|re|ser|va|ti|on** [-tsjo:n] *w. 10* stiller Vorbehalt; **men|te cap-tus** unzurechnungsfähig, des Verstandes beraubt
**Men|thol** [lat.] *s. 1 nur Ez.* Bestandteil des Pfefferminzöls
**Men|tor** [nach dem Namen des Erziehers des Telemach bei Homer] *m. 13* Erzieher, Berater, väterl. Freund und Ratgeber
**Me|nü** [frz.], *schweiz.*: Menu [-ny] *s. 9* Speisenfolge, aus mehreren Gängen bestehende Mahlzeit
**Me|nu|ett** [frz.] *s. 1* **1** altfrz. Volkstanz; **2** höf. Gesellschaftstanz; **3** Satz der Suite, Sonate, Sinfonie und Kammermusik
**Me|phi|sto**, **Me|phi|sto|phe|les** Name des Teufels in mittelalterl. Volksbüchern und in Goethes „Faust"; **me|phi|sto|phe|lisch** teuflisch
**Mer|ca|tor|pro|jek|ti|on** [-tsjo:n] *w. 10* eine winkeltreue zylindr. Kartenprojektion
**Mer|ce|rie** [-sə-, frz.] *w. 11 schweiz.*: Kurzwarenhandlung
**Mer|ce|ri|sa|ti|on** [-tsjon] *w. 10* → Merzerisation
**Mer|chan|di|ser** [mətʃəndaizər, engl.] *m. 5* im Auftrag der Herstellerfirma arbeitender Fachmann für Warengestaltung im Einzelhandel; **Mer|chan|di|sing** [mətʃəndaizŋ] *s. Gen. -s nur Ez.* Verkaufspolitik, Warengestaltung zur Absatzsteigerung
**Me|ren|ke** *w. 11* → Meringe
**Me|ri|di|an** [lat.] *m. 1* **1** Längenkreis auf der Erdkugel, der durch beide Pole geht; **2** größter Kreis der Himmelskugel, der durch Zenit und Nadir geht; **Me|ri|di|an|kreis** *m. 1* ein astronom. Meßinstrument zur Bestimmung von Sternörtern; **me|ri|dio|nal** den Meridian

betreffend, in der Richtung des Meridians, nordsüdlich
**Me|rin|ge** [frz.] *w. 11*, **Me|rin|gel** *s. 5* Kleingebäck aus Eischnee und Zucker, Baiser
**Me|ri|no** [span.] *m. 9* aus Spanien stammendes weißes Schaf mit feiner Wolle
**Me|ri|stem** [griech.] *s. 1* (noch) undifferenziertes pflanzl. Gewebe; **me|ri|ste|ma|tisch** teilungsfähig
**Me|ri|ten** [lat.] *Mz. von* Meritum: Verdienste; er hat gewiß seine M.; **me|ri|to|risch** *veraltet*: verdienstlich, verdienstvoll; **Me|ri|tum** *s. Gen. -s Mz. -ri|ten* Verdienst, bes. vor Gott durch gute Werke; vgl. Meriten
**mer|kan|til** [lat.-ital.] zum Handel gehörend, auf Handel beruhend, Handels ...; **Mer|kan-ti|lis|mus** *m. Gen. - nur Ez.* Wirtschaftssystem des Absolutismus (16./18. Jh.) mit dem Ziel, den Außenhandel und damit die Industrie zu fördern
**Mer|ku|ria|lis|mus** *m. Gen. - nur Ez.* Quecksilbervergiftung
**Mer|lan** [frz.] *m. 1* eine Schellfischart
**Mer|ze|ri|sa|ti|on** [-tsjon, nach dem Engländer J. Mercer] *w. 10 nur Ez.* Verfahren zum Veredeln von Baumwolle; **mer|ze|ri|sie|ren** durch Merzerisation veredeln
**Mes|al|liance** [mezaljās, frz.] *w. 11* **1** nicht standesgemäße Ehe, Mißheirat; **2** *übertr.*: unebenbürtige Liebschaft
**me|schant** [frz.] boshaft, niederträchtig, ungezogen
**me|schug|ge** [jidd.] *mitteldt., berlin.*: verrückt
**Mes|dames** [medam] *Mz. von* Madame (als Anrede): **Mes|de|moi|selles** [medmwazɛl] *Mz. von* Mademoiselle (als Anrede)
**Mes|en|chym** [griech.] *s. 1 nur Ez.* lockeres embryonales Bindegewebe
**Mes|ka|lin** [indian.] *s. 1 nur Ez.* ein Rauschgift
**Mes|me|ris|mus** *m. Gen. - nur Ez.* von dem Arzt F. A. Mesmer begründetes Heilverfahren durch biolog. (sog. animal.) Magnetismus, z. B. durch Handauflegen
**Me|so|blast** [griech.], **Me|so|derm** *s. 1* mittleres Keimblatt des sich entwickelnden Embryos; **me|so|der|mal** sich aus dem Mesoderm entwickelnd
**Me|so|karp** [griech.] *s. 1*, **Me|so|kar|pi|um** *s. Gen. -s Mz. -pi|en* mittlere Schicht der Fruchtwand
**me|so|ke|phal** → mesozephal
**Me|so|li|thi|kum** [griech.] *s. Gen. -s nur Ez.* Mittelsteinzeit, Epipaläolithikum
**Me|son** [griech.] *s. 13* sehr kurzlebiges Elementarteilchen, Mesotron
**Me|so|phyt** [griech.] *m. 10* Pflanze, die an Böden mit mittlerem Feuchtigkeitsgrad angepaßt ist
**Me|so|tho|ri|um** [griech. + altnord.] *s. Gen. -s nur Ez. veraltete Bez. für* ein radioaktives Zerfallsprodukt der Thoriumreihe

Me|so|tron *s. 13* → Meson

me|so|ze|phal [griech.] mit mittellangem Kopf; Me|so|ze|pha|lie *w. 11 nur Ez.* mittellange Kopfform

Me|so|zo|i|kum [griech.] *s. Gen. -s nur Ez.* Mittelalter der Erdgeschichte

Mes|sa|li|na [nach der Gemahlin des röm. Kaisers Claudius] *w. Gen. - Mz.* -li|nen geschlechtlich unersättliche, sittenlose Frau

Mes|sa|li|ne [frz.] *w. 11 nur Ez.* weicher, glänzender Seiden- oder Kunstseidenstoff

Mes|sa vo|ce [-tʃə, ital.], Mes|sa di vo|ce *s. Gen. - - bzw. - - - nur Ez.* das An- und Abschwellen des Tons beim Gesang

Mes|se [lat.] *w. 11* **1** *kath. Kirche:* Hauptgottesdienst; **2** Musikwerk für Gesangsstimmen und Orchester für die Messe (1); **3** Ausstellung von Industriewaren, Markt; *auch:* Jahrmarkt; **4** [engl.] *auf Schiffen:* Aufenthalts- und Speiseraum für Offiziere; *auch:* die Tischgesellschaft selbst

Mes|sen|ger Boy [mɛsɪndʒər bɔi, engl.] *m. Gen. - -s Mz. - -s veraltet:* Eilbote

Mes|si|a|de *w. 11* Dichtung, deren Held der Messias (Jesus Christus) ist; mes|si|a|nisch zum Messias gehörig, von ihm ausgehend; Mes|si|a|nis|mus *m. Gen. - nur Ez.* Lehre von der Erlösung durch den verheißenen Messias; Mes|si|as [hebr. „Gesalbter"] *m. Gen. - nur Ez.* Erlöser, *bes.:* Jesus Christus

Mes|sieurs [mɛsjø] *Mz. von* Monsieur *(als Anrede)*

Me|sti|ze [span.] *m. 11* Mischling aus einem weißen und einem indian. Elternteil

Me|ta|ba|sis [griech.] *w. Gen. - Mz.* -ba|sen Gedankensprung, Abschweifung

Me|ta|bo|lie [griech.] *w. 11 Biol.:* Gestalt-, Formveränderung; me|ta|bo|lisch verändernd, veränderlich; Me|ta|bo|lis|mus *m. Gen. - nur Ez.* Stoffwechsel

Me|ta|chro|nis|mus [-kro-, griech.] *m. Gen. - nur Ez.* falsche Einordnung in eine spätere Zeit

Me|ta|gala|xis [griech.] *w. Gen. - Mz.* -xi|en Gesamtheit vieler (oder aller) Sternsysteme (Galaxien)

me|ta|gam [griech.] nach der Befruchtung

Me|ta|ge|ne|se [griech.] *w. 11* Wechsel zwischen einer geschlechtl. und einer ungeschlechtl. Generation, Generationswechsel

Me|ta|ge|schäft [ital.] *s. 1* Vereinbarung zweier Partner, Gewinn und Verlust aller von ihnen unternommenen Geschäfte zu teilen

Me|ta|kri|tik [griech.] *w. 10* Kritik einer Kritik

Me|tall [griech.] *s. 1* chem. Element, gekennzeichnet durch Glanz, gute Leitfähigkeit für Wärme und Elektrizität sowie die Fähigkeit, beim Vermischen mit anderen Metallen Legierungen zu bilden; Me|tall|sal|ti|on [-tsjɔn] *w. 10* Überziehen mit einer Metallschicht;

Me|tal|li|sa|tor *m. 13* Spritzpistole zur Metallisation; me|tal|li|sie|ren mit einer Metallschicht überziehen; Me|tal|lis|mus *m. Gen. - nur Ez.* Anschauung, daß der Wert des Geldes von seinem Metallwert abhängen müsse; Me|tal|lo|chro|mie *w. 11* Färben von Metalloberflächen mittels Elektrolyse; Me|tal|lo|gie *w. 11 nur Ez.* Metallkunde; Me|tal|lo|gra|phie *w. 11 nur Ez.* Untersuchung der Strukturen von Metallen und ihren Legierungen; Me|tal|lo|id *s. 1 veraltet:* nichtmetallischer chem. Grundstoff, Nichtmetall; Me|tall|ur|gie *w. 11 nur Ez.* Wiss. von der Gewinnung und Verarbeitung von Metallen, Hüttenkunde

me|ta|morph [griech.] den Zustand, die Gestalt verändernd; metamorphe Gesteine; Me|ta|mor|phis|mus *m. Gen. - nur Ez.* Bewegung der Erdkruste, bei der Metamorphosen auftreten; Me|ta|mor|pho|se *w. 11* Umwandlung in eine andere Gestalt, z. B. Blattanlage zum Dorn, Ei zu Kaulquappe und Frosch

Me|ta|pher [griech.] *w. 11* bildl. Ausdruck, z. B. Stimmungsbarometer, Schaukelpolitik, „aus der Taufe heben" statt „gründen"; Me|ta|pho|rik *w. 10 nur Ez.* (kunstvoller) Gebrauch von Metaphern; me|ta|pho|risch bildlich, in übertragenem Sinne

Me|ta|phra|se [griech.] *w. 11* wörtl. Übersetzung, Übertragung (eines Gedichts in Prosa)

Me|ta|phy|sik [griech.] *w. 10 nur Ez.* Lehre von den letzten, nicht erkennbaren Zusammenhängen des Seins, vom Übersinnlichen; me|ta|phy|sisch zur Metaphysik gehörig, auf ihr beruhend, übersinnlich

Me|ta|pla|sie [griech.] *w. 11* eine Form der Gewebsumwandlung; Me|ta|plas|mus *m. Gen. - Mz.* -men (sprachl.) Doppelform, z. B. begänne und begönne

Me|ta|sta|se [griech.] *w. 11* Tochtergeschwulst; me|ta|sta|sie|ren Metastasen bilden

Me|ta|the|se [griech.] *w. 11,* Me|ta|the|sis *w. Gen. - Mz.* -the|sen Umstellung von Lauten, z. B. „Roß" und engl. „horse", „Erle" und mundartl. „Eller"

me|ta|zen|trisch [griech. + lat.] das Metazentrum betreffend; Me|ta|zen|trum *s. Gen.* -s *Mz.* -tren Schnittpunkt von Schiffsachse und Auftriebsrichtung, Schwankpunkt

Me|ta|zo|on [griech.] *s. Gen.* -s *Mz.* -zo|en vielzelliges Tier, Vielzeller

Met|em|psy|cho|se [griech.] *w. 11* Seelenwanderung

Me|te|or [griech.] *m. 1* Gesteinsbrocken aus dem Weltraum, der beim Eindringen in die Erdatmosphäre aufglüht und verdampft, Feuerkugel, Sternschnuppe; Me|teo|ris|mus *m. Gen. - nur Ez.* Neigung zu Blähungen, Blähsucht; Me|teo|rit *m. 10* nicht verdampftes Bruchstück eines Meteors, Meteorstein; Me|teo|ro|graph *m. 10* Gerät, das Luftdruck, -temperatur und -feuchtigkeit gleichzeitig mißt und selbsttätig aufzeichnet; Me|teo|ro-

**lo|gie** *w.11 nur Ez.* Wissenschaft vom Klima und Wetter; **me|teo|ro|trop** wetter-, klimabedingt

**Me|ter** [griech.] *s.5, ugs.:* **m.5** (*Abk.:* m) Längenmaß; **...me|ter** *in Zus.* **1** *s.5, ugs.: m.5* Längenmaßbezeichnung, z. B. Kilometer; **2** *s.5* Meßgerät, z. B. Barometer; **3** *m.5* jmd., der Messungen ausführt, z. B. Geometer; **4** *m.5* Versfußbezeichnung, z. B. Hexameter

**Me|ter|ki|lo|pond** *s. Gen.* -s *Mz.* - → Kilopondmeter; **Me|ter|se|kun|de** *w.11* (*Abk.:* m/s *oder* m/sec) Geschwindigkeit, in der eine Last einen Meter pro Sekunde vorwärtsbewegt wird; 2 m/s: zwei Meter pro Sekunde; **Me|ter|zent|ner** *m.5* (*Abk.:* q [Quintal]) *veraltet:* Doppelzentner, 100 kg

**Me|than** [griech.] *s.l nur Ez.*, **Me|than|gas** *s.l nur Ez.* einfachster gesättigter Kohlenwasserstoff, brennbares Gas, Gruben-, Sumpfgas; **Me|tha|nol** *s.l nur Ez.* → Methylalkohol

**Me|tho|de** [griech.] *w.11* **1** Verfahren, Art und Weise, wie etwas getan wird, z. B. Unterrichts-, Färbemethode; **2** planmäßiges Vorgehen, Planmäßigkeit; **Me|tho|dik** *w.10 nur Ez.* Lehre von den Methoden, bes. vom richtigen, geschickten Unterrichten, Verfahrensweise; **Me|tho|di|ker** *m.5* jmd., der nach einer Methode arbeitet oder vorgeht; **me|tho|disch** hinsichtlich der Methode, auf einer Methode beruhend; **Me|tho|dis|mus** *m. Gen.* - *nur Ez.* im 18. Jh. aus der anglikan. Kirche hervorgegangene Erweckungsbewegung; **Me|tho|dist** *m.10* Anhänger des Methodismus; **me|tho|di|stisch** zum Methodismus gehörig; **Me|tho|do|lo|gie** *w.11 nur Ez.* Lehre von den wissenschaftl. Methoden

**Me|thu|sa|lem** [nach dem Großvater Noahs, der 969 Jahre alt geworden sein soll] *m.9* **1** *ugs.:* sehr alter Mann; **2** übergroße Wein- oder Sektflasche mit etwa 6 Liter Inhalt

**Me|thyl** [griech.] *s.l nur Ez.* einwertiger Rest des Methans, Grundkörper zahlreicher organ. Verbindungen; **Me|thyl|al|ko|hol** *m.l nur Ez.* einfachster aliphat., sehr giftiger Alkohol, Methanol; **Me|thyl|amin** *s.l nur Ez.* chem. Verbindung aus Methan und Ammoniak, Lösungsmittel; **Me|thy|len** *s.l nur Ez.* zweiwertiger Rest des Methans, Grundkörper der homologen Reihen

**Me|tier** [-tje, frz.] *s.9 ugs.:* Beruf, Handwerk, Geschäft

**Me|tist** [ital.] *m.10* Partner in einem Metageschäft

**Met|öke** [griech.] *m.11* in altgriech. Städten: zugewanderter Einwohner ohne polit. Rechte, jedoch freier Bürger

**Met|ony|mie** [griech.] *w.11* Vertauschung bedeutungsverwandter Begriffe, z. B. „Brot" für „Nahrung"

**Met|ope** [griech.] *w.11, an dor. Tempeln:*

Feld über dem Architrav zwischen den Triglyphen, meist mit Reliefs verziert

**Me|tra, Me|tren** *Mz. von* Metrum; **Me|trik** [griech.] *w.10* **1** Lehre vom Vers und Versmaß, kunstgerechter Gebrauch der Versmaße; **2** *Mus.:* Lehre vom Takt; **Me|tri|ker** *m.5* Kenner, Erforscher der Metrik; **me|trisch** **1** zur Metrik gehörend, auf ihr beruhend; **2** auf dem Meter (als Längenmaß) beruhend; z. B. metrisches System

**Me|tro** [Kurzw. aus métropolitain „hauptstädtisch"] *w.9* Untergrundbahn (urspr. nur die Pariser, später allg.)

**Me|tro|lo|gie** [griech.] *w.11 nur Ez.* Maß- und Gewichtskunde; **Me|tro|nom** *s.l Mus.:* durch Ticken den Takt angebendes , je nach dem gewünschten Tempo verstellbares Gerät, Taktmesser

**Me|tro|ny|mi|kon** [griech.] *s. Gen.* -s *Mz.* -ka vom Namen der Mutter abgeleiteter Name, z. B. „der Niobide": Sohn der Niobe

**Me|tro|po|le** [griech.] *w.11* Hauptstadt, Mittelpunkt, Knotenpunkt; **Me|tro|po|lis** *w. Gen.* - *Mz.* -polen *ältere Form von* Metropole; **Me|tro|po|lit** *m.10* Erzbischof; **me|tro|po|li|tan** zum Metropoliten gehörig

**Me|trum** [griech.-lat.] *s. Gen.* -s *Mz.* -tren, *früher auch:* -tra **1** Versmaß; **2** *Mus.:* Taktmaß

**Met|ta|ge** [-ʒə, frz.] *w.11* **1** Zusammenstellung (Umbruch) einer Zeitungs- oder Buchseite; **2** Arbeitsplatz des Metteurs

**Met|te** [lat.] *w.11* **1** Nacht- oder Frühgottesdienst; **2** nächtl. Gebet des Breviers

**Met|teur** [-tør, frz.] *m.l* Schriftsetzer, der den Schriftsatz zu Seiten zusammenstellt

**Meu|ble|ment** [møbəlmã, frz.] *s.9 veraltet:* Wohnungseinrichtung, Gesamtheit der Möbel

**MeV** *Abk. für* Megaelektronenvolt, 1 Million Elektronenvolt

**Mez|za|ma|jo|li|ka** [ital.] *w. Gen.* - *Mz.* -s *oder* -ken mit weißer Erde bemalte und mit Bleiglasur überzogene Keramik, Halbfayence

**Mez|za|nin** [ital.] *s.l bes. in Renaissance- und Barockbauten, heute noch österr.:* Zwischengeschoß über dem Erdgeschoß

**mez|za vo|ce** [votʃa, ital.] (*Abk.:* m. v.) mit halber Stimme, halblaut (zu singen, zu spielen); **mez|zo|for|te** (*Abk.:* mf) *Mus.:* mittelstark; **mez|zo|pia|no** (*Abk.:* mp) *Mus.:* halbleise; **Mez|zo|so|pran** *m.l* **1** dunkler, tiefer Sopran; **2** Sängerin mit dieser Stimmlage; **Mez|zo|so|pra|ni|stin** *w.10* Sängerin mit Mezzosopranstimme; **Mez|zo|tin|to** *s. Gen.* -s *Mz.* -s *oder* -ti **1** Art des Kupferstichs, bei der die Zeichnung aus dem Schabeisen aus dem Platte herausgeschabt wird, Schabkunst; **2** Erzeugnis dieser Kunst, Schabkunstblatt; **3** Übergangsfarbton, Mischfarbe

**mf** *Abk. für* mezzoforte

**μF** *Abk. für* Mikrofarad

**mg** *Abk. für* Milligramm

**Mg** *chem. Zeichen für* Magnesium

**MGH** *Abk. für* Monumenta Germaniae historica, vgl. Monument

**Mgr.** *Abk. für* Monseigneur, Monsignore

**MHD** *Abk. für* Magnetohydrodynamik

**MHz** *Abk. für* Megahertz

**Mi|as|ma** [griech.] *s. Gen. -s Mz.* -men Ausdünstung des Bodens, von der man früher annahm, sie verursache Seuchen; **mi|as|ma|tisch** ansteckend, giftig

**Mi|cky|maus** (Mik|ky-) *w. 2* von Walt Disney geschaffene, groteske Trickfilmfigur

**Mi|di** [frz.] *Bez. für* mittellange Rock- und Mantelmode zwischen Mini und Maxi

**Mi|di|net|te** [-nɛt(ə), frz.] *w. 11* (leichtlebige) Pariser Modistin oder Näherin

**Mid|life-Cri|sis** [mjdlaif kraisiz, engl.] *w. 10* Furcht von Menschen, die die Mitte des Lebens überschritten haben, nicht mehr das erwünschte Ziel, die erstrebte Stellung zu erreichen, Torschlußpanik

**Mid|ship|man** [-ʃipmən, engl.] *m. Gen. -s Mz.* -men [-mən] *in England und den USA:* Seeoffiziersanwärter

**Mi|gnon** [minjõ, auch: minjõ, frz.] *m. 9 1 veraltet:* Günstling (eines Fürsten); **2** ein frz. Schriftgrad (Kolonel); **Mi|gnon|net|te** [minjɔnɛt(ə)] *w. 9 1* kleingemusterter Kattun; **2** schmale Zwirnspitze; **Mi|gnon|fas|sung** [minjõ-] *w. 10* Fassung für kleine Glühlampen; **Mi|gnonne** [minjɔn] *w. 11 nur Ez., veraltet:* Liebchen, Schätzchen

**Mi|grä|ne** [griech.] *w. 11* anfallsweise auftretender, oft mit Erbrechen einhergehender, heftiger halbseitiger Kopfschmerz

**Mi|gra|ti|on** [-tsjon, lat.] *w. 10* Wanderung (z. B. von Zugvögeln u. a. Tieren, auch von Erdgas oder Erdöl); **mi|gra|to|risch** wandernd, umherziehend; **mi|grie|ren** wandern

**Mih|rab** [-xrab, arab.] *m. Gen. -(s) Mz. -s* die nach Mekka ausgerichtete Gebetsnische im islam. Tempel

**Mijn|heer** [mənər, ndrl.] *m. 9 1* mein Herr *(ndrl. Anrede mit oder ohne Namen);* **2** *ugs. scherzh.:* Holländer

**Mil|ka** [lat.] *w. oder m. Gen. - nur Ez.* Glimmer

**Mil|ka|do** [jap.] *1 m. 9 früher literar. Bez. für* den jap. Kaiser; **2** *s. 9* Geschicklichkeitsspiel mit dünnen Holz- oder Elfenbeinstäbchen; **3** *m. 9* Hauptstäbchen in diesem Spiel

**Mi|krat** [griech.] *s. 1 1* Verkleinerungsverhältnis von 200 : 1; **2** im Verhältnis 200 : 1 verkleinerte Photomikroskopie

**Mi|kro|ana|ly|se** *w. 11* Analyse geringster Stoffmengen; **Mi|kro|bar** *s. Gen. - Mz. - (Abk.:* μbar) 1 Millionstel Bar (1); **Mi|kro|be** *w. 11* mikroskopisch kleines, meist einzelliges Lebewesen; **Mi|kro|bio|lo|gie** *w. 11 nur Ez.* Wiss. von den Kleinlebewesen; **Mi|kro|che|mie** *w. 11 nur Ez.* mit kleinsten Stoffmengen arbeitende Chemie; **Mi|kro|fa|rad** *s. Gen. - Mz. - (Zeichen:* μF) 1 Millionstel Farad; **Mi|kro|fau|na** *w. Gen. -Mz.* -nen Kleintierwelt; **Mi|kro|fiche** [-fiʃ, griech. + frz.] *m. 9* Mikrofilm in Postkartenformat; **Mi|kro|film** *m. 1* Film, auf dem stark verkleinert Druckschriften aufgenommen sind; **Mi|kro|form** *w. 10* photograph. Verkleinerung eines Schriftstücks; **Mi|kro|gramm** *s. Gen. -s Mz. - (Abk.:* μg) 1 Millionstel Gramm; **mi|kro|ke|phal** → mikrozephal; **Mi|kro|kli|ma** *s. Gen. -s nur Ez.* Klima der bodennahen Luftschichten, Kleinklima; *Ggs.:* Makroklima; **Mi|kro|ko|pie** *w. 11 Kurzw. für* Mikrophotokopie; **Mi|kro|kos|mos** *m. Gen. - nur Ez.* **1** Welt der Kleinlebewesen; **2** der Mensch und seine Umwelt; *Ggs.:* Makrokosmos; **Mi|kro|me|ter** *s. 5* **1** Feinmeßgerät; **2** *(Abk.:* μm) 1 Millionstel Meter, 1 Mikron; **Mi|kron** *s. Gen. - Mz. - (Abk.:* μ) My, Mikrometer, 1 Millionstel Meter; **mi|kro|or|ga|nis|mus** *m. Gen. - Mz.* -men Kleinstlebewesen, Mikrobe; **Mi|kro|phon** *s. 1* Gerät zur Umwandlung von Schallschwingungen in elektr. Schwingungen; **Mi|kro|pho|to|gra|phie** *w. 11* Photographie kleinster, nur mit dem Mikroskop wahrnehmbarer Gegenstände; **Mi|kro|pho|to|ko|pie** *w. 11* stark verkleinerte photograph. Wiedergabe von Druckschriften; **Mi|kro|phy|sik** *w. 10 nur Ez.* Physik der Moleküle und Atome; **Mi|kro|phy|ten** *m. 10 Mz.* pflanzl. Mikroorganismen; **Mi|kro|seis|mik** *w. 10 nur Ez.* Lehre von den feinsten Schwingungen der Erdkruste; **Mi|kro|skop** *s. 1* optisches Vergrößerungsgerät; **Mi|kro|sko|pie** *w. 11 nur Ez.* Untersuchung mit dem Mikroskop; **mi|kro|sko|pie|ren** mit dem Mikroskop untersuchen; **mi|kro|sko|pisch** mit Hilfe des Mikroskops, nur mit dem Mikroskop erkennbar; **Mi|kro|thek** *w. 10* **1** Behälter zur Sammlung von Mikrokopien; **2** die Sammlung selbst; **Mi|kro|tom** *s. 1* Gerät zur Herstellung feinster Schnitte für mikroskop. Untersuchung; **Mi|kro|welle** *w. 11 (Abk.:* μW) elektromagnet. Welle mit Wellenlänge unter 10 cm; **mi|kro|ze|phal** mit abnorm kleinem Kopf versehen; *Ggs.:* makrozephal; **Mi|kro|ze|phal|lie** *w. 11 nur Ez.* abnorm kleine Kopfform

**Mi|lan** [auch: mi-, frz.] *m. 1* ein Greifvogel

**mi|li|ar** [lat.] hirsekorngroß; **Mi|li|a|ria** *w. Gen. - nur Ez.* Bläschenausschlag; **Mi|li|ar|tu|ber|ku|lo|se** *w. 11* bes. schwere Form der Lungen- und Allgemeintuberkulose; **Mi|li|en** *Mz.* Hautgrieß

**Mi|lieu** [-ljø, frz.] *s. 9 1* Lebensverhältnisse, Umwelt, Umgebung; **2** *österr.:* Tischdeckchen; **3** *schweiz. auch:* Dirnenwelt

**mi|li|tant** [lat.] streitbar, angriffslustig; **Mi|li|tär 1** *s. 9 nur Ez.* Heer(wesen), Wehrmacht; **2** *m. 9* höherer Offizier; **Mi|li|ta|ria** *Mz.* **1** Bücher, Bilder usw. über das Militärwesen;

2 *veraltet:* alle das Militär betreffenden Angelegenheiten; **mili|tä|risch** das Militär betreffend, zu ihm gehörig, auf ihm beruhend, soldatisch; **mili|ta|ri|sie|ren** ein Land m.: mit Militär und militär. Einrichtungen versehen; *auch:* das Heerwesen eines Landes organisieren; **Mi|li|ta|ris|mus** *m. Gen. - nur Ez.* Vorherrschaft der Macht des Militärs, starker Einfluß des Militärs auf die Politik, Überbetonung alles Militärischen; **Mi|li|ta|rist** *m.10* Vertreter, Anhänger des Militarismus; **mili|ta|ri|stisch** auf dem Militarismus beruhend; **Mi|li|ta|ry** [mi̱litəri, engl.] *w.9 Reitsport:* Vielseitigkeitsprüfung; **Mi|liz** *w.101* nur kurz ausgebildete Truppe, im Unterschied zum stehenden Heer; 2 *in kommunist. Ländern:* Polizeiorganisationen mit halbmilitär. Charakter; **Mi|li|zio|när** *m.1* Angehöriger der Miliz

**Mill.** *Abk. für* Million *oder Mz.* Millionen; **Mil|le** [lat.] *s. Gen. - Mz. -* (*röm. Zahlzeichen:* M) Tausend; **Mil|le|fio|ri|glas** [ital.] *s.4* aus Scheiben gebündelter, farbiger Glasstäbe hergestelltes Glas; **Mille-fleurs** [milflœr, frz.] *Mz.* Stoff mit Streublumenmuster; **Mil|le Mi|glia** [--lja, ital. „tausend Meilen"] *Mz.*, *in Italien:* größtes Langstreckenrennen für Sportwagen; **mil|len|nar** tausendfach; **Mil|len|ni|um** [lat.] *s. Gen. -s Mz. -ni|en* Zeitraum von 1000 Jahren, Jahrtausend

**Mil|li|am|pere** [-äpər] *s. Gen. - Mz. -* (*Abk.:* mA) Maßeinheit für Stromstärke, $^1/_{1000}$ Ampere; **Mil|li|am|pere|me|ter** *s.5* Meßgerät für kleine elektr. Stromstärken; **Mil|li|ar|där** *m.1* Besitzer von Werten über eine Milliarde Mark; **Mil|li|ar|de** [lat.] *w.11* (*Abk.:* Md. *oder* Mrd.) 1000 Millionen; **Mil|li|bar** *s. Gen. -s Mz. -* (*Abk.:* mbar, *in der Meteor.:* mb) Maßeinheit für den Luftdruck; **Mil|li|gramm** [auch: mil-] *s. Gen. -s Mz. -* (*Abk.:* mg) ein Tausendstel Gramm; **Mil|li|li|ter** *s. oder m.5* (*Abk.:* ml) ein Tausendstel Liter; **Mil|li|me|ter** *s.5 ugs.: m.5* (*Abk.:* mm) ein Tausendstel Meter; **Mil|li|me|ter|pa|pier** *s.1* Papier mit rechtwinklig im Abstand von 1 mm sich kreuzenden Linien für graph. Darstellungen; **Mil|li|mi|kron** *s. Gen. -s Mz. -* (*Abk.:* mμ) ein Tausendstel Mikron; **Mil|li|on** [ital.] *w.10* (*Abk.:* Mill. *oder* Mio.) 1000 mal 1000; **Mil|lio|när** *m.1* Besitzer von Werten über eine Million Mark **Mil|li|pond** *s. Gen. -s Mz. -* (*Abk.:* mp) 1 Tausendstel Pond

**Mil|reis** [-re̱is, port.] *s. Gen. - Mz. - früher:* Währungseinheit in Portugal und Brasilien, 1000 Reis

**Mi|me** [griech.] *m.11 veraltet, noch scherzh.:* Schauspieler; **mi|men** *Mz.* 1 *veraltet:* (als Mime) darstellen, verkörpern; 2 *übertr.:* vorgeben, vortäuschen, so tun, als ob; er mimt den Kranken; **Mi|men** *Mz. von* Mime, Mimus; **Mi|me|se, Mi|me|sis̱** *w.11* schützende Ähnlichkeit mancher Tiere in Form oder/und Farbe mit Gegenständen ihrer Umgebung; **Mi|me|sis** *w. Gen. - Mz. -me|sen* 1 Nachahmung der Wirklichkeit (als künstler. Prinzip); 2 Nachahmung (von Gebärden), spottende Wiederholung (von Worten oder Sätzen eines anderen); **Mi|mik** *w.10 nur Ez.* (ausdrucksvolles) Mienenspiel; **Mi|mi|kry** *w. Gen. - nur Ez.* 1 schützende Ähnlichkeit wehrloser Tiere mit Gegenständen oder wehrhaften Tieren ihrer Umgebung; 2 *übertr.:* Schutzfarbe, Schutztracht, Anpassung an die Umgebung; **mi|misch** auf Mimik beruhend, hinsichtlich der Mimik

**Mi|mo|se** [lat.] *w.11* 1 eine Pflanzengattung, deren bekannteste Vertreterin, die Sinnpflanze, ihre gefiederten Blätter bei Berührung zusammenlegt; 2 *übertr.:* übertrieben empfindsamer Mensch

**Mi|mus** [lat.] *m. Gen. - Mz. -men* 1 *Antike:* Schauspieler; 2 *später:* Form der sizilian. Komödie, in der in kurzen, lebendigen Szenen Ereignisse des Alltagslebens dargestellt wurden; 3 *danach:* derb-komisches Bühnenstück, Posse; 4 darin auftretender Schauspieler, Possenreißer

**min** *Astron.: Abk. für* Minute

**Min.** *Abk. für* Minute

**Mi|na|rett** [arab.] *s.1* Turm der Moschee, von dem aus die Gebetsstunden ausgerufen werden

**Mi|ne** [frz.] *w.11* 1 unterird. Gang, Stollen; 2 Metallvorkommen, Erzlagerstätte; 3 Bergwerk; 4 Sprengkörper; 5 Einlage, Füllung (von Bleistiften, Kugelschreibern); 6 [griech.] altgriech. Gewichtseinheit und Münze

**Mi|ne|ral** [lat.-frz.] *s. Gen. -s Mz. -li|en* anorgan. Stoff, Bestandteil der Erdkruste oder eines anderen Himmelskörpers; **Mi|ne|ra|li|sa|ti|on** [-tsjo̱n] *w.10* Mineralbildung; **mi|ne|ra|lisch** aus Mineralien entstanden, Mineralien enthaltend; **mi|ne|ra|li|sie|ren** Mineral bilden; **Mi|ne|ra|lo|gie** *w.11 nur Ez.* Wiss. von den Mineralien; **mi|ne|ra|lo|gisch** zur Mineralogie gehörend; **Mi|ne|ral|öl** *s.1* durch Destillation aus Erdöl gewonnenes Öl; **Mi|ne|ral|quel|le** *w.11* Heilquelle; **Mi|ne|ral|salz** *s.1* anorgan. Salz; **Mi|ne|ral|säu|re** *w.11* Sammelbez. für Salz-, Salpeter-, Schwefelsäure; **Mi|ne|ral|was|ser** *s.6* Wasser einer Heilquelle

**Mi|ne|stra** [ital.] *w. Gen. - Mz. -stren, **Mi|ne|stro|ne** *w. Gen. - Mz. -ni* ital. Gemüsesuppe **Mi|net|te** [kelt.-frz.] *w.11* 1 ein Ergußgestein; 2 ein erbsenförmig strukturiertes Eisenerz in Lothringen und Luxemburg

**mi|neur** [-nœr, frz.] *frz. Bez. für* Moll; *Ggs.:* majeur

**Mi|neur** [-nør, frz.] *m.1* 1 Arbeiter im Minenstollen; 2 *früher:* für den Minenkrieg bes. ausgebildeter Soldat; 3 *Börse:* jmd., der auf Hausse spekuliert

**Mi̱ni** [verkürzt aus Minimum] *Bez. für* sehr kurze Rock- und Mantelmode

**Mi̱ni̱a̱tor** [lat.] *m. 13* Maler von Miniaturen, Buchmaler; **Mi̱ni̱a̱tur** *w. 10* 1 Malerei oder Zeichnung in alten Hand- oder Druckschriften; **2** sehr kleines Bild; **Mi̱ni̱a̱tur...** *in Zus.:* Klein...; **Mi̱ni̱a̱tuṟaus̱ga̱be** *w. 11* sehr kleine (Buch-) Ausgabe; **Mi̱ni̱a̱tu̱ri̱st** *m. 10*, **Mi̱ni̱a̱tuṟma̱ler** *m. 5* Maler von Miniaturen, Buchmaler

**mi̱ni̱e̱ren** [lat.-frz.] 1 mit Minen (4) versehen, verminen; **2** unterhöhlen, untergraben

**Mi̱ni̱golf** *s. Gen. -s nur Ez.* Kleingolf, golfähnl. Geschicklichkeitsspiel auf kleiner Spielfläche

**Mi̱ni̱ma̱** *Mz. von* Minimum; **mi̱ni̱ma̱l** [lat.] sehr klein, sehr gering; **Mi̱ni̱ma̱l-Art** [-məl-, engl.] *w. Gen. - nur Ez.* Kunstrichtung des 20. Jh.], die mit geometr. Grundformen arbeitet; **Mi̱ni̱max** *m. 1* ⓦ ein Feuerlöschgerät; **Mi̱ni̱mum** *s. Gen. -s Mz.* -ma kleinster Wert, kleinste Menge, kleinste Größe; ein M. an Aufwand, Arbeit, Kosten; die Ausgaben auf ein M. beschränken; **Mi̱ni̱spi̱on** *m. 1* sehr kleines Abhörgerät

**Mi̱ni̱ster** [lat.] *m. 5* Leiter eines Ministeriums; **Mi̱ni̱ste̱ri̱al...** zu einem Ministerium gehörig; **Mi̱ni̱ste̱ri̱aḻdi̱reḵtor** *m. 13* Abteilungsleiter in einem Ministerium; **Mi̱ni̱ste̱ri̱aḻdi̱ri̱gent** *m. 10* Beamter zwischen Ministerialrat und Ministerialdirektor; **Mi̱ni̱ste̱ri̱a̱le** *m. 11* 1 *MA:* unfreier Dienstmann bei Hofe, der auch zum Kriegsdienst herangezogen wurde; **2** *14./15. Jh.:* Angehöriger des niederen Adels; **Mi̱ni̱ste̱ri̱aḻrat** *m. 2* Unterabteilungsleiter in einem Ministerium; **mi̱ni̱ste̱ri̱ell** von einem Minister oder Ministerium ausgehend; **Mi̱ni̱ste̱ri̱um** *s. Gen. -s Mz.* -ri̱en eine oberste Verwaltungsbehörde eines Staates; **Mi̱ni̱steṟprä̱si̱dent** *m. 10* 1 *in der BRD:* Leiter der Landesregierung; **2** *in anderen Ländern:* Chef der Regierung; **3** *in der DDR:* Vorsitzender des Ministerrats; **Mi̱ni̱strant** *m. 10* Gehilfe (meist Knabe) des Priesters bei der Messe, Meßdiener; **mi̱ni̱strie̱ren** bei der Messe dienen

**Mi̱ni̱um** [lat.] *s. Gen. -s nur Ez.* Mennige, rotes Bleioxid

**Mink** [engl.] *m. 1* amerik. Nerz

**mi̱nor** [mainə, engl.] *engl. Bez. für* Moll; *Ggs.:* major

**Mi̱no̱rat** [lat.] *s. 1* 1 Recht des jüngsten Sohnes auf das Erbgut; **2** das Erbgut selbst, Juniorat; *Ggs.:* Majorat; **mi̱no̱re** *italien. Bez. für* Moll; *Ggs.:* maggiore; **mi̱no̱renn** [lat.] *veraltet:* minderjährig; *Ggs.:* majorenn; **Mi̱no̱renṉi̱tät** *w. 10 nur Ez. veraltet:* Minderjährigkeit; **Mi̱no̱rist** *m. 10* kath. Geistlicher, der eine niedere Weihe empfangen hat; **Mi̱no̱rit** *m. 10* Minderbruder, Franziskaner; **Mi̱no̱ri̱tät** *w. 10* Minderheit, Minderzahl; *Ggs.:* Majorität

**Mi̱no̱taur** [griech.], **Mi̱no̱tau̱rus** *m. Gen. -s bzw. - nur Ez. griech. Myth.:* menschenfressendes Ungeheuer mit Menschenleib und Stierkopf in Knossos auf Kreta

**Mi̱ṉstrel** [altfrz.-engl.] *m. 9* 1 *in England im MA:* Spielmann im Dienst eines Fürsten; **2** *in den USA:* fahrender Spielmann oder Schauspieler

**Mi̱nu̱end** [lat.] *m. 10* Zahl, von der eine andere abgezogen werden soll; *Ggs.:* Subtrahend; **mi̱nus** (*Zeichen:* −) weniger, abzüglich; *Ggs.:* plus; 10 minus 3 ist, macht 7; 5 Grad minus, minus 5 Grad: 5 Grad unter Null; **Mi̱nus** *s. Gen. - nur Ez.* 1 Fehlbetrag, Verlust, Defizit; **2** *übertr.:* Nachteil; *Ggs.:* Plus; **Mi̱nus̱kel** *w. 11* Kleinbuchstabe; *Ggs.:* Majuskel; **Mi̱nus̱pol** *m. 1* negativer Pol; *Ggs.:* Pluspol; **Mi̱nus̱punkt** *m. 1* Fehler, Mangel; Einheit zur Bewertung von Fehlern (z. B. im Spiel); *Ggs.:* Pluspunkt; **Mi̱nus̱zei̱chen** *s. 7* (*Zeichen:* −) Subtraktionszeichen, Vorzeichen einer negativen Zahl; *Ggs.:* Pluszeichen

**Mi̱nu̱te** [lat.] *w. 11* 1 (*Abk.:* Min., min, m, *Astron.:* ᵐ) 60. Teil einer Stunde; **2** *Math.* (*Zeichen:* ') 60. Teil eines Altgrades, 100. Teil eines Neugrades

**mi̱nu̱ti̱ös** [-tsjøs] *ältere Schreibung von* → minuziös; **Mi̱nu̱zi̱en** [lat.] *Mz., veraltet:* Kleinigkeiten, Nichtigkeiten; **mi̱nu̱zi̱ös** ganz genau, peinlich genau, bis ins kleinste Detail

**Mio.** *Abk. für* Million(en)

**Mi̱o̱zän** [griech.] *s. 1 nur Ez.* eine Abteilung des Tertiärs

**Mir** 1 [russ.] *m. 1 nur Ez., im zarist. Rußland:* Dorfgemeinschaft mit gemeinsamem Besitz, der regelmäßig zur Einzelnutzung verteilt wurde; **2** [pers.] *m. 9* kostbarer westpers. Teppich

**Mi̱ra̱beḻle** [lat.] *w. 11* kleine, gelbe, runde Pflaume

**mi̱ra̱bi̱le dic̱tu** [lat. „wunderbar, zu sagen"] kaum zu glauben, man höre und staune

**Mi̱ra̱bi̱li̱en** [lat.] *Mz. veraltet:* Wunderdinge, Merkwürdigkeiten

**Mi̱ra̱ge** [-ʒə, frz.] *w. 11* 1 Luftspiegelung; **2** *veraltet:* Selbstbetrug, Selbsttäuschung; **3** frz. Überschall-Jagdbomber

**Mi̱ra̱kel** [lat.] *s. 5* 1 Wunder, Wunderwerk, Wundertat; **2** → Mirakelspiel; **Mi̱ra̱keḻspiel** *s. 1* mittelalterl. Legendenspiel mit Darstellung der Wundertaten von Heiligen und der Muttergottes; **mi̱ra̱ku̱lös** *veraltet:* wunderbar

**Mi̱re** [frz.] *w. 11* Meridianmarke zum Einstellen des astronom. Fernrohrs in Meridianrichtung

**Mi̱rza** [arab.] *m. 9 in Persien* 1 *vor dem Namen:* Herr (*eigtl.:* Gebildeter, Gelehrter, Angesehener); **2** *nach dem Namen:* Prinz; **3** *ohne Namen:* Schreiber

**Mi̱s̱aṉdrie** [griech.] *w. 11 nur Ez.* Männerscheu, Männerhaß; **Mis|an|throp** *m. 10* Menschenfeind; *Ggs.:* Philanthrop; **Mis|an|thro-**. **pie** *w. 11 nur Ez.* Menschenhaß; *Ggs.:* Philanthropie

**Mis|cel|la|nea** *Mz.* → Miszellaneen

**Mischlna** [hebr.] *w. Gen. - nur Ez.* erster und grundlegender Teil des Talmuds, Sammlung von Lehrsätzen vom Ende des 2. Jh. auf Grund der bis dahin entwickelten Gesetzesüberlieferungen

**Misch|po|che, Misch|po|ke** [jidd.] *w. 11 nur Ez.* abfällig: Verwandtschaft, Gesellschaft

**Mi|se** [frz.] *w. 11* **1** *beim Spiel:* Einlage, Einsatz; **2** *Lebensversicherung:* Zahlung der Versicherungsprämie auf einmal, Einmalprämie

**mi|se|ra|bel** [frz.] sehr schlecht, erbärmlich; **Mi|se|re** *w. 11* Not, Elend; **Mi|se|re|or** [lat.] *s. Gen. -s nur Ez.* kath. Hilfswerk für die Entwicklungsländer; **Mi|se|re|re** [„erbarme dich", Anfangswort des 51. Psalms] *s. Gen. -s nur Ez.* **1** *kath. Kirche:* Bußpsalm und Gebet bei Begräbnissen; **2** *Med.:* Kotbrechen (bei Darmverschluß); **Mi|se|ri|cor|dias Do|mi|ni** [„die Barmherzigkeit des Herrn", Anfangsworte von Psalm 89,2] Name des 2. Sonntags nach Ostern; **Mi|se|ri|kor|die** [-dja] *w. 11* kleiner Vorsprung an der Unterseite der Klappsitze im Chorgestühl (als Stütze beim Stehen); **Mi|se|ri|kor|di|en|bild** *s. 3* Bild Christi als Schmerzensmann, Erbarmdebild

**Mi|so|gam** [griech.] *m. 12 oder m. 10* Eheverächter, Hagestolz; **Mi|so|ga|mie** *w. 11 nur Ez.* Ehescheu; **Mi|so|gyn** *m. 12 oder m. 10* Frauenfeind; **Mi|so|gy|nie** *w. 11 nur Ez.* Frauenhaß

**Mis|pel** [lat.] *w. 11* ein Kernobstbaum mit birnenförmigen Früchten

**Miß** [engl.] *w. Gen. - Mz.* Mis|ses [mi|siz] **1** *engl. Schreibung:* Miss. *in englischsprechenden Ländern:* Fräulein *(als Anrede vor dem Namen);* **2** *in Verbindung mit einem Ländernamen:* Schönheitskönigin, z. B. Miß Germany

**Mis|sa** [lat.] *w. Gen. - nur Ez., lat. Bez. für* Messe, Hochamt; Missa solemnis: feierl. Hochamt

**Mis|sal** [lat.] *s. 1,* **Mis|sa|le** *s. 5* Buch mit den für die kath. Messe vorgeschriebenen Lesungen, Meßbuch

**Mis|sing link** [engl.] *s. Gen. - -s Mz. - -s* fehlendes Glied (in der Entwicklung vom Affen zum Menschen)

**Mis|sio ca|no|ni|ca** [lat.] *w. Gen. - - nur Ez. kath. Kirche:* Erteilung einer Rechts- oder Lehrbefugnis; **Mis|si|on** *w. 10* **1** ernster Auftrag, Sendung; **2** mit besonderen Aufgaben ins Ausland entsandte Gruppe von Bevollmächtigten einer Regierung; **3** Heidenbekehrung, Verbreitung des christl. Glaubens, Äußere Mission; *auch allg.:* Verbreitung einer relig. Lehre; Innere M.: Organisation der

evang. Kirche zugunsten Bedürftiger und zur Festigung der Gemeinden; **Mis|sio|nar,** *österr.:* **Mis|sio|när** *m. 1* in der Mission (3) tätiger Geistlicher; **mis|sio|nie|ren** **1** Mission treiben; **2** zum Christentum bekehren

**Mist** [engl.] *m. 1 nur Ez. Seew.:* leichter Nebel; **mi|sten** *Seew.:* leicht neblig sein

**Mi|ster** [engl.] *m. 5 (Abk.: Mr.) in englischsprechenden Ländern:* Herr *(vor dem Namen)*

**Mi|stral** [frz.] *m. 1* kalter Nord- oder Nordwestwind in Südfrankreich, bes. im Rhônetal

**Mi|stress** [-stris, engl.] *w. Gen. - Mz.* -es [-strisiz] *in englischsprechenden Ländern* **1** Hausfrau, Herrin; Mätresse; **2** [mi|siz] *(Abk.: Mrs.)* Frau *(als Anrede vor dem Namen)*

**Mis|zel|la|ne|en** [lat.], **Mis|zel|len** *Mz.* kleine Aufsätze, Artikel verschiedenen Inhalts (bes. in wissenschaftl. Zeitschriften)

**Mi|to|se** [griech.] *w. 11* Äquationsteilung, indirekte Teilung des Zellkerns unter Wahrung der Chromosomenzahlen; *Ggs.:* Amitose; **mi|to|tisch** auf Mitose beruhend

**Mi|tra** [lat.] *w. Gen. - Mz.* -tren **1** altgriech. Stirnbinde; **2** Kopfbedeckung altorientalischer Herrscher; **3** *kath. Kirche:* Bischofsmütze

**Mi|trail|leu|se** [mitrajøzə, frz.] *w. 11* frz. Salvengeschütz, Vorläufer des Maschinengewehrs

**Mix|be|cher** *m. 5* Becher mit Deckel zum Mischen von Flüssigkeiten, Getränken; **Mixed** [mikst, engl.] *s. 9 oder Mz. - Sport:* gemischtes Doppel; **Mixed Pickles** [mikst piklz, engl.] *nur Mz.* in Essig eingelegtes, pikant gewürztes kleines Gemüse; **mi|xen** mischen; **Mi|xer** *m. 5* **1** jmd., der Getränke mischt, z. B. Barmixer; **2** elektr. Küchengerät, das zerkleinert und zugleich mischt; **3** *Film, Funk, Fernsehen:* Tonmeister, der die Tonspuren von gesprochenem Text, Musik und Geräuschen auf einem Tonband vereinigt; **Mix|ge|tränk** *s. 1* Mischgetränk; **Mix|pickles** [-piklz] *Mz.* → Mixed Pickles; **Mix|tum com|po|si|tum** [lat.] *s. Gen. - - Mz.* Mixta -sita Durcheinander, Gemisch; **Mix|tur** *w. 10* **1** Gemisch, bes.: Arzneimischung; **2** ein Orgelregister, das einen Ton durch Oktave, Quinte, Terz, auch Septime verstärkt

**Mi|zell** [lat.] *s. 1,* **Mi|zel|le** *w. 11* dichte Molekülgruppe als kleinster Baustein pflanzl. Strukturen (bes. von Zellwänden)

**mk** *Abk. für* Markka (Finnmark)

**mkg** *Abk. für* Meterkilogramm

**mkp** *Abk. für* Meterkilopond

**MKS-Sy|stem** *s. 1 nur Ez. Abk. für* Meter-Kilogramm-Sekunden-System (internationales Maßsystem, das auf diesen Einheiten aufgebaut ist); vgl. CGS-System

**ml** *Abk. für* Milliliter

**Mlle.** *Abk. für* Mademoiselle; **Mlles.** *Abk. für* Mesdemoiselles

**mm** *Abk. für* Millimeter
**mm²** *Abk. für* Quadratmillimeter
**mm³** *Abk. für* Kubikmillimeter
**μm** *Abk. für* Mikrometer
**MM.** *Abk. für* Messieurs
**m. m.** *Abk. für* mutatis mutandis
**Mme.** *Abk. für* Madame; **Mmes.** *Abk. für* Mesdames
**Mn** *chem. Zeichen für* Mangan
**Mne|me** [griech.] *w. 11 nur Ez.* Erinnerung, Gedächtnis; **Mne|mo|nik, Mne|mo|tech|nik** *w. 10 nur Ez.* Kunst, das Gedächtnis durch Lern- oder Gedächtnishilfen zu stärken, Gedächtniskunst; **Mne|mo|tech|ni|ker, Mne|mo|ti|ker** *m. 5* jmd., der die Mnemotechnik beherrscht
**Mo** *chem. Zeichen für* Molybdän
**MΩ** *Abk. für* Megaohm
**Mob** [engl.] *m. 9 nur Ez.* Pöbel, Gesindel
**Mö|bel** [lat.-frz.] *s. 5* **1** Einrichtungsgegenstand; **2** *scherzh.:* großer, unhandl. Gegenstand
**mo|bil** [lat.] **1** beweglich; *Ggs.:* immobil; **2** *ugs.:* gesund und munter, behende; **3** einsatz-, kriegsbereit; **Mo|bile** [frz.] *s. 9* Gebilde aus an Fäden freischwebend aufgehängten, bei Luftzug in leichte Bewegung geratenden, zarten kunstgewerblichen Gegenständen; **Mo|bi|li|ar** [lat.] *s. 1 nur Ez.* Möbel, Hausrat; **Mo|bi|li|en** *Mz.* bewegl. Güter, bewegl. Besitz; **Mo|bi|li|sa|ti|on** [-tsjon] *w. 10 nur Ez.* **1** Mobilmachung; **2** Beweglichmachen (von Gelenken); **mo|bi|li|sie|ren 1** in Bewegung setzen, beweglich machen; **2** kriegs-, einsatzbereit machen (Truppen, Kräfte); **3** flüssig, zu Bargeld machen; **Mo|bi|li|tät** *w. 10 nur Ez.* **1** Beweglichkeit; **2** *Bevölkerungsstatistik:* Häufigkeit des Wohnsitzwechsels
**mö|blie|ren** [frz.] mit Möbeln ausstatten, einrichten
**Moc|ca** *m. 9* → Mokka; Mocca double: doppelter (= extra starker) Mokka
**Mo|cha** [nach der arab. Hafenstadt am Roten Meer, *heute:* Mokka] *m. Gen. - nur Ez.* ein Mineral, Moosachat
**Mock|turtle|sup|pe** [-tə:tl-, engl.] *w. 11* nachgeahmte Schildkrötensuppe aus Kalbskopf
**mod.** *Abk. für* moderato
**mo|dal** [lat.] **1** *Gramm.:* die Art und Weise bezeichnend; **2** *allg.:* durch die Verhältnisse bedingt; **Mo|da|lis|mus** *m. Gen. - nur Ez.* frühchristl. Lehre, daß Christus nur eine Erscheinungsform Gottes sei; **Mo|da|li|tät** *w. 10 nur Ez.* Art und Weise (eines Geschehens), Seinsweise, Wahrheitswert; **Mo|dal|no|ta|ti|on** [-tsjo:n] *w. 10* Notenschrift des 13. Jh. mit Festlegung des Rhythmus; vgl. Choralnotation, Mensuralnotation; **Mo|dal|verb** *s. 12* Verb, das ein durch ein anderes Verb ausgedrücktes Geschehen näher bestimmt, z. B. können, dürfen, wollen, sollen, müssen
**Mo|de** [frz.] *w. 11* **1** Sitte, Brauch, Ge-

schmack (einer Epoche); **2** moderne, elegante Kleidung; **3** die Art, sich zu kleiden
**Mo|del** [lat.] *m. 14* **1** antike Maßeinheit zur Berechnung architekton. Verhältnisse: unterer Halbmesser einer Säule; **2** geschnitzte Hohlform für Gebäck, Knetwaren u. a.; **3** geschnitzte, erhabene Form für Tapeten-, Textildruck u. a.; **Mo|dell** [ital.] *s. 1* **1** Vorbild, Muster, Urform; **2** Entwurf oder verkleinerte Nachbildung (eines Bauwerks, einer Plastik u. a.); **3** Form aus Holz, Gips oder Metall zur Herstellung der Gußform; **4** vereinfachende, nur die wesentl. Züge enthaltende Vorstellung, z. B. Denkmodell, Atommodell; **5** nur einmal hergestelltes Kleidungsstück, z. B. Modellkleid; **6** Person oder Gegenstand als Vorbild für Maler, Bildhauer oder Photographen; **7** Mannequin, Vorführdame für Moden; **Mo|del|leur** [-lør, frz.] *m. 1* Fachmann, der Modelle entwirft, Musterformer; **mo|del|lie|ren** in Ton oder Wachs formen, bilden
**Mo|de|ra|ti|on** [-tsjon] *w. 10* Tätigkeit des Moderators (**3**); **mo|de|ra|to** [ital.] (*Abk.:* mod.) *Mus.:* mäßig bewegt; **Mo|de|ra|tor** [lat.] *m. 13* **1** Stoff zum Bremsen der Geschwindigkeit von atomspaltenden Neutronen im Kernreaktor; **2** Diskussionsleiter, z. B. im Fernsehen; durch eine Rundfunksendung führender Sprecher; **3** Leiter einer kirchl. Behörde oder eines beratenden Gremiums; **mo|de|rie|ren 1** mäßigen; **2** als Moderator tätig sein
**mo|dern** [frz.] der Mode, dem Zeitgeschmack entsprechend; **Mo|der|ne** *w. 11 nur Ez.* **1** *urspr. Bez. für den* Naturalismus; **2** *allg.:* die heutige Zeit; *i. e. S.:* Kunst der Gegenwart; **mo|der|ni|sie|ren** der Mode, dem Zeitgeschmack entsprechend ändern; **Mo|der|nis|mus** *m. Gen. - nur Ez.* **1** Streben nach dem Modernen, Bejahung des Modernen; **2** liberale, wissenschaftl.-krit., von Papst Pius X. verurteilte Richtung innerhalb der kath. Kirche; **Mo|der|ni|tät** *w. 10 nur Ez.* moderne Beschaffenheit
**mo|dest** [lat.] *veraltet:* bescheiden, maßvoll
**Mo|di** *Mz. von* Modus
**Mo|di|fi|ka|ti|on** [-tsjon, lat.] *w. 10* **1** Veränderung, Umgestaltung; **2** *Biol.:* durch äußere Einflüsse hervorgerufene, nicht erbliche Veränderung von Lebewesen; **3** *Mz. Chem.:* Erscheinungsformen eines Stoffes mit gleichen chem., aber unterschiedl. physikal. Eigenschaften; **Mo|di|fi|ka|tor** *m. 13* etwas, das etwas anderes modifiziert; **mo|di|fi|zie|ren** verändern, abwandeln
**Mo|dist** *m. 10 veraltet:* Modewarenhändler; **Mo|di|stin** *w. 10* Putzmacherin
**Mo|dul** [lat.] *m. 14* **1** → Model (**1**); **2** *Bez. für* eine Materialkonstante; **3** Absolutbetrag einer komplexen Zahl; **4** *bei Zahnrädern:* Divisor aus Durchmesser und Zähnezahl;

**5** *Elektrotechnik:* leicht austauschbare, aus vielen kleinen elektron. Bauteilen zusammengesetzte Einheit; **Mo|du|la|ti|on** [-tsjon] *w. 10* **1** *Mus.:* Übergang in eine andere Tonart; Abstufung des Tons und der Klangfarbe; **2** *Phys.:* Veränderung der Merkmale (Phase, Frequenz) einer hochfrequenten Trägerschwingung durch eine niederfrequente Schwingung, in der Nachrichtentechnik zur Übertragung elektromagnet. Wellen angewandt; **mo|du|lie|ren 1** von einer Tonart in die andere überleiten; **2** abwandeln, wechseln; **3** einer Modulation (**2**) unterwerfen **Mo|dus** [lat.] *m. Gen. - Mz.* -di **1** Art und Weise, Form (eines Geschehens); **2** Aussageweise des Verbs (Indikativ, Konjunktiv, Imperativ); **3** Weise, Melodie, nach der verschiedene Lieder gesungen werden können; **4** Kirchentonart; **Mo|dus pro|ce|den|di** *m. Gen. - - Mz.* -di -di Verfahrensweise; **Mo|dus vi|ven|di** *m. Gen. - - Mz.* -di -di erträgl. Form des Zusammenlebens
**Mol|fet|te** [ital.] *w. 11* Ausströmungsstelle von Kohlendioxid in vulkan. Gebiet
**Mo|gul** [auch: -gul, pers.] *m. 14* Angehöriger eines mohammedan. Herrscherhauses in Indien
**Mo|hair** [-her, arab.-engl.] *s. 9* **1** Haar der Angoraziege; **2** daraus hergestellter, haariger Wollstoff
**Mo|ham|me|da|ner** *m. 5* Angehöriger der Lehre Mohammeds, Moslem; **Mo|ham|me|da|nis|mus** *m. Gen. - nur Ez.* → Islam
**Mo|här** *s. 9 eindeutschende Schreibung von* Mohair
**Mo|hi|ka|ner** *m. 5* Angehöriger eines ausgestorbenen nordamerik. Indianerstammes; der letzte der M., der letzte M. *ugs. scherzh.:* der letzte
**Moi|ra** [moi-] *w. Gen. - Mz.* -ren **1** *griech. Myth.:* Schicksalsgöttin; **2** Schicksal
**Moi|ré** [moare, frz.] **1** *m. 9 oder s. 9* Seiden- oder Kunstseidengewebe mit wellenförmiger Musterung; **2** *m. 9 oder s. 9* wellenförmiges Muster auf Pelzen; **3** *s. 9* störende Musterung auf reproduzierten Bildern; **4** *s. 9 Fernsehen:* flimmernde Bildmusterung auf dem Bildschirm; **moi|rie|ren** [moa-] mit Moiré (**1**, **2**) versehen
**mo|kant** [frz.] spöttisch
**Mo|kas|sin** [indian.] *m. 9* **1** *urspr.:* weicher, bestickter Wildlederschuh der nordamerik. Indianer; **2** weicher, ungefütterter Lederschuh
**mo|kie|ren** [frz.] sich über etwas oder jmdn. m.: sich lustig machen
**Mok|ka** [nach der Stadt Mokka im Jemen] *m. 9* **1** eine Kaffeesorte; **2** sehr starker Kaffee
**Mol** *s. 1* → Grammolekül; **mo|lar** auf 1 Mol bezogen; molare Lösung: Lösung, die 1 Mol eines Stoffes in 1 Liter enthält

**Mo|lar** [lat.] *m. 12* Mahlzahn
**Mo|la|ri|tät** *w. 10 nur Ez.* Gehalt (einer Lösung) an chem. wirksamer Substanz von 1 Mol je Liter
**Mo|lar|zahn** *m. 2* → Molar
**Mo|las|se** [frz.] *w. 11 nur Ez.* tertiäre Ablagerungen im nördl. Alpenvorland
**Mo|le 1** [ital.] *w. 11* Hafendamm; **2** [lat.] entartete, abgestorbene Leibesfrucht, Windei
**Mo|lek|tro|nik** *w. 10 nur Ez.* Entwicklung und Verwendung kleinster elektron. Schaltelemente molekularer Größenordnung; **Mo|le|kül** [frz.] *s. 1* kleinste, aus zwei oder mehr Atomen bestehende Einheit einer chem. Verbindung; **mo|le|ku|lar** die Moleküle betreffend
**Mo|le|skin** [moul-, engl. „Maulwurfsfell"] *m. 9 oder s. 9* dichtes, aufgerauhtes Baumwollgewebe, Englischleder
**Mo|le|sten** [lat.] *nur Mz. veraltet:* Beschwerden, Unannehmlichkeiten; **mo|le|stie|ren** *veraltet:* belästigen, Beschwerden bereiten
**Mo|let|te** [frz.] *w. 11* **1** Prägewalze; **2** Stößel (des Mörsers); **3** gezähntes Rädchen zum Eindrücken von Punkten in Metall
**Moll** [zu lat. mollis „weich"] *s. 1 s. Gen.* -s *nur Ez. Mus.:* eins der beiden Tongeschlechter mit kleiner Terz im Dreiklang der Tonika; *Ggs.:* Dur; **2** *m. 9* → Molton
**Mol|la** [arab.] *m. 9* → Mulla
**Mol|lus|ke** [lat.] *w. 11* Weichtier
**Mollo** *m. 9, österr.* Nebenform von Mole
**Mo|loch** [auch: mo-, nach einem durch Menschenopfer verehrten altsemit. Gott] *m. 1* **1** Macht, die alles verschlingt, unersättl. Macht; **2** Dornteufel, eine austral. Echse
**Mo|lo|tow-Cock|tail** [-teil] *m. 9 urspr.:* mit Benzin und Phosphor gefüllte Flasche zur Bekämpfung von Panzern; *heute:* selbstgebastelte Handgranate, Bombe
**mol|to** [ital.] *Mus.:* sehr, z. B. m. vivace: sehr lebhaft
**Mol|ton** [frz.] *m. 9* ein weiches, beidseitig angerauhtes Baumwollgewebe
**Mo|lyb|dän** [griech.] *s. Gen.* -s *nur Ez. (Zeichen:* Mo) chem. Element, ein Metall
**Mo|ment** [lat.] **1** *m. 1* Augenblick, Zeitpunkt, sehr kurze Zeitspanne; **2** *s. 1* Bez. *für* die Wirkung einer Kraft; **3** *s. 1* Umstand, Gesichtspunkt, Merkmal; **mo|men|tan** augenblicklich; **Mo|ment mu|si|cal** [momã myzikal, frz.] *s. Gen. - - Mz.* -s -caux [momã myziko] kurzes, stimmungsvolles Klavierstück
**Mo|na|de** [griech.] *w. 11 Philos.* **1** in sich geschlossene, unteilbare, vollendete Einheit; **2** *bei Leibniz:* Ureinheit der Weltsubstanz; **Mo|na|dol|lo|gie** *w. 11 nur Ez.* Monadenlehre
**Mon|arch** [griech.] (Allein-)Herrscher (Kaiser, König oder Fürst); **Mon|ar|chie** *w. 11* Staatsform mit einem Monarchen an der Spitze; **mon|ar|chisch** zur Monarchie oder zum Monarchen gehörend; **Mon|ar|chis|mus**

*m. Gen.* - *nur Ez.* Streben, die Monarchie zu erhalten oder durchzusetzen; **Mon|ar|chist** *m. 10* Anhänger des Monarchismus; **mon|ar|chi̱|stisch** zum Monarchismus gehörend, auf ihm beruhend

**Mo|na|ste|ri̱|um** [lat.] *s. Gen.* -s *Mz.* -ri|en Kloster; **mo|na̱|stisch** mönchisch

**mon|au|ra̱l** [griech. + lat.] einkanalig; *Ggs.:* stereophon

**Mon|azi̱t** [griech.] *m. 1* ein Mineral

**mon|dän** [frz.] im Stil der großen Welt, auffällig elegant

**mon|di̱|a̱l** [neulat.] weltweit

**mo|ne|tär** [lat.] geldlich; **Mo|ne̱|ten** *nur Mz.* 1 *urspr.:* Bargeld, Münzen; 2 *ugs.:* Geld; **mo|ne|ti|sie|ren** in Geld verwandeln; **Mo̱ney|ma|ker** [mɔnimeɪkər, engl. „Geldmacher"] *m. 5 ugs.:* Geschäftsmann, der aus allem Geld herauszuschlagen sucht

**Mon|go̱|le** *m. 11* Angehöriger der mongolischen Rasse; **Mon|go̱|len|fal|te** *w. 11* → Epikanthus; **mon|go̱|lid** zur mongol. Rasse gehörend; **Mon|go̱|lis|mus** *m. Gen.* - *nur Ez.* Form des angeborenen Schwachsinns mit mongol. Gesichtsbildung; **Mon|go|li̱st** *m. 10* Wissenschaftler der Mongolistik; **Mon|go|li̱|stik** *w. 10 nur Ez.* Wissenschaft von den mongol. Sprachen und Kulturen; **mon|go|lo̱id** 1 Merkmale der mongol. Rasse aufweisend, doch nicht rein mongolisch; 2 an Mongolismus leidend

**Mo|nier|ei|sen** [-nje-, nach dem frz. Gärtner J. Monier] *s. 7* Stab oder Draht aus Stahl zur Verstärkung des Betons

**mo|nie|ren** [lat.] beanstanden, bemängeln

**Mo|ni̱l|lia** [lat.] *w. Gen.* - *nur Ez.* ein Schlauchpilz, Erreger mancher Pflanzenkrankheiten

**Mo|ni̱s|mus** [griech.] *m. Gen.* - *nur Ez.* Lehre, daß allem Sein ein einheitl. Grundprinzip zugrunde liege, im Unterschied zum Dualismus oder Pluralismus

**Mo|ni̱|tor** [lat.] *m. 13* 1 *veraltet:* Aufseher; 2 *veraltet:* kleines Kriegsschiff für Fluß- und Küstenschiffahrt; 3 *Fernsehen:* Kontrollgerät, mit dem das gesendete Bild zu sehen ist; 4 *Kerntechnik:* Kontrollgerät für Strahlung und Temperatur; **Mo|ni̱|to|ri|um** *s. Gen.* -s *Mz.* -ri|en *veraltet:* Mahnschreiben; **Mo̱ni|tum** *s. Gen.* -s *Mz.* -ta Beanstandung, Tadel

**Mo|no|chord** [-kɔrd, griech.] *s. 1 Mus.:* Gerät zum Bestimmen der Tonhöhe und Intervalle

**mo|no|chrom** [-krom, griech.] einfarbig; **Mo|no|chro|ma̱|sie** *w. 11* völlige Farbenblindheit; **mo|no|chro̱|ma|tisch** einfarbig, spektralrein; **Mo|no|chro|mi̱e** *w. 11 nur Ez.* Einfarbigkeit

**Mon|odi̱e** [griech.] *w. 11* 1 *urspr.:* einstimmiger, unbegleiteter Gesang; 2 *nach 1600:* einstimmiger Gesang mit Akkordbegleitung; 3 → Homophonie; **Mon|odik** *w. 10 nur Ez.* Kunst der Monodie; **mon|o̱disch** in der Art der Monodie

**Mo|no|dram** [griech.], **Mo|no|dra̱|ma** *s. Gen.* -s *Mz.* -men Drama mit nur einer handelnden Person

**mo|no|gam** [griech.] auf Monogamie beruhend; *Ggs.:* polygam (1); **Mo|no|ga|mi̱e** *w. 11* Ehe mit nur einem Partner, Einehe (auch bei Tieren); *Ggs.:* Polygamie

**Mo|no|ge|ne̱|se** [griech.], **Mo|no|ge|ne̱|sis** *w. Gen.* - *nur Ez.* ungeschlechtl. Fortpflanzung; *Ggs.:* Amphigonie; **Mo|no|ge|ni̱s|mus** *m. Gen.* - *nur Ez.* Ableitung einer Gruppe von Organismen, z. B. der Menschenrassen, aus einer einzigen Stammform, Monophyletismus; *Ggs.:* Polygenismus; **Mo|no|go|ni̱e** *w. 11 nur Ez.* → Monogenese

**Mo|no|gramm** [griech.] *s. 1* die (oft ineinander verschlungenen) Anfangsbuchstaben des Namens, Namenszeichen; **Mo|no|gram|mi̱|sten** *m. 10 Mz.* Gruppe früher Graphiker, von denen nicht der volle Name, sondern nur das Monogramm bekannt ist; **Mo|no|gra|phi̱e** *w. 11* Abhandlung über einen einzelnen Gegenstand oder Menschen, Einzeldarstellung, z. B. Künstlermonographie

**mo|no|hy|bri̱d** [griech.] sich in nur einem Merkmal unterscheidend; **Mo|no|hy|bri̱|de** *m. 11* aus einer monohybriden Kreuzung hervorgegangener Bastard

**Mon|o̱|kel** [griech. + lat.] *s. 5* Brille für nur ein Auge, Einglas

**mo|no|klin** [griech.] 1 zwei sich schiefwinklig kreuzende Achsen und eine rechtwinklig darauf stehende Achse aufweisend (Kristallsystem); 2 *Bot.:* zwittrig, zweigeschlechtig (Blüte)

**Mo|no|ko|ty|le|do̱|ne** [griech.] *w. 11* einkeimblättrige Pflanze

**mon|oku|la̱r** [griech. + lat.] für nur ein Auge, mit nur einem Auge

**Mo|no|kul|tu̱r** [griech. + lat.] *w. 10* Anbau nur einer Pflanzenart auf einer Fläche

**mo|no|la|te|ra̱l** [griech. + lat.] einseitig

**Mo|no|la|tri̱e** [griech.] *w. 11* Verehrung nur eines Gottes (ohne andere zu leugnen)

**Mo|no|li̱th** [griech.] *m. 10* 1 Steinblock; 2 aus einem einzigen Stein gehauenes Bildwerk

**Mo|no|lo̱g** [griech.] *m. 1* Selbstgespräch; **mo|no|lo|gi|sie|ren** einen Monolog führen

**Mo|no̱m** [griech.] *s. 1 Math.:* aus nur einem Glied bestehende Größe

**mo|no|man** [griech.] von einer fixen Idee besessen, von einem einzigen Trieb beherrscht; **Mo|no|ma̱|ne** *m. 11* jmd., der an Monomanie leidet; **Mo|no|ma|ni̱e** *w. 11 nur Ez.* Besessenheit von einer fixen Idee, von einem einzigen Trieb

**mo|no|mer** [griech.] in einzelnen kleinen Molekülen vorliegend; *Ggs.:* polymer; **Mo|no|mer** *s. 1* kleinste Einheit eines Polymers

**Mo|no|me|tal|li̱s|mus** *m. Gen.* - *nur Ez.* auf nur einem Währungsmetall beruhende Währung; *Ggs.:* Bimetallismus

mo|no|misch [griech.] *Math.:* aus einem einzigen Glied bestehend, eingliedrig; **Mo|nonom** *s.1* → Monom

**Mo|no|pha|ge** [griech.] *m.11* Tier, das auf eine bestimmte Nahrung angewiesen ist; **Mono|pha|gie** *w.11 nur Ez.* auf eine bestimmte Nahrung eingestellte Ernährungsweise; vgl. Polyphagie, Pantophagie

**Mo|no|pho|bie** [griech.] *w.11* krankhafte Angst vor dem Alleinsein

mo|no|phon [griech.] einkanalig; *Ggs.:* stereophon

**Mo|no|phthong** [griech.] *m.1* einfacher Vokal; vgl. Diphthong, Triphthong; **mo|nophthon|gie|ren** vom Diphthong zum Monophthong übergehen (lassen), z. B. ei zu e in Dritteil und Drittel; *Ggs.:* diphthongieren

**Mo|no|phy|le|tis|mus** *m.Gen.- nur Ez.,* **Mono|phy|lie** *w.11 nur Ez.* → Monogenismus

**Mo|no|ple|gie** [griech.] *w.11* Lähmung nur eines Gliedes oder Gliedteiles

**Mo|no|po|die** [griech.] *w.11* Einheit aus nur einem Versfuß, im Unterschied zur Di- und Tripodie; **Mo|no|po|di|um** *s.Gen.-s Mz.* -di en *Bot.:* eine Verzweigungsform der Sproßachse (mit durchgehender Hauptachse)

**Mo|no|pol** [griech.] *s.1* alleiniger Anspruch, alleiniges Vorrecht (z. B. eine Ware zu produzieren oder zu verkaufen); **mo|no|po|li|sieren** etwas m.: das Monopol über etwas gewinnen; den Salzhandel m.; **Mo|no|po|lismus** *m.Gen.- nur Ez.* auf Beherrschung des Marktes durch Monopole gerichtetes Streben; **Mo|no|po|list** *m.10* 1 Inhaber eines Monopols; 2 Vertreter des Monopolismus; **Mono|pol|ka|pi|tal** *s.Gen.-s nur Ez.* im marxist. *Sprachgebrauch* 1 das in Monopolen wirkende Kapital; 2 Gesamtheit monopolist. Unternehmen; **Mo|no|pol|ka|pi|ta|lis|mus** *m.Gen.nur Ez.,* nach Lenin: höchste Stufe des Kapitalismus, gekennzeichnet durch starke Konzentration wirtschaftlicher, auf Monopolen beruhender Macht

**Mo|no|pte|ros** [griech.] *m.Gen.- Mz.*-ren *oder* -pte|ren *oder* -roi 1 kleiner antiker Säulenrundbau; 2 *heute:* ähnlich gebauter Pavillon in Parks

**Mo|no|sac|cha|rid** *s.1* einfacher Zucker

mo|no|syl|la|bisch [griech.] nur aus einer Silbe bestehend, einsilbig; **Mo|no|syl|la|bum** *s.Gen.-s Mz.*-ba einsilbiges Wort

**Mo|no|the|is|mus** [griech.] *m.Gen.- nur Ez.* Glaube an einen einzigen Gott; *Ggs.:* Polytheismus

mo|no|ton [griech.] eintönig, einförmig; **Mono|to|nie** *w.11 nur Ez.* Eintönigkeit, Einförmigkeit

**Mo|no|tre|men** [griech.] *Mz.* Kloakentiere

mo|no|trop [griech.] beschränkt anpassungsfähig; **Mo|no|tro|pie** *w.11 nur Ez.* nur in einer Richtung mögliche Umwandelbarkeit eines Stoffes

**Mo|no|type** [-taip, griech. + engl.] *w.9* ⑩ eine Setz- und Gießmaschine für Einzelbuchstaben

**Mon|oxid** *s.1* Verbindung eines chem. Elements mit Sauerstoff, bei der je Molekül nur ein Sauerstoffatom gebunden wird

**Mon|özie** [griech.] *w.11 nur Ez. Bot.:* Einhäusigkeit; *Ggs.:* Diözie; **mon|özisch** *Bot.:* einhäusig

mo|no|zy|klisch nur einen Ring enthaltend (chem. Verbindung)

**Mo|no|zy|ten** [griech.] *Mz.* größte weiße Blutkörperchen

**Mon|roe|dok|trin** [-rou-] *w.10 nur Ez.* von dem US-amerik. Präsidenten J. Monroe 1823 aufgestellter Grundsatz der gegenseitigen Nichteinmischung („Amerika den Amerikanern, Europa den Europäern")

**Mon|sei|gneur** [mõsɛnjœr, frz.] *m.1 oder m.9* (*Abk.:* Mgr.) *in Frankreich Titel urspr. für Ritter, dann für Prinzen und hohe Geistliche;* **Mon|sieur** [məsjø] *m.Gen.- nur Ez.*, Messieurs [mesjø] (*Abk.:* M., *Mz.:* MM.) *in Frankreich:* Herr (*als Anrede, alleinstehend oder vor dem Namen*); **Mon|si|gno|re** [mɔnsinjorə, ital.] *m.Gen.-s Mz.*-ri (*Abk.:* Mgr. *oder* Msgr.) *Titel für* hohen geistl. Würdenträger

**Mon|ster. . .** [lat., zu: Monstrum] *in Zus.:* riesig, Riesen …

**Mon|ste|ra** [Herkunft unsicher] *w.Gen.- Mz.*-rae [-rɛ:] Angehörige der Familie der Aronstabgewächse, eine Kletterpflanze

**Mon|ster|film** *m.1* ein Film mit Überlänge und riesigem Aufgebot an Menschen und Ausstattung; **Mon|stra** *Mz. von* Monstrum

**Mon|stranz** [lat.] *w.10* Gefäß zum Tragen und Zeigen der geweihten Hostie

**Mon|stre. . .** vgl. Monster. . .; **mon|strös** 1 unförmig, mißgestaltet, vom normalen Bau abweichend (z. B. Geweih); 2 *übertr.:* ungeheuerlich; **Mon|stro|si|tät** *w.10 nur Ez.* monströse Beschaffenheit, Mißbildung; **Monstrum** *s.Gen.-s Mz.*-stren *oder* -stra mißgebildetes Wesen, Ungeheuer

**Mon|sun** [arab.] *m.1 in Asien, bes. Indien:* halbjährlich wechselnder Wind (Sommer-, Wintermonsun)

**Mon|ta|ge** [-ʒə, frz.] *w.11* 1 Aufstellen und Zusammenbauen (von Maschinen, techn. Anlagen); 2 Kunstwerk, das aus urspr. nicht dazu geschaffenen Einzelteilen zusammengesetzt ist; 3 künstler. Gestaltung (eines Films) durch Schnitt, Auswahl und Zusammenstellen der einzelnen Handlungseinheiten; **Monta|ge|bau** *m.1 nur Ez.* Bauweise mit größeren Fertigteilen

**Mon|ta|gnard** [mõtanjar, frz.] *m.9 während der Frz. Revolution:* Angehöriger der „Bergpartei" (der äußersten Linken, nach ihren hochgelegenen Sitzen in der verfassunggebenden Versammlung)

**mon|tan** [lat.] zum Bergbau und Hüttenwesen gehörig

**Mon|ta|nis|mus** [nach dem Begründer, dem in Kleinasien geborenen Propheten Montanus] *m. Gen. - nur Ez.* Lehre der Sekte der Montanisten (2./3. Jh.) von dem baldigen Ende der Welt; **Mon|ta|nist** *m. 10* 1 Anhänger des Montanismus; 2 Fachmann in Bergbau und Hüttenwesen

**Mon|tan|uni|on** *w. 10 nur Ez.* Europ. Gemeinschaft für Kohle und Stahl; **Mon|tan-wachs** *s. 1 nur Ez.* ein aus Braunkohle gewonnenes Wachs

**Mont|bre|tie** [mɔbretsjə, nach dem frz. Naturforscher C. de Montbret] *w. 11* eine südafrik. Gattung der Schwertliliengewächse

**Mon|teur** [mɔntør, frz.] *m. 1* Facharbeiter für die Montage von Maschinen und techn. Anlagen

**Mont|gol|fie|re** [mɔgɔlfjɛrə, nach den frz. Erfindern, den Brüdern Montgolfier] *w. 11* mit Warmluft gefüllter Ballon

**mon|tie|ren** [frz.] aufstellen, auf-, zusammenbauen (Maschine, techn. Anlage)

**Mon|tur** *w. 10* 1 *veraltet:* Uniform; 2 *noch ugs. scherzh.:* Anzug, Arbeitsanzug

**Mo|nu|ment** [lat.] *s. 1* (großes) Denkmal; Monumenta Germaniae historica: Historische Denkmäler Deutschlands (wichtigste Sammlung mittelalterl. Quellen zur dt. Geschichte; *Abk.:* MGH); **mo|nu|men|tal** in der Art eines Monuments, denkmalartig, gewaltig, riesig groß

**Mop** [engl.] *m. 9* Staubbesen mit Fransen statt der Borsten

**Mo|ped** [Kurzw. aus Motor und Veloziped oder Pedal] *s. 9* leichtes Motorrad

**mop|pen** mit dem Mop fegen

**Mo|ra** 1 [lat.] *w. Gen. - Mz.* -ren kleinste Zeiteinheit im Vers, Dauer einer kurzen Silbe; *veraltet:* Verzug, Verzögerung (einer Zahlung); 2 [ital.] *w. Gen. - Mz. -* ein ital. Fingerspiel

**Mo|ral** [lat.] *w. Gen. - nur Ez.* 1 Sittlichkeit; 2 sittl. Verhalten, innerer Halt; 3 Sittenlehre; 4 sittl. Nutzanwendung; **Mo|ra|lin** *s. Gen. -s nur Ez.* moral. Heuchelei; **Mo|ral in|sa|ni|ty** [mɔrəl insæniti, engl.] *w. Gen. - - nur Ez.* Mangel an sittl. Gefühl bei normaler Intelligenz; **mo|ra|lisch** auf Moral beruhend, der Moral entsprechend, sittlich, sittenstreng; **mo|ra|li|sie|ren** Moral predigen, moral. Betrachtungen anstellen; **Mo|ra|lis|mus** *m. Gen. - nur Ez.* 1 Anerkennung verbindl. Moralgesetze; vgl. Amoralismus, Immoralismus; 2 Überbetonung der Moral; **Mo|ra|list** *m. 10* 1 moral. Mensch; 2 *bes. in Frankreich im 16./18. Jh.:* moralisierender Schriftsteller; 3 Sittenlehrer; 4 Sittenprediger; **Mo|ra|li|tät** *w. 10* 1 *nur Ez.* Sittlichkeit, sittl. Bewußtsein; vgl. Amoralität, Immoralität; 2 *Ende des MA:* lehrhaftes moral. Schauspiel

**Mo|rä|ne** [frz.] *w. 11* von Gletschern mitgeführter und abgelagerter Gesteinsschutt

**Mo|ra|to|ri|um** [lat.] *s. Gen. -s Mz. -ri|en* Zahlungsaufschub

**mor|bid** [lat.] 1 kränklich, angekränkelt; 2 *übertr.:* morsch, brüchig; **Mor|bus** *m. Gen. - Mz. -bi* Krankheit

**Mor|dent** [ital.] *m. 1* (*Zeichen:* ᷎) *Mus.:* Pralltriller, einmaliger, nach unten ausgeführter Wechselschlag

**Mo|re** *w. 11* → Mora (1)

**Mo|rel|le** [ital.] *w. 11* eine Sauerkirschenart

**mo|ren|do** [ital.] *Mus.:* immer leiser werdend, ersterbend, verhauchend

**Mo|res** [lat.] *Mz.* Anstand, gute Sitten; *nur in der Wendung:* jmdn. M. lehren, ich will dich M. lehren

**Mo|res|ca** [ital.] *w. Gen. - nur Ez.* europ. pantomim. Tanz; **Mo|res|ke** *w. 11* → Maureske

**mor|ga|na|tisch** [mlat.] ungesetzlich; *nur in der Fügung* morganatische Ehe: Ehe zur linken Hand

**Mo|ria** [griech.] *w. Gen. - nur Ez.* leichte Geistesstörung mit übertriebener Heiterkeit

**mo|ri|bund** [lat.] dem Tod geweiht; *Med.:* im Sterben liegend

**Mo|ri|nell** [span.] *m. 1* ein Regenpfeifervogel

**Mo|ris|ca** *w. Gen. - nur Ez.,* **Mo|ris|ke** *w. 11* → Moresca; **Mo|ris|ken** *m. 11 Mz.* die in Spanien nach Ende der Maurenherrschaft zurückgebliebenen Mauren

**Mo|ri|tat** [lat.] *w. 10* 1 Mordtat, schrecklicher Unglücksfall; 2 einen solchen Fall schilderndes Bänkelsängerlied, Schauerballade

**Mor|mo|ne** [nach dem Buch „Mormon" des Begründers J. Smith] *m. 11* Angehöriger einer nordamerik. christl. Sekte

**Mo|ri|nel|le** *w. 11* → Morinell

**mo|ros** [lat.] *veraltet:* mürrisch, verdrießlich

**Mor|phe** [griech.] *w. Gen. - nur Ez.* Gestalt, Form, Aussehen; **Mor|phem** *s. 1 Phonologie:* kleinster bedeutungshaltiger Teil eines Wortes, z. B. Bau(er), lieb(te); **Mor|phe|ma|tik** *w. 10 nur Ez.* Lehre von den Morphemen

**Mor|phin** [griech.] *s. Gen. -s nur Ez.* aus Opium gewonnenes, schmerzlinderndes Alkaloid, ein Rauschgift; **Mor|phi|nis|mus** *m. Gen. - nur Ez.* Morphiumsucht; **Mor|phi|um** *s. Gen. -s nur Ez.* → Morphin

**Mor|pho|ge|ne|se** [griech.] *w. 11,* **Mor|pho|ge-ne|sis** *w. Gen. - Mz. -ne|sen* Entwicklung von Gestalt und Form eines Lebewesens; **mor-pho|ge|ne|tisch** gestaltbildend; **Mor|pho|ge-nie** *w. 11* → Morphogenese; **Mor|phol|lo|gie** *w. 11 nur Ez.* Lehre von der Gestalt- und Formbildung (der Lebewesen sowie der Wörter), Formenlehre; **Mor|pho|me|trie** *w. 11 nur Ez.* Vermessung von Geländeformen

**Mor|se|al|pha|bet** [nach dem nordamerik. Erfinder S. Morse] *s. 1 nur Ez.* aus Punkten und Strichen bestehendes Alphabet zur Nach-

richtenübermittlung durch Ton- oder Licht-
signale bzw. Stromimpulse; **mor|sen** in Zei-
chen des Morsealphabets übermitteln
**Mor|tal|del|la** [ital.] *w. Gen. - nur Ez.* eine
Wurstsorte
**Mor|ta|li|tät** [lat.] *w. 10 nur Ez.* Sterblichkeit;
*Ggs.:* Natalität, Immortalität
**Mor|ti|fi|ka|ti|on** [-tsjon] *w. 10 nur Ez.* 1 Ka-
steiung, Abtötung (von Begierden in der As-
kese); 2 Absterben von Gewebe, Gewebs-
tod; 3 *auch:* Ungültigkeitserklärung; **mor|ti-
fi|zie|ren** 1 abtöten; 2 absterben lassen; 3 für
ungültig erklären; 4 *veraltet:* beleidigen,
kränken
**Mo|ru|la** [lat.] *w. Gen. - nur Ez.* erstes Ent-
wicklungsstadium des Keims von vielzelligen
Tieren und des Menschen, Maulbeerkeim
**Mo|sa|ik** [lat.] *s. 12* 1 Einlegearbeit aus farbi-
gen Steinchen, Stiften oder Glasstückchen in
Mauern oder Fußböden; 2 *übertr.:* sich aus
vielen Einzelteilen allmählich zusammenset-
zende Vorstellung
**Mo|sa|is|mus** *m. Gen. - nur Ez.* *veraltet:*
Judentum
**Mo|sa|ist, Mo|sai|zist** *m. 10* Künstler, der Mo-
saiken herstellt
**Mo|schee** [arab.-frz.] *w. 11* mohammedan.
Kirche
**Mo|schus** [sanskr.] *m. Gen. - nur Ez.* aus der
Drüsenabsonderung des Moschustiers ge-
wonnener Riechstoff; **Mo|schus|bock** *m. 2* ein
Bockkäfer, riecht nach Moschus; **Mo|schus-
och|se** *m. 11* ein arktischer rindähnlicher
Hornträger, dessen Fleisch nach Moschus
riecht, Bisamochse; **Mo|schus|tier** *s. 1* eine
kleine zentralasiat. geweihlose Hirschart, aus
deren Geschlechtsdrüsenabsonderung Mo-
schus gewonnen wird
**Mo|ski|to** [span.] *m. 9* Angehöriger einer
Gruppe von tropischen Stechmückenfamilien
**Mos|lem** [arab.] *m. 9* Angehöriger des Islams,
Mohammedaner; **mos|le|mi|nisch, mos|le-
misch** zu den Moslems gehörig, mohamme-
danisch; **Mos|li|me** *w. 11* weibl. Moslem
**mos|so** [ital.] *Mus.:* bewegt, lebhaft
**Mo|tel** [Kurzw. aus engl. motorist's hotel
„Hotel für Reisende mit Motorfahrzeug"]
*s. 9* Hotel mit Appartements und Garagen an
Autostraßen
**Mo|tet|te** [ital.] *w. 11* mehrstimmiges, meist
unbegleitetes (heute nur noch geistl.) Chor-
gesangsstück
**Mo|ti|li|tät** [lat.] *w. 10 nur Ez.* Bewegungs-
vermögen, Beweglichkeit (bes. von Mus-
keln); **Mo|ti|on** [-tsjon] *w. 10* 1 Bewegung;
2 *schweiz.:* schriftl. Antrag (im Parlament);
3 Bildung der Genusformen beim Adjektiv;
**Mo|tio|när** *m. 1 schweiz.:* jmd., der eine Mo-
tion (2) einreicht
**Mo|tiv** [mlat.-frz.] *s. 1* 1 Leitgedanke; 2 Be-
weggrund, Antrieb (für eine Handlung);
3 kennzeichnender inhaltl. Bestandteil einer

Dichtung, z. B. Märchenmotiv (M. der
feindl. Brüder); 4 kleinste charakterist. Ton-
figur einer Melodie oder eines musikal. The-
mas; 5 *bildende Kunst und Malerei:* Gegen-
stand der Darstellung, z. B. Rankenmotiv;
**Mo|ti|vat|ti|on** [-tsjon] *w. 10* Gestimmtsein, in-
nere Bereitschaft für ein Motiv (2); **mo|ti|vie-
ren** eine Handlung m.: aus den Motiven, die
zu ihr führten, begründen; jmdn. m.: jmdm.
ein Motiv geben, etwas zu tun, jmdn. zu etwas
anregen; **Mo|ti|vik** *w. 10 nur Ez. Mus.:* Kunst
der Verarbeitung von Motiven; **mo|ti|visch**
auf ein Motiv bezüglich, ein Motiv, die Motive
betreffend
**Mo|to-Cross** [engl.] *s. Gen. - nur Ez. Motor-
radsport:* Geschicklichkeitswettbewerb beim
Geländefahren; **Mo|to|drom** [lat.-griech.] *s. 1*
Rennbahn für Motorfahrzeuge; **Mo|tor**
[auch: -tor, lat.] *m. 13 bzw. 12* 1 Maschine
zum Erzeugen von mechan. Arbeitskraft;
2 *übertr.:* Triebkraft; **Mo|to|rik** *w. 10 nur Ez.*
1 die willkürl. Bewegungsabläufe des Kör-
pers; 2 *auch übertr.:* gleichmäßig wiederholter
Bewegungsablauf; 3 Bewegungsart; **mo|to-
ri|sie|ren** mit Kraftmaschinen oder -fahrzeu-
gen ausstatten; motorisiert sein *ugs. scherzh.:*
ein Auto haben
**Mot|to** [ital.] *s. 9* Leit-, Wahlspruch
**Mo|tu|pro|prio** [lat. „aus eigenem Antrieb"]
*s. 9* nicht auf Eingaben beruhender Erlaß des
Papstes
**mouil|lie|ren** [muji-, frz.] einen Konsonanten
m.: erweichen, ein j sprechen oder nachklin-
gen lassen, palatalisieren, z. B. brillant [bril-
jant], Señor [senjor], *frz.* fille [fijə]
**Moul|age** [mulaჳə, frz.] *w. 11* 1 Abdruck,
Abguß; 2 farbiges Wachsmodell (des Kör-
pers oder von Körperteilen)
**Moul|liné** [mu-, frz.] *m. 9* 1 Zwirn aus zwei
verschiedenfarbigen Garnen; 2 Gewebe dar-
aus; **moul|li|nie|ren** [mu-] zwirnen (Seide)
**Mound** [maund, engl.] *m. 9* im vorkolumb.
*Amerika:* Grabhügel, Tempelhügel
**Mousse** [mus, frz.] *w. 9* mit Eischnee ge-
mischte Speise
**mous|sie|ren** [mu-, frz.] schäumen, prickeln
**Mous|té|ri|en** [musteriẽ, nach dem frz. Fund-
ort Le Moustier] *s. Gen. -s nur Ez.* Stufe der
jüngeren Altsteinzeit
**Mo|vens** [lat.] *s. Gen. - nur Ez.* treibende
Kraft, Beweggrund; **mo|vie|ren** ein Adjektiv
m.: seine Genusformen bilden
**Moz|ar|al|ber** [arab.] *m. 5* Christ in Spanien
während der arab. Herrschaft, der die arab.
Sprache und Kultur angenommen hatte
**mp** *Abk. für* mezzopiano
**MP** 1 *Abk. für* Megapond; 2 *Abk. für* Ma-
schinenpistole
**Mp.** *Abk. für* Maschinenpistole
**m. p.** *Abk. für* manu propria
**M. P.** *Abk. für* Member of Parliament (Mit-
glied des brit. Parlaments)

**m. pp., m. pr.** *Abk. für* manu propria
**Mr.** *Abk. für* Mister
**Mrd.** *Abk. für* Milliarde(n)
**Mrs.** *Abk. für* Mistress
**Ms.** *Abk. für* Manuskript
**m. s.** *Abk. für* mano sinistra
**m/s, m/sec** *Abk. für* Meter pro Sekunde, Metersekunde
**Msgr.** *Abk. für* Monsignore
**Mskr.** *Abk. für* Manuskript(e)
**Mss.** *Abk. für* Manuskripte
**MsTh** *Abk. für* Mesothorium
**Mt** *Abk. für* Megatonne
**MTA** *Abk. für* medizinisch-technische Assistentin
**MTS** *DDR: Abk. für* Maschinen-Traktoren-Station
**Muchltar** [türk.] *m. 9 in der Türkei:* Gemeindevorsteher
**Mulcor** [lat.] *m. Gen. -s nur Ez.* der häufigste Schimmelpilz (z. B. auf Brot)
**Muldeljar-Stil** [-xar-, nach den Mudejaren, den „zum Bleiben (in Spanien) ermächtigten" mohammedan. Arabern] *m. 1 nur Ez.* span. Kunststil bes. im 14. Jh. mit maurischen Elementen
**Muldir** [arab.-türk.] *m. 1* **1** Vorsteher einer ägypt. Provinz; **2** *Titel für* türk. Beamten
**Mulezlzin** [arab.-türk.] *m. 9 im Islam:* Gebetsrufer
**Muff 1** [ndrl.] *m. 1 nur Ez. nddt.:* Schimmel-(pilz), Moder, fauliger Geruch; **2** [frz.] *m. 1* Handwärmer (für beide Hände) aus Pelz
**Muffllon** [frz.] *s. 9* Wildschaf
**Muflti** [arab.] *m. 9* mohammedan. Rechtsgelehrter, der Gutachten nach relig. Recht abgibt
**Mulkoilde** [lat.] *s. 1 Mz.* (meist schleimige) Eiweißstoffe; **mulkös** schleimig
**Mullatlte** [span.] *m. 11* Mischling aus einem europiden und einem negriden Elternteil
**Mulli** [lat.] *s. 9, süddt., österr. für* Mulus (1)
**Mullilnee** *m. 9 eindeutschende Schreibung von* Mouliné; **mullilnielren** → moulinieren
**Mull** [engl.] *m. 1 nur Ez.* feines, lockeres Baumwollgewebe, Verbandmull
**Mullla, Mollla** [arab. „Herr"] *m. 9, Titel für:* mohammedan. Geistlicher oder Gelehrter
**multildilmenlsiolnal** *Psych.:* vielschichtig; **mullti\|lalte\|ral** [lat.] mehr-, vielseitig, mehrere Personen oder Staaten umfassend; **multilli-ne ar** verzweigt, in vielen Richtungen verlaufend; **Multi-Meldia** *nur Mz.* → Medienverbund; **mullti\|mel\|di al** aus mehren Medien bestehend, für viele Medien bestimmt; **Mul-ti\|mill\|lio\|när** *m. 1* mehr-, vielfacher Millionär; **Mullti\|pa\|ra** *w. Gen.- Mz.* -palren Frau, die mehrmals geboren hat; vgl. Nullipara, Primipara; **mullti\|pel** vielfach; multiple Sklerose: Erkrankung des Zentralnervensystems mit vielen Verhärtungsherden und fortschreitenden Lähmungen; **Mulltiple Choice** [mʌltipl tʃɔis,

engl.] *w. Gen. -- Mz. --s* [tʃɔisiz] Test, in dem mehrere Lösungsmöglichkeiten vorgegeben sind, aus denen die richtige ausgewählt werden muß, Auswahltest; **mulltiplex** vielfältig; **Mulltiplier** [-plaiər] *m. 5* Elektronenvervielfacher; **Mulltipllikand** *m. 10* Zahl, die multipliziert werden soll, z. B. die 5 in 4 × 5; vgl. Multiplikator; **Mulltipllikaltion** [-tsjon] *w. 10* Vervielfachung, das Malnehmen; **mullti\|pli-kaltiv** auf Multiplikation beruhend; **Mullti-pli\|kaltiv\|zahl** *w. 10* Vervielfältigungszahl, z. B. zweimal, dreifach; **Mulltipllikaltor** *m. 13* multiplizierende Zahl, z. B. die 4 in 4 × 5; vgl. Multiplikand; **mullti\|pli\|zielren** malnehmen, vervielfachen; **Mulltiplum** *s. Gen.-s Mz.*-pla *veraltet:* Vielfaches; **Mulltis** *nur Mz. Kurzw. für* multinationale Gesellschaften (schwer kontrollierbare Wirtschaftsunternehmen, die in mehreren Staaten tätig sind); **mullti\|vallent** mehr-, vielwertig, mehrere Lösungen zulassend; **Mullti\|vi\|bra\|tor** *m. 13* elektr. Schaltung mit zwei steuerbaren Elementen; **mulltum, non mullta** viel, nicht vielerlei, d. h. ein Ganzes, nicht viele Einzelheiten, *übertr.:* Tiefe, Gründlichkeit (nicht Breite und Oberflächlichkeit)
**Mulus** [lat.] *m. Gen. - Mz.* -li **1** Maulesel; **2** *ugs. scherzh.:* Abiturient zwischen Abitur und Studium
**Mumie** [-mjə, pers.] *w. 11* durch Einbalsamieren oder natürliche Austrocknung vor Verwesung geschützte Leiche; **Mulmilfilkaltion** [-tsjon, pers. + lat.] *w. 10* das Mumifizieren; **mulmilfilzielren 1** eintrocknen lassen (Gewebe); **2** einbalsamieren
**Mumlmy** [mʌmi, engl.] *m. 9* Auftraggeber eines Ghostwriters
**Mumps** [engl.] *m. 1 nur Ez.* Infektionskrankheit mit Entzündung und Anschwellen der Ohrspeicheldrüsen, Ziegenpeter
**munldan** [lat.] *veraltet:* weltlich
**Munldilum** [lat.] *s. Gen. -s Mz.* -di en, *im alten dt. Recht:* Schutzpflicht
**Munldus** [lat.] *m. Gen. - nur Ez.* Welt, Weltordnung; **Munldus vult delcilpi** Die Welt will betrogen sein
**Munlgo** [ind.] *m. 9* **1** eine ind. Schleichkatze, Art der Mangusten; **2** Wolle aus Tuchlumpen
**Mulniltilon** [-tsjon, lat.] *w. 11 nur Ez.* Vorrat an Geschossen für Feuerwaffen
**mulnilzilpal** [lat.] *veraltet:* städtisch, zur Gemeinde gehörend; **mulnilzilpallilsielren** in Gemeindeeigentum überführen; **Mulnilzilpallität** *w. 10 nur Ez. veraltet:* Gesamtheit der städt. Beamten, Stadtobrigkeit; **Mulnilzilpilum** *s. Gen. -s Mz.* -pilen **1** altröm. Landstadt; **2** *veraltet:* Stadtgemeinde, Stadtverwaltung
**Mulräne** [lat.] *w. 11* ein aalähnl. Speisefisch
**mulrialtisch** [lat.] kochsalzhaltig (Heilquelle)
**Mulring** [engl.] *w. 1* Vorrichtung zum Auswerfen von zwei Ankern
**Mulsalget** [nach Musagetes, dem Beinamen

Apollons] *m. 10 veraltet:* Musenfreund, Gönner, Förderer der Künste

**Mu̱ḷschik** [russ. -ʃịk] *m. 9, früher:* russischer Bauer

**Mu̱ḷschir** [arab.] *m. 1, früher in der Türkei:* Feldmarschall

**Musch|ko̱|te** [zu: Musketier] *m. 11, früher abfällig:* Fußsoldat

**Mu̱ḷse** [griech.] *w. 11 griech. Myth.:* jede der neun Göttinnen der Künste und Wissenschaften

**mu̱ḷse|al** zum Museum gehörend

**Mu̱ḷsel|man** [arab.] *m. 10* → Moslem; **Mu̱ḷsel|ma̱|nin** *w. 10* → Moslime; **Mu̱ḷsel|mann** *m. 4 fälschl. für* → Muselman

**Mu̱ḷsen|sohn** *m. 2 veraltet poet.:* Dichter; **Mu̱ḷsen|tem|pel** *m. 5 veraltet poet.:* Theater

**Mu̱ḷsette** [myzɛt, frz.] *w. 9 oder w. 11* **1** frz. Form des Dudelsacks; **2** langsamer ländlicher Tanz im Dreivierteltakt mit dudelsackähnlichem Baß; **3** *im 18. Jh.:* Satz der Suite

**Mu̱ḷse|um** [griech.] *s. Gen. -s Mz. -se|en* **1** öffentl. Sammlung von Gegenständen aus Kunst und Wissenschaft; **2** Räume oder Gebäude dafür

**Mu̱ḷsi|ca** *lat. Bez. für* Musik; M. antiqua: alte Musik; M. nova: neue Musik; M. sacra: Kirchenmusik; M. viva: moderne (lebende) Musik; **Mu̱ḷsi|cal** [mju̱zikəl, engl.] *s. 9* heiteres Singspiel, moderne Form der Operette

**mu̱ḷsiert** → musivisch

**Mu̱ḷsi̱k** [auch: -sịk, griech.-lat.] *w. 10* **1** die Kunst, Töne nach bestimmten Regeln zu einem Kunstwerk zusammenzustellen, Tonkunst; **2** das Kunstwerk selbst; **3** Gesamtheit dieser Kunstwerke eines Volkes, einer Epoche oder eines Komponisten; **Mu̱ḷsi̱k|ka̱|li|en** *Mz.* Notenbücher und -hefte; **mu̱ḷsi̱k|ka̱|lisch 1** zur Musik (1) gehörend, auf ihr beruhend; **2** für Musik (1) begabt, musikliebend; **3** klangvoll wie Musik (2); **Mu̱ḷsi̱k|ka̱|li|tät** *w. 10 nur Ez.* Musikbegabung, -empfinden, musikal. Wirkung, musikal. Beschaffenheit; **Mu̱ḷsi̱k|ka̱nt** *m. 10* **1** Spielmann, Unterhaltungsmusiker *(auch abfällig);* **2** bes. musikal., musikbesessener Musiker; **mu̱ḷsi̱k|ka̱n|tisch** musikbesessen, musizierfreudig; **Mu̱ḷsi̱k|box** *w. 10* Musikautomat, der nach Münzeinwurf Schallplatten spielt, bes. in Gaststätten; **Mu̱ḷsi̱k|di|rek|tor** *m. 13 (Abk.:* MD) staatl. oder städt. angestellter Leiter eines Orchesters oder Chores; **Mu̱ḷsi̱k|dra̱|ma** *s. Gen. -s Mz. -men* **1** *i. w. S.:* Oper; **2** *i. e. S.:* durchkomponierte Oper mit dramat. Charakter im Sinne R. Wagners; **Mu̱ḷsi̱k|ker** *m. 5* jmd., der beruflich Musik (1) ausübt oder ein Musikinstrument spielt; **Mu̱ḷsi̱k|kon|ser|ve** *w. 11* Schallplatte, bespieltes Tonband; **Mu̱ḷsi̱k|korps** [-ko:r] *s. Gen. -* [-ko:rs] *Mz. -* [-ko:rs] Militärmusikkapelle; **Mu̱ḷsi̱k|kol|lo̱|ge** *m. 11* Musikwissenschaftler; **Mu̱ḷsi̱k|the̱|ra|pie** *w. 11* Heilmethode für psychisch Kranke mit Hilfe

der Musik; **Mu̱ḷsi̱|kus** *m. 1 veraltet, noch scherzh.:* Musiker

**Mu̱ḷsique con|crète** [myzik kõkrɛt, frz. „konkrete Musik"] *w. Gen. - - nur Ez.* Musik, die mit Klängen aus allen Bereichen des Hörbaren arbeitet, z. B. mit Naturlauten oder mit exotischer Musik

**mu̱ḷsisch 1** zu den Musen gehörend, von ihnen stammend; **2** aufgeschlossen, empfänglich für die Kunst, kunstliebend; kunstbegabt; musisches Gymnasium: Gymnasium, das die musische Erziehung besonders betont

**mu̱ḷsiv** [lat.] → musivisch; **Mu̱ḷsiv|ar|beit** *w. 10* eingelegte Arbeit, Mosaik; **Mu̱ḷsiv|gold** *s. Gen. -(e)s nur Ez.* goldfarbiges Zinndisulfid, unechtes Gold; **mu̱ḷsiv|visch** eingelegt, mosaikartig; **Mu̱ḷsiv|sil|ber** *s. 5 nur Ez.* Zinn-Wismut-Quecksilber-Legierung, unechtes Silber

**mu̱ḷsi|zie|ren** Musik machen

**Mus|ka̱|rin** [lat.] *s. 1 nur Ez.* Gift des Fliegenpilzes, auch als Rauschgift verwendet

**Mus|ka̱t** [mlat.] *m. 1* ein Gewürz; **Mus|ka̱|tel|ler** *m. 5* **1** eine Rebensorte mit muskatartigem Geschmack; **2** der daraus gewonnene Wein

**Mu̱s|kel** [lat.] *m. 14* der Bewegung dienendes Organ des menschl. und tier. Körpers; **Mu̱s|kel|atro|phie** *w. 11* Muskelschwund infolge Untätigkeit

**Mus|ke̱|te** [frz.] *w. 11 früher:* großkalibriges Gewehr; **Mus|ke̱|tier** *m. 1 früher:* Soldat mit Muskete

**Mus|ko̱|vit** [-vit, nach dem lat. Namen Muscovia für Moskau], **Mus|ko|wi̱t** *m. 1* ein Mineral, heller Kaliglimmer

**mus|ku|lär** zu den Muskeln gehörig, von ihnen ausgehend; **Mus|ku|la̱|tur** *w. 10 nur Ez.* Gesamtheit der Muskeln; **mus|ku|lös** mit vielen oder starken Muskeln versehen

**Mu̱s|lim** *m. 1* → Moslem; **Mus|li̱|me** *w. 11* → Moslime; **mus|li̱|misch** → moslemisch

**Mus|se|lin** [nach der Stadt Mosul] *m. 1* leichtes, feines Woll- oder Baumwollgewebe

**Mus|se|ron** [-rõ, lat.-frz.] *m. 9* ein nach Knoblauch riechender Würzpilz

**Mu̱s|tang** [span.] *m. 9* Wildpferd oder verwildertes Hauspferd der Prärie

**Mu̱l|ta** [lat.] *w. Gen. - Mz. -tä* Explosivlaut, Verschlußlaut

**mu̱l|ta|bel** [lat.] veränderlich, wandelbar; **Mu̱l|ta|bi|li|tät** *w. 10 nur Ez.* Wandelbarkeit; **mu̱l|ta|gen** erbl. Veränderungen erzeugend; **Mu̱l|ta|gen** *m. 1* Faktor, der erbl. Veränderungen auslöst; **Mu̱l|tant** *m. 10* Individuum mit veränderten Erbeigenschaften; **Mu̱l|ta|ti|on** [-tsjon] *w. 10* **1** plötzlich auftretende Veränderung des Erbgutes; **2** Stimmwechsel, Stimmbruch; **mu̱l|ta|tis mu̱l|tan|dis** *(Abk.:* m. m.) mit den nötigen Abänderungen (bei Vergleichen); **mu̱l|ta|tiv** sich plötzlich ändernd

**mu|tie|ren** [lat.] **1** sich plötzlich erblich verändern; **2** im Stimmbruch sein

**Mul|ti|la|ti|on** [-tsjon, lat.] *w.10* Verstümmelung; **mul|ti|lie|ren** verstümmeln

**Mul|tis|mus** [lat.] *m. Gen. - nur Ez.* seelisch bedingte Stummheit, krankhaftes Schweigen

**mu|tu|al** [lat.] wechsel-, gegenseitig; **Mu|tua|lis|mus** *m. Gen. - nur Ez.* **1** gegenseitige Anerkennung, Duldung, einräumende Gegenseitigkeit; **2** *Biol.:* fördernde, aber nicht lebensnotwendige Wechselbeziehung zwischen zwei verschiedenen Lebewesen; **Mul|tua|li|tät** *w.10 nur Ez.* Wechsel-, Gegenseitigkeit; **mu|tu|ell** → mutual

**Mul|zin** [lat.] *s.1 nur Ez.* abgesonderter Schleimstoff, bes. des Speichels

**m. v.** *Abk. für* mezza voce

**MW** *Abk. für* Megawatt

**My** *s. Gen. - Mz. -* **1** griech. Buchstabe (*Zeichen:* µ, M); **2** *Kurzw. für* Mikron

**My|al|gie** [griech.] *w.11* Muskelschmerz

**Mye|li|tis** [griech.] *w. Gen. - Mz.* -ti|den Rückenmarkentzündung

**My|ko|lo|gie** [griech.] *w.11 nur Ez.* Lehre von den Pilzen; **My|kor|rhi|za** *w. Gen. - Mz.* -zen Lebensgemeinschaft zwischen Pilzen und den Wurzeln höherer Pflanzen; **My|ko|se** *w.11* durch Pilze hervorgerufene Erkrankung

**My|la|dy** [mɪˈleɪdi, engl.] *engl. Anrede für eine Lady:* meine Dame, gnädige Frau

**My|lo|nit** [griech.] *m.1* durch gebirgsbildende Vorgänge zerriebenes und wieder fest gewordenes Gestein

**My|lord** [mɪˈlɔːd, engl.] *engl. Anrede für einen Lord:* mein Herr, gnädiger Herr

**Myn|heer** [mənˈeːr, ndrl.] *m.9* → Mijnheer

**Myo|kard** [griech.] *s.9* Herzmuskel; **Myo|kar|die** *w.11* Kreislaufstörung mit Beteiligung des Herzmuskels; **Myo|kard|in|farkt** *m.1* Herzinfarkt; **Myo|kar|di|tis** *w. Gen. - Mz.* -ti|den Herzmuskelentzündung; **Myo|kar|do|se** *w.11* → Myokardie; **Myo|lo|gie** *w.11 nur Ez.* Lehre von den Muskeln; **My|om** *s.1* gutartige Muskelgeschwulst

**My|opie** [griech.] *w.11* Kurzsichtigkeit

**Myo|sin** [griech.] *s.1 nur Ez.* Muskeleiweiß; **Myo|spas|mus** *m. Gen. - Mz.* -men Muskelkrampf; **Myo|to|mie** *w.11* operative Durchtrennung von Muskeln; **Myo|to|nie** *w.11* → Myospasmus

**My|ria|de** [griech.] *w.11* **1** Anzahl von 10 000; **2** *übertr.:* große Menge, Unzahl; **My|ria|gramm** *s. Gen. - Mz. -* 10 000 g; **My|ria|me|ter** *s.5* 10 000 m; **My|ria|po|de** *m.11* → Myriopode; **My|rio|phyl|lum** *s. Gen.* -s *Mz.* -len Tausendblatt, eine Wasserpflanze, Aquariumpflanze; **My|rio|po|de** *m.11* Tausendfüßer

**Myr|me|ko|lo|gie** [griech.] *w.11 nur Ez.* Lehre von den Ameisen

**Myr|rhe** [griech.] *w.11* wohlriechendes, aus einem ostafrik. Baum gewonnenes Gummiharz, als Räuchermittel sowie zusammenziehendes Arzneimittel verwendet

**Myr|te** [altsemit.-griech.] *w.11* ein immergrüner Strauch der Mittelmeerländer

**Myst|ago|ge** [griech.] *m.11 Antike:* in die Mysterien eingeweihter und einführender Priester; **My|ste|ri|en|spiel** *s.1 MA:* Drama mit bibl. Stoffen, geistl. Drama; **my|ste|ri|ös** geheimnisvoll, rätselhaft; **My|ste|ri|um** *s. Gen.* -s *Mz.* -ri|en *urspr.:* Geheimkult, Geheimlehre, *bes.:* griech.-röm. Götterkult, an dem nur Eingeweihte teilnehmen durften; *allg.:* Geheimnis; **My|sti|fi|ka|ti|on** [-tsjon] *w.10* **1** das Mystifizieren; **2** Vorspiegelung, Täuschung; **my|sti|fi|zie|ren 1** geheimnisvoll machen, mit einem myst. Gepräge versehen; **2** vorspiegeln; **My|stik** *w.10 nur Ez.* Form des relig. Erlebens, bei der durch Versenkung schon im jetzigen Dasein die Vereinigung mit dem Göttlichen gesucht wird; **My|sti|ker** *m.5* Vertreter der Mystik; **my|stisch** zur Mystik gehörend, geheimnisvoll, dunkel; **My|sti|zis|mus** *m. Gen. - nur Ez.* **1** schwärmerisches relig. Denken, Wunderglaube; **2** *auch:* schwärmerisches, unklares, unreales Denken

**My|the** [griech.] *w.11* → Mythos; **my|thisch** zum Mythos, zu den Mythen gehörig, daraus stammend, von ihnen überliefert, sagenhaft; **My|tho|lo|gie** *w.11* **1** Lehre von den Mythen; **2** Gesamtheit der Mythen (eines Volkes); **my|tho|lo|gisch** zur Mythologie gehörig, auf ihr beruhend; **my|tho|lo|gi|sie|ren** als Mythos, in myth. Form darstellen; **My|thos**, *lat. Form:* **My|thus** *m. Gen. - Mz.* -then **1** Überlieferung aus vorgeschichtl. Zeit, Sage (von Göttern, Helden, Dämonen, Weltentstehung usw.); **2** Legende über eine geschichtlich bedeutende Person oder Begebenheit

**My|ti|lus** [griech.-lat.] *w. Gen. - Mz. -* oder -li|den eine eßbare Meeresmuschel, Miesmuschel

**Myx|ödem** [griech.] *s.1* körperl. und geistige Erkrankung mit Hautschwellungen u. a. infolge Unterfunktion der Schilddrüse; **My|xom** *s.1* gutartige Geschwulst aus Schleimgewebe; **My|xo|my|zet** *m.10* Schleimpilz; **My|xo|sar|kom** *s.1* bösartige Geschwulst aus Schleimgewebe

**My|zel** [griech.], **My|zel|li|um** *s. Gen.* -s *Mz.* -li|en der in oder auf dem Nährboden wachsende, aus einzelnen Fäden (Hyphen) bestehende Teil höherer Pilze, Gesamtheit der Pilzfäden, Pilzgeflecht; **My|zet** *m.10 selten:* Pilz; **My|ze|tis|mus** *m. Gen. - Mz.* -men Pilzvergiftung; **My|ze|to|lo|gie** *w.11 nur Ez. veraltet für* Mykologie

# N

**n 1** *Abk. für* Nano...; **2** *Abk. für* Neutron
**N 1** *Abk. für* Neper, Newton; **2** *chem. Zeichen für* Stickstoff (Nitrogen)
**Na** *chem. Zeichen für* Natrium
**Na|bob** [arab.] *m. 9* **1** *urspr.:* mohammedan. Provinzstatthalter in Indien; **2** *später:* in Indien reichgewordener Engländer oder Holländer; **3** *übertr.:* sehr reicher Mann
**Na|dir** [auch: na-, arab.] *m. 1 nur Ez.* der dem Zenit gegenüberliegende Punkt auf der Himmelskugel, Fußpunkt
**Na|gai|ka** [russ.] *w. 9* Peitsche aus geflochtenen Lederriemen
**na|iv** [frz.] kindlich, einfältig, treuherzig; **Na|i|ve** *w. 18, in der Fügung* jugendliche N. *Theater:* Rollenfach der jugendl. Liebhaberin; **Na|i|vi|tät** *w. 10 nur Ez.* naives Denken oder Verhalten; **Na|iv|ling** *m. 1 ugs.:* törichter, allzu vertrauensseliger Mensch
**Na|ja|de** [griech.] *w. 11* **1** *griech. Myth.:* Quell-, Flußnymphe; **2** eine Süßwassermuschel
**Nan|du** [brasil. Indianerspr.] *m. 9* ein südamerik. Laufvogel
**Nä|nie** [-njə lat.] *w. 11* altröm. Totenklage
**Na|nis|mus** [lat.] *m. Gen. - nur Ez.* Zwergwuchs
**Nan|king** [nach der Stadt in China] *m. 9 oder m. 1* ein gelbl. Baumwollgewebe
**Na|no|fa|rad** *s. Gen. - Mz. - (Abk.:* nF) ein Milliardstel Farad; **Na|no|me|ter** *s. 5 (Abk.:* nm) ein Milliardstel Meter; **Na|no|se|kun|de** *w. 11 (Abk.:* ns) ein Milliardstel Sekunde; **Na|no|so|mie** [lat. + griech.] *w. 11 nur Ez.* → Nanismus
**Na|palm** [Kunstw. aus Naphthen + Palmitinsäure] *s. 1 nur Ez.* schwer löschbarer Füllstoff für Brandbomben
**Naph|tha** [pers.-griech.] *s. Gen. -s oder w. Gen. - nur Ez.* veraltet: Roherdöl; **Naph|tha|lin** *s. 1 nur Ez.* ein aromat. Kohlenwasserstoff, dient zur Herstellung von Farbstoffen, keimtötenden Mitteln, Mottenpulver u. a.; **Naph|then** *s. 1* → Cyclohexan; **Naph|tho|le** *s. 1 Mz.* Hydroxylabkömmlinge des Naphthalins, für künstl. Farbstoffe
**Na|po|le|on|dor** *m. Gen. -s Mz. - oder -e* frz. Goldmünze zur Zeit Napoleons I. und III.; **Na|po|le|o|ni|de** *m. 11* Abkömmling der Familie Napoleons
**Na|po|li|taine** [-tɛn, nach der ital. Stadt Neapel] *w. Gen. - nur Ez.* ein weiches, flanellähnl. Wollgewebe
**Nap|pa** [nach der kaliforn. Stadt Napa] *s. Gen. -s nur Ez.,* **Nap|pa|le|der** *s. 5 nur Ez.* ein abwaschbares Glacéleder

**Nar|de** [griech.] *w. 11* Sammelbez. *für* verschiedene wohlriechende Pflanzen, die für Salben, Salböl u. ä. verwendet werden
**Nar|gi|leh** [türk.] *w. 9 oder s. 9* oriental. Wasserpfeife
**Nar|ko|ana|ly|se** [griech.] *w. 11* Psychoanalyse: unter Narkose oder deren Nachwirkung durchgeführte Befragung des Patienten; **Nar|ko|lep|sie** *w. 11* mehrmals tägl. auftretende kurze Anfälle von Schlafsucht; **Nar|ko|lo|gie** *w. 11 nur Ez.* Lehre von der Schmerzbetäubung; **Nar|ko|ma|nie** *w. 11* Sucht nach Schlaf- und Betäubungsmitteln; **Nar|ko|se** *w. 11* Betäubung, künstlich herbeigeführter Schlafzustand mit Schmerzunempfindlichkeit; **Nar|ko|ti|kum** *s. Gen. -s Mz. -ka* Betäubungsmittel, Rauschgift; **nar|ko|tisch** auf Narkose beruhend, sie herbeiführend; **Nar|ko|ti|seur** [-zør] *m. 1* Fachmann für Narkose; **nar|ko|ti|sie|ren** in Narkose versetzen, betäuben; **Nar|ko|tis|mus** *m. Gen. - nur Ez.* Sucht nach Narkotika
**Na|rod|ni|ki** [russ.] *Mz.* Vertreter einer revolutionären Bewegung in Rußland 1865–1895, die eine Agrarreform zugunsten der Dorfgemeinschaft als Grundeigentümer erstrebte
**Nar|thex** [griech.] *m. Gen. - Mz. -thi|zes* **1** Vorhalle der frühchristl. und byzantin. Basilika; **2** eine mittelmeer. Doldenpflanze
**Nar|wal** [dän.] *m. 1* zu den Delphinen gehörender Zahnwal, Einhornwal
**Nar|ziß** [nach dem schönen Jüngling der griech. Sage, Narkissos, der in sein eigenes Spiegelbild verliebt war] *m. 1, Gen. auch -,* bes. eitler, sich selbst bewundernder Mensch; **Nar|zis|se** *w. 11* ein stark duftendes Amaryllisgewächs; **Nar|ziß|mus** *m. Gen. - nur Ez.* krankhafte Verliebtheit in sich selbst, erot. Hinwendung zum eigenen Körper; **Nar|ziß|t** *m. 10* jmd., der an Narzißmus leidet
**NASA** *Kurzw. für* National Aeronautics and Space Administration (US-amerik. Weltraumbehörde)
**na|sal** [lat.] **1** zur Nase gehörend, von ihr ausgehend; **2** durch die Nase gesprochen; **Na|sal** *m. 1* durch die Nase gesprochener Laut (m, n, ng); vgl. Nasalvokal; **na|sa|lie|ren** durch die Nase sprechen, nasal klingen lassen; **Na|sal|vo|kal** *m. 1* durch die Nase gesprochener Vokal, z. B. ã, ɛ̃, ɔ̃
**Na|stie** [griech.] *w. 11* durch Reiz ausgelöste Bewegung von Organen festgewachsener Pflanzen, wobei die Richtung des Reizes nicht ausschlaggebend ist
**nas|zie|rend** [lat.] entstehend, werdend

**Na|ta|li|tät** [lat.] *w. 10 nur Ez.* Geburtenhäufigkeit; *Ggs.:* Mortalität

**Na|ti|on** [-tsjon, lat.] *w. 10* durch gemeinsame Herkunft, Sprache, Kultur und polit. Entwicklung gekennzeichnete Menschengemeinschaft, Staatsvolk; **na|tio|nal** [-tsjo-] zu einer Nation gehörig, ihr eigentümlich, für eine Nation charakteristisch; die Selbständigkeit, die Eigeninteressen einer Nation betonend; **Na|tio|nal|be|wußt|sein** *s. Gen. -s nur Ez.* meist mit Stolz verbundenes Bewußtsein, zu einer bestimmten Nation zu gehören; **Na|tio|na|le** *s. 5 österr.:* Personalangaben, Name, Geburtsdatum, Wohnort usw.; das N. einer Person aufnehmen; **Na|tio|nal|ein|kom|men** *s. 7* → Sozialprodukt; **Na|tio|nal|elf** *w. 10* Fußball-, Handball- oder Hockeymannschaft eines Landes für internationale Wettkämpfe; **Na|tio|nal|epos** *s. Gen. - Mz.* -epen für ein Volk bes. charakterist. Epos; **Na|tio|nal|hym|ne** *w. 11* bei feierl. Anlässen gespieltes oder/ und gesungenes Lied einer Nation; **na|tio|na|li|sie|ren** *1* verstatlichen; *2* jmdn. n.: jmdm. die Staatsbürgerschaft verleihen; **Na|tio|na|lis|mus** *m. Gen. - nur Ez.* übersteigertes Nationalbewußtsein; **na|tio|na|li|stisch** die eigene Nation einseitig in den Vordergrund stellend; **Na|tio|na|li|tät** *w. 10* 1 Staatsangehörigkeit; *2* völk. Minderheit (in einem Staat); **Na|tio|na|li|tä|ten|staat** *m. 12* Staat, der mehrere, weitgehend eigenständige Nationalitäten umfaßt; *Ggs.:* Nationalstaat; **Na|tio|nal|kon|vent** *m. 1* 1 1792–1795: die frz. Nationalversammlung; *2 USA:* Versammlung von Delegierten einer Partei, die den Präsidentschaftskandidaten nominieren; **Na|tio|nal|li|te|ra|tur** *w. 10* die gesamte Literatur eines Volkes; **Na|tio|nal|mann|schaft** *w. 10* Auswahlmannschaft eines Landes für internationale Wettkämpfe; **Na|tio|nal|öko|no|mie** *w. 11 nur Ez.* Volkswirtschaftslehre; **Na|tio|nal|park** *m. 9* vom Staat eingerichtetes Naturschutzgebiet; **Na|tio|nal|rat** *m. 2* Österreich u. *Schweiz* 1 die gewählte Volksvertretung; *2* deren Mitglied; **Na|tio|nal|so|zia|lis|mus** *m. Gen. - nur Ez.* radikale nationalist. Partei in Dtschl., die von 1933 bis 1945 eine totalitäre Diktatur ausübte; **Na|tio|nal|staat** *m. 12* hauptsächl. nur einer einzigen Nation gebildeter Staat; *Ggs.:* Nationalitätenstaat; **Na|tio|nal|thea|ter** *s. 5* 1 Theater, in dem vor allem die Schauspiele der betr. Nation aufgeführt werden; *2 auch:* repräsentatives Theater eines Landes oder einer Stadt; **Na|tio|nal|ver|samm|lung** *w. 10* zu einem bes. Zweck (meist dem Ausarbeiten einer Verfassung) einberufene, gewählte Volksvertretung

**na|tiv** [lat.] angeboren, natürlich; **Na|ti|vis|mus** *m. Gen. - nur Ez.* 1 Lehre, daß bestimmte Denk- und Verhaltensweisen dem Menschen angeboren sind; *2 Politik:* Bevorzugung der Angehörigen des eigenen Staates

gegenüber Einwanderern; **Na|ti|vi|tät** *w. 10* 1 *veraltet:* Geburt, Geburtsstunde; *2 Astrologie:* Stand der Gestirne bei der Geburt

**NA|TO, Na|to** *w. Gen. - nur Ez. Kurzw. für* North Atlantic Treaty Organization (Nordatlantikpakt)

**Na|tri|um** [neulat.] *s. Gen. -s nur Ez.* (*Zeichen:* Na) chem. Element, ein Metall; **Na|tri|um|car|bo|nat** *s. 1 nur Ez.* kohlensaures Natrium, Soda; **Na|tri|um|chlo|rat** *s. 1 nur Ez.* chlorsaures Natrium; **Na|tri|um|chlo|rid** *s. 1 nur Ez.* Kochsalz; **Na|tri|um|sul|fat** *s. 1 nur Ez.* schwefelsaures Natrium, Glaubersalz; **Na|tron** *s. Gen. -s nur Ez.* doppeltkohlensaures Natrium

**Nat|té** [-te, frz.] *m. 9* Gewebe in sog. Würfelbindung, bei der Kett- und Schußfäden Gruppen bilden

**Na|tur** [lat.] *w. 10* 1 die den Menschen umgebende, nicht von ihm geschaffene Welt; *2* unberührte Landschaft; *3* Ursprüngliches, von selbst Gewachsenes; *4* angeborene Wesensart, Veranlagung; *5* Person in ihrer Eigenart; eine glückliche, sonnige N.; **Na|tu|ral...** in Zus. 1 auf die Natur bezüglich; *2* Sach..., in Sachwerten, z. B. Naturallohn; **Na|tu|ra|li|en** *Mz.* 1 Naturprodukte, Lebensmittel; *2* Gegenstände einer naturkundlichen Sammlung; **Na|tu|ra|li|sa|ti|on** [-tsjon] *w. 10* 1 Einbürgerung, Verleihung der Staatsbürgerschaft; *Ggs.:* Denaturalisation; *2* Anpassung von Tieren und Pflanzen (auch Menschen) an einen neuen Lebensraum; *3* Ausstopfen von Tierbälgen; **na|tu|ra|li|sie|ren** *1* jmdn. n.: jmdm. die Staatsbürgerschaft verleihen; *2* sich n.: sich an einen neuen Lebensraum anpassen (Tier, Pflanze); *3* Tierbälge n.: ausstopfen; **Na|tu|ra|lis|mus** *m. Gen. - nur Ez.* 1 Wirklichkeitstreue; *2* Kunstrichtung (bes. Ende des 19. Jh.), die eine genaue, nicht beschönigende Darstellung der Wirklichkeit anstrebt; *3 Mz.* -men naturalist. Zug (eines Kunstwerks); **na|tu|ra|li|stisch** auf dem Naturalismus beruhend, wirklichkeitsgetreu; **Na|tu|ral|ob|li|ga|ti|on** [-tsjo:n] *w. 10* nicht einklagbare Schuld, z. B. Spielschuld; **Na|tu|ral|re|sti|tu|ti|on** [-tsjo:n] *w. 10* Schadenersatz in natura (anstatt in Geld); **Na|tu|ral|wirt|schaft** *w. 10* 1 Wirtschaftsform, in der die Produkte getauscht und nicht in Geld bezahlt werden, Tauschwirtschaft; *2* Produktion nur für den eigenen Bedarf; **Na|tu|ra na|tu|rans** *w. Gen. - - nur Ez.* die schaffende Natur, Gott; **Na|tu|ra na|tu|ra|ta** *w. Gen. - -* die geschaffene Natur, die Welt; **na|tu|rell** [frz.] natürlich, ohne Zusatz, z. B. Zitronenwasser naturell; **Na|tu|rell** *s. 1* Naturanlage, Wesensart; fröhliches, sonniges N.; **Na|tu|re morte** [naty:r mɔrt, frz.] *w. Gen. - - nur Ez., frz. Bez. für* Stilleben; **Na|tu|ris|mus** *m. Gen. - nur Ez.* Freikörper-, Nacktkultur; **Na|tu|rist** *m. 10* Anhänger des Naturismus

**Nau|arch** [griech.] *m. 10* im alten Griechenland: Befehlshaber eines Schiffes oder einer Flotte

**Nau|pli|us** [griech.] *m. Gen. - Mz.* -pli|en Larvenform verschiedener niederer Krebstiere

**Nau|sea** [griech.] *w. Gen. - nur Ez.* Übelkeit

**Nau|tik** [griech.] *w. 10 nur Ez.* Lehre von der Führung eines Schiffes, von der Schiffsstandortbestimmung sowie den Wind-, Wasser- und Wetterverhältnissen usw., Schiffahrtskunde; **Nau|ti|lus** *m. Gen. - Mz.* -oder -lus|se Gattung der Kopffüßer, Schiffsboot, Perlboot; **nau|tisch** zur Nautik gehörend, auf ihr beruhend

**Na|vel|orange** [nɛivəl, engl.] *w. 11* eine kernlose Orangensorte

**Na|vi|cert** [nɛivisəːt, engl.] *s. 9 Kurzw. für* Navigation Certificate (von den brit. Behörden in Kriegen ausgestellte Bescheinigung für neutrale Schiffe)

**Na|vi|cu|la** [lat. „Schiffchen"] *s. Gen. -s Mz.* -lae [-lɛ:] **1** *kath. Kirche:* Gefäß zum Aufbewahren von Weihrauch; **2** Angehöriger einer Algengattung

**Na|vi|ga|ti|on** [-tsjon, lat.] *w. 10 nur Ez.* Orts- und Kursbestimmung (von Schiffen, Raumschiffen und Flugzeugen); **na|vi|ga|to|risch** die Navigation betreffend, auf ihr beruhend; **na|vi|gie|ren** den Standort und Kurs eines Schiffes, Raumschiffes oder Flugzeugs bestimmen

**Na|za|rä|er** *m. 5* **1** *nur Ez. Bez. für* Jesus Christus; **2** Angehöriger der ersten Christengemeinden, Urchrist; **Na|za|re|ner** *m. 5* **1** *nur Ez. Bez. für* Jesus Christus; **2** Einwohner von Nazareth; **3** Angehöriger einer Malergruppe der Romantik, die eine Erneuerung der Kunst auf relig. Grundlage erstrebte

**Na|zi** *m. 9 abfälliges Kurzw. für* Nationalsozialist; **Na|zis|mus** *m. Gen. - nur Ez. abfälliges Kurzw. für* Nationalsozialismus

**Nb** *chem. Zeichen für* Niob

**NB** *Abk. für* notabene

**Nd** *chem. Zeichen für* Neodym

**Ne** *chem. Zeichen für* Neon

**ne|ark|tisch**, *in der Fügung* nearktische Region: tier- und pflanzengeograph. Bereich von Nordamerika (bis Nordmexiko), Nearktis; vgl. paläarktisch

**Ne|ar|thro|se** [griech.] *w. 11* **1** krankhafte Bildung eines Gelenks; **2** operative Neubildung eines verlorenen Gelenks

**neb|bich!** [jidd.] leider!, schade!; wenn schon!; **Neb|bich** *m. 1 ugs.:* unbedeutender Mensch, *auch:* Nichtsnutz

**Ne bis in idem** [lat. „nicht zweimal gegen dasselbe"] Niemand darf wegen derselben Sache zweimal angeklagt werden

**Ne|ces|saire** [nesesɛːr, frz. „Notwendiges"] *s. 9* Behältnis für Utensilien, z. B. Toilettenge-

genstände (Reisenecessaire) oder Nähzeug

**Neck** [schwed.] *m. 10 dt. Myth.:* Wassergeist

**Ne|cking** [engl.] (Nek|king) *s. 9* Schmuserei (unter Jugendlichen)

**Ne|ga|ti|on** [-tsjon, lat.] *w. 10* **1** Verneinung; *Ggs.:* Position (5); **2** Verneinungswort; **ne|ga|tiv** [auch: ne-] **1** verneinend; *Ggs.:* positiv; negative Antwort; **2** ergebnislos; die Sache ist n. verlaufen; **3** *Math.:* kleiner als Null; negative Zahl; **4** *Elektr.* in der Fügung negative Ladung: den Elektronen eigene Ladung, im Unterschied zur positiven Ladung der Protonen; negativer Pol: Minuspol; **5** *Phot.:* in den Hell-Dunkel-Werten bzw. Farben vertauscht; **6** *Med.:* vermutete Krankheitserreger o. ä. nicht aufweisend; negativer Befund; **Ne|ga|tiv** [auch: ne-] *s. 1* photograph. Bild nach dem Entwickeln, das gegenüber dem Original vertauschte Hell-Dunkel-Werte bzw. die Komplementärfarben aufweist; *Ggs.:* Positiv (3); **Ne|ga|ti|vis|mus** *m. Gen. - nur Ez.* verneinende, ablehnende Haltung; *bei Geisteskranken:* Widerstand gegen Beeinflussung; **Ne|ga|ti|vi|tät** *w. 10 nur Ez.* negatives Wesen oder Verhalten

**Ne|ger** [lat.-frz.] *m. 5* Ureinwohner des größten Teils von Afrika und Ozeanien mit dunkler Hautfarbe und krausem Haar

**ne|gie|ren** [lat.] verneinen, ablehnen

**Ne|gli|gé** [-ʒe, frz.], *schweiz.:* **Né|gli|gé** *s. 9* bequeme Morgenkleidung; **ne|gli|gie|ren** [-ʒi-] *veraltet:* vernachlässigen

**ne|go|zia|bel** [lat.] *veraltet:* handelsfähig (Ware, Wertpapier); **ne|go|zi|ie|ren** *veraltet:* Handel treiben

**ne|grid** zu den Negriden gehörend; Rassenmerkmale der Negriden aufweisend; **Ne|gri|de** *Mz. Sammelbez. für* alle dunkelhäutigen und kraushaarigen Menschen Afrikas und Ozeaniens; **Ne|gri|to** *m. 9* Angehöriger einer kleinwüchsigen negriden Rasse auf den Philippinen, Andamanen und auf Malakka; **Né|gri|tude** [-tyd, frz.] *w. 11 nur Ez.* Gesamtheit der kulturellen Werte der Neger; **ne|gro|id** den Negriden ähnlich; **Ne|gro|ide** *Sammelbez. für* die Angehörigen einer den Negriden ähnl. Rasse; **Ne|gro Spi|ri|tu|al** [nigrou spiritjuəl, engl.] *m. oder s. Gen. - -s Mz.* --s geistl. Volkslied der Neger in den südl. USA

**Ne|gus** *m. Gen. - Mz.* -oder -gus|se *Titel für* den Kaiser von Äthiopien

**Ne|kro|bio|se** [griech.] *w. 11* langsames Absterben einzelner Zellen im Gewebsverband; **Ne|kro|log** *m. 1* **1** Nachruf auf einen Verstorbenen; **2** → Nekrologium; **Ne|kro|lo|gi|um** *s. Gen. -s Mz.* -gi|en, *in mittelalterl. Klöstern, Orden, Stiften:* Verzeichnis von Toten, derer man durch Fürbitten gedachte; **Ne|kro|man|tie** *w. 11* Weissagung mit Hilfe der Totenbeschwörung; **Ne|kro|pha|ge** *m. 11* Tier, das sich nur von toten Organismen ernährt; **Ne|kro|phi|lie** *w. 11 nur Ez.* Drang zur

sexuellen Befriedigung an Toten; Ne|kro|po-
le w.11, Ne|kro|pollis w.Gen. - Mz. -pollen
weiträumige vorgeschichtl. oder antike Be-
gräbnisstätte, Totenstadt; Ne|krop|sie w.11
Leichenöffnung; Ne|kro|se w.11 Absterben
von Organen, Organteilen oder Geweben,
Gewebstod; Ne|kro|sper|mie w.11 nur Ez.
Zeugungsunfähigkeit infolge Absterbens der
Samenzellen; ne|kro|tisch auf Nekrose beru-
hend, abgestorben
Nek|tar [griech.] m. Gen. -s nur Ez. 1 griech.
Myth.: Unsterblichkeit verleihender Trank
der Götter; vgl. Ambrosia; 2 zuckerhaltige,
duftstoffreiche Absonderung der Blüten;
3 Getränk aus Apfelscheiben, Weißwein und
Sekt; Nek|ta|ri|ne w.11 eine Pfirsichart mit
glatter Haut; Nek|ta|ri|ni|en, Nek|ta|ri|ni|iden
Mz. Sammelbez. für kolibriähnl. Singvögel
Afrikas und Asiens, deren Zunge zum Saug-
organ umgewandelt ist, Honigsauger; Nek-
ta|ri|um s. Gen. -s Mz. -ri|en Nektar abson-
dernde Drüse der Blüten
Nek|ton [griech.] s. Gen. -s nur Ez. Sammel-
bez. für alle sich im Wasser aktiv fortbewe-
genden Tiere; Ggs.: Plankton
Nel|son [-sən, engl.] m.9 od. Gen. - Mz. -
Griff beim Ringen, Nackenhebel
Ne|mal|to|de [griech.] m.11 Fadenwurm
Ne|me|sis [nach der griech. Göttin der Rache
und Vergeltung] w. Gen. - nur Ez. strafende
Gerechtigkeit
neo..., Neo... [griech.] in Zus.: neu...,
Neu...
Neo|dym [griech.] s. Gen. -s nur Ez. (Zeichen:
Nd) chem. Element, Metall der seltenen Er-
den; Neo|fa|schis|mus m. Gen. - nur Ez. fa-
schist. Strömungen nach dem Zweiten Welt-
krieg; Neo|gen s. Gen. -s nur Ez. Jungtertiär
(Miozän und Pliozän); Neo|im|pres|sio|nis-
mus m. Gen. - nur Ez. → Pointillismus; Neo-
li|thi|kum s. Gen. -s nur Ez. Jungsteinzeit;
Neo|lo|ge m.11 veraltet: Verkünder einer
neuen Lehre, bes.: Spracherneuerer; Neo|lo-
gie w.11 veraltet: Neuerung, Erneuerung,
Neubildung; Neo|lo|gis|mus m. Gen. - Mz.
-men neue (häufig künstl.) sprachl. Bildung;
Ne|on s. Gen. -s nur Ez. (Zeichen: Ne) chem.
Element, ein Edelgas; Neo|phyt m.10 1 im
Urchristentum: Neugetaufter; 2 in Geheim-
bünden: Neuaufgenommener; Neo|plas|ma
s. Gen. -s Mz. -men abnorme Gewebsneubil-
dung, Geschwulst, Tumor; Neo|pren s.1 nur
Ez. künstl. Kautschuk; neo|tro|pisch zu den
Tropen der Neuen Welt gehörend; Neo-
ve|ris|mus m. Gen. - nur Ez. Erneuerung des
Verismus nach dem Zweiten Weltkrieg;
Neo|zoi|kum s. Gen. -s nur Ez. → Känozoi-
kum
Nel|per [nach dem schott. Mathematiker J.
Napier] s. Gen. -s Mz. - (Abk.: N) Maßeinheit
für die Dämpfung oder Verstärkung elektr.
oder akust. Schwingungen

Nel|phe|lin [griech.] m.1 ein Mineral; Ne|phe-
lo|me|ter s.5 Gerät zum Messen der Trübung
von Flüssigkeiten und Gasen, Trübungsmes-
ser; ne|phisch zu den Wolken gehörend, von
ihnen ausgehend; Ne|pho|me|ter s.5 Gerät
zum Messen der Wolkendichte; Ne|pho|skop
s.1 Gerät zum Bestimmen der Zugrichtung
und -geschwindigkeit der Wolken
Ne|phrek|to|mie [griech.] w.11 operative
Entfernung einer Niere; Ne|phrit m.1 ein
Mineral, Jade; Ne|phri|tis w.Gen. - Mz.
-ti|den Nierenentzündung; Ne|phrom s.1
bösartige Nierengeschwulst; Ne|phro|pye-
li|tis w.Gen. - Mz. -ti|den Nierenbeckenent-
zündung; Ne|phro|se w.11 nichtentzündl.
Nierenerkrankung mit Entartung des Gewe-
bes; Ne|phro|skle|ro|se w.11 Schrumpfniere
Ne|po|tis|mus [lat.] m.Gen. - nur Ez. Vettern-
wirtschaft, Begünstigung von Verwandten
(beim Verleihen von Ämtern)
Nepp [rotwelsch] m. Gen. -s nur Ez. zu hohe
Preisforderung, Übervorteilung, Gaunerei;
nep|pen preislich überfordern, übervorteilen
Nep|tu|nis|mus [nach Neptun, dem röm. Gott
des Meeres] m. Gen. - nur Ez. überholte
Lehre, daß alle Gesteine (mit Ausnahme der
vulkan. Gesteine) aus dem Wasser entstan-
den seien; Ggs.: Vulkanismus; Nep|tu|ni|um
s. Gen. -s nur Ez. (Zeichen: Np) ein radioak-
tives chem. Element
Ne|re|ide w.11 1 griech. Myth.: Meerjung-
frau, eine der Töchter des Meergottes Ne-
reus; 2 Biol.: Angehörige einer Familie der
Borstenwürmer; ne|ri|tisch zur Flachsee, zum
Küstenmeer, zu Flachmeerablagerungen
gehörig
Ne|rol|li|öl s.1 nur Ez. aus den Blüten der Ne-
rolipomeranze gewonnenes, für Parfüm ver-
wendetes äther. Öl
Nerv [lat.] m.12, med. Fachspr.: m.10 1 fa-
ser- oder faserbündelartiges Gebilde zur
Weiterleitung von Reizen im Körper;
2 Ader, Rippe des Blattes; 3 Ader im Flügel
der Insekten; 4 übertr. ugs.: Verständnis,
Sinn; dafür habe ich keinen N.; 5 übertr.:
kritische, empfindl. Stelle, wunder Punkt;
den N. von etwas oder: bei jmdm. einen
Nerv treffen; ner|val die Nerven betreffend;
Ner|va|tur w.10 Gesamtheit der Nerven des
Blattes; ner|ven ugs. jmdn. n.: jmdm. auf die
Nerven gehen, lästig fallen; ner|vös 1 auf den
Nerven beruhend, zum Nervensystem ge-
hörend; 2 unruhig, erregt, leicht reizbar, sehr
empfindlich; jmdn. n. machen: reizen; Ner-
vo|si|tät w.10 nur Ez. leichte Reizbarkeit,
Überempfindlichkeit; Ner|vus pro|ban|di
m. Gen. - - nur Ez. der eigentl., entscheidende
Beweisgrund; Ner|vus re|rum m. Gen. - - nur
Ez. 1 Triebkraft, Triebfeder, Hauptsache;
2 übertr. scherzh.: das Geld
Nerz [ukrain.] m.1 1 ein Pelztier, Sumpfot-
ter; 2 dessen Pelz

Ne̩s|sus|ge|wand [nach dem durch das Blut des Zentauren Nessus vergifteten Gewand des Herakles in der griech. Sage] *s. 4,* Ne̩ssus|hemd *s. 12 beides nur Ez.* verderbenbringendes Geschenk

Ne̩|stor [nach dem alten König von Pylos im Trojan. Krieg] *m. Gen.* -s *Mz.* -sto|ren Ältester in einer Gemeinschaft (bes. in einer Wissenschaft), alter, weiser Berater

Ne|sto|ria|nis|mus [nach dem Patriarchen Nestorius von Konstantinopel] *m. Gen.* - *nur Ez.* Lehre, daß in Christus das Menschliche und Göttliche getrennt sei

ne̩t|to [ital.] rein, nach Abzug der Unkosten, Verpackung oder Abgaben; *Ggs.:* brutto; Ne̩t|to|re|gi|ster|ton|ne *w. 11 (Abk.:* NRT) Maßeinheit für den Nettoraumgehalt eines Schiffes

Neu|me [griech.] *w. 11 MA:* Notenzeichen, das nur die ungefähre Tonhöhe angibt; **neumiert** in Neumen geschrieben (Melodie), mit Neumen versehen (Text)

neu|ral [griech.] die Nerven betreffend, von einem Nerv ausgehend; **Neur|al|gie** *w. 11* anfallsweise auftretender Nervenschmerz; **Neur|al|gi|ker** *m. 5* jmd., der an einer Neuralgie leidet; **neur|al|gisch 1** auf Neuralgie beruhend; **2** *übertr.:* Spannungen hervorrufend; neuralgischer Punkt: heikler, schwieriger Punkt; **Neur|asthe|nie** *w. 11* Nervenschwäche; **Neur|asthe|ni|ker** *m. 5* jmd., der an Neurasthenie leidet; **Neur|ek|to|mie** *w. 11* operative Entfernung eines Nervenstücks, Nervenschnitt; **Neur|in** *s. 1 nur Ez.* bei der Fleischfäulnis entstehende, sehr giftige organ. Verbindung; **Neur|itis** *w. Gen.* -, -ti|den Nervenentzündung; **Neu|ro|blast** *m. 10 meist Mz.* junge Nervenzelle; **Neu|rochir|ur|gie** *w. 11 nur Ez.* Nervenchirurgie, Chirurgie der Nerven-, Gehirn- und Rückenmarkserkrankungen; **Neu|ro|der|ma|to|se** *w. 11* nervöse Hautkrankheit; **Neu|ro|der|mitis** *w. Gen.* - *Mz.* -ti|den Juckflechte; **neu|rogen** von den Nerven ausgehend; **Neu|ro|glia** *w. Gen.* - *nur Ez.* bindegewebige Stützsubstanz des Zentralnervensystems, Gliazelle; **Neu|ro|lo|gie** *w. 11 nur Ez.* Lehre von den Nerven und ihren Krankheiten; **Neu|rom** *s. 1* Geschwulst aus Nervenfasern, Nervenzellen und Bindegewebe; **Neu|ron** *s. Gen.* -s *Mz.* -ren *oder* -ro|nen Einheit des Nervensystems, Nervenzelle mit Fortsätzen; **Neu|ro|pa|thie** *w. 11* **1** angeborene Neigung zu Erkrankungen bes. des vegetativen Nervensystems; **2** Nervenkrankheit; **Neu|ro|patho|lo|gie** *w. 11 nur Ez.* Lehre von den Nervenkrankheiten; **Neu|ro|pte|ren** *m. 11 oder w. 11 Mz., Sammelbez. für* Netzflügler; **Neu|ro|se** *w. 11* meist auf verdrängten seel. Konflikten mit der Umwelt beruhende psych. Störung, auch mit körperl. Symptomen; **Neu|ro|ti|ker** *m. 5* jmd., der

an einer Neurose leidet; **neu|ro|tisch** auf einer Neurose beruhend; an einer Neurose leidend; **Neu|ro|to|mie** *w. 11* operative Durchtrennung von Nerven (bei Neuralgie); **Neuro|to|xin** *s. 1* die Nerven schädigendes Gift; **neu|ro|trop** das Nervensystem beeinflussend

Neu|tra [österr. auch: ne̩utra, lat.] *Mz. von* Neutrum; **neu|tral 1** unbeteiligt, ohne Stellungnahme, unparteiisch; **2** nicht an einem bestehenden Krieg beteiligt; **3** keinem Staatenbündnis angehörend; **4** weder sauer noch basisch, weder positiv noch negativ reagierend; **5** *Gramm.:* sächlich; **Neu|tra|li|sa|ti|on** [-tsjon] *w. 10* das Neutralisieren; **neu|tra|lisie|ren 1** unwirksam machen, ausschalten; **2** *Chem.:* eine Lösung n.: die saure bzw. basische Reaktion einer Lösung durch Zugabe einer Base bzw. Säure verhindern; **3** *Sport:* die Wertung (bei gleichzeitiger Fortführung des Wettkampfes) zeitweilig unterbrechen; **4** ein Gebiet n.: Truppen daraus abziehen und Befestigungen abbauen; **Neu|tra|lis|mus** *m. Gen.* - *nur Ez.* Grundsatz der Nichteinmischung (bes. in polit. Angelegenheiten); **Neu|tra|li|tät** *w. 10 nur Ez.* Unbeteiligtsein, Nichteinmischung, neutrales Verhalten; **Neu|tren** *Mz. von* Neutrum; **Neu|tri|no** *s. 9* elektr. neutrales, im Ruhezustand masseloses Elementarteilchen, das nur geringe Wechselwirkung mit anderen Elementarteilchen zeigt; **Neu|tron** *s. 13 (Abk.:* n) elektr. neutrales Elementarteilchen, Baustein des Atomkerns; **Neu|trum** *s. Gen.* -s *Mz.* -tra *oder* -tren sächl. Geschlecht, sächl. Substantiv

New|co|mer [njukʌmər, engl.] *m. 5* Neuling, Neuankömmling

**New Look** [nju:lu̩k, engl.] *m. Gen.* - -(s) *Mz.* --s neuer Stil, neue Linie (bes. in der Mode); **New-Or|leans-Jazz** [nju: ɔrlinz dʒæs] *m. Gen.* - *nur Ez.* erste Stilform des Jazz

New|ton [njutn, nach dem engl. Physiker und Mathematiker I. Newton] *s. Gen.* - *Mz.* - *(Abk.:* N) Maßeinheit der Kraft, *neuere Bez. für* Dyn

Ne̩|xus [lat.] *m. Gen.* - *Mz.* - Zusammenhang, Verbindung

**nF** *Abk. für* Nanofarad

Ni|co|tin *s. 1 nur Ez., fachsprachl. Schreibung von* Nikotin

Ni|da|ti|on [-tsjon, lat.] *w. 10* Einnistung der befruchteten Eizelle in die Gebärmutterschleimhaut

ni|el|lie|ren [ital.] mit Niello verzieren (Edelmetall); **Ni|el|lo** *s. 9, Gen. auch:* -li *oder* -len in Gold oder Silber eingeritzte, mit schwarzer Schmelzmasse ausgefüllte Zeichnung

Ni|fe [-fe:, Kurzw. aus Nickel und Ferrum = Eisen] *s. Gen.* - *nur Ez.* der wahrscheinlich überwiegend aus Nickel und Eisen bestehende Erdkern

Ni̩g|ger [engl.] *m. 5 abfällig:* Neger

Ni̩|gro|sin [lat.] *s. 1* schwarzer Teerfarbstoff

**Ni|hi|lis|mus** [lat.] *m. Gen. - nur Ez.* Verneinung aller Werte, Auffassung, daß alles Sein sinnlos und nichtig sei

**Ni|ko|laus** [nach dem Heiligen N.] *m. 1, ugs. scherzh. auch: m. 2* als hl. Nikolaus verkleidete Person, die am Nikolaustag (6. Dez.) den Kindern Geschenke bringt oder sie auch straft

**Ni|ko|tin** [nach dem frz. Gesandten J. Nicot, der den Tabak in Frankreich einführte] *s. 1 nur Ez.* giftiges Alkaloid im Tabak; **Niko|ti|nis|mus** *m. Gen. - nur Ez.* Nikotinvergiftung

**Nim|bo|stra|tus** [lat.] *m. Gen. - Mz. -* tief herabhängende Regenwolke; **Nim|bus** *m. Gen. - Mz. -bus|se* **1** Heiligenschein; **2** Ansehen, Ruhmesglanz (einer Person oder Sache)

**Nim|rod** [nach dem sagenhaften Gründer von Babylon] *m. 9* großer Jäger

**Ni|no|flex** *s. oder m. Gen. - nur Ez.* Ⓦ ein wasserdichtes, luftdurchlässiges Gewebe

**Ni|ob** [nach der griech. Sagengestalt Niobe], **Ni|o|bi|um** *s. Gen. -s nur Ez.* (*Zeichen:* Nb) chem. Element, ein Metall

**Nip|pes** [frz.], **Nipp|sa|chen** *nur Mz.* kleine Ziergegenstände aus Porzellan oder Glas

**Ni|ro|sta** Ⓦ *Kurzw. aus* nichtrostender Stahl

**Nir|wa|na** [sanskr.] *s. Gen. - oder -s nur Ez. Buddhismus, Dschainismus:* Erlöschen aller Lebenstriebe, selige Ruhe nach dem Tode (von den Heiligen schon im Diesseits erreicht)

**Ni|trat** [griech.] *s. 1* Salz der Salpetersäure; **Ni|trid** *s. 1* Verbindung von Stickstoff mit einem anderen Element (meist Metall); **ni|trieren** mit Nitriersäure behandeln; **Ni|trier|säure** *w. 11* Gemisch aus Salpetersäure, Schwefelsäure und Wasser; **Ni|tri|fi|ka|ti|on** [-tsjon] *w. 10* Oxydation von Ammoniak durch Bodenbakterien; **ni|tri|fi|zie|ren** *in der Fügung* nitrifizierende Bakterien: Nitrate bildende B.; **Ni|trit** *s. 1* **1** Salz der salpetrigen Säure; **2** organ.-chem. Cyanverbindung; **Ni|tro|gel|la|ti|ne** [-ʒe-] *w. 11 nur Ez.* ein Sprengstoff; **Ni|trogen, Ni|tro|ge|ni|um** *s. Gen. -s nur Ez.* (*Zeichen:* N) chem. Element, Stickstoff; **Ni|trogly|ce|rin** *s. 1 nur Ez.* ein hochexplosiver Sprengstoff; **ni|tro|phil** nitratreichen Boden liebend (Pflanze); **Ni|tro|phos|phat** *s. 1* ein Düngemittel; **ni|tros** mit Stickstoffoxiden gemischt; **Ni|tro|se** *w. 11* nitrose Säure, Zwischenglied bei der Schwefelsäureherstellung; **Ni|tro|zel|lu|lo|se** *w. 11 nur Ez.* Schießbaumwolle, ein Explosivstoff

**ni|tsche|wo!** [russ.: -vɔ] macht nichts!

**ni|val** [-val, lat.] schneeig, Schnee ...; **Ni|valor|ga|nis|mus** *m. Gen. - Mz. -men* im Bereich des ewigen Schnees lebender Organismus

**Ni|veau** [-vo, frz.] *s. 9* **1** waagerechte Fläche; **2** Höhe, Höhenlage, Höhenstufe; **3** Rang, Stufe, (Bildungs-) Stand; kein N. haben: auf niedriger geistiger Höhe stehen, geistig anspruchslos sein; **ni|veau|frei** auf ungleichen Ebenen; niveaufreie Kreuzung; **Ni|veau|li|nie** [-njə] *w. 11* Höhenlinie

**Ni|vel|le|ment** [-vel(ə)mã, frz.] *s. 9* das Nivellieren; **ni|vel|lie|ren** **1** gleichmachen, einebnen, auf gleiche Höhe bringen; **2** *Vermessungswesen:* die Höhenunterschiede (von etwas) messen

**NKWD** *1934-1946: Abk. für* das sowjet. Volkskommissariat für innere Angelegenheiten; *auch Bez. für* die diesem unterstellte polit. Polizei

**nm** *Abk. für* Nanometer

**NN, N. N.** *Abk. für* Normalnull

**N. N.** [*Abk. für lat.* nomen nescio „den Namen weiß ich nicht"] *Abk. für* Name unbekannt

**No** **1** *chem.* Zeichen für Nobelium; **2** *s. Gen.* -(s) *Mz.* -(s) → No-Spiel

**No., №** *veraltet, Abk. für* Numero

**no|bel** [frz.] edel, vornehm, großzügig

**No|bel|li|um** *s. Gen. -s nur Ez.* (*Zeichen:* No) chem. Element; **No|bel|preis** *m. 1* von dem schwed. Chemiker und Industriellen A. Nobel gestifteter Preis für bedeutende wissenschaftl. und literar. Leistungen

**No|bi|li|tät** [lat.] *w. 10 nur Ez.* **1** Adel; **2** Berühmtheit; **No|bi|li|ta|ti|on** [-tsjon] *w. 10 früher:* Erhebung in den Adelsstand; **no|bi|litie|ren** *früher:* adeln; **No|bles|se** [-blɛs(ə)] **1** *w. 11 veraltet:* Adel; **2** Vornehmheit, vornehmes Verhalten; Noblesse oblige [nɔblɛs ɔbliʒ]: Adel verpflichtet (edel zu handeln)

**Nöck** *m. 10* → Neck

**Noc|turne** [-tyrn, frz. „Nachtstück"] *s. 9 oder w. 9* schwermütiges Musikstück, Notturno

**no|dös** [lat.] *Med.:* knotig, mit Knötchenbildung; **No|dus** *m. Gen. - Mz. -di* **1** *Med.:* Knoten, z. B. Gichtknoten; **2** *Bot.:* Ansatzstelle des Blattes; **3** Verdickung (am Stiel eines Trinkglases, an Leuchtern)

**No|e|ma** [griech.] *s. Gen. -s Mz. -ma|ta* geistig Wahrgenommenes, Denkinhalt, Gedanke; **No|e|ma|tik** *w. 10 nur Ez.* Lehre von den Denkinhalten (eines Werkes); **No|e|sis** *w. Gen. - nur Ez.* Denkvorgang, Denken; **No|e|tik** *w. 10 nur Ez.* Denklehre, Erkenntnislehre

**no iron** [nou aiən, engl.] bügelfrei

**NOK** *Abk. für* Nationales Olympisches Komitee

**Nokt|am|bu|lis|mus** [lat.] *m. Gen. - nur Ez.* Mondsüchtigkeit, Nacht-, Schlafwandeln

**Nok|turne** [-tyrn] *s. 9 oder w. 9, eindeutschende Schreibung von* Nocturne

**no|lens vo|lens** [lat. „nicht wollend wollend"] halb wider Willen, wohl oder übel

**No|li|me|tan|ge|re** [lat. „rühr mich nicht an"] *s. Gen. - Mz. -* **1** Springkraut; **2** Darstellung des auferstandenen Christus, wie er Maria Magdalena erscheint

**Nom.** *Abk. für* Nominativ

**No|ma|de** [griech.] *m. 11* Angehöriger eines nichtseßhaften Volkes; **no|ma|di|sie|ren** wie, als Nomaden leben, wandern, umherziehen

**No|men** [lat.] *s. Gen. -s Mz.* -mi|na **1** Name; Nomen est omen „der Name ist (zugleich) Zeichen": der Name hat zugleich eine Vorbedeutung, der Name sagt alles; Nomen proprium: Eigenname; **2** *Gramm.:* deklinierbares Wort; **no|men|kla|to|risch** in der Art einer Nomenklatur; **No|men|kla|tur** *w. 10* **1** Gesamtheit der Fachausdrücke eines Wissensgebietes; **2** Verzeichnis darüber; **No|mi|na** *Mz. von* Nomen; **no|mi|nal 1** zu einem Nomen gehörend, als Nomen; **2** *Wirtsch.:* zum Nennwert; **No|mi|nal|ein|kom|men** *s. 7* Einkommen ohne Berücksichtigung der Kaufkraft; *Ggs.:* Realeinkommen; **No|mi|na|lis|mus** *m. Gen. - nur Ez.* **1** Lehre, daß die Begriffe nur Namen sind und nichts Wirkliches bedeuten; **2** Lehre, daß das Geld nur Symbolcharakter habe; **No|mi|nal|prin|zip** *s. Gen. -s nur Ez. Wirtschaft:* das Prinzip „Mark = Mark" ohne Rücksicht auf die Änderung der Kaufkraft; **No|mi|nal|stil** *m. 1 nur Ez.* Nomen (Substantive) bevorzugender Stil; **No|mi|nal|wert** *m. 1* der einer Münze aufgeprägte oder einem Wertpapier aufgedruckte Wert, Nennwert; **No|mi|na|ti|on** [-tsjon] *w. 10* Ernennung, Benennung; **No|mi|na|tiv** *m. 1* erster Fall, Werfall; **no|mi|nell 1** zum Nomen gehörig; **2** (nur) dem Namen nach, nicht wirklich; **no|mi|nie|ren** nennen, be-, ernennen

**No|mo|gramm** [griech.] *s. 1* Schaubild, Zeichnung zum zeichnerischen Rechnen; **No|mo|gra|phie** *w. 11* Verfahren mit Nomogrammen rechnerische Probleme zeichnerisch zu lösen; **No|mo|kra|tie** *w. 11* Herrschaft auf Grund von Gesetzen, im Unterschied zur Autokratie; **No|mos** *m. Gen. - Mz.* -moi **1** Gesetz, Ordnung; **2** *altgriech. Musik:* ein Melodietypus; **No|mo|the|sie** *w. 11 veraltet:* Gesetzgebung; **no|mo|the|tisch** *veraltet:* gesetzgebend

**Non** [lat.] *w. 10* → None **(1, 2)**; **No|na** *w. Gen. - Mz.* -nen → None **(3)**; **No|na|gon** [lat. + griech.] *s. 1* Neuneck; **No|na|ri|me** [ital.] *w. 11 Verslehre:* um eine Zeile erweiterte Stanze

**Non|cha|lance** [nõʃaläs, frz.] *w. Gen. - nur Ez.* liebenswürdige Lässigkeit, Ungezwungenheit; **non|cha|lant** [-nõʃalã] liebenswürdiglässig, ungezwungen

**Non|co|ope|ra|ti|on** [nɔnkouɔpəreiʃn, engl.] *w. Gen. - nur Ez.* „Nicht-Zusammenarbeit" (Schlagwort Gandhis für den passiven Widerstand gegen die Engländer in Indien)

**No|ne** [lat.] *w. 11* **1** neunter Ton der diaton. Tonleiter; **2** Intervall von neun Tonstufen; **3** Teil des kath. Stundengebets zur neunten Tagesstunde (3 Uhr nachm.); **4** *Mz., im alt-*

röm. *Kalender:* der neunte Tag vor den Iden; **No|nen|ak|kord** *m. 1* Akkord aus Grundton, Terz, Quinte und None

**Non-Es|sen|ti|als** [nɔnisɛnʃɔlz, engl.] *Mz. Wirtsch.:* nicht lebensnotwendige Güter

**No|nett** [lat.] *s. 1* **1** Komposition für neun Instrumente; **2** deren Spieler

**Non|fic|tion-Li|te|ra|tur** [-fikʃən-, engl.] *w. 10 nur Ez.* Sach- und Fachbücher (im Unterschied zur schöngeistigen Literatur)

**non|fi|gu|ra|tiv** [lat.] *Malerei:* ungegenständlich

**Non|food** [nɔnfuːd, engl.] *s. 9 Wirtsch.: Bez. für* Waren des Einzelhandels, die nicht zu den Lebensmitteln gehören

**No|ni|us** [nach dem latinisierten Namen des port. Mathematikers P. Nuñez] *m. Gen. - Mz.* -ni|en *oder* -nus|se *an Meßgeräten:* verschiebbarer Hilfsmaßstab zum Ablesen von Zehntelgrößen

**Non|kon|for|mis|mus** [lat.] *m. Gen. - nur Ez.* Nichtübereinstimmung mit den herrschenden Ansichten, individualist. Einstellung; **Non|kon|for|mist** *m. 10* **1** → Dissenter; **2** jmd., der mit den herrschenden Ansichten nicht übereinstimmt; **Non|kon|for|mi|tät** *w. 10 nur Ez.* Nichtübereinstimmung

**non li|cet** [-tsɛt, lat.] es ist nicht erlaubt, gehört sich nicht

**non li|quet** [lat. „es ist nicht klar"] *Rechtsw.:* der Sachverhalt ist nicht geklärt, die Sache ist nicht zu entscheiden

**non mul|ta, sed mul|tum** [lat.] nicht vielerlei, sondern viel; vgl. multum, non multa

**Non|ode** [lat. + griech.] *w. 11* Elektronenröhre mit neun Elektroden, Neunpolröhre

**non olet** [lat. „es (Geld) stinkt nicht"] man merkt dem Geld seine (unsaubere) Herkunft nicht an (angebl. Ausspruch Kaiser Vespasians, als man ihm die Besteuerung öffentlicher Bedürfnisanlagen zum Vorwurf machte)

**Non|pa|reille** [nõparej, frz.] *w. 9 1 nur Ez.* ein Schriftgrad (6 Punkt); **2** *Mz.* winzige bunte Zuckerperlen zum Bestreuen von Kleingebäck oder Schokolade

**Non|plus|ul|tra** [lat. „nicht darüber hinaus"] *s. Gen. -(s) nur Ez.* das Höchste, Beste, Schönste

**non pos|su|mus** [lat.] „wir können nicht" (Weigerungsformel der röm. Kurie gegenüber der weltl. Macht)

**Non|pro|li|fe|ra|ti|on** [nɔnproulifəreiʃn, engl.] *w. Gen. - nur Ez.* Nichtweitergabe (von Atomwaffen)

**Non scho|llae, sed vi|tae dis|ci|mus** [lat., abgewandelt nach Seneca] Nicht für die Schule, sondern für das Leben lernen wir

**Non|sens** [lat.] *m. Gen. - nur Ez.* Unsinn, törichtes Gerede

**Non|stop...** [-stɔp, engl.] *in Zus.:* fortlaufend, ununterbrochen; **Non|stop|flug** *m. 2* Flug ohne Zwischenlandung

**non tan|to** [ital.] *Mus.*: nicht so sehr; **non trop|po** *Mus.*: nicht zuviel

**Non|va|leur** [nõvalœr, frz.] *m. 9* **1** entwertetes oder wertlos scheinendes Wertpapier; **2** Investition, die keine Rendite abwirft; **3** unverkäufliche Ware

**Noo|lo|gie** [-no:ɔ-, griech.] *w. 11 nur Ez.* (von R. Eucken begründete) Lehre, die sich mit dem selbständigen Eigenleben des Geistes befaßt

**Noor** [dän.] *s. 1 nddt.:* Haff

**Nor|di|stik** *w. 10 nur Ez.* Wissenschaft von den nord. Sprachen und Literaturen

**Norm** [lat.] *w. 10* **1** Richtschnur, Regel, Vorbild; **2** Größenvorschrift (z. B. DIN-Norm); **3** Leistungssoll; **4** *Buchw.*: auf der ersten Seite eines Druckbogens unten links stehende Bogenziffer mit Namen des Autors und abgekürztem Titel des Buches; **nor|mal 1** der Norm entsprechend, vorschriftsmäßig, regelrecht, üblich, landläufig, herkömmlich; **2** geistig gesund; **nor|mal...**, **Nor|mal...** *in Zus.*: der Norm, der Regel entsprechend; **Nor|male** *w. 11* **1** Richtmaß, Richtgröße; **2** *Math.*: Senkrechte auf der Tangente; **Nor|ma|li|en** *Mz.* Regeln, Vorschriften, Grundformen; **nor|ma|li|sie|ren** der Norm angleichen, normal gestalten, auf ein normales Maß zurückführen; **Nor|ma|li|tät** *w. 10 nur Ez.* normale Beschaffenheit; **Nor|mal|lö|sung** *w. 10* Lösung, die in 1 Liter Flüssigkeit 1 Mol des betreffenden Stoffes enthält; **Nor|mal|null** (*Abk.:* NN *oder* N. N.) *bei Höhenmessungen:* die vom mittleren Meeresniveau abgeleitete Ausgangsfläche, für Dtschl. die Höhe des mittleren Wasserstandes des Amsterdamer Pegels; **Nor|mal|pro|fil** *s. 1* **1** genormter Querschnitt (von Baustoffen, z. B. Walzeisen); **2** genormte lichte Höhe und Weite (von Brücken, Durchfahrten u. a.); **3** genormter Ladequerschnitt (z. B. von Eisenbahnwagen); **Nor|mal|ton** *m. 2 nur Ez. Mus.*: das auf 440 Hz festgelegte, eingestrichene A als Stimmton zum Stimmen von Instrumenten, Kammerton; **nor|mal|tiv** als Norm, Richtschnur dienend, maßgebend; **Nor|mal|ti|ve** *w. 11* grundlegende Bestimmung; **nor|men** nach einer Norm oder als Norm festlegen, einheitlich bestimmen; genormte Ersatzteile; **nor|mie|ren** → normen; **Nor|mo|blast** [lat. + griech.] *m. 10 meist Mz.* kernhaltige Vorstufe eines roten Blutkörperchens; **Nor|mo|zyt** *m. 10 meist Mz.* normales rotes Blutkörperchen

**No|so|lo|gie** [griech.] *w. 11* Lehre von den Krankheiten, systematische Beschreibung der Krankheiten

**No-Spiel** *s. 1* formstrenges altjapanisches Singspiel mit historischen oder mythischen Stoffen

**Nost|al|gie** [griech.] *w. 11 nur Ez.* Heimweh, Sehnsucht nach der (als besser erscheinenden) Vergangenheit; **nost|al|gisch** auf Nostalgie beruhend, an Nostalgie leidend

**No|stri|fi|ka|ti|on** [-tsjon, lat.] *w. 10* **1** Einbürgerung; **2** Anerkennung eines ausländ. Diploms; **no|stri|fi|zie|ren 1** einbürgern; **2** staatlich anerkennen; **No|stro|kon|to** *s. Gen. -s Mz.* -ten Konto eines Geldinstitutes bei einem anderen; vgl. Lorokonto

**No|ta** [lat.] *w. 9* **1** Aufzeichnung, Anmerkung; **2** kleine Rechnung; **3** Auftrag; in N. geben: in Auftrag geben; in N. nehmen: vermerken

**No|ta|beln** [frz.] *Mz., in Frankreich vom 14. Jh. bis 1789:* die gebildete, führende Oberschicht, Mitglieder der königl. Ratsversammlungen; *auch allg.:* auf Grund ihres Ranges, Vermögens oder Bildungsstandes angesehene Persönlichkeiten; **no|ta|be|ne** [lat.] (*Abk.:* NB) **1** wohlgemerkt; **2** übrigens, was ich noch sagen wollte; **No|ta|be|ne** *s. 9 oder Gen. - Mz.* - Merkzeichen, Merkzettel; **No|ta|bi|li|tät** *w. 10 nur Ez. veraltet:* Berühmtheit, Ansehen

**No|tar** [lat.] *m. 1* staatl. bestellter Jurist, der Rechtsgeschäfte beurkundet, Unterschriften beglaubigt usw.; **No|ta|ri|at** *s. 1* Amt, Büro eines Notars; **no|ta|ri|ell** von einem Notar (ausgeführt)

**No|ta|ti|on** [-tsjon, lat.] *w. 10* **1** Aufzeichnung (eines Musikstücks) in Notenschrift; **2** Aufzeichnung einer Schachpartie

**No|te** [lat.] *w. 11* **1** Beurteilung, Zensur; **2** Bemerkung, Anmerkung, *meist:* Fußnote; **3** musikal. Schriftzeichen; **4** Mitteilung (einer Regierung an eine andere); **5** Banknote, Geldschein; **6** *übertr.:* Prägung, Besonderheit; eine besondere, seine persönliche N. haben; **no|tie|ren 1** aufschreiben, vormerken; **2** den Kurswert n.: festsetzen und veröffentlichen; **3** *Mus.:* in Notenschrift niederschreiben

**No|ti|on** [-tsjon, lat.] *w. 10* Begriff, Gedanke

**No|tiz** [lat.] *w. 10* **1** aufgeschriebene Bemerkung, schriftl. Angabe, Mitteilung; **2** Kenntnis, Beachtung; von jmdm. oder etwas keine N. nehmen: ihn bzw. es nicht beachten

**no|to|risch** [lat.] *leicht abwertend:* allbekannt; gewohnheitsmäßig; ein notorischer Lügner

**Not|turno** [ital.] *s. 9, Mz. auch:* -ni *ital. Bez. für* Nocturne

**Nou|gat** [-nu-, frz.] *s. 9, auch: m. 9* Süßware aus Kakao, Zucker, fein zerriebenen Mandeln oder Nüssen u. a.

**Nou|veau Ro|man** [-nuvo rɔmã, frz.] *m. Gen. - - nur Ez.* in Frankreich entwickelte Richtung des modernen Romans; **Nou|veau|té** [nuvote] *w. 9* Neuheit, Neuigkeit

**No|va** [lat.] *w. Gen. - Mz.* -vä neuer Stern; *auch:* Fixstern, dessen Helligkeit plötzlich zunimmt; **2** *Mz. von* Novum; **No|val|ti|on** [-tsjon] *w. 10* **1** Erneuerung; **2** Umwandlung einer Schuld

No|ve|cen|to [-tʃɛn-, ital. „neunhundert" (nach 1000)] s. Gen. -(s) nur Ez. die kulturelle Epoche des 20. Jh. in Italien
No|vel|le [lat.-ital.] w. 11 1 Nachtrag zu einem Gesetz; 2 in sich geschlossene Prosaerzählung; No|vel|let|te w. 11 kleine Novelle; no|vel|lie|ren ergänzen oder neu formulieren (Gesetz); No|vel|list m. 10 Novellendichter; No|vel|li|stik w. 10 nur Ez. Novellendichtung; no|vel|li|stisch in der Art einer Novelle
No|ve|ne [lat.] w. 11 kath. Kirche: neuntägige Andacht; No|vi|tät w. 10 Neuheit, Neuigkeit, Neuerscheinung; No|vi|ze m. 11 junger Mönch während der Probezeit; No|vi|zi|at s. 1 Probezeit (im Kloster); No|vi|zin w. 10 junge Nonne in der Probezeit
No|vo|ca|in [Kunstw. aus lat. novum „neu" und Kokain] s. 1 nur Ez. ⓦ ein Mittel zur örtl. Betäubung; No|vum [auch: no-] s. Gen. -s Mz. -va Neuheit, neu hinzukommende Tatsache, neuer Gesichtspunkt
No|xe [lat.] w. 11 krankheitserregende Ursache, Schädlichkeit; No|xin s. 1 aus abgestorbenem Körpereiweiß stammender Giftstoff
Np chem. Zeichen für Neptunium
Nr. Abk. für Nummer
NRT Abk. für Nettoregistertonne
ns Abk. für Nanosekunde
Nt chem. Zeichen für Niton
Nu|an|ce [nyãsə, österr.: nyãs, frz.] w. 11 feine Tönung, feine Abstufung, winzige Kleinigkeit, Spur; eine N. heller, dunkler, lauter, leiser; nu|an|cie|ren [nyãsi-] fein abstufen, kaum merklich verändern
Nu|buk [engl.] s. Gen. -s nur Ez. wildleder-ähnl. Rinds- oder Kalbsleder
Nu|dis|mus [lat.] m. Gen. - nur Ez. Freikörper-, Nacktkultur; Nu|di|tät w. 10 1 nur Ez. Nacktheit, Schlüpfrigkeit; 2 Darstellung von nackten Körpern
Nu|gat s. 9 auch: m. 9, eindeutschende Schreibung von Nougat
Nug|get [nʌgit, engl.] s. 9 natürl. Goldklümpchen
nu|kle|ar [lat.] zum Atomkern gehörend, von ihm ausgehend; auf Kernspaltung beruhend; nukleare Waffen: Kernwaffen; Nu|kle|ar|me|di|zin w. 10 nur Ez. Teilgebiet der Strahlenmedizin; Nu|kle|in s. 1, Nu|kle|in|säu|re w. 11 hochmolekulare organ. Verbindung (Träger der Erbinformation); Nu|kle|o|id s. 1 bei Bakterien: dem Zellkern äquivalente Struktur; Nu|kle|on s. Gen. -s Mz. -kle|o|nen Baustein eines Atomkerns, Proton bzw. Neutron; Nu|kleo|pro|te|id s. 1 Verbindung von Nukleinsäuren mit Eiweiß; Nu|kleo|tid s. 1 eine organ. Basenverbindung, Baustein der Nukleinsäuren; Nu|kle|us m. Gen. - Mz. -klei [-klei:] 1 Zellkern; 2 Gallertkern, Zentrum der Zwischenwirbelscheibe; 3 Nervenkern, Verdichtung im Zentralnervensystem
null [lat.] kein, nichts; null Fehler; null Grad;

null Uhr zwei; Null w. 10 1 die Zahl 0; das geht in Null Komma nichts ugs. scherzh.: sehr schnell; 2 Null-, Gefrierpunkt; das Thermometer steht auf Null; 3 übertr.: bedeutungsloser Mensch; 4 Skat: Spiel, bei dem der Spieler keinen Stich machen darf, um zu gewinnen, Nullspiel; Nul|lei|ter (Nulllei-) m. 5, in elektrischen Stromkreisen mit mehreren Leitern: der spannungslose, geerdete mittlere Leiter; nul|len 1 mit dem Nulleiter verbinden (elektr. Maschine); 2 sich n. ugs. scherzh.: einen Geburtstag mit der Zahl 0 feiern; er hat sich zum dritten Mal genullt: er ist 30 Jahre alt geworden; nul|li|fi|zie|ren [-tsjon] w. 10 Ungültigkeitserklärung, Aufhebung, Nichtigmachung; nul|li|fi|zie|ren für ungültig erklären, aufheben; Nul|lin|stru|ment s. 1 sehr empfindl. Meßinstrument, das bei der Nullmethode verwendet wird; Nul|li|pa|ra w. Gen. - Mz. -ren Frau, die noch nicht geboren hat; vgl. Multipara, Primipara; Nul|li|tät w. 10 1 Nichtigkeit; 2 Ungültigkeit; 3 bedeutungslose Sache oder Person; Null|me|ri|di|an m. 1 Meridian von Greenwich; Null|me|tho|de w. 11 elektr. Meßmethode, bei der die Wirkung der zu messenden Größe durch die einer bekannten Größe kompensiert wird; sie wird überprüft mit dem Nullinstrument, das keinen Ausschlag zeigen darf; Null|ni|veau [-vo:] s. 9 Höhenlage als Ausgangspunkt für kartograph. Vermessungen; Null|ope|ra|ti|on [-tsjo:n] w. 10 Eingabe einer Information in den Computer ohne Rechenvorgang; Null|ou|vert [-uvɛr] m. 9 Skat: Nullspiel, bei dem der Spieler seine Karten nach dem ersten Stich hinlegen muß; Null|se|rie [-riə] w. 11 Versuchsserie vor der Serienproduktion; Null|ta|rif m. 1 Tarif von 0 Pfennig
Nu|men [lat.] s. Gen. - nur Ez. göttl. Wesen ohne persönl. Gestalt, aber mit der Fähigkeit zu positiven oder negativen Wirkungen, göttl. Macht
Nu|me|ra|le [lat.] s. Gen. -s Mz. -lia oder -li|en Zahlwort, z. B. eins, zehn, zweiter, dreifach; Nu|me|ri Mz. von Numerus; nu|me|rie|ren mit Nummern versehen, beziffern; nu|me|risch der Zahl nach, hinsichtlich der Zahl; Nu|me|ro (Abk.: No., N°) nur mit nachfolgender Zahlenangabe, veraltet: Nummer; Numero vier; Nu|me|rus m. Gen. - Mz. -ri 1 Zahl; 2 Zahlform, Sammelbez. für Singular und Plural; Nu|me|rus clau|sus m. Gen. - - nur Ez. begrenzte Zahl (für die Zulassung zu einem Studium, einem Beruf)
nu|mi|nos [zu Numen] göttlich
Nu|mis|ma|tik [lat.] w. 10 nur Ez. Münzkunde
Num|mer [lat.] w. 11 (Abk.: Nr.) 1 Zahl, Kennzahl; auf N. Sicher gehen ugs. scherzh.; bei jmdm. eine N. haben ugs.: bei jmdm. etwas gelten; 2 einzelnes Exemplar (einer Zeitschrift); 3 einzelne Darbietung (im Ka-

barett, Varieté, Zirkus); **4** *ugs. scherzh.:* Person, z. B. komische, ulkige N.

**Num|mu|lit** [lat.] *m. 10* versteinerter Wurzelfüßer aus dem Tertiär

**Nun|tia|tur** [-tsja-, lat.] *w. 10* Amt und Büro eines Nuntius; **Nun|ti|us** [-tsjus] *m. Gen.- Mz.*-ti|en [-tsjən] päpstl. Botschafter bei einer weltl. Regierung

**nup|ti|al** [-tsjal, lat.] *veraltet:* ehelich, Ehe..., hochzeitlich, Hochzeits...

**Nurse** [-nəs, engl.] *w. Gen. - Mz.* -s [-siz] *oder* -n, *engl. Bez. für* Kindermädchen

**Nu|ta|ti|on** [-tsjon, lat.] *w. 10* **1** Schwankung (z. B. der Erdachse gegen den Himmelspol); **2** Krümmungsbewegung (von Pflanzen infolge ungleichen Wachstums)

**Nu|tria** [lat.-span.] *w. 9* Biberratte, Sumpfbiber; **2** deren Fell

**nu|trie|ren** [lat.] ernähren; **Nu|tri|ment** *s. 1* Nahrungsmittel; **Nu|tri|ti|on** [-tsjon] *w. 10 nur Ez.* Ernährung; **nu|tri|tiv** nahrhaft

**Nyk|ti|na|stie** [griech.], **Nyk|ti|tro|pie** *w. 11*, **Nyk|ti|tro|pis|mus** *m. Gen. - Mz.*-men Schlaf-

bewegung der Pflanzen, z. B. Senken, Zusammenlegen der (Blüten-) Blätter; **Nykt-urie** *w. 11* verstärkter nächtl. Harndrang

**Ny|lon** [nai-, Kunstw.] **1** *s. Gen.*-s *nur Ez.* eine Kunstfaser; **2** *s. 9 Mz.* Nylonstrümpfe

**Nym|phäa** [griech.], **Nym|phäe** *w. Gen.- Mz.*-phä|en See-, Wasserrose; **Nym|phä|um** *s. Gen.*-s *Mz.*-phä|en **1** *urspr.:* Heiligtum einer Nymphe, einer Nymphe geweihter Brunnen; **2** *dann:* mit Figuren, Säulen, Nischen verzierte Brunnenanlage; **Nym|phe** *w. 11* **1** *griech. Myth.:* weibl. Naturgottheit, z. B. Quell-, Baumnymphe; **2** Entwicklungsstadium mancher Insekten zwischen Larve und Puppe; **nym|pho|man** an Nymphomanie leidend, mannstoll; **Nym|pho|ma|nie** *w. 11 nur Ez.* krankhaft gesteigerter Geschlechtstrieb (bei Frauen), Mannstollheit; **Nym|pho|ma-nin** *w. 10* an Nymphomanie leidende Frau

**Ny|norsk** *s. Gen. - nur Ez. neuere Bez. für* Landsmål

**Ny|stag|mus** [griech.] *m. Gen. - nur Ez.* Augenzittern

# O

O *chem. Zeichen für* Sauerstoff (Oxygenium)
Ö *Abk. für* Oersted
O' *vor irischen Namen Abk. für* „Sohn des",
z. B. O'Connor
**OAS 1** *Abk. für* Organisation de l'Armée
Secrète (frz. Geheimorganisation zur Be-
kämpfung der Algerienpolitik de Gaulles);
**2** *Abk. für* Organization of American States
**Oa̱|se** [ägypt.] *w. 11* **1** *in Trockenzonen:* Ge-
biet reichen Pflanzenwuchses an Quelle oder
Wasserlauf; **2** *übertr.:* vom Lärm und Getrie-
be der Welt abgeschlossener Ort, z. B. eine
Oase des Friedens, der Stille
**OAU** *Abk. für die 1963 gegründete* Organi-
zation of African Unity
**Ob|duk|ti|on** [-tsjo̱n, lat.] *w. 10 Med.:* medi-
zin. Untersuchung und Öffnung einer Lei-
che, um die Todesursache festzustellen, Aut-
opsie, Leichenöffnung; **ob|du|zie|ren** eine
Leiche o.: eine Obduktion an einer Leiche
vornehmen
**Ob|edi|e̱nz** [lat.] *w. 10 nur Ez.* **1** Gehorsam
der Kleriker gegenüber ihren geistlichen
Vorgesetzten; **2** *früher auch bei Papst- und
Bischofswahlen:* Anhängerschaft des Wahl-
kandidaten
**Obe|li̱sk** [griech.] *m. 10* freistehender, vier-
kantiger, sich nach oben verjüngender Pfei-
ler mit pyramidenförmiger Spitze
**Ob|jekt** [lat.] *s. 1* **1** Sache, Gegenstand (der
Verhandlung, Betrachtung, des Wahrneh-
mens); *Ggs.:* Subjekt (1); **2** *Gramm.:* Satzer-
gänzung, z. B. Dativobjekt; **Ob|jek|t|ero|tik**
*w. 10 nur Ez.* sexuelle Befriedigung an einem
Objekt; **Ob|jek|ti|on** [-tsjo̱n] *w. 10* Übertra-
gung von Empfindungen auf einen Gegen-
stand; **ob|jek|tiv 1** gegenständlich, tatsächlich,
sachlich; **2** unparteiisch; *Ggs.:* subjektiv (2);
**Ob|jek|tiv** *s. 1, bei opt. Geräten:* dem Beob-
achtungsgegenstand zugewendete Linse;
*Ggs.:* Okular; **Ob|jek|ti|va|ti|on** [-tsjo̱n] *w. 10*
Vergegenständlichung; **ob|jek|ti|vie|ren** zum
Objekt machen, einen Gegenstand aus dem
**jek|ti|vi̱s|mus** *m. Gen. - nur Ez.* Lehre, daß es
vom Subjekt unabhängige Wahrheit und
Werte gibt; *Ggs.:* Subjektivismus; **ob|jek|ti|vi̱-
stisch** auf dem Objektivismus beruhend; **Ob-
jek|ti|vi|tät** *w. 10 nur Ez.* Sachlichkeit, Vorur-
teilslosigkeit; *Ggs.:* Subjektivität
**Ob|last** [russ.] *w. 1 in der UdSSR:* Verwal-
tungsbezirk
**Ob|la̱|te** [lat.] *w. 11* **1** noch nicht geweihte
Hostie; **2** dünnes, aus Weizenmehl gebacke-
nes Scheibchen (als Unterlage für Kleinge-
bäck); **3** eine Art Waffel; **4** *m. 11 MA:* für
das Kloster bestimmtes und dort erzogenes

Kind; **Ob|la|ti|on** [-tsjo̱n] *w. 10* **1** → Offerto-
rium; **2** freiwillige Gabe (der Gemeinde an
die Kirche)
**ob|li|gat** [lat.] **1** erforderlich, unentbehrlich;
**2** *Mus.:* als Begleitstimme selbständig
geführt; **Ob|li|ga|ti|on** [-tsjo̱n] *w. 10* **1** Ver-
bindlichkeit, Verpflichtung; **2** Schuldver-
schreibung, festverzinsliches Wertpapier;
**Ob|li|ga|tio|när** [-tsjo̱-] *m. 1 schweiz.:* Inhaber
von Obligationen (2); **ob|li|ga|to|risch** vorge-
schrieben, verbindlich; *Ggs.:* fakultativ;
**Ob|li|ga|to̱|ri|um** *s. Gen.-s Mz.-ri|en schweiz.:*
verbindl. Geltung; Verpflichtung; Pflicht-
fach; **Ob|li|go** [ital.] *s. 9* Verpflichtung, Haf-
tung, Gewähr; ohne Obligo (*Abk.:* o. O.):
unverbindlich, ohne Gewähr
**Ob|li|te|ra|ti|on** [-tsjo̱n, lat.] *w. 10* **1** Tilgung,
Löschung; **2** *Med.:* Ausfüllung von Hohlräu-
men durch krankhaft dort einwachsendes
Gewebe; **ob|li|te|rie|ren** tilgen, löschen
**Oboe** [mlat.-frz.] *w. 11* ein Holzblasinstru-
ment mit Doppelrohrblatt und konischer
Bohrung; Oboe d'amore („Liebesoboe")
Oboe mit birnenförmigem Schallbecher und
zartem Klang; Oboe da caccia [ka̱tʃa]
(„Jagdoboe"): halbkreisförmig gebogene
Oboe mit Schallbecher aus Messing; **Obo|ist**
*m. 10* Oboenspieler
**Obo|lus** [griech.] *m. Gen. - Mz. - oder* -lus|se
**1** kleine altgriech. Münze sowie Gewichts-
einheit; **2** kleiner Beitrag, Scherflein; seinen
O. entrichten; **3** versteinerter Armfüßer des
Kambriums
**Ob|se|qui|en** [lat.] *Mz.* → Exequien
**Ob|ser|va̱nt** [lat.] *m. 10* der strengeren Rich-
tung eines Mönchsordens angehörender
Mönch, z. B. bei den Franziskanern; **Ob|ser-
va̱nz** *w. 10* **1** die strengere von zwei Richtun-
gen eines Mönchsordens; **2** Gewohnheits-
recht; **Ob|ser|va|ti|on** [-tsjo̱n] *w. 10* wissen-
schaftliche (auch kriminalist.) Beobachtung;
**Ob|ser|va̱|tor** *m. 13* wissenschaftl. Beobachter
(Beamter) an einer Sternwarte; **Ob|ser|va̱|to-
ri|um** *s. Gen.-s Mz.-ri|en* astronomische, me-
teorologische oder geophysikalische Beob-
achtungsstation, Stern-, Wetterwarte
**Ob|ses|si|on** [lat.] *w. 10* Zwangsvorstellung;
**ob|ses|siv** in der Art einer Obsession
**Ob|si|di̱|an** [lat.] *m. 1* kieselsäurereiches, gla-
siges, vulkanisches Gestein, Lavaglas
**ob|skur** [lat.] dunkel, unklar, verdächtig;
**Ob|sku|rant** *m. 10 veraltet:* Dunkelmann,
Feind der Aufklärung; **Ob|sku|ran|tis|mus**
*m. Gen. - nur Ez.* Feindseligkeit gegenüber
Aufklärung und Fortschritt; **Ob|sku|ri|tät**
*w. 10 nur Ez.* Dunkelheit, Unklarheit

**ob|so|let** [lat.] ungebräuchlich, veraltet

**Ob|ste|trik** [lat.] *w. 10 nur Ez.* (Lehre von der) Geburtshilfe

**ob|sti|nat** [lat.] halsstarrig, eigensinnig, widerspenstig; **Ob|sti|na|ti|on** [-tsjon] *w. 10* Eigensinn, Widerspenstigkeit, Halsstarrigkeit

**Ob|sti|pa|ti|on** [-tsjon, lat.] *w. 10 Med.:* Verstopfung; **ob|sti|pie|ren** stopfen, Verstopfung bewirken

**ob|stru|ie|ren** [lat.] hindern, hemmen; **Ob|struk|ti|on** [-tsjon] *w. 10* Verzögerung, Verschleppung (von Parlamentsbeschlüssen); **ob|struk|tiv** hindernd, hemmend

**ob|szön** [lat.] schamlos, unanständig; **Ob|szö-ni|tät** *w. 10* **1** *nur Ez.* Schamlosigkeit, Unanständigkeit; **2** obszöne Bemerkung oder Darstellung

**Ob|tu|ra|ti|on** [-tsjon, lat.] *w. 10* Verstopfung (von Hohlräumen, Hohlorganen); **Ob|tu|ra-tor** *m. 13* Platte zum Schließen abnormer Körperöffnungen, bes. von Gaumenlücken

**Obus** *m. 1 Kurzw. für* Oberleitungsomnibus

**Oc|ca|mis|mus** *m. Gen. - nur Ez.* → Ockhamismus

**Och|lo|kra|tie** [griech.] *w. 11* Pöbelherrschaft, entartete Demokratie

**Ock|ham|is|mus** *m. Gen. - nur Ez.* Lehre des engl. Theologen W. von Ockham, des Begründers des spätmittelalterl. Nominalismus

**OD** *Abk. für* Overdose (Überdosis)

**Odal** [skand.] *s. 1 im german. Recht:* Sippeneigentum an Grund und Boden

**Oda|lis|ke** [türk.] *w. 11 früher:* weiße türk. Haremssklavin

**Odd Fel|lows** [ɔd fɛlouz, engl.] *Mz. eigtl.:* Independent Order of Odd Fellows „Unabhängiger Orden überzähliger Gesellen": im 18. Jh. engl. freimaurerähnliche Vereinigung zur Unterstützung arbeitsloser Handwerker

**Odds** [engl. „Ungerade"] *nur Mz.* **1** Wette mit ungleichen Einsätzen; **2** *Sport:* Vorgaben

**Ode** [griech.] *w. 11* feierliches lyrisches Gedicht in freien Rhythmen

**Ödem** [griech.] *s. 1* Ansammlung von Wasser im Unterhautzellgewebe; **ödem|a|tös** ödemartig, mit Ödemen einhergehend

**Ode|on** [griech.] *s. 9 Name für* Musik-, Theatersaal, Kino, Vergnügungsstätte; **Ode|um** *s. Gen.-s Mz. -delen Antike:* rundes Gebäude für künstler. Darbietungen

**Odeur** [odœr, frz.] *s. 9 oder s. 1* **1** wohlriechender Stoff; **2** Duft, Geruch

**odi|ös, odi|os** [lat.] **1** widerwärtig, verhaßt; **2** unausstehlich, gehässig

**Ödi|pus|kom|plex** [nach dem altgriech. König von Theben, der unwissentlich seinen Vater tötete und seine Mutter heiratete] *m. 1 nur Ez.* in früher Kindheit sich entwickelnde, übersteigerte Bindung an den andersgeschlechtlichen Elternteil

**Odi|um** [lat.] *s. Gen.-s nur Ez.* **1** Makel; **2** Haß, Feindschaft

**Odon|to|lo|gie** [griech.] *w. 11 nur Ez.* Zahnheilkunde

**Odor** [lat.] *s. Gen.-s Mz.* Odo|res [-re:s] *Med.:* Geruch

**Odys|see** [nach dem Heldenepos Homers über die Irrfahrt und Heimkehr des Odysseus] Irrfahrt, langwierige, schwierige Reise

**Oe** *Abk. für* Oersted

**OECD** *Abk. für* Organization for Economic Cooperation and Development: Organisation für wirtschaftl. Zusammenarbeit und Entwicklung

**Oer|sted** [œr-, nach dem dän. Physiker H. Chr. Ørsted] *s. Gen.-(s) Mz. - (Abk.:* Oe, Ö) Maßeinheit der magnetischen Feldstärke

**Œuvre** [œvr(ə), frz.] *s. 9* **1** *frz. Bez. für* Opus, Werk; **2** Gesamtheit der Werke (eines Künstlers)

**off** [engl.] *auf Weckuhren:* aus; **Off 1** *s. Gen.-s nur Ez., Film, Fernsehen:* Bereich außerhalb des Bildes; Stimme aus dem Off, der Sprecher ist im Off

**of|fen|siv** [lat.] angreifend, angriffslustig; *Ggs.:* defensiv; **Of|fen|si|ve** *w. 11* Angriff, Angriffsschlacht; *Ggs.:* Defensive

**of|fe|rie|ren** [lat.] anbieten; **Of|fert** *s. 1 österr. für* Offerte; **Of|fer|te** *w. 11* schriftl. Angebot; **Of|fer|to|ri|um** *s. Gen.-s Mz. -ri|en* Teil der kirchl. Liturgie, Darbringung von Brot und Wein

**Of|fice 1** [ɔfis, engl.] *s. Gen. - Mz.-s* [ɔfisiz] Büro; **2** [ɔfis, frz.] *s. Gen. - Mz.-s* [ɔfis] *schweiz.:* Anrichteraum (in Gaststätten); **Of|fi|ci|um** *s. Gen.-s Mz.-ci|en* **1** → Offizium; **2** O. divinum *kath. Kirche:* die dem Geistlichen vorbehaltenen liturg. Handlungen, *bes.:* das tägl. Stundengebet; **Of|fi|zi|al** *m. 1 kath. Kirche:* Vertreter des Bischofs bei der Ausübung der Gerichtsbarkeit; **2** *österr.:* ein Beamtentitel, z. B. Postoffizial; **Of|fi|zi|al|tat** *s. 1 kath. Kirche:* bischöfl. Gerichtsbarkeit; **Of|fi-zi|al|de|likt** *s. 1,* **Of|fi|zi|al|ver|ge|hen** *s. 7* Vergehen, das von Amts wegen verfolgt wird; **Of|fi|zi|al|ver|tei|di|ger** *m. 5* amtl. bestellter Verteidiger; **Of|fi|zi|ant** *m. 10* **1** *kath. Kirche:* den Gottesdienst durchführender Geistlicher; **2** unterer Beamter; **3** *süddt.:* Schulhausmeister; **of|fi|zi|ell** **1** öffentlich (bekannt); *Ggs.:* inoffiziell; **2** amtlich, verbürgt; **3** feierlich, förmlich

**Of|fi|zier** [frz.] *m. 1* Soldat in einem Rang vom Leutnant an aufwärts

**Of|fi|zin** [lat.] *w. 10* **1** Arbeitsraum in einer Apotheke; **2** Druckerei; **of|fi|zi|nal, of|fi|zi-nell** als Heilmittel anerkannt, arzneilich

**of|fi|zi|ös** [frz.] halbamtlich, nicht verbürgt

**Of|fi|zi|um** [lat.] *s. Gen.-s Mz.-zi|en veraltet:* Amts-, Dienstpflicht

**off li|mits** [engl.] Zutritt verboten

**off line** [ɔf lain, engl.] nur indirekt mit einer EDV-Anlage verbunden, für Zwischenspeicher bestimmt; vgl. on line

**Off|set** [engl.] *m. 9 Funk, Fernsehen:* Frequenzversetzung; **Off|set|druck** *m. 1* 1 *nur Ez.* ein Flachdruckverfahren; 2 dessen Erzeugnis

**off shore** ... [-ʃɔr, engl.] *in Zus.:* entfernt von der Küste, z. B. Off-shore-Bohrung

**Off-Spre|cher** [engl.] *m. 5* unsichtbarer Kommentator im Unterrichtsfilm; **Off-Stim|me** *w. 11 Theater, Film, Fernsehen:* Stimme eines unsichtbaren Sprechers; *Ggs.:* On-Stimme

**Oger** [frz.] *m. 5 im frz. Märchen:* Menschenfresser, Riese

**o. k., O. K.** [ɔke] *Abk. für* okay

**Oka|pi** [afrik.] *s. 9* eine westafrik. Giraffenart

**Oka|ri|na** [ital. „Gänschen"] *w. Gen. - Mz.* -nen kleines, flötenartiges Musikinstrument aus Ton oder Porzellan in Form eines spitz zulaufenden Gänseeis mit Mundstück

**okay** [ɔke, engl., Herkunft unsicher] (*Abk.:* o. k., O. K.) in Ordnung

**Ok|ka|sio|na|lis|mus** *m. Gen. - nur Ez.* Lehre, die die Wechselwirkung von Leib und Seele verneint und die Übereinstimmung zwischen beiden auf Gott zurückführt; **ok|ka|sio|nell** *veraltet:* gelegentlich, Gelegenheits...

**Ok|ki|spit|ze** [zu ital. occhio „Auge"] *w. 11* mit einem schiffchenförmigen Werkzeug hergestellte Knüpfspitze, Schiffchenarbeit

**ok|klu|die|ren** [lat.] hemmen, schließen, versperren; **Ok|klu|si|on** *w. 10* 1 Verschluß, Sperre, Hemmung; 2 normale Bißstellung der Zähne; 3 Zusammentreffen von Warm- und Kaltluftfront; **ok|klu|siv** hemmend, sperrend

**ok|kult** [lat.] geheim, verborgen, übersinnlich; **Ok|kul|tis|mus** *m. Gen. - nur Ez.* Lehre von den (vermuteten) außer- oder übersinnl. Kräften, z. B. von der Telepathie

**Ok|ku|pant** [lat.] *m. 10* jmd., der etwas okkupiert; **Ok|ku|pa|ti|on** [-tsjon] *w. 10* 1 Besetzung (fremden Staatsgebietes); 2 Aneignung (herrenlosen Gutes); **ok|ku|pa|to|risch** in der Art einer Okkupation, durch Okkupation; **ok|ku|pie|ren** besetzen, sich aneignen

**Öko|lo|gie** [griech.] *w. 11 nur Ez.* Lehre von den Beziehungen der Lebewesen zu ihrer Umwelt; **öko|lo|gisch** die Umwelt der Lebewesen betreffend, zu ihr gehörig; ökologische Nische: Teil der Umwelt, an dessen Lebensbedingungen eine bestimmte Art von Lebewesen angepaßt ist; **Öko|top** *s. 1* ökologisch einheitl. Gebiet

**Öko|nom** [griech.] *m. 10 veraltet:* Landwirt, Gutsverwalter; **Öko|no|mie** *w. 11 nur Ez.* 1 *veraltet:* Landwirtschaftsbetrieb; 2 Wirtschaft; 3 Wirtschaftlichkeit, Sparsamkeit; **Öko|no|mik** *w. 10 nur Ez.* Wirtschaftswissenschaft; **öko|no|misch** 1 zur Ökonomie gehörend; 2 wirtschaftlich, sparsam; **Öko|no|mis|mus** *m. Gen. - nur Ez.* Betrachtungsweise nur vom wirtschaftl. Standpunkt aus; **öko|no|mis|tisch;** in der Art des Ökonomismus

**Öko|sy|stem** [griech.] *s. 1* Einheit von Lebewesen u. ihrem Lebensraum, Lebenseinheit; **Öko|tro|pho|lo|gie** *w. 11 nur Ez.* Haushalts- und Ernährungswissenschaft; **Öko|ty|pus** *m. Gen. - Mz.* -pen einem bestimmten Standort angepaßte Gruppe von Tieren oder Pflanzen

**Ok|ta|chord** [-kɔrd, griech.] *s. 1* Musikinstrument mit acht Saiten; **Ok|ta|eder** *m. 5 oder s. 5* Achtflächner; **ok|ta|ed|risch** achtflächig; **Ok|ta|gon** *s. 1* → Oktogon

**Ok|tan** *s. 1* ein Kohlenwasserstoff

**Ok|tant** [lat.] *m. 10* 1 Achtelkreis; 2 nautisches Winkelmeßgerät

**Ok|tan|zahl** [lat.] *w. 10* (*Abk.:* Oz) Maßzahl für die Klopffestigkeit von Treibstoffen

**Ok|tav** [lat.] *s. 1* (*Zeichen:* 8°) → Oktavformat; **Ok|ta|ve** *w. 11* 1 der achte Ton der diatonischen Tonleiter; 2 Intervall von acht Tönen; **Ok|tav|for|mat** *s. 1* ein Buchformat in der Größe eines Achtelbogens; **ok|ta|vie|ren** eine Oktave höher spielen als angegeben; **Ok|tett** *s. 1* 1 Musikstück für acht Instrumente oder Singstimmen; 2 Gruppe von acht Instrumentalisten oder Sängern; **Ok|to|de** *w. 11* [griech.] Elektronenröhre mit acht Elektroden; **Ok|to|de|ka|gon** *s. 1* Achtzehneck; **Ok|to|gon** *s. 1* Achteck; **ok|to|go|nal** achteckig; **Ok|to|po|de** *m. 11* achtarmiger Kopffüßer, Krake; **Ok|to|pus** *m. Gen. - nur Ez.* eine Gattung von achtarmigen Kopffüßern

**ok|troy|ie|ren** [-troa-, frz.] auferlegen, aufzwingen

**oku|lar** [lat.] mit dem Auge, für das Auge; **Oku|lar** *s. 1* bei optischen Geräten: die dem Auge zugewendete Linse; *Ggs.:* Objektiv; **Oku|la|ti|on** [-tsjon] *w. 10* das Okulieren; **oku|lie|ren** Pflanzen o.: durch Einsetzen von Knospen (Augen) veredeln; **Oku|lier|reis** *s. 1* Pfropfreis

**Öku|me|ne** [griech.] *w. 11 nur Ez.* 1 die bewohnte Erde; 2 → ökumenische Bewegung; **öku|me|nisch** zur Ökumene (1) gehörig; ökumenische Bewegung: Bestreben aller Christen zur Einigung in relig. Fragen; ökumenisches Konzil: Versammlung der Vertreter aller kath. Kirchen; ökumenische Trauung: Trauung eines Brautpaares verschiedener Konfession durch zwei Geistliche der betr. Konfessionen

**Ok|zi|dent** [lat.] *m. 1 nur Ez.* Westen, Abendland (Europa); *Ggs.:* Orient; **ok|zi|den|tal, ok|zi|den|ta|lisch** abendländisch; *Ggs.:* orientalisch

**ok|zi|pi|tal** [lat.] zum Hinterhaupt gehörig

**Old|ti|mer** [-tai-, engl.] *m. 5* 1 altes Modell eines Fahrzeugs aus der Anfangszeit der Technik, z. B. Auto, Schiff, Flugzeug, Eisenbahnzug; 2 *scherzh.:* langjähriges Mitglied eines Vereins

**olé!** [span.] los!, vorwärts!, hurra!

**Olea** *Mz. von* Oleum

Ole|an|der [lat.-ital.] *m. 5* ein mittelmeer. Zierstrauch

Ole|at [lat.] *s. 1* Salz der Ölsäure; Ole|fin *s. 1* geradkettiger Kohlenwasserstoff mit einer Doppelbindung; Ole|in *s. 1* Ölsäure; Ole|um *s. Gen.-s Mz.* Olea 1 Öl; 2 rauchende Schwefelsäure

ol|fak|to|risch [lat.] zum Riechnerv gehörend, von ihm ausgehend; Ol|fak|to|ri|um *s. Gen.-s Mz.*-ri|en Riechmittel; Ol|fak|to|ri|us *m. Gen.- nur Ez.* Riechnerv

Oli|fant [altfrz.] *m. 1* mittelalterl. Jagd- und Trinkhorn

Oliglämie [griech.] *w. 11* Blutarmut infolge Verringerung der Gesamtblutmenge; Olig|ar|chie *w. 11* Herrschaft nur einer kleinen aristokrat. Schicht; Oli|go|chä|ten [-çę-] *m. 10 Mz.* Klasse der Ringelwürmer mit wenig Borsten, Borstenwürmer; oli|go|dy|na|misch in kleinsten Mengen wirksam; Oli|go|glo|bu|lie *w. 11* → Oligozythämie; Oli|go|pha|gie *w. 11 nur Ez.* auf bestimmte Futterpflanzen und Beutetiere eingestellte Ernährungsweise; Oli|go|phre|nie *w. 11 nur Ez.* erblicher oder früh erworbener Schwachsinn; Oli|go|pol *s. 1* Marktbeherrschung durch wenige Anbieter; oli|go|troph humus-, nährstoffarm (Boden, Gewässer); Oli|go|zän *s. 1 nur Ez.* mittlere Abteilung des Tertiärs; Oli|go|zyt|hä|mie *w. 11* Verminderung der roten Blutkörperchen, Oligoglobulie; Olig|urie *w. 11* Verminderung der Harnabsonderung

Olim [lat. olim „einst"] *nur in den Wendungen* seit Olims Zeiten: seit jeher; zu Olims Zeiten: vor langer Zeit

Oli|ve [lat.] *w. 11* 1 Ölbaum; 2 Frucht des Ölbaums; Oli|vet|te [-vętə] *w. 11* olivenförmige Koralle, Glasperle; Oli|vin *s. 1* ein olivgrünes Mineral

Ol|la po|dri|da [span.] *w. Gen. - - nur Ez.* span. Eintopfgericht aus Fleisch, geräucherter Wurst und Gemüse

Olymp [nach dem Olympos, dem Berg in Nordgriechenland] *m. Gen.-s nur Ez.* 1 *griech. Myth.:* Wohnsitz der Götter; 2 *ugs. scherzh.:* oberster Rang im Theater; Olym|pi|a|de *w. 11* 1 *urspr.:* Zeitraum von vier Jahren zwischen zwei Olympischen Spielen; 2 *heute:* die Olympischen Spiele; Olym|pi|er *m. 5* 1 *griech. Myth.:* Bewohner des Olymps (1); 2 *übertr.:* Mann von majestätischer Ruhe und Überlegenheit; Olym|pio|ni|ke *m. 11* Sieger bei den Olympischen Spielen; olym|pisch 1 zum Olymp (1) gehörend; 2 zu den Olympischen Spielen gehörend; 3 *übertr.:* majestätisch ruhig

Om|bro|graph [griech.] *m. 10* selbsttätig aufzeichnender Regenmesser, Regenschreiber, Pluviograph; Om|bro|me|ter *s. 5* Regenmesser; om|bro|phil regen-, feuchtigkeitsliebend (Tier, Pflanze); om|bro|phob Regen, Feuchtigkeit meidend (Tier, Pflanze)

Om|buds|mann [schwed.] *m. 4* Beauftragter des Parlaments, an den sich jeder Bürger zum Schutz gegen Behördenwillkür wenden kann; *auch ullg.:* jmd., an den man sich mit Beschwerden wenden kann

Ome|ga *s. 9* letzter Buchstabe des griech. Alphabets (Zeichen: Ω); vgl. Alpha

Ome|lett [om-, frz.] *s. 9*, Ome|lette [omlęt] *w. 9* in der Pfanne gebackener Eierkuchen; O. aux confitures [- o kõfityr] mit Marmelade gefüllter Eierkuchen; O. aux fines herbes [- o finzęrb] mit Kräutern gefüllter Eierkuchen; O. soufflé [- sufle] mit Eischnee aufgelockerter Eierkuchen

Omen [lat.] *s. Gen.-s Mz.* Omina Zeichen, Vorzeichen, Vorbedeutung; vgl. Nomen (1); omi|nös 1 *urspr.:* von schlimmer Vorbedeutung; 2 bedenklich, verdächtig

Omis|si|on [lat.] *w. 10 veraltet:* Unterlassung; Omis|siv|de|likt *s. 1* strafbare Unterlassung einer gebotenen Handlung, z. B. Hilfeleistung

Om|ni|bus [lat.] *m. 1* vielsitziger Verkehrskraftwagen, Autobus; om|ni|po|tent allmächtig; Om|ni|po|tenz *w. 10 nur Ez.* Allmacht; Om|ni|prä|senz *w. 10 nur Ez.* Allgegenwart (Gottes); Om|ni|um *s. Gen.-s Mz.*-ni|en 1 *Radsport:* aus mehreren Wettbewerben zusammengesetzter Wettkampf im Bahnrennen; 2 *Reitsport:* Rennen, an dem jedes Pferd teilnehmen kann; Om|ni|vo|re [-vo-] *m. 11* → Pantophage

on [engl.] *auf Weckuhren:* an; On 1 *s. Gen.-s nur Ez., Film, Fernsehen:* Bereich innerhalb des Bildes; Sprecher im On

Ona|ger [griech.] *m. 5* 1 altröm. Wurfmaschine; 2 südwestasiat. Halbesel

Ona|nie [nach Onan, einer Gestalt des AT] *w. 11 nur Ez.* Masturbation; ona|nie|ren sich geschlechtl. selbst befriedigen, masturbieren; Ona|nist *m. 10* jmd., der (gewohnheitsmäßig) onaniert

On|dit [õdi, frz. „man sagt"] *s. 9* Gerücht

On|du|la|ti|on [-tsjon, lat.] *w. 10* das Ondulieren; on|du|lie|ren das Haar o.: (mit der Brennschere) in Wellen legen

One|step [wʌnstep, engl. „ein Schritt"] *m. 9, nach 1900:* ein schneller Gesellschaftstanz im $\frac{2}{4}$- oder $\frac{6}{8}$-Takt

on|ga|re|se [ital.] *Mus.:* auf ungarische Art

On|ko|lo|gie [griech.] *w. 11 nur Ez.* Lehre von den Geschwulstkrankheiten

on line [on lain, engl.] direkt mit einer EDV-Anlage verbunden; vgl. off line

Ono|lo|gie [griech.] *w. 11 nur Ez.* Weinbaukunde

Ono|ma|sio|lo|gie [griech.] *w. 11 nur Ez.* Begriffs-, Bezeichnungslehre, Lehre von den Wörtern, die jeweils für einen Begriff verwendet werden oder im Lauf der Zeit verwendet worden sind; Ono|ma|stik *w. 10 nur Ez.* Namenkunde; Ono|ma|sti|kon *s. Gen.-s*

**Mz.**-ka 1 Namensverzeichnis; 2 Namens-
tags- oder Geburtstagsgedicht; **Ono|ma|to|lo|gie** *w.11 nur Ez.* → Onomastik; **Ono|ma|to|poe|se** *w.11* → Onomatopöie; **ono|ma|to|poe|tisch** lautmalend; onomatopoetische Wörter: laut-, schallnachahmende Wörter, z. B. surren, klirren, rattern; **Ono|ma|to|pö|ie** *w.11 nur Ez.* Lautmalerei

**Ono|me|ter** [griech.] *s.5* Gerät zum Messen des Alkoholgehalts des Weins

**On parle fran|çais** [ɔ̃ parl frãsɛ̯, frz.] Hier wird Französisch gesprochen (auf Schildern)

**On-Stim|me** [engl.] *w.11 Theater, Film, Fernsehen:* Stimme eines sichtbaren Sprechers; *Ggs.:* Off-Stimme

**on the rocks** [ɔn ðə -, engl.] auf Eiswürfel gegossen (Getränk)

**on|tisch** [griech.] dem Sein gemäß, seiend, Seins...; **On|to|ge|ne|se** *w.11 nur Ez.* Entwicklung des Lebewesens von der befruchteten Eizelle bis zum geschlechtsreifen Zustand; **on|to|ge|ne|tisch** auf Ontogenese beruhend; **On|to|ge|nie** *w.11 nur Ez.* → Ontogenese; **On|to|lo|gie** *w.11 nur Ez.* Lehre vom Sein

**on-tur|nen** [ɔntəːnən, aus engl. turn on „andrehen"] *ugs.:* Rauschgift nehmen

**Onyx** [griech.] *m.1* ein Mineral, ein Quarz; **Onyx|glas** *s.4* geädertes farbiges Kunstglas

**o. O.** *Abk. für* ohne → Obligo

**Oo|ge|ne|se** [oɔ-, griech.] *w.11 nur Ez.* Entwicklung, Bildung der Eizelle; **oo|ge|ne|tisch** aus dem Ei (entstanden); **Oo|lith** *m.10* aus schaligen Kalkkügelchen aufgebautes Gestein, Rogenstein; **Oo|lo|gie** *w.11 nur Ez.* Lehre vom Vogelei; **Oo|my|ze|ten** *m.10 Mz.* Ordnung niederer Pilze (hauptsächlich Pflanzenschädlinge)

**OP** *Abk. für* Operationssaal

**op.** *Abk. für* Opus

**O. P., O. Pr.** *Abk. für* Ordinis Praedicatorum: vom Orden der Prediger (Dominikaner)

**opak** [lat.] undurchsichtig, aber durchscheinend, trübe; **Opak|glas** *s.4* undurchsichtiges Glas

**Opal** [sanskr.] *m.1* 1 ein Mineral, Halbedelstein; 2 feines Baumwollgewebe; **Opal|es|zenz** *w.10 nur Ez.* Schimmern, Schillern infolge Lichtbeugung wie beim Opal; **opal|es|zie|ren** wie Opal schimmern; **Opal|glas** *s.4* schwach trübes Milchglas; **opa|li|sie|ren** → opaleszieren

**Opan|ke** [serb.] *w.11* südosteurop. absatzloser Schuh mit aufgebogener Spitze

**Op-Art** [Kurzw. aus engl. optical art] *w. Gen. - nur Ez.* Kunstrichtung, bei der optische Effekte (durch bestimmte Farbsetzung) erstrebt werden

**Opa|zi|tät** [lat.] *w.10 nur Ez.* Undurchsichtigkeit, Lichtundurchlässigkeit; *Ggs.:* Transparenz

**Oper** [ital.] *w.11* 1 in Musik gesetztes Büh-

nenstück; 2 Gebäude für Aufführungen solcher Werke; **Ope|ra** 1 *ital. Form von* Oper; 2 *Mz. von* Opus

**ope|ra|bel** [lat.] so beschaffen, daß man es operieren kann

**Ope|ra buf|fa** [ital.] *w. Gen. - - Mz.*-re-fe komische Oper; **Ope|ra se|ria** *w. Gen. - - Mz.* -re-rie [-riːɛ] ernste Oper

**Ope|ra|teur** [-tøːr] *m.1* Arzt, der operiert; **Ope|ra|ti|on** [-tsjoːn] *w.10* 1 chirurg. Eingriff; 2 Verfahren, Arbeitsvorgang; 3 militär. Unternehmen; **Ope|ra|ti|ons|ba|sis** *w. Gen. - Mz.*-basen Ausgangsgebiet einer (militär.) Operation; **Ope|ra|tions-Re|search** [ɔpərɛi̯ʃns rizətʃ, engl.] *w. Gen. - nur Ez.* betriebswirtschaftl. Verfahrensforschung, Planungsforschung; **ope|ra|tiv** 1 chirurgisch, mit Hilfe einer Operation; 2 *Mil.:* strategisch; **Ope|ra|tor** *m.13* 1 ein Zeichen der mathemat. Logik; 2 jmd., der eine EDV-Anlage bedient

**Ope|ret|te** [ital.] *w.11* unterhaltsames, heiteres Bühnenstück mit Musik und zum Teil gesprochenen Dialogen

**ope|rie|ren** [lat.] 1 jmdn. o.: einen chirurg. Eingriff an jmdm. vornehmen; 2 eine militär. Operation durchführen; 3 handeln, verfahren

**Ophio|la|trie** [griech.] *w.11 nur Ez.* relig. Verehrung der Schlange, Schlangenanbetung; **Ophit** 1 *m.10* Schlangenanbeter; 2 *m.1* ein Mineral; **ophi|tisch** zur Ophiolatrie gehörend, auf ihr beruhend; **Ophi|uren** *Mz.* Schlangensterne, Stachelhäuter mit dünnen Armen

**Oph|thal|mia|trie** [griech.] *w.11 nur Ez.*, **Oph|thal|mia|trik** *w.10 Ez.* Augenheilkunde; **Oph|thal|mie** *w.11* Augenentzündung; **oph|thal|misch** zum Auge gehörig, von ihm ausgehend; **Oph|thal|mo|lo|gie** *w.11 nur Ez.* Augenheilkunde; **Oph|thal|mo|skop** *s.1* Gerät zur Untersuchung des Augenhintergrundes, Augenspiegel; **Oph|thal|mo|sko|pie** *w.11* Untersuchung des Augenhintergrundes

**Opi|at** [lat.] *s.1* opiumhaltiges Arzneimittel

**Opi|ni|on|lea|der** [-liːdər, engl.] *m.5* Meinungsbildner, z. B. Publizist

**Opi|um** *s. Gen.*-s *nur Ez.* aus Mohn gewonnenes Rauschgift

**Opo|del|dok** [von Paracelsus geprägtes Wort] *m. oder s. Gen.*-s *nur Ez. früher:* durchblutungsförderndes Heilmittel

**Opos|sum** [nordamerik. Indianerspr.] *s.9* 1 amerik. Beutelratte; 2 deren Pelz

**Op|po|nent** [lat.] *m.10* Gegner (im Redestreit); **op|po|nie|ren** eine gegenteilige Meinung vertreten, widersprechen

**op|por|tun** [lat.] (augenblicklich) günstig, angebracht, vorteilhaft; *Ggs.:* inopportun; **Op|por|tu|nis|mus** *m. Gen.*-*nur Ez.* Handeln unter dem Gesichtspunkt, was im Augenblick das Günstigste, Vorteilhafteste ist, Anpassung an die jeweilige Lage; **Op|por|tu|nist**

*m.10* jmd., der so handelt, wie es im Augenblick am günstigsten ist; **Op|por|tu|ni|tät** *w.10* günstige, passende Gelegenheit, Vorteil

**Op|po|si|ti on** [-tsjon, lat.] *w.10* 1 Gegensatz, Widerstand; O. machen *ugs.:* opponieren, widersprechen; 2 Gesamtheit der zur Regierung in Gegensatz stehenden Parteien; 3 Stellung eines Gestirns zur Sonne und zur Erde, so daß alle drei in einer Geraden liegen; 4 Stellung gegenüber, z. B. des Daumens zu den andern Fingern, (im Schach) der beiden Könige; **op|po|si|tio|nell** [-tsjo-] gegensätzlich, der Opposition angehörend, widersetzlich

**op. post., op. posth.** *Abk. für* opus postumum, opus posthumum

**O. Pr.** → O. P.

**Op|tant** [lat.] *m.10* jmd., der optiert; **op|ta tiv** einen Wunsch ausdrückend (Verbform), im Optativ stehend; **Op|ta|tiv** *m.1* Wunschform des Verbums, im Dt. durch den Konjunktiv wiedergegeben; **op|tie|ren** für jmdn. oder einen Staat o.: sich für jmdn. oder für die Zugehörigkeit zu einem Staat entscheiden

**Op|tik** [griech.] *w.10* 1 *nur Ez.* Lehre vom Licht; 2 *an optischen Geräten:* Linsensystem; 3 *nur Ez.* optischer Eindruck, optische Wirkung; **Op|ti|ker** *m.5* Fachmann für Herstellung und Verkauf optischer Geräte

**Op|ti|ma** *Mz. von* Optimum; **op|ti|ma fi|de** [lat.] im besten Glauben; **op|ti|mal** best, bestmöglich; **Op|ti|mat** *m.10* im alten Rom: Angehöriger der herrschenden Geschlechter und Mitglied des Senats; **Op|ti|me|ter** *s.5* Gerät zur Feinmessung von Länge und Dicke mit optischer Übertragung der Werte zur Ablesung; **op|ti|mie|ren** bestmöglich gestalten; **Op|ti|mis|mus** *m. Gen. - nur Ez.* positive Lebenseinstellung, Lebensbejahung, Zuversichtlichkeit allen Dingen gegenüber; *Ggs.:* Pessimismus; **Op|ti|mist** *m.10* 1 jmd., der dem Leben und den augenblickl. Gegebenheiten bejahend, zuversichtlich gegenübersteht; *Ggs.:* Pessimist; 2 kleinster Segelboottyp; **op|ti|mi|stisch** zuversichtlich; **Op|ti mum** *s. Gen. -s Mz.* -ma das Beste, Wirksamste, Höchstmaß; *Ggs.:* Pessimum

**Op|ti on** [-tsjon, lat.] *w.10* 1 Wahl, Entscheidung (für jmdn. oder die Zugehörigkeit zu einem Staat); 2 Wunsch nach Verlängerung eines Vertrages

**op|tisch** [lat.] zur Optik, zum Sehen, zum Licht gehörend, darauf beruhend, vom äußeren Eindruck her; optische Täuschung: Täuschung infolge einer falschen Wahrnehmung durch die Augen

**Op|to|me|trie** [griech.] *w.11 nur Ez.* Messung der Sehschärfe

**opu|lent** [lat.] reichlich, reichhaltig, üppig (Mahlzeit); *Ggs.:* frugal

**Opun|tie** [-tsjə, nach der altgriech. Stadt Opus] *w.11* eine Kakteengattung, Feigenkaktus

**Opus** [auch: ɔpus, lat.] *s. Gen. - Mz.* Opera (*Abk.:* op.) Werk, Kunstwerk, einzelnes Werk aus dem Gesamtschaffen eines Künstlers, bes. Komponisten; Opus post(h)umum (*Abk.:* op. post[h].): nachgelassenes Werk

**Ör** *m.1* → Öre

**Ora** [ital.] *w. Gen. - nur Ez.* Seewind am nördl. Gardasee

**Ora et la|bo|ra** [lat.] Bete und arbeite (alte Mönchsregel)

**Ora|kel** [lat.] *s.5* 1 *im alten Griechenland:* Stätte, an der Götter Weissagungen erteilten; 2 Weissagung, Zukunftsdeutung; 3 rätselhafter Ausspruch; 4 *nach altem Volksbrauch:* Versuch, Zukünftiges, Unbekanntes durch bestimmte Vorgänge (z. B. Bleigießen) zu erforschen; **ora|keln** in rätselhaften Andeutungen sprechen

**oral** [lat.] zum Mund gehörig, mit dem Mund, durch den Mund

**orange** [orãʒ, frz.] rötlichgelb, apfelsinenfarbig; **Orange** 1 *s. Gen.* -(s) *nur Ez.* orange Farbe; 2 [orãʒə] *w.11* Apfelsine; **Oran|gea|de** [orãʒadə] *w.11* Orangenlimonade; **Oran|geat** [orãʒat] *s.1 nur Ez.* kandierte Orangenschale; **Oran|ge|rie** [orãʒə-] *w.11* 1 Gewächshaus mit Orangen; 2 Orangengarten (in Parks)

**Orang-Utan** [mal.] *m.9* eine Gattung der Menschenaffen

**Orant** [lat.] *m.10 bildende Kunst:* betende Gestalt

**Ora pro no|bis** [lat.] *im kath. Gottesdienst bei Anrufung eines Heiligen:* Bitte für uns

**Ora|tio obli|qua** [lat.] *w. Gen. - - nur Ez. Gramm.:* indirekte Rede; **Ora|tio rec|ta** *w. Gen. - - nur Ez. Gramm.:* direkte Rede

**Ora|tor** [lat.] *m.13 in der Antike:* (begabter) Redner; **Ora|to|ria|ner** *m.5* Mitglied eines Oratoriums (2); **ora|to|risch** rednerisch-schwungvoll, -mitreißend; **Ora|to|ri um** *s. Gen. -s Mz.* -ri en 1 Betraum, kleine Kapelle für den Gottesdienst, Hauskapelle (in Klöstern u. a.); 2 Kongregation von Priestern und Laien für Erziehung und Seelsorge, bes. die des Gründers, F. Neri; 3 geistliches, episch-dramatisches Musikwerk für Chor, Soli und Orchester

**or|bi|ku|lar** [lat.] *Med.:* kreis-, ringförmig; **Or|bis** *m. Gen. - nur Ez.* Kreis, Erdkreis; **Or|bis pic|tus** *m. Gen. - - nur Ez.* J. A. Comenius herausgegebenes, volkstümliches, bebildertes Sprachlehrbuch, Bilderfibel; **Or|bit** *m.1* Kreisbahn eines Satelliten; **Or|bi|ta** *w. Gen. - Mz.* -tae [-te:] Augenhöhle; **or|bi|tal** 1 zur Orbita gehörend; 2 in einem Orbit befindlich

**Or|che|ster** [-kɛ-, österr. auch: -çɛ-, griech.] *s.5* 1 *Theater:* vertiefter Raum für die Musiker vor der Bühne; vgl. Orchestra; 2 unter

einem Dirigenten zusammenspielende größe- re Gruppe von Musikern mit verschiedenen Instrumenten; Or|che|stra [-kɛ-] w. Gen. - Mz. -stren, altgriech. Theater: Spielfläche für den Chor; or|che|stral [-kɛ-] zum Orchester gehörend, wie von einem Orchester gespielt, z. B. orchestraler Klang; Or|che|stra|ti|on [-tsjon] w. 10 Bearbeitung (eines Musik- stücks) für Orchester; or|che|strie|ren für Or- chester bearbeiten (Musikstück), instrumen- tieren; Or|che|stri|on [-kɛ-] s. Gen. -s Mz. -ri|en ein automat. Musikinstrument, Vorläu- fer des Grammophons
Or|chi|deen [griech.] w. 11 Mz. artenrei- che Familie von Zierpflanzen; Or|chis 1 m. Gen. - Mz. - Hoden; 2 w. Gen. - Mz. - Knabenkraut; Or|chi|tis w. Gen. - Mz. -ti|den Hodenentzündung; Or|chi|to|mie w. 11 Ver- schneidung, Kastration
Or|dal [angelsächs.-mlat.] s. 1, Mz. auch: -li|en, mittelalterl. Recht: Gottesurteil
Or|den [lat.] m. 7 1 weltl. Gemeinschaft mit bestimmter, weltanschaulich begründeter Le- bensform; 2 Klostergenossenschaft, die nach bestimmter Regel lebt und bestimmte Ge- lübde abgelegt hat; 3 Auszeichnung, Eh- renzeichen
Or|der [lat.] w. 11 1 veraltet: Befehl; O. pa- rieren: gehorchen; 2 kaufmänn.: Auftrag, Bestellung; or|dern bestellen (Ware); Or- der|pa|pier s. 1 Wertpapier, das durch → In- dossament an eine andere Person übertragen werden kann
Or|di|nal|le w. 11, Or|di|nal|zahl w. 10 Ord- nungszahl, einordnendes Zahlwort, z. B. erster
or|di|när [lat.] 1 alltäglich, landläufig, allge- mein; 2 zum Marktpreis; das Buch kostet o. 10,50 DM: im Laden; 3 übertr.: gewöhnlich, unanständig (Person, Witz)
Or|di|na|ri|at [lat.] s. 1 1 Amt eines ordentl. Professors, Lehrstuhl; 2 Verwaltungsbehörde des Bischofs, Generalvikariat; Or|di|na|ri|um s. Gen. -s Mz. -ri|en 1 ordentl. Staatshaushalt; 2 kath. Gottesdienstordnung; Or|di|na|ri|us m. Gen. - Mz. -ri|en 1 ordentl. Professor, Pro- fessor mit Lehrstuhl; 2 Klassenlehrer (an ei- ner höheren Schule); 3 Träger der kirchl. Rechtsprechung, z. B. Papst, regierender Bi- schof, Abt; Or|di|när|preis m. 1 Marktpreis, Ladenpreis (bes. eines Buches); Or|di|na|te w. 11 Math.: parallel zur Ordinatenachse ab- gemessener Linienabschnitt; Or|di|na|ten- ach|se w. 11 senkrechte Achse im Koordina- tensystem; Or|di|na|ti|on [-tsjon] w. 10 1 kath. Kirche: Priesterweihe; 2 evang. Kir- che: Einsetzung, Berufung (eines Pfarrers); 3 ärztl. Verordnung; ärztl. Sprechstunde; 4 österr. auch: ärztl. Behandlungsraum; Or- di|na|ti|ons|zim|mer s. 5 Sprechzimmer (des Arztes); or|di|nie|ren 1 kath. Kirche: zum Priester weihen; evang. Kirche: ins Amt ein-

setzen (Pfarrer); 2 Sprechstunde halten (Arzt)
Or|do|li|be|ra|lis|mus m. Gen. - nur Ez. frei- heitliche, wettbewerbsorientierte Wirt- schaftsordnung mit weitgehender Verant- wortung des einzelnen
Or|don|nanz [lat.-frz.] w. 10 Soldat, der ei- nem Offizier für bestimmte Aufgaben, bes. das Übermitteln von Befehlen, zugeteilt ist; Or|don|nanz|of|fi|zier m. 1 den Stabsoffizie- ren zugeteilter jüngerer Offizier
Or|do|vi|zi|um [lat.] s. Gen. -s nur Ez. eine Formation des Paläozoikums
Or|dre w. 9, frz. Schreibung von Order
Öre w. Gen. - Mz. - Währungseinheit in Nor- wegen, Schweden und Dänemark, $^1/_{100}$ Krone
Ore|ade [griech.] w. 11 griech. Myth.: Berg- nymphe
Or|gan [griech.] s. 1 1 Sinneswerkzeug, Kör- perteil mit bestimmter Funktion, z. B. Nase, Leber; ich habe dafür kein O. übertr. ugs.: keinen Sinn; 2 Stimme; ein lautes, volltönen- des, angenehmes O. haben; 3 Zeitung oder Zeitschrift, die im Sinne einer Partei, für ei- nen Verein, ein Fachgebiet schreibt; 4 Per- son oder Personengruppe in Staat, Gemein- de usw. mit bestimmten Aufgaben; ausfüh- rendes O.: Beauftragter; beratendes O.: Bei- rat; Or|gan|bank w. 10 Sammelstelle für Or- gankonserven
Or|gan|dy [frz.] m. 9 feines, steifes, durch- scheinendes Baumwollgewebe
Or|ga|nell [lat.] s. 12, Or|ga|nel|le w. 11 bei Einzellern: organartige Plasmabildung; Or- ga|nik w. 10 nur Ez. Lehre von den Organen
Or|ga|ni|sa|ti|on [-tsjon, frz.] w. 10 1 nur Ez. planmäßiger Aufbau, Gliederung; 2 Gruppe, Verband mit bestimmtem Zweck; Or|ga|ni- sa|tor m. 13 jmd., der etwas organisiert (hat), Gestalter; or|ga|ni|sa|to|risch bezüglich der Organisation, planvoll (aufbauend)
or|ga|nisch 1 zu einem Organ gehörig, davon ausgehend, hinsichtlich der Organe; 2 zur belebten Natur gehörend, tierisch und pflanzlich; Ggs.: anorganisch; organische Chemie: Chemie der Kohlenstoffverbindun- gen; or|ga|ni|sie|ren [frz.] 1 (planvoll) auf- bauen, gestalten; 2 ugs.: auf nicht ganz ein- wandfreie Weise schaffen; or|ga|ni|siert ei- ner polit. oder gewerkschaftl. Organisation angehörend
or|ga|nis|misch zu einem Organismus ge- hörend, wie ein Organismus; Or|ga|nis|mus m. Gen. - Mz. -men 1 einheitliches, geglieder- tes Ganzes, Gefüge; 2 Lebewesen
Or|ga|nist [lat.] m. 10 Orgelspieler
Or|gan|kon|ser|ve w. 11 konserviertes Organ (1) (zur Organverpflanzung); Or|gan|neu|ro- se w. 11 durch seel. Einflüsse hervorgerufene organ. Erkrankung; or|ga|no|gen [griech.] 1 Geol.: unter Mithilfe von Organismen ent-

standen; **2** Organe bildend; **Or|ga|no|gra|phie** *w.11* Beschreibung der Organe; **or|ga|no|id** *Med.:* organähnlich; **Or|ga|no|lo|gie** *w.11 nur Ez.* Lehre von den Organen; **Or|ga|non** *s. Gen.-s nur Ez.* **1** *urspr.:* Bez. der logischen Schriften des Aristoteles, die als Werkzeug zur Erkenntnis der Wahrheit betrachtet wurden; **2** *danach allg.:* logische Schrift; **Or|gan-the|ra|pie** *w.11* Verwendung von Heilmitteln, die aus menschlichen oder tierischen Organen oder deren Sekreten gewonnen wurden

**Or|ga|num** [lat.] *s. Gen.-s Mz.*-na **1** mehrstimmige Musik des MA; **2** Orgel

**Or|gan|za** [ital.] *w. Gen.-s nur Ez.* sehr feines Gewebe aus Naturseide

**Or|gas|mus** [griech.] *m. Gen.- Mz.*-men Höhepunkt der Erregung beim Geschlechtsakt; **or|ga|stisch** zum Orgasmus gehörend, wollüstig

**Or|gi|as|mus** [griech.] *m. Gen.- nur Ez.* ausschweifendes Feiern der Orgien im altgriech. Dionysoskult; **Or|gi|ast** *m.10* ausgelassener, zügelloser Schwärmer; **Or|gie** [-gjə] *w.11* **1** *im alten Griechenland:* mit wilder Trunkenheit gefeiertes kult. Fest; **2** *übertr.:* zügelloses Gelage, wilde Ausschweifung

**Ori|ent** [lat.] *m.1 nur Ez.* Osten, Morgenland; *Ggs.:* Okzident; **Ori|en|ta|le** *m.11* Bewohner des Orients; **Ori|en|ta|lia** *Mz.* Bücher, Bilder über den Orient; **ori|en|ta|lisch** zum Orient gehörend, aus ihm stammend; *Ggs.:* okzidental(isch); **Ori|en|ta|li|stik** *w.10 nur Ez.* Wissenschaft von den oriental. Sprachen und Kulturen; **ori|en|ta|li|stisch** zur Orientalistik gehörend; **ori|en|tie|ren 1** nach einer Himmelsrichtung einstellen, ausrichten; **2** sich o.: sich zurechtfinden, den Standort bestimmen; **3** jmdn. o.: jmdn. unterrichten, benachrichtigen

**Ori|flam|me** [mlat. „Goldflamme"] *w.11 nur Ez.* Kriegsfahne der frz. Könige mit goldenen Sternen auf rotem Grund

**Ori|ga|no** [ital.] *m. Gen.-(s) nur Ez.* wilder Majoran

**ori|gi|nal** [lat.] **1** ursprünglich, urschriftlich, eigenhändig, echt; **2** eigen, schöpferisch; **Ori|gi|nal** *s.1* Urschrift, erste Niederschrift; **2** Urtext, fremdsprachiger Text, der übersetzt worden ist oder werden soll; **3** Urbild, vom Künstler geschaffenes Bild oder Standbild; **4** eigenartiger, meist auch witziger Mensch, Sonderling, Kauz; **Ori|gi|na|li|tät** *w.10 nur Ez.* **1** Ursprünglichkeit, Echtheit; **2** Besonderheit, Eigenart, Eigentümlichkeit; **ori|gi|när** ursprünglich, nicht abgeleitet; **ori|gi|nell 1** ursprünglich, echt, schöpferisch, *meist dafür:* original; **2** neu, neuartig und treffend; **3** eigenartig, merkwürdig und oft auch komisch oder heiter

**Or|kan** [mitelamerik. Indianerspr.] *m.1* Sturm der höchsten Windstärke

**Or|kus** [lat.] *m. Gen.- nur Ez. röm. Myth.:* Unterwelt, Totenreich

**Or|log** [ndrl.] *m.1 oder m.9 veraltet:* Krieg; **Or|log|schiff** *s.1 veraltet:* Kriegsschiff

**Or|lon** *s. Gen.-s nur Ez.* ⓌⒺ eine Kunstfaser

**Or|na|ment** [lat.] *s.1* Verzierung, Schmuckform; **or|na|men|tal** in der Art eines Ornaments, schmückend; **or|na|men|tie|ren** verzieren, schmücken; **Or|na|men|tik** *w.10 nur Ez.* **1** Kunst des Verzierens; **2** Gesamtheit der Ornamente (eines Bauwerks o. ä.)

**Or|nat** [lat.] *m.1 oder s.1* feierliche Amtstracht

**Or|nis** [griech.] *w. Gen.- nur Ez.* Vogelwelt (einer Landschaft); **Or|ni|tho|ga|mie** *w.11 nur Ez.* Bestäubung (von Blüten) durch Vögel, Ornithophilie; **Or|ni|tho|lo|gie** *w.11 nur Ez.* Vogelkunde; **Or|ni|tho|phi|lie** *w.11 nur Ez.* → Ornithogamie; **Or|ni|tho|se** *w.11* durch Vögel übertragene Krankheit

**oro|gen** [griech.] gebirgsbildend; **Oro|ge|ne|se** *w.11* Gebirgsbildung; **oro|ge|ne|tisch** → orogen; **Oro|ge|nie** *w.11 nur Ez. veraltet:* Lehre von der Gebirgsbildung; **Oro|gra|phie** *w.11 nur Ez. veraltet:* Beschreibung der Geländeformen der Erdoberfläche; **Oro|me|trie** *w.11 nur Ez. früher Bez. für* Morphometrie

**Or|phik** *w.10 nur Ez.* griech. relig. Bewegung sowie deren Geheimlehre über die Entstehung der Welt und das Schicksal des Menschen nach dem Tode; **or|phisch 1** zur Orphik gehörend, auf ihr beruhend; **2** dunkel, geheimnisvoll; **Or|phis|mus, Or|phi|zis|mus** *m. Gen.- nur Ez.* → Orphik

**Or|ping|ton** [nach der engl. Stadt] *s.9* eine Hühnerrasse

**Ör|sted** *s. Gen.-(s) Mz.-* → Oersted

**Or|tho|chro|ma|sie** [-kro- griech.] *w.11 nur Ez. Phot.:* richtige Wiedergabe aller Farben (außer Rot); **Orth|odon|tie** *w.11* Zahnregulierung; **or|tho|dox 1** recht-, strenggläubig; orthodoxe Kirche, griechisch-orthodoxe Kirche: die von Rom getrennte kath. Kirche, Ostkirche; **2** einer überkommenen Anschauung oder Lehrmeinung genau entsprechend, sie streng vertretend; **Or|tho|do|xie** *w.11 nur Ez.* **1** Strenggläubigkeit; **2** starres Festhalten an einer Lehrmeinung oder überkommenen Anschauung; **or|tho|drom** in der Art der Orthodrome, geradläufig; **Or|tho|dro|me** *w.11* kürzeste Verbindung zweier Punkte auf der Erdoberfläche; **Or|tho|ge|ne|se** *w.11 nur Ez.* gerichtete, nicht umkehrbare stammesgeschichtl. Entwicklung der Lebewesen; **Or|tho|ge|stein** *s.1* durch Umwandlung entstandenes Gestein magmat. Herkunft; *Ggs.:* Paragestein; **Or|tho|gna|thie** *w.11* gerader, senkrechter Stand der Zähne; *vgl.* Prognathie; **Or|tho|gon** *s.1* Rechteck; **or|tho|go|nal** rechtwinklig; **Or|tho|gra|phie** *w.11* richtige Schreibung der Wörter, Rechtschreibung; **or|tho|gra|phisch** hinsichtl.

der Orthographie, rechtschreiblich; or|tho|ke|phal → orthozephal; Or|tho|klas *m. 1* Kalifeldspat; orth|onym unter dem richtigen Namen; vgl. anonym, pseudonym; o. erschienenes Buch; Or|tho|pä|die *w. 11* Heilkunde der Bewegungsorgane (Knochen, Gelenke, Muskeln); Or|tho|pä|dist *m. 10* Hersteller orthopädischer Geräte; Or|tho|pte|re *m. 11*, Or|tho|pte|ron *s. Gen. -s Mz.* -pte|ren Angehöriger einer Insektenordnung, Geradflügler; Orth|op|ti|stin *w. 10* Helferin des Augenarztes; Or|tho|skop *s. 1* Gerät zum Untersuchen von Kristallen; Or|tho|sko|pie *w. 11* richtige Wiedergabe (ohne Verzerrung) durch Linsen; Or|tho|sta|se *w. 11* aufrechte Körperhaltung; Or|tho|stig|mat *m. 10* winkelgetreu abbildendes Objektiv; Or|tho|to|nie *w. 11 nur Ez. Mus.:* richtige Betonung; or|tho|trop *Bot., bei Samenanlagen:* aufrecht stehend; Or|tho|ver|bin|dung *w. 10* **1** vollständig hydratisierte Säure; **2** Benzolabkömmling; or|tho|ze|phal mittelhohe Kopfform aufweisend; Or|tho|ze|pha|lie *w. 11* mittelhohe Kopfform

Or|to|lan [lat.-ital.] *m. 1* ein Finkenvogel, Gartenammer

**Os** *chem. Zeichen für* Osmium

Os|car *m. 9 Bez. für* die Statuette des → Academy-Award

Os|ku|la|ti|on [-tsjon, lat.] *w. 10 Geometrie:* Berührung zweiter Ordnung (von Kurven); os|ku|lie|ren sich berühren (Kurven)

Os|ma|ne [nach dem türk. Sultan Osman I.] *m. 11* türk. Bewohner des Osmanischen Reiches

Os|mi|um [griech.] *s. Gen. -s nur Ez. (Zeichen:* Os) chem. Element, ein Metall; Os|mo|lo|gie *w. 11 nur Ez.* Lehre von den Riechstoffen

Os|mo|se [griech.] *w. 11* Ausgleich von Lösungskonzentrationen an halbdurchlässigen Wänden; os|mo|tisch auf Osmose beruhend

Öso|pha|go|skop [griech.] *s. 1* Speiseröhrenspiegel; Öso|pha|gus *m. Gen. - Mz.* -gi Speiseröhre

Os|sa|ri|um [lat.] *s. Gen. -s Mz. -ri|* en **1** *Altertum:* Urne zum Aufbewahren von Gebeinen; **2** Beinhaus; Os|se|in *s. 1* Gerüsteiweiß der Knochen, zur Herstellung von Leim und Gelatine verwendet; Os|si|fi|ka|ti|on [-tsjon] *w. 10* Knochenbildung, Verknöcherung; os|si|fi|zie|ren verknöchern; Os|su|a|ri|um *s. Gen. -s Mz. -ri|* en → Ossarium

os|ten|ta|tiv [lat.] augenfällig, betont, herausfordernd

Os|teo|ek|to|mie [griech.] *w. 11* Herausmeißelung eines Knochenstücks; os|teo|gen aus Knochen entstanden, knochenbildend; Os|teo|kla|sie *w. 11* Zerbrechen verkrümmter Knochen, um sie geradezurichten; Os|teo|lo|gie *w. 11 nur Ez.* Lehre von den Knochen; Os|teo|ly|se *w. 11* Auflösung des Knochen-

webes; Os|te|om *s. 1* gutartige Geschwulst des Knochengewebes; Os|teo|mal|la|zie *w. 11* Knochenerweichung; Os|teo|pla|stik *w. 10* operative Schließung einer Knochenlücke durch Knochenersatz

Os|te|ria [ital.] *w. Gen. - Mz.* -ri|en ital. Gaststätte

ost|i|nat [lat.] ständig wiederkehrend, ständig wiederholt

Os|ti|tis [griech.] *w. Gen. - Mz.* -sti|ti|den Knochenentzündung

Ost|ja|ke *m. 11 frühere Bez. für* Chante

Os|tra|ka *Mz. von* Ostrakon; Os|tra|kis|mos *griech. Form von* Ostrazismus; Os|tra|ko|de [griech.] *m. 11* ein Muschelkrebs mit zweiklappiger Schale; Os|tra|kon *s. Gen. -s Mz.* -ka Scherbe eines Tongefäßes, in Ägypten und im alten Griechenland als Schreibmaterial verwendet; Os|tra|zis|mus *w. Gen. - nur Ez.* Volksgericht im alten Athen, auf Grund dessen ein Bürger verbannt werden konnte, Scherbengericht (als ,,Stimmzettel" wurden Ostraka verwendet)

Ös|tro|gen *s. 1 nur Ez.* weibl. Geschlechtshormon

Os|zil|la|ti|on [-tsjon, lat.] *w. 10* Schwingung; Os|zil|la|tor *m. 13* **1** Gerät zum Erzeugen von Schwingungen; **2** um seine Ruhelage schwingendes Teilchen; Os|zil|la|to|rie [-ria] *w. 11* Blaualge; os|zil|la|to|risch schwingend, pendelnd; os|zil|lie|ren schwingen, pendeln; Os|zil|lo|gramm [lat. + griech.] *s. 1* aufgezeichnete Schwingung, Schwingungsbild; Os|zil|lo|graph *m. 10* Gerät zum Aufzeichnen von Schwingungen, Schwingungsschreiber

Ot|al|gie [griech.] *w. 11* Ohrenschmerz; Oti|a|trie *w. 11 nur Ez.* → Otologie; Oti|tis *w. Gen. - Mz.* Oti|ti|den Ohrenentzündung; O. media: Mittelohrentzündung; oto|gen vom Ohr ausgehend, zum Ohr gehörend; Oto|lith *m. 10* Steinchen im Gleichgewichtsorgan des Ohres; Oto|lo|gie *w. 11 nur Ez.* Ohrenheilkunde; Oto|rhi|no|la|ryn|go|lo|gie *w. 11 nur Ez. (Abk.:* ORL) Hals-Nasen-Ohren-Heilkunde; Oto|skle|ro|se *w. 11* zur Schwerhörigkeit führende Verknöcherung des Mittelohres; Oto|skop *s. 1* Gerät zur Untersuchung des Ohres, Ohrenspiegel; Oto|sko|pie *w. 11* Untersuchung des Ohres mit dem Otoskop

ot|ta|va [ital.] *(Abk.:* 8···, 8^va···) in der Oktave zu spielen; o. alta, o. sopra: eine Oktave höher; o. bassa, o. sotto: eine Oktave tiefer; Ot|ta|ve|ri|me *w. 11* ital. Stanze mit paarigem Reim in der 7. und 8. Zeile; Ot|to|cen|to [-tʃen-, ital. ,,achthundert" (nach 1000)] *s. Gen. -(s) nur Ez.* die kulturelle Epoche des 19. Jh. in Italien

Ot|to|ma|ne *w. 11 veraltet:* breites Ruhebett ohne Rückenlehne, *eigtl.:* türkisches Ruhebett

**Ounce** [auns, lat.-engl.] *w. Gen. - Mz.* -s [aunsiz] (*Abk.:* oz.) engl. Gewichtseinheit, Unze, 28,35 g

**out** [aut, engl.] *veraltet, noch österr. und schweiz., bei Ballspielen:* aus, draußen; out sein *ugs.:* nicht modern sein, nicht Bescheid wissen; *Ggs.:* in; **Out** *s. 9* Raum außerhalb des Spielfeldes; **Out|cast** [autkaːst] *m. 9 engl. Bez. für* Paria, Ausgestoßener; **Out|put** [autput] *m. 9* 1 Ausgangsleitung einer Antenne oder eines Verstärkers; 2 Warenausstoß; 3 die von einem Computer gelieferten Daten; *Ggs.:* Input

**ou|trie|ren** [u-, lat.-frz.] übertreiben; outrierte Ausdrucksweise

**out|side** [autsaid, engl.] *schweiz., Fußball:* aus, außerhalb (des Spielfeldes); **Out|side** *m. 9 schweiz., Fußball:* Außenstürmer; **Out-si|der** [autsaidər] *m. 5* Außenseiter (einer Gesellschaftsgruppe)

**Ou|ver|tü|re** [uver-, frz.] *w. 11* 1 Vorspiel zu einer Oper oder Operette; 2 Einleitungssatz der Orchestersuite; 3 *auch* → Suite (2), bes. bei Bach

**Ou|vrée** [uvre, frz.] *w. Gen. - nur Ez.* gezwirnte Rohseide

**Ou|zo** [uzo] *m. 9* griech. Anislikör

**Ova** *Mz. von* Ovum; **oval** [ɔval, frz.] eirund, länglichrund; **Oval** *s. 1* ovale Form, ovale Fläche; **ova|ri|al** zum Ovarium gehörend; **Ova|ri|ek|to|mie, Ova|rio|to|mie** [latein. + griech.] *w. 11* operative Entfernung eines oder beider Eierstöcke; **Ova|ri|um** *s. Gen.-s Mz.-ri|en* Eierstock

**Ova|ti|on** [ɔvatsjon, lat.] *w. 10* Beifallssturm

**Over|all** [ouvərɔːl, österr.: overal, engl.] *m. 9* Schutz-, Arbeitsanzug aus einem Stück; **Over|dose** [ouvərdous, engl.] *w. 9 Mz.* [-dousiz] (*Abk.:* OD) Überdosis (von Rauschgift); **Over|drive** [ouvərdraiv] *m. 9* Schnell-, Schongang (bes. beim Auto); **Over|state|ment** [ouvərsteitmənt] *s. 9* Übertreibung, übertreibende, betonte Ausdrucksweise; *Ggs.:* Understatement

**Over|head-Pro|jek|tor** [ouvərhɛd-, engl.] *m. 13* Gerät, das Bild und Text von einer beleuchteten Folie über einen Spiegel an die Wand hinter dem Vortragenden wirft, so daß dieser frontal im Blickkontakt mit den Zuhörern bleiben kann, Tageslichtprojektor

**Ovi|dukt** [lat.] *m. 1* Eileiter; **ovi|par** Eier legend; *Ggs.:* vivipar; **Ovi|pa|rie** *w. 11 nur Ez.* Fortpflanzung durch Eiablage; **Ovi|zid** *s. 1* Mittel zur Abtötung von Insekteneiern; **Ovo|ge|ne|se** *w. 11* → Oogenese; **ovo|id** ei-

förmig; **ovo|vi|vi|par** Eier mit mehr oder weniger entwickelten Embryonen legend; **Ovu|la|ti|on** [-tsjon] *w. 10* Austritt eines reifen Eies aus dem Eierstock, Eisprung; **Ovu|lum** *s. Gen.-s Mz.* -la, **Ovum** *s. Gen.-s Mz.* Ova Ei, Eizelle

**Oxa|lat** [lat.] *s. 1* Salz der Oxalsäure; **Oxa|lit** *m. 1* ein Mineral; **Oxal|säu|re** *w. 11 nur Ez.* Kleesäure, zweibasische, niedermolekulare Carbonsäure

**Oxer** [engl.] *m. 5* 1 Zaun zwischen Viehweiden; 2 *beim Springreiten:* Hindernis aus zwei hintereinanderstehenden Barrieren, die ihrerseits aus waagerecht übereinanderliegenden Stangen bestehen

**Ox|ford** [nach der engl. Stadt] *s. 9* gestreifter oder karierter Baumwollhemdenstoff

**Oxid** [griech.] *fachsprachl. nur so, ältere Schreibweise:* Oxyd *s. 1* Verbindung eines Elementes mit Sauerstoff; **Oxi|da|ti|on** [-tsjon] *früher:* Oxy|da|ti|on *w. 10* Aufnahme von, Verbindung mit Sauerstoff; **oxi|die|ren** Sauerstoff aufnehmen, sich mit Sauerstoff verbinden; **Oxy|gen** *s. Gen.-s nur Ez.* chem. Element, Sauerstoff; **Oxy|ge|ni|um** *s. Gen.-s nur Ez.* (*Zeichen:* O) chem. Element, Sauerstoff; **Oxy|hä|mo|glo|bin** *s. 1 nur Ez.* sauerstoffhaltiger Blutfarbstoff; **Oxy|mo|ron** *s. Gen.-s Mz.*-ra Stilfigur, Verbindung zweier sich eigentlich ausschließender Begriffe, z. B. alter Knabe, beredtes Schweigen; **Oxy|ure** *w. 11* Madenwurm, Schmarotzer im menschl. Darm; **Oxy|ur|a|sis** *w. 11 nur Ez.* - *Mz.*-uria|sen Befall mit Madenwürmern

**oz.** *Abk. für* Ounce

**Oz** *Abk. für* Oktanzahl

**Oze|an** [griech.] *m. 1* Weltmeer; **Ozea|na|ri|um** *s. Gen.-s Mz.*-ri|en großes Meerwasseraquarium; **Ozea|ni|de** *w. 11 griech. Myth.:* Meernymphe; **Ozea|ni|stik** *w. 10 nur Ez.* Wissenschaft von den Sprachen und Kulturen der ozeanischen Völker; **Ozea|no|gra|phie** *w. 11 nur Ez.* Meereskunde; **Ozea|no|lo|gie** *w. 11 nur Ez., veraltet für* Ozeanographie

**Ozel|le** [lat.] *w. 11* Lichtsinnesorgan niederer Tiere

**Oze|lot** [aztek.] *m. 9 oder m. 1* eine amerik. Raubkatze, Pantherkatze

**Ozo|ke|rit** [griech.] *m. 1 nur Ez.* mineral. Wachs, Erdwachs

**Ozon** [griech.] *s., ugs.: m., Gen.-s nur Ez.* unstabile giftige Form des Sauerstoffs; **ozo|ni|sie|ren** mit Ozon behandeln; **Ozo|no|sphä|re** *w. 11 nur Ez.* ozonreiche Schicht der Erdatmosphäre

# P

**p** *Abk. für* 1 piano; 2 Penni; 3 Pico; 4 Pond; 5 Proton

**P** 1 *Abk. für* Poise; 2 *chem. Zeichen für* Phosphor

**p.** *Abk. für* 1 Pagina; 2 pinxit

**p-** *chem. Zeichen für* para-

**P.** *Abk. für* 1 Pastor; 2 Pater; 3 Papa (2)

**Pa** *chem. Zeichen für* Protactinium

**pa.** *Abk. für* prima

**p. a.** *Abk. für* pro anno, per annum

**p. A.** *Abk. für* per Adresse

**Pä|lan** [griech.] *m. 1* 1 *urspr.: altgriech. feierl.* Dank-, Bitt- und Preisgesang an Apollon; 2 *später:* Kampf-, Siegeslied

**Pace** [pɛis, engl.] *w. Gen. - nur Ez.* Gangart des Pferdes, Schritt; **Pa|cer** [pɛisər] *m. 5* im Paßgang gehendes Pferd

**Pa|chul|ke** [-xul-, tschech.] *m. 11* ungehobelter Mensch

**Päd|ago|ge** [griech.] *m. 1* Erzieher, Lehrer, Erziehungswissenschaftler; **Päd|ago|gik** *w. 10 nur Ez.* Erziehungswissenschaft, Kunst des Erziehens; **päd|ago|gisch** erzieherisch

**Pad|del** [engl.] *s. 5* frei zu führendes Ruder oder Doppelruder

**Pad|dock** [pædɔk, engl.] *m. 9* Gehege, Laufgarten für Pferde

**Pad|dy** [pædi, mal.-engl.] 1 *m. 9 nur Ez.* ungeschälter Reis; 2 [nach der Koseform für Patrick, dem Schutzheiligen Irlands] *m. 9, Mz. auch -dies scherzh.:* Ire, Irländer

**Päd|erast** [griech.] *m. 10* jmd., der Päderastie betreibt, Kinäde; **Päd|era|stie** *w. 11 nur Ez.* geschlechtl. Beziehung zwischen Männern und Knaben, Knabenliebe; **Päd|ia|ter** *m. 5* Facharzt für Pädiatrie; **Päd|ia|trie** *w. 11 nur Ez.* Kinderheilkunde

**Pa|di|schah** [pers.] *m. 9 früher:* mohammedan. Fürst

**Päd|odon|tie** [griech.] *w. 11 nur Ez.* Kinderzahnheilkunde; **Pä|do|ge|ne|se, Pä|do|ge|ne-sis** *w. Gen. - nur Ez.* Fortpflanzung im Jugend-, Larvenstadium; **Pä|do|lo|gie** *w. 11 nur Ez. veraltete Bez. für* Kinder-, Jugendpsychologie; **Pä|do|phi|lie** *w. 11 nur Ez.* erotische Zuneigung Erwachsener zu Kindern

**Pa|dre** [ital. „Vater"] *m. 9* Anrede für ital. Ordenspriester; **Pa|dro|na** *w. Gen. - Mz. -ne ital. Bez. für* Wirtin, Hausherrin; **Pa|dro|ne** *m. Gen. -s Mz. -ni ital. Bez. für* Wirt, Hausherr, Chef

**Pa|el|la** [-ɛlja, katalan.] *w. 9* span. Speise aus Reis mit Fleisch, Fisch oder Muscheln

**Pa|fe|se** [ital.] *w. 11 meist Mz. österr.:* in Milch eingeweichte, in Fett gebackene Weißbrotscheibe, armer Ritter

**pag.** *Abk. für* Pagina

**Pa|gaie** [mal.-span.] *w. 11* Stechpaddel für den Kanadier

**Pa|ga|nis|mus** [lat.] 1 *m. Gen. - nur Ez.* Heidentum; 2 *Mz.* -men heidnische Elemente im christl. Brauchtum

**Pa|gat** [ital.] *m. 1 Tarock:* Trumpfkarte

**Pa|ge** [-ʒə, frz.] *m. 11* 1 *früher:* Edelknabe, junger Adliger im fürstlichen Dienst; 2 *heute:* livrierter junger Hoteldiener, Bote

**Pa|gi|na** [lat.] *w. Gen. - Mz.* -nae [-nɛ:] ( *Abk.:* p., pag.) *veraltet:* Buchseite, Seitenzahl; **pa-gi|nie|ren** mit Seitenzahlen versehen

**Pa|go|de** [sanskr.?] 1 *w. 11, europ. Bez. für* (buddhist.) Tempel in Indien und Ostasien; 2 *m. 11 oder w. 11 fälschl. Bez. für* kleine, sitzende ostasiat. Götterfigur mit beweglichem Kopf

**Pah|le|wi** *s. Gen. -(s) nur Ez.* → Pehlewi

**paille** [paj(ə), frz.] *veraltet:* strohfarben, gelb; **Pail|let|te** [pajɛtə] *w. 11* kleines, rundes, aufnähbares Metallplättchen (für Abendkleider)

**Paint-in** [pɛint-, engl.] *s. 9* Ausstellung, in der das Publikum selbst Bilder malen kann

**Pair** [pɛr, frz.] *m. 9 früher in Frankreich:* Mitglied des Hochadels; **Pai|rie** [pɛ-] *w. 11 nur Ez.* Pairswürde

**Pa|ket** [frz.] *s. 1* 1 etwas in Papier o. ä. Verpacktes; 2 verschnürtes Bündel, z. B. Aktenpaket; 4 *übertr.:* mehrere zusammengehörige Pläne, Vorschläge u. ä.; **pa|ke|tie|ren** zum Paket verschnüren, verpacken

**Pakt** [lat.] *m. 1* Bündnis, Vertrag; **pak|tie|ren** einen Pakt abschließen; mit jmdm. p. *auch:* etwas in geheimen vereinbaren, gemeinsame Sache mit jmdm. machen

**Pa|lä|an|thro|po|lo|gie** [griech.] *w. 11 nur Ez.* Wissenschaft vom vorgeschichtl. Menschen; **pa|lä|ark|tisch** *Tiergeographie:* altarktisch; paläarktische Region: Verbreitungsgebiet südlich des nördlichen Polarkreises, umfaßt Europa, Zentral- und Ostasien sowie Nordafrika; vgl. nearktisch

**Pa|la|din** [lat.] *m. 1* 1 *urspr.:* einer der zwölf Begleiter Karls des Großen; 2 *danach:* treuer Gefolgsmann

**Pa|lais** [-lɛ, frz.] *s. Gen. -* [-lɛs] *Mz. -* [-lɛs] Palast, Schloß

**Pa|lan|kin** [sanskr.] *m. 1 oder m. 9* indische Sänfte

**paläo..., Paläo...** [griech.] *in Zus.:* alt..., Alt...

**Pa|läo|an|thro|po|lo|gie** *w. 11 nur Ez.* → Paläanthropologie; **pa|läo|ark|tisch** → paläarktisch; **Pa|läo|bio|lo|gie** *w. 11 nur Ez.* → Paläobiologie; **Pa|läo|bo|ta|nik** *w. 10 nur Ez.*

Lehre von den ausgestorbenen, versteinerten Pflanzen; **Pa|läo|geo|gra|phie** *w. 11 nur Ez.* Lehre von der geograph. Gestalt der Erde in vergangenen Erdzeitaltern; **Pa|läo|gra|phie** *w. 11 nur Ez.* Lehre von den Schriften und Schreibmaterialien des Altertums und des MA; **Pa|läo|lith** *m. 10* Steinwerkzeug des Paläolithikums; **Pa|läo|li|thi|ker** *m. 5* Mensch des Paläolithikums; **Pa|läo|li|thi|kum** *s. Gen.-s nur Ez.* Altsteinzeit; **Pa|lä|on|to|lo|gie** *w. 11 nur Ez.* Lehre von den Tieren und Pflanzen vergangener Erdzeitalter, Paläobiologie; **pa|läo|tro|pisch** zu den Tropen der Alten Welt gehörig; **Pa|läo|zän** *s. 1 nur Ez.* unterste Abteilung des Tertiärs; **Pa|läo|zoi|kum** *s. Gen. -s nur Ez.* Altertum der Erdgeschichte; **Pa|läo|zoo|lo|gie** *w. 11 nur Ez.* Lehre von den ausgestorbenen Tieren

**Pa|las** [lat.] *m. Gen. - Mz.-las|se* Hauptgebäude der mittelalterl. Burg; **Pa|last** *m. 2* Schloß, schloßartiges Gebäude

**Pa|lä|stra** [griech.] *w. Gen. - Mz.-stren im alten Griechenland:* Schule für Ringen, Fechten und Leibesübungen

**pa|la|tal** [lat.] zum Gaumen gehörend, am Gaumen gebildet, Gaumen...; **Pa|la|tal** *m. 1* am vorderen Gaumen gebildeter Laut: g, k vor e und i; **pa|la|ta|li|sie|ren** → mouillieren; **Pa|la|tin** [lat.] *m. 1* Pfalzgraf; **Pa|la|ti|nat** *s. 1* Pfalzgrafschaft

**Pa|la|tschin|ke** [rumän.] *w. 11 österr.:* gefüllter Eierkuchen

**Pa|la|tum** [lat.] *s. Gen.-s Mz.-ta* Gaumen

**Pa|la|ver** [port.] *s. 5 1 urspr.:* Ratsversammlung der Neger; Verhandlung zwischen Weißen und Eingeborenen; 2 *übertr.:* endloses Gerede, endlose Verhandlung; **pa|la|vern** 1 endlos verhandeln; 2 sich angeregt unterhalten

**Pa|laz|zo** [ital.] *m. Gen.-s Mz.-zi ital. Bez. für* Palast, großes Wohnhaus in der Stadt

**Pa|le|tot** [-to:, frz.] *m. 9 veraltet:* zweireihiger Herrenmantel

**Pa|let|te** [lat.-frz.] *w. 11 1* runde Holz- oder Metallscheibe mit Loch für den Daumen zum Mischen der Farben beim Malen; 2 Untersatz zum Stapeln für Versandgüter, die dadurch leichter gehoben und bewegt werden können; **pa|let|tie|ren** auf der Palette (2) stapeln und von da aus verladen

**Pa|li** [sanskr.] *s. Gen.-(s) nur Ez.* mittelindische Sprache, relig. Sprache auf Ceylon, in Birma und Thailand

**Pa|lim|psest** [griech.] *s. 1 Altertum:* beschriebenes, abgeschabtes und wieder neu beschriebenes Pergament

**Pa|lin|drom** [griech.] *s. 1* Wort oder Satz, das bzw. der vorwärts und rückwärts sinnvoll gelesen werden kann, z. B. Neger – Regen, Reittier

**Pa|lin|ge|ne|se** [griech.], **Pa|lin|ge|ne|sie** *w. 11,* **Pa|lin|ge|ne|sis** *w. Gen. - Mz.-ne|sen* 1 Bud-

dhismus *u. a.:* Wiedergeburt (durch Seelenwanderung); 2 Wiederholung von Entwicklungsstufen der Stammesgeschichte während der Embryonalentwicklung; 3 Mischgesteinsbildung beim nochmaligen Schmelzen und Emporsteigen von Eruptivgesteinen

**Pa|li|sa|de** [lat.-frz.] *w. 11 1* Befestigungspfahl; 2 Hindernis aus Pfählen

**Pa|li|san|der** [südamerik. Indianerspr.] *m. 5* sehr hartes, duftendes und schön gemasertes, südamerik. Edelholz

**Pal|la** [lat.] *w. Gen. - nur Ez.* 1 *im alten Rom:* weiter Frauenmantel; 2 *kath. Kirche:* Leinentuch über dem Meßkelch

**Pal|la|di|um** [lat.] *s. Gen.-s Mz.-di|en* 1 Kultbild der griech. Göttin Pallas Athene; 2 Schutzbild, schützendes Heiligtum; 3 (*Zeichen:* Pd) chem. Element, ein Metall

**Pal|lasch** [türk.-russ.] *m. 1* schwerer Degen

**Pal|la|watsch** *m. 1 nur Ez.* → Ballawatsch

**Pal|lia|tiv** [lat.] *s. 1,* **Pal|lia|ti|vum** *s. Gen.-s Mz.-va* schmerzlinderndes Mittel; **Pal|li|um** *s. Gen.-s Mz.-li|en* 1 *im alten Rom:* mantelartiger Umhang; 2 MA: (Krönungs-) Mantel der Kaiser; 3 *kath. Kirche:* lange, weiße, mit Kreuzen verzierte Binde um Schultern, Brust und Rücken als Abzeichen der Päpste und Erzbischöfe

**Pal|ma|rum** [lat.] *ohne Artikel* Sonntag vor Ostern, Palmsonntag; **Pal|me** [lat.] *w. 11* ein trop. Baum; **Pal|min** *s. 1 nur Ez.* ⓦ aus der Kokosnuß gewonnenes Fett; **Pal|mi|tin** *s. 1 nur Ez.* Fett der Palmitinsäure; **Pal|mi|tin|säu|re** *w. 11 nur Ez.* im Palmöl sowie in den meisten tier. Fetten vorkommende Fettsäure

**pal|pa|bel** [lat.] *Med.:* tastbar, fühlbar; **Pal|pa|ti|on** [-tsjon] *w. 10* Untersuchung durch Palpieren; **Pal|pe** *w. 11 bei Insekten:* Taster, fühlerartiger Anhang der Mundwerkzeuge; **pal|pie|ren** *Med.:* tasten, fühlen, klopfen; **Pal|pi|ta|ti|on** [-tsjon] *w. 10* beschleunigter Pulsschlag, Herzklopfen; **pal|pi|tie|ren** beschleunigt schlagen (Herz, Puls)

**Pam|pa** [indian.] *w. 9* südamerik. Grassteppe; **Pam|pas|gras** *s. 4* eine Zierstaude, Silbergras

**Pam|pel|mu|se** [ndrl.] *w. 11* eine Zitrusfrucht, Grapefruit

**Pam|pe|ro** [span.] *m. 9* kalter Südsturm in Argentinien und Uruguay

**Pam|phlet** [mlat.] *s. 1* Streit-, Schmähschrift; **Pam|phle|tist** *m. 10* Verfasser eines Pamphlets

**Pam|pu|sche** *w. 11* → Babusche

**Pan** 1 [poln.] *m. Gen.-s Mz.-Pa|ni* Herr; 2 [Kunstw. aus Polyacrylnitril] *s. Gen.-s nur Ez.* eine Kunstfaser

**Pa|na|ché** [-ʃe] *s. 9 frz. Schreibung von* Panaschee

**Pa|na|de** [ital.] *w. 11* Mischung aus Weißbrot und Ei für Füllungen und Suppeneinlagen

**Pa|na|ma** [nach dem Staat in Mittelamerika]

**1** *m. 9* ein poröses Gewebe für Sporthemden, Sportanzüge u. a.; **2** Strohhut mit breiter Krempe

**Pan|ame|ri|ka|nis|mus** *m. Gen. - nur Ez.* Bestrebung zur Zusammenarbeit aller amerik. Staaten

**Pa|na|ri|ti|um** [-tsjum, lat.] *s. Gen. -s nur Ez.* Fingerentzündung, Nagelgeschwür

**Pa|nasch** [frz.] *m. 1* Federbusch, Helmzier;

**Pa|na|schee** *s. 9* **1** gemischtes Kompott oder Eis; **2** → Panaschierung; **pa|na|schie|ren 1** buntstreifig mustern; **2** mehrere Kandidaten zugleich wählen; **Pa|na|schie|rung** *w. 10* Weißfleckigkeit (von Blättern) infolge Mangels an Blattgrün; **Pa|na|schü|re** *w. 11* Farbenmischung

**pan|chro|ma|tisch** [-kro-, griech.] für alle Farben gleich empfindlich (Film)

**Pan|da** [ind.?] *m. 9* Kleinbär des Himalajas, Katzenbär

**Pan|dai|mo|ni|on** [griech.], **Pan|dä|mo|ni|um** [lat.] *s. Gen. -s Mz. -ni:en* Versammlungsort aller bösen Geister, aller Dämonen

**Pan|da|ne** [mal.] *w. 11* eine Zimmerpflanze, Schraubenbaum; **Pan|dang** *m. Gen. -s nur Ez.* Schraubenpalme

**Pan|dek|ten** [griech.] *Mz.* Sammlung altröm. Rechtsgrundsätze als Grundlage für das Corpus iuris civilis

**Pan|de|mie** [griech.] *w. 11* Epidemie von großem Ausmaß

**Pan|dit** [sanskr.] *m. 1* ind. Titel für Gelehrten

**Pan|dscha|bi 1** *m. Gen. - Mz. -* Einwohner des Pandschabs; **2** *s. Gen. -(s) nur Ez.* im Pandschab gesprochene neuindische Sprache

**Pan|dur** [ung.] *m. 10* **1** *früher:* bewaffneter ung. Diener; **2** *17./18. Jh.:* ung. Fußsoldat

**Pa|neel** [frz.] *s. 1* **1** Holztäfelung; **2** einzelnes Feld der Täfelung; **pa|nee|lie|ren** mit Paneel versehen, täfeln

**Pan|egy|ri|ker** [griech.] *m. 5* Verfasser eines Panegyrikus, Lobredner; **Pan|egy|ri|kos** *m. Gen. - Mz. -koi*, **Pan|egy|ri|kus** *m. Gen. - Mz. -ken* Fest-, Lobrede

**Pa|nel** [pænəl, engl.] *s. 9* **1** *Sozial-, Meinungsforschung:* für eine bestimmte Aufgabe ausgewählte Gruppe, z. B. Diskussionsrunde; **2** isolierter, typographisch umgrenzter Teil eines Werbemittels

**pa|nem et cir|cen|ses** [tsirtsense:s] [lat.] Brot und (Zirkus-)Spiele (Forderung der röm. Bevölkerung in der Zeit des wirtschaftl. Verfalls während der Kaiserzeit)

**Pan|en|the|is|mus** [griech.] *m. Gen. - nur Ez.* Lehre, daß das Weltall in Gott eingeschlossen sei; vgl. Pantheismus

**Pan|flö|te** *w. 11* antike Hirtenflöte aus fünf bis sieben nebeneinanderliegenden Pfeifen ohne Grifflöcher

**Pan|ger|ma|nis|mus** *m. Gen. - nur Ez. früher:* Bestrebung, alle Deutschen in einem Staat zu vereinigen; **Pan|hel|le|nis|mus** *m. Gen. -*

*nur Ez. früher:* Bestrebung, alle Griechen in einem Staat zu vereinigen

**Pa|ni** [poln.] **1** *Mz. von* Pan (1); **2** *w. Gen. - Mz. -* Frau, Herrin *(poln. Anrede)*

**Pa|nier** [frz.] **1** *s. 1 veraltet:* **1** Banner; **2** Wahlspruch; **3** *w. Gen. - nur Ez. österr.:* Mischung zum Panieren; **pa|nie|ren** in einer Mischung aus Ei und Mehl oder geriebener Semmel wälzen

**Pa|nik** [nach dem griech. Hirtengott Pan] *w. 10* plötzliches, die Vernunft ausschaltendes Erschrecken, allgemeine Verwirrung (bes. bei Menschenansammlungen); **pa|nisch** alles, das ganze Innere erfüllend, alle ergreifend, sinnlos, wild, z. B. panische Angst, panisches Entsetzen

**Pan|is|la|mis|mus** *m. Gen. - nur Ez.* Bestrebung, alle islam. Völker zu vereinigen

**Pan|je** [poln.] *m. 9 scherzh. oder abfällig:* russischer Bauer; **Pan|je|pferd** *s. 1* kleines russisches Pferd

**Pan|kar|di|tis** [griech.] *w. Gen. - Mz. -ti|den* Herzentzündung

**Pan|kra|ti|on** [-tsjɔn, griech.] *s. Gen. -s nur Ez.* Allkampf, Zweikampf mit allen Mitteln

**Pan|kre|as** [griech.], *fachsprachl.:* **Pan|cre|as** *w. Gen. - Mz. -aten* Bauchspeicheldrüse; **Pan|krea|ti|tis** *w. Gen. - Mz. -ti|ti|den* Pankreasentzündung

**Pan|lo|gis|mus** *m. Gen. - nur Ez.* Lehre, daß das ganze Weltall von logischer, vernünftiger Natur sei

**Pan|mi|xie** [griech.] *w. 11* wahllose Vermischung von Erbanlagen bei unbehinderter Kreuzung von Tieren oder Pflanzen einer Population

**Pan|ne** [frz.] *w. 11* Schaden (am Fahrzeug)

**Pan|op|ti|kum** [griech.] *s. Gen. -s Mz. -ken* Wachsfiguren-, Kuriositätenkabinett

**Pan|ora|ma** [griech.] *s. Gen. -s Mz. -men* **1** Rundblick, Ausblick; **2** Rundgemälde; **3** Rundbild als hinterer Abschluß der Bühne zur Vortäuschung einer Landschaft; **Pan|ora|ma|auf|nah|me** *w. 11* aus mehreren, genau aneinanderpassenden photograph. Aufnahmen zusammengesetzte Aufnahme; **pan|ora|mie|ren** *Film:* durch langsames Schwenken der Kamera eine weite Landschaft vor Augen führen

**Pan|psy|chis|mus** *m. Gen. - nur Ez.* Lehre, daß die gesamte Natur, auch die unbelebte, beseelt sei; **Pan|se|xua|lis|mus** *m. Gen. - nur Ez. abwertende Bez. für die Psychologie* Freuds, der alle Triebkräfte auf die Sexualität zurückführte

**Pan|sla|wis|mus** *m. Gen. - nur Ez.* Bestrebung, alle slawischen Völker zu vereinigen; **Pan|so|phie** [griech.] *w. 11 nur Ez.* Gesamt-, Allweisheit, *bes. im 16./17. Jh.:* Versuch, alle Wissenschaften und die Religion zu vereinigen; **Pan|sper|mie** *w. 11 nur Ez.* Lehre, daß Lebenskeime von einem Himmelskörper zum andern übertragen würden und dadurch das Leben auf der Erde entstanden sei **Pan|ta|lo|ne** [ital.] *m. Gen.* -s *Mz.*-ni Figur der Commedia dell'arte, komischer Alter; **Pan|ta|lons** [pãtalõs, frz.] *Mz.* während der Frz. Revolution in Mode gekommene lange Hosen **pan|ta rhei** [griech. „alles fließt"] angeblicher Ausspruch Heraklits: alles Sein beruht auf ständigem Werden und Vergehen **Pan|the|is|mus** *m. Gen.* - *nur Ez.* Lehre, daß Gott überall in der Natur sei, daß Gott und die Welt eine Einheit seien; vgl. Panentheismus; **Pan|the|on** *s. 9* **1** *Antike:* Tempel für alle Götter; **2** Gesamtheit aller Götter eines Volkes; **3** Ehrentempel **Pan|ther** [griech.] *m. 5* → Leopard; **Pan|ther-kat|ze** *w. 11* → Ozelot **Pan|tii|ne** [frz.] *w. 11 meist Mz.* Holzpantoffel **Pan|tof|fel** [frz.] *m. 14 meist Mz.* Hausschuh ohne Ferse; unter dem P. stehen *ugs. scherzh.:* zu Hause nichts zu sagen haben, unter dem Regiment der Ehefrau stehen **Pan|to|graph** [griech.] *m. 10* Gerät zum geometr. Vergrößern od. Verkleinern von Zeichnungen, Storchschnabel; **Pan|to|gra-phie** *w. 11* mit dem Pantographen hergestellte Zeichnung **Pan|to|kra|tor** [griech.] *m. Gen.* -s *nur Ez.* Allesbeherrscher (Bez. für Gott und den auferstandenen Christus sowie für den thronenden Christus in der Kunst) **Pan|to|let|te** *w. 11* leichter Sommerschuh ohne Fersenteil **Pan|to|me|ter** [griech.] *s. 5* Gerät zum Messen von Längen und Winkeln; **Pan|to|mi|me 1** *w. 11* Darstellung von Szenen ohne Worte, nur mit Gebärden, Mienenspiel und Bewegungen; **2** *m. 11* Künstler, der Pantomimen darstellt; **Pan|to|mi|mik** *w. 10 nur Ez.* Kunst der Pantomime, Gebärden- und Mienenspiel; **Pan|to|pha|ge** *m. 11* Tier, das sich von Pflanzen und Tieren ernährt, Allesfresser, Omnivore; **Pan|to|pha|gie** *w. 11 nur Ez.* auf tier. und pflanzl. Nahrung eingestellte Ernährungsweise **Pan|try** [pæn-, engl.] *w. 9 auf Schiffen und in Flugzeugen:* Speisekammer, Anrichterraum **Pan|tschen-Lama** [tibet.] *m. Gen.*-(s) *Mz.*-s zweites Oberhaupt des Lamaismus nach dem Dalai-Lama **Pän|ul|ti|ma** [lat.] *w. Gen.* - *Mz.*-mä *oder* -men vorletzte Silbe (eines Wortes) **Pä|o|nie** [-njə, griech.] *w. 11* Pfingstrose **p. a p.** *Abk. für* poco a poco **Pa|pa** [lat.] *m. 9 nur Ez.* **1** *kath. Kirche:* Bez. *für* Papst; **2** (*Abk.:* P.) *Ostkirche:* Titel höherer Geistlicher; **Pa|pa|bi|le** [-le:] *m. Gen.* -s *Mz.*-li Kardinal, der Aussicht hat, zum Papst gewählt zu werden **Pa|pa|gal|lo** [ital. „Papagei"] *m. 9, Mz. auch* -li *in Mittelmeerländern:* einheim., zu Liebes-

abenteuern mit Touristinnen aufgelegter junger Mann; **Pa|pa|gei** *m. 12* ein trop. Klettervogel **pa|pal** [lat.] päpstlich; **Pa|pa|lis|mus** *m. Gen.*- *nur Ez.*, **Pa|pal|sy|stem** *s. 1 nur Ez.* kirchliches System, in dem der Papst die oberste Gewalt ausübt; *Ggs.:* Episkopalismus; **Pa|pas** *m. Gen.* - *Mz.* - *Ostkirche:* Weltgeistlicher; **Pa|pat** *m. oder s. 1* Amt, Würde des Papstes **Pa|pa|ve|rin** [lat.] *s. 1 nur Ez.* im Opium enthaltenes Alkaloid, als krampflösendes, blutdrucksenkendes und Schlafmittel verwendet **Pa|pa|ya** [karib.] *w. 9* Melonenbaum sowie dessen Frucht **Pa|pel** [lat.] *w. 11* entzündliche Hauterhebung, Bläschen, Knötchen **Pa|per|back** [peipərbæk, engl.] *s. 9* kartoniertes Buch; *Ggs.:* Hardcover **Pa|pe|te|rie** [frz.] *w. 11 schweiz.:* Schreibwarenhandlung **Pa|pier** [griech.] **1** Blatt zum Beschreiben, Bedrucken, Verpacken; **2** *Börse* (*Abk.:* P.): Wertpapier; **3** Schriftstück; **4** *Mz.* Papiere: Ausweise; **Pa|pier col|lé** [papje kɔle, frz.] *s. Gen.* - - *Mz.* -s-s [-pje -le] Collage aus Papier- und Bildfetzen **Pa|pier|deutsch** *s. Gen.*-(s) *nur Ez.* unlebendige, trockene Ausdrucksweise; **pa|pie|ren** aus Papier, wie Papier; **Pa|pier|krieg** *m. 1 nur Ez.* zuviel Briefwechsel, Ausfüllen zu vieler Formulare; **Pa|pier|ma|ché** [-ʃe:, frz.] *s. 9* formbare Masse aus feuchtem Papier, Leim u. a., Pappmaché **pa|pil|lar** [lat.] warzenartig; **Pa|pil|lar|li|ni|en** *w. 11 Mz.* die feinen linearen Hauterhebungen der Handflächen, bes. Fingerkuppen, und Fußsohlen; **Pa|pil|le** *w. 11* Warze, warzenförmige Hauterhebung; **Pa|pil|lom** *s. 1* warzenartige Geschwulst **Pa|pil|lo|te** [papijɔtə, auch: papilɔtə, frz.] *w. 11* dünner Lockenwickel; en papillote [ã papijɔt]: Zubereitung (von Fleisch, Fisch) in Folie **Pa|pi|ros|sa** [russ.] *w. Gen.* - *Mz.*-sy russ. Zigarette mit langem, hohlem Pappmundstück **Pa|pis|mus** [lat.] *m. Gen.* - *nur Ez.* abwertend **1** Papsttum; **2** engherzige Papsttreue; **Pa|pist** *m. 10 abwertend:* Anhänger des Papsttums **Pap|pa|tac|i|fie|ber** [-tschi, ital.] *s. 5 nur Ez.* Dreitagefieber **Papp|ma|ché** [-ʃe:] *s. 9* → Papiermaché **Pap|pus** [griech.] *m. Gen.* - *Mz.* - *oder* -pus|se Haarkrone der Korbblütlerfrüchte **Pa|pri|ka** [serb.-russ.] *m. 9* eine Gemüse- und Gewürzpflanze **Pa|pua** *m. 9 oder Gen.* - *Mz.* - Eingeborener von Neuguinea **Pa|pu|la** [lat.] *w. Gen.* -lae [-lɛ:] → Papel **Pa|py|ri** *Mz. von* Papyrus; **Pa|py|rin** [griech.] *s. 1* Pergamentpapier; **Pa|py|ro|lo|gie** *w. 11 nur Ez.* Lehre von den Papyri; **Pa|py|rus**

*m. Gen. - Mz.* -ri **1** in der Antike verwendetes, aus der Papyrusstaude gewonnenes Schreibblatt; **2** Schriftstück daraus
**Pa|ra** *m. Gen.* -s *Mz.* - kleinste jugoslaw. und türk. Währungseinheit
**pa|ra...** (*Zeichen:* p-) *Chem.:* Vorsilbe zur Kennzeichnung einer isomeren Form von Benzolderivaten
**Pa|ra|bel** [griech.] *w.11* **1** *Math.:* ebene, symmetrische, ins Unendliche laufende, offene Kurve; **2** lehrhafte Erzählung, Gleichnis
**Pa|ra|bio|se** [griech.] *w.11* Zusammenleben zweier miteinander verwachsener Lebewesen; **Pa|ra|bi|ont** *m.10* Lebewesen, das mit einem andern der gleichen Art zusammengewachsen ist, z. B. siames. Zwilling
**pa|ra|bo|lisch** in der Art einer Parabel, gleichnishaft; **pa|ra|bo|li|sie|ren** in der Art einer Parabel darstellen; **Pa|ra|bo|lo|id** *m.1* durch Rotation einer Parabel entstehender Körper
**Pa|ra|de** [frz.] *w.11* **1** Vorbeimarsch von Truppen; **2** *Boxen, Fechten:* Abwehr eines Angriffs; **3** Verkürzen der Gangart oder Anhalten des Pferdes
**Pa|ra|den|ti|tis** [griech. + lat.] *w. Gen. - Mz.* -ti|ti|den → Parodontitis; **Pa|ra|den|to|se** *w.11* → Parodontose
**pa|ra|die|ren** vorbeimarschieren; mit etwas p.: sich mit etwas brüsten
**Pa|ra|dies** [griech.] *s.1* **1** Garten Gottes, Garten Eden, Himmel; **2** *in der altchristl. Basilika:* Vorhof mit Brunnen; **3** *übertr.:* Ort der Glückseligkeit, bes. schöner Ort; **Pa|ra|diesapfel** *m.6* **1** Zwergapfel; **2** *auch:* Tomate
**Pa|ra|dig|ma** [griech.] *s. Gen.* -s *Mz.* -men *oder* -malta **1** Musterbeispiel; **2** *Gramm.:* Flexionsmuster; **pa|ra|dig|ma|tisch** musterhaft, beispielhaft
**Pa|ra|dor** *m.1, in Spanien:* meist in histor. Gebäuden eingerichtetes Luxushotel
**pa|ra|dox** [griech.] widersinnig, widersprüchlich; **Pa|ra|dox** *s.1* → Paradoxon; **Pa|ra|do|xie** *w.11* Widersinnigkeit; **Pa|ra|do|xon** *s. Gen.* -s *Mz.* -xa widersinnige Folgerung oder Äußerung, die dem gesunden Menschenverstand zuwiderläuft
**Par|af|fin** [lat.] *s.1* Gemisch gesättigter Kohlenwasserstoffe; *Mz.:* homologe Reihe der gesättigten Kohlenwasserstoffe
**Pa|ra|ge|ne|se** [griech.] *w.11* gemeinsames Vorkommen bestimmter Mineralien auf einer Lagerstätte
**Pa|ra|ge|stein** *s.1* durch Umwandlung aus einem Sediment gebildetes Gestein; *Ggs.:* Orthogestein
**Pa|ra|graph** [griech.] *m.10* (*Zeichen:* §, *Mz.* §§) Abschnitt, Absatz (in Texten); **Pa|ra|gra|phen|rei|ter** *m.5* jmd., der sich sklavisch an die Vorschriften hält; **Pa|ra|gra|phie** *w.11 nurEz.* Störung der Schreibfähigkeit, Verwechslung von Buchstaben oder Wör-

tern; **pa|ra|gra|phie|ren** in Paragraphen einteilen
**Pa|ra|ki|ne|se** [griech.] *w.11* Störung im koordinierten Bewegungsablauf
**Pa|ra|kla|se** [griech.] *w.11 Geol.:* durch Verwerfung entstandene Spalte
**Pa|ral|li|po|me|non** [griech.] *s. Gen.* -s *meist Mz.* -me|na Ergänzung, Nachtrag (zu einem literar. Werk)
**par|al|lak|tisch** [griech.] auf Parallaxe beruhend; **Par|al|la|xe** *w.11* **1** Winkel zwischen zwei Sehstrahlen, der entsteht, wenn ein Punkt von zwei verschiedenen Punkten auf einer Geraden betrachtet wird; **2** *Phot.:* Unterschied zwischen dem Bildausschnitt im Sucher und dem, der dann auf dem Film erscheint; **Par|al|la|xen|se|kun|de** *w.11* (*Kurzw.:* Parsec, Parsek, *Abk.:* pc) Maßeinheit für die Entfernung zwischen Sternen, etwa 3,25 Lichtjahre
**par|al|lel** [griech.] **1** in gleichbleibendem Abstand nebeneinander (verlaufend); **2** *übertr.:* gleichlaufend; **Par|al|le|le** *w.11* **1** Gerade, die mit einer anderen Geraden in gleichbleibendem Abstand verläuft; **2** *übertr.:* etwas Ähnliches, ähnlicher Fall, ähnliches Ereignis; **Par|al|lel|epi|ped** *s.1,* **Par|al|lel|epi|pe|don** *s. Gen.* -s *Mz.* -da *oder* -pe|den von drei Paaren paralleler Ebenen begrenzter Körper, Parallelflach; **par|al|le|li|sie|ren** (vergleichend) nebeneinanderstellen; **Par|al|le|lis|mus** *m. Gen. - Mz.* -men Übereinstimmung, Ähnlichkeit; gleicher Bau (von Sätzen oder Satzteilen); **Par|al|le|li|tät** *w.10 nurEz.* parallele Beschaffenheit, Gleichlauf, Übereinstimmung; **Par|al|le|lo|gramm** *s.1* Viereck mit zwei Paar parallelen Seiten; **Par|al|lel|pro|jek|ti|on** [-tsjo:n] *w.10* Darstellung eines räumlichen Gebildes auf einer Ebene durch parallele Strahlen
**Pa|ral|lo|gie** [griech.] *w.11* **1** Vernunftwidrigkeit; **2** krankhaftes Vertauschen von Wörtern und Begriffen; **Pa|ral|lo|gis|mus** *m. Gen. - Mz.* -men Fehlschluß; **Pa|ral|lo|gi|stik** *w.10 nurEz.* Anwendung von Trugschlüssen
**Pa|ral|y|se** [griech.] *w.11* völlige Lähmung, progressive P.: Gehirnschwund infolge Syphilis; **pa|ral|y|sie|ren 1** lähmen; **2** *übertr.:* unwirksam machen; **Pa|ral|y|ti|ker** *m.5* jmd., der an Paralyse erkrankt ist
**Pa|ra|ment** [lat.] *s.1 meist Mz.* Stoffgegenstand (Fahne, Decke) für gottesdienstliche Zwecke
**Pa|ra|me|ter** [griech.] *m.5* **1** *Math.:* Hilfsgröße bei Berechnungen, die entweder konstant gelassen wird oder sich innerhalb bestimmter Werte ändern kann; **2** *Tech.:* Annahme von bestimmten Betriebsabläufen ins theoret. Durchspielen von Betriebsabläufen u. ä.
**Par|äne|se** [griech.] *w.11* **1** Ermahnung; **2** Nutzanwendung am Schluß einer Rede oder Predigt

**Pa|ra|noia** [griech.] *w. Gen. - nur Ez.* mit festen Wahnvorstellungen verbundene seel. Störung; **pa|ra|no|id** an Paranoia leidend; **Pa|ra|no|iker** *m. 5* jmd., der an Paranoia leidet

**Par|an|thro|pus** [griech.] *m. Gen. - Mz.* -pi südafrik. Frühmensch

**Pa|ra|nuß** *w. 2* Samen des Paranußbaums, Brasilnuß

**Pa|ra|phasie** [griech.] *w. 11* Sprachstörung mit Verwechslung von Buchstaben, Silben, Wörtern

**Pa|ra|phe** [griech.] *w. 11* Namenszug, Stempel mit dem Namenszug; **pa|ra|phie|ren** unterzeichnen

**Pa|ra|phra|se** [griech.] *w. 11* **1** verdeutlichende Umschreibung (eines Textes, Sachverhalts); *auch:* freie Übertragung; **2** *Mus.:* Verzierung (einer Melodie); **pa|ra|phra|sie|ren 1** umschreiben; **2** verzieren; **pa|ra|phra|stisch** in der Art einer Paraphrase; **Pa|ra|phre|nie** *w. 11* Form der Schizophrenie; **Pa|ra|pla|sie** *w. 11 Med.:* Mißbildung; **Pa|ra|ple|gie** *w. 11* doppelseitige Lähmung

**Pa|ra|pluie** [-ply, frz.] *m. 9 oder s. 9 veraltet:* Regenschirm

**Pa|ra|psy|cho|lo|gie** *w. 11 nur Ez.* Teilgebiet der Psychologie, das sich mit den außersinnlichen (okkulten) Erscheinungen befaßt

**Pa|ra|sit** [griech.] *m. 10* **1** pflanzlicher oder tierischer Schmarotzer; **2** *übertr.:* jmd., der sich auf Kosten anderer ernährt; **pa|ra|si|tär** in der Art eines Parasiten; **Pa|ra|si|tis|mus** *m. Gen. - nur Ez.* Leben eines Schmarotzers, Schmarotzertum; **Pa|ra|si|to|lo|gie** *w. 11 nur Ez.* Lehre von den Parasiten, bes. den Krankheitserregern

**Pa|ra|sol** [lat.-frz.] *m. 9 veraltet:* Sonnenschirm

**Pa|ra|sym|pa|thi|kus** *m. Gen. - nur Ez.* dem → Sympathikus entgegengesetzt wirkender Teil des Nervensystems

**pa|rat** [lat.] bereit, gebrauchsfertig; eine Antwort p. haben

**pa|ra|tak|tisch** [griech.] in der Art einer Parataxe, nebenordnend; *Ggs.:* hypotaktisch; **Pa|ra|ta|xe, Pa|ra|ta|xis** *w. Gen. - Mz.* -xen Nebenordnung, Nebeneinander (von Sätzen oder Satzteilen); *Ggs.:* Hypotaxe; **Pa|ra|ty|phus** *m. Gen. - nur Ez.* dem Typhus ähnliche, aber leichter verlaufende Infektionskrankheit; **pa|ra|ty|pisch** nichterblich

**Pa|ra|vent** [-vã, frz.] *m. 9* Wand-, Ofenschirm

**par avi|on** [paravjõ frz.] durch Luftpost (Vermerk auf Postsendungen)

**Pa|ra|zen|te|se** [griech.] *w. 11* Einstich, Durchstechung (bes. des Trommelfells)

**par|bleu!** [-blø, frz.] *veraltet:* Donnerwetter!

**Par|cours** [-kur, frz.] *m. Gen. - [-kurs] Mz.* -[-kurs] *bei Hindernisrennen:* die Reitbahn

**Pard** *m. 1,* **Par|del** *m. 5,* **Par|der** *m. 5* → Leopard

**par di|stance** [-distãs, frz.] aus der Entfer-

nung; ich verkehre mit ihm nur p. d.: nicht persönlich, nicht freundschaftlich

**par|don!** [-dõ, frz.] Verzeihung!, Entschuldigung; **Par|don** [-dõ] *m. 9 nur Ez. veraltet:* Verzeihung, Gnade; (kein) Pardon geben; um Pardon bitten; **par|do|nie|ren** jmdn. p.: jmdm. P. geben

**Par|dun** [ndrl.] *s. 9,* **Par|du|ne** *w. 11* Tau, das Masten und Stengen abstützt

**Par|en|chym** [griech.] *s. 1* **1** dünnwandiges, großräumiges, saftreiches Pflanzengewebe, das bes. dem Stoffaustausch dient, Grundgewebe; **2** Funktionsgewebe der Organe, im Unterschied z. B. zum Fettgewebe; **par|en|chy|ma|tös** aus Parenchym, mit Parenchym ausgefüllt

**pa|ren|tal** [lat.] zur Elterngeneration gehörend, von ihr herrührend; **Pa|ren|tal|ge|ne|ra|ti|on** [-tsjo:n] *w. 10* Elterngeneration; **Pa|ren|ta|li|en** *Mz.* altröm. Totenfest; **Pa|ren|tel** *w. 10* der Stammvater und alle seine Nachkommen

**par|en|te|ral** [griech.] nicht über den Verdauungsweg; parenterale Ernährung, Aufnahme: Ernährung, Aufnahme (von Stoffen) durch Injektion oder Infusion

**Par|en|the|se** [griech.] *w. 11* **1** Klammer; **2** eingeschobener Satz oder Satzteil, Schaltsatz; **par|en|the|tisch** eingeschoben, nebenbei

**Par|er|ga** *Mz. von* Parergon; **Par|er|gon** [griech.] *s. Gen.* -s *Mz.* -ga *veraltet* **1** Anhang, Nachtrag; **2** gesammelte kleine Schriften

**Pa|re|se** [griech.] *w. 11* unvollständige Lähmung, Erschlaffung, Schwäche

**par ex|cel|lence** [ɛksəlãs, frz.] schlechthin, beispielhaft

**par force** [-fɔrs, frz.] *veraltet:* mit Gewalt; **Par|force|jagd** [-fɔrs-] *w. 10* Hetzjagd zu Pferde mit Hunden; **Par|force|ritt** *m. 1* Gewaltritt

**Par|fum** [-fœ̃, frz.] *s. 9 frz. Schreibung von* Parfüm; **Par|füm** *s. 9, auch s. 1* wohlriechende, wäßrige Flüssigkeit, Duftstoff; **Par|fü|me|rie** *w. 11* Geschäft für Parfüms, Seifen, Kosmetika u. ä.; **par|fü|mie|ren** mit Parfüm versetzen oder einstäuben

**pa|ri** vgl. al pari; **Pa|ri** *m. Gen.* -(s) *nur Ez.* Nennwert; über, unter P. stehen

**Pa|ria** [drawid.] *m. 9 1 europ. Bez. für:* Angehöriger einer niederen Kaste in Indien; **2** *übertr.:* Ausgestoßener, Entrechteter

**pa|rie|ren** [frz.] **1** abwehren, auffangen (Hieb, Angriff); **2** zum Stehen bringen (Pferd); **3** *veraltet:* zurechtschneiden, von Haut und Fett befreien (Fleisch); **4** gehorchen

**pa|rie|tal** [-rile-, lat.] **1** *Bot.:* wandständig, seitlich; **2** zum Scheitelbein gehörend; **Pa|rie|tal|au|ge** *s. 14,* **Pa|rie|tal|or|gan** *s. 1* Lichtsinnesorgan niederer Wirbeltiere, Scheitelauge

**Pa|ri|si|enne** [-sjɛn, frz.] *w. Gen. - nur Ez.*

**1** mit Metallfäden durchzogenes Seidengewebe; **2** frz. Freiheitslied nach der Julirevolution 1830; **3** eine veraltete Schriftgattung
**Pa|ri|syl|la|bum** [lat.] *s. Gen.-s Mz.*-ba Substantiv, das in allen Kasus die gleiche Silbenzahl aufweist
**Pa|ri|tät** [lat.] *w. 10* **1** Gleichstellung, Gleichberechtigung; *Ggs.:* Imparität; **2** Tauschverhältnis zwischen zwei Währungen; **pa|ri|tätisch** gleichberechtigt, gleichgestellt
**Park** [engl.] *m. 9* **1** großer Garten; **2** Gesamtbestand an Fahrzeugen, *meist in Zus.:* Wagen-, Fuhrpark
**Par|ka** [eskimoisch] *m. 9* wattierter, gesteppter Anorak mit Kapuze
**Park-and-ride-Sy|stem** [pa:rkəndraid-, engl.] *s. 1* Verkehrssystem, bei dem Kraftfahrer ihre Fahrzeuge am Stadtrand parken und mit öffentlichen Verkehrsmitteln in die Stadt fahren; **par|ken** (sein Fahrzeug) einige Zeit stehen lassen
**Par|kett** [frz.] *s. 1* **1** Fußbodentäfelung; **2** *Theater:* die vorderen Sitzreihen im Zuschauerraum; **3** *Pariser Börse:* Raum zum Abwickeln der Geschäfte; *auch:* Börsenverkehr; **Par|ket|te** *w. 11 österr.:* einzelnes Brettchen des Parkettbodens; **par|ket|tie|ren** mit Parkett belegen
**par|kie|ren** *schweiz. für* parken
**Par|ko|me|ter** [engl. + griech.] *m. 5 oder s. 5* Parkuhr
**Par|la|ment** [engl.] *s. 1* gewählte Volksvertretung mit beratender und gesetzgebender Funktion, Abgeordnetenhaus; **Par|la|men|tär** *m. 1* Unterhändler (zwischen feindl. Heeren); **Par|la|men|ta|ri|er** *m. 5* Angehöriger eines Parlaments; **Par|la|men|ta|ris|mus** *Gen.- nur Ez.* eine Form der Demokratie, in der das Parlament an der Regierung teilhat
**Par|lan|do** [ital.] *s. 9, Mz. auch:* -di Sprechgesang; **par|lie|ren** [frz.] angeregt sprechen, fließend Konversation machen
**Par|mä|ne** [engl.] *w. 11* eine Apfelsorte
**Par|me|san** [nach der ital. Stadt Parma] *m. Gen.-s nur Ez.* Hartkäse
**Par|naß** [nach dem Parnassos, einem Berg in Griechenland] *m. Gen.-nas|ses nur Ez.* Reich der Dichtkunst, Sitz des Apoll und der Musen
**par|ochi|al** [-roxjal] zur Parochie gehörend; **Par|ochi|al|kir|che** *w. 11* Pfarrkirche; **Par|ochie** [-xi, griech.] *w. 11* Pfarrbezirk, Kirchspiel
**Par|odie** [griech.-frz.] *w. 11* **1** komische, übertreibende Nachahmung eines literar. Werkes in der gleichen Form, aber mit anderem, lächerlichem Inhalt; *vgl.* Travestie; **2** Unterlegung von Musik mit anderem Text oder umgekehrt; **3** Austausch von Kompositionen innerhalb des eigenen Gesamtwerkes; **par|odie|ren** mit einer Parodie verspotten; **Par|odist** *m. 10* Verfasser von Parodien (**1**); **par|odi|stisch** in der Art einer Parodie

**Par|odon|ti|tis** [griech.] *w. Gen. - Mz.* -ti|den Zahnfleischentzündung; **Par|odon|to|se** *w. 11* Zurückweichen des Zahnfleisches und Lokkerung der Zähne
**Pa|ro|le** [frz.] *w. 11* **1** Kennwort, Losung; **2** Leit-, Wahlspruch
**Pa|ro|li** [ital.] *s. 9 beim Pharaospiel:* Verdoppelung des Einsatzes; jmdm. Paroli bieten *übertr.:* jmdm. etwas doppelt heimzahlen, *auch:* Widerstand leisten
**Par|ömie** [griech.] *w. 11* altgriech. Sprichwort; **Par|ömio|lo|gie** *w. 11 nur Ez.* Sprichwortkunde
**Par|ony|chie** [griech.] *w. 11* Finger-, Nagelentzündung
**Par|otis** [griech.] *w. Gen. - Mz.*-ti|den Ohrspeicheldrüse; **Par|oti|tis** *w. Gen. - Mz.* -ti|ti|den Entzündung der Ohrspeicheldrüse, Mumps, Ziegenpeter
**Par|oxys|mus** [griech.] *m. Gen. - Mz.*-men **1** höchste Steigerung einer Krankheit, Anfall; **2** aufs höchste gesteigerte vulkan. Tätigkeit
**Par|se** *m. 11* Anhänger des Parsismus
**Par|sec, Par|sek** *w. Gen. - Mz. - (Abk.:* pc) *Kurzw. für* Parallaxensekunde
**par|sisch** zu den Parsen, zum Parsismus gehörend, von ihnen ausgehend; **Par|sis|mus** *m. Gen. - nur Ez.* auf der Lehre Zarathustras beruhende Religion (urspr. in Persien)
**Pars pro to|to** [lat. „ein Teil für das Ganze"] *s. Gen. - - - Mz. - - -* Stilfigur, bei der ein Teilbegriff für einen Gesamtbegriff verwendet wird, z. B. „Herd" statt „Haus"
**Part** [lat.] *m. 1* **1** Teil, Anteil; **2** Stimme (eines Gesangs- oder Instrumentalstücks, z. B. Klavierpart); **3** Rolle (in einem Theaterstück)
**part., Part.** *Abk. für* parterre, Parterre
**Par|te** [ital.] *w. 11 österr.:* Todesanzeige
**Par|tei** [frz.] *w. 10* **1** Vereinigung von Personen mit gleichen polit. Ansichten zur Verwirklichung bestimmter polit. Ziele; **2** Mieter (einer Wohnung im Mietshaus); **3** Beklagter bzw. Kläger (im Rechtsstreit); **4** eine von mehreren, gegeneinander spielenden Gruppen; **Par|tei|chi|ne|sisch** *s. Gen. - nur Ez.* ugs. *spöttisch:* der in einer Partei gesprochene, für Außenstehende unverständliche Jargon
**par|terre** [-tɛr, frz.] im Erdgeschoß; **Par|terre** *s. 9* **1** Erdgeschoß; **2** *Theater:* Saalplatz, mittlere und hintere Reihen des Zuschauerraums; **3** kunstvoll angelegte Blumenbeete
**Par|terre|akro|ba|tik** *w. 10 nur Ez.* Bodenakrobatik, Akrobatik ohne Geräte
**Par|the|no|ge|ne|se** [griech.] *w. 11* **1** Entwicklung einer Eizelle ohne vorhergehende Befruchtung, Jungfernzeugung; **2** Geburt (eines Gottes oder Helden) durch eine Jungfrau; **Par|the|no|kar|pie** *w. 11* Entstehung von Früchten ohne Befruchtung und ohne Samenbildung

**parltilal** [-tsjal, lat.] *veraltet für* partiell; **Parltilal...** Teil...; **Parltilallobllilgaltilon** [-tsjo:n] *w. 10* Teilschuldverschreibung; **Parltilallton** *m. 2* Oberton

**Parltie** [frz.] *w. 11* **1** Ausschnitt, Stück, Teil; **2** einzelne Gesangsrolle (in Opern, Oratorien usw.); **3** Heirat, Heiratsmöglichkeit; **4** Ausflug; **5** Einzelspiel, z. B. eine P. Schach; **6** Restposten (von Waren); **7** *Buchhandel:* Anzahl von Büchern, von denen eines gratis geliefert wird; **Parltielfühlrer** *m. 5 österr.:* Vorarbeiter; **parltilell** [-tsjɛl] teilweise; **Parltilkel** [latein.] *w. 11* **1** Teilchen, kleinster Bestandteil; **2** *Gramm.:* unflektierbares Wort, z. B. Adverb, Präposition; **parltilkullar, parltilkullär** nur als Teil vorhanden, einzeln; **Parltilkullalrislmus** *m. Gen. - nur Ez.* **1** Bestrebung (von staatl. Teilgebieten oder kleinen Ländern), die eigenen Interessen gegenüber dem Ganzen durchzusetzen; **2** Klein-, Vielstaaterei; **Parltilkullarlrecht** *s. 1* Recht der Einzel- oder Gliedstaates, Sonderrecht; **Parltilkullier** *m. 1* Binnenschiffahrt: Schiffseigentümer, der sein Schiff selbst fährt **Parltilsan** [frz.] *m. 12 oder m. 10* bewaffneter Widerstandskämpfer im Hinterland; **Parltilsalne** *w. 11* 15.–18. Jh.: Stoßwaffe mit zweischneidiger Klinge

**Parltilta** [ital.] *w. Gen. - Mz.*-ten → Suite (2); **Parltilte** *w. 11* Waren-, Rechnungsposten, Geldsumme; **Parltiltilon** [-tsjon] *w. 10* **1** Teilung, Einteilung; **2** *Logik:* Zerlegung eines Begriffs in seine Merkmale; **parltiltiv** eine Teilung ausdrückend, teilend; **Parltiltivlzahl** *w. 10* Teilungs-, Bruchzahl, z. B. drei Viertel; **Parltiltur** *w. 10* Aufzeichnung sämtl. Stimmgruppen eines Orchester- oder Chorwerkes Takt für Takt untereinander

**Parltilzip** [lat.] *s. 1* Mittelwort; P. Präsens: Mittelwort der Gegenwart, z. B. gehend; P. Perfekt: Mittelwort der Vergangenheit, z. B. gegangen; **Parltilzilpaltilon** [-tsjon] *w. 10* das Partizipieren, Teilnahme; **parltilzilpilal** mit Hilfe eines, in der Art eines Partizips, mittelwörtlich; **Parltilzilpilent** *m. 10* jmd., der an etwas partizipiert; **parltilzilpielren** an etwas p.: teilhaben, etwas abbekommen **Partlner** [engl.] *m. 5* Teilhaber, Teilnehmer, Mitspieler; **Partlnerllook** [-luk] *m. 9 nur Ez.* dem Partner gleichendes Aussehen; im P. gekleidet

**parltout** [-tu, frz.] unbedingt, um jeden Preis **Parltus** [lat.] *m. Gen. - Mz. -* Geburt, Entbindung

**Parity** [parti, engl.] *w. 9, Mz. auch:* -ties zwangloses Fest, geselliges Beisammensein **Parlusie** [griech.] *w. 11 nur Ez.* **1** Wiederkunft Christi beim Jüngsten Gericht; **2** *bei Plato:* die Anwesenheit der Ideen in den Dingen

**Parlvelnü** [frz.] *m. 9* Emporkömmling **Parlzellle** [frz.] *w. 11* kleines, vermessenes

Stück Bau- oder Gartenland, Grundstück; **parlzellllielren** in Parzellen aufteilen **Parlzen** [griech.] *w. 11 Mz., röm. und griech. Myth.:* die drei Schicksalsgöttinnen **Pas** [pɑ, frz.] *m. Gen. - Mz. -* Tanzschritt **Pasch** [frz.] *m. 1 oder m. 2* **1** Wurf mit der gleichen Augenzahl auf mehreren Würfeln, z. B. Dreierpasch; **2** Dominostein mit gleicher Punktzahl auf beiden Hälften **Palscha** **1** [türk.] *m. 9* früher in der Türkei Titel *für* höheren Offizier oder Beamten; **2** *übertr.:* herrischer Mann, der sich gern bedienen läßt; **3** [hebr.] *s. Gen.-s nur Ez.* Nebenform *von* Passah; **Palschalljahr** *s. 1* mit Ostern beginnendes Kirchenjahr **palschen** **1** [frz.] würfeln; **2** [rotw.] schmuggeln; **Palscher** *m. 5* Schmuggler **Pas de deux** [padədø, frz.] *m. Gen. - - - Mz. - - -* Ballett: Tanz zu zweit **Palso dolble** [span.] *m. Gen. - - Mz. - -* rascher Gesellschaftstanz **Paslpel** [frz.] *w. 11* schmaler Zierstreifen (an Nähten), Vorstoß; **paslpellielren, paslpeln** mit einer Paspel verzieren **Paslquill** [ital.] *s. 1* Schmäh-, Spottschrift; **Paslquilllant** *m. 10* Verfasser eines Pasquills **Paß** [lat.-frz.] *m. 2* **1** schmaler Einschnitt im Gebirge, der als Übergang dient; **2** Personalausweis für Reisen ins Ausland; **3** *Jägerspr.:* Wechsel (mancher Wildarten); **4** eine gotische Maßwerkfigur aus mehreren Dreiviertelkreisen, z. B. Drei-, Vierpaß; **5** *Sport, bes. Fußball:* Zuspiel

**paslsalbel** [frz.] annehmbar, leidlich **Paslsalcaglia** [-kalja, ital.] *w. Gen. - Mz.* -gli!en [-kaljən] **1** *urspr.:* feierlicher span.-ital. Tanz; **2** *dann:* langsames Instrumentalstück mit ostinatem Baß; **Paslsalcaille** [-kaj, frz.] *w. 11 frz.* Form von Passacaglia **Paslsalde** [frz.] *w. 11* **1** leichter Galopp über eine kurze Strecke und zurück mit Fußwechsel bei der Wendung; **2** *Hohe Schule:* sehr langsamer, fast springender Trab mit kräftig gehobenen Vorderbeinen; **Paslsalge** [-ʒə] *w. 11* **1** Durchgang, Durchfahrt; **2** Überfahrt, Reise mit Schiff oder Flugzeug übers Meer; **3** *Mus.:* Lauf, rasche Tonfolge; **4** *Hohe Schule:* langsamer Trab mit kräftig gehobenen Vorderbeinen; **5** → Passus (2); **Paslsalgier** [-ʒir] *m. 1* Fahrgast, Fluggast **Paslsah** [hebr.] *s. Gen.-s nur Ez.* achttägiges jüd. Fest zum Andenken an den Auszug aus Ägypten **Paslsant** [frz.] *m. 10* Fußgänger, Vorübergehender **Paslsat** [ndrl.] *m. 1* gleichmäßiger trop. Wind, wechselnd zwischen Nordost und Südost; vgl. Antipassat **Paslse** [frz.] *w. 11, an Kleidungsstücken:* auf- oder eingesetzter Stoffstreifen, bes. an den Schultern pas|sé [-s̲e̲, frz.] vergangen, vorbei, nicht mehr modern

**Passe|par|tout** [paspartu̲, frz.] **1** s. 9 Bilderrahmen aus Karton; **2** auch m. 9 Hauptschlüssel; **Passe|pied** [paspje̲] m. 9 altfrz. Rundtanz; **Passe|poil** [paspwa̲l] m. 9 österr. für Paspel

pas|sie|ren [frz.] **1** überschreiten, überfliegen, vorübergehen an, durchfahren, durchlaufen; eine Brücke, die Zensur p.; **2** durchseihen, durchs Sieb rühren; **3** geschehen, sich ereignen

**Pas|si|flo|ra** [lat.] w. Gen. - Mz. -ren Passionsblume

pas|sim [lat.] hier und da, verstreut (bei Zitaten)

**Pas|si|on** [lat.] **1** w. 10 starke Vorliebe, Leidenschaft; **2** nur Ez. Leidensgeschichte Christi; **3** Darstellung der Leidensgeschichte Christi in bildender Kunst und Musik; **Pas|sio|nal** s. 1, **Pas|sio|na|le** s. 5, **Pas|sio|nar** s. 1 Sammlung von Heiligenlegenden des MA; **pas|sio|na|to** Mus.: leidenschaftlich; **pas|sio|niert** begeistert, leidenschaftlich; passionierter Bergsteiger sein; **Pas|si|ons|blu|me** w. 11 Rankengewächs mit eßbaren Früchten (Grenadillen); **Pas|si|ons|sonn|tag** m. 1 zweiter Sonntag vor Ostern, Judika; **Pas|si|ons|spiel** s. 1 geistliches Drama über die Passion Christi; **Pas|si|ons|zeit** w. 10 Zeit zwischen Aschermittwoch und Ostern

pas|siv [auch: pa̲s-, lat.] untätig, teilnahmslos, (still) duldend; Ggs.: aktiv; passives Wahlrecht: das Recht, gewählt zu werden; vgl. aktives Wahlrecht; **Pas|siv** s. 1 Leideform des Verbs; Ggs.: Aktiv (1); **Pas|si|va** Mz. Schulden; Ggs.: Aktiva; **Pas|siv|bür|ger** m. 5, in Staaten mit Wahlbeschränkungen: Bürger ohne aktives und passives Wahlrecht; Ggs.: Aktivbürger; **Pas|siv|ge|schäft** s. 1 Bankgeschäft, bei dem die Bank (in der Regel durch Annahme verzinsl. Einlagen) bei ihren Kunden zum Schuldner wird; **pas|si|vie|ren** Verbindlichkeiten p.: in der Bilanz erfassen; unedle Metalle p.: mit einer gegen chem. Einflüsse widerstandsfähigen Schutzhaut überziehen; **Pas|si|vi|tät** w. 10 nur Ez. **1** Untätigkeit, Teilnahmslosigkeit; **2** Widerstandsfähigkeit unedler Metalle gegen chem. Einflüsse

**Pas|so|me|ter** [lat. + griech.] s. 5 Schrittzähler

**Pas|sus** [lat.] m. Gen. - Mz. - **1** altröm. Längenmaß, Doppelschritt; **2** Abschnitt (aus einem Schriftwerk oder Schriftstück oder einer Rede)

**Pa|sta** [ital.] **1** w. Gen. - Mz. -sten streichbare Masse, z. B. Zahnpasta; **2** w. Gen. - Mz. -ste ital. Nudelgericht; **Pasta asciut|ta** [pasta ʃu̲ta] w. Gen. - - Mz. -ste -te [pasteʃu̲te] ital. Nudelgericht; **Pa|ste** w. 11 → Pasta (1)

**Pa|stell** [ital.] s. 1 → Pastellzeichnung; **Pa|stell|far|be** w. 11 mit Bindemittel versetzte

Farbe aus Kreide und Ton von zarter, samtiger Tönung; **Pa|stell|zeich|nung** w. 10 Zeichnung mit Pastellfarben

**Pa|ste|te** [ital.] w. 11 **1** mit Fleisch, Fisch oder Gemüse gefülltes Gebäck (meist aus Blätterteig); **2** sehr feine Leberwurst

pa|steu|ri|sie|ren [-stø-, nach dem frz. Biologen und Chemiker L. Pasteur] durch Erhitzen entkeimen und haltbar machen (Milch, Fruchtsaft)

**Pa|stic|cio** [pastitʃo, ital.] s. 9, Mz. auch: -stic|ci [-stitʃi] **1** in betrügerischer Absicht in der Manier eines Künstlers gemaltes Bild; **2** aus Teilen des Werkes eines oder mehrerer Komponisten zusammengesetzte Oper mit einem neuen Libretto, Flickoper; **Pa|stiche** [-stiʃ, frz.] w. 11 frz. Bez. für Pasticcio

**Pa|stil|le** [lat.] w. 11 Kügelchen, Pille, Plätzchen

**Pa|sti|nak** [lat.] m. 1, **Pa|sti|na|ke** w. 11 eine Gemüsepflanze

**Pa|stor** [auch: -sto̲r, lat.] m. 13 (Abk.: P.) Geistlicher, Pfarrer; **pa|sto|ral** ländlich, in der Art der Hirten; **Pa|sto|ra|le** w. 11 **1** Hirtenmusik, ländlich-idyll. Musikstück; **2** Barockzeit: musikal. Schäferspiel; **3** Malerei: Darstellung einer Hirtenszene; **4** s. 5 Bischofsstab; **Pa|sto|ral|theo|lo|gie** w. 11 kath. Kirche: praktische Theologie, Seelsorge; **Pa|sto|rat** s. 1 Amt, Amtsräume, Wohnung eines Pfarrers, Pfarramt, Pfarrhaus; **Pa|sto|rel|le** w. 11 Hirtenliedchen, Zwiegesang zwischen Schäfer und Schäferin; **Pa|sto|rin** w. 10 weibl. Pastor

**pa|stos** [ital.] **1** dick aufgetragen (Ölfarbe); dickflüssig, breiig; **pa|stös** Med.: aufgedunsen, aufgeschwemmt; **Pa|sto|si|tät** w. 10 nur Ez. Teigigkeit, Dickflüssigkeit (der Schrift)

**Pa|stou|rel|le** [-stu-, frz.] w. 11 → Pastorelle

**Pa|tel|la** [lat.] w. Gen. - Mz. -len Kniescheibe; **pa|tel|lar** zur Patella gehörig, von ihr ausgehend; **Pa|tel|lar|re|flex** m. 1 Reflex beim Schlag gegen die Kniescheibe, Kniesehnenreflex

**Pa|te|ne** [lat.] w. 11 Teller zur Darreichung der Hostie

pa|tent [lat.] geschickt, tüchtig; praktisch, brauchbar; **Pa|tent** s. 1 **1** Urkunde über die Erwerbung eines Berufsgrades, z. B. Offizierspatent; **2** Urkunde über das Recht zur alleinigen Benutzung und gewerbl. Verwertung einer Erfindung; **pa|ten|tie|ren 1** eine Erfindung p.: ihr durch Patent Schutz vor Nachahmung und Auswertung gewähren; **2** Metalloberflächen p.: sie durch Tauchen in Salz- oder Bleibäder vergüten; **Pa|tent|re|zept** s. 1 einfaches, in vielen Schwierigkeiten anwendbares Rezept

**Pa|ter** [lat.] m. 5, Mz. auch: -tres (Abk.: P., Mz. PP.) Vater (Anrede für Ordenspriester); **Pa|ter|fa|mi|li|as** m. Gen. - Mz. - altröm. Bez. für Familien-, Hausvater; **Pa|ter|na|lis|mus**

**paternalistisch**

*m. Gen.- nur Ez. Soziologie:* väterliche Bevormundung (bes. durch den Arbeitgeber oder Staat); **palter|nal|li|stisch** bevormundend; **Palter|ni|tät** *w. 10 nur Ez. veraltet:* Vaterschaft; **Palter|no|ster** 1 *s. 5* Vaterunser; **2** *m. 5* offener Aufzug, der dauernd fährt; Becherwerk, Wasserhebewerk; **Palter|pec|ca|vi** [„Vater, ich habe gesündigt"] *s. Gen. - Mz. -* reuiges Geständnis, Sündenbekenntnis **pal|thé|ti|que** [-tik, frz.] pathetisch; **palthe|tisch** [griech.] erhaben, feierlich, salbungsvoll, voller Pathos **pal|tho|gen** [griech.] krankheitserregend; **Pa|tho|ge|ne|se** *w. 11* Entstehung und Entwicklung einer Krankheit; **Pa|tho|gno|mik, Pa|tho|gno|stik** *w. 10 nur Ez.* Lehre von den Merkmalen einer Krankheit; **Pa|tho|lo|gie** *w. 11 nur Ez.* Wiss. von den Krankheiten; **pa|tho|lo|gisch** 1 zur Pathologie gehörend, auf ihr beruhend; **2** krankhaft; **Pa|tho|pho|bie** *w. 11* Furcht vor Krankheiten; **Pa|tho|psy|cho|lo|gie** *w. 11 nur Ez.* Wiss. von den Krankheitserscheinungen im Seelenleben **Pa|thos** [griech.] *s. Gen. - nur Ez.* 1 Feierlichkeit, erhabene Leidenschaftlichkeit; **2** übertriebener Gefühlsausdruck **Pa|tience** [pasjās, frz.] *w. 11* Kartengeduldsspiel **Pa|ti|ens** [lat.] *s. Gen. - nur Ez.* Ziel des Geschehens im Satz, Akkusativobjekt; *Ggs.:* Agens **(3)** **Pa|ti|ent** [patsjęnt, lat.] *m. 10* Kranker in ärztl. Behandlung **Pa|ti|na** [ital.] *w. Gen. - nur Ez.* 1 grüner Überzug auf Kupfer und Kupferlegierungen, Edelrost; **2** übertr.: Spuren häufigen Gebrauchs; **pa|ti|nie|ren** mit künstl. Patina versehen **Pa|tio** [-tjo, lat.-span.] *m. 9* Innenhof des südspan. Hauses **Pa|tis|se|rie** [frz.] *w. 11* 1 veraltet, noch schweiz.: feines Backwerk; **2** in Hotels: Raum zur Herstellung von Backwerk; **3** veraltet, noch schweiz.: Feinbäckerei; **Pa|tis|sier** [-sje] *m. 9* Konditor (bes. in Hotels) **Pa|tois** [-toa, frz.] *s. Gen. - nur Ez.* 1 auf dem Land gesprochene frz. Mundart; **2** allg.: Mundart, Provinzsprache **Pa|tres** *Mz.* von Pater **Pa|tri|arch** [griech.] *m. 10* 1 *AT:* Stammvater, Erzvater, z. B. Abraham; **2** Vorsteher mehrerer Kirchenprovinzen, z. B. der Bischof von Rom; **3** in der Ostkirche sowie vielen Einzelkirchen Titel für Oberbischof; **pa|tri|ar|cha|lisch** [-xa-] 1 zu den Patriarchen gehörig, von ihnen ausgehend; **2** vaterrechtlich; **3** altväterlich, ehrwürdig; **4** übertr.: väterlich-bevormundend, Ehrfurcht und Gehorsam fordernd; **Pa|tri|ar|chat** [-xat] *s. 1* 1 Vaterrecht, Herrschaft des Vaters; *Ggs.:* Matriarchat; **2** Amt, Würde eines kirchl. Patriarchen; **pa|tri|ar|chisch** einem Patriarchen entsprechend, ehrwürdig

**pal|tri|mo|ni|al** [lat.] zum Patrimonium gehörend, erbherrlich; **Pa|tri|mo|ni|al|ge|richts|bar|keit** *w. 10 nur Ez. früher:* Gerichtsbarkeit des Gutsherrn über seine Untergebenen; **Pa|tri|mo|ni|um** *s. Gen.-s Mz.-ni|en* 1 *röm. Recht:* väterl. Erbgut; **2** P. Petri: *urspr.* der Grundbesitz der röm. Kirche, *dann* der Kirchenstaat; **Pa|tri|ot** [lat.] *m. 10* jmd., der sein Vaterland liebt; **pa|tri|o|tisch** vaterländisch gesinnt, vaterlandsliebend; **Pa|tri|o|tis|mus** *m. Gen. - nur Ez.* Vaterlandsliebe; **Pa|tri|stik** *w. 10 nur Ez.* Lehre von den Schriften der Kirchenväter; **Pa|tri|sti|ker** *m. 5* Kenner der Patristik; **Pa|tri|ze** *w. 11* Stempel, Prägestock; *Ggs.:* Matrize; **Pa|tri|zi|at** *s. 1 nur Ez.* Gesamtheit der Patrizier; **Pa|tri|zi|er** *m. 5* 1 im alten Rom: Angehöriger des Adels; **2** MA: wohlhabender Bürger **Pa|tro|lo|ge** [griech.] *m. 11* → Patristiker; **Pa|tro|lo|gie** *w. 11 nur Ez.* → Patristik **Pa|tron** [lat.] *m. 1* 1 im alten Rom: Herr (seiner freigelassenen Sklaven); **2** kath. Kirche: Schutzheiliger (einer Kirche oder eines Berufsstandes); Stifter (einer Kirche); **3** allg.: Schirmherr, Schutzherr, Gönner; **4** Schiffseigentümer; **5** abfällig: Kerl; ein unverschämter, ungehobelter Patron; **Pa|tro|na** *w. Gen. - Mz.-nä* Schutzheilige; **Pa|tro|na|ge** [-3ə] *w. 11* Günstlingswirtschaft; **Pa|tro|nat** *s. 1* 1 im alten Rom: Amt, Würde eines Patrons; **2** Rechtsstellung eines Kirchenstifters; **3** Schirmherrschaft **Pa|tro|ne** [frz.] *w. 11* 1 mit Sprengstoff gefüllte und mit Zündvorrichtung versehene Metallhülse; **2** lichtundurchlässiger Behälter für einen Kleinbildfilm; **3** Jacquardweberei: auf kariertem Papier aufgezeichnetes Muster; **pa|tro|nie|ren** österr.: mit Hilfe von Schablonen bemalen **Pa|tro|nin** [lat.] *w. 10* Schutzheilige, Schutzherrin; **Pa|tro|ny|mi|kon, Pa|tro|ny|mi|kum** *s. Gen.-s Mz.-ka* vom Namen des Vaters abgeleiteter Name, z. B. Hansen, Petrowitsch, Macmillan **Pa|tro|zi|ni|um** [lat.] *s. Gen.-s Mz.-ni|en* 1 im alten Rom: Vertretung durch einen Patron vor Gericht; **2** MA: Rechtsschutz des Gutsherrn für seine Untergebenen; **3** Schutzherrschaft eines Heiligen über eine Kirche; **4** Fest des Schutzheiligen **Pat|schu|li** [ind.-engl.] *s. 9* ein asiat. Lippenblütler **patt** [frz.] Schach-, Damespiel: zugunfähig; **Patt** *s. 9* Schach-, Damespiel: zugunfähige Stellung, unentschiedener Ausgang, auch übertr., z. B. parlamentarisches Patt **Pat|te** [frz.] *w. 11* an Kleidungsstücken: Taschenklappe

**Pat|tern** [pæ̯tərn, engl.] *s. 9* Muster, Modell, Denkschema

**pat|tie|ren** [frz.] mit Raster, mit Notenlinien versehen

**pau|pe|rie|ren** [lat.] *Bot.:* sich kümmerlich entwickeln, Merkmale der Eltern weniger ausgeprägt zeigen; **Pau|pe|ris|mus** *m. Gen.- nur Ez.* Massenarmut, allgemeine Verelendung; **Pau|per|tät** *w. 10 nur Ez. veraltet:* Armut, Dürftigkeit; **Pau|per|täts|eid** *m. 1 österr. Zivilprozeß:* eidl. Versicherung, die Prozeßkosten nicht zahlen zu können

**pau|schal** [neulat.] alles zusammen (gerechnet); **Pau|schalle** *w. 11* einmalige, ab- oder aufgerundete Bezahlung (statt Einzelzahlungen); **pau|schal|ie|ren** zu einer Pauschalsumme zusammenrechnen, auf-, abrunden

**Pau|se** 1 [griech.] *w. 11* Unterbrechung, Rast; 2 [frz.] *w. 11* Durchzeichnung, Kopie mittels durchsichtigen Papiers; **pau|sen** [frz.] durchzeichnen, *meist:* ab-, durchpausen

**pau|sie|ren** eine Pause machen

**Pa|va|ne** [ital.] *w. 11* 1 *urspr.:* Schreittanz, Reigentanz; 2 *dann:* Satz der Suite (2)

**Pa|vi|an** [frz.] *m. 1* Angehöriger einer Affengattung

**Pa|vil|lon** [-vijɔ̃, auch: -viljɔ̃, frz.] *m. 9* kleines, freistehendes Gartenhaus; 2 Ausstellungskiosk; 3 *bes. an Barockbauten:* kleiner An-, Vorbau; 4 Festzelt; **Pa|vil|lon|bau|wei|se** *w. 11 nur Ez.* lockere, in Einzelgebäude aufgelöste Bauweise

**Pax** [lat.] *w. Gen.- nur Ez.* Friede; Pax Christi: 1944 in Lourdes entstandene kath. Weltfriedensbewegung; Pax Dei [dei̯] *MA:* Verbot der Fehde an bestimmten Tagen, Gottesfriede; Pax Romana: die Zeit des befriedeten Röm. Reiches von Augustus bis zur Völkerwanderung; 1921 in Freiburg entstandene kath. Studentenbewegung; Pax vobiscum!: Friede sei mit euch! (Gruß des kath. Bischofs)

**Pay|back** [pɛi̯bæk, engl.] *s. 9* Rückgewinnung investierten Kapitals; **Pay|ing Guest** [pɛii̯ŋ gɛst, engl.] *m. Gen.- -(s) Mz. --s* Gast, der in einer Familie aufgenommen wird, aber für Unterkunft und Verpflegung etwas bezahlt; **Pay|out** [pɛi̯au̯t] *s. 9* → Payback

**Pa|zi|fi|ka|ti|on** [tsjon, lat.] *w. 10 nur Ez.* Befriedung; **Pa|zi|fis|mus** *m. Gen.- nur Ez.* Ablehnung des Krieges, Bestreben, den Frieden um jeden Preis zu erhalten; **Pa|zi|fist** *m. 10* Anhänger des Pazifismus; **pa|zi|fi|zie|ren** befrieden

**Pb** *chem. Zeichen für* Blei (Plumbum)

**pc** *Abk. für* Parallaxensekunde

**p. c.** *Abk. für* per centum, pro centum; vgl. Prozent

**p. Chr.** *Abk. für* post Christum (natum): nach Christi Geburt

**Pd** *chem. Zeichen für* Palladium

**p. e.** *Abk. für* per exemplum

**Pe-Ce-Fa|ser** [Kurzw. aus Polyvinylchlorid] *w. 11* eine Kunstfaser

**Pe|dal** [lat.] *s. 1* 1 Fußhebel, z. B. Gas-, Bremspedal, das am Klavier zum Nachschwingenlassen oder Dämpfen der Töne, an der Harfe zum Umstimmen der Saiten; 2 *am Fahrrad:* Tretkurbel; 3 *Orgel:* mit den Füßen zu spielende Tastenreihe

**Pe|dant** [griech.] *m. 10* übertrieben genauer Mensch, Kleinigkeitskrämer; **Pe|dan|te|rie** *w. 11 nur Ez.* übertriebene Genauigkeit; **pe|dan|tisch** übertrieben ordentlich, äußerst genau

**Pe|dell** [mlat.] *m. 1 veraltet:* Hausmeister (an Schulen, Hochschulen)

**Pe|di|kü|re** [lat.] *w. 11* 1 *nur Ez.* Fußpflege; vgl. Maniküre; 2 Fußpflegerin; **pe|di|kü|ren** jmdn. p. oder jmdm. die Füße p.: jmdm. die Füße pflegen, behandeln; vgl. maniküren

**Pe|di|skript** *s. 1* mit den Füßen geschriebener Text, z. B. von Armamputierten; vgl. Manuskript

**Pe|do|lo|gie** [griech.] *w. 11 nur Ez.* Bodenkunde; **Pe|do|me|ter** *s. 5* Schrittzähler

**Peer** [pir, engl.] *m. 9* 1 Angehöriger des engl. Hochadels; 2 Mitglied des Oberhauses im engl. Parlament; **Peer|age** [pirid3] *w. Gen.- nur Ez.* 1 Peerswürde; 2 Gesamtheit der Peers

**Peg|ma|tit** [griech.] *m. 1* aus Magma entstandenes, grobkörniges Gestein

**Peh|le|wi** [pɛx-] *s. Gen.-(s) nur Ez.* mittelpers. Sprache und Schrift

**Pei|es** [hebr.] *Mz.* Schläfenlocken (der orthodoxen Juden)

**Pe|jo|ra|ti|on** [-tsjon, lat.] *w. 10* Verschlechterung der Bedeutung eines Wortes, z. B. ordinär; **pe|jo|ra|tiv** bedeutungsverschlechternd; **Pe|jo|ra|ti|vum** *s. Gen.-s Mz.-va* Wort mit bedeutungsverschlechterndem Bildungselement, z. B. frömmeln, kindisch

**Pe|ka|ri** [indian.] *s. 9* amerik. Wildschwein, Nabelschwein

**Pe|ke|sche** [poln.] *w. 11* 1 mit Pelz und Schnüren verzierter poln. Mantelrock; 2 mit Schnüren verzierte Festjacke der Verbindungsstudenten

**Pe|ki|ne|se** *m. 1* 1 Einwohner von Peking; 2 kleine, langhaarige Hunderasse mit stumpfer Schnauze

**Pekoe** [pikou̯, chin.-engl.] *m. Gen.-s nur Ez.* Bez. für Teesorte aus dünnen, feinen Blättern aus Blattspitzen

**pekt|an|gi|ös** [lat.] herzbeklemmend

**Pek|ten|mu|schel** [lat.] *w. 11* Kammuschel

**Pek|tin** [griech.] *s. 1* quellfähiger, leicht gelierender Stoff in Pflanzen, bes. in unreifen Früchten; **Pek|ti|na|se** *w. 11 nur Ez.* ein Enzym

**pek|to|ral** [lat.] zur Brust gehörend, brust...; **Pek|to|ra|le** *s. 5, Mz. auch -li|en* 1 *Antike, MA:* Brustschmuck; 2 verziertes Brustkreuz für Bischöfe und Äbte; **3** *auch:* Schließe am Bischofsmantel

**pe|ku|ni|är** [lat.] geldlich

**pek|zie|ren** [lat.] etwas p.: einen Fehler, eine Dummheit machen, etwas Böses begehen

**pe|la|gi|al** [griech.] → pelagisch; **Pe|la|gi|al** *s. Gen.-s nur Ez.* **1** der Lebensraum des Meeres und großer Binnenseen; **2** Gesamtheit der Organismen im Meer und in großen Binnenseen

**Pe|la|gia|nis|mus** *m. Gen. - nur Ez.* Lehre des irischen Mönchs Pelagius (5. Jh.), der entgegen der Gnadenlehre Augustins die Erbsünde ablehnte und die menschl. Willensfreiheit vertrat

**pe|la|gisch** [griech.] im Meer und in großen Binnenseen lebend

**Pe|lar|go|nie** [-njə, griech.] *w. 11* eine Zierpflanze

**Pe|las|ger** *m. 5* Angehöriger der sagenhaften Urbevölkerung Griechenlands

**pê|le-mê|le** [pɛlmɛl, frz.] durcheinander; **Pele-mele** [pɛlmɛl] *s. Gen.-(s) nur Ez.* **1** Durcheinander, Mischmasch; **2** Süßspeise aus Vanillecreme und Früchten

**Pel|le|ri|ne** [frz.] *w. 11* ärmelloser (Regen-) Umhang

**Pe|li|kan** [mlat.] *m. 1* Angehöriger einer trop. und subtrop. Vogelgattung, Ruderfüßer

**Pel|la|gra** [ital.] *w. Gen. - nur Ez.* eine Hautkrankheit infolge Mangels an Vitamin $B_2$

**pel|lu|zid** [lat.] durchscheinend, lichtdurchlässig (von Mineralien); **Pel|lu|zi|di|tät** *w. 10* Lichtdurchlässigkeit

**Pe|lo|ta** [lat.-span.] *w. Gen. - nur Ez.* bask. Ballspiel

**Pe|lot|te** [frz.] *w. 11* Knäuel, Ball, Druckpolster (z. B. gegen Spreizfuß)

**Pem|mi|kan** [indian.] *m. Gen.-s nur Ez.* **1** bei den nordamerik. Indianern: zerstampftes, getrocknetes Fleisch und Fett, Dauerfleisch; **2** *danach:* Fleischpulverkonserve

**Pem|phi|gus** [griech.] *m. Gen. - nur Ez.* Sammelbegriff für eine Gruppe von Hautkrankheiten mit Blasenbildung, Schälblattern

**PEN** vgl. PEN-Club

**Pe|nal|ty** [-nəl-, engl.] *m. 9 Fußball:* Strafstoß; *Eishockey:* Strafschuß

**Pe|na|ten** [lat.] *Mz.* **1** *röm. Myth.:* Götter von Haus und Herd; **2** *übertr.:* Heim und Wohnung; zu den P. zurückkehren: heimkehren

**Pence** [pɛns, engl.] *Mz.* von Penny (*Abk.:* d)

**Pen|chant** [pãʃã, frz.] *m. 9 veraltet:* Vorliebe, Hang, Neigung

**PEN-Club** *m. 9 nur Ez. Kurzw. aus* poets, essayists, novelists (internationale Schriftstellervereinigung)

**Pen|dant** [pãdã, frz.] *s. 9* Gegenstück, Ergänzung

**Pen|del** [lat.] *s. 5* frei hängender, um einen Punkt schwingender Körper; **pen|deln 1** hin-

und herschwingen; **2** sich regelmäßig zwischen zwei Orten hin- und zurückbewegen

**Pen|den|tif** [pãdã-, frz.] *s. 9 Baukunst:* Eckzwickel zwischen quadrat. Unterbau und Kuppel; **Pen|dü|le** [pã-] *w. 11* Tischpendeluhr, Stutzuhr

**pe|ne|tra|bel** [lat.] *veraltet:* durchdringbar; **pe|ne|trant 1** durchdringend (Geruch, Geschmack); **2** *übertr.:* aufdringlich; **Pene|tranz** *w. 10 nur Ez.* penetrante Beschaffenheit; **Pe|ne|tra|ti|on** [-tsjon] *w. 10* Durchdringung, Durchsetzung; **pe|ne|trie|ren** durchdringen, durchsetzen

**Pen|gö** *m. Gen.-s Mz. - (Abk.: P)* 1925–1946: ung. Währungseinheit; *seit 1946:* Forint

**pe|ni|bel** [frz.] sehr sorgfältig, peinlich genau

**Pe|ni|cil|lin** [lat.] *s. 1 nur Ez.* ein Antibiotikum

**Pen|in|su|la** [lat.] *w. Gen. - Mz. -lae* [-lɛ:] Halbinsel; **pen|in|su|lar, pen|in|su|la|risch** zu einer Halbinsel gehörend; wie eine Halbinsel

**Pe|nis** [lat.] *m. Gen. - Mz. -nes oder -nis|se* Begattungsorgan vieler Tiere und des Menschen, männl. Glied

**Pe|ni|zil|lin** *s. 1 nur Ez.* → Penicillin

**Pen|nal** [lat.] *s. 1 Schülerspr., veraltet:* höhere Schule; **Pen|nä|ler** *m. 5 Schülerspr.:* Schüler einer höheren Schule, Gymnasiast

**Penn|bru|der** *m. 6 ugs.:* Landstreicher

**Pen|ne** **1** [lat.] *w. 11 Schülerspr.:* Schule; **2** [rotw.] *w. 11* Kneipe, einfache Herberge

**pen|nen** [rotw.] *ugs.:* schlafen; **Pen|ner** *m. 5* → Pennbruder

**Pen|ni** *m. Gen.-(s) Mz.-(s) (Abk.: p)* finn. Währungseinheit, $^1/_{100}$ Markka

**Pen|ny** *m. Gen.-s Mz.* Pence *oder (bei wenigen Stücken)* -nies (*Abk.* d [= denarius]) engl. Währungseinheit, $^1/_{10}$ Shilling; **Pen|ny-weight** [-weit] *s. Gen. - Mz. - (Abk.:* dwt., pwt.) engl. Gewichtseinheit für Edelmetalle, Edelsteine und Münzen, 1,5552 g

**Pen|sa** *Mz. von* Pensum

**pen|see, pen|sée** [pãse, frz.] *unflektierbar* dunkellila; **Pen|see** [pãse] *s. 9* Stiefmütterchen

**Pen|si|on** [pãsjon, bayr., österr., schweiz.: pɛnsjon, frz.] *w. 10* **1** Ruhestand; in P. gehen; **2** Ruhegehalt; P. beziehen; **3** Fremdenheim; **4** Unterkunft und Verköstigung; **5** *veraltet:* Pensionat; **Pen|sio|när** [pã-, bayr., österr., schweiz.: pɛn-] *m. 1* **1** jmd., der im Ruhestand lebt; **2** Gast in einer Pension; **3** Zögling eines Pensionats; **Pen|sio|nat** *s. 1* Internat; **pen|sio|nie|ren** [pã-, bayr., österr., schweiz.: pɛn-] in Ruhestand versetzen; **Pen-sio|nist** [pɛn-] *m. 10 österr., schweiz.:* jmd., der Pension bezieht, Ruheständler

**Pen|sum** [lat.] *s. Gen.-s Mz.-sa oder -sen* in einer bestimmten Zeit zu erledigende Arbeit von bestimmtem Umfang

**Pen|ta|chord** [grch.] *s. 1* Streich- oder Zupf-

instrument mit fünf Saiten; **Pen|ta|de** *w. 11*
Zeitraum von fünf Tagen; **Pen|ta|eder** *m. 5*
von fünf ebenen Flächen begrenzter Körper,
Fünfflächner; **Pen|ta|gon** 1 *s. 1* Fünfeck;
2 *nur Ez.* das auf einem fünfeckigen Grund-
riß errichtete Verteidigungsministerium der
USA in Washington; **pen|ta|go|nal** fünfeckig;
**Pen|ta|gramm** *s. 1* fünfzackiger Stern, der in
einem Zug gezeichnet werden kann, Dru-
denfuß; **pen|ta|mer** fünfteilig, fünfgliedrig;
**Pent|ame|ron, Pent|ame|ro|ne** *s. Gen.* -(s)
*nur Ez.* Sammlung neapolitan. Märchen, die
an fünf Tagen erzählt werden; **Pen|ta|me|ter**
*m. 5* fünffüßiger daktylischer Vers, der zu-
sammen mit einem Hexameter ein Distichon
bildet; **Pen|tan** *s. 1* ein gesättigter, aliphati-
scher Kohlenwasserstoff; **Pent|ar|chie** *w. 11*
Herrschaft von fünf Großmächten; **Pen|ta-
teuch** *m. Gen.* -(s) *nur Ez.* die fünf Bücher
Mosis im AT; **Pent|ath|lon** *s. Gen.* -s *nur Ez.*
antiker Fünfkampf: Ringen, Laufen, Weit-
sprung, Diskus- und Speerwerfen; **Pen|ta-
nik** *w. 10 nur Ez.* auf einer Tonleiter von fünf
Tönen beruhendes System der mittelalterl.
und oriental. Musik sowie der Musik vieler
Naturvölker, Fünftonmusik
**Pent|haus** [engl.] *s. 4* bungalowartige Wohn-
anlage auf einem Flachdach
**Pent|lan|dit** [nach dem Entdecker, dem engl.
Naturforscher J. B. Pentland] *s. Gen.* -s *nur
Ez.* ein Mineral, Eisennickelkies
**Pent|ode** [griech.] *w. 11* Fünfpolröhre; **Pent-
ose** *w. 11* einfacher Zucker mit fünf Sauer-
stoffatomen im Molekül
**Pe|nun|se** [rotwelsch] *w. 11 nur Ez., ugs.:*
Geld
**Pe|on** [port.] *m. 10* lateinamerik. eingeborener Tagelöhner; **Peo|nage** [-ʒə, auch engl.:
pi̯ɔnidʒ] *w. 11 nur Ez.* Lohnsystem in La-
teinamerika, das durch Lohnvorschüsse u. a.
häufig zur Verschuldung und Leibeigen-
schaft der Peonen führte
**Pep** [engl.] *m. Gen.* -s *nur Ez. ugs.:* Schwung,
Temperament, Mumm
**Pe|pe|ro|ni** [ital.] *Mz.* Früchte des Paprikas
**Pe|pi|ta** [nach einer span. Tänzerin der Bie-
dermeierzeit] 1 *s. 9 nur Ez.* kleines Hahnen-
trittmuster; 2 *m. 9* Stoff mit diesem Muster
**Pe|plon** [griech.] *s. 9, Mz. auch:* -plen, **Pe-
plos** *m. Gen.* - *Mz.* - *oder* -plen altgriech.
Frauengewand
**Pep-Pill** [engl.] *w. 9,* **Pep|pil|le** *w. 11* Weck-
mittel (Suchtstoff)
**Pep|sin** [griech.] *s. 1* ein Enzym des Magen-
saftes; **pep|tisch** verdauungsfördernd; **pep|ti-
sie|ren** *Chem.:* (einen ausgeflockten Nieder-
schlag) wieder auflösen; **Pep|ton** *s. 1* bei der
Verdauung entstehendes Spaltprodukt von
Eiweiß
**per** [lat.] durch, mit; per Adresse (*Abk.:* p.
A.) bei, z. B. Herrn XY, p. A. Familie Z;
vgl. per annum, per centum, per cassa, per

conto, per pedes, per procura, per saldo, per
ultimo
**per an|num** (*Abk.:* p. a.) *veraltet:* jährlich
**per as|pe|ra ad astra** [lat. „auf rauhen (We-
gen) zu den Sternen"] durch Nacht zum
Licht
**Per|bo|rat** *s. 1* chem. Verbindung aus Was-
serstoffsuperoxid und Borat, Wasch- und
Bleichmittel
**per cas|sa** [ital.] in bar
**per cen|tum** [lat.] vom Hundert, → pro cen-
tum; vgl. Prozent
**Per|chlo|rat** *s. 1* Salz der Überchlorsäure
**per con|to** [ital.] auf Rechnung
**per|du** [-dy, frz.] *ugs.:* verloren, weg
**Per|emp|ti|on** [-tsjon, lat.] *w. 10 Rechtsw.,
veraltet:* Verfall, Verjährung; **per|emp|to-
risch** *Rechtsw.:* aufhebend, vernichtend;
*Ggs.:* dilatorisch; **Per|em|ti|on** [-tsjon] *w. 10*
→ Peremption
**per|en|nie|rend** [lat.] überwinternd, wieder-
kommend, ausdauernd (Pflanzen)
**per exem|plum** [lat.] (*Abk.:* p. e.) *veraltet:*
zum Beispiel
**per|fekt** [lat.] 1 vollkommen (ausgebildet);
sie ist im Maschinenschreiben p.; perfekter
Koch; 2 fließend; p. englisch sprechen; 3 ab-
gemacht, abgeschlossen, gültig; die Sache,
der Vertrag ist p.; **Per|fekt** [auch: pɛr-] *s. 1*
Vergangenheitsform des Verbums, z. B. ich
bin gegangen, ich habe gegessen; **per|fek|ti-
bel** fähig zur Vervollkommnung; **Per|fek|ti-
bi|li|tät** *w. 10 nur Ez.* Fähigkeit zur Vervoll-
kommnung; **Per|fek|ti|on** [-tsjon] *w. 10*
1 Vollkommenheit, Vollendung; 2 *veraltet:*
Abschluß eines Rechtsgeschäftes; **per|fek-
tio|nie|ren** vervollkommnen; **Per|fek|tio|nis-
mus** *m. Gen.* - *nur Ez.* 1 Lehre von der Ver-
vollkommnung des Menschen als Sinn der
Geschichte und Ziel der Menschheitsent-
wicklung; 2 *allg.:* übertriebenes Streben nach
Vervollkommnung; **Per|fek|tio|nist** *m. 10*
1 Anhänger des Perfektionismus; 2 Angehö-
riger der methodist. Sekte der Perfektioni-
sten, die nach Sündlosigkeit durch innere
Wiedergeburt streben; **per|fek|tiv** eine zeitl.
Begrenzung des Geschehens ausdrückend;
**Per|fek|tiv** *s. 1,* **Per|fek|ti|vum** *s. Gen.* -s
*Mz.* -va *in slaw. Sprachen:* Aspekt des Ver-
bums, der das Ende eines Geschehens be-
zeichnet, z. B. vergehen; **Per|fek|tum**
*s. Gen.* -s *Mz.* -ta *ältere Bez. für* Perfekt
**per|fid** [frz.], **per|fide** treulos, heimtückisch;
**Per|fi|die** *w. 11* Treulosigkeit, Heimtücke;
**Per|fi|di|tät** *w. 10 nur Ez.* perfide Beschaffen-
heit, perfides Wesen; die P. dieser Tat
**Per|fo|ra|ti|on** [-tsjon, lat.] *w. 10* Durchloche-
rung, Durchbohrung; durchlochte Linie,
Reißlinie; **Per|fo|ra|tor** *m. 13* Schreibmaschi-
ne zum Übertragen von Manuskripttexten
auf Lochstreifen; **per|fo|rie|ren** durchlöchern,
durchbohren

**Per|ga|ment** [nach der antiken Stadt Pergamon in Kleinasien] *s. 1* **1** zu Schreibpapier verarbeitete Tierhaut; **2** Schriftstück auf solcher Haut; **Per|ga|min** *s. 1 nur Ez.* pergamentähnliches, durchsichtiges Papier

**Per|go|la** [ital.] *w. Gen. - Mz.* -go|len Laube oder Laubengang aus Säulen, meist mit Rankengewächsen umwachsen

**Pe|ri** [pers.] *m. 9 oder w. 9 pers. Myth.:* feenhaftes Wesen

**Pe|ri|anth** [griech.] *s. 1* Blütenhülle aus Kelch und Blütenblättern

**Pe|ri|car|di|um** *s. Gen.* -s *Mz.* -di|en → Perikard

**Pe|ri|chon|dri|um** [-çɔn-] *s. Gen.* -s *Mz.* -dri|en Knorpelhaut

**pe|ri|cu|lum in mo|ra** [lat.] Gefahr ist im Verzug (= liegt im Zögern), schnelles Handeln wendet Unheil ab

**Pe|ri|derm** [griech.] *s. 1* sekundäres pflanzl. Abschlußgewebe

**Pe|ri|dot** [griech.] *m. 1* ein Mineral, Olivin; **Pe|ri|do|tit** *m. 1* ein Tiefengestein

**Pe|ri|gä|um** [griech.] *s. Gen.* -s *Mz.* -gä|en der Erde am nächsten liegender Punkt einer Planetenbahn, Erdnähe

**Pe|ri|gon** [griech.] *s. 1*, **Pe|ri|go|ni|um** *s. Gen.* -s *Mz.* -ni|en Blütenhülle mit gleichgestalteten Blättern

**Pe|ri|hel** [griech.] *s. 1* der Sonne am nächsten liegender Punkt einer Planetenbahn, Sonnennähe; *Ggs.:* Aphel

**Pe|ri|kard** [griech.] *s. 1* Herzbeutel; **Pe|ri|kar|di|tis** *w. Gen. - Mz.* -ti|den Herzbeutelentzündung

**Pe|ri|karp** [griech.] *s. 1* Fruchtwand, Fruchtschale

**Pe|ri|klas** *m. 1* ein Mineral

**pe|ri|klin** [griech.] parallel zur Organoberfläche (verlaufend); **Pe|ri|klin** *m. 1* ein Mineral, ein Feldspat

**Pe|ri|ko|pe** [griech.] *w. 11* **1** zum Vorlesen im Gottesdienst vorgeschriebener Bibelabschnitt; **2** größerer metrischer Abschnitt; **3** zusammenhängende Strophengruppe

**Pe|ri|me|ter** [griech.] *s. 5* Gerät zum Bestimmen des Umfangs des Gesichtsfeldes

**pe|ri|na|tal** [griech. + lat.] um die Zeit der Geburt

**Pe|ri|ne|um** [griech.] *s. Gen.* -s *Mz.* -ne|en Gegend zwischen After und Geschlechtsteilen, Damm

**Pe|ri|ode** [griech.] *w. 11* **1** Zeitraum, Zeitabschnitt; **2** Umlaufzeit (eines Gestirns); **3** Menstruation, Regel; **4** mehrgliedriger, kunstvoll gebauter Satz, Großsatz; **5** sich unendlich wiederholende Zahlengruppe hinter dem Komma eines Dezimalbruches; **6** zweiteilige Melodie, deren beide Teile meist mit dem gleichen Takt beginnen; **Pe|ri|oden|sy|stem** *s. 1 in der Fügung* P. der chem. Elemente: Tabelle der chem. Elemente, in

der die Elemente nach Zahl der Protonen im Kern und gleichen chem. Eigenschaften zusammengefaßt sind; **Pe|ri|odi|kum** *s. Gen.* -s *meist Mz.* -ka mehr oder weniger regelmäßig erscheinende Zeitschrift; **pe|ri|odisch** regelmäßig (wiederkehrend), in gleichen Abständen; **pe|ri|odi|sie|ren** in Perioden, in Zeitabschnitte einteilen; **Pe|ri|odi|zi|tät** *w. 10 nur Ez.* periodische Wiederkehr

**Pe|ri|odon|ti|tis** [griech.] *w. Gen. - Mz.* -ti|den Entzündung der Zahnwurzelhaut

**Pe|ri|öke** [griech.] *m. 11* freier, aber politisch rechtloser Einwohner Spartas

**Pe|ri|ost** [griech.] *s. 1* Knochenhaut; **Pe|ri|osti|tis** *w. Gen. - Mz.* -osti|ti|den Knochenhautentzündung

**Pe|ri|pa|te|ti|ker** [nach dem Peripatos, dem Wandelgang, in dem Aristoteles auf und ab gehend lehrte] *m. 5* Schüler des Aristoteles

**Pe|ri|pe|tie** [griech.] *w. 11* Umschwung, Wendung (im Drama)

**pe|ri|pher** [griech.] **1** am Rande liegend; **2** *übertr.:* im Augenblick nicht so wichtig (Frage, Problem); **Pe|ri|phe|rie** *w. 11* **1** Umfangslinie; **2** Rand (bes. einer Stadt)

**Pe|ri|phra|se** [griech.] *w. 11* Umschreibung (eines Begriffes); **pe|ri|phra|sie|ren** umschreiben; **pe|ri|phra|stisch** umschreibend

**Pe|ri|pte|ros** [griech.] *m. Gen. - Mz.* -pte|ren griech. Tempel mit ihn umgebender Säulenhalle

**Pe|ri|skop** [griech.] *s. 1* Fernrohr mit geknicktem Strahlengang (für U-Boote)

**Pe|ri|stal|tik** [griech.] *w. 10 nur Ez.* fortschreitende, wellenförmige Bewegung von muskulösen Hohlorganen, z. B. der Speiseröhre; **pe|ri|stal|tisch** wellenförmig fortschreitend

**Pe|ri|sta|se** [griech.] *w. 11* Gesamtheit der Umwelteinflüsse, die auf ein Lebewesen vor und nach der Geburt einwirken

**Pe|ri|styl** [griech.] *s. 1*, **Pe|ri|sty|li|um** *s. Gen.* -s *Mz.* -li|en *in altgriech. Häusern:* von Säulen umgebener Innenhof

**Pe|ri|to|ne|um** [griech.] *s. Gen.* -s *Mz.* -ne|en Bauchfell; **Pe|ri|to|ni|tis** *w. Gen. - Mz.* -ti|den Bauchfellentzündung

**Per|kal** [pers.-türk.] *m. 1* feinfädiges, dichtes Baumwollgewebe; **Per|ka|lin** *s. 1* appretierter Perkal (für Bucheinbände)

**Per|ko|lat** [lat.] *s. 1 Pharmazie:* mittels Perkolation hergestellter Auszug; **Per|ko|la|ti|on** [-tsjon] *w. 10* ein Lösungsverfahren zur Gewinnung pflanzl. Wirkstoffe; **per|ko|lie|ren** durch Perkolation gewinnen

**Per|kus|si|on** [lat.] *w. 10* **1** Erschütterung, Stoß; **2** Zündung (eines Explosivstoffes) durch Stoß oder Schlag; **3** Vorrichtung am Harmonium, bei der zur präziseren Tongebung ein Hämmerchen an die Metallzunge schlägt; **4** *Med.:* Untersuchung innerer Organe durch Beklopfen der Körperoberfläche; **5** [pəkʌʃn, engl.] *w. 9 Jazz:* Schlagzeug; **Per-**

kus|si|ons|in|stru|ment s. 1 Mus.: Schlag-
instrument; per|kus|so|risch mittels Perkus-
sion (4)
per|ku|tan [lat.] Med.: durch die Haut
hindurch
per|ku|tie|ren [lat.] Med.: mit dem Perkus-
sionshammer oder den Fingern beklopfen;
per|ku|to|risch → perkussorisch
Per|lon [Kunstw.] s. Gen. -s nur Ez. Ⓦ eine
Kunstfaser
Per|lu|stra|ti|on [-tsjon, lat.] w. 10 österr.:
Untersuchung (eines Verdächtigen zur Fest-
stellung der Identität); per|lu|strie|ren österr.:
genau untersuchen (Verdächtigen)
Perm [nach der Stadt in der UdSSR] s. Gen.
-s nur Ez. oberste Formation des Paläozoi-
kums
per|ma|nent [lat.] dauernd, ständig, anhal-
tend, ununterbrochen; Per|ma|nenz w. 10
nur Ez. Dauerhaftigkeit
Per|man|ga|nat [lat.] s. 1 Salz der Überman-
gansäure
per|mea|bel [lat.] durchdringbar, durchlässig
Per|miß [lat.] m. 1 veraltet: Erlaubnis, Er-
laubnisschein; per|mis|siv freizügig, Freizü-
gigkeit gewährend, nicht autoritär
per|mu|ta|bel [lat.] ver-, austauschbar; Per-
mu|ta|ti|on [-tsjon] w. 10 Umstellung der
Reihenfolge, Vertauschung; per|mu|tieren
vertauschen, in der Reihenfolge verändern;
Per|mu|tit s. 1 Chem.: anorgan. Ionenaustau-
scher auf Silicatbasis
Per|nam|buk|holz [nach dem brasilian. Staat
Pernambuco] s. 4 brasilianisches Rotholz
Per|nio|nen [lat.] Mz. Frostbeulen; Per|nio-
sis w. Gen. - nur Ez. Frostschaden (der Haut)
per|ni|zi|ös [frz.] Med.: bösartig
Per|nod [-no, frz.] m. 9 ein Wermut
Pe|ro|no|spo|ra [griech.] Mz. Gattung der Al-
genpilze, Erreger von Pflanzenkrankheiten
per|oral [lat.] Med.: durch den Mund
Per|oxid s. 1 sauerstoffreiche chem. Verbin-
dung
per pe|des [lat.] ugs. scherzh.: zu Fuß
Per|pen|di|kel [lat.] s. 5 oder m. 5 1 Uhrpen-
del; 2 Abstand zwischen den (gedachten)
Senkrechten durch Vorder- und Hinterste-
ven des Schiffes, gibt dessen Länge an; per-
pen|di|ku|lar, per|pen|di|ku|lär senkrecht, lot-
recht; Per|pen|di|ku|lar|stil m. 1 nur Ez. Bau-
kunst: engl. Spielart der Gotik
per|pe|tu|ell [lat.] veraltet: beständig, fort-
während, dauernd; Per|pe|tu|lum mo|bi|le
s. Gen. -- Mz. -- oder -tua -bi|lia 1 etwas
ständig Bewegliches; 2 nur theoretisch denk-
bare Maschine, die sich ständig ohne
Energiezufuhr bewegt; 2 virtuoses, gleichmä-
ßig schnelles Musikstück
per|plex [lat.] ugs.: verblüfft, überrascht
per pro|cu|ra [lat.] (Abk.: pp., ppa.) in Voll-
macht (vor Unterschriften)
Per|ron [-ɾ̃ɔ, frz.] m. 9, österr., schweiz.:

[-ron] m. 1 1 veraltet: Bahnsteig; 2 Plattform
(der Straßenbahn)
per sal|do [ital.] durch Ausgleich (der beiden
Seiten eines Kontos; Bez. für den Restbe-
stand eines Kontos)
per se [lat.] an sich, für sich, durch sich
selbst; Per|se|ität w. 10 nur Ez. Scholastik:
das Durch-sich-selbst-Sein
Per|se|ku|ti|on [-tsjon, lat.] w. 10 veraltet:
Verfolgung;    Per|se|ku|ti|ons|de|li|ri|um
s. Gen. -s Mz. -ri|en Verfolgungswahn
Per|sen|ning [ndrl.] w. 9 oder w. 10 wasser-
dichtes Segeltuch
Per|se|ve|ranz [lat.] w. 10 nur Ez. veraltet:
Ausdauer, Beharrlichkeit; Per|se|ve|ra|ti|on
[-tsjon] w. 10 Beharren oder Wiederkehr von
Geschehenem oder Gehörtem im Bewußt-
sein; per|se|ve|rie|ren beharren, beharrlich
wiederkehren (von Bewußtseinsinhalten)
Per|sia|ner m. 5 1 Fell des neugeborenen Ka-
rakulschafes; 2 ugs.: Mantel aus diesem Fell
Per|si|fla|ge [-ʒə, frz.] w. 11 (bes. literar.)
Verspottung; per|si|flie|ren verspotten
per|si|stent [lat.] anhaltend, dauernd; per|si-
stie|ren veraltet: (auf etwas) beharren
Per|son [lat.] w. 10 1 Mensch; ich für meine
Person ugs., besser: ich selbst, was mich be-
trifft; in Person ugs.: selbst, durch und
durch; er ist die Neugier in P.; 2 Figur, Ge-
stalt (in literar. Werken); 3 grammat. Bez.
für einen Sprecher, Angesprochenen oder
jmdn. bzw. etwas, wovon gesprochen wird;
Per|so|na gra|ta w. Gen. -- nur Ez. 1 gern ge-
sehener Mensch; 2 zum Dienst in einem
fremden Staat zugelassener Diplomat; Per-
so|na in|gra|ta, Per|so|na non gra|ta w. Gen.
(-) -- nur Ez. 1 nicht (mehr) gern gesehener
Mensch; 2 in einem fremden Staat nicht
mehr erwünschter Diplomat; per|so|nal
→ personell; Per|so|nal s. Gen. -s nur Ez. Ge-
samtheit der Diener, Angestellten usw., Be-
legschaft; per|so|nal..., Per|so|nal... in Zus.:
zur Person gehörend, die Person(en) betref-
fend, Personen..., Persönlichkeits...; Per|so-
nal|form w. 10 Form eine Person bestimmte
(finite) Form eines Verbums, z. B. ich gehe,
wir essen; Per|so|nal|ı|en Mz. Angaben über
Name, Wohnung, Beruf, Personenstand ei-
ner Person; Per|so|nal|is|mus m. Gen. - nur
Ez. 1 Glaube an einen persönl. Gott; 2 Rich-
tung der Philosophie, nach der der Mensch
als handelndes, wertendes (nicht primär als
denkendes) Wesen aufzufassen ist; Per|so-
na|li|tät w. 10 Gesamtheit der das Wesen ei-
ner Person ausmachenden Eigenschaften,
das Personsein; Per|so|na|li|täts|prin|zip
s. Gen. -s nur Ez. Grundsatz, daß eine Straf-
tat nach den im Heimatstaat des Täters gülti-
gen Gesetzen bestraft wird; Ggs.: Territo-
rialprinzip; per|so|na|li|ter veraltet: persön-
lich; Per|so|nal|pro|no|men s. 7, Mz. auch:
-mina persönl. Fürwort, z. B. ich, du; Per-

so|nal|uni|on w. 10 1 Vereinigung zweier selbständiger Staaten unter einem Monarchen; 2 Vereinigung mehrerer Ämter in der Hand einer Person; per|so|nell 1 persönlich; 2 das Personal betreffend; Per|so|ni|fi|ka|ti|on [-tsjon] w. 10 Vermenschlichung (von Göttern, leblosen Dingen, Begriffen); per|so|ni|fi|zie|ren vermenschlichen

Per|spek|tiv [lat.] s. 1 kleines Fernrohr; Per|spek|ti|ve w. 11 1 scheinbares Zusammentreffen paralleler Linien in einem entfernten Punkt (Fluchtpunkt); 2 Darstellung eines Raumes oder räuml. Wirkung; 3 übertr.: Zukunftsaussicht; 4 Blickwinkel, z. B. Frosch-, Vogelperspektive; per|spek|ti|visch die Perspektive betreffend, mit Hilfe der Perspektive, räumlich; Per|spek|ti|vis|mus m. Gen. - nur Ez. Lehre, daß Erkenntnis nur unter dem Blickwinkel des Erkennenden möglich sei, daß es keine standpunktfreie Erkenntnis gebe; Per|spek|tiv|pla|nung w. 10 langfristige Planung; Per|spek|to|graph m. 10 Zeichengerät zum Darstellen eines räuml. Gegenstandes

Per|spi|ra|ti|on [-tsjon, lat.] w. 10 nur Ez. Hautatmung; per|spi|ra|to|risch die Ausdünstung fördernd

Per|tu|bat|i|on [-tsjon, lat.] w. 10 Med.: Durchblasung des Eileiters

Per|tur|bat|i|on [-tsjon, lat.] w. 10 Astron.: Verwirrung, Störung (der Bewegung eines Gestirns)

Per|tus|sis [lat.] w. Gen. - nur Ez. Keuchhusten

Pe|ru|bal|sam m. Gen. -s nur Ez. aus einem mittelamerik. Baum gewonnener Balsam

Pe|rücke (-rük|ke) [frz.] w. 11 1 Haarersatz; 2 Jägerspr.: krankhafte Wucherung am Gehörn oder Geweih (von Reh, Elch und Hirsch)

per ul|ti|mo [lat.] am Monatsletzten (zu liefern, zu zahlen)

per|vers [lat.] widernatürlich, geschlechtlich unnormal empfindend; Per|ver|si|on w. 10 krankhafte Abweichung vom Normalen; Per|ver|si|tät w. 10 perverses Wesen, perverse Beschaffenheit, Widernatürlichkeit; per|ver|tie|ren 1 vom Normalen abweichen (lassen); 2 verfälschen, falsch und unheilvoll anwenden oder verstehen

Per|zent s. 1 österr. Nebenform von Prozent; per|zen|tu|ell österr. Nebenform von prozentuell

per|zep|ti|bel [lat.] wahrnehmbar, erfaßbar; Per|zep|ti|bi|li|tät w. 10 nur Ez. Wahrnehmbarkeit, Wahrnehmungsfähigkeit; Per|zep|ti|on [-tsjon] w. 10 Wahrnehmung (als erste Stufe der Erkenntnis); Per|zep|tio|na|lis|mus [-tsjo-] m. Gen. - nur Ez. Lehre, daß die Wahrnehmung die Grundlage allen Denkens sei; per|zep|tiv, per|zep|to|risch auf Perzep-

tion beruhend, mit Hilfe der Perzeption; per|zi|pie|ren wahrnehmen

Pe|sa|de [ital.-frz.] ⌐w. 11 Hohe Schule → Levade

Pe|se|ta [span.] w. Gen. - Mz.-ten (Abk.: Pta.), Pe|se|te w. 11 span. Währungseinheit, 100 Centimos; Pe|so [span.] m. 9 Währungseinheit in Süd- und Mittelamerika

Pes|sar [lat.] s. 1 Stützring für die Gebärmutter bei Gebärmuttervorfall, oder: Verschlußring zur Empfängnisverhütung

Pes|si|mis|mus [lat.] m. Gen. - nur Ez. Neigung, bes. die Schattenseiten der Welt und des Lebens zu sehen, Schwarzseherei; Ggs.: Optimismus; Pes|si|mist m. 10 jmd., der das Leben und die augenblickl. Gegebenheiten nur von ihrer ungünstigen Seite her betrachtet; pes|si|mi|stisch nicht zuversichtlich, nur die negativen Seiten sehend; Pes|si|mum s. Gen. -s Mz.-ma schlechteste Bedingungen, das Ungünstigste; Ggs.: Optimum

Pest [lat.] w. 10 nur Ez. schwere, epidemisch auftretende Infektionskrankheit; Pe|sti|lenz w. 10 1 → Pest; 2 allg.: schwere Seuche; pe|sti|len|zia|lisch verpestet, stinkend; pe|sti|zid s. 1 Schädlingsvertilgungsmittel

Pe|tal [griech.] s. 12, Pe|tal|lum s. Gen. -s meist Mz.-len Kron-, Blütenblatt; pe|tal|lo|id blütenblattartig

Pe|tar|de [frz.] w. 11 mit Sprengladung gefülltes Gefäß, früher zum Sprengen von Festungstoren, heute für Knalleffekte verwendet

Pe|te|chi|en [lat.-ital.] Mz. punktförmige Hautblutungen

Pe|tit [frz.] w. Gen. - nur Ez. ein Schriftgrad, 8 Punkt

Pe|ti|ti|on [-tsjon, lat.] w. 10 Bittschrift, Eingabe; pe|ti|tio|nie|ren [-tsjo-] eine Petition einreichen; um etwas p.

Pe|tits fours [pti fur, frz.] Mz. feines, mit bunter Zuckerglasur überzogenes Gebäck

Pe|tre|fakt [lat.] s. 1 oder s. 12 Versteinerung; Pe|tri|fi|ka|ti|on [-tsjon] w. 10 Vorgang des Versteinerns; pe|tri|fi|zie|ren versteinern; Pe|tro|che|mie w. 11 nur Ez. Untersuchung von Gesteinen mit chem. Mitteln; Pe|tro|ge|ne|se [griech.] w. 11 Entstehung der Gesteine; Pe|tro|gly|phe w. 11 vorgeschichtl. Felszeichnung; Pe|tro|gra|phie w. 11 nur Ez. Gesteinskunde; Pe|trol s. Gen. -s nur Ez., schweiz. Nebenform von Petroleum; Pe|trol|che|mie w. 11 nur Ez. Zweig der Chemie, der sich mit der Verarbeitung von Erdöl und Erdgas befaßt; Pe|trol|le|um [griech. + lat.] s. Gen. -s nur Ez. 1 Erdöl; 2 Destillationsprodukt des Erdöls

Pe|tro|lo|gie w. 11 nur Ez. Zweig der Petrographie, der sich bes. mit der Gesteinsbildung befaßt

Pet|schaft [tschech.] s. 1 kleiner Stempel zum Siegeln; pet|schie|ren mit Petschaft siegeln

**Pet|ti|coat** [-kout, engl.] *m. 9* versteifter Halbunterrock

**Pet|ting** [engl.] *s. 9* erotisch-sexuelles Spiel ohne Koitus

**pet|to** [ital.] *nur in der Wendung* etwas in p. haben: etwas bereithalten, z. B. eine Überraschung, eine Neuigkeit in p. haben

**Pe|tu|nie** [-njə, indian.] *w. 11* eine Zierpflanze

**peu à peu** [pø a pø, frz.] nach und nach, allmählich

**pe|xie|ren** *Nebenform von* pekzieren

**Pey|otl** [pɛj-, aztek.] **1** *w. 11* ein Kaktus, liefert Meskalin; **2** *s. Gen.*-(s) *nur Ez.* aus dem Kaktus gewonnenes, berauschendes Getränk

**pF** *Abk. für* Picofarad

**ph** *Abk. für* Phot

**Phä|a|ke** [griech.] *m. 11* bei Homer: Angehöriger eines glücklichen, genußfreudigen Volkes auf einer griech. Insel

**Phaeton** [fae-, nach dem Sohn des griech. Sonnengottes] *m. 9* leichte, offene Kutsche

**Pha|go|zyt** [griech.] *m. 10* Freßzelle, Zelle, die Fremdkörper, z. B. Bakterien, vernichtet

**Pha|lanx** [griech.] *w. Gen. - Mz.* -lan|gen **1** *Antike:* lange, geschlossene, mehrere Glieder tiefe Schlachtreihe; **2** Finger- und Zehenknochen; **3** *übertr.:* geschlossene, Widerstand leistende Front

**phal|lisch** in der Art eines Phallus, zum Phalluskult gehörig; **Phal|lus** [griech.] *m. Gen. - Mz.* -li *oder* -len (erigierter) Penis; **Phal|lus|kult** *m. 1* bei manchen Völkern: Verehrung des Phallus als Symbol der Fruchtbarkeit

**Pha|ne|ro|ga|me** [griech.] *w. 11* Blütenpflanze, Samenpflanze; *Ggs.:* Kryptogame

**Phä|no|lo|gie** [griech.] *w. 11 nur Ez.* Lehre von den Lebensvorgängen bei Tieren und Pflanzen im Hinblick auf den Jahresablauf; **Phä|no|men** *s. 1* **1** mit den Sinnen wahrnehmbare Erscheinung, z. B. Naturphänomen; **2** seltenes, eigenartiges Ereignis; **3** hochbegabter, genialer Mensch; **phä|no|me|nal** unglaublich, erstaunlich, einzigartig; **Phä|no|me|na|lis|mus** *m. Gen. - nur Ez.* Lehre, daß alle Dinge nur Erscheinungsformen eines unerkennbaren Dinges „an sich" seien; **Phä|no|me|no|lo|gie** *w. 11 nur Ez.* **1** Beschreibung von sinnlich wahrnehmbaren Gegebenheiten; **2** Lehre von den Erscheinungen des Dinges „an sich" (bei Kant), von den Erscheinungen des sich dialektisch aufwärtsbewegenden Bewußtseins (bei Hegel), von der „Wesenheit" der Dinge (bei Husserl); **Phä|no|typ** *m. 12* das von Erbanlagen und Umwelt geprägte Erscheinungsbild eines Lebewesens; vgl. Genotyp, Idiotyp

**Phan|ta|sie** [griech.] *w. 11* **1** *nur Ez.* Einbildungskraft, Einfallsreichtum, Erfindungsgabe; **2** vorgestelltes Bild, Träumerei; Trugbild, Wahngebilde; vgl. Fantasie; **phan|ta|sie-**

**ren 1** sich den Bildern der Einbildungskraft hingeben, sich etwas ausdenken; **2** *bes. Med.:* irre reden; **3** *Mus.:* frei gestaltend spielen; **Phan|tas|ma** *s. Gen.* -s *Mz.* -men Sinnestäuschung, Trugbild; **Phan|tas|ma|go|rie** *w. 11* opt. Vorspiegelung von Scheinbildern, Darstellung von Gespenstererscheinungen, Trugbildern auf der Bühne; **Phan|tast** *m. 10* Schwärmer, Mensch mit überspannten Ideen; **Phan|tas|te|rei** *w. 10* überspannte Idee; **Phan|ta|stik** *w. 10 nur Ez.* phantast. Beschaffenheit; **phan|ta|stisch 1** nur in der Phantasie bestehend, unwirklich; **2** großartig, herrlich

**Phan|tom** *s. 1* **1** Trugbild; **2** *Med.:* Nachbildung von Körperteilen (für den Unterricht); **Phan|tom|bild** *s. 3* nach Angaben von Zeugen hergestelltes Bild eines gesuchten Täters; **Phan|tom|schmerz** *m. 12* scheinbarer Schmerz in einem amputierten Glied

**Phäo|phy|zee** [griech.] *w. 11* Braunalge, Tang

**Pha|rao** [altägypt.-griech.] **1** *m. Gen.* -s *Mz.* -rao|nen altägypt. König; **2** *s. 9 nur Ez.* ein frz. Kartenglücksspiel

**Pha|ri|sä|er** [aram.-lat.] *m. 5* **1** Angehöriger der altjüd. gesetzesstrengen, relig.-polit. Partei; **2** *übertr.:* selbstgerechter, engstirniger Mensch; **Pha|ri|sä|is|mus** *m. Gen. - nur Ez.* **1** Lehre der Pharisäer; **2** Selbstgerechtigkeit

**Phar|ma|ko|lo|gie** [griech.] *w. 11 nur Ez.* Wiss. von den Arzneimitteln; **Phar|ma|kon** *s. Gen.* -s *Mz.* -ka **1** Arzneimittel; **2** Gift; **Phar|ma|zeut** *m. 10* Arzneikundiger, Apotheker; **Phar|ma|zeu|tik** *w. 10 nur Ez.*, **Phar|ma|zie** *w. 11 nur Ez.* Wiss. von der Zubereitung und Anwendung der Arzneimittel

**Pha|rus** [nach der Insel Pharos vor Alexandria] *m. Gen. - Mz.* - *oder* -rus|se *veraltet:* Leuchtturm

**Pha|ryn|gi|tis** [griech.] *w. Gen. - Mz.* -ti|den Rachenentzündung, -katarrh; **Pha|ryn|go|lo|gie** *w. 11 nur Ez.* Lehre von den Krankheiten des Rachens; **Pha|ryn|go|skop** *s. 1* Rachenspiegel; **Pha|ryn|go|sko|pie** *w. 11* Untersuchung mit dem Pharyngoskop; **Pha|rynx** *m. Gen. - Mz.* -ryn|gen Rachen

**Pha|se** [griech.] *w. 11* **1** Abschnitt, Stufe (einer Entwicklung); **2** Zeitraum, in dem ein nicht selbst leuchtender Himmelskörper zum Teil beleuchtet ist, z. B. Mondphase; **3** *Phys.:* Zustand eines schwingenden Körpers, bezogen auf den Anfangszustand; **4** *Elektr.:* Schwingungszustand von Strom und Spannung bei Wechselströmen; **5** *Mz.:* die drei Leiter beim Drehstromnetz; **pha|sisch** in Phasen

**Pha|zel|lie** [-ljə, griech.] *w. 11* eine Zierpflanze, oft als Bienenweide angepflanzt, Bienenbrot, Büschelschön

**Phel|lo|den|dron** [griech.] *s. Gen.* -s *Mz.* -dren Korkbaum, ein ostasiat. Parkbaum; **Phel|lo|derm** *s. 1 Bot.:* das unter dem Phellogen lie-

gende Gewebe; **Phel|lo|gen** *s. 1 Bot.*: korkbil-
dendes Gewebe

**Phe|nol** [griech.] *s. 1* mit einer Hydroxylgrup-
pe substituiertes Benzol; **Phe|nol|harz** *s. 1
Sammelbez.* für durch Polymerisation von
Phenolen gewonnene Kunststoffe; **Phe-
nol|phtha|le|in** *s. 1 nur Ez.* organ. Farbstoff
(als Indikator für den pH-Wert verwendet);
**Phe|no|plast** *m. 1* → Phenolharz; **Phe|nyl**
*s. 1 nur Ez.* nach Abspaltung der OH-Gruppe
bleibender, einwertiger Rest des Phenols

**Phia|le** [griech.] *w. 11* altgriech. flache Op-
fer- oder Trinkschale

**Phil|an|throp** [griech.] *m. 10* Menschen-
freund; *Ggs.:* Misanthrop; **Phil|an|thro|pie**
*w. 11 nur Ez.* Menschenfreundlichkeit; *Ggs.:*
Misanthropie; **Phil|an|thro|pi|nis|mus, Phil-
an|thro|pis|mus** *m. Gen. - nur Ez.* im 18. Jh.:
pädagog. Bewegung, die eine auf der Lehre
Rousseaus beruhende, menschenfreundl.
und naturgemäße Erziehung anstrebte; **Phil-
ate|lie** *w. 11 nur Ez.* Briefmarkenkunde;
**Phil|ate|list** *m. 10* Briefmarkenkundiger,
-sammler; **Phil|har|mo|nie** *w. 11 Name für*
1 Gesellschaft zur Pflege des Musiklebens;
2 Spitzenorchester; 3 *auch:* Konzertsaal;
**Phil|har|mo|ni|ker** *m. 5* Angehöriger eines
philharmon. Orchesters; **phil|har|mo|nisch**
zur Musikliebe und -pflege gehörend, darauf
beruhend; philharmonisches Orchester: die
Musik pflegendes Orchester (auch als Name
von solchen); **Phil|hel|le|ne** *m. 11* Freund der
Griechen; **Phil|hel|le|nis|mus** *m. Gen. - nur
Ez.* Bewegung zur Unterstützung der Grie-
chen in ihrem Freiheitskampf gegen die
Türken

**Phil|ip|pi|ka** *w. Gen. - Mz.*-ken 1 Rede des
Demosthenes gegen König Philipp von Ma-
zedonien; 2 *übertr.:* Strafrede

**Phi|li|ster** *m. 5* 1 *im Altertum:* Angehöriger
eines nichtsemitischen Volkes in Palästina;
2 *übertr.:* engstirniger Mensch; **phi|li|strös**
engstirnig, spießbürgerlich

**Phil|lo|den|dron** [griech.] *m. Gen. -s Mz.*-dren
Vertreter einer Gattung trop. Kletterpflan-
zen, auch Zimmerpflanze

**Phi|lo|lo|gie** [griech.] *w. 11 nur Ez.* Wiss. von
Sprache und Literatur; **phi|lo|lo|gisch** 1 zur
Philologie gehörend; 2 *übertr.:* allzu wissen-
schaftlich genau, wissenschaftlich-trocken;
**Phi|lo|se|mit** *m. 10* Freund der Juden; **Phi|lo-
soph** *m. 10* jmd., der nach Erkenntnis und
Wahrheit strebt, der nach dem letzten Sinn
des Seins fragt; **Phi|lo|so|phem** *s. 1* Ergebnis
der philosoph. Forschung, philosoph. Aus-
spruch; **Phi|lo|so|phie** *w. 11* Lehre vom Sein,
vom Ursprung und Wesen der Dinge, vom
Denken, Streben nach Erkenntnis und
Wahrheit; **phi|lo|so|phie|ren** Philosophie be-
treiben; **phi|lo|so|phisch** 1 zur Philosophie
gehörend, auf ihr beruhend; 2 tiefgründig,
weise

**Phi|mo|se** [griech.] *w. 11* Verengung der
Vorhaut

**Phio|le** [griech.] *w. 11* kleine, bauchige Glas-
flasche

**Phle|bi|tis** [griech.] *w. Gen. -Mz.* -ti|den Ve-
nenentzündung

**Phleg|ma** [griech.] *s. Gen. -s nur Ez.* Mangel
an Erregbarkeit, unerschütterl. Ruhe, Träg-
heit; **Phleg|ma|ti|ker** *m. 5* schwer erregbarer,
träger Mensch; **Phleg|ma|ti|kus** *m. Gen. -
Mz.* -kus|se *ugs. scherzh.* für Phlegmatiker;
**phleg|ma|tisch** nicht aus der Ruhe zu brin-
gen, träge; **Phleg|mo|ne** *w. 11* Zellgewebsent-
zündung

**Phlox** [griech.] *m. 1 oder w. 1* Vertreter einer
Zierpflanzengattung; **Phlo|xin** *s. 1 nur Ez.* ein
organ. Farbstoff

**Pho|bie** [griech.] *w. 11* krankhafte Furcht
(vor etwas)

**Phon** [griech.] *s. Gen. -s Mz. -* Maßeinheit der
Lautstärke; **Pho|nem** *s. 1 Phonologie:* klein-
ste lautliche (gesprochene) Einheit, die be-
deutungsunterscheidend wirkt, z. B. das a
und u in „Hand" und „Hund"; vgl. Graphem;
**Pho|ne|tik** *w. 10 nur Ez.* Lehre von der Art
und Erzeugung der Laute, Lautlehre; vgl.
Phonologie; **pho|ne|tisch** lautlich; **pho|nisch**
zur Stimme gehörend, auf ihr beruhend

**Phö|nix** [griech.] *m. 1 griech. Myth.:* Vogel,
der sich im Feuer verjüngt, Sinnbild der Un-
sterblichkeit; wie ein Ph. aus der Asche
steigen

**Pho|no|gramm** [griech.] *s. 1* Aufzeichnung
von Schall oder Tönen auf Schallplatte oder
Tonband; **Pho|no|graph** *m. 10* erstes Schall-
aufzeichnungsgerät; **Pho|no|gra|phie** *w. 11
nur Ez.* Schallaufzeichnung; **Pho|no|kof|fer**
*m. 5* tragbarer Plattenspieler; **Pho|no|lith**
*m. 10* ein beim Anschlagen hell klingendes
Ergußgestein, Klingstein; **Pho|no|lo|gie** *w. 11*
Lehre von den Lauten und Lautgruppen hin-
sichtlich ihrer Funktion für die Bedeutung
der Wörter; vgl. Phonetik; **Pho|no|me|ter** *s. 5*
1 Schallmesser; 2 Gerät zum Messen der
Hörschärfe; **Pho|non** *s. 1* zur mathemat. Ver-
anschaulichung der Schwingungen der Atome
eines Kristallgitters angenommenes Teilchen,
dessen Wanderungsgeschwindigkeit der für
den jeweiligen Stoff charakteristischen
Schallgeschwindigkeit entspricht, Schall-
quant; **Pho|no|thek** *w. 10* Sammlung
von Tonbandaufnahmen; **Pho|no|ty|pi|stin**
*w. 10* Maschinenschreiberin, die ein Dik-
tiergerät gesprochene Texte schreibt; **Phon-
zahl** *w. 10* Phon angebende Zahl

**Phos|gen** [griech.] *s. 1 nur Ez.* ein giftiges Gas
(Kampfstoff); **Phos|phat** *s. 1* Salz der Phos-
phorsäure; **Phos|phid** *s. 1* Verbindung eines
Metalls mit Phosphor; **Phos|phit** *s. 1* Salz der
phosphorigen Säure; **Phos|phor** *m. Gen. -s
nur Ez.* (Zeichen: P) chem. Element; **Phos-
pho|res|zenz** *w. 10 nur Ez.* Leuchten (von

Stoffen) nach Bestrahlen mit Licht; **phos|pho|res|zie|ren** nach Bestrahlen mit Licht leuchten; **Phos|pho|ris|mus** *m. Gen. - Mz.* -men Phosphorvergiftung; **Phos|pho|rit** *m. l* ein Mineral; **Phos|phor|säu|re** *w. ll nur Ez.* dreibasische schwache Mineralsäure **Phot** [griech.] *s. Gen. - Mz. - (Abk.: ph) ver- altet:* Einheit der Leuchtstärke, 10 000 Lux; **Pho|to** 1 *s. 9, schweiz.: w. 9, Kurzw. für* Pho- tographie; 2 *m. 9 Kurzw. für* Photoapparat; **Pho|to|che|mie** *w. ll nur Ez.* Lehre von den chem. Wirkungen des Lichts; **Pho|to|che|mi- gra|phie** *w. ll nur Ez.* Herstellung von Ät- zungen auf photograph. Wege; **Pho|to|ef|fekt** *m. l* Ablösung von Elektronen aus Metall- oberflächen bei Einstrahlung von Licht, Gamma- oder Röntgenstrahlen; **Pho|to|elek- tri|zi|tät** *w. 10 nur Ez.* Elektrizität durch Licht; **Pho|to|ele|ment** *s. l* Gerät zur Um- wandlung von Licht in Elektrizität; **pho|to- gen** gut zum Photographieren geeignet, bild- wirksam; **Pho|to|gramm** *s. l* photograph. Bild für Meßzwecke; **Pho|to|gramm|me|trie** (-gramm|me-) *w. ll nur Ez.* Verfahren zur maßstäbl. bildl. Geländedarstellung bzw. Ge- ländevermessung mittels photograph. Auf- nahmen; **Pho|to|graph** *m. 10* jmd., der be- rufsmäßig photographiert; **Pho|to|gra|phie** *w. ll* 1 *nur Ez.* Herstellung von Lichtbildern; 2 Lichtbild; **pho|to|gra|phie|ren** ein Lichtbild (von jmdm. oder etwas) herstellen; **Pho|to- gra|vü|re** *w. ll* → Heliogravüre; **Pho|to|ko- pie** *w. ll* Kopie (eines Schriftstücks oder Bil- des) auf photograph. Wege; **pho|to|ko- pie|ren** etwas ph.: eine Photokopie von etwas herstellen; **pho|to|me|cha|nisch** mit Hilfe der Photographie mechanisch hergestellt; **Pho- to|me|ter** *s. 5* Gerät zum Messen der Licht- stärke, Belichtungsmesser; **Pho|to|mo- dell** *s. l* jmd., der sich berufsmäßig für Werbe- oder künstler. Zwecke photogra- phieren läßt; **Pho|to|mon|ta|ge** [-ʒə] *w. ll* 1 *nur Ez.* Zusammensetzung von Lichtbild- ausschnitten zu einem Bild, um besondere Wirkung zu erzielen, und dessen nochmalige Photographie; 2 ein so entstandenes Licht- bild; **Pho|ton** *s. Gen.-s Mz.*-to|nen kleinstes Teilchen einer elektromagnet. Strahlung, Lichtquant; **Pho|to|phy|sio|lo|gie** *w. ll nur Ez.* Lehre von der Wirkung des Lichts auf die Entwicklung der Pflanzen; **Pho|to|sphä|re** *w. ll* strahlende Gashülle der Sonne; **Pho- to|syn|the|se** *w. ll* Aufbau von Stärke und Zucker in den Pflanzen aus Kohlendioxid und Wasser durch Chlorophyll, wobei die notwendige Energie durch das Sonnenlicht geliefert wird; **pho|to|tak|tisch** *Bot.:* sich auf einen Lichtreiz hin bewegend; **Pho|to|ta|xis** *w. Gen. - Mz.*-xen *Bot.:* auf einen Lichtreiz hin ausgelöste Bewegung; **Pho|to|thek** *w. 10* geordnete Sammlung von Photographien; **Pho|to|the|ra|pie** *w. ll nur Ez.* Lichtheilver-

fahren; **pho|to|trop, pho|to|tro|pisch** auf Pho- totropismus beruhend, lichtwendig; **Pho- to|tro|pis|mus** *m. Gen. - nur Ez.* Krümmung (von Pflanzenteilen) zum Licht hin bei ein- seitigem Lichteinfall, Lichtwendigkeit, Helio- tropismus; **Pho|to|zel|le** *w. ll* Vorrichtung zur Umwandlung von Helligkeitsschwankungen in elektr. Stromschwankungen

**Phra|se** [griech.] *w. ll* 1 kleinster, selbständi- ger Abschnitt (eines Musikstücks), Tongrup- pe; 2 *Gramm.:* Satz, Teilsatz; 3 Redewen- dung; 4 *übertr.:* leere, abgegriffene Redens- art; Phrasen dreschen *ugs.:* leere Redensar- ten sagen, nichtssagend reden; **Phra|seo|lo- gie** *w. ll* 1 Lehre von den für eine Sprache charakterist. Redewendungen; 2 Sammlung solcher Redewendungen; **phra|seo|lo|gisch** auf Phraseologie (1) beruhend; in der Art ei- ner Phraseologie (2); phraseolog. Wörter- buch: W. für Redensarten und Redewendun- gen; **phra|sie|ren** ein Musikstück ph.: in me- lodisch-rhythmische Abschnitte einteilen

**Phre|ne|sie** [griech.] *w. ll* Wahnsinn; **phre- ne|tisch** wahnsinnig; *vgl. aber:* frenetisch; **Phre|ni|kus** *m. Gen. - nur Ez.* Zwerchfellnerv; **Phre|ni|tis** *w. Gen. - Mz.*-ti|den Zwerchfell- entzündung; **Phre|no|lo|gie** *w. ll nur Ez.* 1 → Kraniologie; 2 umstrittene Lehre vom Zusammenhang der Schädelformen mit Cha- raktereigenschaften

**Phtha|le|in** [griech.] *s. l nur Ez.* ein synthet. Farbstoff; **Phthal|säu|re** *w. ll nur Ez.* dreiba- sische, starke, niedermolekulare Carbonsäu- re, Ausgangsstoff für Farb- und Sprengstoffe **Phthi|si|ker** [griech.] *m. 5* jmd., der an Phthi- sis leidet; **Phthi|sis** *w. Gen. - Mz.*-sen Lun- gentuberkulose; **phthi|tisch** an Phthisis lei- dend, auf ihr beruhend

**pH-Wert** *m. l* Maßzahl zur Bestimmung der Wasserstoffionenkonzentration in einer Lö- sung (Wasserstoffexponent)

**Phy|ko|my|zet** [griech.] *m. 10 meist Mz.* niede- rer Pilz, Algenpilz

**Phy|le** [griech.] *w. ll* im alten Griechenland 1 *urspr.:* Geschlechterverband; 2 *dann:* Un- tergliederung der Gemeinden und Stadtstaa- ten; **phy|le|tisch** hinsichtlich der Abstam- mung

**Phyl|lit** [griech.] *m. l* dünnblättriger, kristalli- ner Schiefer

**Phyl|lo|kak|tus** [griech.] *m. Gen. - Mz.*-te|en Blattkaktus; **Phyl|lo|kla|di|um** *s. Gen.-s Mz.* -di|en blattartiger Pflanzensproß, Flach- sproß; **Phyl|lo|po|de** *w. ll* Blattfußkrebs, z. B. Wasserfloh; **Phyl|lo|xe|ra** *w. Gen.- Mz.*-ren Reblaus

**Phy|lo|ge|ne|se** [griech.], **Phy|lo|ge|nie** *w. ll* Stammesgeschichte der Lebewesen

**Phy|sia|trie** [griech.] *w. ll nur Ez.* Naturheil- kunde; **Phy|sik** *w. 10 nur Ez.* Wissenschaft von den Gesetzmäßigkeiten der unbelebten Natur; **phy|si|ka|lisch** zur Physik gehörend, auf ihr beruhend; physikal. Chemie: Behandlung der chem. Erscheinungen mit physikal. Methoden; **Phy|si|ker** *m. 5* Wissenschaftler auf dem Gebiet der Physik; **Phy|si|ko|che|mi|ker** *m. 5* Wissenschaftler auf dem Gebiet der physikal. Chemie; **Phy|si|kum** *s. Gen.-s Mz.*-ka Vorprüfung während des Medizinstudiums (meist nach dem 4. Semester) in naturwissenschaftlichen Fächern und Anatomie; **Phy|si|kus** *m. Gen. - Mz.*-kus|se *veraltet:* Arzt, z. B. Kreisphysikus

**Phy|sio|gno|mie** [griech.] *w. 11* äußere Erscheinung (eines Menschen oder Tieres), *bes.:* Gesichtsausdruck; **Phy|sio|gno|mik** *w. 10 nur Ez.* Deutung der Physiognomie; **Phy|sio|kli|ma|to|lo|gie** *w. 11 nur Ez.* Lehre vom Einfluß des Klimas auf den Menschen; **Phy|sio|lo|gie** *w. 11 nur Ez.* Wiss. von den Lebensvorgängen; **Phy|sio|the|ra|pie** *w. 11 nur Ez.* mit Wärme, Licht, Wasser usw. arbeitende Therapie; **Phy|sio|top** *m. 1* kleinste landschaftliche Einheit, z. B. Mulde; **Phy|sis** *w. Gen. - nur Ez.* natürl. Beschaffenheit, natürl. Gestalt; **phy|sisch 1** natürlich, in der Natur begründet; **2** körperlich

**phy|to|gen** [griech.] aus Pflanzen entstanden; **Phy|to|geo|gra|phie** *w. 11 nur Ez.* Pflanzengeographie, Geobotanik; **Phy|to|lo|gie** *w. 11 nur Ez.* Pflanzenkunde; **Phy|to|pa|tho|lo|gie** *w. 11 nur Ez.* Lehre von den Pflanzenkrankheiten; **Phy|to|pha|ge** *m. 11* Pflanzenfresser; **Phy|to|plank|ton** *s. Gen.-s nur Ez.* Gesamtheit der im Wasser schwebenden pflanzl. Organismen; **Phy|to|the|ra|pie** *w. 11 nur Ez.* Lehre von den Heilverfahren mit pflanzl. Stoffen, Pflanzenheilkunde

**Pi** *s. 9 1* (*Zeichen:* Π, π) griech. Buchstabe; **2** Ludolfsche Zahl, Zahl, die das Verhältnis vom Umfang zum Durchmesser des Kreises angibt (3,142)

**Pi af|fe** [frz.] *w. 11* Hohe Schule: Trab auf der Stelle; **pi|af|fie|ren** eine Piaffe ausführen

**Pia|ni|no** [ital.] *s. 9* kleines Klavier; **pia|nis|si|mo** (*Abk.* pp) *Mus.:* sehr leise; **pia|nis|sis|si|mo** (*Abk.* ppp) *Mus.:* äußerst leise; **Pia|nist** *m. 10* Musiker, der berufsmäßig Klavier spielt, Klaviervirtuose; **pia|ni|stisch** zum Klavierspiel gehörend, hinsichtlich des Klavierspiels; **pia|no** (*Abk.* p) *Mus.:* leise; **Pia|no** *s. 9 1* leises Spiel, leises Singen, leise zu spielende oder zu singende Stelle; **2** Klavier; **Pia|no|for|te** *s. Gen.-s Mz.*-(s) *ältere Bez. für* Piano (2); **Pia|no|la** *s. 9* selbsttätig spielendes Klavier

**Pi as|sa|va** [indian.-port.] *w. Gen. - Mz.*-ven Palmenart, die Piassavefasern liefert; **Pi as|sa|ve|fa|ser** *w. 11* grobe Palmenfaser für Taue, Matten u. ä.

**Pia|ster** [ital.] *m. 5 1* Währungseinheit in Indochina, 100 Centimes; **2** Währungseinheit in Ägypten, Syrien, im Libanon und in der Türkei, $^1$/$_{100}$ Pfund

**Piat|ti** [ital.] *Mz. Mus.:* türk. Becken (Schlaginstrument)

**Piaz|za** [ital.] *w. Gen. - Mz.*-ze *ital. Bez. für* Marktplatz, Rathausplatz; **Piaz|zet|ta** *w. Gen. - Mz.*-te kleine Piazza

**Pi|ca|dor** *m. 1* → Pikador

**Pi|ca|ro** [span.] *m. 9* span. *Bez. für* Schelm; *vgl.* pikaresk

**Pickles** [piklz] *Mz.* → Mixed Pickles

**Pick|nick** [engl.] *s. 9 oder s. 1* Mahlzeit im Freien; **pick|nicken** (-nik|ken) ein Picknick halten

**Pi|co...** (*Abk.:* p) Billionstel einer Maßeinheit, z. B. Picofarad

**Pi|co|fa|rad** *s. Gen.-(s) Mz. -* (*Abk.:* pF) ein Billionstel Farad

**Pi|cot** [-ko, frz.] *m. 9 1* kleine Zacke, Fadenöse am Rand von Spitzen; **2** Spitzkeil; **Pi|co|ta|ge** [-ʒə] *w. 11* Bergbau: Schachtausbau mit Picots

**Pid|gin-Eng|lisch** [pidʒin-, nach der chin. Aussprache von engl. „business"], **Pid|gin-Eng|lish** [-iŋgliʃ] *s. Gen. - nur Ez.* **1** Mischsprache aus Englisch und Chinesisch zur Verständigung zwischen Europäern und Ostasiaten; **2** vereinfachtes Englisch

**Piece** [pjɛs, frz.] *w. 11* veraltet: Musik- oder Theaterstück

**Pie|de|stal** [pje-, frz.] *s. 1* Sockel, kleines Podest

**Piek** [engl.] *w. 10* Seew.: spitzes Ende, *auch:* vorderster und hinterster Teil des Schiffsraumes; *vgl. aber:* Pik

**Pier** *m. 1 oder m. 9, seemänn. w. 9 oder w. 10* senkrecht zum Ufer verlaufender Hafendamm, Landungsbrücke

**Pier|ret|te** [pjɛr-, frz.] *w. 11* weibl. Gegenstück zum Pierrot; **Pier|rot** [pjɛro] *m. 9 in der frz. Pantomime:* eine komische, melancholische Figur mit weißgeschminktem Gesicht

**Pie|tà** [pieta, ital.] *w. 9* Darstellung Marias mit dem Leichnam Christi auf dem Schoß; **Pie|tät** [pie-] *w. 10 nur Ez.* Ehrfurcht vor den Toten, vor der Religion und dem relig. Empfinden anderer; **Pie|tis|mus** [pie-] *m. Gen. - nur Ez. seit dem 17. Jh.:* eine evang. Bewegung zur Erneuerung der Kirche und des relig. Lebens im Sinne einer gefühlsbetonten Frömmigkeit und der Nächstenliebe

**Pie|zo|elek|tri|zi|tät** [pie-, griech. + lat.] *w. 10 nur Ez.* Eigenschaft gewisser Kristalle (z. B. des Quarzes), bei Kompression oder Dehnung längs bestimmter Richtungen an den Enden eine Spannung zu erzeugen; **Pie|zo|me|ter** *s. 5* Gerät zum Messen der Kompressibilität von Flüssigkeiten; **Pie|zo|quarz** *m. 1* speziell gezüchteter Quarzkristall aus Quarzschmelzen mit bes. guten piezoelektr. Eigenschaften

**Pi|geon-English** [pidʒiniŋgliʃ] *s. Gen. - nur Ez.* → Pidgin-Englisch

**Pig|ment** [lat.] *s. 1* 1 Farbstoff im menschl., tier. und pflanzl. Körper; 2 Farbstoff für Anstriche, der im Bindemittel fein verteilt, aber nicht aufgelöst wird; **Pig|men|ta|ti|on** [-tsjon] *w. 10 nur Ez.* Färbung durch Pigment; **pig|men|tie|ren** 1 in kleinste Teilchen zerteilen (Farbstoff); 2 sich durch Pigment färben
**Pi|gno|le** [pinjo-, ital.] *w. 11 österr.:* **Pi|gno|lie** [pinjoljə] *w. 11* eßbarer Samenkern der Pinie
**Pik** 1 [engl.] *m. 1 oder m. 9* Bergspitze (bes. in Namen); 2 [frz.] *s. 9* Spielkartenfarbe, Schippe; 3 *m. 9 nur Ez.* ugs.: heimlicher Groll, *nur in der Wendung:* einen Pik auf jmdn. haben
**Pi|ka|dor** [span.] *m. 1* berittener Stierkämpfer, der den Stier durch Lanzenstiche reizt
**pi|kant** [frz.] 1 scharf gewürzt; 2 schlüpfrig, anzüglich (Bemerkung, Witz); **Pi|kan|te|rie** *w. 11* 1 *nur Ez.* Schlüpfrigkeit, Anzüglichkeit; 2 pikante Bemerkung
**pi|ka|resk** vom →Picaro handelnd, in der Art des Picaros; pikaresker Roman: Schelmenroman
**Pi|ke** [frz.] *w. 11* Spieß (des Landsknechts); von der P. auf dienen: von Anfang, von der untersten Stufe an
**Pi|kee** [frz.] *m. 9, österr. auch s. 9* Baumwollgewebe mit leicht erhabenem Muster
**Pi|kett** [frz.] *s. 1* 1 *veraltet:* Vorposten; 2 *schweiz.:* einsatzbereite Mannschaft (z. B. der Feuerwehr); 3 *nur Ez.* ein frz. Kartenspiel
**pi|kie|ren** [frz.] auf größere Abstände verpflanzen (junge Pflanzen); **pi|kiert** ugs.: beleidigt, gereizt
**Pik|ko|lo** [ital.] *m. 9* 1 Kellnerlehrling; 2 kleine Schaumweinflasche (0,2 l); **Pik|ko|lo|flö|te** *w. 11* kleine (Diskant-) Querflöte
**pi|ko|bel|lo** [ndrl. + ital.] *unflektierbar, ugs.:* sehr fein, ausgezeichnet
**Pi|kör** [frz.] *m. 1* Vorreiter bei der Parforcejagd
**Pi|krat** [griech.] *s. 1* Salz der Pikrinsäure; **Pi|krin|säu|re** *w. 11* eine explosive aromat. Säure; **Pi|krit** *m. 1* ein Ergußgestein; **Pi|kro|pe|ge** *w. 11* Quelle mit Bitterwasser; **Pi|kro|to|xin** *s. 1 nur Ez.* in Kokkelskörnern enthaltenes, in der Medizin verwendetes Gift
**Pik|to|gramm** [lat. + griech.] *s. 1* bildl. Zeichen mit festgelegter, international verständl. Bedeutung, z. B. Verkehrszeichen; **Pik|to|gra|phie** *w. 11 nur Ez.* bildl. Darstellung eines Begriffs, Bilderschrift
**Pi|la|ster** [ital.] *m. 5* Wandpfeiler mit Basis und Kapitell
**Pi|lau** [pers.-türk.], **Pi|law** [-laf] *m. Gen. -s nur Ez.* oriental. Speise aus Reis und Hammelfleisch
**Pil|chard** [piltʃəd, engl.] *m. 9* Sardine
**Pi|le** [pail, engl. „Säule"] *s. 9* Inneres eines Kernreaktors
**pi|lie|ren** [lat.] zerstampfen, zerstoßen, zer-

reiben (bes. Rohseife zur Weiterverarbeitung)
**Pi|lot** [frz.] *m. 10* 1 Flugzeugführer; *auch:* Autorennfahrer; 2 *früher:* Lotse; 3 ein Raubfisch, Lotsenfisch; 4 ein Baumwollgewebe für Berufskleidung; **Pi|lot|bal|lon** [-lɔ̃] *m. 9* kleiner, unbemannter Ballon zum Feststellen des Höhenwindes
**Pi|lo|te** [frz.] *w. 11* Rammpfahl; **pi|lo|tie|ren** einrammen
**Pi|ment** [lat.-span.] *m. 1 oder s. 1* ein Gewürz, Jamaikapfeffer, Nelkenpfeffer
**Pim|pi|nel|le** [lat.] *w. 11* eine Wiesenpflanze, Bibernelle
**Pi|na|ko|thek** [griech.] *w. 10* Name für Gemäldesammlung
**Pi|nas|se** [lat.-frz.] *w. 11* 1 *früher:* dreimastiges Segelschiff; 2 *heute:* Beiboot (auf Kriegsschiffen)
**Pin|ce|nez** [pɛ̃səne, frz.] *s. Gen. -[-nes] Mz. -[-nes] veraltet:* Brille ohne Bügel, Zwicker
**Ping|pong** [österr.: -pɔŋ, engl.] *s. 9* Tischtennis
**Pin|gu|in** [lat.?] *m. 1* ein flugunfähiger Schwimmvogel
**Pi|nie** [-njə, lat.] *w. 11* eine Kiefernart der Mittelmeerländer
**pink** [engl.] rosa
**Pink** [engl.] *w. 10,* **Pin|ke** *w. 11* dreimastiges Segelboot
**Pin|ke** [rotw.], **Pin|ke|pin|ke** *w. Gen. - nur Ez. ugs.:* Geld
**Pi|no|le** [ital.] *w. 11* Teil der Spitzendrehbank zur Aufnahme der Spitze
**Pin|scher** [engl.] *m. 5* eine kleine, zierliche Hunderasse
**Pint** [paint, engl.] *s. Gen. -s Mz. -* (*Abk.* pt.) engl. und nordamerik. Flüssigkeitsmaß, 0,5 Liter; **Pin|te** *w. 11* 1 altes Flüssigkeitsmaß, 0,9 Liter; 2 *schweiz.:* Blechkanne; 3 *ugs.:* Kneipe, einfaches Wirtshaus
**Pin-up-girl** [pinʌpgəːl, engl.] *s. 9* 1 Bild eines leichtbekleideten Mädchens (meist Photo zum Anheften); 2 Mädchen, das einem solchen Bild gleicht
**pinx.** *Abk.* für pinxit; **pin|xit** [lat. „hat (es) gemalt"] (*Abk.:* pinx. *oder* p.) Vermerk auf Bildern vor oder nach dem Namen des Malers
**Pin|zet|te** [frz.] *w. 11* kleines Greifinstrument mit geraden, federnden Schenkeln; **pin|zie|ren** Formobstbäume p.: die jungen Triebspitzen abschneiden
**Pio|nier** [frz.] *m. 1* 1 für techn. Aufgaben (Brückenbau, Sprengungen) ausgebildeter Soldat; 2 *übertr.:* Bahnbrecher, Wegbereiter; 3 *Mz.* Kinderorganisation der DDR
**Pi|pa** [chin.] *w. 9* viersaitige chinesische Laute
**Pipe** [paip, engl.] *w. 9 oder s. 9* engl. und nordamerik. Maß für Wein und Spirituosen,

400–570 Liter; **Pipe|line** [paiplain] *w. 9* Rohrleitung, bes. für Erdöl

**Pi|pęt|te** [frz.] *w. 11* Saugröhrchen, Stechheber

**Pique** [pik, frz.] *s. 9 frz. Schreibung von* Pik; **Pi|qué** [-ke] *m. 9 frz. Schreibung von* Pikee; **Pi|queur** [-kœr] *m. 1 frz. Schreibung von* Pikör

**Pi|ran|ha** [-nja, indian.-port.] *m. 9* ein südamerik. Raubfisch

**Pi|rat** [griech.-ital.] *m. 10* Seeräuber; **Pi|ra|ten|sen|der** *m. 5* Rundfunksender ohne amtl. Zulassung; **Pi|ra|te|rie** *w. 11 nur Ez.* Seeräuberei

**Pi|ra|ya** *m. 9* → Piranha

**Pi|ro|ge** [karib.] *w. 11* Boot (Einbaum) der südamerik. Indianer und Südseeinsulaner

**Pi|rog|ge** [russ.] *w. 11* mit Fleisch, Fisch, Reis oder Kraut gefüllte Pastete

**Pi|rou|ęt|te** [-ru-, frz.] *w. 11* **1** Eiskunstlauf, Ballett: rasche, mehrmalige Drehung um die eigene Achse; **2** Hohe Schule: Drehung im Galopp um einen Hinterfuß; **3** Ringen: Drehung, um aus einem Griff freizukommen; **pi|rou|et|tie|ren** eine Pirouette ausführen

**Pi|sang** [mal.] *m. 1* Banane; **Pi|sang|fa|ser** *w. 11* aus Bananenfasern hergestellte Textilfaser

**Pis|ci|na** [lat.] *w. Gen. - Mz.* -nen **1** Taufbekken im Baptisterium; **2** Ausgußbecken im Chor neben dem Altar für das zur liturg. Handwaschung und Reinigung der Gefäße verwendete Wasser

**Pis|soir** [-soar, frz.] *s. 9 veraltend:* Bedürfnisanstalt für Männer

**Pi|sta|zie** [-tsjə, pers.-lat.] *w. 11* **1** eine Gattung der Sumachgewächse; **2** deren Frucht

**Pi|ste** [frz.] *w. 11* **1** Hang, Bahn zum Rodeln und Schilaufen; **2** Radrennbahn; **3** Rollbahn (auf dem Flugplatz); **4** Einfassung der Manege

**Pi|still** [lat.] *s. 1* **1** Mörserstößel, Stampfer; **2** Bot.: Stempel

**Pi|stol|le** [tschech.] *w. 11* **1** eine Handfeuerwaffe; jmdm. die P. auf die Brust setzen übertr.: ihn zu einer Entscheidung zwingen; **2** alte span. und frz. Goldmünze, Dublone

**Pi|ston** [-stɔ̃, frz.] *s. 9* **1** Pumpkolben; **2** Ventil der Blechblasinstrumente; **3** ein Blechblasinstrument, Kornett; **4** bei Gewehren: Zündkegel

**Pi|ta|val** [-val, nach dem frz. Rechtsgelehrten F. G. de Pitaval] *m. 9* Sammlung von Strafrechts- oder Kriminalfällen

**Pitch-Pine** [pit∫pain, engl.] *w. 9* Holz der nordamerik. Sumpf- oder Pechkiefer

**Pi|the|k|an|thro|pus** [griech.] *m. Gen. - Mz.* -pi in China und auf Java gefundener Frühmensch; **pi|the|ko|id** dem Pithekanthropus ähnlich

**pit|to|ręsk** [ital.] malerisch

**più** [pju, ital.] *Mus.:* mehr, z. B. più vivace

**Pi|vot** [-vo, frz.] *m. 9* Schwenkzapfen (an Drehkränen, Geschützen u. a.)

**Piz** [rätoroman.] *m. 1* Spitze (in Namen von Bergen, z. B. Piz Palü)

**pizz.** Abk. für pizzicato

**Piz|za** [ital.] *w. Gen. - Mz.* -ze(n) oder *w. 9* ital. Speise aus Hefeteig mit gewürztem Belag aus Tomaten, Käse, Wurst, Sardellen, Paprika u. a.; **Piz|ze|ria** *w. Gen. - Mz.* -ri|en Gaststätte, in der es bes. Pizza gibt

**piz|zi|ca|to** [ital.] *Mus., bei Streichinstrumenten:* gezupft (zu spielen); **Piz|zi|ca|to** *s. Gen.* -(s) *Mz.* -ti oder *s. 9* Spiel mit gezupften Saiten

**Pla|ce|bo** [lat.] *s. 9* Leerpräparat, Medikament ohne Wirkung, das bes. zu Drogentests verwendet wird; **Pla|ce|bo-Ef|fekt** *m. 1* Wirkung eines Placebos, die nur auf Grund der erwarteten Wirkung der Droge eintritt

**Place|ment** [plasmã, frz.] *s. 9* **1** Unterbringung, Anlage (von Kapital), Absatz (von Waren); **2** Sitzordnung (bei Tisch); auch: Modell einer Sitzordnung

**pla|cie|ren** [-si- oder -tsi-] **1** an einen bestimmten Platz stellen oder legen; **2** anlegen, unterbringen (Kapital); **3** einen Ball p.: so schlagen, daß er an einer bestimmten Stelle auftrifft; einen Hieb, Schlag p.: mit einem Hieb, Schlag genau treffen; sich p. Sport: einen der vorderen Plätze erreichen; **Pla|cie|rung** [-si-, -tsi-] *w. 10* **1** das Placieren; **2** Einlauf (beim Wett-, bes. Pferderennen)

**plä|die|ren** [frz.] **1** ein Plädoyer halten; auf Freispruch p.; **2** sich (mit Worten) für etwas einsetzen; für etwas p.; **Plä|doyer** [-dwaje] *s. 9* **1** zusammenfassende Rede (des Staatswalts oder Verteidigers); **2** Rede, mit der man für etwas eintritt, etwas befürwortet

**Pla|fond** [-fɔ̃, frz.] *m. 9* **1** (bes. künstlerisch gestaltete) Zimmerdecke; **pla|fo|nie|ren** schweiz.: nach oben hin begrenzen

**Pla|gi|at** [lat.] *s. 1* Veröffentlichung des geistigen Werkes eines anderen oder Teile davon als eigenes Werk oder Verwendung im eigenen Werk; **Pla|gi|a|tor** *m. 13* jmd., der ein Plagiat begangen hat; **pla|gi|ie|ren** Plagiat begehen

**pla|gio|geo|trop** [griech.] → plagiotrop; **Pla|gio|klas** *m. 1 Bez.* für Kalknatronfeldspat; **pla|gio|trop** zur Richtung der Schwerkraft orientiert wachsend (Pflanzenteile)

**Plaid** [pleid, engl.] *s. 9* (meist karierte) Reisedecke; auch: Umschlagtuch

**Pla|kat** [ndrl.] *s. 1* öffentlicher Aushang in großem Format; **pla|ka|tie|ren** durch Plakat bekanntmachen; **pla|ka|tiv** **1** in der Art eines Plakats; **2** übertr.: betont, demonstrativ; **Pla|ket|te** *w. 11* kleine Platte mit bildl. Darstellung (auch Relief); **2** Gedenk-, Schaumünze

**Pla|kol|der|men** [griech.] *Mz.* eine Fischgruppe des Erdaltertums, Panzerfische

**plan** [lat.] eben, flach; **Plan 1** *m. 1 veraltet,*

*noch poet. und in bestimmten Wendungen:* ebene Fläche, freier Platz, z. B. Wiesenplan; auf dem Plan erscheinen: in Erscheinung treten; **2** *m.2* Vorhaben, Absicht, Entwurf; **3** *m.2* kartograph. Zeichnung, z. B. Gelände-, Stadtplan

**Pla|na|rie** [-ria, lat.] *w.11* ein Strudelwurm

**Pla|net** [griech.] *m.10* sich auf ellipt. Bahn um die Sonne bewegender, nicht selbst leuchtender Himmelskörper, Wandelstern; **pla|ne|ta|risch** zu den Planeten gehörend; **Pla|ne|ta|ri|um** *s. Gen.-s Mz.-ri|en* **1** Gerät zum Darstellen der Lage, Größe und Bewegungen der Himmelskörper; **2** Halle mit kuppelförmiger Decke, an der mittels Projektors die Erscheinungen am Sternhimmel gezeigt werden; **Pla|ne|ten|ge|trie|be** *s.5* Bauform eines Getriebes, bei der sich ein oder mehrere Zahnräder um zwei verschiedene Achsen drehen; **Pla|ne|to|id** *m.1* Kleinplanet, Asteroid

**Plan|film** *m.1* flach gelagerter Film, im Unterschied zum Rollfilm; **pla|nie|ren** einebnen, flach machen; **Pla|ni|glob** *s.12*, **Pla|ni|glo|bi|um** *s. Gen.-s Mz.-bi|en* Darstellung einer Erdhalbkugel auf ebener Fläche; **Pla|ni|me|ter** *s.5* Gerät zum Messen des Flächeninhalts ebener Figuren, Flächenmesser; **Pla|ni|me|trie** *w.11 nur Ez.* Geometrie der Fläche; **plan|kon|kav** auf einer Seite plan, auf der andern konkav (Linse); **plan|kon|vex** auf einer Seite plan, auf der andern konvex (Linse) **Plank|ter** [griech.] *m.1* → Plankton; **Plankton** *s. Gen.-s nur Ez.* Gesamtheit der frei im Wasser schwebenden Pflanzen und Tiere ohne Eigenbewegung; *Ggs.:* Nekton; **Plank|tont** *m.10* einzelnes Lebewesen des Planktons

**pla|no** [lat.] flach, glatt, ungefalzt (Druckbogen); **plan|par|al|lel** in parallelen Ebenen; **Plan|qua|drat** *s.1 auf Landkarten:* durch parallele Längs- und Querlinien begrenztes Quadrat

**Plan|ta|ge** [-ʒə, frz.] *w.11* große Anpflanzung, z. B. Baumwoll-, Erdbeerplantage

**plan|tar** [lat.] zur Fußsohle gehörend, von ihr ausgehend

**Pla|nu|la** [lat.] *w.9* Larvenform von Quallen und Schwämmen

**Pla|num** [lat.] *s. Gen.-s nur Ez.* eingeebnete Fläche für die Bettung des Eisen- oder Straßenbahnkörpers

**Plä|san|te|rie** [frz.] *w.11 veraltet:* Scherz; **Plä|sier** *s.1 veraltet:* Vergnügen, Spaß

**Plas|ma** [griech.] *s. Gen.-s Mz.-men* **1** → Protoplasma; **2** flüssiger Bestandteil des Blutes, Blutplasma; **3** *m.,* grüner Chalzedon, Halbedelstein; **4** teilweise od. vollständig ionisiertes Gas; **Plas|mo|chin** [-xin] *s.1 nur Ez.* Mittel zur Malariatherapie; **Plas|mo|di|um** *s. Gen.-s Mz.-di|en* **1** eine Gattung von Einzellern (Sporentierchen), Malariaer-

reger; **2** vielkerniges Stadium der Schleimpilze; **Plas|mo|go|nie** *w.11 nur Ez.* (Theorie von der) Urzeugung aus toten organ. Stoffen; **Plas|mon** *s.1 nur Ez.* Gesamtheit der Erbfaktoren im Zytoplasma

**Plast** [griech.] *m.1 volkstüml. Bez. für* Kunststoff; **Plas|ti|den** *w.11 Mz.* Körperchen in den meisten Pflanzenzellen (bes. mit grünen Farbstoffen)

**Plas|ti|fi|ka|tor** [griech. + lat.] *m.13* Stoff, der anderen Stoffen (z. B. Lack) zugesetzt wird, um sie geschmeidiger zu machen, Weichmacher; **plas|ti|fi|zie|ren** weich, geschmeidig machen (Kunststoffe); **Plas|tik** *w.10* **1** *nur Ez.* Bildhauerkunst; **2** Werk der Bildhauerkunst, Skulptur; **3** *Med.:* Ersatz von zerstörten Geweben oder Organteilen; **4** *auch s.9* Kunststoff(gegenstand); **Plas|tik...** *in Zus.:* Kunststoff...; **Plas|ti|lin** *s.1,* **Plas|ti|li|na** *w. Gen.- nur Ez.* Ⓦ Knetmasse (zum Modellieren); **plas|tisch** **1** zur Plastik gehörend, in der Art der Plastik, körperlich, dreidimensional; **2** knetbar, formbar; **3** *übertr.:* anschaulich, bildhaft; **Plas|ti|zi|tät** *w.10 nur Ez.* **1** Formbarkeit; **2** *übertr.:* Anschaulichkeit, Bildhaftigkeit

**Plas|tron** [-strõ, frz.] *s.9* **1** Brustplatte am Ringpanzer; **2** *Fechten:* Arm- oder Brustschutz; **3** breite Krawatte; **4** *früher:* Zierlatz an Frauenkleidern

**Pla|ta|ne** [griech.] *w.11* ein Laubbaum

**Pla|teau** [-to, frz.] *s.9* **1** Hochebene; **2** obere ebene Fläche eines Felsens; **Pla|teau|wa|gen** *m.7 österr.:* Tafelwagen

**pla|te|resk** [span.] wunderlich verziert; platereskter Stil: ornamentaler Stil der span. Spätgotik und Frührenaissance

**Pla|tin** [span.] *s. Gen.-s nur Ez.* (Zeichen: Pt) chem. Element, ein Edelmetall; **pla|ti|nie|ren** mit Platin überziehen; **Pla|ti|nit** *s.1 nur Ez.* Eisen-Nickel-Legierung als Ersatz für Platin; **Pla|ti|no|id** *s.1* Legierung aus Kupfer, Nickel, Zink und Wolfram für elektr. Widerstände

**Pla|ti|tü|de** [frz.] *w.11* nichtssagende, geistlose Redensart, Plattheit

**Pla|to|ni|ker** *m.5* Vertreter der Lehre des altgriech. Philosophen Plato; **pla|to|nisch** von Plato stammend, der Lehre Platos entsprechend; platonische Liebe: nichtsinnl., rein seelisch-geistige Liebe; **Pla|to|nis|mus** *m. Gen.- nur Ez.* Weiterentwicklung der Lehre Platos

**pla|ty|ze|phal** [griech.] flachköpfig; **Pla|ty|ze|pha|lie** *w.11 nur Ez.* flache Kopfform

**plau|si|bel** [lat.-frz.] einleuchtend, stichhaltig; jmdm. etwas p. machen: jmdm. etwas erklären; **plau|si|bi|lie|ren**, **plau|si|bi|li|sie|ren** plausibel machen, erklären

**Play-back** [pleibæk, engl.] *s.9* Film, Fernsehen: nachträgl. Abstimmen der Bildaufnahme mit der schon vorliegenden Tonaufzeichnung; **Play|boy** [pleibɔi] *m.9* reicher junger

Mann, der nicht arbeitet, sondern nur seinem Vergnügen lebt; **Play|girl** [plɛigɔ:l] *s. 9 dem Playboy entsprechende Bez. für* reiches, attraktives junges Mädchen

**Pla|zẹn|ta** [lat.] *w. 9, Mz. auch* -ten 1 *beim Menschen und höheren Säugetier:* während der Schwangerschaft in der Gebärmutter sich bildendes Organ, das der Ernährung des Embryos dient, Mutterkuchen; 2 Verdickung des Fruchtblatts, auf der die Samenanlage entsteht; **pla|zen|tal, pla|zen|tar** zur Plazenta gehörend

**Pla|zet** [lat.] *s. 9* Einwilligung, Erlaubnis, Zustimmung

**pla|zie|ren** *eindeutschend für* placieren

**Ple|be|jer** [lat.] *m. 5* 1 *im alten Rom:* Angehöriger der Plebs; 2 *übertr.:* ungebildeter, ungehobelter Mensch; **ple|be|jisch** 1 zu den Plebejern gehörig; 2 *übertr.:* ungebildet, ungehobelt

**Ple|bis|zit** [auch: -tsi̩t] *s. 1* Volksabstimmung; **ple|bis|zi|tär** durch ein Plebiszit; **Plẹbs** 1 *w. Gen. - nur Ez. im alten Rom:* die niederen Volksschichten, das Volk; 2 *m. Gen.* -es *nur Ez. übertr.:* das ungebildete Volk, Pöbel

**Plein|air** [plɛ:nɛr, frz.] *s. Gen.* -s *nur Ez.,* **Plein|ai|ris|mus** *m. Gen. - nur Ez.,* **Plein|air-ma|le|rei** *w. 10 nur Ez.* Freilichtmalerei; **Plein|pou|voir** [plɛ̃puvwar] *s. 9* unbeschränkte Vollmacht

**Plei|sto|zän** [griech.] *s. 1 nur Ez.* untere Abteilung des Quartärs, Eiszeitalter, Diluvium

**plei|te** [hebr.] *ugs.:* zahlungsunfähig, bankrott; ich bin p.: ich habe kein Geld mehr; **Plei|te** *w. 11* 1 Zahlungsunfähigkeit; P. machen; 2 Mißerfolg, Reinfall

**Plẹk|tron** [griech.], **Plẹk|trum** *s. Gen.* -s *Mz.* -tren Plättchen, mit dem die Saiten von Zupfinstrumenten angerissen werden

**Ple|na|ri|um** [lat.] *s. Gen.* -s *Mz.* -ri̩en liturg. Buch mit dem vollständigen Text der Evangelien; **Ple|nar|sit|zung** *w. 10* Sitzung aller Mitglieder; **Ple|ni|po|tẹnz** *w. 10 nur Ez.* unbeschränkte Vollmacht; **ple|no or|ga|no** *bei der Orgel:* mit allen Registern, mit vollem Werk; **Ple|num** *s. Gen.* -s *nur Ez.* Vollversammlung (bes. des Parlaments)

**Pleo|chro|is|mus** [-kro-, griech.] *m. Gen. - nur Ez.* die Eigenschaft mancher Kristalle, in verschiedenen Richtungen verschiedene Farben zu zeigen; **pleo|morph** → polymorph; **Pleo|nas|mus** *m. Gen. - Mz.* -men Häufung sinnverwandter Ausdrücke, z. B. pechrabenschwarz

**Ple|si|an|thro|pus** [griech.] *m. Gen. - Mz.* -pi südafrik. Frühmensch des Pliozäns; **Ple|sio-sau|ri|er** *m. 5,* **Ple|sio|saurus** *m. Gen. - Mz.* -ri̩er ausgestorbenes Kriechtier der Jura- und Kreidezeit

**Pleu|ra** [griech.] *w. Gen. - Mz.* -ren Brust-, Rippenfell; **pleu|ral** zur Pleura gehörig, von ihr ausgehend

**Pleu|reu|se** [plørøzə, frz.] *w. 11* 1 *urspr.:* Trauerflor; 2 *seit 1900:* lange Straußenfeder am Hut

**Pleu|ri|tis** [griech.] *w. Gen. - Mz.* -ti|den Brust-, Rippenfellentzündung; **Pleu|ro|pneu-mo|nie** *w. 11* Rippenfell- und Lungenentzündung

**Pleu|ston** [griech.] *s. Gen.* -s *nur Ez.* Gesamtheit der an der Wasseroberfläche lebenden Tiere und Pflanzen

**ple|xi|form** [lat.] *Med.:* geflechtartig; **Plẹ|xi-glas** *s. 4 nur Ez.* Ⓦ ein glasartiger, splitterfreier Kunststoff; **Plẹ|xus** *m. Gen. - Mz.* - Blut- bzw. Lymphgefäßgeflecht, Nervengeflecht

**Plin|the** [griech.] *w. 11* Sockel, Fußplatte (unter Säulen, Pfeilern, Statuen)

**Plio|zän** [griech.] *s. Gen.* -s *nur Ez.* oberste Abteilung des Tertiärs

**Plis|see** [frz.] *s. 9* gepreßte, schmale Falten; **plis|sie|ren** in Falten legen und pressen

**Plom|be** [frz.] *w. 11* 1 Metallsiegel (zur Verschlußsicherung von Behältern, Wagentüren u. a.); 2 Zahnfüllung; **plom|bie|ren** mit einer Plombe versehen

**Plum|bat** [lat.] *s. 1* Salz der Bleisäure; **Plumbum** *s. Gen.* -s *nur Ez.* (*Zeichen:* Pb) chem. Element, Blei

**Plu|meau** [plymo, frz.] *s. 9* Federbett

**Plum|pud|ding** [plʌm-, engl.] *m. 9* gewürzter Rosinenpudding

**Plun|ger** [plʌndʒər, engl.], **Plun|scher** *m. 5* Maschinenteil, das regelmäßige Taktbewegungen ausführt (meist Kolben)

**Plu|ral** [lat.] *m. 1* Mehrzahl; *Ggs.:* Singular; **Plu|ra|le|tan|tum** *s. 9, Mz. auch:* Plu|ra|lia|tantum *Gramm.:* nur im Plural vorkommendes Wort, z. B. Leute; **Plu|ra|lis ma|je|sta|tis** *m. Gen. - - nur Ez.* „Plural der Erhabenheit", die Form „wir" statt „ich" (Bez. von Fürsten oder von Autoren im eigenen Werk für sich selbst); **Plu|ra|lis|mus** *m. Gen. - nur Ez.* 1 *Philos.:* Lehre, daß die Wirklichkeit aus vielen selbständigen Wesenheiten bestehe; *Ggs.:* Singularismus; 2 *Gesellschaftslehre:* Nebeneinanderbestehen verschiedener Ordnungsprinzipien und Wertsysteme; **plu|ra|lis|tisch** auf dem Pluralismus beruhend, im Sinne des Pluralismus; **Plu|ra|li|tät** *w. 10 nur Ez.* Mehrheit

**plus** [lat.] (*Zeichen:* +) und, dazu, dazuzurechnen; *Ggs.:* minus; plus 10 Grad, 10 Grad plus: 10 Grad über Null; **Plus** *s. Gen. - Mz.* - 1 Überschuß, Gewinn, Mehrbetrag; 2 *ugs.:* Vorteil; *Ggs.:* Minus

**Plüsch** [frz.] *m. 1* Baumwollgewebe mit hohem Flor

**Plus|pol** *m. 1* positiver Pol; *Ggs.:* Minuspol; **Plus|punkt** *m. 1* 1 Punkt, der bei einem Fehler des einen Spielers dem anderen als Plus angerechnet wird; 2 Vorteil; *Ggs.:* Minuspunkt; **Plus|quam|per|fekt** *s. 1* Vergangenheitsform des Verbums, vollendete Vergangenheit, z. B. ich war gegangen, ich hatte gegessen; **Plus|zei|chen** *s. 7* (Zeichen: +) Additionszeichen; *Ggs.:* Minuszeichen

**Plu|to|krat** [griech.] *m. 10* 1 Angehöriger der Plutokratie; 2 *ugs.:* reicher Mann; **Plu|to|kra|tie** *w. 11* Herrschaftsform, bei der die Macht von der reichen Oberschicht ausgeübt wird, Geldherrschaft

**plu|to|nisch** [nach Pluton, dem griech. Gott der Unterwelt] 1 *griech. Myth.:* zur Unterwelt gehörend; 2 *Geol.:* auf Plutonismus beruhend; plutonische Gesteine: Tiefengesteine; **Plu|to|nis|mus** *m. Gen. - nur Ez.* → Vulkanismus; **Plu|to|nit** *s. 1* pluton. Gestein; **Plu|to|ni|um** *s. Gen. -s nur Ez.* (*Zeichen:* Pu) ein chem. Element

**Plu|via|le** [lat.] *s. 5* 1 mantelähnl., vorn offenes liturg. Gewand der kath. Priester; 2 *früher:* Krönungsmantel der dt. Kaiser und Könige; **Plu|vi|al|zeit** *w. 10* Regenzeit in den trop. und subtrop. Gebieten während der Eiszeit; **Plu|vio|graph** [lat. + griech.] *m. 10* Gerät zum Aufzeichnen der Niederschlagsmenge, selbstschreibender Regenmesser; **Plu|vio|me|ter** *s. 5* Regenmesser

**Pm** *chem. Zeichen für* Promethium

**p. m.** *Abk. für* 1 post meridiem; 2 pro mille; 3 pro memoria

**Pneu** *m. 9 Kurzw. für* 1 Pneumothorax; 2 *österr. kurz für* Pneumatik (1); **Pneu|ma** [griech.] *s. Gen. -s nur Ez.* 1 luftartige Substanz, Hauch, Atem; 2 *Philos.:* Seele, Lebenskraft; **Pneu|ma|tik** *w. 10* 1 *österr.:* Luftreifen; 2 *nur Ez.* Lehre von der Luft und ihren Bewegungen; 3 Luftdruckmechanik der Orgel; **Pneu|ma|ti|ker** *m. 5* 1 Vertreter einer altröm. Ärzteschule, die alle Lebenserscheinungen auf den Atem (Pneuma) zurückführte; 2 *Gnosis:* vom Geist Gottes Erleuchteter; **Pneu|ma|ti|sa|ti|on** *w. 10* Bildung von luftgefüllten Hohlräumen im Körpergewebe; **pneu|ma|tisch** 1 zum Pneuma gehörig, darauf beruhend, Luft, Atem betreffend; pneumat. Kammer: luftdicht abgeschlossene Kammer (für Operationen im Brustraum); 2 *Gnosis:* vom Geist Gottes erleuchtet; **Pneu|ma|to|chord** [-kɔrd] *s. 1* Windharfe, Äolsharfe; **Pneu|ma|to|lo|gie** *w. 11 nur Ez.* 1 Bez. für Psychologie; 2 *Philos.:* Lehre vom Geist; 3 *Theol.:* Lehre von den Engeln und Dämonen; **Pneu|ma|to|me|ter** *s. 5* Gerät zum Messen des Luftdrucks der Atemzüge; **Pneu|mo|graph** *m. 10* Gerät zum Aufzeichnen der Ausdehnung und Verengung des Brustkorbs beim Ein- und Ausatmen; **Pneu|mo|kok|kus** *m. Gen. - Mz.* -ken ein Kugelbakterium, Erreger der Lungenentzündung; **Pneu|mo|ko|ni|ose** *w. 11* chron. Entzündung der Atemwege infolge ständigen Einatmens bestimmter Staubarten, Staublunge; **Pneu|mo|ly|se** *w. 11* operative Ablösung der Lunge

von der Brustwand (zur Ruhigstellung eines Lungenflügels); **Pneu|mo|nie** *w. 11* Lungenentzündung; **Pneu|mo|tho|rax** *m. 1 (Kurzw.:* Pneu) krankhafte oder künstlich herbeigeführte Luftansammlung im Brustfellraum

**Po** *chem. Zeichen für* Polonium

**po|chie|ren** [-ʃi-, frz.] Eier p.: in kochendes Essigwasser schlagen und garziehen lassen

**po|co** [ital.] *Mus.:* wenig, z. B. poco adagio; poco a poco: nach und nach

**Pod|agra** [griech.] *s. Gen. -s nur Ez.* Fußgicht

**Po|dest** [lat.] *s. 1* 1 erhöhter Tritt, größere Stufe, kleines Podium; 2 Treppenabsatz

**Po|dex** [lat.] *m. 1 ugs. scherzh.:* Gesäß, Popo

**Po|di|um** [lat.] *s. Gen. -s Mz. -di*en Erhöhung des Fußbodens, erhöhter Teil des Raumes, kleine Bühne

**Po|do|me|ter** [griech.] *s. 5* Schrittzähler

**Pod|sol** [russ.] *m. Gen. -s nur Ez.* Grau-, Bleicherde; **Pod|sol|bo|den** *m. 8* ausgebleichter, unfruchtbar gewordener Boden; **pod|so|lie|ren** zu Podsolboden werden

**Po|em** [griech.] *s. 1* gelegentlich abwertend: Gedicht; **Poe|sie** *w. 11* 1 Dichtkunst; 2 Dichtung in Versen oder gebundener Rede; *Ggs.:* Prosa; 3 Stimmungsgehalt, Zauber; **Po|et** *m. 10* Dichter; **Poe|ta lau|rea|tus** *m. Gen. -- Mz.* -tae -ti [-teː] 1 *Antike:* mit dem Lorbeerkranz gekrönter Dichter; 2 *im MA und noch heute in England:* mit bestimmten Rechten verbundener Titel für den größten Dichter; **Poe|ta|ster** *m. 5* schlechter Dichter, Verseschmied; **Poe|tik** *w. 10 nur Ez.* Lehre von der Poesie; **poe|tisch** in der Art der Poesie, dichterisch; **poe|ti|sie|ren** dichterisch gestalten oder verklären; **Poe|to|lo|gie** *w. 11 nur Ez.* → Poetik

**Pol|fe|se** *w. 11* → Pafese

**Po|grom** [russ.] *m. 1* Hetze, Ausschreitungen gegen relig. oder rassische Gruppen

**poi|kil|o|therm** [griech.] wechselwarm; *Ggs.:* homöotherm; **Poi|kil|o|ther|me** *Mz.* Tiere, deren Körpertemperatur von der Temperatur der Umgebung abhängt, Wechselwarmblüter; *Ggs.:* Homöotherme

**Poi|lu** [pwaly, frz.] *m. 9 im 1. Weltkrieg:* Spitzname für frz. Soldat

**Point** [poɛ̃, frz.] *m. 9* 1 *Kartenspiel:* Stich; 2 *Würfelspiel:* Auge; **Poin|te** [poɛ̃tə] *w. 11* Schlußeffekt (des Witzes), Witz (einer Sache), Hauptsache; **Poin|ter** [engl.] *m. 5* engl. Vorstehhund; **poin|tie|ren** [poɛ̃-, frz.] betonen, hervorheben, pointiert: das Wesentliche betonend; **Poin|til|lis|mus** [poɛ̃-, frz.] *m. Gen. - nur Ez.* spätimpressionist. Richtung der Malerei, die durch das dichte Nebeneinandersetzen von Farbpunkten gekennzeichnet ist, Neoimpressionismus

**Poise** [poaz, nach dem frz. Physiker J.-L.-M. Poiseville] *s. Gen. - Mz. - (Abk.:* P) Maßeinheit für die Viskosität von Flüssigkeiten

**Po|kal** [griech.-ital.] *m. 1* Trinkgefäß aus Kristall oder Edelmetall mit Fuß und oft mit Deckel, auch als Preis bei Sportwettkämpfen **Po̱|ker** [engl.] *s. Gen.*-s *nur Ez.* ein Kartenglücksspiel; **po̱|kern** Poker spielen

**po̱|ku̱|lie̱|ren** [lat.] trinken, zechen, bechern

**Po̱l** [griech.] *m.* ! 1 Drehpunkt, Mittel-, Zielpunkt; 2 Endpunkt der Erdachse, Nordbzw. Südpol; 3 *Math.:* Unendlichkeitsstelle einer komplexen Funktion; 4 *Phys.:* Ausbzw. Eintrittsstelle von statischen Feldern, z. B. an Magneten oder Spulen; *bei elektr. Stromquellen:* Aus- bzw. Eintrittsstelle des Stromes, Plus- bzw. Minuspol; 5 [aus frz. poil „Haar"] *m. 1* Flordecke von Samt und Plüsch

**po̱|la̱c|ca** [ital.] *Mus.:* nach poln. Art, nach Art der Polonäse, z. B. Rondo alla p.

**po̱|lar** [griech.] 1 einen Pol oder die Pole (der Erde) betreffend, um einen Pol gelegen; 2 *übertr.:* gegensätzlich; **Po̱|la̱r|i̱|me̱|ter** *s. 5* Gerät zum Messen des Drehwinkels bei der optischen Aktivität von Flüssigkeiten; **Po̱|la̱|ri̱|sa̱|ti̱|on** [-tsjon] *w. 10* Ausrichtung von Transversalwellen in einer Vorzugsrichtung; **po̱|la̱|ri̱|sie̱|ren** Licht p.: in eine feste Schwingungsrichtung bringen; sich p.: sich zu Gegensätzen entwickeln, als Gegensätze hervortreten; **Po̱|la̱|ri̱|tät** *w. 10 nur Ez.* Vorhandensein, Ausbildung zweier Pole, Gegensätzlichkeit

**Po̱l|der** [ndrl.] *m. 5* eingedeichtes Marschland, Koog

**Po̱|le̱|mik** [griech.-frz.] *w. 10* 1 bes. wissenschaftl., literar., meist in der Öffentlichkeit ausgetragener Streit; 2 scharfe, unsachl., meist persönlich gefärbte Kritik; **po̱|le̱|misch** 1 in der Art einer Polemik; 2 streitbar, feindselig, unsachlich; **po̱|le̱|mi̱|sie̱|ren** in der Art einer Polemik Kritik üben, *auch:* feindselig, unsachlich mit jmdm. streiten; gegen jmdn. p.

**po̱|len** an einen elektr. Pol anschließen

**Po̱|le̱n|ta** [ital.] *w. Gen. - nur Ez.* bes. in Italien beliebtes Gericht aus Maisgrieß

**Po̱|le̱n|te** [jidd.] *w. Gen. - nur Ez. abwertend:* Polizei

**Po̱|li̱ce** [-sə, frz.] *w. 11* Urkunde über eine abgeschlossene Versicherung

**Po̱|li̱|ci̱|ne̱|llo** [-tʃi-, ital.] *m. Gen. -*(s) *Mz. -*li → Pulcinella

**Po̱|li̱|e̱n|ze̱|pha̱|li̱|tis** [griech.] *w. Gen. - Mz. -*ti̱|den → Polioenzephalitis

**Po̱|li̱er** [frz.] *m. 1* Vorarbeiter der Maurer und Zimmerleute

**po̱|lie̱|ren** [lat.] glänzend machen, glätten, schleifen

**Po̱|li̱|kli̱|nik** [auch: po̱-, griech.] *w. 10* Krankenhaus oder Krankenhausabteilung zur ambulanten Behandlung

**Po̱|li̱o** *w. Gen. - nur Ez. Kurzw. für* Poliomyelitis; **Po̱|li̱o̱|e̱n|ze̱|pha̱|li̱|tis** [griech.] *w. Gen. - Mz. -*ti̱|den Entzündung der grauen Hirnsub-

stanz; **Po̱|li̱o̱|mye̱|li̱|tis** *w. Gen. - Mz. -*ti̱|den Kinderlähmung

**Po̱|lis** [griech.] *w. Gen. - Mz.* Po̱|leis altgriech. Stadtstaat

**Po̱|li̱t|bü̱|ro** *s. 9 Kurzw. für* Politisches Büro (Zentralausschuß einer kommunist. Partei)

**Po̱|li̱|te̱s|se** 1 [frz.] *w. 11 nur Ez. veraltet:* Höflichkeit; 2 [aus Polizei und Hosteß] *w. 11* Hilfspolizistin

**po̱|li̱|tie̱|ren** *österr.:* mit einem Poliermittel einreiben, polieren

**Po̱|li̱|tik** [auch: -ti̱k, griech.] *w. 10 nur Ez.* 1 Führung und Erhaltung eines Gemeinwesens, Staatskunst; 2 *übertr.:* Berechnung, berechnendes Verhalten; **Po̱|li̱|ti̱|ka̱|ster** *m. 5* jmd., der über Politik redet, ohne viel davon zu verstehen, Biertischpolitiker; **Po̱|li̱|ti̱|kum** *s. Gen. -*s *Mz. -*ka Ereignis oder Tatsache von polit. Bedeutung; **Po̱|li̱|ti̱|kus** *m. Gen. - Mz. -*ku̱s|se *ugs. scherzh.:* jmd., der sich mit Politik beschäftigt; **po̱|li̱|ti̱|sie̱|ren** 1 über Politik sprechen; 2 jmdn. p.: jmdn. zur Teilnahme an der Politik bringen; 3 etwas p.: in den Bereich der Politik bringen, politisch behandeln; **Po̱|li̱t|öko̱|no̱|mie** *w. 11 nur Ez. Kurzw. für* Politische Ökonomie (Volkswirtschaftslehre); **Po̱|li̱|to̱|lo̱|gie** *w. 11 nur Ez.* Wiss. von der Politik

**Po̱|li̱|tur** [lat.] *w. 10* 1 durch Polieren erzeugter Glanz; 2 Poliermittel

**Po̱|li̱|zei** [griech.] *w. 10 nur Ez.* 1 Behörde, die über die öffentl. Ordnung u. Sicherheit zu wachen hat; 2 ihre Amtsräume; 3 Gesamtheit ihrer Beamten; **Po̱|li̱|zist** *m. 10* Beamter der Polizei (1)

**Po̱|li̱|ze** *w. 11 österr. für* Police

**Po̱l|ka** [tschech.] *w. 9* böhm. Rundtanz im Wechselschritt

**Po̱l|lu̱|ti̱|on** [-tsjon, lat.] *w. 10* unwillkürl. (nächtl.) Samenerguß

**Po̱|lo** [engl.] *s. Gen. -*s *nur Ez.* dem Hockey ähnl. Ballspiel zu Pferd oder vom Fahrrad aus; **Po̱|lo̱|hemd** *s. 12* kurzärmeliges Trikothemd

**Po̱|lo̱|nai̱se** [-nɛ-, frz.], **Po̱|lo̱|nä̱se** *w. 11* poln. Tanz, meist zur Eröffnung eines Tanzfestes getanzt; **Po̱|lo̱|ni̱|um** *s. Gen. -*s *nur Ez.* (*Zeichen:* Po) chem. Element

**Po̱l|schuh** *m. 1* besondere Ausbildung der Pole eines Elektromagneten zur Herstellung eines bestimmten Verlaufs der Feldlinien; **Po̱l|stäṟ|ke** *w. 11* Kraft, die von einem Magnetpol ausgeht

**Po̱|ly̱|ad|di̱|ti̱|on** [-tsjon, griech.] *w. 10* Verknüpfung kleiner Moleküle mit Mehrfachbindungen zu langen Molekülketten; **Po̱|ly̱|amid** *s. 1* ein elast., fadenbildender Kunststoff, z. B. Perlon; **Po̱|ly̱|an|drie** *w. 11 nur Ez.* Ehegemeinschaft einer Frau mit mehreren Männern, Vielmännerei; *Ggs.:* Polygynie; **Po̱|ly̱|ar|chie** *w. 11* Herrschaft mehrerer (Personen), im Unterschied zur Monarchie;

**Po|ly|ar|thri|tis** w. Gen. - Mz. -tiden Entzündung mehrerer Gelenke; **Po|ly|äthy|len** s.1 durch Polymerisation von Äthylen entstehender, umweltfreundlicher Kunststoff; **po|ly|chrom** vielfarbig, bunt; **Po|ly|chro|mie** w.11 nur Ez. Vielfarbigkeit; **po|ly|chro|mie-ren** bunt ausstatten, z. B. mit Mosaik; **po|ly-cy|clisch** aus mehreren Molekülringen bestehend; **Po|ly|dak|ty|lie** w.11 Ausbildung von mehr als fünf Fingern an einer Hand, Mehrfingrigkeit; **Po|ly|dä|mo|nis|mus** m. Gen. - nur Ez. Glaube an eine Vielzahl von Geistern; **Po|ly|eder** m.5 oder s.5 von mindestens drei ebenen Flächen begrenzter Körper, Vielflächner; **Po|ly|ester** m.5 aus mehrbasischen Carbonsäuren durch Veresterung mit mehrwertigen Alkoholen entstehender Kunststoff; **po|ly|gam** 1 in Vielehe lebend; auch: sich zu mehreren Frauen zugleich hingezogen fühlend; Ggs.: monogam; 2 zwittrige und eingeschlechtige Blüten (auf einer Pflanze) aufweisend; **Po|ly|ga|mie** w.11 nur Ez. Ehegemeinschaft mit mehreren Frauen bzw. Männern, Polyandrie, Polygynie; **po|ly|gen** 1 durch mehrere Erbfaktoren bestimmt; 2 durch mehrere Ursachen hervorgerufen; **Po-ly|ge|ne|se, Po|ly|ge|ne|sis** w. Gen. - nur Ez. biolog. Theorie von der Entstehung jeder Gruppe von Lebewesen aus mehreren Stammformen; **Po|ly|ge|nie** w.11 nur Ez. polygene Beschaffenheit; **Po|ly|ge|nis|mus** m. Gen. - nur Ez. Ableitung der Menschenrassen aus mehreren Stammformen, Polyphyletismus; Ggs.: Monogenismus; **Po|ly|glo|bu|lie** w.11 → Polyzythämie; **po|ly|glott** 1 vielsprachig (Buchausgabe); 2 viele Sprachen sprechend; **Po|ly|glot|te** 1 w.11 mehrsprachiges Wörterbuch, Buch (z. B. Bibel) mit Text in mehreren Sprachen; 2 m.11 jmd., der viele Sprachen spricht; **Po|ly|gon** s.1 Vieleck; **po-ly|go|nal** vieleckig; **Po|ly|graph** m.10 Gerät zur Aufzeichnung von körperl. Reaktionen, aus denen sich Erregungszustände erkennen lassen, Mehrfachschreiber; **Po|ly|gy|nie** w.11 nur Ez. Ehegemeinschaft eines Mannes mit mehreren Frauen, Vielweiberei; Ggs.: Polyandrie; **Po|ly|hi|stor** m.13 jmd., der auf vielen Gebieten bewandert ist, Vielwisser; **po|ly|hy|brid** sich in mehreren Erbmerkmalen unterscheidend; **Po|ly|hy|bri|de** m.11 Bastard aus polyhybriden Eltern; **po|ly|karp** in einem bestimmten Zeitraum mehrmals Blüten und Früchte tragend; **po|ly|mer** vielteilig, aus vielen niedermolekularen Einheiten bestehend; Ggs.: monomer; **Po|ly|mer** s.1, **Po|ly|me|re** w.11 hochgradig verketteter, einheitlich aufgebauter Stoff; **Po|ly|me|rie** w.11 additives Zusammenwirken von Erbfaktoren bei der Ausbildung eines Merkmals; **Po|ly|me|ri|sat** s.1 durch Polymerisation entstandener Stoff; **Po|ly|me|ri|sa|ti|on** [-tsjon] w.10 Zusammenlagerung von Molekülen durch chem. Bin-

dungen zu einem neuen Stoff; **po|ly|me|ri|sie-ren** zu größeren Molekülen vereinigen; **Po-ly|me|ter** s.5 Meteor.: Gerät zum Messen von Temperatur, Luftfeuchtigkeit u. a., Vielzweckmeßgerät; **po|ly|morph** vielgestaltig; **Po|ly|mor|phie** w.11 nur Ez., **Po|ly|mor|phis-mus** m. Gen. - nur Ez. Vielgestaltigkeit; **Po-ly|nom** s.1 Math.: aus mehreren, zu addierenden oder subtrahierenden Gliedern zusammengesetzter Ausdruck; **po|ly|nu|kle|ar** vielkernig; **Po|ly|opie** w.11 nur Ez. Mehrfachsehen

**Po|lyp** [griech.] m.12 1 gutartige Schleimhautgeschwulst; 2 volkstüml. Bez. für verschiedene Kopffüßer, bes. Kraken; 3 die festsitzende Form der Nesseltiere

**Po|ly|pha|ge** [griech.] m.11 Tier, das sich von verschiedenen Pflanzen oder Beutetieren ernährt; **Po|ly|pha|gie** w.11 nur Ez. auf unterschiedl. Pflanzen oder Beutetiere eingestellte Ernährungsweise; vgl. Monophagie, Pantophagie; **po|ly|phon** vielstimmig; **Po|ly|pho|nie** w.11 nur Ez. Vielstimmigkeit, Musik mit mehreren, mehr oder minder selbständig geführten Stimmen; vgl. Heterophonie, Homophonie; **Po|ly|phy|le|tis|mus** m. Gen. - nur Ez., **Po|ly|phy|lie** w. Gen. - nur Ez. → Polygenismus; **Po|ly|pty|chon** [-çon] s. Gen. -s Mz. -chen oder -cha Altar mit mehr als zwei Flügeln; **Po|ly-rhyth|mik** w. Gen. - nur Ez. Nebeneinander verschiedener Rhythmen in den Stimmen eines Musikstücks; **Po|ly|sac|cha|rid** [-saxa-] s.1 aus einfachen Zuckern aufgebaute Verbindung, z. B. Stärke, Cellulose; **Po|ly|sper|mie** w.11 Eindringen mehrerer Samenzellen in eine Eizelle bei der Befruchtung; **Po|ly|sty-rol** s.1 ein Kunststoff; **Po|ly|syl|la|bum** s. Gen. -s Mz. -ba vielsilbiges Wort; **Po|ly|syl-lo|gis|mus** m. Gen. - Mz. -men Logik: Schlußkette, Folge von Schlüssen, bei der bei der Folgerung zugleich die Prämisse des nächsten Schlusses ist; **Po|ly|syn|de|ton** s. Gen. -s Mz. -ta durch ein Bindewort verbundene Wort- oder Satzreihe, z. B.: Und es wallet und siedet und brauset und zischt; Ggs.: Asyndeton; **Po|ly|syn|the|se, Po|ly|syn-the|sis** w. Gen. - Mz. -thelsen Zusammenfassung vieler Teile; **po|ly|syn|the|tisch** vielfach zusammengesetzt; polysynthetische Sprachen: Sprachen, bei denen Satzteile zu einem Wort zusammengesetzt werden, z. B. manche Indianersprachen, die Bantusprachen; **Po|ly|tech|ni|kum** s. Gen. -s Mz. -ka höhere techn. Fachschule; **Po|ly|the|is|mus** m. Gen. - nur Ez. Glaube an mehrere Götter, Vielgötterei; Ggs.: Monotheismus; **po|ly|to|nal** in mehreren Tonarten zugleich; **Po|ly|to|na|li|tät** w.10 nur Ez. Nebeneinander mehrerer Tonarten zugleich in den Stimmen eines Musikstücks; **Po|ly|tri|chie** w.11 übermäßiger Haarwuchs; **po|ly|trop** Biol.: sehr anpassungsfähig; **Po|ly|tro|pis|mus** m. Gen. - nur

*Ez. Biol.:* große Anpassungsfähigkeit; **Po̱|ly|ure|than** *s. 1* ein Kunststoff; **Po̱|ly|urie** *w. 11* übermäßige Urinausscheidung; **po̱|ly|va|lent** in mehrfacher Beziehung wirksam; **Po̱|ly|vi|nyl|ace|tat** *s. 1* ein Kunststoff; **Po̱|ly|vi|nyl|al|ko|hol** *m. 1* ein Kunststoff; **Po̱|ly|vi|nyl|äther** *m. 5* ein Kunststoff; **Po̱|ly|vi|nyl|chlo|rid** *s. 1 nur Ez.* (*Abk.:* PVC) durch Polymerisation des Kohlenwasserstoffs Vinylchlorid gewonnener Kunststoff; **Po̱|ly|zyt|hä|mie** *w. 11* zu starke Vermehrung der roten Blutkörperchen, Rotblütigkeit, Polyglobulie

**Po̱|ma|de** [lat.-ital.] *w. 11* wohlriechendes Fett, z. B. Haar-, Lippenpomade; **po|ma|di|sie|ren** mit Pomade einreiben

**Po̱|me|ran|ze** [lat.-ital.] *w. 11* eine Zitrusfrucht, Gewürz- und Heilpflanze, Bitterorange

**Po̱m|mer** [griech.-frz.] *m. 5* altes Holzblasinstrument

**Pommes chips** [pɔm ʃip, frz.] *Mz.* roh in Fett gebackene, knusprige Kartoffelscheibchen, Kartoffelchips; **Pommes frites** [pɔm frit] *Mz.* roh in Fett gebackene Kartoffelstäbchen

**Po̱|mo|lo|gie** [lat. + griech.] *w. 11 nur Ez.* Obstkunde

**Po̱mp** [griech.-frz.] *m. 9 nur Ez.* übertriebene Pracht, übertriebener Aufwand, Prunk

**Po̱m|pa|dour** [-duːr, nach der Marquise de Pompadour] *m. 1 oder m. 9 früher:* beutelförmige Damenhandtasche

**Po̱m|pon** [pɔ̃pɔ̃, frz.] *m. 9* dicke Quaste, Troddel

**pom|pös** pomphaft

**po̱n|ceau** [pɔ̃so, frz.] hochrot; **Pon|ceau** *s. 9* hochroter Farbstoff

**Po̱n|cho** [-tʃo, span.] *m. 9* **1** viereckiger Umhang der mittel- und südamerik. Indianer mit einem Loch in der Mitte für den Kopf; **2** ärmelloser Umhang

**Po̱nd** [lat.] *s. Gen.* -s *Mz.* - (*Abk.* p) Maßeinheit für die Kraft, entspricht dem Gewicht von einem Gramm (auf der Erde)

**Pö̱|ni|tent** [lat.] *m. 10 kath. Kirche:* Beichtender, Büßender; **Pö̱|ni|ten|ti|ar** [-tsjar] *m. 1* Beichtvater; **Pö̱|ni|tenz** *w. 10* Buße, Bußübung

**Po̱n|ti|fex** [lat.] *m. Gen.* - *Mz.* -ti|fizes [-tseːs] *im alten Rom:* Oberpriester; P. maximus: Titel des röm. Kaisers und dann des Papstes; **po̱n|ti|fi|kal** bischöflich; **Po̱n|ti|fi|kal|amt** *s. 4* vom Bischof gehaltene, feierl. Messe; **Po̱n|ti|fi|ka|le** *s. Gen.* -s *Mz.* -li|en liturg. Buch für die Amtshandlungen des Bischofs; **Po̱n|ti|fi|ka|li|en** *Mz.* **1** die dem Bischof vorbehaltenen Amtshandlungen, z. B. Firmung, Ordination; **2** die bei diesen getragenen Gewänder und Abzeichen; **Po̱n|ti|fi|kal|mes|se** *w. 11* → Pontifikalamt; **Po̱n|ti|fi|kat** *s. 1* Amt, Amtszeit eines Bischofs oder des Papstes; **Po̱n|ti|fi|zes** *Mz. von* Pontifex

**po̱n|tisch** [griech.] aus der Steppe stammend, steppenhaft

**Po̱n|ton** [auch: pɔtɔ̃, frz.] *m. 9* **1** geschlossener Schwimmkörper (in Docks); **2** breites, flaches Boot als Teil einer schwimmenden Brücke

**Po̱|ny** [engl.] **1** *s. 9* kleine Pferderasse; **2** *Mz.* kurzgeschnittene, die Stirn bedeckende Haare

**Pool** [puːl, engl.] *m. 9* **1** Vereinigung von Firmen zur Gewinnverteilung, Interessengemeinschaft; **2** Spieleinsatz

**Pop...** [entweder von engl. pop „knallen, klatschen" oder populär „volkstümlich"] *in Zus.:* modern, auffallend, bes. Jugendliche ansprechend, in der Art der Pop-Art

**Po̱|panz** [tschech.] *m. 1* **1** Schreckgestalt; **2** Strohpuppe, Vogelscheuche; **3** vom Willen anderer abhängiger Mensch

**Pop-Art** [engl.] *w. Gen. - nur Ez.* moderne Kunstrichtung, die besonders Gegenstände aus Alltag und Technik darstellt oder montiert

**Po̱p|corn** [-kɔːrn, engl.] *s. 9* gerösteter Mais, Puffmais

**Po̱|pe** [griech.-russ.] *m. 11 russ. und griech.-orthodoxe Kirche:* niederer Geistlicher

**Po̱|pe|lin** [frz.] *m. 1,* **Po̱|pe|line** *w. 11* fester Baumwollstoff für Hemden, Mäntel u. a.

**Po̱p-Far|be** *w. 11* auffallende, grelle Farbe; **Po̱p-Mu|sik** *w. 10 nur Ez.* eine in England und den USA entstandene Unterhaltungsmusik, von Beat und Rock nicht eindeutig abzugrenzen; **po̱p|pig** in der Art der Pop-Art, der Pop-Farben, auffallend, bunt

**po̱|pu|lär** [lat.] **1** volkstümlich, allgemeinverständlich; **2** volksfreundlich, beim Volk beliebt; **po̱|pu|la|ri|sie|ren** volkstümlich, allgemeinverständlich machen, (unter dem Volk) verbreiten; **Po̱|pu|la|ri|tät** *w. 10 nur Ez.* Volkstümlichkeit, Beliebtheit beim Volk; **po̱|pu|lär|wis|sen|schaft|lich** allgemeinverständlich dargestellt, aber wissenschaftlich fundiert; **Po̱|pu|la|ti|on** [-tsjon] *w. 10* **1** Bevölkerung; **2** *Biol.:* Gesamtheit der Lebewesen einer Art oder Rasse in einem bestimmten Gebiet; **3** *Astron.:* Gesamtheit der jungen, heißen Sterne (P. I) bzw. der älteren Sterne späterer Spektralklassen (P. II); **Po̱|pu|lis|mus** *m. Gen. - nur Ez.* frz. literar. Strömung seit 1929, die das Leben des einfachen Volkes wirklichkeitsnah darstellte

**Po̱|re** [griech.] *w. 11* feine Öffnung bes. der Haut

**Pö̱r|kel(t)** [ung.], **Pö̱r|köl(t)** *s. Gen.* -s *nur Ez.* gulaschähnl., mit Paprika gewürztes Gericht

**Po̱r|no** *m. oder s. 9 Kurzw. für* pornograph. Film, Photo, Roman u. ä.; **Po̱r|no|gra|phie** [griech.] *w. 11 nur Ez.* pornograph. Schriften und Bilder; **po̱r|no|gra|phisch** die geschlechtl. Begierden mit primitiven Mitteln anreizend

**po̱|rös** [griech.-frz.] durchlässig, undicht

**Por|phyr** [griech.] *m.1* ein Ergußgestein; **Por|phy|rit** *m.1* ein Ergußgestein

**Por|ree** [lat.-frz.] *m.9* eine Gemüsepflanze, Lauch

**Por|ridge** [-ridʒ, engl.] *m. Gen.-s nur Ez.* in England als Frühstück beliebter Haferbrei

**Port** [lat.] *m.1* **1** Hafen; **2** *übertr.:* Zufluchtsort

**Por|ta|ble** [pɔrtǝbl, engl.] *s.9* transportables Fernsehgerät

**Por|tal** [lat.] *s.1* Tor, architektonisch verzierter Eingang

**Por|ta|men|to** [ital.] *s. Gen.-s Mz.-ti Mus.:* gleitendes Verbinden von Tönen; **Por|ta|tiv** [frz.] *s.1* kleine, tragbare Orgel; **por|ta|to** [ital.] *Mus.:* getragen, aber nicht gebunden; **Por|te|chaise** [pɔrtʃɛz, frz.] *w.11 veraltet:* Sänfte; **Por|te|feuille** [pɔrtfœi] *s.9* **1** *veraltet:* Brieftasche, Aktentasche; **2** Amtsbereich (eines Ministers); **3** Wertpapierbestand einer Bank; **Por|te|mon|naie** [-ne] *s.9* Geldtasche; **Por|te|pee** *s.9* Quaste am Degen oder Säbel (des Offiziers)

**Por|ter** [pɔr-, engl.] *m.5,* österr.: *s.5* starkes engl. Bier

**Por|ti** *Mz. von* Porto

**Por|tier** [-tje, frz.] *m.9* Pförtner, Hauswart; **Por|tie|re** [-tjɛrǝ] *w.11* schwerer Türvorhang **por|tie|ren** [frz.] schweiz.: zur Wahl vorschlagen

**Por|tier|lo|ge** [-tjelo:ʒǝ] *w.11* Dienstraum des Portiers

**Por|ti|kus** [lat.] *m. Gen. - Mz.-* Säulenvorbau

**Por|ti|on** [-tsjon, lat.] *w.10* abgemessene Menge (einer Speise); er ist nur eine halbe P. *ugs. scherzh.:* er ist sehr klein und dünn

**Por|to** [ital.] *s.9, Mz. auch:* -ti Gebühr für die Beförderung von Postsendungen

**Por|trait** [-trɛ, frz.] *s.9 frz. Schreibung von* Porträt; **Por|trät** [-trɛ, auch: -trɛt] *s.9* Bildnis; **por|trä|tie|ren** jmdn. p.: jmds. Bildnis malen; **Por|trä|tist** *m.10* Maler von Porträts

**Por|tu|lak** [lat.] *m.1 oder m.9* eine Gemüsepflanze

**Port|wein** [nach der port. Stadt Porto] *m.1* ein dunkler Süßwein

**Por|zel|lan** [ital.] *s.1* **1** dichte, weiße, feine Tonware; **2** Tafelgeschirr daraus

**Pos.** *Abk. für* Position (4)

**Po|sa|men|ten** [frz.] *s.12 Mz. Sammelbez. für* Waren, die als Besatz für Kleidungsstücke dienen, z. B. Borten, Bänder, Schnüre, Quasten; **Po|sa|men|ter** *m.5,* **Po|sa|men|tier** *m.1,* **Po|sa|men|tie|rer** *m.5* Hersteller von, Händler mit Posamenten; **Po|sa|men|te|rie** *w.11* Geschäft für Posamenten; **po|sa|men|tie|ren** mit Posamenten besetzen

**Po|sau|ne** [lat.-frz.] *w.11* ein Blechblasinstrument; **Po|sau|nist** *m.10* Posaunenbläser

**po|schie|ren** → pochieren

**Po|se** [frz.] *w.11 Kunst:* Haltung, Stellung; *allg.:* gekünstelte, gezierte Haltung, Stellung;

**Po|seur** [-zør] *m.1* jmd., der posiert; **po|sie|ren 1** eine Pose einnehmen; **2** sich gekünstelt, geziert benehmen

**Po|si|ti|on** [-tsjon, lat.-frz.] *w.10* **1** Stellung (im Beruf), Lage (in der sich jmd. befindet); **2** *Math.:* Lage, Stelle (einer Figur oder Zahl); **3** Standort (eines Schiffes oder Flugzeugs, eines Gestirns); **4** Einzelposten (in einer Warenliste; *Abk.:* Pos.); **5** Bejahung; *Ggs.:* Negation (1); **po|si|ti|o|nell** [-tsjo-] durch die Position bedingt, hinsichtlich der Position; **po|si|ti|ons|lang** positionslange Silbe: kurze Silbe, die in der Metrik als lang gilt, wenn sie mit zwei oder mehr Konsonanten endet

**po|si|tiv** [lat.] **1** bejahend; *Ggs.:* negativ; **2** *Math.:* größer als Null; **3** *Elektr. in der Fügung* positive Ladung; den Protonen eigene Ladung, im Unterschied zur negativen Ladung der Elektronen; positiver Pol: Pluspol; **4** *Phot.:* Licht und Schatten bzw. Farben der Wirklichkeit entsprechend wiedergebend; **5** *Philos.:* wirklich, tatsächlich (vorhanden), gegeben; **6** *Med.:* vermutete Krankheitserreger o. ä. aufweisend; positiver Befund; **7** *übertr.:* günstig, ermutigend; [auch: -tif] *ugs.:* wirklich, bestimmt; das weiß ich p.; **Po|si|tiv 1** *m.1 Gramm.:* Grundstufe der Steigerung; vgl. Komparativ, Superlativ; **2** [auch: -tif] *s.1* kleine Standorgel ohne Pedal; vgl. Positiv; **3** *s.1* Lichtbild in der wirklichkeitsgetreuen Wiedergabe von Licht und Schatten bzw. Farben; *Ggs.:* Negativ; **Po|si|ti|vis|mus** *m. Gen. - nur Ez.* Lehre, daß nur das Wirkliche, Tatsächliche, das „Positive" die Erfahrung der Erkenntnis führe und alle Metaphysik nutzlos sei; **Po|si|tron** *s.13* (*Zeichen:* e⁺) Elementarteilchen mit elektr. positiver Ladung

**Po|si|tur** [lat.] *w.10* auf bestimmte Wirkung berechnete Haltung; sich in P. setzen

**pos|ses|siv** [lat.] *Gramm.:* besitzanzeigend; **Pos|ses|siv** *s.1,* **Pos|ses|siv|pro|no|men** *s.7, Mz. auch:*-milna, **Pos|ses|si|vum** *s. Gen.-s Mz.*-va besitzanzeigendes Fürwort; z. B. mein, dein, unser; **pos|ses|so|risch** *Rechtsw.:* den Besitz betreffend

**pos|sier|lich** [zu: Posse] klein und lustig, drollig

**Post** [ital.] **1** *w.10* staatl. Einrichtung zur Beförderung von Briefen, Paketen, Zahlungsanweisungen usw.; **2** *Mz. auch:* Postämter, Postamt, Postgebäude; **3** *nur Ez.* Postdienst; **4** *nur Ez.* Briefe und Pakete, Postsendungen; **po|sta|lisch** die Post betreffend, zur Post gehörig

**Po|sta|ment** [lat.] *s.1* Unterbau, Sockel

**post Chri|stum (na|tum)** [lat.], *Abk.:* p. Chr. (n.), nach Christi Geburt, *heute meist:* n. Chr.; *Ggs.:* ante Christum (natum)

**post|da|tie|ren** [lat.] *veraltet:* mit einem späteren Datum versehen, nachdatieren

**post|em|bryo|nal** [lat. + griech.] nach der Geburt (eintretend, eingetreten)

**Po̱sten** [lat.-ital.] *m. 7* **1** Wache, Wachtposten; (auf) P. stehen; auf dem P. sein *ugs.:* gesund und munter sein; **2** Stelle, Ort; **3** Stellung, Amt; **4** Anzahl gleichartiger Waren, z. B. ein P. Handtücher; **5** Einzelbetrag (in einer Rechnung)

**Poster** [pou-, engl. „Plakat"] *m. oder s. Gen.-s Mz.-*(s), *im Dt. Bez. für* zu Dekorationszwecken entworfenes oder verwendetes Plakat

**Po|ste|rio|ra** [lat.] *Mz.* Nachfolgendes; **Po|ste|rio|ri|tät** *w. 10 nur Ez.* **1** späteres Erscheinen, Auftreten; **2** Nachfolgen, Nachstehen (im Amt, Rang); **Po|ste|ri|tät** *w. 10 nur Ez. veraltet:* Nachkommenschaft, Nachwelt

**post fe̱stum** [lat. „nach dem Fest"] hinterher, zu spät

**post|gla|zi|al** [lat.] nach der Eiszeit (aufgetreten), nacheiszeitlich; *Ggs.:* präglazial

**post|hum** [lat.] → postum

**po|stie̱|ren** [lat.] (an einer bestimmten Stelle) aufstellen

**Po|sti̱l|le** [lat.] *w. 11* Erbauungs-, Andachts-, Predigtbuch

**Po|stil|li|on** [ital.-frz.] *m. 1 früher:* Postkutscher; **Po|stil|lon d'amour** [-jɔ̃ damu̱r] *m. Gen. - - Mz. -s -* [-jɔ̃] Überbringer einer Liebesbotschaft

**Post|lu|di|um** [lat.] *s. Gen.-s Mz.-di|en* musikal. Nachspiel; *Ggs.:* Präludium

**post me|ri|di|em** [lat. „nach Mittag"] (*Abk.:* p. m.) nachmittags; *Ggs.:* ante meridiem

**post|mor|tal** [lat.] *Med.:* nach dem Tode (eintretend, eingetreten); *Ggs.:* prämortal; **post mor|tem** nach dem Tode; **post|na|tal** nach der Geburt (eintretend, eingetreten) *Ggs.:* pränatal; **post|nu|me|ra̱n|do** nach Empfang, nachträglich (z. bezahlen; *Ggs.:* pränumerando; **Post|nu|me|ra̱|ti|on** [-tsjon] *w. 10* Nachzahlung; *Ggs.:* Pränumeration

**Po̱sto** [ital.] *m.* Stand, Stellung; *nur in der Wendung* Posto fassen: sich aufstellen

**post|ope|ra|tiv** [lat.] nach der Operation (eintretend, eingetreten)

**Post|skript** [lat.] *s. 1,* **Post|skri̱p|tum** *s. Gen.-s Mz.-ta oder* -te (*Abk.:* PS) Nachschrift (unter Briefen)

**Po|stu|la̱nt** [lat.] *m. 10* **1** Bewerber, Kandidat; **2** Mitglied eines kath. Ordens während der Probezeit; **Po|stu|la̱t** *s. 1* **1** (sittl.) Forderung; **2** nicht beweisbare, aber glaubhafte und einleuchtende Annahme; **3** Probezeit bei der Aufnahme in einen kath. Orden; **po|stu|lie̱|ren 1** fordern; **2** ein Postulat (über etwas) aufstellen

**po|stum** [lat.] nach dem Tode des Verfassers oder Komponisten veröffentlicht, nachgelassen; **Po̱|stu|mus** *m. Gen. - Mz.-mi* Spät-, Nachgeborener

**post u̱r|bem co̱n|di|tam** [lat.] (*Abk.:* p. u. c.) nach der Gründung der Stadt (Rom; in der altröm. Jahreszählung)

**Po̱t** [engl.] *s. 9, ugs. für* Marihuana

**Po̱|tem|kin|sche Dö̱r|fer** [patjɔm-, ugs.: -tjɛm, nach dem russ. Staatsmann G. A. Potemkin, der Dörfer errichten ließ, um Katharina II. Wohlstand vorzutäuschen] *Mz.* Täuschung, Vorspiegelung, Blendwerk

**po̱|tent** [lat.] **1** mächtig, leistungsfähig, vermögend; **2** beischlaf-, zeugungsfähig; **Po|ten|tat** *m. 10* regierender Fürst, Machthaber; **po|ten|ti|al** [-tsjal] eine Möglichkeit enthaltend, als Möglichkeit vorhanden; **Po|ten|ti|al** [-tsjal] *s. 1* **1** Leistungsfähigkeit; **2** *Phys.:* Maß für die Stärke eines Kraftfeldes an einem Punkt im Raum; **Po|ten|ti|al|dif|fe|renz** *w. 10,* **Po|ten|ti|al|ge|fäl|le** *s. 5* Unterschied der elektr. Kräfte bei aufgeladenen Körpern; **Po|ten|ti|al|lis** [-tsja-] *m. Gen. - Mz.-les* Aussageweise des Verbums, die eine Möglichkeit ausdrückt; **Po|ten|ti|a|li|tät** *w. 10* Möglichkeit, die zur Wirklichkeit werden kann; **po|ten|ti|ell** [-tsjɛl] möglich, denkbar; **Po|ten|tio|me|ter** *s. 5* Gerät zum Messen von Potentialdifferenzen, Spannungsteiler; **Po|ten|tio|me|trie** *w. 11 nur Ez.* ein chem. Analysenverfahren; **Po̱|tenz** *w. 10* **1** Leistungsfähigkeit, Kraft, Macht; **2** Fähigkeit zum Beischlaf; **3** *Math.:* Produkt mehrerer gleichartiger Faktoren; eine Zahl in die dritte P. erheben: sie dreimal mit sich selbst multiplizieren; **4** *Homöopathie:* Verdünnungsgrad (eines Medikaments); **Po|tenz|ex|po|nent** *m. 10* Hochzahl einer Potenz; **po|ten|zi|e̱ll** → potentiell; **po|ten|zie̱|ren 1** steigern, erhöhen; **2** *Math.:* in die Potenz erheben, mit sich selbst multiplizieren (Zahl)

**Po̱t|pour|ri** [-pur-, span.-frz.] *s. 9* **1** durch Übergänge verbundene Zusammenstellung mehrerer Musikstücke oder Melodien zu einem Musikwerk; **2** *übertr.:* buntes Allerlei

**Pou|lar|de** [pu-, frz.] *w. 11* junges Masthuhn

**Poule** [pul, frz.] *w. 11* Spieleinsatz

**Pou|let** [pulɛ, frz.] *s. 9* sehr junges Masthuhn (zum Braten)

**Pound** [paund, engl.] *s. 9, Mz. auch:* - (*Abk.:* lb., lbs.) engl. und nordamerik. Gewichtseinheit, 453 g

**Pour le mé|rite** [pu:r lə merit, frz. „für das Verdienst"] *m. Gen. - - - Mz. ---s* 1740–1918 *und seit 1952:* hoher dt. Verdienstorden

**Pous|sa|ge** [pusaʒə, frz.] *w. 11 ugs.:* Liebschaft, Liebesverhältnis; **pous|sie̱|ren** [pus-] **1** umwerben, umschmeicheln; **2** ein Liebesverhältnis (mit jmdm.) beginnen, haben; mit jmdm. p.

**po̱|wer** [frz.] armselig, dürftig

**Po̱|widl** [tschech.] *m. Gen.-*(s) *nur Ez.* Pflaumenmus

**pp** *Abk. für* pianissimo

**pp.** *Abk. für* per procura

**P. P.** *Abk. für* praemissis praemittendis

**ppa.** *Abk. für* per procura
**ppp** *Abk. für* pianissimo
**Pr** *chem. Zeichen für* Praseodym
**PR** *Abk. für* Public Relations
**Prä** [lat. „vor"] *s. 9* Vorrang, Vorteil; das Prä (vor jmdm.) haben; ein Prä jmdm. gegenüber haben
**Prä|am|bel** [lat.] *w. 11* **1** Einleitung (zu Staatsverträgen, Urkunden); **2** *in der alten Lauten- und Orgelliteratur:* Vorspiel
**Prä|ben|dar** [lat.] *m. 1* Inhaber einer Präbende, Pfründner; **Prä|ben|de** *w. 11* kirchl. Pfründe
**Prä|cher** [ndrl.] *m. 5* zudringl. Bettler; **prä|chern** zudringlich betteln
**Prä|de|sti|na|ti|on** [-tsjon, lat.] *w. 10 nur Ez.* Vorbestimmung, *nach Augustin und Calvin:* Bestimmtsein des Menschen zur Gnade oder Verdammnis durch Gott; **prä|de|sti|nie|ren** vorbestimmen; für etwas prädestiniert sein *ugs.:* für etwas besonders geeignet sein
**Prä|de|ter|mi|na|ti|on** [-tsjon, lat.] *w. 10 nur Ez. Biol.:* Vorherfestgelegtsein (von Entwicklungsvorgängen)
**Prä|di|kant** [lat.] *m. 10* Hilfsprediger
**Prä|di|kat** [lat.] *s. 1* **1** Titel, Rang, z. B. Adelsprädikat; **2** Bewertung, Zensur; **3** *Gramm.:* Satzaussage; Satzteil (Verb), der etwas über das Subjekt aussagt, z. B. das Kind „schläft", wir „sind quitt", der Vater „war Flieger"; **prä|di|ka|tiv** als Prädikat gebraucht, zu ihm gehörend; **Prä|di|ka|tiv** *s. 1* Sinnteil des zusammengesetzten Prädikats, z. B. das Kind ist „brav"; vgl. Kopula; **Prä|di|kats|no|men** *s. Gen.-s Mz.* -mina aus einem Nomen (Substantiv, Adjektiv) bestehendes Prädikativ, z. B.: er war „Flieger"
**prä|dis|po|nie|ren** [lat.] vorausbestimmen, empfänglichmachen; für eine Krankheit prädisponiert sein; **Prä|dis|po|si|ti|on** [-tsjon] *w. 10* Anlage, Empfänglichkeit (für eine Krankheit)
**prä|di|zie|ren** [lat.] **1** *Philos.:* durch ein Prädikat bestimmen (Begriff); **2** *Gramm.:* prädizierendes Verb: Verb, das ein Prädikatsnomen verlangt, z. B. sein
**Prä|do|mi|na|ti|on** [-tsjon, lat.] *w. 10* das Vorherrschen; **prä|do|mi|nie|ren** vorherrschen
**prae|cep|tor Ger|ma|niae** [-njɛ:, lat. „Lehrer Deutschlands"] *m.* Beiname bedeutender Gelehrter, z. B. Melanchthons
**prae|cox** [lat.] *Med.:* vorzeitig (auftretend, stattfindend)
**prae|mis|sis prae|mit|ten|dis** [-si:s -di:s, lat. „nach Vorausschickung des Vorauszuschickenden"] (*Abk.:* P. P.) *veraltet:* man nehme an, der Titel sei vorausgeschickt (in Rundschreiben statt Namen und Titel der einzelnen Empfänger)
**Prä|exi|stenz** [lat.] *w. 10* **1** das Vorherdasein (z. B. der Seele vor dem Eintritt in den Körper, Christi bei Gott vor seiner Menschwer-

dung); **2** Existenz in einem früheren Leben; **prä|exi|stie|ren** vorher existieren
**Prä|fa|ti|on** [-tsjon, lat.] *w. 10 kath. Messe:* Gesang des Priesters vor der Wandlung
**Prä|fekt** [lat.] *m. 10* **1** *im alten Rom:* hoher Verwaltungsbeamter; **2** oberster Verwaltungsbeamter eines Departements (in Frankreich) oder einer Provinz (in Italien); **3** *in engl. Internaten:* älterer Schüler, der die Aufsicht über die jüngeren führt; **4** *in Deutschland:* Schüler eines Schulchores, der den Kantor als Dirigent vertritt; **5** *kath. Kirche:* leitender Geistlicher (in bestimmten Ämtern); **Prä|fek|tur** *w. 10* Amt, Amtsräume eines Präfekten (**1**, **2**)
**Prä|fe|renz** [lat.] *w. 10* **1** Vorliebe, Vorrang, Vorzug; **2** *Kartenspiel:* Trumpfkarte
**Prä|fix** [auch: prɛ̱-, lat.] *s. 1* Vorsilbe, z. B. ent-, ver-
**Prä|for|ma|ti|on** [-tsjon, lat.] *w. 10 nur Ez.* angenommenes Vorgebildetsein des Organismus im Keim
**prä|gla|zi|al** [lat.] vor der Eiszeit (eingetreten), voreiszeitlich; *Ggs.:* postglazial
**Prag|ma|ti|ker** [griech.] *m. 5* **1** Vertreter des Pragmatismus; **2** jmd., für den der prakt. Nutzen im Vordergrund steht; **prag|ma|tisch 1** den Tatsachen, Erfahrungen entsprechend; **2** dem prakt. Nutzen dienend; **Prag|ma|tis|mus** *m. Gen. - nur Ez.* Lehre, daß nur das Handeln des Menschen mit seinen prakt. Konsequenzen als Grundlage der Erkenntnis dienen könne und das Handeln und Denken nur nach dem praktischen Nutzen zu werten seien
**prä|gnant** [lat.] kurz und treffend, knapp und genau
**Prä|hi|sto|rie** [-riə, lat.] *w. 11 nur Ez.* Vorgeschichte; **prä|hi|sto|risch** vorgeschichtlich
**Prahm** [tschech.] *m. 1* flacher Lastkahn
**Prä|ju|diz** [lat.] *s. 1* **1** richterl. Entscheidung, die bei folgenden ähnl. Fällen herangezogen wird; **2** Vorwegnahme einer Entscheidung durch zwingendes Verhalten; vorgefaßte Meinung, Vorentscheidung; **prä|ju|di|zi|al**, **prä|ju|di|zi|ell** wichtig für spätere Entscheidungen in ähnl. Fällen; **prä|ju|di|zie|ren** eine Sache p.: der Entscheidung über eine Sache vorgreifen
**Prä|kam|bri|um** *s. Gen.-s nur Ez.* Sammelbez. *für* Archaikum und Algonkium
**prä|klu|die|ren** [lat.] *Rechtsw.:* ausschließen, verweigern (wegen Versäumnis einer gesetzl. Frist); **Prä|klu|si|on** *w. 10* Verweigerung; **Prä|klu|siv|frist** *w. 10* Frist, nach deren Ablauf ein Recht nicht mehr geltend gemacht werden kann
**prä|ko|lum|bisch** vor der Entdeckung durch Kolumbus; das präkolumbische Amerika
**Prä|ko|ni|sa|ti|on** [-tsjon, lat.] *w. 10* feierl. Ernennung eines Bischofs vor den Kardinälen

durch den Papst; **prä|ko|ni|sie|ren** vor den Kardinälen feierlich zum Bischof ernennen **Pra|krit** [sanskr.] *s. Gen.*-s *nur Ez. Sammelbez. für* mittelind. Mundarten zwischen 500 v. Chr. und 1000 n. Chr., die neben dem Sanskrit, der Hochsprache, in der Literatur und Religion in Gebrauch waren **prak|ti|fi|zie|ren** [lat.] in die Praxis umsetzen; **Prak|tik** *w.10* 1 Ausübung; 2 Handhabung, Verfahren; 3 Kniff, Kunstgriff; 4 *Mz.* Machenschaften; dunkle, üble Praktiken; 5 *15./17. Jh.*: Anhang zu einem Bauernkalender mit Wettervorhersagen u. a.; **Prak|ti|ka** *Mz. von* Praktikum; **prak|ti|ka|bel** 1 brauchbar, benützbar, zweckmäßig; 2 *Theat.*: fest, echt, begehbar (nicht markiert oder gemalt); **Prak|ti|kant** *m.10* jmd., der in der prakt. Ausbildung steht, der sein Praktikum macht; **Prak|ti|ker** *m.5* Mensch mit prakt. Erfahrung und Arbeitsweise; *Ggs.:* Theoretiker; **Prak|ti|kum** *s. Gen.*-s *Mz.*-ka *oder* -ken 1 Ausbildung in der prakt. Arbeit als Teil eines Studiums; 2 Kurs mit prakt. Übungen (bes. an Hochschulen); **Prak|ti|kus** *m. Gen.* - *Mz.*-kus|se *ugs. scherzh. für* Praktiker, prakt. Mensch; **prak|tisch** 1 in der Praxis, in Wirklichkeit, tatsächlich; *Ggs.:* theoretisch; praktischer Arzt: nicht spezialisierter Arzt; 2 brauchbar, gut zu handhaben; *Ggs.:* unpraktisch; 3 zu einem Praktikum gehörig, z. B. praktisches Jahr; 4 geschickt, findig (Person); **prak|ti|zie|ren** 1 in der Praxis anwenden, ins Werk setzen (Methode, Idee); 2 als Arzt tätig sein; praktizierender Arzt: in der Praxis tätiger Arzt, im Unterschied zum Hochschullehrer u. a.; 3 *ugs.*: befördern; etwas an eine andere Stelle p. **Prä|lat** [lat.] *m.10* geistl. Würdenträger; **Prä|la|tur** *w.10* Amt, Amtsräume eines Prälaten **Prä|li|mi|nar|frie|den** *m.7* vorläufiger Frieden; **Prä|li|mi|na|ri|en** [lat.] *Mz.* diplomatische Vorverhandlungen, vorläufige Vereinbarungen; **prä|li|mi|nie|ren** vorläufig vereinbaren **Pra|li|ne** [frz.] *w.11* mit Schokolade überzogene Süßigkeit; **Pra|li|né** [-ne:] *s.9 frz. Schreibung von* Praline; **Pra|li|nee** *s.9 österr. für* Praline **prä|lu|die|ren** [lat.] *Mus.*: einleitend und frei gestaltend spielen; **Prä|lu|di|um** *s. Gen.*-s *Mz.*-di|en Vorspiel; *Ggs.:* Postludium **Prä|ma|tu|ri|tät** [lat.] *w.10 nur Ez.* vorzeitige Pubertät, Frühreife **Prä|mie** [-mjə, lat.] *w.11* 1 Preis, Belohnung, Entgelt für Sonderleistung; 2 regelmäßig für eine Versicherung zu zahlende Gebühr; **prä|mie|ren, prä|mi|ieren** mit einer Prämie belohnen, auszeichnen **Prä|mis|se** [lat.] *w.11* Voraussetzung, Vordersatz eines Schlusses **Prä|mon|stra|ten|ser** [nach dem frz. Ort Prémontré] *m.5* Angehöriger eines kath. Or-

dens (in Deutschland bes. zur Missionierung der Ostgebiete) **prä|mor|tal** [lat.] *Med.*: vor dem Tode (eintretend, eingetreten); *Ggs.:* postmortal **prä|na|tal** [lat.] vor der Geburt (eintretend, eingetreten); *Ggs.:* postnatal **Prä|no|men** [lat.] *s. Gen.*-s *Mz.*-mi|na Vorname **prä|nu|me|ran|do** [lat.] im voraus (zu zahlen); *Ggs.:* postnumerando; **Prä|nu|me|ra|ti|on** [-tsjon] *w.10* Vorauszahlung; *Ggs.:* Postnumeration; **prä|nu|me|rie|ren** vorauszahlen **Prä|ok|ku|pa|ti|on** [-tsjon, lat.] *w.10 nur Ez. veraltet* 1 Vorwegnahme; 2 Voreingenommenheit; **prä|ok|ku|pie|ren** *veraltet* jmdn. p.: 1 jmdm. zuvorkommen; 2 jmdn. befangen machen **prä|ope|ra|tiv** vor einer Operation **Prä|pa|rat** [lat.] *s.1* etwas kunstgerecht Zubereitetes, z. B. Medikament, getrocknete Pflanze, ausgestopftes Tier, Gewebsschnitt; **Prä|pa|ra|ti|on** [-tsjon] *w.10* 1 *veraltet:* Vorbereitung (für den Unterricht), Lernen der Hausaufgaben; 2 Herstellung eines Präparates; **Prä|pa|ra|tor** *m.13* Hersteller von naturwissenschaftl. Präparaten, Tierausstopfer; **prä|pa|rie|ren** 1 dauerhaft, haltbar machen; 2 zu Studienzwecken zerlegen, zerschneiden; 3 ein Lesestück p.: vorbereitend lesen und übersetzen; 4 sich p.: sich (auf eine Prüfung, den Unterricht) vorbereiten **Prä|pon|de|ranz** [lat.] *w.10 nur Ez. veraltet:* Übergewicht, Vorherrschaft; **prä|pon|de|rie|ren** das Übergewicht haben, vorherrschen **Prä|po|si|ti|on** [-tsjon, lat.] *w.10* Verhältniswort, z. B. bei, unter, für; **prä|po|si|tio|nal** [-tsjo-] an eine Präposition gebunden, z. B. präpositionales Attribut, Objekt; **Prä|po|si|tiv** *m.1* von einer Präposition abhängiger Kasus, z. B. im Russischen; **Prä|po|si|tur** *w.10* Stelle eines Präpositus; **Prä|po|si|tus** *m. Gen.* - *Mz.* - *oder* -ti Vorgesetzter, Vorsteher, Propst **prä|po|tent** [lat.] 1 übermächtig, überlegen; 2 *österr.*: aufdringlich, überheblich **Prä|pu|ti|um** [-tsjum, lat.] *s. Gen.*-s *Mz.*-ti|en [-tsjən] Vorhaut (des männl. Gliedes) **Prä|raf|fae|lit** *m.10* Angehöriger einer Gruppe von engl. Malerdichtern, die nach dem Vorbild der Maler vor Raffael der Kunst einen neuen Sinn zu geben suchten **Prä|rie** [frz.] *w.11* Grassteppe im Mittelwesten Nordamerikas **Prä|ro|ga|tiv** [lat.] *s.1,* **Prä|ro|ga|ti|ve** *w.11* Vorrecht (des Herrschers) **Prä|sens** [lat.] *s. Gen.* - *Mz.*-sen|tia [-tsja] *oder* -sen|zi|en Zeitform des Verbs, Gegenwart; P. historicum: histor. Präsens, das bei lebendiger Schilderung vergangener Ereignisse gebraucht wird; **prä|sent** anwesend, gegenwärtig; *Ggs.:* absent; **Prä|sent** *s.1* Geschenk; **Prä|sen|tant** *m.10* jmd., der etwas

(Urkunde, fälligen Wechsel) vorlegt; **Prä|sen|ta|ti|on** [-tsjon] *w.10* Vorlage, Vorzeigen; **Prä|sen|ta|ti|ons|recht** *s.1* Vorschlagsrecht (z. B. für die Besetzung einer freigewordenen Stelle); **prä|sen|tie|ren** vorlegen, vorzeigen, darreichen; sich p.: sich zur Schau stellen, sich zeigen; das Gewehr p.: senkrecht vor den Körper halten (als Ehrenbezeigung); **Prä|senz** *w.10 nur Ez.* 1 Anwesenheit; *Ggs.:* Absenz; 2 Zahl der Anwesenden; **Prä|senz|bi|blio|thek** *w.10* Bibliothek, deren Bücher nicht ausgeliehen werden, sondern nur im Lesesaal benutzt werden dürfen

**Pra|seo|dym** [griech.] *s. Gen.-s nur Ez.* (*Zeichen:* Pr) chem. Element, Metall der seltenen Erden

**Prä|ser|va|tiv** [lat.] *s.1* Schutz-, Verhütungsmittel (bes. gegen Empfängnis); **Prä|ser|ve** *w.11* nicht völlig keimfreie Konserve, Halbkonserve; **prä|ser|vie|ren** (vor einem Übel) schützen, bewahren

**Prä|ses** [lat.] *m. Gen. - Mz.* -si|des *oder* -si|den 1 Vorstand eines kath. kirchl. Vereins; 2 Vorsitzender einer evang. Synode, in Rheinland-Westfalen zugleich der Kirchenleitung; Kirchenpräsident; **Prä|si|de** *m.11 Stud.:* Leiter eines Kommerses; **Prä|si|dent** *m.10* Vorsitzender (einer Versammlung), Leiter (einer Behörde), Oberhaupt (eines Staates); *schweiz. auch:* Gemeindevorsteher; **prä|si|di|al** zum Präsidenten, Präsidium gehörend, von ihm ausgehend; **Prä|si|di|al|sy|stem** *s.1* Regierungsform, in der der Präsident weitgehende Vollmachten besitzt und zugleich Chef der Regierung ist; **prä|si|die|ren** 1 das Präsidium (1) innehaben; 2 *schweiz.* eine Versammlung p.: eine V. leiten, ihr vorsitzen; **Prä|si|di|um** *s. Gen.-s Mz.* -di|en 1 Leitung, Vorsitz; 2 leitendes Gremium; 3 obere Behörde (z. B. Regierungs-, Polizeipräsidium), *auch:* deren Gebäude

**prä|skrip|tiv** [lat.] auf Vorschriften beruhend

**prä|su|mie|ren** [lat.] annehmen, vermuten, voraussetzen; argwöhnen; **Prä|sum|ti|on** [-tsjon] *w.10* Annahme, Vermutung, Voraussetzung; **prä|sum|tiv** vermutlich, voraussetzend

**Prä|ten|dent** [lat.] *m.10* jmd., der Ansprüche auf etwas (Krone, Amt) erhebt, Bewerber; **prä|ten|die|ren** fordern, beanspruchen; **Prä|ten|ti|on** [-tsjon] *w.10* Anspruch, Forderung; **prä|ten|ti|ös** [-tsjøs] anmaßend, anspruchsvoll

**Prä|te|ri|tum** [lat.] *s. Gen.-s Mz.* -ta 1 *i. w. S.:* jede Vergangenheitsform des Verbums, Vergangenheit; 2 *i. e. S.* → Imperfekt

**prä|ter** prop|ter, **prä|ter|prop|ter** [lat.] ungefähr

**Prä|text** [auch: pre-, lat.] *m.1 veraltend:* Vorwand, Scheingrund

**Prä|tor** [lat.] *m.13 im alten Rom:* hoher Justizbeamter; **Prä|to|ria|ner** *m.5 im alten Rom:* Angehöriger der Leibwache der Kaiser

und Feldherren; **Prä|tur** *w.10* Amt, Amtszeit des Prätors

**Prau** [mal.-engl.] *w.1* malaiisches Segelboot mit Auslegern

**prä|val|ent** [lat.] 1 vorherrschend, überwiegend; 2 überlegen; **prä|val|lie|ren** vorherrschen, überwiegen

**Prä|ven|ti|on** [-tsjon, lat.] *w.10* 1 Zuvorkommen; 2 *Strafrecht:* Vorbeugung; **prä|ven|tiv** vorbeugend; **Prä|ven|tiv|mit|tel** *s.5* (bes. die Empfängnis) verhütendes Mittel

**Pra|xis** [griech.] 1 *w. Gen. - nur Ez.* Tätigkeit, Ausübung (eines Berufs), prakt. Anwendung; *Ggs.:* Theorie; prakt. Erfahrung, Berufserfahrung; *ugs. auch:* Sprechstunde; P. halten; Tätigkeitsbereich; eine große P. haben; 2 *Mz.*-xen Räume für die Tätigkeit (bes. der Ärzte und Rechtsanwälte)

**Prä|ze|dens** [lat.] *s. Gen. - Mz.*-den|zi|en früherer Fall, früheres Beispiel; **Prä|ze|denz** *w.10* Vorrang, Vortritt (bes. in der Rangordnung der kath. Kirche bei Prozessionen); **Prä|ze|denz|fall** *m.2* Fall, der für spätere Fälle beispielgebend ist oder sein kann

**Prä|zep|tor** [lat.] *m.13 veraltet:* Lehrer, Erzieher

**Prä|zes|si|on** [lat.] *w.10 Phys.:* Schwanken der Achse eines rotierenden Körpers unter dem Einfluß äußerer Kräfte

**Prä|zi|pi|tat** [lat.] *s.1* 1 Bodensatz, chem. Niederschlag; 2 quecksilber- und chlorhaltige Verbindung (zur Salbenherstellung); **Prä|zi|pi|ta|ti|on** [-tsjon] *w.10 Chem.:* Ausfällung; **prä|zi|pi|tie|ren** *Chem.:* ausfällen; **Prä|zi|pi|tin** *s.1* Antikörper, der Fremdstoffe im Blut (z. B. nach Infektion) ausfällt; **Prä|zi|pu|um** *s. Gen.-s Mz.*-pua Betrag, der vor der Gewinnausschüttung einer Gesellschaft an einen Gesellschafter für besondere Leistungen gezahlt wird

**prä|zis** [lat.], **prä|zi|se** genau, exakt, treffend; **prä|zi|sie|ren** genauer ausdrücken; **Prä|zi|si|on** *w.10 nur Ez.* Genauigkeit, Exaktheit

**Pre|del|la** [ital.] *w. Gen. - Mz.*-s *oder* -len (meist verzierter) Sockel des Flügelaltars

**pre|kär** [lat.-frz.] peinlich, schwierig, prekäre Situation

**Pre|lude** [prelyd, frz.] *s.9* 1 *frz. Bez.* für Präludium; 2 der Fantasie ähnl. Musikstück für Klavier oder Orchester

**Pre|mier** [prəmje, frz.] *m.9 kurz für* Premierminister; **Pre|mie|re** [prəmjere] *w.11* Ur- oder Erstaufführung; **Pre|mier|leut|nant** *m.9 im alten dt. Heer:* Oberleutnant; **Pre|mier|mi|ni|ster** *m.5* Ministerpräsident

**Pren|onym** [lat. + griech.] *s.1* aus den eigenen Vornamen gebildeter Deckname, z. B. „Jean Paul" aus „Jean Paul Friedrich Richter"

**Pres|by|ter** [griech.] *m.5* 1 *Urchristentum:* Gemeindeältester; 2 *kath. Kirche:* Priester; 3 *evang.-reformierte Kirche:* Angehöriger

des von der Gemeinde gewählten Kirchen-
vorstands; **Pres|by|te|ri|al|ver|fas|sung** *w.10*
*evang.-reformierte Kirche:* Kirchenverfas-
sung, nach der die Kirche durch Geistliche
und das Presbyterium verwaltet wird; **Pres-
by|te|ri|al|ner** *m.5* Angehöriger der evang.-re-
formierten Kirche mit Presbyterialverfassung
in England und Amerika; **Pres|by|te|ri|al|nis-
mus** *m. Gen. - nur Ez.* Kirchenverwaltung
durch Presbyterialverfassung; **Pres|by|te-
ri|um** *s. Gen.-s Mz.* -ri|en 1 Chor(raum) der
Kirche; **2** *kath. Kirche:* Priesterkollegium;
**3** *evang.-reformierte Kirche:* von der Ge-
meinde gewählter Kirchenvorstand
**pres|sant** [frz.] eilig, dringlich; **pres|sie|ren**
*nur unpersönlich:* es, die Sache pressiert: eilt,
drängt, ist dringend; ich bin pressiert *ugs.:*
ich habe es eilig; **Pres|si|on** *w.10* Druck,
Zwang, Nötigung; Pressionen ausgesetzt
sein
**Pres|sure-Group** [prɛʃəgruːp, engl.] *w.9* In-
teressengruppe, die durch Druckmittel, Pro-
paganda oder eine Lobby Einfluß zu gewin-
nen sucht, bes. auf Regierung und Gesetzge-
bung
**Pre|stige** [-stiːʒ, frz.] *s. Gen.-s nur Ez.* Anse-
hen, Geltung
**pre|stis|si|mo** [ital.] *Mus.:* sehr schnell; **pre-
sto** *Mus.:* schnell
**Pre|tio|sen** [-tsjo-, lat.] *Mz. veraltet:* kostba-
rer Schmuck, Juwelen; **pre|zi|ös** [frz.] *veraltet*
**1** kostbar; **2** geziert, unnatürlich; **Pre|zio|sen**
*Mz.* → Pretiosen
**Pria|mel** [lat.] *w.11 oder s.5* scherzhaftes
mittelalterl. Spruchgedicht
**Prim** [lat.] *w.10* **1** *kath. Kirche:* Morgenge-
bet des Breviers; **2** *Fechten:* eine bestimmte
Haltung der Klinge; **3** *Mus.* → Prime
**Prim.** *Abk. für* Primarius
**pri|ma** [lat.] **1** (*Abk.:* pa., Ia) erster Güte, er-
ster Qualität, erstklassig; **2** *ugs.:* hervorra-
gend, großartig; sehr tüchtig; **Pri|ma**
*w. Gen. - Mz.* -men achte (Unterprima) und
neunte Klasse (Oberprima) des Gymna-
siums; **Pri|ma|bal|le|ri|na** *w. Gen. - Mz.*-nen
erste Tänzerin (eines Balletts); **Pri|ma|don|na**
*w. Gen. - Mz.*-nen *veraltet:* erste Sängerin
(bes. der Barockoper)
**Prä|ma|ge** [-ʒə, frz., zu: Prämie] *w.11*
→ Primgeld
**Pri|ma|ner** [lat.] *m.5* Schüler der Prima; **pri-
mär** die Grundlage, Voraussetzung bildend,
erst..., Anfangs...; *Ggs.:* sekundär; **Pri|mar**
*m.1* → Primararzt; **Pri|mär|af|fekt** *m.1* erstes
Stadium oder Symptom einer Infektions-
krankheit (bes. bei Lungen-Tbc und Syphi-
lis); **Pri|mar|arzt** *m.2* österr.: leitender Arzt
einer Krankenhausabteilung; **Pri|ma|ri|us**
*m. Gen. - Mz.*-ri|en **1** → Primararzt; **2** →
Primgeiger; **Pri|mär|li|te|ra|tur** *w.10 nur Ez.*
die Werke oder die Quellen selbst, im Un-
terschied zur Sekundärliteratur; **Pri|mar-**
**schu|le** *w.11 schweiz.:* Volksschule; **Pri|mas**
*m.1* **1** *Mz. auch:* -ma|ten *kath. Kirche:* Eh-
rentitel mancher Bischöfe, bes. des Papstes;
**2** [ung.: -maʃ] erster Geiger einer (Zigeu-
ner-)Kapelle; **Pri|mat 1** *s.1 oder m.1* Vor-
rang, bevorzugte Stellung, Erstgeburtsrecht;
**2** *m.10 meist Mz. Biol.:* Angehöriger der
höchstentwickelten Säuger (Affe, Mensch),
Herrentier; **pri|ma vi|sta** [ital. „beim ersten
Blick"] *Mus.:* vom Blatt; ein Stück p. v. spie-
len; **Pri|ma|wech|sel** *m.5* erste Ausfertigung
eins Wechsels; **Pri|me** *w.11* **1** erster Ton der
diaton. Tonleiter; **2** Intervall im Einklang;
**3** *Buchw.:* Kurzfassung des Buchtitels auf
der ersten Seite des Bogens links unten; vgl.
Sekunde (5)
**Pri|mel** [lat.] *w.11* eine Pflanzengattung; *i. e.*
*S.:* Schlüsselblume, Himmelschlüssel
**Prim|gei|ger** *m.5* erster Geiger (in der Kam-
mermusik); **Prim|geld** *s.3* Prämie, die dem
Kapitän für bes. Leistungen vom Verlader
gewährt wird, Frachtzuschlag; **Pri|mi|pa|ra**
*w. Gen. - Mz.*-pa|ren Frau, die zum ersten
Mal ein Kind bekommt, Erstgebärende; vgl.
Nullipara, Mulipara; **pri|mis|si|ma** *unflektier-*
*bar, ugs.:* sehr fein, vorzüglich
**pri|mi|tiv** [lat.-frz.] **1** ursprünglich, im Urzu-
stand, urwüchsig; **2** einfach, dürftig, behelfs-
mäßig; **3** geistig wenig entwickelt; die Pri-
mitiven *besser:* die Naturvölker; **Pri|mi|ti|vis-
mus** *m. Gen. - nur Ez.* Kunstrichtung, die von
der Kunst der primitiven Völker angeregt
wird; **Pri|mi|ti|vi|tät** *w.10 nur Ez.* primitive
Beschaffenheit; **Pri|mi|tiv|ling** *m.1 ugs.:* pri-
mitiver Mensch
**Pri|miz** [lat.] *w.10 kath. Kirche:* erste Messe
eines neugeweihten Priesters; **Pri|mi|zi|ant**
*m.10* neugeweihter kath. Priester; **Pri|mi|zi-
en** *Mz. im alten Rom:* die den Göttern dar-
gebrachten ersten Früchte des Jahres; **pri|mo**
[ital.] *Mus.:* der oder das erste, z. B. p.
tempo: erstes (ursprüngl.) Tempo; violino
primo: erste Geige; **Pri|mo** *s. Gen.-s nur Ez.*
(*Abk.:* **I**ᵐᵒ), beim vierhändigen Klavierspiel:
Diskantpart; *Ggs.:* Secondo; **Pri|mo|ge|ni|tur**
*w.10* Erstgeburtsrecht, Erbfolge des Erstge-
borenen; vgl. Sekundogenitur; **Pri|mus**
*m. Gen. - Mz.* -mus|se *oder* -mi Klassenbester;
Primus inter pares: Erster unter Ranglei-
chen; **Prim|zahl** *w.10* Zahl, die nur durch 1
und sich selbst geteilt werden kann, z. B. 7, 13
**Prin|te** [ndrl.] *w.11* harter Pfefferkuchen
**Prin|ted in Ger|ma|ny** [-dʒəməni, engl.] in
Deutschland gedruckt (Vermerk in Büchern)
**Prinz** [lat.-frz.] *m.10* nicht regierendes Mit-
glied eines Fürstenhauses; **Prin|zeps** [lat.]
*m. Gen. - Mz.*-zi|pes *im alten Rom* **1** Senator,
der bei Abstimmungen zuerst stimmte; **2** *seit*
*Augustus:* Titel für den röm. Kaiser; **Prin|zes-
sin** [frz.] *w.10* weibl. Prinz; **Prinz|ge|mahl**
*m.1* Gemahl einer regierenden Fürstin
**Prin|zip** [lat.] *s. Gen.-s Mz.*-pi|en, *auch: s.1*

1 Anfang, Ursprung, Grundlage; 2 Grundsatz, Regel, Richtschnur; **Prin|zi|pal** *m.1* 1 *veraltet:* Lehrherr, Geschäftsinhaber; 2 ein Orgelregister, Hauptstimme; **Prin|zi|pal|gläubi|ger** *m.5* Hauptgläubiger; **prin|zi|pa|li|ter** *veraltet:* vor allem, in erster Linie; **Prin|zi|pal|stim|men** *w.11 Mz.* die im Prospekt der Orgel aufgestellten Pfeifen; **Prin|zi|pat** *s.1* 1 *veraltet:* Vorrang; 2 *Bez.* für die Verfassungsform der älteren röm. Kaiserzeit; **prin|zi|pi|ell** grundsätzlich; **Prinz|re|gent** *m.10* Vertreter eines Monarchen

**Pri|or** [lat.] *m.13* Vorsteher eines Klosters, Stellvertreter eines Abtes; **Prio|rat** *s.1* Amt, Würde eines Priors; **Prio|ri|tät** *w.10* Vorrang, Erst-, Vorzugsrecht; Prioritäten: Wertpapiere mit Vorzugsrechten

**Pri|se** [frz.] *w.11* 1 Menge (eines Pulvers), die man mit drei Fingern fassen kann; 2 von einem kriegführenden Staat weggenommenes feindl. oder Konterbande führendes neutrales Schiff; 3 dessen Ladung

**Pris|ma** [griech.] *s. Gen. -s Mz. -men* 1 *Math.:* Körper, dessen Grund- und Deckfläche parallele und kongruente Vielecke und dessen Seitenflächen sämtlich Parallelogramme sind; 2 *Optik:* Körper aus einer brechenden Substanz (z. B. Glas), dient zur spektralen Zerlegung von Licht; **pris|ma|tisch** in der Art eines Prismas; **Pris|ma|to|id** *s.1* prismaähnl. Körper

**pri|vat** [-vat, lat.] 1 persönlich, nicht öffentlich, nicht offiziell, nicht amtlich; 2 häuslich, vertraut; **Pri|vat|do|zent** *m.10* Hochschullehrer ohne Beamtenstelle; **Pri|va|tier** [-tje] *m.9 veraltet:* jmd., der privatisiert; **pri|va|tim** persönlich, vertraulich, unter vier Augen; **Pri|vat|i|ni|tia|ti|ve** *w.11* Handeln aus eigenem Antrieb; **Pri|va|ti|on** [-tsjon] *w.10 Logik:* negative Aussage, bei der das Prädikat dem Subjekt Wesentliche nimmt, z. B. der Vogel kann nicht fliegen; **pri|va|ti|sie|ren** vom eigenen Vermögen leben, ohne beruflich zu arbeiten; **pri|va|tis|si|me** streng vertraulich, im engsten Kreis, unter vier Augen; **Pri|va|tis|si|mum** *s. Gen. -s Mz. -mi* 1 Vorlesung für einen kleinen, ausgewählten Hörerkreis; 2 unter vier Augen erteilte Ermahnung; **Pri|vat|pa|ti|ent** [-tsjɛnt] *m.10* Patient, der die Arzt- und Krankenhauskosten selbst bezahlt; **Pri|vat|sta|ti|on** [-tsjo:n] *w.10* Krankenhausabteilung für Privatpatienten

**Pri|vi|leg** [lat.] *s. Gen. -s Mz. -gi|en oder s.1* alleiniges Recht, Vorrecht, Sonderrecht; **pri|vi|le|gie|ren** jmdn. p.: jmdm. ein Privileg gewähren, mit Privilegien ausstatten

**Prix** [pri, frz.] *m. Gen. - Mz. -* *frz. Bez.* für Preis; Grand Prix [grã pri]: Großer Preis

**pro** [lat.] für, je; **Pro** *s. Gen. - nur Ez.* das Für; *Ggs.:* Kontra; das Pro und das Kontra: das Für und Wider (einer Sache); **pro an|no** (*Abk.:* p. a.) jährlich

**pro|ba|bel** [lat.] glaubhaft, annehmbar; **Pro|ba|bi|lis|mus** *m. Gen. - nur Ez.* Lehre, daß wahre Erkenntnis nicht möglich sei und alles Wissen nur Wahrscheinlichkeitswert habe

**Pro|band** [lat.] *m.10* 1 *Genealogie:* jmd., für den eine Ahnentafel aufgestellt werden soll; 2 jmd., der in einer Anstalt untersucht und beobachtet wird; 3 *Psych.:* Versuchs-, Testperson; **pro|bat** bewährt, erprobt

**Pro|blem** [griech.] *s.1* schwierige, ungelöste Frage oder Aufgabe; **Pro|ble|ma|tik** *w.10 nur Ez.* 1 Schwierigkeit (einer Frage oder Aufgabe); 2 Komplex von Fragen oder Aufgaben; **pro|ble|ma|tisch** schwierig, fragwürdig; **pro|ble|ma|ti|sie|ren** erschweren, zum Problem machen; **Pro|blem|kind** *s.3* schwieriges, schwer erziehbares Kind; **pro|blem|los** keine Schwierigkeiten bietend

**pro cen|tum** [lat.] (*Abk.:* p. c.) pro Hundert

**Pro|de|kan** [lat.] *m.1* Vertreter des Dekans (einer Hochschule)

**pro do|mo** [lat. „für das eigene Haus"] für sich selbst, zum eigenen Nutzen; p. d. sprechen

**Pro|drom** [lat.] *s.1*, **Pro|dro|mal|sym|ptom** *s.1* eine Krankheit vorher anzeigende Erscheinung

**Pro|duct-Ma|na|ger** [prɔdʌkt mænidʒər, engl.] *m. Gen. -s Mz. -* jmd., der ein Produkt oder eine Produktgruppe eines Unternehmens in der Planung, Werbung, Verkaufsförderung usw. betreut; **Pro|dukt** [lat.] *s.1* 1 Erzeugnis, Ertrag; 2 Ergebnis (des Malnehmens; *auch übertr.:* einer Handlung oder Arbeit); **Pro|duk|ti|on** [-tsjon] *w.10* Herstellung, Erzeugung; **pro|duk|tiv** 1 Produkte erzeugend, fruchtbar; 2 schöpferisch; **Pro|duk|ti|vi|tät** *w.10 nur Ez.* 1 Ergiebigkeit, Fruchtbarkeit; 2 schöpfer. Kraft; **Pro|du|zent** *m.10* Hersteller, Erzeuger; **pro|du|zie|ren** hervorbringen, herstellen, erzeugen; sich p.: (vor andern) zeigen, was man kann

**pro|fan** [lat.] weltlich, nicht kirchlich; *Ggs.:* sakral (1); *übertr.:* alltäglich; **Pro|fa|na|ti|on** [-tsjon] *w.10* Entweihung; **Pro|fan|bau** *m. Gen. -s Mz. -bauten* Bau für weltl. Zwecke; *Ggs.:* Sakralbau; **pro|fa|nie|ren** entweihen, ins Alltägliche herabziehen; **Pro|fa|ni|tät** *w.10 nur Ez.* Unheiligkeit, Weltlichkeit

**Pro|feß** [lat.] 1 *w.1* Ablegung der Ordensgelübde; 2 *m.10* Ordensmitglied nach Ablegung der Ordensgelübde; **Pro|fes|si|on** *w.10 veraltet:* Beruf; **Pro|fes|sio|nal** [-fɛʃnɐl, engl.] *m.9* (*Kurzw.:* Profi) Berufssportler; **pro|fes|sio|na|li|sie|ren** zur Erwerbsquelle, zum Beruf machen; **Pro|fes|sio|na|lis|mus** *m. Gen. - nur Ez.* Berufssportlertum, berufl. Ausübung des Sports; **pro|fes|sio|nell** berufsmäßig; **pro|fes|sio|niert** berufs-, gewerbsmäßig; **Pro|fes|sio|nist** *m.10 österr.:* ausgebildeter Handwerker; **Pro|fes|sor** [lat.] *m.13* (*Abk.:* Prof.) 1 Hochschullehrer in Beamtenstellung; **2** *Titel für* verdienten Gelehrten, Künstler u. a.; **3** *früher Titel für* Lehrer an einer höheren Schule; **pro|fes|so|ral** in der Art eines Professors, gemessen und würdevoll; **Pro|fes|so|rin** *w.10* weibl. Professor; **Pro|fes|sur** *w.10* Amt eines Professors, Lehrstuhl; **Pro|fi** *m.9 Kurzw. für* Professional

**Pro|fil** [frz.] *s.1* **1** Seitenansicht (bes. des Gesichts); **2** senkrechter Schnitt durch die Erdkruste; **3** Längsschnitt; **4** Kerbung (von Gummireifen, Schuhsohlen); **5** Höhe und/ oder Breite (eines Torbogens o. ä.); **6** *übertr.*: Eigenart, klare Haltung oder Richtung; **pro|fi|lie|ren** mit Profil versehen; sich p.: eine Eigenart, klare Haltung ausbilden, sich in bestimmter Richtung entwickeln; **Pro|fil|neu|ro|se** *w.11* Störung des Selbstgefühls infolge geschmälerten Prestiges

**Pro|fit** [auch: -fit, frz.] *m.1* Gewinn, Nutzen; **pro|fi|ta|bel** gewinnbringend; **pro|fi|tie|ren** von etwas oder jmdm. p.: von jmdm. oder etwas Nutzen haben, Gewinn aus etwas ziehen

**pro for|ma** [lat.] (nur) der Form wegen, zum Schein

**Pro|fos** [lat.] *m.1 oder m.10, in Landsknechtsheeren des MA:* Leiter des Militärgerichts, Feldrichter

**pro|fund** [lat.] tief, tiefgründig, gründlich (Wissen, Kenntnisse)

**pro|fus** [lat.] *Med.:* überreichlich, stark (z. B. Schweißabsonderung)

**Pro|ge|nie** [griech.] *w.11* Vorspringen des Unterkiefers, des Kinns; *Ggs.:* Prognathie

**Pro|ge|ni|tur** [lat.] *w.10* Nachkommenschaft

**Pro|ge|ste|ron** [lat. + griech.] *s.1 nur Ez.* Gelbkörperhormon

**Pro|gna|thie** [griech.] *w.11* Vorspringen des Oberkiefers; *Ggs.:* Progenie; vgl. Orthognathie

**Pro|gno|se** [griech.] *w.11* Voraus-, Vorhersage; **Pro|gno|stik** *w.10 nur Ez.* Lehre von den Prognosen; **Pro|gno|sti|kon, Pro|gno|sti|kum** *s. Gen.-s Mz.*-ka Vorzeichen (künftiges Geschehens, einer Krankheit); **pro|gno|stisch** vorhersagend; **pro|gno|sti|zie|ren** voraussagen (Künftiges), vorher erkennen (Krankheit)

**Pro|gramm** [griech.] *s.1* **1** Plan, Vorhaben; **2** Darlegung der Ziele und Grundsätze (einer künstler. Bewegung, einer Partei); **3** Folge von Darbietungen (im Rundfunk, Varieté usw.); **4** Blatt oder Heft mit der Darbietungsfolge; **5** Gesamtheit der einander folgenden Szenen (z. B. des Lebens Christi) in einer Darstellung der bildenden Kunst; **6** Angebot mehrer zusammengehöriger oder bes. zusammengestellter Waren, z. B. Möbel; **7** einem Computer eingegebene Anweisung für Rechenvorgänge; **8** *bei automat. Maschinen:* Aufeinanderfolge von Schaltvorgängen; **Pro|gram|ma|ti|ker** *m.5* jmd., der ein Programm (**1, 2**) aufstellt oder

entwickelt; **pro|gram|mie|ren** einen Computer p.: für einen C. ein Programm aufstellen, einem C. ein Programm eingeben; programmierter Unterricht: U. durch Bücher oder Lernmaschinen, wobei der Lehrstoff in kleine einzelne Schritte und Aufgaben gegliedert ist, die sofort überprüft werden können; **Pro|gram|mie|rer** *m.5* jmd., der einen Computer programmiert; **Pro|gram|mier|spra|che** *w.11* aus binären Einheiten bestehendes System von Zeichen zum Verschlüsseln von Informationen für einen Computer, Computersprache, Maschinensprache; **Pro|gram|mu|sik** (-gramm|mu-) *w.10 nur Ez.* Musik, die außermusikal. Motive und Geräusche durch musikal. Mittel wiederzugeben versucht

**Pro|gre|di|enz** [lat.] *w.10 nur Ez.* fortgeschrittenes Stadium (einer Krankheit); **Progreß** *m.1* Fortschritt, Fortgang; **Pro|gres|si|on** *w.10* Steigerung, Zunahme; **Pro|gres|sist** *m.10* Anhänger einer Fortschrittspartei; **pro|gres|siv 1** stufenweise fortschreitend, sich entwickelnd; *Ggs.:* degressiv; **2** fortschrittlich; **Pro|gres|sive** Jazz [-siv dʒæs, engl.] *m. Gen. -- nur Ez.* Richtung des Jazz seit 1940, gekennzeichnet durch afro-kuban. Rythmen und Instrumente sowie scharfe Dissonanzen

**pro|hi|bie|ren** [lat.] *veraltet:* verhindern, verbieten; **Pro|hi|bi|ti on** [-tsjon] *w.10* Verbot, bes. der Herstellung von Alkohol; **Pro|hi|bi|ti|o|nist** *m.10* Anhänger der Prohibition; **pro|hi|bi|tiv** verhindernd, vorbeugend; **Pro|hi|bi|tiv|sy|stem** *s.1* System der Ein- und Ausfuhrbeschränkung durch Verbote oder hohe Zölle; **Pro|hi|bi|tiv|zoll** *m.2* Schutzzoll; **pro|hi|bi|to|risch** → prohibitiv

**Pro|jekt** [lat.] *s.1* Plan, Vorhaben, Entwurf; **Pro|jek|teur** [-tør] *m.1* Planer, Vorplaner; **pro|jek|tie|ren** planen, vorhaben, entwerfen; **Pro|jek|til** *s.1* Geschoß; **Pro|jek|ti on** [-tsjon] *w.10* **1** zeichner. Darstellung von Körpern oder der gekrümmten Erdoberfläche auf einer Ebene; **2** Abbildung durchsichtiger oder undurchsichtiger Bilder mittels Lichtstrahlen auf einer Wand; **3** Übertragung (von Gefühlen, Vorstellungen) auf andere in der Weise, daß Wünsche, Erwartungen usw. anderen zugeschrieben werden; **pro|jek|tiv** mit Hilfe der Projektion; **Pro|jek|tor** *m.13* Gerät zur Projektion von Bildern, Bildwerfer; **pro|ji|zie|ren 1** auf einer ebenen Fläche zeichnerisch darstellen; **2** mittels Lichtstrahlen auf einer Bildwand abbilden; **3** übertragen; ein (eigenes) Gefühl auf jmdn. p.: sich einbilden, daß jmd. dieses Gefühl haben müsse

**Pro|kla|ma|ti on** [-tsjon, lat.] *w.10* öffentl. Bekanntmachung, Aufruf; **pro|kla|mie|ren** öffentlich bekanntmachen

**Pro|kli|se** [griech.] *w.11*, **Pro|kli|sis** *w. Gen. - Mz.* -sen Verkürzung eines unbetonten Wortes durch Anlehnung an das folgende, stärker betonte Wort, z. B. 's geht, statt: es geht; *Ggs.:* Enklise; **Pro|kli|ti|kon** *s. Gen.* -s *Mz.* -ka unbetontes Wort, das sich an das folgende, stärker betonte anlehnt

**Pro|kon|sul** [lat.] *m. 11 im alten Rom:* Statthalter einer Provinz, der früher Konsul war **Pro|kru|stes|bett** [nach Prokrustes, dem Unhold der griech. Sage, der vorbeikommende Wanderer in ein Bett legt und sie entweder mit Gewalt auseinanderzieht oder ihnen die Füße abschlägt, bis sie hineinpassen] *s. 12 nur Ez.* unangenehme Lage, in die jmd. hineingezwungen, oder Schema, in das etwas hineingepreßt werden soll

**Prok|ti|tis** [griech.] *w. Gen.* - *Mz.* -ti|ti|den Mastdarmentzündung; **Prok|to|pla|stik** *w. 10* künstl. After

**Pro|ku|ra** [lat.] *w. Gen.* - *Mz.* -ren im Handelsregister eingetragene Vollmacht zur Vertretung eines Unternehmers oder Unternehmens; **Pro|ku|ra|ti|on** [-tsjon] *w. 10* 1 Stellvertretung durch einen Bevollmächtigten; 2 Vollmacht; **Pro|ku|ra|tor** *m. 13* 1 *im alten Rom:* Provinzstatthalter; 2 *in der Republik Venedig:* einer der neun höchsten Staatsbeamten, unter denen der Doge gewählt wurde; 3 *in Klöstern:* Vermögens-, Wirtschaftsverwalter; 4 *allg.:* Bevollmächtigter, Vertreter; **Pro|ku|rist** *m. 10* kaufmänn. Angestellter, der Prokura hat

**Pro|laps** [lat.] *m. 1,* **Pro|lap|sus** *m. Gen.* - *Mz.* - Hervortreten, Ausstülpung eines inneren Organs, Vorfall

**Pro|let** [lat.] *m. 10* 1 *abwertend:* Proletarier; 2 *übertragen:* ungehobelter, ungebildeter Mensch; **Pro|le|ta|ri|at** *s. 1* Gesellschaftsklasse der Lohnempfänger, die keine Produktionsmittel besitzen, Arbeiterklasse; **Pro|le|ta|ri|er** *m. 5* Angehöriger des Proletariats; **pro|le|ta|ri|sie|ren** zum Proletarier machen

**Pro|li|fe|ra|ti|on** [-tsjon, lat.] *w. 10* Sprossung, Gewebsvermehrung, -wucherung; **pro|li|fe|rie|ren** sprossen, wuchern

**pro lo|co** [lat.] *veraltet:* anstelle, anstatt

**Pro|log** [griech.] *m. 1* Einleitung, Vorrede, Vorspiel; *Ggs.:* Epilog

**Pro|lon|ga|ti|on** [-tsjon, lat.] *w. 10* Verlängerung (einer Frist), Stundung; **pro|lon|gie|ren** verlängern

**pro me|mo|ria** [lat.] *(Abk.:* p. m.) zur Erinnerung (an), zum Gedächtnis (von)

**Pro|me|na|de** [frz.] *w. 11* 1 Spaziergang; 2 bequemer, ebener Spazierweg; **pro|me|nie|ren** geruhsam spazierengehen

**Pro|mes|se** [lat.] *w. 11* 1 schriftl. Versprechen, schriftl. Zusage; 2 Schuldverschreibung

**pro|me|the|isch** [nach Prometheus, dem Titan der griech. Sage] gewaltig, ungeheuer stark

**Pro|me|thi|um** *s. Gen.* -s *nur Ez.* *(Zeichen:* Pm) chem. Element

**pro mil|le** [lat.] *(Abk.:* p. m., *Zeichen:* ‰) für, auf tausend (Stück), vom Tausend; **Pro-**

**mil|le** *s. Gen.* -s *Mz.* - ein Tausendstel; **Pro|mil|le|gren|ze** *w. 11* auf den Blutalkoholgehalt bezogene Grenze der Fahrtüchtigkeit

**pro|mi|nent** [lat.] bedeutend, hervorragend, allgemein bekannt (Persönlichkeit); **Pro|mi|nenz** *w. 10* Gesamtheit prominenter Persönlichkeiten

**pro|mis|cue** [-kue:, lat.] vermengt, durcheinander; **Pro|mis|ku|i|tät** *w. 10 nur Ez.* ungeregelter Geschlechtsverkehr mit verschiedenen Partnern

**Pro|mo|ter** [lat.] *m. 5* Veranstalter von Berufssportwettkämpfen; **Pro|mo|ti|on** 1 [-tsjon] *w. 10* Verleihung der Doktorwürde; 2 [-mou∫n, engl.] *w. Gen.* - *nur Ez.* Verkaufsförderung durch gezielte Werbe- und absatzpolit. Maßnahmen; **Pro|mo|tor** *m. 13* Förderer, Manager; **pro|mo|vie|ren** 1 die Doktorwürde erwerben; zum Dr. med. p.; die Doktorarbeit schreiben; über Th. Mann p.; 2 jmdn. p.: jmdm. die Doktorwürde verleihen

**prompt** [lat.] sofort, unverzüglich, rasch

**Pro|mul|ga|ti|on** [-tsjon, lat.] *w. 10* Verbreitung, Veröffentlichung, Bekanntgabe (z. B. eines Gesetzes); **pro|mul|gie|ren** veröffentlichen, bekanntgeben

**Pro|no|men** [lat.] *s. 7 oder Mz.* -mi|na Fürwort, Wort, das für ein Nomen steht, z. B. er, dieser; **Pro|no|mi|nal|ad|jek|tiv** *s. 1* unbestimmtes Für- oder Zahlwort, z. B. solche, viele; **Pro|no|mi|nal|ad|verb** *s. Gen.* -s *Mz.* -bi|en Adverb, das anstelle einer Fügung aus Verhältnis- und Fürwort steht, z. B. „damit" statt „mit dem, mit welchem"

**pro|non|ciert** [-nõsirt, frz.] deutlich, nachdrücklich; ein Wort p. aussprechen

**Pro|nun|zia|mi|en|to** [span.], *fälschl. auch:* Pro|nun|zial|men|to *s. 9* 1 *in Spanien und Lateinamerika:* polit. Demonstration; 2 Aufruf zum Staatsumsturz

**Pro|ömi|on** [griech.], **Pro|ömi|um** *s. Gen.* -s *Mz.* -mi|en *Antike* 1 Einleitung, Vorrede; 2 kleine Hymne vor dem Vortrag eines Epos durch den Rhapsoden

**Pro|pä|deu|tik** [griech.] *w. 10 nur Ez.* Einführung in eine Wissenschaft; **pro|pä|deu|tisch** einführend

**Pro|pa|gan|da** [lat.] *w. Gen.* - *nur Ez.* (bes. polit.) Werbung, Verbreitung von Ideen, Zielen, Theorien; **Pro|pa|gan|dist** *m. 10* jmd., der Propaganda treibt; **Pro|pa|ga|tion** [-tsjon] *w. 10 Biol.:* Ausbreitung, Vermehrung; **pro|pa|gie|ren** etwas p.: für etwas Propaganda machen, für etwas werben

**Pro|pan** [griech.], **Pro|pan|gas** *s. 1 nur Ez.* ein Brenn- und Treibstoff

**Pro|pel|ler** [lat.] *m. 5* Antriebsschraube für Flugzeuge und Schiffe

**Pro|pen** [griech.] *s. 1 nur Ez.* ungesättigter, aliphat. Kohlenwasserstoff

**pro|per** [frz.] sauber und ordentlich; **Pro|per-**

**han|del** *m. Gen.*-s *nur Ez.* Handel auf eigene Rechnung und Gefahr, Eigenhandel
**Prophet** [griech.] *m. 10* Weissager, Seher, Verkündiger; **Pro|phe|tie** *w. 11* Weissagung; **pro|phe|zei|en** vorhersagen, weissagen; **Pro|phe|zei|ung** *w. 10* Vorhersage, Weissagung
**Pro|phy|lak|ti|kum** [griech.] *s. Gen.*-s *Mz.*-ka vorbeugendes Mittel; **pro|phy|lak|tisch** vorbeugend; **Pro|phy|la|xe** *w. 11* Vorbeugung, Verhütung (bes. von Krankheiten)
**pro|po|nie|ren** [lat.] *veraltet:* vorschlagen
**Pro|por|ti|on** [-tsjon, lat.] *w. 10* 1 Maß-, Größenverhältnis; vgl. Disproportion; 2 *Math.:* Verhältnisgleichung; **pro|por|tio|nal** [-tsjo-] hinsichtlich der Proportionen, im gleichen Verhältnis; **Pro|por|tio|na|le** *w. 11 Math.:* Glied einer Proportion; **Pro|por|tio|na|li|tät** *w. 10 nur Ez.* Beschaffenheit hinsichtlich der Proportionen, Verhältnismäßigkeit; **Pro|por|tio|nal|wahl** *w. 10* Verhältniswahl; **pro|por|tio|niert** im Größen-, Maßverhältnis; gut, schlecht, richtig p.; **Pro|porz** *m. 1 schweiz., österr.:* Verteilung der Mandate nach dem Verhältnis der abgegebenen Stimmen; 2 *österr.:* Besetzung von Ämtern je nach der Stärke der Parteien; **Pro|porz|wahl** *w. 10 österr., schweiz.:* Verhältniswahl
**pro|prio mo|tu** [lat.] aus eigenem Antrieb
**Pro|po|si|ti|on** [-tsjon, lat.] *w. 10* 1 *veraltet:* Vorschlag, Angebot; 2 Gesamtheit der für ein Pferderennen vorgesehenen Bedingungen, Ausschreibung
**Pro|prä|tor** [lat.] *m. 13 im alten Rom:* Provinzstatthalter, der vorher Prätor war
**Pro|pre|tät** *w. 10 veraltet:* Ordnung und Sauberkeit; vgl. proper
**Propst** [lat.] *m. 2* 1 *kath. Kirche:* Vorsteher eines Kapitels oder Stifts; 2 *in einigen evang. Landeskirchen:* Vorsteher mehrerer Superintendenturen; **Prop|stei** *w. 10* Amt, Amtsräume eines Propstes
**Pro|pusk** [russ.] *m. 1* Passierschein, Ausweis
**Pro|py|lä|en** [griech.] *Mz.* 1 Säulenvorhalle; 2 Ein- oder Durchgang aus Säulen
**Pro|py|len** *s. 1 nur Ez., veraltet für* Propen
**Pro|rek|tor** [lat.] *m. 13* Stellvertreter des Rektors (einer Hochschule)
**Pro|ro|ga|ti|on** [-tsjon, lat.] *w. 10* Verlängerung, Amtsverlängerung, Vertagung, Aufschub; **pro|ro|ga|tiv** aufschiebend, vertagend; **pro|ro|gie|ren** verlängern, aufschieben, vertagen
**Pro|sa** [lat.] *w. Gen.*- *nur Ez.* erzählende oder redner., nicht durch Rhythmus oder Reim gebundene Sprachform; *Ggs.:* Poesie (2); **Pro|sa|iker** *m. 5* 1 → Prosaist; 2 nüchterner, prosaischer Mensch; **pro|sa|isch** 1 in Prosa (geschrieben); 2 *übertr.:* nüchtern, alltäglich; **Pro|sa|ist** *m. 10* Prosa schreibender Schriftsteller
**Pro|sek|tor** [lat.] *m. 13* Leiter einer Prosektur; **Pro|sek|tur** *w. 10* Abteilung eines Kran-

kenhauses, in der Sektionen durchgeführt werden
**Pro|se|kul|ti|on** [-tsjon, lat.] *w. 10* gerichtl. Verfolgung
**Pro|se|lyt** [griech.] *m. 10* jmd., der zu einer anderen Religion übergetreten ist, Neubekehrter; **Pro|se|ly|ten|ma|che|rei** *w. 10 nur Ez.* eilige Werbung für eine Religion oder Anschauung, ohne wirklich zu überzeugen
**Pro|se|mi|nar** [lat.] *s. 1* einführendes Seminar (an einer Hochschule), Vorseminar
**Pros|en|chym** *s. 1* Verband von stark gestreckten Zellen im Parenchym, dient der Festigung und dem Stoffaustausch
**pro|sit!** [lat. „es möge (dir) nützen"] wohl bekomm's!; **Pro|sit** *s. 9* Zutrunk; ein P. auf jmdn. ausbringen
**pro|skri|bie|ren** [lat.] (urspr. durch öffentl. Anschlag) ächten, für vogelfrei erklären; **Pro|skrip|ti|on** [-tsjon] *w. 10* Ächtung
**Pros|odie** [griech.] *w. 11 nur Ez.,* **Pros|odik** *w. 10 nur Ez.* Lehre von der Behandlung der Sprache im Vers, Messung der Silben nach Länge, Betonung usw.
**Pro|spekt** [lat.] *m. 1* 1 Ansicht (eines Gebäudes, Platzes, einer Straße); 2 *Theater:* halbrund gespannte Leinwand mit darauf gemalter oder projizierter Darstellung als Hintergrund der Bühne, Rundhorizont; 3 Schauseite (der Orgel); 4 (meist bebilderte) Werbeschrift; **pro|spek|tiv** der Aussicht, Möglichkeit nach, vorausschauend; **Pro|spek|tor** *m. 13* jmd., der Bodenschätze erkundet
**pro|spe|rie|ren** [lat.] gedeihen, blühen, vorankommen; **Pro|spe|ri|tät** *w. 10 nur Ez.* (bes. wirtschaftl.) Aufschwung, Blüte
**Pro|sper|mie** [griech.] *w. 11* vorzeitiger Samenerguß
**prost!** *ugs. für* prosit!
**Pro|sta|ta** [griech.] *w. Gen.*- *nur Ez., beim Mann und männl. Säugetier:* am Anfang der Harnröhre liegende Drüse, deren Sekret die Samenflüssigkeit bildet, Vorsteherdrüse; **Pro|sta|ti|tis** *w. Gen.*- *Mz.*-ti|ti|den Entzündung der Prostata
**pro|sti|tu|ie|ren** [lat.] *veraltet:* bloßstellen, preisgeben; sich p.: sich um des Vorteils willen zu etwas hergeben; **Pro|sti|tu|ier|te** *w. 17 oder 18* Frau, die gewerbsmäßig mit Männern Geschlechtsverkehr ausübt, Dirne, Hure; **Pro|sti|tu|ti|on** [-tsjon] *w. 10 nur Ez.* gewerbsmäßige Ausübung des Geschlechtsverkehrs, Dirnenwesen
**Pro|stra|ti|on** [-tsjon, lat.] *w. 10* 1 Fußfall, Sichniederwerfen (z. B. bei den kath. höheren Weihen); 2 Entkräftung, Erschöpfung
**Pro|sze|ni|um** [griech.] *s. Gen.*-s *Mz.*-ni|en Teil der Bühne zwischen Vorhang und Orchester; **Pro|sze|ni|ums|lo|ge** [-ʒə] *w. 11* Loge im Zuschauerraum zu beiden Seiten des Proszeniums

**prot.** *Abk. für* protestantisch

**Prot|ac|ti|ni|um** [griech.] *s. Gen.* -s *nur Ez.* (*Zeichen:* Pa) chem. Element

**Prot|ago|nist** [griech.] *m.10* **1** *altgriech. Theater:* erster Schauspieler; **2** *übertr.:* Vorkämpfer

**Prot|an|drie** [griech.] *w.11 nur Ez.*, *bei zwittrigen Pflanzen und Tieren:* Reifwerden der männl. Geschlechtsprodukte vor den weiblichen; *Ggs.:* Protogynie

**Pro|te|gé** [-ʒe, frz.] *m.9* Schützling, Günstling; **pro|te|gie|ren** [-ʒi-] schützen, begünstigen, fördern

**Pro|te|id** [griech.] *s. l* Protein, das neben dem Proteinanteil noch niedermolekulare Molekülgruppen enthält; **Pro|te|in** *s. l* hochmolekulare Verbindung, Kondensationsprodukt von Aminosäuren

**pro|te|isch** in der Art einer Proteusnatur, wandelbar, unzuverlässig

**Pro|tek|ti|on** [-tsjon, lat.] *w.10* **1** Schutz; **2** Förderung, Begünstigung; **Pro|tek|tio|nis|mus** *m. Gen. - nur Ez.* Schutz der einheim. Produktion gegen ausländ. Konkurrenz; **Pro|tek|tor** *m.13* **1** Schützer; **2** Förderer, jmd., der einen anderen protegiert; **Pro|tek|to|rat** *s. l* **1** Schutzherrschaft; **2** unter der Schutzherrschaft eines Staates stehendes Land

**pro tem|po|re** [lat.] (*Abk.:* p. t.) für jetzt, vorläufig

**Pro|teo|ly|se** [griech.] *w.11* hydrolyt. Aufspaltung von Eiweißkörpern durch Enzyme oder Säuren

**Pro|ter|an|drie** *w.11 nur Ez.* → Protandrie; **Pro|te|ro|zoi|kum** *s. Gen.* -s *nur Ez.* → Archäozoikum

**Pro|test** [lat.] *m.l* **1** Einspruch, Widerspruch; **2** Beurkundung der vergebl. Präsentation eines Wechsels; **Pro|te|stant** *m.10* Angehöriger der protestant. Kirche; **pro|te|stan|tisch** (*Abk.:* prot.) auf dem Protestantismus beruhend, zur protestant. Kirche gehörend; *protestantische Kirche:* die aus der Reformation hervorgegangene evang. (luther. und reformierte) Kirche; **Pro|te|stan|tis|mus** *m. Gen. - nur Ez.* die protestant. Kirche, protestant. Konfession; **pro|te|stie|ren** [lat.] Protest, Einspruch erheben, widersprechen

**Pro|teus|na|tur** [nach dem Meergreis der griech. Sage, der sich in viele Gestalten verwandeln kann] *w.10* wetterwendischer, schnell die Gesinnung wechselnder Mensch

**Pro|the|se** [griech.] *w.11* **1** künstl. Glied, Ersatzglied; **2** künstl. Zähne, Zahnersatz; **3** Hinzufügung eines Lautes am Wortanfang zur Erleichterung der Aussprache, z. B. span. estado „Staat"; **Pro|the|tik** *w.10 nur Ez.* Herstellung von (bes. Zahn-) Prothesen **Pro|tist** [griech.] *m.10* einzelliges Lebewesen, Einzeller

**pro|to|gen** [griech.] am Fundort entstanden

(Erzlagerstätte); **Pro|to|gy|nie** *w.11 nur Ez.*, *bei zwittrigen Pflanzen und Tieren:* Reifwerden der weibl. Geschlechtsprodukte vor den männlichen; *Ggs.:* Protandrie; **Pro|to|kla|se** *w.11* Zertrümmerung von Gestein infolge Pressungen innerhalb noch nicht verfestigter Magmas; *vgl.* Kataklase; **Pro|to|koll** *s.l* **1** (gleichzeitige) Niederschrift des Verlaufs oder Ergebnisses einer Versammlung, Verhandlung o. ä.; **2** Gesamtheit der im diplomat. Verkehr übl. äußeren Formen; **Pro|to|kol|lant** *m.10* jmd., der etwas protokolliert; **pro|to|kol|la|risch** mittels Protokoll, als Protokoll; **pro|to|kol|lie|ren** als Protokoll festhalten, mitschreiben, das Protokoll (**1**) führen **Pro|ton** [griech.] *s.13* (*Abk.:* p) positiv geladenes Elementarteilchen; **Pro|to|nen|syn|chro|tron** *s.l* Protonenbeschleuniger

**Pro|to|phyt** [griech.] *m.10,* **Pro|to|phy|ton** *s. Gen.* -s *Mz.* -phy|ten einzellige Pflanze; **Pro|to|plas|ma** *s. Gen.* -s *nur Ez.* Lebenssubstanz der pflanzl., tier. und menschl. Zelle; **Pro|to|typ** *m.l* **1** Urbild, Vorbild, Muster; **2** erste Ausführung eines Flug- oder Fahrzeugs oder einer Maschine, nach der dann die Serie gebaut wird; **Pro|to|zo|on** *s. Gen.* -s *meist Mz.* -zo|en einzelliges Tier, Einzeller **Pro|tu|be|ranz** [lat.] *w.10* **1** Gaseruption (auf der Sonne); **2** Vorsprung, bes. an Knochen

**Prot|ze** [ital.] *w.11* zweirädriger Vorderwagen für eine Geschütz

**Prov.** *Abk. für* Provinz

**Pro|ve|ni|enz** [lat.] *w.10* Herkunft, Ursprung (von Waren u. a.)

**Pro|verb** *s. Gen.* -s *Mz.* -bi|en Sprichwort

**Pro|vi|ant** [lat.-ital.] *m.l nur Ez.* Verpflegung für einen begrenzten (kurzen) Zeitraum, Wegzehrung, Mundvorrat

**pro|vi|den|ti|ell** [-tsjel, lat.] *veraltet:* von der Vorsehung bestimmt; **Pro|vi|denz** *w.10 nur Ez. veraltet:* Vorsehung

**Pro|vinz** [lat.] *w.10* **1** (*Abk.:* Prov.) Landesteil, (staatl. oder kirchl.) Verwaltungsgebiet; **2** Hinterland (einer Stadt), ländl. Gebiet; **3** *abg.:* kulturell rückständige Gegend; **Pro|vin|zi|al** *m.l* Vorsteher einer Ordensprovinz; **Pro|vin|zia|lis|mus** **1** *m. Gen. - Mz.* -men mundartl. Ausdruck, z. B. bayr., österr.: Schmarrn, nordrhein.: jeck; **2** *nur Ez.* Kleinbürgerlichkeit, Beschränktheit; **pro|vin|zi|ell** kleinbürgerlich, engstirnig, kulturell rückständig;

**Pro|vi|si|on** [lat.] *w.10* Vergütung durch prozentualen Anteil am Umsatz, Vermittlungsgebühr; **Pro|vi|sor** *m.13* Verwalter einer Apotheke; **pro|vi|so|risch** vorläufig, behelfsmäßig; **Pro|vi|so|ri|um** *s. Gen.* -s *Mz.* -ri|en vorläufiger Zustand, vorläufige Lösung **Pro|vit|amin** [lat.] *s.l* Vorstufe eines Vitamins

**Pro|vo** [Kurzw. zu Provokateur] *m.9 in den 60er Jahren:* Angehöriger einer Bewegung von jungen Leuten, die sich (durch Verhalten, Lebensweise und -auffassung usw.) bewußt in Gegensatz zu ihrer Umwelt stellten, sich aber zur Umgestaltung der Gesellschaft bürgerlicher Methoden bedienten; **pro|vo|kant** [lat.] → provokatorisch; **Pro|vo|ka|teur** [-tør] *m.1* jmd., der andere provoziert; **Pro|vo|ka|ti|on** [-tsjon] *w.10* 1 Herausforderung, Aufreizung zu unüberlegten Äußerungen oder Handlungen; 2 *Med.:* künstl. Hervorrufen von Krankheitserscheinungen; **pro|vo|ka|to|risch** in der Art einer Provokation (1); **pro|vo|zie|ren** herausfordern, zu unüberlegten Äußerungen oder Handlungen aufreizen

**Pro|ze|dur** [lat.] *w.10* Verfahren, (schwierige oder unangenehme) Behandlung

**Pro|zent** [lat.] *s.1, nach Mengenangaben Mz.- (Abk.:* p. c., *Zeichen:* %) vom Hundert, Hundertstel; **Pro|zent|satz** *m.2* Anzahl von Prozenten; **pro|zen|tu|al**, österr.: **pro|zen|tu|ell** in Prozenten gerechnet, ausgedrückt, verhältnismäßig, im Verhältnis

**Pro|zeß** [lat.] *m.1* 1 Gerichtsverfahren; 2 Ablauf, Verlauf, Vorgang; **pro|zes|sie|ren** einen Prozeß führen; gegen jmdn. p.; **Pro|zes|si|on** *w.10* 1 *kath. Kirche:* feierl. Umzug, Bitt- oder Dankgang; 2 *allg.:* feierl. Aufzug **pro|zy|klisch** einem (bestehenden) Zyklus gemäß; *Ggs.:* antizyklisch

**prü|de** [frz.] (in sexuellen Dingen) übertrieben empfindlich, sittsam, zimperlich; **Prü|de|rie** *w.11 nur Ez.* prüdes Wesen oder Verhalten

**Prü|nel|le** [lat.-frz.] *w.11* entsteinte, getrocknete Pflaume

**Pru|ri|go** [lat.] *m. oder w.9 nur Ez.* juckende Hautflechte; **Pru|ri|tus** *m. Gen.- nur Ez.* Hautjucken

**Pru|ze** *m.11* Angehöriger eines baltisch-litauischen Volksstammes

**PS** *Abk. für* Postskriptum

**Psal|li|gra|phie** [griech.] *w.11 nur Ez.* Kunst des Scherenschnittes

**Psalm** [griech.] *m.12* geistl. Lied aus dem AT; **Psal|mist** *m.10* Psalmendichter, Psalmensänger; **Psal|mo|die** *w.11* Psalmengesang überwiegend auf einem Ton im Wechsel zwischen Chor und Vorsänger; **psalm|o|die|ren** in der Art der Psalmodie singen; **Psal|ter** *m.5* 1 *nur Ez.* Buch der Psalmen im AT; 2 *im Magensystem der Wiederkäuer:* Blättermagen; **Psal|te|ri|um** *s. Gen.-s Mz.-ri|en* meist dreieckiges, zitherähnl. Zupfinstrument

**Psam|mit** [griech.] *m.1* feines Trümmergestein, z. B. Sandstein

**Pseud|an|thi|um** [griech.] *s. Gen.-s Mz.-thi|en* Scheinblüte, wie eine Einzelblüte aussehender Blütenstand; **Pseud|ar|thro|se** *w.11* an schlecht verheilten Knochenbruchstellen entstehendes „falsches" Gelenk, Scheingelenk; **Pseud|epi|gra|phen** *Mz.* einem Schriftsteller fälschlich zugeschriebene Schriften;

**Pseu|do|lo|gie** *w.11 nur Ez.* krankhaftes Lügen; **pseud|onym** unter einem Decknamen; **Pseud|onym** *s.1* Deckname; **Pseu|do|po|di|en** *Mz., bei Wurzelfüßern:* vorübergehend gebildete, der Fortbewegung dienende Fortsätze aus Plasma, Scheinfüßchen

**Psi|lo|me|lan** [griech.] *s.1 nur Ez.* ein Mineral, Hartmanganerz

**Psit|ta|ko|se** [griech.] *w.11* Papageienkrankheit

**Pso|ria|sis** [griech.] *w. Gen.- Mz.-asen* Schuppenflechte

**Psych|ago|ge** *m.11* jmd., der auf dem Gebiet der Psychagogik tätig ist; **Psych|ago|gik** [griech.] *w.10 nur Ez.* „seelische Führung", pädagog. und psycholog. Einwirkung auf Gesunde und Kranke; **Psy|che** *w.11* 1 Seele, Seelenleben; 2 österr. *auch:* Frisiertoilette; **psy|che|de|lisch** bewußtseinserweiternd (Droge); **Psych|ia|ter** *m.5* Facharzt für Geistes- und Gemütskrankheiten; **Psych|ia|trie** *w.11 nur Ez.* Wiss. von den Geistes- und Gemütskrankheiten und ihrer Behandlung; **psy|chisch** seelisch, hinsichtlich des Seelen-, Gemütszustandes; **Psy|cho|ana|ly|se** *w.11* Methode zur Erkennung und Heilung seelischer Störungen; **Psy|cho|ana|ly|ti|ker** *m.5* jmd., der auf dem Gebiet der Psychoanalyse tätig ist; **Psy|cho|dra|ma** *s. Gen.-s Mz.-men* 1 Monodrama, das die seel. Konflikte der handelnden Person darstellt; 2 *Psychotherapie:* schauspieler. Darstellung der eigenen Konflikte durch den Patienten selbst; **psy|cho|gen** seelisch bedingt, seelisch verursacht; **Psy|cho|ge|ne|se**, **Psy|cho|ge|ne|sis** *w. Gen.- nur Ez.* Entstehung und Entwicklung der Seele und des Seelenlebens; **Psy|cho|gramm** *s.1* durch Psychographie gewonnenes Bild der Persönlichkeit; **Psy|cho|gra|phie** *w.11* psycholog. Beschreibung einer Person auf Grund von mündl. und schriftl. Äußerungen; **Psy|cho|id** *s.1* seelenähnl. Kraft (bei niederen Organismen); **Psy|cho|lo|gie** *w.11 nur Ez.* Wissenschaft von der Seele, vom Seelenleben; **psy|cho|lo|gi|sie|ren** unter psycholog. Gesichtspunkten betrachten, darstellen; **Psy|cho|lo|gis|mus** *m. Gen.- nur Ez.* Überbewertung der Psychologie; **Psy|cho|man|tie** *w.11* → Nekromantie; **Psy|cho|me|trie** *w.11 nur Ez.* Messung der Dauer psychischer Vorgänge; **Psy|cho|mo|to|rik** *w.10 nur Ez.* Gesamtheit der durch Seele und Willen beeinflußbaren Bewegungen; **psy|cho|nom** nach psych. Gesetzen ablaufend; **Psy|cho|path** *m.10* seelisch-charakterlich gestörter Mensch; **Psy|cho|pa|thie** *w.11 nur Ez.* seelisch-charakterl. Störung; **Psy|cho|pa|tho|lo|gie** *w.11 nur Ez.* → Pathopsychologie; **Psy|cho|phar|ma|kon** *s. Gen.-s Mz.-ka auf* den seel. Zustand wirkende Arznei; **Psy|cho|phy|sik** *w.10 nur Ez.* Lehre von den Wechselbeziehungen zwischen physischen Reizen und

Sinnesempfindungen; **Psy|cho|se** w.11 geistig-seelische Störung, Geistes-, Gemütskrankheit; **Psy|cho|so|ma|tik** w.10 nur Ez. auf der Einheit von Seele und Körper fußende Lehre von der Einwirkung seelischer Einflüsse auf körperl. Vorgänge; **psy|cho|so|matisch** auf der Einheit von Seele und Körper beruhend, von seelischen Vorgängen beeinflußt; **Psy|cho|the|ra|peut** m.10 Arzt oder Psychologe auf dem Gebiet der Psychotherapie; **Psy|cho|the|ra|pie** w.11 nur Ez. Behandlung seelisch Gestörter durch seel. Einwirkung; **Psy|cho|ti|ker** m.5 jmd., der an einer Psychose leidet; **psy|cho|tisch** zu einer Psychose gehörend, an einer Psychose leidend **Psy|chro|me|ter** [-kro-, griech.] s.5 Gerät zum Messen der Luftfeuchtigkeit
**pt.** Abk. für Pint
**Pt** chem. Zeichen für Platin
**p. t.** Abk. für pro tempore
**Pta** Abk. für Peseta
**Pter|an|odon** [griech.] s. Gen.-s Mz.-odonten amerik. Flugsaurier der Kreidezeit; **Pte|ri|do|phy|ten** Mz. Sammelbez. für Farnpflanzen; **Pte|ro|dak|ty|lus** m. Gen. - Mz.-tylen Flugsaurier der Jura- und Kreidezeit; **Pte|ro|po|de** w.11 Meeresschnecke mit ruderartigen Verbreiterungen am Schwimmfuß, Ruder-, Flügelschnecke; **Pte|ro|sau|ri|er** m.5 Angehöriger einer ausgestorbenen Ordnung der Reptilien, Flugsaurier; **pte|ry|got** geflügelt (Insekt)
**Pto|ma|in** [griech.] s.1 nur Ez. bei der Verwesung von Leichen entstehendes Gift, Leichengift
**Pty|a|lin** [griech.] s.1 nur Ez. im Speichel enthaltenes Enzym
**Pu** chem. Zeichen für Plutonium
**Pub** [pʌb, engl. Kurzw. von public house] s.9 engl. Bez. für Gastwirtschaft
**pu|ber|tär** [lat.] zur Pubertät gehörig, mit ihr zusammenhängend; **Pu|ber|tät** w.10 nur Ez. Zeit der beginnenden Geschlechtsreife; **puber|tie|ren** sich in der Pubertät befinden, in die Pubertät kommen; **pu|bes|zent** geschlechtsreif; **Pu|bes|zenz** w.10 nur Ez. Geschlechtsreifung
**pu|bli|ce** [-tse:, lat.] veraltet: öffentlich; **Publi|ci|ty** [pʌbˌlisiti, engl.] w. Gen. - nur Ez. Bekanntsein in der Öffentlichkeit, Aufsehen in der Öffentlichkeit; auch: Verbreitung in der Öffentlichkeit, Bemühung um Aufsehen; **Pu|blic Re|la|tions** [pʌblik riˈleiʃnz] Mz. Arbeit mit der Öffentlichkeit, Öffentlichkeitsarbeit, Bemühung um Vertrauen in der Öffentlichkeit; **pu|blik** [lat.] öffentlich, allgemein bekannt; **Pu|bli|ka|ti|on** [-tsjon] w.10 1 das Publizieren, Veröffentlichung; 2 veröffentlichtes Druckwerk; **Pu|bli|kum** s. Gen. -s nur Ez. 1 Öffentlichkeit, Allgemeinheit; 2 Gesamtheit der Zuschauer, Zuhörer, Besucher oder Leser; **pu|bli|zie|ren** veröffentli-

chen; **Pu|bli|zist** m.10 1 Zeitungswissenschaftler; 2 Zeitungs-, Tagesschriftsteller; **Pu|bli|zi|stik** w.10 nur Ez. 1 Zeitungswissenschaft; 2 Zeitungs-, Tagesschriftstellerei; **Publi|zi|tät** w.10 nur Ez. Bekanntsein in der Öffentlichkeit
**p. u. c.** Abk. für post urbem conditam
**Puck** [engl.] m.9 Eishockey: Hartgummischeibe (als Spielball)
**Pud** [russ.] s. Gen.-s Mz.- altes russ. Gewicht, 16,38 kg
**Pud|deln** [engl.] s. Gen.-s nur Ez. Verfahren zur Herstellung von Stahl aus Roheisen
**Pud|ding** [engl.] m.9 1 urspr.: im Wasserbad gekochte Speise; 2 eine kalte Süßspeise
**Pu|der** [lat.-frz.] m.5 feines Pulver
**Pu|du** [indian.] m.9 südamerik. Zwerghirsch
**pue|ril** [puɛ-, lat.] kindlich (geblieben), zurückgeblieben; **Pue|ri|lis|mus** m. Gen. - nur Ez. kindisches Wesen; **Pu|er|pe|ral|fie|ber** s.5 nur Ez. Kindbettfieber
**Pul** [pers.] m.9, nach Zahlen Mz. - afghan. Währungseinheit, 1/100 Afghani
**Pul|ci|nel|la** [-tʃi-, ital.] m. Gen.-(s) Mz.-li in der Commedia dell'arte: Hanswurst
**Pulk** 1 [poln., russ.] m.1 Verband von Truppen, Kampfflugzeugen oder Fahrzeugen; 2 [lapp.] m.9 bootförmiger Lastschlitten der Lappen; **Pul|ka** m.9 → Pulk (2)
**Pull|man|wa|gen** [nach dem amerik. Hersteller G. M. Pullman] m.7 bequem eingerichteter Eisenbahnwagen
**Pull|over** [engl.] m.5 über den Kopf zu ziehendes, gestricktes oder gewirktes Kleidungsstück für den Oberkörper; **Pull|un|der** [auch: -ʌndər] m.5 ärmelloser Pullover mit Ausschnitt, unter dem man eine Bluse trägt
**pul|mo|nal** [lat.] zur Lunge gehörend, von ihr ausgehend, Lungen...
**Pulp** [lat.] m.12 Fruchtmark, Fruchtmus; **Pul|pa** w. Gen. - Mz.-pae [-pɛ:] weiche, gefäßreiche Masse in der Zahnhöhle (Zahnmark) und in der Milz; **Pul|pe, Pül|pe** w.11 → Pulp; **Pul|pi|tis** w. Gen. - Mz.-ti|den Entzündung der Pulpa; **pul|pös** fleischig, markig
**Pul|que** [-kə, span.] m. Gen.-s nur Ez. mexikan. Getränk aus gegorenem Agavensaft
**Puls** [lat.] m.1 an der Innenseite des Handgelenks fühlbare Druckwelle des Blutes, Pulsschlag; **Pul|sar** m.1 Himmelskörper, der periodisch kurze Stöße von Radiostrahlung abgibt; **Pul|sa|ti|on** [-tsjon] w.10 nur Ez. 1 rhythm. Zusammenziehung des Herzens und dadurch ausgelöste Druckwelle in den Blutgefäßen, Pulsschlag; 2 period. Veränderung des Durchmessers eines Sternes; **Pul|sator** m.13 Melkmaschine; **pul|sen** schlagen, klopfen, in Wellen strömen; **pul|sie|ren** 1 → pulsen; 2 übertr.: lebhaft strömen; pulsierendes Leben (in einer Stadt); **Pul|si|on** w.10 Stoß, Schlag, Schwungbewegung; **Pul-**

**sol|me|ter** *s. 5* Dampfpumpe ohne Kolben mit Dampfkondensatoren

**Pult** [lat.] *s. 1* Tisch mit schräger Fläche

**Pul|ver** [lat.] *s. 5* fein zerteilter, fester Stoff; Medikament in dieser Form; er hat sein P. zu früh verschossen *übertr.:* er hat seine Einwände, Argumente verfrüht angebracht; er ist keinen Schuß P. wert *übertr.:* gar nichts wert; **Pul|ve|ri|sa|tor** *m. 13* Maschine zum Herstellen von Pulver; **pul|ve|ri|sie|ren** zu Pulver zermahlen oder zerstampfen

**Pul|ma** [peruan. Indianerspr.] *m. 9* eine Raubkatze, Silberlöwe, Kuguar

**Pumps** [pœmps, engl.] *Mz.* ausgeschnittene Damenschuhe ohne Spangen oder Verschnürung

**Pu|na** [indian.] *m. Gen. - Mz. -* kaltes, trockenes Hochland in Südamerika

**Punch** [pʌntʃ, engl.] **1** [zu Pulcinella] *m. 9, im engl. Puppenspiel und in der engl. Komödie:* Kasperle, Hanswurst; **2** [engl. „schlagen, stoßen"] *m. 9* Boxhieb; *nur Ez.:* Training am Punchingball; **Pun|cher** [pʌntʃər] *m. 5* **1** Boxer beim Training am Punchingball; **2** Boxer mit bes. großer Schlagkraft; **Pun|ching|ball** [pʌntʃiŋ-] *m. 2* an einer Leine frei hängender Ball zum Training für Boxer

**Punc|tum punc|ti** [lat. „Punkt des Punktes"] *s. Gen. - - nur Ez.* Hauptpunkt, Hauptsache; **Punc|tum sali|ens** *m. Gen. - - nur Ez.* „springender Punkt", Kernpunkt, Hauptsache

**Pun|ker** [auch paŋ-, engl.] *m. 5* Angehöriger einer Protestbewegung Jugendlicher gegen alles Normale und Etablierte, die durch brutales Äußeres provozieren wollen

**Punkt** [lat.] *m. 1* **1** sehr kleiner Fleck; **2** *Math.:* geometr. Gebilde ohne Ausdehnung, Stelle, an der sich zwei Linien schneiden; **3** ein Satzzeichen; **4** *Mus.:* Zeichen hinter einer Note, das diese um die Hälfte ihres Zeitwertes verlängert; **5** bestimmte Stelle, bestimmter Ort; **6** *übertr.:* Sache, Angelegenheit; Absatz, Abschnitt; **7** *Sport, Spiel:* Bewertungseinheit; **8** Zeitpunkt; Punkt 8 Uhr, *österr., schweiz.:* punkt 8 Uhr; **9** *Mz.* - (*Abk.:* p) Maßeinheit für den Schriftsatz, typograph. Punkt; eine Schrift von 7 Punkt; **Punkt|al|glas** *s. 4* in bestimmter Weise geschliffenes Brillenglas, das opt. Verzerrungen auch bei schrägem Durchblick aufhebt; **Punk|tat** *s. 1* mittels Punktion entnommene Körperflüssigkeit; **Punk|ta|ti|on** [-tsjon] *w. 10* **1** Vorvertrag, vorläufige Festlegung der wichtigsten Punkte; **2** Kennzeichnung der Vokale in der hebr. Schrift durch Punkte unter (oder über) den Konsonanten; **punk|tie|ren 1** mit Punkt(en) versehen, durch Punkte andeuten; **2** jmdn. p.: an jmdm. eine Punktion vornehmen; **Punkt|tier|na|del** *w. 11* Hohlnadel für die Punktion; **Punk|ti|on** [-tsjon] *w. 10* Entnahme von Flüssigkeit aus einer Körperhöhle mittels Punktiernadel zu

diagnost. Zwecken; **punk|to** → in puncto; **punk|tu|ell** punktweise, auf einen oder mehrere Punkte bezogen; **Punk|tum!** Schluß!; **Punk|tur** *w. 10* → Punktion

**Punsch** [Hindi] *m. 1* heißes Getränk aus Rum, Wasser oder Tee, Zucker u. a.

**Pun|ze** [ital.] *w. 11* **1** meißelähnl. Werkzeug zum Treiben erhabener Muster auf Metall; **2** Stahlstift zur Lederbearbeitung; **3** *österr.:* Prüf-, Erkennungszeichen für den Gehalt an Edelmetall; **pun|zen, pun|zie|ren 1** mit der Punze bearbeiten; **2** mit dem Prüfzeichen stempeln (Edelmetall)

**pu|pil|lar** [lat.] **1** zur Pupille gehörig; **2** → pupillarisch; **pu|pil|la|risch** zum Mündel gehörig, das Mündel betreffend; **Pu|pil|le** *w. 11* Sehloch im Auge

**Pu|pin|spu|le** [nach dem jugoslaw. Physiker M. I. Pupin] *w. 11* Spezialspule für den Bau von Nachrichtenkabeln niederer Frequenzen

**pu|pi|par** [lat.] puppengebärend, Larven gebärend, die sich sofort verpuppen

**pur** [lat.] rein, unverfälscht, lauter, unverdünnt

**Pü|ree** [frz.] *s. 9* Mus, Brei

**Pur|gans** [lat.] *s. Gen. - Mz. -gan|tia* [-tsja] *oder* -gan|zi|en Abführmittel; **Pur|ga|ti|on** [-tsjon] *w. 10 veraltet:* Reinigung, (gerichtl.) Rechtfertigung; **pur|ga|tiv** abführend; **Pur|ga|to|ri|um** *s. Gen. -s nur Ez.* Fegefeuer; **pur|gie|ren** abführen

**pü|rie|ren** zu Püree machen

**Pu|ri|fi|ka|ti|on** [-tsjon, lat.] *w. 10* liturg. Reinigung (bes. der Altargefäße während der Messe); **Pu|ri|fi|ka|to|ri|um** *s. Gen. -s Mz. -ri|en* Tuch zum Trocknen des Kelchs bei der Purifikation; **pu|ri|fi|zie|ren** *veraltet:* reinigen, läutern

**Pu|rim** [hebr.] *s. Gen. -s nur Ez.* jüd. Fest zur Erinnerung an die Rettung der pers. Juden durch Esther

**Pu|rin** [lat.] *s. 1* eine chem. Verbindung, Stammsubstanz z. B. von Koffein; **Pu|ris|mus** *m. Gen. - nur Ez.* übertriebenes Bestreben, die Sprache von Fremdwörtern und Verwilderungen oder ein Kunstwerk von stilfremden Elementen zu reinigen; **Pu|rist** *m. 10* Anhänger des Purismus; **Pu|ri|ta|ner** [lat.] *m. 5* **1** Anhänger des Puritanismus; **2** übertrieben sittenstrenger Mensch; **Pu|ri|ta|nis|mus** *m. Gen. - nur Ez.* streng calvinist. Richtung der engl. prot. Kirche, die eine Presbyterialverfassung erstrebte und für den einzelnen ein sittenstrenges Leben forderte; **Pu|ri|tät** *w. 10 nur Ez. veraltet:* Reinheit, Sittenstrenge

**Pur|pur** [griech.] *m. Gen. -s nur Ez.* **1** bläulichroter Farbstoff; **2** feierl. Gewand in dieser Farbe; **Pur|pu|rin** *s. 1 nur Ez.* ein in der Krappwurzel vorkommender Farbstoff

**pu|ru|lent** [lat.] eitrig; **Pu|ru|lenz** *w. 10 nur Ez.* Eiterung

**Push|ball** [puʃbɔːl, engl.] *m. Gen. -s nur Ez.*
ein amerik. Mannschafts-Ballspiel
**Pu|sher** [engl.] *m. 5 ugs., heute nicht mehr üb-
liche Bezeichnung für* Rauschgifthändler,
Händler mit „harten" Drogen; vgl. Dealer
**Puß|ta** [ung.] *w. Gen. - Mz.*-ten Grassteppe
in Ungarn
**Pu|stel** [lat.] *w. 11* Bläschen, Pickel, Eiter-
bläschen; **pu|stu|lös** voller Pusteln, mit Pu-
steln einhergehend
**pu|ta|tiv** [lat.] vermeintlich, irrtümlich für
gültig gehalten; **Pu|ta|tiv|ehe** *w. 11* ungültige,
aber von den Partnern für gültig gehaltene
Ehe; **Pu|ta|tiv|not|wehr** *w. 10 nur Ez.* Not-
wehr bei vermeintl. Angriff
**Pu|tre|fak|ti|on** [-tsjon, lat.] *w. 10*, **Pu|tres-
zenz** *w. 10* Fäulnis, Verwesung; **pu|tres|zie-
ren** verfaulen, verwesen
**Put|te** [ital.] *w. 11 Malerei und bildende
Kunst:* kleine Engelsfigur
**put|ten** [engl.] *Golf:* den Ball mit dem Putter
so schlagen, daß er möglichst ins Loch rollt;
**Put|ter** *m. 5* besonderer Golfschläger zum
Putten
**Put|to** *m. Gen. -s Mz.*-ten *oder* -ti → Putte
**Puzzle** [pʌzl, engl.] *s. 9*, **Puzzle|spiel** *s. 1* ein
Geduldsspiel, bei dem aus kleinen ausge-
schnittenen Stücken Bilder zusammengesetzt
werden müssen
**Puz|zo|lan** [nach dem ital. Fundort Pozzuoli]
*s. 1*, **Puz|zo|lan|er|de** *w. 11* ein Bindemittel
für Zement und Beton
**PVC** *Abk. für* Polyvinylchlorid
**Py|ämie** [griech.] *w. 11* Blutvergiftung durch
Eitererreger in der Blutbahn; **Py|ar|thro|se**
*w. 11* eitrige Gelenkentzündung
**Pye|li|tis** [griech.] *w. Gen. - Mz.*-ti|den Nie-
renbeckenentzündung
**Pyg|mäe** [griech.] *m. 11* Angehöriger eines
afrikan. Zwergvolkes; **pyg|mo|id** Rassen-
merkmale der Pygmoiden aufweisend; **Pyg-
mo|ide** *m. 11* Angehöriger einer kleinwüchsi-
gen, den Pygmäen ähnl. Rasse
**Py|ja|ma** [pydʒama, österr.: pidʒama, Hindi]
*m. 9, österr., schweiz.: s. 9* Schlafanzug
**Pyk|ni|ker** [griech.] *m. 5* Mensch mit pykni-
schem Körperbau; **pyk|nisch** gedrungen, un-
tersetzt und zu Fettansatz neigend; **Pyk|no-
me|ter** *s. 5* Gerät zum Messen der Dichte von
Flüssigkeiten
**Py|lon** [griech.] *m. 10*, **Py|lo|ne** *w. 11 1 ägypt.
Baukunst:* von zwei wuchtigen Türmen flan-
kiertes Eingangstor; *2* die Kabel oder Ketten
tragender Pfeiler einer Hängebrücke; **Py|lo-**

**ro|spas|mus** *m. Gen. - Mz.*-men krampfhafte
Verengung des Magenausgangs, Pförtner-
krampf
**pyo|gen** [griech.] Eiterung hervorrufend;
**Py|or|rhö** *w. 10*, **Py|or|rhoe** [-rø] *w. 11* Eiter-
fluß
**Py|ra|mi|de** [griech.] *w. 11 1* Körper mit ei-
nem Vieleck als Grundfläche und dreiecki-
gen, oben in einer Spitze zusammenlaufen-
den Seitenflächen; *2* in dieser Form erbautes
Grabmal der Pharaonen
**Pyr|ano|me|ter** [griech.] *s. 5* Gerät zum Mes-
sen der Sonnen- und Himmelsstrahlung
**Py|re|thrum** [griech.] *s. Gen. -s Mz.* -thra Un-
tergattung der Chrysanthemen, von der eini-
ge Arten Insektengift liefern
**Py|re|ti|kum** [griech.] *s. Gen. -s Mz.*-ka Fie-
ber erzeugendes Heilmittel
**Py|rit** [griech.] *m. 1* ein Mineral, Eisenkies,
Schwefelkies
**py|ro|gen** [griech.] *1* Fieber hervorrufend;
*2 Geol.:* aus einem Schmelzfluß entstanden;
**Py|ro|ly|se** *w. 11* Zersetzung von chem. Ver-
bindungen durch Hitze; Abfallvernichtung
durch Verschwelung bei hoher Temperatur;
**Py|ro|ma|ne** *m. 11* jmd., der an Pyromanie lei-
det; **Py|ro|ma|nie** *w. 11* krankhafter Trieb zur
Brandstiftung; **Py|ro|me|ter** *s. 5* Gerät zum
Messen hoher Temperaturen; **Py|ro|mor|phit**
*m. 1* ein Mineral, Buntbleierz; **Py|ro|pho|bie**
*w. 11* krankhafte Furcht vor Feuer; **py|ro-
phor** bei relativ geringer Temperatur in fein-
ster Verteilung an der Luft aufglühend,
selbstentzündlich; **Py|ro|tech|nik** *w. 10 nur
Ez.* Feuerwerkerei
**Pyr|rhus|sieg** [nach dem verlustreichen Sieg
des Königs Pyrrhus von Epirus über die Rö-
mer 279 v. Chr.] *m. 1* mit zu großen Opfern
erkaufter Sieg
**Pyr|rol** [griech.] *s. 1 nur Ez.* chem. Ringver-
bindung aus vier Kohlenstoffatomen und ei-
nem Stickstoffatom
**Py|thia** [nach der weissagenden griech. Prie-
sterin in Delphi] *w. 9, Mz. auch:* -thi|en gern
geheimnisvolle, orakelhafte Andeutungen
machende Frau; **py|thisch** orakelhaft, rätsel-
haft
**Py|thon** [nach dem Ungeheuer der griech.
Sage] *m. 9, Mz. auch:* -tho|nen, **Py|thon-
schlan|ge** *w. 11* Angehörige einer Gattung
eierlegender Riesenschlangen
**Py|xis** [griech.] *w. Gen. - Mz.*-xi|den *oder* Py-
xi|des [-de:s] Behälter für die Hostie im Ta-
bernakel

# Q

q *Abk. für* Quintal
Q *Abk. für* Quetzal (2)
**qcm** *früher Abk. für* Quadratzentimeter
**qdm** *früher Abk. für* Quadratdezimeter
**q. e. d.** *Abk. für* quod erat demonstrandum
**Qin̲dar** *m. Gen.* -(s) *Mz.* - da̲r̲ka alban. Währungseinheit, $^1/_{100}$ Lek
**qkm** *früher Abk. für* Quadratkilometer
**qm** *früher Abk. für* Quadratmeter
**qmm** *früher Abk. für* Quadratmillimeter
**qr., qrs.** *Abk. für* Quarter(s)
**qua** [lat.] (in der Eigenschaft) als; qua Theologe: als Theologe
**Qua̲der** [lat.] *m. 5* **1** von gleichen, rechteckigen, parallelen Flächen begrenzter Körper; **2** behauener Steinblock; **Qua̲dra̲ge̲si̲ma** *w. Gen. - nur Ez.* vierzigtägige Fastenzeit vor Ostern; **Qua̲dra̲n̲gel** *s. 5* Viereck; **qua̲dran̲gulär** viereckig; **Qua̲drant** *m. 10* **1** Viertelkreis; **2** *früher:* Gerät zum Messen des Höhenwinkels und zum Bestimmen der Gestirnhöhe über dem Horizont; **3** Viertel eines Meridians oder des Äquators; **Qua̲drat** *s. 1* **1** Viereck mit rechtwinklig aufeinanderstehenden gleichen Seiten; **2** zweite Potenz (einer Zahl); eine Zahl ins Q. erheben; **3** *Buchw.:* Metallstück zum Ausschließen, z. B. zum Füllen von Schlußzeilen; **Quadrat... ** *in Zus.:* in die zweite Potenz erhoben, Flächen..., z. B. Quadratmeter; **Qua̲dratde̲zi̲me̲ter** *s. 5, ugs.: m. 5 (Abk.:* dm²) Quadrat, dessen Seiten je 1 dm lang sind; **Qua̲dratfuß** *m. Gen. - Mz.* - Quadrat, dessen Seiten je 1 Fuß lang sind; **qua̲dra̲tisch 1** mit vier gleichen, senkrecht aufeinanderstehenden Seiten versehen; **2** in die zweite Potenz erhoben; quadratische Gleichung: Gleichung zweiten Grades; **Qua̲drat̲ki̲lo̲me̲ter** *s. 5, ugs.: m. 5 (Abk.:* km²) Quadrat, dessen Seiten je 1 km lang sind; **Qua̲drat̲meile** *w. 11* Quadrat, dessen Seiten je 1 Meile lang sind; **Qua̲drat̲me̲ter** *s. 5, ugs.: m. 5 (Abk.:* m²) Quadrat, dessen Seiten je 1 m lang sind; **Qua̲drat̲milli̲me̲ter** *s. 5, ugs.: m. 5 (Abk.:* mm²) Quadrat, dessen Seiten je 1 mm lang sind; **Qua̲dra̲tur** *w. 10* **1** Berechnung des Inhalts einer Fläche durch Integralrechnung; **2** Umwandlung einer krummlinig begrenzten Fläche in ein Quadrat mit gleichem Flächeninhalt; Qu. des Kreises *übertr.:* unlösbare Aufgabe (da ein Kreis nicht mit geometr. Mitteln in ein Quadrat verwandelt werden kann); **3** *Astron.:* Stellung eines Planeten, wenn er, von der Erde aus gesehen, zur Sonne im rechten Winkel steht, Geviertschein; **Qua̲drat̲wu̲r̲zel** *w. 11 allg. Bez. für* zweite Wurzel;

**Qua̲drat̲zahl** *w. 10* die zweite Potenz einer Zahl, z. B. 9 (3²); **Qua̲drat̲zen̲ti̲me̲ter** *s. 5, ugs.: m. 5 (Abk.:* cm²) Quadrat, dessen Seiten je 1 cm lang sind; **Qua̲drat̲zoll** *m. Gen.* -s *Mz.* - Quadrat, dessen Seiten je 1 Zoll lang sind; **Qua̲dri̲en̲na̲le** *w. 11* alle vier Jahre stattfindende Ausstellung oder Vorführung von Werken der bildenden Kunst, der Musik u. a.; **Qua̲dri̲en̲ni̲um** *s. Gen.* -s *Mz.* -ni en *veraltet:* Zeitraum von vier Jahren; **quadrie̲ren** ins Quadrat erheben, mit sich selbst multiplizieren; **Qua̲dri̲ga** *w. Gen. - Mz.* -gen *Antike:* zweirädriger, mit vier Pferden (nebeneinander) bespannter Wagen; **Qua̲drille** [kadri̲lje, österr.: kadri̲l] *w. 11* Tanz zu vieren oder vier Paaren; **Qua̲drilli̲on** *w. 10* Million in der vierten Potenz, $10^{24}$; vgl. Quintillion; **2** *in den USA für* Billiarde, $10^{15}$; **Qua̲dri̲nom** *s. 1 Math.:* viergliedrige Größe; **Qua̲dri̲re̲me** *w. 11* antikes Kriegsschiff mit vier Ruderbänken übereinander; **Qua̲dri̲vi̲um** *s. Gen.* -s *nur Ez.* MA: die letzten (höheren) vier der Sieben Freien Künste: Arithmetik, Geometrie, Astronomie, Musik; vgl. Trivium; **Qua̲dro̲pho̲nie** [lat. + griech.] *w. 11 nur Ez.* Tonwiedergabe, die mittels vier Kanälen und Lautsprechern noch vollkommeneres räuml. Hören ermöglicht als Stereophonie; **Qua̲dru̲pel** *s. 5 oder m. 5 Math.:* vier zusammengehörige Größen

**Quae̲stio** [lat.] *w. Gen. - Mz.* -stio̲nes [-ne:s] juristische Frage; Qu. facti: die Frage nach den Tatsachen, dem Sachverhalt (einer Straftat); Qu. iuris: die Frage nach der Strafwürdigkeit, der rechtlichen Faßbarkeit (einer Tat)

**Quag̲ga** [hottentott.] *s. 9* ausgerottetes, zebraähnl. afrik. Wildpferd
**Quai** [ke̲, frz.] *m. 9 frz. Schreibung von* Kai
**Quä̲ker** [engl. „Zitterer", urspr. Spottname] *m. 5* Angehöriger der „Gesellschaft der Freunde", einer engl.-amerik. relig. Gemeinschaft
**Qua̲li̲fi̲ka̲ti̲on** [-tsjo̲n, lat.] *w. 10* **1** Beurteilung; **2** Befähigung, Eignung; **3** Befähigungsnachweis; **4** Ausbildung; **qua̲li̲fi̲zie̲ren 1** kennzeichnen, beurteilen; **2** befähigen, fähig machen, ausbilden, weiterbilden, (durch Übung, Training) weiterentwickeln; qualifizierte Arbeit: bes. gute Arbeit; qualifizierte Mehrheit: für bestimmte Parlamentsbeschlüsse vorgeschriebene Mehrheit, z. B. Zweidrittelmehrheit; qualifizierte Straftat: Straftat unter erschwerenden Umständen; **Qua̲li̲tät** *w. 10* **1** Beschaffenheit, Güte, Sorte; *Ggs.:* Quantität; **2** Vokalfärbung;

**qua|lita|tiv** hinsichtlich der Qualität; *Ggs.:* quantitativ

**Quant** [lat.] *s. 12* nicht weiter teilbare physikal. Größe (bes. im Zusammenhang mit Energiemengen, Lichtstrahlen und Drehimpulsen gebraucht); **quan|teln** in der Terminologie der Quantentheorie beschreiben; **Quan|ten|me|cha|nik** *w. 10 nur Ez.,* **Quan|ten|theo|rie** *w. 11 nur Ez.* Theorie zur Beschreibung von submikroskop. Vorgängen (z. B. innerhalb eines Atoms oder Atomkerns); **quan|ti|fi|zie|ren** der zahlenmäßigen Erfassung zugänglich machen; **Quan|ti|tät** *w. 10* 1 Menge, Masse, Anzahl, Größe; *Ggs.:* Qualität; 2 Vokaldauer; **quan|ti|ta|tiv** hinsichtlich der Quantität; *Ggs.:* qualitativ; **Quan|ti|té ne|gligeable** [kätite̱ negli̱za̱bl, frz.] *w. Gen. -- nur Ez.* wegen ihrer Geringfügigkeit außer acht zu lassende Menge oder Größe; **quan|ti|tieren** Silben qu.: Silben nach ihrer Länge (nicht: Betonung) messen; **Quan|tum** *s. Gen. -s Mz.* -ten (abgemessene) Menge

**Qua|ran|tä|ne** [ka-, frz.] *w. 11 nur Ez.* Absonderung, Isolierung (ansteckungsverdächtiger Personen oder Tiere)

**Quark** [kwɔk, nach einem von J. Joyce geprägten Wort] *s. 9* hypothet. Elementarteilchen

**Quart** [lat.] 1 *s. Gen. -s Mz. -* altes dt. Flüssigkeitsmaß, schwankend bis etwa 1 Liter; 2 *s. Gen. -s nur Ez.* → Quartformat; 3 *w. 10 Mus.* → Quarte; 4 *w. 10 Fechten:* eine bestimmte Haltung der Klinge

**Quar|ta** *w. Gen. - Mz.* -ten dritte Klasse des Gymnasiums; **Quar|tal** *s. 1* Vierteljahr; **Quar|tal|na** *w. Gen. - Mz.* -nen, **Quar|ta|na|fie-ber** *s. 5* Art der Malaria mit Fieberanfällen an jedem vierten Tag, Viertagefieber; **Quar-ta|ner** *m. 5* Schüler der Quarta; **Quar|tan-fie|ber** *s. 5* → Quartana; **Quar|tär** *s. 1 nur Ez.* obere Formation des Känozoikums; **Quar|te** *w. 11* 1 vierte Stufe der diaton. Tonleiter; 2 Intervall von vier Tönen; **Quar|tel** *s. 5 bayr.:* Biermaß, Quart; **Quar|ter** [kwɔtər, engl.] *m. 9 (Abk.:* qr., *Mz.* qrs.) engl. Hohlmaß, 2 Pint; **Quar|ter|mei|ster** *m. 5* Steuermann (eines Handelsschiffes); **Quar|te|ron** *m. 10,* **Quar|te|ro|ne** *m. 11 veraltet:* Mischling aus Weißen und Terzeronen; **Quar|tett** *s. 1* 1 Musikstück für vier Singstimmen oder Instrumente sowie die Ausführenden; 2 Kartenspiel für Kinder; **Quart|for|mat** *s. 1 (Zeichen:* 4°) altes Buchformat in der Größe eines Viertelbogens; **Quar|tier** *s. 1* 1 Unterkunft, Wohnung; 2 *österr., schweiz.:* Wohnviertel; **Quar|to|le** *w. 11 Mus.:* Figur aus vier Noten im Taktwert von drei oder sechs Noten; **Quart|sext|ak|kord** *m. 1* Umkehrung eines Dreiklangs aus der Grundstellung mit der Quinte als Grundton und darüberliegender Quarte und Sexte

**Qua|sar** [Kurzw. aus quasi-stellare Radio-

quelle] *m. 1* Objekt am Sternhimmel mit (meist) starker Radiostrahlung und großer Rotverschiebung im Spektrum

**qua|si** [lat.] gleichsam, gewissermaßen; **Qua-si|mo|do|ge|ni|ti** erster Sonntag nach Ostern

**Quas|sie** [-sjə, angeblich nach dem Entdekker, dem Negersklaven Quassi] *w. 11* südamerik. Bitterholzbaum, liefert Bitterstoff, der als Heilmittel verwendet wird

**Quäs|ti|on** [lat.] *w. 10* wissenschaftl. Streitfrage, die in der Diskussion entwickelt und gelöst wird; **Quä|stor** *m. 13* 1 *im alten Rom:* hoher Finanzbeamter; 2 *an Hochschulen:* oberster Kassenbeamter; 3 *schweiz.:* Kassenwart (eines Vereins); **Quä|stur** *w. 10* 1 *im alten Rom:* Amt des Quästors; 2 an Hochschulen: Kassenstelle

**Qua|tem|ber** [kirchenlat.] *m. 5* 1 erster Tag eines Vierteljahres; 2 *kath. Kirche:* jeder der drei Buß- und Fastentage (Mittwoch, Freitag, Samstag) zu Beginn eines Vierteljahres (vom 3. Advent an gerechnet); **qua|ter|när** *Chem.:* aus vier Teilen bestehend; **Qua|ter|ne** *w. 11 Lotto:* vier Gewinnzahlen, Vierergewinn; **Qua|ter|nio** *w. Gen. - Mz.* -nio|nen Zahl, Ganzes aus vier Einheiten; **Qua|ter|ni|on** *w. 10* mathemat. Rechengröße (ähnlich den komplexen Zahlen)

**Quat|tro|cen|to** [-tʃɛn-, ital. „vierhundert" (nach 1000)] *s. Gen. -(s) nur Ez.* die künstler. Stilepoche des 15. Jh. in Italien

**Que|bra|cho** [kebratʃo, span.] *m. 9 nur Ez.* sehr hartes, gerbstoffreiches Holz des südamerik. Quebrachobaumes

**Quel|chua** [kɛtʃua] *m. 9 oder Gen. - Mz.* - → Ketschua

**Quem|pas** [nach den Anfangssilben des Weihnachtsliedes Quem pastores laudavere „Den die Hirten lobten sehre"] *m. Gen. - nur Ez.,* **Quem|pas|lie|der** *s. 3 Mz.* Lieder über die Weihnachtsgeschichte; **Quem|pas-sän|ger** *m. 5 Mz.* Jugendliche, die früher im Gottesdienst oder in Umzügen die Quempaslieder sangen

**Quent** [lat.] *s. Gen. -s Mz.* - altes dt. Gewicht, 1,67 g; **Quent|chen** *s. 7 übertr.:* kleine Menge, ein wenig

**Quelrel|le** [lat.] *w. 11, meist Mz., veraltend:* Klage, Streit, Streitigkeit; **Quel|ru|lant** *m. 10* Nörgler, Quengler; **que|ru|lie|ren** nörgeln, ein eingebildetes Recht verteidigen, grundlos klagen

**Quer|ze|tin** [lat. + frz.] *s. 1 nur Ez.* gelber Farbstoff in der Rinde der nordamerik. Färbereiche und in einigen Blütenpflanzen; **Quer|zit** [lat.] *m. 1 nur Ez.* in Eicheln enthaltener, süßer Alkohol, Eichelzucker; **Quer|zi-tron** [lat. + frz.] *s. 1* gemahlene Rinde der nordamerik. Färbereiche. Färberauge

**Quel|sal, Quet|zal** [kɛ-, aztek.] 1 *m. 9* mittelamerik. Vogel mit buntem Gefieder und langen, grünen Schwanzfedern; 2 *m. Gen. -s Mz. -*

Währungseinheit in Guatemala, 100 Centavos

**Queue** [kø, frz. „Schwanz"] **1** *s. 9, österr.:* *m. 9* Billardstock; **2** *w. 9 veraltet:* Ende einer Marschkolonne, lange Reihe, Schlange (von Menschen)

**Quelzal** [ke-] *m. 9* → Quetzal

**Quick-Test** [nach A. J. Quick] *m. 9* Test zur Bestimmung der Gerinnungszeit menschl. Blutes

**Quildam** [lat.] *m. Gen. - nur Ez. veraltet:* ein gewisser Jemand, ein gewisser ...; **Quidldiltät** *w. 10 nur Ez.* das Was-Sein, das Wesen (eines Dinges); **Quidlprolquo** *s. 9* Mißverständnis, Verwechslung (zweier Dinge); vgl. Quiproquo

**Quieltislmus** [kwile-, lat.] *m. Gen. - nur Ez.* **1** Lehre, die das Einswerden mit Gott durch willen- und leidenschaftsloses Sichergeben in seinen Willen erstrebt; **2** Streben nach völliger Ruhe des Gemüts, Verzicht auf aktives Handeln; **Quieltiv** *s. 1,* **Quieltilvum** *s. Gen. -s Mz. -va* Beruhigungsmittel; **quielto** [ital.] *Mus.:* ruhig

**Quilllalja** [indian.] *w. 9* Seifenbaum

**Quilnar** [lat.] *m. 1* altröm. Silbermünze

**Quind** *fälschl. für* Qind

**quinlkellielren** → quinquelieren; **Quinlqualgelsilma** [lat.] 50. Tag vor Ostern, Fastnachtssonntag; **quinlquellielren** trällern, vor sich hin singen; **Quinlquenlnilum** *s. Gen. -s Mz. -ni* en Zeitraum von fünf Jahren, Jahrfünft; **Quinlquilllilon** *w. 10* → Quintillion; **Quint** *w. 10* **1** *Mus.:* → Quinte; **2** *Fechten:* eine bestimmte Haltung der Klinge; **Quinlta** *Gen. - Mz. -ten* zweite Klasse des Gymnasiums; **Quinltal** [frz.: kẽtạl, span. und port.: kintạl] *m. Gen. -s Mz. - (Abk.: q) früher:* frz., span., mittel- und südamerik. Gewicht, 1 Zentner; **Quinltalna** *w. Gen. - nur Ez.,* **Quinltalnalfielber** *s. 5 nur Ez.* durch Läuse übertragene Infektionskrankheit mit Fieberanfällen an jedem fünften Tag, Fünftagefieber; **Quinltalner** *m. 5* Schüler der Quinta; **Quinltar** *m. 1 veraltet:* → Qindar; **Quinlte** *w. 11* fünfter Ton der diaton. Tonleiter; **2** Intervall von fünf Tönen; **Quinltenzirlkel** *m. 5* Aufzeichnung sämtl. Tonarten in Kreisform, jeweils in Quinten fortschreitend; **Quinlterlne** *w. 11* fünf Gewinnzahlen, Fünfergewinn; **Quinltelron** *m. 10,* **Quinltelrolne** *m. 11 veraltet:* Mischling aus Weißen und Quarteronen; **Quintlesslsenz** *w. 10* Ergebnis, Hauptinhalt, Hauptgedanke, Wesen, Kern (einer Sache); **Quinltett** *s. 1* Musikstück für fünf Singstimmen oder Instrumente sowie die Ausführenden; **Quinltilllilarlde** *w. 11* 1000 Quintillionen, $10^{33}$; **Quinltilllilon** *w. 10* fünfte Potenz einer Million, $10^{30}$; **Quinltolle** *w. 11* Figur aus fünf Noten im Taktwert von drei, vier oder sechs Noten; **Quintlsextlalkkord** *m. 1* Umkehrung eines Dreiklangs aus

der Grundstellung mit der Terz als Grundton und darüberliegender Quinte und Sexte

**Quilprolquo** [lat.] *s. 9* Verwechslung (zweier Personen); vgl. Quidproquo

**Quilpu** [ki-, peruan. Indianerspr.] *s. 9 oder Gen. - Mz. -, bei den Inkas:* mit Knoten versehene Fäden verschiedener Farbe und Länge, als Verständigungs- oder Merkzeichen, Knotenschnüre

**Quilrilte** [lat.] *m. 11 im alten Rom Ehrentitel für* Vollbürger

**Qui s'exlcuse, s'aclcuse** [ki sekskyz sakyz, frz.] Wer sich (unaufgefordert) verteidigt, klagt sich an

**Quislling** [nach dem norweg. Faschistenführer V. Quisling] *m. 1* Verräter, Kollaborateur

**Quislquilllien** [lat.] *nur Mz.* Kleinigkeiten, Nichtigkeiten

**quitt** [lat.] *unflektierbar, nur prädikativ:* ausgeglichen, frei von Verbindlichkeiten; wir sind quitt

**Quitlte** [griech.] *w. 11* **1** südosteurop. und oriental. Kernobststrauch oder -baum; **2** dessen apfel- bis birnenförmige Frucht

**quitltielren** [frz.] einen Betrag qu.: den Empfang bescheinigen, eine Quittung über den empfangenen Betrag ausstellen; eine Rechnung qu.: den Empfang des Betrages auf der Rechnung bescheinigen; den Dienst qu.: aus dem Dienst ausscheiden, in den Ruhestand treten; eine Bemerkung mit einem Lächeln, einer Handbewegung qu.: beantworten; **Quitltung** *w. 10* **1** Empfangsbescheinigung; **2** *übertr.:* Antwort, Strafe (für ein Verhalten)

**Quilvive** [kivif, frz. „Wer lebt?"] *s., urspr. Ruf des frz.* Wachpostens, im Dt. nur noch in der *Wendung* auf dem Qu. sein: auf der Hut, aufmerksam sein, aufpassen

**Quiz** [kvĭs, engl.] *s. Gen. - Mz. -* Frage-und-Antwort-Spiel; **Quizlmalster** *m. 5* Fragesteller, Conférencier bei einer Quizveranstaltung; **quizlzen** [kvĭsən] ein Quiz spielen; jmdn. qu.: jmdm. Quizfragen stellen

**quod erat delmonlstranldum** [lat. „was zu beweisen war"] (*Abk.:* q. e. d.) Redensart am Schluß eines math. oder log. Beweises

**Quodllilbet** [lat. „was beliebt, was gefällt"] *s. 9* **1** buntes Durcheinander; **2** mehrstimmiges Gesangsstück mit lustigen Texten

**Quod lilcet Jolvi, non lilcet bolvi** [lat. „Was Jupiter erlaubt ist, ist (noch lange) nicht dem Ochsen erlaubt"] Dasselbe schickt sich nicht für alle, nicht jeder darf dasselbe tun

**Quolrum** [lat.] *s. Gen. -s nur Ez.* die zur Beschlußfassung notwendige Anzahl von Mitgliedern; *schweiz. auch:* die zur Wahl eines Vertreters erforderl. Zahl von Wählern

**Quoltaltilon** [-tsjon, lat.] *w. 10* **1** *Börse:* Kursnotierung; **2** Berechnung eines Anteils; **Quolte** *w. 11* auf den einzelnen entfallender Anteil, verhältnismäßiger Anteil; **Quoltildialna** *w. Gen. - Mz. -nen* Form der Malaria mit tägl. Fieberanfällen; **Quo|ti ent** [-tsjɛnt] *m. 10 1* zweigliedriger, durch Bruchstrich oder Teilungszeichen verbundener Zahlenausdruck, z. B. $^2/_3$, 2:3; *2* Ergebnis einer Division; **quotie|ren** den Kurs, Preis qu.: mitteilen, angeben; **quo|ti|sie|ren** eine Summe, Menge, einen Wert qu.: in Quoten aufteilen, anteilgemäß verteilen

**Quo|us|que tan|dem?** [lat., eigtl. Quousque tandem, Catilina, abutere patientia nostra? „Wie lange noch, Catilina, willst du unsere Geduld mißbrauchen?" (Anfang einer Rede Ciceros gegen den Verschwörer Catilina)] Wie lange noch?

**Quo va|dis?** [lat., eigtl. Domine, quo vadis? „Herr, wohin gehst du?" (Frage des aus dem Gefängnis entflohenen Petrus an den ihm erscheinenden Christus)] Wohin gehst du?

# R

**r** *(stets in Kursivschrift)* *Abk. für* Radius
**R** *Abk. für* **1** rarus = selten, z. B. in Münz-katalogen; **2** recommandé; **3** Reaumur; **4** Retard; **5** *auf Münzen:* Rex (König); **6** Roma, Romanus; **7** Röntgen; **8** *Zeichen für* elektr. Widerstand
**Ra** *chem. Zeichen für* Radium
**Ra|batt** [ital.] *m. 1* Preisnachlaß auf Handels-ware
**Ra|bat|te** [frz.] *w. 11* **1** schmales Pflanzen-beet; **2** *veraltet:* Aufschlag an Jacke und Ärmel
**ra|bat|tie|ren** [ital.] eine Ware r.: auf eine Ware Rabatt gewähren
**Rab|bi** [hebr. „mein Herr, mein Meister"] *m. Gen.* -(s) *Mz.* -s *od.* -bi|nen *in Palästina Ehrentitel für* Schriftgelehrten; **Rab|bi|nat** *s. 1* Amt eines Rabbiners; **Rab|bi|ner** *m. 5* mosai-scher Geistlicher
**ra|bi|at** [lat.] jähzornig, wütend
**Ra|bi|es** [lat.] *w. Gen. - nur Ez.* Tollwut
**Ra|bu|list** [lat.] *m. 10* Haarspalter, Wort-, Rechtsverdreher; **Ra|bu|li|stik** *w. 10 nur Ez.* Haarspalterei, Wort-, Rechtsverdrehung
**Race** [re:s, engl.] *s. Gen. - Mz.* -s [-siz] Wett-fahrt, Wettrennen
**Ra|chi|tis** [-xi-, griech.] *w. Gen. - Mz.* -ti|den auf Mangel an Vitamin D beruhende, meist im Säuglingsalter auftretende Erweichung der Knochen, englische Krankheit
**Ra|cing-Team** [re:siŋ ti:m, engl.] *s. Gen.* -s *Mz.* -s aus Rennwagenfahrern gebildete Renngemeinschaft
**Racket** [Rak|ket) [rækit, engl.] *s. 9* **1** Tennis-schläger; **2** *in den USA:* Erpresserbande; **Racke|teer** [Rak|ke-) [ræketi:r] *m. 9* Mitglied einer Erpresserbande
**Ra|clette** [-klεt, frz.] *w. oder s. 11* **1** schweiz. Käsesorte; **2** Speise aus heißem R. mit To-maten od. Weinbeeren auf Toast oder gerö-steter Kartoffel; **3** kleiner Grill zum Zuberei-ten dieses Gerichts
**rad 1** *Abk. für* Radiant; **2** *Zeichen für* Rad;
**Rad** [Kurzw. aus engl. radiation absorbed dose] *s. Gen. - Mz. - (Zeichen:* rad) Maßein-heit für Strahlungsmenge
**Ra|dar** [auch: ra-, Kurzw. aus engl. radio de-tecting and ranging „durch Funkwellen auf-finden und die Entfernung bestimmen"] *m. oder s. Gen.* -s *nur Ez.* ein Funkmeßver-fahren
**ra|di|al** [lat.] von einem Punkt strahlenförmig ausgehend; **Ra|di|al|li|nie** [-njə] *w. 11* österr.: durchgehende Verbindung zw. Stadtmitte und Stadtrand (z. B. eine Omnibuslinie); **Ra-di|ant** *m. 10* **1** *Astron.:* Punkt des Himmels,

von dem her ein Sternschnuppenschwarm zu kommen scheint; **2** (*Abk.:* rad) *Math.:* in Grad gemessener Winkel, dessen Bogenmaß 1 ist; **ra|di|är** strahlenförmig angeordnet (z. B. Blüten); **Ra|di|a|ti|on** [-tsjon] *w. 10* Strahlung; **Ra|di|a|tor** *m. 13* Heizkörper, der die Luft überwiegend durch Strahlung er-wärmt; *Ggs.:* Konvektor; **Ra|di|en 1** *Mz. von* Radius; **2** *Biol.:* strahlenförmige Gebilde
**ra|die|ren** [lat.] **1** mit der Radiernadel in eine Kupferplatte ritzen; **2** Schreibfehler o. ä. auslöschen; sich abwetzen (Reifen); **Ra-die|rung** *w. 10* **1** dem Kupferstich ähnl. Ver-fahren, bei dem man mit einer Radiernadel eine Zeichnung in eine präparierte Kupfer-platte ritzt und diese dann ätzt; **2** Abdruck davon
**ra|di|kal** [lat.] **1** gründlich, aufs Äußerste ge-hend, kompromißlos; **2** *Math.:* auf die Wur-zel bezogen; **Ra|di|kal** *s. 1* **1** *Math.:* Zeichen für das Wurzelziehen ($\sqrt{\ }$); **2** *Chem.:* eine Atomgruppe, die freie chem. Bindungen auf-weist und daher nur kurzzeitig bei chem. Re-aktionen als Zwischenprodukt auftritt
**Ra|di|ka|le(r)** *m. 18 (17)* jmd. mit kompro-mißlosen (polit.) Ansichten; **Ra|di|ka|lins|ki** *m. 9 ugs., verächtl.:* politischer Extremer, zu Gewaltlösungen neigender Mensch; **Ra|di|ka-li|sie|ren** zum Radikalismus aufstacheln; **Ra-di|ka|lis|mus** *m. Gen. - nur Ez.* **1** radikale po-lit. Richtung; **2** radikale Anschauungen, radikales Denken; **Ra|di|kal|ope|ra|ti|on** [-tsjo:n] *w. 10* völlige operative Entfernung eines kranken Organs; **Ra|di|kand** *m. 10* Zahl, deren Wurzel zu ziehen ist
**Ra|dio** [lat.] *s. 9, schweiz.: m. 9* Rund-funkgerät, Rundfunksender; **ra|dio|ak|tiv** Strahlung aussendend; **Ra|dio|ak|ti|vi|tät** *w. 10 nur Ez.* die Eigenschaft, Strahlung aus-senden zu können; **Ra|dio|as|tro|no|mie** *w. 11 nur Ez.* Teilgebiet der Astronomie, das sich mit Empfang und Auswertung der aus dem Weltraum kommenden elektromagnet. Strahlung im Wellenlängenbereich der Ra-diowellen befaßt; **Ra|dio|bio|lo|gie** *w. 11 nur Ez.* Teilgebiet der Biologie, das sich mit der Einwirkung radioaktiver Strahlung auf Lebe-wesen befaßt; **Ra|dio|che|mie** *w. 11 nur Ez.* Teilgebiet der Chemie, das sich mit der Ge-winnung, Verarbeitung und Anwendung ra-dioaktiver Substanzen befaßt; **Ra|dio|ele-ment** *s. 1* radioaktives Element; **ra|dio|gen** *ugs.:* für den Rundfunk geeignet (z. B. die Stimme eines Sprechers); **Ra|dio|gen** *s. 1* aus radioaktivem Zerfall entstandenes chem. Ele-ment; **Ra|dio|gramm** *s. 1* **1** Röntgenogramm;

**2** *veraltet:* drahtloses Telegramm; **Ra̲|dio|gra̲|phie̲** *w. 11* → Röntgenographie; **Ra̲|dio|in|di|ka̲|tor** *m. 13 Med.:* Isotop eines radioaktiven chem. Elements, das für Nachweiszwecke in wissenschaftl. Untersuchungsverfahren verwendet wird; **Ra̲|dio|kar|bon|me̲|tho̲|de** *w. 11* Methode zur Altersbestimmung von organ. Stoffen durch Feststellen des Gehalts an radioaktivem Kohlenstoff; **Ra̲|dio|la̲|rie** [-riə] *w. 11* Strahlentierchen; **Ra̲|dio|lo|gie̲** *w. 11 nur Ez.* Lehre von der Anwendung der Röntgenstrahlen; **Ra̲|dio|ly̲|se** *w. 11* durch Ionenstrahlung bewirkte Veränderung in chem. Systemen; **Ra̲|dio|me̲|ter** *s. 5* ein Strahlungsmeßgerät; **Ra̲|dio|me̲|trie̲** *w. 11 nur Ez.* Verfahren zur Untersuchung der Radioaktivität von Gesteinen; **Ra̲|dio|pho̲|nie̲** *w. 11 nur Ez.* drahtloses Telefonieren; **Ra̲|dio|sko|pie̲** *w. 11* → Röntgenoskopie; **Ra̲|dio|son|de** *w. 11* meteorolog. Beobachtungsballon, der seine Meßergebnisse zur Erde funkt; **Ra̲|dio|stern** *m. 1* Stern, der innerhalb des Radiowellenbereichs elektromagnet. Strahlen aussendet; **Ra̲|dio|te̲|le|gra̲|phie̲** *w. 11* drahtlose Telegraphie; **Ra̲|dio|te̲|le|skop** *s. 1* Empfangsgerät für Radiostrahlungen aus dem Weltraum; **Ra̲|dio|the̲|ra|pie̲** *w. 11* Heilbehandlung mit Strahlen; **Ra̲|dio|tho̲|ri|um** *s. Gen. -s nur Ez.* (*Zeichen:* RdTh) aus dem radioaktiven Zerfall von Thorium entstehendes chem. Element

**Ra̲|di|um** [lat.] *s. Gen. -s nur Ez.* (*Zeichen:* Ra) chem. Element; **Ra̲|di̲|um|ema̲|na̲|ti̲|on** [-tsjo:n] *w. 10 nur Ez.* ein radioaktives Gas; **Ra̲|di̲|um|the̲|ra|pie̲** *w. 11* Heilbehandlung mit Radiumstrahlen

**Ra̲|di̲|us** [lat.] *m. Gen. - Mz. -di̲|en* oder *-dii* (*Abk.: r*) halber Durchmesser; **Ra̲|di̲|us|vek|tor** *m. 13* vom Mittelpunkt eines Kreises oder einer Kugel ausgehender Vektor

**Ra̲|dix** [lat.] *w. Gen. -dil̲|zes* oder *-dil̲|ces* Wurzel; **ra̲|di̲|zie̲|ren** eine Zahl r.: die Wurzel aus einer Zahl ziehen

**Ra̲|dom** [Kurzw. aus engl. radar dome „Radarkuppel"] *s. 9* Verkleidung von Radargeräten zum Schutz gegen Witterungseinflüsse

**Ra̲|don** [auch: -do̲n, lat.] *s. Gen. -s nur Ez.* (*Zeichen:* Rn) chem. Element, ein Edelgas

**Ra̲|dscha** [auch: ra̲-, sanskr.] *m. 9* Titel indischer Herrscher

**Raf|fi̲a|bast** *m. 1 nur Ez.* → Raphiabast

**Raf|fi̲|na|de** [frz.] *w. 11* gemahlener, gereinigter Zucker; **Raf|fi̲|nat** *s. 1* etwas, was raffiniert worden ist; **Raf|fi̲|na|ti̲|on** [-tsjo:n] *w. 10* Reinigung, Verfeinerung (von natürl. und techn. Produkten); **Raf|fi̲|ne|ment** [-mã] *s. 9* **1** Ausgesuchtheit, Überfeinerung; **2** durchtriebene Schlauheit; **Raf|fi̲|ne̲|rie̲** *w. 11* Industrieanlage zur Raffination von Zucker, Öl, Kupfer u. a.; **Raf|fi̲|nes̲|se** *w. 11* **1** Verfeinerung, Überfeinerung; mit allen Raffinessen: mit jedem nur erdenklichen Zubehör; **2** Durchtriebenheit; **Raf|fi̲|neur** [-nø̲r] *m. 1*

eine Holzbearbeitungsmaschine; **raf|fi̲|nie̲|ren** reinigen, verfeinern; **raf|fi̲|niert** *übertr.:* schlau, durchtrieben, gerissen; **Raf|fi̲|no̲|se** *w. 11* eine Zuckerart

**Raf|fle̲|sie** [-sjə, nach dem Engländer Th. S. Raffles] *w. 11* eine trop. Schmarotzerpflanze mit riesigen Blüten, Riesenblume

**Rag** [ræg, amerik.] *m. Gen. -(s) nur Ez.* *Kurzw. für* Ragtime

**Ra̲|ge** [-ʒə, frz.] *w. 11 nur Ez.* *ugs.:* Wut

**Rag|lan|är|mel** [nach Lord Raglan] *m. 5* am Halsausschnitt angesetzter Ärmel

**Ra̲|gout** [-gu, frz.] *s. 9* **1** Speise aus kleingeschnittenem Fleisch od. Fisch in gewürzter Soße; **2** *ugs. übertr.:* Mischmasch; **Ra̲|gout fin** [-gu fɛ̃] *s. Gen. - - Mz. -s-s* [-gu fɛ̃] feines Ragout (als Pastetenfüllung oder überbakken)

**Rag|time** [rægtaim, amerik.] *m. Gen. -(s) nur Ez.* stark synkopierter Vorläufer des Jazz

**Raid** [rɛid, engl.] *m. 9* (lokal begrenzter) Einfall in feindl. Gebiet, Überraschungsangriff

**Rai̲|gras** [engl.] *s. 4* Gattung der Süßgräser, Lolch

**Rai̲|son** [rɛzo̲, frz.] *frz. Schreibung von* Räson

**Ra̲|ja** [-dʒa] *m. 9 engl. Schreibung von* Radscha

**Ra̲|jah** [türk.] *m. Gen. - Mz. -* *früher:* nichtislam. (rechtloser) Untertan des Sultans

**Ra̲|ke** *w. Gen. -(s) nur Ez.* → Raki

**Ra̲|kel** [frz.] *w. 11* **1** *Siebdruck:* Gerät zum Quetschen der Druckfarbe durch das Sieb; **2** *Tiefdruck:* Gerät zum Wegstreichen der überschüssigen Farbe von der Druckplatte

**Ra̲|ke̲|te** [ital.] *w. 11* durch Rückstoß angetriebener Flug- oder Feuerwerkskörper

**Ra̲|ki** [türk.] *m. Gen. -(s) nur Ez.* Branntwein aus Rosinen und Anissamen

**rall.** *Abk. für* rallentando; **ral|len|tando** [ital.] (*Abk.:* rall.) *Mus.:* langsamer werdend

**Ral̲|ly, Ral̲|lye** [rali oder rali̲, engl.: ræli] *w. 9 Automobilsport:* Sternfahrt

**Ra̲|ma|da̲n** [arab.] *m. Gen. -(s) nur Ez.* neunter Monat des mohammedan. Jahres und Fastenmonat des Islams

**Ra̲|mie̲** [mal.-engl.] *w. 11* ein süd- und ostasiat. Nesselgewächs, Faserpflanze

**Ra̲|mi|fi|ka̲|ti̲|on** [-tsjo̲n, lat.] *w. 10* Verästelung (bei Pflanzen); **ra̲|mi|fi|zie̲|ren** sich verästeln

**Ram|pe** [frz.] *w. 11* **1** schiefe Ebene zum Anfahren von Gütern beim Verladen; **2** erhöhter Rand der Bühne, an dem innen Lampen angebracht sind

**ram|po|nie̲|ren** [ital.] *ugs.:* stark beschädigen

**Ramsch 1** [frz.-nddt.] *m. Gen. -(e)s nur Ez.* Warenreste, Ausschuß-, Schleuderware, Plunder; **2** [frz.] *m. 1 Skat:* Spielgang, wenn niemand reizt; **ram|schen 1** *ugs.:* zu Schleuderpreisen kaufen (Ramschware); **2** *Skat:* ohne Reizen spielen

**Ranch** [rænt∫, amerik.] *w. Gen. - Mz.*-es Viehfarm in Nordamerika; **Ran|cher** [rænt∫ər] *m. 5* nordamerikan. Viehzüchter
**Rand** [rænd, engl.] *m. Gen. - Mz. -* Währungseinheit in der Republik Südafrika
**Ran|da|leur** [-lør] *m. 1* → Randalierer; **ran|da|lie|ren** zügellos lärmen, toben; **Ran|da|lie|rer** *m. 5* jmd., der randaliert
**ran|do|mi|sie|ren** [engl.] wahllos herausgreifen (für Experimente)
**Rang** [frz.] *m. 2* Stellung, Stufe; *im Theater:* Stockwerk; jmdm. den Rang streitig machen: mit jmdm. wettstreiten, wetteifern
**Ran|ger** [reindʒər, engl.] *m. 9* 1 *USA:* Angehöriger bestimmter Polizeieinheiten, Aufseher in Nationalparks, Waldhüter; **2** für den Guerillakrieg ausgebildeter Soldat
**ran|gie|ren** [raŋʒi-, räʒi-, frz.] **1** (Güterwagen) verschieben; **2** eine Rangstellung einnehmen
**Ran|kü|ne** [raŋ-, frz.] *w. 11 veraltet:* Groll, Rachsucht
**Ra|nun|kel** [lat.] *w. 11* Hahnenfuß
**Ra|phia** [madagass.-neulat.] *w. Gen. - Mz.*-phi|en afrik. Palmenart sowie Blattfaser davon; **Ra|phia|bast** *m. 1* Bastfaser aus den Blättern von Raphiapalmen
**ra|pid, ra|pi|de** [lat.] sehr schnell, reißend, schlagartig
**Ra|pier** [frz.] *s. 1* Fechtdegen; **ra|pie|ren** **1** zerreiben (Tabakblätter, für Schnupftabak); **2** von Hautresten und Sehnen reinigen (Fleisch)
**Ra|pil|li** *Mz.* → Lapilli
**Rap|port** [frz.] *m. 1* **1** *Mil.:* Bericht, Meldung; **2** *Psych.:* Kontakt zwischen Psychotherapeuten und Patienten, auch zwischen Hypnotiseur und hypnotisierter Person; **3** Aufeinanderfolge gleichartiger Muster (z. B. auf Tapeten) oder Bindungen (bei Geweben); **rap|por|tie|ren** melden, berichten
**Rap|tus** [lat.] *m. Gen. - Mz.*-tus|se **1** stürmischer Krankheitsanfall, heftige Erregung, Koller; **2** *ugs. scherzh.:* Rappel
**rar** [lat.] selten; sich rar machen *ugs.:* sich selten zeigen; **Ra|ra** *Mz. Bibliothekswesen:* seltene Bücher
**Ra|re|fi|ka|ti|on** [-tsjon, lat.] *w. 10 Med.:* Gewebsschwund; **ra|re|fi|zie|ren** **1** verdünnen; **2** schwinden (Körpergewebe)
**Ra|ri|tät** [lat.] *w. 10* Seltenheit, Kostbarkeit, wertvolles Sammlungsstück
**Ras** [arab. „Kopf"] *m. Gen. - Mz. -* **1** Vorgebirge, Gipfel; **2** Fürstentitel in Abessinien
**ra|sant** [frz.] **1** flach verlaufend (Geschoßbahn); **2** *ugs.:* äußerst schnell; **Ra|sanz** *w. 10 nur Ez.* **1** flache Verlaufsbahn; **2** *ugs.:* hohes Tempo
**ra|sie|ren** [frz.] den Bart, das Haar, die Augenbrauen r.: unmittelbar an der Haut abschneiden
**Rä|son** [rezõ, ugs.: rɛzɔŋ, frz.] *w. Gen. - nur*

*Ez.:* Vernunft, Einsicht, Gehorsam; jmdn. zur R. bringen; **Rä|so|neur** [-nør] *m. 1* jmd., der ständig räsoniert, Nörgler; **rä|so|nie|ren** viel und laut nörgeln, schimpfen
**Ras|pa** [span.] *w. 9* ein lateinamerik. Gesellschaftstanz
**Ras|se** [frz.] *w. 11* durch gleiche erbl. Merkmale gekennzeichnete Gruppe von Menschen oder Tieren; **Ras|sis|mus** *m. Gen. - nur Ez.* übersteigertes Rassenbewußtsein
**Ras|ter** [lat.] *m. 5* **1** *Druck-, Fernsehtechnik:* aus Punkten, Linien oder Flächen gebildetes, netzähnl. Muster; **2** Einheit im Fertigbau
**Ras|tral** [lat.] *s. 1* fünfzinkiges Gerät zum Einritzen von Notenlinien auf einer Metallplatte; **ra|strie|ren** **1** mittels Rastral mit Notenlinien versehen; **2** *österr. auch:* karieren (Papier)
**Ra|sur** [lat.] *w. 10* **1** Vorgang des Rasierens; rasierte Stelle; **2** Vorgang des Radierens; ausradierte Stelle
**Ra|te** [ital.] *w. 11* verhältnismäßiger Anteil, Teilbetrag, Teilzahlung; etwas auf Raten kaufen
**Rate-Cut|ting** [reitkʌtiŋ, engl.] *s. 9 Handelsschiffahrt:* Frachtkostenunterbietung
**Ra|te|me|ter** [reitmi:tər, engl.] *m. 5* Gerät zur Bestimmung von Mittelwerten in Frequenzmischungen und zur Messung der Frequenz kurzzeitiger Impulse
**Rate of re|turn** [reit ɔv ritən, engl.] *s. Gen. - - - Mz.*-s- - *Wirtsch.:* Ertragsquote
**Ra|ti|fi|ka|ti|on** [-tsjon, lat.] *w. 10* Bestätigung, Genehmigung (bes. von Staatsverträgen durch das Parlament); **ra|ti|fi|zie|ren** bestätigen, genehmigen
**Ra|ti|né** [-ne, frz.] *m. 9* flauschiger Stoff mit lockigem Flor; **ra|ti|nie|ren** auf die Oberfläche kräuseln (Gewebe)
**Ra|tio** **1** [ratsjo, lat.] *w. Gen. - nur Ez.* Vernunft; Vernunftgrund; vgl. ultima ratio; **2** [reiʃou, engl.] *w. 9 Wirtsch.:* das Verhältnis zweier Größen bezeichnende Kennziffer; **Ra|ti|on** [-tsjon] *w. 10* **1** zugeteilte Menge; **2** tägl. Bedarf an Lebensmitteln; eiserne R.: Vorrat für den Notfall; **ra|tio|nal** auf Vernunft beruhend, vernunftgemäß; **Ra|tio|na|le** *s. Gen.*-s *Mz.*-lia liturg. Schultertuch einiger kath. Bischöfe; **Ra|tio|na|li|sa|tor** *m. 13* jmd., der etwas rationalisiert; **ra|tio|na|li|sie|ren** **1** zweckmäßig, wirtschaftlich einrichten; **2** *Psych.:* nachträglich begründen; **Ra|tio|na|lis|mus** *m. Gen. - nur Ez.* Lehre von der Vernunft als oberstem Prinzip der Welt und des Erkennens; **Ra|tio|na|li|tät** *w. 10 nur Ez.* Eigenschaft von Zahlen, sich als Bruch wiedergeben zu lassen; **ra|tio|nell** zweckmäßig, mit sparsamen Mitteln; **ra|tio|nie|ren** planmäßig einteilen
**Rä|to|ro|ma|ne** *m. 11* Nachkomme der rätischen Altbevölkerung in den Alpen
**Rau|te** [lat.] *w. 11* **1** eine Pflanzengattung;

2 *Math.:* Rhombus; **3** eine Diamantenschliffart; **4** Spielkartenfarbe, Karo
**Ra|vi|o|li** [-vi-, ital.] *Mz.* mit Fleisch gefüllte Vierecke aus Nudelteig
**Ray|gras** *s. 4* → Raigras
**Ray|on** [rɛjɔ̃, frz.] *m. 9* **1** Abteilung (eines Kaufhauses); **2** *österr.:* Dienstbereich (z. B. eines Polizeibeamten), Verwaltungsbezirk; **3** [rɛiɔn, engl.] *m. 9 nur Ez. angelsächs. Schreibung von* Reyon; **Ray|on|chef** *m. 9* Abteilungsleiter (im Kaufhaus); **rayo|nie|ren** [rɛjo-] *österr.:* in Bezirke einteilen
**ra|ze|mos, ra|ze|mös** [lat.] traubenförmig
**Raz|zia** [arab.-frz.] *w. 9, Mz.* auch: -zi en Durchsuchungs- und Festnahmeaktion der Polizei
**Rb** *chem. Zeichen für* Rubidium
**Rbl.** *Abk. für* Rubel
**Rc.** *Abk. für* recipe!
**Re** *chem. Zeichen für* Rhenium
**Re** [lat.] *s. 9 Kartenspiel:* Erwiderung auf ein Kontra; Re bieten, ansagen
**Rea|dy-made** [rɛdi mɛid, engl. „fertig zum Gebrauch"] *s. Gen. - Mz.-s* Bez. für einen industriell erzeugten Gegenstand (z. B. Teil der Automobilkarosserie, Flaschenständer, Rad), der zum Kunstgegenstand erhoben wird
**Rea|gens** [lat.] *s. Gen. - Mz.-gen|zi en,* **Reagenz** *s. Gen.-es Mz.-zi en Chem.:* Stoff, der bei Berührung mit einem andern Stoff auf bestimmte Weise reagiert und daher zum Nachweis oder zur Mengenbestimmung von Substanzen dient; **Rea|genz|glas** *s. 4* schmales, hohes Glas für chem. Versuche; **rea|gi-bel** reaktionsfähig; **rea|gie|ren 1** zurückwirken, auf etwas ansprechen; sauer reagieren *ugs.:* auf etwas hin mißmutig, böse werden, etwas ablehnen; **2** *Chem.:* eine Reaktion eingehen; **Rel|akt** *m. 1 Psych.:* Handlung, die als Antwort auf bestimmte mitmenschl. Verhaltensweisen zustande kommt; **Re|ak|tanz** *w.10 Elektr.:* Blindwiderstand; **Re|ak|ti on** [-tsjon] *w.10* **1** das Reagieren, Beantwortung eines Reizes, Rückwirkung; **2** *Chem.:* Vorgang, der eine stoffl. Veränderung der beteiligten Substanzen zur Folge hat; **3** *nur Ez.* Bestreben, an veralteten (polit., kirchl. o. ä.) Institutionen festzuhalten oder sie wiederzuerrichten; **4** Gesamtheit der Reaktionäre; **re|ak|tio|när** (geistig) rückschrittlich; **Re|ak|tio|när** *m. 1* jmd., der am Veralteten festhält u. fortschrittl. Entwicklungen bekämpft; **re|ak|tiv** auf etwas zurückwirkend; **Re|ak|tiv** *s. 1* durch Reizerlebnisse bedingtes psych. Verhalten; **re|ak|ti|vie|ren 1** wieder beleben, wieder in Tätigkeit setzen; **2** *Chem.:* wieder wirksam machen; **Re|ak-tor** *m. 13 i. w. S.:* Behälter, in dem chem. oder physikal. Reaktionen unter kontrollierten Bedingungen ablaufen; *i. e. S.:* Anlage zur Umwandlung von Kernenergie in

Wärmeenergie und schließlich in Elektrizität, Kernreaktor
**re|al** [lat.] wirklich, sachlich, dinglich, der Realität entsprechend
**Re|al** [lat.-span. bzw. port.] *m. Gen.-s Mz.* span. -alen, *port.* Reis alte span., port., mexikan. und brasil. Silbermünze
**Re|al|akt** [lat.] *m. 1 Rechtsw.:* **1** tatsächl. Handlung; **2** *österr.:* ein Grundstück betreffende Gerichtshandlung; **Re|al|ein|kom|men** *s. 7* tatsächliches Einkommen im Hinblick auf die Kaufkraft des Geldes; *Ggs.:* Nominaleinkommen; **Re|al|en|zy|klo|pä|die** *w. 11* → Reallexikon
**Re|al|gar** [arab.-frz.] *m. 1* ein Mineral
**Re|al|gym|na|si|um** [lat. + griech.] *s. Gen.-s Mz.-si en früher:* höhere Schule, in der neue Sprachen oder Mathematik und Naturwissenschaften stärker betont wurden; *heutige Bez.:* neusprachl. Gymnasium; **Rea|li|en** [lat.] *Mz.* **1** Tatsachen, wirkliche Dinge; **2** Sachkenntnisse; **3** neusprachl. und naturwissenschaftl. Fächer; **Re|al|in|ju|rie** [-riə] *w. 11 Rechtsw.:* Beleidigung durch Tätlichkeit; **Rea|li|sa|ti on** [-tsjon] *w. 10 nur Ez.* das Realisieren; **Rea|li|sa|tor** *m. 13* geschlechtsbestimmender Zellfaktor; **rea|li|sie|ren 1** verwirklichen; **2** zu Geld machen; gegen Bargeld verkaufen; **3** verstehen, sich klarmachen, einsehen; **Rea|lis|mus** *m. Gen. - nur Ez.* **1** Wirklichkeits-, Tatsachensinn; **2** Lehre von einer Wirklichkeit außerhalb des menschl. Bewußtseins; **3** *Kunst:* wirklichkeitsgetreue Darstellungsweise; **Rea|list** *m. 10* **1** sachlich und nüchtern denkender Mensch; **2** Vertreter des künstlerischen Realismus; **Rea|li|stik** *w. 10 nur Ez.* Wirklichkeitstreue; **Rea|li|tät** *w. 10* **1** Gegebenheit, Wirklichkeit; **2** *Mz.* Grundstücke; **rea|li|ter** in Wirklichkeit; **Re|al|ka|pi|tal** *s. 1, Mz. auch:* -li en angelegtes Kapital, Sachkapital; **Re|al|ka|ta|log** *m. 1* nach Sachgebieten geordneter Bibliothekskatalog; **Re|al|kauf** *m. 2* Kauf, bei der Vertragsabschluß und Übergabe des Kaufgegenstandes zusammenfallen; **Re|al|kon|kur|renz** *w. 10 nur Ez.* Verletzung mehrerer Strafgesetze durch mehrere Handlungen, Tatmehrheit; *vgl.* Idealkonkurrenz; **Re|al|kre|dit** *m. 1* durch dingliche Sicherheitsleistung gedeckter Kredit; **Re|al|last** *w. 10* Belastung eines Grundstücks durch regelmäßige Sach- oder Geldleistungen; **Re|al|le|xi|kon** *s. Gen.-s Mz.* -ka *oder* -ken Lexikon der Sachbegriffe eines Wissensgebietes; **Re|al|lohn** *m. 2* → Realeinkommen; **Re|al|ob|li|ga|ti on** [-tsjo:n] *w. 10* Pfandbrief, Grundstückshaftung (bei der Hypothek); **Re|al|po|li|tik** *w. 10* Politik, die sich an die Gegebenheiten hält und das erreichbare Mögliche anstrebt; **Re|al|schu|le** *w. 11* Lehranstalt, die zum mittleren Bildungsabschluß führt; **Re|al-steu|er** *w. 11* auf einzelnen Vermögensgegen-

ständen lastende Steuer; **Real-Time-Ver|fah|ren** [ri̯l taim, engl.] *s. 7* eine Arbeitsmethode in der Datenverarbeitung; **Re|al|uni|on** *w. 10* Vereinigung mehrerer selbständiger Staaten zu einer völkerrechtl. Einheit

**Re|ani|ma|ti|on** [-tsi̯on, lat.] *w. 10* Wiederbelebung, z. B. durch künstl. Atmung

**Re|as|se|ku|ranz** [lat.] *w. 10* Rückversicherung

**Re|au|mur** [re:omyr, nach dem frz. Physiker R.-A. Ferchault de Réaumur] *(Abk.:* R) Maßeinheit des (veralteten) 80gradigen Thermometers

**Reb|bach** [jidd.] *m. Gen.*-s *nur Ez.* Gaunerspr.: Gewinn, Vorteil (bes. aus Betrug)

**Re|bell** [frz.] *m. 10* Aufrührer, Empörer; **re|bel|lie|ren** sich empören, sich auflehnen; **Re|bel|li|on** *w. 10* Empörung, Aufstand; **re|bel|lisch** aufrührerisch, widersetzlich

**Re|bound-Ef|fekt** [ribaund, engl. „Rückschlag"] *m. 1 Med.:* ein Regulationsmechanismus im Hormonhaushalt

**Re|bus** [lat.] *m. od. s. Gen.*- *Mz.*-bus|se Bilderrätsel, bei dem aus aneinandergereihten Bildern ein Wort oder Satz zu erraten ist; **re|bus sic stan|ti|bus** so wie die Dinge stehen

**Rec.** *Abk. für* recipe!

**Re|call** [rikɔl, engl.] *m Gen.*-(s) *Mz.*-s *in den USA* Entlassung von Beamten durch öffentl. Abstimmung

**Re|cei|ver** [risivər, engl.] *m. 5 1 bei Verbunddampfmaschinen:* Behälter, der den Dampf zwischen Hoch- und Niederdruckzylinder aufnimmt; **2** Rundfunkempfänger mit Verstärker (für Hi-Fi-Wiedergabe)

**Re|chaud** [rəʃo, frz.] *m. 9 od. s. 9 1* Wärmeplatte; **2** *österr.:* Gaskocher

**Re|cher|che** [reʃɛrʃə, auch: rə-, frz.] *w. 11* Nachforschung; **Re|cher|cheur** [reʃɛrʃør, auch: rə-] *m. 1* jmd., der recherchiert; **re|cher|chie|ren** [reʃɛrʃi-, auch: rə-] Ermittlungen anstellen, nachforschen

**re|ci|pe!** [retsipe:, lat.] *(Abk.:* Rc., Rec., Rp.) *auf ärztl. Rezepten:* nimm! (Formel vor der Anwendungsvorschrift)

**Re|ci|tal** [risaitəl, engl.], **Ré|ci|tal** [resital, frz.] *s. 9* Veranstaltung, die nur von einem einzigen Künstler oder nur mit den Werken eines einzigen Künstlers bestritten wird; **re|ci|tan|do** [retʃi-, ital.] *Mus.:* sprechend, rezitierend; **Re|ci|tal|ti|vo** [retʃi-] → Rezitativ

**re|com|man|dé** [rəkɔmãde] *(Abk.:* R) *Post: frz. Bez. für* eingeschrieben

**Re|con|qui|sta** [rekɔnkista, span. rekɔŋkista] *w. Gen.*- *nur Ez.* MA.: Zurückgewinnung Spaniens von den Arabern durch die christl. Spanier

**Re|cor|der** [engl.] *m. 5 1* Gerät zum Aufzeichnen auf Tonträger, bes. auf Tonband; **2** *ugs. kurz für* Tonbandgerät

**rec|te** [rɛkte:, lat.] recht, richtig, eigentlich

**Rec|tor ma|gni|fi|cus** [lat.] *m. Gen.* -s -, *Mz.*-to|res -fi|ci [-tsi] *veraltet:* Titel eines Hochschulrektors

**Re|cy|cling** [ri:saiklin, engl.] *s. Gen.*-(s) *nur Ez.* Wiederverwertung von Abfällen

**Re|dak|teur** [-tør, lat.-frz.] *m. 1* Angestellter eines Verlages oder einer Zeitung, der Manuskripte beurteilt und für die Veröffentlichung bearbeitet; **Re|dak|ti|on** [-tsi̯on] *w. 10* **1** Manuskriptbearbeitung; **2** Gesamtheit der Redakteure (eines Verlages oder einer Zeitung); **3** Arbeitsräume der Redakteure; **re|dak|tio|nell** [-tsi̯o-] zur Redaktion (**1**) gehörend, auf ihr beruhend, in der Redaktion (**3**); **Re|dak|tor** *m. 13* **1** wissenschaftl. Herausgeber; **2** *schweiz.:* Redakteur; **Re|dak|tri|ce** [-sə, frz.] *w. 11* *österr.:* Redakteurin

**re|dal|tie|ren** [lat.-frz.] mit einem früheren Datum versehen, zurückdatieren (Brief)

**Red|emp|to|rist** [lat.] *m. 10* Angehöriger der Congregatio Sanctissimi Redemptoris (Kongregation vom Allerheiligsten Erlöser), eines kath. Ordens für Seelsorge und Volksmission

**re|di|gie|ren** [lat.-frz.] bearbeiten (Manuskript)

**Re|din|gote** [redɛ̃gɔt, engl. frz.] *w. 11* taillierter Mantel

**Re|dis|kont** [ital.] *m. 1* Weiterverkauf (eines diskontierten Wechsels); **re|dis|kon|tie|ren** weiterverkaufen (Wechsel)

**re|di|vi|vus** [-vivus, lat.] *nicht flektierbar, nur nachgestellt:* wiedererstanden; Goethe redivivus!

**Re|dou|te** [-du-, frz. rədut] *w. 11* **1** *früher:* Festungsschanze; **2** *veraltet, noch bayr.-österr.:* (vornehmer) Maskenball; **3** *veraltet:* Fest-, Tanzsaal

**Red|ox|sy|stem** *s. 1* Chem. Kurzw. für Reduktions-Oxydations-System

**Re|dres|se|ment** [-mã, frz.] *s. 9* **1** Wiedereinrenkung oder Einrichtung (eines ausgerenkten oder gebrochenen Knochens); **2** orthopäd. Behandlung (bes. von Mißbildungen an Beinen und Füßen); **re|dres|sie|ren** **1** wiedereinrenken, einrichten (Knochen); **2** korrigieren (Mißbildungen)

**Re|duk|ti|on** [-tsi̯on, lat.] *w. 10* **1** Zurückführung, Verringerung, Herabsetzung; **2** *Chem.:* Entzug von Sauerstoff aus einer chem. Verbindung oder Anlagerung von Wasserstoff an eine solche; **Re|duk|ti|ons|mit|tel** *s. 5* *Chem.:* Stoff, der anderen Substanzen Sauerstoff entziehen kann; **Re|duk|ti|ons|tei|lung** *w. 10* → Meiose; **Re|duk|tor** *m. 13* **1** ein Transformator; **2** Glimmlampe zur Verringerung der Netzspannung

**re|dun|dant** [lat.-engl.] überreichlich, weitschweifig, überflüssig; **Re|dun|danz** *w. 10 nur Ez.* **1** Überreichlichkeit, Überflüssiges; **2** *Informationstheorie:* Überschuß (an Worten, Zeichen) über das zur Übermittlung einer Information notwendige Mindestmaß hinaus

**Re|du|pli|ka|ti:on** [-tsjon, lat.] *w. 10* Verdopplung (einer Silbe oder eines Wortes), z. B. Mama; **re|du|pli|zie|ren** verdoppeln (Silbe, Wort)
**re|du|zi|bel** [lat.] zurückführbar, zerlegbar (eines mathemat. Ausdrucks); *Ggs.:* irreduzibel; **re|du|zie|ren** zurückführen, verringern, herabsetzen; **re|du|ziert** *übertr. ugs.:* nicht voll einsatz- oder aufnahmefähig (bes. infolge Krankheit)
**Red|wood** [rɛdwud, engl.] *s. 9* Rotholz (bes. der kaliforn. Mammutbäume)
**re|ell** [frz.] **1** ehrlich, anständig, zuverlässig (bes. im Geschäftsleben); **2** wirklich vorhanden, begründet
**Re|en|try** [ri:ɛntri, engl.] *m. oder s. Gen.-Mz.*-tries Wiedereintritt (eines Weltraumfahrzeugs in die Erdatmosphäre)
**Re|evo|lu|ti:on** [-tsjon, neulat.] *w. 10* Wiederkehr des Bewußtseins (nach einem epilept. Anfall)
**Re|ex|port** [lat.] *m. 1*, **Re|ex|por|ta|ti:on** [-tsjon] *w. 10* Wiederausfuhr (importierter Güter); **re|ex|por|tie|ren** wieder ausführen
**ref.** *Abk. für* reformiert
**Re|fait** [rəfɛ, frz.] *s. 9 Kartenspiel:* Unentschieden
**Re|fak|tie** [-tsjə, lat.-ndrl.] *w. 11* **1** Vergütung für beschädigte, fehlerhafte, unbrauchbar gewordene Ware; **2** Rückvergütung von Frachtkosten; **re|fak|tie|ren** eine Ware r.: Preisnachlaß auf eine Ware gewähren
**Re|fek|to|ri:um** [lat.] *s. Gen.*-s *Mz.*-ri:en Speisesaal (im Kloster)
**Re|fe|rat** [lat.] *s. 1* **1** Vortrag, Bericht; **2** Arbeitsgebiet eines Referenten; **Re|fe|ren|da** *Mz. von* Referendum; **Re|fe|ren|dar** *m. 1* Beamtenanwärter (nach der ersten Staatsprüfung); **Re|fe|ren|dum** *s. Gen.*-s *Mz.*-da *oder* -den Volksabstimmung; **Re|fe|rent** *m. 10* Vortragender, Berichterstatter, Sachbearbeiter; **Re|fe|renz** *w. 10* Empfehlung, Auskunft über eine Person; jmd., der eine Auskunft oder Empfehlung geben kann; **re|fe|rie|ren** [frz.] vortragen, berichten, ein Referat halten
**Re|fi|nan|zie|rung** [lat.-frz.] *w. 10* Geldbeschaffung aus Fremdmitteln, um Kredit geben zu können
**Re|fla|ti:on** [-tsjon, lat.] *w. 10* Erhöhung der umlaufenden Geldmenge; **re|fla|tio|när** [-tsjo-] mittels Reflation
**Re|flek|tant** [lat.] *m. 10* Bewerber, Interessent; **re|flek|tie|ren** **1** zurückstrahlen, widerspiegeln; **2** nachdenken; **3** auf etwas r.: etwas haben wollen oder anstreben, sich um etwas bewerben; **Re|flek|tor** *m. 13* **1** Vorrichtung zur Rückstrahlung und Bündelung elektromagnet. Wellen, bes. von Licht, z. B. Hohlspiegel; **2** Hülle um spaltbares Material im Kernreaktor; **re|flek|to|risch** durch einen Reflex ausgelöst; **Re|flex** *m. 1* **1** Rückstrahlung (von Licht); **2** *Biol.:* unwillkürl. Reizbe-

antwortung; **Re|fle|xi:on** *w. 10* **1** Zurückwerfen (von Teilchen oder Wellen, z. B. Licht) an Grenzflächen zwischen verschiedenen Medien, z. B. zwischen Luft und Glas; **2** auf die eigenen Handlungen und Gedanken gerichtetes prüfendes Nachdenken; **re|fle|xiv** *Gramm.:* rückbezüglich; reflexives Verb (z. B. sich beeilen); **Re|fle|xiv** *s. 1* **1** Reflexivpronomen; **2** reflexives Verb; **Re|fle|xiv|pro|no|men** *s. 7, Mz. auch:* -mi|na rückbezügl. Fürwort: sich; **Re|fle|xi|vum** *s. Gen.*-s *Mz.*-va → Reflexiv; **Re|fle|xo|lo|gie** *w. 11 nur Ez.* Richtung der Psychologie, die das menschl. und tier. Verhalten auf die Reflexe zurückzuführen sucht
**Re|form** [lat.-frz.] *w. 10* verbessernde Neu-, Umgestaltung; **reform.** *Abk. für* reformiert; **Re|for|ma|ti:on** [-tsjon, lat.] *w. 10* **1** Wiederherstellung (eines ursprüngl. Zustandes), Erneuerung; **2** *nur Ez.* Glaubensbewegung des 16. Jh., die zur Entstehung des Protestantismus führte; **Re|for|ma|tor** *m. 13* **1** Erneuerer, Neugestalter; **2** Begründer der Reformation (2): Luther, Zwingli, Calvin; **re|for|mie|ren** verbessern, erneuern; **re|for|miert** (*Abk.:* ref., reform.) zur reformierten Kirche gehörend; reformierte Kirche: die durch die Reformation Zwinglis und Calvins entstandene Kirche, im Unterschied zur luther. Kirche; **Re|for|mis|mus** *m. Gen.*- *nur Ez.* **1** Streben nach Veränderung sozialer oder polit. Zustände durch Reformen; **2** gemäßigter Sozialismus
**Re|frain** [rəfrɛ, frz.] *m. 9* Kehrreim
**re|frak|tär** [lat.] *Med.:* widerspenstig, unempfänglich, unbeeinflußbar; auf einen Reiz nicht reagierend; **Re|frak|tär** *m. 1 schweiz.:* jmd., der sich der Militärdienstpflicht entzieht; **Re|frak|tär|pha|se** *w. 11* Ruhezeit von Muskel- und Nervenfasern unmittelbar nach Ablauf einer Erregungsphase; **Re|frak|ti:on** [-tsjon] *w. 10* **1** Brechung (von Lichtwellen, bes. des Sternenlichtes beim Eintritt in die Erdatmosphäre); **2** Brechungswert (der Augenlinse); **Re|frak|to|me|ter** [lat. + griech.] *s. 5* opt. Meßgerät zur Bestimmung der Refraktion (1); **Re|frak|tor** [lat.] *m. 13* Linsenfernrohr; **re|frak|tu|rie|ren** einen gebrochenen, schlecht geheilten Knochen r.: operativ nochmals zerbrechen
**Re|fri|ge|rans** [lat.] *s. Gen.*- *Mz.*-ran|tia [-tsja] *oder* -zi:en *Med.:* abkühlendes, fiebersenkendes Heilmittel; **Re|fri|ge|ra|ti:on** [-tsjon] *w. 10* **1** Erkältung; **2** künstl. Unterkühlung (z. B. vor einem chirurg. Eingriff); **Re|fri|ge|ra|tor** *m. 13* Gefriermaschine
**Re|fu|gi|al|ge|biet** [lat.] *s. 1* Rückzugsgebiet (für Tiere und Pflanzen, z. B. in den Eiszeiten); **Re|fu|gié** *m. 9* Flüchtling (aus Glaubensgründen, bes. Hugenotte); **Re|fu|gi:um** *s. Gen.*-s *Mz.*-gi:en Zufluchtsort

**reg.** *Abk. für* registered
**Reg.** *Abk. für* Regiment (2)
re|**gal** [lat.] königlich
**Re|gal** 1 [frz.] *s. 1* kleine Orgel mit Zungenpfeifen; Zungenpfeifenregister (von Orgeln);
**2** *auch:* Re|**ga|le** [lat.] *s. Gen.*-s *Mz.*-li|en
wirtschaftlich nutzbares Hoheitsrecht (z. B.
Münzrecht); 3 [ital.] Gestell mit Fächern (für
Bücher, Waren) **Re|ga|li|tät** *w. 10 nur Ez., früher:* Anspruch auf Regalien
**Re|gat|ta** [ital.] *w. Gen. - Mz.*-ten Bootswettfahrt
**Ré|gence** [reʒãs, frz.] *w. Gen. - nur Ez.* frz.
Kunstrichtung zur Zeit der Regentschaft
Philipps von Orléans; **Re|gen|cy** [rɪdʒənsɪ,
engl.] *s. Gen. - nur Ez.* engl. Kunstrichtung
zur Zeit der Regentschaft Georges IV.
**Re|ge|ne|rat** [lat.] *s. 1 Chem.:* Rohstoff, der
durch Aufarbeitung gewonnen wird (z. B.
Kautschuk aus Altgummi); **Re|ge|ne|ra|ti|on**
[-tsjon] *w. 10* **1** Wiederherstellung, Erneuerung; **2** *Med.:* Heilungsprozeß; **3** *Biol.:* Neubildung zerstörter oder verlorener Zellen,
Gewebe und Körperteile; *Ggs.:* Degeneration; **3** Wiederherstellung bestimmter Eigenschaften von Rohstoffen (z. B.
Kautschuk aus Altgummi); **re|ge|ne|ra|tiv**
durch Regeneration entstanden, Regeneration bewirkend; **Re|ge|ne|ra|tor** *m. 13* Luftvorwärmer bei Industriefeuerungen; **re|ge|ne|ra|to|risch** → regenerativ; **re|ge|ne|rie|ren**
**1** wiederherstellen, erneuern; **2** *Biol.:* neu
bilden (Zellen, Gewebe, Körperteile); *Ggs.:*
degenerieren; **3** *Chem.:* zurückgewinnen
(Rohstoffe aus Altmaterial)
**Re|gens** [lat.] *m. Gen. - Mz.*-gen|tes oder
-gen|ten Vorsteher (bes. eines kath. Priesterseminars)
**Re|gens cho|ri** [ko-, lat.] *österr.:* Re|gens|chori, *m. Gen. - - Mz.*-gen|tes - Leiter eines kath.
Kirchenchores
**Re|gent** [lat.] *m. 10* regierender Fürst oder
dessen Stellvertreter; **Re|gen|tes** *Mz. von*
Regens
**Re|ges** *Mz. von* Rex
**Re|gest** [lat.] *s. 12,* **Re|ge|stum** *S. Gen.*-s *Mz.*
-sta knappe Zusammenfassung des Rechtsinhalts einer Urkunde
**Re|gie** [-ʒi, lat.-frz.] *w. 11* **1** *nur Ez.* Verwaltung öffentlicher Unternehmen durch Staat
oder Gemeinde; **2** *österr.:* staatl. Verkaufsmonopol (z. B. Tabakregie); **3** *nur Ez.* künstler. Leitung (eines Theaterstücks, Films u.
ä.); **Re|gie|be|trieb** *m. 1* von einer öffentl.
Körperschaft (z. B. dem Staat) geführter Betrieb; **Re|gi|en** [-ʒiən] *w. 11 Mz. österr.:* Regiekosten, Unkosten
**re|gie|ren** [lat.] **1** beherrschen, lenken, leiten;
*Gramm.:* nach sich ziehen, fordern; **2** herrschen; **Re|gie|rung** *w. 10* **1** Leitung des Staates, Herrschaft; **2** oberste Behörde eines
Staates, Gesamtheit der Minister

**Re|gime** [-ʒim, frz.] *s. Gen.*-(s) *Mz.*-s *oder*-
[-ʒimə] Regierung, Regierungsform
**Re|gi|ment** [lat.] **1** *s. 1* Herrschaft, Leitung;
das **R.** führen; **2** *s.3* (*Abk.:* Reg., Regt.,
Rgt.) Truppeneinheit
**Re|gi|na coe|li** [tsø-, lat. „Königin des Himmels", Anfang eines österl. Marienhymnus]
*kath. Bez. für* Maria
**Re|gi|o|lekt** [lat. + griech.] *m. 1* Sprachgebrauch innerhalb einer Region; **Re|gi|on**
[lat.] *w. 10* Bereich, Gegend; in höheren Regionen schweben *ugs. übertr.:* nicht in der
Wirklichkeit leben; **re|gi|o|nal** zu einer Region gehörig, sie betreffend; **Re|gi|o|na|lis|mus** *m. Gen. - nur Ez.* **1** Streben eines Landesteils nach (größerer) Eigenständigkeit im
Staatsganzen; **2** Zusammenarbeit mehrerer
Staaten zur Lösung gemeinsamer Probleme
ihres Gebiets (z. B. in der Europäischen
Wirtschaftsgemeinschaft); **3** Heimatdichtung; **re|gi|o|när** zu einem bestimmten Abschnitt der Körperoberfläche gehörend
**Re|gis|seur** [-ʒisør, frz.] *m. 1* Theater, Film,
Funk, Fernsehen: jmd., der Regie führt,
Spielleiter
**Re|gi|ster** [mlat.] *s. 5* **1** Verzeichnis, Liste;
**2** eingeschnittene Abecestufen (z. B. am
Rand von Telefonbüchern); **3** alphabetisch
geordnetes Personen- oder Sachverzeichnis
(am Ende von Büchern); **4** *Rechtsw.:* amtl.
Verzeichnis über rechtlich wichtige Tatsachen (z. B. Handelsregister); **5** *Buchw.:* Aufeinanderpassen der Druckzeilen von Vorder-
und Rückseite; R. halten; **6** *Mus.:* Tonbereich, der von einem Sänger mit gleicher
Stimmbandeinstellung gesungen werden
kann; *bei der Orgel:* Pfeifenreihe mit gleichem Klangcharakter; alle Register ziehen,
spielen lassen *ugs. übertr.:* etwas mit aller
Energie betreiben; **7** *in Datenverarbeitungsmaschinen:* ein Speicher; **Re|gi|ster|brief** *m. 1*
Bescheinigung über die Eintragung eines
Schiffes ins Schiffsregister; **re|gi|stered**
[rɛdʒistəd, engl.] (*Abk.:* reg., Zeichen: ®)
**1** in ein Register eingetragen (Firma), gesetzlich geschützt; **2** *Post: engl. Bez. für* eingeschrieben; **Re|gi|ster|ton|ne** *w. 11* (*Abk.:*
RT) Raummaß für Schiffe, 2,8 m³; **Re|gi|stra|tur** *w. 10* **1** Abteilung für die Ablage des
Schriftverkehrs; **2** Aktenschrank; **3** alle Registerzüge der Orgel; **re|gi|strie|ren** **1** in ein
Register eintragen, aufzeichnen, buchen;
**2** *übertr.:* bewußt wahrnehmen, feststellen;
**3** *Mus.:* Orgelregister ziehen, Registerstimmen mischen
**Re|gle|ment** [reɡləmã, frz.] *s. 9, schweiz.:*
[-mɛnt] *s. 1,* Dienstvorschrift, Geschäftsordnung; **re|gle|men|tie|ren** [-men-] durch Vorschriften regeln, behördlich anordnen, beaufsichtigen
**Re|glet|te** [frz.] *w. 11 Buchw.:* nichtdruckender Metallstreifen für den Durchschuß; **Re-**

**gleur** [-glør] *m. 1 in Uhren:* den Gang regelnde Spirale

**Re|gnum** [lat.] *s. Gen.* -s *Mz.* -gna Herrschaft, (König-)Reich

**re|gre|die|ren** [lat.] zurückgehen, zurückfallen, sich zurückziehen; **Re|greß** *m. 1 1 Philos.:* Zurückschreiten von der Wirkung zur Ursache; **2** *Rechtsw.:* Ersatz, Entschädigung; Ersatzanspruch an den Hauptschuldner; **Re-gres|sat** *m. 10* jmd., auf den ein Regreß genommen wird; **Re|gres|si|on** *w. 10* Rückbildung, Rückzug, Zurückbewegung; **re|gres|siv** zurückgreifend, zurückgehend, sich zurückbildend

**Regt.** *Abk. für* Regiment (2)

**Re|gu|la fal|si** [lat. „Regel des Falschen"] *w. Gen.* -- *nur Ez. Math.:* ein Verfahren zur Lösung von Gleichungen; **Re|gu|la fi|dei** [-dei, „Regel des Glaubens"] *w. Gen.* -- *Mz.* -lae - [-lɛ:] die Grundlehren der christl. Kirchen (bes. die Glaubensbekenntnisse); **Re-gu|lar** *m. 1* Mitglied einer Gemeinschaft, die nach festen Regeln lebt, z. B. einer Kongregation, eines Ordens; **re|gu|lär** *1* der Regel entsprechend; *Ggs.:* irregulär; **2** *Math.:* regelmäßig (Körper); **Re|gu|la|re** *m. 11* → Regular; **Re|gu|la|ri|tät** *w. 10 nur Ez.* Regelmäßigkeit, Richtigkeit; *Ggs.:* Irregularität; **Re|gu-lar|kle|ri|ker** *m. 5* 1 Mönch, der nicht in dem Kloster lebt, in das er eingetreten ist; **2** Ordensgeistlicher; **3** *Mz.* den neuzeitl. Formen der Seelsorge angepaßte Ordensgemeinschaft; **Re|gu|la|ti on** [-tsjon] *w. 10* Regelung, Regulierung, Anpassung, Ausgleich; **re|gu|la-tiv** regelnd, als Regel dienend; **Re|gu|la|tiv** *s. 1* regelnde Vorschrift, steuerndes Element; **Re|gu|la|tor** *m. 13* 1 Pendeluhr mit regulierbarem Pendel; Gangregler (einer Maschine); **re|gu-lie|ren** 1 regeln, ordnen, in gleichmäßigen Gang bringen; **2** einer Ordensregel unterwerfen; regulierter Kleriker → Regularkleriker; **3** begradigen (Flußlauf)

**re|gu|li|nisch** [lat.] aus reinem Metall, gediegen; **Re|gu|lus 1** *m. Gen.* - *Mz.* -lus|se Metallklumpen unter der Schmelzofenschlacke; *auch:* gediegenes Metall; **2** *Mz. auch:* -li ein Vogel, Goldhähnchen

**Re|ha|bi|li|tand** [lat.] *m. 10* jmd., der rehabilitiert wird; **Re|ha|bi|li|ta|ti on** [-tsjon] *w. 10* **1** Wiederherstellung der ursprüngl. Lage, Wiedereinsetzung in frühere Rechte, Rechtfertigung, Ehrenrettung; **2** Rückführung von Kranken, Verletzten, Süchtigen mit Dauerschäden zu größtmöglicher Leistungsfähigkeit; Wiedereingliederung ehemaliger Strafgefangener in die Gesellschaft; **re|ha|bi|li|tie-ren** rechtfertigen, in die ursprüngl. Lage oder in frühere Rechte wiedereinsetzen

**Re|haut** [rɔo, frz.] *m. 9* lichte Stelle (auf Gemälden)

**Rei|bach** *m. Gen.* -s *nur Ez.* → Rebbach

**Re|im|plan|ta|ti on** [-tsjon, neulat.] *w. 10*

*Med.:* Wiedereinpflanzung (bes. eines gezogenen Zahnes ins Zahnbett)

**Re|im|port** [neulat.] *m. 1*, **Re|im|por|ta|ti on** [-tsjon] *w. 10* Wiedereinfuhr

**Rei|ne|clau|de** [rɛ:nəklodə] *w. 11 frz. Schreibung von* Reneklode

**Rei|net|te** [rɛnɛtə, frz.] *w. 11 österr. und schweiz. Nebenform von* Renette

**Re|in|fek|ti on** [-tsjon, lat.] *w. 10* Wiederansteckung (mit den gleichen Erregern); **re|in-fi|zie|ren** sich r.: sich erneut anstecken

**Re|in|fu|si on** [lat.] *w. 10* Übertragung eigenen Blutes

**Re|in|kar|na|ti on** [-tsjon, lat.] *w. 10* Wiederverkörperung, erneute Fleischwerdung (der Seele nach dem Tode); **re|in|kar|nie|ren** sich r.: sich wiederverkörpern

**re|in|stal|lie|ren** [lat.] wiedereinsetzen (in ein Amt)

**Re|in|te|gra|ti on** [-tsjon, lat.] *w. 10* Wiederherstellung (einer Ganzheit); **re|in|te|grie|ren** wiederherstellen, erneuern

**re|in|ve|stie|ren** [lat.] erneut investieren; **Re|in|ve|sti|ti on** [-tsjon] *w. 10* erneute Investition

**Réis** [rɛis] *Mz. von* Real (1)

**re|ite|re|tur** [reli-, lat.] (*Abk.:* reit.) es werde erneuert (ärztl. Anweisung auf Rezepten)

**Reiz|ker** [tschech.] *m. 5* Vertreter einer Pilzgattung

**Re|jek|ti on** [-tsjon, lat.] *w. 10* **1** *Rechtsw.:* Abweisung (von Anträgen oder Klagen); **2** *Med.:* Abstoßung (bes. von transplantierten Organen); **Re|jek|to|ri um** *s. Gen.* -s *Mz.* -ri en abweisendes Urteil eines übergeordneten Gerichtes

**Re|ka|pi|tu|la|ti on** [-tsjon, lat.] *w. 10* Wiederholung, Zusammenfassung (der Hauptpunkte); **re|ka|pi|tu|lie|ren** zusammenfassend wiederholen

**Re|kla|mant** [lat.] *m. 10* jmd., der eine Beschwerde führt, Einspruch erhebt; **Re|kla-ma|ti on** [-tsjon] *w. 10* Beschwerde, Beanstandung (von Mängeln); **Re|kla|me** [lat.-frz.] *w. 11* Werbung (für Waren); **Re-kla|me|chef** [-ʃef] *m. 9* Werbeleiter; **re|kla-mie|ren** 1 beanstanden, zurückfordern; **2** sich beschweren, Einspruch erheben

**Re|kli|na|ti on** [-tsjon, lat.] *w. 10 Med.:* Zurückbiegung (der krankhaft gekrümmten Wirbelsäule)

**re|ko|gnos|zie|ren** [lat.] *Mil.:* auskundschaften, aufklären

**Re|kom|bi|na|ti on** [-tsjon, lat.] *w. 10* **1** *Biol.:* Neuzusammenstellung (von Erbfaktoren); **2** *Phys.:* Wiedervereinigung (verschieden geladener Ionen zu neutralen Gebilden)

**Re|kom|man|da|ti on** [-tsjon, lat.] *w. 10* **1** *veraltet:* Empfehlung; **2** *österr.:* Einschreiben (Post); **re|kom|man|die|ren** 1 *veraltet:* empfehlen; **2** *österr.:* einschreiben lassen; rekommandierter Brief: eingeschriebener Brief

**Re|kom|pẹns** [lat.], **Re|kom|pen|sa|ti·on** [-tsjon] *w. 10* Entschädigung; **re|kom|pen|sie|ren** entschädigen

**Re|kon|sti|tu|ti·on** [-tsjon, lat.] *w. 10* Wiederherstellung

**re|kon|stru|ie|ren** [lat.] nachbilden, wiederherstellen; **Re|kon|struk|ti·on** [-tsjon] *w. 10* Nachbildung, Wiederherstellung

**Re|kon|va|les|zẹnt** [lat.] *m. 10* Genesender; **Re|kon|va|les|zẹnz** *w. 10 nur Ez.* Genesung

**Re|kon|zi|li|a|ti·on** [-tsjon, lat.] *w. 10* **1** erneute Weihe (einer Kirche); **2** Wiederaufnahme (eines Büßers) in die Kirchengemeinschaft

**Re|kọrd** [lat.-engl.] *m. 1* Höchstleistung (eines Sportlers); **Re|kord...** *in Zus.:* höchste Steigerung, z. B. Rekordbesuch; **Re|kọr|der** *m. 5* → Recorder

**Re|kre|a|ti·on** [-tsjon, lat.] *w. 10* veraltet: Erholung, Erfrischung; **re|kre|ie|ren** sich r. *veraltet:* sich erfrischen, sich erholen

**Re|krụt** [frz.] *m. 10* Soldat in der Grundausbildung; **re|kru|tie|ren 1** (als Rekrut) einberufen; **2** sich r.: sich ergänzen, sich zusammensetzen

**Rẹk|ta** *Mz. von* Rektum

**Rek|ta|in|dos|sa|ment** [lat.-ital.] *s. 1*, **Rẹk|ta|klau|sel** [lat.] *w. 11* Verbot der Übertragung durch Indossament (auf Orderpapieren)

**rek|tạl** [lat.] zum Mastdarm gehörend, im, durch den Mastdarm; Temperatur r. messen; **Rek|tal|tem|pe|ra|tur** [lat.] *w. 10* im Mastdarm gemessene Körpertemperatur

**rekt|an|gu|lär** [lat.] rechtwinklig

**Rẹk|ta|pa|pier** *s. 1* auf den Namen des Berechtigten lautendes (unübertragbares) Wertpapier; **Rẹk|ta|scheck** *m. 9 oder m. 1* Scheck mit Rektaklausel; **Rekt|as|zen|si·on** [lat.] *w. 10* in Sternkarten: Koordinate eines Sterns; **rẹk|te** → recte; **Rek|ti|fi|kat** *s. 1 Chem.:* Fraktion (nach wiederholter Destillation); **Rek|ti|fi|ka|ti·on** [-tsjon] *w. 10* **1** veraltet: Berichtigung, Reinigung; **2** *Chem.:* wiederholte Destillation; **3** *Math.:* Längenbestimmung des Bogens einer gekrümmten Kurve

**Rek|ti·on** [-tsjon, lat.] *w. 10* Fähigkeit eines Wortes, einen bestimmten Kasus eines von ihm abhängigen Wortes oder eine bestimmte Präposition zu fordern

**Rẹk|to** [lat.] *s. 9* Vorderseite (eines Blattes im Buch); *Ggs.:* Verso

**Rẹk|tor** [mlat.] *m. 13* **1** Leiter (einer Hochschule oder Schule); **2** leitender Geistlicher (einer Nebenkirche o. ä.); **Rek|to|rat** *s. 1* Amt, Amtszeit, Diensträume eines Rektors; **Rek|to|rin** *w. 10* weibl. Rektor

**Rek|to|skop** [lat. + griech.] *s. 1 Med.:* Mastdarmspiegel; **Rek|to|sko|pie** *w. 11* Untersuchung des Mastdarms mit dem Rektoskop; **Rẹk|tum** [lat.] *s. Gen.-s Mz.* -ta Mastdarm

**Re|ku|pe|ra|ti·on** [-tsjon, lat.] *w. 10 nur Ez.* bei Kokereiöfen: Verfahren zur Luftvorwär-

mung durch heiße Abgase; **Re|ku|pe|ra|tor** *m. 13* Luftvorwärmer

**Re|kụr|rens|fie|ber** [lat.] *s. 5* Rückfallfieber; **re|kur|rie|ren** veraltet **1** (zu etwas) Zuflucht nehmen; **2** *Rechtsw.:* Beschwerde, Berufung einlegen; **Re|kụrs** *m. 1 Rechtsw.* veraltet: Beschwerde, Berufung; **Re|kur|si·ons|for|mel** [lat.] *w. 11* mathemat. Formel, durch deren immer wiederkehrende Anwendung ein Problem schließlich gelöst wird; **re|kur|siv** *Math.:* (auf bekannte Werte) zurückgehend

**Rel|lais** [rǝlɛ, frz.] *s. Gen.-* [rǝlɛ(s)] *Mz.-* [rǝlɛs] **1** früher: Postenkette; **2** früher: Station zum Wechseln der Postpferde; **3** elektr. Gerät, das mit Hilfe von kleinen Energien große schaltet; **Re|lais|sta|ti·on** [-tsjo:n] *w. 10* Verstärkerstelle bei der Nachrichtenübertragung zur Auffrischung der durch Leitungsverluste geschwächten Signale

**Re|laps** [lat.] *m. 1* Rückfall (in eine Krankheit), erneuter Anfall (z. B. von Fieber)

**Re|la|ti·on** [-tsjon, lat.] *w. 10* Beziehung, Verhältnis (mehrerer Dinge zueinander); **re|la|tiv 1** auf etwas bezogen; **2** eingeschränkt, verhältnismäßig; *Ggs.:* absolut; **3** *Gramm.:* auf ein vorher genanntes Wort bezüglich; **Re|la|tiv** *s. 1* → Relativpronomen; **Re|la|ti|va** [-va] *Mz. von* Relativum; **re|la|ti|vie|ren** [-vi-] **1** in Beziehung setzen; **2** einschränken, als bedingt ansehen; **Re|la|ti|vis|mus** *m. Gen.- nur Ez.* Lehre, daß nur relative, keine absolute Erkenntnis möglich sei, daß alle Dinge nur in ihren Beziehungen zueinander, aber nicht an sich erkennbar seien; **Re|la|ti|vi|tät** *w. 10* **1** Bezüglichkeit, Bezogenheit; **2** Bedingtheit, eingeschränkte Gültigkeit; **Re|la|ti|vi|täts|theo|rie** *w. 11 nur Ez.* von Albert Einstein aufgestellte Theorie über Raum, Zeit, Masse und Energie, in der die Lichtgeschwindigkeit als die höchste für Materie erreichbare Geschwindigkeit angesehen wird und die Masse m und Energie E über die Lichtgeschwindigkeit c in der Beziehung $E = mc^2$ verbunden sind; **Re|la|tiv|pro|no|men** *s. 7, Mz. auch:* -mina, **Re|la|ti|vum** *s. Gen.-s Mz.* -va, *Gramm.:* bezügliches Fürwort

**Re|la|xans** [lat.] *s. Gen.- Mz.* -xạn|tia [-tsja] *od.* -zi|en Entspannung oder Erschlaffung bewirkendes Arzneimittel; **Re|la|xa|ti·on** [-tsjon] *w. 10* **1** Erschlaffung, Entspannung (z. B. von Muskeln); **2** *Phys.:* das Zurückbleiben einer Wirkung hinter einer Ursache; **3** Wiederherstellung eines chemischen Gleichgewichts nach einer vorangegangenen Störung

**Release-Zen|trum** [riliːz-, engl.] *s. Gen.-s Mz.* -tren durch Privatinitiative entstandene Einrichtung zur Behandlung von Süchtigen

**Re|le|ga|ti·on** [-tsjon, lat.] *w. 10* Verweisung (von einer Schule oder Hochschule); **re|le-**

**gie|ren** (von einer Schule oder Hochschule) verweisen

**rel|le|vant** [-vạnt, lat.-frz.] von Belang, erheblich, wichtig; *Ggs.:* irrelevant; **Rel|le|vạnz** *w.10* Wichtigkeit, Erheblichkeit

**Re|lia|bi|li|tät** [lat.] *w.10* Zuverlässigkeit, Meßgenauigkeit (bei Testverfahren)

**Re|li|ef** [-ljẹf, frz.] *s.9 oder s.1* **1** Form der Erdoberfläche; **2** kartograph. Nachbildung der Erdoberfläche; **3** aus einer Fläche erhaben herausgearbeitete Plastik

**Re|li|gi|on** [lat.] *w.10* **1** Glaube an eine oder mehrere überird. Mächte sowie deren Kult; **2** Glaubensbekenntnis, z. B. christl. R.; **re|li|gi|ös 1** zur Religion gehörend, auf ihr beruhend; **2** einer Religion verbunden, gläubig, fromm; *Ggs.:* irreligiös; **Re|li|gio|se(r)** *m.18(17)* Mitglied einer kath. relig. Genossenschaft mit einfachen Gelübden; **Re|li|gio|si|tät** *w.10 nur Ez.* Verbundensein mit einer Religion, Gläubigkeit; *Ggs.:* Irreligiosität

**re|likt** [lat.] nur noch als Relikt vorkommend; **Re|likt** *s.1* Überrest, Überbleibsel aus der Vergangenheit, z. B. Pflanze, Tier, geolog. Formation, Sprachform; **Re|lik|ten** *nur Mz. veraltet:* Hinterbliebene, Hinterlassenschaft; **Re|lik|ten|fau|na**, Re|likt|fauna *w. Gen. - Mz.*-nen Reste ehemals weitverbreiteter Tierarten; **Re|lik|ten|flo|ra**, Re|likt-flo|ra *w. Gen. - Mz.* -ren Reste ehemals weitverbreiteter Pflanzenarten

**Re|li|qui|ar** [mlat.] *s.1* Reliquienbehälter; **Re|li|quie** [-kviə] *w.11* kultisch verehrter Überrest (eines Heiligen), einem Heiligen einstmals gehörender Gegenstand

**Re|luk|tạnz** [lat.] *w.10 Phys.:* magnet. Widerstand

**rem** [engl., Kurzw. aus roentgen equivalent man] *s. Gen. - Mz. -* Maßeinheit für absorbierte Strahlung (zur Untersuchung ihrer biolog. Wirksamkeit); vgl. rep

**Re|make** [riměik, engl.] *s.9* Wiederholung, Neufassung, *bes.:* Wiederverfilmung

**re|ma|nẹnt** [lat.] zurückbleibend; **Re|ma|nẹnz** *w.10* **1** *nur Ez. Phys.:* remanenter Magnetismus (Restmagnetismus in Stahl und Eisen nach Verschwinden des magnetisierenden Feldes); **2** verbleibende Dauererregung (in gewissen Hirnzentren)

**Re|ma|nit** *m.1* ⓦ ein nichtrostender Stahl

**Rem|bours** [rãbūr, frz.] *m. Gen. - Mz. -* **1** Erstattung (von Auslagen); **2** *Überseehandel:* Zahlung durch Vermittlung einer Bank; **rem|bour|sie|ren 1** erstatten, vergüten; **2** durch Rembours (2) begleichen

**Re|me|di|um** *s. Gen. -s Mz.*-dia *oder* -di|en **1** Heil-, Arzneimittel; **2** *bei Münzen:* zulässige Abweichung vom festgelegten Gewicht und Feingehalt

**Re|mi|grant** [lat.] *m.10* Rückwanderer; vgl. Emigrant; **re|mi|grie|ren** zurückwandern

**re|mi|li|ta|ri|sie|ren** [lat.-frz.] wiederbewaffnen (Land)

**Re|mi|nis|zẹnz** [lat.] *w.10* Erinnerung, Anklang, Nachwirkung; **Re|mi|nis|ze|re** [lat. „gedenke!"] fünfter Sonntag vor Ostern

**re|mis** [rəmi, frz.] *unflektierbar, bes. Schach:* unentschieden; **Re|mis** *s. Gen. - Mz. - oder* -mi|sen unentschiedener Ausgang; **Re|mi|se** *w.11* **1** Abstell-, Wagenschuppen; **2** *Forstw.:* Schutzgehölz für Niederwild; **3** unentschiedene Schachpartie; **Re|mi|sier** [rəmizje, frz.] *m.9* Börsenmakler; **re|mi|sie|ren** unentschiedenen Ausgang erzielen

**Re|mis|si|on** [lat.] *w.10* **1** Rückgabe, Rücksendung; **2** vorübergehendes Nachlassen (von Krankheitserscheinungen); **3** Zurückwerfen (von Licht an undurchsichtigen Flächen); **4** *veraltet:* Milderung, Strafnachlaß; **Re|mit|ten|de** *w.11* nicht verkauftes Druckwerk, das dem Verlag zurückgegeben wird; **Re|mit|tẹnt** *m.10* Wechselnehmer; **re|mit|tie|ren 1** zurückgeben, zurücksenden; **2** zeitweilig nachlassen (von Krankheitserscheinungen); remittierendes Fieber

**re|mo|ne|ti|sie|ren** [lat.] wieder als Zahlungsmittel zulassen (Münzen)

**Re|mon|tal|ge** [-ʒə, frz.] *w.11* **1** Wiedererrichtung (abgerissener Industrieanlagen); **2** Zusammenbau einer Uhr; **re|mon|tạnt** [*auch:* remõtãnt] zweimal (im Jahr) blühend; **Re|mon|te** [*auch:* -mõtə] *w.11* **1** in Ausbildung befindl. Militärpferd; **2** Auffrischung des Pferdebestandes; **re|mon|tie|ren 1** wiederaufbauen; zusammensetzen; **2** zum zweiten Mal blühen; **3** *Mil.:* Jungpferde ankaufen

**Re|mor|queur** [-kör, frz.] *m.1 österr.:* (kleiner) Schleppdampfer; **re|mor|quie|ren** [-ki-] mit Remorqueur schleppen

**Re|mou|la|de** [-mu-, frz.] *w.11* pikante kalte Soße aus Öl, Ei und Gewürzen

**Re|mu|ne|ra|ti|on** [-tsjon, lat.] *w.10 veraltet, noch österr.:* Vergütung, Sonderzahlung, Belohnung, z. B. Weihnachtsremuneration

**Ren** [*auch:* rẹn, skand.] *s.9 oder s.1* eine Hirschart

**Re|nais|sance** [-rənəsãs, frz.] *w.11* Wiederaufleben früherer Kulturformen, *bes.* der Antike im 14. bis 16. Jh. in Europa

**re|nal** [lat.] zu den Nieren gehörend, von ihnen ausgehend

**Ren|con|tre** [rãkõtrə] *s.9* → Renkontre

**Ren|dant** [frz.] *m.10 veraltet:* Kassenverwalter (einer Gemeinde); **Ren|dan|tur** *w.10 veraltet:* Kassenstelle, Kassenstelle

**Ren|de|ment** [rãdəmã, frz.] *s.9* Ertrag, Ausbeute (von Produkten aus einem Rohstoff)

**Ren|dez|vous** [rãdevu, frz.] *s. Gen. - [-vus] Mz. -* [-vus] **1** Verabredung, Stelldichein; **2** *übertr.:* Annäherung von Weltraumfahrzeugen aneinander (zur Kopplung); **Ren|dez|vous|tech|nik** *w.10* Technik der Annäherung von Weltraumfahrzeugen

**Ren|di|te** [ital.] *w. 11* Gewinn, Zinsertrag (aus Kapitalanlage); **Ren|di|ten|haus** *s. 4 schweiz.:* Mietshaus

**Re|ne|gat** [lat.] *m. 10* Abtrünniger (eines Glaubens, *im kommunist. Sprachgebrauch auch:* einer polit. Überzeugung)

**Re|ne|klo|de** [frz. reine Claude „Königin Claudia", eine Gemahlin Franz' I. von Frankreich] *w. 11* eine Pflaumenart

**Re|net|te** [frz.] *w. 11* eine Apfelsorte

**Ren|for|cé** [rãfɔrsé, frz.] *m. 9 oder s. 9* ein Baumwollgewebe

**re|ni|tent** [lat.] widerspenstig, widersetzlich

**Ren|kon|tre** [rãkõtrə, frz.] *s. 9 veraltet:* Zusammenstoß, unerwartete Feindberührung

**Re|nom|mee** [frz.] *s. 9* Ruf, Leumund, Ansehen; **re|nom|mie|ren** prahlen, aufschneiden; **re|nom|miert** angesehen, namhaft; **Re|nom|mist** *m. 10* Prahler, Angeber

**Re|non|ce** [rənõs(ə), frz.] *w. 11 Kartenspiel:* Fehlfarbe; **re|non|cie|ren** [-si-] *veraltet:* verzichten

**Re|no|va|ti|on** [-vatsjõn, lat.] *w. 10* Wiederherstellung, Instandsetzung, Erneuerung; **re|no|vie|ren** [-vi-] instandsetzen, erneuern

**ren|ta|bel** [frz.] vorteilhaft, gewinnbringend; **Ren|ta|bi|li|tät** *w. 10 nur Ez.* Wirtschaftlichkeit, Verzinsung

**Rent|amt** *s. 4* Dienststelle für Finanz-, Kassenverwaltung; **Ren|te** [frz.] *w. 11* regelmäßiges Einkommen aus Versicherung, Vermögen o. ä.

**Ren|tier** *s. 1* → Ren

**Ren|tier** [-tje, frz.] *m. 9* jmd., der von einer (privaten) Rente lebt; **Ren|tie|re** [-tje-] *w. 11* weibl. Rentier; **ren|tie|ren** sich r.: Zinsen tragen, Gewinn bringen; *übertr.:* sich lohnen

**Re|nu|me|ra|ti|on** [-tsjõn, lat.] *w. 10* Rückzahlung

**Ren|voi** [rãvoa, frz.] *m. Gen. - nur Ez.* 1 *Wirtsch.:* Rücksendung; 2 *Rechtsw.:* Zurück-, Weiterverweisung

**Re|ok|ku|pa|ti|on** [-tsjõn, lat.] *w. 10 Mil.:* Wiederbesetzung (eines Gebietes)

**Re|or|ga|ni|sa|ti|on** [-tsjõn, lat.-frz.] *w. 10* 1 Neuregelung, Umgestaltung; 2 Genesung, Neubildung von Körpergewebe; **re|or|ga|ni|sie|ren** neu ordnen, neu gestalten

**rep** [engl., Kurzw. aus roentgen equivalent physical] *s. Gen. - Mz. -* Maßeinheit für absorbierte Strahlung; vgl. rem

**rep.** *Abk. für* 1 repartiert; 2 repetatur

**Rep.** *Abk. für* repetatur

**re|pa|ra|bel** [lat.] wiederherstellbar, so beschaffen, daß man es reparieren kann; *Ggs.:* irreparabel; **Re|pa|ra|ti|on** [-tsjõn] *w. 10* 1 eine Form der Regeneration, Ersatz von Körpergewebe; 2 *nur Mz.* Kriegsschädigungen (zugunsten des Siegers); **Re|pa|ra|tur** *w. 10* Ausbesserung, Instandsetzung; **re|pa|rie|ren** ausbessern, instand setzen

**re|par|tie|ren** [lat.-frz.] 1 (Kosten) umlegen;

2 (Wertpapiere anteilsmäßig) zuteilen; **re|par|tiert** (*Abk.:* rep.) zugeteilt (Börsenwerte)

**re|pas|sie|ren** [lat.] 1 *veraltet:* zurückweisen; 2 aufnehmen (Laufmasche); 3 nachbehandeln (Werkstück); 4 nochmals prüfen, durchsehen

**Re|pa|tri|ant** [lat.] *m. 10* jmd., der repatriiert wird; **re|pa|tri|ie|ren** 1 in die Heimat entlassen (Gefangene); 2 wieder einbürgern

**Re|pel|lent** [engl.] *s. 9 Chem.:* Mittel, das Wasser u. ä. abstößt, ohne zu schaden, oder Schädlinge fernhält, ohne diese zu töten (z. B. Schutzanstrich, Räuchermittel)

**Re|per|kus|si|on** [lat.] *w. 10* 1 Rückprall, Zurückwerfung; 2 Sprechton (beim Psalmenvortrag); 3 *Musik:* Durchführung des Themas durch alle Stimmen (bei der Fuge); *auch:* mehrfache Wiederholung des gleichen Tons

**Re|per|toire** [-toar, lat.-frz.] *s. 9* Bestand an eingeübten Stücken bzw. Rollen (bei Orchestern, Schauspielern, Musikern); **Re|per|to|ri|um** [lat.] *s. Gen.-s Mz.-ri|en* Nachschlagewerk

**re|pe|ta|tur** [lat. „es werde erneuert"] (*Abk.:* rep., Rep.) ärztl. Angabe auf Rezepten, daß die Verordnung wiederholt ausgeführt werden darf; **Re|pe|tent** *m. 10 veraltet:* 1 → Repetitor; 2 Schüler, der eine Klasse wiederholt; **re|pe|tie|ren** wiederholen; **Re|pe|tier|ge|wehr** *s. 1* Mehrladegewehr; **Re|pe|tier|uhr** *w. 10* Taschenuhr mit Schlagwerk; **Re|pe|ti|ti|on** [-tsjõn] *w. 10* Wiederholung; **Re|pe|ti|tor** *m. 13* Akademiker, der Studenten (bes. der jurist. Fakultät) durch Wiederholung des Stoffes auf die Prüfung vorbereitet, Einpauker; **Re|pe|ti|to|ri|um** *s. Gen.-s Mz.-ri|en* 1 Wiederholungsunterricht; 2 Wiederholungslehrbuch

**Re|plan|ta|ti|on** [-tsjõn] *w. 10* → Reimplantation

**Re|plik** [lat.] *w. 10* 1 Erwiderung, Einrede (vor Gericht); vgl. Duplik; 2 Nachbildung eines Kunstwerks durch den Künstler selbst; vgl. Kopie (3); **re|pli|zie|ren** [lat.] 1 eine Replik anfertigen; 2 etwas r.: auf etwas antworten, entgegnen

**re|po|ni|bel** [lat.] wiedereinrichtbar (Bruch, Verrenkung); *Ggs.:* irreponibel; **re|po|nie|ren** wiedereinrichten

**Re|port** [lat.-frz.] *m. 1* 1 Bericht; 2 Vergütung dafür, daß eine Lieferung später als vereinbart erfolgt; *Ggs.:* Deport; **Re|por|ta|ge** [-ʒə] *w. 11* (aktueller) Bericht eines Reporters; **Re|por|ter** *m. 5* Berichterstatter (für Presse, Funk, Fernsehen)

**Re|po|si|ti|on** [-tsjõn, lat.] *w. 10* Wiedereinrichtung (von Brüchen oder Verrenkungen)

**re|prä|sen|ta|bel** [lat.-frz.] stattlich, wirkungsvoll; **Re|prä|sen|tant** *m. 10* Vertreter, Handelsvertreter; Volksvertreter, Abgeordneter; **Re|prä|sen|tan|ten|haus** *s. 4* zweite Kammer des US-amerikan. Parlaments; Re|prä|sen|tạnz w.10 (geschäftl.) Vertretung; Re|prä|sen|ta|ti|on [-tsjọn] w.10 1 würdiges Auftreten; gesellschaftl. Aufwand; 2 Stellvertretung, *bes.:* Volksvertretung durch Abgeordnete; re|prä|sen|ta|tiv 1 vertretend, eine Personenmenge nach ihren Merkmalen widerspiegelnd; repräsentativer Querschnitt; 2 wirkungsvoll, würdig; Re|prä|sen|ta|tiv|er|he|bung w.10 Erhebung auf Grund einer Stichprobe, bei der das Ergebnis stellvertretend für das Ganze gewertet wird; Re|prä|sen|ta|tiv|sy|stem *s.1* auf Volksvertretung durch Abgeordnete beruhendes polit. System; re|prä|sen|tie|ren 1 vertreten; (einen Wert) darstellen; 2 würdig auftreten, einen der gesellschaftl. Stellung entsprechenden Aufwand treiben

Re|pres|sa|lie [-ljə, lat.] w.11 Vergeltung, Gegenmaßnahme, Druckmittel; Re|pres|si|on w.10 Hemmung, Unterdrückung; re|pres|siv unterdrückend, entgegenwirkend

Re|print [ri:print, engl.] *s.9* (photomechan.) Nach-, Neudruck

Re|pri|se [lat.-frz.] w.11 1 *allg.:* Wiederaufnahme, Zurücknahme; 2 *Börse:* Steigen gefallener Kurse; 3 *Mus.:* Wiederholung; 4 *Theater:* Wiederaufnahme eines Stückes in den Spielplan; 5 *Seerecht:* Zurückeroberung einer Prise

re|pri|va|ti|sie|ren [-va-] öffentl. Eigentum r.: in Privatbesitz rücküberführen, entnationalisieren

Re|pro... in Zus.: Kurzw. für Reproduktion, z. B. Reprokamera

Re|pro|duk|ti|on [-tsjọn, lat.] w.10 1 Wiedergabe, Nachbildung (durch Photographie oder Druck); 2 Vervielfältigung; 3 Fortpflanzung; 4 Wiederbeschaffung oder Wiederherstellung (betriebl. genutzter Güter); re|pro|duk|tiv 1 nachschaffend; 2 *Med.:* wiederersetzend; re|pro|du|zie|ren (durch Photographie oder Druck) wiedergeben; aus dem Gedächtnis hervorholen und zum Ausdruck bringen; Re|pro|gra|phie [lat. + griech.] w.11 Verfahren der Reproduktion von Dokumenten wie Photokopie, Mikrokopie usw.

Rep|til [lat.] *s.Gen.-s Mz.-li*|en *oder s.1* Kriechtier

Re|pu|blik [auch: -blịk, lat.-frz.] w.10 Staatsform, in der die Regierung auf bestimmte Zeit gewählt wird; Re|pu|bli|ka|ner m.5 Anhänger der republikan. Staatsform oder einer republikan. Partei; Re|pu|bli|ka|nis|mus *m.Gen.- nur Ez. veraltet:* Streben nach republikan. Staatsform

Re|pu|dia|ti|on [-tsjọn, lat.] w.10 *veraltet:* Verschmähung, Zurückweisung (z. B. von Geld, das keine oder nur geringe Kaufkraft besitzt)

Re|pu|gnanz [lat.] w.10 *Philos.:* Gegensatz, Widerstreit

Re|puls [lat.] *m.1 veraltet:* Ablehnung (eines Gesuchs); Re|pul|si|on w.10 *Tech.:* Abstoßung, Rückstoß; Re|pul|si|ons|mo|tor *m.13* ein Wechselstrommotor; re|pul|siv zurück-, abstoßend

Re|pun|ze [lat.-ital.] w.11 Feingehaltsstempel (auf Waren aus Edelmetall); re|pun|zie|ren mit einer Repunze versehen

Re|pu|ta|ti|on [-tsjọn, lat.-frz.] w.10 *nur Ez.* Ansehen, Ruf; re|pu|tier|lich *veraltet:* achtbar, ehrbar, angesehen

Re|qui|em [-kvɪɛm, lat.] *s.9 österr. Mz. auch:* -qui|en 1 kath. Totenmesse; 2 deren Vertonung; re|qui|es|cat in pa|ce [-kat -tsə] (*Abk.:* R. I. P.) er, sie ruhe in Frieden (Grabinschrift, nach der Schlußformel der kath. Totenmesse)

re|qui|rie|ren [lat.] 1 (für militär. Zwecke) beschlagnahmen, 2 *ugs. scherzh.:* wegnehmen, entwenden; 3 untersuchen, nachforschen; 4 um Rechtshilfe ersuchen; Re|qui|sit *s.12* 1 Arbeitsgerät, Zubehör; 2 *meist Mz.* Ausstattungsgegenstände (für Bühnenstücke oder Filme); Re|qui|si|teur [-tør, lat.-frz.] *m.1 Theater:* Verwalter der Requisiten; Re|qui|si|ti|on [-tsjọn, lat.] w.10 1 Beschlagnahme (für militär. Zwecke); 2 Ersuchen um Rechtshilfe

RES, R. E. S. *Med.: Abk. für* retikuloendotheliales System

Res co|gi|tans [lat. „denkendes Wesen"] *w.Gen.- -- nur Ez. Philos.:* Geist, Seele

Re|search [risətʃ, engl.] *s.Gen.-(s) Mz.-s* Forschung; *bes. Markt-, Meinungsforschung:* Ermittlung, Feststellung

Re|se|da [lat.] w.9, Re|se|de w.11 eine Zierpflanze

Re|sek|ti|on [-tsjọn, lat.] w.10 chirurg. Entfernung (eines Organs oder Organteils)

Re|sen [griech.-lat.] *s.1* ein Bestandteil des Harzes

Re|ser|va|ge [-vaːʒə, lat.-frz.] w.11 *nur Ez. beim Zeugdruck:* Schutzbeize für die nichtdruckenden Stellen; Re|ser|vat [-vat, lat.] *s.1* 1 Rechtsvorbehalt, Sonderrecht; 2 Schutzgebiet für Volksgruppen (z. B. die Indianer in Nordamerika), für Tiere oder Pflanzen; Re|ser|vat|fall *m.2 kath. Kirche:* Fall, der dem Papst od. einem Bischof zur Entscheidung vorbehalten ist; Re|ser|va|tio men|ta|lis [-tsjọ] *w.Gen.-- Mz.*-tio|nes [-tsjọnes] -ta|les *Rechtsw.:* geheimer Vorbehalt; Re|ser|va|ti|on [-tsjọn] *w.10 →* Reservat; Re|ser|vat|recht *s.1* Sonderrecht; Re|ser|ve w.11 1 *nur Ez.* Verschlossenheit, Zurückhaltung; 2 Ersatz, Vorrat, Rücklage; etwas in Reserve haben: vorrätig haben; stille Reserven *Wirtsch.:* Kapitalrücklage; 3 *Mil.:* Gesamtheit der Reservisten; *auch:* im Krieg bereitgehaltene Ersatztruppe; re|ser|vie|ren vorbestellen; re|ser|viert 1 vorbestellt; 2 *übertr.:* abweisend, kühl, zurückhaltend; Re|ser|vist *m.10* aus dem aktiven Dienst ausgeschiedener Wehrpflichtiger; **Re|ser|voir** [-voar, frz.] *s. 1* 1 Sammelbehälter, Speicher (z. B. für Wasser); **2** *übertr.:* Bestand, Vorrat

**Res ex|ten|sa** [lat. „ausgedehntes Wesen"] *w. Gen. - - nur Ez. Philos.:* Materie, Stoff

**re|se|zie|ren** [lat.] chirurgisch entfernen, herausschneiden

**Re|si|dent** [lat.] *m. 10* 1 Gesandter der dritten Rangklasse; **2** Vertreter einer Kolonialmacht bei einem eingeborenen Fürsten; **3** Statthalter; **Re|si|denz** *w. 10* Wohn-, Amtssitz eines weltl. oder geistl. Oberhauptes. Regierungssitz, Hauptstadt; **Re|si|denz|pflicht** *w. 10 nur Ez.* Pflicht, am Dienstort zu wohnen (bei Beamten. Rechtsanwälten u. a.); **re|si|die|ren** seinen Regierungs-, Amts- bzw. Wohnsitz haben

**re|si|du|al** [lat.] *Med.:* restlich, zurückbleibend; **Re|si|du|um** *s. Gen.* -s *Mz.* -du|en Rest, Rückstand, Bodensatz

**Re|si|gna|ti|on** [rezignatsjon oder -zjona-, lat.] *w. 10 nur Ez.* 1 Entsagung, Verzicht, Ergebung (in das Schicksal); **2** *auch:* freiwillige Niederlegung eines öffentl. Amtes; **re|si|gnie|ren** [-zigni- oder zinni-] sich in sein Schicksal ergeben; **re|si|gniert** verzichtend, entsagend, (in seine Lage) ergeben, mutlos

**Re|si|nat** [lat.] *s. 1* ein Salz der Harzsäure

**Ré|si|stance** [rezistãs, frz.] *w. Gen. - nur Ez.* frz. Widerstandsbewegung im Zweiten Weltkrieg; **re|si|stent** [lat.] widerstandsfähig; **Re|si|stenz** *w. 10* Widerstand, Gegenwehr; Widerstandsfähigkeit (des Organismus gegen Krankheitserreger), Unempfindlichkeit (von Bakterien gegen bestimmte Arzneimittel); **re|si|stie|ren** widerstehen, ausdauern, zählebig sein; **re|si|stiv** widerstehend; **Re|si|sti|vi|tät** *w. 10 nur Ez. Med.:* Widerstandsfähigkeit

**re|so|lut** [lat.-frz.] beherzt, entschlossen, tatkräftig, energisch; **Re|so|lu|ti|on** [-tsjon, lat.] *w. 10* 1 Entschließung, Beschluß; **2** Rückgang (von Krankheitserscheinungen); **Re|sol|ven|te** *w. 11* Hilfsgleichung (zur Lösung einer algebraischen Aufgabe); **re|sol|vie|ren** 1 eine Resolution fassen; **2** *Math.:* eine Hilfsgleichung zur Lösung einer algebraischen Aufgabe aufstellen; **3** *veraltet:* beschließen; sich r.: sich entschließen

**Re|so|nanz** [lat.] *w. 10* 1 Mittönen, Mitschwingen; **2** *nur Ez. übertr.:* Anklang, Widerhall; **Re|so|nanz|bo|den** *m. 8 bei Saiteninstrumenten:* klangverstärkender Holzboden; **Re|so|nanz|sai|te** *w. 11* → Aliquotsaite; **Re|so|na|tor** *m. 13* mitschwingender Körper, z. B. das Holzgehäuse bei Saiteninstrumenten; **re|so|nie|ren** mitschwingen

**Re|so|pal** [Kunstw.] *s. 1 nur Ez.* ⓦ ein Kunststoff

**Re|sor|bens** [lat.] *s. Gen. - Mz.* -ben|tia [-tsja] *oder* -ben|zi|en *Med.:* Mittel zur Anregung der Resorption; **re|sor|bie|ren** aufnehmen,

einsaugen; **Re|sorp|ti|on** [-tsjon] *w. 10* Aufnahme, Aufsaugen (eines gelösten Stoffes)

**Re|sor|zin** [Kunstw.] *s. 1 nur Ez. Chem.:* ein zweiwertiges Phenol (als Antiseptikum und für Farbstoffherstellung verwendet)

**re|so|zia|li|sie|ren** wieder in die Gesellschaft eingliedern (ehemalige Strafgefangene)

**resp.** *Abk. für* respektive; **Re|spekt** [lat.-frz.] *m. 1 nur Ez.* 1 Achtung, Ehrerbietung, Ehrfurcht; **2** → Respektrand; **re|spek|ta|bel** achtbar, achtunggebietend; **Re|spekt|blatt** *s. 4* leeres Blatt (am Anfang eines Buches oder eines mehrseitigen Schriftstückes); **re|spek|tie|ren** 1 achten, anerkennen, ehren; **2** *Wirtschaft:* bezahlen (Wechsel); **re|spek|tiv** *veraltet:* jeweilig; **re|spek|ti|ve** *(Abk.:* resp.) beziehungsweise; **Re|spekt|rand** *m. 4* leerer Rand (z. B. auf Brief- oder Buchseiten)

**re|spi|ra|bel** [mlat.] *Med.:* atembar (Gas, Luft); **Re|spi|ra|ti|on** [-tsjon, lat.] *w. 10 nur Ez.* Atmung; **Re|spi|ra|tor** *m. 13* Atemfilter, -gerät; **re|spi|rie|ren** atmen; **Re|spi|ro** [ital.] *m. 9 nur Ez.* Aufschub, Zahlungsfrist

**re|spon|die|ren** [lat.] antworten (im Wechselgesang); **Re|spon|so|ri|um** *s. Gen.* -s *Mz.* -ri|en kirchl. Wechselgesang

**Res pu|bli|ca** [lat. „öffentl. Sache"] *w. Gen. - - Mz.* - -cae [-kɛ:] Gemeinwesen, Staat

**Res|sen|ti|ment** [resãtimã, frz.] *s. 9* gefühlsmäßige Ablehnung, meist aus früheren, teilweise nicht mehr bewußten Erfahrungen heraus; Ressentiments: negative Gefühle, z. B. Abneigung, Groll, Ärger

**Res|sort** [rɛsor, frz.] *s. 9* Amts-, Geschäftsbereich, Aufgabengebiet; **res|sor|tie|ren** *veraltet:* einem Ressort zugehören

**Res|sour|ce** [-sụrs(ə), lat.-frz.] *w. 11 meist Mz.* Rohstoff-, Hilfsquellen, Geldmittel

**Re|stant** [lat.-ital.] *m. 10* 1 Schuldner im Zahlungsrückstand; **2** unverkäufl. Ware, Ladenhüter; **3** nicht abgehobenes Wertpapier; **Re|stanz** *w. 10 schweiz.:* Restbetrag

**Re|stau|rant** [rɛstorã, lat.-frz.] *s. 9* Gaststätte; **Re|stau|ra|teur** [rɛstoratør] *m. 1* Gastwirt; **Re|stau|ra|ti|on** *w. 10 1* [rɛstoratsjon] *veraltet, noch österr.:* Gaststätte; **2** [rɛstauratsjon] Erhaltung, Ausbesserung (beschädigter Kunstwerke), Wiederherstellung (früherer polit. oder relig. Zustände); **re|stau|ra|tiv** [rɛstau-] auf die Wiederherstellung alter Ordnungen gerichtet; **Re|stau|ra|tor** [rɛstau-] *m. 13* Fachmann, der Kunstwerke restauriert; **re|stau|rie|ren** [rɛstau-] 1 ausbessern (Kunstwerk), wiederherstellen (frühere polit. oder relig. Zustände; 2 sich r.: sich erfrischen, erholen

**re|sti|tu|ie|ren** [lat.] wiederherstellen, wiedereinsetzen; **Re|sti|tu|ti|on** [-tsjon] *w. 10* 1 Rückgabe (entzogener Vermögensgegenstände), Wiedergutmachung (an anderen Staat zugefügten Rechtsverletzung); **2** *Biol.:* Art der Regeneration

**Re|stric|tio men|ta|lis** [-striktsjo, lat.]

*w. Gen.* -- *Mz.*-tio|nes [-tsjones] -tal|es → Reservatio mentalis; **Re|strik|ti|on** [-tsjon] *w.10* **1** Beschränkung, Einschränkung; **2** Vorbehalt; **re|strik|tiv** einengend, einschränkend; *Ggs.:* extensiv (**3**); **re|strin|gie|ren 1** einschränken; **2** *Med.:* zusammenziehen **Re|sul|tan|te** [lat.-frz.] *w.11* **1** *Math.:* aus den Koeffizienten von Gleichungen gebildete Determinante; **2** *Phys.:* aus Überlagerung mehrerer Kräfte entstehende Kraft; **Re|sul|tat** *s.1* Ergebnis; **re|sul|tie|ren** sich (als Resultat) ergeben, sich herleiten; **Re|sul|tie|ren|de** *w.11* → Resultante (**1**)
**Re|sü|mee** [lat.-frz.] *s.9* Übersicht, (abschließende) Zusammenfassung; **re|sü|mie|ren** abschließend zusammenfassen
**Re|sur|rek|ti|on** [-tsjon, lat.] *w.10* Auferstehung (der Toten)
**Re|tal|bel** [frz.] *s.5* Altaraufsatz; **re|ta|blie|ren** *veraltet, noch schweiz.:* wiederherstellen, wiedereinsetzen
**Re|take** [riteik, engl.] *s.9 Film:* Neuaufnahme (einer mißlungenen Einstellung)
**Re|tard** [rətar, frz.] (*Abk.:* R) *an Uhren:* zurück, d. h. langsamer; **Re|tar|da|ti|on** [-tsjon, lat.] *w.10* Verzögerung (bes. der körperl. oder geistigen Entwicklung); *Ggs.:* Akzeleration; **re|tar|die|ren 1** hemmen, verlangsamen; retardierendes Moment: den Handlungsablauf von Drama oder Roman unterbrechender Einschub; **2** *veraltet:* nachgehen (Uhren); **re|tar|diert** (geistig oder körperlich) zurückgeblieben
**Re|ten|ti|on** [-tsjon, lat.] *w.10* **1** Zurückhaltung (auszuscheidender Körperflüssigkeiten), Zurückbleiben (der Organentwicklung), **2** Erinnerungsvermögen; **3** *veraltet:* Zurückbehaltung (einer Leistung)
**Re|ti|kül** *m.1 oder s.1* → Ridikül; **re|ti|ku|lar**, **re|ti|ku|lär** [lat.] netzförmig (Gewebe); **re|ti|ku|liert** netzartig (Gläser); **re|ti|ku|lo|en|do|the|li|al** *in der Fügung* retikuloendotheliales System (*Abk.:* RES): System zusammenwirkender Zellen zur Abwehr von Krankheiten; **Re|ti|ku|lo|zyt** [lat. + griech.] *m.10 meist Mz.* Art der roten Blutkörperchen; **Re|ti|ku|lum** *s. Gen.*-s *Mz.*-la **1** netzartiges Gewebe; **2** Netzmagen (der Wiederkäuer); **Re|ti|na** [mlat.] *w. Gen.*- *Mz.*-nae [-nɛ:] Netzhaut (des Auges); **Re|ti|ni|tis** *w. Gen.*- *Mz.*-ti|den Netzhautentzündung
**Re|ti|ra|de** [frz.] *w.11 veraltet* **1** Abort; **2** Rückzug; **re|ti|rie|ren** sich zurückziehen, sich in Sicherheit bringen
**Re|tor|si|on** [lat.] *w.10* Gegenmaßnahme, Vergeltung (bes. eines Staates gegen die Maßnahme eines anderen Staates)
**Re|tor|te** [lat.] *w.11* birnenförmiges, gläsernes Destilliergefäß; *aus der Retorte* (ugs.: künstlich); **Re|tor|ten|ba|by** *s.9*, *ugs.:* durch künstl. Befruchtung entstandenes Kind
**re|tour** [rətur, frz.] zurück; **Re|tour|bil|lett**

[-turbiljet] *s.9 oder s.1* *veraltet, noch schweiz.:* Rückfahrkarte; **Re|tour|kar|te** [-tur-] *w.11 österr.:* Rückfahrkarte; **Re|tour|kut|sche** [-tur] *w.11 ugs.:* Zurückgeben einer Beleidigung oder eines Vorwurfs mit ähnl. Worten; **re|tour|nie|ren** [-tur-] zurückgeben, zurücksenden
**Re|trai|te** [rətrɛt(ə), frz.] *w.11 Mil. veraltet:* **1** Rückzug; **2** Zapfenstreich (der Kavallerie); **Re|trak|ti|on** [-tsjon, lat.] *w.10 Med.:* Schrumpfung, Verkürzung
**Re|trans|fu|si|on** [lat.] *w.10* → Reinfusion
**Re|tri|bu|ti|on** [-tsjon, lat.] *w.10* Rückgabe, Erstattung, Vergütung
**re|tro|ak|tiv** [lat.] *Psych.:* zurückwirkend; **Re|tro|fle|xi|on** *w.10* Knickung (von Organen) nach hinten; **re|tro|grad** *Med.:* gegenläufig; **Re|tro|gres|si|on** *w.10 nur Ez.* Rückläufigkeit, Abklingen; **re|tro|spek|tiv** rückblickend; **Re|tro|spek|ti|ve** *w.11* Rückblick, Rückschau; **Re|tro|ver|si|on** *w.10* **1** Rückwärtsneigung (eines Organs); **2** Rückübersetzung (in die Originalsprache); **re|tro|ver|tie|ren 1** rückwärtsneigen; **2** rückübersetzen; **re|tro|ze|die|ren 1** wieder abtreten; rückversichern; **2** *veraltet:* zurückweichen; **Re|tro|zes|si|on** *w.10* Rückversicherung
**Ret|si|na** *m.* (*griech.:* w.) Gen.-(s) *nur Ez.* 'ein griech. Wein, der in geharzten Fässern aufbewahrt oder mit Harz versetzt wird
**Re|turn** [ritən, engl.] *m.9 Tennis:* zurückgeschlagener Ball
**Re|tu|sche** [frz.] *w.11* Verbesserung, Überarbeitung (bes. von Photographien); **Re|tu|scheur** [-ʃør] *m.1* Facharbeiter, der Retuschen vornimmt; **re|tu|schie|ren** verbessern, überarbeiten (Photographien u. ä.); *auch übertr.:* schönfärben
**Re|uni|on** [reunjon, frz.] *w.10 veraltet:* Vereinigung, Wiedervereinigung; **2** [reynjõ] *s.9 veraltet:* gesellige Veranstaltung
**re|üs|sie|ren** [frz.] *veraltend:* Erfolg haben
**Rev.** *Abk. für* Reverend, Reverendus
**Re|vak|zi|na|ti|on** [-tsjon, lat.] *w.10* Wiederimpfung; **re|vak|zi|nie|ren** erneut impfen
**re|va|li|die|ren** [lat.] wieder gültig werden; **re|va|lie|ren 1** *Kaufmannsspr.:* decken (Schuld); **2** sich schadlos halten; **re|va|lo|ri|sie|ren** wieder auf den ursprüngl. Wert bringen (Währung); **Re|va|lu|a|ti|on** [-tsjon] *w.10* Aufwertung; **re|va|lvie|ren** durch Wechselkursänderung aufwerten (Währung)
**Re|van|che** [rəvãʃ(ə), frz.] *w.11* **1** Rache, Vergeltung; **2** *Sport:* Sieg (nach vorheriger Niederlage gegen denselben Gegner); *jmdm. R. geben Sport:* jmdm. die Möglichkeit geben, seine Niederlage wettzumachen; **re|van|chie|ren** [-vãʃi-] sich r.: **1** sich rächen; **2** sich erkenntlich zeigen (durch Gegenleistung); **Re|van|chis|mus** [-vãʃis-] *m. Gen.*- *nur Ez.* im kommunist. Sprachgebrauch: Vergeltungspolitik, Streben nach Rückeroberung

Re|veille [rəvɛ̣j, frz.] *w.11* militär. Signal zum Wecken

Re|ve|la|ti|on [-tsjọn, lat.] *w.10 Philos.:* Enthüllung, Offenbarung

Re|ve|nue [rəvəny, frz.] *w.11* Einkommen, Kapitalertrag

Re|ver|be|ra|ti|on [-tsjọn, lat.] *w.10* Rückstrahlung (z. B. von Wärme); re|ver|be|rie|ren zurückstrahlen (z. B. Wärme)

Re|ve|rend [rɛ̣vərənd, engl.] *m. Gen.-s nur Ez.* (*Abk.:* Rev.) *in England und den USA:* Hochwürden (Titel für evang. Geistliche); Re|ve|ren|dis|si|mus [lat.] *m. Gen. - nur Ez.* Hochwürdigster (Titel für kath. Prälaten); Re|ve|ren|dus *m. Gen. - nur Ez.* (*Abk.:* Rev.) Hochwürden (Titel für kath. Geistliche); Re|ve|renz *w.10* 1 Ehrerbietung; jmdm. seine R. erweisen; 2 Ehrenbezeigung, Verbeugung; seine R. machen

Re|ve|rie [rɛvərị, frz.] *w.11* Träumerei, träumer. Musikstück

Re|vers 1 [-vɛ̣r, frz.] *s., österr.: m. Gen. -* [-vɛ̣rs] *Mz. -* [-vɛ̣rs] Aufschlag (an der Kostüm- und Herrenjacke, am Mantel); 2 [-vɛ̣rs] *m.1 veraltend, noch österr.:* Rückseite einer Münze; *Ggs.:* Avers; 3 [-vɛ̣rs] *m.1* schriftl. Erklärung, Verpflichtung; einen R. unterschreiben

re|ver|si|bel [-vɛ̣r-, lat.] umkehrbar; *Ggs.:* irreversibel; Re|ver|si|bi|li|tät *w.10 nur Ez.* Umkehrbarkeit; Re|ver|si|ble [-vɛrzịbəl, frz.] *m.9* 1 Gewebe mit einer matten und einer glänzenden Seite; 2 beidseitig tragbarer Stoff; re|ver|sie|ren [lat.] eine Maschine r.: ihren Gang umsteuern; Re|ver|si|on *w.10* Umdrehung, Umkehrung; Re|ver|si|ons|pen|del *s.5* Pendel zur Messung der Erdbeschleunigung; Re|vers|sy|stem *s.1* Verfahren zur Sicherstellung der Preisbindung

Re|vi|dent [lat.] *m.10* 1 jmd., der Revision beantragt; 2 *österr.:* ein Beamtentitel; re|vi|die|ren durchsehen, überprüfen; seine Meinung r.: seine Meinung ändern

Re|vier [-vịr, lat.-frz.] *s.1* 1 Bezirk, Gebiet, (Tätigkeits-)Bereich; 2 *Bergbau:* Abbaugebiet; 3 *Jägerspr.:* Wohn-, Brut- oder Jagdgebiet (eines Tieres); 4 *Mil.:* Krankenstation; 5 kleine Polizeistation, Meldestelle; re|vie|ren *Jägerspr.:* nach Wild suchen (Jagdhund)

Re|view [rivjụ, engl.] *w.10* engl. Bez. für Übersicht, Rundschau (oft Titel von Zeitschriften)

Re|vi|re|ment [rəvir(ə)mã̱, frz.] *s.9* 1 Umbesetzung (von diplomat. oder militär. Posten); 2 Abrechnungsart zwischen Schuldner und Gläubiger

re|vi|si|bel [lat.] *Rechtsw.:* durch Revision anfechtbar; Re|vi|si|bi|li|tät *w.10 nur Ez.* Anfechtbarkeit; Re|vi|si|on *w.10* 1 Änderung (einer Meinung), Abänderung (eines Vertrages, einer Grenze); 2 *Betriebswirtschaft:* Überprüfung, Kontrolle; 3 *Buchw.:* letztes

Korrekturlesen (vor dem Druckbeginn); 4 Rechtsmittel zur Überprüfung der rechtl. Seite eines Urteils durch ein höheres Gericht; Revision einlegen; Re|vi|sio|nis|mus *m. Gen. - nur Ez.* 1 Streben nach Änderung eines polit. Zustandes oder Programms; 2 reformer. Richtung in der Sozialdemokratie; Re|vi|sor *m.13* 1 Korrektor, der Revision (3) liest; 2 Buch-, Rechnungsprüfer

Re|vo|ka|ti|on [-tsjọn, lat.] *w.10* Widerruf, Rücknahme (eines Auftrags); Re|voke [rivọuk, engl.] *w. Gen. - Mz.-s Kartenspiel:* falsches Bedienen

Re|vol|te [frz.] *w.11* Aufruhr, Aufstand; re|vol|tie|ren sich auflehnen, sich empören; Re|vo|lu|ti|on [-tsjọn, lat.] *w.10* 1 (bes. polit.) Umsturz, Umwälzung; 2 *Astron.:* Gestirnumlauf; 3 Periode stürmischer erdgeschichtl. Vorgänge, bes. Gebirgsbildung; 4 *Skat:* Solospiel; re|vo|lu|tio|när [-tsjo-] eine Revolution (1) erstrebend, hervorrufend; Re|vo|lu|tio|när *m.1* jmd., der eine Revolution hervorruft oder an einer R. teilnimmt; re|vo|lu|tio|nie|ren grundlegend umwandeln; Re|vo|luz|zer *m.5, abwertend für* Revolutionär

Re|vol|ver [lat.-engl.] *m.5* 1 Handfeuerwaffe mit Trommelmagazin; 2 drehbare Einspannvorrichtung (für verschiedene Werkzeuge, Optiken o. ä.); re|vol|vie|ren *Tech.:* zurückdrehen; Re|vol|ving|kre|dit *m.1* 1 Kredit, der laufend erneuert wird; 2 langfristiger Kredit, der jeweils durch aneinander anschließende kurzfristige Kredite gedeckt wird

re|vo|zie|ren [lat.] widerrufen, (sein Wort) zurücknehmen, (einen Antrag vor Gericht) zurückziehen

Re|vue [-vỵ, frz.] *w.11* 1 *frz. Bez. für* Überblick, Rundschau (oft Titel von Zeitschriften); 2 Bühnenstück mit Musik, Tanz und großer Ausstattung; 3 *veraltet:* Truppenschau; R. passieren lassen *übertr.:* (im Geist) an sich vorbeiziehen lassen; Re|vue|girl [rəvỵgø:l] *s.9* Tänzerin in einer Revue (2)

Rex [lat.] 1 *m. Gen. - Mz.* Re|ges [-ge:s] König; 2 *m. -e Schülerspr.:* Rektor

Rey|on [rɛjọ̃, engl.-frz.] *m. oder s. Gen. - nur Ez.* eine Kunstseide

Re|zen|sent [lat.] *m.10* Verfasser einer Rezension; re|zen|sie|ren kritisch besprechen; Re|zen|si|on *w.10* 1 krit. Besprechung (neuer Bücher, Theateraufführungen, Filme usw.); 2 Bearbeitung eines Textes (zur Neuausgabe); Re|zen|si|ons|ex|em|plar *s.1* Buch, das einem Kritiker gratis zur Besprechung überlassen wird

re|zent [lat.] 1 *Biol., Ethnologie:* in der Gegenwart (noch) lebend; *Ggs.:* fossil; 2 *Geol.:* in jüngerer Erdzeit entstanden (Gestein); 3 *allg.:* neu, frisch

Re|ze|pis|se [österr.: -pis, lat.] *w.11* Empfangsbescheinigung

Re|zept [lat.] *s.1* 1 Anleitung zum Kochen;

2 ärztl. Verordnung; 3 *übertr. ugs.:* Vorschlag zum Vorgehen, zum Handeln; **Re|zep|ta|ku|lum** *s. Gen.* -s *Mz.* -la 1 *Bot.:* Blütenboden; 2 *Zool.:* sackförmiger Behälter (z. B. zur Aufnahme von Spermien); **re|zep|tie|ren** ein Medikament r.: ein Rezept über ein M. ausstellen; **Re|zep|ti|on** [-tsjon] *w. 10* 1 Übernahme, Aufnahme, Empfang; 2 Empfangsraum (im Hotel); **re|zep|tiv** 1 (nur) aufnehmend; 2 empfänglich; **Re|zep|tor** *m. 13 meist Mz.* nervöses Organ zur Aufnahme von Reizen; **Re|zep|tur** *w. 10* 1 Herstellung eines Medikaments nach Rezept; 2 Vorschrift für das Zusammenstellen und Mischen von Chemikalien; 3 *in Apotheken:* Raum zur Arzneimittelherstellung

**Re|zeß** [lat.] *m. 1* Auseinandersetzung, Vergleich; Vertrag; **Re|zes|si|on** *w. 10* Rückgang (des wirtschaftl. Wachstums); **re|zes|siv** von anderen Erbfaktoren (ganz oder teilweise) überdeckt; *Ggs.:* dominant; **Re|zes|si|vi|tät** *w. 10 nur Ez. Vererbungslehre:* Zurücktreten eines bestimmten Merkmals; *Ggs.:* Dominanz

**re|zi|div** [lat.] *Med.:* wiederkehrend, rückfällig; **Re|zi|div** *s. 1 Med.:* Rückfall

**Re|zi|pi|ent** [-pjent, lat.] *m. 10* 1 Glasglocke, die luftleer gepumpt werden kann; 2 Empfänger (einer Nachricht oder Information); **re|zi|pie|ren** auf-, übernehmen

**re|zi|prok** [lat.] 1 aufeinander bezogen, wechselseitig; 2 umgekehrt; reziproker Wert: Wert, der durch Vertauschen von Zähler und Nenner eines Bruches entstanden ist, Kehrwert; **Re|zi|pro|zi|tät** *w. 10* Wechselseitigkeit

**re|zi|tan|do** → recitando; **Re|zi|tati|on** [-tsjon, lat.] *w. 10* künstler. Vortrag (von Gedichten u. ä.); **Re|zi|ta|tiv** [ital.] *s. 1* Sprechgesang (in Oratorien, Opern u. a.); **Re|zi|ta|tor** [lat.] *m. 13* Vortragskünstler; **re|zi|ta|to|risch** in der Art einer Rezitation; **re|zi|tie|ren** künstlerisch vortragen

**rf., rfz.** *Abk. für* rinforzando
**Rgt.** *Abk. für* Regiment (2)
**rh** *Abk. für* Rhesusfaktor (negativ)
**Rh** 1 *Abk. für* Rhesusfaktor (positiv); 2 *chem. Zeichen für* Rhodium
**Rha|bar|ber** [griech.-ital.] *m. 5* eine Heil- und Nutzpflanze
**Rhab|dom** [griech.] *s. 1* Sehstäbchen (im Auge); **Rhab|do|man|tie** *w. 11 nur Ez.* Wahrsagerei mittels geworfener Stäbchen oder Wünschelrute
**Rhap|so|de** [griech.] *m. 11* altgriech. fahrender Sänger; **Rhap|so|die** *w. 11* 1 erzählendes Gedicht bzw. Gedicht in freien Rhythmen; 2 balladenhaftes Musikstück; **rhap|so|disch** 1 in Form einer Rhapsodie; 2 bruchstückhaft, zusammenhanglos
**Rhe|ni|um** *s. Gen.* -s *nur Ez.* (*Zeichen:* Re) chem. Element, ein Metall

**Rheo|gra|phie** [griech.] *w. 11* Messung von Schwankungen der Pulsation an Extremitäten; **Rheo|lo|gie** *w. 11 nur Ez.* Fließkunde, Lehre vom Verhalten fast fester oder zähflüssiger Körper; **rheo|phil** *Biol.:* strömendes Wasser bevorzugend; **Rheo|stat** *m. 1* regelbarer elektr. Widerstand; **Rheo|ta|xis** *w. Gen. - Mz.*-xen Fähigkeit von Tieren, sich mit ihrer Körperachse in Richtung einer strömenden Flüssigkeit zu stellen; **Rheo|tro|pis|mus** *m. Gen. - Mz.*-men Wachstum von Pflanzenteilen in Richtung strömender Flüssigkeit
**Rhe|sus** [neulat.] *m. Gen. - Mz. -, **Rhe|sus|af|fe** *m. 11* meerkatzenartiger Affe, wichtiges Versuchstier der Medizin; **Rhe|sus|fak|tor** *m. 13 (Abk.:* Rh-Faktor; rh = Rhesusfaktor negativ [Rh-negativ]; Rh = Rhesusfaktor positiv [Rh-positiv]) von der Blutgruppe unabhängiger, erbl. Faktor des Blutes, der bei Blutübertragung und Schwangerschaft zu schweren Störungen führen kann (bei Rhesusaffen erstmalig festgestellt)
**Rhe|tor** [griech.] *m. 13 im alten Griechenland:* Redner, Lehrer der Beredsamkeit; **Rhe|to|rik** *w. Gen. - nur Ez.* Redekunst; **Rhe|to|ri|ker** *m. 5* Redekünstler der Rhetorik; **rhe|to|risch** auf Rhetorik beruhend, rednerisch; *übertr.:* schönrednerisch; rhetorische Frage: Frage, auf die keine Antwort erwartet wird
**Rheu|ma** *s. 9 nur Ez. Kurzw. für* Rheumatismus; **Rheu|ma|ti|ker** *m. 5* jmd., der an Rheumatismus leidet; **Rheu|ma|tis|mus** [griech.] *m. Gen. - Mz.*-men Entzündung der Gelenke, Muskeln und Sehnen; **rheu|ma|to|id** dem Rheumatismus ähnlich; **Rheu|ma|to|lo|ge** *m. 11* Facharzt für rheumat. Erkrankungen
**Rh-Faktor** *m. 13 Abk. für* Rhesusfaktor
**Rhi|ni|tis** [griech.] *w. Gen. - Mz.*-ti|den Nasenschleimhautentzündung; **Rhi|no|lo|gie** *w. 11 nur Ez.* Nasenheilkunde; **Rhi|no|plas|tik** *w. 10* künstl. Nasenersatz; **Rhi|no|skop** *s. 1* Nasenspiegel; **Rhi|no|sko|pie** *w. 11* Untersuchung des Naseninneren mit dem Rhinoskop; **Rhi|no|ze|ros** *s. 1 Gen. auch:* - Nashorn
**rhi|zo|id** [griech.] wurzelartig; **Rhi|zom** *s. 1* Wurzelstock; **Rhi|zo|pho|re** *w. 11* Baum mit Luft- oder Stelzwurzeln; **Rhi|zo|po|de** *m. 11 meist Mz.* einzelliges Tier, das sich durch Scheinfüßchen fortbewegt, Wurzelfüßer; **Rhi|zo|po|di|um** *s. Gen.*-s *Mz.*-di|en Scheinfüßchen (der Rhizopoden); **Rhi|zo|sphä|re** *w. 11* Bodenschicht, die mit Wurzeln durchsetzt ist
**Rhod|amin** [griech.] *s. 1 meist Mz.* ein roter Farbstoff
**Rho|dan** [griech.] *s. 1 nur Ez.* die einwertige Schwefel-Kohlenstoff-Stickstoff-Gruppe in chem. Verbindungen; **Rho|da|nid** *s. 1* Salz der Rhodanwasserstoffsäure
**rho|di|nie|ren** [griech.] mit Rhodium überzie-

hen; **Rho|di|um** *s. Gen.* -s *nur Ez.* (*Zeichen:* Rh) chem. Element, ein Metall
**Rho|do|den|dron** [griech.] *s. oder m. Gen.* -s *Mz.* -dren eine Zierpflanze
**Rho|do|nit** [griech.] *m.1* ein Mineral, ein Schmuckstein; **Rho|do|phy|zeen** *Mz.* Rotalgen; **Rho|dop|sin** *s.1 nur Ez.* Sehpurpur
**Rhom|ben** *Mz. von* Rhombus; **rhom|bisch** [griech.] in Form eines Rhombus; **Rhombo|eder** *s.5* durch sechs Rhomben begrenzter Körper; **Rhom|bo|id** *s.1* schiefwinkliges Parallelogramm mit ungleich langen Seitenpaaren, Drachenviereck; **Rhom|bus** *m. Gen.- Mz.* -ben gleichseitiges, schiefwinkliges Parallelogramm, Raute
**Rho|ta|zis|mus** [griech.] *m. Gen.- Mz.* -men Wechsel eines stimmhaften s mit r in wurzelverwandten Wörtern, z. B. Öse – Ohr
**Rhus** [griech.] *m. Gen.- Mz.* - ein Zierstrauch oder -baum, Essigbaum
**Rhyn|cho|te** [-çotə, griech.] *m.11 meist Mz.* Insekt mit schnabelähnl. Mundwerkzeugen, Schnabelkerfe
**Rhyth|men** *Mz. von* Rhythmus; **Rhyth|mik** [griech.] *w.10 nur Ez.* **1** Lehre vom Rhythmus; **2** rhythmische Gymnastik; **Rhyth|mi|ker** *m.5* Komponist oder Musiker, der rhythmische Elemente stark betont; **rhyth|misch** Rhythmus aufweisend, auf ihm beruhend, hinsichtlich des Rhythmus; **rhyth|mi|sie|ren** in einen Rhythmus bringen; **Rhythmus** *m. Gen.- Mz.* -men Gliederung eines Ton- oder Bewegungsablaufs in zeitlich oder inhaltlich gleiche bzw. ähnliche, periodisch wiederkehrende Abschnitte (z. B. in der Musik), gleichmäßiger Wechsel
**Ri|al** *m. Gen.- Mz.* - (*Abk.:* Rl) Währungseinheit in Iran, 100 Dinar
**Ri|as|kü|ste** [span.] *w.11* Küstenform mit zahlreichen ertrunkenen Tälern senkrecht zur Küstenlinie
**Ri|bi|sel, Ri|bisl** [lat.-frz.] *w.11 österr.:* Johannisbeere
**Ri|bo|fla|vin** [-vin, Kunstw. aus Ribose + lat. flavus „gelb"] *s. Gen.* -s *nur Ez.* ein Vitamin (B₂); **Ri|bo|nu|kle|in|säu|re** (*Abk.:* RNS) [Kunstw. aus Ribose + lat. nucleus „Kern"] *w.11* ein hochmolekularer Stoff in den Zellen aller Lebewesen (wichtig für Eiweißsynthese); **Ri|bo|se** *w.11* Einfachzucker mit 5 O-Atomen; **Ri|bo|som** *s.12* Körnchen im Zellplasma (Ort der Eiweißsynthese)
**Ri|cer|car** [-tʃerkar, lat.-ital.] *s.1,* **Ri|cer|ca|re** *s. Gen.* -s *Mz.* -ri *Mus.:* Vorform der Fuge
**Ri|che|lieu|stic|ke|rei** [-ljø-, nach dem frz. Staatsmann Richelieu] (-stik|ke-) *w.10* Weißstickerei mit ausgeschnittenen, umstochenen, durch Stege verbundenen Mustern
**Ric|kett|si|en** (Rik|kett-) [nach dem amerik. Pathologen H. T. Ricketts] *w.11 Mz.* eine Gruppe von bakterienähnl. Organismen; Erreger von Fleckfieber u. a.

**Ri|deau** [rido, frz.] *m.9 schweiz.:* Vorhang
**ri|di|kül** [frz.] lächerlich; **Ri|di|kül** *m.1 od. s.1 veraltet:* Handarbeitstasche
**Rien ne va plus** [riɛ̃ nə va ply, frz.] Es geht nichts mehr (Ansage beim Roulettespiel)
**Ries** [arab.] *s. Gen.- Mz.* - Mengeneinheit für Papier, 1000 Bogen
**Ri|gau|don** [-godɔ̃, frz.] *m.9* provenzal. Volkstanz des 16. Jh.
**Rigg** [engl.] *s.9,* **Rig|gung** *w.10 Seew.:* Masten und Takelung
**Right or wrong, my coun|try!** [rait ɔːr rɔŋ mai kʌntri, engl.] Recht oder Unrecht, (es ist) mein Vaterland (polit. Schlagwort nach einem Ausspruch des amerik. Admirals S. Decatur)
**ri|gid** [lat.], **ri|gi|de** starr, steif
**Ri|gi|di|tät** *w.10 nur Ez.* Starre, Versteifung
**Ri|go|le** [frz.] *w.11* Rinne, Entwässerungsgraben; **ri|go|len** tief pflügen oder umgraben
**Ri|gor** [lat.] *m. Gen.* -s *nur Ez.* Muskelstarre; **Ri|go|ris|mus** *m. Gen.- Mz.* übermäßige Strenge, starres Festhalten an Grundsätzen, Unerbittlichkeit; **ri|go|ros** unerbittlich, rücksichtslos; **Ri|go|ro|si|tät** *w.10 nur Ez.* Unerbittlichkeit, Rücksichtslosigkeit; **ri|go|ro|so** [ital.] *Mus.:* genau im Takt; **Ri|go|ro|sum** [lat.] *s. Gen.* -s *Mz.* -sa mündl. Teil der Doktorprüfung
**Ri|kam|bio** [ital.] *m. Gen.* -s *Mz.* -bi|en Wechsel, den ein Rückgriffsberechtigter eines zu Protest gegangenen Wechsels auf einen der Vorbesitzer zieht, Rückwechsel, Ritratte
**Rik|scha** [jap.] *w.9 in Ostasien:* zweirädriges, von einem Mann zu Fuß oder mit dem Fahrrad gezogenes Fahrzeug zur Personenbeförderung
**Riks|mål** [-moːl, norw.] *s. Gen.* -(s) *nur Ez.* norweg., neben dem Landsmål gültige Schriftsprache
**Ri|mes|se** [lat.-ital.] *w.11* **1** Begleichung einer Schuld durch Übersendung eines Wechsels; **2** der übersandte Wechsel
**Ri|na|sci|men|to** [-ʃi-] *s. Gen.* -(s) *nur Ez. ital. Bez. für* Renaissance
**rin|for|zan|do** [ital.] (*Abk.:* rf., rfz.) *Mus.:* stärker werdend; **rin|for|za|to** *Mus.:* plötzlich verstärkt
**Rin|glot|te** *w.11 österr. für* Reneklode
**rip.** *Abk. für* ripieno
**R. I. P.** *Abk. für* requiescat in pace
**ri|pie|no** [-pjɛ-, ital.] *Mus.:* mit dem ganzen Orchester
**Ri|pos|te** [lat.-ital.] *w.11 Fechten:* Gegenangriff nach erfolgreicher Parade
**Rips** [engl.] *m.1* geripptes Gewebe
**Ri|sa|lit** [ital.] *m.1* senkrecht in ganzer Höhe vorspringender Teil eines Gebäudes
**Ri|si|ko** [ital.] *s. Gen.* -s *Mz.* -ken *oder* -s, *österr. Mz. auch:* Ris|ken Gefahr, *bes.:* Verlustgefahr
**Ri|si|pi|si, Ri|si-Pi|si** [aus ital. riso con piselli]

„Reis mit Erbsen"] *s. Gen.*-(s) *Mz.* - ein Reisgericht

**ris|kạnt** [frz.] gewagt, gefährlich; **ris|kie|ren** wagen; Kopf und Kragen r. *ugs.:* sein Leben wagen; eine Lippe r. *ugs.:* seine Meinung offen sagen

**Ri|skọn|tro** [ital.] *s. 9 nur Ez.* → Skontro

**Ri|sor|gi|mẹn|to** [-dʒi-, ital. „Wiedererstehung"] *s. Gen.*-(s) *nur Ez.* ital. Einigungsbewegung zwischen 1815 und 1871

**Ri|sot|to** [-zɔto, ital.] *m. Gen.*-(s) *Mz.*-s, *österr. u. schweiz. ugs. auch s. Gen.* - *Mz.*-(s) in Butter gerösteter, gewürzter, dick gekochter Reis

**ri|stor|nie|ren 1** → stornieren; **2** zurückerstatten (Versicherungsprämie); **Ri|stọr|no** *m. 9 oder s. 9* **1** → Storno; **2** Vergütung (einer Prämie)

**rit.** *Abk. für* ritardando, ritenuto

**ri|tard.** *Abk. für* ritardando; **ri|tar|dạn|do** [ital.] (*Abk.:* rit., ritard.) *Mus.:* langsamer werdend; *Ggs.:* accelerando

**ri|te** [-te: lat.] **1** richtig, ordnungsgemäß; **2** genügend, gerade noch ausreichend (niedrigste Note bei der Doktorprüfung)

**ri|ten.** *Abk. für* ritenuto

**Ri|ten** *Mz. von* Ritus; **Ri|ten|kon|gre|ga|ti on** [-tsjo:n, lat.] *w. 10 nur Ez.* eine päpstl. Verwaltungsbehörde

**ri|te|nu|to** [ital.] (*Abk.:* rit., riten.) *Mus.:* zurückhaltend

**Ri|tor|nẹll** [ital.] *s. 1* **1** ital. Volksliedform mit dreizeiligen Strophen; **2** instrumentales Zwischenspiel zwischen den Strophen eines Liedes; **3** *im Concerto grosso:* → Tutti

**Ri|trat|te** [ital.] *w. 11* → Rikambio

**ri|tu al** [lat.] → rituell; **Ri|tu al** *s. 1, Mz. auch:* -li en **1** Gesamtheit der Riten (eines Kultes); **2** *auch:* einzelner → Ritus; **Ri|tua|le** *s. 1 nur Ez.* Buch mit Anweisungen für die kath. Liturgie; **ri|tua|li|sie|ren** zum Ritus erheben, in ritueller Form durchführen; **Ri|tua|lis|mus** *m. Gen.* - *nur Ez.* Bestrebung in der anglikan. Kirche, die kath. Riten wiedereinzuführen; **Ri|tu al|mord** *m. 1* Mord zu rituellem Zweck, Menschenopfer; **ri|tu ẹll** auf einem Ritus beruhend, nach einem Ritus, in der Art eines Ritus; **Ri|tus** *m. Gen.* - *Mz.* -ten kultischer Brauch, relig. Handlung

**Ri|val|le** [-va-, lat.-frz.] *m. 11* Nebenbuhler, Mitbewerber; **ri|val|li|sie|ren** wetteifern; **Ri|val|li|tät** *w. 10* Nebenbuhlerschaft, Wettbewerb

**Ri|yal** [rijal, arab.] *m. Gen.* - *Mz.* - (*Abk.:* Rl, SRl) Währungseinheit in Saudi-Arabien

**Ri|zi|nus** [lat.] *m. Gen.* - *Mz.* - *oder* -nus|se eine Heilpflanze; **Ri|zi|nus|öl** *s. 1 nur Ez.* aus den Samen des Rizinus gewonnenes Abführmittel

**Rl** *Abk. für* Rial, Riyal

**Rn** *chem. Zeichen für* Radon

**RNS** *Abk. für* Ribonukleinsäure

**Road|ster** [roudstər, engl.] *m. 5* offener, zweisitziger Sportkraftwagen

**Roast|beef** [roustbi:f, *ugs. auch:* rɔst-, engl.] *s. 9* Rindslendenbraten

**Rọb|ber** [engl.] *m. 5 Bridge, Whist:* Doppelpartie, Spiel aus zwei Gewinnpartien

**Ro|be** [frz.] *w. 11* **1** Abendkleid; **2** Amtstracht (der Richter, Geistlichen u. ä.)

**Ro|bi|nie** [-njə, lat.] *w. 11* ein Zierbaum oder -strauch

**Ro|bin|so|na|de** *w. 11* **1** [nach Robinson Crusoe, der Titelgestalt eines Romans von D. Defoe] Abenteuerroman eines Schiffbrüchigen oder abenteuerl. Erlebnis; **2** [nach dem engl. Torhüter J. Robinson] Fuß-, *Handball:* Hechtsprung des Torwarts

**Ro|bo|rans** [lat.] *s. Gen.* - *Mz.* -rạn|tia [-tsja] *oder* -ran|zi en *Med.:* Stärkungsmittel

**ro|bo|ten** [tschech.] *ugs.:* hart arbeiten; **Ro|bo|ter** *m. 5* **1** „Maschinenmensch", elektronisch gesteuerter Automat; **2** *ugs.:* jmd., der viel und schwer arbeitet

**ro|bụst** [lat.] derb, stämmig und kräftig

**Ro|cail|le** [rokaj(ə), frz.] *s. 9 oder w. 9* muschelförmiges Ornament (bes. im Rokoko)

**Rọch** [pers.-arab.] *m. Gen.* - *nur Ez.* Riesenvogel (in pers. und arab. Märchen)

**Ro|cha|de** [-ʃa-, sanskr.-frz.] *w. 11* **1** *Schach:* Doppelzug mit König und Turm; **2** *Sport:* Stellungswechsel (z. B. der Fußballspieler)

**Ro|chett** [rɔʃɛt, frz.] *s. 9* Chorhemd (kath. Geistlicher)

**ro|chie|ren** [-xi- oder -ʃi-, pers.-frz.] eine Rochade (**1** und **2**) ausführen

**Rock 1** *m. Gen.* - *nur Ez.* → Roch; **2** *m. Gen.*-s *nur Ez. kurz für* Rock 'n' Roll

**Rock and Roll** → Rock 'n' Roll

**Rọcken|bol|le** (Rok|ken-) [Eindeutschung von Rokambole] *w. 11 norddt.:* Perlzwiebel

**Rọcker** (Rok|ker) [engl.] *m. 5* motorisierter jugendl. Rowdy

**Rock 'n' Roll** [-rɔknroul, amerik. „wiegen und rollen"] *m. Gen.* --- *nur Ez.* **1** ein amerik. Musikstil; **2** ein amerik. Tanz

**Rọck|well|här|te** [nach dem engl. Ingenieur S. P. Rockwell] *w. 11 nur Ez.* (*Abk.:* RH) Maß für die Härte von Werkstoffen

**Ro|deo** [span.] *m. 9* **1** *in den westl. USA:* Zusammentreiben von Vieh; **2** Reiterschau der Cowboys

**Ro|ga|te** [lat. „bittet!", nach Joh. 16,24] fünfter Sonntag nach Ostern

**Ro|ko|ko** [*auch:* rɔkɔko, österr.: rɔkɔko, frz.] *s. Gen.*-(s) *nur Ez.* Stilrichtung Anfang des 18. Jh. mit beschwingten, zierlichen Formen

**Rọllo** *s. 9* aufrollbarer Vorhang, Rouleau

**Ro|mal|dur** [österr.: -dur, frz.] *m. 9* ein frz. Weichkäse

**Ro|man** [lat.-frz.] *m. 1* große Erzählung in

Prosa, in der die Auseinandersetzung einer Person mit ihrer Umwelt gezeigt wird; **Ro|man|cier** [-mãsje̱, frz.] *m. 9* Romanschriftsteller
**Ro|ma|ne** *m. 11* Angehöriger eines Volkes mit roman. Sprache
**Ro|ma|ni** *s. Gen. - nur Ez.* Sprache der Zigeuner
**Ro|ma|nia** *w. Gen. - nur Ez. Sammelbez. für* alle Länder, in denen eine roman. Sprache gesprochen wird; **Ro|ma|nik** *w. Gen. - nur Ez.* europ. Kunststil von etwa 1000 bis 1250; **ro|ma|nisch 1** zu den Romanen gehörig, von ihnen stammend; romanische Sprachen: idg., aus dem Vulgärlatein entstandene Sprachen, z. B. Französisch, Portugiesisch, Rumänisch; **2** zur Romanik gehörig, in der Art der Romanik; **ro|ma|ni|sie|ren** nach Art der Romanen gestalten, romanisch (1) machen; **Ro|ma|nis|mus** *m. Gen. - nur Ez.* **1** römisch-kath. Einstellung; **2** Richtung der ndrl. Malerei im 16. Jh., die sich bes. an die italien. Malerei anlehnte; **Ro|ma|ni|stik** *w. Gen. - nur Ez.* **1** Wissenschaft von den roman. Sprachen und Literaturen; **2** Lehre vom röm. Recht
**Ro|man|tik** *w. Gen. - nur Ez.* **1** europ. geistigkünstler. Bewegung von etwa 1800 bis 1830; **2** Träumerei, Schwärmerei; **3** abenteuerl., phantast. Beschaffenheit; **ro|man|ti|sie|ren** romantisch machen, der Romantik entsprechend gestalten; **Ro|man|ti|zis|mus** *m. Gen. - nur Ez.* Nachahmung der Romantik
**Ro|man|tsch** *s. Gen. -(s) nur Ez.* → Romaunsch
**Ro|man|ze** [span.] *w. 11* **1** volkstüml. Verserzählung; **2** *seit dem 18. Jh.:* liedartiges Gesangsstück; *dann auch:* stimmungsvolles Instrumentalstück; **3** *übertr.:* romant. Liebeserlebnis; **Ro|man|ze|ro** *m. 9* span. Romanzensammlung
**Ro|maunsch, Ro|mauntsch** *s. Gen. -(s) nur Ez.* Sprache der Rätoromanen
**Rom|mé** [-me:, frz.] *s. Gen. -s nur Ez.* ein Kartenspiel
**Ron|de** [rõd(ə), frz.] *w. 11* **früher 1** nächtl. Rundgang zur Überprüfung der Wachen; **2** der diesen Rundgang ausführende Offizier mit seinen Leuten; **3** rundes Blech, aus dem ein Werkstück hergestellt wird; **Ron|deau 1** [rõdo̱] *s. 9* aus dem zum Rundtanz gesungenen Lied entwickelte Gedichtform mit bestimmtem Kehrreim; **2** [rõdo̱] *s. 9 österr.:* rundes Beet, runder Platz; **Ron|dell** *s. 1* rundes Beet, runder Platz, runder Festungsturm; **Ron|do** *s. 9* Musikstück mit mehrmals wiederkehrendem Hauptthema
**rönt|gen** [nach dem dt. Physiker W. C. Röntgen] *Imperfekt nicht üblich:* mit Röntgenstrahlen durchleuchten; ich röntge ihn, habe ihn geröntgt; **Röntgen** *ohne Artikel (Abk.:* R) Maßeinheit für Strahlendosis; **rönt|ge|ni|sie|ren** *österr. für* röntgen; **Rönt|gen|kar|zi-**

**nom** *s. 1* Hautkrebs infolge Röntgenbestrahlung; **Rönt|ge|no|gramm** *s. 1* Röntgenaufnahme; **Rönt|ge|no|gra|phie** *w. 11* Röntgenuntersuchung; **Rönt|ge|no|lo|gie** *w. 11 nur Ez.* Lehre von Röntgenuntersuchungen, -diagnostik und -therapie; **Rönt|ge|no|sko|pie** *w. 11* Durchleuchtung mit Röntgenstrahlen
**Roo|ming-in** [ru:-, engl.] *s. Gen. -(s) nur Ez. auf Entbindungsstationen:* Unterbringen des Säuglings im Zimmer der Mutter
**Roque|fort** [rɔkfoːr, nach dem südfrz. Ort] *m. 9* ein frz. Edelpilzkäse aus Schafsmilch
**Ro|sa|ri|um** [lat.] *s. Gen. -s Mz.* -ri|en Rosenpflanzung, Rosengarten; **ro|sé** [-ze̱, frz.] *unflektierbar:* rosa; **Ro|sé** [-ze̱] *m. 9 frz. Bez. für* Weißherbst, sehr heller Rotwein, bei dem die farbstoffreichen Schalen rasch ausgekeltert wurden
**Ro|se|no|bel** [auch: -no̱-, engl.] *m. 5* alte engl. Goldmünze
**Ro|seo|la** [lat.], **Ro|seo|le** *w. Gen. - Mz.* -len rotfleckiger Hautausschlag, z. B. bei Typhus; **Ro|set|te** [frz.] *w. 11* **1** rosenartiges Ornament, oft als Fensteröffnung; **2** kleine, runde Stoffschleife; **3** Schliffform von Edelsteinen; **Ro|sé|wein** [-ze-] *m. 1* → Rosé
**Ro|si|nan|te** [nach dem Pferd des Don Quichote] *w. 11* altes Pferd, Klepper
**Ro|si|ne** [lat.-frz.] *w. 11* getrocknete Weinbeere
**Ros|ma|rin** [lat.] *m. 1 nur Ez.* eine Gewürzpflanze
**Ro|stra** [lat.] *w. Gen. - Mz.* -stren *im alten Rom:* Rednertribüne
**Ro|ta** [lat.] *w. Gen. - Mz. Ez.* → Rota Romana
**Ro|tang** [mal.] *m. 1,* **Ro|tang|pal|me** *w. 11* eine Palmenart, liefert rotes, als Farbstoff verwendetes Harz
**Ro|ta|print** *w. Gen. - nur Ez.* ⓦ eine Druckmaschine
**Ro|ta Ro|ma|na** [lat.] *w. Gen. - - nur Ez.* oberste Gerichtsbehörde der kath. Kirche
**Ro|ta|ti|on** [-tsjo̱n, lat.] *w. 10* Drehung, Umdrehung um eine Achse; **Ro|ta|ti|ons|el|lip|so|id** *m. 1* durch Rotation einer Ellipse entstehender Körper; **Ro|ta|to|ri|en** *Mz.* Rädertierchen
**Ro|tel** *s. 9 Kurzw. aus* rollendes Hotel, Anhänger eines Reisebusses mit Schlafkojen für die Fahrgäste, für Reisen über sehr weite Strecken
**ro|tie|ren** [lat.] sich (um eine Achse) drehen
**Ro|tis|se|rie** [frz.] *w. 11* **1** Speisewirtschaft mit Straßenverkauf; **2** Restaurant mit Spezialitäten vom Grill; **Ro|tis|seur** [-sør] *m. 1* der in großen Restaurants für die Zubereitung von Braten zuständige Koch
**Ro|tor** [lat.] *m. 13* **1** umlaufendes Maschinen- oder Geräteteil; **2** Drehflügel (des Hubschraubers); **Ro|tor|an|ten|ne** *w. 11* drehbare Antenne

**Roltunlda** w. Gen. - nur Ez. eine Schriftart; **Roltunlde** [lat.] w. 11 kleiner Rundbau
**Rotlwelsch** [rotw.] s. Gen.-(s) nur Ez. Gauner-, Vagabundensprache, Landstreicherjargon
**Roué** [rue, frz.] m. 9 Wüstling mit äußerlich gesittetem Auftreten
**Rouge** [ruʒ, frz.] s. Gen.-(s) nur Ez. 1 rote Schminke, Wangenrot; 2 Farbe beim Roulette; **Rouge et noir, Rouge-et-noir** [ru:ʒ e: nwar, „rot und schwarz"] s. Gen. - nur Ez. ein Kartenglücksspiel
**Roullalde** [ru-, frz.] w. 11 gefüllte, gebratene Fleischrolle; **Roulleau** [rulo] s. 9 frz. Schreibung von Rollo; **Roullett** [ru-] s. 1 oder s. 9, **Roullette** [rulɛt] s. 9 ein Glücksspiel; **roullieren** [ru-] veraltet: umlaufen
**Round-table-Konlfelrenz** [raund tɛibl-, engl.] w. 10 Konferenz am runden Tisch, d. h. von Gleichberechtigten
**Roulte** [ru-, frz.] w. 11 (vorgeschriebener oder geplanter) Reiseweg, Marsch-, Flugstrecke
**Roultilne** [ru-, frz.] w. 11 nur Ez. Übung, durch Übung und Erfahrung gewonnene Fertigkeit; R. in etwas haben; **Roultilnier** [rutinje] m. 9 jmd., der Routine in einer Tätigkeit besitzt (gelegentlich etwas abwertend im Unterschied zum schöpfer. Menschen); **roultilniert** geübt, (durch Übung) geschickt
**Rowldy** [raudi, engl.] m. 9 roher, Streit suchender Mensch, brutaler Raufbold
**roylal** [frz.: roajal, engl.: rɔiəl] frz. und engl. Bez. für königlich; **Royallislmus** [roaja-, ugs.: rɔia-] m. Gen. - nur Ez. Königstreue; **Roylallty** [rɔiəlti] s. Gen. - Mz.-ties [-ti:z] Lizenzhonorar, Tantieme
**Rp** Abk. für Rupiah
**RP** Abk. für frz. réponse payée: Antwort bezahlt (auf Telegrammen)
**Rp.** Abk. für recipe
**RR** Abk. für rarissimus = sehr selten; **RRR** Abk. für rarissime = äußerst selten (in Münzkatalogen u. ä.)
**RSFSR** Abk. für Russische Sozialist. Föderative Sowjetrepublik
**RT** Abk. für Registertonne
**Ru** chem. Zeichen für Ruthenium
**rulbalto** [ital.] Mus.: frei im Tempo; **Rulbalto** s. Gen.-(s) Mz.-ti oder -s Mus.: im Tempo freier Vortrag
**Rublber** [rʌbər, engl.] m. 5 1 nur Ez. engl. Bez. für Gummi, Kautschuk; 2 → Robber
**Rulbel** m. 5 (Abk.: Rbl.) Währungseinheit in der UdSSR, 100 Kopeken
**Rulbildilum** [lat.] s. Gen.-s nur Ez. (Zeichen: Rb) chem. Element, ein Metall
**Rulbin** [lat.] m. 1 ein roter Edelstein
**Rulbra, Rulbren** Mz. von Rubrum; **Rulbrik** [lat.] w. 10 1 Titel, Überschrift; 2 Spalte, Abschnitt, Abteilung; **rulbrilzielren** 1 mit Überschriften versehen; 2 in Rubriken (2) ord-

nen, einordnen; **Rulbrum** s. Gen.-s Mz.-bra oder -bren veraltet: Aktenaufschrift, kurze Inhaltsangabe
**Rudlbeckie** (-beklkie) [-kjə, nach dem schwed. Botaniker O. Rudbeck] w. 11 eine Zierpflanze, Sonnenhut
**rülde** [frz.] grob, ungesittet, rücksichtslos
**Ruldelrallpflanlze** [lat.] w. 11 Pflanze, die auf stickstoffreichen Schuttplätzen wächst
**Ruldilmęnt** [lat.] s. 1 Rest, Überbleibsel, verkümmertes Organ; **ruldilmenltär** nicht ausgebildet, verkümmert (Organ)
**Ruglby** [rʌgbi, engl.] s. Gen.-s nur Ez. ein Ballspiel zwischen zwei Mannschaften
**Rulin** [lat.-frz.] m. Gen.-s nur Ez. Zusammenbruch, Verfall, Vermögensverlust; **Ruline** w. 11 verfallenes Gebäude; **ruilnielren** zugrunde richten, verderben, zerstören; **ruinös** zum Ruin führend, verderblich, zerstörerisch
**Rum** [engl.] m. 9 Branntwein aus Zuckerrohr
**Rulmantsch, Rulmauntsch** s. Gen.-(s) nur Ez. → Romaunsch
**Rumlba** [kuban.] w. 9, ugs. auch: m. 9 ein Gesellschaftstanz
**Rumlmy** [rɔmi, frz.-engl.] s. Gen.-s nur Ez. österr. für Rommé
**Rulmor** [lat.] m. Gen.-s nur Ez. veraltet: Lärm, Tumult; **rulmolren 1** poltern, dumpf lärmen; **2** es rumort in ihm übertr.: etwas in ihm drängt zum Ausdruck
**Rumplsteak** [rʌmpstɛk, dt. meist rumpste:k, engl.] s. 9 kurz gebratene Lendenschnitte vom Rind
**Run** [rʌn, engl.] m. 9 Ansturm (auf Banken, auf Magelware)
**Rulne** [altnord.] w. 11 germ. Schriftzeichen; **Rulnollolge** m. 11 Kenner, Erforscher der Runen
**Rulpilah** w. Gen. - Mz. - (Abk.: Rp) Währungseinheit in Indonesien, 100 Sen; **Rulpie** [-pjə] w. 11 Währungseinheit in Indien, Pakistan, Ceylon, 100 Cent
**Ruplur** [lat.] w. 10 Med.: Zerreißung
**rulral** [lat.] veraltet: ländlich, bäuerlich
**Rush** [rʌʃ, engl.] m. 9 Sport: plötzl. Vorstoß (eines Läufers oder Pferdes); **Rush-Hour** [-auə] w. 9 engl. Bez. für Zeit der größten Verkehrsdichte
**Rulstika** [lat.] w. Gen. - nur Ez. 1 Mauerwerk aus roh behauenen Quadern; 2 eine altröm. Schriftart, Sonderform der Kapitalis; **rulstikal** ländlich, bäuerlich; **Rulstiziltät** w. 10 nur Ez. veraltet: Plumpheit
**Rulthelne** m. 11 Angehöriger eines in Ostgalizien, Nordostungarn und einem Teil der Bukowina lebenden ukrainischen Volksstammes
**Rulthelnilum** s. Gen.-s nur Ez. (Zeichen: Ru) chem. Element, ein Metall
**Rultil** [lat.] s. 1 ein Mineral; **Rultillislmus** m. Gen. - nur Ez. Rothaarigkeit

# S

s 1 *Astron. Abk. für* Sekunde *(hochgestellt);* 2 *Abk. für* Shilling

S *chem. Zeichen für* Schwefel

$ *Zeichen für* Dollar

s. *Abk. für* Segno

S. *Abk. für* San, Sant', Santa, Santo, São

Sa. *Abk. für* Summa

s. a. *Abk. für* sine anno

Sal|bal|dil|le [span.] *w. 11* ein Liliengewächs, dessen Samen als Heil- und Ungezieferbekämpfungsmittel verwendet werden

Sạb|bat [hebr.] *m. 1* der jüd. Ruhetag der Woche, Samstag; Sab|ba|ta|ri|er *m. 5,* Sab|ba|tịst *m. 10* Angehöriger einer der christl. Sekten, die den Sabbat feiern; Sạb|bat|jahr *s. 1 nach dem jüd. Kalender:* jedes siebente Jahr, in dem die Felder nicht bebaut wurden, Ruhejahr

Sal|bo|ta|ge [-ʒə, frz.] *w. 11* Vereitelung der Ziele anderer durch passiven Widerstand, Beschädigung oder Zerstörung von Produktionsmitteln o. ä.; Sal|bo|teur [-tør] *m. 1* jmd., der Sabotage verübt hat; sal|bo|tie|ren durch Sabotage vereiteln, behindern

Sạl|bre [hebr.] *m. 9* in Israel geborenes jüd. Kind

Sac|chal|ra|se [saxa-, griech.] *w. 11* Rohrzucker spaltendes Enzym; Sac|chal|ri|me|ter *s. 5* Gerät zum Bestimmen der Konzentration von Rohrzuckerlösungen; Sac|chal|rin *s. 1 nur Ez.* künstl. Süßstoff

Sạc|co di Ro|ma [ital.] *m. Gen. - - - nur Ez.* Plünderung Roms durch die Söldner Kaiser Karls V. 1527/28

Sal|chal|rin *s. 1 nur Ez.* → Saccharin

Sad|dul|zä|er [hebr.] *m. 5* Angehöriger einer altjüd. Partei, Gegner der Pharisäer

Sa|dis|mus [nach dem frz. Schriftsteller D.-A.-F. Marquis de Sade] *m. Gen. - nur Ez.* 1 geschlechtl. Erregung durch Zufügen von körperl. Schmerzen; vgl. Masochismus; 2 *allg.:* Lust an Grausamkeiten; Sal|dịst *m. 10* jmd., der (geschlechtl.) Befriedigung darin findet, andere körperlich oder seelisch zu quälen

Sạl|fa|ri [arab.] *w. 9* 1 Karawanenreise in Afrika; 2 Gesellschaftsreise in Afrika, zur Jagd oder zur Beobachtung von Tieren, z. B. Fotosafari

Safe [seif, engl.] *s. 9* 1 Geldschrank aus Stahl; 2 zu mietendes Sicherheitsfach in den Stahlkammern einer Bank

Sạf|fi an [pers.-poln.] *m. 1 nur Ez.,* Sạf|fi an|le|der *s. 5 nur Ez.* feines Ziegenleder

Sạf|flor [arab.-ital.], Sạ|flor *m. 1* Färberdistel

Sạl|fran [arab.] *m. 1* 1 aus Krokussen gewonnener, gelber Farbstoff; 2 aus Krokussen gewonnenes Gewürz

Sạl|ga [altnord.] *w. 9* isländ. Prosaerzählung bes. des 11. bis 14. Jh.

sal|git|tal [lat.] *Biol.:* parallel zur Mittelachse (liegend)

Sạl|go [mal.] *m. 9 nur Ez., süddt., österr. auch: s. 9 nur Ez.* gekörnte Stärke aus dem Mark der Sagopalme oder aus Kartoffeln

Sạl|hib [arab.-Hindi] *m. 9* Herr (früher in Persien und Indien Anrede für Europäer)

saint [sɛ̃, frz.] *vor frz. männl. Heiligennamen:* der heilige, z. B. saint Paul; *aber vor Ortsnamen →* Saint (2); Saint 1 [sənt, engl.] (*Abk.:* St.) *vor engl. Heiligennamen und davon abgeleiteten Ortsnamen:* der, die heilige, z. B. Saint Peter, St. Peter; 2 [sɛ̃] (*Abk.:* St) *vor frz., von Heiligennamen abgeleiteten Ortsnamen, z. B.* Saint-Bernard, St-Bernard; vgl. ˘saint; sainte [sɛ̃t, frz.] *vor frz. weibl. Heiligennamen:* die heilige, z. B. sainte Marie; vgl. Sainte; Sainte [sɛ̃t] (*Abk.:* Ste) *vor frz., von weibl. Heiligennamen abgeleiteten Ortsnamen, z. B.* Sainte-Marie, Ste-Marie; Saint-Si|mo|nis|mus [sɛ̃-, nach C.-H. Graf von Saint-Simon] *m. Gen. - nur Ez.* frz. sozialist. Lehre

Sai|son [sɛzɔ̃, frz.] *w. 9* Hauptbetriebs-, -geschäftszeit, Hauptreisezeit, Theaterspielzeit

Sa|ke [jap.] *m. Gen.-(s) nur Ez.* Reiswein

Sạk|ko [österr.: -ko, ital.] *m. 9, fachsprachl. sowie österr.: s. 9* Jacke des Herrenanzugs

sạk|ra! [verkürzt aus Sakrament] *ugs.:* verdammt!; sal|kral [lat.] 1 zum Gottesdienst, zur Kirche gehörend, heilig; *Ggs.:* profan; 2 zum Kreuzbein gehörend, von ihm ausgehend; Sal|kral|bau *m. Gen.-(e)s Mz.-*bauten kirchl. Bau, Kirche; *Ggs.:* Profanbau; Sal|kra|mẹnt *s. 1* Glaubensgeheimnis; göttl. Gnadenzeichen; gottesdienstl. Handlung, bei der göttl. Gnadengaben vermittelt werden, z. B. Taufe, Abendmahl; Sal|kra|mẹnt! *ugs.:* Donnerwetter!; sal|kra|men|tal *vom Sakrament gehörig, heilig;* Sal|kra|men|ta|li en *s. Mz., Ez.:* -talle, den Sakramenten ähnl. gottesdienstl. Handlungen, z. B. Besprengung mit Weihwasser; *auch:* die geweihten Dinge, z. B. Weihwasser; Sal|kra|men|tar *s. 1,* Sal|kra|men|ta|ri um *s. Gen.-s Mz.-*ri en *MA:* Buch mit den Gebeten der Messe, Vorläufer des Meßbuchs; Sal|kra|mẹnts|häus|chen *s. 7* Behälter mit dem Gefäß für die Hostie, oft turmartig und reich verziert; Sal|kri|fi|zi um *s. Gen.-s Mz.-*zi en Opfer, *bes.:* kath. Meßopfer; Sal|kri|lẹg *s. 1,* Sal|kri|lẹl|gi um *s. Gen.-s Mz.-*gi en Vergehen gegen Heiliges, z. B.

Gotteslästerung, Kirchenraub; **Sa|kri|stan** *m. 1 kath. Kirche:* Küster, Mesner; **Sa|kri|stei** *w. 10* Nebenraum in der Kirche für den Geistlichen und die gottesdienstl. Geräte; **sa|kro|sankt** geheiligt, unantastbar
**Sä|ku|la** *Mz.* von Säkulum; **sä|ku|lar** [lat.] **1** alle hundert Jahre wiederkehrend; **2** weltlich; **Sä|ku|lar|fei|er** *w. 11* Hundertjahrfeier; **Sä|ku|la|ri|sa|ti|on** [-tsjon] *w. 10* Überführung kirchl. Besitzes in weltl. Hand, Verweltlichung; **sä|ku|la|ri|sie|ren** in weltl. Besitz überführen, verweltlichen; **Sä|ku|lar|kle|ri|ker** *m. 5 kath.* Geistlicher, der nicht im Kloster lebt, Weltgeistlicher; **Sä|ku|lum** *s. Gen.-s Mz.-la* Jahrhundert
**Sa|lam!** [arab.] Friede! (mohammedan. Grußwort)
**Sa|la|man|der** [griech.] *m. 5* **1** ein Schwanzlurch; **2** ein student. Trinkbrauch; einen S. reiben
**Sa|la|mi** [ital.] *w. Gen.- Mz.-(s)* eine Wurstsorte; **Sa|la|mi|tak|tik** *w. 10 nur Ez.* Taktik, mit kleinen Forderungen und Übergriffen bestimmte polit. Ziele zu erreichen
**Sa|lär** [frz.] *s. 1 schweiz.:* Gehalt, Lohn; **sa|la|rie|ren** *schweiz.:* besolden, entlohnen
**sal|die|ren** [ital.] ein Konto s.: den Saldo eines Kontos feststellen; eine Rechnung s.: ausgleichen, *österr.:* die Bezahlung einer Rechnung bestätigen; **Sal|do** *m. 9, Mz. auch* -den *oder* -di *Buchführung:* Unterschiedsbetrag zwischen der Soll- und der Habenseite eines Kontos
**Sa|lem!** → Salam!; Salem aleikum!: Friede sei mit euch! (arab. Gruß)
**Sa|le|sia|ner** [nach dem Bischof F. von Sales] *m. 5* Angehöriger einer kath. Priesterkongregation für Erziehung und Äußere Mission
**Sales|ma|na|ger** [sɛilzmænidʒər, engl.] *m. 5* Verkaufsleiter; **Sales|pro|mo|ter** [sɛilzprəmoutər] *m. 5* Vertriebskaufmann mit der Aufgabe der Absatzsteigerung; **Sales|pro|mo|tion** [sɛilzprəmouʃn] *w. Gen.- nur Ez.* Verkaufsförderung
**Sa|let|tel** [ital.], **Sa|let|tl** *s. 14 österr.:* Laube, Gartenhaus, Lusthäuschen, Loggia
**Sa|li|cin** [lat.] *s. 1 nur Ez.* aus Weidenrinde gewonnenes Fiebermittel; **Sa|li|cy|lat** *s. 1* Salz der Salicylsäure; **Sa|li|cyl|säu|re** *w. 11 nur Ez.* organ. Säure (als Konservierungsmittel, zur Fiebersenkung u. a.)
**Sa|li|ne** [lat.] *w. 11* Anlage zur Gewinnung von Kochsalz durch Sieden oder Verdunstung
**Sa|li|zin** *s. 1 nur Ez.* → Salicin; **Sa|li|zyl|säu|re** *w. 11 nur Ez.* → Salicylsäure
**Salk|imp|fung** [engl.: sɔk, nach dem US-amerik. Bakteriologen J. E. Salk] *w. 10* Schutzimpfung gegen Kinderlähmung
**Salm 1** [zu: Psalm] *m. 1* langweiliges Gerede; **2** [lat.] *m. 1* Lachs
**Sal|mi|ak** [auch: sal-, lat.] *m. Gen.-s nur Ez.*

Ammoniumchlorid, eine salzige Verbindung aus Ammoniak und Chlorwasserstoff; **Sal|mi|ak|geist** *m. Gen.-(e)s nur Ez.* wäßrige Ammoniaklösung
**Sal|mo|nel|len** [nach dem US-amerik. Bakteriologen D. E. Salmon] *Mz.* Bakterien, die Darmkrankheiten, z. B. Fleischvergiftung, hervorrufen
**Sal|mo|ni|den** [lat.] *Mz.* lachsartige Fische
**sa|lo|mo|nisch** in der Art des Salomo, des bibl. Königs von Israel und Juda; salomonisches Urteil: weises Urteil
**Sa|lon** [-lɔ̃, österr.: -lɔn] *m. 9* **1** Empfangs-, Besuchszimmer; elegant eingerichteter Raum für gesellschaftl. Veranstaltungen (z. B. auf Schiffen); **2** Mode- oder Frisörgeschäft; **3** Ausstellungsraum; **4** *17./19. Jh.:* regelmäßig zusammentreffender Kreis literarisch oder künstlerisch interessierter Menschen
**Sa|lon|lö|we** [-lɔ̃-] *m. 11* eleganter, etwas oberflächl. Mann der Gesellschaft; **Sa|lon|mu|sik** *w. 10* gefällige Unterhaltungsmusik; **Sa|lon|wa|gen** *m. 7* luxuriös ausgestatteter Eisenbahnwagen
**sa|lopp** [frz.] nachlässig, bequem (Kleidung), ungezwungen (Ausdrucksweise)
**Sal|pe|ter** [lat.] *m. 5 Sammelbez. für* natürlich vorkommende oder künstlich hergestellte Alkalimetallsalze der Salpetersäure; **Sal|pe|ter|säu|re** *w. 11 nur Ez.* starke, einwertige Mineralsäure
**Sal|pin|gi|tis** [griech.] *w. Gen.- Mz.-ti|den* Eileiterentzündung; **Sal|pinx** *w. Gen.- Mz.-pin|gen* **1** altgriech. Signaltrompete aus Bronze oder Eisen; **2** trichterförmig erweiterte Röhre, z. B. Ohrtrompete, Eileiter
**Sal|se** [lat.] *w. 11* **1** *veraltet:* salzige Soße; **2** Schlammsprudel (in Erdölgebieten)
**SALT** *Abk. für* Strategic Arms Limitation Talk (der 1969 zwischen den USA und der UdSSR geführten Gespräche über Begrenzung und Abbau strateg. Waffensysteme)
**Sal|ta** [ital.] *s. Gen.-s nur Ez.* ein Brettspiel; **Sal|ta|rel|lo** *m. Gen.-s Mz.-li* **1** ital. Springtanz; **2** Teil der Lautensuite; **sal|ta|to** *Mus.:* mit springendem Bogen (zu spielen); **Sal|to** *m. 9, Mz. auch:* -ti Überschlag in der Luft; **Sal|to mor|ta|le** *m. Gen.-- Mz.-- oder* -ti -li „Todessprung", mehrfacher Salto
**sa|lu|ber** [lat.] gesund, heilsam; **Sa|lu|bri|tät** *w. 10 nur Ez.* Gesundheit, Heilsamkeit
**Sa|lut** [lat.] *m. 1 militär.* Ehrengruß (durch Abfeuern einer Salve von Schüssen); Salut schießen; **sa|lu|tie|ren** militärisch grüßen; **Sa|lu|tis|mus** *m. Gen.- nur Ez.* Lehre der Heilsarmee; **Sa|lu|tist** *m. 10* Angehöriger der Heilsarmee
**Sal|va|ti|on** [-tsjon, lat.] *w. 10 veraltet:* Rettung; **Sal|va|tion Ar|my** [sælveiʃn a:rmi, engl.] *w. Gen.-- nur Ez., engl. Bez. für* Heils-

armee; **Sallvaltor** *m. 13 nur Ez.* Retter, Erlöser, Heiland; **Sallvaltolrialner** *m. 5* Angehöriger einer kath. Priesterkongregation für Seelsorge und Mission
**sallva velnia** [lat.] (*Abk.:* s. v.) *veraltet:* mit Erlaubnis, mit Verlaub (zu sagen)
**sallve!** [lat.] sei gegrüßt! **Sallve** *w. 11* gleichzeitiges Abfeuern mehrerer Feuerwaffen; **sallvielren** *veraltet:* retten, in Sicherheit bringen; **sallvis omislsis** (*Abk.:* s. o.) unter Vorbehalt von Auslassungen; **sallvo erlrolre** [lat.] (*Abk.:* s. e.) Irrtum vorbehalten (beim Kontokorrent); **sallvo erlrolre callculli** (*Abk.:* s. e. c.) unter Vorbehalt eines Rechenfehlers; **sallvo erlrolre et omislsiolne** (*Abk.:* s. e. e. o.) Irrtum und Auslassung vorbehalten (beim Kontokorrent); **sallvo tiltullo** (*Abk.:* S. T.) *veraltet:* mit Vorbehalt des richtigen Titels
**Salmalrilter** [nach dem barmherzigen Mann aus Samaria in der Bibel] *m. 5* freiwilliger Krankenpfleger
**Salmalri um** [nach dem Mineral Samarskit] *s. Gen.-s nur Ez.* (*Zeichen:* Sm) chem. Element
**Salmarlkand** [nach der Stadt in der Usbek. Sowjetrepublik] *m. 9* handgeknupfter Teppich mit Medaillonmuster
**Salmarlskit** [nach dem russ. Mineralogen Samarski] *m. 1* ein Mineral
**Samlba** [afrik.-port.] *w. 9, ugs. und österr.: m. 9* ein Gesellschaftstanz
**Samlbo** *m. 9* → Zambo
**sämisch** [türk.] mit Fett gegerbt
**Samlisldat** [russ. Kurzw. „Selbstverlag"] *m. Gen.-(s) nur Ez. Bez. für* Untergrundliteratur in der UdSSR
**Salmilsen** [-sɛn, jap.] *w. Gen.- Mz. -* jap. Gitarre mit drei Saiten, die mit einem Kiel angerissen werden
**Salmos** *m. Gen.- Mz. -* Wein von der griech. Insel Samos
**Salmolwar** [russ.] *m. 1* russ. Teemaschine
**Samlpan** [chin.] *m. 9* chin. Wohnboot
**Salmum** [ugs. auch sa-; arab.] *m. 1* heißer Wüstenwind in Nordafrika und Vorderasien
**Salmulrai** [jap.] *m. 9 oder Gen.- Mz. -* Angehöriger des jap. Kriegeradels
**San** [ital., span.] (*Abk.:* S.) *vor ital. und span. männl. Heiligennamen und davon abgeleiteten Ortsnamen, die mit einem Konsonanten beginnen (ital. außer Sp und St, span. außer Do und To):* der heilige, z. B. San Pietro; vgl. Sant', Santa, Santo
**Salnaltolri um** [lat.] *s. Gen.-s Mz.-ri* en Heilstätte, Genesungsheim
**Sanclta** [lat.] *weibl. Form von* Sanctus (1);
**Sanclta Seldes** *w. Gen.- - nur Ez.* **1** *lat. Bez. für* Heiliger Stuhl; **2** *übertr.:* Papst und päpstl. Gewalt; **sanclta simplilciltas!** heilige Einfalt! (Ausruf angesichts einer von jmdm. begangenen Torheit); **Sanclti|tas** *w. Gen.- nur Ez.* Heiligkeit (Titel des Papstes); **Sanc-**

**tus 1** *lat. Bez. für* Sankt; **2** [nach dem Anfangswort des Lobgesangs] *s. Gen.- Mz.- Lobgesang der kath. Messe
**Sanldalle** [pers.-griech.] *w. 11* leichter, durch Riemchen zusammengehaltener Schuh; **Sandalletlte** *w. 11* leichte Sommersandale für Damen
**Sanldalrak** [sanskr.-frz.] *m. 1 nur Ez.* Harz einer trop. Zypresse für Lack, Kitt u. a.
**Sanldellbaum** [sanskr.-ital.] *m. 2* ein indomalaiischer Laubbaum; **Sanldellholz** *s. 4 nur Ez.* wohlriechendes Holz des Sandelbaumes (für Schnitzarbeiten und Räuchermittel)
**Sanldschak** [türk.] *m. 9 1 früher:* türk. Standarte als Hoheitszeichen; **2** ehemaliger türk. Verwaltungsbezirk
**Sandlwich** [sændwitʃ, engl.: sænwitʃ] *s. Gen. -es Mz.* -es belegte doppelte Weißbrotschnitte; **Sandlwichlbaulweilse** *w. 11* Bauweise, bei der Teile aus Platten bestehen, die aus verschiedenem Material in unterschiedl. Stärke zusammengefügt wurden; **Sandlwichman** [sændwitʃmæn] *m. Gen.-s Mz.-*men [-mən], **Sandlwichlmann** *m. 4* ugs. *scherzh.:* jmd., der mit zwei Reklameschildern auf Brust und Rücken durch die Straßen geht
**sanlfolrilsielren** [nach dem Erfinder Sanford L. Cluett] Gewebe s.: durch Hitze schrumpfen lassen, damit sie beim Waschen nicht eingehen, krumpfecht machen
**Sanlguilnilker** [lat.] *m. 5* Mensch mit lebhaftem, heiterem Temperament
**Sanlheldrin** *m. 1 nur Ez., hebr. Form von* Synedrium
**salnielren** [lat.] **1** gesund machen, heilen; **2** alte Stadtteile s.: in alten Stadtteilen gesunde, hygienisch einwandfreie Lebensverhältnisse schaffen; **3** einen Betrieb s.: wieder leistungsfähig machen, seine finanziellen Verhältnisse aufbessern oder ordnen; **4** sich s.: seinen Gewinn (bei etwas) finden; **salnitär** der Gesundheit, Hygiene dienend; sanitäre Anlagen: Kanalisation, Toiletten usw.; **salniltarisch** *schweiz. für* sanitär; **Salniltät** *w. 10 nur Ez. schweiz.:* Kriegssanitätswesen; **Salniltälter** *m. 5* in der Ersten Hilfe ausgebildeter Krankenpfleger
**Sankt** [lat.] (*Abk.:* St.) *vor dt. männl. und weibl. Heiligennamen und davon abgeleiteten Ortsnamen:* der, die heilige, z. B. Sankt Andreas, St. Andreas, Sankt Andreasberg, St. Andreasberg, Sankt-Peters-Kirche, St.-Peters-Kirche; **Sanktlilfilkaltilon** [-tsjon] *w. 10* Heiligsprechung; **sanktlilfilzielren** heiligsprechen; **Sanktilon** [-tsjon] *w. 10* **1** Anerkennung, Bestätigung, Erteilung der Gesetzeskraft; **2** *Mz.* Zwangsstrafmaßnahmen; **sanktioInielren** [-tsjo-] bestätigen, Gesetzeskraft erteilen; **Sanktisslsimum** *s. Gen.-s nur Ez., kath. Kirche:* Allerheiligstes, geweihte Hostie; **Sanktlular** *s. 1*, **Sanktlualrilum** *s. Gen.-s Mz.-ri* en **1** Heiligtum; **2** *kath. Kir-*

*che:* Altarraum; **3** Aufbewahrungsort für Reliquien, Reliquienschrein

**Sans|cu|lot|te** [sä(s)ky-, frz. „ohne (Knie-)Hose"] *m. 11* Spottname für die revolutionären Proletarier in der Frz. Revolution, da sie keine Kniehosen (Culottes) trugen wie die höheren Stände, sondern lange Hosen (Pantalons)

**San|se|vie|ria** [nach dem Fürsten von San Severo (Süditalien)], **San|se|vie|rie** [-riə] *w. Gen. - Mz.*-ri en ein Liliengewächs, Zierpflanze

**Sans|krit** [altind.] *s. Gen.*-s *nur Ez.* altind., noch heute gebräuchl. Literatur- und Wissenschaftssprache; **Sans|kri|tist** *m. 10* Kenner des Sanskrits

**Sans|sou|ci** [sāsusi, frz. „ohne Sorge"] Name von Schlössern, bes. eines Rokokoschlößchens in Potsdam

**Sant'** [ital.] *(Abk.: S.) vor ital. männl. und weibl. Heiligennamen und davon abgeleiteten Ortsnamen, die mit einem Vokal beginnen:* der, die heilige, z. B. Sant' Angelo, Sant' Agata; vgl. San, Santa, Santo; **San|ta** *(Abk.: ital.: S., span., port.: Sta.) vor ital., span. und port. weibl. Heiligennamen und manchen Ortsnamen, die mit einem Konsonanten beginnen:* die heilige, z. B. Santa Clara, Santa Cruz; vgl. Sant', Santo, San; **San|te** *Mz. (Abk.: SS.) vor ital. weibl. Heiligennamen:* die heiligen, z. B. Sante Maria e Maddalena; **San|ti** *Mz. (Abk.: SS.) vor ital. männl. Heiligennamen:* die heiligen, z. B. Santi Pietro e Paolo, Santi Apostoli; **San|to** *(Abk.: S.) vor ital., span. und port. männl. Heiligennamen und davon abgeleiteten Ortsnamen, die mit St oder Sp (ital.) bzw. mit Do oder To (span.) oder mit Vokal (port.) beginnen:* der heilige, z. B. Santo Stefano, Santo Spirito, Santo Domingo, Santo Tomàs, Santo André; vgl. San, Sant', Santa

**São** [sāu, port.] *(Abk.: S.) vor port. männl. Heiligennamen und davon abgeleiteten Ortsnamen, die mit einem Konsonanten beginnen:* der heilige, z. B. São Paolo; vgl. San, Santo, Santa

**Sa|phir** [auch: -fir, griech.] *m. 1* ein Mineral, Edelstein

**sa|pi|en|ti sat** [lat. „dem Weisen (ist es) genug"] für den Eingeweihten ist keine weitere Erklärung nötig

**Sal|pi|ne** [frz.] *w. 11* Werkzeug zum Wegziehen gefällter Bäume

**Sa|po|na|ria** [lat.] *w. Gen. - Mz.*-riae [-riɛː] eine Zier- und Heilpflanze, deren Wurzel Saponin enthält, Seifenkraut; **Sa|po|nin** *s. 1* ein Glucosid, Reinigungs- und Arzneimittel

**Sap|pe** [frz.] *w. 11 früher:* Laufgraben im Stellungskrieg

**Sap|pel** *m. 5* → Sapine

**Sap|peur** [-pør, frz.] *m. 1 früher:* Soldat für den Sappenbau

**sap|phisch** [zapfiʃ oder zafiʃ, nach der altgriech. Dichterin Sappho] sapphische Liebe: Homosexualität zwischen Frauen, lesbische Liebe; sapphische Strophe: Strophe aus drei elfsilbigen Versen und einem abschließenden fünfsilbigen Vers

**sa|pri|sti!** [lat.-frz.] *veraltet:* potztausend! (Ausruf der Überraschung)

**Sa|pro|bie** [-bjə, griech.] *w. 11*, **Sa|pro|bi|ont** *m. 10* in faulenden Stoffen lebendes tier. oder pflanzl. Lebewesen; **sa|pro|gen** fäulniserregend; **Sa|pro|pel** *s. 1* Schlamm aus Pflanzen- und Tierresten auf dem Grund stehender Gewässer, Faulschlamm; **Sa|pro|phage** *m. 11* von faulenden Stoffen lebendes Tier; **sa|pro|phil** von faulenden Stoffen lebend; **Sa|pro|phyt** *m. 10* von faulenden Stoffen lebende Pflanze

**Sa|ra|ban|de** [frz.: -bād] *w. 11 1 17./18. Jh.:* ruhiger frz. Gesellschaftstanz; **2** Satz der Suite (**2**)

**Sa|ra|fan** [pers.-russ.] *m. 1 18./19. Jh.:* russ. Frauen-Trachtenrock mit Leibchen

**Sa|ra|ze|ne** [arab.] *m. 11 MA 1* Bez. für Araber; **2** Bez. für Mohammedaner

**Sar|del|le** [ital.] *w. 11* ein Heringsfisch

**Sar|di|ne** [ital.] *w. 11* ein Heringsfisch, Jugendform des Pilchards

**sar|do|nisch** [nach dem Giftkraut Sardonia] krampfhaft; sardonisches Lachen: krampfhaftes Lachen; *Med.:* scheinbares Lachen bei krankhafter Gesichtsverzerrung

**Sard|onyx** [griech.] *m. 1* ein Mineral, ein Onyx

**Sa|ri** [sanskr.] *m. 9* kunstvoll gewickeltes ind. Frauengewand

**Sar|kas|mus** [griech.] **1** *m. Gen. - nur Ez.* bitterer Spott; **2** *m. Gen. - Mz.*-men sarkast. Äußerung

**Sar|kom** [griech.] *s. 1*, **Sar|ko|ma** *s. Gen.*-s *Mz.*-mata bösartige Bindegewebsgeschwulst; **sar|ko|mal|tös** in der Art eines Sarkoms; **Sar|ko|phag** *m. 1* prunkvoller Sarg, Steinsarg

**Sa|rong** [mal.] *m. 9* bunter, gewickelter indones. Frauenrock

**Sar|raß** [poln.] *m. 1* Säbel mit schwerer Klinge

**Sar|sa|pa|ril|le** [span.] *w. 11* Sammelbez. für mehrere mittel- und südamerik. Stechwinden, aus deren Wurzeln ein blutreinigendes, schweiß- und harntreibendes Mittel gewonnen wird

**Sar|se|nett** [mlat.-engl.] *m. 1* dichter Futterstoff aus Baumwolle

**Sas|sa|fras** [indian.] *m. Gen. - Mz.* -, **Sas|sa|fras|baum** *m. 2* nordamerik. Baum, aus dessen Wurzel ein äther. Öl gewonnen wird

**Sas|sa|ni|de** *m. 11* Angehöriger eines persischen Herrschergeschlechts vom 3. bis ins 7. Jh.

**Sa|tan** [griech.] *m. 1* **1** Teufel, Widersacher

Gottes; **2** *übertr.:* boshafter, grausamer Mensch

**Sa|tel|lit** [lat.] *m.10* **1** einen Planeten umkreisender Himmels- oder künstl. Raumkörper, Trabant; **2** *abwertend:* ständiger Begleiter, ergebener Gefolgsmann, Trabant; **Sa|tel|li|ten|staat** *m.12* formal selbständiger, in Wirklichkeit aber von einer Großmacht abhängiger Staat; **Sa|tel|li|ten|stadt** *w.2* → Trabantenstadt

**Sa|tem|spra|chen** *w.11 Mz. früher Bez. für* die idg. Sprachen, die das Wort „hundert" nach iran. „satem" bilden; vgl. Kentumsprachen

**Sa|tin** [-tɛ̃, arab.-frz.] *m.9* atlasähnlicher Stoff; **Sa|ti|na|ge** [-ʒə] *w.11* Glättung (von Papier, Stoff); **Sa|ti|né|pa|pier** [-ne-] *s.1* Papier mit glänzender, glatter Oberfläche; **sa|ti|nie|ren** glätten (Stoff, Papier)

**Sa|ti|re** [lat.] *w.11* mit Ironie und scharfem Spott menschl. Schwächen und Laster geißelnde Dichtung; **Sa|ti|ri|ker** *m.5* **1** Satirendichter; **2** Spötter

**Sa|tis|fak|ti|on** [-tsjon, lat.] *w.10* Genugtuung (durch Ehrenerklärung oder Duell)

**Sa|trap** [pers.] *m.10 im alten Persien:* Provinzstatthalter; **Sa|tra|pie** *w.11* von einem Satrapen verwaltete Provinz

**Sa|tsu|ma** [jap.] *w.9* eine (meist kernlose) Mandarinenart

**Sa|tu|ra|ti|on** [-tsjon, lat.] *w.10* **1** *Chem.:* Sättigung, Neutralisation; **2** Verfahren bei der Zuckerproduktion; **sa|tu|rie|ren 1** *Chem.:* sättigen, neutralisieren; **2** jmdn. s.: jmds. Ansprüche befriedigen, jmdn. wirtschaftlich befriedigen

**Sa|tur|na|li|en** *Mz.* altröm. Fest zu Ehren des Saturn

**Sa|tyr** [griech.] *m. Gen.-s oder -n Mz.-n* **1** *griech. Myth.:* lüsterner Naturdämon im Gefolge des Dionysos, halb Bock, halb Mensch; **2** *übertr.:* geiler, grob sinnl. Mensch; **Sa|ty|ri|a|sis** *w. Gen.- nur Ez.* krankhaft übersteigerter Geschlechtstrieb (beim Mann); **Sa|tyr|spiel** *s.1* altgriech. Posse, bei der Satyrn den Chor bilden

**Sau|ce** [zoːsə, frz.] *w.11 frz. Schreibung von* Soße; **Sau|cie|re** [zosjɛrə] *w.11* Soßenschüssel; **sau|cie|ren** [zosi-] mit einer Soße behandeln (Tabak)

**Sau|na** [finn.] *w.9* Heißluftbad; **sau|nen** eine Sauna nehmen

**Sau|ri|er** [griech.] *m.5* **1** ausgestorbenes, meist riesenhaftes Reptil; **2** Vertreter der schuppentragenden Reptilien, Echse; **Sau|ro|lith** *m.10* versteinerter Saurier; **Saur|op|si|den** *m.11 Mz. Sammelbez. für* Kriechtiere und Vögel

**Sau|ter|nes** [sotern, nach der frz. Herkunftsort] *m. Gen.- Mz.-* ein frz. Weißwein

**Sau|ve|gar|de** [soːvgard, frz.] *w.11 früher:* Schutzwache, Schutzbrief

**Sal|van|ne** [indian.-span.] *w.11 in trop. Gebieten:* Grassteppe mit einzeln stehenden Bäumen oder Baumgruppen

**Sa|voir-vi|vre** [savoarvivrə, frz.] *s. Gen.-nur Ez.* kultivierte Lebensart

**Sa|xi|fra|ga** [lat.] *w. Gen.- Mz.-gen* Steinbrech

**Sa|xo|phon** [nach dem belg. Erfinder, A. Sax + griech.] *s.1* ein Metallblasinstrument

**sa|zer|do|tal** [lat.] priesterlich; **Sa|zer|do|ti|um** [-tsjum] *s. Gen.-s nur Ez.* Priesteramt, geistl. Gewalt des Papstes

**sb** *Abk. für* Stilb

**Sb** *chem. Zeichen für* Antimon (lat. stibium)

**Sbir|re** [ital.] *m.11 früher:* ital. Polizei-, Gerichtsdiener

**Sc** *chem. Zeichen für* Scandium

**sc.** *Abk. für* scilicet, sculpsit

**Sca|bi|es** *w. Gen. - nur Ez.* → Skabies

**Scam|pi** [ital.] *m. Mz., Ez.:* -po *ital. Bez. für* eine Krebsart

**Scan|di|um** [lat.] *s. Gen.-s nur Ez. (Zeichen:* Sc) chem. Element, ein Metall

**Sca|ra|mouche** [-muʃ, frz.] *m.9 frz. Bez. für* Skaramuz

**Scat** [skæt, engl.] *m. Gen.-s nur Ez. Jazz:* ein Gesangsstil, bei dem mit einzelnen Silben improvisiert wird

**Schab|bes** [jidd.] *m. Gen.- Mz. -* → Sabbat

**Scha|blo|ne** *w.11* **1** ausgeschnittene Vorlage, Muster; **2** *übertr.:* herkömml. übl. Form; **schab|lo|nie|ren, schab|lo|ni|sie|ren** nach einer Schablone gestalten

**Scha|bra|cke** (-brak|ke) [türk.] *w.11 früher:* lange, verzierte Decke unter dem Sattel; **2** *abwertend:* altes Pferd; **3** *ugs. abwertend:* abgenutzter Gegenstand; **Schab|racken|hyä|ne** *w.11* eine südafrik. Hyänenart

**Schach** [pers.] **1** altes, urspr. oriental. Brettspiel für zwei Personen; **2** Warnruf an den König (in diesem Spiel)

**Scha|cher** [jidd.] *m.5 nur Ez.* **1** Handel mit vielem Feilschen; **2** gewinnsüchtiges Geschäftemachen

**Schaf|i|it** *m.10* Angehöriger einer mohammedan. Rechtsschule

**Scha|fott** [ndrl.] *s.1* erhöhte Hinrichtungsstätte, Blutgerüst

**Schah** [pers. „König"] *m.9 in Iran Titel für* Herrscher; **Schah|in|schah** [„König der Könige"] *m.9* offizieller Titel des Herrschers in Iran

**Schakal** [sanskr.-türk.] *m.1* ein Wildhund

**schä|kern** [jidd.] neckischen Spaß treiben (mit dem andern Geschlecht), kokett scherzen

**Schal** [engl.] *m.9 oder m.1* **1** langes, schmales Halstuch; **2** jeder der beiden langen, rechts und links des Fensters herabhängenden Teile der Übergardine

**Schallom!** [hebr.] Friede! (hebräisches Grußwort)

**Schal|lot|te** [frz.] *w. 11* eine Lauchart, kleine Zwiebel

**Schal|lup|pe** [frz.] *w. 11* **1** größeres Beiboot; **2** Küstenfahrzeug

**Schal|mai|de** [frz.] *w. 11* *früher:* Signal zum Zeichen der Ergebung; *S.* schlagen *übertr.:* klein beigeben

**Schal|mai|ne** [sanskr.-tungus.] *m. 11 bei Naturvölkern:* Zauberpriester; **Schal|mai|nis|mus** *m. Gen. - nur Ez. bei Naturvölkern:* Glaube an die Fähigkeit mancher Menschen, Geister zu beschwören

**Schal|mi|sen** *w. Gen. - Mz. -* → Samisen

**Schal|mot|te** [ital.] *w. 11 nur Ez.* feuerfester Ton (bes. für Öfen); **schal|mot|tie|ren** mit Schamottesteinen auskleiden

**Scham|pun** [Hindi-engl.] *s. 1 nur Ez.* Haarwaschmittel; **scham|pu|nie|ren** mit Schampun waschen

**Scham|pus** *m. Gen. - nur Ez. ugs. scherzh.:* Champagner

**schang|hai|en** [auch: -hai-, nach der chines. Stadt Schanghai] gewaltsam anheuern (Matrosen)

**Schan|ker** [frz.] *m. 5* **1** harter S.: Primäraffekt der Syphilis; **2** weicher S.: infektiöses Geschwür am Geschlechtsteil

**Schan|tung|sei|de** [nach der chines. Provinz] *w. 11* Seide mit ungleichmäßig starken Fäden

**Schap|lup** [frz.] *w. 11* Abfallseide

**Scha|ra|de** [frz.] *w. 11* **1** Silbenrätsel; **2** lebendes Bild, dargestellte kurze Szene, deren Inhalt erraten werden muß

**Schä|re** [schwed.] *w. 11 meist Mz.* kleine Felseninsel vor der finn. und skandinav. Küste

**Scha|ria** *w. Gen. - nur Ez.* → Scheria

**Schar|lach** [pers.-mlat.] *m. 1* **1** leuchtendes Rot, Scharlachfarbe; **2** *nur Ez.* eine Infektionskrankheit

**Schar|la|tan** [ital.] *m. 1* jmd., der von seinem Fach nichts versteht, *bes.:* Kurpfuscher, Quacksalber; **Schar|la|ta|ne|rie** *w. 11* Vorgehen, Verhalten eines Scharlatans

**Scharm** *m. Gen. -s nur Ez. eindeutschend für* Charme; **schar|mant** *eindeutschend für* charmant; **schar|mie|ren** *veraltet:* (durch Scharm) bezaubern, entzücken

**Schar|müt|zel** [ital.] *s. 5* kleines Gefecht, militärische Plänkelei; **schar|mut|zie|ren** *veraltet:* schöntun, liebeln

**Schar|nier** [frz.] *s. 1* Drehgelenk (an Türen)

**Schär|pe** [frz.] *w. 11* breites, um die Taille oder schräg über Schulter und Brust getragenes Band

**Schar|pie** [frz.] *w. 11 früher:* zerzupfte Leinwand (anstelle von Watte)

**schar|rie|ren** [frz.] Stein s.: parallele Rillen in Stein schlagen

**Schar|wen|zel** [tschech.] *m. 5* **1** *Kartenspiel:* Wenzel, Unter, Bube; **2** *übertr.:* jmd., der scharwenzelt, Liebediener; **schar|wen|zeln** liebedienern, übertrieben diensteifrig sein

**Scha|schlik** [russ.] *s. 9* am Spieß gebratene Fleisch-, Speck- und Zwiebelstückchen

**schas|sen** [frz.] *ugs.:* schimpflich entlassen, (aus der Schule, Stellung) hinauswerfen

**Schal|tul|le** [mlat.] *w. 11* **1** *früher:* Privatkasse eines Fürsten; **2** Geld-, Schmuckkasten

**Schech** *m. 1* Nebenform von Scheich

**Scheck** [engl.] *m. 9, auch: m. 1* eine Zahlungsanweisung an Bank oder Post

**Sched|bau** [engl.] *m. Gen. -(e)s Mz. -bau|ten* einstöckige Halle mit Scheddach; **Sched-dach** *s. 4* Sägedach

**Scheich** [arab.] *m. 1 oder m. 9* **1** *im Vorderen Orient* Titel für Häuptling eines Beduinenstammes; Dorfältester, Ortsvorsteher; mohammedan. Prediger; **2** *ugs.:* unangenehmer Kerl; **Scheik** *m. 9* → Scheich (**1**)

**Schei|kel** *m. 5* → Sekel

**Schelf** [engl.] *m. 1 oder s. 1* der vom Meer bedeckte Rand eines Kontinents, Festlandssockel, Kontinentalsockel

**Schell|lack** [ndrl.] *m. 1* harzige Ausscheidung von Schildläusen, für Lacke u. a. verwendet

**Sche|ma** [griech.] *s. 9, Mz. auch:-mata* **1** vereinfachte zeichner. Darstellung; **2** Muster, Vorbild; **3** vorgeschriebenes Vorgehen, Verfahren; nach Schema F *ugs.:* immer auf dieselbe, übliche Art; **sche|ma|tisch** in der Art eines Schemas, vereinfacht; **sche|ma|ti|sie|ren** in ein Schema bringen; **Sche|ma|tis|mus** *1 m. Gen. - nur Ez.* allzu schematische, vereinfachte Behandlung oder Betrachtung; **2** *Mz.* -men Rangliste von Amtspersonen

**Schen, Scheng** *s. Gen. -(s) Mz. -* chin. Mundorgel

**Scher|bett** *m. 9* → Sorbet

**Sche|ria** [arab.] *w. Gen. - nur Ez.* das im Koran niedergelegte Rechtssystem des Islams

**Sche|rif** [arab.] *m. 1 oder m. 10* Titel der Nachkommen Mohammeds; **Sche|riff** *m. 9* → Sheriff

**scher|zan|do** [skɛr-, ital.] *Mus.:* scherzend; **Scher|zo** [skɛr-] *s. 9, Mz. auch:* -zi **1** kurzes, heiteres Musikstück, Scherzstück; **2** Satz der Sonate

**Schi** [norw.] *m. Gen. -s Mz.* Schi|er, *bayr., österr. Mz. auch:* - am Stiefel zu befestigendes, langes, schmales Brett zur Fortbewegung auf Schnee, auch als Sportgerät, Schneeschuh

**Schi'a** [arab.] *w. Gen. - nur Ez.* eine der beiden Hauptrichtungen des Islams, die Partei Alis, des Schwiegersohns Mohammeds, und seiner Nachkommen; vgl. Schiit

**Schi|bob** *m. 9* lenkbarer Schlitten mit nur einer Kufe und sattelähnl. Sitz, der Fahrer hat kurze Schier an den Füßen

**schick** [frz.] **1** modisch, elegant; **2** *ugs. auch:* sehr schön, sehr gut, erfreulich, großartig; **Schick** *m. Gen. -s nur Ez.* **1** Eleganz, modische Feinheit; **2** *schweiz.:* vorteilhafter Handel; Glück, guter Fund; **Schicke|ria** (-k|k-)

*w. Gen. - nur Ez.* reiche Gesellschaftsschicht mit extravagantem Lebensstil

**Schick|se** [jidd.] *w.11* **1** *urspr.:* nichtjüd. Mädchen; **2** *heute:* unangenehme weibl. Person

**Schi|er** *Mz.* von Schi

**Schi|fi|nish** [-niʃ] *s.9* preiswerte Möglichkeit für Sportler zu Saisonende, Schi zu fahren

**schif|ten** [engl.] **1** ein Segel vor dem Wind auf die andere Seite bringen; **2** die Lage wechseln; **3** verrutschen (Ladung); **4** zusammennageln (Dachsparren); **Schif|ter** *m.5* Dachsparren

**Schi|is|mus** [arab.] *m. Gen. - nur Ez.* Lehre der Schi'a; **Schi|it** *m.10* Anhänger der Schi'a; vgl. Sunnit

**Schi|ka|ne** [frz.] *w.11* **1** absichtlich bereitete Schwierigkeit; **2** *ugs.:* Kniff, Feinheit; **schi|ka|nie|ren** jmdn. s.: jmdm. absichtlich Schwierigkeiten bereiten; **schi|ka|nös** *ugs.:* böswillig, Schikanen bereitend

**Schi|kjö|ring** [-jø:-, norw.] *s.9* Schifahren, indem man sich von Pferden, Pferdeschlitten oder Motorfahrzeug ziehen läßt

**Schi|lift** *m.1* Seilbahn, mit der Schiläufer bergauf befördert werden

**Schi|mä|re** [griech.] *w.11* Trugbild, Hirngespinst; vgl. Chimära; **schi|mä|risch** trügerisch

**Schim|pan|se** [afrik.] *m.11* Vertreter einer Gattung von Menschenaffen

**Schi|na|kel** [ung.] *s.5 österr.:* kleines Boot

**Schin|to|is|mus** [jap.] *m. Gen. - nur Ez.* die urspr. Religion der Japaner, Glaube an Naturgottheiten, verbunden mit Ahnenkult

**Schi|ras** [nach der iran. Stadt] *m. Gen. - Mz. -* ein pers. geknüpfter Teppich

**Schi|rok|ko** [ital.] *m.9* warmer, oft stürmischer Wind in den Mittelmeerländern

**Schir|ting** [engl.] *m.1 oder m.9* ein starkes Baumwollgewebe für Möbelbezüge und Bucheinbände

**Schir|wan** [nach der Landschaft im Kaukasus] *m.9* Teppich mit geometr. Muster

**Schis|ma** [auch: scis-, griech.] *s. Gen.-s Mz.* -men Kirchenspaltung; **Schis|ma|ti|ker** *m.5* jmd., der ein Schisma verursacht, jmd., der von der kirchl. Lehre abweicht, Abtrünniger

**schi|zo|gen** [griech.] *Biol.:* durch Spaltung entstanden; **Schi|zo|go|nie** *w.11* Form der ungeschlechtl. Fortpflanzung, wobei durch Zellteilung eine Vielzahl von Zellen entsteht; **schi|zo|id** seelisch gespalten; **schi|zo|phren 1** an Schizophrenie leidend; **2** *übertr.:* spaltsinnig, widersprüchlich im Denken und Handeln; **Schi|zo|phre|nie** *w.11 nur Ez.* Gruppe von Geisteskrankheiten mit gestörtem Zusammenhang zwischen Wollen, Denken und Fühlen, Spaltungsirresein; **Schi|zo|phyt** *m.10* Spaltpflanze; **schi|zo|thym** zur Absonderung neigend, in sich gekehrt (Person, Charakter)

**Schlach|ta** [poln.] *w. Gen. - nur Ez. früher:* der poln. Adel; **Schlach|tschitz** *m.10* Angehöriger der Schlachta

**Schla|mas|sel** [jidd.] *m.5 oder s.5* ärgerliche, verfahrene Angelegenheit

**Schle|mihl** [hebr.] *m.1 ugs.:* vom Pech verfolgter Mensch, Pechvogel, Unglücksrabe

**schlemm** [engl.] *Bridge, Whist, in der Wendung* schlemm machen: alle Stiche bekommen

**Schlup** [engl.] *w.9 oder w.10* kleines, kutterartiges Boot, *auch:* Polizeiboot

**Schmalt** [ital.] *m.1* → Email; **Schmal|te** *w.11* Kobaltschmelzmasse zum Blaufärben von Glasuren

**Schmet|ten** [tschech.] *m.7 nur Ez. österr., schles.:* Sahne, Rahm

**Schmie|re** [jidd.] *nur in der Wendung:* Schmiere stehen: Wache stehen (bei Streichen und Verbrechen)

**Schmock** [slowen., nach einer Gestalt aus G. Freytags „Journalisten"] *m.9 oder m.1* gesinnungsloser Journalist

**schmol|lis!** [lat.] *Stud.:* Zuruf beim Brüderschafttrinken; mit jmdm. Schmollis trinken; vgl. fiduzit

**Schmon|zes** [jidd.] *m. Gen. - nur Ez.* dummes Gerede

**Schmu** [hebr.] *m. Gen.-s nur Ez. ugs.:* leichter Betrug (bes. beim Spiel); Schmu machen

**Schmug|gel** [engl.] *m.5 nur Ez.* ungesetzliches Aus- und Einführen von Waren, Schleichhandel; **schmug|geln** ungesetzlich aus- oder einführen; **Schmugg|ler** jmd., der Schmuggel betreibt

**Schmus** [hebr.] *m.1 nur Ez. ugs.:* schmeichlerisches, übertrieben liebenswürdiges Gerede; **schmu|sen** *ugs.:* zärtlich sein; mit jmdm. s.

**Schock** [engl.] *m.9* plötzl. Nervenerschütterung; **schockant** (schok|kant) anstößig, schockierend; **schocken** (schok|ken) jmdn. s.: **1** jmdm. einen Schock versetzen; geschockt sein: einen Schock erlitten haben; **2** mit künstlich hervorgerufenem Schock behandeln; **Schocker** (Schok|ker) *m.5* schockierender Film oder Roman, *auch:* Gruselfilm; **schockie|ren** (schok|kie-) jmdn. s.: jmds. Gefühl für Anstand und gute Sitte, für gutes Benehmen schwer verletzen; **schocking** (schok|king) *eindeutschende Schreibung von* shocking

**Scho|far** [hebr.] *m. Gen. -(s) Mz. -fa|roth im jüd. Kult:* Widderhorn, das am Neujahrstag geblasen wird

**scho|fel** [jidd.] schäbig, geizig; erbärmlich; **Scho|fel** *m.5 ugs.:* schlechte Ware

**Schof|för** [frz.] *m.1 eindeutschende Schreibung von* Chauffeur

**Scho|gun** *m.1* → Shogun

**Scho|ko|la|de** [aztek.] *w.11* Nahrungs- und Genußmittel, auch Getränk aus Kakao, Milch und Zucker

**Scho|lar** [mlat.] *m.10 MA:* fahrender Schü-

ler, fahrender Student; **Schol|arch** [lat.
+ griech.] *m.10 MA:* Vorsteher, Aufseher
an einer Klosterschule; **Schol|a|stik** *w.10 nur
Ez.* **1** die auf den antiken Philosophie beru-
hende christl. Philosophie und Wissenschaft
des MA; **2** *auch übertr.:* engstirnige Schul-
weisheit; **Schol|a|sti|ker** *m.5* **1** Vertreter der
Scholastik; **2** *bes. bei den Jesuiten:* junger
Ordensgeistlicher während des Studiums;
**3** *übertr.:* Buchstabengelehrter; **Schol|a|sti-
zis|mus** *m. Gen. - nur Ez.* **1** Überbewertung
der Scholastik; **2** *übertr.:* Haarspalterei,
Spitzfindigkeit
**Schol|i|ast** [griech.] *m.10* Verfasser von
Scholien; **Schol|ie** [-ljə] *w.11,* **Schol|i|on**
*s. Gen.-s Mz.*-li·en erklärende Randbemer-
kung in antiken Literaturwerken
**Scho|ner** [engl.] *m.5* mehrmastiges Segel-
schiff
**Scho|se** [frz.] *w.11 ugs.:* Sache, Angelegen-
heit
**Schott** [arab.] *m. Gen.-s Mz.*-s Salzwüste in
Nordafrika
**schraf|fie|ren** [ital.] dicht mit feinen, paralle-
len Strichen ausfüllen (Fläche); **Schraf|fur**
*w.10* schraffierte Fläche
**Schrap|nell** [nach dem engl. Offizier H.
Shrapnel] *s.1 oder s.9* mit Kugeln gefülltes
Geschoß, das kurz vor dem Ziel zerspringt
**Schred|der** *m.5, eindeutschende Schreibung
von* Shredder
**schrin|ken** [engl.] Gewebe s.: feucht machen,
um das Einlaufen zu verhindern
**Schu|bi|ack** [ndrl.] *m.1 oder m.9 norddt.*
**1** Bettler; **2** Lump, Gauner
**Schwa|dron** [ital.] *w.10* Einheit der Kavalle-
rie; **Schwa|dro|na|de** *w.11* prahler. Gerede,
lauter Wortschwall; **Schwa|dro|neur** [-nør]
*m.1* jmd., der viel schwadroniert; **schwa|dro-
nie|ren** prahlerisch oder aufdringlich reden
**Schwer|ath|le|tik** *w.10 nur Ez. Sammelbez.
für* Boxen, Ringen, Judo, Gewichtheben
**schwo|ien** [ndrl.], **schwo|jen** *Seew.:* sich vor
Anker drehen (Schiff)
**Sci|ence Fic|tion, Sci|ence-fic|tion** [saiəns-
fik∫ən, engl.] *w. Gen. - - Mz. - -s* phantasievol-
le, utop. Schilderungen auf naturwissen-
schaftlich-techn. Grundlage
**scil.** *Abk. für* scilicet; **sci|li|cet** [stsi-, lat.]
(*Abk.:* sc., scil.) nämlich
**Scor|da|tu|ra** *w. Gen. - Mz.*-ren → Skordatur
**Score** [skɔ:r, engl.] *s.9* **1** *Sport:* Punktzahl,
Spielstand; **2** *Psych.:* in Zahlen ausgedrückte
Leistung (im Experiment oder Test)
**Scotch|ter|ri|er** [skɔt∫-] *m.5* schwarzer, sehr
kurzbeiniger schott. Terrier
**Scrabble** [skræbl, engl.] *s. Gen.-s Mz. -* Ge-
sellschaftsspiel, bei dem Buchstaben zu Wör-
tern zusammengesetzt werden müssen
**Scribble** [skrıbl, engl.] *m.9* erster Entwurf
**Scrip** [engl.] *m.9* **1** Gutschein über nicht ge-
zahlte Zinsen; **2** *in England und den USA:*

Zwischenschein für neu auszugebende
Aktien
**Script|girl** [-gə:l, engl.] *s.9* Sekretärin des
Regisseurs bei Filmaufnahmen
**Scu|do** [ital.] *m. Gen.-s Mz.*-di alte ital.
Münze
**sculps.** *Abk. für* sculpsit; **sculp|sit** [lat. „hat
(es) gestochen"] (*Abk.:* sc., sculps.) Vermerk
auf Kupfer- oder Stahlstichen hinter dem
Namen des Künstlers
**Scyl|la** [stsyl-] *w. Gen. - nur Ez.* **1** antiker
Name für eine gefährl. Felsklippe gegenüber
der Charybdis, einem Felsenschlund und
Meeresstrudel, in der Straße von Messina;
**2** *griech. Myth.:* Seeungeheuer auf dieser
Klippe, das die Vorüberfahrenden ver-
schlingt; zwischen Scylla und Charybdis
*übertr.:* zwischen zwei Gefahren oder
Zwangslagen
**s. e.** *Abk. für* salvo errore
**Se** *chem. Zeichen für* Selen
**Seal** [sil, engl.] *m.9* Fell des Seebären;
**Seal|skin** [sil-] *m.9 oder s.9* **1** Fell der Bären-
robbe; **2** Plüschgewebe, Nachahmung des
Seals
**Sé|ance** [seãs, frz.] *w.11* spiritist. Sitzung
**SEATO** *Kurzw. für* South-East Asia Treaty
Organization (Südostasien-Verteidigungs-
pakt)
**Sel|bor|rhö** [lat. + griech.] *w.10,* **Se|bor|rhoe**
[-rø] *w.11* übermäßige Absonderung der
Talgdrüsen der Haut, Schmerfluß
**sec 1** *Abk. für* Sekans; **2** *Astron. Abk. für*
Sekunde; **3** [sεk, frz.] herb, trocken (Wein,
Sekt)
**s. e. c.** *Abk. für* salvo errore calculi
**Sec|co|ma|le|rei** *w.10* Malerei auf trockenem
Putz; vgl. al secco
**Se|cen|tis|mus** [-t∫εn-, ital.] *m. Gen. - nur Ez.*
der überladene Stil der ital. Barockdichtung
des 17. Jh.; **Se|cen|tist** *m.10* Vertreter des Se-
centismus sowie des Secento; **Se|cen|to**
[-t∫εn-, ital. „sechshundert" (nach 1000)]
*s. Gen. -(s) nur Ez.* die künstler. Stilepoche
des 17. Jh. in Italien
**Se|cond-hand-Ge|schäft** [sεkəndhænd-, engl.]
*s.1* Geschäft mit Waren aus zweiter Hand,
mit gebrauchten Waren
**Se|con|do** [ital.] *s.9* beim vierhändigen Kla-
vierspiel: zweite Stimme; *Ggs.:* Primo
**Se|cret Ser|vice** [sikrit səvis] *m. Gen. - - nur
Ez.* der brit. Geheimdienst
**se|da|tiv** [lat.] beruhigend, einschläfernd; **Se-
da|tiv** *s.1,* **Se|da|ti|vum** *s. Gen.-s Mz.*-va be-
ruhigungsmittel
**Se|dez** [lat.] *s.1 (Zeichen:* 16°), **Se|dez|for-
mat** *s.1* altes Buchformat in der Größe eines
Sechzehntelbogens
**se|die|ren** mit einem Sedativum behandeln,
beruhigen
**Se|di|ment** [lat.] *s.1* **1** Ablagerung, Absatz-,
Schichtgestein; **2** *Chem.:* Bodensatz; **se|di-**

men|tär durch Ablagerungen entstanden; Se|di|men|ta|ti|on [-tsjon] w. 10 Sedimentbildung, Vorgang des Ablagerns
Se|dis|va|kanz [lat.] w. 10 Zeitraum, während dessen der päpstl. oder ein bischöfl. Stuhl nicht besetzt ist
Se|dum [lat.] s. Gen.-s Mz.-da Dickblattgewächs
s. e. e. o. Abk. für salvo errore et omissione
s. e. et o. → s. e. e. o.
Seg|ment [lat.] s.1 Abschnitt, Glied; seg|men|tal in der Form eines Segments; seg|men|tär aus Segmenten (bestehend); Seg|men|ta|ti|on [-tsjon] w. 10 1 Aufgliederung des Marktes in Marktsegmente, z. B. nach Käufergruppen oder Absatzräumen; 2 Meinungsforschung: Aufgliederung der zu befragenden Personen; Seg|ment|bo|gen m. 7 Baukunst: Flachbogen
Se|gno [senjo, ital.] s.9, Mz. auch: -gni (Abk.: S) Mus.: Zeichen; da capo al segno: nochmals bis zum Zeichen (zu spielen, zu singen); da capo dal segno: nochmals vom Zeichen an (zu spielen, zu singen)
Se|gre|gat [lat.] s.1 veraltet: Ausgeschiedenes; Se|gre|ga|ti|on [-tsjon] w. 10 1 veraltet: Ausscheidung; 2 amerik. Bez. für Absonderung (von andersgearteten Minderheiten der Bevölkerung)
Se|gui|dil|la [segidilja, span.] w. Gen.- nur Ez. ein span. Tanz
Sei|cen|to [seitsento, ital.] s. Gen.-(s) nur Ez. → Secento
Seiches [sef, frz.] w.9 Mz. Schwankungen des Wasserspiegels in Binnenseen
Sei|gneur [senjœr, frz.] m.9 1 im alten Frankreich: Lehnsherr; 2 heute: vornehmer, weltgewandter Herr
Sei|sing [ndrl.] s.1 Seew.: kurzes Tau
Seis|mik [griech.] w. 10 nur Ez. Lehre von den Erdbeben; seis|misch Erdbeben betreffend, auf Erdbeben beruhend; Seis|mo|gramm s.1 Aufzeichnung eines Erdbebens; Seis|mo|graph m. 10 Gerät zum Aufzeichnen von Erdbeben; Seis|mo|lo|gie w. 11 nur Ez. → Seismik; Seis|mo|me|ter s.5 Gerät zum Messen der Erdbebenstärke
Sejm [sejm, saim, poln.] m.1 1 im Königreich Polen: Reichstag; 2 heute: poln. Volksvertretung
sek., Sek. Abk. für Sekunde
Se|kans [lat.] m. Gen.- Mz.-kan|ten (Abk.: sec) eine Winkelfunktion, Verhältnis der Hypotenuse zur Ankathete; Se|kan|te w. 11 Gerade, die eine Kurve schneidet
Se|kel m.5 alte hebr., phöniz. und babylon. Gewichts- und Währungseinheit, etwa 15 g
sek|kant [ital.] veraltet, noch österr.: lästig, zudringlich; sek|kie|ren veraltet, noch österr.: belästigen
Sek|ko|ma|le|rei w. 10 → Seccomalerei
Se|kond w. 10 Fechten: eine bestimmte Hal-

tung der Klinge; Se|kon|de|leut|nant [-kö-, frz.] m. 9 veraltet: Unterleutnant
se|kret [lat.] veraltet: geheim, abgesondert; Se|kret s.1 1 Ausscheidung, nach außen abgesonderte Flüssigkeit, z. B. von Drüsen; Ggs.: Inkret; 2 kath. Kirche; stilles Gebet des Priesters während der Messe; Se|kre|tar m.1 Geschäftsführer (einer gelehrten Körperschaft); Se|kre|tär m.1 1 kaufmänn. Angestellter, der die Korrespondenz führt u. a.; 2 Dienstbez. für bestimmte Beamte; 3 hoher Funktionär einer Partei; 4 Schreibschrank; 5 ein afrik. Raubvogel; Se|kre|ta|ri|at s.1 Dienststelle eines Sekretärs; Se|kre|ta|ri|us m. Gen.- Mz.-rii veraltet für Sekretär (1, 2); se|kre|tie|ren 1 absondern; 2 geheimhalten, verschließen; Se|kre|ti|on [-tsjon] w. 10 Absonderung von Sekret; vgl. Inkretion; se|kre|to|risch auf Sekretion beruhend; Ggs.: inkretorisch
Sekt [ital.] m.1 Schaumwein
Sek|te [lat.] w. 11 kleinere relig. Gemeinschaft, die sich von einer größeren Glaubensgemeinschaft gelöst hat und meist von dieser abgelehnt wird; Sek|tie|rer m.5 1 Angehöriger einer Sekte; 2 polit. Eigenbrötler
Sek|ti|on [-tsjon, lat.] w. 10 1 Abteilung, Gruppe; 2 Streckenabschnitt (einer Schipiste); 3 Med. Leichenöffnung; Sek|ti|ons|chef [-fef] m.9 Leiter einer Sektion (1)
Sek|tor [lat.] m.13 1 Sachgebiet; 2 Abschnitt, Gebietsteil; 3 nach 1945: jedes der vier Besatzungsgebiete in Berlin; 4 Math.: Ausschnitt (eines Kreises, einer Kugel)
Se|kun|da [lat.] w. Gen.- Mz.-den sechste (Untersekunda) und siebente Klasse (Obersekunda) des Gymnasiums; Se|kun|dak|kord m.1 Mus.: dritte Umkehrung des Dominantseptimenakkords; Se|kun|da|ner m.5 Schüler der Sekunda; Se|kun|dant m.10 1 Betreuer, Beistand (beim Duell, Boxkampf); 2 auch allg.: Helfer, Beschützer; se|kun|där 1 zweitrangig, in zweiter Linie in Betracht kommend; 2 nachträglich hinzugekommen; Ggs.: primär; Se|kun|där|arzt m.2 österr.: Krankenhausarzt ohne eigene Abteilung; Se|kun|där|emis|si|on w. 11 nach Zwischenprozessen auftretende Aussendung von Teilchen (z. B. Elektronen); Se|kun|där|in|fek|ti|on [-tsjo:n] w. 10 zweite Infektion (mit anderen Erregern) eines bereits befallenen Organismus; Se|kun|där|leh|rer m.5 schweiz.: Lehrer an einer Sekundarschule; Se|kun|där|li|te|ra|tur w. 10 nur Ez. Literatur über Werke der Dichtkunst, im Unterschied zur Primärliteratur; Se|kun|där|schu|le w. 11 schweiz.: höhere Volksschule; Se|kun|där|strom m.2 elektr. Strom in der Sekundärwicklung; Se|kun|där|wick|lung w. 10 Wicklung eines Transformators, an der die transformierte Spannung abgenommen werden kann; Se|kun|da|wech|sel m.5 zweite Ausfertigung eines Wechsels; Se-

**kun|de** *w.11* **1** (*Abk.:* s, sec, sek, Sek., *Astron.:* ⁵) 60. Teil einer Minute; **2** (*Zeichen:* ") 60. Teil einer (Winkel-)Altminute, Altsekunde; **3** (*Zeichen:* ") der 100. Teil einer (Winkel-)Neuminute, Neusekunde; **4** *Mus.:* zweite Stufe der diaton. Tonleiter; Intervall von zwei Tönen; **5** *Buchw.:* Signatur auf der dritten Seite eines Druckbogens; vgl. Prime (3); **se|kun|die|ren** jmdm. s. **1** jmdm. beistehen, jmdn. betreuen (im Duell, Boxkampf); **2** jmdm. helfen, jmdn. schützen; **Se|kun|do|ge|ni|tur** *w.10* Besitzrecht des zweiten Sohnes (eines Herrscherhauses) und seiner Nachkommen; vgl. Primogenitur **Se|ku|rit** [lat.-engl.] *s. Gen.-s nur Ez.* Ⓦ nicht splitterndes Sicherheitsglas **se|la!** [hebr.] *ugs.:* abgemacht!; in Ordnung!, Schluß!; **Se|la** *s.9 in den Psalmen des AT:* Musikzeichen **sel|la|don** [-dɔ̃, nach der Kleiderfarbe des → Seladon] *unflektierbar:* zartgrün; **Se|la|don** [-dɔ̃, nach dem Helden eines frz. Schäferromans] **1** *m.9 veraltet:* schmachtender Liebhaber; **2** *s.9* altes chin. Porzellan mit grüner Glasur **Se|lam** → Salam; **Se|lam|lik** *m.9, im Wohnhaus der Mohammedaner:* Empfangsraum **Sel|dschu|ke** *m.11* Angehöriger eines türk. Herrschergeschlechts **se|lek|tie|ren** [lat.] auswählen (bes. zur Zucht); **Se|lek|ti|on** [-tsjon] *w.10* Auswahl, Auslese, Zuchtwahl; **se|lek|tio|nie|ren** [-tsjo-] *schweiz.* → selektieren; **Se|lek|ti|ons|theo|rie** *w.11 nur Ez.* Theorie von der natürl. Zuchtwahl im Laufe der Stammesgeschichte; **se|lek|tiv 1** auswählend; **2** trennscharf (Rundfunkempfänger); **Se|lek|ti|vi|tät** *w.10 nur Ez.* Trennschärfe **Se|len** [griech.] *s.1 nur Ez.* (*Zeichen:* Se) chem. Element; **Se|le|nat** *s.1* Salz der Selensäure; **Se|le|nit** *s.1* Salz der selenigen Säure; **Se|le|no|gra|phie** *w.11 nur Ez.* Beschreibung der physikal. und topograph. Beschaffenheit des Mondes; **Se|le|no|lo|gie** *w.11 nur Ez.* Wissenschaft vom Mond; **Se|len|zel|le** *w.11* ein Photoelement mit Selensperrschicht **Se|leu|ki|de, Se|leu|zi|de** *m.11* Angehöriger eines syrischen Herrschergeschlechts mazedon. Abstammung **Self...** [engl.] *in Zus.:* Selbst... **Self|ak|tor** [-æktər] *m.9* automat. Spinnmaschine; **Self|ap|peal** [-əpi:l] *m.9 nur Ez.* Werbewirkung, die eine Ware durch sich selbst ausübt; **Self|de|mand** [-dima:nd] *s. Gen.-s nur Ez.* Regelung des tägl. Rhythmus der Nahrungsaufnahme durch den Säugling selbst je nach seinem Bedürfnis; **Self|made|man** [-meidmæn] *m. Gen.-s Mz.-men [-mən]* jmd., der sich aus eigener Kraft hochgearbeitet hat; **Self|pa|cing** [-peisiŋ] *s. Gen.-s nur Ez., beim Lernen im Sprachlabor:* Regelung des Arbeitstempos durch den Schüler selbst

**Sel|le|rie** [griech.], *österr.:* [-ri] *m.9, österr.: w.11* eine Gemüsepflanze **Se|man|tik** [griech.] *w.10 nur Ez.* **1** Lehre von der Bedeutung der Wörter, Silben usw. und ihrer Wandlungen; **2** Lehre von den in einer Wissenschaft verwendeten Zeichen und Symbolen **Se|ma|phor** [griech.] *s.1 oder m.1* Signalmast mit schwenkbaren Armen **Se|ma|sio|lo|gie** [griech.] *w.11 nur Ez.* ältere *Bez. für* Semantik (1); **Se|meio|gra|phie** *w.11* **1** Lehre von den musikal. Zeichen; **2** Zeichen-, Notenschrift; **Se|mem** *s.1* Bedeutung eines Morphems **Se|men** [lat.] *s. Gen.-s Mz.*-mi|na Samen (von Pflanzen), Samenkorn **Se|me|ster** [lat.] *s.5* **1** Studienhalbjahr; **2** *ugs. übertr.:* Student eines bestimmten S.; er ist schon ein älteres, höheres S. **Se|mi|fi|na|le** *s.5 Sport:* Vorschlußrunde; **Se|mi|ko|lon** *s.9, Mz. auch:* -la (*Zeichen:* ;) Strichpunkt; **se|mi|lu|nar** halbmondförmig **Se|mi|na** *Mz. von* Semen **Se|mi|nar** [lat.] *s.1, österr. Mz. auch:* -ri|en **1** Übungskurs an Hochschulen; **2** Hochschulinstitut; **3** Ausbildungsanstalt (für Geistliche, Lehrer u. a.); **Se|mi|na|rist** *m.10* Angehöriger eines Seminars (3) **Se|mio|lo|gie** [griech.] *w.11 nur Ez.* → Semiotik (1); **Se|mio|tik** *w.10 nur Ez.* **1** *Med.:* Lehre von den Krankheitserscheinungen, Semiologie, Symptomatologie; **2** *Sprachw.:* Lehre von den Zeichen (Verkehrszeichen, Formeln usw.) **se|mi|per|mea|bel** [lat.] halbdurchlässig **Se|mit** [nach Sem, einem Sohn Noahs] *m.10* Angehöriger einer vorderasiat. und nordafrikan. Völkergruppe; **Se|mi|ti|stik** *w.10 nur Ez.* Wissenschaft von den semit. Sprachen und Literaturen **Sem|per ali|quid hae|ret** [lat.] Etwas bleibt immer hängen (von bösem Gerede); **sem|per idem** immer dasselbe **Sem|stwo** [russ.] *m.9, 1864 bis 1917:* russ. Selbstverwaltungsverband **Sen** [jap., chin.] *m. oder s. Gen.- Mz.-* **1** jap. Währungseinheit, ¹/₁₀₀ Yen; **2** indones. Währungseinheit, ¹/₁₀₀ Rupiah **sen.** *Abk. für* senior **Se|nat** [lat.] *m.11 im alten Rom:* Rat der Ältesten, oberste Regierungsbehörde; **2** *in verschiedenen Staaten:* erste Kammer des Parlaments; **3** *in Hamburg, Bremen und Westberlin Bez. für die Regierung;* **4** *an Hochschulen:* Selbstverwaltungsbehörde; **5** *an dt. höheren Gerichten:* Richterkollegium, z. B. Strafsenat; **Se|na|tor** *m.13* Mitglied des Senats; **Se|na|tus Po|pu|lus|que Ro|ma|nus** (*Abk.:* SPQR, S. P. Q. R.) Senat und Volk von Rom **Se|nes|zenz** [lat.] *w.10 nur Ez.* das Altern, Altwerden

**Se|nhor** [sɛnjor, port.] *m. Gen.* -s *Mz.* -res
Herr *(port. Anrede, alleinstehend und vor
dem Namen);* **Se|nho|ra** [sɛnjora] *w. 9* Frau,
Dame *(port. Anrede, alleinstehend und vor
dem Namen);* **Se|nho|rita** [sɛnjo-] *w. 9* Fräu-
lein *(port. Anrede, alleinstehend und vor dem
Namen)*
**se|nil** [lat.] greisenhaft, altersschwach; *Ggs.:*
juvenil; **Se|ni|li|tät** *w. 10 nur Ez.* Greisenhaf-
tigkeit, Altersschwäche; **se|ni|or** *(Abk.:* sen.)
älter, der Ältere *(hinter Namen);* Otto
Schmidt sen.; *Ggs.:* junior; **Se|ni|or** *m. 13*
1 der Ältere; *Ggs.:* Junior; 2 Vorsitzender,
Alterspräsident; 3 *Sport:* Angehöriger einer
bestimmten Altersklasse; **Se|ni|o|rat** *s. 1* 1 →
Majorat; *Ggs.:* Juniorat; 2 *veraltet:* Ältesten-
würde; **Se|ni|or|chef** [-ʃef] *m. 9* der ältere
von zwei Chefs (eines Betriebes); *Ggs.:* Ju-
niorchef
**Se|n|na** [arab.] *w. Gen.* - *nur Ez.* → Kassia
**Se|non** [nach der frz. Stadt Sens] *s. Gen.* -s
*nur Ez.* Stufe der oberen Kreideformation
**Se|ñor** [sɛnjor, span.] *m. Gen.* -s *Mz.* -res
Herr *(span. Anrede, alleinstehend und vor
dem Namen);* **Se|ño|ra** [sɛnjora] *w. 9* Frau,
Dame *(span. Anrede, alleinstehend und vor
dem Namen);* **Se|ño|ri|ta** [sɛnjo-] *w. 9* Fräu-
lein *(span. Anrede, alleinstehend und vor
dem Namen)*
**Sen|sal** [ital.] *m. 1 österr.:* Vermittler von
Warenkäufen, Warenmakler; *auch:* Börsen-
makler; **Sen|sa|lie** [-ljə], **Sen|sa|rie** [-riə] *w. 11
österr.:* Maklergebühr
**Sen|sa|ti|on** [-tsjon, lat.-frz.] *w. 10* 1 *urspr.:*
Sinnesempfindung; 2 *heute:* aufsehenerre-
gendes Ereignis, Aufsehen, große Überra-
schung; **sen|sa|ti|o|nell** aufsehenerregend
**Sense** [sɛns, engl.] *m. Gen.* - *nur Ez.* Sinn (für
etwas); er hat keinen Sense für moderne
Kunst
**sen|si|bel** [lat.] reizempfindlich, empfindsam,
feinfühlig; **Sen|si|bi|li|sa|tor** *m. 13* Farbstoff,
der die Farbempfindlichkeit photograph.
Schichten erhöht; **sen|si|bi|li|sie|ren** empfind-
licher machen; **Sen|si|bi|li|tät** *w. 10 nur Ez.*
Reizempfindlichkeit, Empfindsamkeit; *bei
Rundfunk- und Meßgeräten:* Empfangsemp-
findlichkeit; **Sen|si|lle** *w. 11* Sinneszelle; **sen-
si|tiv** leicht reizbar, überempfindlich; **sen|si-
ti|vie|ren** stark empfindlich machen (photo-
graph. Schicht); **Sen|si|ti|vi|tät** *w. 10 nur Ez.*
1 *Med.:* Überempfindlichkeit; 2 Feinfühlig-
keit; **Sen|si|to|me|ter** *s. 5* Gerät zum Messen
der Lichtempfindlichkeit photograph.
Schichten; **Sen|si|to|me|trie** *w. 11 nur Ez.*
Messung der Lichtempfindlichkeit; **Sen|sor**
*m. 13* hochempfindl. elektron. Test- und
Kontrollgerät; **sen|so|ri|ell**, **sen|so|risch** zu
den Sinnesorganen gehörend, auf ihnen be-
ruhend; **Sen|so|ri|um** *s. Gen.* -s *nur Ez.* Ge-
samtheit der Sinnesorgane, Wahrnehmungs-
apparat, Bewußtsein; **Sen|su|a|lis|mus**

*m. Gen.* - *nur Ez.* Lehre, daß alle Erkenntnis
nur auf den Sinneswahrnehmungen beruhe;
**Sen|sua|li|tät** *w. 10 nur Ez.* Empfindungs-
vermögen; **sen|su|ell** auf den Sinnen beru-
hend, sinnlich wahrnehmbar, Sinnes...; **Sen-
sus** *m. Gen.* -*Mz.* - Sinn, Empfindung; **Sen|sus
com|mu|nis** *m. Gen.* -- *nur Ez.* gesunder Men-
schenverstand
**Sen|tenz** [lat.] *w. 10* 1 allgemeingültiger, ein-
prägsamer, knapp formulierter Ausspruch,
Sinnspruch; 2 richterl. Urteilsspruch; **sen-
ten|zi|ös** in der Art einer Sentenz, knapp for-
muliert, einprägsam
**Sen|ti|ment** [sãtimã, frz.] *s. 9* Empfindung,
Gefühl, Gefühlsäußerung; **sen|ti|men|tal**
(übertrieben) gefühlvoll, gefühls-, rührselig;
**Sen|ti|men|ta|le** *w. 11 in der Fügung* jugend-
liche S.: Rollenfach des jungen, gefühlvollen
Mädchens; **Sen|ti|men|ta|li|tät** *w. 10* Gefühls-,
Rührseligkeit, übertriebene Gefühlsäuße-
rung; bitte keine Sentimentalitäten!
**sen|za** [ital.] *Mus.:* ohne, z. B. s. pedale:
ohne Pedal
**se|pa|rat** [lat.] abgesondert, einzeln; **Se|pa|ra-
ti|on** [-tsjon] *w. 10* Abtrennung, Absonde-
rung; **Se|pa|ra|tis|mus** *m. Gen.* - *nur Ez.* meist
abwertend: Streben nach Abtrennung, Loslö-
sung, Verselbständigung (in polit., relig.,
rass. oder geistiger Hinsicht); **Se|pa|ra|tor**
*m. 13* Schleuder zum Trennen von Stoffge-
mischen, z. B. Milchzentrifuge, Erzscheider;
**Sé|pa|rée** [-re, frz.] *s. 9* abgetrennter Gäste-
raum, Nische; **se|pa|rie|ren** absondern, tren-
nen, loslösen; sich von anderen s.
**Se|phar|dim** [auch: -dim, hebr.] *Mz.* die
span.-port. Juden und ihre Nachkommen;
vgl. Aschkenasim
**se|pia** [griech.] dunkelbraun, schwarzbraun;
**Se|pia** 1 *w. Gen.* - *Mz.* -pi|en → Sepie;
2 *w. Gen.* - *nur Ez.* aus dem Sekret des Tin-
tenfisches gewonnener, dunkelbrauner Farb-
stoff; **Se|pie** [-pjə] *w. 11* Tintenfisch; **Se|pio-
lith** *m. 10* Meerschaum
**Se|poy** [sipoi, Hindi-engl.] *m. 9* Soldat der
aus Eingeborenen bestehenden früheren brit.
Kolonialtruppe in Indien
**Sep|pu|ku** [auch: -pu-, jap.] *s. Gen.* -(s) *Mz.* -s
→ Harakiri
**Sep|sis** [griech.] *w. Gen.* - *Mz.* -sen Blutvergif-
tung
**Sep|ta** *Mz. von* Septum
**Sept|ak|kord** *m. 1* → Septimenakkord
**Sep|ten|nat** *s. 1*, **Sep|ten|ni|um** *s. Gen.* -s *Mz.*
-ni|en Zeitraum von sieben Jahren; **Sep|tett**
*s. 1* Musikstück für sieben Instrumente oder
Singstimmen sowie die Ausführenden selbst
**Sep|tim** [lat.] *w. 10 österr. für* Septime; **Sep|ti-
me** [auch: -ti-] *w. 11* siebenter Ton der diato-
nischen Tonleiter; 2 Intervall von sieben Tönen;
**Sep|ti|men|ak|kord** [auch: -ti-] *m. 1* Akkord
aus Grundton, Terz, Quinte und Septime;
**Sep|ti|mo|le** *w. 11* → Septole

**septisch** [griech.] Krankheitserreger enthaltend, Sepsis hervorrufend

**Septole** [lat.] *w.11 Mus.:* Gruppe von sieben Noten mit dem Taktwert von sechs oder acht Noten; **Septuaginta** *w.Gen.- nur Ez.* im 3. Jh. von angeblich 70 Gelehrten angefertigte griech. Übersetzung des AT

**Septum** [lat.] *s.Gen.-s Mz.*-ta Scheidewand (in einem Organ, z. B. im Herzen)

**seq.** *Abk. für* sequens; **seqq.** *Abk. für* sequentes; **sequens** [lat.] (*Abk.:* seq.) *veraltet:* folgend; **sequentes** (*Abk.:* seqq.) *veraltet* **1** die folgenden (Seiten); **2** die Folgenden, die Nachkommen; Vivant s.!: Die Folgenden sollen leben!; **Sequenz** *w.10* **1** Folge, Reihe; **2** *in der Liturgie des MA:* hymnusähnlicher Gesang; **3** *Mus.:* auf einer anderen Tonstufe wiederholte Tonfolge; **4** *Film:* im Handlungsablauf aufeinanderfolgende Reihe von Einstellungen; **5** *Kartenspiel:* mindestens drei aufeinanderfolgende Karten der gleichen Farbe; **6** *im programmierten Unterricht:* Lerneinheit

**Sequester** [lat.] **1** *s.5* abgestorbenes Gewebe-, *bes.:* Knochenstück; **2** *m.5* behördlich eingesetzter Verwalter oder Verwahrer; **Sequestration** [-tsjon] *w.10* Verwaltung, Verwahrung durch einen Sequester; **sequestrieren** durch einen Sequester verwalten, verwahren

**Sequoia, Sequoie** [-ja, Indianerspr.] *w.11* ein nordamerik. Nadelbaum

**Sera** *Mz. von* Serum

**Serail** [auch: -raj, türk.] *s.9* Palast (des türk. Sultans)

**Seraph** [hebr.] *m.1, Mz. auch:* -phim, *im AT:* sechsflügeliger Engel; **seraphisch** engelsgleich

**seren** [lat.] *veraltet:* heiter

**Seren** *Mz. von* Serum

**Serenade** [ital.] *w.11* **1** abendliches Ständchen, Abendmusik; **2** mehrsätziges Musikstück

**Serenissimus** [lat.] *m.Gen.- Mz.*-mi **1** *Titel für* regierende Fürsten, Durchlaucht; **2** *scherzh.:* Fürst eines Kleinstaates; **Serenität** *w.10 nur Ez. veraltet:* Heiterkeit

**Serge** [zɛrʒ, frz.] *w.11, österr. auch: m.11* Futterstoff aus Seide, Baum- oder Zellwolle in Köperbindung

**Sergeant** [zɛrʒant, frz.] *m.10* Unteroffizier

**Serie** [-riə, schweiz.: -ri, lat.] *w.11* Reihe, Folge, gleichartige Gruppe (z. B. von Sammelgegenständen); **seriell 1** zeitlich und logisch aufeinanderfolgend; **2** *Mus.:* nach Toneigenschaften gegliedert u. in Zahlenreihen festgelegte Tonreihen verwendend, darauf aufbauend; serielle Musik: Form der Zwölftonmusik

**Serife** [ndrl.-engl.] *w.11 in Antiquaschriften:* kleiner Querstrich am Kopf und Fuß mancher Buchstaben

**Serigraphie** [lat. + griech.] *w.11* Siebdruck

**seriös** [lat.-frz.] ernst, ernstgemeint, gediegen; **Seriosität** *w.10 nur Ez.* seriöses Wesen, Ernst

**Serir** [arab.] *w.1* afrik. Geröll- oder Kieswüste

**Sermon** [lat.] *m.1* **1** *veraltet:* Rede; **2** *heute:* langweiliger Vortrag, Strafpredigt

**Serodiagnostik** [lat. + griech.] *w.10* Erkennung von Krankheiten aus dem Blutserum oder dem Gehirn- und Rückenmarksflüssigkeit; **Serologie** *w.11 nur Ez.* Lehre vom Blutserum; **serös** serumhaltig, serumähnlich; **Serotherapie** *w.11 nur Ez.* Heilbehandlung mit Serum

**Serpentin** [lat.] *m.1* ein Mineral; **Serpentine** *w.11* **1** Windung, Schlangenlinie, Kehre; **2** in Kehren ansteigender Weg an Berghängen

**Sersche** *w.11 eindeutschende Schreibung von* Serge

**Serum** [lat.] *s.Gen.-s Mz.*-ra *oder* -ren wäßriger, nicht gerinnender Bestandteil des Blutes und der Lymphe

**Serval** [port.] *m.1 oder m.9* eine afrik. Raubkatze

**Servelatwurst** *w.2* → Zervelatwurst

**Service 1** [-vis, frz.] *s.Gen.- oder*-s [-visəs] *Mz.*- [-visə] zusammengehöriges Eßgeschirr, z. B. Kaffeeservice; Gedeck; **2** [səvis, engl.] *m.Gen.- Mz.*-s [-visiz] Kundendienst, Bedienung; **Servicewelle** [səvis-] *w.11* Rundfunksendung mit Unterhaltungsmusik, Angaben über den Autoverkehr, Suchmeldungen u. ä.; **servieren** Speisen auftragen, bei Tisch bedienen; **Serviette** *w.11* Mundtuch

**servil** [lat.] unterwürfig; **Servit** *m.10* Angehöriger des Bettelordens der Diener Mariä; **Servitut** *s.1* Nutzungsrecht (an einer fremden Sache); **Servogerät** *s.1* Hilfsgerät für schwer zu handhabende Steuerungen; **Servomotor** *m.12* Hilfsmotor; **Servus!** *bayr., österr.:* Guten Tag!, Auf Wiedersehen!

**Sesam** [semit.-lat.] *m.9* eine Ölpflanze

**sessil** [lat.] festgewachsen, festsitzend (manche Wassertiere); **Session** *w.10* Sitzung, Sitzungsperiode

**Sester** [lat.] *m.5* altes Hohlmaß, Scheffel, 15 Liter; **Sesterz** *m.1* altröm. Silbermünze, $\frac{1}{4}$ Denar; **Sesterzium** *s.Gen.-s Mz.*-zien 1000 Sesterze; **Sestine** *w.11* **1** sechszeilige Strophe; **2** Gedicht aus sechs Strophen zu je sechs Zeilen und einer dreisilbigen Strophe am Ende

**Set** [engl.] *s.9* **1** mehrere gleiche zusammengehörige Gegenstände, Satz; **2** kleines Tischdeckchen aus Stoff oder Bast für ein Gedeck; **3** *nach Zahlenangaben Mz.- Buchw.:* Maßeinheit für die Dicke der Monotypeschrift; **4** *m.Gen.*-(s) *nur Ez.* körperl. Zustand eines Rauschgiftsüchtigen

**Settecentist** [-tʃen-] *m.10* Künstler des Settecento; **Set|te|cen|to** [-tʃɛn-, ital. „siebenhundert" (nach 1000)] *s. Gen.*-(s) *nur Ez.* die künstler. Stilepoche des 18. Jh. in Italien

**Set|ter** [engl.] *m. 5* engl. Vorsteh- und Stöberhund

**Set|ting** [engl.] *s. 9* unmittelbare Umgebung eines Rauschgiftsüchtigen während des Rauschzustandes

**Sett|le|ment** [sɛttl-, engl.] *s. 9 engl. Bez. für* Niederlassung, Ansiedlung

**Sèvres|por|zel|lan** [sɛvrə-] *s. 1* Porzellan aus der frz. Stadt Sèvres

**Sex** [lat.] *m. Gen.*-es *nur Ez. Kurzw. für* Sexus, Geschlecht, Geschlechtlichkeit; *ugs.:* Sex-Appeal

**se|xa|ge|si|mal** [lat.] auf der Zahl 60 aufbauend, sechzigteilig; **Se|xa|ge|si|mal|sy|stem** *s. 1* Zahlensystem, das auf der Zahl 60 aufgebaut ist

**Sex-Ap|peal** [-əpil, engl.] *m. Gen.*-s *nur Ez.* Anziehungskraft (bes. einer Frau) auf das andere Geschlecht; **Sex|bom|be** *w. 11 ugs. derb:* Frau mit starkem Sex-Appeal; **Sexmuf|fel** *m. 5 ugs. scherzh.:* jmd., der für Sexuelles, für Erotik keinen Sinn hat; **Se|xo|lo|gie** *w. 11 nur Ez.* Sexualforschung; **Sex|shop** [-ʃɔp] *m. 9* Geschäft, in dem Bücher sexuellen Inhalts und Gegenstände zur sexuellen Anregung verkauft werden

**Sex|ta** [lat.] *w. Gen. - Mz.*-ten unterste Klasse des Gymnasiums; **Sext|ak|kord** *m. 1* erste Umkehrung eines Dreiklangs, Akkord aus Grundton, Terz und Sexte; **Sex|ta|ner** *m. 5* Schüler der Sexta; **Sex|tant** *m. 10* astronom. Winkelmeßinstrument; **Sex|te** *w. 11* **1** sechster Ton der diaton. Tonleiter; **2** Intervall von sechs Tönen; **Sex|tett** *s. 1* Musikstück für sechs Instrumente oder Singstimmen sowie die Ausführenden selbst; **Sex|to|le** *w. 11* Gruppe von sechs Noten im Taktwert von vier Noten

**se|xu|al..., Se|xu|al...** [lat.] *in Zus.:* das Geschlechtliche betreffend, geschlechts..., Geschlechts...; **Se|xua|li|tät** *w. 10 nur Ez.* Geschlechtlichkeit; **Se|xu|al|or|gan** *s. 1* Geschlechtsorgan; **se|xu|ell** Geschlechtliches betreffend, auf ihm beruhend, geschlechtlich; **Se|xus** *m. Gen. - nur Ez.* Geschlecht; **se|xy** [engl.] *ugs.* geschlechtlich anziehend, geschlechtlich reizvoll

**se|zer|nie|ren** [lat.] *Med.:* entfernen, abtrennen, absondern

**Se|zes|si|on** [lat.] *w. 10* **1** Trennung, Loslösung; **2** Name einer Künstlergruppe, die sich von einer bestehenden Künstlergemeinschaft losgelöst hat; **3** Streben der nordamerik. Südstaaten, sich von den Nordstaaten zu trennen (1861–65); **Se|zes|sio|nist** *m. 10* Angehöriger einer Sezession (2); **Se|zes|si|ons|stil** *m. 1 nur Ez.* Stil der Wiener Sezession, österr. Richtung des Jugendstils

**se|zie|ren** [lat.] **1** anatomisch untersuchen,

zerlegen (Leiche); **2** *übertr. ugs.:* genau untersuchen

**sf** *Abk. für* sforzando, sforzato; **sfor|zan|do** → sforzato; **sfor|za|to** (*Abk.:* sf) *Mus.:* betont, mit starkem Ton, akzentuiert; **Sfor|za|to** *s. 9, Mz. auch* -ti *Mus.:* starke Betonung

**sfu|ma|to** [ital.] mit weichen, verschwimmenden Umrissen (gemalt)

**Sgraf|fi|to** [ital.] *s. 9, Mz. auch:* -ti wetterbeständige Zeichnung, die in den noch feuchten Putz eingeritzt wird

**sh** *Abk. für* Shilling

**Shag** [ʃæg, engl.] *m. 9 nur Ez.* feingeschnittener Pfeifentabak

**Shake** [ʃeik, engl.] **1** *m. 9* ein Mischgetränk; **2** *s. 9 Mus., Jazz:* Trompeten- oder Posaunenvibrato über einer Note; Betonung einer Note; Tanz mit schüttelnden Körperbewegungen; **Shake|hands** [ʃeikhændz] *s. Gen. - nur Ez.* Händeschütteln, Händedruck; S. machen; **Sha|ker** [ʃeikər] *m. 5* Mixbecher

**Sham|poo** [ʃæmpu:], **Sham|poon** [ʃæmpu:n] *s. 9 engl. Schreibung von* Schampun; **sham|poo|nie|ren** *engl. Schreibung von* schampunieren

**Shan|ty** [ʃænti, engl.] *s. 9, Mz. auch:* -ties Seemannslied

**Sha|ping|ma|schi|ne** [ʃei-, engl.] *w. 11* Waagerechtstoßmaschine, eine Metallhobelmaschine

**Share** [ʃer, engl.] *m. Gen. -(s) Mz.*-s Kapitalanteil, Aktie

**sharp** [ʃarp, engl.] *Mus.:* engl. Bez. für die Erhöhung eines Tons um einen halben Ton, z. B. F sharp = Fis; *Ggs.:* flat

**Shed|bau** [ʃed-, engl.] *m. Gen.*-(e)s *Mz.*-ten → Schedbau; **Shed|dach** *s. 4* → Scheddach

**Sheng** [ʃeng, chin.] *s. 9* ein chines. Blasinstrument, Mundorgel

**She|riff** [ʃe-, engl.] *m. 9* in England und den USA: höchster Vollzugsbeamter einer Grafschaft, in den USA auch mit richterl. Befugnissen

**Sher|pa** [ʃer-, tibet.] *m. 9 oder Gen. - Mz. -* Angehöriger eines Volksstammes im Himalaja

**Sher|ry** [ʃeri, engl. Form von Jerez] *m. 9* ein Süßwein aus der span. Stadt Jerez de la Frontera

**Shet|land** [ʃet-, nach den brit. Shetlandinseln] *m. 9* ein graumelierter Wollstoff

**Shil|ling** [ʃil-, engl.] *m. 9, nach Zahlen Mz. auch:* - (*Abk.:* s, sh) Währungseinheit in Großbritannien (bis 1971, $^1/_{20}$ Pfund Sterling)

**Shim|my** [ʃim-, engl.] *m. 9* ein nordamerik. Gesellschaftstanz der 20er Jahre

**Shin|to|is|mus** [ʃin-] → Schintoismus

**Shit** [ʃit, engl.] *s. 9 nur Ez. ugs.:* Haschisch

**shocking** (shok|king) [ʃɔkiŋ, engl.] *unflektierbar:* anstößig, den Anstand, die gute Sitte verletzend

**Shod|dy** [ʃɔdi, engl.] *s. Gen.*-s *nur Ez.* Garn aus zerrissenen Woll- oder Seidenlumpen, Reißgarn

**Sho|gun** [ʃo-, jap.] *m.1 früher jap. Titel für* Feldherr

**Shop** [ʃɔp, engl.] *m.9 engl. Bez. für* Laden, Geschäft; **Shop|ping-Cen|ter** [ʃɔpiŋsɛntər] *s.9 engl. Bez. für* Einkaufszentrum

**Shore|här|te** [ʃɔr-, nach dem engl. Physiker Shore] *w.11 Maßbez. für* die Härte von Metallen, Fallhärte

**Short|drink** [ʃɔrt-, engl.] *m.9* unverdünntes, stark alkohol. Getränk; *Ggs.:* Longdrink; **Shorts** [ʃɔrts] *Mz.* kurze Sommerhosen; **Short Sto|ry** [ʃɔrt stɔri] *w. Gen.- - Mz.--s oder --ries* Kurzgeschichte, Kurznovelle; **Shor|ty** [ʃɔr-] *m.9* Damenschlafanzug mit kurzem Höschen, *auch:* kurzes Höschen

**Show** [ʃou, engl.] *w.9* Schau, Darbietung, Vorführung; **Show|down** [ʃoudaun] *s.9* 1 *Poker:* Aufdecken der Karten; 2 *in Wildwestfilmen:* entscheidender Kampf zwischen den beiden Helden; 3 *allg.:* Macht-, Kraftprobe; **Show|ge|schäft** *s.1 nur Ez.* mit öffentl. Darbietungen verbundene Vergnügungs- und Unterhaltungsindustrie; **Show|man** [ʃoumən] *m. Gen.*-s *Mz.*-men [-mən] im Showgeschäft beschäftigte männl. Person; **Show|ma|ster** [ʃoumaːstər] *m.9* Conférencier bei einer Show

**Shred|der** [ʃrɛd-, engl.] *m.5* Maschine zum Verschrotten von Autowracks

**Shrimps** [engl.] *Mz.* Krabben

**Shunt** [ʃʌnt, engl.] *m.9* Vorschaltwiderstand zur Veränderung des Meßbereichs z. B. eines Amperemeters

**Si** *chem. Zeichen für* Silicium

**SI** *Abk. für* Système International d'Unités (seit 1971 internationales metr. System)

**Si|al** [Kurzw. aus Silicium und Aluminium] *s. Gen.*-s *nur Ez.* oberster Teil der Erdkruste

**Si|bi|lant** [lat.] *m.10* Zischlaut, z. B. s, sch

**Si|byl|le** *w.11 im alten Griechenland:* Wahrsagerin; **si|byl|li|nisch** weissagend, geheimnisvoll

**sic!** [sik, lat.] (wirklich) so! (z. B. als Randbemerkung bei ungewöhnl. Ausdrücken oder Schreibungen im Text)

**Si|ci|lia|na** [-tʃi-, ital.] *w. Gen.- Mz.*-nen langsamer Satz eines Musikstücks in wiegendem Rhythmus; **Si|ci|lia|no** [-tʃi-] *m.9, Mz. auch:* -ni langsamer sizilian. Hirtentanz; **Si|ci|li|enne** [sisiljɛn, frz.] *w.11 frz. Bez. für* Siciliano

**Sic tran|sit glo|ria mun|di** [sik, lat.] So vergeht der Ruhm der Welt

**Side|board** [saidbɔːrd, engl.] *s.9* niedriger, breiter Geschirrschrank

**si|de|risch 1** [lat.] auf die Fixsterne bezogen, zu den Fixsternen gehörig; siderisches Jahr: Sternenjahr; **2** [griech.] aus Eisen bestehend; siderisches Pendel: Pendel, das in der Hand

mancher Menschen über Wasser- oder Erzadern ausschlägt; **Si|de|rit** *m.1* ein Mineral, Eisenspat; **Si|de|ro|lith** [lat. + griech.] *m.1 oder m.10* ein eisenhaltiger Meteorit; **Si|de|ro|lo|gie** *w.11 nur Ez.* Lehre vom Eisen; **si|de|ro|phil** sich gern mit Eisen verbindend

**sie|na** [sie-, nach der rotbraunen Erde um die ital. Stadt Siena] *unflektierbar:* rotbraun; **Sie|na** *s. Gen.*-s *nur Ez.* rotbraune Farbe

**Si|er|ra** [span.] *w.9, Mz. auch:* -ren Gebirgszug, -kette

**Sie|sta** [sie-, ital. „sechste" (Tagesstunde)] *w. Gen. - Mz.*-sten Mittagsruhe

**Si|flet** [-fle, frz.], **Si|flöt** *m.9*, **Si|flö|te** *w.11* kleines Orgelregister, Flötenzug

**Si|gel** [lat.] *s.5* Wortkürzungs-, Abkürzungszeichen, z. B. in der Kurzschrift

**Sight|see|ing** [saitsiːiŋ, engl.] *s. Gen.*-s *nur Ez. engl. Bez. für* Besichtigung von Sehenswürdigkeiten

**Si|gil|la|rie** [-riə, lat.] *w.11* ein Bärlappbaum des Devons, Karbons und Perms, Siegelbaum

**Si|gle** *w.11* → Sigel

**sign.** *Abk. für* signatum; **Si|gna** *Mz. von* Signum; **Si|gnal** [*auch:* siŋnal, lat.] *s.1* **1** Zeichen mit festgelegter Bedeutung; **2** Warnzeichen; **Si|gna|le|ment** [-mã, frz.] *s.9, österr., schweiz.:* [-mɛnt] *s.1* kurze Personenbeschreibung; **si|gna|li|sie|ren 1** durch Signal(e) übermitteln; **2** ankündigen; **Si|gna|tar|macht** [lat.] *w.2* Macht, die einen Vertrag unterzeichnet (hat); **si|gna|tum** (*Abk.:* sign.) unterzeichnet; **Si|gna|tur** *w.10* **1** Zeichen, meist Buchstabe(n) oder Zahl(en); **2** abgekürzter Namenszug (bei Unterschriften); **3** *auf Landkarten:* bildl. Zeichen zur Darstellung bestimmter Gegenstände, Kartenzeichen; **4** *Buchw.:* laufende Nummer auf der ersten Seite eines Druckbogens links unten; **5** *Buchw.:* Kerbe, Einschnitt am Fuß einer Letter; **6** *Bibliothekswesen:* Kennzeichen eines Buches, Buchnummer; **Si|gnet** [sinje, sinnet, signet] *s.9* **1** Zeichen einer Druckerei oder eines Verlages; **2** Schutzmarke, Warenzeichen; **si|gnie|ren** [*auch:* sinni-] mit einem Signum, einer Signatur versehen; ein Buch *s.:* in ein Buch seinen Namen schreiben (als Verfasser); **si|gni|fi|kant** bezeichnend, bedeutsam

**Si|gnor** [sinjor, ital.] Herr *(nur vor dem Namen);* vgl. Signore; **Si|gno|ra** [sinjo-] *w. Gen. - Mz.*-re Frau, Dame *(ital. Anrede, alleinstehend oder vor dem Namen);* **Si|gno|re** [sinjorə] *m. Gen.*-s *Mz.*-ri Herr *(ital. Anrede ohne Namen);* vgl. Signor; **Si|gno|ria** [sinjo-] *w. Gen. - Mz.*-rie, *eindeutschend:* -ri|en, in den ital. Stadtstaaten: oberste Behörde, Rat der Stadt; **Si|gno|ri|na** *w. Gen. - Mz.*-ne Fräulein *(ital. Anrede, alleinstehend oder vor dem Namen)*

**Si|gnum** [*auch:* si-, lat.] *s. Gen.*-s *Mz.*-gna

**Sikh** 388

1 Zeichen, Kennzeichen; 2 abgekürzter Name (in Unterschriften)
**Sikh** [sanskr.] *m. 9* Anhänger des Sikhismus; **Si̱khi̱smus** *m. Gen. - nur Ez.* ind., militärisch organisierte Religionsgemeinschaft im Pandschab
**Sikka̱tiv** [lat.] *s. 1* Trockenmittel für Ölfarben
**Si̱la̱ge** [-ʒə, frz.] *w. 11* 1 Einbringen (von Grünfutter) ins Silo; 2 im Silo aufbewahrtes Grünfutter
**Sild** [norw.] *m. 1* junger Hering
**Si̱le̱n** [griech.] *m. 1* griech. Myth.: 1 dicker, trunkener Begleiter des Dionysos; 2 alter Satyr, meist mit Bocksbeinen, stumpfer Nase und Glatze
**Si̱le̱nti̱um** [-tsjum, lat.] *s., nur als Ausruf* Silentium!: Schweigen!, Ruhe!, *oder in der Wendung:* S. gebieten
**Si̱lhou̱e̱tte** [siluɛtə, nach dem frz. Finanzminister E. de Silhouette] *w. 11* Schattenriß, Schattenbild, Scherenschnitt; **si̱lhou̱e̱tti̱e̱ren** *veraltet:* als Silhouette zeichnen oder schneiden
**Si̱li̱cat** [lat.] *s. 1* Salz der Kieselsäure; **Si̱li̱ci̱um** *s. Gen. -s nur Ez.* (Zeichen: Si) chem. Element
**si̱li̱e̱ren** ins Silo einbringen (Grünfutter)
**Si̱li̱fi̱ka̱ti̱on** [-tsjon, lat.] *w. 10 nur Ez.* Verkieselung; **si̱li̱fi̱zi̱e̱ren** verkieseln; **Si̱li̱kon** *s. 1* sehr beständiger Kunststoff; **Si̱li̱ko̱se** *w. 11* Erkrankung der Lunge durch ständig eingeatmeten kieselsäurehaltigen Staub, Steinstaublunge; **Si̱li̱zi̱um** *s. Gen. -s nur Ez.* → Silicium
**Si̱lk** 1 [engl.] *m. 1* glänzender Kleiderstoff; 2 [griech.] *m. 1 nur Ez.* Petersilie
**Si̱ll** *m. 1* → Sild
**Si̱llo** [span.] *s. 9* Speicher für Gärfutter oder Getreide
**Si̱llu̱min** *s. 1 nur Ez.* ⓦ Legierung aus Aluminium und Silicium
**Si̱llur** [nach dem Volksstamm der Silurer] *s. Gen. -s nur Ez.* eine mittlere Formation des Paläozoikums
**Si̱llva̱ner** *m. 5* eine weiße Traubensorte
**Si̱llve̱ster** [nach dem Papst Silvester I.] *s. Gen. -s nur Ez.* letzter Tag des Jahres, 31. Dezember
**Si̱lma** [lat.] 1 *w. 9, Mz. auch:* -men, *an antiken Tempeln:* Traufrinne; 2 *s. Gen. -s nur Ez.* eine durch Silicium- und Magnesiumgehalt gekennzeichnete Schicht der Erdkruste
**Si̱milli** [lat.] *s. 9 oder m. 9* Nachahmung (von Edelsteinen); **Si̱milli̱stein** *m. 1* unechter Edelstein
**Si̱lmo̱nie** [nach dem angebl. Wundertäter Simon Magus im 1. Jh.] *w. 11* 1 Kauf und Verkauf von geistl. Ämtern; 2 Erschleichung eines Amtes; **si̱lmo̱nisch, si̱lmo̱ni̱stisch** auf Simonie beruhend
**si̱m̱pel** [lat.] 1 einfach; 2 einfältig, an-

spruchslos; **Si̱m̱pel** *m. 5 süddt.:* Einfaltspinsel, Dummkopf
**Si̱m̱pla** [lat.] *Mz. von* Simplum; **Si̱m̱plex** *s. 1, Mz. auch:* -plizia einfaches, nicht zusammengesetztes Wort, z. B. Kind, Freundschaft; *Ggs.:* Kompositum; **si̱m̱pli̱ci̱ter** *veraltet:* schlechthin; **Si̱m̱pli̱fi̱ka̱ti̱on** [-tsjon] *w. 10* Vereinfachung; **si̱m̱pli̱fi̱zi̱e̱ren** (zu sehr) vereinfachen; **Si̱m̱pli̱zi̱a** *Mz. von* Simplex; **Si̱m̱pli̱zi̱a̱de** *w. 11* Nachahmung des Romans „Simplicissimus" von Grimmelshausen, Roman um einen einfältigen Menschen im Getriebe der Welt; **Si̱m̱pli̱zi̱tät** *w. 10 nur Ez.* Einfachheit, Einfalt; **Si̱m̱plum** *s. Gen. -s Mz. -pla Wirtschaft:* einfacher Steuersatz
**Si̱mu̱la̱nt** [lat.] *m. 10* jmd., der eine Krankheit simuliert; **Si̱mu̱la̱ti̱on** [-tsjon] *w. 10* Vortäuschung (einer Krankheit); *Ggs.:* Dissimulation; **Si̱mu̱la̱tor** *m. 13* Apparat, in dem zu Lehr- und Trainingszwecken Bedingungen hergestellt werden können, wie sie in der Natur gegeben sind, z. B. Flugsimulator; **si̱mu̱li̱e̱ren** 1 eine Krankheit s.: vortäuschen; einen techn. Vorgang s.: unter künstlich herbeigeführten, der Wirklichkeit entsprechenden Bedingungen ablaufen lassen; 2 sich verstellen, so tun, als ob; *Ggs.:* dissimulieren
**si̱mu̱ltan** [mlat.] gemeinsam, gleichzeitig; **Si̱mu̱ltaṉbühne** *w. 11 MA:* Bühne, auf der alle Schauplätze nebeneinander aufgebaut sind und während des Stückes sichtbar bleiben; **Si̱mu̱ltaṉdoḻmeṯscher** *m. 5* Dolmetscher, der einen Text übersetzt, während dieser noch gesprochen wird; **Si̱mu̱ltaṉei̱tät** [-neli-] *w. 10 nur Ez.* Gleichzeitigkeit, Gemeinsamkeit; **Si̱mu̱ltaṉe̱um** *s. Gen. -s nur Ez.* Nutzungsrecht an kirchl. Einrichtungen durch Angehörige verschiedener Bekenntnisse; **Si̱mu̱ltaṉität** *w. 10 nur Ez.* → Simultaneität; **Si̱mu̱ltaṉkiṟche** *w. 11* Kirche, die von Angehörigen verschiedener Bekenntnisse benutzt wird; **Si̱mu̱ltaṉschule** *w. 11* Schule für Kinder verschiedener Bekenntnisse, Gemeinschaftsschule; **Si̱mu̱ltaṉspiel** *s. 1* Schachspiel gegen mehrere Partner gleichzeitig
**sin** *Abk. für* Sinus
**Si̱naṉthro̱pus** [lat. + griech.] *m. Gen. - nur Ez.* in China gefundene Frühmenschenform, Pekingmensch
**si̱ne aṉno** [lat.] (*Abk.:* s. a.) ohne Jahr (Vermerk in bibliograph. Angaben, wenn das Erscheinungsjahr des Buches nicht angegeben ist; **si̱ne i̱ra et stu̱dio** ohne Zorn und Eifer (d. h. ohne Haß oder Vorliebe), sachlich; etwas sine ira et studio vortragen, erklären
**Si̱ne̱ku̱re** [lat.] *w. 11* Pfründe ohne Amtspflichten, einträgl., müheloses Amt
**si̱ne lo̱co** [lat.] (*Abk.:* s. l.) ohne Ort (Vermerk in bibliographischen Angaben, wenn der Erscheinungsort des Buches nicht

angegeben ist); si|ne lo|co et an|no (*Abk.:* s. l. e. a.) ohne Ort und Jahr (Vermerk in bibliograph. Angaben); si|ne tem|po|re (*Abk.:* s. t.) ohne Zeit, d. h. ohne akadem. Viertel, pünktlich (bei Zeitangaben für Vorlesungen an Hochschulen); die Vorlesung beginnt um 9 Uhr s. t.; *Ggs.:* cum tempore
**Sin|fo|nie** [griech.] *w. 11* mehrsätziges Musikstück für Orchester; **Sin|fo|nie|or|che|ster** [-kɛ-] *s. 5* Name großer Orchester; **Sin|fo|ni|et|ta** *w. Gen. - Mz.*-ten kleine Sinfonie; **Sin|fo|nik** *w. 10 nur Ez.* 1 Lehre von der sinfon. Gestaltung; 2 sinfon. Schaffen; **Sin|fo|ni|ker** *m. 5* 1 Komponist von Sinfonien; 2 Mitglied eines Sinfonieorchesters
**Sing.** *Abk. für* Singular; **Single** [si̱ŋl, engl.] *s. 9* 1 *Tennis:* Einzelspiel (zweier Spieler); 2 *Mus.:* kleine Schallplatte mit nur je einem Titel auf der Vorder- und Rückseite; 3 *allg.:* Einzelstück; 4 *übertr. ugs.:* allein und selbständig lebende Person; sie lebt als Single; **Sin|gu|lar** [lat.] *m. 1 (Abk.:* Sing., Sg.) Einzahl; *Ggs.:* Plural; **sin|gu|lär** einzeln, vereinzelt; **Sin|gu|la|re|tan|tum** *s. 9, Mz. auch:* Singula|ria|tan|tum Wort, das nur in der Einzahl vorkommt, z. B. Kälte, Hunger; **Sin|gu|la|ris|mus** *m. Gen. - nur Ez.* Lehre, daß die Welt eine Einheit aus nur scheinbar selbständigen Teilen und auf ein einziges Prinzip zurückzuführen sei; *Ggs.:* Pluralismus; **Sin|gu|la|ri|tät** *w. 10 nur Ez.* vereinzelte Erscheinung, Seltenheit
**Si|ni|ca** *Mz.* Bücher, Bilder, Dokumente über China
**si|ni|ster** [lat.] unheilvoll, unselig, unglücklich
**Sinn Fein** [ʃin fe̱in, ir. „wir allein“] *w. Gen. - - nur Ez.* 1905 gegründete nationalist. Bewegung und Partei in Irland
**Si|no|lo|gie** [griech.] *w. 11 nur Ez.* Wissenschaft von der chin. Sprache und Kultur
**si|nu|ös** [lat.] *Med.:* ausgebuchtet, mit vielen Vertiefungen; **Si|nus** *m. Gen. - Mz.*-nus|se 1 *Math.:* eine Winkelfunktion, Verhältnis der Gegenkathete zur Hypotenuse; 2 *Med.:* Hohlraum, Vertiefung, Ausbuchtung; **Si|nus|kur|ve** *w. 11* zeichner. Darstellung des Sinus; **Si|nus|schwin|gung** *w. 10* Schwingung, deren Verlauf zeichnerisch als Sinuskurve darstellbar ist
**Si|pho** [-fo:, griech.] *m. Gen.*-s *Mz.*-pho|nen Atemröhre der Weichtiere; **Si|phon** [-fɔ̃, österr.: -fon, griech.-frz.] *m. 9* 1 Geruchverschluß (bei Abwasserleitungen); 2 Gefäß mit Druckverschluß für kohlensäurehaltige Getränke; **Si|pho|no|pho|re** *w. 11* Röhrenqualle
**Sir** [sə, engl.] *m. 9* 1 Herr *(engl. Anrede ohne Namen);* 2 engl. Titel für Adligen *(in Verbindung mit dem Vornamen);* **Sire** [si̱r, frz.] *m. 9* Majestät *(frz. Anrede ohne Namen)*
**Si|re|ne** [griech.] *w. 11* 1 *meist Mz.*, griech. *Myth.:* auf einer Insel lebende Mädchen mit Vogelleib, die vorbeifahrende Schiffer mit

ihrem Gesang anlockten und töteten; 2 Gerät zur Erzeugung eines Warntones; 3 Seekuh
**Sirtaki** *m. 9* ein griech. Volkstanz
**Si|rup** [arab.] *m. 1* 1 bei der Gewinnung von Zucker entstehender, zähflüssiger Zuckersaft; 2 dickflüssiger Saft aus Obstsaft und Zucker
**Si|sal** [nach der amerikan. Hafenstadt] *m. 1 nur Ez.* 1 Blattfaser der Sisalagave; 2 daraus hergestelltes Garn; **Si|sal|aga|ve** eine trop. Pflanze
**si|stie|ren** [lat.] *Rechtsw.:* 1 aufheben, einstellen (Verfahren); 2 zur Feststellung der Personalien zur Polizeiwache bringen
**Si|strum** [griech.] *s. Gen.*-s *Mz.*-stren altägypt. Rasselinstrument
**Si|sy|phus|ar|beit** [nach dem sagenhaften griech. König von Korinth] *w. 10 übertr.:* mühevolle, vergebl. Arbeit
**Si|tar** [iran.] *m. 9* ein iran. Zupfinstrument
**Sit-in** [engl.] *s. 9* Sitzstreik (bes. von Studenten, um auf Mißstände hinzuweisen)
**Sit|tich** [griech.] *m. 1* ein Papagei
**Si|tua|ti|on** [-tsjon, lat.] *w. 10* Sachlage, Lage, Zustand; **si|tua|tiv** durch die Situation bedingt, auf einer bestimmten Situation beruhend; **si|tu|iert** in einer bestimmten Lebensstellung (befindlich); gut s. sein
**Si|tu|la** [lat.] *w. Gen. - Mz.*-tu|len eimerartiges Gefäß der Bronzezeit
**Si|tus** [lat.] *m. Gen. - Mz. -* die natürl. Lage der Organe im Körper, bes. des Embryos in der Gebärmutter
**sit ve|nia ver|bo** [lat. „es sei Erlaubnis (gegeben) dem Wort“] man verzeihe das harte Wort, mit Verlaub zu sagen
**Si|zi|lia|na** *w. Gen. - Mz.*-nen → Siciliana; **Si|zi|lia|ne** *w. 11* → Sizilienne; **Si|zi|li|enne** [-ljɛn] *w. 11* 1 eine Form der Stanze; 2 → Eolienne
**SJ** *Abk. für* Societas Jesu: (von der) Gesellschaft Jesu, Jesuit *(hinter dem Namen)*
**Ska|bies** [lat.] *w. Gen. - nur Ez.* eine Hautkrankheit, Krätze; **ska|bi|ös** an Skabies erkrankt; **Ska|bio|se** *w. 11* eine Pflanzengattung
**Skai** *s. 9 nur Ez.* ⓦ ein Kunstleder
**skål!** [skɔl, skand.] prosit!
**Ska|la** [lat.] *w. Gen. - Mz.*-len 1 an Meßgeräten: Maßeinteilung; 2 Reihe, Folge zusammengehöriger Dinge, z. B. Farbskala; **ska|lar** eindimensional, durch eine einzige Zahl darstellbar; **Ska|lar** *m. 1* skalare Größe (z. B. Zeit, Temperatur)
**Skal|de** [altnord.] *m. 11* altnord. Dichter und Sänger
**Ska|le|no|eder** [griech.] *s. 5* durch zwölf gleichseitige Dreiecke begrenzter Körper, eine Kristallform
**Skalp** [engl.] *m. 1* früher bei den nordamerik. *Indianern:* abgezogene Kopfhaut des Feindes als Siegestrophäe

**Skal|pell** [lat.] *s. 1* kleines chirurg. Messer
**skal|pie|ren** jmdn. s.: jmdm. die Kopfhaut
abziehen
**Skan|dal** [griech.] *m. 1* **1** aufsehenerregendes
Ärgernis; **2** Unerhörtes, Empörendes; **skan-**
**da|lös** unerhört
**skan|die|ren** [lat.] mit starker Betonung der
Hebungen Verse lesen oder sprechen
**Skan|di| um** *s. Gen. - nur Ez.* → Scandium
**Ska|po|lith** [lat. + griech.] *m. 1* oder *m. 10*
ein Mineral
**Ska|pu|lier** [mlat.] *s. 1* bei manchen Mönchs-
trachten: bis zu den Füßen reichender Über-
wurf über Brust und Rücken
**Ska|ra|bä|us** [griech.] *m. Gen. - Mz.* -bä|en
**1** ein Blatthornkäfer; **2** *im alten Ägypten:*
Nachbildung des Käfers aus Stein, Ton oder
Metall, als Siegel oder Amulett benutzt
**Ska|ra|muz** [ital.] *m. 1* in der Commedia dell'
arte und im frz. Lustspiel: Figur des prahleri-
schen Soldaten
**Skarn** [schwed.] *m. 1* eine aus Kalken ent-
standene Kontaktlagerstätte (mit Eisen u. a.)
**Skat** [ital.] *m. 1 nur Ez.* ein Kartenspiel
**Skate|board** [skeitbɔːrd, engl.] *s. 9* lenkbares
Rollbrett, auf dem der Fahrer frei steht, zum
Fahren auf der Ebene und am Hang, Roller-
brett; **Skate|boar|ding** *s. Gen. - nur Ez.* mittels
Skateboard betriebener Sport
**Ska|tol** [griech.] *s. Gen.* -s *nur Ez.* übelrie-
chende organische Verbindung (im Kot);
**Ska|to|pha|gie** *w. 11 nur Ez.* → Koprophagie
**Ske|le|ton** [engl.] *m. 9* niedriger Sport-
schlitten
**Ske|lett** [griech.] *s. 1* Knochengerüst, Gerip-
pe; **ske|let|tie|ren** einen Körper s.: das Ske-
lett eines Körpers bloßlegen
**Skep|sis** [griech.] *w. Gen. - nur Ez.* Zweifel,
Ungläubigkeit; **Skep|ti|ker** *m. 5* **1** Anhänger
des Skeptizismus; **2** jmd., der stets skeptisch
ist, Zweifler; **skep|tisch** zweifelnd, ungläubig;
**Skep|ti|zis|mus** *m. Gen. - nur Ez.* **1** philos.
Richtung, die die Möglichkeit der Erkenntnis
der Wirklichkeit in Frage stellt und den
Zweifel zum Denkprinzip erhebt; **2** skept.
Einstellung, Zweifelsucht
**Sketch** [skɛtʃ, engl.], *eindeutschend:* **Sketsch**
*m. 1* kurzes Bühnenstück, meist mit witzigem
Schlußeffekt
**Ski** [ʃi] *m. Gen.* -s *Mz.* Ski|er → Schi
**Skiff** [engl.] *s. 1* schmales, sportl. Einmannru-
derboot
**Ski|ful|ni** [ʃi-, Kurzw. aus Ski und ital. funico-
lare ,,Drahtseilbahn"] *m. 9* schweiz.: Schlit-
tenlift, -seilbahn
**Skin|ef|fekt** [zu engl. skin ,,Haut"] *m. 1*
*Elektr.:* bei Leitern größeren Querschnitts zu
beobachtende Erscheinung, daß der Strom
nur in den äußeren Randschichten fließt
**Skink** [griech.] *m. 1* eine Echse
**Skip|per** [engl.] *m. 5* Kapitän einer Segeljacht
**Skiz|ze** [ital.] *w. 11* **1** Entwurf, unfertige

Zeichnung; **2** kurze, nicht ganz ausgearbeite-
te Erzählung; **skiz|zie|ren** in einer Skizze dar-
stellen, andeuten, umreißen
**Skla|ve** [-və oder -fə, griech.] *m. 11* **1** Leib-
eigener; **2** *übertr.:* jmd., der von etwas oder
jmdm. abhängig ist
**Skle|ra** [griech.] *w. Gen. - Mz.* -ren Lederhaut
(des Auges), das Weiße im Auge; **Skle|ri|tis**
*w. Gen. - Mz.* -ti|den Entzündung der Sklera;
**Skle|ro|der|mie** *w. 11* allmähl. Verlederung,
Verhärtung der Haut, Darrsucht; **Skle|rom**
*s. 1* **1** → Sklerodermie; **2** mit Knotenbildung
verbundene Erkrankung der Rachen- und
Kehlkopfschleimhaut; **Skle|ro|me|ter** *s. 5* Ge-
rät zum Bestimmen der Härte von Kristallen;
**Skle|ro|se** *w. 11* Verhärtung, Verkalkung ei-
nes Organs; **Skle|ro|ti|ker** *m. 5* jmd., der an
einer Sklerose leidet
**Skol|i| on** [griech.] *s. Gen.* -s *Mz.* -li|en alt-
griech. Tischlied verschiedenen Inhalts, von
den Gästen abwechselnd gesungen
**Skol|io|se, Skol|io|sis** *w. Gen. - Mz.* -sen
Rückgratverkrümmung nach der Seite
**skon|tie|ren** [ital.] eine Rechnung, einen Be-
trag s.: das Skonto von einer R., einem B.
abziehen; **Skon|to** *s. 9* oder *m. 9* geringer Ab-
zug vom Rechnungsbetrag bei sofortiger Zah-
lung
**Skon|tra|ti| on** [-tsjon, ital.] *w. 10* das Skon-
trieren; **skon|trie|ren** den neuen Bestand
durch Aufrechnung der Zu- und Abgänge
ermitteln; **Skon|tro** *s. 9* Buch mit den Eintra-
gungen der tägl. Zu- und Abgänge
**Skoo|ter** [sku-, engl.] *m. 5* auf Jahrmärkten:
elektr. Kleinauto; Fahrbahn dafür
**Skor|but** [mlat.] *m. Gen.* -s *nur Ez.* Krankheit
infolge Mangels an Vitamin C
**Skor|da|tur** [lat.-ital.] *w. 10* bei Saiteninstru-
menten: Umstimmung (von Saiten, z. B. zum
Erzielen von Klangeffekten)
**Skor|pi| on** [griech.] *m. 1* ein Spinnentier mit
Giftstachel
**Skotom** [griech.] *s. 1* krankhafter Ausfall ei-
nes Teils des Gesichtsfeldes, dunkler Fleck
vor dem Auge
**skr**, *schweiz.:* **sKr**, *Abk. für* schwed. Krone
**Skri|bent** [lat.] *m. 10* Vielschreiber, Schrei-
berling; **Skript** *s. 12* **1** schriftl. Ausarbeitung,
Schriftstück; **2** Drehbuch; **Skript|girl** [-gəːl]
*s. 9* → Scriptgirl; **Skrip|tum** *s. Gen.* -s *Mz.* -ten
**1** veraltet für Skript; **2** österr.: Vorlesungsmit-
schrift
**Skro|fel** [lat.] *w. 11* Halsdrüsengeschwulst,
verdickter Halslymphknoten; Skrofeln →
Skrofulose; **skro|fu|lös** an Skrofulose er-
krankt; **Skro|fu|lo|se** *w. 11* tuberkulöse Haut-
und Lymphknotenerkrankung bei Kindern
**Skro|ta** [lat.] *Mz. von* Skrotum; **Skro|tal-**
**bruch** *m. 2* Hodenbruch; **Skro|tum** *s. Gen.*
-s *Mz.* -ta Hodensack
**Skrubs** [skrʌbs, engl.] *Mz.* minderwertige Ta-
bakblätter

**Skru̱pel** [lat.] *m. 5 meist Mz.* Bedenken, Gewissensbisse; **skru̱pullös** bedenklich, ängstlich

**Skruti̱ni̱um** [lat.] *s. Gen.* -s *Mz.* -niˑen 1 *bei kirchl., selten auch bei polit.* Wahlen: Sammlung und Prüfung der Stimmen; 2 Prüfung der Kandidaten (durch den Bischof) für die Priesterweihe

**Sku̱do** *m. Gen.* -s *Mz.* -di → Scudo

**Sku̱llboot** [engl.] *s. 1* Sportruderboot mit zwei Rudern für einen Ruderer; **sku̱llen** im Skullboot rudern; **Sku̱ller** *m. 5* 1 → Skullboot; 2 Ruderer im Skullboot

**skulpti̱eren** [lat.] → skulpturieren; **Skulptu̱r** *w. 10 nur Ez.* 1 Bildhauerkunst; 2 Werk der Bildhauerkunst, Plastik, Statue; **skulptu̱rieren** als Skulptur darstellen, bildhauerisch bearbeiten

**Sku̱nk** [indian.] *m. 9* 1 ein marderähnl. Raubtier, Stinktier; 2 dessen Pelz

**Sku̱pschti̱na** [serbokroat.] *w. 9* das jugoslaw. Parlament

**skurri̱l** [lat.] possenhaft, drollig

**Skü̱s** [frz.] *m. Gen.- Mz.-* Tarock: Trumpfkarte

**Skye̱terri̱er** [skai-, nach der Hebrideninsel Skye] *m. 5* eine Terrierrasse

**Sky̱jacker** (-jaklker) [skaidʒækər, engl.] *m. 5* Luftpirat; **Sky̱lab** [skailæb] *s. Gen.*-s *nur Ez.* zeitweilig bemannte, US-amerik. Weltraumstation, Himmelslaboratorium; **Sky̱light** [skailait] *s. 9 auf Schiffen:* Oberlicht, Luke; **Sky̱line** [skailain] *w. 9* Horizont(linie); Silhouette einer Stadt

**Sky̱lla** *w. Gen.- nur Ez.* → Scylla

**Sky̱phos** [griech.] *m. Gen.- Mz.* -phoi altgriech. Trinkbecher mit waagerechten Henkeln am oberen Rand

**Sky̱surfer** [skaisɔːfər, engl.] *m. 5* Segelflieger mit einem Flugkörper aus Segeltuch und Metallstangen in Form eines Vogels, der durch Gewichtsverlagerung gesteuert wird, Drachenflieger

**Sky̱the** *m. 11* im Altertum Bez. für Bewohner der südruss. Steppe

**s. l.** *Abk.: für* sine loco

**Sla̱lom** [norw.] *m. 9 oder s. 9* Schilauf oder Kanufahrt durch abgesteckte Tore, Torlauf

**Sla̱ng** [slæŋ, engl.] *m. 9* nachlässige Umgangssprache, bes. im Engl.

**Sla̱pstick** [slæp-, engl.] *m. 9* groteske, unwahrscheinl. Filmszene

**Sla̱we** *m. 11* Angehöriger einer ost- und südosteurop. Völkergruppe; **sla̱wisi̱eren** slawisch machen; **Sla̱wi̱smus** *m. Gen.- Mz.* -men in eine andere Sprache übernommene slaw. Spracheigentümlichkeit; **Sla̱wi̱stik** *w. 10 nur Ez.* Wissenschaft von den slaw. Sprachen und Literaturen; **sla̱wophi̱l** slawenfreundlich; **Sla̱wophi̱lie** *w. 11 nur Ez.* Vorliebe für alles Slawische

**s. l. e. a.** *Abk. für* sine loco et anno

**Sli̱bowitz** [serb.] *m. 1* aus Pflaumen hergestellter Branntwein

**Sli̱p** [engl.] *m. 9* 1 *Seew.:* schiefe Ebene; 2 kurzes Unterhöschen; 3 *Börse:* Abrechnungszettel; **Sli̱pper** *m. 5* 1 Straßenschuh ohne Schnürung; 2 *österr.:* leichter Mantel; 3 *Bankw.:* Formularstreifen, bes. bei Ausführung von Börsenaufträgen

**Sli̱wowitz** *m. 1* → Slibowitz

**Slo̱gan** [-gən, engl.] *m. 9* Schlagwort, bes. in der Werbung, z. B. „Persil bleibt Persil"

**Sloop** [slup] *w. 9 oder w. 10* → Schlup

**Slo̱wfox** [slou-, engl.] *m. 1* ein Gesellschaftstanz, vom Blues beeinflußter, langsamer Foxtrott

**Slow Mo̱tion** [slou mou∫ən] *w. Gen.- - nur Ez.* engl. Bez. für Zeitlupe

**Slu̱ms** [slʌmz, engl.] *m. 9 Mz.* Elendsviertel, bes. in London

**Slu̱p** *w. 9 oder w. 10* → Schlup

**Sm** *chem. Zeichen für* Samarium

**S. M.** *Abk. für* Seine Majestät

**Small Ta̱lk** [smɔːl tɔk, engl.] *s. Gen. - -s nur Ez.* belangloses Gespräch, Geplauder

**Sma̱lte** *w. 11* → Schmalte

**Sma̱ragd** [griech.] *m. 1* ein Mineral, grüner Edelstein

**sma̱rt** [engl.] 1 hübsch und elegant, schneidig; 2 findig, pfiffig, geschickt, durchtrieben (Geschäftsmann)

**Smo̱g** [engl.] *m. 9* dichter, schmutziger Nebel über Industriestädten

**Smo̱klarbeit** [slaw.] *w. 10* Verzierung von Kleidungsstücken, bei der der Stoff durch einen Zierstich in kleine Fältchen gezogen wird

**Smoke-i̱n** [smouk-, engl.] *s. 9 ugs.:* Beisammensein zum gemeinsamen Haschischrauchen

**smo̱ken** mit Zierstich in Fältchen ziehen

**Smo̱king** [engl.] *m. 9, österr.: m. 1* Herrengesellschaftsanzug mit seidenen Rockaufschlägen

**smorza̱ndo** [ital.] *Mus.:* ersterbend, verlöschend

**Smyṟna** [nach der türk. Stadt Smyrna, heute: Izmir] *m. 9* ein Teppich mit großer Musterung

**Sn** *chem. Zeichen für* Stannum = Zinn

**Sna̱ckbar** [snæk-, engl.] *w. 9 engl. Bez. für* Imbißstube

**Sni̱ffing** [engl.] *s. Gen.* -s *nur Ez.* Einatmen von Dämpfen mancher Stoffe, um einen Rauschzustand herbeizuführen

**Sno̱b** [engl.] *m. 9* jmd., der sich (bes. infolge seines Reichtums und seiner gesellschaftl. Stellung) andern überlegen fühlt; **Sno̱bi̱smus** *m. Gen.- nur Ez.* Einstellung, Verhalten eines Snobs

**s. o.** *Abk. für* salvis omissis

**So̱branje** *w. 11 oder s. 11* die bulgar. Volksvertretung

**So|bri|e|tät** [-briə-, lat.] *w. 10 nur Ez. veraltet:* Mäßigkeit

**Sol|ci|e|tas Je|su** [-tsiə-, lat.] *w. Gen. - - nur Ez.* (*Abk.:* SJ) die Gesellschaft Jesu, der Jesuitenorden

**So|da** [span.] **1** *w. Gen. - oder s. Gen. -s nur Ez.* Natriumcarbonat; **2** *s. Gen. -s nur Ez.*, *kurz für* Sodawasser

**So|da|le** [lat.] *m. 11* Mitglied einer Sodalität; **So|da|li|tät** *w. 10* kath. Bruderschaft oder Genossenschaft

**So|da|lith** [span. + griech.] *m. 1* ein Mineral

**So|da|was|ser** *s. 5 nur Ez.* mit Kohlensäure versetztes Wasser, Selterswasser

**So|do|mie** [nach der bibl. Stadt Sodom] *w. 11 nur Ez.* Unzucht mit Tieren; **So|do|mit** *m. 10* jmd., der Sodomie betreibt

**So|fa** [arab.-frz.] *s. 9* gepolstertes Sitz- und Liegemöbel mit Rückenlehne und Armlehnen

**Sof|fit|te** [frz.] *w. 11* **1** Dekorationsteil als oberer Abschluß des Bühnenbildes; **2** lange Glühlampe mit Stromanschluß an beiden Enden; **Sof|fit|ten|lam|pe** *w. 11* → Soffitte (2)

**Soft-Eis** [sɔft-, engl. „weich"] *s. 1 nur Ez.* ein Milchspeiseeis; **Soft|ware** [sɔftwɛə] *w. Gen. - nur Ez.* die einer EDV-Anlage eingespeicherten Programme; vgl. Hardware

**soi|gniert** [soanjirt, frz.] gepflegt (Person)

**Soi|ree** [soare, frz.] *w. 11* Abendgesellschaft, Abendveranstaltung

**So|ja|boh|ne** [chin.] *w. 11* eine Nutzpflanze mit ölhaltigen Samen

**So|kra|ti|ker** *m. 5* Anhänger des altgriech. Philosophen Sokrates und seiner Lehre

**Sol 1** *m. 9, nach Zahlen Mz. -* Währungseinheit in Peru; **2** *s. 1* kolloidale Lösung

**so|la fi|de** [lat.] allein durch den Glauben (Grundsatz der Rechtfertigungslehre Luthers)

**So|la|nin** [lat.] *s. 1* giftiges Alkaloid mehrerer Nachtschattengewächse; **So|la|num** *s. Gen. -s Mz. -la|nen* Nachtschatten

**so|lar** [lat.] zur Sonne gehörend, von ihr ausgehend; **So|lar** *s. 1* Sonnenjahr; **So|la|ri|sa|ti|on** [-tsjon] *w. 10* Umkehrung der Lichteinwirkung im Entwickler bei stark überbelichtetem Negativ; **So|la|ri|um** *s. Gen. -s Mz. -ri|en* Anlage zur Höhensonnenbestrahlung; **So|lar|kon|stan|te** *w. 11* die auf der Erde ankommende Strahlungsintensität der Sonne, meist gemessen in Kalorien pro m$^2$ und Minute

**So|lar|ple|xus** *m. Gen. - Mz. -* Nervengeflecht unter dem Zwerchfell, Sonnengeflecht

**So|la|wech|sel** [ital.] *m. 5* Wechsel, in dem sich der Aussteller zur Zahlung einer Geldsumme verpflichtet, Eigenwechsel

**Sold** [lat.] *m. 1 nur Ez.* Lohn (des Soldaten)

**Sol|da|nel|la** [ital.], **Sol|da|nel|le** *w. Gen. - Mz. -len* Troddelblume, Alpenglöckchen

**Sol|dat** [lat.-ital.] *m. 10* **1** Angehöriger der Streitmacht eines Staates; **2** *bei staatenbildenden Insekten:* für die Verteidigung des Stockes sorgendes Insekt; **3** *Schachspiel:* Bauer; **4** Feuerwanze

**Sol|da|tes|ka** *w. Gen. - Mz.* -ken roher Soldatenhaufe, zügelloses Kriegsvolk

**so|lenn** [lat.] *veraltet:* feierlich, festlich; **So|len|ni|tät** *w. 10 nur Ez.* Feierlichkeit

**Sol|fa|ta|ra** [ital.], **Sol|fa|ta|re** *w. Gen. - Mz.* -ren vulkan. Ausströmen schwefelhaltiger Wasserdämpfe

**sol|feg|gie|ren** [-dʒi-, ital.] ein Solfeggio singen; **Sol|feg|gio** [-fɛdʒo] *s. Gen. -s Mz.* -feg|gi|en [-fɛdʒən] mit den → Solmisationssilben gesungenes Übungsstück

**So|li** *Mz. von* Solo

**sol|lid** → solide

**So|li|dar|haf|tung** *w. 10 nur Ez.* Haftung mehrerer Personen als Gesamtschuldner; **so|li|da|risch** gemeinsam, eng verbunden, übereinstimmend, einig; **so|li|da|ri|sie|ren** sich (mit jmdm.) solidarisch erklären, sich (mit jmdm.) verbinden; **So|li|da|ris|mus** *m. Gen. - nur Ez.* Lehre vom Verbundensein aller Menschen zum Zweck des allgemeinen Wohls; **So|li|da|ri|tät** *w. 10 nur Ez.* Zusammengehörigkeitsgefühl, Verbundenheit; **So|li|dar|schuld|ner** *m. 5* Gesamtschuldner

**so|li|de** [lat.] **1** haltbar, fest, gut gebaut; **2** zuverlässig, charakterfest, anständig; **3** häuslich, nicht ausschweifend; **so|li|die|ren** *veraltet:* befestigen, sichern; **So|li|di|tät** *w. 10 nur Ez.* **1** Haltbarkeit, Festigkeit; **2** Anständigkeit, Zuverlässigkeit

**Sol|ling** *s. 9 oder m. 9* Segelboottyp sowie olymp. Segelklasse

**Sol|ip|sis|mus** [lat.] *m. Gen. - nur Ez.* philosophische Lehre, daß nur das eigene Ich wirklich sei und die Welt nur in dessen Vorstellung existiere

**So|list** *m. 10* vom Orchester, Chor oder einem Instrument begleiteter, einzeln hervortretender Sänger oder Spieler, Einzelsänger, -spieler; **so|li|tär** einsam, nicht im Rudel (lebend), nicht staatenbildend (Tier); **So|li|tär** *m. 1* **1** großer, einzeln gefaßter Diamant; **2** ein Geduldsspiel; **So|li|tü|de** *w. 11* Einsamkeit (oft Name von Schlössern)

**Sol|li|zi|tant** [lat.] *m. 10 veraltet:* Bittsteller; **Sol|li|zi|ta|ti|on** [-tsjon] *w. 10 veraltet:* förmliche Bitte, Gesuch; **sol|li|zi|tie|ren** ein Bittgesuch einreichen

**So|lux|lam|pe** *w. 11* ⓌⓏ Lampe zur Wärmebestrahlung

**Sol|mi|sa|ti|on** [-tsjon, nach den beiden Silben sol und mi] *w. 10* System für die Bez. der Töne der diaton. Tonleiter mit den sog. Solmisationssilben; **Sol|mi|sa|ti|ons|sil|ben** *w. 11 Mz.* die Silben „do, re, mi, fa, sol, la, si" zur Bez. der Töne der diaton. Tonleiter anstatt c, d, e usw.; **sol|mi|sie|ren** mit den Solmisationssilben singen

**so|lo** [ital.] *unflektierbar, Mus.:* allein, für sich; solo singen, spielen; ich bin ganz solo *ugs. scherzh.;* **So|lo** *s. Gen. -s Mz.* -li *Mus.:* 1 Gesang bzw. Instrumentalspiel eines einzelnen Sängers bzw. Spielers; *Ggs.:* Tutti; 2 Tanz eines einzelnen Tänzers **So|lö|zis|mus** [griech.] *m. Gen. - Mz.* -men grober sprachl. Fehler **Sol|sti|ti|um** [-tsjum, lat.] *s. Gen. -s Mz.* -ti|en [-tsjən] Sonnenwende **so|lu|bel** [lat.] *Chem.:* löslich; **So|lu|tio** [-tsjo] *w. Gen. - Mz.* -tio|nes [-tsjo-], **So|lu|ti|on** [-tsjon] *w. 10* Arzneimittellösung **So|lu|tré|en** [səlytreε̃, nach dem frz. Fundort Solutré] *s. Gen. -s nur Ez.* Kulturstufe der jüngeren Altsteinzeit **sol|va|bel** [lat.] 1 auflösbar; 2 *veraltet:* zahlungsfähig, solvent; **Sol|vens** [-vεns] *s. Gen. - Mz.* -ven|tia [-tsja] oder -ven|zi|en schleimlösendes Mittel; **sol|vent** zahlungsfähig; **Sol|venz** *w. 10 nur Ez.* Zahlungsfähigkeit; **sol|vie|ren** [-vi-] 1 *Chem.:* auflösen; 2 zahlen **So|ma** [griech.] *s. 9* Leib, Körper **So|ma|li** 1 *m. Gen.* -(s) *Mz.* So|mal Angehöriger eines hamit. Volksstammes in Ostafrika; 2 *s. Gen.* -(s) *nur Ez.* dessen Sprache **so|ma|tisch** [zu: Soma] leiblich, körperlich; **so|ma|to|gen** 1 körperlich bedingt, durch den Körper verursacht; 2 von Körperzellen (nicht von der Erbmasse) gebildet; **So|ma|to|lo|gie** *w. 11 nur Ez.* Lehre vom menschl. Körper **Som|bre|ro** [span.] *m. 9* breitrandiger Strohhut in Mittel- und Südamerika **Som|mi|tä|ten** [lat.-frz.] *w. 10 Mz. veraltet:* hochgestellte Personen **som|nam|bul** [lat.] nacht-, schlafwandlerisch, mondsüchtig; **Som|nam|bu|lis|mus** *m. Gen. nur Ez.* Mondsüchtigkeit, Schlaf-, Nachtwandeln; **som|no|lent** benommen; schlafsüchtig, krankhaft schläfrig; **Som|no|lenz** *w. 10 nur Ez.* Benommenheit; krankhafte Schläfrigkeit, Schlafsucht **So|nant** [lat.] *m. 10* selbsttönender, silbenbildender Laut, Vokal; **So|na|te** [ital.] *w. 11* drei- oder viersätziges Musikstück für ein oder mehrere Instrumente; **So|na|ti|ne** *w. 11* kleine Sonate **Son|de** [frz.] *w. 11* 1 Instrument zum Einführen in Körperhöhlen; 2 dünner Schlauch zur künstl. Ernährung; 3 *Bergbau:* Probebohrung (Erdöl u. a.); 4 Instrument zum Messen von Druck, Richtung, Geschwindigkeit und Temperatur von Flüssigkeiten; 5 *Weltraumfahrt:* unbemannter Flugkörper **son|die|ren** [frz.] 1 mit der Sonde untersuchen; 2 *übertr.:* erkunden, erforschen, z. B. die Lage sondieren **So|nett** [ital.] *s. 1* Gedicht aus zwei vier- und zwei dreizeiligen Strophen **Song** [engl.] *m. 9 seit B. Brecht:* scharf satir., dem Bänkellied ähnl. und dem Jazz na-

hestehendes Lied; 2 *danach allg.:* Schlager, Lied **so|nor** [lat.] klangvoll, tönend; sonore Laute → Sonorlaute; **So|nor|lau|te** *m. 1 Mz. Sammelbez. für* Nasale und Liquiden **So|phis|ma** [griech.] *s. Gen. -s Mz.* -men, **So|phis|mus** *m. Gen. - Mz.* -men Scheinbeweis, Trugschluß; **So|phist** *m. 10* 1 *urspr.:* Denker, Wissenschaftler, wandernder Lehrer der Weisheit und Redekunst; 2 *seit Sokrates:* spitzfindiger Gelehrter, Wortklauber; **So|phi|stik** *w. 10 nur Ez.* 1 Lehre der Sophisten; 2 spitzfindige Weisheit, Scheinweisheit; **So|phi|stik|al|ti|on** [-tsjon] *w. 10* Vernunftschluß, Schluß von etwas, das man kennt, auf etwas, das man nicht kennt und nicht beweisen kann; **so|phi|stisch** in der Art eines Sophisten, spitzfindig **So|por** [lat.] *m. Gen. -s nur Ez.* starke Benommenheit, Schlaftrunkenheit; **so|po|rös** stark benommen, schlaftrunken **so|pra** [ital.] *beim Spiel auf Tasteninstrumenten:* „oben", über die andere Hand hinwegzuführen; *Ggs.:* sotto **So|pran** [lat.-ital.] *m. 1* 1 *bei Frauen und Knaben:* höchste Stimmlage; 2 Sopransänger(in); 3 Gesamtheit der hohen Frauen- oder Knabenstimmen im Chor; 4 höchste Stimmlage bei Musikinstrumenten, z. B. Sopranblockflöte; **So|pra|nist** *m. 10* Sopransänger **So|pra|por|te** [lat.-ital.] *w. 11, bes. im Barock und Rokoko:* Verzierung über der Tür **Sor|be** *m. 11* Angehöriger eines westslaw. Volksstammes **Sor|bet** [türk.-ital.], **Sor|bett** *m. 9* 1 Fruchtsaft mit Eis; 2 Halbgefrorenes **Sor|bin|säu|re** [lat.] *w. 11* eine organ. Säure, Konservierungsmittel **Sor|bit** [lat.] *m. 1 nur Ez.* 1 ein Fruchtalkohol; 2 ein feinkörniges Stahlgefüge **Sor|di|no** [ital.] *m. Gen. -s Mz.* -ni *bei Musikinstrumenten:* Dämpfer **Sor|gho** [ital.] *m. 9*, **Sor|ghum** *s. 9* Mohrenhirse **Sorp|ti|on** [-tsjon, lat.] *w. 10* Aufnahme eines gasförmigen oder gelösten Stoffes; vgl. Absorption, Adsorption **Sor|te** [lat.-ital.] *w. 11* 1 Art, Güteklasse; 2 *Mz. Bankw.: Bez. für* ausländische Banknoten und Münzen; **sor|tie|ren** nach Sorten, nach bestimmten Gesichtspunkten ordnen; sortiert: ausgewählt; ein gut, schlecht sortiertes Warenangebot; **Sor|ti|le|gi|um** *s. Gen. -s Mz.* -gi|en Weissagung durch Lose; **Sor|ti|ment** *s. 1* 1 Gesamtheit der vorhandenen (Waren-) Sorten, Warenangebot; 2 *kurz für* Sortimentsbuchhandel; **Sor|ti|men|ter** *m. 5* Buchhändler im Sortiment (2); **Sor|ti|ments|buch|han|del** *m. Gen. -s nur Ez.* Handel in Ladengeschäften mit Büchern der verschiedensten Verlage, Ladenbuchhandel

**SOS** *s. Gen. - nur Ez.* Morsezeichen als Hilferuf von Schiffen in Seenot (gedeutet als engl. „save our souls": „rettet unsere Seelen" oder „save our ship": „rettet unser Schiff"; in Wirklichkeit eine Zusammenstellung von Zeichen, die sich bes. leicht merken lassen
**So|ße** [frz.] *w. 11* gewürzte Flüssigkeit aus Bratensaft, Brühe (und Mehl) oder Mehl, Milch, Ei (und Zucker); **so|ßie|ren** → saucieren
**so|ste|nu|to** [ital.] *Mus.:* breit, getragen
**So|ter** [griech.] *m. 1* **1** *im alten Griechenland:* Retter, Erlöser; **2** *im NT:* Beiname Christi; **So|te|rio|lo|gie** *w. 11 nur Ez.* Lehre vom Erlösungswerk Christi, Heilslehre
**Sot|ti|se** [frz.] *w. 11 veraltet:* **1** Dummheit; **2** Grobheit, Flegelei; **3** Stichelei, freche Bemerkung
**sot|to** [ital.] *beim Spiel auf Tasteninstrumenten:* „unten", bei gekreuzten Händen unten liegend; *Ggs.:* sopra; **sot|to vo|ce** [-vot∫ə] *Mus.:* gedämpft, halblaut
**Sou** [su̯, frz.] *m. 9* frz. Währungseinheit, 5 Centimes
**Sou|bret|te** [su-, frz.] *w. 11* Oper, Operette: Sopransängerin für heitere Rollen
**Sou|che** [su∫ə, frz.] *w. 11* Teil eines Wertpapiers, der zur Kontrolle der Echtheit zurückbehalten wird
**Sou|chong** [sut∫ɔng, chin.] *m. 9* Teesorte aus großen, breiten Blättern
**Souf|flé** [sufle, frz.] *s. 9* **1** Speise aus geschlagenen, in der Pfanne gebackenen Eiern mit Zucker; **2** lockerer Eierauflauf
**Souf|fleur** [suflør, frz.] *m. 1* Theater: jmd., der während des Spiels die Rollen flüsternd mitliest und dann den Schauspielern einsagt; **Souf|fleu|se** [sufløzə] *w. 11* weibl. Souffleur; **souf|flie|ren** [suf-] **1** jmdn. s.: jmdm. vor-, einsagen; **2** als Souffleur tätig sein
**Soul** [soul, engl.] *m. 9 nur Ez.* gefühlsbetonter Jazz oder Beat
**Sound** [saund, engl.] *m. 9* Art des Klingens; im S. der alten Musik spielen; **Sound|track** [saundtræk] *m. 9* Tonstreifen oder Musik zu einem Ton- oder Fernsehfilm
**Sou|per** [supe, frz.] *s. 9* großes, festliches Abendessen; **sou|pie|ren** [su-] festlich zu Abend essen
**Sou|ta|che** [suta∫(ə), frz.] *w. 11* schmale, geflochtene Schnur (als Besatz); **sou|ta|chie|ren** [suta∫i-] mit einer Soutache versehen
**Sou|ta|ne** [su-, frz.] *w. 11* fußlanges Übergewand der kath. Geistlichen; **Sou|ta|nel|le** [su-] *w. 11* knielange Soutane
**Sou|ter|rain** [sutərε̃, frz.] *s. 9* Kellergeschoß
**Sou|ve|nir** [suvənir, frz.] *s. 9* Andenken
**sou|ve|rän** [suvə-, frz.] **1** unumschränkt herrschend, die Herrschergewalt ausübend; **2** überlegen; eine Situation souverän meistern; **Sou|ve|rän** *m. 1* **1** Herrscher; **2** *schweiz.:* Gesamtheit der Stimmbürger;

**Sou|ve|rä|ni|tät** *w. 10 nur Ez.* **1** Herrschergewalt, Oberhoheit; **2** Unabhängigkeit; **3** Überlegenheit; **Sol|ve|reign** [sᴧvərin, engl.] *m. 9, nach Zahlen Mz. -* frühere engl. Goldmünze, 20 Shilling
**Sow|chos** [-xɔs oder -çɔs, russ.] *s. Gen. - Mz. -cho|se* [-çо-], **Sow|cho|se** *w. 11 in der UdSSR:* Staatsgut
**Sow|jet** [russ. „Rat"] *m. 9* **1** *in der UdSSR:* urspr. Arbeiter- und Soldatenrat, *heute* Verwaltungsbehörde; **2** *Mz.* die Sowjets *ugs.:* die Sowjetrussen; **sow|je|ti|sie|ren** nach sowjet. Muster gestalten; **Sow|jet|rus|se** [auch: sɔ-] *m. 11* Einwohner der Sowjetunion
**So|zi** *m. 9 früher abwertendes Kurzw. für* Sozialdemokrat
**so|zi|a|bel** [lat.] **1** gesellschaftlich; **2** gesellig, umgänglich; **So|zi|a|bi|li|tät** *w. 10 nur Ez.* Geselligkeit, Umgänglichkeit; **so|zi|al** die Gemeinschaft, Gesellschaft betreffend, zu ihr gehörig, ihr dienend, gemeinnützig, wohltätig; **So|zi|al|de|mo|krat** *m. 10* Angehöriger einer sozialdemokrat. Partei; **So|zi|al|de|mo|kra|tie** *w. 11* **1** polit. Richtung, die Sozialismus und Demokratie zu verbinden sucht; **2** Gesamtheit der sozialdemokrat. Parteien; **so|zi|al|de|mo|kra|tisch** sozial und demokratisch (eingestellt); **So|zi|al|hy|gie|ne** [-gje:-] *w. 11 nur Ez.* öffentl. Gesundheitspflege; **So|zi|al|in|di|ka|to|ren** *m. 13 Mz.* Kriterien, die den Lebensstandard qualitativ (nicht quantitativ) beschreiben; **So|zi|a|li|sa|ti|on** [-tsjon] *w. 10* Einordnung des einzelnen in die Gemeinschaft; **so|zi|a|li|sie|ren** **1** in staatl. oder gesellschaftl. Eigentum überführen; **2** in die Gemeinschaft einordnen, gemeinschaftsfähig machen; **So|zi|a|li|sie|rung** *w. 10* Verstaatlichung, Vergesellschaftung; **So|zi|a|lis|mus** *m. Gen. - nur Ez.* Bewegung zum Umsturz oder zur Umgestaltung der kapitalist. Staats- und Wirtschaftsordnung mit dem Ziel der Sozialisierung der Produktionsmittel und Kontrolle der Produktion durch den Staat; **So|zi|a|list** *m. 10* Vertreter, Anhänger des Sozialismus; **So|zi|al|ka|pi|tal** *s. Gen. -s nur Ez.* alle Rücklagen für soziale Zwecke; **So|zi|al|öko|no|mie** *w. 11 nur Ez.* Volkswirtschaftslehre; **So|zi|al|pä|da|go|gik** *w. 10 nur Ez.* Erziehung des einzelnen in seinem Verhältnis zur Gemeinschaft; **So|zi|al|part|ner** *m. 5* Arbeitnehmer und Arbeitgeber bzw. deren Vertreter; **So|zi|al|po|li|tik** *w. 10 nur Ez.* alle Maßnahmen des Staates zur Unterstützung der wirtschaftlich schwachen Bevölkerungsschichten; **So|zi|al|pre|sti|ge** [-sti:ʒ] *s. Gen. -s nur Ez.* gesellschaftl. Ansehen, Geltung; **So|zi|al|pro|dukt** *s. 1* der Geldwert aller jährlich produzierten Güter und Dienstleistungen einer Volkswirtschaft nach Abzug von Abgaben und Unkosten, Nationaleinkommen; **So|zi|al|psy|cho|lo|gie** *w. 11 nur Ez.* Zweig der Psychologie, der sich mit dem Verhalten des

einzelnen gegenüber der Gemeinschaft sowie mit sozialen Gruppen befaßt; **So|zi|al|rent|ner** *m.5* jmd., der eine staatl. Rente bezieht **So|zie|tät** [-tsje-] *w.10* **1** *veraltet:* Genossenschaft; **2** *Zool.:* Gesellschaft (von Tieren); **so|zi|lie|ren** sich s.: sich wirtschaftlich vereinigen **So|zio|gramm** [lat. + griech.] *s.1* graph. Darstellung der sozialen Beziehungen innerhalb einer Gruppe; **So|zio|l|lekt** *m.1* spezif. Sprachform einer sozialen Schicht; **So|zio|l|lin|gui|stik** *w.10 nur Ez.* Lehre vom Sprachverhalten sozialer Gruppen; **So|zio|lo|gie** [lat. + griech.] *w.11 nur Ez.* Gesellschaftswissenschaft; **So|zio|me|trie** *w.11 nur Ez.* Untersuchung der sozialen Beziehungen innerhalb einer Gruppe; **so|zio|morph** von der Gesellschaft geformt; vgl. biomorph, technomorph **So|zi|us** [lat.] *m. Gen. - Mz.* -zi|us|se **1** Teilhaber; **2** Beifahrer (auf dem Motorrad) **Spa|dil|le** [-dɪljə, lat.] *w.11 Lomber:* höchste Trumpfkarte, Pik-As **Spa|gat** [ital.] *m.1* **1** völliges Spreizen der Beine nach vorn und hinten; **2** *bayr., österr.:* Bindfaden; **Spa|ghet|ti** *nur Mz.* lange, dünne Nudeln **Spa|gi|rik** [griech.] *w.10 nur Ez.* **1** *früher:* Alchimie; **2** *heute:* Arzneimittelzubereitung aus Pflanzen; **Spa|gi|ri|ker** *m.5 früher:* Alchimist **Spa|hi** [pers.] *m.9* **1** *früher:* (urspr. adliger) Reitersoldat im türk. Heer; **2** Angehöriger einer aus nordafrik. Eingeborenen bestehenden frz. Reitertruppe **Spa|lett** [ital.] *s.1 österr.:* hölzerner Fensterladen; **Spa|lier** *s.1* **1** Holzgitter an einer Mauer zum Befestigen von Kletterpflanzen oder jungen Obstbäumen; **2** eine Gasse bildende Doppelreihe von Personen zum Empfang hochgestellter Persönlichkeiten **Span|dril|le** [lat.-frz.] *w.11* dreieckige Fläche zwischen einem Bogen und der rechteckigen Begrenzung der Maueröffnung, Bogenzwickel **Spa|ni|el** [-njel, span.-engl.] *m.5* eine langhaarige Hunderasse mit Schlappohren; **Spa|ni|ol|le** [frz.] *m.11* von Spanien nach Nordafrika, dem Balkan u. a. Ländern ausgewanderter Jude **Spar|ring** [engl.] **1** *s. Gen. -s nur Ez.* Boxtraining; **2** *m.9* Übungsball dafür **Spart** *m.1 oder s.1* → Esparto **Spar|ta|kia|de** [nach Spartacus, dem Führer des Sklavenaufstandes im Röm. Reich 73 v. Chr.] *w.11 in den Ostblockstaaten:* internationales Sportlertreffen mit Wettkämpfen; **Spar|ta|kist** *m.10* Angehöriger des Spartakusbundes; **Spar|ta|kus|bund** *m. Gen. -(e)s nur Ez.* Vereinigung linksstehender Sozialisten 1917, Vorläufer der kommunist. Partei Deutschlands **spar|ta|nisch 1** streng, hart; **2** genügsam **Spar|te** [ital.] *w.11* Abteilung, Fach, Wissens-, Geschäftszweig

**Spar|te|rie** [frz.] *w.11* Flechtwerk aus Span oder Bast **Spart|gras** *s.4 nur Ez.* → Esparto **Spar|ti|at** *m.10 im alten Sparta:* Vollbürger mit allen polit. Rechten, im Unterschied zum Heloten und Perioken **spar|tie|ren** [ital.] in Partitur setzen (Musikwerk, das nur in einzelnen Stimmen aufgezeichnet ist) **spas|ma|tisch** [griech.], **spas|misch, spas|mo|disch** in der Art eines Spasmus, krampfartig, krampfhaft; **Spas|mo|ly|ti|kum** *s. Gen. -s Mz.* -ka krampflösendes Mittel; **Spas|mo|phi|lie** *w.11 nur Ez.* → Tetanie; **Spas|mus** *m. Gen. - Mz.* -men Krampf; **spa|stisch** → spasmisch **Spa|tha** [griech.] *w. Gen. - Mz.* -then **1** german. Schwert; **2** Hochblatt an kolbenförmigen Blütenständen (bei Palmen u. a.) **Spa|ti|en** [-tsjən] *Mz. von* Spatium; **Spa|tio|naut** [lat.-griech.] *m.10,* frz. Bez. für Weltraumfahrer; vgl. Astronaut, Kosmonaut; **spa|tio|nie|ren** [-tsjo-, lat.] mit Spatium versehen, sperren (Schriftsatz); **spa|ti|ös** [-tsjøs] weiträumig (gesetzt), mit Zwischenräumen (Schriftsatz); **Spa|ti|um** [-tsjum] *s. Gen. -s Mz.* -ti|en [-tsjən] Zwischenraum (zwischen den Druckbuchstaben) **Spea|ker** [spi-, engl.] *m.5 im brit. Unterhaus und im Repräsentantenhaus der USA:* Leiter der Sitzungen, Präsident **spe|die|ren** [lat.-ital.] versenden, befördern; **Spe|di|teur** [-tør] *m.1* Unternehmer, der Güter oder Möbel befördert; **Spe|di|ti|on** [-tsjon] *w.10* **1** Unternehmen zur Beförderung von Gütern und Möbeln; **2** Versandabteilung (eines Betriebes); **spe|di|tiv** *schweiz.:* rasch, zügig **Speech** [spitʃ, engl.] *m.1, Mz. auch* -es [-tʃiz] Rede, Ansprache **Speed** [spid, engl.] *m.9* **1** *Sport:* Geschwindigkeit, Geschwindigkeitssteigerung (eines Läufers oder Pferdes); **2** Anregungs-, Aufputschmittel; **Speed|way-Ren|nen** [spidwei-] *s.7 neuere Bez. für* Dirt-Track-Rennen **Speik** [lat.] *m.1 Sammelbez. für* mehrere alpine Pflanzenarten **Spek|ta|bi|li|tät** [lat.] *w.10 Titel für den Dekan einer Hochschule;* Eure *(Abk.:* Ew.) Spektabilität(en); Seine S.; **Spek|ta|kel 1** *s.5 veraltet:* Schauspiel; **2** *s. oder m.5* Aufregung, Lärm; **spek|ta|keln** ein Spektakel machen, lärmen; **spek|ta|ku|lär** aufsehenerregend; **spek|ta|ku|lös 1** *veraltet:* seltsam; **2** *ugs. scherzh. für* spektakulär **Spek|tra** *Mz. von* Spektrum; **spek|tral** [lat.] das Spektrum betreffend, von ihm ausgehend; **Spek|tral|ana|ly|se** *w.11* Bestimmung der Zusammensetzung eines strahlenden Körpers aus der Art des ausgesandten Spektrums; **Spek|tral|far|be** *w.11* Licht von nur einer Wellenlänge; Spektralfarben: die durch

Zerlegung eines Spektrums entstehenden, reinen, unvermischten Farben; **Spek|tral|li|nie** *w.11* für eine bestimmte Lichtwellenlänge charakterist. Linie in bestimmter Farbe; **Spek|tro|graph** *m.10* Gerät zur Aufzeichnung von Spektren; **Spek|tro|gra|phie** *w.11 nur Ez.* Zerlegung von Licht in die Spektralfarben; **Spek|tro|me|ter** *s.5* Gerät zur Ausmessung der Linien eines Spektrums; **Spek|tro|skop** *s.1* Gerät zur Spektroskopie; **Spek|tro|sko|pie** *w.11* Untersuchung von Spektren; **Spek|trum** *s. Gen. -s Mz.* -tra *oder* -tren **1** durch Zerlegung von Licht (bei anderer Strahlung) in seine einzelnen Farben (Wellenlängen) entstehendes farbiges Band; **2** *übertr.:* Vielfalt

**Spe|ku|la** *Mz. von* Spekulum; **Spe|ku|lant** [lat.] *m.10* **1** jmd., der spekuliert; **2** jmd., der um des Gewinns willen gewagte Geschäfte macht; **Spe|ku|la|ti|on** [-tsjon] *w.10* **1** Versuch, durch Überlegung über die Erfahrung hinaus zur Erkenntnis (bes. Gottes) zu gelangen; **2** Geschäft (bes. mit Wertpapieren oder Grundstücken) auf Grund von Preisschwankungen; **3** bloße Vermutung **Spe|ku|la|ti|us** [-tsjus, lat.] *m. Gen. - Mz. -* ein Pfefferkuchen

**spe|ku|la|tiv** [lat.] **1** auf Spekulation beruhend; **2** grüblerisch; **spe|ku|lie|ren 1** auf Grund von Spekulationen Handel treiben; **2** auf etwas spekulieren *ugs.:* mit etwas rechnen, auf etwas warten; **Spe|ku|lum** *s. Gen. -s Mz.* -la mit Spiegel versehenes Instrument zur Untersuchung von Körperhöhlen

**Spe|läo|lo|gie** [griech.] *w.11 nur Ez.* Höhlenkunde

**Spe|lun|ke** [griech.] *w.11* **1** schlechte, verrufene Kneipe; **2** schmutziger, verkommener Wohnraum

**Spen|ser** [nach dem engl. Minister G. J. Spencer] *m.5 österr. neben:* Spenzer; **Spen|zer** *m.5 veraltet:* enganliegendes Jäckchen mit Schoß

**Spe|renz|chen** [mlat.], **Spe|ren|zi|en** *nur Mz. ugs.:* Ausflüchte, Schwierigkeiten; mach keine S.!

**Sper|ma** [griech.] *s. Gen. -s Mz.* -men *oder* -mata *bei Mensch und Tier:* Samenzellen enthaltende Flüssigkeit, Samenflüssigkeit; **Sper|ma|ti|tis** *w. Gen. - Mz.* -ti|tiden Entzündung des Samenstrangs; **Sper|ma|to|ge|ne|se** *w.11* Samenbildung in den Hoden; **Sper|ma|to|phy|ten** *Mz.10* Sammelbez. für Samen-, Blütenpflanzen; **Sper|ma|tor|rhö** *w.10*, **Sper|ma|tor|rhoe** [-rø] *w.11* Samenerguß ohne geschlechtl. Erregung; **Sper|ma|to|zo|on** *s. Gen. -s Mz.* -zo|en → Spermium; **Sper|ma|zet** *m. Gen. -(e)s nur Ez.*, **Sper|ma|ze|ti** *s. Gen. -s nur Ez.* aus Kopf und Rückenkanal des Pottwals gewonnene, fettartige Masse, Walrat; **Sper|mi|en** *Mz. von* Spermium; **Sper|mio|ge|ne|se** *w.11* → Spermatogenese

**Sper|mi|um** *s. Gen. -s Mz.* -mi|en *bei Mensch und Tier:* männl. Samenzelle

**Spe|sen** [lat.] *nur Mz.* Auslagen, Unkosten **Spe|ze|rei** [ital.] *w.10 meist Mz.* Gewürz; **Spe|ze|rei|wa|ren** *w.11 Mz.* **1** → Spezereien; **2** *schweiz.:* Gemischtwaren

**Spe|zi** [zu: speziell] *m.9 süddt., österr., schweiz.:* enger Freund, Kumpan; **spe|zi|al** [lat.] → speziell; **Spe|zi|al** *m.1* guter Wein vom Faß; **spe|zi|al..., Spe|zi|al...** *in Zus.:* einzel..., Einzel..., sonder..., Sonder..., besonder..., Fach...; **Spe|zi|al|arzt** *m.2* Facharzt; **Spe|zi|a|li|en** *Mz. veraltet:* Besonderheiten, Einzelheiten; **Spe|zi|a|li|sa|ti|on** [-tsjon] *w.10* **1** Unterscheidung, Gliederung; **2** eingehendes Studium eines bestimmten Wissensgebietes; **spe|zi|a|li|sie|ren** unterscheiden, gliedern, einzeln anführen; sich auf etwas s.: sich auf einem Teilgebiet bes. eingehend befassen; **Spe|zi|a|list** *m.10* jmd., der sich auf etwas spezialisiert hat, Fachmann, Facharzt; **Spe|zi|a|li|tät** *w.10* **1** Besonderheit, etwas Besonderes; **2** Fach, Gebiet, mit dem man sich am meisten beschäftigt hat; **spe|zi|ell 1** *Adj.:* einzeln, besonders; spezielle Wünsche; **2** *Adv.:* besonders, eigens; das ist speziell für mich gemacht worden; auf dein Spezielles! *ugs.:* auf dein spezielles Wohl!; **Spe|zi|es** [-tse:s] *w. Gen. - Mz. -* **1** Art, Gattung; **2** *Biol.:* Art; **3** *Math.:* Grundrechnungsart; **4** Teemischung; **Spe|zi|es|kauf** *m.2* Kauf einer genau bestimmten Sache; **Spe|zi|es|ta|ler** *m.5 früher:* Taler in Hartgeld; **Spe|zi|fi|ka** *Mz. von* Spezifikum; **Spe|zi|fi|ka|ti|on** [-tsjon] *w.10* unterscheidende Gliederung, Aufschlüsselung; **Spe|zi|fi|kum** *s. Gen. -s Mz.* -ka **1** etwas Besonderes, Eigentümliches; **2** gegen eine bestimmte Krankheit wirkendes Mittel; **spe|zi|fisch** eigen, eigentümlich, arteigen, kennzeichnend; spezifisches Gewicht: Gewicht der Gewichtseinheit eines Stoffes; spezifische Wärme: Wärmemenge, die nötig ist, um 1 g eines Stoffes um 1° zu erwärmen; **spe|zi|fi|zie|ren** unterscheidend gliedern, einzeln anführen; **Spe|zi|men** *s. Gen. -s Mz.* -zi|mil|na **1** Muster, Probe; **2** Versuch, Probearbeit

**Sphä|re** [griech.] *w.11* **1** Kugel, Himmelskugel; **2** Kreis, Gesichtskreis, Wirkungskreis, Bereich, Machtbereich; **Sphä|ren|har|mo|nie** *w.11 nur Ez.*, **Sphä|ren|mu|sik** *w.10 nur Ez. nach Pythagoras:* durch die Bewegung der Himmelskörper entstehende, für den Menschen nicht hörbare Töne; **sphä|risch** zur Himmelskugel gehörend, auf sie bezüglich; sphärisches Dreieck: Dreieck auf der Oberfläche einer Kugel; sphärische Trigonometrie: Trigonometrie auf der Kugeloberfläche; **Sphä|ro|id** *s.1* fast kugelförmiger Körper, Rotationsellipsoid; **Sphä|ro|lith** *m.10* kugelförmiges Gesteins- oder Kristallgebilde; **Sphä|ro|lo|gie** *w.11 nur Ez.* Lehre von der

**Kugel; Sphä|ro|me|ter** *s. 5* Gerät zum Messen von Krümmungen, Kugelmesser
**Sphen** [griech.] *m. 1 nur Ez.* ein Mineral, Titanit; **sphe|no|id** keilförmig; **Sphe|no|id** *s. 1* 1 keilförmige Kristallform; 2 *Anat.:* Keilbein; **sphe|noi|dal** → sphenoid
**Sphinx** [sfịŋks, griech.] 1 *m. Gen. - Mz.* Sphịn|gen, *ugs. auch: w. 1, ägypt. Myth.:* Fabelwesen mit Löwenleib und Menschenkopf, Sinnbild des Herrschers; 2 *w. Gen. - nur Ez. griech. Myth.:* Ungeheuer mit Löwenleib und Frauenkopf, das jeden tötete, der das aufgegebene Rätsel nicht lösen konnte; *übertr. scherzh.:* sich geheimnisvoll gebende Person
**Sphra|gi|stik** [griech.] *w. 10 nur Ez.* Siegelkunde
**Sphyg|mo|gramm** [griech.] *s. 1* mit dem Sphygmographen aufgezeichnete Pulskurve; **Sphyg|mo|graph** *m. 10* Gerät zum selbsttätigen Aufzeichnen des Pulses, Pulsschreiber; **Sphyg|mo|ma|no|me|ter** *s. 5* Blutdruckmesser
**spic|ca|to** [spika-, ital.] *Mus.:* in deutlich voneinander abgesetzten Tönen, mit Springbogen (zu spielen); **Spic|ca|to** *s. Gen. -s Mz.* -ti *Mus.:* Spiel mit Springbogen
**Spi|der** [spai-, engl.] *m. 5* zweisitziger Sportwagen mit aufklappbarem Verdeck
**Spikes** [spaiks, engl.] *Mz.* 1 Rennschuhe mit herausstehenden Stahldornen an der Sohle; 2 Stahlstifte in Autoreifen; **Spike(s)|rei|fen** *m. 7* Autoreifen mit Spikes für das Fahren auf verschneiten und vereisten Straßen
**Spill|la|ge** [-ʒə, engl.] *w. 11* Warenverlust infolge Eindringens von Feuchtigkeit
**Spin** [engl.] *m. Gen. -s nur Ez.* die den Elementarteilchen zugeschriebene Eigendrehung
**Spi|na** [lat.] *w. Gen. - Mz.* -nen Knochenfortsatz, Knochendorn, Rückgrat; **spi|nal** zur Wirbelsäule gehörig, von ihr ausgehend
**Spi|nat** [pers.] *m. 1* ein Gänsefußgewächs, Gemüsepflanze
**Spi|nell** [lat.] *m. 1* ein Mineral, ein Edelstein
**Spi|nett** [nach dem ital. Erfinder G. Spinetti] *s. 1* ein Tasteninstrument, bei dem die Saiten durch Tastendruck mit einem Kiel angerissen werden
**Spin|na|ker** [Herkunft unsicher] *m. 5* großes dreieckiges Beisegel
**spin|nös** [lat.] schwierig, knifflig, spitzfindig
**Spin|tha|ri|skop** [griech.], **Spin|the|ri|skop** *s. 1* Gerät zum Beobachten von Lichtblitzen mit einem Vergrößerungsglas
**spin|ti|sie|ren** [ital.?] grübeln
**Spi|on** [frz.] *m. 1 1* jmd., der Spionage treibt, Kundschafter, Horcher; 2 Spiegel außen am Fenster, in dem man die Straße überblicken kann; 3 Guckloch (in Türen); **Spio|na|ge** [-ʒə] *w. 11 nur Ez.* heiml. Auskundschaften von polit., wirtschaftl. oder militär. Geheimnissen eines fremden Staates; **spio|nie|ren** sich als Spion betätigen

**Spi|räe** [lat.] *w. 11* ein ostasiat. Zierstrauch
**Spi|ra|le** [lat.] *w. 11* 1 sich um einen Punkt oder eine Achse windende Linie; 2 Gegenstand in dieser Form; **spi|ra|lig** wie eine Spirale; **Spi|ral|ne|bel** *m. 5* Sternsystem in spiralig erscheinender Form
**Spi|rans** [lat.] *m. Gen. - Mz.* -rạn|ten, **Spi|rạnt** *m. 10* Reibelaut, z. B. f, v, s, sch
**Spi|ril|le** [griech.] *w. 11* schraubenförmiges Bakterium; **Spi|ril|lo|se** *w. 11* durch Spirillen hervorgerufene Infektionskrankheit
**Spi|rit** [spi-, engl.] *m. 9 Okkultismus:* Geist (eines Verstorbenen); **Spi|ri|tis|mus** [ʃpi-] *m. Gen. - nur Ez.* Glaube an Geister sowie an die Erscheinung der Seelen von Toten und an die Möglichkeit, mit ihnen zu verkehren; **Spi|ri|tist** Anhänger des Spiritismus; **spi|ri|tu|al** → spirituell; **Spi|ri|tu|al 1** [-al, lat.] *m. 12 oder 10*, in Klöstern, kath. *Orden und Seminaren:* leitender Geistlicher, Seelsorger; 2 [spirituəl, engl.] *s. 9* geistl. Lied der Neger in den nordamerik. Südstaaten; **Spi|ri|tua|li|en** *Mz.* geistl. Dinge; **spi|ri|tua|li|sie|ren** vergeistigen; **Spi|ri|tua|lis|mus** *m. Gen. - nur Ez.* Lehre, daß der Geist das einzig Wirkliche und das Körperliche nur seine Erscheinungsweise sei; **Spi|ri|tua|list** *m. 10* Anhänger des Spiritualismus; **Spi|ri|tua|li|tät** *w. 10 nur Ez.* Geistigkeit; **spi|ri|tu|ell** geistig; **spi|ri|tu|os** Weingeist enthaltend; **spi|ri|tu|ös** 1 → spirituos; 2 geistig; **Spi|ri|tuo|sen** *Mz.* geistige (= alkohol.) Getränke; **spi|ri|tuo|so** [spi-, ital.] *Mus.:* geistvoll, feurig; **Spi|ri|tus** *m. Gen. - nur Ez.* 1 [spi-] Hauch, Atem, Geist; S. asper (*Zeichen:* ʽ) *in der griech. Schrift:* über Vokalen Zeichen für die Aussprache mit anlautendem h, z. B. ὁ (= ho); S. rector: führender Geist, treibende Kraft; 2 [ʃpi-] Alkohol, Weingeist, Sprit
**Spi|ro|chä|te** [-çε-, griech.] *w. 11* schraubenförmiges Bakterium; **Spi|ro|chä|to|se** *w. 11* durch Spirochäten hervorgerufene Infektionskrankheit, z. B. Syphilis
**Spi|ro|me|ter** [lat. + griech.] *s. 5* Gerät zum Messen der Leistungsfähigkeit der Lunge, Atmungsmesser
**Spi|tal** [lat.] *s. 4* Kurzform von Hospital; **Spi|tel** *s. 5 volkstüml.* 1 Spital; 2 Armenhaus
**Splanch|no|lo|gie** [splançʼ-, griech.] *w. 11 nur Ez.* Lehre von den Eingeweiden
**Spleen** [ʃplin, engl.] *m. 1* kleine Verrücktheit, Schrulle, sonderbare Idee; **splee|nig** ein bißchen verrückt, schrullig
**splen|did** [lat.] 1 großzügig, freigebig; 2 *Buchw.:* weiträumig, mit Zwischenräumen; splendid gesetzter Text; **Splen|did iso|la|tion** [splẹndid aizəlɛiʃn, engl.] Schlagwort für die polit. Unabhängigkeit Englands von Europa; **Splen|di|di|tät** *w. 10 nur Ez. veraltet:* Freigebigkeit, Großzügigkeit
**Split|ting** [engl.] *s. Gen. -s nur Ez.* Form der Besteuerung von berufstätigen Eheleuten

**Spo|di|um** [griech.] *s. Gen. -s nur Ez.* Knochenkohle; **Spo|du|men** *m. 1* ein Mineral
**Spoi|ler** [engl.] *m. 5* Windleitblech am Kraftfahrzeug
**Spo|li|en** [lat.] *Mz. von* Spolium; **Spo|li|en·recht** *s. 1 nur Ez.* Recht auf das Spolium eines kath. Geistlichen; **Spo|li|um** *s. Gen. -s Mz. -li|en* **1** *im alten Rom:* Kriegsbeute; **2** *früher:* Nachlaß (eines kath. Geistlichen); **3** Teil eines Kunstwerks, das einem andern entnommen wurde
**Spon|de|us** [griech.] *m. Gen. - Mz. -de|en* Versfuß aus zwei langen Silben
**Spon|dy|li|tis** [griech.] *w. Gen. - Mz. -ti|den* Wirbelentzündung; **Spon|dy|lo|se** *w. 11* Erkrankung der Zwischenwirbelscheiben (Bandscheiben); **spon|dy|lo|tisch** an Spondylose erkrankt
**Spon|gie** [-gjə, griech.] *w. Gen. - Mz. -gi|en* Angehöriger eines Stammes festsitzender Wassertiere, Schwamm; **Spon|gin** *s. 1 nur Ez.* faserige Gerüstsubstanz der Hornschwämme; **spon|gi|ös** schwammig
**Spon|sa|li|en** [lat.] *Mz. veraltet:* Verlobungsgeschenke; **spon|sern** durch einen Sponsor bezahlen; **Spon|sor** *m. 13* **1** jmd.. der eine Funk- und Fernsehsendung, einen Film oder ein Theaterstück finanziell fördert, wenn darin für sein Unternehmen Reklame gemacht wird; **2** *Rundfunk, Fernsehen:* Auftraggeber für eine Werbesendung; **3** Auftraggeber für eine demoskop. Untersuchung; **4** Geldgeber, Förderer (z. B. im Sport)
**spon|tan** [lat.] von selbst, aus eigenem Antrieb, aus einer plötzl. Regung heraus; **Spon|ta|nei|tät** [-neli-], **Spon|ta|ni|tät** *w. 10 nur Ez.* spontanes Geschehen, spontanes Handeln
**spo|ra|disch** [griech.] vereinzelt (vorkommend), hin und wieder; **Spo|ran|gi|um** *s. Gen. -s Mz. -gi|en* Sporenbehälter; **Spo|re** *w. 11* der ungeschlechtl. Fortpflanzung, oft auch der Überdauerung ungünstiger Lebensperioden dienende Zelle vieler blütenloser Pflanzen
**spo|ro|gen** [griech.] Sporen erzeugend; **Spo|ro|phyt** *m. 10, bei Pflanzen mit Generationswechsel:* sporenbildende (ungeschlechtl.) Generation; **Spo|ro|zo|on** *s. Gen. -s meist Mz. -zo|en* Sporentierchen
**Sport** [engl.] *m. 1* systemat. körperl. Betätigung zur Gesunderhaltung oder zum Wettbewerb mit anderen; **2** Gesamtheit der Leibesübungen; **3** *auch übertr. ugs.:* Neigung, Vorliebe, Liebhaberei; etwas aus Sport betreiben
**Spor|tel** [lat.] *w. 11* *MA:* Gebühr für Amtshandlungen
**spor|teln** ein wenig Sport treiben; **spor|tiv** [engl.] sportlich
**Spot** [engl.] *m. 9* **1** *Funk, Fernsehen:* kurze Werbesendung; **2** → Spotlight; **Spot|ge·schäft** *s. 1* Geschäft gegen sofortige Bezahlung und Lieferung; **Spot|light** [-lait] *s. 9 Theater:* gezielte Beleuchtung nur einer Person oder eines Gegenstandes, Punktlicht
**SPQR, S. P. Q. R.** *Abk. für* Senatus Populusque Romanus
**Sprach|bar|rie|re** [-ri|e:-] *w. 11* Behinderung der sprachl. Entwicklung bei Kindern aus Elternhäusern mit geringem Bildungsstand; **Sprach|denk|mal** *s. 4* sprachlich bedeutendes oder interessantes Schriftwerk aus früherer Zeit; **Sprach|geo|gra|phie** *w. 11 nur Ez.* Wissenschaft von der geograph. Verbreitung der Sprachen und Mundarten, Areallinguistik; **Sprach|la|bor** *s. 9* elektron. Anlage mit untereinander verbundenen Geräten (Kopfhörern, Mikrophonen u. a.) am Steuerpult (Lehrertisch) und an den Schülerplätzen zur Aufnahme und Wiedergabe gesprochener Sprache, zum individuellen Lernen
**Spray** [sprei, engl.] *s. 9* **1** Flüssigkeit zum Zerstäuben, z. B. Haarspray; **2** Apparat zum Zerstäuben von Flüssigkeit; **spray|en** [spreiən] mit einem Spray bestäuben
**Spread** [spred, engl.] *s. 9* Brotaufstrich aus Fett, Kräutern, pikanten oder süßen Zutaten
**Sprink|ler** [engl.] *m. 5* Gerät zum Beregnen größerer Flächen (als Feuerschutz und Rasensprenger)
**Sprint** [engl.] *m. 1 oder m. 9* **1** Kurzstreckenlauf; **2** Radrennfahrt über eine kurze Strecke; über eine kurze Strecke schnell laufen; **Sprin|ter** *m. 5* Kurzstreckenläufer
**Sprit** *m. 1 1* → Spiritus (2); **2** Treibstoff
**Spu|man|te** [ital.] *m. 9* ital. Schaumwein
**Spurt** [engl.] *m. 9 oder m. 1* Steigerung der Geschwindigkeit auf kurzer Strecke (bei Wettläufen); **spur|ten** einen Spurt m..chen, das Tempo auf kurzer Strecke steigern
**Spu|ta** *Mz. von* Sputum
**Sput|nik** [russ.] *m. 9* erster Typ der sowjetischen Erdsatelliten
**Spu|tum** [lat.] *s. Gen. -s Mz. -ta* aus den Luftwegen durch Husten oder Räuspern entfernter Schleim, Auswurf
**sq.** *Abk. für* sequens; **sqq.** *Abk. für* sequentes
**Squash** [skwɔʃ, lat.-engl.] **1** *s. Gen. -(s) nur Ez.* eine Art Zimmertennis, bei dem der Ball gegen eine Wand geschlagen wird (direkt oder über die Seitenwände) und in bestimmtes Spielfeld zurückprallen muß; **2** *s. 9* aus Zitrusfrüchten gepreßter Saft (mit Fruchtfleisch)
**Squat|ter** [skwɔtər, lat.-engl.] *m. 5* jmd., der sich ohne Rechtstitel auf einem herrenlosen oder regierungseigenen Stück Land angesiedelt hat
**Squaw** [skwɔ, indian.-engl.] *w. 9 engl. Bez. für* nordamerik. Indianerfrau
**Squire** [skwaiə, engl.] *m. 9* engl. Gutsbesitzer (auch Titel)
**sr** *Abk. für* Steradiant

**Sr** *chem.* *Zeichen für* Strontium
**SS.** *Abk. für* Santi, Sante
**ssp.** *Abk. für* Subspezies
**SSR** *Abk. für* Sozialistische Sowjetrepublik
**St** *Abk. für* **1** Saint; **2** Stratus
**St.** *Abk. für* Sankt, Saint
**s. t.** *Abk. für* sine tempore
**S. T.** *Abk. für* salvo titulo
**Sta.** *Abk. für* Santa
**Staat** [lat.] *m. 12* **1** innerhalb festgelegter geograph. Grenzen lebende menschl. Gemeinschaft unter einer obersten, mit bestimmten Rechten und Pflichten ausgestatteten Gewalt; **2** *nur Ez. übertr.:* die Regierung eines Staates; **3** zweckdienlich organisierte Gemeinschaft mancher Tiere; **4** *nur Ez. ugs.:* Prunk, Pracht, Aufwand; mit etwas Staat machen *ugs.:* Aufwand treiben, sich mit etwas sehen lassen; **5** *nur Ez. ugs.:* prächtige Kleidung; **Staats|rä|son** [-zõ] *w. Gen. - nur Ez.* Staatsklugheit
**Sta|bat ma|ter** [lat., eigtl.: Stabat mater dolorosa „(Es) stand die Mutter schmerzerfüllt"; Anfangsworte eines Marienhymnus aus dem 13. Jh.] *s. Gen. - - nur Ez.* Marienlied
**Stal|bel|le** [lat.] *w. 11 schweiz.:* Schemel
**stal|bil** [lat.] fest, standfest, dauerhaft, widerstandsfähig; **Stal|bi|li|sa|tor** *m. 13* Gerät zum Unterdrücken von Veränderungen eines Gleichgewichts; **stal|bi|li|sie|ren** stabil machen, festigen; **Stal|bi|li|tät** *w. 10 nur Ez.* Festigkeit, Dauerhaftigkeit; Standfestigkeit, sicheres Gleichgewicht
**stac|ca|to** [ital.] *Mus.:* jeder Ton einzeln gestoßen; **Stac|ca|to** *s. Gen. -(s) Mz.* -ti, *Mus.:* Spiel mit kurz gestoßenen Tönen
**stal|di|al** [lat.] abschnitts-, stufenweise; **Sta|di|en** *Mz. von* Stadion, Stadium; **Sta|di|on** *s. Gen. -s Mz.* -di|en **1** altgriech. Wegemaß; **2** Wettkampfplatz, Kampfbahn; **Sta|di|um** *s. Gen. -s Mz.* -di|en Entwicklungsstufe, Abschnitt, Zustand
**Stal|fet|te** [ital.] *w. 11* **1** *früher:* berittener Eilbote; **2** Gruppe von Läufern beim Staffellauf
**Staf|fal|ge** [-ʒə, frz.] *w. 11* schmückendes Beiwerk, Nebensächliches; **Staf|fal|ge|fi|gur** *w. 10 Malerei, Phot.:* Mensch oder Tier zur Belebung des Vordergrundes; **staf|fie|ren** ausstatten; vgl. ausstaffieren; *österr.:* verzieren, schmücken (z. B. Hut)
**Stag|fla|ti|on** [-tsjon, Bildung aus stagnieren und Inflation] *w. 10* Wirtschaftslage, in der bei steigenden Preisen Beschäftigung und Produktion zurückgehen
**Stal|gio|ne** [-dʒo-, ital.] *w. Gen. - Mz.* -ni *ital. Theater:* Spielzeit
**Stal|gna|ti|on** [-tsjon, lat.] *w. 10* Stillstand, Stockung; **stal|gnie|ren** stocken, stillstehen, nicht vorangehen
**Stal|ket** [ital.] *s. 1* Lattenzaun; **Stal|ke|te** *w. 11 österr.:* Holzlatte
**stak|ka|to** → staccato

**Stal|lag|mit** [griech.] *m. 10 oder m. 1* von unten nach oben sich aufbauendes Tropfsteingebilde; **Stal|lak|tit** *m. 10 oder m. 1* von oben nach unten wachsendes Tropfsteingebilde
**Stal|li|nis|mus** *m. Gen. - nur Ez.* der von Stalin weiterentwickelte Marxismus; **Stal|lin|or|gel** *w. 11 im 2. Weltkrieg:* von den sowjet. Truppen benützte Vorrichtung zum gleichzeitigen Abschießen mehrerer Raketengeschosse
**Stam|pi|glie** [-ljə, ital.] *w. 11 österr.:* **1** Gerät zum Stempeln; **2** Stempelaufdruck
**Stan|dard** [engl.] *m. 9* Richt-, Eichmaß, Norm; Durchschnittsbeschaffenheit; Normalausführung (einer Ware); **stan|dar|di|sie|ren** einem Standard angleichen, auf einen Standard bringen, normen; **Stan|dard|werk** *s. 1* grundlegendes Werk (der Fachliteratur)
**Stangs** *m. Gen. - Mz. -* thailänd. Währungseinheit, ¹/₁₀₀ Baht
**Stal|nit|zel** [Herkunft unsicher] *s. 5 österr.:* spitze Tüte
**Stal|ni|za** [russ.] *w. Gen. - Mz.* -zen Kosakendorf
**Stan|nin** [lat.] *s. 1 nur Ez.* Zinnkies; **Stan|ni|ol** *s. 1* Zinnfolie, *ugs. auch:* Aluminiumfolie; **Stan|ni|ol|pa|pier** *s. 1* → Stanniol; **Stan|num** *s. Gen. -s nur Ez.* (*chem. Zeichen:* Sn) Zinn
**stan|te pe|de** [lat.] stehenden Fußes, sofort; ich bin s. p. umgekehrt
**Stan|ze** *w. 11* **1** [ital.] Strophe mit acht jambischen Zeilen; **2** [dän.?] Prägestempel, Maschine zum Ausschneiden; **stan|zen** mit der Stanze (2) ausschneiden oder prägen
**Stal|pe|lie** [-ljə, nach dem ndrl. Arzt J. B. van Stapel] *w. 11* eine kakteenähnliche südafrik. Pflanze, Ordensstern
**Stal|phy|lo|kok|ken** [griech.] *Mz., Ez.:* -kok|kus, traubenförmig zusammenhängende Kugelbakterien
**Star** [engl.] *m. 9* **1** berühmte(r) Sänger(in), Schauspieler(in) oder Sportler(in); **2** Segelboottyp sowie olymp. Segelklasse; **Star...** *in Zus. ugs.:* der, die fähigste, wichtigste, bedeutendste ..., z. B. Starreporter, Staranwalt; **Star|figh|ter** [starfaitər] *m. 5* ein Flugzeugtyp; **Star|let** *s. 9* Nachwuchsfilmschauspielerin, Filmsternchen
**Stal|rost** [russ.] *m. 10* **1** *früher in Polen:* Inhaber eines vom König verliehenen Lehens; **2** *auch:* Gerichtsstatthalter; **3** *im zarist. Rußland:* Gemeindevorsteher; **Sta|ro|stei** *w. 10 früher in Polen:* vom König verliehenes Lehen
**Stars and Stripes** [starz ənd straips, engl. „Sterne und Streifen"] die Nationalflagge der USA
**Start** [engl.] *m. 9 oder m. 1* **1** Beginn, Anfang, Ablauf, Abfahrt, Abflug; **2** Ablauf-, Abfahrts-, Abflugstelle; **star|ten** **1** zu laufen, fahren, springen beginnen; **2** in Bewegung setzen, beginnen lassen; ein Rennen, ein Flugzeug starten; **Star|ter** *m. 5* **1** *Sport:* jmd.,

der das Zeichen zum Start gibt; **2** *an Kraft-fahrzeugen, veraltet:* Anlasser; **Start|ma|schi-ne** *w. 11 bei Pferderennen:* Vorrichtung aus mehreren über die Bahn gespannten Gurten, die zum Start hochgezogen werden
**Sta|se** [griech.] *w. 11,* **Sta|sis** *w. Gen. - Mz.* -sen, *Med.:* Stauung, Stockung, bes. des Blutes
**sta|ta|risch** [lat.] langsam fortschreitend, oft verweilend; statarische Lektüre: durch häufige Erläuterungen unterbrochene Lektüre
**State De|part|ment** [steit dipartmənt, engl.] *s. Gen. - -s nur Ez.* das Außenministerium der USA
**State|ment** [steit-, engl.] *s. 9* Feststellung, Verlautbarung
**Sta|tik** [lat.] *w. 10 nur Ez.* Lehre von den in ruhenden Körpern wirkenden Kräften; *Ggs.:* Dynamik; **Sta|ti|ker** *m. 5* Fachmann auf dem Gebiet der Statik
**Sta|ti|on** [-tsjon, lat.] *w. 10* **1** Bahnhof, Haltestelle, Haltepunkt; **2** Aufenthalt; S. machen; **3** Funksendestelle; **4** wissenschaftl. Beobachtungsstelle; meteorologische S.; **5** Abteilung (eines Krankenhauses); **sta|tio|när** [-tsjo-] **1** in Ruhe befindlich, **2** ortsfest; *Ggs.:* ambulant; stationäre Behandlung: B. im Krankenhaus; **sta|tio|nie|ren** [-tsjo-] an einen Standort stellen, an einem Platz aufstellen; Truppen s.: ihnen einen Standort zuweisen; **sta|ti ös** [-tsjøs] *veraltet:* stattlich
**sta|tisch** [lat.] die Statik betreffend, auf Statik beruhend; statisches Organ: Gleichgewichtsorgan; statischer Sinn: Schweresinn; **2** ruhend, stillstehend, wenig bewegt; *Ggs.:* dynamisch
**Sta|tist** [lat.] *m. 10 Theater, Film:* Darsteller einer stummen Rolle; **Sta|ti|ste|rie** *w. 11 nur Ez. Theater, Film:* Gesamtheit der Statisten; **Sta|ti|stik** *w. 10* **1** zahlenmäßige Erfassung, Gruppierung und systematische Darstellung von Tatbeständen, die sich aus Massenerscheinungen ergeben; **2** Darstellung statist. Daten in Tabellenform; **Sta|ti|sti|ker** *m. 5* Fachmann auf dem Gebiet der Statistik; **sta|ti|stisch** auf Grund, mittels einer Statistik; **Sta|tiv** *s. 1* Ständer für physikal., photograph. u. a. Geräte; **Sta|to|blast** *m. 10 bei Moostierchen:* Überwinterungsknospe; **Sta|to|lith** *m. 10, meist Mz.* **1** körniger Einschluß in gewissen Pflanzenzellen; **2** Gehörsteinchen im Gleichgewichtsorgan des Ohrs; **Sta|tor** *m. 13* feststehender Teil einer elektr. Maschine, Ständer; **sta|tu|a|risch** wie eine Statue, statuenhaft; **Sta|tue** *w. 11* bildhauerisch gestaltete Figur, Standbild; **Sta|tu|et|te** *w. 11* kleine Statue; **sta|tu|ie|ren** feststellen, festsetzen; ein Exempel s.: ein (warnendes, abschreckendes) Beispiel geben; **Sta|tur** *w. 10* Wuchs, Gestalt; **Sta|tus** *m. Gen. - Mz. -* Lage, Zustand; gesellschaftl. Stellung; Status nascendi: Zustand des Entstehens; Status quo: ge-

genwärtiger Zustand; Status quo ante: vorheriger Zustand; **Sta|tut** *s. 12* Satzung, Gesetz, Vorschrift; **sta|tu|ta|risch** den Statuten entsprechend, satzungsgemäß
**Ste.** *Abk. für* Sainte
**Steak** [stek, engl.] *s. 9* kurzgebratene Fleischscheibe
**Stea|mer** [sti-, engl.] *m. 9 engl. Bez. für* Dampfer
**Stea|rin** [griech.] *s. 1* aus Fettspaltung gewonnene, wachsartige Masse
**Stea|tit** *m. 1* → Talk; **Stea|tom** *s. 1* Talggeschwulst; **Stea|to|se** *w. 11* Verfettung
**Steeple|chase** [stipəltʃeis, engl.] *w. 11* Hindernisrennen zu Pferde, Jagdrennen; **Steep|ler** [stip-] *m. 5* für die Steeplechase geeignetes Pferd
**Steg|lo|don** [griech.] *m. Gen. -s Mz. -don|ten* ausgestorbenes Rüsseltier, Vorläufer des Elefanten; **Ste|go|sau|ri|er** *m. 5* ein Dinosaurier
**Ste|le** [griech.] *w. 11* **1** Pfeiler, Säule als Grab- oder Gedenkstein, oft mit Bildnis des Toten; **2** Leitbündelstrang des Pflanzensprosses
**stel|lar** [lat.] zu den Fixsternen gehörend, sie betreffend; **Stel|lar|astro|no|mie** *w. 11 nur Ez.* Erforschung der Fixsterne, Sternhaufen und Sternsysteme
**Stel|le|ra|tor** [engl.] *m. 13* Versuchsanordnung zum Erzielen einer kontrollierten Kernfusion
**Stem|ma** [griech.] *s. Gen. -s Mz. -ma|ta* **1** Stammbaum; **2** Reihe der Fassungen (eines Literaturdenkmals) im Laufe der Überlieferung, Überlieferungsreihe
**Ste|no** [griech.] *w. Gen. - nur Ez. ugs. Kurzw. für* Stenographie; **Ste|no|dak|ty|lo** *w. 9 schweiz. Kurzw. für* Stenodaktylographin → Stenotypistin; **Ste|no|graf** *m. 10,* **Ste|no|gra|fie** *w. 11 nur Ez.,* **ste|no|gra|fie|ren** *eindeutschende Schreibung von* Stenograph, Stenographie, stenographieren; **Ste|no|gramm** *s. 1* Niederschrift in Stenographie; ein S. aufnehmen; **Ste|no|graph** *m. 10 jmd.,* der beruflich stenographiert; **Ste|no|gra|phie** *w. 11 nur Ez.* Schrift mit besonderen Zeichen zum schnellen Schreiben, Kurzschrift; **ste|no|gra|phie|ren** in Kurzschrift schreiben
**sten|ök** [griech.] an bestimmte Standorte gebunden (Pflanze, Tier); **Ste|no|kar|die** *w. 11* Herzbeklemmung; **Ste|no|kon|to|ri|stin** *w. 10* Kontoristin mit Kenntnissen in Stenographie und Maschinenschreiben; **ste|no|phag** auf bestimmte Nahrung angewiesen (Tier, Pflanze); **Ste|no|se** *w. 11,* **Ste|no|sis** *w. Gen. - Mz.* -sen Verengung (von Hohlräumen oder Hohlorganen); **ste|no|therm** auf gleichbleibende Temperatur angewiesen (Tier, Pflanze); **ste|no|top** in nur einem oder in wenigen Lebensräumen verbreitet (Tier, Pflanze); **ste|no|ty|pie|ren** in Stenographie nieder-

schreiben und dann in Maschinenschrift übertragen; **Ste|no|ty|pi|stin** w. *10* Angestellte für Stenographieren und Maschinenschreiben

**Sten|tor|stim|me** [nach dem griech. Sagenhelden Stentor] w. *11* laute, dröhnende Stimme

**Step** [engl.] *m. 9* → Steptanz; **Step|ei|sen** *s. 7* an den Schuhsohlen angebrachtes Eisenplättchen für den Steptanz

**Ste|pha|nit** [nach dem Erzherzog Stephan von Österreich] *m. 1 nur Ez.* ein Mineral

**Step|pe** [russ.] *w. 11* baumlose Grasebene **step|pen** Step tanzen

**Step|tanz** *m. 2* Tanz in Schuhen mit Stepeisen, wobei mit Sohlen und Fersen der Rhythmus geschlagen wird

**Ster** [griech.] *m. 1 oder m. 9* altes Raummaß für Holz, Raummeter

**Ste|ra|di|ant** [griech. + lat.] *m. 10 (Abk.: sr)* Einheit des Raumwinkels

**Ste|reo** [griech.] *s. 9 Kurzw. für* Stereotypie; **ste|reo...**, **Ste|reo...** *in Zus.* 1 starr, fest; 2 räumlich, Raum...; **Ste|reo|aku|stik** *w. 10 nur Ez.* räuml. Hören, räuml. Hörbarkeit; **Ste|reo|an|la|ge** *w. 11* Anlage zum stereophon. Empfang und Hören (von Schallplatten, Tonbändern, Rundfunksendungen); **Ste|reo|che|mie** *w. 11 nur Ez.* Zweiggebiet der Chemie, das die räuml. Anordnung der Atome im Molekül erforscht; **Ste|reo|film** *m. 1 Kurzw. für* stereoskopischer Film; **ste|reo|fon**, **Ste|reo|fo|nie** *w. 11 nur Ez.* eindeutschende Schreibung von stereophon, Stereophonie; **ste|reo|gra|phisch** räumlich (gezeichnet); **Ste|reo|ka|me|ra** *w. 9* Kamera mit zwei Objektiven in Augenabstand zum Erzielen räuml. Bilder; **Ste|reo|me|trie** *w. 11 nur Ez.* Lehre von der Berechnung der Oberflächen und Rauminhalte von Körpern; **ste|reo|phon** mehrkanalig, räumlich (hörbar); *Ggs.:* monophon; **Ste|reo|pho|nie** *w. 11 nur Ez.* räuml. Tonwiedergabe, Raumtontechnik; **Ste|reo|pho|to|gra|phie** *w. 11* 1 (Verfahren zur) Herstellung von Photographien, die, im Stereoskop betrachtet, räumlich wirken; 2 die Photographie selbst; **Ste|reo|skop** *s. 1* Gerät zum Betrachten von Stereophotographien; **Ste|reo|sko|pie** *w. 11* Raumbildtechnik; **ste|reo|sko|pisch** räumlich (sichtbar, wirkend); stereoskopischer Film: dreidimensionaler Film, Film mit räuml. Wirkung, Raumfilm; **Ste|reo|ton** *m. 2 nur Ez.* räumlich wirkender Ton, Raumton; **ste|reo|typ** 1 feststehend, unveränderlich; 2 *übertr.:* immer wieder gleich, sich ständig wiederholend; stereotype Antwort, stereotypes Lächeln; **Ste|reo|typ|druck** *m. 1* Druck von Druckplatten, unveränderter Nachdruck; **ste|reo|ty|peur** [-pør] *m. 1* Facharbeiter bei der Herstellung von Stereotypien; **Ste|reo|ty|pie** *w. 11* 1 *nur Ez.* Herstellung von Druckplatten aus Bleilegierung; 2 die Druckplatte selbst; 3 krankhafte ständi-

ge Wiederholung der gleichen Bewegung oder Äußerung; **ste|reo|ty|pie|ren** etwas s.: Stereotypien (2) von etwas herstellen

**ste|ril** [lat.] 1 keimfrei; 2 unfruchtbar, zeugungsunfähig (bei erhaltener Potenz); 3 *übertr.:* übertrieben geistig, allzu intellektuell, nicht mehr natürlich; **Ste|ri|li|sa|ti|on** [-tsjon] *w. 10* das Keimfrei-, Unfruchtbarmachen; **Ste|ri|li|sa|tor** *m. 13*, **Ste|ri|li|sier|ap|pa|rat** *m. 1* Apparat zum Sterilisieren ärztl. Instrumente; **ste|ri|li|sie|ren** 1 keimfrei machen; 2 unfruchtbar, zeugungsunfähig machen; **Ste|ri|li|tät** *w. 10 nur Ez.* sterile Beschaffenheit

**Ste|rin** [griech.] *s. 1 meist Mz.* Gruppe biologisch wichtiger aromatischer Kohlenwasserstoffe

**Ster|let** [russ.] *m. 1* kleiner Stör

**Ster|ling** [engl.; engl. -stə-] *m. 1* altengl. Münzeinheit; Pfund Sterling (*Zeichen:* £): brit. Währungseinheit

**ster|nal** zum Sternum gehörend, von ihm ausgehend; (bei erhaltener Potenz); **Ster|num** [griech.-lat.] *s. Gen. -s Mz. -na* Brustbein

**Ste|roi|de** *s. 1 Mz.* Gruppe komplexer organ. Verbindungen, z. B. die Gallensäuren, Vitamine der D-Gruppe, Keimdrüsenhormone

**Stethoskop** [griech.] *s. 1* schalleitender Gummischlauch (früher: kurzes Rohr) zur Auskultation

**Ste|ward** [-stjuərd, engl.] *m. 9 auf Schiffen und in Flugzeugen:* Betreuer der Reisenden; **Ste|war|deß** [stjuərdɛs] *w. Gen. - Mz. -des|sen* weibl. Steward

**Sthe|nie** [griech.] *w. 11 nur Ez. Med.:* Kraft, Kraftfülle; **sthe|nisch** *Med.:* kraftvoll

**Stib|i|um** [ägypt.-lat.] *s. Gen. -s nur Ez.* (*chem. Zeichen:* Sb) Antimon

**Stich|o|man|tie** [griech.] *w. 11* Wahrsagung aus einer willkürlich mit der Nadel aufgeschlagenen Buchstelle; **Stich|o|my|thie** *w. 11* im altgriech. Drama: Wechsel von Rede und Gegenrede mit jeder Verszeile

**Stig|ma** [griech.] *s. Gen. -s Mz. -men oder -mata* 1 Kennzeichen, Mal, Brandmal; 2 Wundmal (Christi); 3 Narbe (des Fruchtknotens); 4 Augenfleck (der Geißeltierchen); 5 Atemöffnung (der Insekten); **Stig|ma|ti|sa|ti|on** [-tsjon] *w. 10* Hautblutung, bes. das Erscheinen der Wundmale Christi am Körper mancher Menschen; **stig|ma|ti|siert** mit Wundmalen, *bes.:* den Wundmalen Christi, behaftet

**Stil** [lat.] *m. 1* 1 Schreibart, Ausdrucks-, Mal-, Kompositionsweise usw. (eines Künstlers), Gepräge (eines Kunstwerks, Bauwerks, einer Zeit), z. B. Erzähl-, Mal-, Baustil, Renaissancestil; 2 Technik, Verfahren, z. B. Schwimmstil; 3 Art, Form, z. B. Lebensstil

**Stilb** [griech.] *s. Gen. - Mz. - (Abk.: sb)*, früher: Maßeinheit der Leuchtdichte, *heute:* → Candela

**Stil|blü|te** *w.11* erheiternder sprachlicher Mißgriff

**Stil|lett** [lat.] *s.1* kleiner Dolch mit dreikantiger Klinge

**sti|li|sie|ren** [lat.] künstlerisch vereinfachen (z. B. Naturformen); **Sti|list** *m.10* jmd., der die sprachl. Formen und Möglichkeiten (gut oder schlecht) beherrscht; ein guter, schlechter S. sein; **Sti|li|stik** *w.10 nur Ez.* Lehre vom sprachl. Stil, Stilkunde; **Sti|lus** *m. Gen. - Mz.* -li antiker Griffel zum Schreiben auf Wachstafeln

**Sti|mu|lans** [lat.] *s. Gen. - Mz.* -lan|tia [-tsja] *oder* -lan|zi|en Anregungsmittel; **Sti|mu|la|ti|on** [-tsjon] *w.10* Anregung; **Sti|mu|la|tor** *m.13* Vorrichtung, die einen Reiz auslöst; **sti|mu|lie|ren** anregen; **Sti|mu|lus** *m. Gen. - Mz.* -li Antrieb, Reiz

**Sti|pen|di|at** [lat.] *m.10* jmd., der ein Stipendium bezieht; **Sti|pen|dist** *m.10, österr. für* Stipendiat; **Sti|pen|di|um** *s. Gen. -s Mz.* -di|en finanzielle Unterstützung für Schüler, Studenten und junge Wissenschaftler

**Sti|pu|la|ti|on** [-tsjon, lat.] *w.10 röm. Recht:* mündlicher Vertrag; **sti|pu|lie|ren** vereinbaren

**Stoa** [griech. „Säulenhalle"] *w. Gen. - nur Ez.* griech. Philosophenschule um 300 v. Chr., die nach Selbstüberwindung und Einklang mit der Natur und der Weltseele strebte

**Sto|cha|stik** [-xa-, griech.] *w. Gen. - nur Ez.* Lehre von den Zufallsgrößen und zufälligen Ereignissen und der Möglichkeit ihrer statist. Auswertung; **sto|cha|stisch** zufällig

**Stö|chio|me|trie** [støçio-, griech.] *w.11 nur Ez.* Ermittlung von Formeln, Gewichtsverhältnissen bei chem. Reaktionen u. a.

**Stock** [engl.] *m.9* Warenvorrat; Grundkapital (einer Handelsgesellschaft); **Stock|job|ber** [stɔkdʒɔbər, engl.] *m.5* Börsenspekulant, Aktienhändler

**Sto|i|ker** *m.5* **1** Vertreter der Stoa; **2** *übertr.:* unerschütterlich ruhiger, gleichmütiger Mensch; **sto|isch 1** zur Stoa gehörend, von ihr stammend; **2** *übertr.:* unerschütterlich, z. B. stoische Ruhe, stoische Gelassenheit; **Sto|i|zis|mus** *m. Gen. - nur Ez.* unerschütterl. Ruhe, Gelassenheit

**Stokes** [stouks, nach dem engl. Physiker S.] *s. Gen. - Mz. - (Abk.:* St) Maßeinheit für die Zähigkeit eines Stoffes

**Sto|la** [griech.] *w. Gen. - Mz.* -len **1** altröm. weißes, mit Borten verziertes Frauengewand; **2** schmaler, über die Schultern hängender Teil des priesterl. Meßgewandes; **3** langer, breiter Schal

**Sto|ma** [griech.] *s. Gen. -s Mz.* -ma|ta Mund, Spalt, Öffnung; **Sto|ma|chi|kum** [-xi-] *s. Gen. -s Mz.* -ka magenstärkendes Mittel; **Sto|ma|ti|tis** *w. Gen. - Mz.* -ti|den Mundschleimhautentzündung; **sto|ma|to|gen** vom Mund und seinen Organen stammend; **Sto-**

**ma|to|lo|gie** *w.11 nur Ez.* Lehre von der Mundhöhle und ihren Krankheiten

**stop** [engl.] *in Telegrammen Bez. für* Punkt; **stop!** halt!; **stopp!** halt!; **Stopp** *m.9* **1** Halt, Stockung; **2** das Anhalten von Kraftwagen, um sich mitnehmen zu lassen; **stop|pen 1** mit der Stoppuhr messen; **2** halten, anhalten, stehenbleiben; **Stop|per** *m.5* **1** jmd., der mit der Stoppuhr die Zeit mißt; **2** *Fußball:* Mittelläufer; **3** jmd., der Autos anhält, um mitgenommen zu werden

**Store** [stɔr, engl.] *m.6* **1** *meist Mz.* weißer, durchsichtiger Fenstervorhang; **2** Vorrat, Lager

**Stor|nel|lo** [ital.] *s.9, Mz. auch:* -li dreizeiliges ital. Liedchen

**stor|nie|ren** [ital.] **1** ungültig machen, durch Gegenbuchung ausgleichen; einen Betrag s.; **2** *österr.:* rückgängig machen; einen Auftrag s.; **Stor|no** *s. Gen. -s Mz.* -ni **1** Rückbuchung, Löschung; **2** *österr.:* das Rückgängigmachen

**Stor|ting** [stur-, norw.] *s.9 oder s.1* Volksvertretung in Norwegen

**Sto|ry** [stɔri, engl.] *w.9, Mz. engl.:* -ries **1** Kurzgeschichte; **2** *Lit., Film, Theater:* Handlungsaufbau, Fabel

**Sto|tin|ka** *s. Gen. - Mz.* -ki bulgar. Währungseinheit, $^1/_{100}$ Lew

**Stout** [staut, engl.] *m.9* dunkles, bitteres engl. Bier

**Stöv|chen** [støf-, ndrl.] *s.1* **1** nddt.: Kohlenbecken; **2** Untersatz mit Kerze zum Warmhalten von Tee oder Kaffee; **Stol|ve** *w.11* nddt.: Trockenraum; **stol|ven, stol|wen** nddt.: dünsten, schmoren; gestovtes, gestowtes Obst

**Stra|bis|mus** [griech.] *m. Gen. - nur Ez.* das Schielen; **Stra|bo|me|ter** *s.5* Gerät zum Messen des Schielwinkels

**Straddle** [strædl, engl.] *m.9, beim Hochsprung:* Sprung seitlich über die Latte mit dem Kopf zuerst und gespreizten Beinen, Wälzsprung, Tauchwälzer

**Stra|di|va|ri** [-va-] *w.9* von dem ital. Geigenbauer A. Stradivari (1644–1737) gebaute Geige

**Stra|gul|la** [lat.] *m.9 nur Ez.* ® ein linoleumähnlicher Fußbodenbelag

**Stra|min** [ndrl.] *m.1* Gitterleinen (für Stickereien)

**Strange|ness** [streindʒ-, engl.] *w. Gen. - nur Ez.* bei bestimmten Elementarteilchen beobachtete Eigenschaft beim Entstehen und Zerfall

**Stran|gu|la|ti|on** [-tsjon, griech.-lat.] *w.10* **1** Erdrosselung; **2** *Med.:* Abschnürung, Abklemmung; **stran|gu|lie|ren 1** erdrosseln; **2** abschnüren

**Stran|gu|rie** [griech.] *w.11* häufiges, aber nur geringes und schmerzhaftes Wasserlassen, Harnzwang

**Stra|pa|ze** [ital.] *w.11* große Anstrengung;

**stra|pa|zie|ren** stark in Anspruch nehmen, häufig benutzen; ein Kleidungsstück, jmds. Nerven s.; **stra|pa|zi:ös** anstrengend

**Stra̱ps** [engl.] *m. 11* Strumpfhalter

**Stra|te|ge** [griech.] *m. 11* jmd., der sich auf Strategie versteht; **Stra|te|gem** *s. 1* Kriegslist; **Stra|te|gie** *w. 11 nur Ez.* Kunst der Kriegführung, Feldherrnkunst; **stra|te|gisch** die Strategie betreffend, auf ihr beruhend

**Stra|ti|fi|ka|ti·on** [-tsjọn, lat.] *w. 10* Schichtung (von Gesteinen), Ablagerung in Schichten; Schichtung von Saatgut in feuchtem Sand zum Vorkeimen; **stra|ti|fi|zie|ren** in Schichten ablagern, lagern; **Stra|ti|gra|phie** *w. 11 nur Ez.* Lehre von der Gesteinsschichtung; **Stra|to|ku|mu|lus** *m. Gen. - Mz.* -li niedrige, gegliederte Schichtwolke; **Stra|to|skop** *s. 1* von einem unbemannten Ballon in große Höhe getragenes, ferngesteuertes Spiegelteleskop für Aufnahmen von der Sonne; **Stra|to|sphä̱|re** *w. 11* mittlere Schicht der Erdatmosphäre zwischen etwa 10 und 80 km; **Stra|tus** *m. Gen. - Mz.* -ti, **Stra|tus|wol|ke** *w. 11* niedrige Schichtwolke

**Stra̱z|za** [ital.] *w. Gen. - Mz.* -zen Abfall bei der Rohseidenverarbeitung

**Streik** [engl.] *m. 9* vorübergehende Arbeitsniederlegung (von Arbeitnehmern); **strei|ken** 1 einen Streik durchführen, aus Protest nicht arbeiten; 2 nicht mitmachen, die Teilnahme verweigern; nicht mehr funktionieren

**Strep|to|kok|ken** [griech.] *Mz., Ez.:* -kọk|kus kugelförmige, schnurartig zusammenhängende Bakterien, Eitererreger; **Strep|to|my|cin** *s. 1 nur Ez.* ein Antibiotikum, bes. gegen Tuberkulose

**Streß** [engl.] *m. 1* 1 anhaltende körperl. (und seel.) Belastung durch nicht ausgetragenen Konflikt, Überbeanspruchung oder schädl. Reize; 2 *Geol.:* einseitig gerichteter Druck (bei der Gesteinsumwandlung); **stre̱s|sen** sehr anstrengen, erschöpfen; **Stre̱s|sor** *m. 13* etwas, das einen Streß ausübt

**Stretch** [strẹtʃ, engl.] *m. Gen.* -es *Mz.* -es ein elast. Gewebe, bes. für Strümpfe

**Stre̱t|ta** [ital.] *w. 9* bravouröse Schluß einer Arie oder eines Musikstücks in beschleunigtem Tempo

**Stri|dor** [lat.] *m. Gen.* -s *nur Ez. Med.:* pfeifendes Atemgeräusch; **Stri|du|la|ti·on** [-tsjọn] *w. 10* bei Insekten: Hervorbringen zirpender Laute; **stri|du|lie|ren** zirpen

**strikt** [lat.], *auch:* stri̱k|te 1 streng (Befehl, Anweisung); 2 peinlich genau

**Strik|ti·on** [-tsjọn, lat.] *w. 10* Zusammenziehung; **Strik|tur** *w. 10* krankhafte Verengung (z. B. der Harnröhre)

**strịng,** *Abk. für* stringendo; **strin|gen|do** [strindʒɛn-, ital.] *Mus.:* drängend; **strin|gent** zwingend, bündig; **Strin|genz** *w. 10 nur Ez.* zwingende Beweiskraft; **strin|gie|ren** *Med.:* zusammenziehen, abschnüren

**Strip** [engl.] *m. 9* gebrauchsfertig in Streifen geschnittenes Wundpflaster; **strip|pen** Striptease vorführen; **Strip|pe|rin** *w. 10* Stripteasetänzerin; **Strip|ping** [engl.] *s. Gen.* -s *nur Ez.* spezielle Kernumwandlung

**Strip|tease** [strip̣tiːz, engl.] *s. Gen.* - *nur Ez.* im Varieté: Entkleidungsvorführung

**stri|scian|do** [striʃan-, ital.] *Mus.:* schleifend, gleitend

**Stri̱z|zi** [ital.?] *m. 9* österr. 1 leichtsinniger Mensch; 2 Zuhälter

**Stro|bo|skop** [griech.] *s. 1* opt. Gerät zum Auflösen oder Zusammensetzen von Bewegungsabläufen; **stro|bo|sko|pisch** auf dem Stroboskop, auf ihm beruhend; stroboskopischer Effekt: Verschmelzung einzelner, sich rasch bewegender Bilder auf der Netzhaut des Auges zu einer fortlaufenden Bewegung

**Stro|ma** [griech.] *s. Gen.* -s *Mz.* -ma̱ta 1 *Bot.:* farblose Grundsubstanz (in Farbstoffträgern); 2 *Zool.:* Gerüst aus Bindegewebe (in drüsigen Organen)

**Stron|tia|nit** [-tsja-, nach dem Fundort Strontian in Schottland] *m. 1 nur Ez.* ein Mineral; **Stron|ti|um** [-tsjum] *s. Gen.* -s *nur Ez.* (Zeichen: Sr) chem. Element, ein Metall

**Stroph|an|thin** [griech.] *s. 1 nur Ez.* ein Heilmittel gegen Herzkrankheiten; **Stroph|anthus** *m. Gen. - nur Ez.* eine Gattung der Hundsgiftgewächse

**Stro|phe** [griech.] *w. 11* mehrzeiliger Abschnitt eines Gedichts oder Liedes

**Stropp** [ndrl.] *m. 9* 1 *Seew.:* Schlinge oder Ring aus Tau, Kette oder Draht; 2 *nddt. scherzh.:* Schlingel

**Struck** [engl.: strʌk] *m. 9 oder s. 9* ein kordsamtähnl. Gewebe

**Struk|tur** [lat.] *w. 10* Bau, Aufbau, Gefüge, Gliederung; **Struk|tu|ra|lis|mus** *m. Gen. - nur Ez.* Lehre vom Aufbau der Sprache aus ihren kleinsten Elementen, den Phonemen und Morphemen, ohne Rücksicht auf ihre Bedeutung; **Struk|tur|ana|ly|se** *w. 11* Untersuchung des Aufbaus von Körpern; **struk|tu|rell** der Struktur nach; **Struk|tur|for|mel** *w. 11* Schreibweise für chem. Verbindungen (mit Elementsymbolen und Wertigkeitsstrichen); **struk|tu|rie|ren** etwas -.: die Struktur von etwas bestimmen; mit einer Struktur versehen; auf bestimmte Weise strukturiert sein: eine bestimmte Struktur haben

**Stru|ma** [lat.] *w. Gen. - Mz.* -men *oder* -mae [-mɛ:] Kropf; **stru|mös** kropfartig

**Strych|nin** [griech.] *s. 1 nur Ez.* ein Alkaloid der Brechnuß, Heilmittel zur Anregung von Kreislauf, Atmung u. a.

**Stu|art|kra|gen** [stju̱ət-, nach dem schott. Adelsgeschlecht] *m. 7* 16./17. Jh.: hoher Spitzenkragen an Frauenkleidern

**Stuck** [ital.] *m. 1 nur Ez.* 1 Masse aus Gips, Kalk, Sand und Leimwasser zum Verzieren von Zimmerdecken und -wänden; 2 die Verzierung(en) selbst; **stuckie|ren** (stuk|kie-) mit Stuck verzieren

**stud.** *Abk. für* studiosus = Student, z. B.

**stud. med.**: studiosus medicinae, Student der Medizin; **Stu|dẹnt** [lat.] *m.10* Schüler an einer Hochschule; **Stu|die** *w.11* 1 schriftl. wissenschaftl. Arbeit, Untersuchung; 2 Vorarbeit zu einem wissenschaftl. Werk; 3 Entwurf, Skizze zu einem Kunstwerk, bes. der Malerei; **Stu|di|en|as|ses|sor** *m.13* noch nicht fest angestellter Lehrer an einer höheren Schule; **Stu|di|en|di|rek|tor** *m.13* 1 Leiter einer Fachschule; 2 stellvertretender Leiter einer höheren Schule; **Stu|di|en|pro|fes|sor** *m.13 früher und seit 1951 wieder in Bayern:* Titel für Studienrat nach einer bestimmten Anzahl von Dienstjahren; **Stu|di|en|rat** *m.2* festangestellter Lehrer an einer höheren Schule; **Stu|di|en|re|fe|ren|dar** *m.1* Lehrer an einer höheren Schule vor der zweiten Staatsprüfung; **stu|die|ren** 1 eine Hochschule besuchen; 2 ein Fach s.: an einer Hochschule erlernen; 3 etwas s.: etwas gründlich untersuchen, erforschen, sich mit etwas gründlich befassen; ein studierter Mann *nicht korrekt für:* jmd., der etwas studiert hat; **Stu|di|ker** *m.5 ugs.:* Student; **Stu|dio** 1 *s.9* Arbeitsraum (bes. von Künstlern); *Funk, Fernsehen:* Sende-, Aufnahmeraum; 2 *m.9 ugs. scherzh.:* Student; Bruder Studio; **Stu|dio|sus** *m. Gen. - Mz.* -si *oder* -sen Student; **Stu|di|um** *s. Gen.* -di|en 1 Ausbildung an einer Hochschule; 2 wissenschaftl., gründl. Untersuchung; **Stu|di|um ge|ne|ra|le** *s. Gen.* -s - *nur Ez.* 1 *MA:* Frühform der Universität; 2 *an Hochschulen der BRD:* allgemeinbildende Vorlesungen

**Stuk|ka|teur** [-tør] *m.1* Stuckarbeiter; **Stuk-ka|tur** *w.10* Stuckarbeit

**Stunt|man** [stʌntmən, engl.] *m. Gen.* -s *Mz.* -men [-mən] als Double für einen Filmschauspieler bei gefährl. Szenen (z. B. Akrobatik) eintretender Darsteller

**Stu|pa** [sanskr.] *m.9* buddhist. Sakralbau für eine Reliquie

**stu|pẹnd** [lat.] erstaunlich; stupendes Wissen, Können

**stu|pid** [lat.], **stu|pi|de** 1 dumm, beschränkt (Person); 2 langweilig, ermüdend eintönig (Tätigkeit); **Stu|pi|di|tät** *w.10 nur Ez.* 1 Dummheit; 2 Langweiligkeit

**Stu|por** [lat.] *m. Gen.* -s *nur Ez.* Zustand körperl. Unbeweglichkeit und völliger Reaktionsunfähigkeit bei erhaltenem Bewußtsein

**stu|prie|ren** [lat.] vergewaltigen; **Stu|prum** *s. Gen.* -s *Mz.* -pra Vergewaltigung

**Stuß** [jidd.] *m.1 nur Ez. ugs.:* Unsinn, dummes Zeug; Stuß reden, machen

**sty|gisch** [nach dem Styx, dem Fluß der Unterwelt in der griech. Sage] schaurig

**Sty|ling** [stai-, engl.] *s. Gen.* -s *nur Ez. Auto-industrie:* Formgebung im Karosseriebau;

**Sty|list** [stai-] *m.1* Gestalter von Industrieformen, bes. im Kraftfahrzeugbau

**Sty|lit** [griech.] *m.10* frühchristl. Säulenheiliger

**Sty|lo|gra|phie** [lat. + griech.] *w.11* Herstellung von Kupferdruckplatten; **Sty|lus** [lat.] *m. Gen. - Mz.* -li 1 Stift; 2 stiftförmiges Medikament, Zäpfchen

**Sty|rol** *s.1 nur Ez.* eine farblose, wie Benzin riechende Flüssigkeit (chem.: Phenyläthylen)

**Sty|ro|por** *s.1 nur Ez.* ⓦ ein harter, spröder Schaumstoff

**Su|a|da** [lat.], **Su|a|de** *w. Gen. - Mz.* -den Rede-, Wortschwall

**Su|a|he|li** 1 *m.9 oder Gen. - Mz. -* Angehöriger eines ostafrik. Volksstammes; 2 *s. Gen.* -(s) *nur Ez.* dessen Sprache

**sub|al|pin** zur unteren Vegetationsstufe der Alpen gehörig

**sub|al|tern** [lat.] untergeordnet, unselbständig (Angestellter, Arbeit)

**Sub|do|mi|nan|te** *w.11* 1 vierte Stufe der diaton. Tonleiter; 2 Dreiklang auf diesem Ton

**sub|fos|sil** in geschichtl. Zeit ausgestorben

**sub|gla|zi|al** unter dem Gletscher- und Inlandeis (liegend, stattfindend)

**Sub|jekt** [lat.] *s.1* 1 *Philos.:* das denkende Ich; *Ggs.:* Objekt (1); 2 *Gramm.:* Satzgegenstand; 3 *abwertend:* Person, z. B. erbärmliches, widerwärtiges S.; **Sub|jek|ti|on** [-tsjon] *w.10 Rhetorik:* Aufwerfen einer Frage, die man selbst beantwortet; **sub|jek|tiv** [auch: sub-] 1 zum Subjekt gehörig, von ihm ausgehend; 2 persönlich, nicht sachlich, parteiisch; *Ggs.:* objektiv (2); **Sub|jek|ti|vis|mus** *m. Gen. - nur Ez.* 1 Lehre, daß die Erkenntnis nur für das Subjekt, nicht allgemein gültig sei; *Ggs.:* Objektivismus; 2 Ichbezogenheit; **Sub|jek|ti-vi|tät** *w.10 nur Ez.* persönl. Auffassung, Unsachlichkeit; *Ggs.:* Objektivität

**Sub|kon|ti|nent** *m.1* Teil eines Kontinents, der durch seine Größe und geograph. Lage eine gewisse Eigenständigkeit aufweist, z. B. der indische S.: Vorderindien

**Sub|kul|tur** *w.10* relativ eigenständige und in sich geschlossene Kultur einer kleineren Gruppe, die innerhalb einer Gesellschaft lebt, an deren Kultur aber nicht voll teilnimmt, z. B. die Kultur der Hippies

**sub|ku|tan** [lat.] 1 unter der Haut (befindlich); 2 unter die Haut; subkutane Einspritzung

**sub|lim** [lat.] verfeinert, erhaben, nur einem feinen Verständnis zugänglich; **Sub|li|mat** *s.1* 1 durch Sublimation gewonnener Stoff; 2 *Bez. für* das Chlorid des zweiwertigen Quecksilbers; **Sub|li|ma|ti|on** [-tsjon] *w.10* Übergang eines Stoffes aus dem festen in den gasförmigen Aggregatzustand (oder umgekehrt), wobei der flüssige Zustand übersprungen wird; **sub|li|mie|ren** 1 verfeinern, ins Erhabene steigern; 2 einer Sublimation

unterwerfen; **Sub|li|mie|rung** w. 10 1 Verfeinerung, Steigerung ins Erhabene; 2 *Chem.*
→ Sublimation

**sub|lu|na|risch** [lat.] irdisch, *eigtl.:* unter dem Mond

**sub|ma|rin** [lat.] unterseeisch

**sub|mers** [lat.] unter Wasser lebend; *Ggs.:* emers; **Sub|mer|si|on** w. 10 veraltet: Überschwemmung

**sub|mi|kro|sko|pisch** mit dem Ultramikroskop nicht mehr erkennbar

**sub|miß** [lat.] *veraltet:* ehrerbietig, ergeben, unterwürfig; ich bitte submissest um die Erlaubnis; **Sub|mis|si|on** w. 10 1 *veraltet:* Ehrerbietung, Ergebenheit; 2 Vergebung von Arbeiten an denjenigen mit den geringsten Forderungen; **Sub|mit|tent** m. 10 jmd., der sich um einen ausgeschriebenen Auftrag bewirbt; **sub|mit|tie|ren** sich um einen ausgeschriebenen Auftrag bewerben

**Sub|or|di|na|ti|on** [-tsjon, lat.] w. 10 1 *veraltet:* Unterordnung, Gehorsam (im Dienst); 2 *Gramm.:* Unterordnung (von Satzteilen), Hypotaxe; **sub|or|di|nie|ren** unterordnen; subordinierende Konjunktion: Bindewort, das einen Nebensatz mit einem Hauptsatz verbindet, z. B. obwohl, weil

**sub|po|lar** zwischen Polar- und gemäßigter Zone (liegend)

**sub ro|sa** [lat.] unter dem Siegel (der Verschwiegenheit)

**sub|si|di|är** [lat.], **sub|si|dia|risch** behelfsweise, zur Aushilfe dienend; **Sub|si|di|um** s. Gen. -s Mz. -di|en 1 *veraltet:* Beistand, Rückhalt; 2 *Mz.* Hilfsgelder

**Sub|si|stenz** [lat.] w. 10 1 *Philos.:* das Bestehen durch sich selbst; 2 *veraltet:* Lebensunterhalt; **sub|si|stie|ren** 1 durch sich selbst bestehen; 2 *veraltet:* seinen Lebensunterhalt finden

**Sub|skri|bent** [lat.] m. 10 jmd., der etwas subskribiert; **sub|skri|bie|ren** vorbestellen und sich damit zur Abnahme verpflichten (bes. von Büchern); **Sub|skrip|ti|on** [-tsjon] w. 10 Vorbestellung und Verpflichtung zur Abnahme; **Sub|skrip|ti|ons|preis** m. 1 etwas geringerer Preis bei Subskription

**sub spe|cie ae|ter|ni|ta|tis** [spetsje: εter-, lat. „unter dem Gesichtspunkt der Ewigkeit"] unter der Voraussetzung unbeschränkter Dauer; **Sub|spe|zi|es** w. Gen. - Mz. - (Abk.: ssp.) *Biol.:* Unterart

**Subst.** *Abk. für* Substantiv; **Sub|stan|tia|li|tät** [-tsja-, lat.] w. 10 nur Ez. das Substanzsein, Wesentlichkeit; **sub|stan|ti|ell** [-tsjεl] 1 wesenhaft, wesentlich, substanzhaft; 2 stofflich, materiell; **sub|stan|ti|ie|ren** 1 durch Tatsachen belegen, begründen; 2 mit Vollmacht ausstatten; **Sub|stan|tiv** s. 1 Hauptwort, Dingwort; **sub|stan|ti|vie|ren** zum Substantiv machen, in substantiv. Form bringen, z. B. „zur Anwendung bringen" statt „anwenden";

**sub|stan|ti|visch** wie ein Substantiv, als Substantiv, hauptwörtlich; **Sub|stanz** w. 10 1 *Philos.:* Wesen (aller Dinge), Urgrund (alles Seins); 2 *Phys.:* Materie, Stoff; 3 *übertr. ugs.:* Vorrat, Kapital, Vermögen; Inneres, Kern (einer Sache)

**sub|sti|tu|ie|ren** [lat.] austauschen, ersetzen; **Sub|sti|tut** 1 s. 1 Ersatz, Ersatzmittel; 2 m. 10 Ersatzmann, Stellvertreter; **Sub|sti|tu|ti|on** [-tsjon] w. 10 Ersatz, Austausch, Stellvertretung

**Sub|strat** [lat.] s. 1 1 Grund, Grundlage, Unterlage; 2 Nährboden; 3 Sprache eines unterworfenen Volkes, die sich der des Siegers angleicht und sie zugleich beeinflußt; *Ggs.:* Superstrat

**Sub|struk|ti|on** [-tsjon, lat.] w. 10 Bauwesen: Unterbau, Grundbau

**sub|su|mie|ren** [lat.] 1 ein-, unterordnen (bes. einen engeren Begriff einem umfassenderen); 2 zusammenfassen; 3 *Rechtsw.:* Tatbestandsmerkmale s.: sie mit dem Gesetz vergleichen, sie einem Gesetz unterordnen; **sub|sump|tiv** → subsumtiv; **Sub|sum|ti|on** [-tsjon] w. 10 Unterordnung, Zusammenfassung; **sub|sum|tiv** unterordnend, einbegreifend

**sub|til** [lat.] 1 zart, fein (Gefühl); 2 spitzfindig, scharfsinnig, genau, sorgfältig (Kritik, Unterscheidung); 3 schwierig (Aufgabe, Charakter); **Sub|ti|li|tät** w. 10 nur Ez. subtile Beschaffenheit

**Sub|tra|hend** [lat.] m. 10 Zahl, die von einer anderen Zahl abgezogen werden soll; *Ggs.:* Minuend; **sub|tra|hie|ren** abziehen; eine Zahl von einer anderen abziehen s.; **Sub|trak|ti|on** [-tsjon] w. 10 das Abziehen, eine der vier Grundrechenarten; *Ggs.:* Addition

**Sub|tro|pen** Mz. Zone zwischen Tropen und gemäßigter Zone; **sub|tro|pisch** zu den Subtropen gehörend

**sub|ur|ban** [lat.] vorstädtisch; **sub|ur|bi|ka|risch** [lat.] zur Stadt (Rom) gehörig; suburbikarische Bistümer: sieben kleine Bistümer in der Nähe Roms, deren Bischöfe zugleich Kardinäle sind

**sub|ve|nie|ren** [lat.] *veraltet:* beistehen, zu Hilfe kommen; **Sub|ven|ti|on** [-tsjon] w. 10 zweckgebundene Unterstützung aus öffentl. Mitteln; **sub|ven|tio|nie|ren** [-tsjo-] durch Subvention unterstützen

**Sub|ver|si|on** [lat.] w. 10 Sturz einer Regierung, Staatsumsturz; **sub|ver|siv** umstürzlerisch, zerstörend

**sub vo|ce** [votsə, lat.] (Abk.: s. v.) *Sprachw.:* unter dem Stichwort

**Suc|cu|bus** m. Gen.- Mz. -cu|ben → Sukkubus

**Su|cre** [span.] m. Gen. - Mz. - Währungseinheit in Ecuador, 100 Centavos

**Su|dal|ti|on** [-tsjon, lat.] w. 10 das Schwitzen; **Su|da|to|ri|um** s. Gen. -s Mz. -ri|en Schwitzbad

**Süf|fi|sance** [-zãs, frz.] w. Gen. - nur Ez. Dünkel, Selbstgefälligkeit, überhebl. Spott; **süf|fi-**

**sạnt** dünkelhaft, selbstgefällig, spöttisch-überheblich

**Suf|fix** [auch sụf-, lat.] *s.1* Nachsilbe, z. B. -lich, -keit

**suf|fi|zi|ẹnt** [lat.] *Med.:* ausreichend; **Suf|fi|zi-ẹnz** *w.10 Med.:* ausreichende Fähigkeit

**Suf|fra|gan** [lat.] *m.1 kath. Kirche:* einem Erzbischof unterstehender Diözesanbischof

**Suf|fra|gẹt|te** [lat.] *w.11 seit 1840 in England und den USA:* Kämpferin für die Gleichberechtigung der Frauen; **Suf|fra|gi|um** *s. Gen.* -s *Mz.* -gi|en **1** Stimmrecht; **2** Abstimmung

**Suf|fu|si|on** [lat.] *w.10* Blutaustritt größeren Ausmaßes unter der Haut; vgl. Sugillation

**Sụ|fi** [arab. „mit Wolle Bekleideter"] *m.9* Anhänger des Sufismus; **Sụ|fis|mus** *m. Gen.-* nur Ez. asket.-myst. Richtung des Islams

**sug|ge|rie|ren** [lat.] jmdm. etwas s.: jmdm. etwas einreden; **sug|ge|sti|bel** leicht beeinfluß-bar; **Sug|ge|sti|bi|li|tät** *w.10 nur Ez.* Beeinflußbarkeit; **Sug|ge|sti|on** *w.10* Beeinflussung, Willensübertragung; **sug|ge|stiv** beeinflussend, (auf den andern) stark einwirkend; **Sug|ge|stiv|fra|ge** *w.11* Frage, die dem andern die Antwort in den Mund legt; **Sug|ge-stiv|vi|tät** *w.10 nur Ez.* Fähigkeit, jmdn. zu beeinflussen

**Su|gil|la|ti|on** [-tsjon, lat.] *w.10* Blutaustritt geringeren Ausmaßes unter der Haut; vgl. Suffusion

**sui gẹ|ne|ris** [lat.] von seiner eigenen Art, durch sich selbst eine Klasse bildend, einzig, besonders

**Sui|te** [syi̯t(ə), frz.] *w.11* **1** militär. oder fürstl. Gefolge; **2** Musikstück aus mehreren Tanzsätzen in der gleichen Tonart, Partita; **3** *veraltet:* Zimmerflucht; **4** *in Hotels:* zwei Einzelzimmer mit gemeinsamem Bad

**Sui|zid** [lat.] *m.1* Selbstmord

**Su|jet** [syʒe, frz.] *s.9* Gegenstand, Thema (einer künstler. Darstellung)

**Suk|ka|de** [frz.] *w.11* kandierte Schale von Zitrusfrüchten, z. B. Orangeat, Zitronat

**Suk|ku|bus** [lat.] *m. Gen.- Mz.* -ku|ben *im Volksglauben des MA:* mit einem Mann buhlende Hexe; *Ggs.:* Inkubus

**suk|ku|lẹnt** [lat.] *Biol.:* saftig, fleischig; **Suk-ku|lẹn|te** *w.11 in Trockengebieten:* wasserspeichernde Pflanze; **Suk|ku|lẹnz** *w.10 nur Ez. Biol.:* Saftfülle

**Suk|kurs** [lat.] *m.1 nur Ez. veraltend:* Unterstützung, Hilfe

**Suk|zes|si|on** [lat.] *w.10* **1** Rechtsnachfolge, Thronfolge; **2** Aufeinanderfolge verschiedener Pflanzengesellschaften am selben Ort; **suk|zes|siv, suk|zes|si|ve** allmählich (eintretend), nach und nach

**Sul|fat** [lat.] *s.1* Salz der Schwefelsäure; **Sul-fid** *s.1* Salz der Schwefelwasserstoffsäure; **Sul|fit** *s.1* Salz der schwefligen Säure; **Sul|fon|amid** *s.1* chem. Verbindung mit bakterienhemmender Wirkung; **Sụl|fur**

*s. Gen.* -s *nur Ez.* (*Zeichen:* S) chem. Element, Schwefel

**Sụl|ky** [sʌlki, engl.] *s.9* zweirädriger, einspänniger Wagen für Trabrennen

**Sụl|tan** [arab.] *m.1* Titel für mohammedan. Herrscher; **Sụl|ta|nat** *s.1* Herrschaft und Herrschaftsgebiet eines Sultans; **Sụl|ta|ni|ne** *w.11* große, helle Rosine

**Sụl|mach** [arab.] *m.1* Holzgewächs mit Steinfrüchten, das Gerbstoff liefert

**Sụm|ma** [lat.] *w. Gen.- Mz.* -men **1** *in der Scholastik:* zusammenfassende Darstellung eines theolog.-philosoph. Lehrsystems; **2** (*Abk.:* Sa.) *veraltet:* Summe; **sụm|ma cum lau|de** mit höchstem Lob, ausgezeichnet (beste Note bei akadem. Prüfungen); vgl. magna cum laude; **Sum|mạnd** *m.10* Zahl, die zu einer anderen hinzugezählt werden soll, Addend; **sum|ma|risch** kurz zusammengefaßt, bündig; *auch:* oberflächlich; **sụm|ma sum-ma|rum** [„die Summe der Summen"] alles in allem, insgesamt; **Sum|ma|ti|on** [-tsjon] *w.10* Bildung einer Summe, Zusammenrechnung; **Sụm|me** *w.11* **1** Ergebnis einer Zusammenzählung; **2** Geldbetrag; **sum|mie|ren** [lat.] **1** zusammenzählen; **2** sich s.: anwachsen, sich anhäufen

**Sụm|mum bọ|num** [lat.] *s. Gen.- - nur Ez.* höchstes Gut; **Sụm|mus Epi|sco|pus** *m. Gen.- - nur Ez.* **1** höchster Bischof, der Papst; **2** *bis 1918:* der Landesherr als Oberhaupt der evang. Landeskirche

**Sụl|mo** *s. Gen.* -(s) *nur Ez.* sehr alte Form des japan. Ringkampfs

**Sụn|na** [arab.] *w. Gen.- nur Ez.* Sammlung von Aussprüchen Mohammeds, neben dem Koran Glaubensgrundlage des Islams; **Sun-nit** *m.10* Anhänger der Sunna; vgl. Schiit

**sụ|per** [lat.] *ugs.:* vorzüglich, sehr gut; **Sụ|per 1** *s.5 nur Ez.* eine Treibstoffsorte; **2** *m.5 Kurzw. für* Superheterodynempfänger

**sụ|per..., Sụ|per...** *in Zus.:* ober..., Ober..., über..., Über..., *ugs.:* sehr, z. B. superklug

**Su|per|ar|bi|tri|um** [lat.] *s. Gen.* -s *Mz.* -tri|en *österr.:* endgültige Entscheidung

**su|pẹrb** [frz.], **sü|pẹrb** vorzüglich

**Sụ|per|ego** *s.9 Psych.:* „Über-Ich", innere Kontrollinstanz des Menschen, Gewissen; **su|per|fi|zi|ẹll** *Med.:* oberflächlich; **Sụ|per|het** *m.9 Kurzw. für* Superheterodynempfänger: Überlagerungsempfänger (für bes. guten Empfang); **Su|per|in|ten|dẹnt** *m.10 evang. Kirche:* Vorsteher eines Kirchenkreises, Ephorus; **Su|per|in|ten|den|tur** *w.10* Amt und Amtsräume des Superintendenten; **Su|per|in-fek|ti|on** *w.10* nochmalige Infektion mit den gleichen Erregern

**Su|pe|ri|or** [lat.] *m.13 kath. Kirche:* Vorsteher eines Klosters oder Ordens; **Su|pe|ri|o|rin** *w.10* weibl. Superior; **Su|pe|ri|o|ri|tät** *w.10 nur Ez.* Überlegenheit, Übergewicht

**Su|per|kar|go** *m.9* vom Absender bevollmächtigter Begleiter und Kontrolleur einer Fracht; Su|per|la|tiv *m. 1* **1** *Gramm.:* zweite Steigerungsstufe, Höchst-, Meiststufe, z. B. am schönsten; vgl. Komparativ, Positiv; **2** *allg.:* übertreibender Ausdruck; Su|per|la|ti|vis|mus *m. Gen. - nur Ez.* übertriebene Verwendung von Superlativen; Su|per|markt *m. 2* großes Lebensmittelgeschäft mit Selbstbedienung und etwas niedrigeren Preisen; Su|per|na|tu|ra|lis|mus *m. Gen. - nur Ez.* → Supranaturalismus; Su|per|no|va *w. Gen. - Mz.* -vae [-ve:] *Astron.:* Nova von überragender Helligkeit; Su|per|oxid *s. 1* → Peroxid; Su|per|phos|phat *s. 1* ein Phosphordünger; Su|per|strat *s. 1* Sprache eines Eroberervolkes, die diejenige des besiegten Volkes überlagert und zugleich von ihr beeinflußt wird; *Ggs.:* Substrat (**3**); Su|per|vi|si|on *w. 10* Kontrolle, Aufsicht, Leitung

Su|pi|num [lat.] *s. Gen.* -s *Mz.* -na *im Latein.:* substantiv. Verbalform, z. B. lectum „um zu lesen"

**Sup|pe|da|ne|um** [lat.] *s. Gen.* -s *Mz.* -nea Fußstütze, *bes.:* Stützleiste unter den Füßen des gekreuzigten Christus

**Sup|ple|ant** [lat.] *m. 10* *schweiz.:* Stellvertreter (in einer Behörde)

**Sup|ple|ment** [lat.] *s. 1* Ergänzung, Nachtrag, Anhang (zu einem Schriftwerk); sup|ple|men|tär ergänzend; Sup|ple|ment|band *m. 2* Ergänzungsband; Sup|ple|ment|win|kel *m. 5* Winkel, der einen anderen zu 180° ergänzt; vgl. Komplementwinkel

**Sup|plik** [lat.] *w. 10* *veraltet:* Bittgesuch; Sup|pli|kant *m. 10* *veraltet:* Bittsteller; sup|pli|zie|ren *veraltet:* ein Bittgesuch einreichen, (inständig) bitten

sup|po|nie|ren [lat.] voraussetzen, annehmen Sup|port [lat.] *m. 1* *an Werkzeugmaschinen:* Vorrichtung zum Halten und Führen des Werkstücks

Sup|po|si|ti|on [-tsjon, lat.] *w. 10* Voraussetzung, Annahme; Sup|po|si|to|ri|um *s. Gen.* -s *Mz.* -ri|en Heilmittel in Zäpfchenform, das in den Darm eingeführt wird, Zäpfchen; Sup|po|si|tum *s. Gen.* -s *Mz.* -ta *veraltet:* das Vorausgesetzte, Angenommene

Sup|pres|si|on [lat.] *w. 10* *Med.:* Unterdrückung; sup|pres|siv *Med.:* unterdrückend, zurückdrängend; sup|pri|mie|ren unterdrücken, zurückdrängen

Su|pra|lei|ter *m. 5* Stoff, der bei gewisser, sehr geringer Temperatur keinen meßbaren elektr. Widerstand mehr aufweist; su|pra|na|tio|nal [-tsjo-] übernational, überstaatlich; Su|pra|na|tu|ra|lis|mus *m. Gen. - nur Ez.* über die Natur und das Natürliche hinausgehende Denkweise, Glaube an Übernatürliches, bes. an eine übernatürl. Offenbarung; Su|pra|port *s. 1*, Su|pra|por|te *w. 11* → Sopraporte

Su|pre|mat [lat.] *m. 1 oder s. 1*, Su|pre|ma|tie *w. 11* **1** Oberherrschaft (des Papstes);

**2** Überordnung, Vorrang; Su|pre|mats|eid, Su|pre|mat|eid *m. 1 in England 1534-1829:* von den Beamten zu leistender Eid, den König auch als obersten Kirchenherrn und die protestant. Thronfolge anzuerkennen

Su|re [arab.] *w. 11* Abschnitt, Kapitel des Korans

Surf [səf, engl. „Brandung"], Sur|fen, Sur|fing, Surf|ri|ding [səfraidiŋ] *s. Gen.* -s *nur Ez.* Wellenreiten auf einem Brett über die Brandung, Brandungsreiten

Sur|plus [frz.: syrply, engl.: səpləs] *m. Gen. - Mz.* - Überschuß, Gewinn

Sur|rea|lis|mus [frz. sur „über"] *m. Gen. - nur Ez. seit etwa 1917:* künstler. Richtung, die das Überwirkliche, Traumhafte, Unbewußte darzustellen sucht

Sur|ro|gat [lat.] *s. 1* Ersatz, Behelf, Ersatzstoff; Sur|ro|gati|on [-tsjon] *w. 10* Ersatz, Austausch eines Vermögenswertes gegen einen anderen, der denselben Rechtsverhältnissen unterliegt

Sur|sum cor|da! [lat.] Empor die Herzen! (Anfangsworte der Präfation in der kath. Messe)

sus|pekt [lat.] verdächtig

sus|pen|die|ren [lat.] **1** (bis auf weiteres) des Amtes entheben (Beamte, bes. Geistliche); **2** (zeitweilig) aufheben; **3** *Chem.:* in einer Flüssigkeit fein verteilen (kleinste Teilchen); **4** *Med.:* schwebend aufhängen (Glieder); Sus|pen|si|on *w. 10* das Suspendieren; sus|pen|siv aufhebend, aufschiebend; Sus|pen|so|ri|um *s. Gen.* -s *Mz.* -ri|en Tragverband, Armschlinge, Tragbeutel (für den Hodensack)

Su|tra [sanskr.] *w. Gen. - Mz.* -tren *in der altind. Lit.:* kurzer, einprägsamer Lehrsatz

Su|um cui|que [lat.] Jedem das Seine (Wahlspruch Friedrichs I. von Preußen und des preuß. Schwarzen-Adler-Ordens)

su|ze|rän [frz.] oberherrschaftlich; Su|ze|rän *m. 1* Oberherr; die Suzeränität ausübender Staat; Su|ze|rä|ni|tät *w. 10 nur Ez.* Oberherrschaft (eines Staates über einen halbsouveränen Staat)

**s. v.** *Abk.* für salva venia, sub voce

Swamps [swɔmps, engl.] *Mz.* Sumpfwald an subtrop. Küsten

Swan|boy [swɔn-, engl.] *s. 9 nur Ez.* auf beiden Seiten gerauhtes, meist weißes Baumwollgewebe

Swap|ge|schäft [swɔp-, engl.] *s. 1* Verkauf oder Kauf von Devisen bei gleichzeitigem Kauf oder Verkauf des gleichen Betrages per Termin, um Kursschwankungen auszugleichen

Swa|sti|ka [sanskr.] *w. Gen. - Mz.* -ken altind. Hakenkreuz, Sonnenkreuz

Sweep|stake [swipstek, engl.] *s. Gen.* -(s) *Mz.* -s Verlosung, bei der die Gewinnnummern schon vorher gezogen worden sind

**Sweet** [swit, engl.] *m. 9 nur Ez.* dem Jazz nachgebildete, aber nicht improvisierte Unterhaltungs- und Schlagermusik
**Swim|ming-pool** [-pu:l, engl.] *m. 9* Schwimmbecken
**Swing** [engl.] *m. Gen. -(s) nur Ez.* **1** ruhige, schwingende, synkopierte Bewegung der Melodie im Jazz; **2** entsprechender Musikstil als Übergang zum modernen Jazz; **3** Tanz in diesem Stil; **4** *bei bilateralen Handelsverträgen:* höchste gegenseitig eingeräumte Kreditquote; **swin|gen** im Stil des Swing (2) spielen; **2** Swing tanzen
**Sy|ko|mo|re** [griech.] *w. 11* ostafrik. Feigenbaum, Maulbeerfeige
**syl|la|bisch** [griech.] **1** silbenweise; **2** *Mus.:* zu jedem Ton eine Silbe; **Syl|la|bus** *m. Gen. - Mz. - oder* -bi Zusammenfassung, Verzeichnis
**Syl|lep|se** [griech.] *w. 11,* **Syl|lep|sis** *w. Gen. - Mz.* -sen unkorrekte Beziehung eines Prädikats oder Attributs auf mehrere in Genus und Numerus verschiedene Subjekte; z. B. eine Person *wurde* getötet und drei weitere schwer verletzt; **syl|lep|tisch** in der Art einer Syllepse
**Syl|lo|gis|mus** [griech.] *m. Gen. - Mz.* -men *Logik:* Schluß vom Allgemeinen aufs Besondere; **Syl|lo|gi|stik** *w. 10 nur Ez.* Lehre von den Syllogismen
**Syl|phe** [lat.] **1** *m. 11 im Volksglauben des MA:* männlicher Luftgeist; **2** *w. 11* weiblicher Luftgeist; **Syl|phi|de** *w. 11* **1** weiblicher Luftgeist; **2** zartes, anmutiges junges Mädchen
**Syl|ve|ster** → Silvester
**Sym|bi|ont** [griech.] *m. 10* Lebewesen, das mit einem anderen in Symbiose lebt; **Sym|bio|se** *w. 11* dauerndes Zusammenleben zweier Tiere oder Pflanzen bzw. von Tier und Pflanze zu beiderseitigem Nutzen; vgl. Synözie; **sym|bio|tisch** in Symbiose
**Sym|bol** [griech.] *s. 1* **1** Sinnbild, bildhaftes Zeichen, das einen tieferen Sinn ausdrückt; **2** Zeichen für einen physikal. Begriff oder ein chem. Element; **Sym|bo|lik** *w. 10 nur Ez.* **1** sinnbildl. Bedeutung oder Darstellung; **2** Anwendung von Symbolen; **sym|bo|lisch** in der Art eines Symbols, mit Hilfe eines Symbols; **sym|bo|li|sie|ren** durch ein Symbol darstellen; **Sym|bo|lis|mus** *m. Gen. - nur Ez. Ende 19. Jh.:* literar. Richtung, die nach symbolhafter Darstellung der hinter dem Gegenständlichen liegenden Ideen strebte; **sym|bo|li|stisch** zum Symbolismus gehörend, in der Art des Symbolismus
**Sym|me|trie** [griech.] *w. 11* spiegelbildl. Gleichheit; **Sym|me|trie|ach|se** *w. 11* Gerade, die einen Körper in zwei gleiche Hälften zerlegt; **Sym|me|trie|ebe|ne** *w. 11* Ebene, die einen Körper in zwei gleiche Hälften zerlegt; **sym|me|trisch** auf beiden Seiten der Mittel-

achse ein Spiegelbild ergebend, spiegelbildlich, spiegelgleich
**sym|pa|the|tisch** [griech.] Gefühlswirkung ausübend, geheimkräftig; sympathetische Kur: angebl. Heilverfahren durch Gesundbeten o. ä.; sympathetische Tinte: Tinte, die zunächst unsichtbar schreibt und erst nach bes. Behandlung erscheint; **Sym|pa|thie** *w. 11* Zuneigung, Wohlgefallen, Verwandtschaft der Gesinnungen, Empfindungen, Seelenverwandtschaft; **Sym|pa|thi|kus** *m. Gen. - nur Ez., bei Säugetieren und beim Menschen:* Teil des vegetativen Nervensystems, einer der Lebensnerven; **Sym|pa|thi|sant** *m. 10* jmd., der mit einer polit. Partei oder Gruppe sympathisiert; **sym|pa|thisch 1** auf Sympathie beruhend, wohlgefällig, angenehm; **2** auf dem Sympathikus beruhend, mit ihm verbunden; **sym|pa|thi|sie|ren** übereinstimmen; mit jmdm. oder etwas s.: Neigung zu jmdm. oder etwas haben
**Sym|pho|nie** *w. 11* → Sinfonie; **Sym|pho|ni|ker** *m. 5* → Sinfoniker
**sym|phro|ni|stisch** [griech.] *veraltet:* sachlich übereinstimmend
**Sym|po|si|on** [griech.], **Sym|po|si|um** *s. Gen.* -s *Mz.* -si|en **1** *im alten Griechenland:* Trinkgelage; **2** dabei geführtes wissenschaftl. Gespräch; **3** *heute:* Tagung mit zwanglosen wissenschaftl. Vorträgen und Diskussionen
**Sym|ptom** [griech.] *s. 1* Zeichen, Kennzeichen, Merkmal (bes. einer Krankheit); **sym|pto|ma|tisch** kennzeichnend, typisch; **Sym|pto|ma|to|lo|gie** *w. 11 nur Ez.* Lehre von den Krankheitszeichen, Semiotik
**Syn|ago|ge** [griech.] *w. 11 urspr.:* jüd. Gemeinde; *dann:* jüd. Gotteshaus
**Syn|al|la|ge** [-ge:, griech.] *w. 11* gegenseitiger Vertrag; **syn|al|lag|ma|tisch** gegenseitig; synallagmatischer Vertrag → Synallage
**syn|an|drisch** [griech.] verwachsene Staubblätter aufweisend; **Syn|an|dri|um** *s. Gen.* -s *Mz.* -dri|en die zu einem einzigen Gebilde verwachsenen Staubblätter einer Blüte
**Syn|ästhe|sie** [griech.] *w. 11* Miterregung eines Sinnesorgans, wenn ein anderes gereizt wird, Verknüpfung mehrerer Sinnesempfindungen, z. B. die Vorstellung von Farben beim Hören von Klängen
**syn|chron** [-kron, griech.] zeitlich übereinstimmend, gleichlaufend, gleichzeitig; **Syn|chro|ni|sa|ti|on** [-tsjon] *w. 10* das Synchronisieren, zeitl. Gleichschaltung; **syn|chro|ni|sie|ren 1** in zeitl. Übereinstimmung bringen, zeitlich gleichschalten; in Gleichlauf bringen (techn. Geräte); **2** *Film:* Bild- und Tonspur auf einem Tonband vereinigen; *beim fremdsprachl. Film:* ein Tonband in der eigenen Sprache herstellen und mit den Mundbewegungen der Schauspieler in Übereinstimmung bringen; **Syn|chro|nis|mus** *m. Gen. - nur Ez.* zeitl. Übereinstimmung; **syn|chro|ni-**

**stisch** zeitlich gleichschaltend; **Syn|chron|maschi|ne** *w. 11* Wechselstrommaschine, bei der die Frequenz der erzeugten Spannung proportional der Umdrehungsgeschwindigkeit ist; **Syn|chron|mo|tor** *m. 12* als Motor arbeitende Synchronmaschine; **Syn|chro|tron** *s. 1* Beschleuniger für geladene Elementarteilchen, bei dem diese auf einer Kreisbahn auf sehr hohe Energien beschleunigt werden **syn|de|tisch** [griech.] durch Bindewörter verbunden (Satzteile, Sätze); *Ggs.:* asyndetisch **Syn|di|ka|lis|mus** [griech.] *m. Gen. - nur Ez.* Lehre einer revolutionären sozialist. Arbeiterbewegung (bes. in roman. Ländern), die die Übernahme der Produktionsmittel durch die Gewerkschaften erstrebte; **Syn|di|kat** *s. 1* 1 Amt eines Syndikus; 2 Absatzkartell; zentrale Verkaufsstelle mit eigener Rechtspersönlichkeit, z. B. Kalisyndikat; **Syn|di|kus** *m. Gen. - Mz.* -ken *oder* -zi ständiger Rechtsbeistand von Wirtschaftsunternehmen u. a.; **syn|di|zie|ren** zu einem Syndikat zusammenschließen **Syn|drom** [griech.] *s. 1* Krankheitsbild, das sich aus dem Zusammentreffen verschiedener (für sich allein nicht charakterist.) Symptome ergibt **Syn|edri|on** [griech.] *s. Gen.* -s *Mz.* -dri en altgriech. Ratsbehörde; **Syn|edri|um** *s. Gen.* -s *Mz.* -dri en *im alten Jerusalem:* oberste Staatsbehörde und oberstes Gericht **Syn|ek|do|che** [-xe:, griech.] *w. 11* Stilmittel, bei dem ein engerer oder weiterer Begriff für einen umfassenden oder abstrakten gesetzt wird, z. B. „der Deutsche" statt „die Deutschen" oder „Brot" statt „Nahrung" **syn|er|ge|tisch** [griech.] zusammenwirkend; **Syn|er|gie** *w. 11* das Zusammenwirken (z. B. von Muskeln); **Syn|er|gis|mus** *m. Gen. - nur Ez.* 1 Zusammenwirken in gleicher Richtung (von Muskeln, Arzneimitteln u. a.); 2 Lehre, daß der Mensch selbst mitwirken müsse, um Gottes Gnade zu erlangen **syn|karp** [griech.] zu einem einzigen Fruchtknoten verwachsen; **Syn|kar|pie** *w. 11* Verwachsung der Fruchtblätter einer Blüte zu einem einzigen Fruchtknoten **syn|kli|nal** [griech.] *Geol.:* muldenförmig; **Syn|kli|na|le, Syn|kli|ne** *w. 11 Geol.:* Mulde **Syn|ko|pe** [griech.] *w. 11* 1 *Gramm.:* Ausfall eines unbetonten Vokals im Wortinnern, z. B. freud'ge statt „freudige"; 2 *Metrik:* Ausfall einer Senkung im Vers; 3 *Mus.:* Betonung eines unbetonten Taktteils, während der normalerweise betonte ohne Akzent bleibt; **syn|ko|pie|ren** 1 durch Weglassen zusammenziehen (Wort, Vers); 2 an unbetonter Stelle betonen; synkopierter Rhythmus **Syn|kre|tis|mus** [griech.] *m. Gen. - nur Ez.* Vermischung mehrerer Religionen, philosoph. Lehren, Auffassungen usw.; **Syn|kretist** *m. 10* Vertreter eines Synkretismus

**Syn|kri|se** [griech.] *w. 11*, **Syn|kri|sis** *w. Gen. - Mz.* -kri|sen Vergleichung, Zusammensetzung, Verbindung, Vermischung; **syn|kritisch** vergleichend, verbindend **Syn|od** [griech.] *m. 1 in den orthodoxen und autokephalen Kirchen:* oberste Behörde; **syn|odal** zur Synode gehörig, auf ihr beruhend; **Syn|odal|e** *m. 11* Mitglied einer Synode; **Syn|odal|ver|fas|sung** *w. 10 ev. Kirche:* Verfassung, nach der die Verwaltung bei der Synode liegt; vgl. Konsistorialverfassung; **Syn|ode** *w. 11* 1 *evang. Kirche:* aus Geistlichen und Laien bestehende Verwaltungsbehörde; Kirchenversammlung; vgl. Konsistorium; 2 *kath. Kirche* → Konzil **syn|onym** [griech.] bedeutungsähnlich, bedeutungsgleich (Wörter); **Syn|onym** *s. 1* Wort von ähnl. oder gleicher Bedeutung, sinnverwandtes Wort, z. B. „flach" im Verhältnis zu „platt"; **Syn|ony|mik** *w. 10 nur Ez.* 1 Sinn-, Bedeutungsverwandtschaft; 2 Lehre von der Bedeutungsverwandtschaft der Wörter **Syn|op|se** [griech.] *w. 11*, **Syn|op|sis** *w. Gen. - Mz.* -op|sen vergleichende Übersicht, bes. der Berichte gleichen Inhalts im Matthäus-, Markus- und Lukasevangelium; **Syn|op|tik** *w. 10 nur Ez.* großräumige Wetterbeobachtung; **Syn|op|ti|ker** *m. 5 Mz.* die Evangelisten Matthäus, Markus und Lukas; **syn|op|tisch** übersichtlich nebeneinander-, zusammengestellt; synoptische Evangelien: die E. der Synoptiker; synoptische Meteorologie → Synoptik **Syn|özie** [griech.] *w. 11* dauerndes Zusammenleben zweier Lebewesen (Tiere oder Pflanzen bzw. Tier und Pflanze), bei dem nur eines einen Nutzen davon hat; vgl. Symbiose **Syn|tag|ma** [griech.] *s. Gen.* -s *Mz.* -men 1 *veraltet:* Sammlung von Schriften verwandten Inhalts; 2 *Sprachw.:* syntaktisch verbundene Gruppe von Wörtern, die bei Stellungswechsel im Satz nicht getrennt werden kann, z. B. aus voller Kehle, im großen und ganzen; **syn|tak|tisch** zur Syntax gehörend, auf ihr beruhend; **Syn|tax** *w. Gen. - nur Ez.* Lehre vom Satzbau, Satzlehre **Syn|the|se** [griech.] *w. 11* 1 Aufbau, Verbindung von Teilen zu einem Ganzen; 2 Verbindung zweier gegensätzl. Begriffe oder Aussagen (These und Antithese) zu einer höheren Einheit; die so gewonnene Einheit selbst; 3 Herstellung einer chem. Verbindung aus gegebenen Stoffen; **Syn|the|si|zer** [-saizər, griech. + engl.] *m. 5* elektronisch gesteuertes Gerät zur Musikübertragung; **Syn|the|tics** *Mz.* Textilien aus Kunstfasern; **Syn|the|tik** *w. 10 nur Ez.* nicht zergliedernde Betrachtung mathemat. Probleme, im Unterschied zur Analytik; **syn|the|tisch** 1 *Chem.:* künstlich (hergestellt); aus einfachen Stoffen aufgebaut; 2 zusammensetzend; synthetische Sprachen: Sprachen, in denen die Flexion

durch Endungen und Vorsilben gebildet wird (nicht durch Hilfszeitwörter); **3** *Philos.:* vom Allgemeinen zum Besonderen führend
**Sy|phil|lis** [nach Syphilus, dem Schäfer in einem lat. Lehrgedicht des 16. Jh.] *w. Gen. - nur Ez.* (wegen ihrer spät auftretenden Symptome gefährl.) Geschlechtskrankheit, Lustseuche, Lues; **Sy|phi|li|ti|ker** *m. 5* jmd., der an Syphilis erkrankt ist; **sy|phi|li|tisch** auf Syphilis beruhend, an S. erkrankt
**Sy|rin|ge** [griech.] *w. 11* Flieder; **Sy|rinx** *w. Gen. - Mz.* -rin|gen **1** Stimmorgan der Vögel; **2** Hirten-, Panflöte
**Sy|ro|lo|gie** *w. 11 nur Ez.* Wissenschaft von den Sprachen und der Kultur Syriens
**Sy|stem** [griech.] *s. 1* **1** Aufbau, Gefüge, Gesamtheit (von miteinander verbundenen Teilen), gegliedertes, geordnetes Ganzes; **2** Ordnungsprinzip; **Sy|ste|ma|tik** *w. 10* **1** Aufbau eines Systems; **2** Kunst, ein System aufzubauen, planmäßige Darstellung; **3** Lehre vom System einer Wissenschaft; **Sy|ste|ma|ti|ker** *m. 5* jmd., der ein System beherrscht, der systematisch arbeitet; **sy|ste|ma|tisch** mit Hilfe eines Systems, nach einem System; **sy|ste|ma|ti|sie|ren** in ein System bringen, nach einem System gliedern
**Sy|sto|le** [-le:, griech.] *w. Gen. - Mz.* -sto|len Zusammenziehung des Herzmuskels; *Ggs.:* Diastole

**Sze|nar** [griech.] *s. 1* → Szenarium; **Sze|na|rio** [ital.] *s. Gen.* -s *Mz.* -ri|en **1** *Theater:* → Szenarium (1); **2** Entwurf eines Zukunftsmodells; **Sze|na|ri|um** [griech.-lat.] *s. Gen.* -s *Mz.* -ri|en **1** *Theater:* Verzeichnis der für eine Aufführung nötigen Dekorationen, Requisiten und techn. Vorgänge; **2** *Film:* literar. Teil eines Drehbuchs; **Sze|ne** *w. 11* **1** Bühne; **2** Schauplatz; **3** Teil eines Aktes, Auftritt; **4** Vorgang, Anblick; **5** heftige Auseinandersetzung, Streit, Zank; jmdm. eine S. machen; **6** Bereich (in dem etwas vorgeht), z. B. Drogenszene, Musikszene; **Sze|ne|rie** *w. 11* **1** Bühnenbild; **2** Landschaft, Gegend; **sze|nisch** zu einer Szene gehörend, in der Art einer Szene
**Szep|ter** *s. 5 veraltete Schreibung von* Zepter
**szi|en|ti|fisch** [stsien-, lat.] wissenschaftlich; **Szi|en|tis|mus** *m. Gen. - nur Ez.* **1** auf Wissen und Wissenschaft (nicht auf Glauben) gegründete Anschauungsweise; **2** Lehre der Christian Science
**Szil|la** [griech.] *w. Gen. - Mz.* -len eine Heil- und Zierpflanze, Blaustern
**Szin|til|la|ti|on** [-tsjon, lat.] *w. 10* **1** das Blitzen, Funkeln (von Lichtern, z. B. der Sterne); **2** das Aufblitzen mineral. Stoffe beim Auftreffen radioaktiver Strahlen; **szin|til|lie|ren** aufleuchten, blitzen, funkeln
**Szyl|la** *w. Gen. - nur Ez.* = Scylla
**Szy|the** *m. 11* = Skythe

# T

**T** 1 *chem.* Zeichen für Tritium; **2** *Abk. für* Tera...

**Ta** *chem.* Zeichen für Tantal

**Tab** [engl.] *m. 1* vorspringender Teil einer Karteikarte (zur Kennzeichnung)

**Tabak** [auch: ta̱, auch, bes. österr.: -ba̱k, karib.] *m. 1* **1** ein Kraut, dessen Blätter Nikotin enthalten; **2** daraus hergestelltes Genußmittel; **Tabakkolsis** *w. Gen. - Mz.* -sen Erkrankung der Atmungsorgane durch Einatmen von Tabakstaub, Tabaklunge; **Tabatiere** [-tje-, frz.] *w. 11* Schnupftabaksdose; *österr. auch:* Zigarettendose

**tabellarisch** [lat.] in Form einer Tabelle; **tabellarisieren** in Tabellen anordnen; **Tabelle** *w. 11* Übersicht in Spalten oder Listen

**Tabernakel** [lat.] *s. 5, auch: m. 5* **1** *kath. Kirche:* Altarschrein für die geweihte Hostie; **2** *auch:* turmartiges Dach über Standbildern, Altären u. a.

**Tabes** [lat.] *w. Gen. - nur Ez.* Auszehrung, Schwund, Schwindsucht; Tabes dorsalis: Rückenmarksschwindsucht; **Tabiker** *m. 5* jmd., der an Tabes leidet

**Tablar** [lat.] *s. 1 schweiz.:* Brett (im Regal); **Tableau** [-blo̱, frz.] *s. 9* **1** *Theater:* wirkungsvoll gruppiertes Bild; **2** *österr.:* übersichtl. Darstellung eines Vorgangs auf einzelnen Tafeln; **3** Tableau!: Ausruf, wenn man sich im Gespräch geschlagen geben muß; **Table d'hôte** [ta:bldo̱t] *w. Gen. - - nur Ez. veraltet, in Hotels:* gemeinsame Speisetafel; **Tablett** *s. 1* Brett mit erhöhtem Rand zum Tragen von Speisen, Geschirr usw.; **Tablette** *w. 11* Arzneimittel in fester, runder, flacher Form

**Taborit** [nach der tschech. Stadt Tabor] *m. 10* Angehöriger der radikalen Gruppe der Hussiten

**Täbris** [nach der iran. Stadt] *m. Gen. - Mz. -* ein Perserteppich mit Medaillonmuster

**tabu** [polynes.] unantastbar, heilig, verboten; **Tabu** *s. 9* **1** *bei Naturvölkern:* Vorschrift, bestimmte Dinge zu meiden oder nicht zu berühren; **2** *danach:* Verbotenes, etwas, worüber man nicht spricht; **tabuieren, tabuisieren** mit einem Tabu belegen

**Tabula rasa** [lat.] *w. Gen. - - nur Ez.* **1** *urspr.:* abradierte Schreibtafel; **2** *übertr.:* unbeschriebenes Blatt; T. r. machen: reinen Tisch machen, mit allem aufräumen; **Tabulator** *m. 13* an Schreib- und Rechenmaschinen: Einstelltaste zum Schreiben von Tabellen; **Tabulatur** *w. 10* **1** *im Meistergesang:* Tafeln mit den Regeln; **2** *14./18. Jh.:* Notenschriftsystem für Instrumentalmusik; **Taburett** *s. 1 veraltet:* niedriger Stuhl, Hocker

**tacet** [-tsɛt, lat.] *Mus.:* (es) schweigt (Angabe, daß ein Instrument Pause hat)

**tachinieren** [-xi-] *österr.:* faulenzen, sich der Arbeit entziehen; **Tachinierer** *m. 5 österr.:* Faulenzer

**Tachismus** [-ʃis-, lat.-frz.] *m. Gen. - nur Ez.* eine Richtung der ungegenständl. Malerei

**Tachograph** [griech.] *m. 10* Instrument zum Aufzeichnen von Geschwindigkeiten; **Tachometer** *s. 5* Gerät zum Messen der Geschwindigkeit; **Tachygraph** *m. 10* **1** *Antike:* jmd., der die Tachygraphie beherrschte; **2** → Tachograph; **Tachygraphie** *w. 11 Antike:* Kurzschriftsystem aus Zeichen für Silben; **Tachykardie** *w. 11 nur Ez.* stark beschleunigter Herzschlag, Herzjagen; **Tachymeter** *s. 5* Schnellmeßgerät für Entfernung und Höhenwinkel mit nur einer Einstellung

**Tacks** [engl.], **Täcks** *m. 1 Schuhmacherei:* kleiner, keilförmiger Stahlnagel

**Tadschike** *m. 11* Angehöriger eines iran. Volksstammes

**Taekwondo** [korean.] *s. Gen. - nur Ez.* korean. Form der waffenlosen Selbstverteidigung (ähnlich dem Karate)

**Tael** [tɛl, chin.] *s. 9, nach Zahlenangaben Mz. -* alte chin. Gewichtseinheit und Münze

**Taft** [pers.] *m. 1* ein glänzendes Seiden- oder Halbseidengewebe

**Tagetes** [lat.] *w. Gen. - nur Ez.* Studenten-, Samtblume

**Taifun** [chin.] *m. 1* Wirbelsturm, bes. in Südostasien

**Taiga** [russ.] *w. Gen. - nur Ez.* Wald- und Sumpfgebiet in Sibirien

**Taille** [taljə, frz.] *w. 11* **1** Teil des Rumpfes zwischen Brust bzw. Rücken und Hüften; **2** *Kartenspiel:* Aufdecken der Blätter; **3** *in Frankreich 15. Jh. bis 1789:* Steuer der nicht privilegierten Stände; **Tailleur** [tajœ̱r] **1** *m. 1* Schneider; **2** *m. 1 bei Glücksspielen:* Bankhalter; **3** *s. 9 schweiz.:* Schneiderkostüm; **taillieren** [taji-] **1** auf Taille arbeiten; **2** *Kartenspiel:* aufdecken (die Karten)

**tailormade** [tɛiləʳmeid, engl.] *nur prädikativ:* vom Schneider gearbeitet

**Take** [tɛik, engl.] *s. 9 oder m. 9 Film, Fernsehen:* Einstellung, kurze Szene

**Täks** *m. 1* → Tacks

**Takt** [lat.] *m. 1* **1** rhythm. Maßeinheit von Musikstücken; kleinster Teil eines Musikstücks; **2** regelmäßige Bewegung, Arbeitsgang (von Motoren, Maschinen); **3** Abschnitt bei der Arbeit am Fließband; **4** *nur Ez.* Feingefühl, Gefühl für das richtige Ver-

halten; Takt haben, besitzen; **tak|tie|ren**
**1** *Mus.:* den Takt schlagen; **2** *allg.:* klug
vorgehen
**Tak|tik** [griech.] *w. 10* **1** Kunst der Kampf-,
Truppenführung; **2** *übertr.:* planmäßiges
Vorgehen; **Tak|ti|ker** *m. 5* jmd., der eine
Taktik anwendet; ein guter, schlechter T.
sein
**tak|til** [lat.] auf dem Tastsinn beruhend
**tak|tisch** auf Taktik beruhend, die Taktik be-
treffend; taktisch richtig, falsch, taktischer
Fehler
**Takt|stra|ße** *w. 11* Fließband, auf dem das
Werkstück automatisch weiterrückt
**Tallar** [lat.] *m. 1* weites, schwarzes, knöchel-
langes Amtsgewand der Geistlichen, Richter
u. a.
**Tallent** [griech.] *s. 1* **1** antike Gewichts- und
Münzeinheit; **2** Begabung, angeborene Fä-
higkeit; **tallen|tiert** Talent besitzend, begabt
**Talli|on** [lat.] *w. 10* MA: Vergeltung, Bestra-
fung durch gleichartige Handlung
**Tallis|man** [pers.] *m. 1* kleiner, vermeintlich
schützender oder glückbringender Gegen-
stand
**Talk** [arab.], **Tallkum** *s. Gen. -s nur Ez.* ein
Mineral, Speckstein, Steatit
**Talk|ma|ster** [tɔkmaːstər, engl.] *m. 5* Leiter
der Interviews einer Talk-Show; **Talk-Show**
[-tɔkʃou] *w. 9* Fernsehsendung, in der be-
kannte Personen interviewt werden
**tallmi** [frz.] *österr. für* talmin; **Tallmi** *s. Gen.
-s nur Ez.* **1** goldfarbene Kupfer-Zink-Legie-
rung; **2** Unechtes; **tallmin** unecht
**Tallmud** [hebr.] *m. Gen. -s nur Ez.* Sammlung
der Gesetze, Lehren und relig. Überlieferun-
gen des nachbibl. Judentums; **Tallmu|dist**
*m. 10* Kenner des Talmuds
**Tallon** [-lõ, frz.] *m. 9* **1** Gutschein; **2** *bei
Wertpapieren:* Erneuerungsschein; **3** Zinsab-
schnitt; **4** *Kartenspiel:* nicht verteilter Kar-
tenrest; **5** *Domino:* Kaufstein
**Talmalrin|de** [arab.] *w. 11* ein trop. Baum
(Hülsenfrüchtler)
**Talmalris|ke** [lat.] *w. 11* Angehörige einer
Gattung heidekrautähnl. Sträucher
**Tam|bour** [-buːr, arab.] *m. 1, schweiz. m. 12*
**1** *Mil.:* Trommler; **2** *Baukunst:* mit Fenstern
versehene Sockel einer Kuppel; **Tam|bour-
ma|jor** *m. 1* Leiter eines Spielmannszuges;
**Tam|bur** *m. 1* Stickrahmen; **tam|bu|rie|ren**
**1** mit Kettenstichen besticken; **2** Haare (in
eine Perücke) einknoten; **Tam|bu|rin** *s. 1*
**1** kleine, flache Handtrommel mit Schellen;
**2** kleines, flaches, trommelartiges Gerät zum
Ballspiel
**Talmil** *s. Gen. -(s) nur Ez.* zu den drawid.
Sprachen gehörende Sprache der Tamilen;
**Talmille** *m. 11* Angehöriger eines drawid.
Volksstammes im Süden Vorderindiens und
auf Ceylon
**Tam|pon** [auch: tãpõ, frz.] *m. 9* Watte- oder

Zellstoffbausch; **Tam|po|na|de** *w. 11* Aus-
stopfen (von Körperhöhlen) mit Tampons;
**tam|po|nie|ren** mit Tampons ausstopfen
**Tam|tam** [Hindi] **1** [auch: tam-] *s. 9* ostasiat.
Musikinstrument, Gong; **2** *s. 9 nur Ez. ugs.:*
Aufhebens, Aufwand, Getue
**Talna|gra|fi|gu|ren** [auch: ta-, nach dem
griech. Fundort Tanagra] *w. 10 Mz.* zierl.,
bemalte Tonfigürchen des 4.–3. Jh. v. Chr.
**Tan|dem** [lat.] *s. 9* **1** Fahrrad für zwei Fahrer
hintereinander; **2** Maschine mit zwei hinter-
einandergeschalteten Antrieben
**tang** *Abk. für* Tangens
**Tang** *m. 1 Sammelbez. für* mehrere Formen
der Braunalgen
**Tan|gens** [lat.] *m. Gen. - Mz. - (Abk.:* tang,
tg) *Math.:* eine Winkelfunktion, Verhältnis
der Gegenkathete zur Ankathete; **Tan|gen|te**
*w. 11* Gerade, die eine Kurve in einem Punkt
berührt; **tan|gen|ti|al** [-tsjal] eine Kurve oder
gekrümmte Fläche in einem Punkt berüh-
rend; **tan|gie|ren 1** berühren (Kurve oder ge-
krümmte Fläche); **2** *übertr.:* berühren, be-
treffen
**Tan|go** [span.] *m. 9* ein Gesellschaftstanz
**Tank** [Herkunft unsicher] *m. 9 oder m. 1*
**1** großer Behälter für feuergefährl. Flüssig-
keiten; **2** *früher Bez. für* Panzerkampfwagen
**Tan|ka** [jap.] *s. Gen. -(s) Mz. -* jap. Kurzge-
dicht aus einer drei- und einer zweizeiligen
Strophe
**tan|ken** aufnehmen, einfüllen (Treibstoff);
**Tan|ker** *m. 5* Schiff, das Flüssigkeit, bes.
Treibstoff, befördert
**Tan|nat** *s. 1* Salz der Gerbsäure; vgl. Tannin;
**tan|nie|ren** [frz.] mit Tannin beizen; **Tan|nin**
*s. 1 nur Ez.* (meist aus Gallen gewonnener)
Gerbstoff
**Tan|tal** [griech.] *s. Gen. -s nur Ez. (Zeichen:*
Ta) chem. Element; **Tan|tallus|qua|len** [nach
dem König Tantalus der griech. Sage] *w. 10
Mz.* Qualen, die man ausstehen, wenn man et-
was Ersehntes, das erreichbar ist, nicht
bekommt
**Tan|tie|me** [tãtjɛmə, frz.] *w. 11 meist Mz.* Ge-
winnanteil
**tant mieux** [tã miø, frz.] um so besser
**Tan|tris|mus** [sanskr.] *m. Gen. - nur Ez.* ind.
Lehre, daß alles im Weltall in myst. Verbin-
dung miteinander stehe
**Tao** [tau, chin. „Weg"] *s. Gen. - nur Ez. chin.
Philos.:* der Urgrund alles Seins sowie der
Weg dorthin; **Taolis|mus** *m. Gen. - nur Ez.*
die Lehre vom Tao
**Tape** [tɛip, engl.] *s. 9* **1** Papierstreifen zum
Aufnehmen von Morsezeichen; **2** Tonband;
**Tape-Re|cor|ding** [-rikɔr-] *s. 9* das Aufneh-
men auf Tonband
**Talpet** [lat.] *s. 1 urspr.:* Tischdecke auf dem
Sitzungstisch: *nur noch in der Wendung* et-
was aufs Tapet bringen: etwas zur Sprache
bringen; **Talpe|te** *w. 11* Papier, Seide oder

Leder zum Verkleiden von Wandflächen; **ta|pe|zie|ren** mit Tapete bekleben

**Ta|pio|ka** [Tupispr.] *w. Gen. - nur Ez.* aus den Knollen des Manioks gewonnene Stärke

**Ta|pir** [österr.: -pir̲, indian.] *m.1* ein schweinähnl. Huftier

**Ta|pis|se|rie** [frz.] *w.11* 1 Teppichwirkerei; 2 Wandteppich; 3 Kreuzstichstickerei auf gitterartigem Gewebe

**Ta|ra** [ital.] *w. Gen. - Mz.*-ren 1 Gewicht der Verpackung; 2 die Verpackung selbst

**Ta|ran|tel** [ital.] *w.11* eine Wolfsspinne; **Ta|ran|tel|la** *w.9 Mz. auch:* -len lebhafter ital. Volkstanz

**Ta|rar** [frz.] *m.1* Gerät zum Reinigen von Getreide

**Tar|busch** [arab.] *m.9 arab. Bez. für* Fes

**Ta|ren** *Mz. von* Tara; **ta|rie|ren** ein Gefäß, eine Verpackung t.: sein bzw. ihr Gewicht feststellen

**Ta|rif** [arab.-ital.] *m.1* 1 festgelegte Summe für Preise, Löhne, Gehälter, Steuern usw.; 2 amtl. Verzeichnis davon; **Ta|ri|feur** [-fø̲r] *m.1* jmd., der Tarife bestimmt; **ta|ri|fie|ren** etwas t.: den Tarif von etwas festsetzen, in einen Tarif aufnehmen

**Tar|la|tan** [frz.] *m.1* durchsichtiges, gestreiftes Baumwollgewebe

**Ta|ro** [polynes.] *m.9* stärkehaltiger Wurzelstock einer trop. Nutzpflanze

**Ta|rock** [ital.] *s. oder m. Gen.*-s *nur Ez.* ein Kartenspiel für drei Spieler; **ta|rockie|ren** (-rok|kie-) *im Tarock:* Trumpf ausspielen

**Tar|pan** *m.1* ausgestorbenes europäisches Wildpferd

**Tar|sus** [griech.] *m. Gen. - Mz.*-sen 1 Fußglied (der Gliederfüßer); 2 Fußwurzel; 3 Lidknorpel (im Oberlid)

**Tar|tan** [tartən, engl.] *m.9* 1 dicke, wollene, karierte Reisedecke; 2 Wollstoff mit schott. Muster; 3 Kunststoff zum Beschichten von Sportbahnen

**Tar|ta|ne** [arab.-ital.] *w.11* einmastiges Fischerboot

**Tar|tar** *m.10 fälschlich für* Tatar

**Tar|ta|ros** [griech.] *m. Gen. - nur Ez. griech. Myth.:* tiefster Teil der Unterwelt; **Tar|ta|rus** *m. Gen. - nur Ez.* 1 *lat. Form von* Tartaros; 2 Weinstein; **Tar|trat** *s.1* Salz der Weinsäure

**Tar|tüff** [nach Tartuffe, der Titelgestalt einer Komödie von Molière] *m.9* Heuchler

**TASS** *w. Gen. -* Nachrichtenagentur der UdSSR

**Ta|sta|tur** [ital.] *w.10* Gesamtheit der Tasten (an Klavier, Schreibmaschine usw.); **Ta|ste** *w.11* Hebel, der mit dem Finger heruntergedrückt wird

**Ta|tar** *m.10* 1 Angehöriger eines mongol. Volksstammes; 2 *auch:* Angehöriger eines mongol.-türk. Mischvolkes in der UdSSR; **Ta|tar|beef|steak** [-bi:fstεk] *s.9* rohes, gehacktes, mit Ei, Zwiebel, Essig und Öl ange-

machtes Rindfleisch; **Ta|ta|ren|nach|richt** *w.10* erfundene, aber wahr erscheinende Nachricht

**ta|tau|ie|ren** [tahit.], **tä|to|wie|ren** jmdn., einen Körperteil t.: mit Nadelstichen farbige, nicht mehr entfernbare Zeichnungen in die Haut einbringen; **Tä|to|wie|rung** *w.10* 1 das Tätowieren; 2 tätowiertes Bild oder Zeichen auf der Haut

**Tat|ter|sall** [nach dem Engländer R. Tattersall] *m.9* Reithalle, Reitbahn

**tau|schie|ren** [arab.] Metall t.: mit anderem, edlerem Metall durch Einhämmern verzieren

**Tau|ta|zis|mus** [griech.] *m. Gen. - Mz.*-men unschöne Häufung gleicher Anfangslaute in mehreren aufeinanderfolgenden Wörtern; **Tau|to|lo|gie** *w.11* Bezeichnung derselben Sache durch mehrere Ausdrücke, z. B. alter Greis, schon bereits; **Tau|to|me|rie** *w.11 nur Ez.* ein chem. Gleichgewicht infolge Protonenumlagerung

**Ta|ver|ne** [lat.] *w.11* Schenke

**Ta|xa|me|ter** [lat. + griech.] *s.5* 1 *in Mietautos:* Fahrpreisanzeiger; 2 *veraltet für* Taxi; **Ta|xa|ti|on** [-tsjon, lat.] *w.10* Schätzung; **Ta|xa|tor** *m.13* jmd., der etwas taxiert; **Ta|xe** *w.11* 1 festgesetzter Preis; Gebühr, Abgabe, z. B. Kurtaxe; 2 → Taxi; **ta|xen** → taxieren; **Ta|xi** [Kurzw.] *s.9, schweiz. auch: m.9* Personenkraftwagen, den man einschließlich Fahrer für kurze Strecken mieten kann, Mietauto

**Ta|xi|der|mie** [griech.] *w.11 nur Ez.* das Ausstopfen (von Tieren)

**Ta|xie** [griech.] *w.11* durch Reiz von außen ausgelöste und auf diesen gerichtete Bewegung (von Pflanzen)

**ta|xie|ren** [lat.] schätzen

**Ta|xi|girl** [-gə:l, lat. + engl.] *s.9* in Tanzlokalen angestellte Tanzpartnerin

**Ta|xis** *w. Gen. - Mz.*-xen → Taxie

**Ta|xo|no|mie** [griech.] *w.11* Einordnung in ein biolog. System

**Tax|preis** *m.1* durch Taxieren ermittelter Preis

**Ta|xus** [lat.] *m. Gen. - Mz. -* Eibe

**Tax|wert** *m.1* durch Taxieren ermittelter Wert

**Tb** 1 *chem. Zeichen für* Terbium; 2 *Abk. für* Tuberkulose

**Tbc** *Abk. für* Tuberkulose

**Tc** *chem. Zeichen für* Technetium

**Te** *chem. Zeichen für* Tellur

**Teach-in** [ti:tʃ-, engl.] *s.9* Informationsveranstaltung von Studenten zu einem bestimmten Thema

**Teak|holz** [tik-] *s.4* Holz des Teakbaums

**Team** [tim, engl.] *s.9* 1 *Sport:* Mannschaft; 2 *allg.:* Arbeitsgruppe; **Team|tea|ching** [tim-ti:tʃiŋ] *s.9* Vorlesungsreihe, in der mehrere Dozenten nacheinander ein Thema von verschiedenen Seiten beleuchten; **Team|work** [ti̲mwə:k] *s.9 nur Ez.* gute Zusammenarbeit,

Arbeit eines gut aufeinander abgestimmten Teams

**Tea|room** [tiru:m, engl.], **Tea-Room** m. 9 in Hotels und Restaurants: Teestube; 2 schweiz.: Café oder Restaurant, in dem nur alkoholfreie Getränke ausgeschenkt werden **Tech|ne|ti|um** [-tsjum, griech.] s. Gen.-s nur Ez. (Zeichen: Tc) ein chem. Element **Tech|nik** [griech.] w. 10 1 nur Ez. die Gesamtheit aller Mittel, die Natur dem Menschen nutzbar zu machen; 2 nur Ez. Sammelbez. für die Ingenieurwissenschaften; 3 Gesamtheit der Regeln und Verfahren einer Tätigkeit, z. B. Fahrtechnik; 4 österr.: Technische Hochschule; **Tech|ni|ker** m. 5 1 Facharbeiter oder Fachmann auf einem Gebiet der Technik; 2 jmd., der technisch bes. begabt ist; **Tech|ni|kum** s. Gen.-s Mz.-ken techn. Fachschule; **tech|nisch** die Technik betreffend, zu ihr gehörend, auf ihr beruhend; **tech|ni|sie|ren** auf techn. Betrieb umstellen, für techn. Betrieb einrichten; **Tech-ni|zis|mus** m. Gen.- Mz.-men techn. Ausdruck, techn. Redewendung; **Tech|no|kra|tie** w. 11 nur Ez. in den USA entstandene Lehre, daß Technik und Techniker Wirtschaft und Gesellschaft beherrschen (bzw. beherrschen sollten); auch: die techn. Führungsschicht; **Tech|no|lekt** m. 1 Fachsprache; **Tech|no|lo|gie** w. 11 nur Ez. Lehre von den techn. Produktionsverfahren, Herstellungs- und Verarbeitungskunde; **tech|no|morph** durch die Technik geformt; vgl. biomorph, soziomorph **Tech|tel|mech|tel** [ital.?] s. 5 Liebelei, Liebesverhältnis **Te|de|um** [lat., Anfangsworte des Hymnus Te Deum laudamus „Dich, Gott, loben wir"] s. 9 altkirchl. Lobgesang **TEE** Abk. für Trans-Europ-Express **Tee** [chin.-engl.] m. 9 1 die aufbereiteten Blätter des Teestrauchs; 2 Getränk daraus; 3 Aufguß der getrockneten Teile, meist Blätter oder Blüten, bestimmter Pflanzen; **Tee|in** s. 1 nur Ez. → Tein **Teen** [tin] m. 9, **Teen|ager** [tineidʒər, engl.] m. 5 Mädchen (oder Junge) zwischen 13 und 19 Jahren **Te|fil|la** [hebr.] w. Gen.- nur Ez. jüd. Gebet und Gebetbuch; **Te|fil|lin** Mz. jüd. Gebetsriemen **Tef|lon** s. 1 ⓦ Kunststoff zum Imprägnieren, Beschichten u. a. **Te|in** s. 1 nur Ez. im Tee enthaltenes Koffein **Teint** [tɛ̃, frz.] m. 9 Farbe, Zustand der Gesichtshaut **tek|tie|ren** [lat.] durch Überkleben unkenntlich machen (Text); **Tek|to|ge|ne|se** w. 11 Gebirgsbildung; **Tek|to|nik** w. 10 nur Ez. 1 Lehre vom Aufbau und von den Bewegungen der Erdkruste; 2 Lehre vom Zusammenfügen von Einzelteilen, bes. der Bauteile, zu einem Ganzen; 3 Lehre vom inneren

Aufbau eines Kunstwerkes; **tek|to|nisch** 1 den Bau der Erdkruste betreffend; durch Bewegungen der Erdkruste hervorgerufen; 2 den Aufbau, die Gliederung betreffend; **Tek|to|nit** s. 1 durch tekton. Veränderungen geformtes Gestein; **Tek|tur** w. 10 Buchw.: 1 Decke, Deckblatt; 2 Berichtigung (eines Textes) durch Überkleben **Te|le|di|dak|tik** [griech.] w. 10 nur Ez. Lehrmethode mit Hilfe des Fernsehens; **Te|le|fon** s. 1 Fernsprecher; **Te|le|fo|nat** s. 1 Telefongespräch; **Te|le|fo|nie** w. 11 nur Ez. Fernsprechwesen; **te|le|fo|nie|ren** mittels Telefon (mit jmdm.) sprechen; **Te|le|fo|ni|stin** w. 10 Angestellte, die Telefongespräche vermittelt; **te-le|gen** für Fernsehaufnahmen geeignet; **Te-le|go|nie** w. 11 angebl. Beeinflussung späterer Geburten durch den, der die erste Befruchtung vollzogen hat; **Te|le|graf** m. 10 eindeutschende Schreibung von Telegraph; **Te|le-gramm** s. 1 telegraphisch übermittelte Nachricht; **Te|le|gramm|adres|se** w. 11 verkürzte Adresse für Telegramme; **Te|le|graph** m. 10 Gerät zur Nachrichtenübermittlung durch elektr., akust. oder opt. Zeichen: **Te|le|graphie** w. 11 nur Ez. Nachrichtenübermittlung durch Telegraphen; **te|le|gra|phie|ren** durch Telegraph übermitteln; **te|le|gra|phisch** mittels Telegraphs, zur Telegraphie gehörend, auf ihr beruhend; **Te|le|gra|phist** m. 10 Angestellter, der telegraphisch Nachrichten übermittelt; **Te|le|ki|ne|se** w. 11 Okkultismus: angebl. Bewegung von Gegenständen durch übersinnl. Kräfte; **Te|le|kol|leg** s. 9 allgemeinbildender oder fachl. Fernunterricht im Fernsehen; **Te|le|la|bor** s. 9 Einheit von mehreren Schülerarbeitsplätzen, an denen je ein Monitor montiert ist (für Fernsehunterricht); **Te|le|me|ter** s. 5 Entfernungsmesser; **Te|le-me|trie** w. 11 nur Ez. Messen von Entfernungen; **Te|le|ob|jek|tiv** s. 1 langbrennweitiges Objektiv zur Aufnahme weit entfernter Gegenstände; **Te|le|o|lo|gie** w. 11 nur Ez. Lehre, daß die Entwicklung der Natur zweckmäßig und zielgerichtet sei; **Te|le|osti|er** m. 5 Knochenfisch; **Te|le|pa|thie** w. 11 nur Ez. Wahrnehmung von Vorgängen über weite Entfernung oder Übertragung von Gedanken ohne Hilfe der Sinnesorgane; **te|le|pa|thisch** auf Telepathie beruhend; **Te|le|phon** s. 1 ältere Schreibung von Telefon; **Te|le|pho|to|gra-phie** w. 11 Photographie mit Teleobjektiv, Fernphotographie; **Te|le|play|er** [-plɛiər, griech. + engl.] m. 5 ein EVR-Abspielgerät; **Te|le|skop** [griech.] s. 1 Fernrohr; **Te|le-skop|au|ge** s. 14 bes. bei Tiefseefischen: längsachsig gestrecktes Auge; **te|le|sko|pisch** mittels Teleskops; **Te|le|type|set|ter** [-taip-, griech. + engl.] m. 5 ferngesteuerte Setzmaschine; **Te|le|un|ter|richt** m. 1 nur Ez. Unterricht mittels Fernsehens, schulinternes Fernsehen; **Te|le|vi|si|on** (Abk.: TV) *w. 10 nur Ez.* Fernsehen; **Te|lex** [Kurzw. aus engl. Teleprinter exchange] *s. Gen. - nur Ez.* Fernschreibernetz

**Tel|lur** [lat.] *s. Gen.* -s *nur Ez.* (*Zeichen:* Te) ein chem. Element; **tel|lu|risch** von der Erde herrührend, Erd...; **Tel|lu|rit** *s. 1* Salz der tellurigen Säure; **Tel|lu|ri|um** *s. Gen.* -s *Mz.* -ri|en Gerät zum Veranschaulichen der Bewegungen von Erde, Sonne und Mond

**tel quel** [tɛlkɛl, frz. „so wie"] internationale Handelsformel für den Ausschluß von Gewährleistungsansprüchen

**Tem|pel** [lat.] *m. 5* **1** geheiligte, kult. Zwekken dienende Stätte; **2** einer Gottheit geweihter, nichtchristl. Bau; jmdn. zum T. hinausjagen *übertr. ugs.:* jmdn. hinauswerfen; **Tem|pel|herr** *m. 10* Angehöriger des Templerordens, eines geistl. Ritterordens zum Schutz des Heiligen Grabes; **Tem|peln** *s. Gen.* -s *nur Ez.* ein Kartenglücksspiel

**Tem|pe|ra|far|be** [lat.] *w. 11* mit Bindemitteln versetzte Farbe, die rasch trocknet und danach wasserunlöslich wird; **Tem|pe|ra|ma|le|rei** *w. 10 nur Ez.* Malerei mit Temperafarben

**Tem|pe|ra|ment** [lat.] *s. 1* **1** *i. w. S.:* angeborene Wesensart, Gemütsart; **2** *nur Ez., i. e. S.:* Lebhaftigkeit, Erregbarkeit, Schwung, Beweglichkeit, Munterkeit

**Tem|pe|ra mu|tan|tur** [lat.] Die Zeiten ändern sich

**Tem|pe|ra|tur** [lat.] *w. 10* **1** Wärmegrad, Wärmezustand; **2** leichtes Fieber; **3** *bei Tasteninstrumenten:* temperierte Stimmung; **Tem|pe|renz** *w. 10 nur Ez.* Mäßigkeit, bes. bezüglich des Alkoholgenusses; **Tem|pe|renz|ler** *m. 5* Angehöriger eines Temperenzvereins; **Tem|pe|renz|ver|ein** *m. 1* Verein zur Verbreitung der Enthaltsamkeit von Alkohol; **Tem|per|guß** *m. 2* ein Gußverfahren mittels Tempern; **tem|pe|rie|ren 1** in gleichmäßige Temperatur bringen (Räume); **2** *übertr.:* mäßigen, mildern; **3** temperierte Stimmung *Mus.:* Stimmung (von Instrumenten) auf Grund der in zwölf Halbtöne eingeteilten Oktave; **tem|pern** [engl.] erhitzen zwecks Änderung der Materialeigenschaften

**Tem|pest** [engl.] *s. 9* Segelboottyp sowie olymp. Segelklasse

**tem|pie|ren** [lat.] ein Geschoß tempieren: den Zeitzünder eines Geschosses einstellen; **Tem|pi pas|sa|ti** [ital.] *Mz.* vergangene Zeiten

**Tem|pler** *m. 5* → Tempelherr

**Tem|po** [lat.-ital.] *s. 9 Mus.: Mz.* -pi Geschwindigkeit, Schnelligkeit; **Tem|po|ra** *Mz. von* Tempus; **tem|po|ral 1** das Tempus betreffend, zeitlich; **2** zu den Schläfen gehörend; vgl. Temporalis

**Tem|po|ra|li|en** [lat.] *Mz.* Vermögen, kirchl. Einkünfte; **2** weltl. Hoheitsrechte der Kirche; **Tem|po|ra|lis** *w. Gen. - Mz.* -les [-le:s] *Med.:* Schläfe; **tem|po|rär** zeitweilig, vorübergehend, nicht dauernd; **Tem|pus** *s. Gen.*-

*Mz.* -po|ra Zeitform des Verbums, z. B. Präsens

**ten.** *Abk. für* tenuto

**Tel|na|kel** [lat.] *s. 5* Manuskripthalter (des Schriftsetzers)

**Tel|na|zi|tät** [lat.] *w. 10 nur Ez.* **1** Zähigkeit, Ziehbarkeit, Zug-, Reißfestigkeit; **2** Beharrlichkeit, Ausdauer, Hartnäckigkeit

**Ten|denz** [lat.] *w. 10* Streben, Neigung, Hang; **2** erkennbare Absicht (eines Buches, Theaterstücks); **3** *Börse:* Stimmung; **ten|den|zi|ell** der Tendenz nach; **ten|den|zi|ös** eine Tendenz erkennen lassend, parteilich gefärbt

**Ten|der** [engl.] *m. 5* **1** Vorratswagen für die Dampflokomotive (mit Kohle, Wasser usw.); **2** Begleit-, Versorgungsschiff

**ten|die|ren** [lat.] zu etwas t.: zu etwas neigen

**Ten|nis** [lat.-frz.] *s. Gen. - nur Ez.* ein Ballspiel zwischen zwei oder vier Spielern

**Ten|no** [jap.] *m. 9* Titel des jap. Kaisers

**Te|nor** [lat.] *m. Gen.* -s *nur Ez.* **1** Inhalt, Sinn, Haltung, Einstellung; der T. eines Briefes; **2** *Rechtsw.:* entscheidender Teil eines Urteils; **3** *Mus. des MA:* den Cantus firmus bildende Hauptmelodiestimme; **Te|nor** [ital.] *m. 2* **1** hohe Stimmlage der Männer; **2** Sänger mit dieser Stimme; **3** Gesamtheit der hohen Männerstimmen im Chor; **4** Stimmlage bei Musikinstrumenten, z. B. Tenorblockflöte; **te|no|ral** tenorartig, in Tenorlage; **Te|nor|buf|fo** *m. 9* Rollenfach des komischen Tenors

**Te|no|to|mie** [griech.] *w. 11* Sehnendurchtrennung

**Ten|si|on** [lat.] *w. 10* Spannung, Druck (von Gasen, Dämpfen)

**Ten|sor** [lat.] *m. 13* **1** Spannmuskel; **2** eine mathemat. Rechengröße

**Ten|ta|kel** [lat.] *m. 5 oder s. 5* bei fleischfressenden Pflanzen: Fanghaar; **2** *bei wirbellosen Wassertieren:* Fühler oder Fangarm; **Ten|ta|ku|lit** *m. 10* ein fossiles, wahrscheinlich zu den Mollusken gehörendes Tier; **Ten|ta|ku|li|ten|kalk** *m. Gen.*-(e)s *nur Ez.* von Tentakuliten gebildete Kalkablagerung

**ten|tie|ren** [lat.] *österr.:* beabsichtigen, vorhaben

**Te|nu|is** [lat.] *w. Gen. - Mz.* -nu|es [-e:s] stimmloser Verschlußlaut, p, t, k

**te|nu|to** [ital.] (*Abk.:* ten.) *Mus.:* in gleicher Tonstärke gehalten

**Te|phrit** [griech.] *m. 1* ein Ergußgestein

**Te|pi|da|ri|um** [lat.] *s. Gen.* -s *Mz.* -ri|en **1** im *röm. Bad:* Warmluftraum; **2** *veraltet:* Gewächshaus mit mittlerer Temperatur

**Te|qui|la** [tekila, indian.] *m. Gen.* -(s) *nur Ez.* mexikan. Branntwein aus Agavensaft

**Te|ra...** [griech.] (*Abk.:* T) *in Zus.:* das Billionenfache (einer Maßeinheit), $10^{12}$

**Te|ra|to|lo|gie** [griech.] *w. 11 nur Ez.* Lehre von den Mißbildungen der Lebewesen; **Te|ra|tom** *s. 1* angeborene Geschwulst

**Ter|bi|um** [nach dem schwed. Ort Ytterby]

*s. Gen.*-s *nur Ez.* (*Zeichen:* Tb) chem. Element, ein Metall der seltenen Erden

**Te|re|bin|the** [griech.] *w. 11* eine Pistazienart

**Term** [lat.] *m. 1* **1** *Math.:* Glied einer Formel, einer Reihe oder eines Produktes; **2** *Phys.:* ein bestimmter Energiezustand, den ein atomares System aus Elektronen und Atomen in der Gesamtheit seiner möglichen Zustände gerade einnimmt

**Ter|min** [lat.] *m. 1* bestimmter Zeitpunkt, z. B. für Zahlungen, Verhandlungen; **Ter|mi|nal** [engl.: təminəl] *s. 9* **1** *Verkehrswesen:* Endstation; **2** *Datenverarbeitung:* Datenausgabe; **Ter|min|ge|schäft** *s. 1* Geschäft, das nicht sofort nach Vertragsabschluß, sondern zu einem späteren Termin, aber zum gleichen Kurs erfolgen soll; *Ggs.:* Lokogeschäft; **Ter|mi|ni** *Mz. von* Terminus; **ter|mi|nie|ren** etwas t.: für etwas einen Termin festlegen, etwas befristen; **Ter|mi|nis|mus** *m. Gen. - nur Ez.* Lehre, daß alles Denken nur in Begriffen vor sich gehe; **Ter|min|kurs** *m. 1* Kurs, der einem Termingeschäft zugrunde liegt; **Ter|mi|no|lo|gie** *w. 11* Gesamtheit der Fachausdrücke (eines Wissensgebietes), z. B. medizinische T.; **Ter|mi|nus** *m. Gen. - Mz.*-ni **1** Zeitpunkt, Stichtag; Terminus ad quem: Zeitpunkt, bis zu dem etwas befristet ist oder ausgeführt sein muß; Terminus a quo: Zeitpunkt, von dem an etwas ausgeführt werden muß, an dem etwas beginnt; **2** *eigtl.:* Terminus technicus: Fachausdruck

**Ter|mi|te** [lat.] *w. 11* ein staatenbildendes Insekt, Weiße Ameise

**Ter|mon** [Kunstw. aus terminieren und Hormon] *s. 1 bei Algen:* geschlechtsbestimmender Wirkstoff

**ter|när** [lat.] aus drei Einheiten oder Stoffen bestehend, dreifach

**Ter|pen** [griech.] *s. 1* aus Isopreneinheiten aufgebauter Kohlenwasserstoff; **Ter|pen|tin** *s. 1, österr. auch m. 1* Balsam von verschiedenen Nadelbäumen

**Ter|rain** [-rɛ̃, frz.] *s. 9* **1** Gelände; **2** Baugrundstück; **Ter|ra in|co|gni|ta** [lat.] *w. Gen. - - nur Ez.* unbekanntes, unerforschtes Land, etwas Unerforschtes; **Ter|ra|kot|ta** [ital.] **1** *w. Gen. - nur Ez.* gebrannter Ton; **2** *w. Gen. - Mz.*-ten kleine Figur aus gebranntem Ton; **Ter|ra|kot|te** *w. 11* → Terrakotta (2); **Ter|ra|ri|um** [lat.] *s. Gen.*-s *Mz.*-ri|en Behälter zum Halten von kleinen Kriechtieren und Lurchen; **Ter|ras|se** [frz.] *w. 11* **1** waagerechte Stufe im Gelände; **2** an ein Haus angebauter, ebenerdiger oder leicht erhöhter Platz; **ter|ras|sie|ren** terrassenförmig, stufenförmig anlegen; **Ter|raz|zo** [ital.] *m. Gen.*-s *Mz.*-zi mosaikartiger Fußboden aus kleinen, farbigen Steinen und Zement; **ter|re|strisch** [lat.] **1** zur Erde gehörig, Erd..., irdisch; **2** zum Festland gehörig, auf dem Festland entstanden, auf ihm lebend

**Ter|ri|er** [engl.] *m. 5* kleine bis mittelgroße Hunderasse

**ter|ri|gen** [lat. + griech.] *Biol.:* vom Festland stammend

**Ter|ri|ne** [frz.] *w. 11* Schüssel, *bes.:* Suppenschüssel

**ter|ri|to|ri|al** [lat.] zu einem Territorium gehörig, auf einem Territorium beruhend, es beherrschend; **Ter|ri|to|ri|a|lis|mus** *m. Gen. - nur Ez.* → Territorialsystem; **Ter|ri|to|ri|a|li|tät** *w. 10 nur Ez.* Zugehörigkeit zu einem Territorium; **Ter|ri|to|ri|a|li|täts|prin|zip** *s. Gen.* -s *nur Ez.* **1** Grundsatz, daß jeder, der sich in einem Staat aufhält, dessen Gewalt untersteht; **2** Grundsatz, daß jeder auf dem Gebiet eines Staates Geborene mit der Geburt dessen Staatsangehörigkeit erwirbt; **3** Grundsatz, daß eine Straftat nach den Gesetzen des Staates, in dem sie begangen wurde, bestraft wird, ohne Rücksicht auf die Staatsangehörigkeit des Täters; *Ggs.:* Personalitätsprinzip; **Ter|ri|to|ri|al|sy|stem** *s. 1* Staatsform, in der die Kirche dem Staat untergeordnet ist; **Ter|ri|to|ri|um** *s. Gen.*-s *Mz.*-ri|en Land, Gebiet, Hoheitsgebiet

**Ter|ror** [lat.] *m. Gen.*-s *nur Ez.* **1** Schrecken infolge von ausgeübter oder angedrohter Gewalt; **2** brutales Vorgehen, Schreckensherrschaft; **ter|ro|ri|sie|ren** durch Gewaltakte in Schrecken versetzen; **Ter|ro|ris|mus** *m. Gen. - nur Ez.* Anwendung von Gewalt zur Durchsetzung polit., militär. od. krimineller Ziele, Gewalt-, Schreckensherrschaft; **Ter|ro|rist** *m. 10* jmd., der Terror ausübt

**Ter|tia** [-tsja, lat.] *w. Gen. - Mz.*-ti|en [-tsjən] **1** vierte (Untertertia) und fünfte Klasse (Obertertia) des Gymnasiums; **2** *nur Ez.* ein Schriftgrad, 16 Punkt; **Ter|tia|na|fie|ber** [-tsja-] *s. 5 nur Ez.* Art der Malaria mit Fieberanfällen an jedem dritten Tag; **Ter|tia|ner** [-tsja-] *m. 5* Schüler der Tertia; **ter|ti|är** [-tsjɛr] **1** die dritte Stelle einnehmend; **2** zum Tertiär gehörig, aus ihm stammend; **Ter|ti|är** [-tsjɛr] *s. 1 nur Ez.* untere Formation des Känozoikums; **Ter|tia|ri|er** [-tsja-] *m. 5* Angehöriger des Tertiarierordens, eines kath. Laienordens; **Ter|tia|wech|sel** *m. 5* dritte Ausfertigung eines Wechsels; **Ter|ti|um com|pa|ra|tio|nis** [-tsjum -tsjo-] *s. Gen. - - Mz.*-tia -nis Vergleichspunkt, dritter Faktor, der zwei zu vergleichende Dinge verbindet; **Ter|ti|us gau|dens** [-tsjus] *m. Gen.-- nur Ez.* der sich freuende (lachende) Dritte

**Te|ry|len** [Kunstw.] *s. Gen.*-s *nur Ez.* eine Kunstfaser

**Terz** [lat.] *w. 10* **1** dritter Ton der diaton. Tonleiter; **2** Intervall von drei Tonstufen; **3** *Fechten:* eine bestimmte Haltung der Klinge; **4** drittes Stundengebet

**Ter|ze|rol** [ital.] *s. 1* kleine Pistole; **Ter|ze|ro|ne** [lat.] *m. 11* Mischling aus einem europäischen und einem Mulatten-Elternteil; **Ter|zett**

[ital.] *s. 1* **1** Musikstück für drei Singstimmen oder drei gleiche Instrumente; **2** die ausführenden Musiker; vgl. Trio; **Ter|zi:är** [lat.] *m. 1* → Tertiarier; **Ter|zi|ne** [ital.] *w. 11* ital. Gedichtform aus dreizeiligen Strophen

**Te|sching** [Herkunft unsicher] *m. 1* Kleinkalibergewehr oder -pistole

**Tes|la** [nach dem serbisch-amerik. Physiker N. Tesla] *s. Gen. - Mz. - (Zeichen:* T) Maßeinheit der magnetischen Flußdichte; **Tes|la|trans|for|ma|tor** *m. 13* Gerät zur Spannungsumwandlung

**Test** [engl.] *m. 1 oder m. 9* Versuch, Probe, Untersuchung, Eignungsprüfung **Te|sta|ment** [lat.] *s. 1* **1** letztwillige Verfügung, Letzter Wille; **2** Teil der Bibel; Altes, Neues T.; **te|sta|men|ta|risch** durch Testament, letztwillig **Te|stat** [lat.] *s. 1* Bescheinigung, schriftl. Bestätigung (bes. über den Besuch von Vorlesungen); **Te|sta|tor** *m. 13* **1** jmd., der ein Testament gemacht hat, Erblasser; **2** jmd., der ein Testat gegeben hat

**Te|sta|zee** [-tsɛə, lat.] *w. 11* ein Wurzelfüßer mit Gehäuse, Schalenamöbe **te|sten** [engl.] durch Test untersuchen, erproben, prüfen; **Te|ster** *m. 5* Material-, Warenprüfer

**te|stie|ren** [lat.] bescheinigen **Te|sti|kel** [lat.] *m. 5* Hoden **Te|sti|mo|ni|um** [lat.] *s. Gen. -s Mz. -ni|en* Zeugnis

**Te|stis** [lat.] *m. Gen. - Mz. -stes* [-ste:s] Hoden; **Te|sto|ste|ron** [lat. + griech.] *s. 1 nur Ez.* ein männl. Geschlechtshormon

**Te|ta|nie** [griech.] *w. 11 nur Ez.* schmerzhafter Muskelkrampf, Starrkrampf, Spasmophilie; **te|ta|nisch** starrkrampfartig; **Te|ta|nus** *m. Gen. - nur Ez.* Wundstarrkrampf

**Te|te** [tɛt(ə), frz.] *w. 11* Spitze (einer Marschkolonne); **Tête-à-tête** [tɛtatɛt] *s. 9* trautes Beisammensein, Liebesstündchen

**Te|tra|chlor|koh|len|stoff** *m. 1 nur Ez.* eine farblose Flüssigkeit, hauptsächlich als Lösungsmittel verwendet; **Te|tra|chord** [-kɔrd, griech.] *m. 1 oder s. 1* Folge von vier Tönen einer Oktave, halbe Oktave; **Te|tra|de** *w. 11* aus vier Einheiten bestehendes Ganzes; **Te|tra|eder** *m. 5* von vier gleichseitigen Dreiekken begrenzter Körper, dreiseitige Pyramide; **Te|tra|edrit** *m. 1* ein Mineral, Fahlerz; **Te|tra|gon** *s. 1* Viereck; **te|tra|go|nal** viereckig; **Te|tra|lo|gie** *w. 11 im altgriech. Theater:* Folge von drei Tragödien und einem Satyrspiel; **2** aus vier selbständigen Teilen bestehendes Literaturwerk oder Musikdrama; **Te|tra|me|ter** *m. 5* Vers aus vier Versfüßen; **Te|tra|po|de** *m. 11* Vierfüßer; **Te|trarch** *m. 10 Antike:* Herrscher über den vierten Teil eines Landes, Vierfürst; **Te|trar|chie** *w. 11* Herrschaftsgebiet von vier Tetrarchen bzw. eines Tetrarchen; **Te|tro|de** *w. 11* Elektronenröhre mit den vier Polen Anode, Kathode, Steuer- und Schirmgitter, Vierpolröhre

**Tex** [lat.] *s. Gen. - Mz. - (Zeichen:* tex) Maßeinheit zur Bestimmung von Garnen nach Stärke und Gewicht

**Text** [lat.] **1** *m. 1* Wortlaut; Dichtung (zu einem Musikstück, z. B. Operntext); Bibelstelle (als Grundlage einer Predigt); **2** *w. Gen. - nur Ez.* ein Schriftgrad, 20 Punkt; **tex|ten** einen Schlager- oder Werbetext verfassen; **Tex|ter** *m. 5* Verfasser von Schlager- oder Werbetexten

**tex|til** [lat.] zur Textiltechnik oder -industrie gehörig; **Tex|ti|li|en** *Mz. Sammelbez. für* Gewebe, Gewirke, Faserstoffe sowie Kleidung und Wäsche

**Text|kri|tik** *w. 10* Prüfung eines literar. Textes auf seine Echtheit oder um die ursprüngl. Fassung zu ermitteln

**Tex|tur** [lat.] *w. 10* **1** Gewebe, Faserung; **2** Gefüge, Anordnung (der Teile in einem Stoff); **Tex|tu|ra** *w. Gen. - nur Ez.* got. Schrift

**tg** *Abk. für* Tangens

**Th** *chem. Zeichen für* Thorium

**Thal|la|mo|phor** [griech.] *m. 12* → Foraminifere; **Thal|la|mus** *m. Gen. - Mz. -mi* Ansammlung grauer Substanz im Zwischenhirn, Nervenkerngebiet

**thal|las|so|gen** [griech.] durch die Tätigkeit des Meeres entstanden; **Thal|las|so|gra|phie** *w. 11 nur Ez.* Meereskunde; **Thal|las|so|me|ter** *s. 5* **1** Meerestiefenmesser; **2** Gezeitenmesser

**Thal|li|um** [griech.] *s. Gen. -s nur Ez. (Zeichen:* Tl) chem. Element, ein Metall **Thal|lo|phyt** [griech.] *m. 10* Pflanze, die keine Wurzeln und Sprosse bildet, sondern kugeligen, flächen- oder fadenförmigen Bau hat, Lagerpflanze, z. B. Alge, Pilz, Flechte; *Ggs.:* Kormophyt; **Thal|lus** *m. Gen. - Mz. -li* Körper der Thallophyten

**Thau|ma|to|lo|gie** [griech.] *w. 11 nur Ez. Theologie:* Lehre von den Wundern; **Thau|ma|turg** *m. 10* Wundertäter

**Thea|ter** [griech.] *s. 5* **1** *Sammelbez. für* Schauspiel, Oper, Operette, Bühnentanz; **2** Gebäude für deren Aufführungen, Schauspiel-, Opernhaus; **3** Bühne; **4** Gesamtheit der Bühnenwerke eines Volkes oder einer Epoche; **5** *übertr. ugs.:* Aufhebens, Aufregung, Getue

**Thea|ti|ner** [nach Theate, dem lat. Namen der ital. Stadt Chieti] *m. 5* Angehöriger eines kath. ital. Ordens

**Thea|tra|lik** [griech.] *w. Gen. - nur Ez.* unnatürl., gespreiztes Wesen; **thea|tra|lisch 1** zum Theater gehörig; **2** *meist übertr.:* unnatürlich, gespreizt

**The|is|mus** [griech.] *m. Gen. - nur Ez.* Glaube an einen einzigen, persönl. Gott, der die Welt erschaffen hat und lenkt; vgl. Deismus **The|ke** [griech.] *w. 11* Schanktisch; *auch:* Ladentisch

**The|le|ma** [griech.] *s. Gen.* -s *Mz.* -le|ma|ta *Philos.:* Wille; **The|le|ma|tis|mus** *m. Gen.* - *nur Ez.*, **The|le|mal|to|lo|gie** *w. 11 nur Ez.*, **Thel|lis|mus** *m. Gen.* - *nur Ez.* → Voluntarismus

**Thel|ma** [griech.] *s. Gen.* -s *Mz.* -men *oder* -malta **1** Gegenstand, Stoff (einer Abhandlung, eines Aufsatzes, eines Vortrags usw.); **2** Hauptmelodie (eines Musikstücks); **3** Leit-, Grundgedanke; **The|ma|tik** *w. 10 nur Ez.* Themenstellung; **the|ma|tisch** zum Thema gehörig, das Thema betreffend

**Theo|bro|min** [griech.] *s. 1 nur Ez.* Alkaloid der Kakaobohne und des Tees

**Theo|di|zee** [griech.] *w. 11* philosoph. Rechtfertigung Gottes; Versuch, den Glauben an Gott mit dem Vorhandensein des Bösen in der Welt in Einklang zu bringen

**Theo|do|lit** [arab.?] *m. 10* Winkelmeßgerät

**Theo|gno|sie** [griech.], **Theo|gno|sis** *w. Gen.* - *nur Ez.* Gotteserkenntnis; **Theo|go|nie** *w. 11 Myth.:* Auffassung, Lehre von der Abstammung der Götter; **Theo|kra|tie** *w. 11* Staatsform, bei der staatl. und religiöse Gewalt vereinigt sind und der Herrscher als Vertreter Gottes betrachtet wird; **Theo|la|trie** *w. 11* Gottesverehrung; **Theo|lo|gie** *w. 11 i. w. S.:* Lehre von den Religionen, Religionswissenschaft; *i. e. S.:* Lehre von der christl. Religion; **Theo|ma|nie** *w. 11 nur Ez.* religiöser Wahnsinn; **Theo|man|tie** *w. 11* angebl. Weissagung durch göttl. Eingebung; **theo|morph** in göttl. Gestalt (auftretend, dargestellt); **Theo|pha|nie** *w. 11* Gotteserscheinung

**Theo|phyl|lin** [griech.] *s. 1 nur Ez.* Alkaloid des Tees, Heilmittel zur Wasserausscheidung

**Theo|r|be** [ital.] *w. 11, Mus. 16./18. Jh.:* Baßlaute

**Theo|rem** [griech.] *s. 1 bes. Math.:* Lehrsatz; **Theo|re|ti|ker** *m. 5* jmd., der eine Sache gedanklich, begrifflich betrachtet oder untersucht, Wissenschaftler; *Ggs.:* Praktiker; **theo|re|tisch** gedanklich, begrifflich; *Ggs.:* praktisch (1); **theo|re|ti|sie|ren** eine Sache nur von der gedankl., begriffl. Seite betrachten; **Theo|rie** *w. 11* **1** rein gedankl. Betrachtung; *Ggs.:* Praxis (1); **2** Lehre, Lehrmeinung; **3** Darstellung gesicherter wissenschaftlicher Erkenntnisse; **4** *übertr.:* wirklichkeitsferne Betrachtungsweise

**Theo|so|phie** [griech.] *w. 11* Lehre, Auffassung, nach der die Welt und ihr Sinn nur in myst. Berührung mit Gott erfaßt werden können

**The|ra|peut** [griech.] *m. 10* jmd., der eine Therapie anwendet, behandelnder Arzt; **The|ra|peu|tik** *w. 10 nur Ez.* Lehre von der Behandlung der Krankheiten; **The|ra|peu|ti|kum** *s. Gen.* -s *Mz.* -ka Heilmittel; **the|ra|peu|tisch** mit Hilfe einer Therapie; **The|ra|pie** *w. 11* Behandlung von Krankheiten; **the|ra|pie|ren** eine Therapie anwenden

**therm...**, **Therm...** [griech.] *in Zus.* warm..., Wärme...

**ther|mal** auf Wärme beruhend, durch sie bewirkt; **Ther|mal|bad** *s. 4* Bad von einer warmen Quelle; Ort mit warmer Quelle; **Ther|mal|quel|le** *w. 11* warme Quelle; **Ther|me** *w. 11* **1** warme Quelle; **2** *Mz., im antiken Rom:* öffentliche Bäder; **Ther|mik** *w. 10 nur Ez.* aufwärtsströmende Warmluft; **Ther|mion** *s. 12 meist Mz.* aus glühendem Metall austretendes, positiv geladenes Ion; **ther|misch** auf Wärme beruhend; **Ther|mi|stor** *m. 13* temperaturabhängiges elektron. Bauelement, dessen Widerstandsänderung bei Temperaturschwankungen zu Meßzwecken ausgenutzt wird; **Ther|mit** *s. 1* ⓦ ein zum Schweißen verwendetes Gemisch (Eisenoxid und Aluminiumpulver); **Ther|mo|che|mie** *w. Gen.* - *nur Ez.* Zweig der Chemie, der sich mit den reaktionsbedingten Wärmemengen befaßt; **Ther|mo|chro|mie** [-krɔ-] *w. 11* Farbveränderung (von Stoffen) bei Temperaturveränderungen; **Ther|mo|dy|na|mik** *w. 10 nur Ez.* Lehre von den Beziehungen zwischen Wärme und Teilchenbewegung; **ther|mo|elek|trisch** auf Wärme und Elektrizität beruhend; thermoelektrischer Effekt: Umwandlung von Wärmeenergie; **Ther|mo|elek|tri|zi|tät** *w. 10 nur Ez.* durch Temperaturdifferenz hervorgerufene elektr. Spannung; **Ther|mo|element** *s. 1* Gerät zum Messen von Temperaturdifferenzen; **Ther|mo|graph** *m. 10* Gerät zum selbsttätigen Aufzeichnen der Lufttemperatur; **Ther|mo|me|ter** *s. 5* Gerät zum Messen der Temperatur; **ther|mo|nu|kle|ar** auf Kernfusion infolge Wärme beruhend; **ther|mo|phil** wärmeliebend; **Ther|mo|phil|lie** *w. 11 nur Ez.* Bevorzugung warmer Lebensräume; **Ther|mo|phor** *m. 1* wärmespeicherndes Gerät; **Ther|mo|plast** *m. 1* in Wärme formbarer Kunststoff; **ther|mo|pla|stisch** aus Thermoplast; **Ther|mos|fla|sche** *w. 11* Gefäß zum Warm- oder Kühlhalten von Speisen und Getränken; **ther|mo|sta|bil** wärmebeständig; **Ther|mo|stat** *m. 10* Gerät, das die Temperatur in einem Raum in etwa gleichbleibender Höhe hält, Wärmeregler; **Ther|mo|the|ra|pie** *w. 11* Heilbehandlung durch Wärme

**the|sau|rie|ren** [lat.] ansammeln, anhäufen, horten (Geld, Gold u. ä.); **The|sau|rus** ["Schatzhaus"] *m. Gen.* - *Mz.* -ri *oder* -ren wissenschaftl. Sammlung, *bes.:* großes Wörterverzeichnis alter Sprachen, z. B. Thesaurus linguae Latinae

**The|se** [griech.] *w. 11* (wissenschaftlich zu beweisende) Behauptung, Lehrsatz

**The|sis** [griech.] *w. Gen.* - *Mz.* -sen **1** *altgriech. Metrik:* betonter Taktteil, Hebung; *Ggs.:* Arsis (1); **2** *altröm. Metrik:* unbetonter Taktteil, Senkung; **3** *moderne Metrik:* Hebung; **4** *Mus.:* durch Senken der Hand (beim Dirigieren) gekennzeichneter, betonter Taktteil

**Thes|pis|kar|ren** [nach dem mutmaßl. Begründer der altathen. Tragödie] *m. 7 scherzh.:* Wanderbühne
**The|tik** [griech.] *w. 10 nur Ez.* Lehre von den Thesen oder dogmat. Lehren; **the|tisch** in der Art einer These, behauptend
**The|urg** [griech.] *m. 10* jmd., der sich durch Magie vermeintlich mit Göttern und Geistern in Verbindung setzen kann; **The|ur|gie** *w. 11* Kunst der Götter- und Geisterbeschwörung
**Thig|mo|ta|xis** [griech.] *w. Gen. - Mz.-*xen *bei Pflanzen und niederen Tieren:* Orientierungsbewegung nach einem Berührungsreiz
**Thio|äther** [griech.] *m. 5 nur Ez.* eine organ. Schwefelverbindung; **Thio|phen** *s. 1 nur Ez.* ringförmige Kohlenstoffverbindung mit einem Schwefelatom im Ring; **Thio|plast** *m. 1* ein kautschukähnl., schwefelhaltiger Kunststoff
**Tho|los** [griech.] *w. oder m. Gen. - Mz.-*loi altgriech. Rundbau, dessen Cella von Säulen umgeben ist
**Tho|mis|mus** *m. Gen. - nur Ez.* Lehre des ital. Philosophen und Theologen Thomas von Aquin
**Tho|ra** [fachsprachl.: -ra, hebr. „Lehre"] *w. Gen. - nur Ez.* das in den fünf Büchern Mosis enthaltene jüd. Gesetz
**tho|ra|kal** [griech.] zum Thorax gehörig, von ihm ausgehend; **Tho|rax** *m. 1 1 beim Menschen und bei Wirbeltieren:* Brustkorb; *2 bei Gliederfüßern:* mittlerer Körperabschnitt
**Tho|ri|um** *s. Gen. -s nur Ez.* (*Zeichen:* Th) chem. Element
**Thren|odie** [griech.] *w. 11,* **Thre|nos** *m. Gen. - Mz.-*noi altgriech. Totenklage, Wechselgesang zwischen Vorsänger und Chor
**Thril|ler** [θɾɪl-, engl.] *m. 5* reißerischer, aufregender Roman, Film u. ä.
**Thrips** [griech.] *m. Gen.-Mz.-* ein Insekt, Tausendflügler, Fransenflügler
**Throm|bin** [griech.] *s. 1 nur Ez.* Blutgerinnung bewirkendes Enzym; **Throm|bo|se** *w. 11* Blutgerinnung innerhalb eines Blutgefäßes, bes. einer Vene; **Throm|bo|zyt** *m. 10* Blutplättchen; **Throm|bus** *m. Gen. - Mz.-*ben Blutpfropf innerhalb eines Blutgefäßes, bes. einer Vene
**Thron** [griech.] *m. 1 1* prunkvoller Sessel eines Herrschers; *2 Sinnbild für* Regierung, Herrschergewalt; **thro|nen** feierlich sitzen; **Thron|prä|ten|dent** *m. 10* jmd., der auf den Thron Anspruch erhebt
**Thu|ja** [griech.], österr.: **Thu|je** *w. Gen. - Mz.-*jen ein immergrüner Strauch, Lebensbaum
**Thul|li|um** *s. Gen.-s nur Ez.* (*Zeichen:* Tm) chem. Element
**Thun|fisch** [griech.-ital.] *m. 1 Sammelbez. für* eine Reihe großer Makrelen
**Thy|mi|an** [griech.] *m. 1* eine Gewürz- und Heilpflanze

**Thy|mus** [griech.] *m. Gen. - nur Ez.,* **Thy|mus-drü|se** *w. 11* hinter dem Brustbein liegende Drüse, Wachstumsdrüse, Bries
**Thy|ri|stor** [griech.] *m. 13* ein Halbleiterbauelement
**Thyr|oxin** [griech.] *s. 1 nur Ez.* Hauptbestandteil des Schilddrüsenhormons
**Thyr|sos** [griech.] *m. Gen. - Mz.-*si, **Thyr|sus-stab** *m. 2* mit Weinlaub umwundener Stab des Gottes Dionysos und seines Gefolges
**Ti** *chem. Zeichen für* Titan (**2**)
**Tia|ra** [griech.] *w. Gen. - Mz.-*ren **1** hohe, spitze Kopfbedeckung der altpers. Könige; **2** mit einer aus drei Reifen bestehenden Krone verzierte, hohe Mütze des Papstes
**Tick** [ital.-frz.] *m. 9 1* zwanghaft in Abständen wiederholte Bewegung; **2** *übertr. ugs.:* Angewohnheit, Schrulle, Klaps
**Ticket** [Tik|ket] [engl.] *s. 9* Fahr-, Flug-, Eintrittskarte
**Tiek|holz** *s. 4* eindeutschende Schreibung von Teakholz
**Til|bu|ry** [-bəri, engl.] *m. 9* zweirädriger, einspänniger Wagen mit Klappverdeck
**Til|de** [lat.-span.] *w. 11 1* Zeichen (˜) über einem Vokal zur Bez. der nasalen Aussprache, z. B. port. São, oder der mouillierten Aussprache, z. B. span. Señor [sɛnjor]; **2** Zeichen für die Wiederholung eines Wortes oder Wortteiles
**Timbre** [tɛ̃brə, frz.] *s. 9* Klangfarbe (der Singstimme); **tim|brie|ren** [tɛ̃-] mit einem bestimmten Timbre ausstatten; dunkel timbrierte Stimme
**ti|men** [taimən, engl.] **1** mit der Stoppuhr messen; **2** eine Handlung, einen Vorgang timen: den richtigen Zeitpunkt, Einsatz dafür festlegen; **Ti|ming** [tai-] *s. Gen.-s nur Ez.* das Aufeinanderabstimmen von Vorgängen, um den günstigsten Zeitpunkt für eine Sache festlegen zu können
**Ti|mo|kra|tie** [griech.] *w. 11* Staatsform, in der die Rechte und Pflichten der Bürger nach ihrem Besitz festgelegt werden
**Tim|pa|no** [griech.-ital.] *m. Gen.-s meist Mz.-*ni Kesselpauke
**tin|gie|ren** [lat.] *Chem.:* färben; **Tinkt|i|on** [-tsjon] *w. 10 Chem.:* Färbung, Farbe, oder: tier. Stoff; **Tinkt|tur** *w. 10* Auszug aus einem pflanzl. oder tier. Stoff
**Tin|nef** [jidd.] *m. 9 nur Ez. ugs.* **1** wertloses Zeug, Schund; **2** Unsinn, dummes Zeug
**Tip** [engl.] *m. 9* Wink, Hinweis
**Ti|pi** [engl.] *s. 9* spitzes Zelt der nordamerik. Prärieindianer; vgl. Wigwam
**Ti|pi|ta|ka** *s. Gen. - nur Ez.* → Tripitaka
**tip|pen** [engl.] **1** leicht berühren; jmdn., oder: jmdm. auf die Schulter tippen; **2** auf der Maschine schreiben; **3** im Lotto oder Toto spielen
**Ti|ra|de** [ital.] *w. 11 1* Wortschwall, Redeerguß; **2** *Mus.:* Lauf schnell aufeinanderfolgender Töne

Ti|rol|li|enne [-ljɛn, frz.] *w. 11* auf Tiroler Liedern beruhender Rundtanz

Ti|rol|ni|sche No|ten *w. 11 Mz.* von dem Freigelassenen Tiro, dem Sekretär Ciceros, entwickeltes Kurzschriftsystem

Ti|tan [griech.] **1** *m. 10 griech. Myth.:* Angehöriger eines Riesengeschlechts; *allg.:* Riese; **2** *s. Gen. -s nur Ez.* (*Zeichen:* Ti) chem. Element, ein Metall; Ti|ta|ni|de *m. 1* Nachkomme der Titanen; ti|ta|nisch riesenhaft; Ti|ta|nit *m. 1* ein Mineral; Ti|ta|no|ma|chie [-xi] *w. 11* Kampf zwischen Zeus und den Titanen

Ti|tel [auch: tj-, griech.] *m. 5* **1** Überschrift; **2** Amts-, Dienstbezeichnung, ehrenvolle Bez. für jmdn., der sich besondere Verdienste erworben hat; Ti|tel|ei *w. 10* dem Text (eines Buches) vorausgehende Seiten

Ti|ter [frz.] *m. 5* **1** in Gramm je Liter angegebener Gehalt von gelöstem Stoff in einer Lösung; **2** Maßbez. für die Feinheit von Textilfasern

Ti|to|is|mus *m. Gen. - nur Ez. Bez.* für die kommunist., aber von der UdSSR unabhängige Politik des jugoslaw. Staatsmannes J. B. Tito

Ti|tra|ti|on [-tsjon] *w. 10* Bestimmung des Titers; Ti|trier|ana|ly|se *w. 11* Maßanalyse; ti|trie|ren etwas t.: den Titer von etwas bestimmen; Ti|tri|me|trie *w. 11* Maßanalyse

Ti|tu|lar [lat.] *m. 1* jmd., der ein Amt nur dem Titel nach innehat, z. B. Titularbischof; Ti|tu|la|tur *w. 10* Anrede mit allen Titeln; ti|tu|lie|ren mit dem Titel anreden

Ti|vo|li [nach der ital. Stadt] *s. 9* ital. Kugelspiel

Tjalk [ndrl.] *w. 10* einmastiges Küstensegelboot

tkm *Abk. für* Tonnenkilometer

Tl *chem. Zeichen für* Thallium

Tm *chem. Zeichen für* Thulium

Tme|sis [griech.] *w. Gen. - Mz.* -sen Trennung von eigentlich zusammengehörigen Wörtern, z. B. ich erkenne es an, ich sah ihn bald wieder

TNT *Abk. für* Trinitrotoluol

Toast [toust, engl.] *m. 1* **1** geröstete Weißbrotscheibe; **2** Trinkspruch; einen Toast auf jmdn. ausbringen; toa|sten [tou-] **1** rösten (Weißbrot); **2** einen Trinkspruch ausbringen; Toa|ster [tou-] *m. 5* Brotröster

To|bak *m. 1* veraltet, nur noch in den *scherzhaften Wendungen* Anno Tobak (vgl. anno) *und* starker Tobak: derber Ausdruck, derber Witz, Zumutung

To|bog|gan [indian.-engl.] *m. 9* **1** kanad. Schlitten ohne Kufen; **2** *auf Jahrmärkten:* Förderband mit anschließender Rutschbahn

Toc|ca|ta [ital.] *w. Gen. - Mz.* -ten frei gestaltetes, bewegtes Musikstück, bes. für Tasteninstrumente

To|d|dy [Hindi] *m. 9* **1** Palmwein; **2** dem Grog ähnl. Getränk

Tof|fee [-fi:, engl.] *s. 9* weiches Sahnebonbon

To|ga [lat.] *w. Gen. - Mz.* -gen *im alten Rom:* weites Obergewand für Männer

To|hu|wa|bo|hu [hebr.] *s. 9* Durcheinander, Wirrwarr

Toi|let|te [toa-, frz.] *w. 11* **1** Frisiertisch, Spiegeltisch; **2** festl. Kleidung; **3** Abort, Klosett; **4** *nur Ez.* das Ankleiden und Frisieren; T. machen

To|kad|dil|le [-dilja, span.] *s. Gen. -s nur Ez.* ein Brettspiel

To|ka|ier, To|ka|jer [auch: tɔ-, nach der ung. Stadt Tokaj] *m. 5* ein ung. Süßwein

To|k|ka|te *w. Gen. - Mz.* -ten → Toccata

To|ko|go|nie [griech.] *w. 11* geschlechtl. Fortpflanzung

to|le|ra|bel [lat.] so, daß man es tolerieren kann, duldbar, erträglich; *Ggs.:* intolerabel; to|le|rant duldsam, nachsichtig; *Ggs.:* intolerant; To|le|ranz **1** *w. 10 nur Ez.* Duldsamkeit, Nachsicht; *Ggs.:* Intoleranz; **2** *w. 10* zulässige Abweichung; To|le|ranz|do|sis *w. Gen. - Mz.* -sen zulässige Dosis an radioaktiver Strahlung; to|le|rie|ren dulden, geschehen lassen

Toll|patsch [ung.] *m. 1* ungeschickter Mensch

Tol|te|ke *m. 11* Angehöriger eines altmexikan. Kulturvolkes

Tol|u|bal|sam [nach der kolumbian. Stadt Tolú] *m. 1* aus einer südamerik. Pflanze gewonnenes Heil-, Räucher- und Kosmetikmittel; To|lu|i|din *s. 1 nur Ez.* ein Toluolabkömmling (für Farbstoffsynthesen u. a.); To|lu|ol *s. 1 nur Ez.* ein aromat. Kohlenwasserstoff, Methylbenzol

Tom. *Abk. für* Tomus

To|ma|hawk [tɔmǝhɔ:k, indian.-engl.] *m. 9* Streitaxt der nordamerik. Indianer

To|ma|te [aztek.] *w. 11* **1** eine Gemüsepflanze; **2** deren Frucht

Tom|bak [siames.] *m. 9 nur Ez.* Kupfer-Zink-Legierung (für unechten Schmuck)

Tom|bo|la [ital.] *w. 9, Mz. auch:* -len *bei Festen:* Verlosung

Tom|my [engl. Koseform von Thomas] *m. 9 scherzh.:* engl. Soldat

To|mo|gra|phie [griech.] *w. 11* schichtweises Durchleuchten mit Röntgenstrahlen, Röntgen-Schichtaufnahme

To|mus [griech.] (*Abk.:* Tom.) *m. Gen. - Mz.* -mi *veraltet:* Teil, Band (eines Schriftwerkes)

to|nal [frz.] *Mus.:* auf den Grundton einer Tonart (die Tonika) bezogen; *Ggs.:* atonal; To|na|li|tät *w. 10 nur Ez. Mus.:* Bezogenheit (von Tönen) auf den Grundton ihrer Tonart; *Ggs.:* Atonalität

Ton|do [ital.] *s. 9, Mz. auch:* -di rundes Gemälde oder Relief

To|nic (Walter) [-wɔ:tǝ, engl.] *s. Gen. -s Mz.* -s mit Chinin und Kohlensäure versetztes Mineralwasser

To|ni|ka [ital.] *w. Gen. - Mz.* -ken Grundton

(einer Tonleiter); **To|ni|ka-Do-Me|tho|de** *w. 11 nur Ez.* Methode des Gesangsunterrichts, bei der nach Solmisationssilben gesungen wird

**To|ni|kum** [griech.] *s. Gen. -s Mz.* -ka stärkendes Arzneimittel

**to|nisch 1** auf der Tonika aufgebaut; **2** *Med.:* stärkend; tonisches Mittel: Tonikum; **3** den Tonus betreffend; **to|ni|sie|ren** *Med.:* stärken

**Ton|na|ge** [-ʒə, frz.] *w. 11* in Registertonnen gemessener Rauminhalt (von Schiffen); **Ton|nen|ki|lo|me|ter** *s. 5* (*Abk.:* tkm) *im Gütertransportverkehr:* Maßeinheit für die Arbeitsleistung, das Produkt aus Gewicht und Weg

**Ton|sil|le** [lat.] *w. 11 meist Mz.* paariges Organ am Gaumen und im Rachen, Mandel; **Ton|sil|lek|to|mie** *w. 11* operative Entfernung der Tonsillen; **Ton|sil|li|tis** *w. Gen. - Mz.* -ti|den Mandelentzündung; **Ton|sil|lo|to|mie** *w. 11* operatives Kappen der Tonsillen

**Ton|sur** [lat.] *w. 10* runde, geschorene Stelle auf dem Kopf von Mönchen; **ton|su|rie|ren** mit einer Tonsur versehen

**To|nus** [griech.] *m. Gen. - nur Ez.* Spannungszustand (des Körpergewebes, bes. von Muskeln)

**To|pas** [griech.] *m. 1* ein Mineral, ein Edelstein

**top|fit** [engl.] *Sport:* in bester Form, in bester körperl. Verfassung

**To|pik** [griech.] *w. 10 nur Ez.* **1** griech. Rhetorik: Lehre von den Topoi; vgl. Topos; **2** *veraltet:* Lehre von der Wort- und Satzstellung

**To|pi|nam|bur** [nach dem südamerik. Indianerstamm der Tupinamba] *m. 9 oder* [-bur] *m. 1 oder w. 10* eine Sonnenblumenart mit eßbarer, kartoffelähnl. Knolle

**to|pisch** [griech.] *Med.:* äußerlich (wirkend)

**Top|ma|nage|ment** [-mænidʒmənt, engl.] *s. 9* oberste Leitung (eines Unternehmens); **Top|ma|na|ger** *m. 5* oberster Leiter (eines Unternehmens)

**To|po|graph** [griech.] *m. 10* Vermessungsingenieur; **To|po|gra|phie** *w. 11* Beschreibung geographischer Örtlichkeiten, Ortskunde, Lagebeschreibung; **To|poi** *Mz.* von Topos; **To|po|lo|gie** *w. 11* Geometrie: Lehre von der Anordnung von Punktmengen; **Top|ono|ma|stik** *w. 10 nur Ez.* Ortsnamenkunde; **To|pos** *m. Gen. - Mz.* -poi **1** *antike Rhetorik:* allgemein anerkannter Gesichtspunkt, Redewendung; **2** *Literaturwissenschaft:* traditionelles Ausdrucksschema

**Topp** [ndrl.] *m. 1 Seew.:* oberes Ende des Mastes; **top|pen** [engl.] **1** Benzin t.: durch Destillation vom Rohöl trennen; **2** Rahen, Stengen t.: mit einem am Mast befestigten Tau höher oder tiefer stellen

**Top|star** [engl.] *m. 9 ugs.:* bes. beliebter Bühnen- oder Filmstar

**Toque** [tɔk, frz.] *w. 9 16. Jh.:* kleiner, barettartiger Hut

**tor|die|ren** [zu: Torsion] verdrehen

**To|rea|dor** [span.] *m. 1 oder m. 10* berittener Stierkämpfer; **To|re|ro** *m. 9* Stierkämpfer (zu Fuß)

**To|reut** [griech.] *m. 10* Kunsthandwerker, der Metalle ziseliert, treibt u. a.; **To|reu|tik** *w. Gen. - nur Ez.* künstler. Metallbearbeitung

**Tor|kret** [lat.] *m. 1 nur Ez.* ⓦ Spritzbeton; **tor|kre|tie|ren** mit Torkret verputzen

**Tor|men|till** [lat.] *s. Gen. -s nur Ez.* **1** eine Heilpflanze, Blutwurz; **2** aus deren Wurzel gewonnenes, zusammenziehendes Heilmittel

**Törn** [engl.] *m. 9* **1** Segelsport: Spazierfahrt, Rundfahrt, Ausflug; vgl. Turn; **2** *Seew.:* Tauschlinge

**Tor|na|do** [span.] *m. 9* Wirbelsturm im südl. Nordamerika

**Tor|ni|ster** [slaw.] *m. 5* Ranzen (bes. der Soldaten); *auch:* Schulranzen

**To|ro** [tɔ-, span.] *m. 9 span. Bez. für* Stier

**tor|pe|die|ren** [lat.] **1** mit Torpedo beschießen; **2** *übertr.:* zu verhindern suchen, stören; **Tor|pe|do** *m. 9* Unterwassergeschoß

**tor|pid** [lat.] *Med.:* **1** schlaff, regungslos; **2** stumpfsinnig; **Tor|pi|di|tät** *w. 10 nur Ez.*, **Tor|por** *m. Gen. -s nur Ez. Med.:* **1** Schlaffheit, Regungslosigkeit; **2** Stumpfsinn

**tor|quie|ren** [lat.] **1** *veraltet:* quälen, peinigen; **2** *Tech.:* drehen, krümmen

**Torr** [nach dem ital. Mathematiker E. Torricelli] *s. Gen. - Mz.* - Maßeinheit für den Luftdruck

**Tor|si|on** [lat.] *w. 10 Tech., Med.:* Verdrehung um die eigene Längsachse

**Tor|so** [griech.-ital.] *m. 9* **1** unvollendete oder nicht vollständig erhaltene Statue; **2** Bruchstück, unvollendetes Werk

**Tort** [lat.] *m. Gen. -s nur Ez.* Kränkung; jmdm. einen Tort antun, jmdm. etwas zum Tort tun

**Tor|te** [ital.] *w. 11* runder, mit Obst belegter oder mit Creme o. ä. gefüllter Kuchen; **Tor|te|lett** *s. 9* Törtchen

**Tor|til|la** [-tilja, span.] *w. 9* in Spanien und Lateinamerika: kleiner, flacher, runder Kuchen aus Maismehl

**Tor|tur** [lat.] *w. 10* **1** *früher:* Folter; die T. anwenden; **2** *heute:* Qual, Plage

**To|ry** [tɔri, engl.] *m. Gen. -s Mz.* -ries *früher:* Angehöriger der einen der beiden Parteien des Oberhauses im brit. Parlament; vgl. Whig; *heute:* Konservativer

**to|sto** [ital.] *Mus.:* hurtig, flink

**to|tal** [lat.] ganz, gänzlich, völlig; **To|ta|le** *w. 11* Film, Fernsehen: Aufnahme in ganzer Szenenbreite; **To|ta|li|sa|tor** *m. 13* **1** *bei Rennen und Turnieren:* Einrichtung zum Wetten; **2** Sammelgefäß zum Messen von Niederschlägen in schwer zugängl. Gebieten; **to|ta|li|sie|ren** zusammenzählen; als Gesamtheit überblicken; to|tal|li|tär **1** alles umfassend; **2** sich alles unterwerfend (Staat, Regierung); To|ta|li|ta|ris|mus *m. Gen. - nur Ez.* Herrschaftsform, in der der Staat alle Lebensbereiche regelt und beaufsichtigt; To|tal|li|tät *w. 10 nur Ez.* Gesamtheit, Ganzheit; To|tal|re|flek|to|me|ter *s. 5* Gerät zum Bestimmen von Brechungsindizes

To|tem [Algonkin] *s. 9 bei Naturvölkern:* Lebewesen oder Ding, dem sich eine Gruppe verbunden fühlt, dem übernatürl. Kräfte zugeschrieben werden und das nicht verletzt werden darf; To|te|mis|mus *m. Gen. - nur Ez.* Glaube an die übernatürl. Kraft eines Totems, Verehrung eines Totems

To|to [Kurzw. für Totalisator] *m. 9, ugs.: s. 9* Wette im Fußball- und Pferdesport

**Touch** [tʌtʃ, engl.] *m. 9* Anflug, Einschlag, besondere Note; weltstädtischer Touch, mit dem Touch einer Weltstadt; tou|chie|ren [tuʃi-, frz.] berühren (z. B. Hindernis beim Springen, die Billardkugel vorzeitig u. a.)

Tou|pet [tupe, frz.] *s. 9* Stück Haarersatz, Haarteil; tou|pie|ren [tu-] mit dem Kamm aufbauschen (Haar)

**Tour** [tur, frz.] *w. 10* **1** Umdrehung (einer Maschine); auf Touren kommen *übertr. ugs.:* in Schwung kommen, in Eifer geraten; **2** Ausflug; **3** Runde (des Karussells, beim Tanzen); **4** *ugs.:* Art, Weise; in *einer* Tour: ununterbrochen; auf *die* Tour darfst du mir nicht kommen; **Tour de France** [tu:r də frãs] *w. Gen. - - - nur Ez.* Straßen-Radrennen von Berufsradfahrern durch Frankreich; **Tour de Suisse** [tu:r də syis] *w. Gen. - - - nur Ez.* Straßen-Radrennen von Berufsradfahrern durch die Schweiz; Tou|ris|mus [tu-] *m. Gen. - nur Ez.* Reisewesen, Fremdenverkehrswesen; Tou|rist *m. 10* Wanderer, Reisender; Tou|ri|sten|klas|se *w. 11 nur Ez.* auf Dampfern, in Flugzeugen und in Schlafwagen: Klasse mit ermäßigtem Preis; Tou|ri|stik *w. 10 nur Ez.* das Wandern, *bes.:* Bergsteigen

Tour|né [turne, frz.] *s. 9* als Trumpf aufgedecktes Kartenblatt; Tour|ne|dos [turndo, frz.] *s. Gen. - [-dos] Mz. - [-dos]* kurz gebratene Lendenschnitte, garniert auf Toast; Tour|nee *w. 11* Gastspielreise (von Künstlern); tour|nie|ren **1** die Spielkarte(n) aufdecken; **2** in Formen ausstechen oder schneiden (Kartoffeln, Butter zum Garnieren)

To|wa|ri|tsch [russ.] *m. Gen. - Mz.* -i *in der UdSSR Anrede für* Genosse

**Tower** [tauə, engl.] *w. 5* **1** *nur Ez.* ein histor. Gebäude in London; **2** Kontrollturm eines Flughafens

To|xi|der|mie [griech.] *w. 11* durch Arzneimittel hervorgerufener Hautausschlag; to|xi|gen durch Vergiftung entstanden; To|xi|ka *Mz. von* Toxikum; To|xi|kol|lo|gie *w. 11 nur Ez.* Lehre von den Giften und Vergiftungen; To|xi|ko|se *w. 11* Vergiftung; To|xi|kum

*s. Gen. -s Mz.* -ka Gift; To|xin *s. 1* organischer Giftstoff, *bes.:* Bakteriengift; to|xisch **1** giftig; **2** durch Toxine hervorgerufen; To|xi|zi|tät *w. 10 nur Ez.* Giftigkeit; to|xo|gen → toxigen; To|xo|id *s. 1* entgiftetes Toxin, das im Körper Antitoxine bilden kann; To|xo|plas|mo|se *w. 11* auf den Menschen übertragbare Tierkrankheit

Tra|bant [slaw.] *m. 10* **1** *früher:* Leibwächter; **2** *heute:* abhängiger Begleiter; **3** → Satellit; Tra|ban|ten|stadt *w. 2* in der Nähe einer Großstadt gelegene und mit dieser unter derselben Verwaltung stehende, große Siedlung mit Geschäften und kulturellen Einrichtungen, Satellitenstadt

Tra|cer [treisər, engl.] *m. 5* radioaktiver Markierungsstoff zum Nachweisen biochemischer Vorgänge im Organismus

Tra|chea [-xea-, griech.] *w. Gen. - Mz.* -che|en [-xeən], Tra|chee *w. 11* **1** Luft-, Atemröhre; **2** *bei Pflanzen:* wasserleitendes Gefäß; Tra|cheo|skop *s. 1* Gerät mit Spiegel zur Untersuchung der Luftröhre; Tra|cheo|to|mie *w. 11* Luftröhrenschnitt; Tra|chom *s. 1* hartnäckige Bindehautentzündung, Ägypt. Augenkrankheit, Körnerkrankheit; Tra|chyt *m. 1* ein Ergußgestein

**Track** [træk, engl.] *m. 9* **1** *Seew.:* Route (eines Schiffes), die eingehalten werden muß; **2** *engl. Bez. für* Trabrennbahn; **3** *Sammelbez. für* Kette, Seil, Riemen

Tra|des|kan|tie [-tsjə, nach dem Engländer J. Tradescant] *w. 11* eine Zierpflanze

tra|die|ren [lat.] überliefern; Tra|di|ti|on [-tsjon] *w. 10* **1** Überlieferung; **2** Herkommen, Brauch, Gewohnheit; Tra|di|tio|na|lis|mus *m. Gen. - nur Ez.* Festhalten am Überlieferten, Herkömmlichen; tra|di|tio|nell der Tradition gemäß

Tra|fik [ital.] *w. 10 österr.:* **1** Tabakhandel; **2** Tabakgeschäft; Tra|fi|kant *m. 10* Inhaber einer Trafik (2)

Tra|fo *m. 9 Kurzw. für* Transformator

Tra|gant [griech.] *m. 1* **1** Angehöriger einer Gattung der Schmetterlingsblütler; **2** daraus gewonnenes Bindemittel für Tabletten, Farbstoffe u. a.

tra|gie|ren [lat.] tragisch gestalten, tragisch spielen (Rolle); Tra|gik *w. 10 nur Ez.* unabwendbares trauriges Geschehen, erschütterndes Leid; Tra|gi|ker Tragödiendichter; Tra|gi|ko|mik *w. Gen. - nur Ez.* Komik, die einen Anflug von Tragik, bzw. Tragik, die einen Anflug von Komik hat; tra|gi|ko|misch tragisch und komisch zugleich; Tra|gi|ko|mö|die [-djə] *w. 11* halb tragisches, halb komisches Schauspiel; tra|gisch auf Tragik beruhend, erschütternd

Tra|gö|de [griech.] *m. 11* Schauspieler, der tragische Rollen spielt, Heldendarsteller; Tra|gö|die [-djə] *w. 11* **1** Schauspiel mit tragischem Ausgang, Trauerspiel; **2** unabwend-

bar trauriges Geschehen, erschütterndes Unglück, leidvoller Vorgang; **Tra|gö|din** w. 10 Schauspielerin, die tragische Rollen spielt
**Trai|ler** [tre͜i-, engl.] m. 5 1 einige Szenen eines Films, die als Werbung einem anderen Film vorangehen; 2 nicht belichtetes Ende eines Filmstreifens; 3 beladener Sattelschlepper; 4 Autoanhänger zum Transport leichter Sportboote
**Train** [trɛ̃, österr. auch: trɛn, frz.] m. 9 Troß
**Trai|nee** [tre͜ini, engl.] Mitarbeiter eines Unternehmens, der zwecks umfassender Ausbildung alle Abteilungen durchläuft; **Trai|ner** [trɛ- oder tre-] m. 5 jmd., der Sportler oder Pferde auf Wettkämpfe vorbereitet; **trai|nie|ren** [trɛ-] auf einen Wettkampf vorbereiten; seinen Körper t.: stählen, üben; **Trai|ning** [trɛ- oder tre-] s. 9 systematisches körperl. Üben
**Trai|teur** [trɛtør, frz.] m. 1 Koch feiner Speisen; Gastwirt, der fertige Speisen auch ins Haus liefert; Leiter einer Großküche
**Tra|jekt** [lat.] s. 1 Fährschiff für Eisenbahnzüge, Automobile u. a. Fahrzeuge; **Tra|jekto|rie** [-riə] w. 11 Kurve, die eine andere senkrecht schneidet (z. B. bei Differentialgleichungen); **Tra|jekt|schiff** s. 1 → Trajekt
**Trakt** [lat.] m. 1 1 größerer Gebäudeteil, Flügel; 2 Strecke; **Trak|tan|dum** s. Gen.-s Mz. -den schweiz.: Verhandlungsgegenstand; **Trak|tat** s. 1 1 wissenschaftl. Abhandlung, 2 relig. Flugschrift; **Trak|tät|chen** s. 7 abschätzig: Erbauungsschrift; **trak|tie|ren** ugs. 1 (schlecht) behandeln; jmdn. mit Schlägen t.; 2 bewirten, auch: überfüttern; **Trak|ti|on** [-tsjon] w. 10 Ziehen, Zug, Zugkraft, Anzugskraft; **Trak|tor** m. 13 Schleppfahrzeug, Zugmaschine; **Trak|to|rist** m. 10, in der DDR: Traktorfahrer; **Trak|trix** w. Gen. - Mz. -tri|zes [-tse:s] ebene Kurve, deren Tangenten von einer Geraden stets im gleichen Abstand vom Tangentenberührungspunkt geschnitten werden; **Trak|tur** w. 10, an der Orgel: Vorrichtung zum Weiterleiten des Tastendrucks
**Tral|je** [lat.-frz.] w. 11 Gitter-, Geländerstab
**Tram** w. 9, schweiz.: s. 9, Kurzw. für Trambahn; **Tram|bahn** [engl.] w. 10 Straßenbahn
**Tra|mi|ner** [nach dem Südtiroler Ort Tramin] m. 5 1 eine weiße Traubensorte; 2 Rotwein aus Tramin
**Tra|mon|ta|na** [ital.], **Tra|mon|ta|ne** w. Gen.-Mz. -nen in Oberitalien: von den Alpen her wehender Nordwind
**Tramp** [auch: trɛmp, engl.] m. 9 1 Landstreicher, wandernder Gelegenheitsarbeiter; 2 Schiff ohne feste Route, das Gelegenheitsfahrten unternimmt; **tram|pen** [auch: trɛm-] reisen, indem man Autos anhält und sich mitnehmen läßt; **Tram|per** [auch: trɛm-] m. 5 jmd., der trampt
**Tram|po|lin** [dt. + ital.] s. 1 federndes

Sprungbrett für sportliche und artistische Übungen
**Tramp|schiff|fahrt** (-schiff|fahrt) [auch: trɛmp-] w. 10 nur Ez. nicht an feste Routen gebundene Schiffahrt
**Tran|ce** [trãs(ə), lat.-frz.] w. 11 nur Ez. schlafähnl. Zustand des Entrücktseins (bei Hypnose, in relig. Ekstase u. ä.)
**Tran|che** [trãʃ(ə), frz.] w. 11 1 fingerdicke Fleisch- oder Fischscheibe; 2 Teilbetrag einer Anleihe
**tran|chie|ren** [trãʃi-, frz.] zerlegen, zerteilen (Geflügel, Braten)
**Tran|quil|li|zer** [trɛnkwilaizər, lat.-engl.] m. 5 beruhigendes Arzneimittel; **tran|quil|lo** [ital.] Mus.: ruhig
**Trans|ak|ti|on** [-tsjon, lat.] w. 10 großes Geld- oder Bankgeschäft
**tran|schie|ren** österr., süddt. für tranchieren
**Trans|duk|tor** [lat.] m. 13 magnetischer Verstärker
**Tran|sept** [lat.] s. 1 oder m. 1 Querschiff (der Kirche)
**Trans-Eu|rop-Ex|press** m. 1 (Abk.: TEE) Fernschnellzug im internationalen Verkehr
**Trans|fer** [lat.] m. Gen.-s nur Ez. 1 Zahlung ins Ausland in fremder Währung; 2 Übertragung einer Geldsumme in eine andere Währung in die andere; 3 Überführung im Reiseverkehr, z. B. vom Flughafen zum Hotel; **trans|fe|ra|bel** in fremde Währung umwechselbar; **trans|fe|rie|ren** 1 ins Ausland zahlen; 2 in eine andere Währung übertragen; **Trans|fer|stra|ße** w. 11 Industrie: vollautomatische Folge von Werkzeugmaschinen und Transporteinrichtungen
**Trans|fi|gu|ra|ti|on** [-tsjon, lat.] w. 10 Verklärung (Christi)
**Trans|fo|ka|tor** [lat.] m. 13 Objektiv mit stufenlos verstellbarer Brennweite, Gummilinse
**Trans|for|ma|ti|on** [-tsjon, lat.] w. 10 Umformung, Umwandlung; **Trans|for|ma|tor** m. 13 (Kurzw.: Trafo) Gerät zum Erhöhen oder Herabsetzen von elektr. Spannung; **trans|for|mie|ren** 1 umformen, umwandeln; 2 Wechselstrom t.: umspannen, seine Spannung erhöhen oder verringern
**trans|fun|die|ren** [lat.] übertragen (Blut); **Trans|fu|si|on** w. 10 Übertragung, z. B. Bluttransfusion
**trans|gre|die|ren** [lat.] langsam überfluten; **Trans|gres|si|on** w. 10 langsames Überfluten von sich senkenden Festlandsteilen durch das Meer
**Tran|sis|tor** [lat.] m. 13 elektron. Verstärker oder Schalter aus Halbleiterelementen; **Tran|sis|tor|ra|dio** s. 9 Radio, dessen Verstärker aus Transistoren bestehen
**Tran|sit** [lat.] m. 1 Durchgang, Durchfuhr; **Tran|sit|han|del** m. Gen.-s nur Ez. Handel zwischen zwei Ländern, wobei die Waren durch ein drittes Land hindurch befördert

werden; **tran|si|tie|ren** Waren t.: durch ein anderes Land hindurch befördern
**tran|si|tiv** [auch: -tif, lat.] *Gramm.:* zielend; transitive Verben: Verben, die ein Akkusativobjekt bei sich haben und ein persönl. Passiv bilden können, z. B. schlagen, essen; *Ggs.:* intransitiv; **Tran|si|tiv** *s.1* transitives Verb; *Ggs.:* Intransitiv; **tran|si|ti|vie|ren** ein intransitives Verb t.: es als transitives Verb gebrauchen, z. B. „Das Eis ist abgetaut“ und: „Ich habe den Kühlschrank abgetaut“
**tran|si|to|risch** [lat.] vorübergehend, später wegfallend; **Tran|si|to|ri|um** *s. Gen.-s Mz.* -ri|en einmalige Bewilligung von Ausgaben (im Staatshaushalt)
**Tran|sit|pas|sa|gier** *m.1* Durchreisepassagier
**trans|kon|ti|nen|tal** [lat.] einen Kontinent durchquerend
**tran|skri|bie|ren** [lat.] **1** in eine andere Schrift oder in phonet. Umschrift übertragen; **2** für ein anderes Instrument umschreiben (Musikstück); **Tran|skrip|ti|on** [-tsjon] *w.10* lautgetreues Umschreiben einer Schrift in eine andere Schrift; vgl. Transliteration; **2** möglichst klanggetreues Umschreiben eines Musikstücks für ein anderes Instrument
**Trans|la|ti|on** [-tsjon, lat.] *w.10* **1** Übersetzung, Übertragung; **2** Parallelverschiebung (von Kristallflächen); **3** fortschreitende geradlinige Bewegung, im Unterschied zur Rotation
**Trans|li|te|ra|ti|on** [-tsjon, lat.] *w.10* buchstabengetreues Umschreiben einer Schrift in eine andere; vgl. Transkription; **trans|li|te|rie|ren** buchstabengetreu umschreiben
**Trans|lo|ka|ti|on** [-tsjon, lat.] *w.10* **1** *veraltet:* Ortsveränderung; **2** *Biol.:* eine Mutationsform mit Übertragung von Chromosomenstücken; **trans|lo|zie|ren** verlagern
**trans|lu|na|risch** [lat.] jenseits des Mondes befindlich
**Trans|mis|si|on** [lat.] *w.10* **1** Übertragung, Übermittlung; **2** *Phys.:* Durchlässigkeit für Strahlungen; **Trans|mis|si|ons|wel|le** *w.11* Antriebswelle für Treibriemen, Getriebewelle; **Trans|mit|ter** *m.5* Sender, Übertrager; **trans|mit|tie|ren** übertragen, übersenden
**trans|ozea|nisch** jenseits des Ozeans liegend, überseeisch
**trans|pa|rent** [lat.] durchsichtig; **Trans|pa|rent** *s.1* **1** Spruchband; **2** Bild auf durchsichtigem Material, das von hinten beleuchtet wird; **Trans|pa|renz** *w.10 nur Ez.* **1** Durchsichtigkeit; *Ggs.:* Opazität; **2** *übertr.:* Durchschaubarkeit, Erkennbarkeit
**Tran|spi|ra|ti|on** [-tsjon, lat.] *w.10* **1** Schweißabsonderung; **2** *bei Pflanzen:* Abgabe von Wasserdampf; **tran|spi|rie|ren** **1** schwitzen; **2** Wasserdampf abgeben (Pflanze)
**Trans|plan|tat** [lat.] *s.1* verpflanztes Gewebestück; **Trans|plan|ta|ti|on** [-tsjon] *w.10*

**1** Verpflanzung (lebenden Gewebes), Gewebsverpflanzung; **2** *Bot.:* Pfropfung; **trans|plan|tie|ren** verpflanzen
**trans|po|nie|ren** [lat.] in eine andere Tonart umsetzen
**Trans|port** [lat.] *m.1* Beförderung; **trans|por|ta|bel** tragbar, beweglich; **Trans|por|ter** *m.5* Kraftfahrzeug, Flugzeug oder Schiff, das große Mengen von Gütern transportieren kann; **Trans|por|teur** [-tør] *m.1* **1** Spediteur; **2** Winkelmesser; **3** *an Nähmaschinen:* Vorrichtung zum ruckweisen Weiterbefördern des Stoffes; **trans|por|tie|ren** befördern
**Trans|po|si|ti|on** [-tsjon, lat.] *w.10* Umsetzung in eine andere Tonart
**trans|so|nisch** [lat.] über der Schallgeschwindigkeit liegend
**Trans|sub|stan|tia|ti|on** [-tsjatsjon, lat.] *w.10 kath. Kirche:* die Wandlung von Brot und Wein in Leib und Blut Christi beim Abendmahl
**Trans|su|dat** [lat.] *s.1* bei der Transsudation abgesonderte Flüssigkeit; **Trans|su|da|ti|on** [-tsjon] *w.10* nicht entzündl. Absonderung und Ansammlung von Flüssigkeit in Körperhöhlen
**Trans|uran** *s.1 meist Mz. Sammelbez. für* radioaktive chem. Elemente mit höherer Ordnungszahl als Uran; **trans|ura|nisch** im Periodensystem der chem. Elemente nach dem Uran stehend
**trans|ver|sal** [lat.] quer zur Längsachse (verlaufend), senkrecht zur Ausbreitungsrichtung (verlaufend); **Trans|ver|sal|bahn** *w.10* ein Land durchquerende Eisenbahn; **Trans|ver|sa|le** *w.11* **1** eine Figur durchschneidende Gerade; **2** ein Land durchquerende Eisenbahnstrecke oder Fahrstraße; **Trans|ver|sal|schwin|gung** *w.10* Schwingung, bei der die Energiebewegung und Teilchen- bzw. Feldbewegung senkrecht aufeinanderstehen; **Trans|ver|sal|wel|le** *w.11* Welle, bei der die Ausbreitungsrichtung der Energie und die Schwingungsbewegung senkrecht aufeinanderstehen
**trans|ve|stie|ren** [lat.] sich wie das andere Geschlecht kleiden (und benehmen); **Trans|ve|stis|mus** *m. Gen.- nur Ez.* krankhafte Neigung, sich wie das andere Geschlecht zu kleiden (und zu benehmen); **Trans|ve|stit** *m.10* jmd., der an Transvestismus leidet
**tran|szen|dent** [lat.] die Grenzen des sinnlich Wahrnehmbaren überschreitend, übersinnlich; **tran|szen|den|tal** **1** *in der Scholastik* → transzendent; **2** *bei Kant:* vor aller auf Erfahrung beruhenden Erkenntnis liegend und diese erst ermöglichend; **Tran|szen|denz** *w.10 nur Ez.* das Überschreiten der Grenzen der Erfahrung und des Bewußtseins; **tran|szen|die|ren** über sinnl. Wahrnehmung und Erfahrung hinausgehen
**Trap** *m.9* → Traps

**Tra|pez** [griech.] *s. 1* 1 Viereck mit zwei parallelen Seiten; 2 Schwebe-, Schaukelreck; **Tra|pe|zo|id** *s. 1* Viereck ohne parallele Seiten

**Trap|per** [engl.] *m. 5* nordamerik. Pelztierjäger

**Trap|pist** [nach der Abtei La Trappe in Frankreich] *m. 10* Angehöriger des Trappistenordens, eines aus dem Zisterzienserorden hervorgegangenen Mönchsordens

**Traps** [engl.] *m. 1* 1 Verschlußschraube am Siphon; 2 Geruchverschluß

**Traß** [ital.] *m. 1* ein vulkan. Tuff

**Tras|sant** [ital.] *m. 10* Aussteller eines Wechsels; **Tras|sat** *m. 10* jmd., an den eine Zahlungsaufforderung gerichtet ist; *Wechselverkehr:* Bezogener

**Tras|se** [ital.] 1 *Mz. von* Traß; 2 *w. 11* festgelegte Linie für Straße oder Bahnstrecke; **Tras|see** *s. 9, schweiz. für* Trasse (2); **tras|sie-ren** eine Strecke t.: sie vermessen, den Verlauf einer Strecke festlegen

**Trat|te** [ital.] *w. 11* gezogener Wechsel

**Trat|to|ria** [ital.] *w. Gen. - Mz.* -ri|en ital. Gastwirtschaft

**Trau|ma** [griech.] *s. Gen. -s Mz.* -men *oder* -mata 1 Wunde; 2 seel. Erschütterung, Schock; **Trau|ma|tin** *s. 1* Hormon, das bei Verletzungen verstärkte Zellteilung anregt; **trau|ma|tisch** durch ein Trauma hervorgerufen, in der Art eines Traumas; *Ggs.:* idiopathisch; **Trau|ma|to|lo|gie** *w. 11 nur Ez.* Lehre von der Wundbehandlung

**Tra|vel|ler|scheck** [trævələr-, engl.] *m. 9* Reisescheck

**tra|vers** [-vɛrs, frz.] quer, quer gestreift; **Travers** *s. Gen. - nur Ez.*, **Tra|ver|sa|le** *w. 11 Hohe Schule:* Gang (des Pferdes) schräg seitwärts; **Tra|ver|se** *w. 11* 1 *Baukunst:* Querbalken, Querträger; 2 Querverbindung zweier Maschinenteile; 3 *Flußregulierung:* quer zur Strömung angebrachter, buhnenartiger Bau; **Tra|vers|flö|te** *w. 11* Querflöte; **tra|ver|sie|ren** 1 eine Fläche quer oder schräg durchschreiten oder -reiten; 2 eine Felswand t.: sich an einer Felswand waagerecht vorarbeiten

**Tra|ver|tin** *m. 1* Kalksinter bzw. -tuff (bes. der aus den Sabinerbergen)

**Tra|ve|stie** [lat.] *w. 11* satir. Umdichtung eines Literaturwerkes, wobei nur die Form, nicht der Inhalt verändert wird; vgl. Parodie (1); **tra|ve|stie|ren** in einer Travestie verspotten

**Trawl** [trɔl, engl.] *s. 9 Fischerei:* Grundschleppnetz; **Traw|ler** [trɔlər] *m. 5* mit Trawl arbeitendes Fischerboot

**Treat|ment** [tritmənt, engl.] *s. 9, Film, Fernsehen:* Vorstufe des Drehbuchs mit Angabe der Schauplätze, ausgearbeiteten Dialogen und Handlungsabläufen

**Tre|cen|tist** [-tʃen-] *m. 10* Künstler des Trecentos; **Tre|cen|to** [-tʃen-, ital. „300" (nach

1000)] *s. Gen. -(s) nur Ez.* die künstlerische Stilepoche des 14. Jh. in Italien

**Treck** [lat.] *m. 9* Zug, z. B. Flüchtlingstreck; Auszug, Auswanderung; **trecken** (trek|ken) 1 mit einem Treck wandern; 2 ziehen, schleppen; **Trecker** (Trek|ker) *m. 5* Zugmaschine, Traktor

**Treff** [lat.-frz.] *s. 9 Kartenspiel:* Kleeblatt; da ist Treff Trumpf *übertr. ugs.:* das kann gut, aber auch schlecht ausgehen

**tre|ife** [hebr.] *jidd. Bez. für* unrein, den jüd. Speisevorschriften nicht entsprechend; *Ggs.:* koscher

**Trek|king** [ndrl.] *s. Gen. -s nur Ez.* Wandern im Hochgebirge mit Trägern

**Tre|ma** 1 [griech.] *s. 9, Mz. auch:* -mata (*Zeichen:* ¨) Zeichen über einem von zwei nebeneinanderstehenden Vokalen, die getrennt auszusprechen sind, z. B. frz. naïf (im Deutschen meist nicht mehr geschrieben), oder zur langen Aussprache des ersten Vokals, z. B. in ndrl. u. frz. Namen: -daël [-da:l], Staël; 2 [lat.] *s. 9 nur Ez. Med.:* Lücke zwischen den Schneidezähnen

**Tre|ma|to|de** [griech.] *w. 11* Saugwurm

**tre|mol|lie|ren** [lat.-ital.] (technisch fehlerhaft) bebend singen; **Tre|mol|lo** *s. 9, Mz. auch:* -li 1 *nur Ez.* Beben (beim Singen); 2 *bei Streich- und Tasteninstrumenten:* sehr schnelle Wiederholung zweier Töne oder Akkorde im Wechsel; **Tre|mor** *m. Gen. -s Mz. -mo|res Med.:* Zittern; **Tre|mu|lant** *m. 10 an der Orgel:* Vorrichtung, um Vibrieren (Schwebung) des Tons zu erzeugen

**Trench|coat** [trɛntʃkout, engl.] *m. 9* Regenmantel aus Gabardine oder Popeline

**Trend** [engl.] *m. 9* Richtung (einer Entwicklung)

**Tren|se** [ndrl.] *w. 11* einfacher Zaum mit Gebißstange und Zügel

**Trente-et-qua|rante** [trãtekarãt, frz.] *s. Gen. - nur Ez.* ein Kartenglücksspiel; **Trente-et-un** [trãtœ] *s. Gen. - nur Ez.* ein Kartenglücksspiel

**Tre|pan** [griech.] *m. 1* chirurg. Gerät zum Anbohren des Schädels; **Tre|pa|na|ti|on** [-tsjon] *w. 10 Med.:* Schädelöffnung; **tre|pa|nie|ren** mit dem Trepan öffnen (Schädel)

**Tre|sor** [griech.] *m. 1* 1 Stahlschrank (für Geld und Wertsachen); 2 *in Banken:* stark gesicherter, meist unterird. Raum mit Stahlschränken

**Tres|se** [griech.-frz.] *w. 11* Borte, Besatz (meist) aus Gold- oder Silberfäden

**Treu|ga Dei** [lat.] *w. Gen. - - nur Ez. MA:* Gottesfriede, kirchl. Verbot der Fehde an bestimmten Tagen

**Tre|vi|ra** *s. 9 nur Ez.* ⓦ ein Kunstfasergewebe

**Tria|de** [griech.] *w. 11* Dreiheit, Dreizahl, drei zusammengehörige, gleichartige Dinge oder Wesen

**Tri|al and er|ror** [traiəl ənd ɛrə, engl.] Versuch und Irrtum, Bez. für eine Lernmethode, bei der durch Probieren eine Lösung gefunden wird (bes. bei Tierversuchen angewendet)

**Tri|an|gel** [lat.] *m. 5* **1** Musikinstrument aus einem zum Dreieck gebogenen Metallstab, der mit einem Metallstäbchen angeschlagen wird; **2** *ugs.*: dreieckiger Riß (im Stoff); **tri|an|gu|lär** dreieckig; **Tri|an|gu|la|ti|on** [-tsjon] *w. 10* Landvermessung mit Hilfe eines Netzes von Dreiecken; **Tri|an|gu|la|ti|ons|punkt** *m. 1, bei der Triangulation:* Punkt, der im Gelände markiert ist und der jeweils dem Eckpunkt eines Dreiecks auf der Karte entspricht, trigonometr. Punkt; **tri|an|gu|lie|ren** mittels eines Netzes von Dreiecken vermessen

**Tri|as** [griech.] *w. Gen. - nur Ez.* **1** untere Formation des Mesozoikums; **2** Dreiklang; *allg.*: Dreiheit, Dreizahl; **tri|as|sisch** zur Trias (1) gehörend, aus ihr stammend

**Tri|ba|de** [griech.] *w. 11* homosexuelle Frau; **Tri|ba|die** *w. 11 nur Ez.* Homosexualität zwischen Frauen

**Tri|ba|lis|mus** [engl.] *m. Gen. - nur Ez.* Stammesbewußtsein, stammesgebundene Politik (bes. in afrik. Staaten)

**Tri|bun** [lat.] *m. 12 oder m. 10 im alten Rom* **1** Bezirksbeamter; **2** zweithöchster Offizier einer Legion; **3** Sonderbeamter zum Schutz des Volkes gegen Beamtenwillkür, Volkstribun; **Tri|bu|nal** *s. 1 im alten Rom* **1** *urspr.*: erhöhter Platz für den Richter; **2** *dann:* Gerichtshof; **Tri|bu|nat** *s. 1* Amt eines Tribuns; **Tri|bü|ne** *w. 11* **1** Rednerbühne; **2** Gerüst mit Sitzreihen für Zuschauer; **3** *auch:* die Zuschauer selbst

**Tri|but** [lat.] *m. 1* **1** Beitrag, Steuer; **2** *übertr.*: Hochachtung, Anerkennung; jmds. Leistung den schuldigen T. zollen; **tri|bu|tär** *veraltet:* steuerpflichtig

**Tri|cel** [-tsel] *m. Gen. -s nur Ez.* ein Kunstfasergewebe

**Tri|chi|ne** [-çi-, griech.] *w. 11* in den Muskeln mancher Säugetiere, z. B. des Schweins, schmarotzender Fadenwurm; **tri|chi|nös** von Trichinen befallen (Fleisch); **Tri|chi|no|se** *w. 11 nur Ez.* durch Trichinen hervorgerufene Krankheit

**Tri|chlor|äthy|len** *s. Gen. -s nur Ez.* ein Lösungs- und Reinigungsmittel

**Tri|cho|to|mie** [griech. „Dreiteilung"] *w. 11* **1** Auffassung von der Dreiteilung des Menschen in Leib, Geist und Seele; **2** *Rechtsw.*: Einteilung der Straftaten in Übertretung, Vergehen und Verbrechen; **3** *Math.*: Bez. für die Eigenschaft einer Ordnungsrelation; **4** *übertr.*: Haarspalterei

**Tri|ci|ni|um** [-tsi-, lat.] *s. Gen. -s Mz. -ni|en 15./16. Jh.*: Musikstück für drei Singstimmen oder Instrumente

**Trick** [engl.] *m. 9* **1** Kunstgriff, Kniff;

**2** *Whist:* höherer Stich; **trick|sen** *Sport, bes. Fußball:* den Gegner t.: geschickt umspielen **Trick|track** [frz.] *s. 9 nur Ez.* ein Brettspiel für zwei Personen mit Würfeln und Steinen, Puffspiel

**Tri|dent** [lat.] *m. 10* Dreizack (als Waffe, z. B. Poseidons)

**Tri|du|lum** [lat.] *s. Gen. -s Mz. -du|len* Zeitraum von drei Tagen

**Tri|en|na|le** [lat.] *w. 11* alle drei Jahre stattfindende Veranstaltung; **Tri|en|ni|um** *s. Gen. -s Mz. -ni|en* Zeitraum von drei Jahren

**Tri|e|re** [griech.] *w. 11, im alten Griechenland:* Kriegsschiff mit drei Ruderbänken übereinander, Trireme

**Tri|eur** [-ør, frz.] *m. 1* Maschine zum Trennen der Getreidekörner von Unkrautsamen **Tri|fo|kal|glas** [lat.] *s. 4* Brillenglas mit dreifachem Schliff für unterschiedl. Entfernungen **Tri|fo|li|um** [lat.] *s. Gen. -s Mz. -li|en* Klee **Tri|fo|ri|um** [lat.] *s. Gen. -s Mz. -ri|en in roman. und got. Kirchen:* Galerie mit dreifachen Bogenstellungen über den Arkaden des Mittel- oder Querschiffs

**Tri|ga** [lat.] *w. Gen. - Mz. -s oder -gen* Dreigespann

**Tri|ge|mi|nus** [lat.] *m. Gen. - nur Ez.* der aus drei Ästen bestehende fünfte Hirnnerv, der Gesicht und Kaumuskeln versorgt; **Tri|ge|mi|nus|neur|al|gie** *w. 11* Gesichtsschmerz

**Tri|glyph** [griech.] *m. 1,* **Tri|gly|phe** *w. 11 am Fries des dor. Tempels:* schlitzförmig senkrecht dreigeteiltes Feld, das mit Metopen abwechselt, Dreischlitz

**Tri|gon** [lat.] *s. 1* Dreieck; **tri|go|nal** dreieckig; **Tri|go|no|me|trie** *w. 11 nur Ez.* Dreiecksberechnung; sphärische T.: Berechnung von Dreiecken im Raum; **tri|go|no|me|trisch** auf Trigonometrie beruhend, mit ihrer Hilfe; trigonometrischer Punkt → Triangulationspunkt

**tri|klin** [griech.], **tri|kli|nisch** drei verschieden lange, sich schiefwinklig schneidende Achsen aufweisend; **Tri|kli|ni|um** *s. Gen. -s Mz. -ni|en* **1** *im alten Rom:* Speiseraum mit dem an drei Seiten von Liegestätten umgebenen Eßtisch; **2** der Eßtisch mit den Liegestätten

**Tri|ko|li|ne** [frz.] *w. 11 nur Ez.* feines, geripptes Gewebe (für Oberhemden)

**tri|ko|lor** [frz.] dreifarbig; **Tri|ko|lo|re** *w. 11* dreifarbige Fahne, bes. die der frz. Republik **Tri|kot** [-ko, frz.] *m. 9 oder s. 9* **1** gewirkter Stoff; **2** hautenges, dehnbares Kleidungsstück aus solchem Stoff; **Tri|ko|ta|ge** [-ʒə] *w. 11 meist Mz.* Wirkware

**Tril|li|ar|de** [lat.] *w. 11* 1000 Trillionen; **Tril|li|on** *w. 10* eine Million Billionen, $10^{18}$

**Tri|lo|bit** [griech.] *m. 10* ausgestorbener Gliederfüßer, Dreilapper

**Tri|lo|gie** [griech.] *w. 11* aus drei selbständigen Teilen bestehendes Literaturwerk

**Tri|ma|ran** [lat. + drawid.] *s. 1* Segelboot mit drei Rümpfen

**tri|mer** [griech.] *Bot.:* dreiteilig

**Tri|me|ster** [lat.] *s. 5* ein Drittel eines Studienjahres

**Tri|me|ter** [griech.] *m. 5* aus drei Versfüßen bestehender Vers

**Trimm** [engl.] *m. 1 nur Ez.* **1** Schwimmlage eines Schiffes bezüglich seiner Querachse, Trimmlage; **2** *auch:* Zustand eines Schiffes hinsichtlich seiner Pflege; **trim|men 1** ein Schiff oder Flugzeug t.: durch Gewichtsverteilung eine günstige Schwimm- bzw. Fluglage herstellen; **2** ein Schiff t. *auch:* es in einen ordentl. Zustand bringen; **3** Kohlen t. *Seew.:* sie aus den Bunkern zu den Kesseln schaffen; **4** einen Schwingkreis t.: auf eine bestimmte Frequenz einstellen; **5** einen Hund t.: ihm das Fell scheren; **6** *übertr.* jmdn. oder etwas t.: in einen gewünschten Zustand bringen; *auch ugs.* jmdn. oder ein Tier auf etwas t.: ihn bzw. es gezielt erziehen, ihm etwas Bestimmtes beibringen; sich t.: sich leistungsfähig machen; **Trim|mer** *m. 1* **1** jmd., der Kohlen trimmt; **2** *Elektr.:* Bauelement zum Trimmen von Schwingkreisen; **Trimm|tank** *m. 9* Wassertank zum Trimmen (1) des Schiffes

**tri|morph** [griech.] *Bot.:* dreigestaltig; **Tri|mor|phis|mus** *m. Gen. - nur Ez. Bot.:* Dreigestaltigkeit

**Tri|ni|ta|ri|er** *m. 5* Angehöriger eines kath. Ordens, urspr. zum Loskauf christl. Sklaven, später Bettelorden; **Tri|ni|tät** *w. 10 nur Ez.* Dreieinigkeit, Dreifaltigkeit; **Tri|ni|ta|tis** Sonntag nach Pfingsten

**Tri|ni|tro|to|lu|ol** *s. 1 nur Ez.* (*Abk.* TNT) ein hochexplosiver Sprengstoff

**Tri|nom** [griech.] *s. 1* dreigliedriger mathemat. Ausdruck, dreigliedrige Zahlengröße; **tri|no|misch** dreigliedrig

**Trio** [ital.] *s. 9* **1** Musikstück für drei verschiedene Instrumente; vgl. Terzett; **2** die ausführenden Musiker; **3** Teil des Menuetts und Scherzos; **4** *ugs.:* drei zusammengehörige Personen

**Tri|ode** [griech.] *w. 11* Elektronenröhre mit drei Polen: Anode, Kathode, Steuergitter

**Trio|le** [ital.] *w. 11* Gruppe von drei Noten im Taktwert von zwei (*auch:* vier) Noten

**Triol|lett** [frz.] *s. 1* Gedicht aus acht Zeilen mit zwei Reimen, wobei die erste Zeile auch als 4. und zusammen mit der zweiten als 7. und 8. Zeile auftritt

**Trio|so|na|te** *w. 11* Sonate für zwei Soloinstrumente und Generalbaß

**Tri|özie** [griech.] *w. 11 nur Ez.* Vorhandensein von männl., weibl. und zwittrigen Blüten auf verschiedenen Individuen, Dreihäusigkeit; **tri|özisch** dreihäusig

**Trip** [engl.] *m. 9* **1** Ausflug, kleine Reise; **2** Rauschzustand; vgl. Bad Trip, Horror-Trip; **3** für eine oder mehrere Personen ausreichende Menge eines Rauschgifts

**Tri|pel 1** [lat.] *s. 5 Math.:* drei zusammengehörige Dinge, z. B. Dreieckspunkte oder -seiten; **2** [nach der Stadt Tripoli im Libanon] *m. 5 nur Ez.* Kieselgur; **Tri|pel|al|li|anz** [lat. + frz.] *w. 10*, **Tri|pel|en|ten|te** [-ätät] *w. 11* Dreibund, Dreierbündnis; **Tri|pel|fu|ge** *w. 11* Fuge mit drei durchgeführten Themen; **Tri|pel|kon|zert** *s. 1* Konzert für drei Soloinstrumente und Orchester; **Tri|pel|takt** *m. 1 Mus.:* dreiteiliger Takt, z. B. $^3/_4$-Takt

**tri|phi|bisch** [griech.] *Mil.:* zu Lande, zu Wasser und in der Luft

**Tri|phthong** [griech.] *m. 1* drei ineinander übergehende, vokalische Laute, z. B. in frz. ouaille [uaj] „Schaf" oder in Uruguay [-gwai], Dreilaut; vgl. Monophthong, Diphthong

**Tri|pi|ta|ka** [sanskr. „Dreikorb"] *s. Gen. - nur Ez.* die aus drei Teilen („Körben") bestehende Lehre des Buddhismus

**Tri|plik** [lat.-frz.] *w. 10* Antwort (des Klägers) auf eine Duplik (des Beklagten); **Tri|pli|kat** *s. 1* dritte Ausfertigung; **Tri|pli|ka|ti|on** [-tsjon] *w. 10 Rhetorik:* dreimalige Wiederholung desselben Wortes oder Satzes; **Tri|pli|zi|tät** *w. 10 nur Ez.* dreifaches Vorhandensein, dreimaliges Vorkommen; **tri|plo|id** mit dreifachem Chromosomensatz versehen

**Trip|ma|dam** *w. 10* eine Art der Fetthenne, Gewürz- und Gemüsepflanze

**Tri|po|den** *Mz. von* Tripus; **Tri|po|die** *w. 11* Einheit aus drei gleichen Versfüßen

**Trip|tik** [griech.] *s. 9* → Triptyk; **Tri|pty|chon** [-çon] *s. Gen.-s Mz.*-chen aus drei beweglich miteinander verbundenen Teilen bestehendes Tafelgemälde (meist Altarbild); **Tri|ptyk** *s. 9* dreiteiliger Schein für den Grenzübertritt von Kraft- und Wasserfahrzeugen

**Tri|pus** [griech.] *m. Gen. - Mz.* -po|den altgriech. Dreifuß für Gefäße

**Tri|re|me** *w. 11* → Triere

**Tri|sek|ti|on** [-tsjon, lat.] *w. 10* Dreiteilung (des Winkels)

**trist** [lat.-frz.] traurig, öde

**Tri|sti|chon** [-çon, griech.] *s. Gen.-s Mz.*-chen Gedicht, Versgruppe aus drei Zeilen

**tri|syl|la|bisch** [griech.] dreisilbig; **Tri|syl|la|bum** *s. Gen.-s Mz.*-ba dreisilbiges Wort

**Tri|the|is|mus** [lat.] *m. Gen. - nur Ez.* (von der kath. Kirche verworfener) Glaube an die Dreieinigkeit als drei getrennte Personen

**Tri|ti|um** [-tsjum, griech.] *s. Gen.-s nur Ez.* (*Zeichen:* T) Isotop des Wasserstoffs

**Tri|ton 1** *m. Gen.-s Mz.*-to|nen *griech. Myth.:* Meergottheit, halb Mensch, halb Fisch; **2** *s. Gen.-s Mz.*-to|nen Kern eines Tritiumatoms; **Tri|tons|horn** *s. 4* Angehöriger einer Gattung Meeresschnecken

**Tri|to|nus** [lat.] *m. Gen. - nur Ez.* Intervall aus drei ganzen Tönen, übermäßige Quarte

**Tri|umph** [lat.] *m. 1* **1** *im alten Rom:* feierl.

Einzug des Siegers nach der Schlacht; **2** Freude, Genugtuung über einen Sieg; **3** Siegesfeier; **tri|um|phal** herrlich, großartig; **Tri|um|pha|tor** *m.13 im alten Rom:* siegreicher Feldherr beim feierl. Einzug in die Stadt; **Tri|umph|bo|gen** *m.7* **1** *im alten Rom:* Ehrentor für den Einzug des Triumphators; **2** *im Kirchenbau:* Bogen zwischen Mittelschiff und Chor; **tri|um|phie|ren** über einen Sieg oder Erfolg jubeln, frohlocken; **Tri|umph|kreuz** *s.1* Kruzifix unter dem Triumphbogen; **Tri|umph|zug** *m.2* **1** *im alten Rom:* Einzug des Triumphators; **2** *allg.:* mit Jubel begleiteter Einzug

**Tri|um|vir** [lat.] *m. Gen.-s oder -n Mz.-n* Mitglied eines Triumvirats; **Tri|um|vi|rat** *s.1 im alten Rom:* Gremium von drei Männern zur Erledigung von Staatsgeschäften; Dreimännerherrschaft

**tri|va|lent** [lat.] *Chem.:* dreiwertig

**tri|vi|al** [lat.] alltäglich, abgedroschen, platt, geistlos; **Tri|via|li|tät** *w.10* **1** triviale Beschaffenheit; **2** triviale Rede, triviale Äußerung; **Tri|vi|al|li|te|ra|tur** *w.10 nur Ez.* leichteste Unterhaltungsliteratur

**Tri|vi|um** [lat.] *s. Gen.-s nur Ez. MA:* die ersten (unteren) drei der Sieben Freien Künste: Grammatik, Dialektik und Rhetorik; vgl. Quadrivium

**Tri|zeps** [lat.] *m.1* dreiköpfiger Muskel

**Tro|chan|ter** [-xan-, griech.] *m.5* Vorsprung am Oberschenkelknochen, Rollhügel

**Tro|chä|us** [-xɛ-, griech.] *m. Gen. - Mz.-en* Versfuß aus einer langen, betonten und einer kurzen, unbetonten Silbe, Choreus

**Tro|chit** [-xit, griech.] *m.10* versteinerter Stielteil der Seelilie; **Tro|chi|ten|kalk** *m. Gen.-s nur Ez.* Trochiten enthaltender Muschelkalk

**Tro|cho|pho|ra** [griech.] *w. Gen. - Mz.-pho-* ren Larve der Ringelwürmer

**Trocken|ele|ment** *s.1* galvan. Element mit eingedicktem Elektrolyten

**Tro|glo|dyt** [griech.] *m.10* Höhlenbewohner

**Troi|ka** [russ.] *w. Gen. - Mz.-ken* **1** aus drei Pferden bestehendes Gespann; **2** mit drei Pferden bespannter Wagen

**tro|ja|nisch** zu der antiken kleinasiat. Stadt Troja gehörig, von dort stammend; Trojanisches Pferd *griech. Myth.:* hölzernes Pferd, in dessen hohlem Bauch sich eine Schar griech. Krieger (Danaer) verbarg; sie wurden darin von den Trojanern in die Stadt gebracht, deren Eroberung durch diese List den Griechen gelang

**Tro|kar** [frz.] *m.1 oder 9* hohle Metallnadel mit dreikantiger Spitze (für Punktionen)

**tro|kie|ren** [lat.-frz.] austauschen (Waren)

**Troll** [altnord.] *m.1 nord. Myth.:* Dämon, Unhold

**Troll|ey|bus** [trɔli-, engl.] *m.1 schweiz.:* Oberleitungsomnibus

**Trom|be** [frz.] *w.11* Wirbelwind, Windhose, Wasserhose, Sandhose

**Trom|pe|te** [frz.] *w.11* ein Blechblasinstrument; **trom|pe|ten** **1** die Trompete blasen; **2** *übertr. scherzh.:* laut und durchdringend rufen; sich geräuschvoll die Nase schneuzen; **Trom|pe|ter** *m.5* Musiker, der die Trompete bläst

**Tro|pe** [griech.] *w.11* bildl. Ausdruck, z. B. „silbernes Band" statt „Fluß"

**Tro|pen** [griech.] *nur Mz.* heiße Zone der Erde zwischen den beiden Wendekreisen

**Tro|phäe** [griech.] *w.11* **1** Siegeszeichen, z. B. erbeutete Fahne; **2** Zeichen der erfolgreichen Jagd, z. B. Geweih

**tro|phisch** [griech.] auf der Ernährung (der Gewebe, Muskeln) beruhend, sie bewirkend; **Tro|phol|bio|se** *w.11* Form der Symbiose, wobei ein Tier dem andern die Nahrung liefert und dafür von diesem geschützt wird, z. B. Blattläuse in Ameisenstaaten

**Tro|pi|cal** [trɔpikǝl, engl.] *m.9* luftdurchlässiger Anzugstoff; **Tro|pi|ka** *w. Gen. - nur Ez.* schwere Form der Malaria; **tro|pisch** aus den Tropen stammend, zu ihnen gehörend, wie in den Tropen; **Tro|pis|mus** *m. Gen. - Mz. -men* durch äußeren Reiz hervorgerufene Bewegung (von Pflanzenorganen); **Tro|po|pau|se** *w.11* Grenze zwischen Tropo- und Stratosphäre; **Tro|po|phyt** *m.10* an starken Wechsel zwischen niederschlagsreicher und -armer Jahreszeit angepaßte Pflanze

**Tro|pos** *m. Gen. - Mz.-poi* → Trope

**Tro|po|sphä|re** [griech.] *w.11* **1** unterste Schicht der Erdatmosphäre bis 12 km; **2** Meerestiefe zwischen 200 und 600 m

**trop|po** [ital.] *Mus.:* zu viel, zu sehr; allegro ma non troppo: lebhaft, aber nicht zu sehr

**Tro|pus** [griech.] *m. Gen. - Mz.-pen* **1** → Trope; **2** textlich-melod. Erweiterung der Liturgie, Sequenz; **3** daraus entstandene mittelalterl. geistl. Liedform

**Trot|teur** [-tœr, frz.] *m.9* bequemer Straßenschuh mit flachem Absatz; **Trot|toir** [-twar, frz.] *s.9* erhöhter Fußweg neben der Fahrstraße

**Trotz|kis|mus** *m. Gen. - nur Ez. im kommunist. Sprachgebrauch:* von der sowjet. Parteilinie abweichende polit. Einstellung im Sinne des russ. Politikers L. D. Trotzki

**Trou|ba|dour** [-dur, auch: tru-, frz.] *m.1 oder m.9* provenzal. Minnesänger; vgl. Trouvère

**Trouble** [trʌbl, engl.] *m. Gen.-s nur Ez. ugs.:* Mühe, Umstände, Schwierigkeiten, Ungelegenheiten

**Trou|pier** [trupje, frz.] *m.9* altgedienter, erfahrener Offizier (niederen Ranges), Haudegen

**Trou|vère** [truvɛr, frz.] *m.9* nordfrz. Minnesänger; vgl. Troubadour

**Troy|ge|wicht** [trɔi-, nach der frz. Stadt

Troyes] *s.1 in England und den USA:* Gewicht für Edelmetalle und Edelsteine
**Tru|bel** [frz.] *m.5 nur Ez.* geschäftiges, lärmendes Treiben, lustiges Durcheinander
**Truck|sy|stem** [trʌk-, engl.] *s.1 nur Ez. früher:* Lohnzahlungssystem, bei dem der Arbeitnehmer ausschließlich Waren oder Gutscheine erhielt
**Trüf|fel** [lat.-ndrl.] *m.5* 1 unterird. lebender Pilz; 2 Praline mit feiner, weicher Füllung
**Trul|lo** [ital.] *m. Gen.-s Mz.-li in Apulien:* rundgebautes, steinernes Bauernhaus mit kegelförmigem Dach
**Trumpf** [lat.] *m.2* 1 *Kartenspiel:* Farbe oder Karte einer Farbe, die die anderen Farben sticht; 2 *übertr.:* Vorteil; einen Trumpf ausspielen, in der Hand haben; **trump|fen** *Kartenspiel:* mit einer Trumpfkarte stechen
**Trust** [trʌst, engl.] *m.9* Zusammenschluß mehrerer Unternehmen unter einheitl. Führung; **Tru|stee** [trʌsti] *m.9 engl. Bez. für* Treuhänder
**Try|pa|no|so|ma** [griech.] *s. Gen.- Mz.*-men Geißeltierchen
**Tryp|sin** [griech.] *s.1 nur Ez.* Ferment der Bauchspeicheldrüse
**Tsan|tsa** [indian.] *w.9 bei südamerik. Indianern:* von Knochen befreiter, getrockneter, eingeschrumpfter Kopf als Trophäe, Schrumpfkopf
**Tscha|ko** [ung.] *m.9 urspr. ungar. militär.* Kopfbedeckung mit Schild und zylinderförmigem Oberteil, später auch von dt. Polizisten getragen
**Tscha|ma|ra** [tschech.] *w. Gen.- Mz.*-s *oder* -ren Schnürrock der tschech. und poln. Nationaltracht
**Tschan|du** [Hindi] *s. Gen.-s nur Ez.* zum Rauchen zubereitetes Opium
**Tschap|ka** [poln.] *w.9* Kopfbedeckung der Ulanen mit viereckigem Oberteil
**Tschar|dasch** *m.1 eindeutschende Schreibung von* Csárdás
**tschau!** *eindeutschende Schreibung von ital.* ciao: auf Wiedersehen!
**Tsche|ka** [russ. Kurzwort] *w. Gen.- nur Ez. 1917–1922:* die polit. Polizei der UdSSR
**Tsche|re|mis|se** *m.11* Angehöriger eines ostfinn. Volkes, *Selbstbez.:* Mari
**Tscher|kes|se** *m.11* Angehöriger eines kaukas. Völkergruppe
**Tscher|wo|nez** [russ.] *m. Gen.- Mz.*-won|zen *urspr.:* russ. Goldmünze, *1922–1947:* Banknote im Wert von 10 Rubel
**Tschi|buk** [türk.] *m.9* lange türk. Tabakspfeife
**Tschi|kosch** *m.1 eindeutschende Schreibung von* Csikós
**Tschi|nuk** *m.9 oder Gen.- Mz.-,* eindeutschende Schreibung von Chinook
**Tschis|men** [ung.] *Mz.* farbige ungarische Stiefel

**Tschuk|tsche** *m.11* Angehöriger eines altsibir. Volkes
**tschüs!** *ugs. Kurzform von* adjüs, *eigtl.* adieu: auf Wiedersehen!
**Tschu|wa|sche** *m.11* Angehöriger eines Mischvolkes an der Wolga
**Tse|tse|flie|ge** *w.11* Stechfliege, Überträgerin der Schlafkrankheit
**T-Shirt** [tiʃəːt, engl., zu: Trikot] *s.9* kurzärmeliges Hemd aus Trikot, meist ohne Kragen
**Tsu|ga** *w. Gen.- Mz.-s oder* -gen Hemlocktanne
**TU** *Abk. für* Technische Universität
**Tua|reg** 1 *m.9 oder Gen.- Mz.-* Angehöriger eines Berbervolkes in der Sahara; 2 *s. Gen.-s nur Ez.* dessen Sprache
**Tua res agi|tur** [lat.] Um deine Sache handelt es sich, es geht dich an
**Tub** [tʌb, engl.] *s. Gen.- Mz.-* engl. Gewichtseinheit für Butter (38,102 kg) und Tee (27,216 kg)
**Tu|ba** [lat.] *w. Gen.- Mz.*-ben 1 ein Blechblasinstrument; 2 Ohrtrompete; 3 Eileiter; **Tu|bar|gra|vi|di|tät** *w.10* Eileiterschwangerschaft; **Tu|be** 1 biegsamer, röhrenförmiger Behälter; auf die Tube drücken *ugs.:* Gas geben, eine Sache in Gang bringen; 2 → Tuba (3)
**Tu|ber|kel** [lat.] *m.5,* österr. auch: *w.11,* **Tu|ber|kel|bak|te|ri|um** *s. Gen.-s Mz.-ri|en* Erreger der Tuberkulose; **tu|ber|ku|lar** knotig, knötchenartig; **Tu|ber|ku|lin** *s.1 nur Ez.* aus Zerfallsprodukten der Tuberkelbakterien gewonnener Giftstoff, mit dem Tuberkulose nachgewiesen werden kann; **tu|ber|ku|lös** an Tuberkulose erkrankt, mit Tuberkeln behaftet; **Tu|ber|ku|lo|se** *w.11 (Abk.:* Tb, Tbc) durch Tuberkelbakterien hervorgerufene chron. Infektionskrankheit; **Tu|ber|ku|lo|sta|ti|kum** *s. Gen.-s Mz.*-ka die Ausbreitung der Tuberkeln hemmendes Heilmittel
**Tu|be|ro|se** [lat.] *w.11* eine mexikan. Zierpflanze
**tu|bu|lär** [lat.], **tu|bu|lös** röhren-, schlauchförmig; **Tu|bus** *m. Gen.- Mz.*-ben, *auch:* -bus|se 1 Röhre; 2 Zwischenring
**Tu|dor|bo|gen** [tju-, nach dem engl. Königsgeschlecht der Tudors] *m.7 in der engl. Spätgotik:* flacher Spitzbogen
**Tuff** *m.1* 1 [ital.] Gestein aus erstarrten, verkitteten vulkan. Auswürfen; 2 [frz.] Strauß oder Büschel kurzstieliger Blumen; 3 [frz.] vielfach gebundene Schleife (z. B. auf Pralinenschachteln)
**Tuf|ting** [engl.- tʌf-] *s.9* ein Teppichgewebe
**Tu|kan** [indian.] *m.1* spechtartiger Vogel Mittel- und Südamerikas, Pfefferfresser
**Tu|lar|ämie** [nach der kaliforn. Stadt Tulare + griech.] *w.11* auf den Menschen übertragbare Infektionskrankheit der Nagetiere, Hasenpest

Tu|li|pan [türk.] *m. 1*, Tu|li|pa|ne *w. 11, veraltet für* Tulpe

Tüll [nach der frz. Stadt Tulle] *m. 1* ein feines, netzartiges Gewebe

Tul|pe [türk.-pers.] *w. 11* eine Zierpflanze

Tum|ba [lat.] *w. Gen. - Mz.*-ben Grabdenkmal in Form eines Sarkophags

Tu|mes|zenz [lat.] *w. 10 Med.:* Schwellung

Tu|mor [lat.] *m. 13* Geschwulst

Tu|mu|li *Mz. von* Tumulus

Tu|mult [lat.] *m. 1* Aufruhr, lärmendes, aufgeregtes Durcheinander; Tu|mul|tu|ant *m. 10* Unruhestifter; tu|mul|tua|risch, tu|mul|tu|ös aufgeregt lärmend

Tu|mu|lus [lat.] *m. Gen. - Mz.*-li vorgeschichtl. Hügelgrab

Tun|dra [russ.] *w. Gen. - Mz.*-dren *in den Polargebieten:* baumlose Steppe jenseits der Waldgrenzen

Tu|nell *s. 1, süddt., österr. für* Tunnel

tu|nen [tju-, engl.] 1 *Elektroakustik:* einstellen, abstimmen; 2 ein Kraftfahrzeug t.: es auf hohe Leistung trimmen, „frisieren"; Tuner [tju-] *m. 5* Radiogerät ohne Verstärker

Tung|baum [chin.] *m. 2* ein chin. Baum, aus dem Holzöl gewonnen wird

Tung|stein [schwed.] *m. 1* ein Mineral

Tun|gu|se *m. 11* Angehöriger einer Völkergruppe in Sibirien und Nordostchina

Tu|ni|ka [lat.] *w. Gen. - Mz.*-ken *im alten Rom:* langes, hemdartiges, weißes Gewand; Tu|ni|ka|te *w. 11* sackförmiges, festsitzendes Meerestier, ältestes Wirbeltier, Manteltier

Tun|nel [frz.] *m. 5* unterird. Straße

Tu|pa|ma|ro [nach dem Inka Tupac Amaru] *m. 9 urspr.:* Aufständischer in Montevideo; *danach:* Angehöriger einer radikalen, gewalttätigen Gruppe

Tu|pi 1 *m. 9 oder Gen. - Mz. -* Angehöriger eines südamerik. Indianervolkes; 2 *s. Gen. - nur Ez.* dessen Sprache

Tur|ban [türk.-pers.] *m. 1* 1 Kopfbedeckung der Mohammedaner (nicht mehr in der Türkei); 2 *danach:* um den Kopf geschlungener Schal (als Kopfbedeckung für Frauen)

Tur|bel|la|rie [-riə, lat.] *w. 11* Strudelwurm; Tur|bi|ne *w. 11* Kraftmaschine zur Erzeugung einer kreisenden Bewegung; Tur|bo|ge|ne|rator *m. 13* durch Turbinen angetriebener Generator; Tur|bo|prop *w. 9 Kurzw. für* Propellerturbine; Tur|bo|prop-Flug|zeug *s. 1* Flugzeug mit Turbinen-Propeller-Luftstrahltriebwerk; tur|bu|lent wirbelnd, stürmisch, sehr unruhig; Tur|bu|lenz *w. 10 nur Ez.* 1 ungeordnete Strömung (Wirbel); 2 *übertr.:* große Unruhe, wirbelndes Durcheinander

Turf [engl.] *m. 1 nur Ez.* 1 Pferderennbahn; 2 Pferderennen; 3 Pferderennsport

Tur|ges|zenz [lat.] *w. 10 nur Ez.* 1 Straffheit der Pflanzenzellen; 2 *Med.:* Anschwellung, Blutreichtum; tur|ges|zie|ren *Med.:* anschwellen, prall gefüllt sein; Tur|gor

*m. Gen.*-s *nur Ez.* 1 *Bot.:* Innendruck auf die Zellwand; 2 *Med.:* Spannungszustand (der Gewebe)

Tür|ke *m. 11* 1 Angehöriger einer in Asien verbreiteten Völkergruppe; 2 Einwohner der Türkei; Tür|kis *m. 1* ein Edelstein; Tur|ko *m. 9 früher:* farbiger Fußsoldat des frz. Kolonialheeres in Algerien; Tur|ko|lo|gie *w. 11 nur Ez.* Wissenschaft von den Sprachen und Kulturen der Turkvölker; Turk|völ|ker *s. 4 Mz. Sammelbez. für* eine in Nord-, Mittel-, Kleinasien und Osteuropa verbreitete Völkergruppe

Tur|ma|lin [singales.-frz.] *m. 1* ein Edelstein

Turn [tən, engl.] *m. 9* 1 *Kunstflug:* Kehre; 2 *Segelsport:* kurze Fahrt; 3 Rauschzustand nach dem Genuß eines Rauschgifts

Tur|nier [griech.-frz.] *s. 1* 1 *früher:* ritterl. Kampfspiel; 2 *heute:* sportl. Wettkampf größeren Ausmaßes; tur|nie|ren *veraltet:* im Turnier kämpfen

Tur|nü|re [frz.] *w. 11* 19. *Jh.:* hinten unter dem Kleiderrock getragenes Gestell oder Polster

Tur|nus [lat.] *m. Gen. - Mz.*-nus|se regelmäßiger Wechsel, festgelegter Umlauf, sich regelmäßig wiederholender Ablauf

Tusch [frz.] *m. 1* nacheinander erklingender Dreiklangstoß der Musikkapelle

Tu|sche [frz.] *w. 11* Zeichentinte; tu|schen mit Tusche zeichnen; tu|schie|ren Metall t.: Unebenheiten mittels Tusche sichtbar machen und dann glätten

Tus|ku|lum [nach der altröm. Stadt Tusculum] *s. Gen.*-s *Mz.* -la behagl. Landsitz

Tu|tel [lat.] *w. 10* Vormundschaft; tu|te|larisch vormundschaftlich

Tu|tio|ris|mus [lat.] *m. Gen. - nur Ez.* die Einstellung, zwischen zwei Möglichkeiten immer die sicherere zu wählen

Tu|tor [lat.] *m. 13* 1 *im röm. Recht:* Vormund; 2 *allg.:* älterer Student als Ratgeber jüngerer Studenten; Tu|to|rin *w. 10* weibl. Tutor (2)

tut|ti [ital.] *Mus.:* alle (Stimmen); Tut|ti *s. 9 Mus.:* Spiel aller Stimmen, des vollen Orchesters; *Ggs.:* Solo; Tut|ti|fru|ti *s. 9* Süßspeise aus Früchten, Speiseeis mit Früchten

TV *Abk. für* Television

Tweed [twid, engl.] *m. 9* kräftiges, kleingemustertes Woll- oder Mischgewebe

Twen [engl.] *m. 9* Mann oder Mädchen zwischen 20 und 29 Jahren

Twen|ter [ndrl.] *m. 5* zweijähriges Pferd

Twill [engl.] *m. 9 oder m. 1* Seiden- oder feines Baumwollgewebe

Twin|set [engl.] *m. 9* kurzärmeliger, kragenloser Pullover mit Jacke aus gleicher Wolle und Farbe

Twist [engl.] *m. 1* 1 aus mehreren Fäden lokker gedrehtes Baumwollgarn; 2 ein Modetanz; twi|sten Twist tanzen

**Two|step** [tustep, engl.] *m. 9* schneller engl. Gesellschaftstanz

**Ty|che** [-çe:, griech.] *w. 11 nur Ez.* Zufall, Glück; **Ty|chis|mus** *m. Gen. - nur Ez.* Lehre, daß alles Geschehen vom Zufall beherrscht wird

**Tym|pa|na** *Mz. von* Tympanum *und* Tympanon; **Tym|pa|nal|or|gan** *s. 1 bei Insekten:* Gehörorgan; **Tym|pa|nie** *w. 11* durch falsche Fütterung hervorgerufene Krankheit der Wiederkäuer, Blähsucht, Trommelsucht; **Tym|pa|non** [griech.] *s. Gen.-s Mz.*-na oft mit Relief oder Malerei verziertes Feld über Fenstern und Türen, Bogen-, Giebelfeld; **Tym|pa|num** *s. Gen.-s Mz.*-na 1 *Anat.:* Trommelfell; 2 Kesselpauke; 3 → Tympanon

**Tyn|dall|ef|fekt** [tɪndəl-, nach dem ir. Physiker J. Tyndall] *m. 1* Streuung des Lichts an kleinsten Teilchen

**Typ** [griech.] *m. 12* 1 Urbild, Urform, Muster; 2 Modell, Bauart; 3 Gattung, „Schlag"; 4 Gepräge, das mehrere Personen gemeinsam haben; 5 eine solche Person selbst; 6 *ugs.:* Kerl, Bursche, Mensch; **Ty|pe** *w. 11* 1 aus Blei gegossener Druckbuchstabe, Letter; 2 *Bez. für den* Grad der Ausmahlung von Mehl; 3 *ugs.:* komischer, ulkiger Mensch; **ty|pen** *Industrie:* nur in bestimmten Größen (Typen) herstellen (zur Rationalisierung)

**Ty|phli|tis** [griech.] *w. Gen. - Mz.*-ti|den Blinddarmentzündung; **Ty|phlon** *s. 1* Blinddarm

**Ty|phon** [griech.] *m. Gen.-s Mz.*-pho|ne ver-

altet: Wirbelsturm, Wasserhose; **Ty|phon** *m. 1* Schiffs-, Fabriksirene

**ty|phös** [griech.] typhusartig, auf Typhus beruhend; **Ty|phus** *m. Gen. - nur Ez.* eine fieberhafte Infektionskrankheit

**Ty|pik** [griech.] *w. 10 nur Ez.* Lehre von den Typen (4, 5); **ty|pisch** 1 für einen Typ charakteristisch, kennzeichnend; 2 einen Typ darstellend, mustergültig; **ty|pi|sie|ren** als Typ, nicht als Individualität, darstellen, einordnen; nach Typen einteilen; **Ty|po|graph** *m. 10* 1 Gestalter des Schriftsatzes; 2 Schriftsetzer; 3 Zeilensetz- und -gießmaschine; **Ty|po|gra|phie** *w. 11 nur Ez.* 1 Buchdruckerkunst; 2 Gestaltung des Schriftsatzes; **ty|po|gra|phisch** die Typographie betreffend, auf ihr beruhend, zu ihr gehörend; typographisches Maßsystem: auf dem typograph. Punkt beruhendes Maßsystem; typographischer Punkt: kleinste Maßeinheit in der Typographie, 0,3759 mm; **Ty|po|lo|gie** *w. 11* Lehre von den Typen (4, 5); **Ty|po|maß** *s. 1*, **Ty|po|me|ter** *s. 5* Maßstab für das typograph. Maßsystem, Buchstaben-, Zeilenmesser; **Ty|po|skript** *s. 1* maschinengeschriebenes Manuskript (als Vorlage für den Setzer); **Ty|pung** *w. 10 nur Ez.* das Typen; **Ty|pus** *m. Gen. - Mz.*-pen → Typ (1, 3, 4, 5)

**Ty|rann** [griech.] *m. 10* 1 Gewaltherrscher; 2 *übertr.:* herrschsüchtiger Mensch; **Ty|ran|nis** *w. Gen. - nur Ez.* Gewaltherrschaft; **ty|ran|ni|sie|ren** jmdn. t.: jmdn. unterdrücken, jmdm. seinen Willen aufzwingen

**Ty|rol|i|enne** [-ljɛn] *w. 11* → Tirolienne

# U

U *chem. Zeichen für* Uran

**über|di|men|sio|nal,** **über|di|men|sio|niert** über die normalen Ausmaße hinausgehend, übergroß

**über|kan|di|delt** *ugs.:* überspannt, ein bißchen verrückt

**über|kom|pen|sie|ren** zu stark kompensieren; er überkompensiert seine Hemmungen

**Über|mi|kro|skop** *s. 1* Elektronenmikroskop

**über|or|ga|ni|sie|ren** *nur im Infinitiv und Partizip üblich* zu genau organisieren (und dadurch erschweren); die Sache ist überorganisiert

**über|trai|niert** [-trɛ-] durch zu starkes Training überanstrengt

**Ubi be|ne, ibi pa|tria** [lat.] Wo (es mir) gut (geht), da (ist mein) Vaterland (nach einem Ausspruch Ciceros)

**Ubi|quist** [lat.] *m. 10* über die ganze Erde verbreitete Tier- oder Pflanzenart; **ubi|qui|tär** überall vorkommend; **Ubi|qui|tät** *w. 10 nur Ez.* Allgegenwart

**Ud|mur|te** *m. 11* Angehöriger eines ostfinn. Volkes

**UdSSR** *Abk. für* Union der Sozialistischen Sowjetrepubliken

**UFO, Ufo** *Kurzw. für engl.* unidentified flying object *bzw.* unbekanntes Flugobjekt, „fliegende Untertasse"

**Ugri|er** *m. 5 Mz. Sammelbez. für* Ungarn, Wogulen und Chanten

**Ukas** [russ.] *m. 1* **1** *früher:* Erlaß des Zaren; **2** *allg.:* Befehl, Verordnung

**Uke|lei** [poln.] *m. 1 oder m. 9* ein Karpfenfisch, aus dessen Schuppen Farbstoff für künstl. Perlen gewonnen wird

**Uku|le|le** [hawaiisch] *w. 11* kleine Gitarre mit vier Seiten

**UKW** *Abk. für* Ultrakurzwelle

**Ulan** [türk.] *m. 10* **1** *urspr.:* poln. leichter Lanzenreiter; **2** *in Dtschl. bis zum 1. Weltkrieg:* Angehöriger der schweren Kavallerie; **Ulan|ka** *w. 9* Waffenrock der Ulanen

**Ul|cus** [lat.], **Ul|kus** *m. Gen. - Mz.* -zera Geschwür

**Ul|ster** [nach dem alten Namen für Nordirland] *m. 5* **1** schwerer Mantelstoff; **2** zweireihiger Herrenmantel

**ult.** *Abk. für* ultimo; **Ul|ti|ma** [lat.] *w. Gen. - Mz.* -mä letzte Silbe (eines Wortes); **Ul|ti|ma ra|tio** [-tsjo] *w. Gen. -* letztes Mittel, letzter Ausweg; **ul|ti|ma|tiv** **1** in Form eines Ultimatums; **2** *übertr.:* nachdrücklich; **Ul|ti|ma|tum** *s. Gen. -s Mz.* -maten befristete, mit einer Drohung verbundene Aufforderung; **ul|ti|mo** (*Abk.:* ult.) am letzten (des Monats), z. B. ultimo Mai; **Ul|ti|mo** *m. 9* letzter (Tag des Monats); wir liefern per Ultimo

**Ul|tra** [lat.] *m. 9* Angehöriger einer extremen polit. Richtung; **Ul|tra|kurz|wel|le** *w. 11* (*Abk.:* UKW) elektromagnet. Welle unter 10 m Länge; **Ul|tra|ma|rin** *s. Gen. -s nur Ez.* blaue Farbe; **Ul|tra|mi|kro|skop** *s. 1* Mikroskop zum Betrachten kleinster Teilchen, die mit dem gewöhnl. Mikroskop nicht erkennbar sind; **ul|tra|mon|tan** [„jenseits der Berge" = der Alpen] streng päpstlich gesinnt; **Ul|tra|mon|ta|nis|mus** *m. Gen. - nur Ez.* streng päpstl. Einstellung

**ul|tra|rot** → infrarot; **Ul|tra|rot** *s. Gen. -(s) nur Ez.* → Infrarot; **Ul|tra|schall** *m. Gen. -s nur Ez.* die nicht hörbaren Schallwellen über 20 kHz, Überschall; *vgl.* Infraschall; **Ul|tra|strah|lung** *w. 10* energiereiche Strahlung aus dem Weltraum, Höhenstrahlung, kosmische Strahlung; **ul|tra|vio|lett** (*Abk.:* UV) im Spektrum jenseits des Violetts liegend; ultraviolette Strahlen (*Abk.:* UV-Strahlen); **Ul|tra|vio|lett** *s. Gen. -s nur Ez.* kurzwellige Strahlung, die im Spektrum jenseits der violetten Seite des in Spektralfarben zerlegten Lichtes liegt

**Ul|ze|ra** *Mz. von* Ulkus; **Ul|ze|ra|ti|on** [-tsjon] *w. 10* Geschwürbildung; **ul|ze|rie|ren** geschwürig werden; **ul|ze|rös** geschwürig

**Um|bel|li|fe|re** [lat.] *w. 11* Doldenblütler

**Um|ber** [lat.] **1** *m. 5* → Umbra; **2** *m. 14* ein Speisefisch; **Um|bra** *w. Gen. - nur Ez.* **1** dunkelbraune Farbe, Umber; **2** dunkler Kern eines Sonnenfleckes; **Um|bral|glas** *s. 4* Glas für Sonnenbrillen

**um|funk|tio|nie|ren** eine Sache u.: einer Sache eine andere Funktion geben

**um|po|len** **1** elektr. Schaltung u.: ihren Plus- und Minuspol vertauschen; **2** *übertr.:* eine Sache u.: sie auf entgegengesetzte Weise verändern

**um|quar|tie|ren** jmdn. u.: jmdm. ein anderes Quartier, Zimmer, eine andere Unterkunft, Behausung geben

**um|struk|tu|rie|ren** eine Sache u.: einer Sache eine andere Struktur geben, die Struktur einer Sache ändern

**UN** *Abk. für* United Nations: Vereinte Nationen; *vgl.* UNO

**una cor|da** [ital. „eine Saite"] *Mus.:* mit dem Dämpfungspedal (zu spielen)

**Una Sanc|ta** [lat.] *w. Gen. - - nur Ez.* die eine heilige (Kirche des Apostol. Glaubensbekenntnisses)

**Uncle Sam** [ʌŋkl sæm, engl.] *ohne Artikel, Gen. - - nur Ez. scherzh.:* US-Amerikaner

**Un|der|ground** [ˈʌndəgraund, engl.] *m. 9 nur Ez.* Protestbewegung

**Un|der|state|ment** [ˈʌndəsteitmənt, engl.] *s. 9* Untertreibung; *Ggs.:* Overstatement

**Un|de|zi|me** [lat.] *w. 11 Mus.* 1 der elfte Ton vom Grundton aus; 2 Intervall von elf Tönen

**Un|du|la|ti·on** [-tsjon, lat.] *w. 10* 1 *Phys.:* Wellenbewegung; 2 *Geol.:* Muldenbildung; **un|du|la|to|risch** wellenförmig; **un|du|lie|ren** sich wellenförmig bewegen oder verlaufen

**UNESCO** *w. Gen. - Kurzw. für* United Nations Educational, Scientific and Cultural Organization: Organisation der Vereinten Nationen für Erziehung, Wissenschaft und Kultur

**un|fair** [-feːr, engl.] nicht anständig, nicht ehrlich

**un|ge|niert** [auch: -ʒənirt] ohne sich zu genieren, frei, ungezwungen

**Un|gu|en|tum** [lat.] *s. Gen.-s Mz.*-ta (*Abk.:* Ungt.) Salbe

**Un|gu|lat** [lat.] *m. 10* Huftier

**uni** [yni, auch: yni, frz.] einfarbig

**Uni** *ugs. Kurzw. für* Universität

**UNICEF** *w. Gen. - Kurzw. für* United Nations International Children's Emergency Fund: Internationaler Kinderhilfsfonds der Vereinten Nationen

**uni|e|ren** [lat.] vereinigen (bes. Religionsgemeinschaften); **Uni|fi|ka|ti·on** [-tsjon] *w. 10* Vereinheitlichung; **uni|fi|zie|ren** vereinheitlichen; **uni|form** einheitlich, einförmig; **Uni|form** [auch: uni-] *w. 10* einheitliche Dienstkleidung; **uni|for|mie|ren** einheitlich machen, *bes.:* einheitlich kleiden, in eine Uniform stecken; **Uni|for|mis|mus** *m. Gen. - nur Ez.* (übertriebenes) Streben nach Einheitlichkeit; **Uni|for|mi|tät** *w. 10* Einheitlichkeit, Einförmigkeit; **Uni|ka** *Mz. von* Unikum; **Uni|kat** *s. 1* einzige Ausfertigung (eines Schriftstücks, Kunstwerks o. ä.); **Uni|kum** *s. Gen.-s Mz.*-ka 1 Einziges (seiner Art), etwas Seltenes, nur einmal Hergestelltes; 2 *übertr.:* origineller Mensch; **uni|la|te|ral** einseitig, nur auf einer Seite gelegen; **Unio my|sti|ca** *w. Gen. - - nur Ez.* Mystik: die geheimnisvolle Vereinigung (der Seele mit Gott); **Uni·on** *w. 10* Vereinigung, Bund, Zusammenschluß (bes. von Staaten und von Kirchen); **Unio|nist** *m.* Anhänger einer Union; **Uni·on Jack** [junjən dʒæk, engl.] *m. Gen.--s Mz.*--s *volkstüml. Bez. für* die brit. Nationalflagge; **Uni·ons|par|tei|en** *w. 10 Mz. Sammelbez. für* CDU und CSU; **uni|pe|tal** einblättrig (Pflanze); **uni|po|lar** einpolig; **uni|son** [ital.] einstimmig oder in Oktaven (singend, spielend); **Uni|so|no** *s. Gen.-s Mz.*-s oder -ni einstimmiger Gesang, einstimmiges Spiel, Gesang, Spiel in Oktaven; **uni|tär** [lat.] → unitarisch; **Uni|ta|ri|er** *m. 5* Anhänger einer Richtung der protestant. Kirche, die die Dreifaltigkeit ablehnt und die

Einheit Gottes betont; **uni|ta|risch** Einheit erstrebend; **Uni|ta|ris|mus** *m. Gen. - nur Ez.* Streben nach Einheit, nach Festigung der Zentralgewalt, nach einem Einheitsstaat; *Ggs.:* Föderalismus

**Uni·ted Na|tions** [junaitid neiʃnz, engl.] *Mz.* (*Abk.:* UN) Vereinte Nationen; vgl. UNO

**uni|ver|sal** [-vɛr-, lat.] allgemein, umfassend, gesamt; **Uni|ver|sal|er|be** *m. 11* Alleinerbe; **Uni|ver|sal|ge|nie** [-ʒəni:] *s. 9 ugs.:* jmd., der auf vielen Gebieten sehr befähigt ist; **Uni|ver|sal|ge|schich|te** *w. 11 nur Ez.* Weltgeschichte; **Uni|ver|sa|li·en** *Mz.* Gattungsbegriffe, allgemeine Begriffe; **Uni|ver|sal|in|stru|ment** *s. 1* Winkelmeßgerät zum Bestimmen von Höhe und Azimut eines Gestirns; **Uni|ver|sa|lis|mus** *m. Gen. - nur Ez.* 1 Lehre, daß das Ganze dem Einzelnen übergeordnet sein müsse; 2 Vielseitigkeit, Begabung oder Betätigung auf vielen Gebieten; **Uni|ver|sa|li|tät** *w. 10 nur Ez.* 1 Gesamtheit, Allseitigkeit; 2 Vielseitigkeit, vielseitige Bildung, umfassendes Wissen; **Uni|ver|sal|mit|tel** *s. 5* Allheilmittel, Allerweltsmittel; **uni|ver|sell** → universal; **Uni|ver|si|tas lit|te|ra|rum** [„Gesamtheit der Wissenschaften"] *w. Gen. - - nur Ez. lat. Bez. für* Universität; **Uni|ver|si|tät** *w. 10* Hochschule, Lehr- und Forschungsanstalt für alle Wissengebiete; **Uni|ver|sum** *s. Gen.-s nur Ez.* das Weltall

**Unk|ti·on** [-tsjon, lat.] *w. 10* Einreibung, Salbung

**Un|kul|tur** *w. 10 nur Ez.* Mangel an Kultur, unkultiviertes Benehmen

**UNO** *w. Gen. - nur Ez. Kurzw. für* United Nations Organization: Organisation der Vereinten Nationen

**un po|co** [ital.] *Mus.:* ein wenig

**un|pro|por|tio|niert** [-tsjo-] schlecht proportioniert

**un|ter|ju|beln** jmdm. etwas u. *ugs.:* heimlich zuschieben

**un|ter|mi|nie|ren** 1 untergraben, unterhöhlen und mit Sprengladung füllen; 2 *übertr.:* langsam zerstören; seine Stellung ist unterminiert

**un|ter|pri|vi|le|giert** benachteiligt, unterdrückt

**Un|ze** [lat.] *w. 11* 1 alte Gewichtseinheit von 28 bis 100 g; *heute noch in englischsprachigen Ländern:* 28,35 g (Ounce); *früher auch als Zahlungsmittel;* 2 Schneeleopard

**Un|zi|a|le** [lat.] *w. 11,* **Un|zi|al|schrift** *w. 10* mittelalterl. griech. und röm. Schrift aus abgerundeten Großbuchstaben

**Upa|ni|schad** [sanskr.] *w. Gen. - meist Mz.* -scha|den altind. philosoph.-theolog. Schrift

**UPI** [ju:pi:ai] *Abk. für* United Press International: Vereinigte Internationale Presse (eine US-amerik. Nachrichtenagentur)

**Up|per|cut** [ˈʌpərkʌt, engl.] *m. 9 Boxen:* Schlag von unten gegen das Kinn des Gegners

**Up|per ten** [ˈʌpər tɛn, engl. „obere zehn"]

*Mz.* die oberen Zehntausend, die Oberschicht

**up to date** [ʌp tə dɛit, engl.] auf dem laufenden, zeitgemäß, der Mode entsprechend

**Ur|ä|mie** [griech.] *w. 11* durch mangelhafte Ausscheidung von Urin hervorgerufene Krankheit, Harnvergiftung

**Uran** [nach dem Planeten Uranus] *s. 1 nur Ez.* (*Zeichen:* U) ein chem. Element; **Ura|ni|den** *m. 11 Mz. Sammelbez. für* Uran, Neptunium, Plutonium

**Ura|ni|er** *m. 5* → Uranist

**Ura|ni|nit** *s. 1 nur Ez.* ein Mineral, Uranpecherz, Pechblende

**Ura|nis|mus** [nach dem griech. Gott Uranos] *m. Gen. - nur Ez.* Homosexualität (bei Männern); **Ura|nist** *m. 10* Homosexueller

**Ura|no|lo|gie** [griech.] *w. 11 veraltet:* Himmelskunde

**Urat** [griech.] *s. 1* Salz der Harnsäure

**Ur|äus|schlan|ge** [nach einer ägypt. Göttin] *w. 11* eine afrik. Giftschlange

**ur|ban** [lat.] städtisch; *übertr.:* weltmännisch; **ur|ba|ni|sie|ren** 1 städtisch machen, verstädtern; **2** verfeinern; **Ur|ba|ni|stik** *m. 10 nur Ez.* Forschung auf dem Gebiet des Städtebaus; **Ur|ba|ni|tät** *w. 10 nur Ez.* **1** weltmänn. Gewandtheit und Höflichkeit; **2** *neuerdings auch:* städt. Leben, städt. Lebensform

**ur|bi et or|bi** [lat.] der Stadt (Rom) und dem Erdkreis (Formel für die Segensspendung des Papstes)

**Urbs ae|ter|na** [lat. „ewige Stadt"] *w. Gen. - - nur Ez. Bez. für* Rom

**Ur|du** *s. Gen. -(s) nur Ez.* ind. *Bez. für:* Hindustani

**Urea** [griech.] *w. Gen. - nur Ez.* Harnstoff; **Ure|ase** *w. 11 nur Ez.* ein Enzym; **Ure|id** *s. 1* jede vom Harnstoff abgeleitete chem. Verbindung

**Ureo|me|ter** [griech.] *s. 5* Gerät zum Messen des Harnstoffs im Urin; **Ure|se** *w. 11* Harnen, Wasserlassen; **Ure|ter** *m. Gen. -s Mz.* -te|ren Harnleiter; **ure|thrisch** harntreibend; **Ure|thri|tis** *w. Gen. - Mz.* -ti|den Harnröhrenentzündung; **Ure|thro|skop** *s. 1* Gerät zur Untersuchung der Harnröhre

**ur|gent** [lat.] dringend; **Ur|genz** *w. 10 nur Ez.* Dringlichkeit

**ur|gie|ren** [lat.] *bes. österr.:* dringlich machen, um sofortige Erledigung (von etwas) bitten; ein Gesuch u.

**Uri|an** 1 *m. 1* unwillkommener Gast; **2** *nur Ez.* der Teufel

**Uri|as|brief** [nach Uria, dem Heerführer Davids] *m. 1* Brief, der dem Überbringer Unheil bringt

**Urin** [griech.] *m. 1* Harn; **Uri|nal** *s. 1* Harnflasche, Harnglas; **uri|nie|ren** Wasser lassen, harnen; **uri|nös** 1 harnähnlich; **2** harnstoffhaltig

**Ur|ne** [lat.] *w. 11* **1** henkelloses Gefäß mit

Deckel zum Aufbewahren der Asche eines Toten; **2** Behälter für die Stimmzettel (bei Wahlen)

**uro|ge|ni|tal** [griech. + lat.] zu den Harn- und Geschlechtsorganen gehörend, von ihnen ausgehend; **Uro|ge|ni|tal|sy|stem** *s. 1* die Harn- und Geschlechtsorgane; **Uro|lith** [griech.] *m. 10* Harnstein; **Uro|lo|gie** *w. 11 nur Ez.* Lehre von den Harnorganen; **Uro|me|ter** *s. 5* Gerät zum Bestimmen des spezif. Gewichts von Harn, Harnwaage

**Ur|su|li|ne** *w. 11*, **Ur|su|li|ne|rin** *w. 10* Angehörige eines kath. Ordens

**Ur|ti|ka** [lat.] *w. Gen. - Mz.* -kä *bzw.* -cae [-kɛ:] Quaddel; **Ur|ti|ka|ria** *w. Gen. - nur Ez.* Nesselausschlag, Nesselsucht

**US(A)** *w. Gen. - Abk. für* United Staates (of America): Vereinigte Staaten (von Amerika)

**Usam|ba|ra|veil|chen** [nach dem ostafrik. Bergland Usambara] *s. 7* eine Zimmerpflanze

**Usance** [yzãs, frz.] *w. 11 bes. im Handel:* Brauch, Gepflogenheit; **Usan|cen|han|del** *m. 6 nur Ez.* Devisenhandel zu Kursen in einer anderen Währung als der Landeswährung der Devisenhändler

**Us|be|ke** *m. 11* Angehöriger eines Turkvolkes

**User** [ju-, engl.] *m. 5* jmd., der regelmäßig Rauschgift nimmt

**Uso** [ital.] *m. 9 Handel:* Brauch, Gepflogenheit; **Uso|wech|sel** *m. 5* Wechsel, der nach dem am Zahlungsort übl. Brauch zu zahlen ist; **usu|ell** [lat.] üblich, gebräuchlich; **Usu|ka|pi|on** *w. 10 röm. Recht:* Eigentumserwerb durch langen Gebrauch; **Usur** *w. 10 Med.:* Abnützung, Schwund; **Usur|pa|ti|on** [-tsjon] *w. 10* widerrechtl. Machtergreifung, Thronraub; **Usur|pa|tor** *m. 13* jmd., der Usurpation begangen hat, Thronräuber; **usur|pie|ren** gewaltsam nehmen, an sich reißen, rauben; die Macht, den Thron u.; **Usus** *m. Gen. - nur Ez.* Brauch, Gepflogenheit, Sitte; es ist (so) U., daß …; **Usus|fruk|tus** *m. Gen. - nur Ez.* Nießbrauch

**Utah** [juta] **1** *m. 9 oder m. Gen. - Mz. -* Angehöriger eines nordamerik. Indianervolkes; **2** *s. Gen. - nur Ez.* dessen Sprache

**Uten|sil** [lat.] *s. Gen. -s, meist Mz.* -li|en; **Uten|si|li|en** *Mz.* kleine Gebrauchsgegenstände, z. B. Schreib-, Waschutensilien

**ute|rin** [lat.] zum Uterus gehörig, von ihm ausgehend

**Ute|ro|skop** *s. 1* Gerät zur Untersuchung des Uterus

**Ute|rus** *m. Gen. -Mz.* -ri Gebärmutter

**Uti|li|ta|ri|er** [lat.] *m. 5* → Utilitarist; **Uti|li|ta|ris|mus** *m. Gen. - nur Ez.* Lehre, daß der Nutzen Grundlage und Zweck des menschl. Handelns sei und der Gemeinschaft dienstbar gemacht werden müsse; **Uti|li|ta|rist** *m. 10* Anhänger des Utilitarismus

**Uto|pia** [nach dem Titel eines Romans von

Thomas Morus] *s. Gen.* -(s) *nur Ez.* Wunsch-, Traumland; **Uto|pie** *w. 11* 1 Schilderung eines künftigen (gesellschaftl. o. ä.) Lebens oder Zustandes; 2 Plan ohne reale Grundlage, Wunschtraum; **Uto|pi|en** *s. Gen.* -(s) *nur Ez.* → Utopia; **uto|pisch** unerfüllbar, nur in der Vorstellung vorhanden, erträumt; Unmögliches erstrebend; utopischer Roman: Roman über einen (noch) nicht existierenden Staat oder eine zukünftige Gesellschaft; *auch:* technisch-wissenschaftl. Zukunftsroman; **Uto|pis|mus** 1 *m. Gen.* - *nur Ez.* Neigung zu Utopien; 2 *m. Gen.* - *Mz.* -men utop.

Vorstellung; **Uto|pist** *m. 10* 1 Vertreter einer Utopie (1); 2 jmd., der zu Utopien (2) neigt **Utra|quis|mus** [lat.] *m. Gen.* - *nur Ez.* Lehre der Utraquisten; vgl. Kalixtiner; **Utra|quist** *m. 10* → Kalixtiner
**UV** *Abk. für* ultraviolett
**Uvi|ol** *s. Gen.* -s *nur Ez. Kurzw. für* Ultraviolett; **Uvi|ol|glas** *s. 4* ⒲ für ultraviolette Strahlen durchlässiges Glas
**Uvu|la** [-vu-, lat.] *w. Gen.* - *Mz.* -lae [-lɛ:] Gaumenzäpfchen; **Uvu|lar** *m. 1* mit dem Gaumenzäpfchen gebildeter Laut, z. B. das Gaumen-r

# V

**v.** *Abk. für* verte!, vide
**V 1** *röm. Zahlzeichen für* 5; **2** *Abk. für* Volt; **3** *chem. Zeichen für Kursivschrift) Abk. für* Volumen; **4** *chem. Zeichen für* Vanadin; **5** *Zeichen für* vertatur
**V.** *Abk. für* Vers
**VA** *Abk. für* Voltampere
**va banque** [vaba̱k, frz.] *beim Glücksspiel:* es gilt die Bank; va banque spielen: um den gesamten Einsatz der Bank spielen; *übertr.:* alles einsetzen, alles wagen
**va|cat** [va̱-, lat.] es fehlt, es ist nicht vorhanden; vgl. Vakat
**Vac|ci|na|ti|on** [vaktsinatsjo̱n] *w. 10* → Vakzination
**Va|che|le|der** [vaʃ-, frz.] *s. 5* Rindsleder (für Schuhsohlen)
**Va|de|me|kum** [va̱-, lat. „geh mit mir"] *s. 9* kleines Lehrbuch, Ratgeber, den man bei sich tragen kann
**Val|di|um** [va̱-, lat.] *s. Gen. -s Mz. -di̱|en im alten dt. Recht:* Gegenstand als symbol. Pfand; Anzahlung
**val|dos** [va̱-, lat.] *in der Fügung* vadoses Wasser: in der Erdkruste befindliches, von Niederschlägen und Oberflächengewässern herrührendes Wasser; *Ggs.:* juveniles Wasser
**Vae vic|tis!** [vɛː vi̱ktiːs, lat.] Wehe den Besiegten!
**vag** [vag] → vage; **Va|gal|bon|da|ge** [-bo̱daʒ] *w. 11 nur Ez., österr. für* Vagabundage; **Va|ga|bund** [va̱-, frz.] *m. 10* **1** Landstreicher; **2** *übertr.:* ruheloser, häufig den Wohnsitz wechselnder Mensch; **Va|ga|bun|da|ge** [-ʒə] *w. 11 nur Ez.* Landstreicherei; **va|ga|bun|die|ren 1** als Vagabund leben; **2** *übertr.:* ein ruheloses Leben führen; **Va|gant** *m. 10 MA:* fahrender Spielmann, fahrender Schüler
**va|ge** [va̱-, frz.] unbestimmt, verschwommen, ungenau
**va|gie|ren** [va̱-, lat.] umherziehen, -schweifen; **va|gil** frei beweglich, fähig zur Ausbreitung (Tier); **Va|gi|li|tät** *w. 10 nur Ez.* Fähigkeit zur Ausbreitung über den Biotop hinaus
**Va|gi|na** [auch: va̱-, lat.] *w. Gen. - Mz. -nen* weibl. Scheide; **va|gi|nal** zur Vagina gehörend, von ihr ausgehend; **Va|gi|nis|mus** *m. Gen. - nur Ez.* Scheidenkrampf
**Va|go|to|nie** [va̱-, lat.] *w. 11* erhöhte Erregbarkeit des parasympath. Nervensystems; **Va|go|to|ni|ker** *m. 5* jmd., der an Vagotonie leidet; **Vagus** [va̱-] *m. Gen. - nur Ez.* Hauptnerv des parasympath. Nervensystems, Nervus vagus
**va|kant** [va̱-, lat.] offen, leer, unbesetzt (Stelle); **Va|kanz** *w. 10* **1** unbesetzte Stelle; **2** *süddt., veraltet:* Ferien; **Va|kat** [va̱-] *s. 9* leere Seite (eines Druckbogens); **Va|ku|blitz** *m. 1* ein Elektronenblitzgerät; **Va|ku|o|le** *w. 11 bes. bei Einzellern:* mit Flüssigkeit oder Nahrung gefülltes Bläschen; **Va|ku|um** *s. Gen. -s Mz. -kua* **1** luftverdünnter, nahezu luftleerer Raum; **2** *übertr.:* unausgefüllter Raum, unausgefüllte Zeit; **Va|ku|um|brem|se** *w. 11* Bremse, deren Bremsdruck durch Kräfte verstärkt wird, die durch das Vakuum in der Ansaugleitung eines Motors entstehen; **va|ku|u|mie|ren** bei verringertem Luftdruck verdampfen (Flüssigkeit); **Va|ku|um|me|ter** *s. 5* Manometer für niedrigen Druck; **Va|ku|um|pum|pe** *w. 11* Pumpe zum Erzeugen eines Vakuums
**Vak|zin** [vak-, lat.] *s. 1* → Vakzine; **Vak|zi|na|ti|on** [-tsjo̱n] *w. 10* Impfung mit Vakzinen; **Vak|zi|ne** *w. 11* Impfstoff aus abgetöteten oder abgeschwächten Krankheitserregern; **vak|zi|nie|ren** mit Vakzinen impfen
**Val** *Abk. für* Grammäquivalent
**va|le!** [va̱-, lat.] leb wohl!
**Va|len|ci|en|nes|spit|ze** [valäsjȇn-, nach der frz. Stadt Valenciennes] *w. 11* feine Klöppelspitze mit Blumenmustern
**Va|lenz** [va̱-, lat.] *w. 10* Wertigkeit; **1** *Chem.:* Maßzahl für die Fähigkeit eines Atoms, Elektronen aufzunehmen oder abzugeben; **2** *Gramm.:* Fähigkeit von Verben, Ergänzungen zu verlangen, z. B. ich verspreche „es ihm", ich fälle „den Baum"
**Va|le|ri|a|na** [va̱-, lat.] *w. Gen. - Mz. -nen* Baldrian; **Va|le|ri|an|säu|re** *w. 11 Ez.* Baldriansäure; *vgl. 1* Salz der Valeriansäure
**Va|let** [va̱-, lat.] *s. 9 veraltet:* Abschied, Abschiedsgruß; jmdm. V. sagen; jmdm. (das) V. geben
**Va|let** [vale̱, frz. 9 frz. Kartenspiel:* Bube
**Va|leur** [valœ̱r, frz.] *m. 9* **1** *veraltet:* Wertpapier; **2** *Mz. Malerei:* Farbtonwerte, Abstufung von Licht und Schatten; **Va|li|di|tät** *w. 10 nur Ez.* Wertigkeit, Gültigkeit
**Va|lo|ren** [va̱-, lat.] *m. 12 Mz.* Wertgegenstände, Wertpapiere, auch Banknoten; **Va|lo|ri|sa|ti|on** [-tsjo̱n] *w. 10* Steigerung der Preise (durch Stapeln, Aufkäufe, Anbaubeschränkungen u. a.); **va|lo|ri|sie|ren** Waren v.: den Wert, Preis von Waren steigern
**Va|lu|ta** [va̱-, lat.] *w. Gen. - Mz. -ten* **1** Wert (einer Währung an einem bestimmten Tag); **2** Geldsorte, Währung; ausländische V.; **3** *Bankwesen:* Datum, an dem eine Gutschrift oder Belastung für einen Kunden erfolgt; **4** *Mz.* Zinsscheine ausländ. Effekten; **va|lu|tie|ren 1** bewerten; **2** terminlich festle-

gen; **3** *Bankwesen:* zu einem bestimmten Tag gutschreiben oder belasten; **Val|val|ti|on** [-tsjon̩] *w. 10* Wertbestimmung (bes. von ausländ. Münzen)

**Vamp** [væmp, engl.] *m. 9* verführerische, doch kalt berechnende Frau; **Vam|pir** [vam-, österr.: -pir, slaw.] *m. 1* **1** eine (nicht blutsaugende) Fledermaus; **2** *im Volksglauben:* blutsaugendes Nachtgespenst; **3** *übertr.:* Wucherer, Blutsauger

**van** [van, auch: fan] *ndrl.:* von (vor Namen), z. B. van Eyck

**Va|na|dat** [va-] *s. 1* Salz der Vanadinsäure; **Va|na|din** [nach Vanadis, dem Beinamen der german. Göttin Freia], **Va|na|di|um** *s. Gen.*-s *nur Ez. (Zeichen:* V) chem. Element, ein Metall

**Van-Al|len-Gür|tel** [væn ælən-, nach dem US-amerik. Physiker J. A. Van Allen] *m. 5 Bez. für* die zwei Strahlungsgürtel der Erde

**Van|da|le** [van-] *m. 11* → Wandale

**Va|nil|le** [vanilj̩ə, lat.-frz.] *w. 11 nur Ez.* **1** eine Orchidee; **2** ein Gewürz

**Va|ni|tas va|ni|ta|tum** [va-, lat. „Eitelkeit der Eitelkeiten"] Alles ist eitel!

**Val|peur** [vapœr, frz.] *m. 9* **1** *nur Ez.* ein Baumwollgewebe; **2** *Mz.* Blähungen; *übertr.:* Launen

**Val|po|ri|me|ter** [lat. + griech.] *s. 5* Gerät zum Bestimmen des Alkoholgehalts einer Flüssigkeit aus dem Dampfdruck beim Sieden; **Val|po|ri|sa|ti|on** [-tsjon̩] *w. 10* **1** Verdampfung; **2** Bestimmung des Alkoholgehalts einer Flüssigkeit mittels Vaporimeter; **3** Blutstillung durch Wasserdampf; **va|po|ri|sie|ren 1** verdampfen; **2** den Alkoholgehalt (von etwas) feststellen

**Val|que|ro** [-ke-, span.] *m. 9* nord- und mittelamerik. Rinderhirt

**var.** *Abk. für* varietas = Varietät (bei naturwissenschaftl. Namen); **Va|ria** [va-, lat.] *Mz.* *Bibliothekswesen:* Verschiedenes; **va|ria|bel** veränderlich, schwankend; **Va|ria|bi|li|tät** *w. 10 nur Ez.* Veränderlichkeit; **Va|ria|ble** *w. 11 Math.:* veränderl. Größe; **Va|ri|an|te** *w. 11* **1** abweichende Form; **2** veränderl. math. Größe; **3** abweichende Lesart (bei Texten); **Va|ri|anz** *w. 10* **1** Abweichung; **2** *nur Ez.* Veränderlichkeit; **Va|ri|a|ti|on** [-tsjon̩] *w. 10* Abweichung, Veränderung, Abwandlung; **Va|rie|tät** [variə-] *w. 10* **1** Verschiedenheit, Andersartigkeit; **2** *(Abk.:* var.) *Biol.:* abweichende Form einer Art; **Va|rie|té** [variəte] *s. 9* Bühne für artist., tänzer. und musikal. Darbietungen; **va|ri|ie|ren 1** verschieden sein, abweichen; **2** abwandeln

**va|ri|kös** [va-, lat.] in Form von Varizen, mit Varizen behaftet, krampfaderig; **Va|ri|ko|si|tät** *w. 10 nur Ez.* Bildung von Varizen; **Va|ri|ko|ze|lle** *w. 11* Krampfaderbruch

**Va|ri|o|la** [va-, lat.] *w. Gen. - Mz.*-lae [-lɛː]

oder -len, **Va|ri|o|le** *w. 11* Pocken, eine Infektionskrankheit

**Va|rio|me|ter** [lat. + griech.] *s. 5* **1** Gerät zum Messen der Steig- und Sinkgeschwindigkeit von Flugkörpern; **2** Gerät zum Messen sehr kleiner Luftdruckänderungen; **3** Gerät zum Bestimmen der Schwankungen des erdmagnet. Feldes; **4** elektron. Bauteil mit veränderbarer Kapazität bzw. Induktivität

**Va|ri|stor** [va-, lat.] *m. 13* Vorschaltwiderstand, der Stromstärke und Spannung im nachfolgenden Stromkreis begrenzt

**Va|ri|ty|per** [væritaipər, engl.] *m. 5* photomechan. Schreib- und Setzmaschine

**Va|rix** [va-, lat.] *w. Gen. - Mz.*-ri|zen, **Va|ri|ze** *w. 11* Krampfader; **Va|ri|zel|len** *Mz.* Windpocken

**va|sal** [va-, lat.] zu den Blutgefäßen gehörend, von ihnen ausgehend

**Va|sall** [va-, kelt.-mlat.] *m. 10* **1** *MA:* Lehnsmann, Gefolgsmann; **2** *allg.:* Abhängiger; **Va|sal|len|staat** *m. 10* von einer Großmacht abhängiger Staat

**Va|se** [va-, lat.] *w. 11* künstlerisch gestaltetes Gefäß für Schnittblumen

**Vas|ek|to|mie** [vas-, lat. + griech.] *w. 11* operative Entfernung eines Blutgefäßes bzw. eines Teils des männl. Samenleiters (zur Sterilisation)

**Va|se|lin** [va-, Kunstw.] *s. Gen.*-s *nur Ez.*, **Va|se|li|ne** *w. Gen. - nur Ez.* eine Fettsalbe

**vas|ku|lar** [vas-, lat.] zu den kleinen Blutgefäßen gehörig, von ihnen ausgehend; **Vas|ku|la|ri|sa|ti|on** [-tsjon̩] *w. 10* Versorgung mit feinsten Blutgefäßen; **vas|ku|lös** blutgefäßreich; **Va|so|li|ga|tur** *w. 10* Unterbindung eines Blutgefäßes; **Va|so|mo|to|ren** *Mz.* Gefäßnerven; **va|so|mo|to|risch** zu den Vasomotoren gehörend, auf ihnen beruhend; **Va|so|to|mie** *w. 11* → Vasektomie

**Va|sta|ti|on** [-tsjon̩] *w. 10 veraltet:* Verwüstung

**Va|ti|kan** [lat.] *m. 1 nur Ez.* **1** Residenz des Papstes in Rom; **2** die päpstl. Regierung

**Vaude|ville** [vod(ə)vil, frz.] *s. 9* **1** possenhaftes Singspiel; **2** Schlager daraus

**Ve|da** [ve-] *w. Gen. - Mz.* -den → Weda

**Ve|du|te** [ve-, ital.] *w. 11* sachgetreue Ansicht (Gemälde, Zeichnung, Stich) einer Stadt oder Landschaft

**Ve|ge|ta|bi|li|en** [ve-, lat.] *Mz.* pflanzl. Stoffe, pflanzliche Nahrungsmittel; **ve|ge|ta|bi|lisch** pflanzlich; **Ve|ge|ta|ri|a|ner** *m. 5* → Vegetarier; **Ve|ge|ta|ris|mus** *w. Gen. - nur Ez.* → Vegetarismus; **Ve|ge|ta|ri|er** *m. 5* jmd., der sich nur von pflanzl. Kost ernährt; **ve|ge|ta|risch** pflanzlich; v. leben: nur von pflanzl. Kost leben; **Ve|ge|ta|ris|mus** *w. Gen. - nur Ez.* Ernährung nur von pflanzl. Kost; **Ve|ge|ta|ti|on** [-tsjon̩] *w. 10 nur Ez.* Pflanzenwuchs; **Ve|ge|ta|ti|ons|pe|ri|ode** *w. 11* Zeitraum des stärksten Pflanzenwuchses innerhalb eines

Jahres; **Ve|ge|ta|ti|ons|punkt** *m. 1* Spitze an Sproß oder Wurzel, von der hauptsächlich das Wachstum ausgeht; **ve|ge|ta|tiv 1** *Biol.:* pflanzlich, ungeschlechtlich; **2** *Med.:* nicht dem Willen unterliegend (Nerv); **Ve|ge|ta|ti|vum** *s. Gen. -s nur Ez.* vegetatives Nervensystem; **ve|ge|tie|ren** kümmerlich dahinleben

**ve|he|ment** [ve-, lat.] ungestüm, heftig; **Ve|he|menz** *w. 10 nur Ez.* Ungestüm, Heftigkeit

**Ve|hi|kel** [ve-, lat.] *s. 5* altes, altmod. oder schlechtes Fahrzeug; *auch übertr.:* Mittel zum Zweck

**Vek|tor** [vɛk-, lat.] *m. 13* gerichtete Größe in einer Ebene oder im Raum

**Ve|la** [ve-] *Mz. von* Velum

**Ve|lar** [ve-, lat.] *m. 1*, **Ve|lar|laut** *m. 1* am hinteren Gaumen gebildeter Laut, z. B. g, k (vor a, o, u), ch (wie in „ach"), Hintergaumenlaut, Kehllaut

**Ve|lin** [vəlin, frz.: vəlɛ̃] *s. Gen. -s nur Ez.*, **Ve|lin|pa|pier** *s. 1* weiches, pergamentartiges Papier (für Bucheinbände)

**Ve|lo** [ve-, Kurzw. aus Veloziped] *s. 9 schweiz.:* Fahrrad; **Ve|lo|drom** *s. 1* Hallenradrennbahn

**Ve|lour, Ve|lours** [vəlur, frz.] *m. Gen. - [-lurs] Mz. - [-lurs]* ein samtartiges Gewebe; **Ve|lour(s)|le|der** *s. 5* auf der Fleischseite samtartig zugerichtetes Leder

**Ve|lo|zi|ped** [ve-, lat.-frz.] *s. 1 veraltet:* Fahrrad

**Velt|li|ner** [vɛlt-, schweiz.: fɛlt-.] *m. 5* Wein aus der Landschaft Veltlin oberhalb des Comer Sees

**Ve|lum** [ve-, lat.] *s. Gen. -s Mz. -la* **1** rechteckiges Schultertuch des kath. Priesters; Tuch zum Bedecken des Kelchs und des Ziboriums; **2** *Anat.:* bewegl. Platte, z. B. hinterer, weicher Gaumen, Gaumensegel (Velum palatinum), Herzklappensegel; **3** *Zool.:* Schirmrand mancher Medusen; **4** *Bot.:* häutige Hülle bei jungen Blätterpilzen

**Vel|vet** [vɛlvət, engl.] *m. 9* Baumwollsamt

**ven.** *Abk. für* venerabilis

**Ven|det|ta** [vɛn-, ital.] *w. Gen. - Mz. -ten* Blutrache

**Ve|ne** [ve-, lat.] *w. 11* zum Herzen führendes Blutgefäß; vgl. Arterie

**ve|ne|ra|bel** [ve-, lat.] *veraltet:* ehrwürdig; **Ve|ne|ra|bi|le** *s. Gen. -s nur Ez. kath. Kirche:* Allerheiligstes; **ve|ne|ra|bi|lis** *(Abk.: ven.) bes. im Titel kath. Geistlicher:* hoch-, ehrwürdig

**ve|ne|risch** [ve-, nach der Liebesgöttin Venus] Geschlechtskrankheiten betreffend; venerische Krankheit: Geschlechtskrankheit; **Ve|ne|ro|lo|gie** *w. 11 nur Ez.* Lehre von den Geschlechtskrankheiten

**Ve|nia le|gen|di** [ve-, lat. „Erlaubnis zu lesen"] *w. Gen. - - nur Ez.* Berechtigung, an einer Hochschule zu lehren

**Ve|ni, vi|di, vi|ci** [veni, vidi, vitsi, lat.] Ich kam, ich sah, ich siegte (Mitteilung Cäsars nach der Schlacht bei Zela 47 v. Chr.)

**ve|nös** [ve-, lat.] zu den Venen gehörig, von ihnen ausgehend, von ihnen geleitet

**Ven|til** [vɛn-, lat.] *s. 1* **1** Absperrvorrichtung für Gase und Flüssigkeiten; **2** *bei Blechblasinstrumenten:* Vorrichtung zum Verändern der Grundstimmung; **3** *bei der Orgel:* Vorrichtung zum Regeln der Windzufuhr; **4** *übertr.:* Möglichkeit, ein aufgestautes Gefühl abzureagieren; **Ven|ti|la|tor** *m. 13* Gerät zum Lüften von Räumen, zur Bewetterung von Bergwerken usw.; **ven|ti|lie|ren 1** lüften; **2** genau überlegen, erwägen

**ven|tral** [vɛn-, lat.] zum Bauch gehörend; bauchwärts gelegen; **Ven|tri|kel** *m. 5 Anat.:* Hohlraum, Kammer, Herz-, Hirnkammer; **ven|tri|ku|lar** zum Ventrikel gehörend; **Ven|tri|lo|quist** *m. 10* Bauchredner

**Ve|ran|da** [ve-, Hindi] *w. Gen. - Mz. -den* überdachter, verglaster (vorgebauter oder eingezogener) Raum am Haus

**Verb** [vɛrb, lat.] *s. 12* Zeitwort, Tätigkeitswort, z. B. essen, schlagen; **ver|bal 1** als Verb gebraucht, zeitwörtlich; **2** durch Worte, mündlich; **Ver|bal|ad|jek|tiv** *s. 1* aus einem Verb gebildetes Adjektiv, z. B. am „kommenden" Tag, der „geplatzte" Reifen; **Ver|bal|le** *s. Gen. -s Mz. -li|en* von einem Verb abgeleitetes Wort, z. B. „Schläfer" von „schlafen"; **Ver|bal|in|ju|rie** [-riə] *w. 11* Beleidigung durch Worte, Beschimpfung; **ver|bal|i|sie|ren 1** zu einem Verb umbilden (Wort), z. B. „Funk" zu „funken"; **2** in Worte fassen, formulieren; **Ver|ba|lis|mus** *m. Gen. - nur Ez.* Übergewicht der Worte über die Sache, Neigung zum Wortemachen; **Ver|ba|list** *m. 10* jmd., der auf das Wort, auf die Formulierung mehr Wert legt als auf die Sache; **ver|ba|li|ter** *veraltet:* wörtlich; **Ver|bal|no|te** *w. 11* zur mündl. Mitteilung bestimmte, meist vertrauliche diplomat. Note; **Ver|bal|prä|fix** *s. 1* einem Verb vorangestelltes Präfix, z. B. be- (beschauen), ver- (verschwinden); **Ver|bal|stil** *m. 1 nur Ez.* Stil, der Verben bevorzugt, im Unterschied zum Nominalstil; **Ver|bal|sub|stan|tiv** *s. 1* von einem Verb abgeleitetes Substantiv, z. B. Fluß, Eroberung; **Ver|bal|suf|fix** *s. 1* an den Stamm des Verbs angefügte Silbe, z. B. -eln (lächeln), -igen (bändigen), -ieren (posieren)

**ver|bar|ri|ka|die|ren** mit Hindernissen versperren

**Ver|be|ne** [vɛr-, lat.] *w. 11* eine Heilpflanze, Eisenkraut

**Ver|bum** [vɛr-, lat.] *s. Gen. -s Mz. -ben* → Verb

**ver|char|tern** [-tʃar-, auch: -ʃar-, engl.] vermieten (Schiff, Flugzeug)

**ver|chro|men** [-kro-] mit Chrom überziehen

**Ver|dikt** [lat.] *s. 1* Urteil, Entscheidung

**Ver|dü|re** [vɛr-, frz.] *w. 11, vom MA bis ins 18. Jh.:* gewirkter Wandteppich in überwiegend grünen Farben, bes. mit Pflanzendarstellungen

**ver|fi|chen** [-fiʃən] Texte, Bilder v.: Mikrofiches davon herstellen

**Ve|ri|fi|ka|ti:on** [ve- -tsjon, lat.] *w. 10:* Wahrheits-, Richtigkeitsnachweis, Beglaubigung; **ve|ri|fi|zie|ren** nachprüfen, als richtig nachweisen, beglaubigen, bestätigen; **Ve|ris|mus** *m. Gen. - nur Ez.* Kunstrichtung, die eine kraß wirklichkeitsgetreue Darstellung anstrebt; **ve|ri|ta|bel** *veraltet:* wahrhaft, echt

**ver|ju|beln** verschwenden (Geld)

**ver|ju|xen** *ugs.:* verschwenden (Geld)

**ver|kad|men** → kadmieren

**ver|kal|ku|lie|ren** sich v.: sich verrechnen

**ver|kit|schen** 1 kitschig gestalten; *meist im Partizip:* verkitscht; 2 [rotw.] *ugs.:* verkaufen

**ver|klau|su|lie|ren** 1 mit (zu vielen) Klauseln versehen (Vertrag); 2 *übertr.:* zu umständlich, zu schwierig und dadurch schwer verständlich darstellen

**ver|kon|su|mie|ren** [lat.] *ugs.:* verbrauchen, aufessen

**ver|ma|le|dei|en** [lat.] *veraltet:* verfluchen; *noch als Partizip in Wendungen wie:* dieser vermaledeite Leim hält nicht

**ver|mas|seln** [jidd.] *ugs.:* verderben, falsch machen

**ver|meil** [vɛrmɛj, frz.] hochrot; **Ver|meil** *s. Gen. -s nur Ez.* vergoldetes Silber

**Ver|mil|lon** [vɛrmijõ, frz.] *s. Gen. -s nur Ez.* fein gemahlener Zinnober

**ver|mi|nen** mit Minen durchsetzen; vermintes Gelände, Gewässer

**ver|mu|ren** [engl.] vor zwei Anker legen (Schiff)

**Ver|nal|li|sa|ti:on** [-tsjon, lat.] *w. 10* → Jarowisation

**Ver|nis|sa:ge** [vɛrnisaʒ(ə), frz.] *w. 11* 1 Ausstellung der neuen Bilder eines lebenden Malers; 2 Eröffnung einer Kunstausstellung (mit geladenen Gästen); 3 *Fernsehen:* das Vorstellen eines Künstlers (dem Publikum)

**Ve|ro|ni|ka** [griech.] *w. Gen. - Mz.* -ken eine Wiesenpflanze, Männertreu, Ehrenpreis

**ver|pönt** [lat.] nicht gern gesehen, nach herrschender Sitte nicht zulässig

**ver|pro|le|ta|ri|sie|ren** zum Proletarier werden

**ver|pro|vi|an|tie|ren** mit Proviant versorgen

**ver|ram|schen** billig verkaufen (Waren)

**Vers** [fɛrs, auch: fɛrs, lat.] *m. 1 (Abk.:* V.) 1 Zeile einer Strophe; *ugs. auch:* Strophe; 2 *in der Bibel:* kleinster Abschnitt des Textes

**Ver|sal** [vɛr-, lat.] *m. Gen. -s Mz. -li|en,* **Ver|sal|buch|sta|be** *m. 15* Großbuchstabe

**ver|sa|til** [vɛr-, lat.] 1 beweglich, gewandt (im Ausdruck); 2 ruhelos, wandelbar; **Ver|sa|ti|li|tät** *w. 10 nur Ez.* 1 Beweglichkeit, Gewandtheit; 2 Ruhelosigkeit, Wandelbarkeit

**ver|scha|chern** [jidd.] zu hohem Preis verkaufen

**Vers|fuß** [fɛrs-] *m. 2* kleinste rhythm. Einheit eines Verses, z. B. Jambus, Trochäus

**ver|siert** [vɛr-, lat.-frz.] erfahren, bewandert, geübt; versierter Fachmann

**Ver|si|fi|ka|ti:on** [vɛr- -tsjon, lat.] *w. 10* das Versifizieren; **ver|si|fi|zie|ren** in Verse bringen, in Verse verwandeln

**ver|sim|peln** 1 (zu sehr) vereinfachen; 2 seine geistigen Interessen verlieren, einfältig werden

**Ver|si:on** [vɛr-, lat.] *w. 10* Fassung, Lesart, Darstellung

**ver|skla|ven** zum Sklaven machen; ein Volk versklaven

**ver|snobt** zum Snob geworden

**Ver|so** [vɛr-, lat.] *s. 9* Rückseite (eines Buchblattes, einer Handschrift); *Ggs.:* Rekto

**ver|spe|ku|lie|ren** sich v.: sich (beim Spekulieren) verrechnen, Erwartungen nicht erfüllt sehen

**ver|step|pen** zu Steppe werden

**vert.** *Abk. für* vertatur; **ver|ta|tur** [vɛr-, lat.] *(Abk.:* vert.; *Zeichen:* ꝼ) *Buchw.:* man wende (Korrekturzeichen bei Buchstaben, die auf dem Kopf stehen)

**ver|te!** [vɛr-, lat.] *(Abk.:* v.) wende (um)!, bitte wenden!

**ver|te|bral** [vɛr-, lat.] zu den Wirbeln, zur Wirbelsäule gehörend; **Ver|te|bra|ten** *m. 10 Mz. Sammelbez. für* Wirbeltiere

**ver|ti|kal** [vɛr-, lat.] senkrecht; *Ggs.:* horizontal; **Ver|ti|ka|le** *w. 11 oder w. 17* senkrechte Linie, senkrechte Stellung, Senkrechte; *Ggs.:* Horizontale; **Ver|ti|ka|lis|mus** *m. Gen. - nur Ez. Baukunst:* Bestreben, die vertikalen Linien gegenüber den horizontalen zu betonen, z. B. in der Gotik

**Ver|ti|ko** [vɛr-, angeblich nach dem Tischler Vertikow] *s. 9* kleiner Zierschrank mit Aufsatz

**ver|tol|backen** (-bak|ken) *ugs.:* verhauen

**ver|tru|sten** [-trʌ-, engl.] in einen Trust eingliedern

**Ver|ve** [vɛrvə, frz.] *w. 11 nur Ez.* Schwung; etwas mit großer Verve darstellen, gestalten, tun

**Ve|si|ca** [ve-, lat.] *w. Gen. - Mz.* -cae [-tsɛː] Blase, *bes.:* Harnblase; **Ve|si|ka|to|ri:um** *s. Gen. -s Mz.* -ri|en blasenziehendes Arzneimittel; **ve|si|ku|lär** bläschenartig

**Ves|per** [fɛs-, lat.] 1 *w. 11* Gebetsstunde des kath. Breviers gegen Abend; Gottesdienst gegen Abend; 2 *auch s. 14 süddt., österr.:* Zwischenmahlzeit am Nachmittag; **Ves|per|bild** *s. 3* Darstellung der Muttergottes mit dem Leichnam Christi auf dem Schoß, Pietà; **ves|pern** *süddt., österr.:* eine Nachmittagsmahlzeit einnehmen

**Ve|sta|lin** [ve-, lat.] *w. 10* Priesterin der altröm. Göttin Vesta

**Ve|sti|bül** [vɛ-, lat.] *s. 1* Vorhalle, Treppen-halle; **Ve|sti|bu|lum** *s. Gen. -s Mz.* -la **1** *im alt-röm. Haus:* Vorhalle; **2** *Anat.:* Eingang zu einem Hohlraum

**Ve|sti|tur** [vɛ-, lat.] *w. 10* → Investitur

**Ve|su|vi|an** [vezuvjan, nach dem ital. Vulkan Vesuv] *s. 1 nur Ez.* ein Mineral

**Ve|te|ran** [ve-, lat.] *m. 10* Soldat, der schon an einem früheren Feldzug teilgenommen hat; alter Soldat; *auch allg.:* alter Mann, der sich im Dienst bewährt hat

**Ve|te|ri|när** [lat.] *m. 1* Tierarzt; **Ve|te|ri|när-me|di|zin** *w. Gen. - nur Ez.* Tiermedizin, Tierheilkunde

**Ve|to** [ve-, lat. „ich verbiete"] *s. 9* Einspruch; sein Veto einlegen

**Vet|tel** [fɛt-, lat.] *w. 11* liederl., schlampiges (altes) Weib

**Ve|xier|bild** [vɛ-, lat.] *s. 3* Bilderrätsel, Bild, in das eine zu suchende Figur versteckt eingezeichnet ist; **ve|xie|ren** jmdn. v.: sich über jmdn. lustig machen, jmdn. necken, *auch:* quälen; **Ve|xier|schloß** *s. 4* Buchstaben-, Zahlenschloß; **Ve|xier|spie|gel** *m. 5* verzerrender Spiegel

**Ve|zier** [vɛzir] *m. 1* → Wesir

**via** [via, lat.] (auf dem Wege) über; nach Rom via Zürich fliegen; **Vi|a|dukt** *s. 1* Talbrücke, Überführung; **Vi|a|ti|kum** *s. Gen.* -s *Mz.* -ka *oder* -ken *kath. Kirche:* letzte Kommunion (für Sterbende)

**Vi|bra|phon** [vi-, lat. + griech.] *s. 1* ein elektron. Musikinstrument; **Vi|bra|ti|on** [-tsjon] *w. 10* Schwingung, feine Erschütterung, Vibrieren; **vi|bra|to** *Mus.:* bebend, fein schwingend; **Vi|bra|to** *s. 9, Mz. auch:* -ti leichtes Beben (des Tons der Singstimme und bei Streich- und Holzblasinstrumenten); **Vi|bra-tor** *m. 13* Gerät zum Erzeugen von Schwingungen; **vi|brie|ren** leicht schwingen, beben (Saite, Ton)

**Vi|bur|num** [vi-, lat.] *s. Gen. -s nur Ez.* ein Zierstrauch, Schneeball

**vi|ce ver|sa** [vitsə vɛrsa, lat.] (*Abk.:* v. v.) umgekehrt

**Vickers|här|te** (Vik|kers-) [vik-, nach dem brit. Konzern Vickers] *w. 11 nur Ez.* (*Abk.:* HV) Maß für die Härte von Werkstoffen

**Vi|com|te** [vikɔ̃t, frz.] *m. 9* frz. Titel für Adligen zwischen Baron und Graf; **Vi|com|tesse** [vikɔ̃tɛs] *w. 11* weibl. Vicomte

**vid.** *Abk. für* videatur; **vi|de** [vi-, lat.] (*Abk.:* v.) *veraltet:* siehe; **vi|de|a|tur** (*Abk.:* vid.) *veraltet:* man sehe nach; **Vi|deo-Re|cor|der** [vi-, lat.] *m. 5* Gerät zur Speicherung und Wiedergabe von Fernsehbildfolgen; **Vi|deo|thek** *w. 10* Sammlung (und Ausleihe) von Filmen und Fernsehaufzeichnungen

**Vi|di** [lat. „ich habe (es) gesehen"] *s. 9* schriftl. Zeichen als Bestätigung der Kenntnisnahme

**Vi|et|cong** [viɛt-] *m. Gen. - nur Ez.* Partisan

bzw. Partisanenbewegung in Südvietnam während des Bürgerkrieges; **Vi|et|min, Vi|et-Min, Vi|et Minh** [Kurzw.] *w. Gen. - bzw. - - nur Ez.* Unabhängigkeitsbewegung in Vietnam

**vif** [vif, frz.] lebendig, beweglich, munter, regsam

**Vi|gil** [vi-, lat.] *w. Gen. - Mz.* -li|en Abend vor einem hohen kath. Fest; **vi|gi|lant** aufmerksam, pfiffig, schlau; **Vi|gi|lie** [-ljə] *w. 11* → Vigil; **vi|gi|lie|ren** aufmerksam sein, aufpassen

**Vi|gnet|te** [vinjɛta, frz.] *w. 11* Zierbildchen oder kleine Zierform (am Schluß von Kapiteln, auf dem Titelblatt u. ä.)

**Vi|go|gne** [vigɔnjə, frz., zu: Vikunja] *w. 11,* **Vi|go|gne|wol|le** *w. 11* Garn aus Baumwolle und Wolle

**Vi|gor** [vi-, lat.] *m. Gen. -s nur Ez. veraltet:* Lebenskraft, Rüstigkeit; **vi|go|ro|so** *Mus.:* kräftig, energisch

**Vi|kar** [vi-, lat.] *m. 1* **1** Stellvertreter, in der kath. Kirche eines Geistlichen, in der Schweiz eines Lehrers; **2** evang. Theologe nach der ersten Prüfung; **Vi|ka|ri|at** *s. 1* Amt eines Vikars; **Vi|ka|rin** *w. 10* **1** weibl. Vikar; **2** evang. Theologin nach der zweiten Prüfung

**Vik|ti|mo|lo|gie** [lat. + griech.] *w. 11 nur Ez.* Teil der Kriminologie, der sich mit den Beziehungen zwischen Verbrecher und Opfer befaßt

**Vik|to|ria** [vik-, lat.] Sieg, *nur in Wendungen wie:* V. rufen, schießen

**Vik|tu|a|li|en** [vik-, lat.] *Mz., veraltet, noch österr.:* Lebensmittel; **Vik|tu|a|li|en|brü|der** *m. 6 Mz.* → Vitalienbrüder

**Vi|kun|ja** [vi-, span.] *w. Gen. - Mz.* -jen eine Lamaart

**Vil|la** [vila, lat.] *w. Gen. - Mz.* -len Landhaus, größeres Einzelwohnhaus

**Vil|la|nell** [vil-, lat.-ital.] *s. 1,* **Vil|la|nel|la, Vil|la|nel|le** *w. Gen. - Mz.* -len *16./17. Jh.:* ital. Bauern-, Hirten-, Tanzliedchen

**Vi|nai|gret|te** [vinɛgrɛtə, frz.] *w. 11* eine mit Essig und Kräutern gewürzte, pikante Soße

**Vin|di|ka|ti|on** [vin- -tsjon, lat.] *w. 10* Anspruch des Eigentümers auf Herausgabe seiner Sache gegenüber dem Besitzer; **vin|di-zie|ren** eine Vindikation geltend machen

**Vingt-et-un** [vɛ̃tece, frz. „einundzwanzig"], **Vingt-un** [vɛ̃tœ̃] *s. Gen. - nur Ez.* ein Kartenglücksspiel

**Vi|nyl|grup|pe** [vi-, lat. + griech.] *w. 11* eine einwertige, ungesättigte organ. Molekülgruppe mit zwei Kohlenstoffatomen

**Vi|o|la** [vi-, lat.-ital.] *w. Gen. - Mz.* -len **1** eine Pflanzengattung, Veilchen, Stiefmütterchen; **2** ein Streichinstrument, Bratsche; Viola d'amore: Geige mit 6–7 Darmsaiten und je einer nur mitklingenden Metallsaite; Viola da braccio [bratʃo]: Armgeige, Bratsche;

Viola da gamba: Kniegeige, Gambe; Vi̲o̲lle
*w.11* → Viola (1)
vio|le̲nt [vio-, lat.] *veraltet:* gewaltsam
vio|le̲tt [vio-, lat.] veilchenfarbig, blaurot;
Vio|le̲tt *s. Gen.*-(s) *nur Ez.* blaurote Farbe
Vio|li̲ine [vio-, ital.] *w.11* Geige; Vio|li̲nist
*m.10* Geiger; Vio|lon|ce|lli̲st [-tʃɛl-] *m.10*
Musiker, der Violoncello spielt; Vio|lon|cel-
lo [-tʃɛl-] *s. Gen.*-s *Mz.*-li (*Kurzw.:* Cello)
Kniegeige; Vio|lo̲|ne *m.9 Mz.* auch -ni Baß-
geige, Kontrabaß
VIP [vip oder vi:aipi] *w.9 Abk. für engl.* very
important person: sehr wichtige Person
Vi̲|per [vi̲-, lat.] *w.11* eine Giftschlange
Vi̲|ra|gi̲ni|tät [lat.] *w.10 nur Ez.* männl. Ge-
schlechtsempfinden (bei Frauen)
Vi̲re|ment [virmā̲, frz.] *s.9 im Staatshaushalt:*
Übertragung von Mitteln eines Titels auf ei-
nen anderen oder auf ein anderes Jahr
Vi̲|ren *Mz. von* Virus
Vi̲r|gi̲|nia [vir-, engl.: vədʒinjə, nach dem
Staat der USA] *w.9* lange, dünne, schwere
Zigarre
Vi̲r|gi̲ni|tät [vir-, lat.] *w.10 nur Ez.* Jungfräu-
lichkeit, Unberührtheit
vi̲|ril [vi-, lat.] männlich; Vi̲|ri|li̲|tät *w.10 nur
Ez.* Männlichkeit, Manneskraft; Vi̲|ri̲l|stim-
me *w.11* im Reichstag bis 1806 und im Bun-
destag *1815–1866:* fürstl. Einzelstimme;
*Ggs.:* Kuriatstimme
Vi̲|ro|lo̲|gie [lat. + griech.] *w.11 nur Ez.*
Lehre von den Viren; vi̲|rös [lat.] von Viren
befallen; Vi̲|ro|se *w.11* Viruskrankheit
Vi̲r|tua|li̲|tät [lat.] *w.10* (innewohnende)
Kraft, Möglichkeit; vi̲r|tu̲|ell der Möglichkeit
nach vorhanden, nur gedacht, scheinbar; vir-
tuelles Bild *Optik:* scheinbares Bild *Ggs.*; vi̲r|tu̲|os
meisterhaft, (technisch) vollkommen; Vi̲r-
tuo̲|se *m.11* Künstler, bes. Musiker, der die
Technik seiner Kunst glänzend beherrscht;
Vi̲r|tuo̲|si|tät *w.10 nur Ez.* Meisterschaft,
meisterhaftes Können (eines Musikers)
vi̲|ru|le̲nt [vi-, lat.] ansteckend, krankheitser-
regend; Vi̲|ru|le̲nz *w.10 nur Ez.* virulente Be-
schaffenheit; Vi̲|rus [vi̲-] *s.,* ugs. auch: *m.,*
*Gen.-* *Mz.*-ren Krankheitserreger
Vi̲|sa [vi̲-] *Mz. von* Visum
Vi̲sa|ge [vizaʒə, frz.] *w.11* ugs. abwertend:
Gesicht
vis-à-vis [vizavi̲, frz.] gegenüber; Vi̲s|avis
[vizavi̲] *s. Gen. -* [-vi:s] *Mz. -* [-vi:s] das Ge-
genüber
Vi̲s|ce|ra *Mz.* → Viszera
Vi̲s|co̲n|te [vis-, ital.] *m. Gen. -* *Mz.*-ti ital. Ti-
tel für Adligen zwischen Graf und Baron;
Vi̲s|co̲n|te̲s|sa *w. Gen. -* *Mz.*-sen, *ital.:* -se
weibl. Visconte; Vi̲s|count [vaikaunt, engl.]
*m.9* engl. Titel für Adligen zwischen Graf
und Baron; Vi̲s|count|tess [vaikauntis]
*w. Gen. -* *Mz.*-tes|ses [-tisiz] weibl. Viscount
vi̲si|bel [vi-, lat.] *veraltet:* sichtbar; Vi̲|sier *s.1*
1 bewegl., das Gesicht schützender Teil des

Helms; 2 *an Feuerwaffen:* Zielvorrichtung;
vi̲|sie̲|ren 1 (nach etwas) zielen; 2 eichen;
3 mit Visum versehen (Paß); 4 *veraltet:* be-
glaubigen; Vi̲|sie̲r|li̲|nie [-njə] *w.11* die ge-
dachte Linie zwischen Kimme und Korn; Vi̲-
sie̲|rung *w.10 MA und Renaissance:* Ent-
wurf, Werkzeichnung
Vi̲si̲|on [vi-, lat.] *w.10* Traumgesicht, Trug-
bild, Erscheinung vor dem geistigen Auge;
vi̲sio|när in der Art einer Vision, traumhaft,
seherisch
Vi̲si̲|ta̲|ti̲|on [vi- -tsjon, lat.] *w.10* prüfende
Besichtigung; Durch-, Untersuchung (der
Kleidung, des Gepäcks; Vi̲si̲|ta̲|tor *m.13*
*veraltet:* jmd., der etwas visitiert; Vi̲si̲te
*w.11* Besuch (bes. zur Untersuchung von
Kranken); Vi̲|si̲|ten|kar|te *österr.:* Vi̲si̲t|kar|te
*w.11* kleine Karte mit Aufdruck des Namens
oder der Firma (meist mit Adresse), Be-
suchskarte; vi̲|si̲|tie̲|ren 1 (zwecks Prüfung)
besuchen; 2 durchsuchen
vi̲s|kos [vis-, lat.], *auch:* vi̲s|kös zähflüssig,
leimartig; Vi̲s|ko|se *w.11 nur Ez.* eine Zellu-
loseverbindung, Ausgangsstoff für Kunstfa-
sern; Vi̲s|ko|si̲|me|ter *s.5* Gerät zum Messen
der Zähigkeit von Flüssigkeiten; Vi̲s|ko|si̲|tät
*w.10 nur Ez.* Zähflüssigkeit
Vi̲s|ta [vi̲-, ital.] *w. Gen. - nur Ez.* Sicht, Vor-
zeigen (eines Wechsels); Vi̲s|ta|wech|sel *m.5*
Sichtwechsel, Wechsel, der bei Vorlage oder
eine bestimmte Zeit danach fällig wird
Vi̲s|tra [vi̲-] *w. Gen. - nur Ez.* ⓦ eine Zell-
wollfaser
vi̲su|a|li̲|sie̲|ren [engl.] in Bildform, in An-
schauung umsetzen; Vi̲s|ua|li̲|zer [viʒuəlaizər]
*m.5* graph. Gestalter von Werbeideen; vi̲su-
e̲ll [lat.] zum Sehen gehörend, durch Sehen
hervorgerufen; visueller Typ: jmd., der sich
Gesehenes besser merken kann als Gehör-
tes; *Ggs.:* akustischer Typ; Vi̲|sum [vi̲-]
*s. Gen.*-s *Mz.*-sa *oder* -sen Erlaubnis, Sicht-
vermerk zum Aufenthalt in einem Staat
Vi̲s|ze|ra [vis-, lat.] *Mz.* Eingeweide; vi̲s|ze-
ral zu den Eingeweiden gehörend, von ihnen
ausgehend
Vi̲|ta [vi̲-, lat. „Leben"] *w. Gen. - Mz.*-tae
[-te:] Lebensbeschreibung; vi̲|tal zum Leben
gehörig; voller Lebenskraft; Vi̲ta̲l|fär|bung
*w.10* Färben lebender Gewebe
Vi̲ta̲|li̲|en|brü̲|der [lat.] *m.6 Mz. 14./15. Jh.:*
Seeräuber in der Ostsee
Vi̲ta̲|li̲s|mus [vi-, lat.] *m. Gen. - nur Ez.*
Lehre, daß dem organ. Leben eine über die
chemisch-physikal. Vorgänge hinausgehende
Lebenskraft innewohne; Vi̲ta̲|li̲|tät *w.10 nur
Ez.* Lebensfähigkeit, Lebenskraft, Lebendig-
keit; Vi̲t|amin *s.1* ein lebenswichtiger Wirk-
stoff; vi̲t|ami̲|nie̲|ren, vi̲t|ami̲ni̲|sie̲|ren mit
Vitaminen anreichern
vi̲ti̲|ös [vitsjøs, lat.] fehlerhaft, lasterhaft,
bösartig; Vi̲ti̲|um [vitsjum] *s. Gen.*-s *Mz.*-tia
[-tsja] *Med.:* Fehler, Übel

**Vi|tra|ge** [vitraʒə, frz.] *w.11 veraltet:* (meist weißer) undurchsichtiger Fenstervorhang
**Vi|tri|ne** [vi-, lat.] *w.11* Glasschrank; Schauschrank, Schaukasten
**Vi|tri|ol** [vi-, mlat.] *s.1 veraltete Bez. für* wasserhaltige Sulfate zweiwertiger Metalle, bes. Eisen- und Kupfervitriol; **Vi|tri|t** *m.1* Glanzkohle, eine meist streifige Lage in Steinkohlen
**vi|va|ce** [vivatʃə, ital.] *Mus.:* lebhaft, munter; **vi|va|cis|si|mo** [vivatʃis-] äußerst lebhaft; **Vivant!** [vivant, lat.] Sie sollen leben!; Vivant sequentes!: Die Folgenden (= die nach uns Kommenden) sollen leben!; **Vi|va|ri|um** *s. Gen.-s Mz.* -ri|en kleine Anlage zum Halten von Land- und Wassertieren; **Vi|vat!** [vivat] Er lebe!; Vivat, crescat, floreat! Er (sie, es) lebe, wachse, gedeihe!; **Vi|vat** *s. 9* Hoch-, Heilruf
**Vi|vi|a|nit** [vivia-, nach dem engl. Mineralogen J. G. Vivian] *s.1* Blaueisenerde, Blauerz
**vi|vi|par** [vivi-, lat.] lebendgebärend; *Ggs.:* ovipar; **Vi|vi|sek|ti|on** [-tsjon] *w.10* operativer Eingriff am lebenden Tier (zu Forschungszwecken); **vi|vi|se|zie|ren** ein Tier v.: eine Vivisektion an einem lebenden Tier durchführen; **vi|vo** [ital.] *Mus.:* lebhaft, lebendig
**Vi|ze...** [fi-, auch: vi-, lat.] *in Zus.:* stellvertretende(r) ..., z. B. Vizekanzler, Vizepräsident
**Viz|tum** [fits-, auch: vits-] *m.1 MA.:* Regierungsbeamter, Vertreter des Landesherrn (in einem Bezirk)
**Vlies** [flis, ndrl.] *s.1* Rohwolle vom Schaf; das Goldene Vlies *griech. Myth.:* das Fell eines goldenen Widders; **Vlies|sei|li|ne** *w.11 nur Ez.* Ⓦ Stoff aus Fasern, Kunstharz und Kautschuk zum Versteifen, z. B. von Kragen
**voi|là!** [voalá, frz.] sieh her!, sieh da!, hier ist ...!
**Voile** [voal, frz.] *m. 9* schleierartiges Gewebe
**Vo|ka|bel** [vo-, lat.] *w.11* einzelnes Wort, bes. aus einer fremden Sprache; **Vo|ka|bu|lar** *s.1* **1** Wörterverzeichnis; **2** Gesamtheit der Wörter, Wortschatz (einer Sprache, eines Menschen); **Vo|ka|bu|la|ri|um** *s. Gen.-s Mz.* -ri|en *veraltet:* Vokabular
**vo|kal** [vo-, lat.] für Singstimmen, zur Singstimme gehörig; **Vo|kal** *m.1* Selbstlaut, a, e, i, o, u; vgl. Konsonant; **Vo|ka|li|sa|ti|on** [-tsjon] *w.10 nur Ez.* **1** Aussprache der Vokale (beim Singen); **2** Bezeichnung der fehlenden Vokale in ohne Vokale geschriebenen Textes (z. B. im Hebräischen) durch Punkte oder Striche unter den zugehörigen Konsonanten; **vo|ka|lisch** in der Art eines Vokals, mit einem Vokal; **Vo|ka|li|se** *w.11* Gesangsübung nur mit Vokalen; **vo|ka|li|sie|ren** **1** *beim Singen:* die Vokale bilden, aussprechen; **2** mit Vokalzeichen versehen (Text); **3** als Vokal aussprechen, z. B. das l als i in

bayr. „Oide" statt „Alte"; **Vo|ka|lis|mus** *m. Gen. - nur Ez.* **1** Bestand an Vokalen (einer Sprache oder Sprachstufe); **2** histor. Entwicklung der Vokale; **Vo|kal|quar|tett** *s. 1* Quartett für Singstimmen, Gesangsquartett
**Vo|ka|ti|on** [vokatsjon, lat.] *w.10* Berufung (in ein Amt); **Vo|ka|tiv** [vo-] *m.1 Gramm.:* Anredefall, z. B. im Latein.: Christe! (o Christus!)
**vol.** *Abk. für* Volumen (**2**)
**Vol.-%** *Abk. für* Volumprozent
**Vol|land** [fo-] *m. Gen.-s nur Ez. alte Bez. für* Teufel; Junker V.
**Vo|lant** [volã, frz.] *m.9* **1** gefälteter Besatz, Falbel; **2** *veraltet:* Steuer, Lenkrad (des Autos)
**Vo|la|pük** *s. Gen.-s nur Ez.* eine Welthilfssprache
**Vol-au-vent** [vɔlová, frz.] *m. 9* mit Fleisch gefüllte Blätterteigpastete
**Vo|lie|re** [voljɛrə, frz.] *w.11* großer Vogelkäfig, Vogelhaus
**Volks|de|mo|kra|tie** *w.11* Staatsform in kommunist. Ländern, bei der die Macht in den Händen der kommunist. Partei liegt, in der aber noch Reste der parlamentar. Demokratie erhalten sind; **Volks|ety|mo|lo|gie** *w.11* volkstüml. Umwandlung eines nicht allgemein verständl. Wortes in ein ähnliches, bekanntes, z. B. ahd. „heviana" = die Hebende in „Hebamme"; **Volks|front** *w.10* Koalition der bürgerl. Linken mit Sozialisten und Kommunisten; **Volks|kom|mis|sa|ri|at** *s.1 in der UdSSR bis 1946:* Ministerium; **Volks|re|pu|blik** *w.10* Staat mit der Verfassungsform einer Volksdemokratie; **Volks|tri|bun** *m.12 oder m.10* → Tribun (**3**)
**Vol|ley|ball** [vɔle-, engl.] *m.2 nur Ez.* ein Ballspiel für zwei Mannschaften, wobei der Ball mit den Händen über ein Netz geschlagen wird, Flugball
**Voll|kas|ko** *s. Gen.-s nur Ez.* Kaskoversicherung gegen sämtl. Schäden
**Vo|lon|tär** [volɔn- oder volɔ-, lat.-frz.] *m.1* jmd., der (meist unentgeltlich) zur Ausbildung in einem Betrieb arbeitet; **vo|lon|tie|ren** als Volontär arbeiten
**Vols|ker** [vɔls-] *m.5* Angehöriger eines italischen Volksstammes
**Volt** [vɔlt, nach dem ital. Physiker A. Volta] *s. Gen.-(s) (Abk.:* V) Maßeinheit für die elektr. Spannung
**vol|ta** [vɔl-, ital.] *Mus.:* -mal, z. B. prima volta, seconda volta: das erste-, zweitemal; **Vol|ta** [vɔl-] *m. Gen. - Mz.* -ten *16./17. Jh.:* schneller Springtanz
**Vol|ta|ele|ment** [vɔl-, zu: Volt] *s.1* galvanisches Element; **Vol|ta|me|ter** *s.5* Gerät zum Messen der Stromstärke; **Volt|am|pe|re** *s. Gen. -(s) Mz. - (Abk.:* VA) Maßeinheit für die elektrische Leistung, entspricht dem Watt
**Vol|te** [vɔl-, ital.] *w.11* **1** *Taschenspielerei:*

Kunstgriff beim Kartenmischen; **2** *Reitsport:* kreisförmige Figur; **vol|tie|ren** → voltigieren; **Vol|ti|geur** [-ʒør] *m.1* Artist, der voltigiert; **vol|ti|gie|ren** [-ʒi-] auf dem galoppierenden Pferd turnen

**Volt|me|ter** [vɔlt-] *s.5* Gerät zum Messen der elektr. Spannung

**vo|lu|bel** [lat.] *veraltet:* beweglich, behende, rasch

**Vo|lu|men** [vo-, lat.] *s.7, Mz. auch:* -mi|na **1** (*Abk.: V*) Rauminhalt; **2** (*Abk.: vol.*) Band (eines Schriftwerkes), z. B. vol. II; **Vo|lu|men|ein|heit** *w.10* Einheit des Rauminhalts; **Vo|lu|men|pro|zent** *s.1* → Volumprozent; **Vo|lu|me|ter** *s.5* Gerät zum Messen der Dichte einer Flüssigkeit; **Vo|lu|me|trie** *w.11 nur Ez.* Maßanalyse; **Vo|lum|ge|wicht** *s.1* spezif. Gewicht; **Vo|lu|mi|na** *Mz. von* Volumen; **vo|lu|mi|nös** umfangreich; **Vo|lum|pro|zent** *s.1* (*Abk.: Vol.-%*) Prozent, auf den Rauminhalt bezogen

**Vo|lun|ta|ris|mus** [lat.] *m. Gen. - nur Ez.* Lehre, daß der Wille das Grundprinzip alles Seins und Geschehens sei, Thelismus, Thelematologie; **vo|lun|ta|tiv 1** auf dem Willen beruhend; **2** *Sprachw.:* einen Wunsch ausdrükkend

**vo|lup|tu|ös** [lat.] Begierde erregend

**Vo|lu|te** [vo-, lat.] *w.11 Baukunst:* Ornament in Form einer Spirale, Konvolute

**vol|vie|ren** [lat.] rollen, wälzen; *übertr.:* gründlich bedenken

**vo|mie|ren** [vo-, lat.] sich erbrechen; **Vo|mi|tiv** *s.1*, **Vo|mi|ti|vum** *s. Gen.-s Mz.*-va, **Vo|mi|to|ri|um** *s. Gen.-s Mz.*-ri|en Brechmittel

**Vo|ra|zi|tät** [vo-, lat.] *w.10 nur Ez.* Gefräßigkeit, Gier, Heißhunger

**Vo|ta** [vo-] *Mz. von* Votum; **Vo|tant** [lat.] *m.10* jmd., der votiert (hat); **Vo|ta|ti|on** [-tsjon] *w.10 veraltet:* Abstimmung; **Vo|ten** *Mz. von* Votum; **vo|tie|ren** abstimmen, sich entscheiden; für etwas v.; **Vo|tiv|bild** *s.3* auf Grund eines Gelübdes einem Heiligen geweihtes Bild; **Vo|tiv|kir|che** *w.11* einem Heiligen geweihte Kirche; **Vo|tiv|mes|se** *w.11* für einen bestimmten Zweck oder eine Person gelesene Messe; **Vo|tum** *s. Gen.-s Mz.*-ta *oder* -ten **1** Gelübde; **2** Meinungsäußerung, Urteil, Stimme; sein V. abgeben

**Voute** [vutə, lat.-frz.] *w.11 Bauw.:* Hohl-

kehle als Verstärkung zwischen Decke und Wand

**Vox** [vɔks, lat.] *w. Gen. - Mz.* Voces [vɔtseːs] Stimme; Vox populi: Stimme des Volkes

**Voya|geur** [voajaʒœr, frz.] *m.1 veraltet:* Handelsreisender

**Voy|eur** [voajœr, frz.] *m.1* verborgener Zuschauer (bei geschlechtl. Handlungen)

**vo|zie|ren** [lat.] vorladen (vor Gericht), berufen

**V. S. O. P.** *Abk. für engl.* very superior old product: sehr hervorragendes altes Erzeugnis (als Gütebezeichnung für abgelagerten Weinbrand)

**VTOL-Flug|zeug** [Abk. für engl. vertical take-off and landing] *s.1* Senkrechtstarter

**vul|gär** [vul-, lat.] gewöhnlich, gemein, ordinär; **Vul|ga|ri|tät** *w.10 nur Ez.* vulgäre Beschaffenheit; **Vul|gär|la|tein** *s. Gen.-s nur Ez.* umgangssprachl. Form der latein. Sprache; **Vul|ga|ta** [lat. „allgemeingebräuchlich"] *w. Gen. - nur Ez.* von der kath. Kirche als maßgeblich erklärte lateinische Bibelübersetzung; **vul|go** gemeinhin, gewöhnlich; *vor Namen:* genannt; Meyer, vulgo Berger

**Vul|kan** [vul-, nach Vulcanus, dem röm. Gott des Feuers] *m.1 i. w. S.:* Stelle der Erdoberfläche, an der Magma austritt; *i. e. S.:* feuerspeiender Berg; **Vul|kan|fi|ber** *w.11 nur Ez.* ein hornartiger Kunststoff; **Vul|ka|ni|sa|ti|on** [-tsjon] *w.10 nur Ez.* Umwandlung von Rohkautschuk in Gummi durch Einarbeiten von Schwefel; **vul|ka|nisch** von einem Vulkan stammend; *in bezug auf chem.* chem. Verbindung behandeln; **Vul|ka|nis|mus** *m. Gen. - nur Ez.* **1** zusammenfassende Bez. für alle Kräfte und Erscheinungen, die mit dem Empordringen von Stoffen aus dem Erdinnern zusammenhängen; **2** Auffassung, daß der größte Teil aller geolog. Veränderungen auf die Einwirkung von Hitze zurückzuführen sei, Plutonismus; *Ggs.:* Neptunismus; **Vul|ka|nit** *m.1* Ergußgestein; **Vul|ka|no|lo|gie** *w.11 nur Ez.* Lehre vom Vulkanismus (**1**)

**vul|ne|ra|bel** [vul-, lat.] *Med.:* verletzlich, verwundbar; **Vul|ne|ra|bi|li|tät** *w.10 nur Ez.* Verletzlichkeit, Verwundbarkeit

**Vul|va** [vul-, lat.] *w. Gen. - Mz.*-ven äußeres weibl. Geschlechtsteil, Scham

**v. v.** *Abk. für* vice versa

# W

W *Abk. für* Watt

**Wad** [engl.] *s. 1 nur Ez.* ein Mineral

**Wadi** [arab.] *s. 9* nur bei Regen wasserführendes Flußbett, Trockental

**Waggon** [-gɔ̃, engl. mit französisierender Aussprache] *m. 9* Eisenbahnwagen, *bes.:* Güterwagen

**Wahllokolmoltilve** *w. 11 ugs.:* im Wahlkampf Persönlichkeit von besonderer Beliebtheit und Zugkraft

**Walkie-talkie** [wɔːkitɔki, engl.] *s. 9* sehr kleines Funk(sprech)gerät

**Walllalby** [wɔlabi, austr.] *m. Gen.-s Mz.*-bies Angehöriger einer Art der Känguruhs

**Walllolne** *m. 11* Nachkomme romanisierter Kelten und Germanen (Belgen) in Belgien und Nordfrankreich

**Wallolne** [ital.] *w. 11* Fruchtbecher der Eichel

**Wamlpum** [Algonkin] *m. 1 bei nordamerik. Indianern:* Schnur mit Muschelschalen (als Schmuck und Zahlungsmittel)

**Wanldalle** *m. 11* Angehöriger eines ostgerman. Volkes; *übertr.:* zerstörungswütiger Mensch; **Wanldallislmus** [fälschlich nach den Wandalen] *m. Gen. - nur Ez.* Zerstörungswut

**Walpilti** [Algonkin] *m. 9* eine nordamerik. Hirschart

**Walrälger** *m. 5* Normanne in Osteuropa

**Walran** [arab.] *m. 1* eine trop. Echse

**Warldein** [mlat.] *m. 1* Prüfer, z. B. Bergwardein: Erzprüfer; **warldielren** prüfen, bewerten

**Warp** [engl.] *m. 1 1 Weberei:* Kettgarn, Kettfaden; **2** *Seew.:* leichte Trosse, Warpleine; **Warplanlker** *m. 5* kleiner Anker

**Warlrant** [engl.: wɔrənt] *m. 9* Lagerschein

**wash and wear** [wɔʃ ənd wɛə, engl.] *Bez. für* bügelfreie Textilien

**Waslserlstofflsulperloxid** *s. 1 nur Ez.* Verbindung von Wasserstoff und Sauerstoff, die im Unterschied zum normalen Wasser ein zusätzl. Sauerstoffatom besitzt, starkes Bleich- und Oxydationsmittel

**walterlproof** [wɔtərpruːf, engl.] wasserdicht (bes. als Garantiebez.); **Walterlproof** *m. 9* wasserdichter Stoff (für Regenbekleidung)

**Watt** [nach dem engl. Ingenieur J. Watt] *s. Gen.-s Mz. - (Abk.:* W) Maßeinheit der elektr. Leistung (Produkt von 1 Ampere und 1 Volt); **Wattlmelter** *s. 5* Gerät zum Messen der elektr. Leistung; **Wattlselkunlde** *w. 11 (Abk.:* Ws) Maßeinheit der elektr. Energie, Leistung von 1 Watt während einer Sekunde; **Wattlstunlde** *w. 11 (Abk.:* Wh) Maßeinheit der elektr. Energie, Leistung von 1 Watt während einer Stunde

**WC** *s. Gen.-(s) Mz.-s Abk. für* Wasserklosett (engl. watercloset)

**Wecklamin** [zu: wecken und Amin] *s. 1* Herz und Kreislauf anregender Wirkstoff

**Welda** [sanskr. „Wissen"] *m. Gen.-s Mz.* -den Name mehrerer indischer religiöser Schriften

**Wedglwoodlwalre** [wɛdʒwud-, nach dem engl. Kunsttöpfer J. Wedgwood] *w. 11* feines, unglasiertes, gefärbtes und verziertes Steingut

**weldisch** zu den Weden gehörig

**Wellterlgelwicht** [engl.] *s. 1* eine Gewichtsklasse in der Schwerathletik

**Wenlde** *m. 11* Angehöriger eines westslaw. Volkes

**Werst** [russ.] *w. 10, nach Zahlenangaben Mz. -* russ. Längenmaß, etwa 1 km

**Welsir** [pers.-arab.] *m. 1 in islam. Staaten:* Minister; **Welsilrat** *s. 1* Amt, Würde eines Wesirs

**Weslleyalner** [nach den engl. Theologen J. und C. Wesley] *m. 5* Methodist

**Welstern** *m. 7* im sog. Wilden Westen Nordamerikas spielender Film, Wildwestfilm

**Westlover** [-ovər, engl.] *m. 5 veraltet:* ärmelloser Pullover

**Wh** *Abk. für* Wattstunde

**Whig** [wig, engl.] *m. 9 früher:* Angehöriger einer beiden Parteien des Oberhauses im brit. Parlament; vgl. Tory

**Whip** [wip, engl.] *m. 9 im engl. Parlament:* Fraktionsmitglied mit bestimmten Aufgaben vor und bei den Sitzungen, Einpeitscher; **Whiplcord** [-kɔːrd] *m. 9* ein schräggeripptes Kammgarngewebe

**Whislkey** [wiski] *m. 9, in Irland und den USA Schreibung für* Whisky; **Whislky** [wiski, engl.] *m. 9* ein Branntwein aus Getreide; **Whislkylsolda** *m. 9* Whisky mit Mineralwasser

**Whist** [wist, engl.] *s. Gen.-s nur Ez.* ein Kartenspiel

**Whitlworthlgelwinlde** [witwə:θ-, nach dem engl. Erfinder Sir J. Whitworth] *s. 5* ein Schraubengewinde

**Who's who** [huːs huː, engl. „wer ist wer"] *s. Gen.- - Mz. --s* Titel von biograph. Lexika

**Wilclilfit** *m. 10 →* Wiklifit

**Wiglwam** [indian.] *m. 9* Hauszelt der nordamerik. Indianer; vgl. Tipi

**Wilking** [auch: vi-, altnord.] *m. 3,* **Wilkinlger** *m. 5* Normanne

**Wilklilfit** *m. 10* Anhänger der Lehre des engl. Theologen und Vorläufers der Reformatoren John Wiclif

**Willa|jet** [türk.] *s. 9 in der Türkei:* Verwaltungsbezirk

**Wind|jam|mer** [engl.] *m. 5* großes Segelschiff

**Wind|sur|fer** [-sə:-, engl.] *m. 5* aus einem Brett mit Mast, Segel und Schwert bestehendes Boot, das im Stehen durch Drehen des Segels gesteuert wird; **Wind|sur|fing** *s. 9 nur Ez.* Segelsport mit dem Windsurfer

**Wod|ka** [russ. „Wässerchen"] *m. 9* russ. Branntwein

**Wo|gu|le** *m. 11 frühere Bez. für* Manse

**Woi|lach** [russ.] *m. 1* wollene Pferdedecke

**Woi|wo|de** [poln.] *m. 11* **1** *früher in Polen, Siebenbürgen u. a.:* gewählter Fürst; **2** *in Polen 1918–39 und 1945–50:* oberster Beamter einer Provinz; **Woi|wod|schaft** *w. 10* Verwaltungsbezirk in Polen

**wol|hy|nisch** [nach der ukrain. Landschaft Wolynien] *in der Fügung* Wolhynisches Fieber: durch Läuse übertragene Infektionskrankheit, Fünftagefieber

**Wom|bat** [austr.] *m. 9* ein austr. Beuteltier

**Worce|ster|so|ße** [wustər-, nach der engl. Stadt Worcester] *w. 11* eine pikante Soße

**Work|shop** [wək ʃɔp, engl.] *m. 9* **1** Seminar, in

dem durch Diskussion, Gedankenaustausch u. prakt. Vorführungen Kenntnisse vermittelt werden; **2** Ort, an dem ein Kunstwerk entsteht; **3** künstlerische Methode; **Work-song** [wək-] *m. 9* Arbeitslied der nordamerik. Neger, häufig Wechselgesang zwischen Vorsänger und Gruppe

**World|cup** [wəldkʌp, engl.] *m. 9* für verschiedene sportl. Wettkämpfe (Schisport, Fußball u. a.) ausgeschriebener Preis, Weltcup, Weltpokal; *auch:* der Wettkampf selbst

**wrack** [engl.] nicht mehr ausbesserungsfähig, unbrauchbar; **Wrack** *s. 9* unbrauchbar gewordenes Schiff, Flugzeug, Auto; *übertr.:* Mensch mit zerrütteter Gesundheit

**wricken** (wrik|ken) [ndrl.], **wrig|geln** ein Boot *w.:* mit einem am Heck befestigten Riemen vorwärtsbewegen

**wrin|gen** [engl.] auswinden (Wäsche); *meist:* auswringen

**Ws** *Abk. für* Wattsekunde

**Wy|an|dot** [waiəndɔt] *m. 9 oder Gen. - Mz. -* Angehöriger eines nordamerik. Indianerstammes, Hurone; **Wy|an|dotte** [waiəndɔt] *s. 9 oder w. 11* eine Haushuhnrasse

# X

X *röm. Zahlzeichen für* 10

**Xan|then** [griech.] *s.1 nur Ez.* aromat., vom Benzol abgeleitete Verbindung, Grundkörper einer Gruppe von licht- und waschbeständigen Farbstoffen (Xanthenfarbstoffen); **Xan|thin** *s.1 nur Ez.* ein dem Koffein verwandtes Alkaloid

**Xan|thip|pe** [nach der Frau des Sokrates] *w.11* zänkische Frau

**Xan|tho|gen|säu|re** [griech.] *w.11* anorgan. Säure mit Schwefel- und Kohlenstoffatomen, Ausgangsprodukt für Pflanzenschutz- und Vulkanisationsmittel; **Xan|to|phyll** *s.1 nur Ez.* gelber pflanzl. Farbstoff

**X-Chro|mo|som** [-kro-, griech.] *s.12* das weibl. Geschlecht festlegendes Chromosom

**Xe** *chem. Zeichen für* Xenon

**Xe|nie** [-njə, griech.] *w.11*, **Xe|ni|on** *s.Gen. -s Mz. -ni|en* 1 *urspr.:* Gastgeschenk; 2 *dann:* Sinnspruch; 3 *auch:* kurzes Spottgedicht

**Xe|no|kra|tie** [griech.] *w.11* Fremdherrschaft; **Xe|non** *s.Gen. -s nur Ez.* (*Zeichen:* Xe) chemisches Element, ein Edelgas; **Xe-no|phi|lie** *w.11 nur Ez.* Vorliebe für alles Fremdartige; **Xe|no|pho|bie** *w.11 nur Ez.* Abneigung gegen alles Fremdartige

**Xe|ro|der|mie** [griech.] *w.11* vorzeitiges Altern der Haut (Trockenheit, Faltenbildung u.ä.) infolge mangelnder Regenerationsfähigkeit; **Xe|ro|gra|phie** *w.11* ein Vervielfälti-gungsverfahren; **xe|ro|gra|phie|ren** mittels Xerographie vervielfältigen; **Xe|ro|ko|pie** *w.11* mittels Xerographie hergestellte Kopie; **xe|ro|phil** Trockenheit liebend (von Pflanzen); *Ggs.:* hygrophil; **Xe|ro|phi|lie** *w.11 nur Ez.* Vorliebe für Trockenheit; *Ggs.:* Hygrophilie; **Xe|roph|thal|mie** *w.11*, **Xe|roph|thal-mus** *m.Gen. - Mz. -men* Austrocknung der Horn- und Bindehaut des Auges, Augendarre; **Xe|ro|phyt** *m.10* Trockenheit liebende Pflanze; *Ggs.:* Hygrophyt; **Xe|ro|se** *w.11* → Xerophthalmie; **xe|ro|therm** 1 trocken-heiß (Klima); 2 trocken-heißes Klima bevorzugend (Pflanze); **xe|ro|tisch** 1 *Med.:* eingetrocknet; 2 *Bot.:* an Trockenheit angepaßt

**Xy|lem** [griech.] *s.1* wasserleitender, stark verholzender Gefäßteil der Pflanzen

**Xy|lo|gra|phie** [griech.] 1 *w.11 nur Ez.* Holzschneidekunst; 2 *w.11* Holzschnitt; **Xy|lol** *s.1* ein aromat. Kohlenwasserstoff, Lösungsmittel; **Xy|lo|lith** *m.1* ⓦ ein Kunststoff für Fußböden, Steinholz; **Xy|lo|me|ter** *s.5* Gerät zum Messen des Rauminhalts unregelmäßig geformter Holzstücke durch Wasserverdrängung; **Xy|lo|phon** *s.1* Musikinstrument, bei dem kleine, horizontal in einem Rahmen befestigte Stäbe aus Holz oder Metall mit Holzhämmerchen angeschlagen werden; **Xy-lo|se** *w.11 nur Ez.* Zucker mit fünf Kohlenstoffatomen, Holzzucker

# Y

**Y** *chem. Zeichen für* Yttrium
**Yak** *m. 9* → Jak
**Yams** *s. Gen. - Mz. -* → Jams
**Yang** → Jin und Jang
**Yan|kee** [jɛŋki, engl.] *m. 9 Spitzname für den* Amerikaner der nördlichen USA; **Yankee-doodle** [-du:dl] *m. Gen. -(s) nur Ez.* Marschlied aus der Zeit des amerik. Unabhängigkeitskrieges
**Yard** [engl.] *s. 9, nach Zahlenangaben Mz. auch: - (Abk.: Yd., Mz.: Yds.) in angloamerik. Ländern:* Längenmaß, 0,91 m
**Yawl** [jɔl, engl.] *w. 9 oder w. 1* zweimastiges Sportsegelboot
**Yb** *chem. Zeichen für* Ytterbium
**Y-Chro|mo|som** [-krɔ-, griech.] *s. 12* das männliche Geschlecht festlegendes Chromosom
**Yd., Yds.** *Abk. für* Yard, Yards
**Yen** [jap.] *m. Gen. -s Mz. -* jap. Währungseinheit, 100 Sen
**Yeti** [nepales.] *m. 9* angeblich im Himalaja vorkommendes, menschenähnl. Lebewesen, Schneemensch
**Yin und Yang** → Jin und Jang
**Ylang-Ylang** [ilaŋ-, mal.] *s. 9* trop. Baum, aus dessen Blüten ätherisches Öl gewonnen wird
**YMCA** [waiɛmsi:ɛi, engl.] *Abk. für* Young Men's Christian Association: Christl. Verein junger Männer
**Yo|ga** *m. Gen. -(s) nur Ez.* → Joga
**Yo|ghurt** *m. 1 oder s. 1* → Joghurt
**Yo|gi** *m. 9* → Jogi
**Yo|him|bin** [afrik.-lat.] *s. Gen. -s nur Ez.* aus einem westafrik. Baum gewonnenes Aphrodisiakum
**Yo|mud** *m. Gen. -(s) Mz. -s* → Jomud
**Young|ster** [jʌŋ-, engl.] *m. 5 oder 9* **1** junger Sportler; **2** zweijähriges Reitpferd
**Ysop** [i-, hebr.-griech.] *m. 1* eine südeurop. Gewürzpflanze
**Ytong** [i-, Kunstw.] *m. 9 nur Ez.* ⓦ ein Leichtbeton, Gasbeton
**Yt|ter|bi|um** [nach dem schwed. Ort Ytterby] *s. Gen. -s nur Ez. (Zeichen:* Yb) chem. Element; **Yt|tri|um** *s. Gen. -s nur Ez. (Zeichen:* Y) chem. Element
**Yü|an** *m. 9 oder Gen. - Mz. -* frühere chin. Währungseinheit
**Yuc|ca** [indian.-span.] *w. 9* eine Zierpflanze, Palmlilie

# Z

**Zam|ba** [θạm-, span.] *w. 9* weibl. Zambo;
**Zam|bo** [θạm-] *m. 9* Mischling aus einem ne-
griden und einem indian. Elternteil
**Za|nel|la** [ital.] *m. 9* Gewebe in Atlasbindung
**Zan|te|des|chia** [-kja, nach dem ital. Botani-
ker G. Zantedeschi] *w. Gen. - Mz.* -chi|en
[-kjən] eine Zimmerpflanze, Kalla
**za|po|nie|ren** mit Zaponlack überziehen; **Za-
pon|lack** [Kunstw.] *m. 1 nur Ez.* farbloser
Schutzlack für Metalle
**Zar** [lat.] *m. 10* früher in Rußland, Bulgarien,
Serbien: Titel des Herrschers; **Za|re|witsch**
*m. 1* Sohn des russ. Zaren, russ. Kronprinz;
**Za|rew|na** *w. 9* Tochter des russ. Zaren; **Za-
rin** *w. 10* weibl. Zar; Gemahlin des Zaren;
**Za|ris|mus** *m. Gen. - nur Ez.* Zarenherrschaft;
**Za|ri|za** *w. Gen. - Mz.* -s *oder* -zen Gemahlin
des Zaren
**Zä|si|um** *s. Gen.* -s *nur Ez.* → Cäsium
**Zas|ter** [zigeuner.] *m. 5 nur Ez. ugs.:* Geld
**Zä|sur** [lat.] *w. 10* Einschnitt, Ruhepunkt (im
Vers, in der musikal. Tonfolge, in der ge-
schichtl. Entwicklung)
**z. D.** *Abk. für* zur → Disposition
**Ze|ba|ot, Ze|ba|oth** [hebr.] *im AT Bez. für*
Gott
**Ze|bra** [afrik.] *s. 9* afrikan. Wildpferd mit
schwarz-weiß gestreiftem Fell; **Ze|bra|holz**
*s. 4*, **Ze|bra|no** *s. 9 nur Ez.* trop. Holz mit
dunkler Maserung auf hellem Grund; **Ze-
bro|id** *s. 1* Kreuzung zwischen Zebra und
Pferd bzw. Esel
**Ze|bu** [tibet.] *s. 9* eine Hausrindform, Buk-
kelrind
**Ze|chi|ne** [arab.-ital.] *w. 11* alte venezian.
Goldmünze, dem Dukaten entsprechend
**Ze|dent** [lat.] *m. 10* Gläubiger, der seine For-
derung an einen Dritten abtritt
**Ze|der** [griech.] *w. 11* ein Nadelbaum
**ze|die|ren** [lat.] abtreten (Anspruch, Forde-
rung)
**Ze|drel|la|holz** [griech.] *s. 4 nur Ez.* rotes,
leichtes, aromat. Holz der Zedrele (für Zi-
garrenkisten u. ä.); **Ze|dre|le** *w. 11* ein mit-
telamerik. Baum
**Ze|in** [lat.] *s. 1 nur Ez.* ein Eiweiß im
Maiskorn
**Zel|le|brant** [lat.] *m. 10* die Messe lesender
Priester; **Zel|le|bra|ti|on** [-tsjon] *w. 10* Feier
(des Meßopfers); **zel|le|brie|ren** feiern; die
Messe z.: die Messe lesen; **Zel|le|bri|tät** *w. 10*
**1** *nur Ez.* Feierlichkeit; **2** *veraltet:* berühmte
Person
**zel|lu|lar** [lat.] aus Zellen bestehend, zur
Zelle, zu den Zellen gehörig; **Zel|lu|lar|the-
ra|pie** *w. 11 nur Ez.* Anregung des Stoffwech-

sels durch Einspritzen lebender Zellen,
Frischzellentherapie; **Zel|lu|li|tis** *w. Gen. -
Mz.* -ti|den Entzündung des Zellgewebes;
**Zel|lu|lo|id** *s. 1 nur Ez.* ein Kunststoff; **Zel|lu-
lo|se** *w. 11* ein hochmolekulares pflanzl. Koh-
lenhydrat
**Zel|lwol|le** *w. 11 nur Ez.* eine Kunstfaser
**Ze|lot** [griech.] *m. 10* Glaubenseiferer, Fana-
tiker; **Ze|lo|tis|mus** *m. Gen. - nur Ez.* über-
triebener Glaubenseifer
**Ze|ment** [lat.] *m. 1 nur Ez.* **1** ein abbindender
Baustoff; **2** Hartsubstanz des Zahnes, Zahn-
kitt; **3** Masse für Zahnfüllungen; **Ze|men|ta-
ti|on** [-tsjon] *w. 10 nur Ez.* **1** Ausgießung mit
Zement; **2** Anreicherung von Kohlenstoff in
Stahloberflächen (zur späteren Härtung);
**3** *Chem.:* Metallabscheidung aus Lösung
durch Zugabe eines leichter oxidierbaren
Metalls; **ze|men|tie|ren 1** mit Zement ausfül-
len oder auskleiden; **2** mit Kohlenstoff anrei-
chern; **3** *Chem.:* der Zementation unterwer-
fen; **4** einen Standpunkt, eine Meinung z.
*übertr.:* unwiderruflich, starr festlegen
**Zen** [jap. „Meditation"] *s. Gen. - nur Ez.*,
**Zen-Bud|dhis|mus** *m. Gen. - nur Ez.* japan.
Form des Buddhismus
**Ze|nit** [arab.] *m. 1* senkrecht über dem Beob-
achter liegender Punkt des Himmelsgewöl-
bes, Scheitelpunkt; *übertr.:* Höhepunkt
**Ze|no|taph** [griech.] *m. 10* leeres Grabmal
zum Gedenken an einen woanders bestatte-
ten Toten
**zen|sie|ren** [lat.] **1** bewerten, mit einer Note
versehen (Schularbeit); **2** der Zensur unter-
ziehen (Film, Buch, Brief); **Zen|sor** *m. 13*
**1** *im alten Rom:* mit dem Zensus (und zu-
gleich sittenrichterl. Aufgaben) betrauter
Beamter; **2** *heute:* Prüfer (von Filmen, Brie-
fen, Druckwerken u. a.); **Zen|sur** *w. 10* **1** *nur
Ez. im alten Rom:* Amt des Zensors; **2** Prü-
fung (von Filmen, Briefen, Büchern u. a.);
**3** Bewertungsnote, Schulnote; **zen|su|rie|ren**
*schweiz., österr. für* zensieren (2); **Zen|sus**
*m. Gen. - Mz.* - **1** *im alten Rom:* Schätzung
des Vermögens der Bürger; **2** *heute:* statist.
Erfassung, (Volks-)Zählung
**Zent** [lat.] *w. 10* **1** Hundertschaft; **2** *im fränk.
Reich:* Gerichtsbezirk
**Zen|taur** [griech.] *m. 10 griech. Myth.:* Fabel-
wesen mit Menschenkopf und -brust und
Pferdeleib
**Zen|te|nar** [lat.] *m. 1* hundert Jahre alter
Mensch; **Zen|te|nar|fei|er** *w. 11*, **Zen|te|na-
ri|um** *s. Gen.* -s *Mz.* -ri|en Hundertjahrfeier
**zen|tern** [lat.] den Ball z. *österr., Fußball:* zur
Mitte spielen

zen|te|si|mal [lat.] hundertteilig; **Zen|te|si-**
**mal|waa|ge** w.11 Waage, bei der ein Gewicht
der hundertfachen Last das Gleichgewicht
hält
**Zen|ti|fo|lie** [-ljə, lat. „Hundertblättrige"]
w.11 stark gefüllte Rosenart; **Zen|ti|grad**
[auch: tsɛn-] m.1, nach Zahlenangaben Mz. -
¹/₁₀₀ Grad; **Zen|ti|gramm** [auch: tsɛn-]
s. Gen.-s Mz. - (Abk.: cg) ¹/₁₀₀ g; **Zen|ti|li|ter**
[auch: tsɛn-] s. 5, ugs.: m. 5 (Abk.: cl) ¹/₁₀₀ Li-
ter; **Zen|ti|me|ter** [auch: tsɛn-] s. 5, ugs.: m. 5
(Abk.: cm) ¹/₁₀₀ Meter
**Zent|ner** [lat.] m. 5 (Abk.: Ztr.) Maßeinheit,
100 Pfund = 50 kg; in Österreich und der
Schweiz auch 100 kg (Meterzentner)
zen|tral [lat.] 1 im Mittelpunkt (liegend, ste-
hend); 2 übertr.: wichtigst; das zentrale Pro-
blem ist folgendes; **zen|tral..., Zen|tral...** in
Zus.: mittel..., Mittel..., in der Mitte lie-
gend, vom Mittelpunkt, von einer einzigen
Stelle aus gesteuert; **Zen|tra|le** w.11 1 Mit-
tel-, Ausgangspunkt; 2 ˉHauptgeschäft;
3 Stelle, an der mehrere Arbeitsgänge zu-
sammenlaufen; 4 in Betrieben, Büros usw.:
Fernsprechvermittlungsstelle; **Zen|tra|li|sa-**
**ti|on** [-tsjon] w.10 nur Ez. 1 Vereinigung in
einem Punkt; 2 Übertragung der Leitung,
Steuerung an eine einzige Stelle; Leitung,
Steuerung von einer einzigen Stelle aus;
Zentralisierung; **zen|tra|li|sie|ren** 1 in einem
Punkt, im Mittelpunkt vereinigen; 2 von ei-
ner einzigen Stelle aus steuern, leiten lassen;
**Zen|tra|lis|mus** m. Gen. - nur Ez. Streben
nach Einheitlichkeit, nach einheitl. Leitung
(des Staates, der Verwaltung); **Zen|tral|ko-**
**mi|tee** s. 9 (Abk.: ZK) in kommunist. und
manchen sozialist. Parteien: oberstes leiten-
des Organ; **zen|trie|ren** auf die Mitte hin
richten, einstellen; **zen|tri|fu|gal** vom Mittel-
punkt wegstrebend; **Zen|tri|fu|gal|kraft** w.2
bei drehender Bewegung nach außen wir-
kende Kraft, Fliehkraft; Ggs.: Zentripetal-
kraft; **Zen|tri|fu|ge** w.11 sich drehendes Ge-
rät zum Trennen von Stoffen (bes. Flüssig-
keiten) verschiedenen spezif. Gewichts; **zen-**
**tri|fu|gie|ren** mittels Zentrifuge trennen; **zen-**
**tri|pe|tal** zum Mittelpunkt strebend; **Zen|tri-**
**pe|tal|kraft** w.2 bei drehender Bewegung auf
den Mittelpunkt zu wirkende Kraft; Ggs.:
Zentrifugalkraft; **zen|trisch** im Mittelpunkt
(gelegen), zum Mittelpunkt hin (strebend);
**Zen|tri|win|kel** m.5 Winkel zwischen zwei
Kreisradien; **Zen|trum** s. Gen.-s Mz.-tren
1 Mitte, Mittelpunkt; 2 kurz für Zen-
trumspartei; 3 Innenstadt; **Zen|trums|par-**
**tei** w.10 nur Ez. 1870–1933 und 1945–1957
katholische politische Partei (nach ihren Plät-
zen in der Mitte des Sitzungssaales im Parla-
ment)
**Zen|tu|rie** [-riə, lat.] w.11 im alten Rom:
Heeresabteilung von 100 Mann, Hundert-
schaft; **Zen|tu|rio** m. Gen.-s Mz.-rio|nen

Anführer einer Zenturie; **Zen|tu|ri|um**
s. Gen.-s nur Ez. früher Bez. für Fermium
**Zeo|lith** [griech.] m.1 ein Mineral, das beim
Schmelzen schäumt
**Ze|pha|lo|po|de** m.11 → Kephalopode
**Ze|phir** [griech.] 1 m. Gen.-s nur Ez. im Al-
tertum: warmer Westwind; poet., veraltet:
milder Wind; 2 m.1, österr. Mz. -phi|re ein
feines Baumwollgewebe; **Ze|phir|wol|le** w.11
weiches, lockeres Wollgarn
**Zep|ter** [griech.] s. 5 Herrscherstab, Sinnbild
der Macht; das Z. führen, schwingen übertr.:
herrschen
**Zer** s. Gen.-s nur Ez. → Cer
**Ze|rat** [lat.] s. 1 mit Wachs zubereitete Salbe
**Zer|be|rus** [nach Kerberos, dem Hund in
griech. Sage, der den Eingang zur Unterwelt
bewacht] m. Gen. - Mz.-rus|se scherzh.: grim-
miger Wächter
**Ze|rea|li|en** [nach der röm. Göttin Ceres]
Mz. Feldfrüchte, bes.: Getreide; vgl. Cerea-
lien
**ze|re|bel|lar** [lat.] zum Zerebellum gehö-
rend, von ihm ausgehend; **Ze|re|bel|lum**
s. Gen.-s Mz.-la Kleinhirn; **ze|re|bral** zum
Zerebrum gehörend, von ihm ausgehend;
**Ze|re|bral** m.1, **Ze|re|bral|laut** m.1 mit der
Zungenspitze am Gaumen gebildeter Laut,
Kakuminal(laut); **ze|re|bro|spi|nal** zum Ge-
hirn und Rückenmark gehörend, von ihnen
ausgehend; **Ze|re|brum** s. Gen.-s Mz.-bra
Großhirn
**Ze|re|mo|nie** [auch: -monjə, lat.] w.11 feierl.,
an bestimmte Regeln gebundene Handlung;
**ze|re|mo|ni|ell** in der Art einer, nach einer
bestimmten Zeremonie verlaufend, förmlich;
**Ze|re|mo|ni|ell** s.1 Gesamtheit der Zeremo-
nien bei bestimmten Anlässen; **Ze|re|mo-**
**ni|en|mei|ster** m.5 früher an Fürstenhöfen:
der für die Einhaltung des Hofzeremoniells
verantwortl. Beamte; **ze|re|mo|ni|ös** förmlich,
gemessen, steif
**Ze|re|sin** [lat.] s. 1 nur Ez. Erdwachs
**Ze|re|vis** [lat.] s. Gen. - Mz. - bestickte,
schirmlose Kopfbedeckung (der Verbin-
dungsstudenten)
**Ze|ri|um** s. Gen.-s nur Ez. → Cer
**Ze|ro** [zero, arab.] w.9 oder s.9 1 Null;
2 Roulett: Gewinnfeld des Bankhalters
**Ze|ro|gra|phie** [griech.] w.11 Wachsgravie-
rung; **Ze|ro|pla|stik** w.10 1 nur Ez. Wachs-
bildnerei; 2 Wachsbildwerk, Wachsmodell
(für Bronzeguß)
**Zer|ti|fi|kat** [lat.] s.1 1 amtl. Bescheinigung;
2 Anteilschein a Kapitalanlagegesell-
schaft; **zer|ti|fi|zie|ren** bescheinigen
**Zer|ve|lat|wurst** [sɛrvə-, lat.] w.2 Hartwurst,
Dauerwurst
**zer|vi|kal** [-vi-, lat.] zum Hals, Nacken, Ge-
bärmutterhals gehörend
**Zes|sa|li|en** Mz. → Zissalien; **zes|si|bel** [lat.]
übertragbar, abtretbar (Forderung); **Zes|si-**

**on** *w.10* Abtretung einer Forderung an einen Dritten; **Zes|sio|nar** *m.1* jmd., an den eine Forderung abgetreten wird

**Ze|tin** [lat.] *s.1 nur Ez.* Bestandteil des Walrats

**Zeug|ma** [griech.] *s.9, Mz. auch:* -mata Stilfigur, bei der ein Satzteil (meist das Prädikat) nur einmal gesetzt wird, obwohl es mehrmals stehen müßte, z. B. „Der See kann sich, der Landvogt nicht erbarmen" (Schiller)

**Zi|be|be** [arab.] *w.11 südostdt.:* Rosine

**Zi|bet** [arab.-ital.] *m. Gen.-s nur Ez.* als Duftstoff verwendete Afterdrüsenabsonderung der Zibetkatze; **Zi|bet|kat|ze** *w.11* ein Raubtier, Schleichkatze

**Zi|bo|ri|um** [griech.-lat.] *s. Gen.-s Mz.*-ri|en **1** Gefäß zum Aufbewahren der Hostie, Hostienkelch; **2** von Säulen getragenes Dach über dem Altar

**Zi|cho|rie** [tsiçoriə, griech.] *w.11* **1** Wegwarte; **2** aus deren Wurzel gewonnener Kaffeezusatz

**Zi|der** [hebr.] *m.5* Obstwein, *bes.:* Apfelwein

**Ziff.** *Abk. für* Ziffer; **Zif|fer** *w.1* Zahlzeichen

**Zi|ga|ret|te** [frz.] *w.11* mit feingeschnittenem Tabak gefülltes Papierröhrchen; **Zi|ga|ril|lo** [-ljo, span.] *s.9 oder m.9* kleine Zigarre; **Zi|gar|re** *w.11* **1** fest zusammengerollte Tabakblätter; **2** *übertr. ugs.:* energische Rüge

**Zi|geu|ner** *m.5* **1** Angehöriger eines weitverbreiteten Wandervolkes; **2** *übertr.:* unsteter Mensch

**Zi|ka|de** [lat.] *w.11* ein Insekt

**Zik|ku|rat** [akkad.] *w.9 sumer., babylon., assyr. Baukunst:* turmartiger, stufenförmiger Tempel

**zi|li|ar** [lat.] wimpernähnlich, mit Wimpern versehen, strahlig; **Zi|li|ar|kör|per** *m.5* vorderer, verdickter Teil der Aderhaut des Auges, Strahlenkörper; **Zi|li|a|ten** *Mz.* Wimpertierchen; **Zi|lie** [-ljə] *w.11* feines Haar, Wimper

**Zim|bal** *s.1 oder s.9,* **Zim|bel** *w.11* → Zymbal

**Zi|ment** [ital.] *s.1 bayr., österr.:* metallenes, zylindr. Hohlmaß (der Gastwirte); **zi|men|tie|ren** *bayr., österr.:* mit dem Ziment abmessen

**Zi|mier** [griech.-frz.] *s.1 oder w.10* Helmschmuck

**zi|mo|lisch** von der griech. Insel Kimolos stammend; zimolische Erde: hellgrauer Ton

**Zi|ne|ra|ria** [lat.], **Zi|ne|ra|rie** [-riə] *w. Gen.-Mz.*-ri|en eine Zimmerpflanze, Aschenblume

**Zin|gu|lum** [lat.] *s. Gen.-s Mz.*-la **1** Schnur zum Gürten der Albe; **2** Schärpe der Soutane

**Zink** [neulat.] *s.1 nur Ez.* (*Zeichen:* Zn) chem. Element, ein Metall

**Zin|ko** *s.9 Kurzw. für* Zinkographie (2); **Zin|ko|gra|phie** *w.11* **1** *nur Ez.* Flachdruckverfahren mittels Zinkplatte, Zinkdruck;

**2** mit diesem Verfahren hergestellter Abdruck

**Zin|na|mom** [lat.] *s.1* Zimt

**Zin|no|ber** [lat.] **1** *m.5 nur Ez.* ein Mineral; **2** *auch, bes. österr.: s.5 nur Ez.* rote Farbe; **3** *m.5 nur Ez. ugs.:* Unsinn, Unfug; Kram, Zeug, Sachen; der ganze Z.; mach nicht solchen Z.!

**Zio|nis|mus** [nach Zion, der bibl. Bez. für Jerusalem] *m. Gen.- nur Ez.* Bewegung zur Aufrichtung und Sicherung eines nationalen jüd. Staates

**zir|ka** [lat.] (*Abk.:* ca.) ungefähr, etwa

**Zir|kel** [lat.] *m.5* **1** Gerät zum Zeichnen von Kreisen und Abtragen von Strecken; **2** geselliger Kreis von Personen, Klub, z. B. Lesezirkel; **Zir|kel|de|fi|ni|ti|on** [-tsjo:n] *w.10* Definition, bei der das Wort, das erklärt werden soll, mit zur Erklärung benutzt wird, z. B.: Das Wetter ist der Ablauf meteorologischer Erscheinungen; **zir|keln 1** genau abmessen; **2** *übertr. ugs.:* tüfteln, genau überlegen

**Zir|kon** [grch.] *m.1 nur Ez.* ein Mineral; **Zir|ko|ni|um** *s. Gen.-s nur Ez.* (*Zeichen:* Zr) chem. Element, ein Metall

**zir|ku|lar** [lat.], **zir|ku|lär** kreisförmig; **Zir|ku|lar** *s.1 veraltet:* Rundschreiben; **Zir|ku|lar|no|te** *w.11* in mehreren Staaten zugleich zugestelltes diplomat. Schreiben; **Zir|ku|la|ti|on** [-tsjon] *w.10* das Zirkulieren; **zir|ku|lie|ren** umlaufen, in Umlauf sein (Geld, Gerücht), sich in einem Kreislauf bewegen (Blut, Luft); **Zir|kum|flex** *m.1* (*Zeichen:* ˆ) Dehnungszeichen über einem Vokal, z. B. in frz. fenêtre [fənɛtrə] „Fenster"; vgl. Accent circonflexe; **Zir|kum|po|lar|stern** *m.1* Stern, der für den Beobachtungsort nie untergeht; **zir|kum|skript** *Med.:* scharf umgrenzt; **Zir|kum|skrip|ti|on** [-tsjon] *w.10* **1** Umschreibung; **2** Abgrenzung (kirchl. Verwaltungsgebiete); **3** Grenzlinie; **Zir|kum|zi|si|on** *w.10* **1** Beschneidung (der Vorhaut des Penis); **2** Umschneidung (eines Geschwürs); **Zir|kus** *m.1* **1** *im alten Rom:* kreisförmige Bahn für Wagen- u. a. Rennen; **2** *heute:* Unternehmen, das Tierdressuren, artistische und andere Darbietungen zeigt; **3** Gebäude, Zelt dafür; **4** *übertr. ugs.:* lärmendes Durcheinander, Trubel, Aufhebens, Umstände um nichts

**Zir|ren** *Mz. von* Zirrus

**Zir|rho|se** [griech.] *w.11* entzündl. Bindegewebswucherung, die auch Drüsengewebe angreift

**Zir|ro|ku|mu|lus** [lat.] *m. Gen.- Mz.*-li Schäfchenwolke; **Zir|ro|stra|tus** *m. Gen.- Mz.*- Schleierwolke; **Zir|rus 1** *m. Gen.- Mz.*- Zirruswolke; **2** *m. Gen.- Mz.*-ren Ranke; rankenförmiger Körperanhang bei Wassertieren; **Zir|rus|wol|ke** *w.11* aus Eisteilchen bestehende Wolke, Federwolke, Eiswolke

**zir|zen|sisch** [lat.] *in der Fügung* zirzensische

Spiele *im alten Rom:* Wagen- und Pferderennen im Zirkus

**zis|al|pin** [lat.] diesseits der Alpen (von Rom aus gesehen)

**Zi|sel|leur** [-lør, frz.] *m. 1* Metallstecher; **zi|se|lie|ren** mittels Stichel, Punze verzieren (Metall)

**Zis|sal|li|en** [lat.] *Mz.* schlecht geprägte Münzen, die wieder eingeschmolzen werden müssen

**Zis|soi|de** [griech.] *w. 11* algebraische Kurve dritter Ordnung, ähnelt der Spitze eines Efeublatts

**Zi|ster|ne** [lat.] *w. 11* gemauerter Behälter für Regenwasser

**Zi|ster|zi|en|ser** [nach dem frz. Kloster Cîteaux] *m. 5* Angehöriger eines benediktin. Mönchsordens

**Zist|ro|se** [griech.] *w. 11* ein weiß- und rotblühender Strauch der Mittelmeerländer

**Zi|ta|del|le** [lat.-ital.] *w. 11* Befestigungsanlage in einer Stadt, Kernbau einer Festung

**Zi|tat** [lat.] *s. 1* 1 wörtlich angeführte Stelle aus einem Buch; 2 oft gebrauchter Ausspruch, geflügeltes Wort; **Zi|ta|ti|on** [-tsjon] *w. 10* 1 Vorladung (vor eine Behörde, vor Gericht); 2 wörtl. Anführen (einer Stelle aus einem Buch)

**Zi|ther** [griech.] *w. 11* ein Zupfinstrument

**zi|tie|ren** [lat.] 1 wörtlich anführen, wörtlich wiedergeben; 2 vorladen, zum Erscheinen auffordern; jmdn. vor Gericht, zu sich z.

**Zi|trat** *s. 1* Salz der Zitronensäure; **Zi|trin** *m. 1* 1 ein Mineral, Halbedelstein (Goldtopas); 2 Wirkstoff im Vitamin P; **Zi|tro|nat** *s. 1 nur Ez.* kandierte Zitronenschale; **Zi|tro|ne** *w. 11* eine Zitrusfrucht; **Zi|trus|frucht** *w. 2* Frucht der Zitrusgewächse; **Zi|trus|ge|wächs** *s. 1* eine Pflanzengattung, zu der u. a. Zitrone, Apfelsine, Mandarine, Pampelmuse gehören

**Zi|vet|te** [-vęt(ə)] *w. 11* → Zibetkatze

**zi|vil** [-vil, lat.] 1 bürgerlich, nichtmilitärisch; 2 *übertr. ugs.:* mäßig, angemessen; zivile Preise; **Zi|vil** *s. Gen.-s nur Ez.* nichtmilitär. Kleidung; **Zi|vil|cou|ra|ge** [-ʒə] *w. 11 nur Ez.* Mut, die eigene Überzeugung zu vertreten; **Zi|vil|ehe** *w. 11* standesamtlich (nicht kirchlich) geschlossene Ehe; **Zi|vi|li|sa|ti|on** [-tsjon] *w. 10 nur Ez.* durch Technik und Wissenschaften verbesserte und verfeinerte Lebensform, im Unterschied zur Kultur; **zi|vi|li|sa|to|risch** auf Zivilisation beruhend, sie fördernd; **zi|vi|li|sie|ren** mit den Mitteln der Technik und Wissenschaft verfeinern; **Zi|vi|list** *m. 10* Bürger, der nicht dem Militär angehört; **Zi|vil|pro|zeß** *m. 1* Gerichtsverfahren auf Grund des Zivilrechts, im Unterschied zum Strafprozeß; **Zi|vil|recht** *s. 1 nur Ez.* bürgerl. Recht, im Unterschied zu Strafrecht, Staatsrecht, Völkerrecht

**ZK** *Abk. für* Zentralkomitee

**Zl** *Abk. für* Zloty

**Zlo|ty** [slɔ-, poln.] *m. Gen. - Mz. -* poln. Währungseinheit, 100 Groszy (vgl. Grosz)

**Zn** *chem.* Zeichen für Zink

**Zo|bel** [russ.] *m. 5* 1 ein Marder; 2 dessen Pelz

**zo|dia|kal** [griech.] zum Zodiakus gehörend, von ihm ausgehend; **Zo|dia|kal|licht** *s. 3 nur Ez.* kegelförmiger Lichtstreifen längs des Zodiakus; **Zo|dia|kus** *m. Gen. - nur Ez.* Folge der zwölf Sternbilder auf der Ekliptik, Tierkreis

**Zöl|le|stin** [lat.] *m. 1* ein Mineral; **Zöl|le|sti|ner** [nach Papst Cölestinus V.] *m. 5* Angehöriger einer ehemaligen Benediktinerkongregation; **zöl|le|stisch** [lat.] *veraltet:* himmlisch

**Zöl|li|bat** [lat.] *s. 1 oder m. 1 nur Ez.* vorgeschriebene Ehelosigkeit (der kath. Geistlichen); **zöl|li|ba|tär** im Zölibat (lebend)

**Zö|me|te|ri|um** [griech.] *s. Gen.-s Mz.-ri|en* Ruhestätte, Friedhof; *auch:* Katakombe

**Zö|na|kel** [lat.] *s. 5 in Klöstern:* Speisesaal

**zo|nal** zu einer Zone gehörend; **Zo|ne** [griech.] *w. 11* Gebiet, Bezirk, Gegend, Landstreifen

**Zö|no|bit** [lat.] *m. 10* im Kloster lebender Mönch, im Unterschied zum Eremiten; **Zö|no|bi|um** *s. Gen.-s Mz.-bi|en* 1 Kloster; 2 Vereinigung einzelliger Pflanzen oder Tiere, Zellkolonie

**Zoo** *m. 9 Kurzw. für* zoologischer Garten

**zoo|gen** [tso:ɔ-, griech.] aus tier. Resten gebildet (Gestein); **Zoo|geo|gra|phie** *w. 11 nur Ez.* Tiergeographie; **Zoo|gra|phie** *w. 11* Benennung und Einordnung der Tiere in ein biolog. System; **Zoo|la|trie** *w. 11* Verehrung von Tiergöttern, Tierkult; **Zoo|lith** *m. 10* tier. Versteinerung; **Zoo|lo|gie** *w. 11 nur Ez.* Wissenschaft von den Tieren, Tierkunde; **zoo|lo|gisch** zur Zoologie gehörend, auf ihr beruhend; zoologischer Garten: große Anlage zur Schaustellung von Tieren

**Zoom** [zum, engl.] *s. 9* stufenlos verstellbares photograph. Objektiv, Gummilinse; **zoo|men** [zu-] mittels Zoom im Sucher heranholen oder entfernen

**zoo|morph** [griech.] tiergestaltig; **Zo|on** *s. Gen.-s Mz. (nur in Zus.) ...zo|en* Lebewesen; Zoon politikon: gesellig lebendes Wesen (bei Aristoteles Bez. für den Menschen); **Zoo|no|se** *w. 11* von Tieren auf Menschen übertragbare Infektionskrankheit; **zoo|phag** fleischfressend; **Zoo|pha|ge** *m. 11* fleischfressendes Lebewesen; **Zoo|phyt** *m. 10* Pflanzentier, *veraltete Bez. für* festsitzendes Hohltier, Schwamm; **Zoo|plank|ton** *s. Gen.-s nur Ez.* Sammelbez. für die frei im Wasser schwebenden Tiere; **Zoo|to|mie** *w. 11 nur Ez.* Zerlegung von Tierkörpern zu Lehrzwecken, Tieranatomie; **Zoo|to|xin** *s. 1* tier. Gift

**Zo|res** [hebr.] *m. Gen. - nur Ez.* Ärger, Bedrängnis; *bes. südwestdt.:* Durcheinander

**Zo|ril|la** [span.] *m. 9* ein afrik. Marder
**Zo|roa|stris|mus** *m. Gen. - nur Ez.* von dem
altpers. Philosophen Zoroaster (Zarathustra)
begründete monotheist. Religion
**Zo|te** [frz.] *w. 11* grob unanständiger Witz;
**zo|ten** Zoten erzählen; **zo|tig** grob unan-
ständig
**Zr** *chem. Zeichen für* Zirkonium
**Ztr.** *Abk. für* Zentner
**Zua|ve** [-və, frz.] *m. 11* **1** Angehöriger eines
alger. Berberstammes; **2** Angehöriger einer
ehemaligen frz. Kolonialtruppe
**Zu|lu** **1** *m. 9 oder Gen. - Mz.* - Angehöriger
eines Volkes der Bantuneger; **2** *s. Gen.*
-(s) *nur Ez.* dessen Sprache
**Zy|an** *s. 1 nur Ez.* → Cyan; **Zy|an|ka|li** *s. Gen.*
-s *nur Ez.* sehr giftiges Kaliumsalz der Blau-
säure
**Zy|gä|ne** [griech.] *w. 11* ein Schmetterling,
Blutströpfchen
**Zy|go|ma** [griech.] *s. Gen.*-s *Mz.*-go|ma|ta
Teil des Gesichtsschädels, Jochbogen
**Zy|go|te** [griech.] *w. 11* durch Verschmelzung
zweier Gameten entstandene Zelle
**Zy|kas** [lat.] *w. Gen. - Mz.* - Palmfarn
**Zy|kla|men** [griech.] *s. 7,* österr.: Zy|kla|me
*w. 11* Alpenveilchen
**Zy|klen** *Mz. von* Zyklus; **Zy|kli|ker** *m. 5 Mz.*
Gruppe von altgriech. Dichtern, deren
Werke zusammen mit der Ilias und Odyssee
zu einem Zyklus vereinigt wurden; **zy|klisch**
in der Art eines Zyklus, regelmäßig wieder-
kehrend; **zy|klo|id** kreisförmig; **Zy|klo|id|de**
*w. 11* algebraische Kurve, die von einem
Punkt des Halbmessers eines Kreises be-
schrieben wird, wenn der Kreis auf einer Ge-
raden abrollt
**Zy|klon** [griech.] *m. 1* **1** Wirbelsturm (in
den Tropen); **2** Gerät zum Trennen fein-
körniger Mineralgemische; **3** ein sehr gifti-
ges Schädlingsbekämpfungsmittel; **Zy|klo-
ne** *w. 11* Tiefdruckgebiet
**Zy|klop** [griech.] *m. 10 griech. Myth.:* einäu-
giger Riese; **Zy|klo|pen|mau|er** *w. 11* frühge-
schichtl. Mauer aus unbehauenen, aber fu-
genlos aneinandergefügten Steinen; **zy|klo-
pisch** riesenhaft
**zy|klo|thym** [griech.] gesellig, aufgeschlossen,
rasch die Stimmung wechselnd; **Zy|klo|tron**
*s. 1* Beschleuniger für geladene Elementar-
teilchen, bei dem diese auf spiralförmigen
Bahnen auf sehr hohe Energien beschleunigt
werden

**Zy|klus** [griech.-lat.] *m. Gen. - Mz.*-klen
**1** Kreis, Kreislauf; **2** Reihe, Folge (mehrerer
gleichartiger Werke); **3** Menstruation
**Zy|lin|der** [griech.-lat.] *m. 5* **1** röhrenförmiger
Körper; **2** röhrenförmiger Herrenhut aus
Seidensamt; **Zy|lin|der|pro|jek|ti|on** [-tsjo:n]
*w. 10* eine Kartenprojektion; **zy|lin|drisch**
zylinderförmig
**Zy|ma** [griech.] *s. Gen.*-s *Mz.*-ma|ta Gär-
stoff, Hefe; **Zy|ma|se** *w. 11* Zucker vergären-
des Enzym(gemisch)
**Zym|bal** [griech.-lat.] *s. 1 oder s. 9* **1** Schlag-
instrument, Vorläufer des Beckens; **2** Glok-
kenspiel
**zy|misch** [griech.] auf Gärung beruhend; **Zy-
mo|lo|gie** *w. 11 nur Ez.* Lehre von der Gä-
rung; **zy|mo|tisch** Gärung bewirkend
**Zyn|ege|tik** [griech.] *w. 10 nur Ez.* Kunst,
Hunde zu dressieren
**Zy|ni|ker** [griech.] *m. 5* zynischer Mensch;
vgl. Kyniker; **zy|nisch** bissig-spöttisch, verlet-
zend-frech; **Zy|nis|mus** *m. Gen. - Mz.*-men
verletzender, bissiger, pietätloser Spott
**Zy|per|gras** [griech.] *s. 4* Vertreter einer Gat-
tung der Sauergräser
**Zy|pres|se** [griech.] *w. 11* Vertreter einer Na-
delbaumgattung
**Zy|ste** [griech.] *w. 11* **1** mit Flüssigkeit
gefüllte Geschwulst; **2** *bei niederen Tieren:*
derbhülliges Gebilde zur Überdauerung bzw.
Fortpflanzung; **Zy|ste|in** *s. 1 nur Ez.* → Cy-
stein; **Zy|stin** *s. 1 nur Ez.* → Cystin; **Zy|stis**
*w. Gen. - Mz.*-sten Blase, Harnblase; **zy-
stisch** blasenartig; **Zy|sti|tis** *w. Gen. - Mz.*
-stil|ti|den Blasenentzündung; **Zy|sto|skop** *s. 1*
Gerät zum Untersuchen der Harnblase, Bla-
senspiegel; **Zy|sto|sko|pie** *w. 11* Untersu-
chung mit dem Zystoskop; **Zy|sto|sto|mie**
*w. 11* Anlegen einer Blasenfistel; **Zy|sto|to-
mie** *w. 11* Blasenschnitt
**Zy|to|blast** [griech.] *m. 10* Zellkern; **zy|to|gen**
*Biol.:* von einer Zelle gebildet; **Zy|to|lo|gie**
*w. 11 nur Ez.* Lehre von den Zellen; **Zy|to|ly-
se** *w. 11* Auflösung der Zelle; **Zy|to|plas|ma**
*s. Gen.*-men Zellplasma; **Zy|to|som**
*s. 1,* **Zy|to|so|ma** *s. Gen.*-s *Mz.*-mata Zell-
körper; **Zy|to|sta|ti|kum** *s. Gen.*-s *Mz.*-ka das
Wachstum der Zellen (bes. der Krebszellen)
hemmendes Arzneimittel; **Zy|to|stom** *s. 1,*
**Zy|to|sto|ma** *s. Gen.*-s *Mz.*-mata Zellmund
(der Einzeller); **Zy|to|to|xin** *s. 1* die Gewebs-
zellen angreifendes Gift (z. B. Blei, Queck-
silber), Zellgift